山西文華·著述編

薛瑄全集

第一册

孫玄常 李元慶 周慶義 李安綱◎點校

《山西文華》編纂委員會 編

山西出版傳媒集團
三晋出版社

圖書在版編目(CIP)數據

薛瑄全集 / (明)薛瑄著;孫玄常等點校. -- 太原：三晋出版社，2013.12

ISBN 978-7-5457-0871-4

Ⅰ. ①薛… Ⅱ. ①薛… ②孫… Ⅲ. ①薛瑄(1389 ~ 1464)—文集 Ⅳ. ①B248.99-53

中國版本圖書舘 CIP 數據核字(2013)第 297506 號

薛瑄全集

點　　校：孫玄常　李元慶　周慶義　李安綱
責任編輯：解　瑞
封扉設計：山西天目·王明自

出 版 者：山西出版傳媒集團·三晋出版社（原山西古籍出版社）
地　　址：太原市建設南路 21 號
郵　　編：030012
電　　話：0351-4922268（發行中心）
0351-4956036（綜合辦）
0351-4922203（印製部）
E - mail：sj@sxpmg.com
網　　址：http://www.sjcbs.cn

經 銷 者：新華書店
承 印 者：山西人民印刷有限責任公司

開　　本：700mm × 1000mm　1/16
印　　張：92
字　　數：1200 千字
版　　次：2015 年 9 月　第 1 版
印　　次：2015 年 9 月　第 1 次印刷
書　　號：ISBN　978-7-5457-0871-4
定　　價：368.00 圓（全三册）

《山西文華》編纂委員會

《山西文華》學術顧問委員會

（按姓氏筆畫排序）

李文儒　李　零　李學勤　袁行霈
唐浩明　張　頷　張光華　梁　衡
葛劍雄　楊建業

《山西文華》分編主編

著述編　劉毓慶　渠傳福
史料編　張慶捷　李晋林
圖録編　李德仁　趙瑞民

出版説明

山西東屏太行，西瀕黄河，北通塞外，南控中原，是中華民族的主要發祥地之一。中華文明輝煌燦爛，三晋文化源遠流長。歷史文獻豐富、文化遺産厚重，形成了兼容並包、積澱深厚、韵味獨特的晋文化。山西省政府决定編纂大型歷史文獻叢書《山西文華》，以彙集三晋文獻、傳承三晋文化、弘揚三晋文明。

《山西文華》力求把握正確方向，尊重歷史原貌，突出山西特色，薈萃文化精華，按照搶救、保護、整理、傳承的原則整理出版圖書。叢書規模大，編纂時間長，參與人員多，特將有關編纂則例簡要説明如下。

一、《山西文華》是有關山西現今地域的大型歷史文獻叢書，分"著述編""史料編""圖録編"。每編之下項目平列；重大系列性項目，按其項目規模特徵，制定合理的編纂方式。

二、"著述編"以 1949 年 10 月 1 日前山西籍作者（含長期在晋之作者）的著述爲主，兼收今人有關山西歷史文化的研究性著述。

三、"史料編"收録 1949 年 10 月 1 日前有關山西的方志、金石、日記、年譜、族譜、檔案、報刊等史料，以影印爲主要整理方式。

四、“圖録編”主要收録1949年10月1日前有關山西的文化遺產精華，包括古代建築、壁畫、彩塑、書畫、民間藝術等，兼收古地圖等大型圖文資料。

五、今人著述采用簡體漢字横排，古代著述采用繁體漢字横排。

《山西文華》編纂委員會

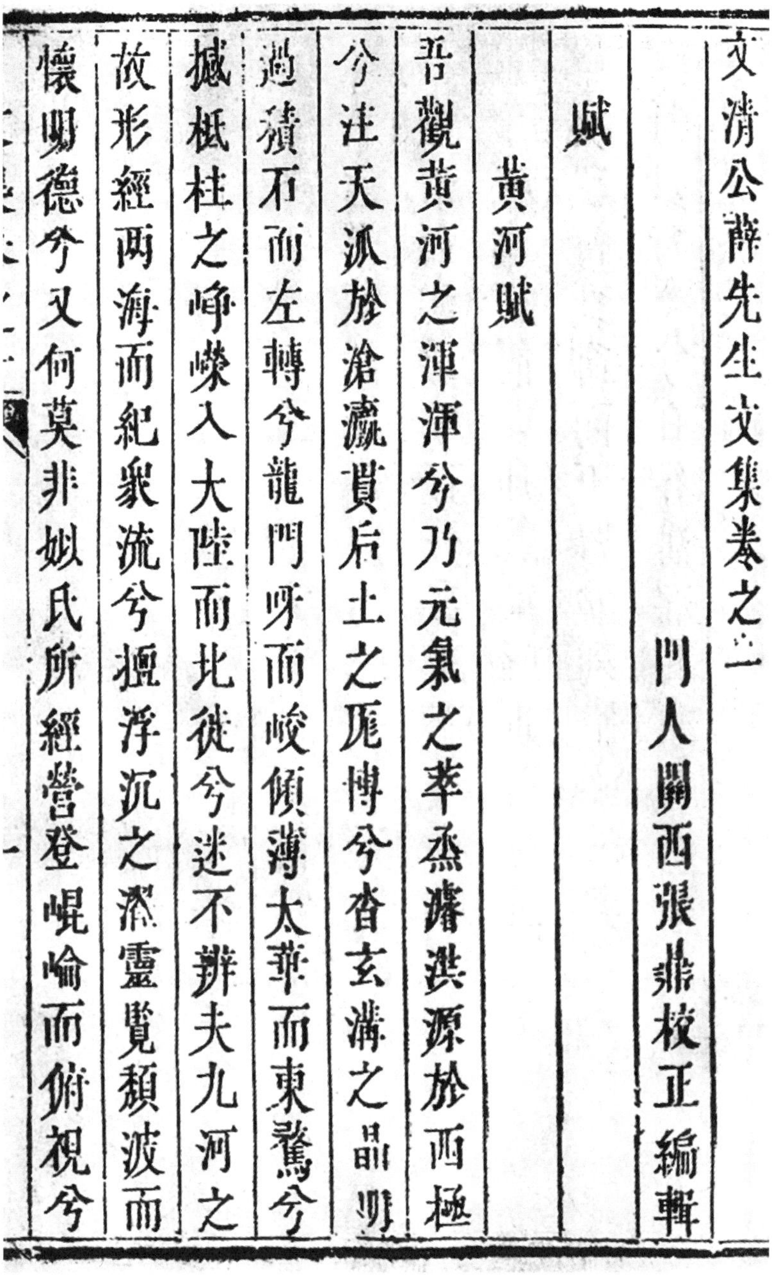

文清公薛先生文集卷之一

門人關西張鼎校正編輯

賦

黃河賦

吾觀黃河之渾渾兮乃元氣之萃烝瀦洪源於西極兮注天派於滄瀛貫后土之厖博兮沓玄溝之晶明過積石而左轉兮龍門呀而峻傾薄太華而東騖兮撼柢柱之崢嶸入大陸而北徙兮迷不辨夫九河之故形經兩海而紀衆流兮攪浮沉之深靈覽頹波而懷明德兮又何莫非姒氏所經營登崐崘而俯視兮

明萬曆二十四年版《文清公薛先生文集》書影

海棠綴錦

長咲時人曼海棠芳姿何事近宮墻自緣要識春風面任遣花神綴錦粧

緑烟初散錦霞空綽約仙人半醉中莫怪海棠顏色麗等閑

木雕版《文清手稿》

出版前言

薛瑄，字德温，號敬軒，謚文清，山西河津縣南薛里(今萬榮縣平原村)人，生於明洪武三十二年(1389)，卒于明天順八年(1464)，明代著名思想家、理學家、文學家，河東學派的創始人，世稱"薛河東"。他於明永樂十九年(1421)中進士，宣德三年(1428)入仕，天順元年(1457)稱病致仕，為官二十多年，歷任湖廣道監察御史、雲南道監察御史、山東提學僉事、大理寺左少卿、大理寺卿、禮部右侍郎兼翰林院學士、入閣預機務等職。歿后贈禮部尚書，從祀孔廟。

薛瑄推崇程朱理學，是明代前期朱學思想的主要代表人物，被清代學者尊為"明代理學之冠"，認為他"開明代道學之基"。《四庫提要》稱："明初理學，以(曹)端與薛瑄最醇。"薛瑄的理學思想繼承自程朱理學，並在理氣關係、知行關係等問題上對朱學進行了批評和發展。

薛瑄出生在一個職業教育家的家庭。祖父薛仲義，教授鄉里；父薛貞，歷官教諭三十餘年。他本人也是一位卓越的理學教育家，《四庫提要》論及明代理學："大抵朱、陸分門以後，至明而朱之傳流為河東，陸之傳流為姚江，其餘或出或入，總往來于二派之間。"薛瑄正是河東學派的創始人。

在文學方面，薛瑄亦有很高的造詣，他的詩歌作品淡古雅雋，文章寓意深刻，有較高的欣賞價值。

《薛瑄全集》主要包括如下內容：《文清公薛先生文集》二十四卷，《薛文清公讀書録》十一卷，《薛文清公讀書續録》十二卷，《薛文清公理學粹言》一卷,《薛文清公從政名言》三卷,《薛文清公文章》一卷,《薛文清公策問》一卷,《薛文清公行實録》五卷,《薛文清公年譜》一卷,《薛氏族譜》一卷。具體版本情況及點校方法,各部分都有説明,此不贅述。此外,北京中國書店 1984 年刊印的《薛文清全書》中,還有薛瑄孫薛禩的《薛刑部詩集》一卷,薛瑄九世孫薛昌胤的《蓼蟲吟》一卷,因非薛瑄著作,我們並未收入《薛瑄全集》。還有《薛文清公手稿》,是薛瑄九世孫薛繼嚴、薛昌胤摹印的,也未收入。

此次《薛瑄全集》的整理校點是在山西人民出版社 1990 年版《薛瑄全集》的基礎上進行的。運城師範專科學校孫玄常、周慶義、李安綱,山西省社會科學院李元慶等先生曾爲此書整理出版付出了辛勤的努力,特此致謝。

此次整理使用規範的繁體字形,對原刻本中的舊字形、俗字等一般不做保留,統一規範為國家通用規範繁體字形。對原刻本中的錯字,除明顯錯誤,如"楊雄"改爲"揚雄"外,一般不做修改,保留原貌。在一對多的繁體字處理上,原則上參照刻本用字但不囿于刻本,對於古代用法有區别的一對多繁體字, 根據上下文意進行區分,如取捨義用"捨"而非"舍",茅舍義用"舍"而非"捨"。在古代可通用的異體字形,不再特别區分。另外,爲避重復,以刻本《文清公薛先生文集目録》標注頁碼代替《文清公薛先生文集》分卷目録,不再單列。刻本《文集目録》中脱漏的篇名,依内文補上,并在内文出校。篇名文字不同的保留《文集目録》原貌,内文中出校。如有訛誤,敬请指正。

三晉出版社

2015 年 7 月

序

薛瑄，號敬軒，是明代程朱學派的主要代表。黄宗羲《明儒學案》稱其“悃愊無華，恪守宋人矩矱”，事實上在理氣學説方面，薛瑄已提出對於程朱觀點的修正意見，並非完全“恪守矩矱”了。朱熹雖然也講“天下未有無理之氣，亦未有無氣之理”，但又説：“然必欲推其所從來，則需先有是理”；“然理形而上者，氣形而下者，自形而下言，豈無先後？”薛瑄則斷然否認理先氣後之説。在《讀書録》中，他説：“理只在氣中，决不可分先後。如太極動而生陽，動前便是静，静便是氣，豈可説理先而氣後也？”又説：“冲漠無朕，而萬象昭然已具。蓋纔有理即有象，初非懸空之理與象分而爲二也。”“蓋理氣雖不相雜，亦不相離。天下無無氣之理，亦無無理之氣。”這種“理氣統一”的觀點，可以説是正確的，表現了唯物主義的傾向。

關於理氣關係，薛氏又提出“日光飛鳥之喻”。他説：“理如日光，氣如飛鳥。理乘氣而動，如日光載鳥背而飛。鳥飛而日光雖不離其背，實未嘗與之俱往而有間斷之處，亦猶氣動而理雖未嘗與之暫離，實未嘗與之俱盡而有滅息之時，氣有聚散，理無聚散，於此可見。”對此，黄宗羲曾提出批評。黄宗羲説：“理爲氣之理，無氣則無理，若無飛鳥而有日光，亦可無日光而有飛鳥，不可爲喻。蓋以大德敦化者言之，氣無窮盡，理無窮盡，不特理無聚散，氣亦無聚散也。以小德川流者言之，日新不已，不以已往之氣爲方來之氣，亦不以已往之理爲方來之理，不特氣有聚散，理亦有聚散也。”按黄氏此評亦不盡切當。以日光飛鳥比喻理氣，實屬不倫，黄氏謂“不可爲喻”是正確的。但氣是具體的，可以説有聚散，理是抽象的，怎能説“亦有聚散”呢？黄氏指出“不以已往之理爲方來之理”，肯定了理的變化，這是精闢的見解，但不能用“理有聚散”來表示此意。薛氏“日光飛鳥之喻”是不切當的，但他的“理無聚散”之説還是正確的。他説：“有形者可以聚散言，無形者不可以聚散言”，這還是應該肯定的。

薛瑄强調了理的客觀性。他説：“理如物，心如鏡，鏡明則物無遁形，心明則理無蔽迹。”又説：“人只於身内求道，殊不知身外皆道，渾合無間，物無内外也。”“天下無無理之物，無無物之理。”“四方上下，往古來今，實理實氣，無絲毫之空隙，無一息之間斷。”這一方面承認“内”與“外”的統一，一方面又以“理”與“心”對舉，他肯定理的客觀性是非常明顯的。

後來王守仁批評朱熹“析心與理爲二”，黄宗羲亦批評薛瑄“喻理如物、心如鏡”是“猶二之也”。這裏表現出程朱學派與陸王學派的根本分歧。平心而論，兩派學説各有短長。程朱學派肯定理的客觀性，這是他們學説的正確方面；陸王學派强調人的主體性，這是他們學説發生積極作用的方面。事實上，理（規律、準則）的客觀性，人（個體、人類）的主體性，從辯證法的觀點來看，兩者正是相反相成的。

薛瑄在明代思想史上具有重要的地位，他是山西的大学者，也是哲学史上有深远影响的思想家。山西省的哲学史工作者整理出版了《薛瑄全集》，这是对于中国哲学史研究的一项重大贡献。我想，海内外的哲学史工作者一定欢迎这部书的出版。

一九八七年七月　張岱年序於北京大學

前　言

一

古河東地區是華夏文明的主要發祥地。自古以來,這裹就是文化名人的薈萃之邦。僅以古代著名的思想家而論,戰國初期的卜子夏設教西河(今河津縣);戰國後期的思想家、教育家荀况是古荀國(今新絳縣)人;西晉的思想家裴頠是聞喜縣人;隋末的思想家、教育家王通是龍門(今河津縣)人;唐代的文學家、思想家柳宗元是河東(今永濟縣)人;北宋的史學家、思想家司馬光是陜州夏縣(今山西夏縣)人;明代的理學大師薛瑄是河津縣南薛里(今萬榮縣平原村)人。河東傳統文化是祖國的一份寶貴財富,深入發掘、系統研究河東文化,剔除糟粕,吸取精華,鑒往訓今,爲經濟振興、社會發展和精神文明建設服務是一件很有意義的工作。

我本河東後學,1984 年來又長運城師專, 研究河東文化之志遂油然而生。適周慶義等先生提出研究薛瑄學術思想之請,我十分贊成,隨即邀請山西省社會科學院哲學研究所李元慶、高銀秀先生,山西人民出版社古籍編輯室孫安邦先生,山西師範大學晉國史研究所李孟存先生以及我校中文系孫玄常、王樹山、孟兆咏、張春山、王蓬、李安綱諸位先生齊集一堂,共成此盛事。爲研究薛瑄學術思想,在山西人民出版社的大力支持下,我們決定首先校點出版《薛瑄全集》,爲研究工作提供全面的、可靠的依據。經過幾年的努力,《薛瑄全集》終於和讀者見面了。

二

薛瑄，字德温，號敬軒，謚文清，山西河津縣南薛里（今萬榮縣平原村）人，生於明洪武三十二年（1389），卒於明天順八年（1464）。他出生在一個職業教育家的家庭，祖父薛仲義，生活在元末亂世，通經史，不求仕進，教授鄉里。父薛貞，在明代歷官教諭三十餘年，是一位克己盡職、教績卓著的職業教育家。瑄三十七歲前，一直輾轉隨侍其父於任所，受到其父儒學思想的嚴格家教。他自幼天資聰敏，七歲讀書成誦，"性善詩，人以爲天授"。少年時代即胸懷作大儒、成偉仕之壯志。據他自己回憶："瑄七八歲時，侍先君子左右，聞其稱古之人某爲大儒，今之人某爲偉仕，因竊自私記於心曰：彼亦人耳，人而學人，蓋無不可及之理也。"到十四五歲，"先君子見可教，遂授以四書及他聖賢書，曰：'此爲學之要也，汝其勉之！'"並諄諄教導他"爲學以正心修身爲切要"，"以仁義道德爲本"，"以先儒氏説爲主"，"以三綱五常爲大"。幫助他確立了以儒學思想爲主旨的爲學之道。薛瑄爲實現自己的少年宏願，"遂發奮篤專于誦習，晝不足則繼之以夜，夜坐倦則置書枕側而臥閱之，或有達旦未已者。至於行立出入、起居飲食，不諷諸口，則思諸心……未嘗一日而易其爲學之志也。"（《與楊秀才書》）薛瑄二十一歲時，隨父在玉田，得遇元遺儒王素亨、范汝舟、魏希文、范仲仁等講論經史，研習宋諸儒性理諸書。久之，瑄嘆曰："此道學正脈也"，乃"盡焚詩賦草，專精性命，至忘寢食。"（《薛文清公年譜》）他以如此頑強的勤學好問精神專精性命之學，精思力踐，終生不輟，終於成就爲明代著名的理學大師。

三

薛瑄是明代前期朱學思想的主要代表，在理氣關係問題上，他對朱學進行了卓有成效的批判改造，是一位具有唯物主義傾向的理學家。

在中國古代哲學史上,"理"、"氣"的概念有過一個演變的過程。在宋明理學中,理、氣關係問題實際被看作精神與物質或思維與存在的關係問題,因而成了每個理學家必須作出回答的哲學基本問題。在這個問題上,薛瑄一以貫之的觀點是"理在氣中","理氣不可分先後",是理氣統一論者。他反復強調:"理只在氣中,決不可分先後"(《讀書録》卷四),"理與氣一時俱有,不可分先後"(《讀書續録》卷二)。"理、氣間不容髮,如何分孰爲先、孰爲後?"(《讀書録》卷三)他依據這一基本觀點,針鋒相對地批判了朱熹"理在氣先"和"理氣決是二物"的唯心主義理氣觀。他針對朱熹所説的"未有天地之先,畢竟也只是理,有此理便有此天地"(《朱子語類》卷一),批駁道:"竊謂理氣不可分先後。盖未有天地之先,天地之形雖未成,而所以爲天地之氣,則渾渾乎未嘗間斷止息,而理涵乎氣之中也。及動而生陽,而天始分,則理乘是氣之動而具於天之中……分天分地,而理無不在,一動一静,而理無不存,以至'化生萬物,萬物生生而變化無窮',理、氣二者蓋無須臾相離也,又安可分孰先孰後哉?"(《讀書録》卷三)他明確指出朱熹所謂"理氣決是二物"的説法是錯誤的,説:"理、氣渾然而無間,若截理、氣爲二,則非矣。"(《讀書續録》卷一)他由理氣統一論又進一步提出道器統一:"器即囿乎道之中,道不離乎器之外,故曰:'道亦氣也,器亦道也。'"(《讀書録》卷一)

薛瑄否定所謂主宰宇宙萬物的精神本體的存在,認爲氣是構成宇宙萬物的物質本原。他説:"天地間只一氣。"(《讀書續録》卷一)"一氣流行,一本也。"(《讀書録》卷三)"萬物皆氣之凝聚,而理亦賦焉。"(《讀書續録》卷四)充分肯定了氣的本體作用。天地間的一切,都是一氣所産生的物質實體,"天外無物,物外無天"(《讀書録》卷四)。從而肯定了世界的物質性,否定了朱熹所謂的"理世界"。薛瑄不認爲氣外有什么懸空獨立之理。他認爲:"理"不過是事物的"脈絡條理",即事物固有的規律性。他説:"所謂'理'者,萬事萬物自然之脈絡條理也。"(《讀書録》卷四)"天地之間,物各有理。理者,其中脈絡條理合當是如此者是也。"(《讀書録》卷一)顯然,這樣的"理"只能存在於物質的氣之中,決不能先於氣,與氣"離而二之"而獨立存在。他進而指出,太極與陰陽,道與器,同樣不可"離而二之"。他説:"太極,理也;陰陽,氣也。理只在氣中,非氣之外懸空有太極也。"(《讀書續録》卷二)薛瑄的這些思想具有鮮明的唯物主義色彩。

此外,在認識論方面,薛瑄從"以氣爲本"的理氣觀出發,進而提出了"以心映理"的樸素反映論。他説:"理如物,心如鏡。鏡明則物無遁形,心明則理無蔽迹。昏則反是。""惟心明,則映得理見。"(《讀書録》卷五)把"以心映理"比作照鏡子,儘管帶有很大的直觀性,卻形象地表達了主體反映客體的樸素反映論思想。他還提出:"知、行貴乎兼盡"《讀書續録》卷二),"爲學不在多言,顧力行何如耳"(《讀書録》卷二),"見得理明,須一一踐履過"(《讀書録》卷四)。堅持了"以行爲重"和"行爲知之本"的唯物主義知行觀。

當然,薛瑄的唯物主義思想還是很不徹底的,還存在深刻的内在矛盾。他的"復性"説本質上是唯心主義的;他堅持維護程朱的"道統"觀念,更表現了他思想上的消極保守方面。但是在明代前期,統治者在強化中央集權的封建專制主義統治的同時,意識形態領域也加強了思想禁錮,朝廷以欽定《性理大全》詔頒天下,朱學被奉爲一家獨尊的"正統",文化思想界處于沉悶、保守的"述朱時期"。在這種情況下,薛瑄敢于批駁朱熹的唯心主義觀點,確是難能可貴的,證明他是一位富有獨創精神的理學家。他對朱熹唯心主義理氣觀的批判在朱熹哲學體系中打開了一個重要缺口,進一步暴露了朱熹哲學的矛盾,促進了朱熹哲學的分化。薛瑄對理氣關係的唯物主義論述對明代中期以羅欽順、王廷相爲代表的理學唯物主義思潮的形成和發展起了直接的啓迪作用,這是應當充分肯定的。

四

薛瑄又是一位卓越的理學教育家，是明代河東學派的創始人。

他平生矢志教育事業,據《年譜》和《行狀》記載,他四十歲受詔進京,初登仕途即"上章願就教職,以卒所學",未能如願。四十八歲升任僉事,提督山東學政,他欣然曰:"此吾事也。"五十五歲罷官歸里,仍不忘教職,設教河汾(今河津縣),"秦楚吳越來學者以百數"。後又被召回朝。到六十九歲致仕還鄉,復又設教河汾,開館授徒,"四方從學者日衆";"至市館不能容"。至七十六歲卒,一生直接從教近二十個春秋。

薛瑄在長期教育活動中一貫堅持重力行、貴踐履、務實、求實的實學思想和學風,這是他的爲學、爲教之道的根本思想,也是他的"以心映理"的樸素反映論和"以行爲本"的唯物主義知行觀的具體體現。

薛瑄正是通過長期的教育實踐活動,按照自己的實學思想和學風培養造就了一批一批的學者,他的門生遍及秦楚吳越,有的繼續講學授徒,把薛瑄的思想和學風再傳給他們的弟子,乃至三傳、四傳下去,形成了以薛瑄思想風貌爲特色而著稱於史的河東學派。

薛氏河東之學在明代理學史上佔有十分重要的地位。《四庫全書總目提要》指出,薛瑄和王陽明分别代表的學派,構成明代理學思潮兩大主要流派,"其餘或出或入,總往來於二派之間"(卷五八)。這種説法是大抵符合實際的。河東學派不僅對明中葉以後理學唯物主義者和明末清初啓蒙思想家産生了深遠影響,而且給明代"關學中興"奠定了思想基礎。

薛瑄的實學與陳腐的科舉之學是完全對立的。薛瑄以自己的實學思想爲武器,對科舉之學進行了淋灕盡致的揭露和猛烈的抨擊,這在明王朝統治者極力推行科舉制度,加強思想禁錮,強化文化專制統治的條件下,無疑是進步的。

薛瑄的實學思想和學風,不僅貫穿於他的教育理論和實踐活動,而且貫穿於他的整個思想體系。正因爲如此,他的學説被時人譽爲"篤實踐履之學"(李賢《文清公神道碑銘》)。《明儒學案》也稱薛瑄爲“學貴踐履”的“實踐之儒”(《師説》)。

五

薛瑄在文學方面也有很高的造詣。他的五言、七言古詩都很出色,詩風近乎唐人,五古雋淡,稍近王維、韋應物;七古雄奇,頗似李、杜。五律、五絶不多,但寫得很清新。七絶中也有好些很有神韻。衹有七律應酬詩太多,好的較少。他的散文寫得很好,雖然應酬之作嫌多,但也不乏上乘的作品。比如有名的《游龍門記》,確乎是明代散文之冠。《游草堂記》《貓説》《捕虎答》等也都是上乘之作。他的文章思想性很強,有的直抒胸臆,有的寓意深刻,表達了他的“忠國愛民”之心。他的書信、序文中有好些表達了他剛毅嚴肅的性格。

《四庫全書總目提要》寫道:“明代淳儒,瑄爲第一。而其文章雅正,具有典型,絶不以俚語破格。其詩如《玩一齋》之類,亦間涉理語,而大致冲澹高秀,吐言天拔,往往有陶、韋之風。有德有言,瑄足當之。”(卷一七)因此,薛瑄在文學上的成就應當肯定,文學史家對他的詩文略而不論,似欠公平。

六

薛瑄三十三歲(明永樂十九年)中進士,四十歲登上仕途,一生爲官二十多年,歷任湖廣道監察御史、雲南道監察御史、山東提學僉事、大理寺左少卿、大理寺卿、禮部右侍郎兼翰林院學士、入閣預機務等職。殁後贈禮部尚書,從祀孔廟。

薛瑄爲官清正,剛直不阿。《明史》本傳、《薛文清公年譜》和《薛文清公行實録》記載了他許多抗衡權奸、平反冤獄、昭雪冤案的史實。特别值得一提的是他與當權太監王振進行過殊死抗争,置丢官、問斬於不顧,證明他不愧是一位“光明俊偉”(《明儒學案》卷七)的封建士大夫。他提出的“爲政以愛人爲本(《讀書録》卷三)的“重民”、“愛民”思想,在一定程度上符合歷史的要求、人民的願望,值得認眞研究，批判繼承。

七

《薛瑄全集》的校點是這樣分工的：其中，《薛文清公文集》共二十四卷，校點者是運城師範專科學校孫玄常、李安綱；《薛文清公讀書録》十一卷、《讀書續録》十二卷、《薛文清公理學粹言》一卷、《薛文清公從政名言》一卷，校點者是山西省社會科學院李元慶；《薛文清公策題》一卷、《薛文清公年譜》一卷、《河東薛氏重修族譜》一卷、《薛文清公行實録》五卷，校點者是運城師範專科學校周慶義。此外，北京中國書店1984年刊印的《薛文清全書》中，還有薛瑄孫薛禩的《薛刑部詩集》一卷，薛瑄九世孫薛昌胤的《蓼蟲吟》一卷，因爲都不是薛瑄著作，所以我們都未收入《薛瑄全集》。還有《薛文清公手稿》，是薛瑄九世孫薛繼巖、薛昌胤摹印的，我們衹採用一頁作圖片，也未收入《全集》。具體校點方法，各部分都有説明，這裏不作總述。

山西人民出版社領導和孫安邦同志對《薛瑄全集》的校點出版給予了大力支持，提供了不少方便，我們深表謝意。標點有誤及校改不妥之處，敬請方家、學者不吝指正。

趙北耀　一九八八年二月五日于運城師範專科學校

總　目

文清公薛先生文集

薛文清公讀書録

薛文清公讀書續録

薛文清公理學粹言

薛文清公從政名言

薛文清公文章

薛文清公策題

薛文清公行實録

薛文清公年譜

薛氏族譜

薛文清公文集點校説明

一

《薛文清公文集》二十四卷，明薛瑄撰。其刊刻流行系統有四：曰《詩集》，曰《文集》，曰《全集》，曰《全書》。

《詩集》系統爲《河汾詩集》，由薛褀整理、閻禹錫校勘、謝庭桂鋟梓者也。謝庭桂氏《河汾詩集後題》云：

> 右《河汾詩》一帙，鄉先生薛文清公所作，其孫刑部主事褀之所匯粹，門人國子監丞閻君禹錫讎校之以授予者也。詩凡八卷，一千一百三十首。其篇什既多，繕寫者間不能無脱誤，予暇日復訂正之。方謀鋟梓，郡人好義者致仕通政知事朱維吉適過予，請效資費，曾不逾時而板刻成矣。

此乃《河汾詩集》刊刻讎校之大概也。謝《題》作於成化五年十一月，則板刻成當在此時稍前。謝氏雖爲蒲坂人，然據閻禹錫氏《河汾詩集序》云：

> 序成，蒲坂謝君庭桂，同知常州府，以公務至京師。見而嘆之曰："此吾鄉之先達，每蒙與進，九原不可作矣。捐俸鋟梓，俾諷咏者有以感發興起正學於無窮，是所願也。"遂録以歸之。

則是集又必刻於常州任上者。

《四庫全書總目·河汾詩集提要》謂：

> 今考所載詩賦，皆已編入《全集》中，此猶其初出别行之本

也。

謂之“初出别行之本”尚可,若云“皆已編入《全集》中”,則謬矣。今詳按《全集》《文集》所編收《河汾詩集》者,幾漏收百四十餘篇,五律尤多,達百一十餘篇。故知《四庫提要》爲不可盡信者也。然《文集》《全集》出後,屢經翻刻,歷久不衰,《河汾詩集》遂無再刻者矣。

《文集》系統爲弘治本、萬曆本、雍正本。

弘治本,即張鼎氏刻於鎮陽者也。《四庫全書總目·薛文清公文集提要》云:

> 初,瑄《集》未有刊本。瑄孫刑部侍郎禥以稿付常州同知謝庭桂,雕版未竟而罷。宏(弘)治己酉,監察御史楊(暢)亨得其稿於毗陵朱氏,鼎又從亨得之。字句舛訛,多非其舊,因重爲校正,凡三易稿而成書。共得詩文一千七百篇,釐爲二十四卷。鼎自爲序。

《文集》張鼎《序》亦載此成書經過,並云:

> 於戲!先生《文集》流落江南二十餘年,今傳於世,豈非其數有所待與!

按弘治二年己酉(1489)上推二十一二年,當在成化三四年間,可知由閻禹錫托與謝庭桂者,不單《河汾詩集》也。然《詩集》克成而《文集》未竟,正不知何故。以致《文集》流落,輾轉翻抄,舛訛已多,至弘治己酉始有張氏鎮陽刻本。其後凡二刻:再刻於萬曆四十二年甲寅(1614),由薛瑄八代孫知縣士弘梓刻於真寧任之省職堂,即所謂萬曆本者。薛氏《重刻薛文清公文集跋後》云:

> 於是復捐俸貲,重刻玆集於省職堂。自春迄夏,凡五閲月而工始竣。

趙邦清所撰《文集序》又謂:

> 薛父母刻《文集》時,查對門人張鼎前《序》,缺其前半,遍訪之不得。予收有石灰山關大使王鴻所刻《文清公行實録》,《録》末有張鼎全《序》。獻之薛父母,得成是集。(節)今幸《文集》刻於本邑,紙亦不大貴。大家刷印,倘得一言半句收斂身心,移風易

俗，庶不負薛父母刻書之意，豈非美事！

以上所引，可見再刻之大概矣。

三刻於清雍正十二年甲寅(1734)，由薛氏合族重刊於河津平原故里，即所謂雍正本者。《四庫全書》所收，蓋弘治本也。然而三刻版本悉皆雷同，版式、字體、刀法，即如版裂、缺落亦皆無不同，一仍張刻之舊。而其誤刊漏字，均未校易，可知後二刻俱爲翻版。除萬曆本、雍正本較弘治本多出一篇《豐巖寺增修記》(卷十九)外，所載詩文並無增減，惟序、跋、凡例微有損益耳。今悉排比於左，以别源流云：

弘治本：張鼎《序》。

萬曆本：張鼎《序》，薛士弘《跋後》《目録》《詩文二集凡例》。

雍正本：薛文清公像，首事人、刊匠名單，張鼎《序》，趙邦清《序》，侯腹心《序》，缺名《重刊序》《詩文二集凡例》《目録》。

《詩文二集凡例》爲侯腹心作。侯乃雍正時人，重刻《薛文清公先生文集序》即其作於"雍正十二年歲次甲寅九月吉旦"者也。而《全集目録》之字款版式，似亦刻於同時也。然竟登於萬曆本者，豈非怪事？抑或其刷印在雍正本出後，爲翻閲方便，將《目録》《凡例》與之匯合，亦未可知。

《全集》系統爲《薛文清公全集》嘉隆本(嘉靖、隆慶間刻本)及萬曆本。

嘉隆本《全集》四十卷，《附録》一卷。前十七卷爲《讀書録》，後二十三卷爲《文集》，蓋將《文集》之二十二與二十三兩卷合一也。《文集》前無《目録》，署作"禮部左侍郎兼翰林學士河東薛瑄著，門人關西張鼎校，後學邢臺趙孔昭彙編重校。"《文集》後附李賢所撰之《禮部侍郎薛公神道碑銘》、吕柟所撰之《重建薛文清公祠堂記》以及彭韶所撰《名臣録》。則嘉隆本乃邢臺趙氏匯校刊刻者也。

萬曆本《全集》，即關中崔爾進刻於萬曆四十三年乙卯(1615)者也。崔氏《薛文清公全集序》云：

余每見近世師説之録，講學之語，即市肆何啻充棟。而文清

> 先生文顧獨不行於世，心竊憾之。偶從余同年友祁駕部爾光所得先生《集》，欣然如獲拱璧。爰於職事之間，校讎而命之梓，以質海内，是余素志也。夫已於役而竣，三復卒業，而嘆先生之學爲不可及也。

是知必刻於江南巡按浙江等處任上，且有華亭野史董其昌《序》可爲顯證。是《集》體例與嘉隆本同，亦合《讀書録》《文集》而一之也。惜夫山西大學圖書館藏萬曆本唯有《讀書録》之一函在，而《文集》之函已佚，不能睹夫全貌。謹就《讀書録》觀之，版式、字體、刀法均與嘉隆本無異，且《讀書録》俱在《文集》之前，似有盜版之嫌。然既有崔氏自序，又董其昌《文集序》有云：

> 侍御崔公，獨鋟《文清集》而行之，返大輅於朱輪，代醇醪以玄酒。

且李賢之《銘》、吕柟之《記》、彭韶之《録》俱在《讀書録》之前，而非《文集》之後，可知其爲同一系統之别本也。而崔氏所謂自“祁駕部爾光所得先生《集》”者，不知是否即嘉隆本耶？若果是，經崔氏之校讎，當更爲雅正矣。姑俟他日補羅補校也。

《全書》本系統爲康熙本、雍正本。

康熙本，乃儀封張伯行氏於康熙四十七年戊子（1708）梓行於榕城之正誼堂者也。張氏《原序》謂：

> 予景先生之學而弗逮也，公餘之暇，取其《文集》，採輯成編，與《讀書録》並梓以廣其傳。

是知康熙本所收之《文集》，實爲出入張鼎弘治刻本(按《全書·文集》前有張氏《序》)而編撰者也。雖云《文集》，實爲選本，更未收詩。共得十卷，較張刻本《文集》所收二百六十三篇文少五十五篇，且校勘欠精，舛訛爲多。後《叢書集成初編》收作《薛敬軒先生文集》。

雍正本《全書》，乃雍正十二年甲寅（1734）薛氏合族刻於平原故里者。第一函爲《文集》，實即《文集》系統之雍正本也。第二函爲《讀書二録》《行實録》《從政名言》《理學粹言》《年譜》《文章》以及薛禚之

《蓼蟲吟》等詩文集共十二種之合裝。《讀書録》爲薛瑄第十三代嫡裔薛世璋補刊於乾隆四十一年丙申(1776);《行實録》乃薛氏合族重刊於康熙五十三年甲午(1714);《年譜》刻於康熙五十二年癸巳(1713)。由此可見,所謂雍正本《全書》,實爲雍正十二年《文集》重刊後,合其他十二種書刷印合訂而成者也。今木板尚藏於萬榮縣平原村薛瑄故里,屢經刷印。一九八四年北京中國書店亦嘗刷印若干套於琉璃廠,向全國發行。

以上爲薛瑄《文集》版刻流行之概況。

二

此次校點,以運城市圖書館藏萬曆四十二年甲寅本《文清公薛先生文集》爲底本,並校以下列諸本:

北京圖書館藏成化五年謝庭桂刻本《河汾詩集》;

山西大學圖書館藏弘治二年張鼎刻本《文清公薛先生文集》;

北京圖書館藏嘉隆間趙孔昭刻本《薛文清公全集》;

山西大學圖書館藏萬曆乙卯崔爾進刻本《薛文清公全集》;

山西省圖書館藏雍正甲寅合族刻本《文清公薛先生文集》;

山西大學圖書館藏《叢書集成初編》本《薛敬軒先生文集》。

《河汾詩集》在《文清集》諸刻中爲最早,更近原貌,於校勘學有較高之價值。今凡萬曆本《文集》所漏收者,如七古之《題四皓圖》,才情恣肆,横放傑出,直欲上追太白。其他如五律百餘篇,幽淡閑遠,有陶、謝之風,不可不傳。故悉移補于諸卷之末。凡與萬曆本相異之文字,多以《河汾集》爲勝,故悉加校記,附於篇末。凡與萬曆本相異之篇目,又多以《河汾集》爲詳爲備,而若干題注均爲萬曆本及他種所無者,如《文集》卷六之《題風木卷》,《河汾集》作《題風木卷爲林太守乃考》,方不致誤會。還如《文集》卷三之《登州行》,《河汾集》下有序云:

正統四年春,余按海右。二月廿一日發黄縣,歷崗坂下登州，遂作《登州行》，以紀歲月日云。

正可資考行踪與繫年。類此者甚多，故盡録爲諸本所無者以入於校記，以復其原。且《河汾集》篇目編次與萬曆諸本大不同，故備録《河汾詩集》之篇目編次（按《河汾詩集》原無目録），附於《集》後（見“附録之二”），俾讀者詳其次第，曉其規模可矣。

嘉隆本《全集》，後出轉精。萬曆本雖晚出，但一承弘治之舊，與之校勘，所得爲多。故凡相異者，一併出校。

叢書本《文集》，係據正誼堂《全書》本排印者，紕繆雖多，然而間有發明，固不可噎而廢食，因悉據以校勘。又以其爲選本，故特盡抄其《目録》以附於後（見“附録之三”），以存其概云。

弘治、雍正二本，以其與萬曆本同版，故校勘無所得。尤以山西大學圖書館藏萬曆崔刻本《全集》之《文集》已佚，不得有以發明，深爲遺憾。然尚有一二序跋，足可闡其淵源，窺其梗概者也，遂録之於後（見“附録之一”），以備稽考耳。

另，《文集目録》與《集》内篇目多舛訛顛錯者，今悉爲釐正，均以《集》内篇目爲準。《文集目録》雖有偷工減料之嫌，如卷九之《患難中海昌李太守數書問及詩以報之》，卻作《患難中答李太守》。然同卷之《寄孫韓二公》，卻作《出城日孫韓二公攜酒匡山叙别》，與《詩集》《文集》《全集》各本均異，則不可概以偷減目之矣。蓋不知所據何本，故凡與篇目異者，皆有校記，以存其舊。

是《集》之校點，乃由孫玄常、李安綱屢次奔波於北京、太原，發憤二年，始克完成者也。校勘之際，多賴北京圖書館特藏部、山西省圖書館特藏部、山西大學圖書館、運城市圖書館以及山西大學中文系講師景宏業先生之熱忱幫助，特此誌謝。然時間倉促，多所不便，所移補之《詩》《序》《目録》等，或因字迹不清，或爲抄録筆誤，難免疏謬，更以水準有限，倘蒙匡正，不勝歡迎。

李安綱　一九八七年暑於河東

文清薛先生文集序

“布帛之文，菽粟之味”，朱子嘗以是而贊程子矣。布帛可以常衣，菽粟可以常食，聖賢著述立言，亦猶是也，捨此則奇怪隱僻不經於世，若左氏浮誇、莊周荒唐是已，君子所不與焉。先師敬軒薛先生有見於此，故其著述立言，淺近平易，使人易知，豈奇怪隱僻、不經於世者所可擬哉！

先生名瑄，字德温，别號敬軒，世爲山西河津人。自幼篤信好古，博學善記。所著有《讀書録》《續讀書録》《河汾詩集》行於世。惟《文集》則先生孫前刑部員外郎禥曾托前常州同知謝庭桂板刊，未就。今年夏四月，前監察御史暢亨，先生同鄉，謫官陜右，道過鎮陽。予因訪前《集》，暢曰：“某於毗陵朱氏得之矣。”予喜而閲之，但舛訛非原本矣。因訪〔一〕唐《昌黎集》，校正編輯，總千七百篇，分爲二十四卷。凡三易藁始克成編。於戲！先生《文集》流落江南二十餘年，今傳於世，豈非其數有所待與！

先生永樂庚子河南鄉試第一，登辛丑進士。宣德丁未初，授廣東道〔二〕監察御史。正統丙辰，擢山東按察司提學僉事。陞大理寺左右少卿，以獄事詿誤，閑居七年。正統己巳，用言官薦，左遷大理寺丞。景泰庚午，奉敕總督松潘糧餉。事竣，陞南京大理寺卿。未幾，改北京大理寺。天順丁丑，陞禮部右侍郎，兼翰林院學士。入内閣，轉左侍郎。越五月，以疾在告，懇乞休致。通前章三上，方得俞允，時年六十九矣。天順甲申夏六月，終於家。朝廷遣官諭祭，爲營葬事。贈禮部尚書，謚“文清”。

予嘗記先生設教河汾，一時及門之士，雲集川匯。鼎方十五六，先生格言至論，耳濡目染，猶能憶其一二，惜乎少年不及向學。大抵先生剛方正大，以聖賢爲師。處己接物，不詭隨，不屈撓。講論經書，窮究義理，自一身一心推之，至於萬事萬物，然後約之以歸於一。其餘子史百家，靡不淹貫，究竟至極。尤邃於性理之學，《周易》《太極圖》《西銘》《近思録》未嘗釋手。常瞑目端坐，思索有得，欣然見於顔面。其學蓋已至於樂之之地矣。言動舉止，悉合規度，可爲人法。辭受取予，一决於義。終日衣冠危坐，望之儼然可畏，雖燕閑亦然。居家孝弟忠信，對妻子如嚴賓。及至接人，和氣可掬。不語人以其所未至，嘗以程門教人居敬窮理，接引後學。晚年造詣高明，踐履篤實，益至純熟。其詩文平易、冲澹、渾成，不假雕刻，誠所謂布帛菽粟，切於民生日用而不可缺者也。讀者自當得之。

予早侍几席，壯歷宦途，老無所得。追思誨諭，不可及也。先生歷官政蹟，載在國史。其風節道德，自有天下後世公論在，不敢私。

弘治己酉夏五月端陽門人關西張鼎序

【校記】

〔一〕《叢書集成》本《文集》“訪”作“取”。

〔二〕《叢書集成》本《文集》“廣東道”前有“行在”二字。

重刻薛文清公文集跋後

文清乃士弘八世祖，諱瑄，字德温，别號敬軒。隨父貞任中州鄢陵教諭，遂獲中永樂庚子河南解元，登辛丑之進士。歷官大學士，入内閣，贈禮部尚書，謚"文清公"，從祀孔廟。子溥，以子貴，封刑部主事。孫禥，天順甲申進士，歷官刑部員外郎。玄孫韶，官生，歷官知縣。曾孫葵，官生，歷官少卿；華，嘉靖癸未進士，歷官知縣；曰芝、曰艾，俱歲貢，歷官州判；曰蘭，尚義散官。六世孫惟傑，歲貢，歷官知州；惟謙，選貢，歷官學正。七世孫應麟，舉人，歷官府同知；應第，監生，歷官照磨；應闈，歲貢，見任訓導；應祥，廩庠生，不幸辭世。祥生士弘，爲八代孫。甫成人，恆切傳梓祖書志，第庸愚極陋，愧弗克以科第繩祖武。

迨萬曆甲午蒙欽例，選謁成均。越丙午，叨膺簡命，授宰西安鄠縣，業已鋟行《年譜》諸書。嗣欲檢刻《文集》，不意接喪里居，頓成闕事。兹獲補任真寧，庶可藉以竟厥志。况天官趙公乾所雅愛先祖《粹言》，素切神交。一見弘，即贊刻遺書，甚盛心也。且不惜瑶璨，欣序首簡付弘。又足以增光存没，而貽示來兹。何敢負哉！何敢負哉！于是復捐俸貲，重刻兹集於省職堂，自春迄夏，凡五閲月而工始竣。

且薛氏敕建祖塋二百餘祀，神道碑尚未創立。蘭祖創建薛夫子家廟已逾三世，獨角門暖閣云缺，而殿廡楹棟、坊牌榱柱猶然乏潤飾也。弘亦已易置碑石木料，始建立而增新焉。今厥績咸已告成矣，因並及之。謹跋。

萬曆甲寅仲夏吉日八代孫真寧縣知縣薛士弘書

文清先生詩文二集凡例十則

一、四書五經，皆載道明理之書，悉待後儒之發揮。先生曾有《讀書兩録》，久已發揮經書之大義，且廣及於列朝之事迹，剖析最爲精詳。又有《詩》《文》二集，與《讀書録》相爲表裏，較聖賢之經書直可並垂不朽。

一、龍門司馬太史公《史記》，爲文章之發端，筆意卓絶古今。今觀先生二《集》，亦有王公之世家，亦有名人之列傳，亦有英雄之紀事，無法不具，無義不備，史遷之後，允堪稱爲獨步。

一、古來具武備而兼文事者，莫如漢季關夫子。觀其辭曹一書，詞嚴義正，簡勁愷切，深得左氏筆法。今讀先生二《集》，本道德爲詞華，從實功爲經濟。如備邊練軍諸策，固不僅文事之素優，抑亦武備之克嫻。誠足與關夫子後先輝映。

一、隋儒王文中子有《中説》一書，具載治亂興衰之義理。今讀先生二《集》，視文中子更覺周密和平，益信河汾人文蔚起，皆沐先賢卜氏之教澤，相繼以啟提乎後人，初非無關運會而然。

一、狄梁公爲唐時名相，不媚權貴，節義表炳，當時人皆服其氣骨。至于先生立朝屏斥奸邪，清風峻節，具發見于《詩》《文》二集，較梁公初不少異。氣骨之高曠，洵屬無足比倫。

一、八大家古文，柳子厚與韓退之齊名，以其筆致峭拔，文氣深刻，無一毫俗意。先生二《集》所載，視子厚原無稍遜。即詩句起落，間有出於一韻之外者，固屬聖賢之格言，究不得律以韻士之才情。

一、宋室名相如司馬温公，倣史官之法戒，網羅一千數百年之事實，編爲《資治通鑑》。至朱子秉聖人之褒貶，又提爲《通鑑綱目》，後起者極難爲繼。今讀先生二《集》，本三長以作史。與温公媲美頡頏，誰曰不宜！

一、宋儒周、程、張、朱皆有語録，載在《性理》可考。先生語録雖有散失，而二《集》所具名言至理，識者久已共賞。群賢有知，應必引爲同心，以講道於一堂。

一、有明從祀四子，皆知爲薛、胡、王、陳。王以良知爲主，《傳習録》一書，蓋本於陸子静之尊德性；胡、陳講義，亦不載於四書之内。先生二《集》，咸由學修以出之。允矣駕三儒而爲第一。

一、先生《文集》，昔日儀封張孝先中丞曾刻大半於蘇州公署，誠爲一時盛舉，然終未免缺而弗全。今盡搜其全帙，並《詩集》悉登梨棗。於以傳世行遠，庶足殫表揚前徽之微意。

解梁後學侯腹心沐手再題

文清公薛先生文集目録

卷之一

賦

古　詩

卷之二

古　詩

歌

卷之三

歌

卷之四

卷之六

律　詩

補　遺

卷之七

律　詩

卷之八

律　詩

卷之十

律　詩

附　録

卷之十一

雜　著

卷之十二

書

卷之十三

序

卷之十四

序

卷之十五

序

卷之十六

序

卷之十七

序

卷之十九

記

卷之二十一

碑

卷之二十二

墓誌銘

卷之二十三

卷之二十四

附録之一

序　跋

提　要

附録之二

附録之三

文清公薛先生文集卷之一

門人關西張鼎校正編輯

賦

黄河賦

吾觀黄河之渾渾兮，乃元氣之萃烝。濬洪源於西極兮，注天泒於滄瀛。貫后土之厖〔一〕博兮，沓玄溝之晶明。過積石而左轉兮，龍門呀而峻傾。薄太華而東騖兮，撼柢〔二〕柱之峥嶸。入大陸而北徙兮，迷不辨夫九河之故形。經兩海而紀衆流兮，擅浮沉之濯靈。覽頹波而懷明德兮，又何莫非姒氏所經營？登崐崘而俯視兮，固仿佛其初迹。馭高風而騁望兮，遂周游其曲直。何末流之混濁兮，始清澄而湜湜。羌澹灔而徐趨兮，勢沄沄而自得。觸險石以門暴兮，詫雷轟而轂擊。天宇擴其沆漭〔三〕兮，渺上下之玄黄。霧雨霔霔而滃集兮，混邃〔四〕古之洪荒。微風蕩拂而涣散兮，天機組織其文章。頹猋浩而汹涌兮，百怪垂涎而簸揚。腥雲濁浪以蕩汨兮，恍忽顛倒夫舟航。靈曜升而赫照兮，乘正色于中央。望舒在御而下臨兮，列宿涵泳其光芒。若乃震秉符以行令兮，百谷淫淫其凍釋。山澤沮洳以上氣兮，增滉瀁之洋溢。魚龍乘濤以變化兮，杳莫測其所極。祝融載節以南届兮，雷雨奮達以滂霈。潢支流而股合兮，百川奔而來會。木輪囷而漂拔兮，蔽云日而淘汰。狂瀾汹而嚙岸兮，塊土焉塞夫衝潰。霜戒嚴而木脱兮，少昊執矩以司秋。洲渚緬邈而石出兮，始殺湍而安流。霰雪紛其四集兮，顯項乘坎以奮神。大塊噫氣而摩軋兮，流澌下而龍鱗。層冰橫絶而山委兮，河伯驅石以梁津。羌險夷而明晦兮，變朝暮與四時。飈風起而衝木兮，蟒[五]怪駭其難推。睹圓方之一氣兮，恒來往而密移。昔尼父之嘆逝兮，跨百世而罕知。顧川流之有本兮，與終古以爲期。啓龍圖而玩六一兮，悟主[六]宰之所爲。喟餘心之未純兮，感道妙之如斯。聊誦言以自明兮，庶晝夜之靡虧。

【校記】

〔一〕嘉隆本《全集》卷十八"厐"作"龐"。

〔二〕嘉隆本《全集》卷十八"柢"作"砥"；成化本《河汾詩集》卷一"柢"作"底"。

〔三〕《河汾詩集》卷一"漭"作"莽"。

〔四〕《河汾詩集》卷一"邃"作"遂"。

〔五〕《河汾詩集》卷一"蟒"作"莽"。

〔六〕《河汾詩集》卷一"主"作"不"。

虚庵賦爲僉憲泰和劉咸作[一]

觀堪輿之橐籥兮，恒噓炎而吸寒。漠空洞而容納兮，神化繼出而源源。混真精之微密兮，生人物於兩間。何此氣之雜糅兮，異明暗與強孱。物擾擾而並進兮，慨中虚之委填。雖暫空而還塞兮，又何以納夫清言。聖覽兹之蔽濁兮，啓象告之幽玄。上呀然之澤水兮，下安安之崇山。山中闢以承澤兮，澤下浸以潺湲。覩咸虚之受益兮，知中私之可刊。有君子之好古兮，質清明而粹完。窺羲皇而求索兮，仰姬孔以援扳。肇佳名以爰錫兮，寓虚庵而頤顔。闢混沌以爲室兮，鍵太素以爲關。列冲澹而爲榻兮，鋪恬静而爲莞[二]。幕天宇之擴[三]落兮，鏡止水之澄灣。延皓月以爲友兮，抱虚明之團團。撫瑶琴而寫中素兮，清風去而徐還。步逍遥而徙倚兮，悟達人之大觀。飲太和而療渴兮，味道腴以充餐。佩文史之璜琚兮，服禮義之衣冠。不先物而内植兮，恒洞達而平寬。理無微而不藴兮，善無入而不安。知静存而動出兮，合大化之循環。守此度之益敦兮，諒感通之何難。顧余質之中室兮，慕夫人之閑閑。願相從於廣宇兮，長依倚〔四〕而盤桓。

【校記】

〔一〕《河汾詩集》卷一文題注作"爲僉憲劉公作。公名咸，因號虚庵，取《太象》君子虚以受人之義"。

〔二〕嘉隆本《全集》卷十八"莞"作"筦"。

〔三〕《河汾詩集》卷一、嘉隆本《全集》卷十八"擴"作"廓"。

〔四〕《河汾詩集》卷一"依倚"作"猗移"。

雪　賦

維月之孟陽兮，氣栗烈〔一〕而嚴凝。歲忽忽而遒盡兮，閟升降之機扃。相重陰之蘊杳〔二〕兮，霰雪下而縱横。何玄冥之工巧兮，鏤六出之奇形。初揮霍而散漫兮，遂漠漠而無窮。乍大荒之微堊兮，久川谷而俱盈。灑長松之落落兮，玉龍夭矯而騫騰。逐回飇而入竹兮，磕金石之琤琤。被嶔崟之絶巘兮，若天吳起立而海波傾。訝城闉之方啓兮，敞馮夷之幽宫。捲前簾而凝睇兮，懸旒玉於檐楹。九皋之鶴横空而遠逝兮，惟聞夫戛然之長鳴。舞瑶臺之佚女兮，迷不覩夫綽約之冶容。疑地媪之效瑞兮，珪璧磊落而晶熒。豈清都紫微〔三〕之既春兮，梨花飛絮而交零。載瑶車而駕玉虬兮，將遠觀夫九野與八紘。遵渤澥而東騖兮，渺萬里之滄溟。登九疑而瞰南極兮，祝融不炳耀其銛鋒。循流沙而涉弱水兮，歷峥嶸之長冰。臨大漠而睨中土兮，山川紆曲而齊同。天地混融而爲一兮，又孰别夫濁與清。及旋輈而息駕兮，獨恍〔四〕恍於中庭。四方上下皆在我闥兮，擴靈府之宏澄。探元化於終古兮，聊向風而抽情。亂曰：洪鈞斡運，一氣孔遒兮。四時相沓，而〔五〕翕闢何由兮。陽以陰肅，恩若仇兮。闃寂無餘，而發爛莫收兮。蟲牟降伏，三白肇休兮。歲薦若兹，我將何求兮。

【校記】

〔一〕《河汾詩集》卷一"栗烈"作"溧冽"。

〔二〕《河汾詩集》卷一"杳"作"沓"。

〔三〕《河汾詩集》卷一"清都紫微"作"清微紫都"。

〔四〕《河汾詩集》卷一、嘉隆本《全集》卷十八"怳"作"惝"。

〔五〕《河汾詩集》卷一"而"作"無"。

自修賦

皇降予以衆美兮，實清明而粹全。胡賦質之不猶兮，乃蔽昧而強孱。自有識而發憤兮，窺前修之閫闕。誦古訓之數數兮，服至理之拳拳。雖苦心而極力兮，猶未從容乎矩步。忽内怛而自修〔一〕兮，吾知其故。善既復而或失兮，怠與敬其交騖。心暫開而或蔽兮，理與欲其紛互。此實進退之機兮，肇千里〔二〕於跬步。苟決擇之不勇兮，將邪贏而正負。盍必於敬於理而保持兮，於怠與〔三〕欲其屏去。既經心以自明兮，復誦言以自固。庶成性之存存兮，全上天之所賦。

【校記】

〔一〕《河汾詩集》卷一"修"作"循"。

〔二〕《河汾詩集》卷一"里"作"古"。

〔三〕《河汾詩集》卷一、嘉隆本《全集》卷十八"與"作"於"。

思本賦

吾行年之匪少兮，胡貿貿而靡思？善〔一〕惡原於杪忽兮，浸千里其遠而。木油油而上聳兮，波沄沄而載馳。托后土之鴻厖〔二〕兮，本大化之無涯。肇總總之衆物兮，咸資始於天淵。矧含靈之物秀兮，孰有不自其先。先昭列而在上兮，子孫繩〔三〕其在下。或一日而不思兮，將原竭而本仆。或廣植而不食其穫兮，或勤施而不責所負。渺河流之汪淫兮，潤實漸於遐土。啓我人以坦途兮，闢我人以大户。既登名於薦書兮，復顯仕於朝列。念積累之艱難兮，恒拳拳而恐失。服聖賢之明訓兮，索衆妙於微賾。仰皇昊〔四〕之賦畀兮，保天理於晷刻。謹余識之昭昭兮，匪他岐之敢惑。潔余身之皓皓兮，豈外物之能涅。是惟顧本源〔五〕以自修兮，若見親於羹墻。行斯百而靡虧兮，體毫髮而匪傷。堅此志之罔替兮，愛此言之不忘。敦忠孝而日新兮，庶末盛而流長。

【校記】

〔一〕《河汾詩集》卷一"善"上有一"思"字。

〔二〕《河汾詩集》卷一"鴻厖"作"洪龐"。

〔三〕《河汾詩集》卷一"繩"下有一"繩"字。

〔四〕《河汾詩集》卷一"昊"作"天"。

〔五〕《河汾詩集》卷一"源"作"原"。

古　詩

禱雨效韓體

盛夏將幾月，亢旱何赫炎。山澤不通氣，水雷更深潛。畢亦無所爲，徒聞挂銀蟾。豐隆久音〔一〕默，列缺寧窺覘。螻蟻閑深冗〔二〕，老蛟遁幽潭。凡此衆陰類，畏避何安恬。而獨哆口箕，簸揚助飛廉。微雲稍欲布，驅逐無毫纖。陰氣歘將合，極力故攪撏。蓬蓬太虚内，日夕恣併兼。既迎望舒轡，復送羲和驂。遂使平田中，百物如燒燂。吏民紛祈禱，土梗空巍岩。擊鼓神弗聞，旱氣轉覺添。焚巫果何計，暴尫信虚談。我欲款上帝，上訴箕風讒。狂吹既清息，長舌亦收緘。得使陰陽和，坐見雨露霑。枯槁總滋遂，沛澤皆濡淹。室家合飽足，兒女無諵諵。永荷神力慈，式歌大化覃。抱此雖自奇，臨期復疑瞻。

【校記】

〔一〕嘉隆本《全集》卷十八"音"作"喑"。

〔二〕嘉隆本《全集》卷十八"冗"作"穴"。

翫一齋爲柳克新賦

静觀一理大，寥闃竟難言。惟於流行際，特達見本根。胡爲歧路雜，靈妙日已昏。玄聖發曾子，濂溪啓程昆。後哲總超悟，殊途集同門。吾友展禽裔，古道性所敦。乃作翫一齋，游處資操存。極力屏群欲，篤志收奇勛。斂兹義理微，芟彼枝葉繁。始知千萬緒，無不會心源。了此匪爲易，仰視有蒼玄。

舞陽阻雨留宿

清曉發昆陽，緑野散朝旭。夾道禾黍長，泥潦淹馬足。東行得平岡，舞陽忽在目。入自西郭門，兩街喜多竹。爽氣拂征衫，清風戛鳴玉。便覺人境偏，似有太古俗。阻雨留憲臺，倏忽經再宿。永日覽圖書，清宵散華燭。念此居處崇，内顧王程速。敢不勉忠勤，而胡遂安欲？此邑足名賢，王常韓韶炳相續。明發登前途，回首憶高燭〔一〕。

【校記】

〔一〕嘉隆本《全集》卷十八"燭"作"躅"。

宿信陽慈氏寺有懷趙侍御二首

禪室絶清灑，夜景何寥寥。白月墮檐隙，涼飈拂林梢。有客不能寐，起坐心勞焦。所懷同心友，相去一何遥。開門望天宇，露冷河漢高。恨無雙羽翰，奮飛共游遨。秉燭遂至旦，詩成還獨謡。

山寺月皎皎，流光入簾帷。神清不成寐，起視夜何其。天漢漸回轉，參斗亦西移。庭草泫繁露，林竹生涼颸。撫景念良友，渺在天一涯。會面曾幾日，成此遠别離。冉冉易寒暑，悠悠隔山陂。豈無他人好，中情詎能知。所願得歡晤，以慰平生思。

舟行野湖中〔一〕

湖水與天平,波濤亦何壯!我舟駕長風,遠破萬里浪。玉節方在斯,百怪誰〔二〕敢傍?明登岳陽樓,八荒應在望。

【校記】

〔一〕詩題《河汾詩集》卷四入"五言律詩"。

〔二〕《河汾詩集》卷四"誰"作"孰"。

疊　前

少小心好奇,斯游歲方壯。雲帆拂遥天,畫舫壓高浪。青山歷歷過,可見不可傍。明泊洞庭湖,還當極遐望。

龍陽山行遇雨二首

楚山饒古木,楚水繞奇石。林霏暗不開,石瀨瀉何急。久行路欲迷,嵐雨互蒸濕。陟降童僕勞,竟日未遑息。向晚落葉多,攬轡更駐立。

歲晚山行深,山中水重疊。叢篁夾溪橋,橋斷横槎接。陰雨竟連朝,雲林黯一色。虚風忽泠然,蕭蕭墜黄葉。撫景復何爲,内顧遠遊客。

宿山亭

山深郵舍孤,入門晚色静。四顧足喬林,蕭蕭北風勁。向夕起重霏,窗户倏已瞑。燃松代秉燭,明暗光靡定。草草具杯酌,何暇梨果飣。乃知山林趣,足發遠游興。天明登前山,清風滿蘿徑。

瀟湘八景

余少時聞瀟湘八景之清致，而未得一游也。今年冬來湖南，始得親歷而詳覽之。遂爲八詩，以寫其趣。

山市晴嵐〔一〕

雨來萬壑昏〔二〕，雨過千岫出。晴旭楚人家，蛾眉畫生緑。看看如有情，餘光遠相逐。

【校記】

〔一〕嘉隆本《全集》卷十八作“山寺晴嵐”。按，下有“煙寺晚鍾”一首，故此當爲“山市”。

〔二〕嘉隆本《全集》卷十八“昏”作“分”。

洞庭秋月

西風淨晚煙，天水遠相接。瓊樓玉宇深，炯炯涵虚白。夜久風露寒，一曲湘靈瑟。

平沙落雁

霜清秋水落，風過人迹平。飛飛隨陽鳥，相呼下寒汀。向夕聚儔侶，月映蘆花明。

煙寺晚鐘

夕照下山門，清音出煙霧。暝壑一僧還，側佇尋歸路。月上楚天寬，霜落洞庭樹。

瀟湘夜雨

兩岸叢篁濕，一夕波浪生。孤燈蓬底宿，江雨篷〔一〕背鳴。南來北往客，同聽不同情。

【校記】

〔一〕嘉隆本《全集》卷十八“篷”作“蓬”。

江村暮雪

落落漁樵家，蒼蒼起煙霧。岸滑移釣舟，沙平失歸路。似有淩波人，盈盈月中去。

漁村落照

釣艇收晚緡，歸鴉集疏柳。天風吹彩霞，明月映江口。孤村一笛横，萬慮復何有？

遠浦帆歸

翩翩投極浦，漠漠背殘照。水柵歌竹枝，清風激幽調。歸舟漸覺稀，錯莫尚凝眺。

微恙不出

客居養微痾，久與人事疏。早起無所爲，盥櫛讀我書。我書有真味，寧比膏與腴。膏腴常有厭，真味諒難如。自得復誰告？撫心但躊躇。

泊舟貽溪宿陽樓山下三首

泊舟清江滸，肩輿渡迴溪。微逕入叢篠，蒙寵〔一〕行欲迷。轉步忽開曠，溪田間高卑。傍水野航小，連林茅屋低。適遂情景豁，寧覺人俗非。山堂稍曛黑，冥冥子規啼。

草堂傍溪谷，瀟灑無塵埃。隱几流水去，開牖青山來。客情既虚静,遠目何曠哉！弭節得周覽,外慮仍侵懷。村落日已暝,山氓猶未回。念此不能寐,遠抱殊難裁。

窈窕入清溪,側徑何紆曲。魚梁截奔流,雪瀨漱寒玉。空翠濕人衣,霧雨滿新竹。路窮上野航,前登得平陸。日暮煙火迷,似向桃源宿。

【校記】

〔一〕嘉隆本《全集》卷十八“寵”作“籠”。

舟中聞蟬

扁舟泛湘水,水碧風日晴。適有異鄉感,忽聞衆蟬鳴。悽切篁竹茂,斷續楓林青。家園舊喜聽,客裏難爲情。時節知已易,遠游心緒驚。因念衆兒女,依依候門庭。雖云憫中私,尤當顧王程〔一〕。

【校記】

〔一〕嘉隆本《全集》卷十八“程”作“臣”。

湘江舟中

湛湛湘水緑,夾岸叢篁多。挽舟逆水上,南風起微波。嘉此晴霄景,逍遥玩江沱。沙渚曠緬邈,雲岫紛嵯峨。遠目爲舒暢,客意將如何？濯纓吾所愛,聊爲扣舷歌。

至襄城

襄城古名邑,山水殊清妍。我游適已再,入境心欣然。憲府絶瀟灑,乃在城東偏。停驂得所止,景静俗慮捐。修竹滿堂後,翠柏當庭前。攀折將有贈,聊比志節堅。念之不能已,長謡遂成篇。

望諸葛草廬

我行迫王程，訪古少暇日。曉出南陽門，馬渡消〔一〕河急。舉目眺西崗，林木半蒼碧。有祠中巖峨，云是孔明室。使我心慨然，攬轡久瞻立。憶當炎祚衰，四海皆橫溢。奸豪競虎吞，孰知順與逆？公時獨悠然，放歌聊自適。及來耕隆中，日以老所益。高視千古人，管樂自儔匹。有時發中懷，長嘯獨抱膝。寧知臥龍姿，還爲冰鑒識。賢哉劉豫州，三顧何汲汲。問以當世事，指掌皆歷歷。自兹出茅廬，魚水情尤密。後來大業興，益見前籌力。公心果何如，是欲静〔二〕群賊。復漢還舊都，志願乃終畢。奈何逢厄運，終非智能及。五夜星隕營，三軍淚沾臆。至今五丈原，悲風尚蕭瑟。遂使英雄士，遺恨無終極。今來望公廬，咫尺不暫即。園井定依然，遺像想猶昔。平林渺寒煙，長巒帶古色。所貴賢者居，孰不仰遺迹？鞭馬復南行，迴想猶未釋。朗誦《出師表》，沉思八陣石。浩浩天壤間，奇才難再得。他年擬重來，更當展良覿。

【校記】

〔一〕“消”乃“淯”之誤。淯河自北來，經南陽南南流。

〔二〕嘉隆本《全集》卷十八“静”作“靖”。

襄陽道中

曉辭新野縣，午入襄陽境。迢遞岡坂長，曲折溪流静。入村竹青青，便覺異風景。唯時霜雪繁，歲晏北風冷。中私且撥捐，壯觀極馳騁。日暮臨漢江，窮源思方永。扁舟過須臾，波濤任奔猛。遠行足險夷，吾心良獨省。

登峴山

停舟漢水濱，跨馬陟峴首。漢北渺川原，漢南足林藪。山水兩迴環,地氣蓄不走。城北〔一〕一掌中,名勝良不偶。紅樓杳難即,粉堞粲可取。虚白瞰遠沙,疏翠俯高柳。柳外居人家,向背各開牖。美哉風景奇,詩興濃於酒。下馬復山行。遺壘高培塿。歲久悉荒殘,戰骨亦楛〔二〕朽。緬思前代争,南北此樞紐。典午窺併吞。元宋竭攻守。兵連歷歲時,良田生宿莽。力屈或不支,乃爲強者有。而雖富土疆,竟莫絶稂莠。明運開萬方,稽顙唯恐後。浩浩江漢間,一洗舊昏垢。《詩》傳《二南》俗,人享百年壽。乃知皇力尊,澤及生靈厚。小臣職觀風,登覽非外誘。所願歌昇平,彌億萬年久。

【校記】

〔一〕嘉隆本《全集》卷十八"北"作"比"。

〔二〕嘉隆本《全集》卷十八"楛"作"枯"。

峴山羊公祠

峴首羊公祠,周圍帶草莽。重是古名卿,捨舟聊一上。雪消江路滑,氣暖神扉敞。捫碑澀蘚痕,搴帷綴蛛網。字隱不可讀,風流猶在想。想當公昔年,跨馬此登賞。顧彼山常存,身滅足悵怏。寧知千載餘,公名蔽天壤。遂使山增輝,過者悉瞻仰。足明仁厚澤,不與時世往。我來復何爲? 作詩踵遺響。

游習家池

谷口一徑入,蒼山四邊開。中有習池水,水碧無纖埃。泉源初噴薄,交流遂瀠洄。飛鳥鏡中度,行雲天外來。微風一蕩拂,林影久徘徊。寒光空心性,俯玩何悠哉! 愛此不能去,載歌寫中懷。

游君山寺

爲愛湖中山,遂尋山下路。躋攀轉幽〔一〕邃,澗谷亦回互。石蹬足莓苔,青林雜煙霧。前行如有窮,嵐嶺乍分布。招提壓重湖,千里周一顧。孤峰四無根，形氣自依附。山僧復導我，窈窕更徐步。疏籬野蔓懸，老圃寒泉注。徑轉山房深，重與絶境遇。白雲檐外生，清風竹間度。庭花雜無名，歲晏色猶故。澄心得妙觀，忘言契良晤。愛此林壑清，遂薄塵俗務。重來待何時？尚子畢嫁娶。

【校記】

〔一〕嘉隆本《全集》卷十八"幽"作"出"。

洞庭遇雨〔一〕

孤舟行何遲，歲晚洞庭雨。跳波亂明珠，隨風揚細縷。雲霧失君山，波浪連吳楚。莫唱《斑竹枝》，别思滿南浦。

【校記】

〔一〕《河汾詩集》卷四收入"五言律詩"，題作"洞庭湖雨中作"，在《漢江曉泛》後。

青草湖即事

洞庭方始過，青草又相續。水落湖地寬，冬暖草芽緑。游目解孤悶，即事忘拘束。艤棹觀漁〔一〕罶，援弓射鴻鵠。取笑復何爲？聊爾徇人俗。

【校記】

〔一〕嘉隆本《全集》卷十八"漁"作"魚"。

雨後臨雙池

時雨夜來歇，雙沼朝欲平。香草何瑣雜，芊蔚繞岸生。修竹瀉風露，圓荷貼青萍。顧此好修客，覽彼衆物榮。徘徊撫彫檻，徙倚當素屏。採掇終有贈，緬焉起深誠。

雜　咏六首

岩岩泰山石，靄靄石上雲。須臾遍八極，霖雨竟朝曛。功成不言利，收斂不盈分。致此豈云遠，舉目窺嶙峋。

溶溶綠池水，上有嘉樹林。白鳥來何方？集此清池潯。毛羽粲霜雪，和鳴激流音。可見不可即，徒勞觀者心。一舉冲青天，虞羅諒難尋。

江漢豈云廣？一葦可以航。山嶽豈云大？吾將陟周行。淇水有菉竹，澧浦多蘭芳。既自抱孤節，還應發幽香。合併會有時，遠抱非俗量。

皇天無私厚，一雨萬物滋。朝樹泫膏沐，庶草紛萋萁。青陽舒景曜，谷風〔一〕扇和熙。遠游涉獻歲，寧不感良時？

唯山有奇石，唯水有漣漪。吾心諒誰告，耿耿徒自知。悠悠世間物，邂逅貴有時。後來安劉者，往日吹簫兒。向非附青雲，汩没將何爲？蒼蒼霜雪幹，豈無大厦姿！山深少蹊徑，匠石慎所遺。

古劍匪新器，古瑟匪新音。雖無適俗態，知己在所尋。充子佩服羡〔二〕，感子淡泊心。藴匵固有待，無悶良可欽。

【校記】

〔一〕嘉隆本《全集》卷十八“風”作“雨”。

〔二〕嘉隆本《全集》卷十八“羡”作“美”。

新　笋

方池錦萍滿，花草被四阿。生意一何盛！新笋池上多。緑苔已穿透，粉籜方包羅。鋭若毛遂穎，森如羽林戈。朝玩夕已高，舊竹時復過。相期保堅節，歲寒心靡他。

會同院中

會同古蠻服，市邑何蕭條！霜臺絶清僻，道院無俗囂。芳草滋新茸〔一〕，高柳垂長條。石砌滿苔色，可以慰逍遥。行翳涼景蕭，顧望白雲迢。塵羈豈能紲，何用山林招？

【校記】

〔一〕嘉隆本《全集》卷十八"茸"作"葺"。

漵浦雜咏三首

山縣孟冬交，草木盡黄落。官署何嚴嚴，寒雨灑寥廓，讀書三十年，志願常異豁。柏府既先登，憲節復早握。蠻荒過三秋，征科愧才弱。所願採蘭芷，聊以比葵藿。深念方在兹，無欲自欣樂。

辰沅異風土，十月足霪雨。竟日復通宵，清響徹烏府。久客〔一〕厭聞之，晏坐〔二〕默不語。經世志未酬，讀書心獨苦。往事感中〔三〕懷，良辰復誰許？悠悠付深期，取適自容與。

漵浦絶小邑，昔無名士游。我何秉憲節，來此乃淹留。庭前高木落，屋背荒山秋。公廳静苔色，風雨寒颼颼。離别感時節，得無念中州？深衷如可致，過是非所求。

【校記】

〔一〕嘉隆本《全集》卷十八"久客"作"客子"。

〔二〕嘉隆本《全集》卷十八"坐"作"然"。

〔三〕嘉隆本《全集》卷十八"中"作"素"。

山　館

税駕日亭午，愛此山館清。藩籬翳嘉木，但聞幽鳥鳴。開門遠翠來，白雲望中生。便覺癯者肥，似有戰勝情。野蔬足充餐，作詩紀兹行。

渡雙溪

雙溪始合流，崖渚〔一〕遂經復。洄潭一鏡平，秋影空寒緑。野渡得孤航。山家得〔二〕喬木。適意方自兹，前呵戒僮僕。撫景重悠然，誰能和斯曲？

【校記】

〔一〕嘉隆本《全集》卷十八"渚"作"緒"。

〔二〕嘉隆本《全集》卷十八"得"作"帶"。

沅州元夜

五溪古荒服，連延列邊墉。自從啓明運，便已變華風。民俗競佳節，適與中州同。我來一何久，三見春燈紅。竊食飽官〔一〕廩，曾無分寸功。豈不愧《伐檀》？還應感飛蓬。今夕復何夕，列炬當庭中。行翳修竹枝，吟對梅花叢。玩此歲寒物，舒我天游踪。言歸即當歸，挂席湖江東。

【校記】

〔一〕嘉隆本《全集》卷十八"官"作"宫"。

贈趙彬

黔中山水奇，産物亦秀異。丹砂色光冏，黄金質精粹。碧春石汰淘，汞煉土騰萃。其他楩楠樟，挺特皆偉器。因念上天公，造物無私智。不應山水靈，而獨鍾斯類。朅〔一〕來客沅州，果愜向所意。趙子生其間，不與凡猥厠。神完骨亦清，最得二五秘。卓從少小日，即負遠大志。蠻荒乏師友，買書自從事。子集聖賢文，左右悉堆置。抽覽無停晷，一一欲強記。晝誦聲聒鄰，夜諷響穿市。寒暑忘冷熱，飢渴失滋味。停蓄才思深，馳騁筆鋒利。出語動驚人，縉紳悉推避。勤苦凡幾年，鋭氣久仍肆。邇來加斂收，精識亦超詣。雅欲求本根，不獨夸文字。我昔從先人，壯游滿天地。邂逅多賢豪，殊趨各同至。談論隨有得，皆足飭昧稚。自忝臺閣官，遂攬湖襄轡。方懼過不聞，深恐德將墜。忽於僻遠中，得子喜不寐。我欲〔二〕藉子砭，我失任子刺。所以愛子心，誠實不虚僞。觀彼物怪瑰，時尚亟搜致。況賢治之楨，尤爲國上瑞。四門方洞開，四目方遠視。明堂要梁棟，法駕用騏驥。子當寧厥需，會起摩天翅。

【校記】

〔一〕嘉隆本《全集》卷十八“朅”作“揭”。

〔二〕嘉隆本《全集》卷十八“欲”作“愚”。

題太極圖〔一〕

大小圈十個，都在一圈上。如是究竟言，一圈也無象。

【校記】

〔一〕《河汾詩集》卷八作“五言絶句”。“圖”下有“口號”二字。

古　詩十二首

爰初闢清濁，悠悠千萬年。《三墳》既已失，古道茫昧然。神聖既有作，人文漸開宣。羲軒御元極，堯虞運中天。粲粲《河》《洛》秘，密密精一傳。太和良自兹，玄功竟難言。萬理如何即，寐嘆窺遺編。

窈然觀化始，本自同一初。聖者惟其性，大道蟠皇輿。云何千古後，岐路如錙銖。西學外形器，玄宗暢清虚。滔天勢方漲，捧土誠爲愚。不有諸老力，生民竟爲魚。寄語後來人，慎莫迷所趨。

行鴻暢遠澤，鳴條沛時雨。白旄一以麾，九鼎奠中土。三后同一功，休明諒難伍。云何王風頽，故宫滿禾黍。《大雅》遂寥寥，遺音獨凄楚。悠哉復悠哉！白雲在高阜。

水火非無功，焦溺亦由此。所以玄天機，千載莫能理。君子得其操，小人迷所止。四海豈不遥？發軔良自邇。泰山豈不高？舉足不逾咫。薰風愜民心，簧竹蕩人耳。善惡反手間，胡不慎其始！

七百卜公旦，萬世期咸嬴。豈不同所願？天道有虧盈。岐山麟鳳集，函谷虎豹争。趨捨乃如此，大運焉得並？蓬萊舟始泛，博浪〔一〕車已驚。遂使三秦士，不獨驪山坑。已矣勿復言，九宇皆炎精。

靄靄商山雲，招之正徘徊。冥〔二〕鴻一以縱，畢弋〔三〕胡爲哉！寧知嬴豕壯？蹢躅多毒猜。沉沉辟穀子，爲謀一何乖！向非平勃力，炎靈遂如灰。獨有《周南》篇，歌之有好懷。

山空魍魎出，天黑鴟鳥鳴。姬轍既東邁，歧路殊縱横。青牛適西域，大鵬抵南溟。談天竟何益？刺股徒首兵。紛紛險譎輩，瑣瑣難具名。有若迷方客，甘心棘與荆。不有仁義篇，何由睹天明。

吾意六籍外，尚多古人書。一朝秦焰烈，焚蕩無遺餘。掇拾煨燼者，補綴誠區區。訛缺固已多，盡信寧非愚？獨有群聖心，昭哉難翳如！多謝宋諸老，萬世開迷途。

季子多黄金，張儀富秦土。腐鼠争飢鳶，鹿豕競貪虎。周道久已非，王綱如綴縷。岩岩養氣翁，鳴鳳獨高舉。圓方遍九州，周覽無定所。天飇激和音，雲漢濯文羽。大道今依然，捭闔安足數。

日月自有明，陰陽自有行。萬物紛變化，人事更衰榮。云胡道術裂？瞑目談《丹經》。泛海競茫然，樓居亦虚名。自古良若兹，擾擾將何營？

聖人無曲行，大道無邪歧。云何周轍東，驅車迷所馳。楊朱學仁義，莊老尚無爲。申韓首法俑，蘇張倡危機。遂令千載下，道術日以支。憔悴莫之恱，淳樸諒難追。此語非爲誑，書上有其辭。

易莫易玄穹，簡莫簡坤土。聖心本虚明，條達無曲阻。如何末學差，崎嶇躓榛莽。二者袪除之，明白可深睹。多謝古老心，相將踐斯語。

【校記】

〔一〕嘉隆本《全集》卷十八“浪”作“泛”。

〔二〕嘉隆本《全集》卷十八“冥”作“宴”。

〔三〕嘉隆本《全集》卷十八“弋”作“戈”。

秋日雜咏四首

庭樹生秋風，微涼入衾枕。久客得無思？遠意復誰諗？道腴足充餐，天和可當飲。以兹撥離憂，僻好安所稟。大義自古來，旋履吾已審。

翻翻高荷葉，秋雨生微涼。豈不懷遠道，撫時坐空堂。何以爲我歡？簡冊多遺芳。古人不可作，古道不可忘。兹理將無厭，欲語墮渺茫。安得忘言子，相與傾一觴。

亭亭紫玉竹，爾節豈不堅？托根自有地，勿羞桃李顔。桃李固妍好，爾節重自保。請看君子心，浮雲湛秋昊。

粲粲黄金花，繞砌顔色好。豈不重所思？焉得致遠道。遠道不可忘，感時歷炎涼。人心豈此異？保爾秋節香。

述　懷

少小習書史，政自賴先德。十五慈見背，四十嚴永訣。追思鞠育恩，俯仰肝腸熱。中心恒拳拳，每懼有遺失。早忝科第登，中厠縉紳列。榮耀既連綿，聲名頗烜赫。小子心不然，自顧真有缺。國恩未酬報，孝思久虧越。祗命湖湘間，久載憲府筆。一往三年餘，及歸有華髮。家室寄中原，無産給衣食。大兒亟假田，農作不遺力。次男失學慣，游惰無儔匹。三子雖孱懦，芻牧無休息。昌子最癡小，奔走百不失〔一〕。寒即索母衣，飢則索母食。老妻亦何爲？頻年苦煎迫。上以奉繼姑，下以撫兒婢。執爨色焦槁，補綴眼昏澀。我雖官在朝，蓬梗真浪迹。及歸苦告訴，數子俱未室。生理況蕭條，僑寓亦何益？我復對三嘆，此乃其所恤。顧我有王程，尚敢懷私適？勉強數日留，慷慨一旦出。悠悠離蓬茅，行行向金闕。路從黄河過，舟自衛水發。舟中忽有懷，所懷何歷歷。吾聞古人言，老窮當固節。況我筋力強，所願豈契闊！誓將篤忠貞，于以守清白。上隆唐虞治，下布雨露澤。祖禰如有神，光賁亦行及。拜恩省先塋，勒石紀世烈。栽桑汾水南，廣土中條北。既足紓困頓，還可樹遠業。男女各婚〔二〕嫁，親戚共周急。此事良可期，援筆聊自釋。

【校記】

〔一〕嘉隆本《全集》卷十八"失"作"識"。

〔二〕嘉隆本《全集》"婚"作"分"。

臺中歸〔一〕

習僻已成性，於人懶將迎。日暮臺中歸，掩户親一燈。但取書笑樂，不顧俗重輕。自得復誰語？兹道將吾〔二〕成。

【校記】

〔一〕《河汾詩集》卷四收此詩入"五言律詩"。

〔二〕《河汾詩集》卷四"吾"作"無"。

一　室

奉使三年歸，京華營一室。一室陋且偏，入門唯四壁。豈不憂窶貧？所貴稱達人。家無倉廩儲，心有宇宙春。蝜蝂復蝜蝂，顛冥不知返。周道能摧輪，不在羊腸坂。惟河有天源，惟山有崑崙。擾擾勿重陳，宴坐思探元。

題思顔卷

零零雨露滋，肅肅霜氣寒。時物代榮悴，君子感所觀。所觀一何苦，時運靡終古。俯仰天地寬，思父復思母。夢昧〔一〕如見之，温温金玉姿。行坐或可睹，冉冉霜雪絲。春風若在室，機杼倚虚壁。咳唾落珠璣，琴瑟當窗急。顛倒將無厭，而不間毫纖。幽感鬼神泣，明被日月霑。所以永言者，誠孝不容假。勖子勒《蓼莪》，短章代《風》《雅》。

【校記】

〔一〕嘉隆本《全集》卷十八"夢昧"作"夢寐"。

古詩二首

驪珠出九淵，炫晃稀世寶。緘藏俟良價，賞識待終老。云胡知者稀，衆道魚目好。君子復何憂？温明但自保。

津人善操舟，慣捷輕洪淵。來濟者誰子？濡溺幾不全。顛倒受嗤薄，中懷詎能宣？請陳經濟略，視彼蠛蠓然。

夜坐二首

銀燭一寸光，照我千古心。心事諒誰語？秉筆空沉吟。幽懷載草草，妙思彌愔愔。豈無揚子雲，視昔猶視今。

滄海豈不大？井蛙良自餘。至言豈不美？俗士恒苦拘。賢哉顔氏子，妙領非真愚。若人不可即，鄙質將焉如？

讀陶詩〔一〕

靖節一何高！理鑿時運表。返〔二〕耕甘苦飢，棄世樂枯槁。所以見諸詩，淡泊出天造。掩卷思其人，清風起林杪。

【校記】

〔一〕《河汾詩集》卷四入"五言律詩"。

〔二〕嘉隆本《全集》卷十八"返"作"躬"。

示　兒

我祖自奚仲，奕代河東居。家本尚儒素，業豈羞寒虚！先君紹前烈，奮迹由詩書。勤勤教諸子，爲善樂有餘。藐孤欽誨言，而敢忘斯須。憶從向學日，爰自丱角初。吟哦竟朝昏，誦習忘飢劬。收斂心自得，放佚已不趨。周旋恐失墜，日奉庭闈娱。立年忝科名，嚴訓尤渠渠。進學固無怠，即仕其慎諸！承歡曾幾何，風木俄悲吁。追慕復何及？首疾心更瘉。中間趨明詔，皇渥彌寰區。禄有不家食，官有臺閣居。循才覺孱弱，索報知蔑如。以兹寵若驚，自治如菑畬。更念汝四子，賦質各有殊。當思祖澤長，勿貽汝父虞。汝父豈可師，不有賢聖歟？孝友亟敦勵，心性勿填淤。匪善人莫交，匪義財莫需。止酒戒狂誕，窒欲謹湛孺。從欲劇墜石，放言甚奔車。言多必招戾，惡積終殞軀。人生有定分，造化司柄樞。窮達由天然，富貴非人且。斂迹甚勿競，閉户宜自慮。但使德學充，不愧金璧儲。達即思致澤，樂即思賢儒。小子敬所植，永久期無逾。

新　燕

高堂新燕子，當晝語喧聒。雙雙葺舊巢，啣泥自寥廓。巢成去還來，莫負明年約。

楚楚者誰子

楚楚者誰子？意氣何軼人。居若無儔匹，獨步莫敢親。姬公雖大聖，尤尚吐握勤。此道久已非，擾擾勿重陳。

翩翩誰氏子

翩翩誰氏子？鞍馬殊輝光。入門佚興發，促步登高堂。妖姬列左右，哀彈送清觴。酩酊百不憂，但願白日長。

答趙彬十首

余知趙君將十年矣，近又會於京師，惜乎余力不能振之也。雖然，君子求其在我者而已。用捨遲速，非所汲汲。况如君者，又豈[一]待振與否能爲之輕重者哉！余近有山東之行，君以十詩見貺。反覆誦玩，益知其所存之不苟。但稱許區區者有所愧耳。情不能已，輒依來章，以答其意云。

美人生南國，艷色世所稀。明眸一回顧，草木生光輝。我行重絶[二]惜，便欲携同歸。贈以青玉案，貢以黄金扉。如何久契闊？此念將無違。

右答青青嶺上松

仙山有高梧，玄圃足修竹。飄然九苞鳳，下覽遂所欲。流音散天飈，文彩絢朝旭。泰和良在兹，瑞牒光前録。

右答冀[三]北生騏驥

層雲生岱宗，時雨遍東海。杏壇宛如昨，聖人教猶在。况當時運熙，文風盛而藹。翹翹士林英，無不生光彩。我行亦有爲，《棫樸》詩[四]當採。

右答泰山何岩岩

峨峨憲府臺，鬱鬱臺中柏。顧我樗散姿，繆作乘驄客。悠悠今幾年，區區竟何益？寧知憂窶貧，但自保貞白。中復荷寵光，分符海東域。得觀鄒魯風，載沾《詩》《禮》澤。皇仁一以敷，《菁莪》其欣悦。猶有江湖心，時將戀天闕。

右答屈軼生堯庭

馳車出都門，遥遥指齊魯。念子不能别，對景獨容與。垂楊衰〔五〕薰風，輕塵裛朝雨。仰視雲間翼，分飛無定所。丈夫方有爲，離憂寧是苦？願保金玉躬，潛修繼前古。

右答扶桑日初出

鷦鷯在一枝，鯨鵬起千里。達人足大觀，曲士焉足擬？所以君子言："觀海難爲水"。大哉天地間，舉目皆至理。努力探化元，高歌〔六〕望吾子。

右答丹砂生楚國

天運行不息，君子恒法之。乾乾不自已，汲汲非所私。仁義存諸身，有蓄必有施。既非淺俗觀，當負遠大期。吾子安厥需，匯進寧非宜？

右答日月易流邁

丹山有文羽，和鳴向青霄。滄溟有潛鱗，一夕摶扶摇。如何賢達士，甘心向漁樵？諒懷肥遁志，恐負山林嘲。休明盛夔契，于焉共逍遥。

右答珊瑚生海底

吾觀天地大，萬物同一源。如何末學差，坐此枝葉繁？鉛華滅素質，雕蟲失本根。憶昔南游日，得子同晤言。圖畫發幽秘，身心契真元。邈哉追前修，此道期共敦。

右答大道久不講

古來賢哲士，用捨皆無心。所以窮達間，一節良可欽。趙子不浪出，客居時光臨。矢心永無斁，感子金玉音。

右答古人重出處

【校記】

〔一〕嘉隆本《全集》卷十八"豈"作"當"。

〔二〕嘉隆本卷十八"絶"作"嗟"。

〔三〕嘉隆本卷十八"冀"作"驥"。

〔四〕嘉隆本卷十八"詩"作"時"。

〔五〕嘉隆本卷十八"衰"作"裊"。

〔六〕嘉隆本卷十八"高歌"作"高高"。

文清公薛先生文集卷之二

門人關西張鼎校正編輯

古　詩

穆陵關夜雨

暝色來遠谷，清風動華燭。山樓雨聲寒，羅帷人獨宿。

山　行二首〔一〕

山鳥有清音，山花有異〔二〕香。但得山間趣，寧辭山路長！

又

荒岡斷復連，風葉散還集。霜落秋澗清，煙橫晚岫碧。

【校記】

〔一〕此二首詩《河汾詩集》卷八入“五言絶句”。

〔二〕《河汾詩集》卷八“異”作“奇”。

作息吟〔一〕

向晚群動息，向曉群動作。群動作息間，乃是先天學。

【校記】

〔一〕此首詩《河汾詩集》卷八入“五言絶句”。

東平行臺有竹翳於惡木荒草命僕芟治嘉植乃遂詩以紀之

生平苦愛竹，義若君子交。兹軒忽見之，俄頃漆在膠。振衣步其下，周覽增鬱陶。惡木一何多，蔓草一何饒！翳此破苔筍，撓彼凌雲梢。命僕恣剪伐，得辭斤斧勞？除惡貴絶本，蘊祟及溝壕。荒穢既了了，涼風亦蕭蕭。修莖遂生植，嘉蔭愜游遨。作詩紀顛末，庶爲同心謡。

穆陵關

危哉穆陵關，高出衆山頂。地勢愈覺寬，天宇相迴迥。林木何蕭森，首夏風色冷。山樓試一登，眺覽恣遐騁。沂岱環西陰，淮海接南嶺。齊州走北川，扶桑控東影。道里會一門，山川挈要領。緬思千古前，豪伯互吞併。齊履空復然，秦蠶已侵境。干戈被長蠻〔一〕，生民困魚鼎。于今天道旋，四夷守安静。山行晝落然，水宿夜無警。顧我觀風人，符節得屢秉。作詩紀兹行，傳與山將永。

【校記】

〔一〕嘉隆本《全集》卷十九"蠻"作"蠻"。

蘭陵懷古

早發郯子國，午至蘭陵邑。蘭陵久已荒，禾黍帶荆棘。惟有古寺存，徑入林影密。老僧知我來，出門遠候立。下馬問往事，爲我指遺迹。蒼茫古城東，墓有荀卿石。我欲往尋之，還爲野水隔。憶昔周室卑，蠻荆凌上國。兹邑乃其疆，人物殊烜赫。寂寞千載餘，浮雲空古色。如何當日賢，重有逃讒責？只今文字存，尚爲人指摘。鞭馬捨之去，極目遠天碧。

敬吟

人惟肖天地，亦具天地性。性無物不存，存性惟一敬。心敬體不偏，情敬發必中。頭敬形端直，鼻敬氣肅静。目敬無邪視，耳敬無妄聽。口敬不妄言，身敬不妄動。手敬容必恭，足敬容必重。瞬息敬存身，早作敬致用。致用在天倫，天倫敬斯定。夫敬必先義，婦敬必從令。子敬孝必隆，父敬恩必盛。臣敬百職修，君敬萬邦靖。兄敬篤其愛，弟敬謹其行。朋友以敬交，然諾必重應。敬則倫理明，不敬百行病。仰惟古聖人，一敬更相命。堯欽帝之宗，舜恭明兩並。祇台念禹德，日躋有湯聖。文王安敬止，武王勉敬勝。篤敬傳孔業，敬德著周政。敬惟群聖樞，大訓迭輝映。下逮河洛儒，紹統開迷徑。整肅嚴堤防，主一謹操柄。惺惺不昏昧，收斂無餘剩。用力在斯須，百體孰敢横？聖途漸可登，聖言良可證。一敬苟不存，萬欲皆奔縱。身心墜卑污，綱常滅天正。禽獸將同歸，人類孰與共？噫嘻敬怠間，狂聖越天阱。法言述聖謨，匪曰小子佞。

送楊參議三首

白露下將夕，天宇生涼風。之子有所適，告别何匆匆！群公盡祖送，飛蓋凌長空。停驂欒[一]水曲，列宴歷亭中。秋容澹觴酌，高風急絲桐。酒盡嚴將發，班馬何玲瓏！行當釋塵鞅，還應挂飛蓬。大江轉吴楚，重山入天叢。錦城有佳色，浣溪有遺踪。訪古遂舒嘯，觀風足從容。坐令全蜀俗，解與鄒魯同，兹游豈云易？兩情若爲通。翹首遲歸雁，應是春花紅。

右分韻得紅字

林木生涼飈，皋蘭被清露。念子三川行，正值九秋暮。天空一雁翔，江遠孤舟騖。旬宣有佳興，載咏《甘棠》句。

右分韻得露字

岷江瀉東溟，岷山倚西極。江山古名秀，楊君將此適。秋風送征帆，夜火明水驛。相憶瑶華音，看取東飛翼。

右分韻得驛字

【校記】

〔一〕嘉隆本《全集》卷十九"櫟"作"濼"。

友鶴軒

九皋阻且深，潔白有佳鳥。中霄忽長鳴，清響徹四表。開軒一聽之，衆理悉明了。蜂蛤藏洪淵，秀氣浮浩渺。良璞在昆岡，清輝散岩嶢。雅興與兹同，至德潛且皎。温温聖者懷〔一〕，大道思遠紹。友鶴名華軒，存誠絶外擾。水積成川流，木蘊盛顛杪。功深效豈微？響大聲不小。慚非風雅才，作詩心自慓。

【校記】

〔一〕嘉隆本《全集》卷十九"懷"作"孫"。

冬夜懷魏希文

希文名純，山東萊州府高密人，時謫戍玉田。

冬夜氣何厲，冰雪輝前楹。單居不能寐，懷我舊友生。行雲去不息，賓鴻各時征。兩情曠難合，欲語誰當聽。惟有寒月光，見子心宇清。展轉遂至旦，遠思徒營營。

余既作此詩，至來年三月間，有黨厚本者，關中士人也。先任教職，又爲縣令。後謫戎伍間，復膺薦，授荆門州幕職，道過滎邑。黨先與余有故，因復問之。始知吾友希文亦以薦至京師，未及試用而死矣。及考其死之冬，適余作詩時也。嗚呼！希文純古君子，將謂其不終老於草萊也，而乃竟止於斯，豈非命與！且余作詩時，適與其卒時又相先後，亦豈非平昔交游之深，默有所感歟？嗚呼！已矣！時宣德二年春三月河東薛瑄識。

答仰宗岱寺丞見貽韻〔一〕

念子青雲器，早涉青雲路。行行捧德音，眷言省民務。風俗廣咨詢，幽隱亟告訴。來爲人所悦，去爲人所慕。皇澤一以敷，郡國足膏澍。况復崇文儒，士林喜披霧。心涵玉壺冰，氣裛金莖露。懷哉明盛時，展矣風雲遇。而我同官良，惟子荷與顧。通籍來旬宣，各自植嘉譽。獨有蘭臭言，只以同心故。還膺篤忠良，更此寫中素。何當展良覿，相期在秋暮。

【校記】

〔一〕《文集目録》作《答仰寺丞見貽韻二首》。

題陳希夷圖

三峰亦何峻，白雲亦何多！中有高世士，冥栖掩松蘿。石泉漱寒玉，好鳥間清歌。歌長一披拂，紅紫争紛羅。山隔五季塵，年頹萬里波。豈無經濟策？肥遁矢靡他。威鳳不浪集，冥鴻難重過。清心探化機，瞑目養天和。真息深在踵，利貞静不訛。只疑龍蛇蟄，不管歲月梭。我欲昇玉井，濯手攀嵯峨。扣關起公語，妙理應如何？欲去還自休，馬圖今在河。

永慕堂爲楊大參賦

大化運不息，逝水無停時。依依舊居室，惻愴中腸悲。書殘讀遺編，機有餘斷絲。斑衣不再舞，壽觴寧重持？庭前百卉芳，但覺陰陽移。儀容切寤寐，恍惚如見之。親心我所安，親志我所期。心志著且存，大節矢靡虧。悠哉孝子情，最此終天思。

游禹門禹廟在焉

春澤周四野，閑情樂時和。出郊縱逸興，緬懷佳山河。禹門忽在望，峭壁雲嵯峨。石磴接飛棧，危樓架洪波。空山響絲竹，虚堂進舞歌。父老誠苦心，旨酒神所呵。由來非一朝，吾意其如何？

河汾五賢咏五首

卜子夏

浩浩西河流，遥遥東魯山。山河遠相隔，千里獨游還。升堂奥可入，豈曰文辭觀？相從陳蔡厄，松柏知天寒。索居晚歸來，侯國師甘盤。去之幾千載，高風灑塵寰。瞻望不可及，青雲映西關。

段干木

冥鴻不受弋，神龍不可羈。所以高世士，孤情薄雲霓。矯矯段干木，志節一何奇！珪組豈其願？軒冕不吾希。逾垣猶弗見，况乃趨走之。豈徒侯國尊？凜爲百世師。

文中子

古人不可見，古俗寧復淳，依依萬春鄉，疏屬連清汾。良時曠莫與，鳴鳥寂不聞。悠悠禮樂志，終與麋鹿群。頹波逝東極，寒雲滿西津。惜哉經世言，淆雜多蕪榛。時無伊川子，此意將誰論？

太史公

愛有所見忌〔一〕，忠有所見疑。古來非一朝，人道每如兹。悠悠太史公，言論適有期。謂必情可白，寧知事參差？奇文雖自解，騄驥諒難追！《巷伯》彼何人？千載存其詩。

東皋子

人仕爲其名，子仕獨爲酒。一斗衆所稱，五斗吾自取。猶嫌酒未足，棄官歸隴畝。葛巾耕東皋，煙雨牛一耦。種黍學陶翁，自釀還給口。沉飲得真味，萬事亦何有？清風千載餘，誰復尚能友？

【校記】

〔一〕嘉隆本《全集》卷十九“忌”作“忘”。

古詩

天地常不没，山河鎮如斯。惟有人與物，代謝無停時。因過咸秦境，周覽生悲思。渭水自縈帶，南山亦參差。兹惟帝王宅，自古稱雄奇。當時宫闕壯，摩霄切雲霓。千門與萬户，珠簾錦綉帷。一朝時事去，掃地無復遺。城市盡爲墟，麥秀草離離。亦有英雄輩，干戈互相持。慷慨争土疆，終老志不衰。只今但丘塚，名姓寧可知？京都足妖冶，高門富姜姬。綽約姑射仙，鬒髮冰雪肌。只今化爲土，況乃粉黛施？休明盛文物，旗常畫蛇龜。千乘及萬騎，雜遝相追隨。將相立軒冕，聲樂奏英池。繁華有萬端，一去不可追。俯仰千古事，有若夢幻爲。往者既已然，將來復如之。寄語執迷子，當以理自推。

浩嘆

浩嘆復浩嘆，寧知親眼見？相彼天雨雪，必有先集霰。蟻穴不知防，鯨波今汗漫。君子慮兢危，小人尚欺誕。已矣無與言，歸去耕吾畔。

瀘川古意

三蜀古名郡，瀘川古名州。我來值殘暑，偶此數日留。新秋忽改節，涼風漸颼飀。逍遥散前除，仰視天宇周。征鳥去不息，白雲亦悠悠。佳人渺何許，重林蔽層丘。秋日復西邁，大江自東流。良辰不我與，古道曠莫酬。願聞瑶華音，行矣旋吾輈。

五盤山

五盤何艱哉！石磴繞山腹。詰屈入雲霞，回互下崖谷。嗟彼遠道人，陟降勞筋骨。跋馬登層巔，悠然注遠目。惟見山色高，似覺地勢促。蜀道古艱險，兹險申〔一〕西蜀。憶我去春來，山山正芬馥。今夏喜北歸，四月暑未燠。兹山得再過，頗快登覽欲。前驛望黄壩，蒼蒼但雲木。

【校記】

〔一〕嘉隆本《全集》卷十九"申"作"甲"。

登金牛驛樓

好山四巃嵸，漢水前縈繞。小樓試一登，山水青未了。因思大禹時，洪流方浩渺。乃竭胼胝勞，神功彌八表。岷山在經紀，岷江亦疏導。貢賦分九州，梁州已通道。世傳金牛誕，曾不細搜討。山驛賦短章，將爲愚者曉。

七盤道中

曉度七盤山，北行道彌惡。峭壁根虚無，危棧架飛閣。飄飄風吹衣，漠漠雲漲壑。下有黑龍江，亂石何磊落。急瀨轉雷轂，奔湍散流末〔一〕。洄潭更陰沉，俯視誠可愕。兹路屬再來，即事情已昨。艱險難具論，惟與存顛末。

【校記】

〔一〕嘉隆本《全集》卷十九"末"作"沫"。

褒斜道中

褒斜一何長，深谷自迤邐。雲木青無邊，群峰各峻峙。鳥道緣崖巔，危棧架江涘。冥冥叫子規，決決響溪水。累日山峽中，陟降亦勞燲。古來蜀道難，此道難莫似。自我入蜀門，今已一年矣。既乏督辦能，兼負素餐耻。而況鬢髮蒼，胡寧不知止？上章乞解綬，詔許感不已。雖云此谷險，且遂北歸喜。行色宜柔毫，庶用傳孫子。

遠　道

遠道復遠道，驅馳何草草！及歸已逾年，白髪添不少。入門悼先亡，痛哭傷懷抱。子婦共號咷，百感相煎熇。拭淚問里閭，嘆逝驚莫保。衰殺誰使然，矯首問蒼昊。從此甘息機，田野安吾老。

孟城驛雪中咏竹〔一〕

高沙有候館，闌檻殊幽清。檻内足凡木，凋萎不可名。獨彼凌雲竹，鬱有冒雪青。飄蕭散寒葉，修直揺蒼莖。靈籟奏青〔二〕響，鏘若金石鳴。晴霄吐華月，流影亂虚明。賞玩竟朝夕，似當西南朋。乃知歲寒操，非獨松柏貞。矢心又不如，愧我爲物靈。

【校記】

〔一〕嘉隆本《全集》卷十九、《文集目録》作"孟城驛雪中咏竹"。

〔二〕嘉隆本《全集》卷十九"青"作"清"。

徐州洪

亂石何巉岩，長堤更宛轉。狹岸忽陡起，急瀨如注坂。迴旋聚流沫，駭浪灑雪霰。舟行良已難，下上勞拽挽。翻思游川峽，江石尤險遠。瞿塘十二灘，波浪激雷電。迴視過兹洪，反若歷平坦。乃知所觀大，小者不挂眼。

淮南謳

淮土何漫漫，淮水自悠悠。小山去已久，桂樹遺岩幽。昔有學仙子，意欲仍丹丘。秋石既烹煉，鴻寶亦藏收。鷄犬竟莫聞，行雲去難留。寧慮時事異，翻結千古愁。舞榭荆棘生，歌臺麋鹿游。信知希世事，伊豈望外求？揖讓有堯舜，高風想巢由。此道久已非，聽我《淮南謳》。

高郵冰泮發舟

晚泊高郵城，雨雪竟連日。念彼役人勞，寓此盂〔一〕城驛。扁舟候晴發，河冰復鱗積。因之累宿留，令我心悁悒。忽報寒冱解，喜泛春流碧。直過大江東，此地成追憶。

【校記】

〔一〕嘉隆本《全集》卷十九"盂"作"盂"。

冰解舟發〔一〕

春冰渙然釋，春流復溶溶。解纜盂城驛，百尺牽東風。連翩大舸來，峨峨挂飛篷〔二〕。登艫恣春覽，煙華正濛濛。澤國曠無際，重湖渺難窮。漸覺高郵北，行及廣陵東。所過足清眺，舟人莫匆匆。

【校記】

〔一〕《文集目録》作"冰解發舟"。

〔二〕嘉隆本《全集》卷十九"篷"作"蓬"。

出自城北門

出自城北門，周覽快心目。峨峨鍾阜青，漫漫平湖緑。木依長堤茂，樹隱芳洲曲。縹緲天際樓，高下林間屋。遥遥江上山，連連遠岫出。江山自雄奇，帝里在經復。佳麗從古然，嘉氣方葱鬱。官署何岩岩，列宇面山麓。偶兹吏隱兼，頗遂蕭散欲。超哉復超哉，白雲自相逐。

晚翠亭爲張司徒作

花木何紛然，各競芳菲時。一夕下霜霰，憔悴無故姿。嚴嚴司徒府，後圃殊逕迤。而於歲寒日，挺此萬竹枝。群芳盡摇落，兹物獨見奇。密葉既不凋，勁節亦不移。一徑入深處，横橋夾清池。池亭晝虚敞，晏坐生寒颸。清影落四檐，静與秀色宜。適契君子節，貞固老不衰。爲取亭中琴，絃我《晚翠詩》。

澹庵卷爲謝侍郎乃兄題〔一〕

閩山何岧嶢，閩水亦清泚。中有肥遁人，雅志丘壑美。山田入雲耕，結屋傍流水。耕稼有餘閑，琴書時復理。寄興槁梧中，游心竹素裏。庭户無囂塵，外物絶珍綺。疏食足充餐，絺布良適體。朋來無雜言，談道而已矣。至樂既無假，浮榮焉足擬？所以忘歲年，足不至州里。白雲在高丘，鳴鶴在中沚。安得躡輕風，一訪澹庵子。

【校記】

〔一〕《文集目録》作“澹庵爲謝侍郎兄題”。

擬　古四十一首

天地形之大，陰陽氣之尊。伊誰知此物？來自無極門。清濁既莫離，動静互爲根。大化去不息，至理亦長存。彼哉虚寂子，已矣無復論！

悠悠復悠悠，水中有行舟。四序無淹晷，代謝不可留。春鳥寂無聲，寒蟬號素秋。落葉滿阡陌，白雲散岩幽。去去莫復道，潁陽有遺老。

庭前桂花發，清香散涼颸。采采黄金英，傾筐方自持。思欲贈遠人，風波阻長歧。望望不可及，馨潔空自奇。

吾思古聖心，迥出八紘表。天理爲之大，人世爲之小。堯虞禹相授，杯水拱揖了。終古駭其事，未足稱達道。

四時一何神，變化不可測。陰陽既交代，星辰遞羅列。孰其主宰之？終古不差忒。聖人秉明靈，動息有貞則。吾慕魯中叟，矢心以學《易》。

端居憶遠游，路經首陽山。山有二賢祠，青松蔭重關。斯人難再得，守餓心獨安，清風激頹俗，高義越人寰。去之幾千載，可慕不可攀。

騶虞獸之瑞，麒麟獸之仁。物性尚不殺，而況形爲人！夫何周轍東，王道久已湮。孫吳騁狙詐，申商號無恩。流毒劇洪水，遺黎苦漂淪。強嬴滅諸國，三户亡咸秦。天道信反覆，永爲來世陳。

聖治莫九有，禹迹亦茫茫。王澤既饒洽，彝倫復昭彰。以兹熙皞世，舉俗躋樂康。胡爲古道非，極意開邊荒。征行苦鋒鏑，飛輓失耕桑。民生既騷屑，天和亦乖傷。廣土竟何益，不救危與亡。兹事已千載，雄豪有秦皇。

荆山有美璞，巴蜀多名材。此物信爲奇，攻治亦難哉！匠石得其良，寶就成層臺。胡爲用匪人？坐此斲削乖。既自玉之玷，還爲目〔一〕之災。而況上天工，理代必汝諧。餗覆良可慮，棟撓〔二〕諒難陪。所以虞周聖，登庸必賢材。

【校記】

〔一〕嘉隆本《全集》卷十九“目”作“木”。

〔二〕《河汾詩集》“撓”作“橈”。

湖邊多楊柳，山上多松柏。松柏存正性，不改青青色。楊柳易爲春，隨風發枝節。二月絲垂金，三月絮飛雪。紛紛冶游子，賞玩不知歇。松柏寂無言，枝幹獨挺特。空以木自奇，不爲時所悦。請看霜霰餘，榮悴居然别。

時來行堤上，春氣〔一〕薰人心。宛轉湖山曲，隱映花樹林。芊綿草抽緑，蒙茸柳垂金。鳴鳥何間關，纖鱗或浮沉。生物方總總，大化亦駸駸。當時浴沂〔二〕者，樂意不可尋。

【校記】

〔一〕《河汾詩集》卷一"氣"作"風"。

〔二〕《河汾詩集》卷一"浴沂"作"沐浴"。

混沌鴻濛中，伊誰作主尸？洪河出龍馬，清洛浮神龜。有文粲以别，實惟天所爲。悟彼陰與陽，契此偶將奇。大聖發深智，運意畫兩儀。生生之謂〔一〕《易》，變化無崖涯。宇宙豈云大？彌綸靡有遺。如何千載餘，圖象閟莫知？卓哉弄丸子，探源泝希夷。從兹識姬孔，還應見伏羲，伊閩有遺編，學《易》真吾師。

【校記】

〔一〕《河汾詩集》卷一"之謂"作"謂之"。

灼灼春庭樹，開花漸離披。因思唐虞世，日方亭午時。大禹亦神聖，兢兢爲保持。如何百代下，此道久已衰？豐亨王格之，請看大《易》辭。

木腐蟲蠹出，氣乖疣贅生。曜靈一薄蝕，陰曀鬱然興。道術裂周季，縱横亂秦嬴。青牛既夙〔一〕駕，白馬亦時征。汜濫自涓滴，熺赫兆星星。多謝宋諸老，萬古開昏冥。如何陽光發，尚自爝火明？寄語行路人，勿迷棘與荆。

【校記】

〔一〕《河汾詩集》卷一“夙”作“肅”。

萋萋湖邊草，榮榮山上花。山中有高士，探化心靡他。天地自橐籥，萬物從交加。深居不窺牖，四海皆森羅。我欲見其人，捫蘿陟山阿。山阿忽回合，冥蒙起煙霞。至道誰復語？奈此高士何！

太虚浩無際，何所立天堂？坤厚大氣舉，地獄置何方？此理亦昭哉，妄見胡冥茫！萬世爲之惑，福果僥難量。高標拔地起，飛宇就天翔。摶刻土木梗，鎔劑金銀妝。人力爲殫竭，財物亦耗傷。既自息吹乖，焉得寒暑常！兹事自前季，滔天勢彌張。反經如可〔一〕作，興言討彼狂。

【校記】

〔一〕《河汾詩集》卷一“可”作“何”。

圓象無停運，大化不可留。征車既西邁，行舟復東流。轍迹苦相背，兩美焉得有〔一〕？青松生澗底，白日麗高丘。餘光不迴照，真〔二〕幹空蕭颼。去去莫復道，零露滿春草。

【校記】

〔一〕《河汾詩集》卷一“有”作“猶”。
〔二〕嘉隆本《全集》卷十九“真”作“直”。

五陵多俠客，三輔足貴豪。園池佔佳勝，高第干雲霄。不惜千金重，雅意一日遨。綺筵饌水陸，清歌間笙匏。酒酣視天地，泰山一鴻毛。中情既昏惑，外體亦勞焦。誰似林居子，神理恒超超。

在陰鶴相應，遷喬鳥當歌。琴書滿瑶席，良朋亦已多。各愛芳菲時，共惜光陰過。齋〔一〕心何所求？所求保太和。壯年不努力，奈此老大何！

【校記】

〔一〕嘉隆本《全集》卷十九、《河汾詩集》"齋"作"齊"。

白雲在高丘，綠蘿在深〔一〕谷。中有冥棲士，雲蘿蔽茅屋。獨抱尚友情，緬遂碩人軸。古琴時復彈，古書還更讀。逍遥無外事，俯仰長自足。沮溺耕在野，姜叟釣渭曲。伊人豈無心？耻炫荆山玉。將須鳳來儀，朝陽滿梧竹。

【校記】

〔一〕《河汾詩集》卷一"深"作"空"。

庭前雙榴樹，葉密枝相交。時當四五月，吐花紅夭夭。人愛花爛熳，我愛花始苞。堯夫有妙識，造化滿即消。情知酊酩〔一〕醉，還見離披凋。所以大聖人，持盈不忘勞。吾今老學《易》，看花遂成謡。

【校記】

〔一〕嘉隆本《全集》卷十九"酊酩"作"酩酊"。

虞帝尚欽恤，大禹泣罪人。所以聖者心，天地同一仁。周政失其御，侯章僭無倫。刍靈既莫施，作俑亦不聞。秦穆一朝逝，殉以三良身。臨穴〔一〕殊懔慄，仰天亦悲辛。古猶惜累辜，如何殺俊民？王誅一以失，流毒蕩無垠。驪山錮重泉，銀海通幽津。遂使三秦衆，半作地下塵。天道本好還，嬴族亦沉淪。因歌《黄鳥》詩，重爲仁者陳。

【校記】

〔一〕《河汾詩集》卷一、嘉隆本《全集》卷十九"冗"作"穴"。

迴觀自古來，黄金世所急。郿塢幾萬斤，梁苑億千鎰。貪求刻人骨，堆積盈家室。寧知造化權，隨時有消息。人無長盛年，物無不散日。金穴竟荒虚，金谷亦空寂。發冢尚有儒，胠篋豈無力？長見聚金人，終爲大盗積。往者既悠悠，來者方役役。旨哉莊生言，獨無郢中質。

蒿萊不招鳳，梧桐不栖鷄。物故各有趣，高卑焉可齊？伯夷居東海，吕望釣磻溪。峨峨太行顛，薈蔚方朝躋。陽光燭四表，發軔岐山西。二老既云往，婦子争扶攜。固知賢聖人，去就關崇卑。試聽《紫芝》歌，坐見嬴道隳。

王良稱善御，時方尚詭遇。季子洛陽歸，張儀關中去。佩印夸鄉里，驅車塞道路。説合縱與横，而取貴將富。孟軻陳王道，反爲迂闊誤，已哉無復言，遠矣哲王寤。

驪珠不易探，至理不易論。端木稱達者，性道猶弗聞。"五十知天命"，玄聖有遺言。區區事末學，役役勞其身。葩藻滅素質，聲利迷心源。有若亡羊客，祇見歧路分。何當息冥升，來復求其根。

孤桐生龍門，檿絲出東國。相合爲素琴，不離君子側。清彈何悠揚，遺音爲發越。中涵千古心，養彼至人德。云胡變新聲？絲竹半夷狄。繁響難具論，哇淫日淪惑。舉俗逐時好，誰能稱在昔？萬事亦復然，不獨琴與瑟。

吾思一氣大，渾渾無邊方。天機自流轉，隨至互低昂。寒暑既代序，日月亦運行。庶物勃然出，滿虚各有常。萬化定厥基，終古爲維綱。大哉庖羲聖！有畫粲以章。《易》道諒斯在，請看陰與陽。

吾思涑水翁，志節一何高！褰裳辭宥密，視若秋鴻毛。古人不可作，流俗正滔滔。色過夏畦病，意甚乞墦勞。趨走信機巧，苟得還驕豪。閑咏《青蠅》詩，載玩《碩鼠》爻。

吾思魯公儀，拔葵去織婦。傅〔一〕翼兩其足，實惟天道故。云胡世君子，大得兼小務？生殖廣田園，販鬻罔泉布。牙籌既自執，龍斷復登顧。彼哉何足言？義利各有悟。

【校記】

〔一〕《河汾詩集》卷一“傅”作“傳”。

蜩鳩笑大鵬，夏蟲疑寒冰。語之斯道大，心識何蒙冥。屬文篋笥滿，讀書棟宇盈。徒勞一生力，了無寸見明。誰言點也狂？鼓瑟有深情！

月盈乃生魄，陰極陽復來。損餘補不足，天道良昭哉！淳樸日澡〔一〕散，斯理亦何乖！既剥猶未已，豐享尚增培。君子過佚樂，小人窮之〔二〕災。所願均厥施，九域登春臺。

【校記】

〔一〕嘉隆本《全集》卷十九“澡”作“澋”。
〔二〕嘉隆本《全集》卷十九“之”作“乏”。

萬鍾固知富，於性無加增。千駟雖云衆，難爲身重輕。達人抱大觀，不以外物嬰。夷齊首陽餓，伊摯莘野耕。清風激千古，賢聖留其名。邈哉務光讓，鄙矣蝸角争。蠅營徒爲爾，鴻飛自冥冥。

青山何岹岹，白雲自超超。雲山日在望，開門兩相高。既喜山静止，還愛雲飄飄。秀色可攬結，吾其陟山椒！

大氣浩無涯，厚地大氣舉。形氣自依附，人物乃中處。剛柔生變化，陰陽行寒暑。自古謂之然，滿虚寧可數！吾思弄丸翁，深情契斯語。

丹轂既雲飾，翠蓋亦時張。駟馬復在馭，鸞和自鳴鏘。執綏者誰子？升車氣揚揚。迴旋逐水曲，馳騁登周行。行人爲之辟，誰不羡輝光。胡取覆餗誚，而置部鼎章。輪輿雖云美，致寇安可量！所以大《易》辭，負乘著厥祥。

洪荒日已遠，文籍日以繁。華僞滅真實，汗漫迷本源。《左氏》已浮夸，《戰國》皆詐言。班馬揚其波，蔚宗助其瀾。繼者如猬毛，美惡愛憎間。諒非董狐筆，盡信誠爲難！誰哉法宣聖，大典垂不刊。

人生苦不足，得隴更望蜀。祖龍泛海行，劉郎祀竈術。仙事俱茫茫，百年竟飄忽。汲汲復營營，何時滿所〔一〕欲？吾慕首陽翁，清風在山谷。

【校記】

〔一〕《河汾詩集》卷一"所"作"初"。

庭樹微飄落，涼氣始披拂。卻憶少年時，泛舟湖湘曲。秋風起波瀾，寒霜下林麓。日出江上楓，霧隱楚岸竹。蘭芷亦蕭條，芰荷不秋馥。靈均舊游處，騷思方滿目。忽忽三十年，涼意復相觸。《九歌》有遺辭，得意在雲谷。

庭竹生涼飈，明月從東上。候蟲草根鳴，夜静聲愈響。逍遥步階除，悠然起遐想。三皇五帝時，淳樸竟焉往？《王風》降《黍離》，禮樂委榛莽。反復千載間，夷霸雜相長。是非垂不泯，勝負在俯仰。令人意難平，撥置聊自廣。

人巧千萬端，莫逃造化巧。三王行仁義，子孫永相保。綿歷百千載，順理得終考。嬴隋南北朝，竊國騁暴狡。社稷旋荒墟，苗裔悉剪剿。天巧必勝人，人巧何足道！

出金陵〔一〕

金陵宿雨霽，杲杲秋日明。繆承北闕召，促裝出西城。追隨冠蓋集，酌别臨江亭。徘徊不能别，去住難爲情。挂席曉風發，解纜早潮生。抗手謝送者，令人意難平。所願各努力，令德崇端貞。

【校記】

〔一〕《河汾詩集》卷一詩題作“景泰四年九月十三日出金陵”。

江　行三首

石城上朝旭，宿霧漸已收。大江何茫茫！柔〔一〕櫓泛中流。鍾阜猶在望，白雲散岩幽。兩載寧無情？湖山憶同游。佳勝邈難即，迴想空悠悠。

順流駕長風，挂席何快哉！青山若相送，兩岸猶崔嵬。恩召〔二〕信光渥！報稱知非才。貞白有君子，寧不動中懷！

我舟既云邁，長風起層波。天水共渺茫，雲岫紛嵯峨。石城猶在望，赤岸還經過。遠堤秋樹小，水國蒹〔三〕葭多。老遂金陵游，奈此佳麗何！北歸已陳迹，江行遂成歌。

【校記】

〔一〕《河汾詩集》卷一“柔”作“揉”。

〔二〕《河汾詩集》卷一“召”作“詔”。

〔三〕嘉隆本《全集》卷十九“蒹”作“兼”。

過儀真

匆匆過儀真，來往已三度。兹行復祇召，嚴程還北去。湖田收晚禾，長堤落秋樹。已遠金陵山，漸近廣陵路。乘月宜舟行，牽者且莫住。

夜泊廣陵

夜到廣陵城，已是三更後。官舡〔一〕少停泊，驛吏勞奔走。風清月色明，河漢粲星斗。行思方搖搖，懷古復何有！

【校記】

〔一〕嘉隆本《全集》卷十九“舡”作“船”。

高　郵

又見高郵城，連延傍湖水。水上紅縡樓，登眺憶往歲。昔逢春雪飛，今值秋風起。歲華與人事，廻换理如此。中〔一〕貞諒自保，期不愧行止。

【校記】

〔一〕《河汾詩集》卷一"中"作"忠"。

高郵湖

去年冒春雪，揚帆過高郵。今歲屬秋暮，長風送我舟。湖心射日氣，駭浪蹴天浮。觀象卦有涣，悟《易》情悠悠。

淮陽懷古

淮陽古名郡，臥治有昔賢。禁闥不可留，遺想增慨然。顧我豈其儔，寵擢何連連！本乏實德稱，重爲虚名牽。撫心益自愧，懷人遂成篇。

雨中渡淮

風雨渡長淮，波浪何冥茫！兩儀混不分，恍若窺洪荒。舟人〔一〕貪利涉，片席就空翔，翩翩入煙霧，隨風任〔二〕低昂。北岸泊水驛，暮雨益淋浪。且喜對官燭，粲爛竟夕光。

【校記】

〔一〕《河汾詩集》卷一"人"作"行"。
〔二〕《河汾詩集》卷一"任"作"在"。

清河晚晴

向夕起長風，秋雲静天宇。清波流月光，白露下寒渚。搒〔一〕人喜晴霽，理楫夜相語。早發過鍾吾，漫漫見徐土。

【校記】

〔一〕《河汾詩集》卷一"搒"作"榜"。

夜上吕梁洪

水村夜寥寥，秋月流空白。牽舟上吕梁，逆浪涌寒雪。愧彼役夫勞，當此灘水澀。憶我四方游，江湖飽涉越。衹召〔一〕復兹行，恩重知才劣。矢心復何如？長洪石如鐵。

【校記】

〔一〕《河汾詩集》卷一"召"作"詔"。

過徐州

去年春正月，南泛彭城舟。今歲值秋暮，北上溯長流。蹤迹信往復，景物恒觀游。風寒堤柳落，波減岸石稠。白見高城堞，蒼出遠山丘。何處戲馬臺，仿彿燕子樓。化遷無停軌，事往不可求。陳迹竟泯泯，虚名但悠悠。覽今亦懷昔，發聲遂成謳。

送歐陽憲副

凛凛谷中風，亭亭山上松。風聲亦何勁，松自無改容。競秀固妍好，弱植徒豐茸。獨於霜雪餘，卓然見高蹤。悠悠四十年，所遇多尚同。歐陽信佳士，一節抱始終。蒼蒼歲寒質，展可爲國庸。適來述所職，歸思何匆匆！載歌《君子》篇，德期皓首崇。

雜　詩〔一〕三首

洪荒一何遥！悠悠幾萬載。古迹竟茫然，古道復安在？巍巍唐帝尊，放勛薄四海。文明啓中天，倫典粲而藹。魯叟刪述勞，於兹立聖軌。寥落但陳〔二〕編，撫事增嘆慨。

孰云天地大？形勢兩睽絶。一氣周流之，神理有昭格。雍雍虞庭臣，穆穆賢聖德。大〔三〕和良在兹，疇咨方未歇。所以祥鳳儀，不獨大樂闋，如何此道非？千古空遺迹。

山龍匪舜樂，卑菲真禹心。大哉虞夏聖，憂民同一深。既服四載勞，還彈五絃琴。九功亦時叙，敕天尚遺音。如何精一傳，載往不可尋？獨有簡册光，留照猶至今。

【校記】

〔一〕《文集目録》作"雜咏"。

〔二〕《河汾詩集》卷一"陳"作"塵"。

〔三〕《河汾詩集》卷一、嘉隆本《全集》卷十九"大"作"太"。

西溪魚躍爲樂安楊貢侍御題〔一〕

西溪渺何許！乃在楊林阿，楊林古名族，樂安世其家。家住溪水曲，林木相交加。地僻網罟絶，溪邃游魚多。濈濈聚弱藻，洋洋戲新荷。逆水微波生，仰沫細雨斜。跳躍自有適，出没静不嘩。楊族有名士，考業咀英華。愛此魚性樂，契彼道味嘉。乃知天機妙，萬象皆森羅。卻鄙中散慢，寧效濠梁誇？緬懷《旱麓》詩，載賦西溪歌。永言繼真〔二〕躅，勝景垂無涯。

【校記】

〔一〕《河汾詩集》卷一詩題無"樂安"二字，且"侍御"作"御史"。《目録》缺"樂安"、"貢"三字。

〔二〕《河汾詩集》卷一"繼真"作"真可"。

龍江曉望

兩岸青山隱隱，一江白浪茫茫。煙樹高低城郭，風帆遠近舟航。

遣　悶二首〔一〕

客中鬱鬱不自得，忽思古人讀古書。古書古人亦如此，吾懷不放將何如?

少時都不解憂喜,壯年百慮攪我心。我心默默向誰説?呼酒只對東風斟。

【校記】

〔一〕此二首詩《河汾詩集》卷七列入"七言絶句"。

臨清曲〔一〕

臨清人家枕閘河,臨清賈客何其多!停舟落落無可語,呼酒只對長年歌。

【校記】

〔一〕此首詩《河汾詩集》卷七列入"七言絶句"。

題墨牛二首

青松落陰石苔上,雨餘百草芊綿長。老叟牧牛牛性馴,牛背讀書興蕭爽。書中之味深且長,高睨盤古窺皇唐。日暮驅牛下山去,風清月白天茫茫。

緑楊芳草被平坡,老人騎牛行且歌。歌長扣角角欲碎,悠悠古意何其多!布褐涼風生兩肘,幾度歸來月明後。夜深遺響入青雲,應有知音與攜手。

蠶婦吟〔一〕

採葉〔二〕者誰婦?蓬首面不洗。年年絲作人家衣,短布裙穿不掩體。"綺羅不是養蠶人",三復斯言情不已。

【校記】

〔一〕此首詩《河汾诗集》卷二列入"長短歌行"。

〔二〕《河汾詩集》卷二"葉"作"桑"。

偶　題〔一〕

磊磊落落寒〔二〕胸臆，推蕩始覺心和平。丈夫志量包宇宙，細故那得風波生！

【校記】

〔一〕此首詩《河汾詩集》卷八列入"七言絶句"。

〔二〕《河汾詩集》卷八"寒"作"塞"。

憶綉榮二孫〔一〕

綉孫猶未識阿翁，翁在山東一馬驄。近别榮孫春又夏，相〔二〕應學語問阿翁。

【校記】

〔一〕此首詩《河汾詩集》卷八列入"七言絶句"。題注云："首尾吟。"

〔二〕《河汾詩集》卷八"相"作"想"。

歌

贈劉僉憲〔一〕

古磬不諧人之耳，古瑟不合人之心。茫茫天地亦大矣，人生豈謂無知音？《陽春》《白雪》聽者寡，《巴人》《下里》和如林。退之奇崛篇，子美爛熳吟。謫仙逸氣隘〔二〕六合，一字價抵千兩〔三〕金。神遊八極不可見，獨留文字幾千卷。江河萬古行地中，飲者杯勺各滿願。我生其後欲追逐，蹇若跛鱉趁紫燕良馬名。東西南北流覽多，公取古詞各矜衒。邇來忽遇劉虚庵，胸中元氣何潭潭！沉酣百子索幽怪，模鎔萬象窮川嵐。興來落筆亦何壯，一日千里馳風帆。又若秋溟露毫末，明珠大貝相錯參。始悟古人今可學，嗟我見晚生靦慚。虚庵虚庵真奇士，磊落聲名固應爾。相逢一曲伯牙〔四〕琴，高山峨峨水清泚。

【校記】

〔一〕《河汾詩集》卷二“長短歌行”題作“奉贈劉僉憲”。

〔二〕《河汾詩集》卷二“隘”作“溢”。

〔三〕《河汾詩集》卷二、嘉隆本《全集》卷十九作“南”。

〔四〕《河汾詩集》卷二“伯牙”作“牙也”。

茅屋漏

辛丑進士河汾客，早向中州買居宅。宅有茅屋八九間，補葺聊以蔽牀席。進士所好惟詩書，衣食取足無剩餘。朝朝暮暮誦周孔，行行坐坐歌唐虞。以兹狂僻誤生理，老屋支撑幾星紀。前月大風撮茅去，今月久雨漏不已。移牀徙榻那得乾？堆書捲被空長嘆。文章不足補穿漏，翻爲兒女生靦顔。豪家大屋足歡笑，已覺紈袴輕儒冠。卻憶唐朝老工部，西蜀草堂幾風雨。亦有官居鼎鼐尊，欲起樓臺無處所。昔賢窮達還復然，我何慍此霑濕苦？且待天晴飽讀書，比屋渠渠不須數。

太行歌送丁分教之襄陵〔一〕

太行之山何崔嵬！鐵崖翠壁萬仞中天開。其勢北來吾不知其幾萬里，但見横亘遼磧包括秦晉斗起中原之地何壯哉！往年吾嘗陟其頂，四顧山如培塿樹如苔。黄河一線遥遥下，砥石奔流直到東海不復迴。此時英風浩然灑六合，便欲歷覽天上金銀臺。其中羊腸九折走峻坂，摧輪怪石磵磴磊落而成堆。太行之高且險也如此，子今遠行令人興難裁！倘到昔所登覽最高處，爲我歌此一曲還徘徊。西望襄陵迢迢祇幾驛，驅車徑須往渡清汾隈。願子居易畏[二]險慎厥守，始終永保令譽慰我相思懷。

【校記】

〔一〕《河汾詩集》卷二歌題“丁”下有“廷玉”二字。《文集目録》“襄陵”作“襄陽”。

〔二〕《河汾詩集》卷二“畏”作“思”。

永和雙山歌

永和四境千萬山，雙山之勢尤巑岏。兩峰對峙若天闕，中有一境通人寰。南峰突兀半空裏，連岫峨峨方並起。蒼松古木何蕭森，朔風摉攪鳴不已。北峰形狀尤奇瑰[一]，怪石刻鏤樓與臺。上有雲屏立霄漢，隔礙星斗廻風雷。我來登覽值冬暮，攀緣石磴到高處。滄瀛碣石覺東傾，弱水崑崙在西顧。俯瞰纍纍岡阜多，巨壑無底如盤渦。遠近幽深杳難測，寒雲冷霧紛蕩摩。因思未闢天與地，澒洞無涯惟水氣。輕陽一隙漸飄浮，大塊無邊遂凝滯。波濤盪漾成高低，剛爲金石柔土泥。此山想得陽之極，層巒削出天之西。獨恨古來壯游者，足迹不到兹山下。遂令奇絶[二]委幽窮，無由題品繼《風》《雅》。我才雖非作者流，愛此欲去還夷猶。摩挲[三]石壁寫長句，千古當與山同留。

【校記】

〔一〕《河汾詩集》卷二“奇瑰”作“傀奇”。

〔二〕《河汾詩集》卷二“奇絶”作“絶奇”。

〔三〕嘉隆本《全集》卷十九“挲”作“娑”。

鳳凰臺歌次虛庵韻〔一〕

吾聞鳳鳥不與凡禽棲，隆周之時曾集豐鎬西。鏘然一鳴向人世，喧啾百鳥不敢争與啼。昔有名臣黄霸生漢世，治民之才迥與時流異。潁川出守曾幾何？休風數感靈禽至。靈禽文彩明山川，和音噦噦聞中天。遂築高臺表神異，臺空鳳去餘千年。只今壞埒纔數尺，野鳥紛紛競來集。簡册空存紀瑞年，荆榛不復快覩迹。我來跋馬登高丘，荒臺已遠猶回頭。爲憶循良心耿耿，緬懷瑞物情悠悠。鳳臺鳳臺重披訪，往事何須空怏悵！方今聖明治理登俊良，會見一朝飛去青雲上。

【校記】

〔一〕《文集目録》無“歌”字。

舟中苦熱

大江千里流炎日，暑氣波光互蒸濕。火雲壓風空〔一〕不來，舟中苦熱何太劇！坐睡昏昏汗雨流，對食欲餐還復休。扣舷直欲發狂叫，安得少昊回清秋，安得少昊回清秋。一洗煩熱情悠悠。

【校記】

〔一〕《河汾詩集》卷二“風空”作“空風”。

洞庭湖歌

吾觀庖犧《龍馬圖》，五行惟水居其初。自從清濁奠高下，山澤通氣無時無。荆南之水亦衆矣，壯觀惟有巴陵湖。世俗相傳八百里，足迹未到空躊躇。今秋持節來南楚，舟泊〔一〕岳陽訪奇古。登樓始得肆遐觀，萬頃洪濤際天宇。如從東岱窺滄瀛，一點仙山隔煙雨。長風欻起層霄間，溟渤洶洶增狂瀾。轟天揭地急雷鼓，排空炫日堆銀山。須臾風止波濤定，涵泳虛空開玉鏡。金烏飲淵千丈紅，白鷗落影一行動。行客喜甚無氛埃，連翩大舸争往來。我亦飄然下樓去，放舟中流何快哉！蜀江西來半天瀉，瀟湘南接蒼梧野。一劍横空有所之，丈夫不作悠悠者。洞庭洞庭七澤雄，鄒魯昔有觀瀾翁。我今賦此良不苟，乃知有本無終窮。

【校記】

〔一〕《河汾詩集》卷二"舟泊"作"泊舟"。

沅州春日歌〔一〕

南州二月春來早，緑水青山四縈繞。城中何處足春光？御史臺中富花草。窗外青梅結子稀，門墻桃李争晴輝。映日紅綃正縷縷，漫空白雪何霏霏！芍藥錦苞猶未啓，蘭蓀露葉光泥泥。楊柳風搓〔二〕碧玉絲，芭蕉葉吐青鸞尾。苔茵展地萱草長，千紅萬紫〔三〕遥相當。竹林好鳥自鳴寂，菜畦蛺蝶殊悠揚。生意由來滿天地，粧點池臺足佳致。門清衹覺白晝長，庭閑况復游絲細。静觀元化深無涯，中心默默含春熙。願效冰霜達陽氣，普期八表仁風吹。

【校記】

〔一〕《河汾詩集》卷二歌題作"沅州院中春日歌"。

〔二〕嘉隆本《全集》卷十九"搓"作"槎"。

〔三〕《河汾詩集》卷二"紫"作"緑"。

文清公薛先生文集卷之三

門人關西張鼎校正編輯

歌

杜鵑行

昔讀古人書,知有杜鵑名。今泛沅江舡,始聞杜鵑聲。杜鵑生子不自哺,野老相傳之語如少陵。惟有古來稱望帝,變化無端竟茫昧。吾意百鳥相推尊,亦如蜂蟻君臣義。氣化感物不自由,四月五月聲喧啾。一聲未了聲轉急,千林萬壑波濤秋。遠客扁舟睡難著,兩耳還遭杜鵑聒。歸心一夜憶虞廷,鳴鳳時應集阿閣。

續杜鵑行

杜鵑變化有無寧復論,百鳥之中乃爲衆鳥尊。以兹少陵托忠憤,再拜謂是古帝魂。我來何處聞逸響,扁舟夜泊沅江上。林霏拂岸灘風清,峽影沉波江月朗。乍遠乍近鳴未休,聽之轉急如有〔一〕求。遠客毋勞厭惱聒,少陵忠義方難儔。

【校記】

〔一〕《河汾詩集》"如有"作"有如"。

壺頭歌

沅水南來幾千里，亂石激濤蹴空起。急捎官舫上巉岩，閑倚驛樓看山水。隔江萬叠雲峰稠，一峰平立名壺頭。云是伏波駐兵處，至今石室留山陬。憶昔炎綱斷如縷，草竊紛然據寰宇。寧知田牧隱奇才，揮斥奸庸識真主。西征實藉聚米忠，南伐〔一〕誰比銅柱功？中興諸將數籌略，直與賈鄧争豪雄。老身甘向邊陲殁，誓掃群蠻静〔二〕坤軸。壺頭一死非無情，天遣英靈鎮南服。跳樑小醜胡爲哉？竟因遺算稽顙來。雖云未雪薏苡謗，白璧本自無纖埃。昔於青史嘆高識，今向荒山訪遺迹。怒濤猶帶薄伐聲，愁雲似是忠憤積。馬侯馬侯真丈夫，大器自與凡材殊。廟食勛名幾千古，英風激我章句徒。

【校記】

〔一〕《河汾詩集》卷二"伐"作"征"。

〔二〕《河汾詩集》卷二"静"作"净"。

驄馬行春歌爲陳侍御賦

五百啓運天地清，群賢奮翼風雲生。九重治理達遠邇，王度實藉執法明。同年才子青雲客，意氣昂昂超等列。孤松聳壑見高標，一鶚横空嘆奇絶。今年持節辭金臺，青驄蹀〔一〕躞萬里來。乃知霜雪達陽氣，馬蹄到處山花開。邂逅沅陽話疇昔，昔曾聯步趨文石。豸冠已覺凝秋霜，綉服還應絢朝日。沅江憲署情何多，連牀對榻同吟哦。吟哦未已欲將别，索我驄馬行春歌。愧我詩才劣韓杜，長篇險語急難就。强操紙筆爲君題，掛一何止於萬漏。驄馬驄馬登周行，攬轡直擬清四方。發奸凛凛息豺虎，洗冤藹若回春陽。古來豪俊皆如此，陳言雅欲追芳趾。相將努力篤忠勤，圖取英聲耀青史。

【校記】

〔一〕嘉隆本《全集》卷二十"蹀"作"蹀"。

歌風臺歌

素靈夜哭秋郊月，漢祖吳鈎三尺血。芒碭雲氣從飛龍，咸陽竹帛隨煙滅。獨屈〔一〕群策驅群雄，漢中一旅紅旗東。韓郎對語識成敗，董公遮説開天衷。王者之師仁以武，諸侯效順力如虎。關河百戰芟群雄，垓下一歌散強楚。風塵蕩滌天下清，萬乘不忘布素情。黄屋歸來見鄉邑，宴〔二〕飲父老如平生。酒酣拔劍高歌起，歌詞激烈振天地。雄志深知大業難，霸心尚思猛士倚。群兒逐和聲悠揚，起舞四顧何慨慷！樂極哀來淚沾臆，魂魄千秋思故鄉。遂令此意〔三〕爲湯沐〔四〕，獨承天寵何優沃！四百休運同始終，三國遺民想興復。至今有臺泗水濱，雄豪一去餘千春。壞埒層層積蒼蘚，平原漠漠生黄塵。我來正值清秋暮，桑柘蕭蕭葉飛雨。泗水南流芒碭高，霸業王風復何許！徘徊重是古帝郊，摩挲石刻心勞焦。俯仰秋天莽空闊，杳杳鴻鵠淩風高。

【校記】

〔一〕《河汾詩集》卷二"屈"作"驅"。
〔二〕《河汾詩集》卷二"宴"作"燕"。
〔三〕《河汾詩集》卷二"意"作"邑"。
〔四〕《河汾詩集》卷二、嘉隆本《全集》卷二十"沭"作"沐"。

昆陽行

策馬從北來，南涉沙河渡。登岸得平原，極目風景暮。暮天落葉何縱横！翻〔一〕翻亂觸馬足鳴。蒼山無數背人遠，前瞻忽及昆陽城。城南滍水流城郭，英雄事業猶如昨。白水真人在側微，謹厚伊豈常情度？是時炎運寒如灰，五威使者車奔雷。慘慘三精雲霧塞，蕭蕭九縣飈風回。真人一怒奮神武，手握赤符興義旅。昆陽大戰開天功，烏合如林散何許！吾想當日嚴殺多，洗兵雷雨何滂沱！湓川倒流虎豹伏，亂麻屍積山嵯峨。自爾威聲震〔二〕天地，兇魁惡黨魂飄逝。夏后周宣果再興，成功磊落光前世。悠悠此事千餘〔三〕年，至今父老猶相傳。我來正值太平日，戰地盡作桑麻田。生平遊覽好奇特，徘徊吊古中腸熱。舉鞭一笑寒天高，萬里關河坐超越。

【校記】

〔一〕《河汾詩集》卷二"翻"作"飜"。

〔二〕《河汾詩集》卷二"震"作"振"。

〔三〕《河汾詩集》卷二"千餘"作"餘千"。

襄陽歌

持節過樊城，南渡漢江曲。漢江遠自嶓冢來，遥望真如鴨頭緑。江千〔一〕樓堞何峥嶸，壯哉快覩襄陽城。少日常思一遊覽，今朝始遂來經行。經行處處多遺迹，滿目蒼然悲思集。後人游似前人游，古人憶是今人憶。鬱鬱峴山翠，遥遥鹿門深。淺〔二〕碑人墮羊祜淚，隱居誰識龐公心？龐公一去已千古，尚有清風灑寰宇。茂林鳥宿魚潜淵，區區劉表焉能〔三〕取？城南習家池，池水清漣漪。當日山翁酩酊醉，風流未許他人知。更尋王粲宅，留井峴山麓。銅瓶無復汲深寒，蔓草空餘覆幽緑。悠悠往事難具陳，高名尚有隆中人〔四〕。師出二《表》鬼神泣，圖成八陣風雨頻。乃知襄樊士風好，由來英達何草草！漢水東流峴首高，衹因配此名不了。方今明聖坐垂旒，百年禮樂登虞周。仁恩已滿天地大，王化久浹江漢流。江漢游女心如結，士習詩書仰先烈。烏臺使者來作歌，期與《國風》傳不歇。

【校記】

〔一〕《河汾詩集》卷二、嘉隆本《全集》卷二十"千"作"干"。

〔二〕嘉隆本《全集》卷二十"淺"作"踐"。

〔三〕《河汾詩集》卷二"能"作"得"。

〔四〕《河汾詩集》卷二注曰:“襄陽有武侯隆中書院。”

過鹿門山

西來漢水浸山根,舟人云此是鹿門。峭壁蒼蒼石色古,曲逕杳杳藤蘿昏。亂峰幽谷不知數,底是龐公栖隱處? 含情一嘯江風清,雙櫓急摇下灘去。

游沅州城南

迴環緑水流城陴,出門一顧心歡怡。連林竹樹獻蒼翠,緣江梅柳争芳菲。和風蕩耳沸簫鼓,晴日照水流旌旗。沅湘信美匪吾土,中州久客還思歸。

寄頡文林侍御

前年掛席趨北斗,九月泊舟都門口。綉衣人是同鄉人,騎馬江邊問行久。龍江驛裏同徘徊,呼酒飲我何壯哉! 興酣往事真草草,願傾東海添樽罍。别後倏忽幾寒暑,吴江木落洞庭雨。黔巫東望山嵯峨,恨不高飛插翎羽。丈夫本是重四方,眼底道路如尋常。風帆早晚下吴會,仍尋舊約歌慨慷。

寄朱侍御歌

吾觀古來磊落大丈夫,致身特達自與凡才殊。若不功作霖雨潤枯槁,便當手持玉斧清寰區。二者都應不可得,大田可稼長川漁。生平抱此心耿耿,爛讀古書極馳騁。中年濫騎烏府驄,幾載蠻荒苦便静。忽聞按部同官來,江山六月霜風回。樓舡彈壓湖湘百怪息,憲節蕩拂溪洞雲煙開。是時思得歡然一相遇,何意鴻〔一〕鵠東飛燕西去。令人凝望佳節過,開盡冬梅老春樹。春樹纖纖柔葉多,沅江江上浩煙波。喜得瑶華好音信,興來獨立東風歌。歌成寫寄憑雙鯉,心事非公復誰理? 會合悠悠自有時,還期高議金門裏。

【校記】

〔一〕《河汾詩集》卷二、嘉隆本《全集》卷二十"鴻"作"黄"。

黔陽江行歌

黔江轉急勢未已，兩岸蒼崖〔一〕削天起。官船〔二〕雙櫓疾於飛，倏忽雲林過百里。生平膽氣尤崛奇，三年蠻徼〔三〕甘奔馳。惡灘險浪不經意，白日自保公無私。空囊敝〔四〕篋一何有？滿束古書置前後。船窗豁達涵〔五〕虚明，書中得意寧容口？忽憶江山千古長，不知何日開鴻厖？陰陽争勝鬼神急，造化不停真宰忙。千奇百怪氣參錯，輕飄重墜奠清濁。三光宣精四海明，五行順序百卉作。有物不名復不凋〔六〕，泯默萬化常超超。眼底江山未爲壯，大地比是〔七〕猶毫毛。感此人生浪自苦，萬事悠悠隨所與。放歌一曲《南風》來，坐對青天兩無語。

【校記】

〔一〕《河汾詩集》卷二"崖"作"厓"。
〔二〕嘉隆本《全集》卷二十"船"作"舡"。
〔三〕《河汾詩集》卷二"徼"作"隞"。
〔四〕《河汾詩集》卷二"敝"作"弊"。
〔五〕《河汾詩集》卷二"涵"作"含"。
〔六〕《河汾詩集》卷二"凋"作"彫"。
〔七〕《河汾詩集》卷二"是"作"似"。

鶴山小隱

大江之右多奇峰，天臺遠與羅浮通。鶴山蒼蒼在何許？嘉名獨擅東南雄。中有隱士好事者，作圖遠寄烏臺下。烏臺柱史隱士交，持卷索我揮狂毫。開圖指點山佳處，峭壁回巒簇煙樹。澗花流出山中春，松風掃遍溪頭路。數椽茅屋何蕭然，白雲檐宇常周旋。讀《易》已了嘉遯趣，作詩或賦招隱篇。此境初從柱史説，令人掩卷想奇絶。振衣千仞或可期，萬里雲霄坐超越。

憶昔行

憶昔年纔十二三，老親攜我游西南。西南道路蜀山裏，累月不盡經巉岩。當時正值春光麗，紅紫千林競妖媚。緑蘿覆逕揺溪煙，清風掠面送花氣。羈懷未解怯險艱〔一〕，青泥扳〔二〕滑石磴盤。路夾陰崖白日暮，梯凌危棧蒼空寒。寒空石壁插江脚，斷痕疑是鬼斧鑿。倒懸古木星斗迷，亂灑流泉風雨作。憑空一望山叠重，煙溪霧谷相鬱滃。積陰絶險足妖怪，深叢大野多蛇龍。復有劍閣横天絶，時清〔三〕關險成虚設。關南石龕夜宿時，子規叫落龕前月。成都開豁自一川，盛夏又泛岷江船。鑾中忽忽幾寒暑，新正乃有中州旋。骨肉相隨千萬里，回首舊游如夢裏。三十年來白髮生，坐想雙親淚如水。

【校記】

〔一〕《河汾詩集》卷二“艱”作“難”。

〔二〕《河汾詩集》卷二“扳”作“坂”。

〔三〕嘉隆本《全集》卷二十“清”作“深”。

井陘懷古

并州東下幾百里，太行古道石磊磊。山開忽見一掌平，中有孤城入雲起。憶昔白蛇中斷時，韓侯曾此驅雄師。伐鼓安安出天險，趙壁指顧皆紅旗。雄豪破滅如反掌，遂使英聲走飈響。至今泜水向東流，戰骨成塵惟草莽。侯也之功良已多，五湖其負扁舟何！行人莫問井陘事，悲風慘澹來山阿。

驄馬行春爲張侍御賦〔一〕

禹迹既萬里，天關亦九重。明明日月理，無不照幽情。隱恤孰使之通？維時新春二三月，處處熙陽達冰雪。綉衣驄馬者誰子？倏自青冥下霜鉞。芳草凄，驄馬嘶，遥遥行部東還西。攬轡貪觀紅樹好，揮鞭不覺蒼山低。馬啼〔二〕遍征路，蔀屋春華露。郡邑蜚聲吏不驕，梟獍屏迹民安作。驄馬來，風雲開。回寒作暖蒙帝力，萬物吐氣何熙哉！還鑣入覲天顔喜，齊言海宇清如水。年年領節君莫違，長播仁風遍文軌。

【校記】

〔一〕《河汾詩集》卷二題作“驄馬行春歌爲張叔潤賦”。

〔二〕《河汾詩集》卷二“啼”作“蹄”。

天馬歌

天馬西極來，一日行千里。雙睛懸鏡秋水清，四蹄削鐵長風起。骨骼既已異，性情真復殊。飢食玄圃〔一〕千頃禾，渴飲天源萬斛珠。天馬不易〔二〕得，世亦不易識。奮身〔三〕振鬣何昂藏！有時慚〔四〕向駑駘立。駑駘謂天馬：“神駿〔五〕徒爲爾！我水一斗休，我芻一束止。天馬朝朝忍渴飢，河清伯樂焉足〔六〕俟！”天馬爲之笑：“飽逸寧足誇！一夕長鳴得天路，顧爾連蹇泥中蛙！”

【校記】

〔一〕《河汾詩集》卷二“玄圃”作“玉山”。

〔二〕《河汾詩集》卷二“易”作“世”。

〔三〕《河汾詩集》卷二“身”作“鬼”。

〔四〕《河汾詩集》卷二“慚”作“愁”。

〔五〕《河汾詩集》卷二“駿”作“俊”。

〔六〕《河汾詩集》卷二“足”作“可”。

守素卷爲杜侍御題

吾聞達士安所存，寥寥此道誰當〔一〕尊？達則夔龍拜金闕，退則回憲安蓬門。文采風流少陵客，少小讀書慕前哲。布衣豸服了不殊，黎藿膏梁[二]同一節。盤盂几杖古有銘，華軒更揭守素名。朝看暮看志激烈，或出或處心和平。我亦平生絶馳慕，感君意氣還同趣。相期攜手登崑崙，共論希夷更深處。

【校記】

〔一〕《河汾詩集》卷二"當"作"復"。

〔二〕嘉隆本《全集》卷二十"梁"作"粱"。

題畫龍

大龍倒捲歸虛[一]壑，小龍騰身向天末。吐吞雲氣相接連，萬里分明露頭角。陽精變化未覺難，生霆走電白晝寒。相顧爲霖莫相誤，收功並入玄冥間。

【校記】

〔一〕《河汾詩集》卷二"虛"作"墟"。

齊都歌

偶把漁[一]竿來渭水，諸侯八百從如蟻。洗兵一雨天下清，興王事業應難[二]比。茅土之封東土侯，奄有青齊[三]都營丘。千乘龍旗照滄海，百層雉堞臨淄流。淄流拂曙歌鍾起，人物喧闐隘都市。黄金白璧酬君公，文馬雕軒覲天子。前朝後市何輝光，歌臺舞榭遥相望。長劍危[四]冠盛皋虎，珠簾綉幕圍姬姜。伯業相傳僅千載，寧知時去繁華改？盜賊公然竊寶弓，坐令青社無光彩。是非得失俱悠哉，空餘廢址連荒臺。往事淒涼不可問，淄流嗚咽悲風來。

【校記】

〔一〕《河汾詩集》卷二"漁"作"魚"。

〔二〕《河汾詩集》卷二"難"作"無"。

〔三〕《河汾詩集》卷二、嘉隆本《全集》卷二十"齊"作"濟"。

〔四〕《河汾詩集》卷二"危"作"高"。

古松怪石歌〔一〕

山東憲署兩絶奇,古松怪石相蔽虧。耳畔或聞海濤作,眼中不見雲根移。皮皴鱗蹙〔二〕澀寒雨,霜雕雪刻莓苔聚。方驚白日起潛蛟,更訝幽陰踞虓虎。可憐二物争豪雄,壯顔毅色孰與同? 閲世不今亦不古,回頭幾覺凡物空。岱宗千尺雲,崑崙一勺〔三〕水。安得良工爲我寫此松石圖〔四〕,坐攬造化入袖裏。

【校記】

〔一〕《河汾詩集》卷二歌題作"山東憲署後堂古松怪石歌"。

〔二〕《河汾詩集》卷二"蹙"作"成"。

〔三〕《河汾詩集》卷二"勺"作"拳"。

〔四〕《河汾詩集》卷二"石圖"作"圖其石"。

懷忠堂爲都指揮李進賦〔一〕

將軍樹勛起雲中,結髮慷慨從飛龍。幾年擁節驅羆熊,扶桑日出西崆峒。旄頭射落天山空,青海不復烽火紅。仁義之將良可宗,丈夫不數衛霍功。時清包裹刀與弓,八蠻入貢九夷通。朅來分閫何從容! 敦崇詩禮輕豪豐。所居之堂名"懷忠",懷忠事業應無窮。我雖儒冠心頗雄,寸管不讓三尺鋒。等閑裨補造化功,擬令四海歌皇風,懷忠將與君無同!

【校記】

〔一〕《河汾詩集》卷二歌題"堂"下有"歌"字。《文集目録》失載。

登州行〔一〕

驄馬曉辭萊子國,北上高崗俯遼碣。遼碣萬里天風寒,山溪二月凌澌結。空蒙極目春無邊,春濤洶洶摇春煙。還從絶嶺下長坂,高城忽起滄溟前。滄溟倒浸紅樓影，通衢豁達塵埃静。已應持節是明時，況復觀風得佳境！天開海闊霜臺高，霜臺遠思何飄飄！巨鰲戴山真浪語，大方見笑非虛謡。乾坤俯仰高歌起，有物無名大莫比。瀛海茫茫未足夸，真是人間一泓水。

【校記】

〔一〕《河汾詩集》注云："並序：正統四年春，余按海右。二月廿一日早發黄縣，歷岡坂，下登州，遂作《登州行》，以紀歲月日云。"

望海歌

我生足迹半天下，朅來持節臨東夏。萬里滄溟入壯觀，洞庭彭蠡足驚詫。三韓之西日本東，玄冥少昊廻祝融。歸墟尾閭杳〔一〕難測，清江碧漢來無窮。碣石依稀望中小，天臺不斷連山繞。煙波明滅散群鷗，雲水空青浮衆島。扶桑漸覺明朝暾，還從海底昇〔二〕金盆。太陰滅盡清輝發，羲和穩駕波無痕。有時颶母逞神武，馮夷擊鼓百怪舞。白浪峨峨摧雪山，黑霧茫茫漲天宇。三山六鰲安在哉？祖龍已去劉郎來。樓船不復返秦使，雲帆更欲尋蓬萊。雄豪千古俱淪没〔三〕，唯有潮聲尚如昨。從誰海上論盈消？獨倚蒼山看寥廓。

【校記】

〔一〕《河汾詩集》卷二"杳"作"香"。

〔二〕《河汾詩集》卷二"昇"作"生"。

〔三〕《河汾詩集》卷二"没"作"寞"。

東平行臺十五柏〔一〕

行臺臺上〔二〕十五柏，一一皆抱樑棟〔三〕姿。自應生長得元氣，更當培植需良期〔四〕。孔明廟前今在否？才大空聞少陵語。何如此木〔五〕生中原，萬牛不用可立取。

【校記】

〔一〕收入《河汾詩集》卷六"七言律詩"，歌題"東平"上有"題"字。
〔二〕《河汾詩集》卷六"上"作"下"。
〔三〕《河汾詩集》卷六"欒棟"作"棟欒"。
〔四〕《河汾詩集》卷六"期"作"時"。
〔五〕《河汾詩集》卷六"木"作"本"。

送王秀才省兄歸京師〔一〕

海右傳聞此亭古，亭中送客豪英聚。清風入座華筵開，流霞〔二〕滿眼金杯舉。是時霜落天宇高，岱宗南望干雲霄。況復齊川走滄海，三山恍惚連六鰲。山奇海壯環名邑，落落高懷感今昔。琬琰難酬比〔三〕海詞，風雨寧如少陵筆？想當促膝兹亭中，飄飄逸氣凌長空。至今草木生光彩，名將山水傳無窮。皇明文運超唐李，鳴鳳高岡鳴不已。王君之府玉堂仙，清秩仍兼典三禮。難兄早擢賢良科，内臺執法平不頗。朅來海岱振風紀，王君奈此想思何！鴻雁聯翩暫相接，又是離亭動行色。蕭疏荷芰颭秋波，凌亂桑榆下霜葉。王君王君我所奇，不須懷古傷分離。但願塤篪迭相應，一門清譽流無期。

【校記】

〔一〕《河汾詩集》卷二歌題"送"上有"歷亭"二字，"王"下有"三"字。
〔二〕《河汾詩集》卷二"霞"作"觴"。
〔三〕嘉隆本《全集》卷二十"比"作"北"。

琅琊行〔一〕

正統六年夏五月，予奉敕過諸城，其地即古琅琊郡。追念古迹湮没，而喜今之民物寧熙，是皆國家深仁厚澤、培養休息之所致。因賦《琅琊行》以紀之。

秦祖琅琊臺，坡老超然臺，兩臺千古兩寂寞，但見參差雲木山崔嵬。我行正值四海昇平日，千里連城萬家邑。烽堠花開火不驚，林園麥秀雉争集。茫茫一氣天無私，山川民物皆欣熙。三事小臣效精白，九重聖主方無爲。但願此景垂過億萬載，天爲城郭地爲海。人間無處不春臺，蘇刻秦碑真戲乃！

【校記】

〔一〕《河汾詩集》卷二歌題下有“並序”二小字。

山水圖爲趙給事賦〔一〕

黄門給事好事者，一幅江山誰爲〔二〕寫？雲霧波濤滿眼生，坐覺襟懷自蕭灑。衡廬倚叠岷峨高，洞庭彭蠡洲渚交。又疑雪消蜀水來，黄牛白馬增春濤。細看清濁分天地，地脈山形宛相際。良工妙〔三〕奪造化工，白浪青林走雲氣。緣江細路古木齊，耳畔似聞幽鳥啼。倚岸扁舟久相〔四〕濟，入雲茅屋誰同栖？江草山〔五〕花不知數，採芳未是良辰暮。英靈不聞澗谷歌，仁智〔六〕自諳山水趣。憶我昔游天下時，跋涉險阻探清奇。何如此圖不出户，勝概一覽無所遺！

【校記】

〔一〕《河汾詩集》卷二歌題作“山水障子爲趙子端給事賦”。

〔二〕《河汾詩集》卷二“誰爲”作“爲誰”。

〔三〕《河汾詩集》卷二“妙”作“巧”。

〔四〕《河汾詩集》卷二、嘉隆本《全集》卷二十“相”作“將”。

〔五〕《河汾詩集》卷二“山”作“幽”。

〔六〕《河汾詩集》卷二“智”作“知”。

送趙大參之浙江〔一〕

浙右新參拜天寵，趙君籍籍聲名重。曉辭仙仗出都門，驊騮塞道香塵擁。交游送别情何多，離筵正值東風和。山光入坐〔二〕水侵席，柳條弄色花滿柯。花前罷酒官橋遠，潞水開帆驛程轉。九重金闕尚馳情，千里吴山行在眼。吴山自昔稱繁華，居民〔三〕比屋過萬家。西湖煙净拭明鏡，海門潮起翻銀沙。復有孤山號清境，清溪淺露疏梅〔四〕影。處士不作《封禪書》，節與孤山共高聳。大藩形勝甲南東，好山不盡湖江重。薇垣軒豁挹清氣，使符出入宣皇風。皇風正是全勝日，聖明側席求賢急。方期禮樂過百王，直使仁恩涵八極。趙君好體軒堯心，嘉禾莫使蟊蠹侵。旬宣他日有成績，策勛還作商家霖。

【校記】

〔一〕《河汾詩集》卷二歌題"趙"下有"子端"二字。

〔二〕《河汾詩集》卷二"坐"作"座"。

〔三〕《河汾詩集》卷二"民"作"人"。

〔四〕《河汾詩集》卷二"疏梅"作"梅花"。

送盧知縣致仕歸金華

高秋九月都門道，冠蓋光輝耀晴昊。離筵觴酌送者誰？花縣郎官乞身早。郎官自是青雲姿，飛騰況值明盛時。著書東閣見才俊，之官南國憐英奇。英奇未了哦松興，鶚薦陞官播佳政。單父横琴今幾年，故里懸車想三逕。三逕乃在金華阿，金華山水名且多。繞户〔一〕清溪漱寒玉，當窗秀嶺横煙蘿。到家盡得溪山趣〔二〕，交友過從樂相語。爲言壯仕老歸來，此是天恩最深處！

【校記】

〔一〕《河汾詩集》卷二"户"作"屋"。

〔二〕《河汾詩集》卷二"趣"作"趨"。

題羅侍御仙舟出峽圖〔一〕

御史新圖妙難比，畫船秋泛瞿塘水。瞿塘水東三峽深，兩岸削鐵虚無裹，虚無難辨峰頂高，白雲林壑生虚濤。陽臺何處笑荒幻？陣圖回首思雄豪。雄豪一去幾千載，壯志何須增感慨！自知豸角邪可觸，不爲猿聲淚空灑。東行更飽湖海觀，綉衣不日朝金鑾。覽君此畫動清興，扁舟便欲相追攀。

【校記】

〔一〕《河汾詩集》卷二歌題"侍御"作"御史"。

題羅御史驄馬行春圖〔一〕

青驄蹀躞長風起，蜀道南來八千里。攬轡不覺群山高，劍閣峨眉平若水。行邊正值韶光濃，千岩萬壑花争紅。晴霄麗日照旌節，芳郊草軟摇玲瓏。三川玉斧巡將遍，父老歡傳喜相見。瘴厲都從淑氣消，陰寒總逐陽春變。陽春本自天上來，行春此日何壯哉！還從畫圖識神駿，廻鞭卻上黄金臺。

【校記】

〔一〕《文集目録》歌題"羅御史"作"羅侍御"。

張忠定公祠〔一〕

乖崖自是奇人物，兩廻走馬定西蜀。纔驚錦水雲飛揚，坐見雪山峰突兀。龍劍破匣摇寒〔二〕芒，斬艾荆芥〔三〕驅天狼。父老但知歌舞樂，黎庶不覺科徵忙。鐵心一念真能止，侍女三年猶處子。乃知金石誠可通，遂使西人信如此。功成拂袖歸幾年，年深惠化獨相傳。蛟龍上天風雨急，聲名垂世日月懸。至今西人感公德，牲醑〔四〕年年進公室。廻頭〔五〕卻笑鄙猥徒，身名泯泯無遺迹。

【校記】

〔一〕《文集目録》歌題作"張忠安定公祠"。《河汾詩集》卷二歌題下注云："在成都府。”

〔二〕《河汾詩集》卷二“寒”作“光”。

〔三〕《河汾詩集》卷二“芥”作“棘”。

〔四〕《河汾詩集》卷二“酺”作“糈”。

〔五〕《河汾詩集》卷二“頭”作“首”。

寄題廣漢張魏公讀書岩〔一〕

廣漢之山甲西蜀，聞有石岩〔二〕在山麓。想當英傑未遇時，攜書獨向岩間讀。岩間日月閑且長，遠從虞夏窺黄唐。幽探造化鬼神變，明察典禮人道常。古書遍讀飽經濟，一朝適與風雲際。社稷頻將赤手扶，砥柱不逐洪波〔三〕逝。金輪〔四〕腥濁乾與坤，冥冥九宇皆妖氛。要除猰貐正人極，誓驅貔虎清中原。其如讒口增萋斐〔五〕，一斥南荒垂二紀。容光雖荷天開明，孤忠竟與時已矣。俯仰於今幾萬〔六〕秋，名將江漢無停流。思公招公公不起，遥想寒岩添我愁。

【校記】

〔一〕《河汾詩集》卷二歌題下注云：“在今漢州綿竹縣。”

〔二〕《河汾詩集》卷二“岩”作“崖”。

〔三〕《河汾詩集》卷二“波”作“河”。

〔四〕《河汾詩集》卷二“輪”作“源”。

〔五〕嘉隆本《全集》卷二十“斐”作“菲”。

〔六〕《河汾詩集》卷二“萬”作“百”。

西蜀歌

天險不可升，地險猶可登。西蜀之山盤亘華夷幾萬里，層巒叠嶂危峰峭壁何崚嶒！西嶺峨峨太古雪，巫山蒼蒼曉雲白。北有劍閣中天削出石門高，南有峨眉凌空夤緣鳥道窄，群山合沓險遠不可窮，危梯側徑無不相連通。楩楠松柏古木不知數，攢巒架壑陰森蓊鬱起煙霧。野花澗草亂雜難具名，紛葩蒙茸齊霑天雨露。熊羆虎豹猿狖相與爲群曹，幽禽怪鳥雄飛雌繞各以時鳴號。蜀山草木鳥獸之環〔一〕奇也如此，登高一望，但見千里百里峰巒涌翠如海濤。中有長江横界井絡域，發源岷麓束〔二〕注滄溟無底谷。深山幽壑溪澗千萬支，穿林絡石竟與岷江共聯屬。蜀水行地山入雲，東連吴會西崑崙。梁州舊是禹迹九州地，誰言自古隔絶不與通中原！憶我總角年，曾來到西川。惟時記一不識百，白頭廻想空茫然。前年丹詔下田里，布衣走馬見天子。擢官便作大理丞，持節重到三川裏。三川山水得縱觀，笑睨重險輕狂瀾。不爲三峽猿鳴墮清淚，不爲五夜鵑啼慘旅顔。老讀古書破萬卷，物理深深頗窺見。大莫大於天無際，眼中山水足驚羨。慨此悠悠險隘區，一分一合千古餘。奸雄割據奴輩爾，干戈盗弄鼠子如。獨想南陽老諸葛，三顧茅廬魚水合。復漢功留二《表》中，出師星向五丈落。至今廟食錦水頭，討賊忠義垂千秋。下視紛紛草竊盗，名字泯没何異孤鼠澌腐埋山丘！只今天開明運四海爲家日，岷江安流道途夷坦險阻失。我作歌詞紀載〔三〕混一全盛時，期與江山永永傳無極。

【校記】

〔一〕《河汾詩集》卷二"環"作"瑰"。

〔二〕《河汾詩集》卷二、嘉隆本《全集》卷二十"束"作"東"。

〔三〕《河汾詩集》卷二"紀載"作"載紀"。

題劉都憲山水圖〔一〕

誰寫新圖妙難比？叠嶂連峰〔二〕向天起。逼人已覺爽氣清，入眼渾疑暮光紫。緣山細路分高低，雲林遠近何參差〔三〕！晴崖杲杲風日白，陰壑慘慘雷雨迷。沙水微茫繞山脚，半空飛瀑銀河落。山光水色交清輝，世外塵氛盡消豁。憶我壯游天地中，名山歷覽千萬重。良工巧奪真宰意〔四〕，雲氣恍〔五〕與諸山通。劉侯家在江南住，正在此圖好山〔六〕處。開門只見金芙蓉，散倚青霄不知數。侯今官已都憲臺，家山尚自縈高懷。匡時未許賦歸去，觀圖且喜清風來。

【校記】

〔一〕《河汾詩集》卷二歌題"劉"下有"廣衡"二字。

〔二〕《河汾詩集》卷二"叠嶂連峰"作"連峰叠嶂"。

〔三〕《河汾詩集》卷二"差"作"老"。

〔四〕《河汾詩集》卷二"奪真宰意"作"刮造化骨"。

〔五〕《河汾詩集》卷二"恍"作"疑"。

〔六〕《河汾詩集》卷二"好山"作"山好"。

題鄭侍郎蓮鷺圖

高堂忽見華山頂，十丈仙花開玉井。新梢出水藕横船，圓葉當空蓋敧影。紛披花葉相交加，緑雲片片連紅霞。疑是瑶池宴仙子，酒酣肌理無纖瑕。何處〔一〕紛然下群鷺，佇立相呼〔二〕復相顧。六足聯拳方比翼，一喙低遲還獨步。銜魚仰視空外來，故知兩意無嫌猜。参差九鷺態度别，紅蓮香裏同徘徊。徘徊毛羽勝霜雪，散佈蒼煙幾點白。渾如野鶴出塵垓，廻視凡禽迥〔三〕殊絶。匪獨九鷺粲有光，就中飲喙〔四〕性亦常。不比飢鳶得腐鼠，仰首卻嚇孤鳳凰。無限雕鶚與鷹隼，爪觜銛利性貪忍。何如此鷺純且真，不搏不擊意深隱。誰哉巧奪造化工？花鳥幻出丹青中，潔白真堪比君子，還歌振鷺鳴西雝。

【校記】

〔一〕《河汾詩集》卷二"處"作"物"。

〔二〕《河汾詩集》卷二"呼"作"參"。

〔三〕《河汾詩集》卷二"迥"作"捻"。

〔四〕《河汾詩集》卷二、嘉隆本《全集》卷二十"喙"作"啄"。

題角鷹圖

疑是楚公戴角鷹，寫出神氣何棱棱！健如熊虎一心猛，快若風火六翮輕。曠野秋高草蕭瑟，百萬雄師大獮獵。合圍已見三面齊，翻構似覺千里窄。縱横搏擊鳥獸群，風毛雨血何紛紛！雲裏鵾鵬尚須避，草中狐兔寧復論？罷獵歸來立高樹，似聽風飇欲飛去。安得真骨殄鴟梟，長見鸞鳳〔一〕在雲路。

【校記】

〔一〕《河汾詩集》卷二"鳳"作"凰"。

畫梅歌爲朱大理題

天地有清氣，鍾人亦鍾物。阿誰寫出江南春？彷彿湖山見佳木。老幹何槎牙，柔條亦森羅。疏枝夭矯相交加，花神幻出連空葩〔一〕。長風吹落天家雪，萬蕊千枝曉争白。瑶臺仙子舞衣飄，姑射神人佩珠結。冰玉之姿孰與論〔二〕，生來不受半點塵。野草閑花真瑣屑，粗桃俗李徒紛紜〔三〕！物意有如此，人間真太奇。庾嶺何須訪消息，孤山不用尋横枝。但願江山處處結真味，共與鹽鹺調六氣。星騎箕尾若可追，編書垂譽過千〔四〕世。

【校記】

〔一〕《河汾詩集》卷二"葩"作"花"。

〔二〕《河汾詩集》卷二"論"作"倫"。

〔三〕《河汾詩集》卷二"紜"作"綸"。

〔四〕嘉隆本《全集》卷二十"千"作"十"。

山水圖歌爲蒲守徐孚題〔一〕

誰寫雲山與煙水？爽氣清風盈幅起。想當解衣盤〔二〕礴時，坐驅造化入筆底。須臾削出金芙蓉，奔湍駭浪争潮〔三〕宗。元氣直穿古石裂，懸流疑與銀河通。青林遠近不知數，林内山房啓晴户。時清似〔四〕有《招隱歌》，地偏不見採芝處。我昔持節天下游，東窮海岱西梁州。忽見斯圖憶所歷，江山清思何悠悠！河東之守好奇者，特〔五〕送圖來索題寫。自知老大筆力微，掛一漏萬語非假。強裁長句卷還時，坐中尚覺留清飈。仁知高懷在山水，賢守玩此應得之。

【校記】

〔一〕《文集目録》歌題無“圖”字。

〔二〕《河汾詩集》卷二“盤”作“槃”。

〔三〕《河汾詩集》卷二、嘉隆本《全集》卷二十“潮”作“朝”。

〔四〕《河汾詩集》卷二“似”作“自”。

〔五〕《河汾詩集》卷二“特”作“持”。

送鄭侍郎歸省〔一〕

吾聞侍郎之父御史祖，閲世如今八十五。飄蕭鶴髮未龍鍾，巉岩俊骨自奇古。侍郎早歲簪筆趨螭頭，五朝出入遷擢寵渥稠。往年龍敕推恩出天府，前年鸞誥封秩來廬州。老親榮貴重重真罕比，銀章金帶照耀鄉閭裏。侍郎官署居南京，思親只隔長江水。今春乃上陳情歸省章，報可丹誥飛下五雲鄉。試問此時拜恩感恩意，東流之水與之誰短長？便理南歸舊囊橐，沙頭潮退畫舫閣。京華相送盡公卿，冠蓋追隨出郊郭。是時正值春光明媚春氣和，柳條弄色流鶯歌。江草萋迷含煙競駐紫騮馬，江花凌亂隨風飛拂金叵羅。酒盡潮來掛征席，想到家鄉衹幾日。升堂拜舞多弟昆，堂前羅列兒與孫。歌曲庭闈沸絲竹，賓朋門巷〔二〕如雲屯。大啓華筵斟壽酒，歡聲喜氣傾前後。齊言靈椿不老南山高，共願親齡與之同悠久。

【校記】

〔一〕《河汾詩集》卷二歌題“鄭”下有“景陽”二字。

〔二〕嘉隆本《全集》“巷”作“卷”。

送安城戴勿諒歸江西〔一〕

戴生大司成之姪婿，經授《春秋》究凡例。春王正月大統明，西狩獲麟筆削既。二百四十二年指掌中，屬辭比事須融通。謹嚴獨得昌黎老，大義特造〔二〕伊川翁。經世之書真大典，魚魯何如尚訛舛。胸中要自有權衡，筆下何須苦裁剪？戴生業此凡幾年，一朝歸興何翩然！連環屢夢老親面，蘭槳便理西江船。江頭載酒紛紛來，送別半是青雲之器橋門客。離情草草何足云，英論滔滔殊未竭。時維九月天宇涼，洞庭木落南雁翔。丹楓耀日染霜葉，白雲映水摇秋光。祖筵酒盡掛征席，千里鄉闈祇幾日。升堂拜舞稱壽觴，倍覺雙親喜盈溢。雙親之喜將何如？有子一别三年餘〔三〕。但得經書載子腹，絶勝甘旨左右趨。戴生起拜奉親志，讀書須學聖賢事。古來聲利等浮雲，直自《麟經》遡洙泗。

【校記】

〔一〕《河汾詩集》卷二歌題“戴”下有“生”字。《文集目録》無“安城”二字。

〔二〕《河汾詩集》卷二“造”作“起”。

〔三〕《河汾詩集》卷二“餘”作“儒”。

春江送别爲陳侍御兄賦〔一〕

有客有客官内臺，難兄千里拏舟來。典衣沽酒共歡笑，狂歌放飲懷抱開。燈前幾時同聚首，又復匆匆〔二〕各分手。借問歸期何太忙？答云慈母相思久。交游出祖春江邊，春江楊柳含青煙。維舟蕩漾碧波裏，傾觴瀲灔飛花前。玉瓶酒盡征帆發，咫尺風濤分楚越。沙上鶺〔三〕鴒相背飛，雲間鴻雁分行别。莫云去住難爲言，誰似君家賢弟昆？難弟致身位方達，難兄歸養名何尊！想到淮南春未老，慈親手弄連環好。稱觴正值佳節和，戲綵偏宜晴日皎。切切丁丁母子情，爲言官况清如冰。會有鸞章下霄漢，褒封永作家門榮。

【校記】

〔一〕《河汾詩集》卷二歌題“陳”下有“璇”、“御”下有“乃”字。

〔一〕《河汾詩集》卷二"匆匆"作"忽忽"。

〔三〕《河汾詩集》卷二"鶺"作"脊"。

送虞憲使考滿之京〔一〕

山東憲使何昂藏！鐵心古貌眉髮蒼。出入四朝荷天寵，操持一節飛秋霜。海岱茫茫幾千里，十年監部平如水。只今報政趨神京，僚庶追攀情不已。熏風楊柳城西亭，綺筵别酒傾銀瓶。一舉十觴勸公飲，氣酣感我千古情。千古之情向公道，要使蒼生樂熙皡。内臺黄閣正需賢，此去嚴程到須早。

【校記】

〔一〕《河汾詩集》卷二歌題"虞"下有"信"字。

醉吟樓歌爲劉僉憲父賦〔一〕

醉吟之樓高且雄，誰其作之醉吟翁。翁心豁落真宰同，作樓直欲凌蒼空。危梯縹緲叠撑拄，層軒洞達相開通。白雲片片宿梁棟，青山隱隱當簾櫳。長夏絶超爽，靈風灑清響。秋蟾散影幾〔二〕萬里，曉雪懸光一千丈。四時風景佳，翁來日登賞。賞心苦未足，呼酒滌塵想。一觴一咏自風流，興酣萬物良悠悠。傲睨五岳衆山小，吞吐七澤三江秋。有時醉倚闌干望八極，便欲排風御氣仍丹丘。卻思李杜文章伯，只今已作神遊客。舉杯且復一招之，招之共飲樓頭月。月光入口清心魂，唾珠灑作澄江雪。澄江雪，何茫茫！瑶翻玉涌蛟龍翔，是時翁與二子相頡頏。搜括百怪神鬼藏，陶熔萬象造化忙。乃知醉吟樓，不讓採石江邊亭、浣花溪上莊。

【校記】

〔一〕《河汾詩集》卷二歌題"父"作"乃尊"。

〔二〕《河汾詩集》卷二、嘉隆本《全集》卷二十"幾"作"九"。

遇知行簡陳廣文

豈不聞北海鵬，扶摇一夕起，搏擊九萬程？又不見渥窪駒，朝飲東海水，暮宿崑崙墟？古來磊落奇男子，變化騰驤亦如此！英風激烈干雲霄，偉績軒轟冠青史。我昔年少天下游，大河南北西梁州。望遠將登岱嶽頂，觀瀾欲泛溟渤流。爾來戰藝梁園日，秋月離離桂花實。更隨春水到龍門，一躍風濤生霹靂。中間斂翼就閑居，峨冠且復歌唐虞。半載悠悠客京索，千錢僦得城南廬。城南之廬絶蕭〔一〕灑，開門直見南山下。南山朝青暮亦青，人情誰似山光者？陳夫子，儒之豪，早年獨步亨衢高。雄文應不讓班馬，清詞真可追風騷。籍籍才名三十載，到處菁莪秀而藹。春生杖屨樂薰陶，霜吼金鐘共傾駭。衆人視我同衆人，先生視我情何真！乃悟知音古來少，伯牙獨與鍾期親。先生賸注樽中緑，我爲先生歌一曲。老天生才既有需，豈向塵埃長碌碌！一歌既竟還復歌，歌長此意將如何？殘冬便須終日酩酊醉，春來喜見萬里風雲多。

【校記】

〔一〕《河汾詩集》卷二"蕭"作"瀟"。

題王司訓汶陽親舍圖〔一〕

先生累葉居鄒魯，禮樂詩書紹先祖。夫子遺風飽已聞，杏壇遺迹頻經睹。一自賓興上玉京，便拜除書綰絲組。官在中州千里餘，回首鄉關路修竹〔二〕。爲因甘旨缺晨昏，故遣良工寫鄉土。淡靄初分嶺上村，輕煙乍點天邊樹。洙泗微茫洞〔三〕不流，龜蒙岌嶪黯將雨。憑軒忽若無丹青，汶水之陽見庭宇。花間一鳥窺簾櫳，竹裏兒童隨杖屨。静聽如聞琴瑟鳴，細看似覺斑〔四〕斕舞。先生乃是純孝人，思親對此融心神。錦衣有日遂榮養，壽觴更祝如大椿，吾聞昔日唐忠臣，太行跋馬高嶙峋。白雲孤飛繞親舍，望之不覺涕零巾。至今香名滿人耳，先生豈不追芳塵？願將此圖莫輕擲，子孫永作傳家珍。

【校記】

〔一〕《河汾詩集》卷二歌題作“題汶陽親舍圖爲王司訓作”。

〔二〕《河汾詩集》卷二、嘉隆本《全集》卷二十“竹”作“阻”。

〔三〕《河汾詩集》卷二、嘉隆本《全集》卷二十“洞”作“澗”。

〔四〕《河汾詩集》卷二“斑”作“班”。

留别王大尹

憶昔年少登公堂，公堂開宴羅笙簧。紅燭傳觴鸚鵡暖，錦箋落筆蛟龍翔。賢侯愛客情無已，留連夜宿重簾裏。香消古鼎語未闌，月滿雕梁眠未起。中間契闊十年餘，千里關山恨索居。何意今朝復相見，烹羊釃酒爲歡娱。愧我馬蹄隨計吏，朔風又捲河梁袂。握手難忘父母拜，銘心佩感賢侯義。賢侯之義孰與儔？冰壺玉鑒涵清秋。報政行將覲明王，春花相約鳳池頭。

題醉仙圖

畫圖忽見瑶池仙，排風馭氣今幾年。弱水蓬壺恣往還，滄海見説成桑田。流霞之酒如長川，偶來醉倒東風前。長松落落芝芊綿，群仙倚側坐與眠。壺既爲之傾，瓢亦爲之顛。沉冥不管山花妍，拂袖涼飈神凜然，共騎黄鶴凌蒼天。

贈同年〔一〕

吾聞洞庭之水幾千里，巨浸茫茫接南紀。蛟龍夜舞風濤寒，鷗鳥晴浮鏡光紫。岳陽之樓高且雄，玄冥比〔二〕牖南祝融。媧皇誤落補天石，君山一點玻璃中。咄此湖山兩奇絶，孕秀儲精此其冗〔三〕。應有賢俊生乎間，豈獨崧高産英傑！我昔年少天下游，只今三十來神州。同時射策揔〔四〕豪邁，翩如彩鳳翔高丘。有客昂藏好眉宇，家住巴陵幾今古。已應秀氣鍾湖山，更覺詞華紹先祖。偶騎鯨背游赤霄，赤霄仙子争相招。想當沉醉碧桃下，一花吹落春江潮。自爾棲神玄圃側，煉氣餐霞學貽〔五〕息。一朝九轉就還丹，羽化千人萬人識。清水芙蓉吐異葩，蘭苕翡翠相交加。珊瑚色明海底樹，雲錦光吐空中花。紫府之名照丹籙，鈞天細聽蕭〔六〕韶曲。欣逢明聖登俊良，喜遇昇平調玉燭。馬蹄共踏金臺春，與君義氣殊相親。志節功名須努力，賡歌願作虞廷臣。

【校記】

〔一〕《河汾詩集》卷二歌題作"贈同年士"。

〔二〕《河汾詩集》卷二、嘉隆本《全集》卷二十"比"作"北"。

〔三〕《河汾詩集》卷二"冗"作"穴"。

〔四〕《河汾詩集》卷二"揔"作"摠"，嘉隆本《全集》卷二十"揔"作"摠"。

〔五〕《河汾詩集》卷二、嘉隆本《全集》卷二十"貽"作"胎"。

〔六〕"蕭"乃"簫"之誤，《河汾詩集》"蕭"作"笙"。

金臺春意圖爲夏進士賦〔一〕

西山千仞插天碧，東海排空浪頭白。山雄海壯擁神京，中有金臺臨紫陌。臺高迢遞絶塵埃，九天星斗羅三台。臺前一夜東風起，吹得皇都花柳開。花枝杲杲明朝旭，柳色依依裊輕緑。九衢車馬睹晴輝，萬井笙歌連曙燭。有客磊落豐城人，寶劍出匣光芒新。兩度青雲不得意，今年一舉超常倫。金臺駘蕩春光好，對策彤庭漏聲曉。寶殿臚傳瑞氣多，天門榜放祥雲繞。錫宴南宫春晝遲，錦袍不管杯淋灕。醉向和風滿歸路，紫騮蹀躞〔二〕争驕嘶。綺樓翠牖出雲幕，粉黛朱顔擁芍藥。傾城人看緑衣郎，意氣昂昂動寥廓。幸逢明聖坐垂旒，聯翩彩鳳鳴高丘。成名祇向雁塔寫，放歌不作平康游。金臺春色看未已，又沐〔三〕天恩還故里。盡將此意入丹青，期此〔四〕乾坤傳不毁。

【校記】

〔一〕《河汾詩集》卷二歌題"夏"下有"希純"二字。

〔二〕《河汾詩集》卷二"蹀躞"作"躞蹀"。

〔三〕《河汾詩集》卷二、嘉隆本《全集》卷二十"沭"作"沐"。

〔四〕《河汾詩集》卷二、嘉隆本《全集》卷二十"此"作"與"。

送劉侍御〔一〕

青驄曉嘶春日明,銀鞍穩被珂玉鳴。豸冠綉服何光榮,乃是烏臺柱史朝神京。故鄉之山鬱峥嶸,緑溪白石蒲芽生。交朋相送難爲情,大槌鼉鼓吹匏笙。四筵列坐皆豪英,高談直使鬼膽驚。醉來不覺金罍傾,起舞意氣殊縱横。我歌一曲送君行,丈夫立志當軒轟。古來多少彯華纓,唯有忠義留芳名。豈無鐵面寒?亦有攬轡清。願君追取二子炯炯之精誠,仰酬盛世開隆平。

【校記】

〔一〕《河汾詩集》卷二歌題"侍御"作"御史"。

苦　雨

涼風颯颯雨聲急,出門跬步苦沾濕。山城拂地雲霧深,河渚交流潢〔一〕潦溢。田夫野婦坐嘆息,園中有棗不可食。况復離離禾黍垂,及時不得收穫力。一年百事望秋成,秋成奈此淫雨積!誰哉爲我誅雲師?宛見青天行白日。男亦欣欣女亦歡,有衣有食安家居〔二〕。

【校記】

〔一〕嘉隆本《全集》卷二十"潢"作"横"。

〔二〕《河汾詩集》卷二、嘉隆本《全集》卷二十"居"作"室"。

郊　遊

客居煩聒毒我觴〔一〕，偶騎款段〔二〕登周行。西行三里渡小水，北上百步臨高岡。遠近人家翳喬木，依稀郵舍圍〔三〕垂楊。是時隴麥半乾槁，南風起浪日色黄。所遇林桑已空兀，誰家婦女猶提筐？唯南有山接嵩少，雲門開闔峰低昂。清回爽氣徹心目，便覺塵慮都消忘。回鞭窈窕歷溪谷，野花野草供幽香。殼蝸垤蟻各生遂，潛鱗飛鳥咸徜徉。東折縈紆歷平坂，縱觀大化窮毫芒。乃悟群生隱無極，始知一氣包鴻荒。此意悠悠真罕識，令人酷憶點也狂。緩轡歸來日已夕，滿懷風月天茫茫。

【校記】

〔一〕《河汾詩集》卷二"觴"作"腸"。

〔二〕嘉隆本《全集》卷二十"段"作"叚"。

〔三〕《河汾詩集》卷二"圍"作"團"。

故鎮行

北山崒嵂界天碧，山前古境〔一〕煙霞集。兩街老木風颼颼，幾道寒泉聲瀝瀝。溝塍繚繞禾麥稠，椒林果實被道周。人家門巷甚蕭〔二〕灑，村園水石殊清幽。西邊梵宇臨深谷，俯視溪田藹新緑。鍾閣風雲入壯懷，佛殿金銀炫塵目。斷碑蒼蘚還摩挲，細看歲月良已多。趙宋金元迭興構，黄童白叟争奔波。誇雄競麗猶未已，衰歇幾何還又起。大道由來甚坦夷，何不歸斯而捨彼？親朋導我村北行，叢祠户牖塗丹青。龍堂鬼物極雄怪，土祠〔三〕洞府何幽冥！還復崎嶇歷西澗，褰衣競涉波凌亂。高柳秋秋〔四〕栖暮禽，平蕪渺渺語飛燕。嗟哉此境良亦稀，遊覽未畢情依依。念我昔年走天下，每逢山水娱清輝。況兹故里好林壑，有田可耕薪可斫。待余他日重歸來，擬卜山居尋舊約。

【校記】

〔一〕《河汾詩集》卷二"境"作"鏡"。

〔二〕《河汾詩集》卷二"蕭"作"瀟"。

〔三〕《河汾詩集》卷二"祠"作"神"。

〔四〕《河汾詩集》卷二"秋秋"作"啾啾"。

西瑄行〔一〕

偶來與客游山前，地幽便覺人境偏。路入青林幾縈曲，濃陰不斷風泠〔二〕然。瀧瀧清泉來遠谷，紺色寒聲瑩心目。石梁急瀉跳明珠，草岸平流浸青緑。北行更欲尋泉源，山門蓄霧勢吐吞，兩峰秀出半空裏，錦屏〔三〕屹立當中尊。復憩山腰小琳館，洞户雲扃殊宛轉。袖拂塵埃讀古碑，茶餘若〔四〕乏青精飯。歸來白日天未中，回頭尚愛千雲峰。更待秋初稍涼泠〔五〕，還登絶頂窺鴻蒙。

【校記】

〔一〕《河汾詩集》卷二歌題作"西磑行"。

〔二〕《河汾詩集》卷二、嘉隆本《全集》卷二十"泠"作"冷"。

〔三〕《河汾詩集》卷二注云："錦屏，山名。"

〔四〕《河汾詩集》卷二、嘉隆本《全集》卷二十"若"作"苦"。

〔五〕嘉隆本《全集》卷二十"泠"作"冷"。

峽石山行〔一〕

古道黄泥没車轂，峻坂〔二〕迢迢客行苦。别尋細路出山椒，俯瞰群峰如累土。山椒怪石何巉岩！小大纍纍兒逐母。忽驚耳畔過狂飈，老木如人自掀舞。陰陰空谷啼飢猿，慘慘深林嘯猛虎。時時一顧破羈顔，秋葉秋花解媚嫵。霜林色重紅欲然，露菊香寒寂無語。日暮崤陵風雨來，千里〔三〕萬谷堆雲霾。回視人寰不知處，恍疑馭氣游蓬萊。

【校記】

〔一〕《文集目録》作“峽日山行”。《河汾詩集》卷二歌題下注云:“即古崤陵。”
〔二〕《河汾詩集》卷二“坂”作“阪”。
〔三〕《河汾詩集》卷二、嘉隆本《全集》卷二十“里”作“山”。

新安行贈王廣文

西通崤沔東洛陽,澗流曲折波浪浪。連峰叠巘互低昂,溪橋野店遥相望。函關開豁地一方,新安老樹浮高隍。山廻川合鬱蒼蒼,儲精孕秀不可當。錢君若水慎行藏,急流勇退何徜徉!韓侯擒虎智力強,高勳亦可銘太常。其餘豪傑皆軒藏,弱毫未易俱談揚。王喬古洞南山陽,世傳鐵斧殊荒唐。洪爐烈〔一〕焰徒煌煌,百煉不改纖毫鋼。古來雷斧墜穹皇,陰陽搏結成鋒芒。鐵斧無乃類此行,胡爲末俗相驚惶?我行愛此山水鄉,往來屢宿芹頖堂。芹頖廣文情慨慷,時能取樂行華觴。諸生羅列芝蘭香,争持斗酒澆我腸。醉來意氣何揚揚!爲之放筆掃粃糠。掇拾故迹百十忘,頗勝燕石爲琳琅。欲行不行意徊徨,明朝别思俱茫茫。

【校記】

〔一〕《河汾詩集》卷二“烈”作“鐵”。

寄温縣江司訓

君住江南我江北,關河千里萬里隔。一朝振〔一〕翮起翱翔,同逐春風游紫陌。是時英俊天下來,南宫角藝何壯哉!豈意志〔二〕司濫收採,繆將寸木升崇臺。君持木鐸向温邑,曾聞士〔三〕風解愁寂。我亦拜恩歸讀書,卻抵滎陽問家室。滎陽温邑隔大河,相尋一葦曾經過。嚴親今歲官河内,往來擾擾如奔波。愛〔四〕特達好心事,一回相見一歡恣。夏館清談移晝陰,秋齋共宿發幽思。有時酌我金屈〔五〕卮,我還答以《二鳥》詩。醉來意氣覺奔放，生平肝膽何崛奇！近日分攜隔風雨，羈懷落落向誰語？行將跨馬過君家，寄聲爲釀新秋黍。

【校記】

〔一〕《河汾詩集》卷二"振"作"施"。

〔二〕《河汾詩集》卷二、嘉隆本《全集》卷二十"志"作"主"。

〔三〕《河汾詩集》卷二"士"作"土"。

〔四〕《河汾詩集》卷二、嘉隆本《全集》卷二十"愛"下有"君"字。

〔五〕嘉隆本《全集》卷二十"屈"作"罍"。

送蕭都憲歸盤窩歌並序

盤窩者，都憲蕭君所營别墅之地名也。蕭君，江西龍泉人。其所居里曰南園。去南園十餘里，有山水林木，峭列迴環，蓊鬱其間。人以其地僻遠而莫之顧。蕭君自登進士爲僉憲，時以省祭歸鄉里，因游其地。登高而望，入溪而步，俯仰四顧，知其勝絶，可爲退休之所。乃命童僕芟其草萊而佳樹列，疏其壅滯而泉流清。則山若增而高，地若闢而廣，水若積而深，而凡雲光霞彩、嘉花美木，千狀萬態，獻秀争奇於前。觀玩之久，意若忘歸。蕭君以古有盤谷，以斯地較之，未知其爲孰勝，因名之曰盤窩。乃結茅以避風雨，遂記其事，而目爲《十景詩》以咏之。今年冬，蕭君以病得賜告之恩，將南歸尋所謂盤窩者。朝之大夫咸爲詩歌以贈之，余亦賦《蕭都憲歸盤窩歌》以送其行云。

古楊〔一〕州之域，今大江之西。名山名水相望，其間罕與之齊！龍泉乃在山水最佳處，盤窩直與盤谷争勝，足以成幽棲。吾友蕭君生其邑，鍾秀精英抱高識。神駿早掣飛電蹤，大鵬快展扶摇翼。天上迢迢十二樓，鳴佩早與群仙游。東俯扶桑枝，西瞰崑崙丘。珊瑚文彩滄瀛流，吴鈎光射瀚海頭。聲譽喧喧鬢未改，賜歸倍覺天恩大。蕭蕭行李出都城，漠漠雲帆挂淮海。長江西上知幾程，家山次第來相迎。盤窩林嶺秀，盤窩水石清。東潭西障迭隱見，馬山龍洞相紆縈。離口横波秋色冷，朝帽之峰露高頂。年〔二〕林歸翼晚來稀，遠浦漁舟歌韻迴。雲陂春牧散無邊，高野秋禾成萬井。盤窩之景何其多！蕭君奈此盤窩何！或時採其山，或來釣其波。松根茯苓自可斸〔三〕而煮，松花崖蜜亦可調而和。山間茅屋極蕭灑，嵐靄氤氲清水瀉。静時玩《易》窺見天地心，閑日彈琴並與親朋話。盤窩之樂難具陳，應知道卷堪怡神。但恐勿藥有喜，鶴書飛來自天上，東山謝老未許獨樂忘生民。

【校記】

〔一〕嘉隆本《全集》卷二十"楊"作"揚"。
〔二〕嘉隆本《全集》卷二十"年"作"平"。
〔三〕嘉隆本《全集》卷二十"斸"作"斫"。

補　遺

題四皓圖〔一〕

祖龍虎視六國摧，咸陽竹帛飛寒灰。冥鴻高舉厭畢弋，聯翩便入商山來。商山之峰高出雲霄上，丹梯石磴幽人共來往。下視塵寰聲利徒，何異駑馬困羈靮！當時正值天造草昧雲雷屯，括囊肥遁不與人世聞。但見草木衰榮識秋夏，日月出没成朝昏。故宫黍離時已遠，嬴顛項蹶如轉眼。赤精之子已龍興，山中之人猶偃蹇。一朝忽走使者車，手持漢儲招隱書。開書讀書識書意，大本摇動將何如？便下商山幾千仞，直入長安九逵衢。蒼顔雪鬢驚隆準，數語何須更饒舌！回天之力真雄豪，安劉之計定奇絶。飄然拂袖還山中，青崖無迹雲無蹤。披拂新圖識四老，紫芝一曲來天風。

【校記】

〔一〕此首歌據《河汾詩集》卷二補。

黎陽曲〔一〕

黎陽境，包大河，昔誰於此盜據土宇尋干戈？黎陽城，依大伾，昔誰於此竊食倉廩因富資？謂是隋季黑色小兒騁狙詐，詐窮力屈不顧性命危。黎陽土，何茫茫，故壘平夷不復有，但見緑野漫漫，波流蕩蕩，鳴鳩伏雉，游兔馴麞。舟楫往來足商賈，婦子出入勤耕桑。乃知皇明如天之仁，環海爲壽域，匪獨致此一邑躋樂康！

【校記】

〔一〕此首歌據《河汾詩集》卷二補。

文清公薛先生文集卷之四

門人關西張鼎校正編輯

絶　句

銅雀臺

銅雀臺高春日明，春風無限綺羅情。笙歌莫向西陵奏，松柏蕭蕭起暮聲。

春日即事

一夜東風柳穗柔，曉來紅日在簾鈎。少年兩兩鳴鞭過，唯見香塵撲馬頭。

舟中雜興柬韓克和劉自牧王尚文宋廣文十八首[一]

公等文章班馬儔，偶來聯步上瀛洲。天恩又許歸鄉里，同泛南風五月舟。

天上同霑雨露多，扁舟又喜泛滄波。冥冥烏[二]背夕陽暮，千里月明聞棹歌。

霄漢銀河接潞河，諸公同此沐恩波。於今又遂歸寧願，漸近家山〔三〕喜氣多。

萬家城郭通州市，十里帆檣潞水船。清曉登艫望京國，鳳凰樓閣五雲邊。

波光到底見星辰，中夜行舟月色新。睡覺水村鷄已唱，雲帆清曉過天津。

細草微茫間渚沙，煙林杳靄暗漁家。舟行不辨東西處，但倚危檣看〔四〕月華。

舟行暑氣正澒洞〔五〕，岸上行人方鬱蒸。安得長風來萬里，頓令煩濁片時醒。

天高雲影層層出，野曠河流曲曲長。百丈牽風晴裊裊，櫓聲摇月夜茫茫。

兩堤草色緑無際，五月草蟲聲已清。自是天機能動物，舟中聞此倍多情。

堤上閑游眼界寬，青天不盡地漫漫。此心便覺無拘礙，誰信人間行路難！

天開水面平鋪月，風湧潮頭倒捲沙。舟過前村迷遠近，一堤楊柳數聲鴉。

夾堤楊柳緑依依，傍水人家籬落稀。小婦攜籃賣蒲笋，得錢含笑入荆扉。

水畔人家舟作屋，飄飄身世長兒孫。幾回睡足蘆花月，又引帆檣過別村。

參透詩禪漸息機，掀髯覓句句還遲。櫓聲驚覺船窗夢，遥見青天一鳥飛。

纔罷沿流又溯流，關河不盡興悠悠。書生别有胸中略，閑看横江萬斛舟。

千年宇宙混輿圖，萬里江河接舳艫。澤國晚來飛鳥盡，海風吹月上天衢。

蘆葉青青潮水平，吳儂摇櫓唱歌聲。歌聲櫓韻隨潮去，背立江風無限情。

江北江南一水通，往來舟楫自匆匆。推篷獨坐渾無語，遥見青天日正中。

【校記】

〔一〕《河汾詩集》卷七七言絶句題作“舟中雜興十八首簡韓克和劉自牧王尚文三同年泊潁州宋廣文”。

〔二〕《河汾詩集》卷七、嘉隆本《全集》卷二十一“烏”作“鳥”。

〔三〕《河汾詩集》卷七“家山”作“山家”。

〔四〕《河汾詩集》卷七“看”作“望”。

〔五〕《河汾詩集》卷七“浌”作“澿”。

酬陳廣文送菜

秋圃應知雨露多，嘉蔬分送奈情何！書生咬得其根味，絶勝金盤薦紫駝。

早度古嶢關〔一〕

四圍山勢鬱崔嵬，清曉關門傍水開。一騎秋風揚策度，野花隨路送香來。

【校記】

〔一〕《河汾詩集》卷七題注云："即鄭之虎牢。"

由蓼子谷取捷路抵鞏黄河北徙有感〔一〕

此路經過已十年，重來河水變桑田。西風不盡登臨意，又見寒鴉下夕煙。

【校記】

〔一〕《河汾詩集》卷七詩題作"由汜水西蓼子谷取捷路抵鞏黄河北徙有感而賦"。

鞏洛道中

嵩高雲氣晚嵯峨，清洛西風咽急波。水色山光渾似舊，宋家陵墓〔一〕夕陽多。

【校記】

〔一〕《河汾詩集》卷七"墓"作"寢"。

王弼墓

四聖千年道久湮，誰從羲畫見天真？先生埋骨邙〔一〕山後，猶有玄虚誤世人。

【校記】

〔一〕《河汾詩集》卷七"邙"作"芒"。

宿白馬寺人家

白馬駝〔一〕經事已空，斷碑殘剎見遺蹤。蕭蕭茅屋秋風裏，一夜雨聲鄉思濃。

【校記】

〔一〕《河汾詩集》卷七"駝"作"馱"。

函谷關

嬴秦烈焰掩全齊，誰遣君侯更向西？關上月明關下路，英雄千古怨晨鷄。

登平陸城樓四首〔一〕

獨倚危樓〔二〕日向西，洪河風起浪高低。中條北去無多路，回首鄉關路不迷。

斷岸奔流萬里風，疏林黄葉九秋中，畫闌干外斜陽暮，併作離愁一段濃。

客愁偏向九秋多，况復登樓望濁河！相去弘農纔咫尺，苦無一葦暫從過。

中條秋色滿山城，一上危樓感慨生。天外黄流〔三〕來滚滚，扁舟端擬駕長鯨。

【校記】

〔一〕《河汾詩集》卷七詩題“城”下有“門”字。

〔二〕《河汾詩集》卷七“樓”作“闌”。

〔三〕《河汾詩集》卷七“流”作“河”。

興讓里〔一〕

岐陽日色正輝輝，纔被餘光便息機。卻把争田爲棄土，頓令江漢總思歸。

【校記】

〔一〕《河汾詩集》卷七詩題注：“即虞芮二君争田處”。

山水小景四首

湖水茫茫浪拍天，春風湖上有人煙。小樓半在花林内，簾捲青山看釣船。

石上長松落午陰，有人松下鼓瑶琴。南風過處渾無迹，衹見千山萬水深。

老樹蒼崖滿目秋，水明沙净晚煙收。如何萬里長江内，只見斯人泛一舟？

兩崖雪罷樹無風，泛泛扁舟水月空。疑是山陰尋戴老，此時清興正無窮。

七　夕三首

絶憐天上有佳期，汾水西風獨夜時。望斷銀河仙路遠，鵲橋不見度星旗。

身世浮雲無定迹，客中二十四回秋。故鄉此夕逢佳節，閑看星河徹夜流。

三處三年逢七夕，鄜陵京索晉河汾。人生是處看〔一〕行樂，領取清風對酒樽。

【校記】

〔一〕《河汾詩集》卷七、嘉隆本《全集》卷二十一"看"作"堪"。

留別諸友八首〔一〕

留連冉冉已過夏，離別匆匆又值秋。酒盡玉壺歌舞散，月明千里照汾流。

多情累月重留連，惆悵西風送別筵。咫尺江山暫分手，及歸應在早花前。

緑樹秋風起夕涼，離筵歌舞斷人腸。欲知別後相思切，明月關山滿路霜。

樓頭鍾盡曉風清，南陌殷懃送我行。十里汾流兩岸月，祇應總是別離情。

汾水西風生夕波，離筵忍聽唱驪歌。男兒不灑相思淚，翠袖紅裙奈若何？

離鸞别鶴不須愁，暫向中州訪舊游。待我明年二三月，看花同上禹門樓。

扁舟清曉渡汾河，露草風蘆兩岸多。卻望高城雲霧盡，好山一帶列青蛾。

錦瑟銀箏酒半酣。離情幾許舊曾諳。卻憐後夜相思處，三晉山高月正南。

【校記】

〔一〕《河汾詩集》卷七詩題作"七首"，缺"汾水西風生夕波"一首。

秋日過洛陽〔一〕

洛陽城西今又來，颯颯秋風吹客懷。禾黍荆榛蛩韻切，昔人曾此起樓臺。

【校記】

〔一〕《河汾詩集》卷七詩題作"秋日過洛陽西口占"。

中秋對月遣興

涼露滿天秋氣清，月光先到客邊明。舉杯對影深相屬，只有姮娥不世情。

元夕寄故鄉諸友八首

故鄉千里隔關河，好景年年客重過。又見元宵春一度，紅燈幾點月明多。

鄉人新自故鄉來,千里魚書手自開。聞道家山風景好,玉笙吹月共徘徊。

寂寂閑門掩月華,春街兒女任喧嘩。窗前坐久銀燈燼,首首詩成只憶家。

莫道他鄉勝故鄉,思歸一日九廻腸。元宵忽共鄉人語,爲寫新詩寄上庠。

思鄉無日不關情,況復春燈對月明!欲作家書附回使,歸心先過洛陽城。

舊説歸期已失期,更逢佳節倍相思。交親若問今何似,客裏春來困酒卮。

中州何事重留連?憶别諸公已半年。遲我河汾看春色,百花深處酒如泉。

回首鄉關入夢頻,馬蹄踏盡幾年春。客中膽氣峥嶸甚,肯把明珠謾贈人?

題毋處士畫梅竹二首

疑是孤山處士家,暗香浮動月初斜。千紅萬紫雖無數,獨領春魁是此花。

湘江兩岸鷓鴣啼,翠袖天寒日又西。可是無人伴幽獨?紛紛桃李下成蹊。

行黄河岸上

蒼崖千仞俯黄流，滚滚波聲大地浮。惆悵靈槎無復見，壯懷衹擬付神遊。

看楊花戲作

紛紛拂拂雪花香，旋逐回風過粉墻。坐困緑陰看未足，無端春思正悠揚。

題蒲守劉公梅竹二首

誰傾金醴醉仙娥？綽約朱顔總已酡。莫向風前吹玉笛，恐驚春夢入江波。

此君老矣勢猶豪，新長孫枝節漸高。好似一門賢父子，清風相倚迥難招。

韋廣文送醯

鼎鼐何堪欠此生，銀瓶攜送滿寒清。從今肝膈添詩思，肯使酸齋擅太〔一〕名？

【校記】

〔一〕《河汾詩集》卷七、嘉隆本《全集》卷二十一"太"作"大"。

過賈魯宅〔一〕

長平驛是相君家，不見當時富貴花。只有蒼蒼喬木在，至今猶宿夕陽鴉。

【校記】

〔一〕《河汾詩集》卷七詩題注云:"今爲長平驛。"

長平〔一〕

行過長平慘舊名,路人猶指昔年坑。不知當日將軍死,地下曾無見趙兵?

【校記】

〔一〕《河汾詩集》卷七詩題注云:"即白起坑趙降卒處。"

滎陽道中九首〔一〕

老親官定覃懷後,游子南來京索時。舟渡濁河高處望,太行秋碧繞天涯。

前途十里即温城,暫向村林避鬱蒸。野老多情能款客,呼兒旋撤甕頭清。

一年幾度過黄河,霽景清風此日多。臨流滚滚興無盡,直欲遥吞萬里波。

河水南邊廣武山,山頭簇簇故城閑。徘徊不盡千年事,秋草秋花駐馬看。

獨尋危坂出高岡,蔓草荆榛古道荒。谷口人家似仙館,幾間茅屋蔭垂楊。

一上河濆〔二〕眼界寬,秋風禾黍動秋山。敖倉甬道不知處,唯見孤雲自往還。

連村緑樹亂蟬秋，禾黍離離正滿疇。爲愛中州好風景，揮鞭不厭往來游。

天高地闊鳥雲飛，天際涼飈動客衣。萬物生成看未足，滿懷清思正微微。

馬上看書意若何？悠悠隨處任經過。舉頭忽見南山近，爽氣清輝倍覺多。

【校記】

〔一〕《河汾詩集》卷七題作"自覃懷歸滎陽道中九絶時家父之官河南儒學"。

〔二〕《河汾詩集》"漬"作"墳"。

次劉僉憲見寄韻四首

憶對清陰轉午遲，杯行到手欲無辭。高山流水今何處〔一〕？鴻雁南來有寄詩。

開緘忽見右軍書〔二〕，麗句清詞愜所需。何限相思動秋意，蟬聲況是晚涼初。

幾年持節道途間，驄馬遥遥意氣閑。況有青山隨處好，料來詩思未應闌。

憲府新成小屋居，屋中唯貯舊琴書。希聲古道應何似？一榻清風樂自如。

【校記】

〔一〕《河汾詩集》卷七此句注云:"劉善琴。"
〔二〕《河汾詩集》卷七此句注云:"劉善草書。"

通　鑑

千二年來治亂機,只從理欲辨安危。若將此鑑爲心鑑,三五如何不並歸?

禹　門〔一〕

連山忽斷禹門開,中有黄流萬里來。更欲登臨窮勝觀,卻愁咫尺會風雷。

【校記】

〔一〕《河汾詩集》卷七"禹門"前有總題"禹門十二咏"五字,下有細注:"即龍門"。

渡　口

兩崖陡起束狂瀾,南去沙平勢渺漫。長有扁舟依渡口,行人莫道往來難。

棧　道

石岩危柱迭相承,閣道縈迴接杳冥。天上黄流來滚滚,長風五月灑衣清。

明德宫〔一〕

碧瓦朱楹白晝閑,金衣寶扇曉風寒。摩雲觀閣高如許,長對河流出斷山。

【校記】

〔一〕《河汾詩集》卷七題注云："即禹廟。"

宫前老柏〔一〕

蒼蒼老幹鑄青銅，縷縷香毛引細風。自是栽培年歲久，托根長近禹王宫。

【校記】

〔一〕《河汾詩集》卷七"柏"作"樹"。

看鶴樓〔一〕

石磴盤雲到上頭，高風五月已驚秋。眼空四海無纖物，唯見黄河天際流。

一柱巍峨勢獨尊，鐵崖三面下無根。偶登絶頂思前事，滿目河山孰與論？

【校記】

〔一〕《河汾詩集》卷七題注云："即臨思閣。"《文集目録》題下有"二首"二字。

水　閣〔一〕

水閣憑空結構牢，蒼崖直下俯洪濤。轆轤牽綆應千尺，還似垂綸釣巨鰲。

飛樓縹緲架黄流，滾滾波聲世界浮。遍倚闌干憶前事，功成四載幾經秋。

【校記】

〔一〕《文集目録》詩題下有"二首"二字。

后土祠

一木爲橋渡斷溪，山風水氣〔一〕冷凄凄。千年古廟蒼崖下，萬里河流正在西。

【校記】

〔一〕《河汾詩集》卷七"山風水氣"作"山風山水"。

石　龕

古屋縱横半畝餘，只疑神鬼護陰虚。蒼崖直上通元氣，點點寒泉滴露珠。

靖應姜真人庵〔一〕

靖應真人隱者流，聲名往日動宸旒。功成不在飛升去，禹廟連雲檜柏秋。

【校記】

〔一〕《河汾詩集》卷七詩題注云："元人禹廟皆其所建，有敕賜《建極碑》在。"

題四景〔一〕

雲滿青山水滿溪，緑楊紅杏繞幽栖。抱琴童子隨師去，歸到橋心日未西。

水心亭子四山青，亭下荷花照眼明。我欲唤船楊柳岸，隔溪終日不聞聲。

四山木落晚江空，江上茅齋爽氣中。立盡秋風何處客？磯頭日日看飛鴻。

怪來寒氣襲襟裾，忽向高堂見畫圖。樹老山空江似練，扁舟不受旅人呼。

【校記】

〔一〕《河汾诗集》卷七詩題作"題春夏秋冬四小景"。《文集目録》詩題下有"四首"二字。

題季札掛劍圖

心許君侯口未言，歸從陵樹挂龍泉。生平負諾知何限？始信當時公子賢。

題負薪圖

自古詩人咏《伐檀》，山中不道負薪難。到家遠近何須問，行過溪橋路已寬。

四皓圖

雪鬢蒼髯識者稀，功成猶自昧先幾〔一〕。寧知後日紛紛處，卻道〔二〕劉侯計已非。

【校記】

〔一〕《河汾詩集》卷七"幾"作"機"。

〔二〕嘉隆本《全集》卷二十一"道"作"到"。

睡　熟

睡熟不知風大作，到曉猶聞波浪聲。起坐覓紙欲題句，卻憶遠人無限情。

紀先人舊游三首

壇樹濃陰覆四墻，春深好鳥囀〔一〕笙簧。慈親此日不同聽，樂意翻成淚兩〔二〕行。

西壑南岡〔三〕景物幽，先人曾此數追游。重來不似當時興，緑草紅芳〔四〕總是愁。

先人最愛佳山水，每對清流玩翠微。俯仰忽成今與昨，看山看〔五〕水淚沾衣。

【校記】

〔一〕嘉隆本《全集》卷二十一“囀”作“轉”。
〔二〕《河汾詩集》卷七“兩”作“萬”。
〔三〕《河汾詩集》卷七“岡”作“崗”。
〔四〕《河汾詩集》卷七“芳”作“花”。
〔五〕《河汾詩集》卷七“看山看”作“卻看山”。

檢舊書得先人手迹

素帙窗前自卷舒，忽看先父數行書。分明筆迹如平日，一字傷心一淚珠。

題錢舜舉山水小景

琪樹秋風生早寒，樓臺縹緲暮雲間。橋頭有客長無事，閑聽溪聲静看山。

觀太極圖〔一〕

斂襟坐久此心虚,静看濂溪《太極圖》。理在象中元不離,莫於象外用工夫。

一理陰陽及五行,乾坤萬物各生成。莫言真宰元無迹,久〔二〕向圖中露此情。

【校記】

〔一〕《文集目録》詩題下有"二首"二字。
〔二〕《河汾詩集》卷八"久"作"太"。

春興三首

客居城市厭喧囂,舉目雲林變緑條。好景一年都已過,何曾散步到西郊。

懷抱何由一灑然!勞生擾擾故相牽。城南山色青如許,不到雲林又幾年。

又是春風换物華,静觀芳意浩無涯。寄語鶯花休悵望,新詩已懶向人誇。

新鄭學宫夜宿〔一〕

清飈槭槭響林柯,夜宿秋堂冷簟波。睡醒〔二〕不禁〔三〕鄉思切,滿庭明月候蟲多。

【校記】

〔一〕《河汾詩集》卷八詩題無"宿"字。

〔二〕《河汾詩集》卷八“醒”作“省”。

〔三〕《河汾詩集》卷八“禁”作“勝”。

劉廣文攜酒餞行〔一〕

先人館下老門生，三十年來故舊情。今日相逢頭已白，殷懃載酒問歸程。

【校記】

〔一〕《河汾詩集》卷八詩題作“劉文英廣文攜酒來餞余行”，注云：“文英名俊，先人門生也。”

過盧溝河有作

烏府新承帝澤覃，又持憲節按湖南。盧溝橋上瞻都邑，金闕連雲倚翠嵐。

出漢口五首

扁舟泛泛野湖平，岸轉奔流近漢城。滿目江山如畫里，留題多少舊才名！

萬里長江滾滾來，楚山疑〔一〕碧樹如苔。扁舟横渡浪花急，一席好風何快哉！

漢江南合楚江流，新漲兼天雪浪浮。黄鶴不來仙已去，舟人猶指舊時樓。

萬里滄江水自東，武昌煙樹晚朦朧。獨持憲節匆匆過，興憶南樓夜月中。

人家樓閣枕江煙，江上危檣泊萬船。欲問當年無故老，青山依舊水連天。

【校記】

〔一〕《河汾詩集》卷八“疑”作“凝”。

出漢口至大江追憶往事有感而作〔一〕

武昌城對漢陽城，城下長江漫漫平。二十年前曾過此，煙波一望不勝情。

【校記】

〔一〕《河汾詩集》卷八詩題作“出漢口至大江追憶二十四年前曾隨先人自岷蜀東下愴然有感而賦”。

覽嘉魚圖經

閑覽嘉魚縣地圖，半爲山谷半爲湖。生民計業知應薄，祇賴昇平雨露餘。

公安咏古

古砌長衢滿緑苔，疏籬多傍水邊栽。欲知何處懷平仲，老竹荒祠風雨來。

蜀江水漲如黄河江北諸山彷彿太行遣興而作

蜀江濁比大河黄，江北諸山似太行。誤喜中原應不遠，卻聞人語是湖襄。

澧　州

秋日秋風澧有蘭，碧峰如畫水如環。荆南自古多騷思，長在閑花野草間。

常　德〔一〕

百里平川古朗州，沅江滚滚向東流。竹枝留得唐人句，一曲西風碧樹秋。

【校記】

〔一〕《河汾詩集》卷八詩題注云："即古朗州。"

武　陵

萬水千山舊武陵，伏波曾此向南征。只今無復壺頭險，夷獠謳歌樂太平。

次同年趙侍御阻雨韻五首〔一〕

秋夜蕭蕭〔二〕雨未休，碧窗欹枕憶神州。霜風會見清南徼，未必軺車久滯留。

天使乘驄此暫休，今朝我亦到南州。柏臺孤枕銀燈夜，還似當年阻雨留。

瑶樹西風透客懷，早秋涼雨壓塵埃。行臺壁上留佳句，知是同年攬轡來。

壁上留題見好懷，旋將征袖拂塵埃。浪游不得逢知己，阻雨今朝獨後來。

境入桃源喜滿懷，分司衙裏絶塵埃。綉衣壁上題詩日，正是隨車好雨來。

【校記】

〔一〕《河汾詩集》卷八題作“七月十一日至桃源分司見壁間留題乃同年趙子裕侍御阻雨之作余亦阻雨留再宿以同年同官復同阻雨於此情不能已遂發爲五詩以次其韻”。

〔二〕《河汾詩集》卷八“蕭蕭”作“瀟瀟”。

桃源曉行

隔江煙樹曉模糊，縱有丹青畫不如。且喜桃源風景好，山行不厭路崎嶇。

宿界亭驛〔一〕

山月娟娟滿户庭，秋蟲唧唧四邊鳴。一杯強飲不成樂，坐聽山童打二更。

【校記】

〔一〕《河汾詩集》卷八詩題作“七月十五日宿界亭驛”。

辰溪次趙子裕韻〔一〕二首

盡日山行不厭遲，肩輿隨處愛秋溪。路回忽見江頭縣，風景清幽興不迷。

辰陽已覺鴈書遲，滿目雲山接五溪。秋夜一杯江縣酒，醒來鄉思不曾迷。

【校記】

〔一〕《河汾詩集》卷八詩題作"辰溪留題次趙子裕韻二首"。

益陽山行遇雨〔一〕

雲林漠漠雨凄凄，節節危橋曲曲溪。可是青驄行處穩，滿山紅葉襯秋泥。

【校記】

〔一〕《河汾詩集》卷八詩題無"遇"字。《文集目録》詩題無"行"字。

雪中度風門嶺

肩輿千〔一〕仞歷〔二〕峥嶸，朔雪寒雲杳靄中。遠近東西渾不辨，只疑猶未闢鴻蒙。

【校記】

〔一〕嘉隆本《全集》卷二十一"千"作"十"。
〔二〕《河汾詩集》卷八"歷"作"度"。

靖州道中溪水清駛可愛

石淙急瀉響奔雷，濺沫跳珠雪湧堆。正苦荒山勞降陟，且隨流水共縈迴。

池邊笋生

緑錦池塘春已深，池邊青笋欲成林。貪看物理添新趣，不管滔滔歲月侵。

遣　興

永日霜臺與衆疏，相親惟有聖賢書。緑雲滿院蒼苔合，自喜能兼吏隱居。

黔陽春日雜咏六首

滿庭落葉似深秋，好鳥鳴時地轉幽。坐對青山纔咫尺，會登絶頂望中州。

風起楊花滿院飛，翠屏門外送清輝。蠻中好景非吾土，春燕來時客未歸。

兩年三度客黔濱，前是秋冬後是春。新緑滿庭清晝永，好風時復送香塵。

弱柳新梅蔭户庭，好山門外列青屏。間關幽鳥鳴春晝，宛似家山把酒聽。

睡起霜臺似水清，晚春風日弄新晴。笑看蟢子頻頻集，卻憶人家望客情。

駐節黔中改歲華，四山重叠繞天涯。空庭獨坐聽鳴鳥，拂面春風吹柳花。

黔陽山中十首〔一〕

景好寧知是異邦，竹籬茅舍枕〔二〕滄江。吏情更有山林趣，緑樹門前畫戟雙。

星軺玉節萬山深，到處溪流足茂林。雨過瘴煙清似洗，蠻荒不減壯游心。

盡日江行路不迷，溝塍水滿稻秧齊。參天緑樹茅茨小，何處人家叫午鷄？

山青雲白楚天涯，駐節山中白晝遲。縱是無邊清興好，知音誰與和新詩？

江村地僻草萋萋，小閣閑登日欲西。風景不殊雲木秀，只嫌中有鷓鴣啼。

清和時節似中州，江繞茅堂盡日幽。官況不羈情散誕，坐看雲影自悠悠。

宦情不改讀書情，閑愛山林興致清。隨意時時寫佳句，卻嫌行處有虛名。

竹椽茅屋江邊静，永日惟應鳥雀飛。雲白天青山萬叠，霜臺遠客正思歸。

花木時光總不窮，青山叠叠水重重。欲尋真宰元無迹，祇見蒼蒼一氣功。

草閣南風分外凉，看山面水據胡牀。宦情蕭散知何益，身在江湖憶帝鄉。

【校記】

〔一〕《河汾詩集》卷八詩題“十首”作“十咏”。

〔二〕《河汾詩集》卷八“茅舍枕”作“茅屋帶”。

四月望夜院中作

月照芭蕉葉上明，小闌干外竹林清。一襟風露涼如洗，似有新秋在户庭。

對雨遣興簡陳侍御七首〔一〕

秋雨通宵盡日鳴，柏臺雙沼漲皆平。緑荷裊裊欹香柄，細看明珠瀉未停。

曲闌干外芰荷香，秋雨來時水滿溏〔二〕。喜與同年驄馬客，水心亭上共持觴。

南荒久與故人疏，邂逅同年一月居。共指小塘荷葉底，水添秋雨欲生魚。

同年持斧到南荒，笑指關山滿路霜。一月沅州城裏住，聽風聽雨喜連牀。

君恰來時我欲歸，沅江秋雨正霏霏。鵷班若問新消息，爲説清霜滿綉衣。

緑萍如錦蓋青池，池面高荷静不移。閑愛小亭聽雨坐，恰如湘水繫舟時。

同年喜有綉衣人，沅水相逢意氣親。我去〔三〕君留莫惆悵，邊岷〔四〕快覩曉霜新。

【校記】

〔一〕《河汾詩集》卷八詩題作“對雨遣興信筆七絶簡陳侍御”。

〔二〕《河汾詩集》卷八、嘉隆本《全集》卷二十一“溏”作“塘”。

〔三〕《河汾詩集》卷八“去”作“欲”。

〔四〕《河汾詩集》卷八、嘉隆本《全集》卷二十一“岷”作“氓”。

襄陽雪中雜咏六首

扁舟南渡漢江來，阻雪連朝住憲臺。莫道鐵冠官况冷，瓊瑶庭下已〔一〕成堆。

烏〔二〕臺南面郡城高，城外諸山雪亂飄。勝迹欲追羊叔子，會從峴首踏瓊瑶。

空階密雪下無聲，葉落層層蓋已平。盡日戟門清似水，端居誰與論詩情？

堂臺高敞四虚寒，窗外蕭蕭竹萬竿。一夜霜風鳴到曉，散爲清響滿人間。

襄陽城外雪紛如，散入江流片片虚。乍有卻無迷望眼，只疑神女弄明珠。

少年曾讀浩然詩，襄漢風流百世師。今日雪中清興好，論文翻恨不同時。

【校記】

〔一〕《河汾詩集》卷八"已"作"幾"。
〔二〕《河汾詩集》卷七"烏"作"行"。

芭　蕉〔一〕

夫君本自一心空，舒卷如何葉來〔二〕窮？自是根株通太〔三〕化，故教有象顯無蹤。

【校記】

〔一〕《河汾詩集》卷八詩題作"咏芭蕉"。
〔二〕《河汾詩集》卷八、嘉隆本《全集》卷二十一"來"作"未"。
〔三〕《河汾詩集》卷八、嘉隆本《全集》卷二十一"太"作"大"。

靖州月夜雜咏五首

一節三年久在邊，天威咫尺玉階前。靖州城裏清宵月，應與家山一樣圓。

參差林影受風斜，堅坐胡牀愛月華。涼露在庭清似水，不知今夕是天涯！

城外清江城上樓，滿城明月似深秋。忽思昌子雖痴小〔一〕，也念阿爺尚遠游。

未有涓埃答九天，謾叨官廩過年年。静思仕學多違性，搔首能無愧往賢〔二〕？

三百年來新郡邑〔三〕，七千里外古蠻荒。無私好是〔四〕中天月，布滿華夷一樣光。

【校記】

〔一〕《河汾詩集》卷八此句注:"昌子,第四小兒。"

〔二〕《河汾詩集》卷八"賢"作"年"。

〔三〕《河汾詩集》卷八此句注:"靖州,古蠻中。至宋熙寧始置州,今甫三百年矣。"

〔四〕《河汾詩集》卷八"是"作"似"。

夏夜聞鍾

翠帷藤簟竹方牀,孤枕慵便五夜涼。夢裏不知身作客,忽疑鐘響是家鄉。

盧溪冬夜五首〔一〕

幾度官船過武溪,匆匆〔二〕都未有留題。今來駐節當寒夜,絳燭紅爐興不迷。

曲曲清江節節山,霜臺分外朔風寒。寸心祗與梅争白,頗覺蒼顔稱鐵冠。

江縣蕭條歲欲除,溪山寥落野人居。九重時復行寬令,使者徵求忍蠹漁。

夜深風雪響侵門,綉被燻來睡正温。忽念中林有樵者,獨慚餘暖未能分。

久客霜風入緼袍,壯心猶倚劍吹毛。武溪溪上烏臺夜,猛虎一聲山月高。

【校記】

〔一〕《河汾詩集》卷八詩題作“盧溪冬至五絶”。

〔二〕《河汾詩集》卷八“匆匆”作“忽然”。

重題五友五首

竹

長日無風亦自清，疏篁况復滿秋聲。幾回睡醒窗前月，疑是瑶階佩玉鳴。

蘭

幾載栽培雨露深，好風披拂正關心。瑶琴一曲憑誰寫？唯有宣尼解此音。

蓮

朝來微雨濕胭脂，並倚新妝照緑池。莫使香塵涴顔色，深情還有正人知。

梅

花正開時節已過，祇留清影弄檐阿。瀟湘千里客歸去，想憶花時思更多。

菊

未到高秋有別情，新叢簇簇傍階生。歸心不待花重發，留與新知作眼明。

董公二首

席捲三秦赤幟東，力陳大義討元兇。董公籌略應無敵，蕭相虚當第一功。

紛紛豪傑欲興劉，縞素應爲第一籌。何事元功盟帶礪，丹書不到董公侯？

又題五友五首

竹

三年烏府長琅玕，粉籜新梢次第看。今日成林足風雨，坐聽清響徹雲端。

梅

紅白雙梅户外横，看花看葉興俱清。今秋只恐歸期近，重叠題詩寄别情。

蓮

鏡裏芙蓉一色開，高荷倚醉好風來。採芳誰識心如洗，持贈聊同驛使梅。

蘭

幾歲南州老鐵冠，霜臺底物可爲歡？衹應九畹滋新種，時採幽香滿把看。

菊

簇簇新叢傍憲臺，臺端有客日徘徊。歸期若在花前發，留向新知次第開。

懷沅州五友五首

竹

勁節虚心獨耐看,霜臺三載伴清歡。今朝朔北遥相憶,誰與蕭蕭共歲寒〔一〕?

梅

正是花時遠别離,綺窗應已發新枝。薊南臘月霜如雪,相對長吟有所思。

菊

幾簇芳根遍小臺,自呼童子看澆培。沅江回首深如許,縱有清香亦自哀。

蘭

頻除惡草惜佳叢,笑採幽香歲歲同。一自沅江騷佩遠,小闌誰倚看光風?

蓮

方塘紅錦日熹微,絶愛天葩照客衣。幾賦新詩去雕飾,相思重覺賞心違。

【校記】

〔一〕《河汾詩集》卷八"寒"作"華"。

又懷五友五首

蓮

誰識當年周茂叔，愛蓮别是一般心。沅州憲府花如錦，回首鑾山萬疊深。

菊

鐵冠不受晚風寒，採得幽香静處看。幸自托根今得所，栽培應有露團團。

蘭

九畹曾懷楚客騷，不堪沅澧去人遥。多情只有當時佩，别後清香尚未消。

梅

紅白沅州有二梅，年年長是近春開。飄廊點砌今誰惜？衹有東風掃石苔。

竹

柏臺清絶愛疏莖，踏影攀枝繞砌行。衛水舟中風雪夜，夢回疑是打窗聲。

博浪沙〔一〕

大眼由來視獨夫，懇懷忠義報兇渠。英謀已自輸曹沫，只恨當時中副車。

【校記】

〔一〕《河汾詩集》卷八詩題作"題博浪沙"。

院中楊柳〔一〕

去日庭中始見栽,既成林後客歸來。春風擺盡輕狂絮,留得清陰滿憲臺。

【校記】

〔一〕《河汾詩集》卷八詩題作"題院中楊柳"。

補遺

絶　句〔一〕

細雨纖纖草吐芽,短墻茅屋是誰家?春寒未有好情思,忽見幾株村杏花。

【校記】

〔一〕此首詩據《河汾詩集》卷八補。

德州詞〔一〕

粉堞高城古德州,雲帆大舶滿中流。誰家柳緑春酒熟,何不呼取消客愁?

【校記】

〔一〕此首詩據《河汾詩集》卷八補。

文清公薛先生文集卷之五

門人關西張鼎校正編輯

絶　句

朝回行堤上

御溝行處早朝回，春水平堤不起埃。柳緑蒲青無限好，客邊襟抱一時開。

簡焦李羅劉四侍御〔一〕

緑柳紅葵滿憲臺，幾陪簪笏共徘徊。昨朝一别長官去，直到新年院裏來。

末用韓句。

文明門外水悠悠，妓子歸來雨打頭。卻笑道人心似鐵，久無飛夢到青樓。

鐵扇都門鎮日開，無風車馬也塵埃。雷公不吝連朝雨，洗盡炎蒸一快哉！

每憶清談對數公，别來無日不從容。少陵自是能詩者，卻笑樽中酒屢空。

黄榜同年雙進士〔二〕,青氈並榻兩先生〔三〕。四君高論應難及,别後深知鄙吝萌。

【校記】

〔一〕《河汾詩集》卷八詩題作“戲賦五絶柬院中焦李羅劉四侍御”。

〔二〕《河汾詩集》卷八此句注:“羅、焦。”

〔三〕《河汾詩集》卷八此句注:“劉、李。”

讀劉靖修黄金臺詩〔一〕

賢者何曾爲此來?黄金空復壘高臺。先生志節超千古,一曲清風溢〔二〕九垓。

【校記】

〔一〕《河汾詩集》卷八詩題“靖修”下有“先生”二字。

〔二〕《河汾詩集》卷八“溢”作“隘”。

再懷沅州五友〔一〕

沅陽清氣滿烏臺,爲有修篁繞户栽。兩載好風明月夜,新詩誰對此君裁?

無端詩興遠誰添?紅白雙梅倚畫檐。千里中州風雪夜,一窗清月憶湘南。

簾捲秋風繞砌花,沅陽幾對昔年華。關山白露三千里,誰採金英泛紫霞?

持贈曾同驛使梅,紉香聊爾意徘徊。當時九畹花應在,幾向光風爛熳開。

薜荔闌邊緑錦池，竹亭深坐晚涼時。忽成遠道空勞想，秀色天香發向誰？

【校記】

〔一〕《文集目録》詩題作"再懷沅陽五友五首"。

汾上春行

清汾信馬踏春酣，汀草萋萋隴麥蘄[一]，正是暖風啼鳥日，水村花塢似江南。

【校記】

〔一〕《河汾詩集》卷八"蘄"作"漸"。

驟　寒

曉起題詩硯有冰，苦寒端欲訴玄冥。卻思持節荆南道，臘月湖山草色青。

河南將歸[一]

我憶汾南田舍好，緑槐如蓋擁高門。南園舊種雙桐樹，應有孫枝到碧雲。

【校記】

〔一〕《河汾詩集》卷八詩題"歸"下尚有"口占一絶追録"六字。

忽　憶

忽憶鞏東峰子嶺，入雲遥見大河流。中原勝概皆堪賦，攬轡還當遂壯游。

汾河南岸看杏花

兩載東風看杏花，汾河南岸水西斜。幾回駐馬憐穠艷，只恐春流泛落霞。

汾水南邊錦作堆，連朝相報杏花開。東風好景休虛擲，一日須來一百廻。

過壽陽用韓文公韻

征騎鷄鳴發大安，山深五月尚風寒。壽陽舉目孤城近，東嶺金烏爛曉團。

憲臺齋宿

憲臺齋宿幾連宵，絳燭銀爐伴闃寥。斗帳夢回更漏永，只聽窗外冷風飄。

喜雨雜咏簡院長諸公八首〔一〕

聖明端拱太平時，好雨當春細若絲。應是柏臺添氣象，旋滋花柳更催詩。

正是陽和溥萬方，知時好雨潤群芳。趣朝共覩天顔悦，應喜斯民樂泰康。

霏霏朝雨潤彤庭〔二〕，恭逐鵷行謁聖明。白玉橋邊鳴佩過，御溝春水一時生。

御溝新柳濕鵝黄，佩馬朝回雨露香。柏府文書春日静，相過唯覺和詩忙。

柏臺春静晝厭厭，好雨如絲不捲簾。最是東君能借力，閑庭草色一時添。

雨過西山翠欲流，葱葱佳氣滿神州。書生莫笑今霜鬢，駿馬看花已慣游。

聖王龍飛第一春，天垂雨露萬方匀。蒼生坐見躋仁壽，自昔賡歌有舜臣。

萬國同心奉至尊，斯民重見飲衢樽。欲知和氣薰天地，只在三春雨露恩。

【校記】

〔一〕《河汾詩集》卷七詩題作“喜雨雜詩十首簡院長張勉夫諸公”，較《文集》多出二首，移入《補遺》。

〔二〕《河汾詩集》卷七“庭”作“廷”。

發通津驛三首

六月官船發潞陽，水村煙樹共微茫。天門忽已如天上，祇見青山一帶長。

新捧天書帶紫泥，又承恩旨按三齊。通津南下波連海，渺渺風帆去似飛。

五色天書出禁中，儒臣將命按山東。滄波南下通洙泗，魚躍鳶飛總帝功。

宿臨清薇省行館[一]

薇垣瀟灑九秋天，風葉敲窗夜月圓。有客乘驄來借宿，新詩留作賃房錢。

【校記】

〔一〕《河汾詩集》卷八詩題作"宿王大參子明公館留奉一絶"。

泉林寺[一]

日午停驂山寺幽，清泉古木亂蟬秋。絶憐好景添清興，爲寫新詩紀勝游。

【校記】

〔一〕《河汾詩集》卷七詩題注："泗水東。"

夢與陳侍御話舊

分司相見是京華，風節山東向子夸。邂逅不知身是夢，覺來秋雨濺窗紗。

菊開憶去秋同官臺中共賞[一]

去年客里遇[二]重陽，曾與同官摘晚香。今日分符行郡邑，獨將遠意看秋芳。

【校記】

〔一〕《河汾詩集》卷八詩題作"九月十四日夏津分司偶見菊花盛開忽憶去秋與同官諸公採菊内臺賦此"。

〔二〕《河汾詩集》卷八"客里遇"作"烏府見"。

嘉祥分司元宵〔一〕

行臺北面是蒼山，古〔二〕柏風生分外寒。又值元宵春一度，謾燒紅燭伴清歡。

【校記】

〔一〕《河汾詩集》卷七詩題“元宵”上有“正統二年”四字。

〔二〕《河汾詩集》卷七“古”作“雪”。

鉅野道中

鉅野茫茫遠際天，春風春雨淡春煙。河流尚自成陳迹，俯仰千年事落然。

題汶上分司二小柏〔一〕

霜臺對植長新枝，翠葉交承雨露滋。直幹總應無曲處，稚年俱有棟樑姿。

【校記】

〔一〕《河汾詩集》卷七詩題“二小柏”前尚有“後堂前”三字。

聞蛙有懷〔一〕

春晚乘驄駐德平，古城墻外有蛙鳴。卻思青草池塘夜，三載湖南厭此聲。

【校記】

〔一〕《河汾詩集》卷七詩題作“德平分司聞蛙有懷湖南之作”。

暮春道中見桃花尚開〔一〕

馬〔二〕穿新緑過園林，已恨穠芳誤賞心。猶有小桃花未落，獨留餘艷到春深。

【校記】

〔一〕《河汾詩集》卷七詩題作“暮春德平道中群花盡落桃花一樹尚開賦此”。

〔二〕《河汾詩集》卷七“馬”作“鳥”。

鄃平分司雜咏二首

行臺獨坐聽鳴鳩，喬木參天五月秋。舉目好山青未了，應隨馬足遍東州。

樹繞行廊散碧陰，鶯啼〔一〕小圃送清音。葵花無數開如錦，解是傾陽共此心。

【校記】

〔一〕《河汾詩集》卷七“啼”作“歌”。

臨淄道中〔一〕

平郊漫漫樹依依，人物千年總已非。多少荒臺芳草合，不知何處是三歸。

【校記】

〔一〕《河汾詩集》卷七詩題“道中”下有“馬上口占”四字。

青州分司榴花〔一〕

石榴小蕚未開時，渾似紅櫻壓翠枝。照日〔二〕含風千萬朵，故園千里正相思。

【校記】

〔一〕《河汾詩集》卷七詩題作“青州分司後園榴花始開”。

〔二〕《河汾詩集》卷七“日”作“眼”。

穆陵關夜雨

萬山絶頂穆陵關，一上山樓五月寒。煙樹滿川浮暝色，晚風吹雨濕闌干。

膠　州

幾點青螺海上山，參差樓閣海天寬。行臺五月不知暑，衹覺侵人海氣寒。

栖霞見青桃〔一〕

來日紅桃尚有花，青桃如彈過栖霞。無端馬首還東去，直看青山到海涯。

【校記】

〔一〕《河汾詩集》卷七詩題“青桃”下有“戲作”二字。

栖霞行臺夏日

四山環繞柏臺深，緑樹濃交户外陰。還似湖南持憲節，坐聽山鳥弄〔一〕清音。

【校記】

〔一〕《河汾詩集》卷七“弄”作“囀”。

望　嶽

攬轡西來過泰安，拂[一]空青靄掠征鞍。東還算是初冬日，擬上天門次第看。

【校記】

〔一〕《河汾詩集》卷七“拂”作“半”。

萊蕪懷古

清節誰能似范丹？清名千載重人間。萊蕪縣裏停驂日，坐對南山秋色寒。

再咏汶上分司二小柏[一]

一廻相見一廻高，夾砌行看翠葉交。偉器定如房與杜，相期聳壑更昂霄。

【校記】

〔一〕《河汾詩集》卷七詩題無“分司”二字。《文集目録》“柏”下有“二首”二字。

魚臺分司

翠竹紅榴掩映間，柏臺清晝鳥聲閑。情知物理相關處，心與乾坤一樣寬。

三咏汶上分司二小柏[一]

高標離立入檐長，已有清陰近畫堂。别後又看新子結，風生滿院散天香。

【校記】

〔一〕《河汾詩集》卷七詩題"二"作"雙"。《文集目録》失載。

渤海道中

學道於今四十春，擬將事業贊經綸。又從北海尋東海，叨〔一〕禄能無愧古人？

【校記】

〔一〕《河汾詩集》"叨"作"徇"。

題書畫琴棋四首〔一〕

書

鳥迹紛紛變化多，競將姿媚逐流波。欲知筆力通神處，點畫都從主敬過。

畫

玩物工夫有底忙？江山萬景入微茫。欲知畫出乾坤意，只有濂溪獨擅場。

琴

山自蒼蒼水自深，焦桐瀉〔二〕出伯牙心。鍾期去後今千載，誰復人間是賞音？

棋

夏屋聲敲玉石寒，輸贏只在一毫端。傍人莫自誇高品，當局方知下子難。

【校記】

〔一〕《河汾詩集》卷七詩題作"戲題屏風書畫琴棋四絶"。
〔二〕《河汾詩集》卷七"焦桐瀉"作"槁梧流"。

題壽光分司壁畫四景〔一〕

春

馬蹄十載遍江山，萬紫千紅取次看。欲識春風今古面，殷懃還訪杏花壇。

夏

赤日紅塵十丈深，碧溪垂柳愛清陰。南風坐久頻吹面，忽憶薰絃萬古音。

秋

山高木落水涵空，萬物蕭森〔二〕爽氣中。卻羨隨陽無數鳥，年年整翼候西風。

冬

大雪茫茫海上來，仙山遠近玉樓臺。天書捧得行陽氣，一歲冲寒有幾廻。

【校記】

〔一〕《河汾詩集》卷七題作"題壽光分司後堂壁間舊畫春夏秋冬四小景"。
〔二〕《河汾詩集》"森"作"條"。

題四知臺〔一〕

人間無處不天公，笑卻黄金暮夜中。千載四知臺下路，至今猶自起清風。

【校記】

〔一〕《河汾詩集》卷七詩題下注云："昌邑城東北有土臺，相傳楊震辭金處。後人作臺慕之，故名曰'四知臺'云。"

題壁間松鶴圖〔一〕

忽驚虛室起潛蛟，雲氣陰森爽氣飄。霜雪不知幾千古，長年惟有鶴來巢。

【校記】

〔一〕《河汾詩集》卷七詩題作"題萊州府分司後堂東壁所畫松鶴圖"。《文集目録》作"題松鶴圖"。

臨朐分司四小柏二首

解是平生獨愛材，新移四柏後堂栽。懸知數百年來後，應有清陰滿憲臺。

四柏移來拱把餘，一行分植傍階除。故應雨露均培養，直幹争看聳碧虛。

簡黄仲芳大參三首〔一〕

正統四年秋九月，天官門下識君時。神都第一科中客，接踵青雲愧後期。

雅量每期黄叔度，正人應愧薛居州。斯文四海知同調，且喜京華並轡游。

天衢連日踏塵埃,忽聽蕭蕭夜雨來。明日况逢重九節,好懷應爲大參開。

【校記】

〔一〕《文集目録》作"簡黄大參三首"。

十二景爲衍聖公孔彦縉賦二十四首

小亭花雨

小結茅亭壘石臺,繞亭時雨百花開。一襟道氣清如許,更挹幽香滿座來。

曾過君家飲小亭,醉看紅雨濕春馨。别來生意應如昨,長對東風閲聖經。

夾道槐雲

夾道槐根孔世家,兩行飛蓋影欹斜。要承濃渥千年蔭,不愛秋黄八月花。

數仞宫墻一路深,屯雲交翠落清陰。紅塵十丈知何在?衹引薰風養道心。

蘭階清露

零露瀼瀼帶曉濃,繞階晴霽轉光風。雲仍對此琴三弄,還與宣〔一〕尼古調同。

九畹移來遍孔家,芳叢時遣石闌遮。故應天意憐香潔,玉露年年潤好花。

【校記】

〔一〕《河汾詩集》卷七"宣"作"先"。

桐井甘泉

千草〔一〕嘉樹古梧森〔二〕，一窟寒泉碧甃深。静掃濃陰汲修綆，清泠長是滌塵心。

樹環嘉〔三〕木桐陰合，井冽寒泉地脈通。彩鳳九霄應有待，道源千古自無窮。

【校記】

〔一〕《河汾詩集》卷七、嘉隆本《全集》卷二十二"草"作"章"。
〔二〕《河汾詩集》卷七"森"作"翠"。
〔三〕《河汾詩集》卷七"嘉"作"佳"。

海棠綴錦

長笑時人愛海棠，芳姿何事近宫墻？自緣要識春風面，任遣花神綴錦粧。

緑煙初散錦霞空，綽約仙人半醉中。莫怪海棠顔色麗，等閑紅紫盡春風。

萱草堆金

緑〔一〕帶春深近北堂，更看紅錦爛天香。《國風》千古遺詩在，對此應知百慮忘。

自是春風造化機，織成錦翠爛相依。細看一種生生意，真宰無言識者稀。

【校記】

〔一〕《河汾詩集》卷七"緑"作"綬"。

松窗皓月

拂窗涼籟起秋聲,綺席流光皓月明。卻憶鄒軻談夜氣,此時心迹已雙清。

畫堂松月夜窗虚,宴坐澄心一卷書。莫道畫前元有《易》,静中天理亦森如。

竹塢涼風

半畝琅玕出短墉,暖煙輕霧碧陰重。開門净掃蒼苔坐,細葉蕭蕭引好風。

戴雨含煙一徑幽,每從長夏數追游。濃陰深處不知暑,衹覺涼風似水流。

苔石疊翠

山骨移來帶蘚痕,層巒疊巘勢飛翻。杏花壇里三春雨,疑是岩間一片雲。

氣通霄漢潤通泉,融結還從太古間〔一〕。數點青螺雲起處,散爲霖雨遍山川。

【校記】

〔一〕《河汾詩集》卷七嘉隆本《全集》卷二十二"間"作"年"。

花圃繁紅

暖雲無力趁東風，小圃芳菲一徑通。若問人間真太極，便應攜手看春紅。

參天喬木聖公家，應愛春風滿蒲〔一〕花。還似濂溪窗外草，一般生意浩無涯。

【校記】

〔一〕《河汾詩集》卷七、嘉隆本《全集》卷二十二"蒲"作"圃"。

古墻秀柏

曲阜城中夫子墻，墻頭老柏正蒼蒼。托根終古同元氣，未許掄材作棟樑。

根蟠〔一〕厚地幹〔二〕參天，環合宫墻不記年。遥想杏壇傳道日，唯應此木見三千。

【校記】

〔一〕《河汾詩集》卷七"蟠"作"盤"。
〔二〕《河汾詩集》卷七"干"作"葉"。

方沼瑞蓮

珍重當年太極翁，曾將道筆寫清通。孔門自是傳心者，還向方池看夏紅。

玉井空傳太華峰，何如方沼看新紅？澆培更有如船藕，查滯〔一〕都歸渾化中。

【校記】

〔一〕"查滯",嘉隆本《全集》作"渣滓",《河汾詩集》作"查滓"。

行臺雜咏簡黄憲長暨諸憲僚二十首〔一〕

行臺西接大明湖,細柳新荷入畫圖。海右風光今古意,品題殊覺少陵孤。

獨宿行臺暑氣清,清吟已覺動高情。令人若〔二〕憶黄詩伯,肯許連牀聽雨聲。

楊柳陰陰憲府深,讀書因見聖賢心。鍾期去後今千載,誰復人間是賞音?

獵獵風蒲水滿塘,輕陰微雨芰荷香。偶來乘興觀時物,徐步芳洲趁晚涼。

煙籠庭樹水侵階,隱隱輕雷細雨來。爽氣已添煩暑退,好懷千古一時開。

緑柳紅葵滿憲臺,清渠碧沼斷塵埃。城頭雨過天無際,高鳥孤雲自往來。

菰蒲深處水禽鳴,雨過林塘水〔三〕更清。露滿碧荷看不定,祇疑仙掌萬珠明。

柏臺清晝鳥聲閑,影落高梧夏日寒。且喜輕陰天際斂,開門咫尺見南山。

水滿方塘蓋錦萍，軟風高下颺蜻蜓。清宵雨歇蛙聲急，卻憶湖湘草色青。

萬朵紅葵拆錦苞，新粧相倚鬪妖嬈。道人獨愛傾陽意，並起丹心憶聖朝。

行臺直北是高城，城外溪流面面清。更擬濠梁尋勝事，觀魚侈有昔人情。

明時叨秩意何如？祇向行臺讀古書。自得自歌還自樂，青天白水看鳶魚。

四月行臺暑雨過，方池無數長新荷。貪觀物意歸來晚，楊柳薰風到面多。

瀟灑流年老鐵冠，鬢毛雖白寸心丹。天書重叠叨天寵，驄馬長鳴宇宙寬。

耿耿江湖意不忘，頻年草疏奏明光。行臺夏日看時物，最愛葵花向太陽。

憶捧天書別九天，分符頻與歲時遷。行臺幾度逢佳節，五月薰風入舜絃。

夏雷挾雨急傾盆，風色蒼蒼晚更昏。清曉行臺看雙沼，新荷已没舊波痕。

泰山觸石雲初起，六合茫茫一雨同。試聽康衢應有頌〔四〕，調和玉燭聖明功。

繞屋葵花錦作圍，畫墻墻外柳依依。日長庭院游絲静，乳燕穿簾自在飛。

萬頃平湖接憲臺，紅蓮如錦望中開。何當與客凌飛閣？更攬〔五〕山川入壯懷。

【校記】

〔一〕《河汾詩集》卷七詩題作“行臺雜咏二十絶簡黄廉憲暨諸憲僚”。
〔二〕嘉隆本《全集》卷二十二“若”作“苦”。
〔三〕《河汾詩集》卷七“水”作“晚”。
〔四〕《河汾詩集》卷七“頌”作“咏”。
〔五〕《河汾詩集》卷七“攬”作“覽”。

題趙雍畫馬三首〔一〕

逸氣稜稜不受羈，蒼林磨癢立多時。會應有待王良馭，掣電追風始見奇。

白面驪駒汗血乾，風鬃倚樹玉蹄攢。誰人爲制青絲絡，騎出横門萬衆看。

玉馬王孫已入周，曾將絶藝寫驊騮。謾誇有子能傳業，不道東陵有故侯。

【校記】

〔一〕《河汾詩集》卷七題“雍”下有“所”字，“首”作“絶”。並注云：“雍，子昂子也。”

讀嶧山碑李斯篆〔一〕

六國平來四海家，相君當代擅才華。誰知頌德山頭石，卻與他人戒後車？

【校記】

〔一〕《河汾詩集》卷七詩題注“篆”下尚有“也”字。

重題臨朐行臺四柏二首〔一〕

四柏移栽已二年，重來相對意留連。時人莫比甘棠樹，淺薄慚無惠化傳。

憲府重來柏漸高，良材元不困蓬蒿。還應老大驚人目，香葉團空有鳳巢。

【校記】

〔一〕《河汾詩集》卷七詩題“四柏”上有“所栽”二字。

重題膠州行臺二首

六年三按古膠東，兩見葵花五月紅，卻憶端陽霑賜扇，曾陪鵷侶覲飛龍。

留題今是兩端陽，海氣仍飄五月涼。卻愛名花當户發，還將遠意採幽香〔一〕。

【校記】

〔一〕《河汾詩集》卷七注云：“舊詩有‘海氣侵人’之句。”

四景爲李通政賦〔一〕

石橋流水自東西,緑樹連雲翠嶂低。卻憶當年持憲節,扁舟曾泛武陵溪。

紅塵飛不到青山,宛轉橋通〔二〕水閣寒。立盡夕陽橋上客,看山看水不知還。

木落霜清水不波,野人茅屋帶岩阿。幽林〔三〕採得憐香潔,坐對南山興最多。

竹林茅屋枕江皋,叠玉峰巒夾岸高。似是剡溪清興發,獨衝風雪泛輕舠。

【校記】

〔一〕《河汾詩集》卷八詩題作"爲李通政賦春夏秋冬四景"。

〔二〕《河汾詩集》卷八"通"作"邊"。

〔三〕《河汾詩集》卷八"林"作"芳"。

四景爲張給事題〔一〕

雲滿青山水滿溪,百花如錦草萋萋。少陵詩思知多少?到處嬌鶯恰恰啼。

百尺清潭萬仞山,山圍水閣下〔二〕虚寒。道人已自無焦火,况在山光水色間!

無邊草木不禁霜,只有黄花晚更香。笑採黄花斟美酒,南山咫尺興難忘。

仙家樓觀鬱嵯峨，雪嶺冰溪眼底過。驢背探春春信早，詩情不必灞橋多。

【校記】

〔一〕《河汾詩集》卷八詩題作"春夏秋冬四景爲張給事賦"。
〔二〕《河汾詩集》卷八"下"作"夏"。

齋宿雜咏十首

高堂燈火夜相親，點檢詩書憶古人。自愧久持三尺法，一生長保寸心春。

霜竹風寒夜向深，燈前讀《易》見天心。京華又是逢長至，坐憶堯夫子半吟。

再入霜臺持憲節〔一〕，又承丹詔育菁莪。只今理寺通朝籍，倍覺天恩滚滚多。

燈花静夜結金蟲，爐火其如樹杪風。小閣有春應自省，此心期與萬人同。

法從追陪二十年，寸心期不愧先賢。士師自是庭堅職，尚憶虞廷咏敕天。

馬蹄頻踏暮街塵，理寺歸來月色新。静室有心空自省〔二〕，忘言相對是何人？

金門待漏三更月，玉陛趨朝五色雲。補衮即非樗散質，微誠長祝聖明君。

迹忝鵷行第幾班，朝回馬上看西〔三〕山。雪崖冰谷清如許，咫尺煙霞未可攀。

待伴未消窗外雪，宜人偏愛竹間風。齋居已自心如洗，況與寒宵此景同。

都城鍾鼓夜深沉，棘寺燈前有客吟。不是少陵耽麗句，虚臺元自發清音。

【校記】

〔一〕《河汾詩集》卷八"節"作"紀"。
〔二〕《河汾詩集》卷八"省"作"許"。
〔三〕《河汾詩集》卷八"西"作"青"。

題陳希夷圖

白雲回首是三峰，宴坐蒼苔睡正濃。人世紅塵渾斷絶，野花啼鳥自春風。

題枯木竹石

野渚春容

荒溪野渚曲流通，蒼翠巑岏淑氣中。瀟灑一般春意思，紛紛紅紫挹高風。

臨波春意

蒼玉生苔浸緑波，新篁老木散枝柯。徒勞人世歌《招隱》，淡蕩東風野興多。

淡靄涼生

扁舟幾度泛湘波，老木疏篁翠石多。涼吹淡煙圖畫里，遠懷清絶柰秋何。

蕭騷霽雪

山間昨夜雪三尺，曉雲如拭天無痕。怪得清聲滿人世，石林凍竹風翻翻。

絶　句三首

一室無塵静有餘，清風頻度小窗虚。韋編讀罷心如水，閑看浮雲自捲舒。

擾擾征途二十年，蕭蕭短髪賦歸田。青山緑水都如舊，得失升沉事落然。

早知大道心無外，始覺身閑樂有餘。一卷《陶詩》千載興，悔將名利役慵疏。

絶　句四首

疏懶經旬不出門，炎風暑氣任昏昏。飢餐渴飲披書卷，高臥開窗看白雲。

憶昔曾游海上山，夏雲冬雪滿征鞍。如今贏得身無事，一榻清風白晝閑。

長江風起浪〔一〕如山，驛路紅塵幾往還。三十年前〔二〕回首處，煙蓑依舊釣磯閑。

年少争名老可羞，青山緑水去來休。是非得失何須問，已是忘機伴白鷗。

【校記】

〔一〕《河汾詩集》卷八"起浪"作"浪大"。

〔二〕《河汾詩集》卷八"前"作"間"。

汾上春日二首

道邊桃李緑陰繁，花落難招萬片魂。只有清汾流不盡，年年長是繞孤村。

汾水春流岸岸深，水村新緑滿春林。殘紅已逐東風盡，不道遊人負賞心。

宿青橋驛聽江聲〔一〕

青橋驛近〔二〕黑龍江，江上灘聲暗入窗。高枕纔眠過夜半，驚廻旅夢正淙淙。

【校記】

〔一〕《河汾詩集》卷八詩題"青"作"清"；又詩題注云："江即褒水，俗稱黑龍江。"

〔二〕《河汾詩集》卷八"近"作"邊"。

草涼樓驛〔一〕

翠華西幸駐山間，草閣乘涼動〔二〕喜顔。何似長安歌舞地，鳳樓千尺更高寒。

【校記】

〔一〕《河汾詩集》卷八詩題注:“俗傳唐玄宗乘涼亭。”

〔二〕《河汾詩集》卷八“動”作“有”。

朝天驛

征驂行盡褒南道〔一〕,又上朝天驛畔舟。兩岸雲林青未了,嘉陵南去水悠悠。

【校記】

〔一〕《河汾詩集》卷八“道”作“地”。

盆池魚

浮游南北與西東,不出區區斗水中。何似巨鱗居大海,波涵天地浪摇風!

泛川江有感〔一〕

雙親未老我童年,曾泛岷江六月船。今日重來泛江水,我衰親没淚潸然。

【校記】

〔一〕《河汾詩集》卷八詩題前多出“六月”二字。

夏夜宿龍瓜驛

風樹飀飀雨不休,夜眠江館似深秋。夢回忽見窗前燭,驛吏催人又放舟。

效竹枝歌三首

錦官城東多水樓，蜀姬酒濃消客愁。醉來忘卻家山道，勸君莫作錦城游。

江上小樓開户多，蜀儂解唱巴渝歌。清江中夜月如晝，樓頭賈客奈樂何！

楊柳曨曨天雨〔一〕明，錦江夜雨江水生，鹽船無數惡年少，閑上江樓看曉晴。

【校記】

〔一〕嘉隆本《全集》卷二十二"雨"作"欲"。

卻　贈

有人情重贈尤多，奈我中心義理何！縱使盡添齊楚富，一身之外總爲他。

放　船

野曠天低江面平，放船東下好風清。江天況值新晴霽，雲白山青望眼明。

江　行

兩岸好山看不盡，一江煙水去無窮。誰人爲和《滄浪曲》，興在空濛香〔一〕靄中。

【校記】

〔一〕《河汾詩集》卷八"香"作"杳"，嘉隆本《全集》卷二十二"香"作"沓"。

平羌望峨眉山

峨眉畫出天邊秀,青到平羌尚未休。山月半輪懷李白,扁舟我亦下渝州。

讀　史二首

漢唐末事誰能鑑?晉宋當年世所知。猶有一編青史在,悠悠長使後人悲。

求言未若用言難,不用忠言亦等閑。若信當年江統論,定無戎馬到長安。

除　夜〔一〕

又逢除夜〔二〕客西川,銀燭金爐白髮前。卻憶去年京邸夜,朝衣新試候朝天。

【校記】

〔一〕《河汾詩集》卷八詩題作"庚午除夜"。

〔二〕《河汾詩集》卷八"夜"作"夕"。

蜀中元夕

京華西蜀兩元宵,總去家山道路遥。來歲乞歸逢此夕,故鄉燈火沸笙簫。

成都看梨花

錦城風暖不生塵,開遍梨花萬樹春。吹散綠雲簾盡捲,廣寒宫裏有仙人。

看木瓜花

杏艷桃夭二月終〔一〕,好花難比木瓜紅。回頭總愧青青柏,生怕林間一夜風。

【校記】

〔一〕《河汾詩集》卷八"終"作"中"。

咏　史

平吴四海盡爲家,内苑新添萬樹花。衹喜羊車游别院,不堪軹道駕牛〔一〕車。

【校記】

〔一〕《河汾詩集》卷八"牛"作"羊"。

戲題則天鄉〔一〕

無端險惡山川氣,盡付當時武媚娘。淫虐千年遺臭在,至今人唾則天鄉。

【校記】

〔一〕《河汾詩集》卷八詩題作"戲題武則天鄉",注云:"則天生利州,今有鄉名則天。"

紀行口號

襄陽曾渡漢江水,嶓冢還尋漢水源。自笑苦無經濟略,道途何事往來煩!

自朝天驛回京〔一〕

去春〔二〕舟發朝天驛，今夏朝天嶺上回。水陸朝天行已遍，朝天從此上金臺。

【校記】

〔一〕《河汾詩集》卷八詩題作"景泰元年春三月自朝天驛泛舟南下往成都明年爲景泰二年夏四月七日道從朝天嶺回京賦此一絶以紀歲月云耳"。《文集目録》作"庚午春自朝天驛下四川明年夏從朝天嶺回京賦此以紀歲月"。

〔二〕《河汾詩集》卷八"春"作"年"。

太常許卿送菜戲簡十首〔一〕

爲謝東鄰許太常，嘉蔬頻送意難忘。呼童帶葉連根煮，咬得其中一味長。

摘送園蔬露未乾，齏成新味帶咸酸。幾回放箸詩腸飽，絶勝先生苜蓿盤。

空堂養病似齋居，喜送東園幾種蔬。喫此久無烹宰事，不須仍用遠庖廚。

白髮青袍老寺丞，卜居喜近太常卿。故知氣味多相似，頻送東園菜把青。

菜出東園種種新，太卿相送意何親。生平自是甘清味，肉食能無愧古人！

園蔬新拔帶霜濃，爛煮香根放箸空，誰識其中有真味，不須苦羨紫駝峰！

自笑官貧氣尚豪，黨姬休復論羊羔。卿家能送東園菜，清味還應厭〔二〕老饕。

此色斯民不可有，此味廟堂不可無。顧我已非調爕手，先生相送意何如？

雅契名卿奈若何？嘉蔬頻〔三〕送意尤多。生平味此無厭足，恐似當年喫菜魔。

京華交契似君稀，白首相看意不違。忽見名園送新菜，故鄉老圃倍思歸。

【校記】

〔一〕《河汾詩集》卷八詩題無"戲簡"二字，《文集目録》"太常許卿"作"許太常"。

〔二〕《河汾詩集》卷八"厭"作"愧"。

〔三〕《河汾詩集》卷八"頻"作"相"。

徐州見黄河

吾家正在龍門下，流出黄河幾曲長。忽向徐州城外見，牽情一水正思鄉。

燕子樓〔一〕

孀妾當時一女流，猶知守節度春秋。往來忘義忘仁者〔二〕，莫上彭城燕子樓。

【校記】

〔一〕《河汾詩集》卷八詩題注云“張建封妻守節之樓”。

〔二〕《河汾詩集》卷八“者”作“客”。

戲馬臺

八千兵渡大江來，戲馬高臺亦壯哉！何事烏江騅不逝，高臺翻使後人哀。

陵母墓〔一〕

鹿走中原海起塵，獨從草昧識真人。紛紛都〔二〕是人間死，母死高名萬古新。

【校記】

〔一〕《河汾詩集》卷八詩題前多出一“王”字。

〔二〕《河汾詩集》卷八“都”作“等”。

呂梁洪

長洪幾折奔流急，亂石兩崖還叠重。被髮行游渾不見，往來舟楫自匆匆。

過淮陽有感而作〔一〕

武皇側席正求賢，直道誰居汲黯前？何事不教留禁闥？淮陽高臥度流年。

【校記】

〔一〕《河汾詩集》卷八詩題無“過”字，而“淮陽”上有“汲黯”二字。

高郵露筋廟二首〔一〕

高郵女子志何堅！假宿寧論性命全？甘向荒陂死蚊喙，此生元不愧蒼天！

嚼血其如利觜何！荒陂一夕死貞娥。從教筋骨當年露，嬴〔二〕得清名世不磨。

【校記】

〔一〕《文集目録》無“高郵”二字，“二首”作“三首”。

〔二〕《河汾詩集》卷八“嬴”作“贏”。

渡　江

儀真北上廿三年，又上江南濟渡船。清曉登艫〔一〕望京國，鍾山彷彿翠雲連。

【校記】

〔一〕《河汾詩集》卷八“艫”作“驢”。

望南京

虎踞龍蟠入望邊，鍾山瑞靄翠相連。仰思聖祖開洪〔一〕業，定鼎宜過億萬年。

【校記】

〔一〕《河汾詩集》卷八“洪”字下八字俱無，“洪”字亦僅存半邊，疑板壞未補。

題雙鵲圖〔一〕

梅竹交青映柏枝，飛來雙鵲立多時。主人翁好無彈射，有喜令渠日日知。

【校記】

〔一〕《《文集目録》詩題無"題"字。

太平門〔一〕

何處清時快往還?太平門外好湖山。閑花野草應無數,惟有青松最耐看。

【校記】

〔一〕《河汾詩集》卷八詩題下多"口號"二字。

大理後庭竹林山色二首〔一〕

鍾山雨過翠成堆,竹里清風作陣來。愛竹看山有真樂,高人遠矣憶追陪。

閑愛修篁静愛山,清陰秀色座〔二〕中看。老來漸得悠然趣,天際浮雲任往還。

【校記】

〔一〕《河汾詩集》卷八詩題"山色"下有"可愛二絶遣興"六字。
〔二〕《河汾詩集》卷八"座"作"坐"。

臨終口號

土牀羊褥紙屏風,睡覺東窗日影紅。七十六年無一事,此心惟覺性天通。

青城分司暮春〔一〕

漠漠楊花滿院飛,重來又見一春歸。去年記得停驂日,正月庭前雪作圍。

【校記】

〔一〕《河汾詩集》卷七詩題"春"後多"題"字。

題松竹梅圖

翠竹青松共白梅,幾枝瀟灑出塵埃。長年自保風霜節,不學春紅向暖開。

濮州道中口號〔一〕

歲月多從馬上過,勳名未立鬢先皤。風霜滿面誰能識?極目蒼天一放歌。

【校記】

〔一〕《河汾詩集》卷八詩題"口號"上有"馬上"二字。

舟發辰溪岸

岸腳插江深,洄潭摇石影。舟行若天游,妙處心獨領。

静　夜

雨滴霜臺静,燈明憲府深。新詩吟謾好,誰復是知音?

題墨蘭二首〔一〕

已見光風轉,應知九畹深。殷懃採香潔,持慰美人心。

既自充楚佩，還曾入孔琴。寄言採芳者，雲谷莫辭深。

【校記】

〔一〕《文集目録》無“題”字。

秋　夜

泠泠碧窗風，皎皎疏簾〔一〕月。重門掩秋霜，素練擣寒雪。

【校記】

〔一〕《河汾詩集》卷八“簾”作“檐”。

荒　逕

曉行荒逕中，瀼瀼草上露。日出雲氣收，一鳥空中度。

夜飲李海昌宅

重門敞春夕，燈燭靄餘輝。醉我百壺酒，留連夜未歸。

早　起

鷄鳴耿不寐，展轉待明發。童子看窗前，猶言有殘月。

早　發

晨星耿孤色，曉月餘清朗。舟人解纜行，夢覺波聲響。

野　市

野市二〔一〕三家，柴門傍水斜。溪童賣蒲笋，歸路不辭賒。

【校記】

〔一〕《河汾詩集》卷八“二”作“兩”。

率　成

舟過水無迹，雲收天本清。外物自紛擾，吾心良獨明。

補　遺

喜雨雜詩十首簡院長張勉夫諸公〔一〕

二月皇都雨雪多，泥融紫陌共鳴珂。幾回歸院添詩興，好鳥迎春對客歌。

細雨烏臺映鐵冠，謾將生意坐中看。誰知當日爲霖者，只在春心一寸間。

【校記】

〔一〕此二首詩據《河汾詩集》卷七補，《文集》僅載八首。

偶　題〔一〕

磊磊落落塞胸臆，推蕩始覺心和平。丈夫志量包宇宙，細故那得風波生。

【校記】

〔一〕此首詩據《河汾詩集》卷七補。

對　月〔一〕

玉宇銀蟾十二樓，人間此夕又清秋。謫仙不是蓬蒿客，擬跨飛鸞汗漫遊。

【校記】

〔一〕此首詩據《河汾詩集》卷八補。

金穀園在洛陽〔一〕

彩樓歌管正融融，一騎塵飛錦帳空。老盡名花春不管，年年啼鳥怨東風。

【校記】

〔一〕此首詩據《河汾詩集》卷八補。按：以下諸詩《河汾詩集》依次排列，今悉據原次第補，不復出校。

城上有懷河津俞廣文

又見秋風一雁飛，高城返照上征衣。琴樽夜月知何處？姑射雲深鶴自歸。

新　月

玉宇無塵萬里秋，一鈎新月掛南樓。姮娥不惜春光少，分與寒江一半流。

觀　史

門掩春城夜景賒，短檐明月上窗紗。一編青史千年事，脉脉無言對燭花。

秋　興二首

秋江木落水無波，絶塞天清一鴈過。獨立西風倍惆悵，白雲渺渺夕陽多。

葉喧空窗人未眠，風生爐鴨起涼煙。捲簾秋色知多少，月影霜華共一天。

金陵送人下第北歸

清曉都門宿雨收，征鞍歸去莫夷猶。贈君此别須珍重，春水桃花是舊游。

三河道中聞笛

野曠天晴曉日明，一聲長笛正關情。曲中吹出江南調，五月梅花落素英。

春日遣興二首

、歲華人事共蹉跎，勝日開樽一放歌。莫怪流鶯聲轉急，夜來風雨落花多。

春色一年渾去盡，落紅無數柳毿毿。流鶯莫向花間語，綺席笙歌酒正酣。

夏日出文明門二首

文明門外柳陰陰，百囀黄鸝送好音。行過御溝回望處，鳳凰樓閣五雲深。

金銀觀闕鬱岧嶢，北極雲横雉尾高。曉出都門成久立，天風彷彿送《簫韶》。

舟中有懷二首

滄波南下浪漫漫，五月江風拂面寒。掛席又從千里去，相思何處報平安?

斜陽瀲瀲下汀沙,水面風生浪潑花。時倚危檣望鄉國,故人應念在天涯。

題畫馬

騕褭慣鳴唐苜蓿,龍媒曾被漢絃歌。孫陽一顧千金重,便覺人間款段多。

新　月

瑶臺有路桂花秋,曲舞《霓裳》第一流。宴罷廣寒宫漏永,水晶簾下掛銀鈎。

絶　句〔一〕

暖風吹百丈,初日照紅窗。湛湛緑波静,白鷗他自雙。

【校記】

〔一〕此首詩據《河汾詩集》卷八"五言絶句"補。

燒　野〔一〕

燒野痕猶黑,東風草又青。尋春春不見,忽此露真情。

【校記】

〔一〕此首詩據《河汾詩集》卷八補。

梅花落〔一〕

檐外雙梅樹,庭前昨夜風。不知何處笛,並起一聲中。

【校記】

〔一〕此首詩據沈德潛《明詩别裁集》卷三補，各本均失載。按此詩實爲卷六“五言排律”之《戲題紅白二梅花落》中首聯與尾聯之雜湊。

文清公薛先生文集卷之六

門人關西張鼎校正編輯

律詩

送和司訓〔一〕

秋色滿平陰,秋聲處處砧。離筵對衰草,别路繞疏林。白日青霄迥,紅雲紫極深。此行應得意,早晚報佳音。

【校記】

〔一〕《文集目録》"和"作"何"。

久雨遣懷六首

客居連市井,積雨竟朝昏。屋漏頻移榻,泥深少出門。窗風侵座冷,檐溜入宵繁。賴有詩驅悶,無勞問酒樽。

又

秋來常苦雨,風氣早生寒。小鳥投林急,高鴻下食難。奔流淹古道,密霧隱前山。試誦《停雲》句,中懷獨未寬。

又

連日對秋雨,其如客思何?泥塗寧出户,流潦欲成河。生菌井闌遍,積苔墻角多。無由訪知己,遣興且吟哦。

又

泥濘不可出，茅齋静坐時。懷賢尋往傳，課子誦新詩。近悟柔爲勝，深知巧是非。雨聲雜涼吹，蕭颯發清機。

又

密雨灑如絲，涼風散漫吹。泥塗殊汩没，茅舍久淋漓。秋意心先得，蟲聲耳獨知。田家望收穫，何日静雲霓？

又

小窗聽雨坐，燈影照孤吟。誰識無邊道，元同不外心。客襟澄夜氣，檐溜滴清音。詩就無餘和，悠悠思轉深。

寄秉忠周司訓二首

良夜對牀宿，清晨送子行。西郊雨新霽，古道馬頻鳴。執手别時話，揮鞭獨往情。相思杳難極，鴻雁帶秋聲。

又

過我衡門下，秋宵雨歇初。繁星隨漢闊，明月到窗虚。别數寧辭酒？談多不厭書。今朝遠相憶，陡覺鬢毛疏。

謾　成

客里經年久，交游日漸新。名浮真自愧，知少不生嗔。大道終非外，微言總是真。悠然無所競，轉覺快心神。

陳廣文見訪

愛客情何厚！肩輿到所居。樽醪攜臘蟻，盤錯間春魚。雅意忘年契，高懷勝日雲〔一〕。劇談移永晝，未擬促歸途。

【校記】

〔一〕《河汾詩集》卷四、嘉隆本《全集》卷二十三“雲”俱作“雩”。

挽江處士〔一〕

處士好静者，放情丘壑間。樽前流水遠，窗外白雲閑。孫子詩書熟，交親禮數寬。百年今已矣，涼月滿柯山。

【校記】

〔一〕《河汾詩集》卷四詩題作“三衢江處士挽章”，注云：“温縣子廉，江司訓父也。”

盧溝橋

沙水相蕩潏，晴宵飛彩虹。闌干臨極浦，華表撼高風。爽氣西山秀，祥雲北闕濃。南征從北發，歸擬駐華驄。

入湖南界

行盡中州地，湖南境界初。漸聞人語異，更訝鳥音殊。溪谷多栽稻，池〔一〕塘盡養魚。山村聊借宿，風月夜堂虚。

【校記】

〔一〕河汾詩集卷四“池”作“家”。

應山道中

萬壑嵐光滿，曉騎驄馬行。茂林交擁蓋，修竹送前旌。到面溪風冷，經心石澗清。豺狼應遠迹，狐鼠不須驚。

晚至雲夢

雲夢行看近，肩輿趁晚涼。稻塍新穗吐，蓮沼落紅香。密樹〔一〕隱茅屋，蕪堤繫野航。霜臺絶蕭灑，容我得徜徉。

【校記】

〔一〕嘉隆本《全集》卷二十三"樹"作"巢"。

發雲夢二首

鞍馬幾千里，又登雲夢舟。天圍平野闊，水入大江流。笑傲傾樽蟻，微茫聽棹謳。往年懷七澤，今日遂清游。

又

昔聞雲夢澤，今泛楚人船。地遠煙迷樹，湖平浪拍天。南風清憲節，北斗燭龍泉。頻向中霄望，武昌何處邊？

大江逢霽景獨酌有作〔一〕

舟行逢霽景，逸興杳難群。緑樹江邊影，青天水底雲。衆山連復斷，雙艫合還分。自酌金樽酒，微吟到半醺。

【校記】

〔一〕《河汾詩集》卷四詩題作"舟遡大江西上逢霽景可愛獨酌有作"。

舟發城陵磯

急鼓催舟發，依稀見岳陽。遠波浮島嶼，衆水合岷湘。竹瓦居人閣，杉牌賈客房。且看風景異，未覺遠游傷。

辰溪曉泛五首

沅水一千里，辰溪又泛舟。山雲合雨暗，身世與天游。已覺鷄聲遠，惟聞櫓韻幽。所經多險涉，還似解離憂。

又

湛湛江流碧，層層石岸高。蠻謳催健艫，瘴雨灑輕舠。自勖冰霜操，寧辭旦夕勞！五溪山萬疊，何處是龍標？

又

怪石雙崖峻，秋江一道平。榜人皆異語，岸鳥亦殊聲。洞户編茅小，蠻舟刳木輕。雖驚風土異，重喜萬方清。

又

蒼峽幾千尺，天開萬古餘。波穿石眼瘦，舟壓水心虚。歷歷瞻奇秀，悠悠想化初。所希觀物妙，難覓邵堯夫。

又

自有煙霞分，觀風任所之。洞餘盤瓠種，江繞伏波祠。秋老芙蓉樹，雲深薜荔絲。欲知消遠思，只是咏新詩。

舟發長沙四首

曉溯湘江水，微風漾碧波。好山隨岸遠，野燒入林多。往哲題詩處，今予鼓棹過。年來遊覽數，天意遣吟哦。

又

已覺長沙北，猶瞻岳麓西。天浮湘水闊，樹入楚山低。岸芷餘香草，叢篁染舊啼。昔賢遊覽地，我亦爲留題。

又

長沙城下驛，解纜發扁舟。水柵千家市，沙村十里洲。喜逢晴霽景，況值太平秋〔一〕。憲節叨光寵，懷賢獨未休。

又

十日長沙住，登舟憶少陵。花飛有底急，酒美爲誰傾？浩浩當年興，悠悠此日名。幸逢明盛世，持斧故南征。

【校記】

〔一〕《河汾詩集》卷四"秋"作"游"。

湘鄉道中

湘鄉南去路，連日是山行。地僻溪潭緑，冬和草樹榮。野人懸稻把，山家以稻作把，盡懸於架，旋取春食。古戍列旐旌。異俗今如此，歸當話友生。

思　親

二親俱久逝，孤子際明時。繆〔一〕忝風霜任，深承雨露私。光榮寧及養？劬育競何爲？願竭涓埃報，焚黄會有期。

【校記】

〔一〕嘉隆本《全集》卷二十三"繆"作"謬"。

宿湘鄉道中山亭紀懷

又是山亭宿，林巒夜杳冥。天臨南嶺近，風入北窗清。開卷求心事，傾壺蕩客情。二親久辭世，不昧想平生。

沅州新正書景三首

楚南時節異，正月似深春。傍砌萱苗長，臨池草色新。江山晴景媚，庭院暖風頻。坐惜梅花落，題詩憶遠人。

又

頗訝沅州地，新正景不同。遠山青草瘴，深院落梅風。角角尋巢鳥。喧喧採蕊蜂。春衣初試裌，和氣滿簾櫳。

又

楚地春來早，群花次第開。輕黄舒柳線，重碧染莓苔。永日香凝篆，和風酒滿杯。端居叨寵渥，何以答涓埃？

正月十三日夜書〔一〕

兩日是元夕，山城已試燈。謳歌連夜發，簫鼓遍街鳴。人喜新風景，時逢舊太平。柏臺誰是伴？梅月正交清。

【校記】

〔一〕《文集目録》詩題無"日"字。

遣　興

庭幽多樂趣，雨歇愛晴暉。緑竹生孫早，紅梅結子稀。賦詩新有趨〔一〕，讀《易》漸知幾。眼境何空闊，看雲天際飛。

【校記】

〔一〕《河汾詩集》卷四、嘉隆本《全集》卷二十三"趨"俱作"趣"。

曉上草閣

通宵雷雨驟，曉霽試登樓。百鳥聲相和，雙江漲合流。寧知冀北客，來按楚南州？滿眼波濤急，飄然欲放舟。

喬口遡流往長沙〔一〕

楚岫無邊翠，湘流不盡清。香楓屈子賦，苦竹鷓鴣聲。風景常年事，雲霞萬古情。沙頭舊鷗鳥，誰肯與尋盟？

【校記】

〔一〕《河汾詩集》卷四詩題"喬口"上有"自"字。

武口守風四首

連日北風疾，江濤拍岸鳴。天垂平野月，浪颭近船燈。湖與歸心闊，秋因客思清。不眠聽鼓角，高枕念王程。

又

武口叢祠下，維舟幾日餘。北風增駭浪，南客念歸途。水遠浮三蜀，煙濃暗五湖。江村秋雨裏，難覓酒家壚〔一〕。

又

歸思方正切，北風何太狂。江村平隱見，湖樹遠微茫。浪起魚龍伏，天低鶴〔二〕鸛翔。貂裘思更著，秋雨早生涼。

又

繫舟楊柳驛，風雨苦連朝。遠岸煙埋樹，荒村水没橋。年華身〔三〕老大，湖海興蕭條。天意何留滯？應憐望國遥。

【校記】

〔一〕《河汾詩集》卷四“壚”作“鑪”。
〔二〕《河汾詩集》卷四“鶴”作“鵝”。
〔三〕《河汾詩集》卷四“身”作“心”。

舟中偶成

舟中如斗室，坐卧覺心清。閉户嫌風冷，推篷愛日明。偶思前世事，因見古人情。自顧知何益？詩書浪得名。

漢江曉泛

城下扁舟發，江清宿霧消，竹林〔一〕迎岸出，粉蝶背人遥。神女無消息，明珠久寂寥。鹿門看漸近，滿耳颯清飈。

【校記】

〔一〕嘉隆本《全集》卷四“林’作“樹”。

舟中遣悶

五日行不盡，洞庭青草寬。窮陰連旦夕，密霧隱湖山。詩思雖難竭，酒壺行復乾。孤舟親愛遠，何以暫爲歡！

近日收書漸多戲成

元凱真成癖，收書日又多。静須〔一〕頻檢閲，忙不廢吟哦。得意欲誰語？感懷聊〔二〕自歌。忘形到爾汝，膠漆豈能過？

【校記】

〔一〕嘉隆本《全集》卷二十三"須"作"思"。

〔二〕《河汾詩集》卷四"聊"作"行"。

武陵曉泛

今朝風日好，來泛武陵溪。碧水寒依岸，蒼林遠護堤。沙光摇野馬，人語散凫鷖。二月桃花發，還應處處迷。

院中遣興二首

爲客知應久，池塘夏景深。圓荷高倚蓋，新笋密成林。山鳥因時語，陰蟲應節吟。乾坤知帝力，自許一生心。

又

片雨過山城，空階物意清。黄梅拾又落，翠蘚踏還生。幾許催詩景，無端望國情。蠻方新〔一〕事少，烏府但横經。

【校記】

〔一〕嘉隆本《全集》卷二十三"新"作"折"。

夜坐偶書

夜夜燒官燭，時時讀我書。斗牛雙古劍，天地一迂儒。郡邑三苗外，風霜兩歲餘。江湖懷魏闕，似覺鬢毛疏。

舟　中三首

來往雖云數，應無愧此江。觀書心見獨，榤櫓韻聞雙。岸轉山相掩，湍奔石互撞。裁詩清興發，晏坐啓船窗。

又

石底明皆見，清波淡不流。幾年烏府客，一葉楚江舟。求富知爲妄，存心得自由。所欣安履順，未必嘆淹留。

又

好在黔中地，相留過幾年。岸經冬嶺樹，水宿夜灘船。支枕思前事，清心憶往賢。一陽看漸近，吾道故應旋。

【校記】

〔一〕《河汾詩集》卷四詩題作"舟中作三首"。

黔江曉泛

五月蠻江漲，官船泛泛輕。波光一道白，山色兩邊青。只有耽書癖，都無報國能。中原有家室，終日望歸程。

詩禮堂爲衍聖公賦

洙泗趨庭日，相傳自世家。三千惟有敬，一語自無邪。喬木參天色，倚〔一〕蘭繞砌花。遺風從此地，化雨被無涯。

【校記】

〔一〕《河汾詩集》卷四"倚"作"猗"。

崇恩堂同前〔一〕

赤芾趨朝日，彤庭錫勞時。宫壺霑寵渥，命服被恩私。遺澤應無竭，深恩勉自持。高堂書〔二〕盛事，行見被聲詩。

【校記】

〔一〕《河汾詩集》卷四詩題"同前"作"爲衍聖公賦"。

〔二〕嘉隆本《全集》卷二十三"書"作"誇"。

題風木卷〔一〕

秋色滿天地，寸心將若何？行雲寧返迹，逝水絶回波。斷織封蛛網，殘篇掩《蓼莪》。空餘東嶺樹，向夕受風多。

【校記】

〔一〕《河汾詩集》卷四詩題下有"爲林太守乃考"六字。

題瞻雲卷

游子久行役，松楸空係情。幾經秋草合，長見白雲生。水映遥空淡，煙迷暮壠平。鶴歸華表夜，滄海月虚明。

人日立春

人日逢春日，韶華此又新。暫歸持斧客，猶是讀書人。别久交游敬，年深骨肉親。昇平占霽景，愛國賦詩頻。

【校記】

〔一〕《河汾詩集》卷四詩題上有"癸丑"二字。

村　居

喬木荒村古，歸來遂所居。人情安瓦樂，機事識舟虚。歲晚霜横野，宵長月照書。心田恐蕪没，不敢廢耘鋤。

讀　書

俯仰千年道，常看萬卷書。鬢毛兼黑白，事業尚鉛朱。庭雨催寒早，窗風度月虚。撫時寧浪出？慨想北溟魚。

中秋夜諸生持酒至二首〔一〕

憲府乘驄入，湖南仗斧游。異鄉饒節序，故里忽中秋。白月當空度，明河入夜流。諸生勞載酒，堅坐看相酬。

又

五見中秋節，湘南想北州。忽看今夜月，忘卻昔年愁。汾水通河漢，龍門近斗牛。霜鍾傳永夕，高咏未能休。

【校記】

〔一〕《河汾詩集》卷四詩題"中秋"作"八月十五"。

示弟瑭〔一〕

大屋星霜久，新年雨雪頻。田園知已薄，生計可忘勤？喬木宜思祖，鷄豚莫惱鄰。東堂花幾樹，應與歲俱春。

【校記】

〔一〕《河汾詩集》卷四詩題作"示瑭弟也"。

聞張侍御陞大理卿復陞都御史〔一〕

聞道張公子，頻年被寵光。一清廷尉法，再肅柏臺霜。絶足風雲闊，高門歲月長。所期崇令德，汗簡看垂芳。

【校記】

〔一〕《河汾詩集》卷四詩題作"聞張侍御鵬舉自憲府陞大理卿復自大理陞都御

史”。

夏　夜

肅肅涼景夕，滿懷詩思生。蟲鳴新雨霽，鍾遞晚風清。爽氣浮天極，鄉心對月明。中州知久客，歸興繞汾亭。

挽吴孺人〔一〕

高節知誰似？終身不二天。修篁秋更緑，老柏苦尤堅。意切和熊處，心傷斷織前。賢郎今有立，紫誥賁幽泉。

【校記】

〔一〕《河汾詩集》卷四詩題作“吴孺人挽章”。

直沽舟中

潮來兩岸平，風順一帆輕。海闊浮雲白，天低野樹青。久叨持斧客，非是棄繻生。岱岳行看近，秋高試一登。

按部出濟南

雨歇西門道，微涼草樹秋。風雲連北極，海岳接東州。聖世方全盛，書生得壯游。頻年叨寵渥，感激未能休。

七夕宿郯城〔一〕

郯子國中宿，高堂蠟炬紅。滿林驚夜鵲，繞砌響秋蛩〔二〕。遠意知誰省？長吟未許同，去年當此夕，京國見西風。

【校記】

〔一〕《河汾詩集》卷四詩題作“七月七日宿郯城”。

〔二〕《河汾詩集》卷四“蛩”作“蟲”。

發長清

清曉出南郭，南行喜有山。入林秋霧薄，到面水風寒。已覺年華大，還應宇宙寬。幾回持憲節，不改鐵爲冠。

盧主事具慶堂〔一〕

盧子古名族，幾年家大梁。未爲觀國士，已作奉親堂。喬木侵檐密，芳花繞户香。春風長滿座，永日但稱觴。

【校記】

〔一〕《文集目録》作"具慶堂爲盧主事題"。

登州抵福山道中二首

岡嶺高還下，荒村斷復連。波濤風捲雪，島嶼日生煙。水坼〔一〕人間境，春融世外天。雲霞今古異，何處有神仙。

又

正是春光好，重來海上行。輕鷗聯影落，旅雁一行鳴。徐市三山棹，安期萬古名。只今俱泯没，惟見水雲平。

【校記】

〔一〕嘉隆本《全集》卷二十三"坼"作"圻"。

潞河舟中〔一〕

歲月忽如昨，三年又此來！水長通御苑，山近繞金臺。謬擬傳心學，慚無濟世才。永懷清不寐，終夕望三台。

【校記】

〔一〕《河汾詩集》詩題作"三年述職潞河舟中作"。

舟中思親〔一〕

三十年前事，舟中忽有思。老親游宦日，巴蜀泛江時。青嶂兩邊合，黄猿萬樹垂。只今行海岱，忍〔二〕自受恩私。

【校記】

〔一〕《河汾詩集》卷四詩題注云："正統四年九月二十九日作。"

〔二〕嘉隆本《全集》卷二十三"忍"作"恐"。

滄州舟中

澶漫滄州北，舟行逆水遲。連林秋柳瘦，接翅晚鴉稀。原野波濤減，人家生理微。端居對明燭，深念莫相違。

病　齒

病齒經時久，憂煩屢攪腸。吟哦良覺廢，誦讀總相妨。志切風雷益，心懲噬嗑剛。舌柔無所苦，因悟養生方。

賜　紗〔一〕

理寺承恩召，宫紗被寵光。紅酣昇海日，濃染自天香。省德知輕重，裁衣稱短長。章身良自愧，何以報皇唐？

【校記】

〔一〕《河汾詩集》卷四詩題注云："正統七年四月二十日。"

賜　扇〔一〕

敕賜端陽扇，雲箋五色花。動揺煩暑退，披拂好風斜。法語真堪畏，湯銘恐未加。扇兩面所書皆聖賢訓〔二〕戒之言。身心蒙帝力，留與子孫誇。

【校記】

〔一〕《河汾詩集》卷四詩題注云："正統七年五月初一。"

〔二〕《河汾詩集》卷四"訓"作"垂"。

登南坡

雨霽陟岧嶢，涼風作陣飄。目隨青嶂遠，心與白雲高。野草連岡細，家林百尺喬。茫茫天宇内，倦鳥已安巢。

漢江源〔一〕

巨峽自天闢，峨峨嶓冢尊。迴環幽谷底，清淺漢江源。泉古通元氣，根深徹后坤。朝宗東去意，應不廢晨昏。

【校記】

〔一〕《河汾詩集》卷三詩題注云："在漢中府沔縣金牛驛，即古金牛縣南五丁峽内，初出爲漾。"

嘉陵泛江〔一〕

湛湛嘉陵水，沉沉石底明。岸翻雲樹影，谷響棹歌聲。微冷〔二〕南風細，輕陰暮雨晴。應難逢此景，還慰遠游情。

【校記】

〔一〕《河汾詩集》卷三詩題"泛江"作"江泛"。

〔二〕嘉隆本《全集》卷二十三"冷"作"泠"。

嘉陵江雨

官舫泛嘉陵，渾如一葉輕。灘高駭浪急，岸闊漫流停。山木無邊翠，人煙幾處青。棹歌高枕聽，竟日雨冥冥。

雨後宿嘉陵

夜宿嘉陵岸，扁舟雨不休〔一〕。山雲迷澗壑，林火射江流。久坐思王事，難眠動旅愁。所期氛祲掃，走馬上神州。

【校記】

〔一〕《河汾詩集》卷三"休"作"收"。

嘉陵喜晴

不堪蓬背雨，直打到天明。乍喜朝雲斂，俄看旭日晴。林分千嶂秀，山空一江清。泛泛情何極！舟人急櫓聲。

錦城寓館八首〔一〕

寓館富花竹，書齋夏日長。芭蕉紅錦秀〔二〕，梔子白花香。樹密寧知暑？窗開但覺涼。遠懷雖暫遣，世慮未能忘。

又

曲逕通幽處，交陰翠竹高。書齋成雅趣，花圃愜游遨。石甃涵天影，風林作海濤。寧知城市内，清境勝江皋。

又

細雨過空庭，纖纖草色青。涼風生近户，淡靄散高冥。林外鵲聲急，檐前燕語輕。錦城雖可樂，終是念歸程。

又

當户海榴樹，紛紛落絳英。竹林新笋出，石砌緑苔生。小屋知心静，繁花覺眼明。少陵今遠矣，誰與論詩情？

又

偶居錦城館，還似浣花堂。雨過青苔潤，風來翠篁涼。竹鳴瀟灑韻，花送自然香。清興雖無盡，鄉心未可忘。

又

紅芳經雨重，翠竹引風多。生意每如此，天心奈樂何！一杯吾自勸，隔户鳥當歌。忽起鄉關念，條山繞大河。

又

清晨坐書閣，初日照花林。宿露泫〔三〕庭竹，晴天囀野禽。心無一念雜，窗絶半塵侵。道理無邊在，悠然思轉深。

又

閑坐竹林内，風來見籜飄。輕煙晴冉冉，涼氣晚蕭蕭。《易》古還宗邵，《書》刪卻自堯。莫嫌耽典籍，清景美〔四〕相調。

【校記】

〔一〕《河汾詩集》卷三詩題作“十首”，較《文集》多出二首，見本卷補遺。

〔二〕《河汾詩集》卷三“秀”作“綉”。

〔三〕《河汾詩集》卷三“泫”作“泣”。

〔四〕《河汾詩集》卷三“美”作“每”。

有　感五首

火發木將毁，奸生理自危。洞觀千古事，深合一時爲。往事既如此，來蹤可更追。爾心徒自省，吾道欲何之？

又

誰使三苗叛？深勞王者師。操兵諸將勇，轉粟萬人疲。行見投戈日，還看奏凱時。犬狼何足道！雨露本無私。

又

錦里南天外，中原北斗邊。乘軺孤節遠，戀闕寸心懸。鴈塞妖當掃，龍沙駕已旋。忠臣扶社稷，快着祖生鞭。

又

庶官務割剥，不念遠人窮。況復羽書急，時兼饋餉供。探兵林莽密，轉粟水山重。指日妖氛掃，車書四海同。

又

禁闥知無補，江山敢憚勞？運糧民力困，討賊將心驕。圍解人飢死，蠻窮縣劫燒。貪官能致亂，選牧望天朝。

錦城館雜題十三首〔一〕

竹

誰種庭前竹，蕭森數十竿。高檐晴落翠，虚室晝生寒。韻喜風前聽，陰宜月下看。莫言家在遠，長得報平安。

榴

細葉枝枝翠，嬌英朶朶紅。愛看房有實，不信色爲空。迎夏葵爭發，傾陽意略同。因之思漢武，花滿近郊濃。

芭　蕉

弱植亭亭立，新枝漸漸開。自能承雨露，元不愧塵埃。蕊艷抽紅錦，陰長落翠苔。新詩題滿葉，秋意莫先來。

木　瓜

窗外有奇樹，木瓜枝相交。幸自少酸〔二〕味，何由動老饕。香氣頗幽馥，鳥聲恒寂寥。莫爲相好贈，卻恐報瓊瑶。

椶　樹

小圃高椶樹，亭亭迥出雲。近身皮盡古，到頂葉纔分。性直鍾元氣，根多托厚坤。幸兹無剥削，生意得長存。

笋

爲是根延蔓，因知笋易生。破苔錐快利，穿砌角峥嶸。籜解龍蛇蜕，梢翻翡翠翎。漸應爲勁節，行復上青冥。

梔　子

梔子湖湘見，重看在錦城。花如梅蕊淡，香比木犀〔三〕清。會取風霜實，還添藥餌名。莫嫌滋味苦，利益似忠誠。

木犀即丹桂也

愛此木犀樹，青青長近階。每承朝露重，長引夏風來。嘉卉應難得，高人喜騰栽。不知歸去日，還得見花開。

盆　池

園盆爲池底，方石爲池鉉。貯水無多子〔四〕，涵光亦有焉。影隨庭下樹，雲度鏡中天。好似人心静，森然萬象全。

雙　柏

北山多古柏，此地少爲奇。並長庭階下，雙承雨露滋。貞心惟我共，苦意只天知。清影尤宜夏，時來一玩之。

草

密密庭前草，纖纖每易生。細摇風葉軟，微綴露華明。生意知無間，乾坤大〔五〕有情。不除思茂叔，心與共欣榮。

花　臺

臺累層層級，花開種種香。雨過苔色净〔六〕，風動樹陰涼。高下當虚牖，依稀近小堂。讀書頻〔七〕對此，瀟灑意何長！

竹　徑

竹徑通書室，行來宛轉深。舉頭交翠葉，步屧踏清陰。舊籜頻飄地，新篁亂滿林。好風涼不斷，灑灑滌塵襟。

【校記】

〔一〕《河汾詩集》卷三詩題"十三"作"十四"。
〔二〕《河汾詩集》卷三"酸"作"佳"。
〔三〕《河汾詩集》卷三"犀"作"樨"。
〔四〕嘉隆本《全集》卷二十二"子"作"了"。
〔五〕《河汾詩集》卷三、嘉隆本《全集》卷二十二"大"作"太"。
〔六〕《河汾詩集》卷三"净"作"静"。
〔七〕嘉隆本《全集》卷二十二"頻"作"時"。

竹　下四首

翠擁如雲竹，門開一逕深。成林常少日，接葉自多陰。山鳥時聞囀，風蟬忽聽吟。把書閑讀處，涼籟覺心清〔一〕。

又

愛此竹林僻，千竿翠葉交。濕衣清露重，到面好風飄。旋解龍鱗籜，新抽鳳尾梢。逕幽仍宛轉，聊此慰逍遥。

又

夜雨朝來霽，閑從竹下行。尚餘零露濕，倍有好風生。凌亂陰還厚，飄蕭韻自清。獨高君子節，長結歲寒盟。

又

積雨苔長潤，生風竹自涼。誰開延客逕，舊作讀書堂。魚躍盆池水，花傳甕牖香。清心時宴坐，遠意到羲皇。

【校記】

〔一〕《河汾詩集》卷三"心清"作"清心"。

有　悶二首

盛夏不興師，如何動鼓鼙？誕敷今已遠，來格爾何遲！火嶺安營苦，炎荒轉粟疲。會應霖雨降，早見洗兵時！

又

五月北風多,聲來撼遠柯。飄蕭今已甚,震蕩復如何? 昧昧思嘗膽,紛紛謾擁戈。唐時洗兵馬,誰爲挽天河?

遣　懷

如何三〔一〕月外,猶未得家書? 爲少南來鴈,因稀北上魚。謾叨新使節,祇想舊田廬。旦夕聞消息,中懷暫一舒。

【校記】

〔一〕嘉隆本《全集》卷二十三"三"作"二"。

聞　道四首

聞道征南將,長驅十萬兵。天威除猰貐,妖宿掃欃槍。路闊煙塵息,城開子女迎。還當布恩信,長見八蠻清。

又

大將總雄師,三苗勢已衰。重圍方解日,梗路漸〔一〕通時。荒破宜興復,瘡痍在保綏。安邊有長策,夷夏樂雍熙。

又

兵勢如破竹,長驅甚建瓴。已應猺種遁,還見鬼方清。恩信更須布,干戈可暫停。但令疆圉静,休慕簡編青。

又

苗頑從古昔,醜類近尤乖。月暈城遭困,蜂屯路不開。王師天上降,虎將日邊來。一掃蠻荒静,從容奏凱回。

【校記】

〔一〕《河汾詩集》卷三"漸"作"暫"。

五丁峽〔一〕

巨峽三〔二〕千里,天開幾萬年。泉飛林杪雨,雲合管中天。一水橋頻度,層崖石亂懸。梁州舊禹迹,繆矣五丁傳。

【校記】

〔一〕《河汾詩集》卷三詩題注云:"在蜀道。"

〔二〕嘉隆本《全集》卷二十三"三"作"二"。

入徐州境

春首及徐方,行來道路長。殘冰餘積水,霽雪帶連岡。遠野通淮甸,懸流近吕梁。征鞍行可解,不日上舟航。

古滕薛城

纔過古滕國,還瞻舊薛城。分封遺壞堞,列爵但虚名。冉冉春煙淡,悠悠野水清。望中今古意,信馬獨含情。

高郵阻雪河冰

淮海連朝雪,官〔一〕河一夜冰。虹橋千里直,鯨浪兩堤平。履薄應難渡,舟膠不可行。會須融皎日,波軟片帆輕。

【校記】

〔一〕《河汾詩集》卷三"官"作"關"。

登孟城驛樓〔一〕

驛樓晴望遠,漫漫野湖平。雪樹迷村白,沙鷗泛水明。春煙浮近市,午日照高城。何限船依岸,危檣出杳冥。

【校記】

〔一〕《河汾詩集》卷三、嘉隆本《全集》卷二十三“盂”作“盂”。

金陵官舍

宛轉橋通水，依稀屋近城。池塘經雨濁，睥睨映天青。檻柳回春色，園禽變曉聲。官居能有此，聊可豁高情。

江道士涵碧軒

飛閣環流水，層軒面面開。虛澄涵倒影，净碧絶浮埃。鏡裏閑雲度，潭心爽氣來。道人能有此，還似小蓬萊。

螢

知爾最微細，長因腐草生。柳邊添箇箇，竹裏亂星星。歲月驚時序，乾坤見物情。莫言光耀少，還是黑中明。

樵雲野老

自得山中趣，都忘世上名。閑尋肥遁侶，共作斫雲行。泱泱溪流響，丁丁谷應聲。偶然值漁者，問答有深情。

睡起偶題〔一〕

睡起涼風入，空庭過雨餘。幾竿窗外竹，數卷案頭書。欲淡心無競，官閑樂自如。老知安所寓，不復更區區。

【校記】

〔一〕《河汾詩集》卷三詩題下有“簡楊彦謐尚書”六字。

楊尚書邀飲〔一〕

好客楊司寇，招邀酒屢傾。四筵羅綺食，滿座列豪英。壺矢投何急！觥觴亂不停。猶言情未盡，别上水心亭。

【校記】

〔一〕《河汾詩集》卷三詩題"楊"下有"彦謐"二字。

送俞侍郎歸江南

官僚新寵數，藻鑑舊光輝。正擬承恩大，俄看賜告歸。征帆千里發，旅鴈一行飛。勿藥應添喜，重來覲衮衣。

將歸山西留贈陳廣文三十韻

八月中州地，秋光動客懷。氣清行少昊，令肅掩恢臺。樹老蟬俱寂，葭黄鴈正來。寒流澄静碧，晚岫拔崔嵬。紅熟風林棗，青生雨砌苔。候蟲聲唧切，砧杵韻喧豗。上下璣衡轉，西南斗柄廻。憶從朝鳳闕，便爾别金臺。來往家山道，留連索水隈。古情吟楚漢，高義得陳雷。屢和鏗鏘韻，頻傾瀲灔杯。未窮詩酒興，俄動《蓼莪》哀。荏苒逾三載，栖遲愧寸才。聊爲萍水别，近擬故山回。秋意方如此，交情每快哉！應同楚地橘，濫比傅岩梅。晚節看松桂，殊芳異草萊。故應嗤樸樕，深是重奇瑰。意得寧煩女〔一〕？心通不假媒。素懷期坦率，俗意絶嫌猜。白璧寧容垢？青銅未可埃。我行方浩蕩，君意莫徘徊！砥柱洪河坼，金天華岳開。驛亭頻莫柳，郵舍幾陳荄！汾水秋浮浪，孤山晚作堆。兒童應項領，父老想樽罍。原柏心先折，庭梧手自栽。昊天恩罔極，風木意難裁！未遂林烏報，頻驚隴鶴催。還當訪知己，鳴佩覲天階。

【校記】

〔一〕嘉隆本《全集》卷二十三“女”作“語”。

曉登沅州北山頂〔一〕

嵐靄氤氳重，溪行咫尺迷。漸登層巘上，始覺衆山低。遠近天無際，參差樹不齊。川雲平似海，石磴峻如梯。日出寒煙外，風生碧澗倪。異禽和露宿，快馬度空嘶。遠目回三蜀，高懷遍五溪。歸朝誇勝概，沅水有新題。

【校記】

〔一〕《河汾詩集》卷四詩題注云：“俯視白雲，彌布山谷，諸山出没其中，若瀛海雪濤蕩潏島嶼之狀，殊可縱觀。書以誌。”

戲題紅白二梅花落〔一〕

檐外雙梅樹，庭前昨夜風。新英兼舊蕊，墜粉間飄紅。已見苔成錦，方疑色是空。粧娥初點額，舞女欲迷蹤。雨重胭脂濕，泥香瑞雪融。不知何處笛，併起一聲中。

【校記】

〔一〕《河汾詩集》卷四詩題作“紅白二梅花落戲爲一律”。

喜　雨四十韻

天地開明運，風雲各有人。道回千古泰，氣統一元春。合樂來儀鳳，編詩咏瑞麟。杞楠求偉器，瑚璉重奇珍。竊抱風霜志，榮瞻日月新。繆膺三鳳薛，敢比八龍荀。早歲心雖壯，中年學未醇。上書希賈誼，著論過嬴秦。迹忝鰲頭客，官爲豸角臣。憶從簪白筆，寧敢愧蒼旻！持節南荒外，懸旌北海濱。幾看星轉斗，頻見月飛輪。疾惡寧留枉？存心但有仁。股肱恢漢道，耳目廣虞詢。沉澧時清歲，衡巫景晏辰。驕陽嗟久亢，膏澤仰惟均。使者應無色，官曹想未循。黎元疲畎畝，巫覡走村鄰。傴側憂群志，安榮愧此身。靈幽寧可必？衷曲謾潛陳。帝德深涵物，天心遠愛民。化機回頃刻，沛澤匝群倫。婦子皆宜室，兒童總孝親。甄陶歸廣大，笑語極詳諄。已卜年皆有，還應俗盡淳。厎羸躋壽域，夷獠變儒紳。沴氣全知歇，休徵屢覺臻。商羊方罷舞，尺蠖會求伸。魚目難容僞，明珠賴倚真。積處〔一〕纔曠日，志喜不逾旬。野遍秋前緑，衢涓霽後塵。亨豐原有數，貞勝豈無因。荆俗猶欽鬼，黔靈早降神。華風人其靡，大道子能遵。時譽難稱實，佳章枉見申。功因簣土積，學比大田畇。物備應知富，神充不累貧。詞華兼問晉，風雅獨傳豳。自顧心如雜，相期德在純。從容江漢日，行見起垂綸。

【校記】

〔一〕《河汾詩集》卷四"處"作"虔"。

寄司封李原德三十韻〔一〕

磊落青雲士，龍門憶共游。蒹葭汾水暮，松桂禹宫秋。架石千尋閣，盤空百尺樓。兩山開翠峽，萬里滚黄流。弱水崑崙外，扶桑滄海頭，山川窮壯觀，物理入冥搜。勝地杯同酌，清心道共謀。真傳推舜禹，正學拱軻丘。每苦紛紛論，誰能坦坦由？濂伊勞纘述，閩建得尋抽。自此陽光發，還應爝火收。劇談憐繾綣，良覿展綢繆。日月開皇極，風雲會帝州。一官陪舊侶，三俊話前修。待漏金門闢，趨朝紫氣浮。方期聯彩鳳，又見促鳴騶。盛典旁求遠，天書寵渥稠。遷喬登粉署，持節騁華輈。火改時頻易，杓移斗屢周。緘書知習坎，申意見中孚。理大天無外，毛輕德可儔。謬推追電足，深仰溯源舟。一别三年久，重來數日留。玉瓶擕緑蟻，珠唾雜銀鈎。又見逢離索，那能足倡酬？清霜京邸月，疏柳禁城溝。遠意煩深念，高文可更求。士希賢作聖，道仰魯傳鄒。歲月雖云邁,詩書敢自休? 論心殊未悉,短札暫相投。

【校記】

〔一〕《河汾詩集》卷四詩題作"寄李司封原德三十韻"。

喜　雪有序〔一〕

正統四年十一月十六日,予出按所部,時不雨者殆兩月矣。麥雖出土,而根苗浮露,游塵遍野,土脈不能凝潤,將無以爲來歲發生之機。所過居氓行商以及部屬之吏,咸戚然有憂色。予亦同其憂,而時據鞍攬轡,閔閔不忘於道途之間。是月二十六日抵東昌之博平,大風連日,天微有陰色。予意以爲將雪之徵。二十九日早,發博平,風止雲合,雪遂作。中途雪大作,至清平連三日夜,雪乃止。瀰漫千里,皓然一色。由是民吏釋然大悦,相賀以豐年之兆,灼灼可驗。予亦喜不能已,遂賦律詩三十韻,以紀其事。是冬十二月朔日書。

憶辭歷下日,正值仲冬天。衢路開晴色,城闉散曉煙。地連滄海外,山繞岱宗前。玉節知頻握,鉛刀每學鐫。行行周郡邑,納納大坤乾。戀國心如結,憂民志自堅。風威連月甚,雨雪半冬愆。細麥浮乾壤,游塵滿大田。根荄思潤澤,翕合〔二〕望開旋。行旅心相語,居民慮共煎。慳陰嗟甚矣,生理卜終焉。謬忝觀風客,深期閔雨賢。心摇金匼匝,念切錦鞍韉。悵望雲霞静,驅馳路道偏。行臺時徙倚,小邑重流連。竟夕寒飈作,侵晨凍靄懸。自天來素節,匝地結冰泉。平野迷霜迹,遥山聳白巔。影窺瑶水鶴,人舞桂宫仙。庭柏欺寒色,林花鬬曉妍。八荒開瑩潔,萬象失蒼玄。肅肅氛埃歛,飄飄沴氣捐。已應消螣螣,重覺伏螟蟓。節轉和平候,時佔大有年。玄功歸紫極,上瑞繼青編。禾紀雙莖異,雲歌五色鮮。鳳麟來曠邈,龜馬出淪漣。盛事宜方駕,貞符足並肩。腐儒叨際遇,帝力荷陶埏。雅頌知非職,歌謡竊自傳。

古人作雪詩，禁用體物。予詩中於“柳絮”、“梨花”、“如銀”、“似玉”之類皆置不用，亦古人之遺意歟。

【校記】

〔一〕《文集目録》作“喜雪三十韻有序”。

〔二〕《河汾詩集》卷四“合”作“闔”。

送王秀才〔一〕

歷下山川秀，高亭古製存。朱闌環碧沼，綺席擁金樽。李杜來賓客，機雲列弟昆。清言鳴佩玉，雅奏雜篪塤。目〔二〕昔稱名勝，於今數大藩。雲煙通海島，峰嶺接天門。正是霜空肅，那堪葉落繁。高城連粉堞，周道駐華軒。良會今如此，高情可更論。芝蘭争奕燁，鴻鴈各飛翻。天上歸寧後，還來叙〔三〕昨歡。

【校記】

〔一〕《河汾詩集》卷四詩題“送”上有“歷亭”二字。

〔二〕嘉隆本《全集》卷二十三“目”作“自”。

〔三〕《河汾詩集》卷四“叙”作“序”。

曉出東平州十韻〔一〕

憲節凌秋發，城門逼曉開。溝長流水去，野曠遠風來。跋馬橋頻度，看山客屢回。川原行未已，齊魯望悠哉！漢檢天門石，漢封禪於此。秦碑海岸臺。秦〔二〕刻石處。淡煙横曲阜，旭日上蓬萊。遺迹懷前古，觀風慰好懷。衢樽須共飲，井稅不煩催。每見桑麻野，深期杞梓材。行歌方自得，前陟更崔嵬。

【校記】

〔一〕《河汾詩集》卷四詩題“州”下有“北門”二字。

〔二〕《河汾詩集》卷四句注"秦"上有"琅琊臺"三字。

挽徐憲使三十韻

梁園春寂寞,共嘆哲人凋。自是鍾神秀,原應降岳喬。劬《書》當早歲,窮《易》每通宵。遠念韋編絶,潛觀法象昭。數從環内起,心向畫前超。甲子開文運,寅正建斗杓。豹斑深積霧,鵬翼快扶摇。海内時名大,關中教澤饒。方看來鸛雀,行復降星軺。地切神仙府,人瞻玉雪標。旋應陪馭鶴,長是綴班貂,啓沃師甘尹,開陳仰姒姚。緝熙惟一德,誠孝每三朝。龍衮登宸極,離明麗遠霄。周旋觀盛禮,寵數冠群僚。又見横英簜,遥知格有苗。霜臺俄拜命,驄馬屢揚鑣。路出荆門險,封連晉水遥。情非鷹隼擊,心與鳳鸞要。政簡民無擾,風清吏不驕。兩邦懷舊德,千里守新條。魏闕心仍結,鵷行首屢翹。人期黄髮在,鄉有白雲飄。列郡愁空劇,孤魂去不招。野棠還簇簇,臺柏自蕭蕭。丹旐飛雲遠,青山積雨消。羊腸高岌嶪,馬鬣鬱嶕嶢。客憶曾游寺,人憐舊度橋。儀刑傳父老,名姓到魚樵。事業歸良史,豐碑閟伯高。

酬李吏部韻

祇是尋章句,何曾學聖賢?寸心徒炯若,兩鬢已蒼然。泛泛應難及,區區只自專。妙非探月窟,蒙有玩山泉。希復勤晨誦,多應懶晝眠。簟凉紋似水,窗寂帳如煙。正起端烏帽,俄承送錦箋。騰空蛟勢矯,出海蚌珠鮮。述作淹群籍,吟哦盡一篇。卦看修省震,天悟性情乾。便擬師兼艮,誰勞説又玄。茅心知我塞,水智羡君圓。德業勤磨玉,功名慎着鞭。沉潛知理奥,明炳識幾先。自是中情固,寧教外物遷?晴窗看野馬,碧漢仰飛鳶。欲識無邊道,須知不外天。味深玄酒酌,聲淡伯牙絃。佳士宜紉蕙,高人獨愛蓮。化機寧有息?雅興自無邊。寶簪須金飾,羔裘有豹緣。翱翔還接翼,出入最差肩。肺腑真傾瀉,詩書已貫穿。天官留藻鑑,匠氏備宗榱。規矩誠前定,方圓自不愆。門清真似水，道直更如絃。幹有千尋聳，金更百煉堅。但教孤節茂，贏取大名全。自愧方知學，深思未可權。交情殊滾滾，高論竟連連。尚覺中懷劣，難勝外慮牽。何時除舊習，但日竊陳編。大意全無見，幾微總未研。真誠誇末學，寧敢接先傳？浩蕩乾坤大，推遷歲月延。海波應渾渾，蠡挹繆涓涓。有蘊川光媚，深藏寶氣纏。珠還寧買櫝，魚得可忘筌。舊業勞鑽仰，新知可棄捐？斯文終古在，共覩日星懸。

補遺

錦城寓館十首〔一〕

繞屋樹扶疏，窗開一室虛。暑雲閑淡薄，涼吹自舒徐。暫得中情遣，難堪百慮俱。汾陽春鴈遠，消息近何如？

佳麗錦官城，郊坰面面平。江流隨地緑，雪嶺界天明。治國思諸葛，通渠憶李冰。愧無匡濟略，懷古有深情。

【校記】

〔一〕此二首詩據《河汾詩集》卷三補。嘉隆本《全集》卷二十三、《文集》卷六均只八首，失此二首。

秋日郊行〔一〕

野曠天光遠，山回樹影分。白茅迷曲逕，黄葉映孤村。樵唱因風迴，漁歌近水聞。寒塘留飲馬，皛鴈下秋雲。

【校記】

〔一〕此首詩以下俱從《河汾詩集》卷三補，計五十六篇。

秋日遣興

鴈過江雲冷，蛩吟夜月涼。菊黄因冒雨，草白爲經霜。幾日又重九，一杯還異鄉。悲秋有餘興，凜凜獨難忘。

秋日山中

林下斸靈藥，山光清客心。秋花眠野鹿，古木聚寒禽。澗水皆遺響，漁歌盡好音。涼飈動岩壑，天亦助清吟。

溪　上

煙雨垂楊岸，風沙芳草洲。蟬聲連暮色，魚影漾清流。橋憶當年渡，山憐舊日遊。滔滔東逝水，三嘆不能休。

宿溪店

水店寒煙凈，柴門月色新。露棲幽樹鳥，方語異鄉人。夜氣侵蘄簟，秋風冷葛巾。促裝待明發，揮策走紅塵。

游盤山寺

秋高游古寺，俯仰興悠悠。塵土禪燈暗，龍蛇畫壁幽。草深埋古砌，天闊敞層丘。欲問無生滅，寒泉盡夜流。

過田家二首

騎馬到田家，柴門逐徑斜。堂深喧乳燕，林晚亂棲鴉。香稻偏勞勸，村醪不用賒。醉歸迷遠近，煙雨遍桑麻。

屋背明斜日，林梢交遠風。柴門深掩映，草逕曲相通。客似問津者，耕疑沮溺翁。由來愛淳樸，欲别更從容。

秋　雨

連日秋陰重，山城暗不開。行雲高復下，飛鳥去還來。林晚風凋葉，庭幽雨長苔。夜闌眠未穩，秋思浩難裁。

秋日懷李太亨三首

瀟瀟連日雨，聲送早寒多。秋意已如此，交情今若何？蟏蛸當晚織，鴻鴈候晴過。爲感別離久，臨風聊一歌。

之子别已久，西風生早寒。啼蛩連夜榻，過鴈滿雲端。舞憶燈前樂，歌憐醉後歡。只今情寂寞，惟取遠書看。

不見謫仙久，徘徊欲暮秋。共衾思夜寢，攜手憶朝游。城郭砧聲動，關山月影浮。幾時同對酒，還爲解離憂。

秋日懷魏希文所居

到子幽棲處，留連意有餘。呼童摘林果，引客看園疏。庭晚清風度，天高白露初。静中多樂趣，欲别重躊躇。

九日雜詩五首

幾年逢九日，作客薊門時。魚鴈懷鄉信，風霜任土宜。紉蘭常滿佩，採菊動盈枝。歲歲憐佳節，長吟有所思。

秋庭林影薄，落葉正紛紛。蔓草滋蘭畹，寒鴉雜鴈群。高天霜氣肅，遠谷夕陽曛。千載東籬客，南山挹晚芬。

九日無風雨，登高散客情。每憐心浩蕩，頓覺眼分明。氣豁金天迥，霜含潦水清。重岩有黄菊，采采嗅寒英。

每到重陽日，幽懷悄未平。少陵寧斷酒，彭澤浪逃名。菊愛閑中艷，蘭欣静處榮。悠悠千古意，彷彿見平生。

佳節又重臨，年華繫客心。新詩酬白璧，美酒换黄金。天地凝眸闊，風雲入鬢深。中林有蘭菊，可是待追尋？

九日同魏希文小酌

暇日猶相憶，良辰意更親。爲君貰市酒，就我話天真。黄菊千枝艷，丹楓萬樹新。醉歸相送處，秋色尚隨人。

游慶壽寺二首

久憶游真境，乘閑始一尋。入門窺色相，到院肅禪心。古桂天風冷，名苑法雨深。及歸西日暝，鈴鐸響清音。

寶刹壯神州，山門景物幽。陰廊常少日，老樹早知秋。金碧開晴殿，琅珰響夜樓。不知來往客，誰得上慈舟？

永樂十七年夏之河南時次妹已適閻族詩以誌别

曉日都門道，停驂别所親。寧知同骨肉，復此異參辰？忍淚相看久，含悲顧語頻。應須崇令淑，持此報慈親。

夜泊通州

春來乍作客，此夕又登舟。弱纜維平渚，危橋倚漫流。煙波諧夙願，風月散煩憂。鼓枻明朝去，聊爲爛熳游。

夜久息囂嘩，津頭夜景賒。天星摇積水，波月漾寒沙。但得閑中趣，寧辭着處家？明朝孤艇發，回首望京華。

衛河舟中贈汪先生分教陝西二首

詩酒别中州，風霜又十秋。金臺欣會面，衛水喜連舟。細草侵危岸，微風起夕流。俱爲江漢客，聊此散離憂。

溱洧分離後，中間信杳然。每思投轄飲，常憶抱琴眠。倦客猶孤艇，先生尚一氈。衛濱欣此會，慷慨話前賢。

水驛晚泊

水面夕陽盡，維舟傍驛樓。平蕪雙燕遠，深柳一蟬幽。鮮鯽柴門市，香醪柳岸篘。晚涼拼一醉，高臥俯清流。

夜至武城

星斗轉初更，舟行及武城。桑麻煙浩渺，天水月虚明。波響疑琴韻，漁歌作頌聲。因思割鷄者，千載重高名。

秋日遊鄢陵乾明寺四首

清絶乾明寺，秋來每獨過。禪關飄敗葉，履齒印寒沙。龍象懸纓絡，經文譯貝多。不知雙樹法，心印定如何！

方丈含秋色，禪關掩夕陽。雨苔連逕老，霜葉遍階黄。習静心能定，談空意不忘。高僧愛人客，茶罷更焚香。

清秋游古寺，心迹兩悠哉！草樹山門合，丹青殿宇開。淵明渾懶慢，惠遠許追陪。自此無拘礙，真成數往來。

我本儒冠者，空門偶獨行。根塵難斷滅，物則自分明。寂感終無異，慈悲未可平。微言了何益？歸讀聖人經。

書所見二首

弱柳絲絲嫩，芳花灼灼穠。春風來户牖，曉日在簾櫳。皓齒歌還粲，酡顔喜更紅。幾多雲雨意，都祇在巫峰。

紫陌春光好，金釵作伴游。雨花方爛爛，風絮正悠悠。翠幕深瑶席，青簾敞畫樓。艷歌歡未足，白日恐西流。

晚泊通州

江市暮喧嘩，江頭暮景賒。雨來雲潑墨，風過水生花。歸思隨飛鳥，詩情逐晚霞。危檣時獨倚，隱隱見京華。

别焦同年

接武登黄甲，聯鑣覲紫宸。復爲千里别，又沐九重恩。報國丹心在，還家晝錦新。應須各努力，終擬畫麒麟。

舟中贈别陳州陳先生

同作金臺客，俱爲衛水行。並舟江雨細，把臂渚風清。知己憐真率，斯文重老成。預期分手處，千里倍關情。

早發通州

昔侍親顔去，今承帝寵歸。川流還浩蕩，城郭尚依稀。野樹團團緑，風帆冉冉飛。壯游天地内，未覺片心違。

舟中即事

舟楫自來往，河流無古今。鷗明常在目，草緑自關心。有客多巴唱，逢人半越吟。倚艫長笑處，風水助清音。

舟　行

破浪蘭舟穩，牽風弱纜長。錦鱗跳撥剌，白鳥去微茫。危岸草垂緑，回堤花送香。煙波多勝概，種種獨難忘。

過德州

風細浪花浮，揚舲過德州。關門臨遠岸，城郭俯清流。水柵東西户，檣帆上下舟。夕陽多故壘，回首暮雲稠。

大名南舟行

樹影孤村近，河流百折長。岸頹蒲損緑，野静麥收黄。釀雨雲爲墨，蒸人汗作漿。西山頻入望，歸思正飛颺。

浚　縣即古黎陽

故壘荒煙合，蒼崖曉日紅。山川新草木，宇宙舊英雄。長劍孤舟客，危檣片席風。經過多感慨，懷古思無窮。

酬陳廣文送葡萄二首〔一〕

殘暑秋初熾，煩襟正鬱陶。忽傳陳掌教，來送紫葡萄。顆顆傾玄露，枝枝剪錯刀。醒心惟要此，何必醉蟠桃？

西域千年種，君家有幾枝。綰風思褭褭，點漆穗離離。素手秋經剪，金盤曉見遺。顧慚非曲蘗，作酒付深期。

【校記】

〔一〕《文集目録》"葡萄"作"蒲萄"。

送郭二尹歸山西二首

相逢復相送,奈此別離頻。作客嗟予久,還家羡子貧。二陵西去路,三晉北歸人。隱隱征車發,秋風起暮塵。

山城臨古道,秋日送將歸。細雨沾行橐,涼風動客衣。晉山人去遠,汾水鴈來稀。我亦還鄉者,因之思欲飛。

別滎陽諸友

半載客滎邑,九秋歸故鄉。交朋情最切,詩酒興難忘。行色春風里,離筵古道傍。分攜重回首,雲樹晚蒼蒼。

新安道中

秋林喜新霽,行客正儦儦。菊艷重岩蕊,花香夾路蕎。函關迎日近,澗水背人遥。駐馬西風里,山空葉更凋。

平陸道中

萬仞蒼崖峻,千年澗谷深。路危紆客步,水碧空人心。林葉風凋赤,岩花雨拆金。夕陽山寺近,霜鐸響清音。

歸　到

道途倦奔走,歸到即安居。歲月應無盡,山川自有餘。若尋經世策,便是治生書。千載河汾客,從來有弊廬。

夏晚縣城上二首

炎暑晚方息,高城聊自登。山横絶塞險,河入大荒平。遠照含雲塢,輕煙下夕汀。舉頭姑射近,彷彿見蓬瀛。

獨立高城上，蒼茫望欲迷。山河還表裏，日月自東西。輸税人喧渡，投林鳥競棲。故鄉吾所戀，近欲築芹溪。

題山水小景四首

隔岸茅茨小，臨流水閣高。好花嬌翠巘，畫舫亞洪濤。隱士應潛豹，漁翁想釣鰲。平生江海客，對此興滔滔。

高松晴落影，苔石夏生寒。野服忘言坐，枯桐托意彈。回頭唯緑水，舉目但青山。此境人稀到，南風白晝閑。

圖書當窗見，湖山爽氣清。遠波微有色，落水細無聲。石逕高還下，煙村晦復明。木蘭舟上客，寧肯載同行？

水影涵天影，沙光亂雪光。疏林夾兩岸，淡月照孤航。石瘦瀉鳴籟，梅清遞暗香。卻憐若耶棹，歸思太匆忙！

送劉御史

烏臺持斧客，此日又歸朝。星斗天門近，風霜驛路遥。官梅飄臘朶，溪柳弄春條。想見鵷行舊，從客看舞韶。

寄謝王徐二廣文

再到鄢陵日，中間已二年，論心殊嘆息，對酒共留連。釁頖看松步，書窗聽竹眠。别來春又暮，翹首思茫然。

有懷王少府俞廣文

知己今何處？歸來興落然。誰尋鍾子賞，倦奏伯牙絃。碌碌終何益？悠悠只自憐。安能生羽翰，飛去二公前？

雨中遣興

積雨空堂冷，終朝有所思。多情頻款客，無補倦吟詩。蛙吹雖堪厭，山光自可怡。且須情媚日，跨馬信吾之。

偶　成

自負良不淺，孤高空爾爲。不嫌交態異，當與古人齊。翠嶺浮空色，青松聳壑姿。市沽聊自飲，醉識我其誰？

熱

火雲濃不雨，緑樹静無風。直訝洪爐力，能令金石融。豈無冰溜玉？應有雪爲風。安得真逢此，翛然大暑空。

市　居

偶此住城市，其如應接多！客來愁寫鳳，書罷畏籠鵝。燕乳還知户，蟬鳴亦戀柯。幸兹無噂沓，盡好慰婆娑。

對　雨

姑村背城緑，汾潰入地流。陰雲連日雨，風物片時秋。鴻鵠終高去，蚍蜉不自謀。空堂一樽酒，相對興悠悠。

西郊雜咏八首

徐步出西郊，涼風颯颯飄。樹陰交野逕，嵐翠薄雲霄。正愛山林好，還霑雨露饒。官閑數來此，詩興自滔滔。

城市何囂雜，林坰訪勝游。山青初過雨，風爽乍廻秋。太史書仍在，王通策已休。高人無復見，芳草自汀洲。

教授河汾者，如公有幾人？薄田應帶雨，敝屋自生春。姑射山容翠，龍門樹色新。昔賢懷未見，詩罷一傷神。

長年惟宦游，到處是行窩。故里青山好，連村緑樹多。徜徉聊縱目，徙倚但高歌。滚滚相逢者，都無春夢婆。

悵望好雲峰，孤城二水中。漁樵無故老，芻牧但兒童。禹鑿龍門在，商遷雉堞空。悠然思往事，誰與此心同？

潦水添新漲，平田入古城。山廻孤島没，日轉亂蟬鳴。霄漢微茫闊，奇雲突兀生。茂林留客坐，酷愛野風清。

沙軟欹游屐，林清蔭客衣。風蟬高下響，露鳥去來飛。瓦缶田家餉，圭門野老扉。方知太平日，村落吏人稀。

古壇西去路，直北到龍門。天日高曦赫，雲濤互吐吞。畬田禾秀穎，崩谷樹垂根。無限山川好，詩情孰與論？

過閻希載丈所居四首

宦迹升沉後，歸來樂舊居。壺觴酬歲月，抱懷富詩書。嘉樹頻勞種，蕪葵每自鋤。羨公安所遇，高節總難如。

野逕秋風里，幽居晚色邊。後生慚我劣，前輩見公賢。憲紀多遺事，循良足舊編。聲名三十載，此日賦歸田。

姑射紆東嶺，村居枕北阿。賓朋秋到少，鳥雀暮來多。畎畝還巡歷，琴樽亦嘯歌。翟公官罷後，今日意如何？

一室無塵雜，翛然静客襟。架書新舊帙，詩卷短長吟。讀《傳》懷孤節，公家有《陳少陽傳》，時同閲之。觀圖憶古心。清貧事事好，寧復問儲金？

秋　夜

涼思動秋夕，閑窗燈影深。風傳鐘韻切，雨翳鼓聲沉。往事誰同話？新詩只自吟。卷書看不置，因見聖賢心。

秋夜聞鴈

風清鐘鼓夕，忽聽鴈聲來。此夜傳霜信，常年動客懷。影寒秋月静，陣遠曉雲開。笑我還如爾，關河去又來。

酬章廣文餞别二首

泮水秋風起，蕭蕭落木多。華堂集冠佩，綺席促絃歌。交契深如此，離情遽若何？後期應有日，紫陌好鳴珂。

好在斯文契，離筵故故開。高風急絲竹，落葉滿庭階。自愧頻爲客，寧辭屢舉杯？分攜若相憶，鴻鴈莫空來。

留韻覃懷周汝嘉司訓

雨過覃懷道，重來宿子家。緑樽傾臘蟻，絳燭剪朝霞。正愛詩情好，寧知夜景賒？卻愁清曉别，窗月又西斜。

滎陽雜詩十二首〔一〕

滎陽爲客久，景物稱詩情。山作屏當户，溪如玦抱城。交游存舊好，鳥雀變春聲。知我者誰子？一壺還共傾。

火海興唐寺，唐高祖所建。千年漫不存。金仙隨野燼，寶刹剥雲根。

草長荒臺合，塵凝碧瓦昏。空門卻如此，終古有乾坤。

少室西南秀，洪河嶺北流。暂泉餘隧道，分壤有鴻溝。大義乖莊段，雄圖跻項劉。千年唯阮籍，曾此嘆高丘。

萬山濃潑黛，索水翠揉藍，爲愛林泉好，寧知歲月淹？鳥隨雲共遠，春與酒俱酣。安得同心者，登臨與縱談！

索水閑居日，京襄獨望時，京即大叔所居。山高雲出細，天迥鳥飛遲。雨潤漸漸麥，春浮冉冉絲。此生安所遇，真宰定無私。

炎劉當草昧，曾此駐兵來。千載飛龍地，猶存繫馬槐。敖山春草合，甬道暮雲哀。紀信豐碑在，論功亦後哉！

城南足丘壑，暇日極追尋。淺瀨摇春日，危峰散曉陰。燒回原上緑，柳入岸邊金。無限芳菲節，憑誰慰賞心？

三度居滎邑，千年説項劉。力雄能舉鼎，心遠解前籌。霸業從茲異，威名竟莫儔。徘徊俱已矣，春日在高丘。

跨馬出南郭，悠然四望同。山川豫州内，人物《鄭風》中。谷口鶯猶澀，岩腰雪半融。發生隨雨露，何必嘆途窮！

雨後西南望，山光翠欲流。隱逸瞻少室，道學仰中州。客路來千里，田家老一丘。故園頻在目，歸思正悠悠。

晉山書問少，滎水歲時多。交態且深淺，圭棱還琢磨。攜琴臨北岸，騎馬上南陂。適意有如此，誰當舞我歌？

【校記】

〔一〕詩題“十二首”,下繫詩十一首。

遣懷二首

作客又三載,爲儒濫一名。寒温隨節序,濃淡信人情。照乘諒可襲,鴟夷何足傾?鴟夷韋囊以盛酒,即鴟夷幐也。揚雄《酒箴》云:鴟夷滑稽,腹大如壺。氣酣聊縱目,天地正峥嵘。

一第名偶爾,三年客信然。空無補人世,閑不厭書篇。適意欲忘語,得魚還棄筌。近來多樂趣,花柳滿春田。

題常氏莊二首

翠壁兩邊合,寒泉一道流。岩扉林影密,洞户鳥聲幽。洗藥晴還曬,攤書晚未收。見君清隱處,行已厭虚舟。

卜築歲時久,故應人境偏。引泉來澗底,栽柳近門前。飯顆炊秋玉,茶香煮夕煙。幸容營隙地,長此共周旋。

送藺先生致仕歸山西三首

先生年八十,優詔許還鄉。祖席臨丹水,征驂上太行。衣冠新雨露,書劍舊行裝。想到家山處,桑榆日正長。

得仙先生者,悠悠世所稀。一朝辭位去,千里載書歸。父老瞻烏帽,兒童攜彩衣。家山好風景,游賞莫相違。

歲晚駕言旋,離觴惜共傳。諸生懷舊德,聖主憫高年。白屋千章樹,清汾二頃田。只應與朋好,來往興超然。

楊景端山莊三首〔一〕

聞道樓居好,今來始一登。身纔近白日,勢已出青冥。遠樹團飛蓋,連山列畫屏。思鄉異王粲,儘可豁高情。

到子幽棲處,留連不遣歸。老親偏愛客,稚子解牽衣。門巷排青樹,簾櫳隔翠微。夜深談款語,窗月透清輝。

綠樹陰陰合,清泉決決流。日光飛迴野,山色入高樓。只道來相訪,應須爲款留。抗言談在昔,永夜不能休。

【校記】

〔一〕此三首詩據《河汾詩集》卷四補,以下四篇同。

栽雙桐樹

自斫雙桐樹,分栽院落前。此時方拱把,他日會參天。好在承清露,還應宿紫煙。丹山有鸞鳳,爲爾定周旋。

聽　雨

坐聽瀟瀟雨,那堪耿耿憂?幾年歸故里,一室寄中州。老母情應切,嬌兒想未休。待晴須暫住,相見豁繁愁。

天二首

渾渾勢無涯,蒼蒼倚蓋斜。晦明成旦夕,寒暑作年華。旋轉三辰正,甄陶萬物嘉。人心同此大,莫爲一毫遮。

六合無邊際,茫茫總是天。神機隱象表,妙理會心同。到底那容説,成功不假言。人生何所事?終日但乾乾。

扶先人柩到汾陽葬事甫畢而春雪大作及河内林生迴遂簡奉府庠周秉忠司訓先生

到家方幾日，春雪滿河關。草屨霜痕冷，麻衣淚點斑。山川渾似舊，歲月忽如閑。遠寫終天恨，知音爲一看。

奉贈禮部儀侍郎致仕歸山東三十韻〔一〕

海岳鍾神秀，乾坤産異人。詩書淹歲月，文采動星辰。早脱囊中穎，榮膺席上珍。伊門師道立，湖學士風淳。又見三鱣兆，俄看尺蠖伸。剖符霈雨露，典郡出風塵。郭賀宜方駕，王成可卜鄰。使車容服盛，邑里頌聲頻。未了準南化，還爲楚徼巡。廟堂推原德，方岳仗元臣。宣化河山曉，歡風草木春。再聞持簜節，中復觀楓宸。出納司喉舌，周旋領縉紳。鵷班天咫尺，羽佩曉璘珣。製作煩紬繹，儀章在討論。簡賢陪鶴駕，奮翼附龍鱗。啓沃歸耆艾，薰陶總至仁，百篇書進講，群聖道前陳。謙益師前哲，忠勤邁等倫。聖人憂老大，天語降絲綸。拜命恩波闊，還家晝錦新。祖筵傾玉斝，歸蓋擁蒲輪。雨歇金臺路，風生潞水津。翠浮蘋浪細，黄起麥波勻。野饌供鮮鯽，村沽薦紫芹。岱雲晴繚繞，海氣曉氤氲。喬木尋常蔭，泉流取次循。輞川曾入畫，緑野舊怡神。陸廣休前輩，楊侯更後身。迹高心愈下，祉退道非貧。好結耆英會，清名照八極。

【校記】

〔一〕此首詩據《河汾詩集》卷四補。

述懷贈王惟善司訓五十韻〔一〕

蘭水瀛州北，無終薊嶺東。風雲連輦轂，道里控夷戎。此地棲遲久，何年志節通？幸陪諸長老，繆獎一兒童。茅經爲開塞，山泉爲發蒙。《易》分天地晝,《書》紀帝王中。麟史尊尼叟,葩經仰晦翁。典章明製作,律吕辨和同。大義煩抽繹,微言爲琢礱。筆揮蛟躍水,詩就鳳騫空。勵志看松柏,忘情厭螮蝀。一瓢寧是儉?駟馬未爲豐。顔氏宜儒表,相如濫士雄。壯懷常慷慨,雅興每冲融。豈意辭諸友?中間又轉蓬。别筵看寶劍,行色倚雕弓。溪柳高低緑,山花遠近紅。征車塵荏苒,班馬玉玲瓏。送别情何極?分攜意不窮。離愁雖共切,令德各須崇。曠野低田舍,高山拱帝宫。載瞻天廣大,重視日曈昽。五月還南下,舟行暑氣隆。兩堤平駭浪,片席掛炎風。水饌供蒲笋,魚鈎截葦筒。貢琛皆大舶,牽路盡駑驥。巴客歆何切!吴儂歌更工。相逢殊滚滚,去住各匆匆。吊古頻搔首,懷賢屢撫躬。不談舌喜訥,倦聽耳甘聾。久客投人境,新知慰我衷。卓哉鄒魯彦,親切聖賢功。杞梓承丹添,驊騮受氣融。典謨深渾渾,《雅》《頌》大渢渢。豈是潢池物?終爲碧漢鴻。扶摇攀月桂,步武覲宸楓。璧水淵源久,彤池寵渥濃。陛辭天咫尺,江渡雨空蒙。鐸振文風遠,經傳道德充。氈寒寧一命?鱣兆擬三公。盛治歌虞舜,精誠視華嵩。自期游汗漫,每欲上崆峒。穴羽聯鵬翼,天瓢滴馬鬃。切方高士駕,繆比小儒忠。養德潛玄豹,緘言慎殺童。請看垂釣者,終見夢非熊。

【校記】

〔一〕此詩據《河汾詩集》卷四補。

文清公薛先生文集卷之七

門人關西張鼎校正編輯

律　詩

簡楊景端

我到城中已五日，子在山間不一來。應畏風寒歷冰雪，想憂澗滑行莓苔。石泉繞户只自語，柴門竟日因誰開？姑射今朝好晴色，相期握手登崔嵬。

留贈楊景端二首

千里歸來訪故人，喜聞結屋澗之濱。手披青史尋高士，頭戴烏巾學隱倫。樽灑細傾延好容〔一〕，斑衣輕舞奉慈親。自慚東抹西涂手，又促行珂覲紫宸。

又

只聞騰踏上亨衢，何事中林又卜居？谷口引泉看灌溉，隴頭植杖勸耕鋤。還同主婦供親膳，更課兒童〔二〕讀古書。莫負家山窮此樂，好將功業贊唐虞。

【校記】

〔一〕嘉隆本《全集》卷二十四“容”作“客”。

〔二〕嘉隆本《全集》卷二十四“童”作“孫”。

簡孔别駕游禹門用謝太守韻二首

别駕乘春訪勝游，禹門佳處重遲留。兩邊翠壁連天起，三級銀河入海流。變化豈無神異物？往來應有濟川舟。遥遥明德人知否？地闢天成幾萬秋。

雙旌曾向禹門游，别駕今來亦暫留。岸斷雲霞開翠壁，天連棧閣駕黄流。千金尚想波心瓠，萬斛深期渡口舟。如此山川元不惡，可無詩句記春秋？

冬　至二首

九野蒼蒼閟太陰，重淵脈脈動天心。庖犧《易》有千年畫，康節詩存半夜吟。忽向静中聞虩虩，卻從無處見森森。固知一氣何曾息，衹是天根辯古今。

萬古天開只此時，卻憐春意正如絲。群生已向無中見，一氣還從静處移。匝地寒風徒凜凜，行天化日漸遲遲。吾心欲説知何似？静裏仍含未動機。

讀文山傳三首

朔氣蕭森歲向深，揮戈抆淚動哀吟。艱危已竭回天力，慷慨猶存捧日心。海水尋常秋月冷，塞雲千里暮星沉。悠悠往事都如夢，只有孤忠照古今。

丞相聲名二百年，分明往事在遺編。初離故國悲禾黍，再立危邦慘杜鵑。大勢已傾寧畏死？孤忠自許敢求全！當時桃李知何限？回首春風盡落〔一〕然。

氛祲冥冥暗海波，英雄無地用干戈。精忠在我當如此，成敗由天奈若何！渺渺蒼梧西日淡，蕭蕭大地北風多。睢陽錦里皆祠廟，丞相勛名共不磨。

【校記】

〔一〕嘉隆本《全集》卷二十四“落”作“黯”。

登南坡

土阜層層有萬盤，偶來高頂望人寰。滿川宿麥浮青浪，一帶晴嵐列翠鬟。何處雲霞迷磧石？數村桑柘繞綿山。《唐風》《晉問》憑誰説？地闊天高鴈影閑。

春日懷劉僉憲三首

千里關河歸故邑，兩年風景憶虚庵。郢中《白雪》知誰和？爨下清琴想自諳。君擁霜臺名未已，我傷風木意難堪。近來幾欲裁書寄，春鴈其如不向南！

南望中州有所思，山川回首歲華移。早春京索銜杯處，晚歲崤函駐馬時。月滿覃懷陪款語，霜清河朔寄新詩。舊游一一成追憶，此後相逢更有期。

虚庵事業久礱磨，憲府乘驄歲月多。已見風霜清郡邑，况聞詞賦動關河。幾回邂逅情如舊，兩載相思意若何！自古中州多勝迹，擬從飛蓋盡經過。

重登故鎮寺樓

重來故鎮已三秋，又上招提百尺樓。山繞飛甍浮翠黛，岸遮遠目〔一〕斷黃流。廻溪俯瞰粼粼玉，喬木深藏曲曲丘。莫謂此時窮勝概，還期汗漫九垓游。

【校記】

〔一〕嘉隆本《全集》卷二十四“目”作“日”。

紀先人舊游三首

樹已成林麥滿郊，春風春雨自飄蕭。孤雲出岫飛還逐，衆鳥歸林嘯且招。俯仰空驚天地在，低迷深覺歲華遥。舊游山水俱成感，抆淚思親首屢搔。

陰陰夏木繞茅廬，曾是先人舊寓居。樑上又來前度燕，篋中空有昔年書。聲音尚想當窗發，杖屨猶疑隔户趨。五内此時摧裂甚，詩成滿紙淚如珠。

祇願庭椿過百齡，寧知奄忽便摧零！舊游山水皆悲思，昔住園廬盡慘情。菽水有歡成昨夢，衣冠無計覩平生。孫兒指點經行處，清淚如泉散漫傾。

雨中簡周秉忠三首

獨抱離憂罷酒樽，更看連日雨傾盆。庭除汩汩深流潦，几硯層層潤積痕。往事一編聊自託，永懷千古向誰論？先生最是知音者，咫尺何由一扣門？

兩耳瀟瀟怯雨聲，三更起坐到天明。小濡自合通宵濕，大厦何由不日成？傾瀉只疑天漢竭，奔流深恐地維傾。會須萬里清風至，盡掃雲陰放曉晴。

客居長日少人過，況復經旬積雨多！自愛窗前生緑草，不妨門外注銀河。頑雲礙日能爲沴，流潦因風解起波。爲問郡庠周博士，此時官况定如何？

贈海昌李太亨四首

客裏終天痛有餘，感君相慰意難舒。細論往日交情厚，卻訝連年音問疏。肝膽舊看如古鑒，詩篇今覩勝明珠。暫時相見還相別，況是關河鴈過初。

我在中州君在吳，幾年寥落鴈書無。每思謝氏登山屐，長憶黄公賣酒壚。忽共青燈談肺腑，細看白雪點頭顱。英雄不減當時壯，耿耿秋空劍氣孤。

古今身世共茫茫，出處無端總是常。才俊從來推賈誼，功名未必老馮唐。幾看上谷秋鴻影，忽對中州夜月光。聖代只今登俊彦，豈容江海久徜徉！

中州風景正淒清，忽與交親話舊情。往日襟懷常浩蕩，昔年豪傑漸飄零。一渠汴水涵秋碧，萬仞嵩山露曉青。勝地相逢應不偶，好將佳句咏耆英。

簡楊克英府幕

聞道徵租日正忙，暫移行幕駐僧房。紅蓮泛水浮朝彩，緑樹摇風引夕涼。公暇不妨尋好句，講時端復炷名香。好將寬政安黎庶，留取功名汗簡光。

雪後寄楊景端

雪白山青北望高，相思咫尺興滔滔。若人未必傷沉鬱，吾道何須嘆寂寥？董賈文章鳴治世，皋夔事業擬清朝。村居不識楊夫子，懶慢何心作《解嘲》！

讀許魯齋思親詩並序

洪熙元年冬十二月，余扶先人柩至覃懷。宣德元年春正月，啓先母窆，合祔於汾陰先塋。既卒事，因撿《元音》，讀至魯齋先生《七月望日思親詩》，乃悽然有感，潸然淚下。遂次其韻得詩三首。因書先生詩於前，以見先賢誠孝之心，溢於言表。雖百載之下，讀之猶足使人興起。復書余詩於後，以見余不仁、不孝、不能竭力於始終，視前賢大節有愧云。

思卻千思與萬思，音容無復見當時。草窗夜静燈前教，蔬圃春深膝下嬉。將謂百年供色養，豈期一日便生離？泰山爲礪終磨滅，此恨綿綿未易衰。

次　韻三首

觸目家山總是思，思親況遇早春時！日長每聽詩書訓，風暖頻隨杖屨嬉。百載韶華成荏苒，終天涕淚感睽離。自緣孤子無誠孝，不是人生有盛衰。

風光滿目動哀思，春草春花似舊時。堂斧已成終古恨，斑斕不復往時嬉。中宵祇解追前夢，隔歲猶如在遠離。卻憶高堂覽明鏡，曾將華髮嘆年衰。

仿佛音容彷彿思，衣冠出入憶當時；成人未返林烏哺，稚子曾騎竹馬嬉。椿老暮庭鳳〔一〕樾樾，草荒春冢雨離離。固知罔極恩難報，只恐終天孝易衰！

【校記】

〔一〕嘉隆本《全集》卷二十四"鳳"作"風"。

曲沃道中二首

孟秋雨霽過新田，緑樹人家斷復連。汾澮波光晴泛日，絳喬山色曉參天。申生大孝留天地，里克遺名載簡編。何事齊姜墳上草，忍將芳意度流年。

四圍山抱一川平，新晉猶傳舊日名。汾隰漲消秋色淡，虎祁宫老夕陽明。歌傳烏鳥空遺恨，詩賦《椒聊》謾有情。往事無端何足問！且聽父老説秋成。

滎陽咏古八首

京索千年罷戰塵，空將往事問居民。山川遠近皆陳迹，道路東西是要津。黄屋幾回思義士，赤精終古有真人。拔山舉鼎知何似？馬到烏江感慨頻！

萬山依舊接嵩丘，京索於今不斷流。莊段是非留隧道，項劉成敗有鴻溝。古槐樹歷歲時久，大海寺經風雨秋。更上高原訪遺迹，荒城故壘暮雲稠。

日迴天高秋氣清，登臨懷古倍〔一〕多情。山連廣武故城在，路入鴻溝草樹平。甬道年深無舊迹，索流歲久只新聲。興亡莫道都〔二〕如夢，終古猶存楚漢名。

楚漢干戈久已休，尚存遺迹在中州。幾灣流水風煙暮，一片荒城草樹秋。力戰可堪離廣武，分疆空見指鴻溝。當時四百興劉計，只在張良一運籌。

蕭蕭涼吹動秋空，千古河山一望中。廣武連營秋草碧，鴻溝分壤夕陽紅。石麟有甲含蒼蘚，鐵馬無聲散曉風。何限英豪俱泯滅，白雲依舊出層峰！

陵谷高低控虎牢，戰聲消息水滔滔。旌旗滿眼無遺迹，壁壘連雲只舊壕。廣武西原通鞏洛，萬山南面接嵩高。悠悠往事皆如此，懷古登臨何太勞！

滎陽景物似當時，不見唐朝老畫師。隧道莊姜今已矣，京城太叔果何爲？留侯計用炎光振，亞父身亡霸業衰。多少是非成往鑒，莫將遺事使人悲！

岡巒回合一川平，澗壑高低繞故城。千古好山寧改色？滿溪流水不停聲。留侯總得翕張術，漢祖身〔三〕存駕馭情。更望〔四〕登高發長嘯，當時豪傑已成名。

【校記】

〔一〕嘉隆本《全集》卷二十四“倍”作“陪”。

〔二〕嘉隆本《全集》卷二十四“都”作“皆”。

〔三〕嘉隆本《全集》卷二十四“身”作“深”。

〔四〕嘉隆本《全集》卷二十四“望”作“莫”。

題沈令送别卷

雙舄縹緲上青霄，令尹朝天不憚遥。密縣於今思卓茂，淮南自昔想時苗。玉階仗引龍旂合，寶殿香浮雉扇高。鴻鴈近秋多健翮，佳章早慰此心勞。

西郊看刈禾二首

爲農每愛寬平地，已向中州住七年。莫道功名當早歲，且看禾黍熟秋天。蕭蕭滿地收霜穗,整整成稞積晚煙。濁酒一壺勞僮僕,素餐深恐愧前賢。

西原秋氣〔一〕早生涼,禾黍離離被隴黄。獲處風煙輕捲席,積來鴈鶩整分行。大田已見多遺穗,客廩應知足剩粮。莫嘆書生親稼穡,躬耕有客臥南陽。

【校記】

〔一〕嘉隆本《全集》卷二十四"氣"作"草"。

酬黄養正韻

翰苑香名久已聞,薊門秋晚又逢君。孤城木落蟲吟月,旅館風來鴈唳雲。眼底江山期共賦,馬頭岐路惜重分。遼西不久留才子,昭代如今正右文。

經王素亨舊居

野浦荒村訪舊居,鳥啼花落碧窗虚。蕪園不復栽紅藥,閑館曾經看素書。對酒每懷陶靖節,論文長笑馬相如,自從雕鶚因風去,水色山光思有餘。

經玉田挽待詔魯仲輝

孤樹山前兩度過,懷人搔首重〔一〕悲歌。文章事業今如此,别鶴行雲竟若何!渺渺夕陽鄉樹遠,萋萋芳草旅封多。人間俯仰堪惆悵,不必臨流嘆逝波。

【校記】

〔一〕嘉隆本《全集》卷二十四"重"作"正"。

都城即事

曈昽曉日上蓬萊,縹緲祥雲擁泰階。旌旆風摇龍虎動,簫韶聲奏鳳凰來。九衢車馬香塵合,萬井笙歌曙色開。千古士〔一〕游形勝地,兩都欲賦愧非才。

【校記】

〔一〕嘉隆本《全集》卷二十四"士""作"上"。

過苑仲仁莊居

爽氣澄清暑雨餘,乘閑信馬到村居。桑麻影裏元卿徑,楊柳陰中靖節廬。縱飲百壺賢聖酒,劇談千古帝王書。籬邊黄菊煩〔一〕多種,九日還來一訪渠。

【校記】

〔一〕嘉隆本《全集》卷二十四"煩"作"須"。

無　題四首

逸思飄然賦遠游,可堪三島隔瀛州。曾聞神女雲侵鬢,見説麻姑雪滿頭。海上樓臺常似畫,山中瑶草不知秋。若爲借得仙家鶴,鳴佩珊珊玩九州。

桂館瓊扉薜荔墻,清修獨爾意難忘。已將蘭芷爲芳藉,更集芙蓉製錦裳。洛浦佳人鳴佩玉,茂陵才子咏鸞凰。應須一吾仙家酒,散作人間雨露香。

風滿珠簾月滿樓,瑶臺有路可追游。香生寶鴨沉煙細,露滴銀牀玉宇秋。楚岫三更雲渺渺,藍橋千里浪悠悠。花箋寫就煩青鳥,更爲慇懃到十洲。

絶世青娥二八餘，仙容綽約好樓居。鮫人夜織綃爲帔，雲女秋裁錦作裾。碧海蘭苕巢翡翠，瑶池清水泛芙蕖。只應待得吹簫伴，共跨飛鸞躡太虚。

題舊石橋

古橋欹側岸縈迴，立馬臨流一愴懷。鯨獸水沉沙底石，蛟螭碑暗雨中苔。闌干幾曲人頻倚，華表千年鶴再來。擾擾勞生只如此，好將襟抱酒中開。

宿水村二首

日暮江頭送客還，寂寥清夜不成歡。連天海氣當窗白，一枕江風入夢寒。鷄唱遠村皆落月，潮生古渡已層瀾。披衣久坐待明發，白石歌餘興未闌。

投宿江村日已昏，村童還爲啓柴門。壺觴欲醉黄翁酒，盤饌深慚漂母飧。夜雪生香蘆被暖，晚煙添緑土牀温。清宵總是滄波趣，莫向人寰取次論。

春日遣興

靄靄春雲度女墻，萋萋春草遍芳塘。園林風景非吾土，庭館鶯花是異鄉。野岸波紋浮鴨緑，官橋柳色弄鵝黄。不知多少相思意，祇逐游絲百尺長。

秋日寄王嘉靖

漁陽秋色動關河，遼右天晴一鴈過。白社高人渾懶慢，青氈學士久蹉跎。西風對酒砧聲切，良夜調琴月影多。珍重遠書勞問訊，相思千里奈情何!

九日次徐懷玉韻

對酒東籬自咏詩,遠山晴望轉逶迤。秋容淡薄黄花節,風景蕭條白鴈時。醉閱人寰聊縱目,静思塵事久支頤。年年此日無窮意,笑把茱萸欲贈誰?

寄題魏隱居

芳草柴門少客過,日長清隱定如何?一瓢道比顔生樂,千首詩同杜甫多。棲葉亂蟬晴轉急,隔林幽鳥晚當歌。絶憐垂白磻溪老,猶整綸竿釣碧波。

七夕憶去年與陳上舍飲

晚涼庭館秩初筵,同醉西風又一年。星漢已成人世阻,仙槎應到鵲橋邊。鳳簫聲遠頻驚夢,蟾魄秋高幾上絃。自笑生涯還似拙,不勞瓜果乞青天。

對　雨

蒼蒼雲氣起蓬萊,涷雨朝從海上來。密灑園林聲淅瀝,交流陂澤浪崔嵬。龍飛霄漢風雷動,鯤化天池羽翼開。六合茫茫看一洗,高堂獨坐興悠哉。

早　秋

露下梧桐一葉飛,早秋涼氣襲人衣。西風樹老蟬聲急,夜月涼深燕影稀。鸞鏡每看新事業,龍泉頻拭舊光輝。黄花晚景真堪賞,《九辯》何須怨夕暉!

都城喜雨

祥雲無處不從龍，好雨來時自九重。泛灑已應千里遍，霑濡旋及萬方同。水連雲漢恩波闊，山繞皇都樹色濃。自是太平今有象，《康衢歌》裏慶年豐。

都城春夕咏懷二首

春城鼓角夜沉沉，旅館東風動客吟。何處樓臺閑好景，誰家絃管動清音？燈前看劍添雄志，膝上鳴琴托古心。呼酒更須連夜飲，放懷寧惜橐中金？

花外更籌刻漏遲，客邊清興少人知。歌餘緑樹風生處，坐到青天月上時。對酒豈能斟北斗？誦詩空解望南箕。清宵俯仰情何限，寂寞誰能問所思？

早過天津即直沽

煙收澤國曉天晴，日出扶桑萬里明。二水交流東海闊，一城雄鎮朔方清。連雲風送孤帆遠，夾岸潮隨大舶平。借問關門來往客，不知誰是棄繻生？

七夕雨

天孫不乞人間巧，故使秋雲蔽月輝。銀漢晚煙迷鶴馭，玉霄涼雨濺仙衣。更無彩結看蛛綴，祇想橋成有鵲飛。獨立秋風倍惆悵，通津何處問槎機？

春日懷舊游簡胥貢士二首

薊門春色阻關河，汴野東風長緑莎。正是懷人煙景暮，不堪對酒雨聲多。閑中謾寫凌雲賦，醉裏誰聽《白雪》歌。惟有流鶯相厚意，柳溪花徑數來過。

落落襟懷正黯然，早春時節憶前年。玉田城外花經雨，藍水橋頭柳帶煙。千里交游成遠夢，百年蹤迹任皇天。高山流水知音在，還對東風理素絃。

登賢聖閣二首〔一〕

梁苑清秋白晝閑，偶尋名刹扣禪關。百盤飛磴身遥上，千尺危闌手自攀。已見神遊朝貝闕，便從羽化出塵寰。中天俯仰多時節，颯颯天風冷佩環。

化人樓閣倚青〔二〕霄，大地山河極望〔三〕遥。秋入淮黄波浩蕩，雲開嵩少影岧嶢。九天沆瀣寒堪吸，八牖星辰近可招。十二曲闌渾倚遍，一襟涼思正飄飄。

【校記】

〔一〕嘉隆本《全集》卷二十四詩題"賢"作"資"。
〔二〕嘉隆本《全集》卷二十四"青"作"層"。
〔三〕嘉隆本《全集》卷二十四"望"作"遠"。

鹿鳴宴二首

揭曉鄉闈日正晴，大開藩府會文星。綉衣弭節皆英俊，章甫持衡盡老成。龍管緩吹金縷細，鳳笙齊逐玉杯行。酒闌歸騎西風穩，蟾魄秋高萬里明。

古木森森政事堂，興賢開宴會金章。緋衣送酒傾鸚鵡，翠袖吹笙引鳳凰。晴日漸移珠箔影，暖煙深護瑞爐香。祇知醉里風雲闊，袖拂歸鞭滿路霜。

晚翠軒爲李大參賦

爲嫌紅紫競春風,獨愛幽軒晚色濃。霜後翠飄千箇竹,雪中清藹數株松。自緣品彙孤根别,解與忠良勁節同。晝省公餘看未足,一襟清思歲寒中。

題滄州丹室卷

道人結屋滄州裹,四面闌干枕碧湍。石榻生寒秋氣潤,柴門湧月夜濤寒。鸞凰佩影空中見,龍虎丹光水底蟠。清絶一塵飛不到,蓬壺元只在人間。

送友人下第歸山東

殘紅滿地草萋萋,把酒都門惜解攜。衹擬大鵬摶碧落,可應騮馬蹶霜蹄。天開汶水龜蒙近,日轉瀛洲岱岳低。一曲瑶琴休悵别,重來雲路有丹梯。

題溪山嘉趣圖

仙人騎鶴去已久,猶有畫圖傳世間。石林倒浸碧溪裹,玉峰秀出青雲端。數椽茅屋鎮寥闃,一葉扁舟常往還。借問此中何所樂?萬事不羈山水閑。

送王上舍歸省

鳳城南陌柳依依,把酒東風送客歸。上舍已霑新雨露,高堂重舞舊斑衣。文章濟世時應重,忠孝傳家古亦稀。我亦有親垂鶴髮,願承天寵拜庭闈。

登科後還家省侍

萬里鵬程浩蕩飛,千年際遇古今稀。初從天上看金榜,又向人間戲彩衣。衛水南旋帆漠漠，晉山西上馬騑騑。君親恩比滄溟大，忠孝深期願莫違。

洛水道中

古道縈迴傍險行，蕭蕭禾黍晚風清。無邊詩思嵩高色，不盡年光洛水聲。華表柱傾秋草舍〔一〕，龜趺〔二〕碑暗雨苔生。往來人世成今古，一曲高歌寄此情。

【校記】

〔一〕嘉隆本《全集》卷二十四“舍”作“合”。

〔二〕嘉隆本《全集》卷二十四“趺”作“趺”。

狄梁公墓

邙山山下重夷猶，曠世思公涕淚流。荒塚一抔埋義氣，豐碑千古表忠謀。李唐神器危還正，武媚妖氛散復收。更賴紫陽華袞筆，奸邪聞見總包羞。

陝州抵沙澗渡

重岡高下近弘農，北首鄉關喜氣濃。三晉雲山秋色裏，兩河煙樹夕陽中。棄繻誰識當年客？操築應無舊日翁。遠岸急風吹大舫，令人卻憶濟川功。

雨中過條山

一夜秋空結晚陰，曉來衝雨歷層岑。山迴靈籟蕭蕭急，谷轉雲濤漠漠深。最厭潢流淹遠道，酷憐霜菊拆秋金。卻思二十年前路，岷水岷山萬里心。

題蘇大尹具慶卷

禄養雙親志不違，人生此樂似君稀。階前椿樹風長静，屋背萱花露未晞。百里忽傳毛義檄，三春又舞老萊衣。定知移孝爲忠日，應有聲名達禁闈。

黄河阻風遣悶

遠岸沙飛風浪渾，流澌不斷下三門。蛟龍凍蟄波心水，舟楫寒依渡口村。破悶只須吟麗句，消愁誰與貰清樽？臨流苦憶殷賢相，回首傅岩煙霧昏。

和經武氏舊基韻

羽衣曾此侍鑾輿，觀闕今爲一廢區。鸚鵡尚留青帝坐，牝鷄無復紫宸居。已看大象飛寒燼，又見天樞偃緑蕪。惆悵當年多少事，西風回首一長吁。

送王别駕

十五年前是故人，還家今見錦衣新。麟經共仰淵源學，驥足終爲鼎鼐臣。遠别黄堂當晚歲，遥瞻紫禁正新春。河橋分手情無限，目送班生滿路塵。

卜居後簡陳廣文

轉蓬天地欲何如？又向中州買屋居。峴首詩人王粲宅，南陽豪傑孔明廬。行藏只想前賢迹，事業惟存往日書。賴有知音陳掌教，時能相顧慰蕭疏。

和劉僉憲見貽韻

明公年妙藴經濟，登車攬轡何壯哉！昔游梁苑思一見，今在滎陽逢又來。知音幸自遇青眼，得意便當傾玉杯。明日河橋暫分手，亨衢有約共徘徊。

有懷王大尹汝霖

昔當賤子還家日，政是賢侯赴闕時。暫對離樽論出處，遠從别路説相思。重來只見棠陰滿，一去空憐鴈影遲。好在當年舊山水，登臨誰與賦新詩？

有懷余廣文

先生去此幾經年，一度歸來一惘然。綈〔一〕席每思留月醉，書窗長憶聽松眠。流傳尚有關心句，清切難尋入耳絃。負卻山川無限好，把杯吟向晚涼天。

【校記】

〔一〕嘉隆本《全集》卷二十四"綈"作"綺"。

夏夜邑學士友攜酒共話

留連不盡意如何？良夜相陪笑語多。銀燭檢書勞問難，玉壺攜酒費吟哦。樓頭遠鼓催華月，天外微風落絳河。坐到中宵人客散，壯懷猶擊唾壺歌。

袁王杜三老攜酒鱠話舊酬以詩〔一〕

爲謝慇懃父老情，到門相顧問歸程。盤將銀鱠黄河鯉，酒擊〔二〕青絲白玉瓶。細話交游非往歲，劇談閭里異平生。從今杖屨頻來往，南陌東阡盡送迎。

【校記】

〔一〕《文集目録》無"酬以詩"三字。

〔二〕嘉隆本《全集》卷二十四"擊"作"挈"。

有懷魏希文

君居薊北我汾陽，隱隱雲山道路長。每念昔年心事好，卻慚近日宦情忙。一生經世詩盈紙，幾度懷人酒滿觴。想是龍鍾應有分，莫交容易鬢成霜。

聞　蟬

夏館秋涼客寓居，忽聞簾外一蟬初。已知時序相催急，併覺天真感激餘。楚辯吟秋蛩韻切，齊箏彈月鴈行疏。裁書爲報歐陽子，萬響中間有太虛。

秋日崤沔道中

匹馬重經舊路岐，西風蕭瑟晚秋時。山川閲世無今古，花草娱人有盛衰。幾道泉鳴幽澗石，兩崖蟬響夕陽枝。只應詞客偏多感，處處秋光首首詩。

送馬太守之西安

玉階新拜寵恩濃，皂蓋西行五馬同。秦樹到關開曉色，岳連〔一〕當路出奇峰。好詢民隱周三輔，爲播仁風答九重。青史古稱張趙迹，會看勛業繼前蹤。

【校記】

〔一〕嘉隆本《全集》卷二十四"連"作"蓮"。

呈王大參

千年海岳鍾英俊，獨步文章擢茂科。執法烏臺留勁節，分符薇省布陽和。春風隴麥行邊秀，時雨棠陰到處多。金鼎調元應有日，豐功行見被絃歌。

春郊寓目

杏花開後近清明，雨過郊原愛日晴。風轉緑蕪浮曉色，氣催黄鳥變春聲。山連少室峰巒秀，地入梁園草樹平。此景真堪〔一〕共眺賞，恨無知己論詩情。

【校記】

〔一〕嘉隆本《全集》卷二十四“堪”作“看”。

登温縣城

古堞攀躋最上層，煙蕪渺渺望中平。大河波浪排空濁，少室峰巒隔岸青。巷陌雨餘林影潤，城壕風起柳花輕。平生最喜登高賦，況有沽來酒滿瓶。

河陽懷古

武王曾此奮天戈，繼世其如出狩何！兩岸緑楊遮澳水，滿汀芳草際黄河。郝經墓古聲名大，滿〔一〕岳花殘歲月多。遮馬堤邊重回首，遮馬堤即唐李光弼取史思明馬處。紫金山色鬱嵯峨。

【校記】

〔一〕嘉隆本《全集》卷二十四“滿”作“潘”。

次陳廣文韻留别二首

滎陽南望萬山攢，萬山，滎陽山名。偶此成家計未安。生意祇憑禾稼好，離情惟向酒杯寬。詩留東道春將暮，馬渡西河夏未殘。自笑往來成底事，鼎彝勛業定誰刊？

千里關河百慮攢，不知何日此身安？祇應浩浩風雲闊，倍覺茫茫宇宙寬。三晉到時蠶已老，二陵行處麥將殘。人生離合尋常事，要使高名世不刊！

晚登故鎮寺樓

危構峨峨杳靄間，登臨不盡壯懷寬。千年土地唐風舊，一派河流禹迹閑。鳥載夕陽歸遠樹，龍攜暮雨過前山。此時無限飄然思，便欲因風上九關。

送楊景端赴秋試至寶勝寺〔一〕

有客將爲汗漫遊，偶過山寺暫淹留。門開佛殿金銀麗，路入禪房草樹幽。市酒飲多還覺醉，風蟬響急又驚秋。君行若到丹丘上，爲報群仙未白頭。

【校記】

〔一〕《文集目録》作“寶聖寺”。

秋日家山雜咏五首

八月家山覺早涼，登臨懷古興何長！醉鄉樂土輸王績，魯國高文老卜商。漢祀汾陰遺廟在，殷遷耿邑故城荒。樓船簫鼓空流水，一曲秋風菊又芳。

孤城北望萬峰高，禹鑿龍門勢獨豪。三晉山河還表裏，千年人物舊風騷。子安詩在名猶盛，太史書成志已勞。難覓醉鄉王學士，秋來禾黍滿東皋。

蕭蕭林壑動秋風，獨上崇岡四望同。九折河流皆禹迹，千年疆宇總堯封。龍門獻策文中子，麟趾成書太史公。搔首高人今遠矣，斷雲滿目送征鴻。

黯淡輕陰結遠天，無邊秋色正蕭然。蒼崖斷岸西風裏，古刹荒祠夕照邊。黄菊已隨陶令老，丹砂不信葛洪仙。豪華靡靡皆如此，惟有騷人麗句傳。

雲山西去接崑崙，河水東來下禹門。疏鑿但能留勝迹，浮沉誰復問真源。將軍三箭功何似？教授千年道僅存。獨立西風看秋色，幾多心事向誰論？

安邑道中

魏主城頭日欲晡，尚驅羸〔一〕馬涉前途。黑龍堰古波濤壯，青石槽長草樹疏。風土仍存唐帝俗，川原猶帶夏王墟。憑高處處頻回首，目斷雲山憶故居。

【校記】

〔一〕嘉隆本《全集》卷二十四"羸"作"羸"。

平陸謁傅説祠

澗道重岡擁復廻，秋風老樹古祠開。帝廷大命紆宸念，箕尾清光接上臺。欲莫市沽思曲蘗，將羞時品憶鹽梅。故知岩穴多奇士，可是旁求到草萊？

渡茅津

舟人催棹渡茅津，南上崇岡感慨頻。昨日猶爲故里客，今朝又作異鄉人。風霜凄冷關河曉，草木凋殘歲月新。卻愧傅岩操築老，不應如我久征塵！

沔池懷古次劉僉憲韻三首

行過崤陵到沔池，九秋黄葉撲人衣。風來澗水波聲急，霜下韶山樹影微。地遠黄河連暮靄，峰高白石淡秋暉。當時秦趙同盟處，只有荒丘〔一〕鳥雀飛。

沔流猶繞舊城池，城下秋風動客衣。桓塚未荒王業降，盟臺已築霸功微。石門衰草連秋色，亭柱疏林映夕暉。更上馬頭高處望，五龍潭畔暮雲飛。

山作高城水作池，諸侯曾此會戎衣。臺荒已見兵威息，波響猶疑瑟韻微。周黨聲名垂汗竹，桓王弓劍靄斜暉。登臨不盡千年意，目送秋空雲〔二〕鴈飛。

【校記】

〔一〕嘉隆本《全集》卷二十四"丘"作"台"。

〔二〕嘉隆本《全集》卷二十四"雲"作"一"。

新安次劉僉憲韻

千載新安要路邊，函關知是漢時遷。水流瀍澗深還静，山接嵩邙斷復連。古洞棋枰疑妄迹，白墻石溜即名泉。平生最愛錢宣靖，絶勝王喬第一仙。

夏溪書舍爲劉進士賦

高人臨水築茅堂，八牖開風面面涼。芳草滿庭交翠色，露荷當檻發幽香。彈琴石瀨含秋響，杖策藜燈耿夜光。我欲攜筇遠相訪，暫從《墳》《典》話黄唐。

簡白沈吕三藩府二首

雄鎮堂堂相府深，爐煙不受曉寒侵。調元總屬經綸手，下士常存吐握心。歲晚松枝留勁節，春來棠葉藹濃陰。豐功會見銘鍾鼎，應有清光照古今。

大〔一〕鹵提封接帝居，大藩公相盡名儒。觀風歲久山常静，宣德冬來日漸舒。晝省暖雲浮瑞鴨，雕闌晴雪照金魚。書生亦有扶摇翼，更借剛風到碧虚。

【校記】

〔一〕嘉隆本《全集》卷二十四"大"作"斥"。

留别文孫王宋四廣文

我客并州歲晏時，偶然相見即相知。香醪淺酌還深酌，佳句朝題復暮題。意氣難逢今日好，風流不讓古人爲。嗟予走馬明朝去，雪嶺冰崖有所思。

贈澤庠趙廣文三首

投宿山城雪打衣，廣文情重啓華扉。爐開瑞獸能噴焰，燈結金蟲解吐輝。官况不嫌如我淡，交情深嘆似君稀。明朝又上羊腸道，回首寒雲滿目飛。

先生事業近何如？濩澤菁莪樂沛濡。玩目豈無清獻鶴？傳家應有子昂書。緗縑歲久蕓除蠹，堂户年來鸛送魚。握手臨岐何所祝，洪淵還好探驪珠。

登科輸子只三籌，梁苑當年一樣秋。往日已曾傾蓋語，今朝何必典衣留？瓶添醽醁頻斟酌，唾落珠璣迭唱酬。咫尺關河隔南北，晉山明月下中州。

贈袁司訓

華胄遥遥代作公，先生還此振儒風。已從桂籍看清譽，又向芹宫識粹容。狂飲尚能欺臘蟻，放歌誰復感秋蓬？追隨駿馬城南别，笑拂吳鈎氣吐虹。

修武懷古二首

春过甯邑馬行遲，攬轡東鳳眺望時，淬劍池留中散迹，承恩鎮駐武王師。劉伶醒酒臺猶在，漢獻封公塚謾遺。七世同居良亦少，至今人咏義夫詩。

甯邑南邊潁水流，勒兵周武幾經秋。黄崖石古煙雲合，青口山深草樹稠。百佛謾存岩畔迹，七真無復洞中游。循良衛颯今何似？猶有高名播九州。

題沈令雙桂堂

小山人去歲悠哉，移得芳叢夾户栽。緑蔭共隨檐影落，清香時逐彩衣來。年深應有連枝瑞，老大寧非聳壑材！總賴高堂培養力，秋風還有幾花開。

題沈令瞻松卷

底處知君憶所天？瞻松終日涕漣漣。春翻時雨情何極，秋灑涼風興慨然。鳥語故巢天欲曙，鶴來滄海月初圓。此情欲問何時盡，直到蒼蒼化石年。

酬師中吉見貽韻

老成名譽遠流傳，忽寄新詩到客邊。玉札丹砂應有訣，蒼顔白髮保無愆。失雲病鶴翎猶健，趁日芳葵色自妍。莫向周南嘆留滯，丹梯依舊好攀緣。

送李少府從征

相知未久又分襟，春色離情兩不禁。暫解瑶琴辭汴水，還衣晝錦過家林。野塘日暖冰消玉，官路風和柳彈金。談笑青油有餘興，鱗鴻頻爲寄佳音。

和曾僉憲贈劉僉憲韻二首

乘軺早歲赴三川，按節中州又幾年。天啓貞符欣際遇，星明執法羡超遷。綱維已見當時振，詩卷仍留後世傳。邂逅幾回嗟又别，好期勛業在凌烟。

聞築烏臺一室成，四圍曉色抱虚明。簾櫳雨過琴書潤，户牖風來枕簟清。白筆通宵飄爽氣，訟庭長夏絶囂聲。懸知到處留遺愛，賸有棠陰繞棟楹。

題劉僉憲琴書清處

虚庵底處貯琴書，閒築幽軒傍所居。竹葉分陰侵几席，松花和雨點階除。調高爨尾初離匣，帙古芸香正滿厨。好在希聲與真意，一襟清思迥難如。

興隆寺

百尺高臺接女墻，梵王樓閣白雲鄉。窗開北極星光近，簾捲西山爽氣涼。遠岸風蘆秋瑟瑟，滿城煙樹晚蒼蒼。因知一氣乾坤大，併覺身心入混茫。

魯齋先生覃懷書院〔一〕

南北風塵澒洞中，天開人極産英雄。幾年力學尊尼父，萬里心傳得晦翁。自信興王爲大道，豈知伐國是元功？當時歸老情何切，爲愛西山萬玉峰。

【校記】

〔一〕《文集目録》作"魯齋先生許文正公"。

簡柴同知

手持雲錦到天鄉，鵷鷺〔一〕亨衢共頡頏。讞法十年推定國，分符千里得王祥。清聲籍籍傳中土，爽氣飄飄接太行。政暇好書還自覽，新涼昨夜滿黄堂。

【校記】

〔一〕嘉隆本《全集》卷二十四"鷺"作"路"。

覃懷秋曉作

樵樓月落曉鍾清，起坐南窗讀聖經。道大豈如湖海闊，義微何止羽毛輕！天開陴垷鵶初散，風過園林葉盡鳴。便欲出城閑極目，西風清絶有高棱。

覃懷秋夕咏懷

客裏覃懷又過秋，一樽相對興悠悠。論材耻作千人俊，投筆寧期萬里侯！霜葉滿庭紅不掃，月華當户静還留。人生志業無窮在，肯學潘生嘆白頭！

寄沈仲安廣文

幾度相逢汴水邊,好懷偏爲客留連。北窗夜坐銷銀燭,南浦朝游並錦韉。共指黄流經朔漠,獨尋廣武暗秋煙。與君幸自俱年少,莫寄安成内史篇〔一〕。

【校記】

〔一〕《河汾詩集》此句注云:"范岫爲安成内史,沈休文有詩贈之。"

文清公薛先生文集卷之八

門人關西張鼎校正編輯

律詩

送王秀才登鄉第歸覃懷

文運天開四海清，新頒鳳詔屬賓興。中州河岳鍾神秀，梁苑風雲集俊英。祇見驪珠千鎰重，肯同魚目一毫輕！看君得意歸鄉里，何異當年晝錦榮。

雪後至西郊二首

偶爾閑行出近郊，新年殘臘氣將交。蒼茫遠道風初定，寂寞平原雪半消。春色漸催山色動，天光渾逐水光摇。乾坤滿目皆生意，何必清宵看斗杓。

臘〔一〕到新年纔幾日，四郊生意已欣然。高低雪色春融液，遠近煙光水接連。已覺洪鈞回大地，更看白日麗中天。歲華人事皆如昨，只有思親意惘然。

【校記】

〔一〕《河汾詩集》卷六"臘"作"蠟"。

題陳僉憲族譜二首

華胄誰如陳氏賢？一門幾世住蛟川。宗分衆派多遺澤，家富群書總舊編。蘭玉在庭争奕㷱，鵷鴻得路競騰騫。新裁譜籍增光耀，珍襲應須久遠傳。

蛟川喬木緑成圍，詩禮傳家古亦稀。插架牙籤充棟宇，分行蘭竹秀庭闈。清門接踵雙黄榜，烏府連聲兩綉衣。積德由來應未已，佇看譜牒旋增輝。

偶坐道傍獨樹下看山〔一〕

獨樹道邊清影密，偶來閑坐已多時。塵勞擾擾於人厭，山勢亭亭與客宜。遠谷蒸雲能變化，亂峰聯碧自逶迤。褰衣便欲尋幽勝，只恐山靈解勒移。

【校記】

〔一〕《河汾詩集》卷六詩題“山”下有“而賦”二字。

雨後寓目

天衢廓落放新晴，渺渺煙郊四望平。嘉樹戰風摇野緑〔一〕，好山經雨洗空青。兩間滚滚皆新氣，衆水滔滔只舊聲。玉燭已調今有象，萬家耕鑿荷生成。

【校記】

〔一〕《河汾詩集》卷六“野緑”作“緑野”。

夏日簡陳廣文〔一〕

静掃書齋坐日長，好風時復送清涼。焚香讀《易》添新趣，隱几看雲憶故鄉。蜕殼已聞蟬響急,將雛頻見燕飛忙。索居久欲來相訪,觸熱其如汗作漿!

【校記】

〔一〕《河汾詩集》卷六詩題“陳”下有“思立”二字。

沈廣文送梨榴〔一〕

八月梨榴俱已熟,慇懃相送揀珍奇。黄如楚國來柑橘,紅似瀘戎擘荔枝。磊落堆盤香並美,酸甜濺齒味皆宜。少陵肺渴全消釋,只欠瓊瑶答所私。

【校記】

〔一〕《河汾詩集》卷六詩題“沈”下有“仲安”二字。

新鄭咏古

經行鄭國舊山川,禾黍秋風駐馬看。煙樹幾灣流水在,荒城千載暮雲閑。時門雨歇無龍鬭,大隗山高只鳥還。借問當時賢相國,幾多遺愛在人間?

扶溝道中

古堤東去路漫漫,與客聯〔一〕鑣縱大觀。草水近浮梁苑闊,煙霞平入楚天寬。清風細細催蟬韻,爽氣飄飄近馬鞍。行到扶溝詢舊俗,大賢千古仰高山〔二〕。

【校記】

〔一〕《河汾詩集》卷六“聯”作“連”。
〔二〕《河汾詩集》卷六句注云:“明道嘗知此邑。”

留别鄧司訓

偶過儒宫幾日留，廣文清義若爲酬。連牀夜聽蕭蕭雨，聯句朝吟淅淅秋。臨水乍驚新漲急，看山還喜遠青浮。蟬聲驛路明朝别，回首高城古木稠。

秋日遣興簡陳廣文

西風連日雨初晴，已覺新涼滿户庭。玄鳥相將寧見影，寒蟬寂寞已無聲。能文解動高人興，對酒誰同好客情？賴是長沙老詞伯，新詩相送小童清。

秋日王屋道中五首

崎嶇連日太行中，王屋名存縣已空。濟水難尋潛地脈，天壇遥見出雲峰。黄花夾道開清露，紅樹漫山醉晚風。處處登高重回首，客懷秋思浩無窮。

路轉山回處處迷，不登絶頂即尋溪。寒泉徹底清人目，亂石盤空割馬蹄。繞徑黄花猶戲蝶，隔村紅樹乍聞鷄。無端客思匆匆甚，好景其如每倦題！

地闢天開有此山，經行只覺礙人寰。久知元氣包空外，細看長松走石間。有水游魚還上下，無名啼鳥尚間關。高秋不盡登臨興，客况何由一日閑？

盡日區區歷險艱，山光時爲破愁顔。一川霜葉翻紅袖，幾簇煙嵐綰翠鬟。佩玉聲清秋澗急，旌幢〔一〕影落暮雲〔二〕寒。時登絶頂看天地，元氣氤氲杳靄寬。

寥落山家處處稀，尋幽陟巘馬行遲。滿溪紅葉沉秋水，半嶺霜棉吐夕暉。雨霽石田收稼了，煙深松徑負薪歸。詩成只恐山靈笑，千仞峰頭一振衣。

【校記】

〔一〕《河汾詩集》卷六“幢”作“旛”。

〔二〕《河汾詩集》卷六“雲”作“松”。

登中條山東頭〔一〕

魏國中條此盡頭，登臨暇日興悠悠。兩崖勢轉黄流静，萬壑聲寒碧樹秋。官舍飛甍臨遠谷，琳宫細路繞層丘。風光滿目皆吾土，逸氣飄然總勝游。

【校记】

〔一〕《河汾詩集》詩題注云：“上有道觀。”

戲題紅葉

自是霜根獨佔先，晚秋殘緑變紅鮮。臙脂膩染嬋娟女，金醴濃薰綽約仙。入水忽驚丹伏鼎，向陽還訝火生煙。秋光宛〔一〕似春光好，摇盪相思九月前。

【校記】

〔一〕《河汾詩集》卷六“宛”作“也”。

登中條山望大河有懷戴趙二同年〔一〕

登高遥望大河南，木落天空爽氣含。細路微茫通沔洛，亂山重疊接崤函。白雲關塞新過鴈，黄葉園林舊駐驂。最憶韶陽同榜客，往來長〔二〕是縱清談。

【校記】

〔一〕《河汾詩集》卷六詩題作“登中條山望大河南有懷沔池戴振趙清二同年”。
〔二〕《河汾詩集》卷六“長”作“常”。

寄襄陵丁廣文

風雲匆匆老歲華，往來三宿廣文家。名香泛靄薰瑶席，畫燭分光照紫霞。别路迴驚汾水遠，離情長繞晉山斜。多君鳳穴風流在，疑向鵷班次第誇。

送湯自新之永和令

羡君初拜九天恩，銅墨之官喜氣新。一路好山迎去馬，二陵時雨浥〔一〕行塵。花封舊有唐風厚，政績當如漢吏循。我亦趨朝應有日，佇看名譽達楓宸。

【校記】

〔一〕嘉隆本《全集》卷二十五“浥”作“絶”。

神州八景

瓊島春雲

昨夜東風海上過，玉京瑶島得春多。數峰秀色分金碧，滿谷祥雲絢綺羅。映日已增千古瑞，隨風頻繞萬年柯。祇看出岫爲霖處，長濟蒼生樂泰和。

太液秋波

仙家島嶼繞瀛洲，一鏡波澄淡靄收。影浸玉樓先得月，光鋪翠簟早生秋。九霄氣接銀河迴，萬傾〔一〕風行雪浪游〔二〕。自是此中涵帝澤，年年長〔三〕向世間流。

【校記】

〔一〕《河汾詩集》卷六、嘉隆本《全集》卷二十五“傾”作“頃”。
〔二〕《河汾詩集》卷六、嘉隆本《全集》卷二十五“游”作“浮”。
〔三〕《河汾詩集》卷六“長”作“常”。

玉泉垂虹

山澤從來一氣通，山頭飛瀑瀉玲瓏。隨雲已作千秋〔一〕雨，映日還爲五色虹。瑶潤金銀騰寶氣，碧霄珠玉濺高風。若爲剪取冰千尺，一洗塵懷萬斛〔二〕空。

【校記】

〔一〕《河汾詩集》卷六“秋”作“林”。
〔二〕《河汾詩集》卷六“斛”作“壑”。

居庸疊翠

玉峰相向復相連，一雨初收霽景鮮。横界曉空青未了，平浮春野翠無邊。鳳城佳氣通朝靄，鰲海晴輝接曙煙。自是古今天設險，皇圖永奠億千年。

盧溝曉月

一曲清流繞帝畿，宿雲收盡曙光微。疏星尚照離離影，殘月猶涵淡淡暉〔一〕。霜滑石橋征鐸響，風清沙渚塞鴻飛。經行併覺塵埃盡，多少清光上客衣！

【校記】

〔一〕《河汾詩集》卷六“暉”作“輝”。

薊門煙樹

石門相對一川平,嘉樹依依接鳳城。密繞溪村雲未斂,半遮山寺雨初晴。歸鴉向夕穿新緑,嬌鳥啼春護洛〔一〕英。試向高原凝望處,衹疑韋偃畫初成。

【校記】

〔一〕《河汾詩集》卷六"洛"作"落"。

金臺夕照

千年玄社已消沉,尚有荒臺僅數尋。壞埒只今生翠蘚,頹垣不復貯黄金。山銜落日留殘照,樹擁孤雲帶夕陰。駿馬無聲衰草合,冷風涼月暮蟲吟。

西山晴雪

皇都一夜散瑶華,曉見西山霽景嘉。照日凍泉封素練,蹴天潮海漲銀沙。晴暉近接仙人掌,爽氣平浮上帝家。多少玉堂揮翰手,此時清興正無涯。

寄舍弟瑭〔一〕四首

同侍先人久宦游,先人没世葬林丘。弟修蘋藻居鄉里,兄竊功名上帝州。鴻鴈影分思並宿,鶺鴒聲遠念相求。勉修令德光前緒,頻寄書來解我憂。

先母亡時汝四春,先人辭世汝成人。二親恩比乾坤大,一氣情如手足親。荆樹願同〔二〕珠樹好,棠華期與歲華新。故鄉聞道逢艱日,生計無忘早晚勤。

父母生來汝與吾，承家付託藉良圖。立身莫若親賢士，防患應須遠酒徒。得善便當銘肺腑，敬身寧使損肌膚！兄年謾長慚無德，併寫斯言列坐隅。

幾載艱虞西復東，正趨明詔老親終。含悲共汝辭河朔，輿櫬還家託故封。忽憶鴒鳥原千里遠，祇應棠蕚兩枝濃。願叨微禄膺天寵，早得焚黄拜祖宗。

【校記】

〔一〕《河汾詩集》卷六詩題無"寄"字，且注云："時觀政兵部。"《文集目録》無"舍"字。

〔二〕《河汾詩集》卷六"同"作"如"。

送牛給事領敕命還南京三首

趨朝北闕近臣回，送别南風祖席開。玉佩暫辭鵷鷺侣，畫船行近鳳凰臺。江山爽氣臨官署，星斗清光接泰階。此去超遷應有日，中朝屬望想重來。

黄門三載北趨朝，又沐天恩下九霄。别思暫傾燕市酒，好風宜放潞河艘。家人蟢子占應近，官舍燈花結未消。聖代兩京宏治化，好持忠謹答軒堯。

南歸紫誥喜新頒，送别都門擁大官。鸞紙分題殊浩瀚，羽觴行酒任飛翻。吕梁浪穩仙舟度，京口風清客思閑。想到秣陵瞻北極，便應咫尺見天顔。

元氏咏古

太行西望翠成堆，白石諸峰爽氣來。元震劍鋒留石刻，李躬書院長青苔。磨盤南接田文墓，槐水東連〔一〕漢將臺。獨羨三公神異久，會鍾英傑位臺階〔二〕。

【校記】

〔一〕《河汾詩集》卷六"連"作"邊"。

〔二〕《河汾詩集》卷六此句注云："三公祠，三台星神也。"

磁州咏古二首

北來行色正駸駸，馬傍西山静客襟。滏水源從龍洞出，漳河流自發鳩深。卓茆亭古無遺響，勝景園空罷賞心。翹首川原思故老，尚留珠玉到如今。

持節南行過滏陽，川原繚繞接衡漳。神鷹山下河流出，牛尾岡頭故冢荒。風月舊樓餘斷刻，大明遺刹有名章。園林花木南薰細，猶似祥蓮九夏香。

邯鄲贈賈進士使關中〔一〕

接踵青雲滿後塵，君於道義最情親。寧知握手邯鄲地？同是觀風郡國人。太華倚天秋氣爽，洞庭横劍曉霜新。相思南北須珍重，早約回轅覲紫宸。

【校記】

〔一〕《河汾詩集》卷六詩題作"邯鄲贈賈秉鈞進士使關中時余亦往湖南"。

留贈沈仲安廣文

年來初識沈休文，楚楚才名迥出群。學道每能安素履，論交端擬薄浮雲。幾連華榻眠春曉，又共清燈語夜分。我向湖南重相憶，莫忘書札往來聞。

鈞州咏古次虚庵韻二首

南風攬轡過中州，陽翟名邦得縱游。彩鳳臺空芳草合，黑龍潭静淡煙收。馬經潁水清無迹，路繞黄山翠欲流。眺望幾回情未已，遠空雲影自悠悠。

匹馬南行接〔一〕楚州，路經櫟邑遂清游〔二〕。學仙人去洞猶在，鳴鳳臺空聲已收。無限好山皆北向，幾灣野水盡東流。垂鞭不管馬行緩，更覺閑吟情緒悠。

【校記】

〔一〕《河汾詩集》卷六“接”作“按”。
〔二〕《河汾詩集》卷六“游”作“幽”。

鈞州分司槿花盛開戲作〔一〕

分司庭下舜花開，清倚〔二〕雕闌絶點埃。坐客正看新朶盛，游蜂仍逐暗香來。欲留芳艷明珠〔三〕幌，忍見殘英墜緑苔。縱是鐵冠心似鐵，也應花里暫徘徊。

【校記】

〔一〕《河汾詩集》卷六詩題“司”下有“後堂”二字，“開”下有“援筆”二字。
〔二〕《河汾詩集》卷六“倚”作“絶”。
〔三〕《河汾詩集》卷六“珠”作“朱”。

襄城咏古

連村緑樹近襄城，駐馬郊原眼界明。汝水似環流處碧，首山如案望中平。具茨每笑莊生誕，掛劍常高季札名。佳句獨思韓吏部，太平今已息天兵。

葉縣咏古

沙河南度草煙平，緑樹陰邊見古城。湛坂戰争非義旅，昆陽破賊是雄兵。鳧來尚説王喬舄，龍去空傳葉令名。黄柏山前田漫漫，已無沮溺舊時耕。

贈舞陽朱進士

甲科選士擢才良，喜見天荒破舞陽。彩筆昔年同戰藝，藍袍今日又還鄉。相逢莫厭金樽滿，談笑聊便竹牖涼。柏府先登應自愧，好期他日共飛霜。

慈氏寺留題次虚庵韻

義陽慈氏古叢林，風景蕭然静客心。到院好香浮細靄，隔簾幽鳥送清音。槿花妙有空中色，柢〔一〕樹濃文〔二〕户外陰。持節他年重過此，會須細聽穎師琴。

【校記】

〔一〕《河汾詩集》卷六"柢"作"祇"。

〔二〕《河汾詩集》卷六、嘉隆本《全集》卷二十六"文"作"交"。

應山四賢堂次鍾文亮韻

平蕪青滿讀書臺，爲憶前賢故故來。一代高名曾仰德，百年陳迹但興衰。碑文剥落漫苔蘚，棟宇傾頹困草萊。欲奠椒漿無處所，向風搔首重遲回。

至武昌口號

不須飛蓋遠相迎，暫向霜臺弭使旌。藩臬盡知周典禮，吏民皆識漢官名。千年有幸逢熙皞，萬國同風樂太平。自顧樗材叨寵渥，秋毫何以答天明?

嘉魚寓目

舊時沙羨號嘉魚,邑小人家星散居。官舍高低叢異木,大江環繞合重湖。蜀山駐蹕空傳漢,陸口屯兵已罷吳。更上層峰肆遐覽,晚雲飛盡楚天虚。

登岳陽樓四首

人間聞有岳陽樓,三十年來快此游。舉目但知天地闊,憑闌不管歲華流。江通巴蜀千山漲,湖接瀟湘萬頃秋。浩想希文話憂樂,關河直北是中州。

高城粉堞背層山,城上危樓俯急湍。湖水欲包天地外,棹歌只在水雲間。湘靈鼓瑟今何在?仙子凌風去未還。遍倚闌干閲今古,白雲渺渺白鷗閑。

玉斧飛霜過洞庭,岳陽樓上寄高情。天涯楚樹千行緑,湖面君山一點青。今古留題才浩渺,往來登覽歲峥嶸。中天徙倚多時節,笑挹高風滿抱清。

澤國西風净曉煙,登臨暇日興悠然。連空海水浮員嶠,拍岸江聲送畫船。蘭若滿汀懷楚客,雲霞終古憶飛仙。東南壯觀知應少,細讀留題記往年。

桃源咏古次趙子裕韻

雲林兩岸夾江津,持節從容得遍巡。百里仙源通異境,幾家流水斷征塵。溪頭翠竹偏宜夏,洞口紅桃已放春。一自輿圖歸聖化,更無人世避咸秦。

辰陽秋日

雄城百雉控蠻荒，山翠高低護女墻。萬里梯航通六詔，五溪煙水下三湘。邊氓久已漸華俗，遠客頻應望帝鄉。地氣於今同北土，早秋時節雨生涼。

辰　溪二首

分司門外大江横，怪石參差岸不平。眼底秋山無限好，坐中涼吹有餘清。棗垂翠葉丹砂重，蠟滿青林素練明。莫道蠻荒少題咏，龍標詩有五溪名。

辰溪縣裏駐華驄，人俗雖殊景物同。隔岸好山高聳玉，繞門流水遠涵空。雨過晚砌苔痕緑，涼入秋堂蠟炬紅。爲念遠氓情未已，夜深欹枕翠帷中。

沅州簡劉主事

瀟灑沅州舊憲臺，早秋持節自天來。池邊修竹知誰種？窗外寒梅待我開。永日已應無兩造，清宵時復望三台。知音更遇鵷行侶，客里如何不放懷？

送劉主事之貴州三首

每憶襄陽孟浩然，喜君風致自翩翩。聲名重比千鈞鼎，藻思深如萬斛泉。玉節分光來北極，軺車結軫會南壖。沅江此别何時會？應在春花未發前。

沅州相送意何如？正是秋風八月初。蘭芷香來飄客袂，芙蓉花發照征車。丹砂水碧登〔一〕天府，洞獠林蠻入版圖。萬里山川遊覽遍，好將風土載成書。

畫省官僚總俊才，早知名譽動金臺。細論黄甲聯鑣步，同是青雲接踵來。邂逅龍標官署静，分攜沅水健帆開。明年二月花如錦，送子東風上玉階。

【校記】

〔一〕嘉隆本《全集》卷二十六“登”作“發”。

沅州秋夜獨酌

江城秋夜畫堂清，市酒沽來只自傾。繞壁任教蟲響切，照人偏喜燭花明。七千里外思鄉邑，十二時中望帝京。願布仁風滿南極，還將遠俗奏彤庭。

發沅州

畫船清曉發沅州，送别官曹簇遠洲。雙艫忽隨高岸轉，孤城已隔亂山稠。殊風異俗多經覽，瘴雨蠻煙任去留。向夕燈明何處泊？蒼蒼候館石林秋。

過沅州見故鄉父老從戎者與道家鄉事多有識先人者因賦此〔一〕

邊城父老舊鄉鄰，弭節從容問所因。緑鬢已應辭故里，白頭猶解識先人。衣衫尚有唐風舊，童稚皆傳楚語新。爲説好安耕鑿計，只今雨露萬方勻。

【校記】

〔一〕《河汾詩集》卷六詩題作“過沅州羅舊堡存見故鄉父老從戎者皆長孫於此矣問家鄉事歷歷能道而多有識先人者因賦此以見意”。

黔陽九日

黔陽九日意何如?北望神京萬里餘。行院已無人送酒,故園應有鴈傳書。鐵冠不向秋風落,黄菊仍霑曉露舒。霜滿南天消惡〔一〕氣,錦囊何必佩茱萸。

【校記】

〔一〕《河汾詩集》卷六"惡"作"害"。

黔　陽

龍標山下古黔陽,二水交流萬里長。風土往時爲異俗,車書此日混遐荒。棕林帶露毵毵碧,橙實經秋顆顆黄。清晝柏臺無訟〔一〕牒,旋吟佳句旋焚香。

【校記】

〔一〕《河汾詩集》卷六"訟"作"頌"。

龍陽懷古〔一〕

縣城北枕大江頭,水國輕煙澹不收。星土從來分翼軫,雲山何處是金牛? 濯纓尚有當時水〔二〕,種橘猶存舊日洲〔三〕。極目洞庭波漫漫,幾回乘興欲東流。

【校記】

〔一〕《河汾詩集》卷六詩題"懷"作"咏"。

〔二〕《河汾詩集》卷六此句注云:"滄浪水。"

〔三〕《河汾詩集》卷六此句注云:"李衡種千樹橘,有洲在焉。"

益陽咏古

濱水[一]西來繞縣流，煙波遠接洞庭秋。津頭客舫足江貨，岸畔人家多竹樓。甘壘革荒秋月淡[二]，裴亭樹老暮煙稠[三]。浮丘仙子何須問[四]？我亦當年賦遠游。

【校記】

〔一〕《河汾詩集》卷六此句注："濱水，《禹貢》九江之一。"
〔二〕《河汾詩集》卷六此句注："甘寧屯兵壘。"
〔三〕《河汾詩集》卷六此句注："裴休讀書亭。"
〔四〕《河汾詩集》卷六此句注："浮丘山在縣之西，世傳浮丘仙煉丹處。"

同侍御張勉夫院宿二首

持節俱從遠地回，連牀兩喜宿烏臺。談詩細雨燈前落，對酒清風柳下來。《白雪》敢歌當日調，青雲未負此生懷。霜蹄曉踏香泥去，笑指空衢萬里開。

風雨霜臺集暝煙，同官復此對牀眠。消懷酒味於人好，報喜燈花向客妍。談困尚誇肝膽壯，睡酣不覺鼓鍾傳。明朝定是晴明候，通籍還應覲九天。

【校記】

〔一〕《文集目録》載此二首詩於卷八之末，題作"同張侍御宿院二首"。

寧鄉遇雨[一]

湖南風土異中州，歲暮蕭蕭雨不收，黄葉未全凋老樹，青林猶自滿層丘。傳聞累歲都無雪，祇覺三冬總似秋。卻憶故鄉天道正，迎霜已着禦寒裘。

【校記】

〔一〕《河汾詩集》卷六詩題作"宣德三年冬至前五日至長沙之寧鄉連日大雨過至日猶未止天氣微寒若中州之八九月者山木黄落僅三之一餘皆青葱若春夏然問之居人皆云或連二三冬無雪以是知楚之南氣候之偏少陵所謂楚天不斷四時雨者信不誣矣遂賦一律以紀之"。

寧鄉咏古二首

千家縣樹古黔中，四望雲煙鎖翠峰。水引温泉分地利，雨來雲洞仰神功。朱門道學推張栻，宋室忠賢數魏公。鬱鬱遺阡今尚在，滿山松柏撼高風。

風煙渺渺接長沙，竹樹蒼蒼繞縣衙。入境已知出水秀，觀風殊覺土民佳。魏公華表横秋草，易祓岩扉掩暮霞。更覓南軒讀書處，寒梅開遍古祠花。

長沙喜天色晴霽賦此〔一〕

連旬山雨濕行旌，弭節長沙喜晚晴。岳麓斷雲歸洞府，瀟湘皎月照江城。銀河一派仙槎穩，牛斗三更劍氣横。樽酒此時聊自適，滔滔不盡古今情。

【校記】

〔一〕《河汾詩集》卷六詩題作"自常德來道途陰雨兩旬至長沙之夕天始澄霽星月可愛喜而賦此"。

長沙四咏

湖南清絶有長沙，江市悠悠郭外斜。水合三湘開浦漵，山連五嶺散雲霞。鷓鴣疏雨黄陵廟，鵬〔一〕鳥殘陽賈傅家。且喜登臨窮勝觀，不須懷古重興嗟。

江城卑濕少塵埃，霽景風煙四望開。水接洞庭從北去，山連衡岳自南來。悠悠八翼陶侯夢，落落千年賈傅才。自昔爲邦多故老，總留風節使人哀。

名郡前賢是舊游，我來回想興悠悠。少陵幾醉樽中酒，子厚重題驛畔樓。岳麓雲霞常帶雨，洞庭波浪遠涵秋。爲邦誰似朱夫子？道與湘灕晝夜流。

明時持節按湖南，澤國風煙到自諳。客舫盡應依水市，人家多是住山嵐。三苗已見華風遠，五嶺應知聖澤覃。廊廟只今登俊彦，不勞詞賦吊湘潭。

【校記】

〔一〕嘉隆本《全集》卷二十六"鵩"作"鵬"。

寶慶喜雪

一夜瑶華遍楚壖，霜臺曉色正清妍。天從北極行時令，氣肅南荒壓瘴煙。春信喜傳庾嶺樹，客懷寧憶剡溪船。觀風使者無他祝，願與官曹咏〔一〕有年。

【校記】

〔一〕嘉隆本《全集》卷二十六"咏"作"永"。

答何永芳三首〔一〕

星斗東來轉玉衡，遠游時序不須驚。邵陽松竹迎寒秀，湞水林芳待暖榮。政美已如金碗蔗，官廉争比玉壺冰。獨騎驄馬經行遍，喜見民風處處清。

邵陽風土接湘衡,賢令之官犬不驚。此日銅章分氣象,往年金榜被恩榮。無心真宰初行雪,有脚陽春欲泮冰。持斧自天行郡邑,溪山隨處好風清。

飛騰還擬秉鈞衡,小試牛刀豈足驚?滿目山川開壯麗,無邊花草待欣榮。瘴消楚越山多雪,春滿湖湘水不冰。笑指梅花賦佳句,柏臺風致有餘清。

【校記】

〔一〕《文集目録》“永芳”下有“同年”二字。

武岡山行

武岡南去萬山深,冰雪峨峨閟太陰。石磴盤空飄凍靄,板橋横水急清音。前旌婀娜回飛鳥,吹角悠揚過遠林。玉節壯游天地大,風霜祗保百年心。

沅州己酉元日二首

邊城萬里入提封,元日瞻天拜舞同。星麗碧霄皆拱極,水趨滄海盡潮〔一〕宗。千年舊仰甄陶力。三始仍看長養功。遥想鵷行峨豸侶,綉衣應染御香濃。

履端宏啓三陽運,戀闕遥馳萬里情。龍尾仗嚴鞭韻徹,鳳池班整佩聲清。風霜每抱瞻天敬,葵藿寧忘向日誠。玉節趨朝應不遠,會從鵷鷺紫霄行。

【校記】

〔一〕嘉隆本《全集》卷二十六“潮”作“朝”。

沅州賀正旦歸院賦此

千門結綺遍江城，竟夕風傳鼓角聲。兵甲森羅嚴虎隊，旌旗繚繞簇龍亭。車書萬國開元日，文武同心仰聖明。歸到臺中添喜氣，紅梅花底覓詩情。

沅州院中紅梅二首

冬來都未有群芳，祇見春紅滿後堂。新萼半開含國色，繁英爛發散天香。宿醒未解風前醉，穠艷猶凝雪里粧。幾度巡檐索清笑，仍燒絳蠟待昏黄。

自是人間第一花，天教絶色冠群葩。可應洞府神仙質，粧點冰霜御史家。疏影入杯翻絳雪，清香隨手折紅霞。詩中帶得江南物，歸到鵷班取次誇。

沅州元夕

一年佳節又元宵，異域春雲滿眼飄。院落梅花凋冷蕊，池塘柳色弄新條。昇平樂事懷中夏，老大丹心戀聖朝。獨擁霜臺清似水，紅燈幾點月明高。

贈别賀侍郎

一别經年梅柳新，相逢沅水意何親！柏臺英俊推先達，桂籍聲名忝後塵。又捧天書清部伍，幾操憲節達陽春。中朝屬望歸來早，佇沐龍墀寵渥頻。

二月十五夜

花柳池臺宿暝煙，清宵俯仰興悠然。一年好景春纔半，萬里晴霄月正圓。憲節遠依南斗外，鳳城遥在北辰邊。馬周舊是新豐客，呼酒東風憶往年。

五友詩

竹

此君風致自疏疏，相近相親慰索居。玩目每看高節長，留情深托寸心虛。清修飽歷風霜久，濃渥深承雨露餘。好在百年無剪伐，賸看新笋上霄衢。

梅

憲府孤根别占春，清標瀟灑離風塵。南州花思偏留客，東閣詩情解動人。玉管吹香風力軟，冰壺涵影月華新。坐令懷抱深如許，暗想調羹事業親。

蘭

一自移根遠谷來，便添清興滿烏臺。羲娥馭日光風轉，青女飛霜絶艷開。每憶瑶琴翻雅調，謾充騷佩慰高懷。同心托契應非淺，細看流年雨露栽。

菊

一氣蕭森百草黄，獨留此物傲秋光。霜從降後殊多艷，風不來時亦自香。詩客採英秋得句，佳人倚竹暮凝粧。歲寒惟有烏臺客，共保芳根近晝堂。

蓮

芰荷相並滿青池，不受飛塵半點緇。高蓋每看濃露集，曲房一任好風吹。天姿不假雕鎸力，妙色多應造化奇。静立亭亭如有待，結交須賦愛蓮詩。

沅州三月一日思親先人忌日

風木摧心已四年，沅州春日苦暄妍。無邊雨露滋群物，大地陽和浹九泉。懲忿敢忘當日訓，守身期佩昔人絃。光榮不及酬親願，俯仰終天涕泫然。

春日再發沅州

久住蠻州似故鄉，官船兩度發沅陽。貪看獻歲春山緑，卻憶高秋老樹黄。宦迹不應辭遠近，天游真可縱徜徉。沿流盡有新詩興，夾岸風來杜若香。

黔陽野人有饋魚者詩以酬之〔一〕

幾日山中只飯蔬，野人攜籠饋雙魚。欲懸卻怪羊生矯，學放猶疑子産愚。酬價且傾官廩米，割烹恐有故鄉書。甘腴悦口斯須味，一飽應知不顧餘。

【校記】

〔一〕《文集目録》詩題上有“過”字。

叠前韻

正是行厨薦野蔬，多情野老送江魚。細詢漁釣知何樂，解道綸竿自養愚。金錯飛聲初膾玉，銀盤放箸且推書。慇懃更欲霑僮僕，食罷還應問有餘。

辰陽端午遣懷二首

五溪五月當五日，時俗猶存舊楚風，角黍堆盤人送玉，龍舟叠鼓水摇空。入簾山色隔江翠，照眼榴花向日紅。賜扇遠懷鵷鷺侣，去年同謁大明宫。

辰陽況復遇端陽！沅水牽情萬里長。鳳闕當年頒扇早，龍墀此日賜衣香。獨簪白筆叨天寵，遠抱丹心憶帝鄉。未必蠻中久留滯，趨朝應只待秋涼。

發沅州舟中寄陳侍御二首

駐節沅州整一年，束書今喜遠朝天。久知按部無膏澤，自愧居官費俸錢。前度江流行思好，舊游山色别情牽。西風一夜歸心切，北極恩光日月懸。

捲旗沙上簇雕戈，畫鼓催舟發棹歌。歸思載瞻黄道近，交情將奈綉衣何！一江煙水澄秋練，兩岸雲山擁翠螺。欲問清宵别來意，冷猿啼處月明多。

泊武口驛

風濤近接洞庭湖，楊柳堤邊水驛孤。回首已應蠻徼遠，登樓殊覺楚天虚。征帆北客依津市，貢篚南金引舳艫。清夜不眠持憲節，歸心先到帝王都。

洞庭湖阻風四首

高秋木落洞庭寬，白筆南征使者還。蘭若馨香懷澧浦，煙霞縹緲認君山。已應湖海添清氣，更覺風濤入壯觀。枉渚維舟苦留滯，岳陽樓上憶憑闌。

繫舟無奈北風何，遣悶還應一放歌。日射湖心翻錦浪，煙收山頂露青螺。蒼梧水闊秋天遠，斑竹雲深暮雨多。千載湘累無復見，欲從何處吊英娥？

海内無如此壯游，高風木落洞庭秋。青山半在波中出，白浪渾如天上流。騷思難尋澧浦佩，客程頻望岳陽樓。江河遠客情何似？浩想希文獨未休。

濤聲連日捲銀沙，野渚無聊眺望賒。數點雲山湖上出，一行風葦岸邊斜。老髯難覓仙翁笛，白簡還乘使者槎。況是中秋明月夜，瀟湘久客正思家。

湖中阻風望君山

一望君山咫尺間，不堪連日阻風湍。祇愁枉渚維舟楫，安得遥空縱羽翰？天地盡應浮海水，蓬壺自昔隔塵寰。會須掛席過林麓，石磴攀蘿極妙觀。

湖中風濤大作

正是清秋月色多，大風終夜鼓洪波。銀山萬疊來高下，鐵騎千群入盪摩。好夢驚回朝帝闕，歸心併起望天河。明當少轉封姨力，百里平湖頃刻過。

登小孤山

二十年前曾過此，今朝重上小孤山。九霄旭日清光近，萬里秋風爽氣寒。南紀諸峰連地脈，東流衆水會天關。江山不盡登臨興，望闕思親正倚闌。

儀真三咏

東南水陸會真州，河朔風雲拱上游。潮落瓜洲遠渡出，天連揚子大江流。迎鑾鎮古名猶在，解劍橋荒事已休。多少繁華成俯仰，萬家煙火不勝秋。

聞道真州景物多，晚秋時節偶來過。蒹葭暮雨連滄海，楊柳西風落漕河。曉岸帆檣南客舫，夜船燈火北人歌。寓居候館情無限，一寸丹心奈爾何！

大江分派入儀真，楊柳人家夾去津，舟楫東南來貢賦，衣冠西北會星辰。雲通赤岸天多雨，境接滄溟地不塵。欲問東園無故老，苦吟搔首向風頻。

歌風臺二首

芒碭雲連古帝鄉，歌風臺近泗河傍。蚤提三尺安天下，尚想群賢守四方。英魄有靈藏地遠，威名無比配天長。當時赤幟知何似？紅葉園林夜有霜。

故城南畔泗河隈，漢祖歌風有舊臺。樂飲一時酬父老，壯心千古憶雄才。新豐桑柘蕭疏盡，芒碭雲霞散漫開。一自鼎湖龍去後，英魂幾復沛中來。

發通州再往湖南

海内江山已慣游，今朝重泛潞河舟。初辭天上雙龍表，尚想雲間五鳳樓。壓岸曉霜明憲節，到船寒雨濕貂裘。預期回首當開歲，未必湖南可滯留。

過流河驛輓王侍御

停舟沽酒酹王君，忍見寒蕪遍旅墳！歧路可無人世别，星霜便有死生分。青驄騰踏名猶在，白鶴旋歸語竟聞。俯仰幾回增感慨，朔風吹斷海西雲。

襄陽懷古

鄧城纔過見樊城，舊堞荒涼總舊名。廢沼幾行寒鴈下，疏林數點晚鴉鳴。分茅尚自懷山甫，謀國何須羨曼甥！更問襄陽千古事，峴山依舊漢江清。

襄陽逢至日〔一〕

襄樊又喜遇陽生，士女傾心玉燭明。一畫已占吾道長，六符仍睹泰階平。朔風吹雪荆山曉，化日流春漢水清。大地陽和從此布，柏臺寧復冷如冰？

【校記】

〔一〕《文集目録》作“己酉歲襄陽至日”。

游岳陽圓通寺

巴陵古寺有圓通，寺下平湖接太空。禪室静涵鮫室冷，梵樓遥映蜃樓紅。諸天只在虚空外，萬象皆歸曠蕩中。鐵面道人人不識，偶來登覽自從容。

游君山

兩過君山苦未游，今來山下暫停舟。雲林一徑蒼苔合，佛殿千年古迹留。日月每從波底出，峰巒常在氣中浮。人生志節當〔一〕如此，屹立狂瀾幾萬秋。

【校記】

〔一〕嘉隆本《全集》卷二十六“當”作“尚”。

桃源道中三首

初聞勝景如天上,此日經行已再來。水入松篁鳴處急,山圍村塢到時開。荒溪難覓當時洞,廢觀空餘舊日臺。謾説人間有仙迹,不知天地也塵埃。

兩日桃源道路中,無邊清興每相供。雲山過後層層見,澗水行來處處同。蘿徑煙光籠軟翠,松岩雲彩絢新紅。何當一覽寰中小?更上淮南萬仞峰!

桃源景物信幽奇,幾度游觀愜所思。丹碧峰巒雲裏見,青蒼林木鏡中窺。漁舟一去仙源合,石洞重來碧蘚滋。惟有武陵溪上樹,年年花發使人疑。

沅州元夜同陳侍御觀燈

萬里歸來自帝朝,沅陽今是兩元宵。詩從見月添新興,人喜觀燈得俊僚。北極星辰垂地遠,南天瘴癘到春消。柏臺風致清如許,梅蕊頒香入凍醪。

戲咏五友

五友留連興趣多,相看長是動吟哦。梅花酸實垂垂盛,蘭畹香風細細過。老大竹根生嫩笋,輕通藕蒂長新荷。不知黄菊花開日,已别還應未去何?

沅州雜詩十二首

積雨連朝喜晚晴,天開睥睨望邊明。水添沅澧新濤急,山洗黔巫宿瘴清。奉使每期三尺正,觀風快睹萬方平。霜臺永日多詩思,新笋兒孫次第生。

駐節三年尚未歸，黄梅庭院雨霏霏。池荷柄短青錢小，露竹梢長粉籜稀。大道久知千古在，遠懷未信一生違。新晴眼界何空闊！萬里青霄羨鳥飛。

正是霜臺弭節時，不堪風物動相思。庭前緑草飛蝴蝶，城外清江叫子規。北地關河頻入望，南天雷雨自無私。預將歸橐酬知己，萬里觀風剩有詩。

遠山重叠繞孤城，城下蠻江一曲清。溪峒人家猶異俗，市廛兒女帶華聲。户將烏鬼爲生計，地産丹砂當歲征。自昔黔中風土惡，遠游那得易爲情！

涓埃無補聖明朝，持節南荒歲月遥。幾見闌干生薜荔，旋看煙雨綻芭蕉。山城每聽鐘聲早，金闕常思扇影高。爲報鵷行舊知己，耽書未解子雲嘲。

僰道西連蜀道長，五溪風土古蠻鄉。相傳遺種多盤瓠，見説藏書即酉陽。梅雨來時諸水漲，野雲飛處萬山蒼。鐵冠自是心如鐵，一任江如九曲腸。

剪燭空堂欲二更，堂前新雨夏蟲鳴。每因時物思劬育，未有秋毫答寵榮。歲月不催雙鬢緑，詩書祇倚片心明。端居遠想千年事，漢室還應召賈生。

大化無邊歲月長，幾年寒暑歷荆陽。衡巫望處天三尺，湖海流來水一觴。心地平時爲福地，異鄉好處似家鄉。烏臺一夜芭蕉雨，賸有新涼入晝堂。

聖化如天統四溟，黔中封界掩荆衡。壺頭不復當時險，克道無如此日平。渺渺荒煙含遠岫，悠悠流水帶邊城。武陵溪上袁生笛，吹盡關山幾許情！

雙沼荷風颭畫屏，一林〔一〕梅雨洗幽庭，日長心緒思家國，地遠衷情念鶺鴒。細草偏從行處緑，好山多在望中青。身兼吏隱今如此，擾擾塵勞不用争。

侵城水色映飛樓，樓外晴天屬望悠。萬里山連百越遠，五溪漲入九江流。黄州陳迹知何似？赤壁蒼煙久未收。法像有廬真草草，令人俯仰意難休。

辰沅風壤帶三苗，一望乾坤納納遥。翼軫衆星朝北極，岷嶓諸嶺導南條。天鄰巫峽常多雨，江過潯陽始有潮。近日詩懷殊浩渺，謾將新句寫芭蕉。

【校記】

〔一〕嘉隆本《全集》卷二十六"林"作"株"。

沅州秋夜忽憶三年前秋夜之作〔一〕二首

獨坐高堂蠟炬紅，宛然秋與昔年同。宦情不改來時淡，詩思渾如到日濃。楊柳影斜簾外月，芰荷香老水邊風。莫言白筆南征久，赢得歸囊一物空。

黔中今是第三秋，又聽蟲聲四壁幽。修竹林間天籟發，芭蕉葉上露華流。知非漸擬高人化，學道寧忘長者謀？好在燈花頻送喜，沅江幾日放歸舟。

【校記】

〔一〕《文集目録》上無"秋"字及"前"字。

次王侍御韻

憲府乘驄舊有名,今秋偶爾會蠻荆。虹霓氣接風雲氣,珠玉聲隨咳唾聲。萬里山川勞跋涉,諸蕃部落待澄清。愧予無補空持節,賴有丹心久更明!

立　春

辰陽城里遇新春,簫鼓蠻歌動四鄰。溪峒總無前世梗,華夷咸仰大明仁。官梅向客開何數?江柳催時發更頻。春酒一杯聊自勸,瞻天未已又思親。

次王侍御見寄韻二首

去年秋晚送君時,别後長懷遠道思。健筆久推天下土〔一〕,明珠新得掌中詩。官梅帶雪開何早!旅鴈穿雲去未遲。想在南蕃多暇日,春來寧惜寄新詞!

沅州城裏去秋時,忽見高人慰所思。篠竹影邊閑縱步,芙蓉花底笑論詩。已看獻歲逢春早,頗訝經年會面遲。折得官梅逢驛使,慇懃遠寄重緘詞。

【校記】

〔一〕嘉隆本《全集》卷二十六"土"作"士"。

院中梅花

地位清高迥絶塵,官梅相對愈精神。風霜拂處枝枝弱,霽雪消時蕊蕊新。素質不移千古性，芳心長占四時春。幾回攀折情無限，笑比瑶華欲贈人。

静得軒爲劉僉憲賦二首

結屋端居絶垢氛，獨懷冲默事天君。看從上下機緘露，悟到中間造化分。細雨緩催幽砌草，好風輕捲太虚雲。收功欲問知何似，縱是無聲也自聞。

晏坐高齋白晝閑，謾將生意静中看。一簾時雨滋花竹，繞砌光風轉蕙蘭。野馬飛時情自適，幽禽啼處樂相關。久知萬物非身外，欲向無名學弄丸。

夏日院中遣興

荷葉池塘四月初，滿庭梅雨正疏疏。心閑已悟天無際，性静應知樂有餘。架上詩書頻檢閲，環中光景任盈虚。鐵冠御史誰能識？隱几無言學養愚。

睡起口號

睡起霜臺萬慮清，天時物理獨關情。黄梅熟後無風落，翠蘚看來冒雨生。學向静中方識味，道全身内不干名。懸知千古無言子，不信人間有六經！

謝李布政文英以字帖藥方見寄

政聞左轄振條綱，忽寄書來喜欲狂。字向池邊添妙法，醫從《肘後》驗仙方。十年契闊情如舊，兩地相思意不忘。會面湖藩須有日，片帆行擬下沅湘。

辰州喜雪

臘月江城不起塵，朔風吹雪正頻頻。臺端老柏貞心勁，墻外疏梅冷蕊新。地氣已應清瘴癘，歲華行復見陽春。久知樗散無他補，祇咏豐年慰遠民。

登沅州城樓

縹緲飛樓面面通，霜臺多暇此從容。窗含曉日煙霄上，城繞秋山錦綉中。天壓大荒均雨露，地包絶域盡提封。小臣弭節裁詩日，誕播皇風萬國同。

寄于侍郎廷益

黄甲同年二百人，大名飛步獨超倫。乘驄正仰風霜肅，司馬俄承寵渥頻。列郡年豐争轉粟，兩河春暖見歸民。天書重叠膺殊寵，好布人間雨露新。

陽武懷古

黄河南下是通津，縣郭千年枕水濱。兵結團城猶有漢，車驚博浪已無秦。黑陽山晚横殘照，清水潭乾起暮塵。立馬幾回思往事，宰平誰識社中人！

襄城道中

三持憲節過襄城，喜見中州景物明。天倚嵩高霜氣肅，地連許潁曉煙横。輿圖渾渾開昌運，民物熙熙樂太平。萬里觀風良自負，遠懷還擬遂平生。

衛河舟中懷古

衰草蕪城澹月輝，河流雖是昔人非。北門鎖鑰輪平仲，南度兵車數岳飛。汴水風高霜落木，吳山秋晚露沾衣。當時故老知何限！空抱遺忠賦《式微》。

左掖退朝口號

寶蓋初收扇影還，千官行過石闌干。天階好雨沾旌旆，洞户清風引佩環。鐘響已飄雙闕外，香煙猶繞五雲間。久陪鴛鷺知無補，自訝昇平際遇難！

宿院簡焦羅張陳四侍御

楊柳風清憲府深，晚涼時節自開襟。星横北斗三更柄，月轉東瀛萬頃金。握節幾時窮地脈，觀書直欲見天心。壯懷落落霜侵鬢，誰伴單居御史吟？

送孫俊先生致仕歸鄢陵三首

先生七十引年歸，送別都門柳絮飛。潞水東風斜捲幔，金臺晚照遠御衣。收功桃李心初遂，行樂桑榆志未違。况復潁川多故事，到家争仰德星輝。

歸老儒官七十餘，扁舟唯載舊詩書。泥融野岸晴飛燕，飯熟行庖曉薦魚。花柳風煙新歲月，桑麻雨露舊村墟。到家處處堪行樂，應有兒童爲挽車。

彭祖岡南古潁川，先生茅屋尚依然。甘貧已道爲官好，勇退争誇引老賢。歸路載添新白髮，到家唯有舊青氈。耆英洛社如堪結，留取風流久遠傳。

遣　懷

樗材無補聖明時，持斧年多鬢欲絲。蘋藻久虚先壠薦，詩書應有正人知。趨朝鳳闕推先達，退食烏臺愧後期。幸自此身安蹇拙，幾看雲與意俱遲。

宿院遣興

柏臺清絶小窗虚，閑看遥空思有餘。明月有光圓又缺，浮雲不定卷還舒。初晴爽氣澄襟冷，入夜清風到面徐。莫笑官貧身老大，無名公已悟乘除。

遣　懷〔一〕

簿書夏日足官府，忽憶少年行樂時，高柳送涼蟬斷續，清溪濯足石參差。班荆或共高人語，採藥頻從野老嬉。遠興無端真在想，白雲芳草舊襟期。

【校記】

〔一〕《文集目録》只著“遣懷二首”，似將此首詩與“樗材無補’一首相合。

補　遺

泊舟衛河〔一〕

又承恩召上神州，衛水河邊暫繫舟。細雨漸稀雲葉斷，輕風初起浪花浮。只應作客多青眼，自信爲官正黑頭。想到鳳池春正好，御煙深處拜宸旒。

【校記】

〔一〕此首詩據《河汾詩集》卷六補，以下諸詩出處悉同此，併依原次第排列。

衛城咏古

衛河冰泮緑波匀，商野春回翠麥新。《淇竹》舊曾歌睿聖，《柏舟》猶自咏夫人。太師遺表當官路，西伯荒臺在水濱。靡靡遺音今已矣，東風依舊鳥聲頻。

舟中遣興

千里河流一席風，風光滿目愛春濃。煙籠楊柳著行緑，暖入小桃臨水紅。錦纜雲帆來滚滚，青簾酒肆過匆匆。何由得似王摩詰？並寫詩情入畫中。

寒食日舟至潞河

客里又逢熟食節，扁舟初及潞河時。花村酒肆青簾出，柳徑鞦韆彩索垂。心賞漸非年少樂，風光猶起故國思。孤舟盡日推篷坐，目送春流自咏詩。

贈侍御趙同年二首

題名鴈塔舊同年，赴召龍樓子獨先。京國共傳桓典馬，亨衢快著祖生鞭。鳳毛五世聲名大，烏府三秋節操堅。已是金閨早通籍，玉珂還擬並朝天。

往年同是看花人，紫陌春游意最親。歸路兩鄉魚信杳，趨朝千里鶴書頻。書生别後藍袍舊，柱史今來綉服新。只覺恩波涵萬物，不妨從此泛通津。

文清公薛先生文集卷之九

門人關西張鼎校正編輯

律　詩

夏日簡焦羅陳張四侍御〔一〕

長夏飛霜几硯清，公餘景物稱詩情。絲絲緑柳迎風細，灼灼紅葵向日傾。憲度已應昭典則，官僚況復盛才英。運開五百時難遇，願竭忠忱答聖明。

【校記】

〔一〕《文集目録》“焦羅陳張”作“焦羅張陳”。

挽李處士

鶴去蕪城不可招，海天涼月夜蕭蕭。誰從載酒尋山寺，無復攜筇過野橋。黄髪交游紛雨泣，白楊阡壠颯風飈。賢郎驄馬推恩日，定有鸞封下九霄。

送林鄭州厚

報政三年足好音，南歸五馬正駸駸。一麾共仰重臨德，累試争誇百鍊金。芍藥有風成雅俗，甘棠無土翳清陰。郡齋晝永多佳思，頻寄新詩慰别心。

樓　上

都門樓閣倚中天，暇日登臨思渺然。樹繞西山濃着雨，地連東海淡浮煙。塵消綺陌填車馬，香暖歌臺醉管絃。獨有道人清似鶴，謾從華表記歸年。

送士悦浙江憲副〔一〕

推轂年多老豸冠，分符吴越見才難。横金已覺新恩重，衣綉仍爲故里還。破浪樓船秋水闊，飛霜憲節海風寒。懸知到處山川好，行部應須次第看。

【校記】

〔一〕嘉隆本《全集》卷二十六詩題"送"下有"王"字。

歸到有感

連岡北下是吾廬，幾載歸來覓舊居。手種孫桐高院落，家傳喬木上霄衢。喪亡已是傷朋輩，凋瘵那堪甚里閭！獨立秋風看秋色，欲將心事問詩書。

河汾逢王存紀参政二首

京師一别幾經秋，汾水相逢話舊游。柏府久傳名譽美，薇垣今見事功優。典衣衹擬〔一〕通宵飲，投轄都無半日留。又復匆匆成兩地，朔風何處送鳴騶？

索居殊覺故交稀，忽見同官老綉衣。霖雨方看薇省作，清霜猶憶柏臺飛。論詩款款傾壺蟻，話舊頻頻剪燭輝。壯志未酬知己共，相期白首莫相違。

【校記】

〔一〕嘉隆本《全集》卷二十六"擬"作"疑"。

酬辛儼先生見寄

先生歸老大河濱，三十年來信始聞。鄉北鄭公瞻舊德，經傳邵學挹清芬。碧鷄傾蓋時雖久，錦鯉通書意更真。見説門墻桃李盛，不知誰占舜城春？

示勝子

勝子行將至立年，光陰莫使暫虚延。收心切要存天理，閉户常須閲簡編。玉不磨礱難作器，人非問學豈成賢！汝親願汝爲君子，朝夕應須念此言。

示京子

京子年今十七時，青春正好力書詩。兒童氣象都無異，問學薰陶始見奇。道大必先行孝弟，業荒須切戒游嬉。老來善惡由今日，汝父之言汝細思！

示昌子

昌子今雖十歲餘，聖功元自養蒙初。莫求俗輩梨兼栗，須讀前人詩與書。抄手出門毋浪戲，正襟掩户要端居。汝親願汝身長日，頭角峥嶸與衆殊！

過郭林宗墓

幾經滄海變桑田，孤冢常留古道邊。彩鳳自應鳴曉日，冥鴻終擬没秋煙。關河迢遞膺州〔一〕隔，江漢空茫稚信傳。千載有碑應不愧，路人猶自識高賢。

【校記】

〔一〕嘉隆本《全集》卷二十六“州”作“舟”。

題張侍御質魯齋〔一〕

混沌那堪七鑿餘！紛紛巧智定何如？璧完太璞應無價，學到希夷始似愚。往哲每能存本領，斯人有意篤詩書。試論質魯齋中事，一唯方能味道腴。

【校記】

〔一〕《河汾詩集》卷五詩題無“張侍御”三字。

題何郎中卷

粉署郎宮〔一〕詔許歸，都門祖席倍增輝。九天光逐廻鸞動，三峽雲隨畫鷁飛。慈竹滿庭浮曉色，芳花繞户送春暉。一門喜氣深如海，萬里江流接帝畿。

【校記】

〔一〕《河汾詩集》卷五“宮”作“官”。

挽王庭遂處士〔一〕

静中應自識先幾〔二〕，寄迹醫門識者稀。野質早時經水鑒，閑身終老製荷衣。交游祇擬論心久，生死寧知與願違？潞水秋風梁苑月，定從白鶴往來飛。

【校記】

〔一〕《河汾詩集》卷五詩題“庭”作“廷”。

〔二〕《河汾詩集》卷五“幾”作“機”。

挽舒大尹〔一〕二首

江右風流屬老成，江天俄復暗郎星。久傳詩禮誇賢子，遥想儀刑〔二〕律後生。耆舊空悲當日社，循良猶識昔時名。懸知斧屋秋煙裏，應有高人爲刻銘。

西風鶴唳楚天蒼，憔悴儒林吊白楊。花縣辭官悲暮景，菊籬歸老慘秋陽。空餘舊佩銅章暗，不及新頒紫誥香。有子秋官沾寵渥，豐碑行見發幽光。

【校記】

〔一〕《河汾詩集》卷五詩題作"舒大尹輓詩"。

〔二〕《河汾詩集》卷五"刑"作"形"。

讀易軒爲杜御史賦〔一〕

風滿幽軒净晚襟，韋編三絶在追尋。方看《龍馬》分奇偶〔二〕，又見《羲圖》轉古今。細草初生春徑淺，芳花早落夜庭深。《畫》前有《易》君知否？祇信堯夫最苦心。

【校記】

〔一〕《河汾詩集》卷五詩題作"讀易軒"。

〔二〕《河汾詩集》卷五"偶"作"耦"。

題静學軒〔一〕

書窗萬籟絶囂聲，有客窗前味六經。止水不波雲影見，太虚無翳月華明。亭亭自可觀人物，擾擾何由悟性靈！誰似南陽老諸葛，草廬默〔二〕識古今情？

【校記】

〔一〕《文集目録》詩題作“題杜侍御静學軒卷”。

〔二〕《河汾詩集》卷五“默”作“先”。

彩綉堂爲張聰御史賦〔一〕

山連滄海是金華，華榜青林柱史家。鶴髮每看傾壽酒，鳳城先已探名花。斑衣舞遍三春日，綉服裁成五色霞。已見高堂頒紫誥，香名留取故鄉誇。

【校記】

〔一〕《河汾詩集》卷五題“張”作“章”，無“聰”字。

送康僉憲四川提學〔一〕

萬里長江萬里橋，錦城樓閣倚青〔二〕霄。昔賢共説山川秀，僉憲寧辭道路遥？擬變三巴成雅俗，還將五教布新條。好期報政歸來日，鳴佩金門候早朝。

【校記】

〔一〕《河汾詩集》卷五詩題作“送康中振僉憲之蜀”。

〔二〕《河汾詩集》卷五“青”作“層”。

送高僉憲福建提學〔一〕

天書捧出大明宫，拜命南征使節雄。舟解御河楊柳緑，馬經山館荔枝紅。七閩人士沾時雨，一代文章復古風。未必江山久留滯，還期白首夢飛〔二〕熊。

【校記】

〔一〕《河汾詩集》卷五詩題作“送高超僉憲之福建”。

〔二〕《河汾詩集》卷五、嘉隆本《全集》卷二十六“飛”作“非”。

送彭琉僉憲廣東提學〔一〕

儒官新出禁林中，手捧天書按廣東。嶺表只今瞻使節，島夷從此變華風。霜隨白筆〔二〕蠻煙静，馬過青山瘴雨空。萬里天威應咫尺，五雲回首鳳樓重。

【校記】

〔一〕《河汾詩集》卷五詩題“廣東”上有“之”字，無“提學”二字。

〔二〕《河汾詩集》卷五“筆”作“簡”。

留别院中諸友

幾年騎馬聽朝鷄，憲府追蹤愧品題。散木自知非偉器，青雲何幸陟〔一〕仙梯！已逢盛世無禆補，更接英僚惜解攜。便捧天書天上去，五雲回首是三齊。

【校記】

〔一〕《河汾詩集》卷五“陟”作“躡”。

留别趙彬

知子於今近十年，中間消息兩茫然。寧知京國相逢處，又是都門惜别筵〔一〕？上苑榴〔二〕花偏向日，官河楊柳正含煙。臨岐握手無他語，願篤清修繼往賢。

【校記】

〔一〕《河汾詩集》卷五“筵”作“前”。

〔二〕《河汾詩集》卷五“榴”作“葵”。

留别姚克修御史

交情方斷昔人金，班馬俄聞載路音。郡邑行看東魯近，衣冠祇隔内臺深。朝中鵷侣思同入，海上仙山憶獨臨。壯志擬磨三尺劍，分攜寧遣鬢霜侵？

題薛希璡耕樂卷〔一〕

旭日初昇布谷鳴，春郊〔二〕耒耜動春聲。清溪引水來時滿，緑野爲菑望處平。田祖有靈開稔歲〔三〕，天民何幸樂生成！東阡南陌相過處，《擊壤歌》中答聖明。

【校記】

〔一〕《河汾詩集》卷五詩題“璡”作“進”。

〔二〕《河汾詩集》卷五“郊”作“耕”。

〔三〕《河汾詩集》卷五“歲”作“熟”。

祇命山東〔一〕

手捧天書出禁中，又乘驄馬按山東。秋煙荏苒連滄海，曉日熹微見岱宗。已沐聖明新化雨，乃瞻鄒魯舊儒風。小臣謬忝咨詢職，願得英賢佐九重。

【校記】

〔一〕《文集目録》“山東”下有“之作”二字。

游靈岩寺〔一〕

靈岩有路入煙霞，臺殿高低釋子家。風滿迴廊飄墜葉，水流絶澗泛空〔二〕花。青松閲世風霜古，翠石題名歲月賒。誰謂無生真可學？山中亦自有年華！

【校記】

〔一〕《河汾詩集》卷五詩題注云:"正統二年九月七日。"

〔二〕《河汾詩集》卷五"空"作"秋"。

宿靈岩寺

梵宇深沉夜景遲,僧房禪榻果幽奇〔一〕。竹鳴虚牖風過處,霜落寒岩月上時。紙帳燭光團白玉,石爐香焰靄青絲。紅塵馬首明朝别,只恐山靈解勒移。

【校記】

〔一〕《河汾詩集》卷五"奇"作"期"。

秋日靈岩道中

路入山門景便幽,高風不斷石林秋。照人霜葉紅於染,拂袖嵐光翠欲流。幾過野橋横絶澗,遥從古刹見高樓。北峰直欲〔一〕天相接,更擬攀蘿到上頭。

【校記】

〔一〕《河汾詩集》卷五、嘉隆本《全集》卷二十六"欲"作"與"。

寄李太亨太守〔一〕

會面京華兩過秋,又從海岱望揚州。澄清志操知吾劣,出守聲名覺子優。華館定閑徐孺榻,清池誰共李膺州〔二〕?如何千里音書絶?不信交游是白頭。

【校記】

〔一〕《河汾詩集》卷五詩題"寄"下有"揚州"二字。

〔二〕《河汾詩集》卷五、嘉隆本《全集》卷二十六"州"作"舟"。

題李廷珪僉憲嵩洛漁樵卷〔一〕

清門奕世古中州，洛水嵩山總舊游。見説斫雲開鳥道，還聞泝月泛漁舟。自趨紫闥來烏府，空使青雲伴白鷗。老去披圖思往事，幾回飛興到林〔二〕丘。

【校記】

〔一〕《文集目録》無"廷珪"二字。

〔二〕《河汾詩集》卷五"林"作"泉"。

松林書舍卷爲李方伯題〔一〕

四檐偃蓋碧重重〔二〕，插架牙籤落影中。萬谷驚濤滄海近，半窗〔三〕涼月雪山通。潤沾瑶席霏霏雨，響徹珠紘〔四〕細細風。好〔五〕結歲寒搜〔六〕秘檢，莫〔七〕教飛夢逐塵蹤。

【校記】

〔一〕《河汾詩集》卷五詩題作"松林書舍"。

〔二〕《河汾詩集》卷五"重重"作"童童"。

〔三〕《河汾詩集》卷五"窗"作"囱"。

〔四〕《河汾詩集》卷五"珠紘"作"朱絲"，嘉隆本《全集》卷二十六作"朱紘"。

〔五〕《河汾詩集》卷五"好"作"擬"。

〔六〕《河汾詩集》卷五"搜"作"披"。

〔七〕《河汾詩集》卷五"莫"作"肯"。

題楊僉憲思親卷〔一〕

惆悵高堂罷彩衣，空山回首斷雲飛。梧桐井徑秋風老，修竹園林夕露微。紫氣天邊〔二〕鸞下疾，白楊隴上〔三〕鶴歸遲。柏臺有子〔四〕情何似？厭聽庭〔五〕烏叫落暉。

【校記】

〔一〕《河汾詩集》卷五詩題"楊僉憲"下有"潤"字。

〔二〕《河汾詩集》卷五"天邊"作"霄衢"。

〔三〕《河汾詩集》卷五"隴上"作"阡隴"。

〔四〕《河汾詩集》卷五"子"作"客"。

〔五〕《河汾詩集》卷五"厭聽庭"作"幾對棲"。

題觀風圖〔一〕

九重深詔遣星軺,使者觀風郡國遥。水逐雕輪隨地遠,山開錦障拔天高。嚴城樹杪門初啓,候吏花邊馬不驕。萬里咨詢皆帝力,生民隨處樂耕樵。

【校記】

〔一〕《河汾詩集》卷五詩題作"題恩縣行臺屏風畫使者觀風圖"。

高唐道中寄李廷珪僉憲〔一〕

西來隨處問先生,見説分符到博平。滿路風花頻縱目,一川煙柳最關情。白頭每羨丹心壯,緑鬢誰知素節明?高論細聽應有日,擬分華榻共春燈。

【校記】

〔一〕《河汾詩集》卷五詩題作"高唐道中聞李廷珪僉憲先生在博平有喜賦此先寄之"。《文集目録》作"高唐聞李僉憲在博平喜而賦此"。

與孫大參韓憲副同按部别後寄此〔一〕

分符同出濟南城,攬轡東風並馬行。逸興細看花柳色,高談深合古今情。别來併覺新春暮,到處頻看缺月盈。絶似當年傾蓋者,更期樽酒話平生。

【校記】

〔一〕《河汾詩集》卷五詩題上有"二月廿日","同"下有"出濟南"等字。《文集目録》"同"下有"出濟南"三字。

寄孫韓二公〔一〕

憶過春風十里亭,二君攜酒玉爲瓶。小桃正吐樽前萼,嬌鳥初傳户外聲。如此風光留客飲,幾多懷抱向人傾。行臺此夕忽相憶,謾〔二〕掩重門惟月明。

【校記】

〔一〕《河汾詩集》卷五詩題作"出城日孫韓二公攜酒匡山郵亭小酌别後寄此"。《文集目録》作"出城日孫韓二公攜酒匡山叙别"。

〔二〕《河汾詩集》卷五"謾"作"深"。

懷李廷珪用前詩末句起韻並書於壁〔一〕

擬分華榻共春燈,到日先生去博平。别鶴行雲那有迹?落花飛絮倍多情。空憐皓月明朱幌,尚自〔二〕餘香裊畫屏。我復東西南北去,壁間留語候歸旌。

【校記】

〔一〕《河汾詩集》卷五詩題作"到博平先生已去數日矣因前詩結句起韻成一律並書於壁"。《文集目録》作"到博平李僉憲已去用前詩末句起韻並書於壁"。

〔二〕《河汾詩集》"自"作"有"。

次壽鄧郎中母韻二首〔一〕

百歲星霜是永年,七閩閨教最稱賢。自期西日堪留挽,不信南山可變遷。白髮已看封紫誥,彩衣時復奉華筵。故應志節高如許,贏得人間福壽全。

秋霜勁節自年年，誰似清門鄧母賢。半世成家遭感愴，一生教子見超遷。恩隨紫誥來華屋，春滿紅螺泛綉筵。青簡上頭書次第，香名留取古今全。

【校記】

〔一〕《河汾詩集》卷五詩題“母”作“乃堂”，無“韻二首”三字。《文集目録》作“次韻壽鄧郎中乃堂”。

咏新竹〔一〕

知是乾坤一氣催，滿林新笋進蒼苔。抽梢漸欲侵雲漢，解籜時應傍憲臺。已覺清風連座起，更摇疏雨到窗來。相看盡日添新〔二〕興，白筆新詩爲爾裁。

【校記】

〔一〕《河汾詩集》卷五詩題注云“曹縣分司”。

〔二〕《河汾詩集》“新”作“清”。

樂陵道中

樂陵東去古堤長，野水村煙共渺茫。遠海大〔一〕空初過鴈〔二〕，大田秋老未經霜。鐵冠十載心如昨，憲節雙持鬢欲蒼。攬轡悠悠思往事，趨朝曾對御爐香。

【校記】

〔一〕《河汾詩集》卷五、嘉隆本《全集》卷二十六“大”作“天”。

〔二〕《河汾詩集》卷五“過鴈”作“鴈過”。

長白山懷古〔一〕

山廻長白重經過，十世懷賢意若何。飯粥事空荒古寺，讀書聲歇暗煙蘿。中朝德業應難及，西夏勛名更不磨。向晚憑誰話憂樂？柏臺清夜月明多。

【校記】

〔一〕《河汾詩集》卷五詩題無"白"字。注云"即長白山范文正公讀書處"。

金臺送别爲李進都指揮賦二首〔一〕

纔將虎旅衛天居，又擁雕戈出帝都。部伍散行秋野闊，旌旗斜捲暮雲孤。扶桑分閫封圻近，《杕杜》連歌雨露餘。壯節封侯應有日，青雲回首是長途。

虎將承恩出九重，紫泥封帶御香濃。離筵濟濟都門酒，征馬蕭蕭别路風。雄鎮行看滄海近，歸旌遥指岱〔二〕山崇。太平分閫渾閑事，萬里封侯慷慨中。

【校記】

〔一〕《河汾詩集》卷五詩題"别"下有"卷"字。
〔二〕《河汾詩集》卷五"岱"作"岳"。

泰安州重寄李太亨〔一〕

去年岱麓題詩寄，岱麓逢人又寄詩。剖竹已當耆艾日，解龜仍及聖明時。青山總〔二〕有歸來約，黎首其如去後思！愧我年年持憲節，涓埃無補欲何爲？

【校記】

〔一〕《文集目録》"太亨"下有"太守"二字。
〔二〕《河汾詩集》卷五"總"作"縱"。

海上道中述懷〔一〕

馬首東來歲月頻。西歸猶及艷陽春。風煙滿目溪山秀，花柳無邊雨露新。四海甄陶明聖主，萬家耕鑿太平民。敕天千古遺歌在，每抱丹心戀紫宸。

【校記】

〔一〕《河汾詩集》卷五詩題前有"歸自"二字。

青州府迎詔〔一〕

丹霄快覩鳳啣書，春與天恩滿八區。不獨山東扶杖聽，還應海内效嵩呼。衣冠濟濟風雲際，花柳欣欣雨露餘。柏府微臣瞻盛事，載馳忠懇戀皇都。

【校記】

〔一〕《河汾詩集》卷五詩題作"正統四年三月十一日青州府拜詔之作"。《文集目録》作"青州拜詔之作"。

次黄仲芳韻二首〔一〕

京華偶爾論斯文，知是游心出聖門。風度恍如瞻玉樹，清談藹若挹芳蓀。薇垣三載時名大，花縣多年舊澤存。愧〔二〕我無能叨憲節，繆同述職荷天恩。

薇省分符重黑頭，天官考績冠時流。趨朝曉日辭丹鳳，去〔三〕路西風躍紫騮。自昔藩維求俊傑，只今典禮尚虞周。都門此別須珍重，還擬經邦贊大猷。

【校記】

〔一〕《河汾詩集》卷五詩題“仲芳”下有“見贈詩”三字。

〔二〕《河汾詩集》卷五“愧”作“老”。

〔三〕《河汾詩集》卷五“去”作“别”。

送王秀才省兄歸京師〔一〕

華下住〔二〕高秋氣多，大明湖水落霜波。山川風景今如此，兄弟分攜意若何？憲府已應持玉節，親闈長〔三〕是近鑾坡。明年二月春光好，更憶金臺有鴈過。

【校記】

〔一〕《河汾詩集》卷六詩題“送”上有“歷亭”、“王”下有“三”字。《文集目録》“王”下亦有“三”字。

〔二〕《河汾詩集》卷六“華下住”作“華不柱”。

〔三〕《河汾詩集》卷六“長”作“常”。

送李永年大參致仕十首

四朝出入受恩多，詔許南歸意若何？路繞青齊騶騎遠，水通淮海畫船過。故園到日收禾黍，别墅經年長薜蘿。父老傾懷看白髮，兒童佐酒發清歌。

七十懸車古亦稀，明時乞得健身歸。朝廷已自優黄髮，鄉里無〔一〕勞羨錦衣，碧水細通栽藥圃，青山閑繞釣魚〔二〕磯。江南事事皆堪樂，莫遣流年賞興違。

歷下山川入畫圖，西門帳别指征途。已知聖代優諸老，還似當年餞二疏。歸路遠應經鐵柱，名山行復見香爐。江南江北相思處，鴻鴈來時好寄書。

黄甲聲名四十年，薇垣粉署共稱賢。方看薦鶚陞三事，又乞歸身別九天。恩詔近從丹闕降〔三〕，使車遥向碧山懸。耆英莫謾誇中洛，江右風流也自傳。

白髮明時老大臣，封章幾上乞歸頻。四朝寵覺腰金重，三代恩霑彩誥新。花發薇垣成遠夢，潮平揚子是通津。到家正值秋光好，黄菊東籬有故人。

已向明時早拂衣，家山回首興如飛。丹心老去聲名大，白髮歸來故舊稀。幾處甘棠留畫省，統門楊柳蔭苔磯。惟應野老來争席，坐玩沙鷗伴夕暉。

聞道江南景物嘉，薇垣有客正思家。池塘夜雨翻荷葉，籬落秋香散稻花。德譽尚〔四〕爲清論重，儀刑應有正人誇。歐公曾寫《歸田録》，好繼遺芳〔五〕播邇遐。

梁苑登科二十年，乘驄頻與歲時遷。忽逢先達青雲上，已是門生白髮前。盛世澄清慚我劣，明時歸老羡公賢。追隨冠蓋城西别，心遂〔六〕行舟入楚天。

纔捧〔七〕除書拜好官，又承恩詔許南還。人辭歷下山光遠，船過真州水面寬。松菊未荒三徑在，衣冠不改一身閑。推恩更有新鸞誥，留與家門久遠看。

邂逅東藩僅一年，先生何事著歸鞭？曾聞碧岫雲藏屋，見説清溪月滿船。歸老會尋山水樂，聲名不讓古今賢。遥知林下徜徉處，猶起丹心憶九天。

【校記】

〔一〕《河汾詩集》卷六“無”作“毋”。

〔二〕《河汾詩集》卷六“魚”作“漁”。

〔三〕《河汾詩集》卷六“降”作“下”。

〔四〕《河汾詩集》卷六“尚”作“已”。

〔五〕《河汾詩集》卷六“芳”作“香”。

〔六〕《河汾詩集》卷六“遂”作“逐”。

〔七〕嘉隆本《全集》卷二十六“捧”作“奉”。

泛舟思親

天地無窮水自流，髫年已侍二親游。中原道路曾驅馬，江漢波濤更泛舟。孤藐光榮叨憲節，音容寂寞閟松楸。千思萬想情何極，目送飛雲到故丘。

送夏希純郎中歸南京

雲路分飛二十年，相逢鬢髮各蒼然。柏臺直指心如舊，粉署郎官職又遷。北闕九霄瞻曉日，南風五兩送歸船。帝京到日多佳興，虎踞龍蟠〔一〕入望邊。

【校記】

〔一〕《河汾詩集》卷六“蟠”作“盤”。

秋日東平道中

齊魯西風草樹秋，川原高下過東州。道邊白鶴來華表，陌上蒼麟臥古丘。九曲半應非禹迹，三山何處是仙洲？經行俯仰成今昔，卻憶當年賦遠游。

過五道嶺

峰嶺連連接岱宗，路從絶頂度華驄。餘寒常〔一〕帶陰崖雪，爽氣仍飄霽壑風。春入〔二〕驛亭嚴候吏，雲隨〔三〕憲節怪山童。方巡每歲明天寵，長見車書海宇同。

【校記】

〔一〕《河汾詩集》卷六"常"作"尚"。

〔二〕《河汾詩集》卷六"入"作"敞"。

〔三〕《河汾詩集》卷六"隨"作"從"。

寧陽行臺元夕憶黄憲使〔一〕

曾〔二〕憶觀燈宴後堂，玉杯行酒夜何長！新聲已覺隨銀甲，逸響還驚繞畫梁。東道留賓能閉户，諸郎喜客解牽裳。别來好景逢元夕，空向行臺對月光。

【校記】

〔一〕《河汾詩集》卷六詩題後尚有"觀燈之宴"四字。《文集目録》作"寧陽元夕憶黄憲使觀燈之宴"。

〔二〕《河汾詩集》卷六"曾"作"最"。

沂濱書舍爲曲阜令孔公堂賦〔一〕

魯城南畔碧溪頭，結屋藏書事事幽。入户日光浮野馬，隔簾波影漾沙鷗。真傳已覺千年遠，大道還從六籍求。聞説浴沂當此地，春風有約事追游。

【校記】

〔一〕《河汾詩集》卷六詩題"沂"作"新"。《文集目録》無"曲阜令"三字。

兗州道中

敷士名傳舊兗州，山川遺迹快追游。泗沂凍解波猶淺，鳧嶧〔一〕春回翠欲流。野火碑餘秦相國，《閟官》詩頌魯諸侯。懸知尼父當年志，夢寐長〔二〕思見盛周。

【校記】

〔一〕《河汾詩集》卷六"嶧"作"繹"。
〔二〕《河汾詩集》卷六"長"作"常"。

和壁間虞伯生皋字韻〔一〕

中書幾禿管城毫，盡日抄書未覺勞。但得文章如布帛，不須詩句比金膏。淳厖每憶黄輿厚，玄鑒深期碧漢高。莫道知音人世少，有魚潛渚鶴鳴皋。

【校記】

〔一〕《河汾詩集》卷六詩題作"和壁間皋字韻詩後書虞伯生作"。《文集目録》"壁間"在"虞伯生"後。

送陳都憲鎮關中三首〔一〕

四朝風紀受恩深，又見西行捧德音。天上神仙知暫别，關中父老喜重臨。成〔二〕閑部伍清河曲，地遠桑麻接華陰。到處行臺懷帝闕，封章還擬罄丹心。

中丞斧鉞下青霄，重鎮關中别路遥。衛水樓船春解纜，崤陵驄馬曉揚鑣。諸軍共仰新旌節，列郡仍遵舊教條。想是歸期應不遠，朝元有約聽《簫韶》。

九重深念及西人，出鎮還須老大臣。憲節入關隨爽氣，璽書行郡布陽春。山連玉井晴飛雨，地接金城迥不塵。經濟本爲儒者事，功成還擬畫麒麟。

【校記】

〔一〕《河汾詩集》卷六詩題作“送陳都御史鎰出鎮關中三首”。

〔二〕《河汾詩集》卷六、嘉隆本《全集》卷二十六“成”作“戍”。

送金都憲鎮寧夏二首〔一〕

大夫承詔出皇州，西夏山川是壯〔二〕游。笳鼓盡迎新憲節，風霜仍肅舊貔貅。久知河隴諸蕃静，又見崆峒二麥收。總賴廟謀〔三〕清四海，不須樽俎借前籌。

西行紫誥〔四〕帶新泥，葱嶺河隍入馬蹄。列鎮〔五〕久應烽火息，連屯惟見稻秧齊。遠通貢篚來天外，直布皇風到海西。萬里成功歸有日，青雲滿眼是丹梯。

【校記】

〔一〕《河汾詩集》卷六詩題作“送金都御史廉出鎮寧夏二首”。

〔二〕《河汾詩集》卷六“壯”作“舊”。

〔三〕《河汾詩集》卷六“謀”作“謨”。

〔四〕《河汾詩集》卷六“誥”作“詔”。

〔五〕《河汾詩集》卷六“鎮”作“戍”。

送盧都憲鎮守寧夏二首〔一〕

明時出鎮得才難，莫厭經行萬里間。玉節初辭青瑣闥，霜風先到賀蘭山。關河控帶黄塵静，蕃落耕耘緑野閑。入覲天顔應咫尺，不須頻看寶刀環。

同年於我最相親，憲府乘驄邁等倫。正是趨朝承雨露。又看持節出風塵。山川迢遞行時舊，旌旆悠揚到日新。暫撫西陲歸有日，看花須及鳳城春。

【校記】

〔一〕《文集目録》"鎮"下無"守"字。

出京師二首

孤臣泣血省愆尤，詔釋羈縲出鳳州。滿目山光迎馬首，一鞭歸思繞林丘。罷官已是安時命，報國空驚不自籌。遥想到家春已暮，麥黄蠶老稼盈疇。

久知樗散是非才，廿載超遷歷寺臺。松柏每期冬雪茂，杏花不逐艷陽開。數莖白髮還禁老，一寸丹心未覺灰。此日爲農歸故里，河汾歲晚興悠哉。

患難中海昌李太守數書問及詩以報之〔一〕

知己情深數寄書，問吾行止近何如。買車已上山西路，結屋還依水北居。樂意不忘尋簡帙，生涯祇擬付耕鋤。感君交義高千古，遠道何由致報珠。

【校記】

〔一〕《文集目録》作"患難中答李太守"。

步朱尚寶送行韻用以留别二首〔一〕

一枕邯鄲夢已醒，歸鴻千里拂高冥。心期皎日均能許，歌擅《陽春》我獨聽。别去莫驚頭並白，相思終是眼長青。河汾故里遺風在，争似當時續六經？

驛路春風酒半醒，離情花思兩冥冥。穿林乳燕深深去，傍柳流鶯細細聽。官渡已過滹水碧，家山又近太行青。龍門舊業應如昨，樵谷漁磯取次經。

【校記】

〔一〕《文集目録》作“步朱尚賓韻留别”。

晚翠軒爲楊大參賦〔一〕

高人雅有歲寒盟，笑傲華軒寄遠情。最喜竹風當座起，絶憐松雪近人清。年來勁節心能與，春雲繁華眼不驚。若此秋香還共美，擬從良史傳佳名。

【校記】

〔一〕嘉隆本《全集》卷二十六詩題“賦”作“題”。

春日遊禹門

野服歸來野興幽，十年仍遂禹門游。崖回曲路通危棧，峽束洪濤瀉急流。樓結飛甍臨絶漢，宫高華榜焕層丘。鄉人未必知神意，絲管啁啾聒未休。

哭少子治

患難歸來始自憐，悲傷何事又相煎？一經賴爾傳先業，二豎嬰人殞少年。遺卷不堪尋舊墨，荒岡忍復見新阡！傷心問寢寒齋夜，鴻鴈行中訝失聯。

題李麟惜陰卷

連城自古出藍田，還道驪珠在九淵。勤苦方能求至寶，放情未必得真傳。案頭每見秋螢聚,窗裏常知野馬懸。年少惜陰真可畏,老予鬢髮已星然。

用舊韻酬海寧李太守四首〔一〕

聞道先生近著書,高懷雅興逈難如。蘭栽九畹誰同採?竹種千竿自可居。溪水每從晴後釣,山田多向雨中鋤。慇懃遠道裁詩寄,絶勝驪龍頷下珠。

焚香纔〔二〕暇即披書,老去無能得自如。青簡尚尋《高士傳》,白雲還似野人居。秋風婢子晨供織,細雨兒童晚荷鋤。道不遠人真可樂,何須象罔索玄珠?

四千里外一封書,縱有瓊瑶報不如。雲水當年思共步,山川此日已安居。霜前棗熟從人打,雨後葵荒欲自鋤。《白雪》調高知和寡,強將魚目比明珠。

五馬無勞事簡書,一生行止自如如。冥鴻有意隨高逝,野鳥忘機伴所居。千樹黄柑應自種,一窗青草不須鋤。門臨滄海秋先覺,長見寒光浴曉珠。

【校記】

〔一〕《文集目録》"寧"作"昌",無"四首"二字。

〔二〕嘉隆本《全集》卷二十六"纔"作"暫"。

立秋日〔一〕

雨晴新漲落汾黄,緑樹風生户牖涼。跋馬空懷登遠道,聞蟬還喜是吾鄉。離離禾黍東皋近,緲緲雲霞比〔二〕嶺長。有酒便堪消暇日,流年不管鬢成霜〔三〕。

【校記】

〔一〕《河汾詩集》卷六詩題“日”下有“題”字。

〔二〕《河汾詩集》卷六“比”作“北”。

〔三〕《河汾詩集》卷六“鬢成霜”作“鬢毛蒼”。

題馮處士卷

忽從囂雜見真淳，誰道今人不古人？四禮每從〔一〕朱氏教，一門長接孟家鄰。椿庭時雨年年潤，蘭砌光風〔二〕日日新。青簡會須書行義，高名直與董生親。

【校記】

〔一〕《河汾詩集》卷六、嘉隆本《全集》卷二十六“從”均作“宗”。

〔二〕《河汾詩集》“光風”作“風光”。

次何僉憲自學韻二首〔一〕

阿閣梧桐第一枝，朝陽快覩鳳鳴時。西江才學推虞集，北斗聲名仰退之。直道敢抛君子志，中情還有〔二〕正人知。青青誰似霜臺柏？聳壑昂霄更有期。

天衢早歲躡仙蹤，金榜紅霞絢海東。陳策漢廷推董子，明刑司寇〔三〕數蘇公。一襟氣與秋天杳，千古心涵曉鏡空。兩見名藩持憲節，清霜隨處踏春紅。

【校記】

〔一〕《河汾詩集》卷六詩題“次”作“和”，無“自學”二字。《文集目録》亦無“自學”二字。

〔二〕《河汾詩集》卷六“有”作“許”。

〔三〕《河汾詩集》卷六“寇”作“冠”。

無　題

浩浩滄浪水自清，曾聞漁父扣舷聲。四知稀復思楊震，千載誰能慕屈平？得失真如鴟嚇鳳，高低應似鷽嘲鵬。何當挽取天河水，一洗人間兩眼明！

立春日〔一〕

臘盡殘年冉冉過，又逢春日興偏多。故應節序經千古，自信行藏老一窩。生菜任教纖手送，新醪微〔二〕覺寸心和。乾坤俯仰無窮意，閑對東風一放歌。

【校記】

〔一〕《河汾詩集》卷六詩題"日"下有"題"字。

〔二〕《河汾詩集》卷六"微"作"惟"。

絳守王汝績新學詩以美之

先生爲郡冠諸公，興學由來有古風。青史無勞稱衛〔一〕颯，黄堂今復見文翁。化行古水絃歌内，道在金臺俎豆中。老我河汾遺教遠，相思應與此心同。

【校記】

〔一〕《河汾詩集》卷六"衛"作"魏"。

次林文載大參韻〔一〕

歲暮相逢晉水頭，清宵剪燭話同游。齊名黄甲風雲闊，接武彤池寵渥稠。宦達子應思致澤，退閑我亦樂藏修。卻憐出處千年事，惟有儒門道德優。

【校記】

〔一〕《文集目録》無“文載”二字。

對　雪

雲〔一〕垂四野寂無聲，大雪通宵又徹明。在目已應知皓潔，穿簾時復斗輕盈。凍凝水底蛟龍蟄，飢厭庭前鳥雀争。高臥不妨書舍冷，此心元有歲寒盟。

【校記】

〔一〕嘉隆本《全集》卷二十六“雲”作“雪”。

久不作詩偶賦〔一〕

案頭彩筆倦〔二〕長吟，陡覺詩情動不禁。湖海盡除當日氣，田園深稱老年心。種瓜已自連東畛，栽漆還應滿北林。汾水晉山無限好，擬逢清景更登臨。

【校記】

〔一〕《河汾詩集》卷六詩題“偶賦”下有”一律”二字。

〔二〕嘉隆本《全集》卷二十六“倦”作“惓”。

秋　日〔一〕

窗户涼風似水流，河汾八月又驚秋。寒蜩〔二〕嘒嘒鳴何切！社燕翩翩去不留。飲水難期前聖樂，乞墦纔免昔人羞。求田問舍安吾老，不羡元龍百尺樓。

【校記】

〔一〕《河汾詩集》卷六詩題作“秋日題”。

〔二〕《河汾詩集》卷六“蜩”作“蟬”。

謁伯夷叔齊廟〔一〕

荒祠古柏首陽阿，再拜仁賢感慨多。像設一堂還儼雅，草封雙冢正嵯峨〔二〕。心存兄弟難能節，力挽君臣欲逝波。世上争名争利者，高風奈〔三〕此二公何！

【校記】

〔一〕《河汾詩集》卷五詩題注云“在首陽山”。

〔二〕《河汾詩集》卷五此句句注：“夷、齊冢在廟垣内。”

〔三〕《河汾詩集》卷五“奈”作“爾”。

過汾陽故里〔一〕

名與臨淮往日齊，乘軺今過華山西。參天老樹荒祠在，遍野新蕪舊宅迷。將略不須窮玉籍，王〔二〕封寧複數躬珪〔三〕？中興唐室如公少，回想忠賢首屢低。

【校記】

〔一〕《汾河詩集》卷五詩題“汾陽”下有“王”字。詩題注云“在華州”。

〔二〕《河汾詩集》卷五“將略不須窮玉籍，王……”八字作“破虜幾回勞汗馬，分……”。

〔三〕《河汾詩集》卷五“珪”作“圭”。

過寇萊公祠

功業澶淵冠宋朝，古祠松柏晚蕭蕭。儀容不泯鄉人祭，魂魄何須楚些招！忠義垂聲千古在，奸諛遺臭幾時消。老予持節無英計，戀闕思賢首重搔。

華　山

馬首嵯峨見華山，三峰削玉最高寒。層陰舊接黄河水，秀色長連紫氣關。只有煙霞生澗谷，總無塵土翳林巒。西還更與山靈約，擬上雲梯仔細看。

温　泉

唐家天子愛温泉，故起離宫綉嶺前。山上朝元金作閣，苑中湯井玉爲蓮。錦鳧曾泛當時水，香木頻浮〔一〕舊日船。賜浴未終鼙鼓動，苔池留〔二〕恨自年年。

【校記】

〔一〕《河汾詩集》卷五"頻浮"作"猶聞"。
〔二〕《河汾詩集》卷五"留"作"流"。

華清宫

天寶承平奈樂何，華清宫殿鬱嵯峨。朝元閣峻臨秦嶺，羯鼓樓高俯渭河。玉笛長飄雲外曲，霓裳間舞月中歌。祇今惟有温泉水，嗚咽聲中感怨多！

馬　嵬

號令風行遍九州，六軍何事此淹留？深情只擬乾坤久，絶寵寧知咫尺休？劍閣西行山寂寂，渭河東去水悠悠。路邊三尺妖姬上〔一〕，長帶千秋萬古羞。

【校記】

〔一〕《河汾詩集》卷五、嘉隆本《全集》卷二十六"上"均作"土"。

連雲棧道中四首

陳倉西入一門來，叠嶂層巒次第開。百折長途盤翠嶺，千尋危棧接青崖。蒼蒼雲木鳴〔一〕山鳥，泱泱〔二〕溪泉瀉石苔。持節未〔三〕應辭路險,會清鑾徼凱歌回。

莫道西行蜀道難,老來深喜縱遐觀。山從太白連岷嶺,水繞〔四〕嘉陵出散關。石積層崖知地厚,路登絶巘覺天寬。驅兵過此思諸葛,大節長留宇宙間。

重疊峰巒掩映青,不登危棧即溪行。氣偏三月山蟬叫,境異千林杜宇鳴。寥落人家多板屋,蕭條郵舍盡茅亭。因思唐帝西巡日,中夜何堪雨打鈴!

總角曾從蜀道行,今來鬢髮已星星。不勝愛國輸忠念,無限思親感舊情。林外最嫌鸚鵡舌,耳邊偏喜杜鵑聲。驅馳萬里心何憚,但保秋霜分義明。

【校記】

〔一〕《河汾詩集》卷五"鳴"作"啼"。

〔二〕《河汾詩集》卷五、嘉隆本《全集》卷二十六"泱泱"作"決決"。

〔三〕《河汾詩集》卷五"未"作"不"。

〔四〕《河汾詩集》卷五"繞"作"號"。

諸葛武侯塚

丞相孤墳何處尋?褒城西去漢江陰。青蕪漠漠煙横野,翠柏蕭蕭風滿林。尚憶《出師》當日表,空歌《梁甫》舊時吟。中原未復星先墜,長使英雄慨古今。

諸葛武侯廟〔一〕

武侯遺廟漢江南,喬木森森雜翠嵐。義感居人猶致祭,名聞過客亦停驂。運謀圖陣曾爲八,遺恨山河尚是三。千載英雄今已矣!古碑重讀意難堪。

【校記】

〔一〕《河汾詩集》卷五詩題注“在塚東”。

過七盤

匆匆行役敢求安？鞍馬經時歷險艱。叱馭纔過九折坂，揮鞭又度七盤山。行當絶頂知天近，下盡層梯覺地寬。卻喜漢中頻在望，一川風物自閑閑。

漢中寓目

谷盡褒斜覺眼明，漢中如掌一川平。封疆自昔多吞併，龍虎當年幾戰争。英主築壇曾拜將，忠臣討賊舊屯兵。權〔一〕豪一去無遺迹，惟見山高水自清。

【校記】

〔一〕《河汾詩集》卷五、嘉隆本《全集》卷二十六“權”作“雄”。

蒼　溪

少陵詩裏見蒼溪，今過蒼溪日欲西。駐節驛亭天色暝〔一〕，維舟江岸浪痕齊。風林疑有於菟嘯，雲木時聞杜宇啼。橘柚過時黄不見，峰巒依舊翠高低。

【校記】

〔一〕《河汾詩集》卷六、嘉隆本《全集》卷二十六“暝”作“瞑”。

閬　中

聞道閬中山水奇，今來始得一見之。長江縈帶碧浩渺，遠峰環繞青參差。竹樹茂密〔一〕塵不起〔二〕,天宇空闊雲自移。錦屏近郭最明秀,佳句還吟子美詩。

【校記】

〔一〕《河汾詩集》卷五"茂密"作"密茂"。

〔二〕《河汾詩集》卷五"起"作"到"。

鹽亭道中〔一〕

舟度嘉陵見錦屏,西行幾驛到鹽亭。好山最愛連峰秀,佳木偏憐古柏青。老志不移方寸赤,遠游寧怯鬢毛星!休誇《諭蜀》相如檄,干〔二〕羽深期舞舜庭。

【校記】

〔一〕《河汾詩集》卷五題上有"閬中往"三字。

〔二〕《河汾詩集》卷五"干"作"千"。

送李僉都經略敘播〔一〕

五月樓船發錦江,中丞斧鉞靖蠻邦。一天勝氣隨龍敕,千里長風捲綉幢,定有奇兵擒孟獲,不勞飛將斬王雙。朝廷恩信更須布,夷僚〔二〕行看到處降。

【校記】

〔一〕《文集目録》"僉都"作"都憲"。

〔二〕《河汾詩集》卷五、嘉隆本《全集》卷二十六"僚"作"獠"。

與李都憲錦江泛舟〔一〕

津頭打鼓發官船,泛泛清波散曉煙。岸轉漸移江上樹,艫〔二〕摇頻拂鏡中天。岷峨西北山重叠,吳蜀東南水接連。卻艤江亭窮勝觀,一樽談笑好風前。

【校記】

〔一〕《河汾詩集》卷五詩題作“送李都御史泛舟江亭小酌”。

〔二〕《河汾詩集》卷五“艫”作“櫓”。

錦城端午

錦官城里遇端陽，好事常年憶帝鄉。頒扇不知三伏暑，賜衣猶帶九天香。卻看絶塞孤雲遠，閑坐空亭〔一〕一雨涼。佳節任從流轉在，丹心不管鬢毛蒼。

【校記】

〔一〕《河汾詩集》卷五“亭”作“庭”。

答徐廣文二首〔一〕

三冬文史最〔二〕精明，發軔香名蚤已成。政羡有才逢治世，卻慚無力答昇平。鵾鵬還擊三千水，鵷鷺終期一字行。會面幾何知又别，高談不盡古今情。

衆中傑出見才賢，文采英英骨氣全。傾蓋已知心不異，談經雅覺道無偏。擬陳亹亹天人策，寧羡悠悠將相權！北上有期還送别，爲君沽取酒如泉。

【校記】

〔一〕《河汾詩集》卷五詩題“徐廣文”作“徐生”。

〔二〕《河汾詩集》卷五“最”作“舊”。

發成都〔一〕

夜雨朝來歇怒雷，成都江上畫船開。高低竹樹連村舍〔二〕，遠近峰巒入望來。鼓枻易傷漁父志，著鞭難〔三〕覓祖生才。煙波好景空無限，遠思撩人未易裁。

【校記】

〔一〕《河汾詩集》卷五诗題下有"六月十一日"五字。
〔二〕《河汾詩集》卷五"舍"作"合"。
〔三〕《河汾詩集》卷五"難"作"還"。

納　溪

持節南來幾日留，納溪小縣納溪頭。市衢寥落人何少！憲府荒涼境自幽。六詔雲山隨地遠，三巴煙水接天流。只今溪洞猶多梗，五月南征憶武侯。

永思堂爲賀太守賦〔一〕

瀘川賀守孝心純，一日何曾忘二親！已痛音容隨化盡，更悲霜露逐時新。情深易感無窮恨，天大難酬罔極恩。我亦有親俱早世，爲題詩卷淚沾巾〔二〕。

【校記】

〔一〕《河汾詩集》卷五詩題作"永思堂卷爲賀守賦"。
〔二〕《河汾詩集》卷五"巾"作"襟"。

嘉　定

嘉州曾作少年游，納納乾坤五十秋。四野不移山競秀，三江依舊水重流。天高華夏風雲闊，地〔一〕入蠻荒草樹稠。城郭幾歸遼海鶴，白雲今古自悠悠。

【校記】

〔一〕嘉隆本《全集》卷二十六"地"作"池"。

題王醫士東白堂〔一〕

纔見滄溟浴曉珠，俄看倒影上天衢。丹爐夜火知全伏，藥室晨光覺漸虚。野馬未穿延客榻，陽烏先照活人書。在家早起君休厭，屨迹朝來滿户除。

【校記】

〔一〕《文集目録》"堂"作"臺"。

游青羊宫二首

青羊宫觀鬱崔嵬，遠憶函關紫氣來。雪嶺地應通閬苑，錦城江自繞蓬萊。萬竿修竹生玄圃，三秀仙芝長石苔〔一〕。千古誰能識玄牝？只疑虚谷有風雷。

千年舊是青羊肆，今日翻爲老子家。金榜半天標觀閣，琅函滿室粲雲霞。琪林紅落三秋葉，瑶圃黄開九月花。有物混成人罕識，會從真境讀《南華》。

【校記】

〔一〕《河汾詩集》卷五"苔"作"台"。

諸葛武侯廟十首

萬里橋西有古祠，武侯遺像似當時。孤臣只擬炎光振，遺恨猶〔一〕悲漢祚衰〔二〕。繞砌緑苔經雨色，滿林蒼柏冒霜枝。祇緣忠義無今古，不泯邦人百世思。

【校記】

〔一〕《河汾詩集》卷五"猶"作"寧"。

〔二〕《河汾詩集》卷五"衰"作"移"。

茅廬枉〔一〕顧即依依，猶恨當時見面遲。文武才猷天下少，君臣契合古來稀。南征纔見功初遂，北伐那堪願已違。尚有錦江遺廟在，英名千古自光輝。

【校記】

〔一〕《河汾詩集》卷五"枉"作"往"。

股肱漢室舊宗臣，魚水當年意氣親。時節如逢逐鹿日，風雲還起臥龍人。《出師》前後丹心切，討賊頻煩大義伸。萬古英名天地在，叢祠長〔一〕近錦江濱。

【校記】

〔一〕《河汾詩集》卷五"長"作"常"。

王佐雄才久已聞，叢祠今見錦江濆〔一〕。莓苔歲久漫碑刻，風葉秋高打廟門。每有孤忠興漢室，可無長策定中原。江山離合寧非數？成敗難將往事論。

【校記】

〔一〕《河汾詩集》卷五"濆"作"濱"。

南陽躬稼似天民，感激元〔一〕因枉顧頻。初識樓桑親帝胄，還如白水舊真人。已從荆益開王業，幾欲咸秦掃寇塵。曆數雖窮遺廟在，大名長〔二〕與歲時新。

【校記】

〔一〕《河汾詩集》卷五"元"作"原"。

〔二〕《河汾詩集》卷五"長"作"常"。

一時魚水風雲會，千載君臣祭祀同。鐘鼓尚存當日廟，江山猶繞舊時宫。畫檐金榜蛟龍出，粉壁丹青户牖通。割據奸雄俱泯滅，荒丘誰與酹西〔一〕風？

【校記】

〔一〕《河汾詩集》卷五"西"作"清"。

茅廬抱膝正長吟，忽際風雲許與深。草昧每存興漢計，艱危肯負托孤心。《出師表》在垂天地，《八陣圖》存慨古今。欲問祠堂何處是？錦官城外柏森森。

高視乾坤志未酬，草廬長嘯意悠悠。時才總附奸雄勢，大老還爲漢室謀。兩《表》曾聞辭後主，三軍幾欲定中州。伐功未就皆天數，錦里英風古廟秋。

赤精帝子真苗裔，三顧茅廬起卧龍。英論已知分鼎勢，長才欲試〔一〕補天工。纔聞遣使通江表，又見驅兵出漢中。禮樂未興人已逝，古祠松柏撼高風。

【校記】

〔一〕《河汾詩集》卷五"試"作"識"。

乾坤不復有斯人，間氣奇才絶等倫。管樂規模難並駕，伊周事業可相親。紅旗幾出褒斜道，緑野還耕渭水濱。時去千年猶廟食，英風凜凜漢忠臣。

御書樓爲吾昌衍参政賦〔一〕

古今書賜由中秘，藏在君家百尺樓。奎耀夜晴〔二〕通户牖，蕓香風細散檐幽。篇章總是天人學，函藏深爲釋老羞。從此黄金不須積，子孫勤讀繼前修。

【校記】

〔一〕《河汾詩集》卷五詩題無"吾"字。《文集目録》"吾昌衍"三字皆無。

〔二〕《河汾詩集》卷五"晴"作"精"。

蜀中立春遣懷〔一〕

世態炎涼閲已多，老懷今日奈春何！一年持節金臺客，萬里通潮錦水波。北塞已聞休士馬，南荒行復罷干戈。時清若許歸田里，願和康衢《擊壤歌》。

【校記】

〔一〕《河汾詩集》卷五詩題"立春"前有"辛未"二字。

春日遣興〔一〕

閑館春深日正長，萋萋春〔二〕草遍池〔三〕塘。淡雲疏雨梨花白，暖日輕風柳線黄。讀《易》自能窮宇宙，賦詩聊爾記年光。錦城風景雖云樂，故里關心未可忘。

【校記】

〔一〕《河汾詩集》卷五詩題"興"作"懷"。

〔二〕嘉隆本《全集》卷二十六"春"作"芳"。

〔三〕《河汾詩集》卷五"池"作"方"。

北歸有喜而賦

駐節西川僅一年,北歸恩自九重天。非才豈敢妨賢路?無補空慚費俸錢。爲客載添新白髮,到家還閲舊青編。急流勇退應難及,千載高風尚凛然。

送杜員外歸省還京師

歸省西川未幾時,促〔一〕裝又復上京師。榮親已荷褒封典,報國難忘雨露私。路夾山花開錦綉,棧盤崖樹拂雲霓。遥知紫禁趨朝後,粉署從容日正遲。

【校記】

〔一〕《河汾詩集》卷五"促"作"行"。

文清公薛先生文集卷之十

門人關西張鼎校正編輯

律詩

詠顔魯公〔一〕

蓬利何堪屈大才？平原出守亦微哉！忽逢動地風塵起，不使中流砥柱摧。爭坐已難追雅論，立朝寧畏忤〔二〕奸回！自騎箕尾歸天上，長播英風遍九垓。

【校記】

〔一〕《河汾詩集》卷五詩題注“公嘗爲蓬利二州刺史”。《文集目録》作“詠魯公並序”。

〔二〕《河汾詩集》“寧畏忤”作“寧復畏”。

送太守致仕〔一〕

五馬蕭蕭出帝鄉，都門祖席倍輝光。天恩老覺腰金重，客思遥〔二〕牽别路長。龜虎已應辭郡國，貂蟬時復憶班行。風煙縹緲鄉關近，川谷猶疑下鳳凰。

【校記】

〔一〕《河汾詩集》卷五詩題“仕”下有“歸”字。

〔二〕《河汾詩集》卷五“遥”作“還”。

錦官驛官送櫻桃

錦官驛吏送櫻桃，紅顆堆盤磊落高。時果已〔一〕知西蜀美，古詩難覓少陵豪。嘗新暫遣中情悦，感物還添遠意勞。多少上林鶯啄遍，一春歸興正滔滔。

【校記】

〔一〕《河汾詩集》卷五"已"作"也"。

草涼樓驛看紅白芍藥〔一〕

芍藥花開山驛中，小闌紅白各分叢。濃粧獨向風前立，素質如從月下逢。明媚併超塵世色，妖嬈均得化神功。誰知傾國傾城者，一律滔滔萬古同。

【校記】

〔一〕《河汾詩集》卷五詩題末有"花"字。

過武功縣

持節西來過武功，扶桑日上曉光紅。渭河水遠波聲小，大〔一〕白山高樹影重。遺址已無慈德寺，居人猶説有郃封。東行無限前朝事，盡在紅〔二〕塵緑野中〔三〕。

【校記】

〔一〕《河汾詩集》卷五、嘉隆本《全集》卷二十七"大"作"太"。
〔二〕《河汾詩集》卷五"紅"作"黄"。
〔三〕《河汾詩集》卷五此詩尾注："寺，唐太宗所生里。"

題休休亭〔一〕

中條山下王官谷〔二〕，草木煙霞景物幽。仙李固知時靡靡，野亭從此號“休休”。座中爽氣常飄灑，天際浮雲任去留。墜笏已超塵網外，高名千古鎮悠悠。

【校記】

〔一〕《河汾詩集》卷五詩題“題”下有“司空表聖”四字。詩題注云：“在中條山王官峪。”

〔二〕《河汾詩集》卷五“谷”作“峪”。

贈張僉憲

邂逅金陵已七年，相逢論舊意欣然。江東風紀當時振，山右聲名此日傳。緑野盡耕春雨後，清霜早落艷陽前。朝端公道明如日，持憲應知數俊賢。

挽陳先生

歸來煙水釣舟横，雲白其如足下生！尚有菁莪經雨茂，空餘桃李向春榮。高情衹許鄉人慕，遺事誰從太史銘？賴有賢甥今宦達，爲揚聲譽照蒼冥。

挽祝處士

鴻去青冥定幾年，東吴聲譽至今傳。高情未必尋丘壑，清隱還應在市廛。竹塢邀賓留舊榻，蕓窗教子剩殘編。黄門底是推恩處？紫誥迴鸞下九天。

豫讓橋次陳僉憲韻〔一〕

千年豫讓有遺橋，懷古還停使者軺。季世忠臣存大節，頹波砥柱見孤標。吟邊涼吹聲蕭瑟，望處秋天影寂〔二〕寥。無限繁華俱泯火，英名終古自難消。

【校記】

〔一〕《河汾詩集》卷五詩題作"題豫讓橋"。

〔二〕《河汾詩集》卷五"寂"作"沉"。

挽蕭御史

共惜西江老豸冠，白雲乘去不知還。繐帷夜捲霜風冷，華屋秋扃曉月寒。遺迹定應歸太史，榮名長是在人間。明時有子登三事〔一〕，永感終天淚不乾。

【校記】

〔一〕《河汾詩集》卷五"事"作"仕"。

述　懷

已承恩詔許還山，又被虚名縶一官。每向班行嗤老醜，空耽典籍尚寒酸。妨賢政自慚公論，竊禄能無愧素餐！早晚還應乞身去，石田茅屋伴清歡。

河間獻王墓〔一〕

漢家宗室最〔二〕稱賢，遺事曾經閲簡〔三〕編。偶過河間尋往迹，空餘〔四〕荒塚帶寒煙。頻求千古書連帙，獨對三雍策幾篇。雅樂未興人已逝，雄歌惟有《大風》傳。

【校記】

〔一〕《河汾詩集》卷五詩題前有"題"字。

〔二〕《河汾詩集》卷五"最"作"獨"。

〔三〕《河汾詩集》卷五"簡"作"舊"。

〔四〕《河汾詩集》卷五"餘"作"憐"。

過德州〔一〕

山東一别十餘〔二〕秋，白髮重來過德州。關市尚開臨水户，郡城猶聳入雲樓。霜臺駐節思前度，憲府乘驄憶舊游。此日又騎官馬去，朔風吹雪路悠悠。

【校記】

〔一〕《河汾詩集》卷五詩題作“景泰二年臘月過德州追計去此已十三年矣遂書一律驛亭以紀歲月”。

〔二〕《河汾詩集》卷五“餘”作“三”。

德州除夕

昔捧天書按部〔一〕來，之官又上〔二〕鳳凰臺。頻登風紀知庸德，屢陟廷平愧菲才。寓館明朝添一歲，晴霄此夕〔三〕麗三台。元正馳賀心何似？金殿香浮寶扇開。

【校記】

〔一〕《河汾詩集》卷五“部”作“郡”。

〔二〕《河汾詩集》卷五“又上”作“今在”。

〔三〕嘉隆本《全集》卷二十七“夕”作“日”。

寄高苑李嗣昌廣文

安邑分攜幾十年，中間會合總茫然。華燈每憶連〔一〕珠玉，倚席空懷醉管絃。顧我已添新白髮，知君猶擁舊青氈。卻慚頻歲叨天寵，悵望〔二〕豐城劍氣邊。

【校記】

〔一〕《河汾詩集》卷五“連”作“聯’。

〔二〕《河汾詩集》卷五“望”作“恨”。

兗州人日二首

去年西蜀逢人日，人日今春客兗州。行止可應無定迹，歲華仍復易周流。驛亭盡日風頻起，官路漫天雪未休。南到彭城祇幾驛，天晴擬放吕梁舟。

驛亭窗户總光輝，人日紛紛雪亂飛。關塞有兵〔一〕皆凍合，園林無樹不春歸。風威肅肅朝來静，雲葉飄飄〔二〕晚漸稀。清興此時誰與適？論心殊覺故交違。

【校記】

〔一〕《河汾詩集》卷五"兵"作"冰"。
〔二〕《河汾詩集》卷五"飄飄"作"飄颻"。

孟子祠

鄒國叢祠古道邊，滿林松柏帶蒼煙。遠同闕里千年祀，近接宣尼百世傳。獨引唐虞談善性，力排楊墨絶狂言。功成不讓湮洪水，萬古人思命世賢。

彭城懷古二首

戲馬臺邊雉堞高，參差樓閣入雲〔一〕霄。漕〔二〕河控引淮黄近，驛路通連海岱遥。天府豈知成霸〔三〕主？彭城空復駐英豪。大風折木飛沙日，想見天心翊漢朝。

當年禹迹舊分州，走馬南來遂此游。地勢縈迴環翠嶺，關城峭拔枕黄流。燒餘豪傑千年塚，春老佳人百尺樓。周覽未能窮往事，官河又放下洪舟。

【校記】

〔一〕《河汾詩集》卷五"雲"作"煙"。

〔二〕《河汾詩集》卷五"漕"作"運"。

〔三〕《河汾詩集》卷五"霸"作"伯"。

雪中過高郵湖

高郵湖里雪中過，雪片無聲點白波。天水渺茫遥自接，煙雲香〔一〕靄暗相和。寒蓑滿眼漁翁少，畫舫隨風去客多。還似滄浪水清濁〔二〕，只應難覓扣舷歌。

【校記】

〔一〕《河汾詩集》卷五"香"作"杳"。

〔二〕《河汾詩集》卷五"水清濁"作"清濁水"。

過邗溝懷古〔一〕

荒陂野水古邗溝，千載曾經煬帝游。暖日輕風牽錦纜，垂楊芳草引龍舟。春殘故國閑金屋，花滿蕪城醉玉樓。一自真龍飛晉水，亂雲空結海天愁。

【校記】

〔一〕《河汾詩集》卷五詩題注："邗，音寒。"

高郵阻雪

高郵城下維舟楫，雨雪連朝阻去程。澤國風煙春冉冉，野湖波浪晚冥冥。凍消疏柳長堤濕，響徹修篁候館清。南到大江秖幾驛，晴霄行覩鳳凰城。

高郵大雪河冰

已過立春十五日，淮南天氣太嚴凝。重湖皛皛層冰結，千里茫茫積雪平。霄漢連朝飛鳥絶，官河隨處客舟停。東風解凍須臾事，波緑粼粼野燒青。

自儀真入大江〔一〕

儀真南入大江隈，江上雲帆向曉開。滿目好山青簇簇，連天駭浪白皚皚。還思二十年前渡，又自三千里外來。北闕承恩方浩瀚，之官今上鳳凰臺。

【校記】

〔一〕《河汾詩集》卷五詩題末有"口號"二字。

寄海寧李太守〔一〕

又是分攜十七年，寥寥幾度信音傳。濫官白髮知吾劣，歸老青山覺子賢。蠟屐每多登覽興，錦囊應有唱酬篇。著書更法《春秋》筆，還肯緘情寄一編？

【校記】

〔一〕《河汾詩集》卷五詩題"李"下有"太亨"二字。

金陵春望四首

錦綉江山一望中，金陵佳氣正葱葱。石城尚踞眈眈虎，鍾阜長蟠矯矯龍。淡靄遠遮三月柳，瑞煙深護萬年松。風流王謝何須問！開國還思舊股肱。

金陵最好是新春，風景無邊入望頻。山似洛中浮秀色，水從天上泛通津。千門垂柳初經雨，滿路飛花不起塵。深荷發生同萬物，兩京回首憶楓宸。

佳麗層城王氣[一]中，春來無樹不青葱。湖光湛湛跳紅鯉，橋影沉沉臥白龍。錦綉園林開艷杏，煙霞澗谷挺長松。無邊風景皆堪賞，千首新詩興未窮。

皇都又是一年春，立馬長堤眺望頻。麗日斜明紅杏塢，暖煙輕護緑楊津。風來野水微生浪，雨過天街迥不塵。最愛祥雲呈五色，氤氳長[二]是繞楓宸。

【校記】

〔一〕《河汾詩集》卷五"王氣"作"望氣"。
〔二〕《河汾詩集》卷五"長"作"常"。

簡張都憲二首[一]

榜題龍虎舊聯名，宦迹升沉隔兩京。離合雖驚頭並白，交親終喜眼俱青。濫登棘寺知無補，峻陟霜臺倍有聲。近得高鄰親孟氏，不妨剪燭話平生。

籍籍朝端有盛名，憲臺周歷兩神京。封章已見輸忠赤，事業還期著汗青。風度宛如瞻玉樹，辭華真是擲金聲。共論三十年前事，聯步青雲滿路生。

【校記】

〔一〕《河汾詩集》卷五詩題"張"下有"志忠"二字。

周儀賓水筠軒

曲闌干外小方塘，塘上蕭蕭繞翠篁。一鏡平開涵影細，萬竿齊動引風涼。根穿近岸藏科斗，梢接遥空下鳳凰。水〔一〕竹雙清曾到此，金樽相對興難忘。

【校記】

〔一〕嘉隆本《全集》卷二十七"水"作"冰"。

春日遣興簡張都憲廖丁二大理〔一〕

春來無日不連陰，風物蕭騷思不禁。雨急梅花飄白玉，天寒柳線勒黄金。宦情不與江流競，樽酒肯隨人意深。況是一年寒食近，松楸千里正關心。

【校記】

〔一〕《河汾詩集》卷五詩題作"春日遣懷"。

再用陰字韻簡張都憲

好風乍起掃輕陰，清思撩人不自禁。與客便傾花下酒，放懷寧惜橐中金！高情肯負年華泰，交誼難忘歲月深。春興不知凡幾首，長吟因見古人心。

送儀尚書赴召二首

天書遠召舊師臣，送別金陵喜氣新。莫道分符淹歲月，還應聽履上星辰。一江流水催行棹，兩岸垂楊夾去津。三接深期調玉鼎，行看雨露萬方勻。

尚書承詔〔一〕上金鑾，祖席珊珊擁佩環。霖雨舊曾思傅説，師臣今見起甘盤。江淮緑泛行邊水，齊魯青餘過處山。入覲定膺新寵錫，調元須竭寸心丹。

【校記】

〔一〕《河汾詩集》卷五"詔"作"召"。

南京端午

端陽令節客南京，遷擢頻年荷寵榮。内扇幾沾當日賜，宫衣曾有舊時名。從教緑柳含風細，且喜紅葵照眼明。爲報鵷行舊知己，一卿贏得鬢星星。

暑夜簡趙駙馬〔一〕

大扇頻揮汗不乾，那堪酷暑夜漫漫！寂無風露徘徊處，空有星河悵望間。真是流金兼鑠石，定應焚澤更焦山。清涼只有仙侯府，長夕冰傳瑪瑙盤。

【校記】

〔一〕《河汾詩集》卷五詩題"暑夜"下有"太熱走筆"四字。

簡張都憲楊尚書鄭侍郎廖少卿丁寺丞〔一〕

棘寺秋官接憲臺，山光水色畫圖開。青林雲氣當窗見，翠浪風煙入座來。楊柳影中冠蓋過，芰荷香外吏人回。好生正仰吾皇德，共播仁恩遍九垓。

【校記】

〔一〕《河汾詩集》卷五詩題前有"理寺走筆"四字。

再用前韻〔一〕

鍾山南望鳳凰臺，山下平湖一鏡開。近岸紫騮穿柳去，沿〔二〕堤畫舫採菱來。山禽將子飛還止，水鳥銜魚去復回。無限太平門外景，神遊何必訪仙垓！

【校記】

〔一〕《河汾詩集》卷五詩題末有“一首”二字。

〔二〕《河汾詩集》卷五“沿”作“緣”。

再用前韻三首

風紀都應屬内臺，官清公道一時開。科條自是明天討，門館何由有貨來！聲譽已知馳峻〔一〕極，文章况復動昭回！不須遍攬江湘轡，坐見澄清匝九垓。

廷尉刑曹與柏臺，高門俱對碧湖開。天涵波影閑雲度，雨雜泉聲爽氣來。此日官僚聯轡入，往年鵷鷺候朝回。近來執法尤宣朗，應佐陽光燭九垓。

刑曹理寺近烏臺，坐對湖山畫障開。芳草有情還漸長，好風無約自頻來。移文謾想高人去，聯騎頻同上客回。爲戀明時歸未得，思親空復誦《南垓》。

【校記】

〔一〕嘉隆本《全集》卷二十七“峻”作“竣”。

戲作游仙用前韻〔一〕

瓊瑶萬仞中天臺，珠宫貝闕參差開。靈風響下碧虚里，連翩鶴馭仙人來。鈞天揮綽九奏畢,羽衣摇戈萬舞回。後天不老凋三光,排風馭氣逝遐垓。

海中湧出金銀臺,陽烏濯耀蒼煙開。弱水瀛洲不可到,飆輪鶴馭相往來。洪〔二〕蒙開闔幾萬古,桑田走馬能千回。抱一之子可輕舉,相期汗漫遊九垓。

銀屏金屋瑶作臺,化人宫殿中天開。東見蓬萊水清淺,西去幾復青鳥來〔三〕。雲錦之裳文五色,倬彼雲漢凌昭回。下視九域一毫芒,何異蠛蠓〔四〕飛塵垓!

仙山中有學仙臺,凌虚上接天門開。青衢黄道倒影出,望舒日馭東西來。玉宇無聲彩雲濕,雲漢屈注〔五〕萬里回。寥廓無鄰安可極?重陽之數歷九垓。

【校記】

〔一〕《河汾詩集》卷五詩題作"游仙四首用前韻"。

〔二〕《河汾詩集》卷五"洪"作"鴻"。

〔三〕《河汾詩集》卷五"來"作"回"。

〔四〕《河汾詩集》卷五"蠛蠓"作"蠓蠛"。

〔五〕《河汾詩集》卷五"屈注"作"倒瀉"。

樵雲野老

白頭已與世相違,笑指生涯在翠微。伐木忽看雲滿斧,束薪不覺露沾衣。息肩頻向青林歇,荷月長〔一〕從緑野歸。一曲浩歌天地闊,遠山回首晚霞飛。

【校記】

〔一〕《河汾詩集》卷五"長"作"常"。

南京十咏〔一〕

鍾山疊翠

自是皇都第一山，峰巒高下似龍蟠。嵐光翠滿金銀闕，秀氣青連虎豹關。瑶草不隨秋意老，琪林長共曉霜寒。年年澗谷蒸雲氣，散作甘霖宇宙間。

玄武波澄

北湖清濁自天開，勢協龍圖一水〔二〕來。百里煙霞環島嶼，繞城波浪動樓臺。九霄氣〔三〕迴通銀漢，五夜天低轉斗魁。絶勝蓬萊山下水，洪源終古不塵埃。

【校記】

〔一〕詩題"十咏"，下繫詩十一首。
〔二〕《河汾詩集》卷五"一水"作"水一"。
〔三〕嘉隆本《全集》卷二十七"氣"作"雲"。

淮清柳色

淮清橋下水連空，橋畔依依柳色濃。香絮有情皆作雪，柔絲無力盡含風。樓臺掩映深春後，市井凄迷暮雨中。近水向陽千萬樹，年年長是發生同。

卞壺神祠

晉室人才數俊髦，難危深感與時遭。君臣義大如天地，父子生輕似羽毛。昭代旌忠時饗盛，豐碑鎸德古祠高。想應當日偷生者，纔入修門意自勞。

石城霽景

郭外雲開見石城,緑苔經雨自層層。明時正是龍飛地,終古猶存虎踞形。萬里長江通海白,三山遠岫入天青。登臨不盡千年意,擬與丹崖共結盟。

鳳臺春曉

金陵千尺鳳凰臺,臺上春雲向曉開。緑草雨餘淮甸合,青山岸轉楚江廻。謫仙此日知何在?麗句當年未易裁。定鼎只今逢有道,九苞行復自天來。

江東古渡

江東門外大江頭,古渡微茫接遠洲。月窟殊方通上國,雲帆大舸滿中流。垂楊芳草三春暮,紅蓼黄蘆兩岸秋。顧我濟川才思少,幾回臨想興悠悠。

長江秋色

長江浩浩繞神京,霜落煙波萬里清。灝氣西來通灩澦,寒潮東下接滄溟。幾行鴈影涵空碧,兩岸蘆花映月明。西塞山前秋色裏,夕陽惟聽棹歌聲。

朝陽曉望

朝陽樓閣倚天開,日馭朝看海上來。晴旭乍分龍虎勢,清光已滿鳳凰臺。御溝水向東華轉,仙禁雲從北苑回。玄圃瀛洲真在望,不須方外覓蓬萊。

鷄寺晚鍾〔一〕

上方臺殿翠微中,石磴盤崖一徑通。客至有風還掃榻,僧來不語自鳴鐘。竹窗下〔二〕見浮雲白,衹樹斜臨返照紅。自笑無生渾未學,懶從方外共談空。

【校記】

〔一〕《文集目録》"晚"作"曉"。
〔二〕《河汾詩集》卷五"下"作"不"。

太平堤望

太平堤路夾平湖,湖上清風面面俱。十里波光天上下,半空嵐影樹扶疏。稻塍草色青無際,菱葉荷花净〔一〕有餘。艇子有人閑泛泛,釣竿還可拂珊瑚。

【校記】

〔一〕《河汾詩集》卷五"净"作"静"。

送姚侍郎巡察雲南〔一〕

璽書英簜使遐荒,萬里山川草木〔二〕光。霜早楚江楓葉赤,雨晴蜀道菊花黄。群芳擬欲除蕭艾,百鳥還期識鳳凰。六詔遍巡歸奏日,定膺殊渥五雲鄉。

【校記】

〔一〕《河汾詩集》卷五詩題"姚"下有"大章"二字。
〔二〕《河汾詩集》卷五"木"作"色"。

借馬簡趙駙馬

鞴來白馬錦鞍韉,騎向天街送表箋。霜鬣蕭蕭頻攬轡,銀蹄剥剥不須鞭。滿身香汗生微雪,一路清風散曉煙。有馬借人今復見,神京戚里最稱賢。

題趙尚書慶壽圖

天官白髮老尚書，致政歸來樂有餘。壽慶七旬新置酒，禄辭千石蚤懸車。綉衣令子樽前舞，蘭茁諸孫膝下趨。在席嘉賓何所祝？公年更與大椿俱。

送廖少卿上京二首〔一〕

龍江五月發扁舟，大理名卿上帝州。千里好山開翠嶂，兩堤楊柳蔭〔二〕清流。鳴鑣紫陌思前度，簪筆黄門憶舊游。若見朝中知己問，丹心不改雪盈頭。

理寺名卿得俊僚，六年又促紫宸朝。石城解纜江風細，淮浦揚舲〔三〕海霧消。入覲九天瞻日月，聯班五夜聽《簫韶》。吾人久抱蒼生念，清問深期答聖堯。

【校記】

〔一〕《河汾詩集》卷五詩題作“送少卿廖安止之京”。

〔二〕《河汾詩集》卷五“蔭”作“映”。

〔三〕嘉隆本《全集》卷二十七“舲”作“鈴”。

和張都憲咏湖亭山字韻四首〔一〕

憲臺佳勝占湖山，湖上新亭白晝閑。風送荷香來几席，日移竹〔二〕影上闌干。金塘水滿魚争躍，碧嶂雲收鳥自還。好景無邊渾負卻，何時同倚畫屏看？

平湖萬頃倒啣山，山對湖亭白日閑。長有好風清自起，總無塵土暗相干。檐前荷動知魚戲，鏡裏雲開見鳥還。獨憶愛蓮周茂叔，化機須向静中看。

小結湖亭面碧山，山光水色共閑閑。平連西塞波千頃，斜上東山日兩竿。欄外静看鷗鳥浴，沙頭長見釣舟還。高人安得王摩詰，盡寫風光入畫看。

近愛平湖遠愛山，雙清收入小亭閑。雲容水態皆堪賞，俗氣紅塵總不干。日静坐聞黄鳥囀，煙明遥見白鷗還。情知風月無邊景，頻倚雕闌自在看。

【校記】

〔一〕《河汾詩集》卷五詩題"和"作"題"，無"咏"及"四首"三字。

〔二〕《河汾詩集》卷五"竹"作"林"。

和張都憲咏湖亭波字韻四首〔一〕

湖亭面面俯滄〔二〕波，一上湖亭景物多。過去黄鸝穿翠柳，飛來白鷺點青禾。乾坤上下羲皇《易》，日月東西織女梭。好在憲臺休暇日〔三〕，一樽同此養天和。

亭下溶溶漾緑波，芰荷花發繞闌多。卻看嶺北千株〔四〕柏，最愛堤南萬頃禾。漁父不收沙上網，鮫人還織水中梭。坐邊生意皆堪樂，雲雨天時日正和。

高高亭子壓洪波，獨佔湖山秀氣多。近岸還栽玄圃竹，遠洲時種玉山禾。坐中造化乾坤鼎，檐外光陰歲月梭。應有仙人來過此，晚涼時節弄雲和。

平湖静鏡不風波，最是湖亭樂事多。留客每同歌緑竹，檢書還共誦〔五〕嘉禾。酒酣吐論如傾海，令急傳籌似擲梭。記得前時兩三會，宛然風景是清和。

【校記】

〔一〕《河汾詩集》卷五詩題無"張"及"四首"三字。
〔二〕《河汾詩集》卷五"滄"作"蒼"。
〔三〕《河汾詩集》卷五"日"作"月"。
〔四〕《河汾詩集》卷五"株"作"林"。
〔五〕《河汾詩集》卷五"誦"作"頌"。

湖亭小酌和張都憲韻〔一〕

湖樹陰陰障赤曦，湖亭偏與静相宜。坐中清氣時常滿，堤上紅塵總不知。莫羡游山攜謝妓，何如行酒和陶詩。冰漿冰果寒冰齒，宴樂無過盛夏時。

【校記】

〔一〕《河汾詩集》卷五詩題"張"下有"志忠"二字。

和張都憲合歡蓮芳〔一〕

憲臺臺下有蓮塘，一種高荷迥異常。乍見仙花開並蒂，旋看瑶實結雙房。垂垂共壓秋波净〔二〕，裊裊同沾曉露涼。絶勝當年連理瑞，畫圖還擬進明光。

【校記】

〔一〕《河汾詩集》卷五詩題無"芳"字，嘉隆本《全集》"芳"作"房"。
〔二〕《河汾詩集》卷五"净"作"静"。

次張都憲喜雨韻〔一〕

中丞初自舞雩還，便有風雲感會間。布濩旋應彌玉宇，沾濡行復遍塵寰。舊痕已没湖中水，新翠方添郭外山。自是有年今有象，定知朝野罄交歡。

【校記】

〔一〕《河汾詩集》卷五詩題"張都憲"作"張都僉",無"韻"字。

次張都憲並蒂蓮韻

綠池紅綻合歡花,秀色天然自一家。並結翠房含雨露,獨摇香柄出煙霞。何曾人世時常見!剩有風騷次第誇。自是太〔一〕和充宇宙,故鍾此物兆亨嘉。

【校記】

〔一〕《河汾詩集》卷五"太"作"泰"。

贈歐陽憲副〔一〕

憲節重來覲九天,論交不盡意留連。休驚白髮三千丈,且喜青雲四十年。老大可無新事業,壯游還憶舊山川。人中松柏君知否,萬雪千霜獨挺然。

【校記】

〔一〕《河汾詩集》卷六詩題"歐陽"下有"哲"字。

送吴祭酒還南京

司成述職喜南還,照日金衣出九關。萬里春明天蕩蕩,滿河水〔一〕泮水漫漫〔二〕。行邊畫舫煙光薄,到日橋門柳影閑。若見同游舊知己,爲言清絶憶湖山。

【校記】

〔一〕《河汾詩集》卷六、嘉隆本《全集》卷二十七"水"作"冰"。
〔二〕《河汾詩集》卷六"漫漫"作"潺潺"。

送鄒都憲巡撫吳浙〔一〕

皇仁遠布軫生民，巡撫東南簡重臣。天語諄温頒鳳敕，雲帆縹緲泛龍津。班行共識時名大，郡邑争看憲節新。行見霜風回暖氣，三吳無處不陽春。

【校記】

〔一〕《河汾詩集》卷六詩題“憲”作“御史”。

審録後簡蕭羅兩都憲〔一〕

碧梧鳴鳳應朝陽，龍敕頒來帶御香。寒冱一時廻暖氣，幽潛隨處發天光。平反自可歸臺憲，欽恤惟應仰聖皇。還見星軺辭輦轂，恩波行復遍遐荒。

【校記】

〔一〕《河汾詩集》卷六詩題前有“奉敕”二字，“後”作“竣事”，無“兩”字。

送武昌教授

武昌風土冠南州，郡博於今拔俊尤。拜命已應增士氣，趨程行復泛江流。汀洲蕙緑光風轉，沼沚芹香宿雨收。還似蘇湖人士盛，可無聲譽達宸旒！

送儀源檢校還寧國

贊畫宣州幾載間，趨朝此日又南還。扁舟行泛長江水，匹馬重過故里山。爲宦莫辭聲利薄，到官贏得簡書閑。渠家奕世多卿相，清節高風自可攀。

送徐禰下第歸蜀

情知大器晚成難，莫向長途厭往還。曉日近辭丹鳳闕，晴霄遠入碧鷄山。搏[一]空六翮應須養，進學三年未覺閑。隨計重來須有日，會看聲譽動天關。

【校記】

〔一〕《河汾詩集》卷六、嘉隆本《全集》卷二十七"搏"作"搏"。

重恩堂爲韓雍都憲賦[一]

有子乘驄秉憲鈞，疏封幾度到雙親。纔頒龍敕奎文動，又錫鸞封彩誥新。命服屢膺逢盛世，華筵頻啓慶長春。重恩堂上恩方至，更篤忠貞答紫宸。

【校記】

〔一〕《河汾詩集》卷六詩題"雍都憲"作"都御史"，《文集目録》無"雍"字。

王寺副膺封[一]

教子登科官棘寺，推恩三載到親闈。共看白髮宜烏帽，重喜蒼顔稱錦[二]衣。奕世榮名今亦少，一門光耀古應[三]稀。還當[四]起閣藏龍敕，長見奎文萬丈輝。

【校記】

〔一〕《河汾詩集》卷六詩題作"敕封大理王寺副"。《文集目録》"王寺副"下有"父母"二字。

〔二〕嘉隆本《全集》卷二十七"錦"作"紫"。

〔三〕《河汾詩集》卷五"應"作"全"。

〔四〕《河汾詩集》卷五"當"作"應"。

王都憲展祭〔一〕

天恩新許拜松楸，又送中丞出帝州。尚憶朝端峨獬豸，還看驛路躍驊騮。鳳林迎節從天上，鸞誥頒封到隴頭。忠孝兩全人共仰，可無直筆繼《春秋》！

【校記】

〔一〕《河汾詩集》卷六詩題作"送王都御史展祭"。

送董長史

白髮交情四十春，聲名又喜逐年新。江都正學師前哲，洛下長才憶古人。北闕從龍天廣大，西山跋馬玉嶙峋。雲中到日多清興，應有新詩寄我頻。

寄楊尚書彦謐〔一〕

尚書聲譽滿南都，聞道年來興不孤。弄瓦幾時添愛女。蔭官五品羨英雛。量深往日尤能飲，足健前時不用扶。還有水心亭似舊，清香應滿博山爐。

【校記】

〔一〕《河汾詩集》卷六詩題作"寄南京刑部尚書楊彦謐"。

寄南京張尚書〔一〕

每〔二〕憶南京大司馬，列卿遷轉自清朝。舊臺百職餘風紀，新政諸軍仰教條。聯榜可能懷未〔三〕契，同官端喜得英僚。惟應舊會知難再，詩酒湖亭久寂寥。

【校記】

〔一〕《河汾詩集》卷六“尚書”作“兵部”。

〔二〕《河汾詩集》卷六“每”作“最”。

〔三〕《河汾詩集》卷六、嘉隆本《全集》卷二十七“末”作“未”。

送王郎中還南京

屢拜秋臺〔一〕最好官，三年考績又南還。路分薊北山容秀，舟到江東水面寬。粉署正當玄武畔，青雲多在鳳臺間。他時還有清明〔二〕譽，會展〔三〕飚輪覲九關。

【校記】

〔一〕《河汾詩集》卷六“臺”作“官”。

〔二〕《河汾詩集》卷六“清明”作“明清”。

〔三〕《河汾詩集》卷六“展”作“輾”。

題何司訓致仕卷〔一〕

師名蚤不愧蘇湖，引老南還出帝都。驛路風和煙柳細，官河雨急浪花粗。行看舊隱書連屋，坐見交親酒滿沽。卻恐回鸞來紫誥，黄門有子拜官初。

【校記】

〔一〕《河汾詩集》卷六詩題“題”作“送”。

大理汪寺副父母膺封〔一〕

龍敕歡傳出九重，二親同日荷疏封。一經教子聲名著，六品推恩寵渥濃。樽俎喜開今日宴，衣冠快覩盛時風。賢郎更盡廷平職，還有回鸞下碧空。

【校記】

〔一〕《河汾詩集》卷六詩題作"敕封大理寺副汪潔父母"。

輓邢檢討母〔一〕

有子登科入翰林,難將寸草報恩深。和熊已作中宵夢,斷織曾勞往日心。長憶紅霞裁命服,空悲白髮映華簪。光榮尚自沾存没,留取芳名照古今。

【校記】

〔一〕《河汾詩集》卷六詩題作"邢檢討母孺人輓章"。

送張福還平度州〔一〕

三年報政遠朝天,籍籍香名滿耳傳。烏帽任添新白髮,黄堂已换舊青氈。大夫故自全三德,父老何曾送一錢! 莫道東歸人士悦,璽書行復又徵賢。

【校記】

〔一〕《河汾詩集》卷六詩題"州"作"郡"。

輓鄒都御史

丹梯早躡到雲端,粉署三迴陟地官。東長行臺邊鎮肅,南持憲節海波寒。鬢因勤事年來白,心爲輸忠老去丹。莫道淮南悲逝水,豐碑行〔一〕見故鄉刊。

【校記】

〔一〕嘉隆本《全集》卷二十七"行"作"今"。

送孫縣丞〔一〕

匆匆別我意如何？領節之官古泰和。舟到九江秋水闊，路經五老好山多。明時三尺應須守，暇日雙松定可哦。好在家聲能自振，三千還擊大鵬波。

【校記】

〔一〕《河汾詩集》卷六詩題“縣”作“暲”。

送陳修撰使高麗

萬國來朝通九譯，一朝持節使三韓。煙開碣石行邊見，日出扶桑馬上看。玉燭正調王道盛，天書大布遠人歡。歸囊不辭千金橐，留取清名宇宙間。

送李憲副回山西

上林三月柳花飛，又送青驄出帝畿。別路争看迎憲節，過家應自舞斑衣。恩光北極懸紅日，行色西山入翠微。風紀重臨還自保，更馳清譽到彤闈。

送山東賈參議〔一〕

藩佐於今選俊良，霜臺御史獨名〔二〕揚。方承北闕恩光大，未覺東州道路長。雨過魯郊桑椹熟，風來歷下水花香。旬宣海岱雖云樂，玉鑑冰壺未可忘。

【校記】

〔一〕《河汾詩集》卷六“賈”下有“恪”字。

〔二〕《河汾詩集》卷六“名”作“明”。

送人歸閩中

天垂雨露萬方同，冠帶南歸喜氣濃。溪渡檳榔和水暗，林穿荔子遍山紅。到家定有詩書在，對客寧教酒盞空！珍重高年崇禮讓，七閩自古尚儒風。

送張司馬致仕〔一〕

荆南風景古來嘉，六月樓船想到家。沙市水添三峽漲，渚宮雲接五溪霞。逢時都憲人皆仰，致仕尚書衆所誇。還有丹心思報國，曲江樓上望京華。

【校記】

〔一〕《河汾詩集》卷六詩題末有"還荆州"三字。

送張侍郎還河南〔一〕

還家争看少司徒，千里光輝出帝都。舊直黄門遺事業，新乘彩鷁問征途。河分衛水如鋪練，山到中州似畫圖。結社應多鄉友在，論情不盡瀉金壺。

【校記】

〔一〕《河汾詩集》卷六詩題作"送户部張睿侍郎還河南"。《文集目録》無"張"字。

天順元年六月初十日上章告老未允十一日又請十三日又請至二十一日蒙允出京師舟中賦七首〔一〕

遷轉春官入翰林，兩叨清秩受恩深。論思未有回天力，供奉空懸捧日心。六十故知年漸老，尋常唯覺病相侵。乞歸自是安衰劣，俯仰清風愧古今。

病懷久與世相違，疏乞歸田詔許歸。辭闕猶霑光禄酒，束裝還有尚方衣。兩京水陸尋征路，三晉山河想舊扉。金馬玉堂回首處，青霄唯見五雲飛。

老病何堪污玉堂！乞恩〔二〕優詔許還鄉。歸鴻絶漠〔三〕情知遠，倦鳥投林意覺忙。但想溪山行處好，不妨園圃到時荒。退休自是昇平事，祇道閑中歲月長。

經世誰人志盡酬？古今回想興悠悠。即非有道身能退，自是無才老可休！歸騎遠尋天井路，輕帆先放潞河舟。家山到處〔四〕知何日？汾水西風八月秋。

早曾拜疏乞歸田，羈絆虚名又幾年。道德愈難期往哲，事功無復望時賢。宦情似水年來淡，鄉思如旌日自懸。老病放還蒙帝力，不知何以答皇天。

魚在洪淵鳥茂林，從來誰識古人心？五湖高興應難及，三徑清風不可尋。稀復卿雲光舜日，幾調元氣作商霖。獨慚愚老歸休晚，猶撫遺編慨古今。

竊第歸登潞水船，罷休從此又言旋。西塗東抹三千字，北去南來四十年。欣戚情懷渾索寞，升沉聲譽總悠然。彤闈紫閣如天上，依舊清汾數頃田。

【校記】

〔一〕《河汾詩集》卷六題作“天順元年六月初十日上章告老二十一日得請二十

二日出京師舟中賦七律述意”。《文集目録》無“至”字。

〔二〕《河汾詩集》卷六“恩”作“身”。

〔三〕《河汾詩集》卷六“漠”作“漢”。

〔四〕《河汾詩集》卷六“處”作“日”。

送王憲使之四川〔一〕

憲使之官雪嶺東，錦城樓閣倚晴空。莫辭道路三川〔二〕遠，正喜車書萬國同。玉節自天隨爽氣，軺車到日振霜風。深期雅操清如水，行看〔三〕香名達九重。

【校記】

〔一〕《河汾詩集》卷六詩題作“送人之四川憲使”。

〔二〕《河汾詩集》卷六“川”作“千”。

〔三〕《河汾詩集》卷六“看”作“有”。

内閣用唐人韻簡徐李許三學士〔一〕

黄閣文章萬丈輝，青霄閑看鳥雲飛。巍峨鳳闕凌雲迴，宛轉鑾坡到客稀。屢草黄麻依紫極，常聯玉笋侍彤闈。卻慚老大承天寵，一字何曾補袞衣！

【校記】

〔一〕《河汾詩集》卷六詩題“内閣”下有“即事”二字。

送孫紼之夔州同知〔一〕

西南夔府古名州，别駕於今遂壯游。霜落江寒經白馬，浪平峽静過黄牛。到官綺席宜疏節，行部山氓在惠柔。發軔長途深有望，莫令聲譽頓悠悠！

【校記】

〔一〕《河汾詩集》卷六詩題"州"作"府"。

新春喜雪

立春纔是第三朝,喜見春空雪亂飄。天上瑶臺應錯落,人間玉嶺正岧峣。固〔一〕知叶〔二〕氣乾坤滿,頓覺游塵户牖消。卻上小樓閑縱目,八紘清思迥難招。

【校記】

〔一〕《河汾詩集》卷六"固"作"故"。
〔二〕《河汾詩集》卷六"叶"作"協"。

寄蒲守徐孚

積石黄河繞郡流,郡城高興自悠悠。遠天雪净仙人掌,近郭風清鸛雀樓。頻寄鸞箋〔一〕書可著,所需藥物病全瘳。衛蘧衛武應難及,進德深慚老未休。

【校記】

〔一〕《河汾詩集》卷六"鸞箋"作"箋鸞"。

貞節堂爲王憲使母賦〔一〕

婦道從來不二天,近知王母踐斯言。從教白髮三千丈,祇保清風五十年。頒誥旌門今受賜,養姑教子舊稱賢。一門盛事歸貞節〔二〕,堂上〔三〕高名百世傳。

【校記】

〔一〕《河汾詩集》卷六詩題作"貞節堂爲山西王憲使王允母劉孺人賦"。
〔二〕《河汾詩集》卷六"節"作"潔"。

〔三〕《河汾詩集》卷六"上"作"有"。

讀邵康節擊壤集二十首〔一〕

乾坤清氣産英豪,大隱天津道德高。雪月風花閑諷咏,溪雲水竹自游遨。畫前有《易》心能悟,删後無《詩》句獨謡。金薤琳琅垂萬世,無窮雅興自滔滔!

【校記】

〔一〕《河汾詩集》卷六詩題"康節"下有"先生"二字。

玄社千年有召封。故應華胄産英雄。居共舊業留餘韻,卜洛新居有定蹤。後學難窺〔一〕《擊壤集》,先天都屬弄丸翁。清風百世誰招得?望斷嵩高送去鴻。

【校記】

〔一〕《河汾詩集》卷六"窺"作"窮"。

三絶空餘《贊易編》,千年圖象竟寥然。人豪真自從天挺,羲《畫》原因到己傳。骨髓著〔一〕書成大卷,風花遣興有新篇。驪龍頷下明珠在,誰測東溟萬丈淵?

【校記】

〔一〕嘉隆本《全集》卷二十七"著"作"著"。

鳳在高梧不可招,天津清隱結衡茅。小車游處情何適?大筆揮時興自豪。酩酊酒中心惻惻,離披花裏思忉忉。空餘《首尾詩》垂世,誰識秋風八月高!

壯游歸到洛陽居，環堵蓬茅得自如。外物不知軒冕貴，此心惟覺性天虚。環中日月行無息，静裏乾坤樂有餘。首尾詩成情可見，何須象罔索玄珠！

六朝全盛太平時，卜築東都得自怡〔一〕。每與真儒論大道，時從國老和新詩。杯傾緑酒寧嫌淺〔二〕？車碾青蕪不厭遲。莫道千年清響絶，知音還自有鍾期。

【校記】

〔一〕《河汾詩集》卷六"怡"作"遺"。
〔二〕《河汾詩集》卷六"淺"作"薄"。

皇極書成識者稀，原從羲《畫》見天機。故應消長隨時變，一任行藏與世違。楊柳堤邊風淡蕩，梧桐枝上月光輝。無邊清興難收拾，毛穎時時聽指揮。

天津橋上聽啼鵑，只是當時已惘然。妙意都應窮《卦畫》，餘情聊爾托詩篇。太和酒味濃還淡，瓮牖蟾光缺復〔一〕圓。曾向行窩看兒戲，不妨欹枕自高眠。

【校記】

〔一〕《河汾詩集》卷六"復"作"又"。

手探月窟足天根，悟盡羲《圖》造化原。嘉遁有窩甘偃蹇，觀光無意羡飛騫。詩成比賦猶堪咏，道在希夷信莫言。勝日良辰留客處，清風滿抱酒盈樽。

盛時京洛足鵷鸞，翁有無名與往還。劇論直窮天地外，清吟多在水雲間。榮枯任物心無繫,消長隨時我不關。自得人間無味樂,好詩留與後來看。

排風御氣復鞭霆,歷覽無邊造化情。隨分自能安至樂,玩心誰復識高明!《先天圖》有年年運,《皇極書》爲世世經。《首尾詩》成多寓興,調高《白雪》少人聽。

笑傲林泉樂太平,洛陽誰不愛先生?嚴〔一〕寒暑雨何曾出!温暖清涼卻解行。金谷風和吹道服,銅駝雨霽隱車聲。行窩十二閑游處,父老兒童喜送迎。

【校記】

〔一〕《河汾詩集》卷六"嚴"作"寒"。

人情物理總分明,七十年來老洛城。只向窩中耽至樂,卻於身外薄浮榮。花紅柳緑隨時賞,雲白山青取次行。還復振衣千仞上,都無塵垢半星星。

嵩山洛水舊神州,結屋天津景物幽。修竹林中靈籟響,梧桐葉上露華流。弄丸古意誰人識?戲筆新詩有客求。春暖秋涼出遊處,無邊清興更悠悠。

始終天地在胸中,還似危樓出半空。極論每生賢達敬,閑談儘與俗人同。巡行堤柳春摇緑,點檢園花曉綻紅。風景滿前皆自得,濡毫又見小詩工。

外臣自昔有由巢,不是山人索價高。獨向杯中存燮理,每從環內〔一〕樂逍遥。纔看園〔二〕老分斑笋,又見端明送藥苗。餘事盡從吟咏見,感時懷古興滔滔。

【校記】

〔一〕《河汾詩集》卷六"内"作"里"。
〔二〕《河汾詩集》卷六"園"作"國"。

共愛先生共卜居,天津水畔是吾廬。陰陽燮理三杯酒,皇霸經綸幾卷書。儘有清風生几席,倍多明月照庭除。生平袛〔一〕是過人處,贏得雙眉日自舒。

【校記】

〔一〕《河汾詩集》卷六"袛"作"底"。

老去吟多《首尾詩》,賦和比興盡兼之。陶鎔物象方知富,漏泄天機始見奇。水面生風秋浩浩,天心轉月夜遲遲。有丸袛向閑中弄,肯借高人試一窺。

洛陽全盛想當時,春暖秋涼任所之,金谷名園花綻錦,銅駝古巷柳垂絲。霜林高鳥争歸疾,沙浦冥鴻欲下〔一〕遲。萬象有情渾自得,詩囊還載小車兒。

【校記】

〔一〕《河汾詩集》卷六"下"作"去"。

少年應自負〔一〕雄才,老悟玄機此意灰。歲月風光情自得,山雲水石興悠哉。一環理窟閑中見,萬古天心動處來。寶匣瑶琴遺響在,幾何人識伯牙懷!

【校記】

〔一〕嘉隆本《全集》卷二十六“負”作“得”。

次王侍御韻

憲府乘驄舊有名，今秋偶爾會蠻荆。虹霓氣接風雲氣，珠玉聲隨咳唾聲。萬里山川勞跋歷，諸蕃部落待澄清。愧予無補虚持節，賴有丹心老更明。

平定州分司次江侍郎韻〔一〕

乘軺萬里越河關，報國寧辭道路艱！首夏初離巫峽水，新秋又過太行山。久知鴈塞妖氛掃，載喜龍沙鳳駕還。白髮已承歸老詔，陛辭不日覲天顔。

【校記】

〔一〕《河汾詩集》卷五詩題“分司”下有“壁上”、“江”下有“淵”字。

寄王用章憲副〔一〕

每從青濟憶同官，祇隔滄溟〔二〕一水寬。我捧天書行萬里，君持憲節按三韓。封章入奏時名大，驄馬巡邊將膽寒。雙劍有光常夜夜，暫迴風雨未應難。

【校記】

〔一〕《河汾詩集》卷五“憲副”作“憲府”。

〔二〕嘉隆本《全集》卷二十七“滄溟”作“蒼冥”。

附　録

所　贈二首

名利場中一夢醒，知君渾不負蒼冥。村醪且去隨時飲，澗水重來洗耳聽。俗眼任他終日白，山光還似舊時青。從教門外塵如海，坐向空齋閱聖經。

右尚寶少卿朱祚

自許孤忠結主知，居官寧肯論安危。平反不愧張廷尉，三黜何慚柳士師！已把一身中道立，更看千古大名垂。到家莫廢韋編業，伊洛高蹤尚可追。

右吏部主事李賢

文清公薛先生文集卷之十一

門人關西張鼎校正編輯

雜　著

胡氏族譜後

僉憲高唐胡公，間出其《族譜》示余，俾余書其後。且曰："《譜》，吾作也。吾家故有《譜》，且載世次行迹。吾少時猶及見之，後更散逸不存。吾懼先系先德將遂湮没無傳，於是斷自吾之所知者，創爲是編，以傳諸家，庶後之人得有考而知所自。"又曰："凡譜，所以兼載世美以示諸後也。吾自束髮讀書，歷官中外，僅克有立而幸不失所守者，皆先德之遺也。若是《譜》不作，則是自專其休而忘先德之大，豈仁孝之心乎？此吾勉就是編，而不敢以蕪陋爲解也。"

余受而退閲其編，觀其序宗系則綱紀不紊，論世德則言行不遺。因仰而嘆曰："自宗子之法壞，而人莫知所自。往往親未盡而相視若塗人者有焉。幸而士大夫家間有譜牒以紀其世，則又或遠附顯者以自重，厚加潤澤以失真。是二者，皆過也。僉憲公則不然，其紀世次既明白可考，論先德又典實可推。若是以傳之家，公之子姓宗族，一覽之頃，親疏之序，世德之懿，舉在目前。莫不興其孝弟慈良之心、高山景行之念。凡行義藹然于一門，德善相承于悠久者，實有賴於是編也。《詩》所謂'孝子不匱，永錫爾類'者，公有焉。"若公之氏族官閥，憲僉劉公序之備矣，兹不復贅。謹擇其一二可言者書于後，以復于公云。

書何原明先生傳後

先生，三衢之常山人，諱初，字原明，姓何氏，非非齋，其號也。自少以穎睿聞，既從學于鄉先生三江兄弟，即以窮理、正心、克己爲務，且兼習舉子業。嘗兩舉不第，益自奮勵。復從程觀先生學《易》，遂以《易經》領鄉薦，任仁和教諭。既而元季俶擾，文教隳〔一〕弛，乃解官歸鄉里，日以讀書談道自樂。值國朝開運，首訪遺才，以任民牧，遂以先生爲江州湖口丞。時軍興多故，邑里凋瘵。先生調給安定，焦勞匪懈。以治狀驗白，陞知韶州府仁化縣。其便民之政，可紀者尤多。既而丁外艱去官，遂以疾家居，篤意教事。及海内平定，詔天下建學養士，且求學行老成者爲師，遂起先生爲巴東教諭。先生年益高，學益充，德益進，聞望彰灼，近乎湘藩，遠徹朝右。因召至闕下，預修書傳。會選書成，將歸，上考之，欲授以近地便養，遂除開化教諭，禄之終身。先生學既有得，尤善開發人，故後進出其門爲名士顯宦者甚衆。

嗚呼！夷考先生之學之傳遠有端緒。蓋三江先生出許文懿公之門，而先生則三江所授也。其淵源既遠，至於經旨之微，性理之奥，宏博精密，蓋多其自得。故其處心制行，有足動人者。至於著述雖多，要皆根本義理，而不爲浮靡之習。若先生之爲人，可謂有古士風矣！及觀其爲佐令，爲教職，則其學又以驗諸行，事事可考。然或者猶謂此特先生小試耳，使得盡推其所有，則其效當不止是，殆未可知也。距先生没後二十五年，其孫永芳以進士知邵陽縣。時未幾，民翕然化，固知其學宦家法有所自。意者先生之未克盡施者，永芳殆能繼其志，而擴大之乎！其端兆矣。永芳持其祖家傳，求言以發其潛德。遂芟取先生之學之行見諸行事，有未究而將有待于後人者，書以還之。

【校記】

〔一〕叢書本《文集》卷十"隳"作"墮"。

河崖之蛇

瀕河居者爲予言："近年有大蛇，穴禹門下巖石中，常束尾崖樹顛，垂首于河，伺食魚鱉之類，已而復上入穴，如是者累年。一日，復下食于河，遂不即起。但尾束樹端，牢不可脱。每其身一上下，則樹爲起伏，如弓張弛狀。久之，樹枝披折，蛇墮水中。數日，蛇浮死水之漩隈。竟不知蛇得水物，貪其腥羶不捨而墮耶？抑蛇爲水之怪物所得，欲起不能而墮也？"

余聞之，喟曰："是蛇負其險毒，稔其貪婪，以食于河。所恃以安者，尾束于樹耳。使樹不折，則其生死猶未可知。惟樹折身墜，遂死于河。此殆天理，非偶然也。且使蛇得水物，貪其腥羶不捨而死，固可爲怙強貪不知止之戒；使蛇爲水之怪物所得而死，亦可爲害物必報之戒。"蛇，惡物所不足道者。但其事有近乎理，故書以告來者。

捕虎答

辰，故五溪地，山險多虎，近時尤劇。往往群行搏噬，無間晝夜。既飽肉得氣去，愈縱横嗥躍，無所顧畏。居民行旅，悉苦其暴。縣吏以聞于朝，命下總戎逐捕之，時宣德五年閏十二月也。三日，有以虎在近郊來報者，總戎率將士往，遂殺三虎。明日，遣將士往，又殺一虎。連兩日，四虎就殛。行者相賀于途，居者相賀于室。將吏以其事來白于予，且曰："辰之四境，若四虎比者，蓋不知多少也。總戎方發近衛兵，將包羅山谷，搜剔其窟穴而芟夷之，期醜類盡絶乃止。夫除惡安民，亦綉衣公之志也，敢併以爲賀！"

予愧乎其言，則應之曰："夫利五兵，結網罟，除山澤惡物爲人害者，自先王之制已然。况我皇明，奄甸萬姓，仁柔義濡，期使覆載遠邇，無一民之不獲其生。而僻兹蠻方，醜類稔惡乃爾，則擉刃網繩之施，其可後也！不兩日而四虎殲，期畢舉而群惡盡，是皆將吏能用總戎之令耳。予縫掖者，無能爲也。何賀之敢當？然予於是蓋有感焉：

彼皮毛之斑炳，爪牙之銛利，臯㣍乎山林，搏[一]噬民物以自肥者，人皆知其爲暴而可殺，如前所云者是也。抑又孰知于此有不皮毛、不爪牙、不山林，號爲靈物而剥人之脂膏以自養者，暴不下彼而可惡也哉？況彼之暴者，蠢然強悍，力有餘而志則否。野夫小子有能高其垣籬，謹其出入，猶可避其患也。此則以饕餮之資，挾翕張之勢，或柄一隅，或統一軍，或任一邑，無間癃殘窘富，悉被其朝吞夕噬之苦，是又孰得避之哉？且彼異類也，爲暴自其性然；此則同類也，而至於斯極。予又不知此誠何心哉？然彼之暴，汝總戎職也，行見悉皆殄除，而民物全安矣。此則予職也，國家憲紀，素以完具，方圖所以少施其方略，以覃惠澤于遠邇。將吏之賀可休矣！"衆乃相屬以目，屏氣促武而去。

【校記】

〔一〕嘉隆本《全集》卷二十七"搏"作"搏"。

貓　説

余家苦鼠暴，乞諸人，得一貓，形魁然大，爪牙銛且利。余私計鼠暴當不復慮矣。以其未馴也，縶維以伺候其馴焉。群鼠聞其聲，相與窺其形，類有能者，恐其噬己也，屏不敢出穴者月餘日。既而以其馴也，遂解其維縶。適睹出殼鷄雛，鳴啾啾焉，遽起而捕之，比家人逐得，已下咽矣。家人欲執而擊之。余曰："勿庸。物之有能者，必有病。噬雛是其病也，獨無捕鼠之能乎？"遂釋之矣。已則伈伈泯泯，飢哺飽嬉，一無所爲。群鼠復潛視，以爲彼將匿形致己也，猶屏伏不敢出。既而鼠窺之益熟，覺其無他異，遂歷穴相告曰："彼無爲也。"遂偕其類復出爲暴如故。余方怪其然[一]，復有鷄雛過[二]堂下者，又亟往捕之而走，追則嚙[三]者過半矣。余之家人執之至前，數之曰："天之生材不齊，有能者必有病。捨其病，猶可用其能也。今汝無捕鼠之能，有噬鷄之病，真天下之棄材也哉！"遂笞而放之。

【校記】

〔一〕叢書本《文集》卷十"其然"作"甚"。

〔二〕叢書本《文集》卷十"過"下有"于"字。

〔三〕叢書本《文集》卷十"嗡"作"來"。

跋李氏族譜後

余觀吉水谷坪《李氏家譜》,自唐西平忠武王晟第七子憲,爲江西節度使,卒于官。子游奉其喪,葬宜春,因家于宜春。五世孫唐,自宜春徙居吉水,今谷坪李氏,皆唐之裔也,逮今廿餘世矣。而其高節懿行,孝子忠臣,奇童碩士,顯宦偉績出于李氏之族者,炳耀磊落,前後相望。

今其雲孫茂,復以明經登進士第,官大理丞。繼西平之往烈,衍谷坪之後裔,未見其極也。不觀諸江河乎?出岷崑,行乎無垠,入乎無門,巨派支流,浩博綿演,愈遠而不息者,以其源之洪也。西平有大功于唐室,殆岷崑其源乎!不然,何其子孫流派若是之盛也!嘗觀世之君子,遑恤其本,而惟末之求。譬之沼沚尋尺之水,決而引之,不終日而竭矣。尚可望其綿延不絶,愈遠而愈盛乎!然則李氏有《譜》,不惟其子若孫,知源之有自,皆力于善而無怠于繼承。世之君子觀此,亦足以矯然而知勸矣!

韻　語〔一〕

丹青之巧,摹寫物之形;聖言之妙,貫穿物之理。因丹青之形,而求其本真;因聖言之妙,而求其所以。是謂象内求心,非聖人安能至此!

【校記】

〔一〕《河汾詩集》收此篇入卷二"歌"。

書絳守居園池記後〔一〕

近得樊紹述《絳守居園池記》石本於今太守臨川王公汝績。《記》前後刻孫冲、何亮序書，多論樊《記》之失。偶記舊收元人文集中，有是《記》句解，檢得之，則灤陽趙仁舉《辨疑》附其後，復深辨孫、何之説非是。余既未得親考絳之遺跡與樊《記》合否，但以趙説觀之，恐今石本中尚有舛誤。賢太守更能參互考正，並句解刻之，則千載奇文，晦而復顯，亦可備絳郡遺事之一端。他亦不足深辨云。

【校記】

〔一〕《文集目録》缺“記”字。

書諸葛武侯出師表後

嘗謂義利二者，不能並立。古之君子能建大功、立大業、垂大名于萬世者，未嘗不重義而輕利也。如諸葛武侯，自昭烈枉顧，即以身許馳驅。其所以勞心焦思，謨畫規圖者，曷嘗頃刻而不以討賊興漢爲義哉！至其爲子孫衣食之計者，不過成都之桑八百株、薄田十五頃而已。外此，則别無絲毫取於人而益其家也。其重義輕利如此，故能嘘炎光于已燼之日，續漢統于既絶之秋。雖弗克遂其攘除奸兇，興復漢室，還于舊都之志，而大義固已伸于天下。宜其偉烈洪名，垂諸萬世而不泯也。切怪後之君子建功立業者，莫不慨然以古人自期。然其爲義之公，或有不勝其計利之私，故其正大光明之業，有不及古人遠矣！愚因讀武侯《出師表》有感，而書此于其後云。

書貞節堂詩文後

監察御史濟南王允母氏太孺人劉，自其年二十有六，已喪其偶。時允方五歲，其弟信方三歲。孺人上無翁姑之倚，下無僮僕之資，惟自力于紡績，以給衣食，奉祭祀，撫遺孤。勤苦勞悴，貧約困厄，人所不堪，而孺人自勵其操愈堅。鄉里遠邇咸以"王節婦"稱之。允年七歲，孺人使讀《孝經》。及頗通文義，即遣入郡庠，使從良師友游，以廣其業。允竟登進士第，拜今官。信亦克成立，以幹其家。時孺人年已七十矣，猶康健不衰。值國家舉推恩之典，允父某贈監察御史，劉封太孺人。有司復以孺人節行上于朝，詔所司旌表其門閭。由是儒人之節行，積于家庭，信于鄉里，顯於國家，實有命服之貴、旌異之榮焉。

於乎！天下古今之理，豈有大於節義者哉！節義者，人道之大防也。妻之于夫，猶臣之于君。不幸而遭變故，婦多效節于其夫之死，而靡貳其行；臣當效節于其君之死，而靡貳其操。誠以婦道、臣道所全者，節義耳。又豈可爲飢寒禍患所迫，貪生畏死，自壞其節義哉！故程子有言："孀婦餓死事極小，失節事極大。"自常情觀之，孰肯以死而易生？自節義觀之，則廉耻根于天理民彝之固有。廉耻喪，則天理亡而彝道泯，雖幸得苟且安利于一時，曾與禽獸無以異。以是知程子之言，非真知節義之重於死者，不能識也。婦道如此，則臣道可知矣。

孺人當其盛年喪偶之時，固以死自誓。蓋不以凍餓殞亡易其心，卒能守節四十餘年，潔白堅貞之行，無纖毫之疵隙。夷考從古以來人臣，號爲讀書知禮義，至臨大節而易其守者，不如孺人多矣！況彼失節之婦，接跡皆是，曾何足以彷彿孺人之萬一哉！然則孺人所以因其子貴者，實由其以節顯，固宜垂榮名于竹帛，與天地而同久矣！允嘗作堂以奉孺人，士大夫往往作爲詩文，以發揚其事。雄章雅製，聯爲巨帙。允間持其帙求予言，遂書此于其後云。

書文丞相遺翰後

御史張君諫持宋文丞相遺翰來，俾予題其後。予觀之，蓋文山與宜春趙宰手帖也，張君重之惟甚。竊惟古之遺墨所以見重於後世者，不以其人之賢乎？當宋室垂亡之秋，其守帥憑堅城，握強兵，望風送款，投戈屈膝者相望也。而文山以狀元宰相，奮孤忠以報國，誓將返蒙汜之日于中天。提疲卒當勍敵，雖流離顛沛，困苦艱危，脱身死亡之餘，而憤憤興復之志，猶庶幾于萬一。及赤手起兵，雖苦戰不支以歸，而長揖元之君相不拜。蓋此身可齏可粉，而志不可以威武屈，卒之從容就死以成仁。其大節炳耀，軒轟宇宙間，凜凜乎立萬世君臣之大義，回視棄滅天常之降臣叛將，曾犬豕之不如！則其忠賢冠絶千古，豈人之所能及哉！宜其遺墨僅一幅，而爲人所悚敬珍藏垂二百年而新猶一日也。嗚呼！重其遺墨者，本慕其人也。張君重此帖，固知所慕矣。使世之君子，得此帖而觀之，得不慨然知所重而慕之哉？

書劉忠愍公遺翰後

劉忠愍公與予爲辛丑進士。正統四年，予僉憲山東，至京師。公時爲講官，留飲，具論邊事將有後來之患。又二年，爲正統六年，召爲大理少卿。又二年，爲正統八年，公上疏言十事，其一即前四年所論邊事疏。有詆訐權臣語，遂爲所仇〔一〕擠以死。又六年，爲正統十四年，公所言邊事大驗。今聖〔二〕天子乃别白邪正，誅滅權奸。追贈公翰林學士，加今謚，遣官祭以少牢。所以褒恤禮義，光榮隆厚，而公之名一日震耀天下。

嗚呼！自古以來，士鮮全節。如公者，天地間蓋不多見。其明有以燭事幾于未然，其忠欲以救事勢于將然。其直氣正言，至於忤權奸，死而不悔。是蓋天與之以全節，足以爲人臣之大防，立萬世之人紀矣。類若予輩之庸碌不足爲重輕者，何足道哉！又三年，爲景泰三年，冬，得公與張御史手書觀之，追想平生，三復慨嘆。書此以誌于其後云。

【校記】

〔一〕弘治本、雍正本同，嘉隆本《全集》卷二十七、叢書本《文集》卷十“仇”作“扼”。

〔二〕弘治本、雍正本同，嘉隆本《全集》“聖”作“皇”。

書嘉瓜集後

太祖高皇帝臨御之五年，句容民張觀獻其園所産二實同蒂嘉瓜于朝，既賚之錢遣歸。禮官因進言嘉瓜乃聖德和同、國家協慶之瑞，詞臣亦獻頌以美焉。聖祖乃製讚，以示不居其瑞之意。復論臣下曰："縱朕有德，天必不示以一物之祥。且草木之祥，生於其土，亦惟其土之人應之，于朕何預？若盡天地間時和歲豐，乃王者之禎也。"夫禮官詞臣以嘉瓜爲瑞者如彼，聖祖則推而弗居，以時和歲豐爲禎者如此。

蓋自漢、唐、宋以來，雖英賢之君，鮮不爲祥瑞之所媚惑。惟我聖祖，取時和歲豐爲禎，不以草木一物爲瑞。誠足以超越千古，垂法萬世矣！雖然，當斯之時，陰陽順序，年穀屢登，所謂王者之禎，既昭見于太和之世，而此嘉瓜者，實亦和氣所鍾。聖祖雖不有其瑞，而國家聖子神孫，宗支蕃衍，繼繼承承，億萬斯年，豈非嘉瓜爲兆之一端歟？而觀之宗族，七八十年以來，亦漸繁盛。今其孫諫，由進士爲御史，籍甚有聲。聖祖所論"草木之祥，生於其土，亦惟其土之人應之"者，又足徵也。

是則國家厚德深仁，培植基本，導致休祥，固所以饗世于無窮。而御史君益當上體聖祖之大訓，下念大父之肇祥，奉其親長，率其子孫，敦行仁義忠孝之道于不怠，庶有以衍厥祥于悠久。不然，所資者多，而所積者有限。譬之泉焉，不數浚其源，而流將竭。祥其可恃乎哉？御史君既摘《五倫書》所載嘉瓜事實，益以家乘所傳，彙而爲《集》，名士大夫皆有作。間亦求予言，遂書此于其後云。

題漢武帝迎申公圖

余觀《漢武帝迎申公圖》，喟曰："玆事不見于世久矣！"當時武帝能以玉帛安車禮聘賢者如此，庶幾三代招賢之盛典。然申公既至，有"爲治不在多言，顧力行何如"之對，不合。雖以爲大中大夫，尋竟罷歸。惜乎武帝有招賢之名，無用賢之實也！武帝既然，抑不知申公所謂“力行”者何事邪？

竊意人君力行，莫大於誠意、正心、修身，以行王道于天下。使申公之言果出于此，而武帝允迪之，則漢之治，何三代之不如哉？然以汲黯“内多欲而外施仁義”之言觀之，彼既以多欲内蠱其心，固無望其能力行所言以致治也。漢千載之後，有如程朱之真儒，所以告其君者，皆“誠意、正心、修身，以行王道”之言。當時皆莫之用。則不能力行以爲治者，又不特武帝爲然也。因是以知三代而下，所以治不復古者，其原皆出于此。三撫斯《圖》，書此以識其後。

題騎都尉孔勖誥後

右《誥》一道，今給事孔公恂上世祖孔公勖，仕宋真宗時特恩所授也。勖爲宣聖之嗣，其家世之慶善顯榮，綿歷古今，儒者言之備矣，余皆置不贅論。獨念自宋以來，數百年間，數罹變故，雖天下之巨藏重寶，大有勢力者，或弗能保爲己有。惟此《誥》僅一幅，而其子孫乃能世謹收藏，宛然如舊，豈亦有數存于間邪？抑孔氏之子孫所重者，異于彼耶？然則觀者于此可以矯然而知所警矣！

書河南參政陳公詩後

永樂初年，先君子復任滎陽縣教諭，時余年方十五。河南參政陳宗問，浙江寧波府鄞縣人，以進士任工部主事，陞前職。其爲人有學有守，尤好激勵後進。因行屬至滎陽，索余詩稿觀。遂贈余一律，且序之曰：“觀其所作，才充而氣廣。不數年間，將見問學淹通，聲名洋溢，禄位不卑。非余儕備員苟禄者之可比矣！”其詩有“知爾晚來成大器，願修德業贊雍熙”之句。時陳公年逾六十，鬢髮皓然，而乃獎進余之稚昧，復深自謙抑如此，可見前輩忠厚之至。俯仰今昔，垂六十年。顧余老而無聞，不能副所期望，祇增愧耳。然公之厚意則不可忘，遂書其事于詩後云。

魏純傳

魏純，字希文，山東高密人也。其先世多仕者，至其父爲官江南。希文就學于江南，初治《易》，後明《春秋》、《詩》、《書》大義，亦皆知之。其父爲績溪令時，希文客金陵。一時達官貴人，聞希文名，屏勢就見請交。因合幣羅致館中，俾訓其子弟。未幾，人有所指摘，語及希文，謫戍邊衛，寓薊州玉田縣。先君子永樂七年，教訓其邑。希文復誨諸將官子于學宫傍，瑄因得納交爲心友。自是往返凡十年，議論連日夜不捨。瑄之疏劣，賴希文規輔之益爲多。先君子官滿去，希文徒步送數十里，執手爲别。别三年，嘗一得書。自是信音不相聞者，又三年。其後先君子丁大父母憂，起復，至北京。時希文亦以薦至吏部，因同膺薦者有所不合，復退于〔一〕初。又二年，爲宣德元年，侍從有薦希文學行者，復召至京師，集試吏部。文既合格，將上其名于朝以官之。而希文竟暴卒于旅次，是年某月某日也。明年春，瑄在河南，始聞其訃。先是，瑄有詩懷希文。考希文亡日，與瑄作詩時，皆在宣德元年冬。豈非交情之密，默有感觸于中，而不能自已于言乎！

嗚呼！瑄嘗觀古人論富貴貧賤，必皆曰“有命”。瑄少猶未之信。年來經涉既久，數數考之于己，驗之於人，然後有以見夫富貴貧賤，蓋皆有決然不易之命，而非人之私智所能去取也。以吾希文觀之，其賦質粹而明，其爲學正而純，其立心必欲一毫無愧于屋漏，其制行必欲一事不悖于天理。是則以德言之，希文之賢，固當見用于時也。處戎伍僅三十年，超然自得〔二〕，不爲顯者焜耀而有自沮之色。其貧至於牀無完衾，身無完褐，耕獲薪芻之事，靡不備嘗，而操行堅如金石，略不少變。其所處，蓋有古人所難者，而希文優處之。以時言之，希文困極宜通，當不至於終困也。至其忠信之行積于中，徵于外，武夫小子皆信其爲善人，而起尊敬之心；縉紳大夫皆知其爲君子，而咸欲其得位于時。是則以人事言之，希文名實孚于遠邇，亦當顯于世也。三者皆無絲髮可疑，而乃卒至於窮死，不得一試其有，則所謂決然不易之命，豈不信哉！

瑄又竊有疑焉。夫所謂命者，果何自而然哉？蓋出于天也。天必貴有德福仁人，希文乃不克蒙其貴與福，則所謂天者竟何如哉？豈貴德福善者其常，而貴福差爽者不得其常乎？果天道自然而然，初無心于其間乎？抑人之生也，適丁〔三〕其氣之清濁厚薄不齊，而非天之所能爲乎？是皆不可知也。或者又謂："天于善人，不有以福其躬，必有以昌其後。"是又未可必也。雖然，古之所謂善人君子者，顧自處何如耳，固未嘗以命〔四〕之厚薄爲輕重也。昔固有貴爲卿相，富累千金，生無益而死無聞者。命則厚矣，其于道果何如哉？以希文之賢，雖卒至於窮死，其德行名譽孚於人人。其自處者，既已無愧于道矣。命之厚薄，奚足道哉！奚足道哉！瑄與希文交最久、情最密，始以希文之不遇，質之命而自疑；終以希文之無愧，揆之道以自解。又恐希文之潛德懿行，久而或泯于世也，遂作《傳》以誌于私篋，以傳之悠久。且俾世之君子，當力于爲善而無疑于命云。

【校記】

〔一〕叢書本《文集》卷十"于"作"如"。

〔二〕叢書本《文集》卷十、嘉隆本《全集》卷二十八"得"作"適"。

〔三〕叢書本《文集》卷十、嘉隆本《全集》卷二十八"丁"作"本"。

〔四〕嘉隆本《全集》卷二十八"命"作"今"。

蕭都御史傳

蕭氏諱中，字存中，世居江西之龍泉。其里曰"南園"，世稱"南園蕭氏"。存中曾大父諱暉甫，大父諱福可，父諱民遠，凡三世，俱以德善承繼，一跡遠引，弗耀于時。存中賦質剛敏，篤志問學，大能繼述三父志以增累其德善。在鄉里，直言正色，是是非非，無少假藉。雖爲鄉人之善者敬服歸向，卒不悅于群小。以是醜正健訟之徒，妄相與鑿空造言，意欲構陷。存中獨先識其幾微，謂其家曰："闞言于行不食，古亦有之，吾不可不行其戒。”遂挈家避居外邑者將十五年。後知鄉里訟風稍息，乃還舊居所謂“南園”者。其鄉里善人老者喜其歸，少者仰其德，俗遂變爲仁里，争訟殆絶。存中乃益治其舊田園，課僮僕，勤力其中。不數年，生意益饒于前時。大有所積，則斥其餘以周困窶，不責所負。丁亥歲，臨袁傍郡執役之人，伐木歸自湖湘者，既飲食不時，疲于道路，加以隆暑鬱蒸，病者死者，扶踣相望。居人皆以爲疫癘染人，閉户無敢出視。存中獨曰：“是有命，疫癘安能染人？”乃大出湯藥，分遣所親，多方救濟，役夫賴以全活者甚衆。

存中既讀書知義，尤篤于宗族，無間疏戚遠近。有女孤無依者，爲具粧奩，擇所歸，使無過時；男長不能娶者，資給以聘禮，使無失配。其于家法，閨庭内外，秩如雍如，嚴而有恩。訓其子孫，一以道義，不及于利。其子啓者，既得存中家傳之學，登宣德丁未進士第，歷官監察御史、山東按察僉事，陞僉都御史，奉敕兩鎮河間府、居庸關。其所職皆風紀戎政大事。存中數戒以書，俾處心以公仁，持己以廉慎，行事以古人偉節豐功自期待，勿爲區區小利汩迷身心，撓損名節。啓能恪守其戒，所至守不可奪，事無不立，人無不悦，卓然爲時之名臣。存中胎〔一〕教厥子者，可謂正且大矣！

啓鎮守居庸時，存中棄世，邊務方殷，朝廷勉留。啓瀝〔二〕誠懇乞終制，至於再三，詔乃許奔喪。奪情起復，及至，又領敕巡撫山右。久之，謝病歸，將奉存中之祀于家。啓之既忠且孝，則存中教及厥子者，又可謂善且美矣！啓爲監察御史，推恩封存中如其官。啓既陞都憲，又推恩誥贈存中中憲大夫、都察院右僉都御史云。

【校記】

〔一〕諸本皆同。嘉隆本《全集》卷二十八“胎”作“貽”。

〔二〕叢書本《文集》卷十“瀝”作“歷”。

蕭叙仁字説

《禮》曰:“已冠而字之,成人之道也。”釋者曰:“古者童子雖貴,名之而已,冠而後,賓字之。以成人之道,敬其子也。”都憲蕭公子榮冠禮,請學士劉公爲賓,因字之曰“叙仁”。劉公復序其字,取《孟子》“仁則榮,不仁則辱”,故因其名而字之曰“叙仁”。蓋欲其勉于爲仁,而行之有序也。夫道之至大者,莫大於仁。孔門弟子,自顔子以下,皆未嘗以仁許之。誠以仁爲萬善之長,偏言則一事,專言則包義、禮、智三者。故孔子教人,惟以求仁爲言,蓋盡仁,則四者之性無不盡矣。至其爲仁之要,則其告顔子以“非禮勿視、聽、言、動”者是也。是則仁道雖大,有非後學所敢易言。然人得天地之理以爲性,初不以聖愚而有異。聖人之所以爲教,學者之所以爲學,莫不本於是焉。故雖初學之士,凡志于道者,必當從事于斯也。

今學士公既以“叙仁”字榮矣,叙仁其可不深思仁道之至大而未易言者,以用力于求之之要哉!且施仁之序,雖自親以及疏,自近以至遠,而其本則在乎求諸心而已。使心有不仁,則以何者施于遠近親疏之間哉?求諸心者無他,即“非禮勿視、聽、言、動”是也。叙仁必當念兹在兹,無終食、造次、顛沛之違,勉之又勉,用力之久,庶幾克去人欲,復全天理,而本心無一毫之不仁。則施仁之叙,無往而不達,有安榮之效,無危辱之事。《禮》所謂“冠而字之,成人之道”者,將於是乎在。不惟無負于學士公字之之意,亦無忝于都憲公矣!若徒尚乎“叙仁”之名,而無爲仁之實,殆見身心之間,尚且迷繆乖紊之無序,尚何以施諸親疏遠近,而得夫安榮之效哉?叙仁其勉之!叙仁其戒之!

試諸生策一道〔一〕

問:天地之間,理氣而已。《河圖》五十有五之數,一六水居北,二七火居南,三八木居東,四九金居西,五十土居中。奇偶之數,固《八卦》之所由畫也。然此皆以氣言，而不及于理，何歟？《洛書》因一二三四五六七八九之數，第而爲五行、五事、八政、五紀、皇極、三德、稽疑、庶徵、五福之疇，固兼以理氣言矣。先儒謂《河圖》、《洛書》相爲經緯，《八卦》、《九疇》相爲表裏。然一以氣言，一兼以理言，果何以有經緯表裏歟？厥後周子作《太極圖》，其曰"無極而太極"者，純以理言也。自陰陽、五行、男女，化生萬物，則兼以氣言，而理爲之主也。然周子非有《河圖》、《洛書》之可據，而《太極圖》之作，果有合於羲《畫》禹《疇》之旨歟？諸子于《易》、《書》、周子之學，必嘗講之，試爲我陳其説。

【校記】

〔一〕此又見《薛文清公策問》。

文清公薛先生文集卷之十二

門人關西張鼎校正編輯

書

答陳文原先生書

廣文陳先生足下：前在覃懷，令嗣洎孫、高二生至，蒙手書示慰，以先人即世致祭，且賻憫恤，憂愛之情，溢于言表，且以徐孺子、郭林宗之事爲喻。展讀再三，歔欷流涕。于以見賢人君子，篤于始終，而爲此超絶之義、獎譽之詞也。感德其可勝言！雖然，孺子南州高士，林宗漢之賢者，孺子"生芻"之喻，林宗固足以當之矣！若孤子之無狀，不仁不孝，獲罪神明，降兹酷罰。而又故鄉千里，未即歸葬，羈居南北，禮節多廢。賢士大夫不即擯斥而棄絶之，幸矣！尚何古人之敢望哉！孤子固不足言，而足下之義，殆無愧于孺子焉！

蓋自後世，風靡俗失，至有門生故吏，于其師長之喪，尚不加戚於心，況于交游之泛泛者乎！足下與先人，非有門生、故吏、師長之義，特以滎陽一邂逅間，即傾懷相與。逮兹見背，乃不遠數百里，遣子若生，緘詞致哀，既祭且賻。其于孺子之義，又豈遠哉！是不惟先人及孤子存没感德，而所謂門生故吏，薄于所終者，聞足下之風，亦可愧矣！承書即當裁答，因來河南收拾行李，遂爾稽謖。今遣舍弟，專往拜禮。臨紙不勝哽塞，馳戀之至，伏惟諒察！

論取友爲學答周秉忠書

秉忠司訓足下：前枉書並詩三章，即宜奉答。涉春入夏，小有私冗，遂爾一向稽怠，及今重取書、詩讀之，往復究玩，乃有以見足下善於交道，甚有似于古人也。又有以知足下力于進修，蓋有出于後人也。

嘗觀古人之取友，必擇其可者相與游處，出入往來。誨喻偲偲然，一歸之于義，而所以交贊更修，浸灌滋助，爲益甚大。故其德業成就，光明俊偉，咸有以立于當時而聞諸後世。孔子所謂"友以輔仁"，《易》所謂"君子以朋友講習"者，此也。後之人則不然，于閎博誠直之良友〔一〕，則忌其賢，疏而不親。而獨取夫側僻固陋、圓和軟熟、與己不齟齬者爲契合，群居旅遊，擋挖嬉戲，道説鄙俚常事，不講不學，不規不告，靡靡然牽率淪胥爲愚下之歸。此古之交者所以日益，而後之交者所以日損也。足下以明敏之識，自始與僕相見，及後往來過從，每語必及于學，學必以古道相期勉。今詩中復有"多君啓迪"之語，顧僕何足以當此？但足下博于納善，過見收採，是以云云見及耳。僕因謂足下交道甚有似于古人者，此其一端也。

又如爲學一事，本其分内，自少至老，蓋無止期。雖大聖如孔子，猶忘食忘憂，不知老之將至。後之君子，其不逮聖人亦已遠矣。然方其未得所欲時，莫不汲汲然，務速以求之，曰："我善於爲學。"一旦得所欲矣，即盡棄其向之所爲，若無絲毫關諸心者。人或問之，則曰："我非不好學也，其如公私多事何？"僕謂爲此言者，蓋其立心之初，本不爲己，不過勉強涉獵，以求濟其欲耳。既得所欲，則學于我何有？宜其托此以自詭也，不然，使其真有好學之心，不以窮達而易其志，則酬應公私之餘，有一時之暇，即一時可學也；有一日之暇，即一日可學也；以至一月一歲，無不皆然。子夏所謂"學優則仕，仕優則學"，正如此耳。又何公私多事之足妨哉？既不能然，則少之所修者，皆不足以爲壯之所資。此聖益聖，愚益愚，而道德事業益相遼絶而不相及也。足下年富氣鋭，雖當群弟子請業問難之煩，府衛文武交游之盛，冠蓋往來，將迎之勤，一不以是自撓。而稍得休暇，即執卷吟誦，細思乎義理之微，而沉潛乎聖賢之奥；慎察乎言行之間，而震發乎六藝之音。故見于詩文者，渾樸古老，駸駸乎漸有作者步驟，比向所見者，萬萬有加。僕以是謂足下進修，有出于後人者，不其信乎！夫以明敏之識見，而知取友之益；以富強之年力，而篤進修之功。誠持此道而不變焉，則他日所至，又豈淺末者可得而量哉？

僕忝科名以來，奔走東西，少得親賢之益，舊學荒失，百不一存。追顧前言，良可增愧。獨于汩汩中忽見有如足下者，能穎然進于此，因是有所感發，而輒復陳其固陋。然己不勉而勉人，又君子之所不與。冀足下略其下體而熟之、復之、固之、密之，以需所就，而果有以見古人之可及，而不但出于後人也。瑄悚息再拜。

【校記】

〔一〕叢書本《文集》"友"作"朋"。

與楊秀才書

楊生進道秀才足下：先君子未官河内時，先曾與生相識，于時生固有相親之心矣。其後先君子官河内，生遂朝夕相親，而心愈篤。及先君子没世，舊有别業在滎陽，因往治裝，生遂徒步相從。時秋雨積潦，大河比〔一〕壖尤甚。生泥行三十里，水行十餘里，跋涉良苦，而略無愠色。其冬，瑄扶先人柩西歸，生送至孟津西山下，流涕爲别。大事訖，瑄來滎陽省老母，生復自河内來，留月餘。既去，而往來書問不絶。瑄惟人之所急，惟利與勢而已。生於瑄，非有二者可趨，而乃慇懃稠密相從不厭如此，非篤于爲義，而好衆人之不好者能爾邪！行念方將上京師，愧無以爲意，因略陳其固陋，以爲生勖。

瑄七八歲時，侍先君子左右，聞其稱古之人某爲大儒，今之人某爲偉士，因竊自私記於心，曰："彼亦人耳，人而學人，蓋無不可及之理也。”其時，瑄雖有志於是，顧方屬對偶、習聲詩，而尚未知所以爲學也。又六七年，先君子見可教，遂授以四書及他聖賢書，曰：“此爲學之要也，汝其勉之！”瑄拜受所教，遂發奮篤專于誦習，晝不足則繼之以夜，夜坐倦則置書枕側而臥閲之，或有達旦未已者。至於行立出入、起居飲食，不諷諸口，則思諸心。雖人事膠擾，未嘗一日而易其爲學之志也。如是者積十餘年，然後若有以察夫聖賢千言萬語之理，無不散見于天地萬物之中；而天地萬物之理，無不統會于此心微密之地。自是以來，澄治源本，而恒懼夫邪慮以淆之；篤專修習，而不敢以他好奪之。積之既久，間因以其中之欲發者，發而爲文辭，則但覺來之之甚易，若或有物以出之于内，而迫之于外也。其後以先君子命，從試于有司，一往即得之。仰希大儒偉士，雖不敢及，然韓子所謂“在進士中，粗爲知讀經書者”，竊以爲近似焉。今退居又六七年矣，中間遭值大故，哀痛悲傷之餘，尚懼頑愚荒怠，以負先君子之大訓，因時取向所授書，而温繹之。但覺意味之愈切，理趣之愈深，蓋有得於心，而不能形諸言者矣。此瑄之所以自少及長，凡勤苦僅得，而猶不敢自已者，此也。

今觀生之于瑄，求之可謂勤矣。然徐察生之志，則所慕者科名之未得，所急者文詞之不足。是以求之愈勞，而得之愈難也。瑄以謂不若且置此汲汲欲得之心，取四書與凡聖賢書，若瑄十六七以後時，又加力焉，則他日蓄積之深，無所不有。以其餘施之于辭，則析理精切而不差；措諸事，則典實而可行。于以應有司之所求，可一舉足得之矣，又何科名文辭之足患哉？此乃不求之求，實爲學之要法也。不然涉獵記誦，愈勞愈難。縱使得之，亦何益於人己哉？鄙見如此，惟深加思勉，毋以斯言爲迂而虚用其勤。幸甚！

【校記】

〔一〕諸本並同，嘉隆本《全集》卷二十九“比”作“北”。

答湖廣左布政使李琦書〔一〕

瑄書復左轄相公閣下：今年春，吳户部公至，承三月十六日手書示問，並寄字帖藥方，一一祇領訖。伏惟閣下以魁奇之資，宏博之學，超邁之識，加以踐歷清要，久更事任，敦裕老成之名，允孚衆聽。乃者暫輟班行，旬宣江漢，上爲國家之所倚重，下爲列郡之所具瞻。英聲峻節，渢渢乎實在荆山之南矣！

瑄以章句之儒，濫側風紀。自祇命湖南，歲月云邁，治效蔑聞。仰瞻高義，益增愧赧。所恃者不欺暗室一事，期不負素願與所學耳！以閣下於今爲先輩成德，故敢輒一道其志。兹因户部公歸，便率此奉復，並致謝忱。更冀若時保攝，爲國自重。不宣。瑄再拜。

【校記】

〔一〕《文集目録》作“答湖廣李布政書”。

答侍御王子沂書

瑄頓首復書侍御子沂足下：專人至，得八月初一日手書，備知體中不佳。第以遠道，不得即造奉問爲愧。承喻訪醫一節，沅州衛有一老醫，頗練方書，拯療頻有效者。已令收拾藥劑，與同來人起程前去。到日，伏望高明指示，商度用藥，勿責近功，徐圖其效爲妙。

僕又念韓公有曰：“將息之道，當先理其心。”又頤養之要，節喜怒最急。蓋心體虚，則内有主而外邪自不能入；喜怒節，則氣和平而内疾自不能生。伏惟足下老成明理之士，此皆了然胸中而行之熟者，固不待僕之煩言。但區區惓愛，則願更加意焉。凡百語默動作，起居飲食，皆當寬坦其心，調節其氣，勿使思慮喜怒與疾氣交戰並争，則小小之恙，可不藥而減矣。不然，藥劑雖良，氣稍失和，則凝冰焦火，恐未易收效也。恃在眷私，故敢冒罄其狂言。惟加察納，幸甚！瑄再拜。

與王給事惟善書

瑄頓首給事閣下：去秋歸時，承顧送賻賻，感德殊深。即日伏惟起居佳勝。雖在哀中，豈勝馳仰？瑄亡母柩尚在淺土，以新窆，未可即動移。又叔父先來存視，亦歿於是。兩喪未舉，皆人子之大事。疇昔忠厚之誨，敢不服膺？前喻作尊府君處士哀詞，謹具録别紙附寄。但愧蕪淺，不能有所發揮耳。照察，不宣。

與羅劉張李陳謝侍御

頓首寅契列位侍御閣下：瑄以菲才，濫厠寅末。蒙誨蒙愛，極深極厚，非筆舌所能騰喻。及遭先母亡，又承高文哀輓，此又刻心不能忘者。亡母柩尚在淺土，歸葬在開歲秋冬間。人便，率此奉字以代報。不宣。

與太守李太亨書

太亨足下：承以知己之薦，受聖天子明命，領東南大郡。又降璽書褒諭，使之乘傳之官。千載一遇，良在于斯。凡百有志，孰不興起？足下以卓越之資，超絶之識，清白之行，而藴蓄其奇、老其才者將三十年。一旦復見用于世，將攄發其所有，見于政事之間。赫赫之〔一〕聲，行復播于朝右矣。蓋天將大用其人，必先拂鬱空乏其心體。雖七十，猶未至耄老，足下困乏久而通，年雖高而視聽筋力未衰，晚景功名，政恐尚有進于千里之寄者，惟遲之。幸甚。瑄與足下，忘年之契，白首之交，義當出祖，以道其行。第臺中多事，薄晚方歸。故專令小子淳，奉簡以代叙别。到官政暇，時惠清教，尤幸。心照不宣。

【校記】

〔一〕諸本並同，嘉隆本《全集》卷二十九"之"作"然"。

再與李太亨書

瑄奉書老友太守先生足下：自京師一别，又十五年矣。江南冀北，相望邈然。向風引領，豈勝悵怏！僕昔在田里時，遠辱手書見示，並勞和僕所寄詩，展讀再四，益深悚企。中間乏便人，因循未及奉書通問，爲罪，爲罪！

僕自罷歸，日與老農夫爲伍，耕田藝麻，築室種樹。分將没齒草野，已絶望于功名富貴矣。不意去年九月初五日，驛使到門，催迫上路。十月初七日，又蒙恩命，擢官大理。供職以來，無毫髮報答。抑衰邁老醜，強顔班行，有愧古人出處之義多矣。方將上章懇返初服，曾未遂所圖，復有川蜀滇南督饋之行。於今年二月初九日，奔馳上道。北山勒移，能無厚顔？

緬想足下輕舟短棹，葛巾藜杖，徜徉湖山之樂，益使人馳望，耿耿不能爲懷。前教令作所著書序文，尚未草創，候南還之日，尚當勉圖奉寄。僕自前歸鄉里，喪第四子、子婦三人、孫二人，是皆命也。奈何，奈何！有律詩四首，用舊韻，皆二年前所作，録别紙奉上。僕又近苦臂痛眼花。縷縷私情，所欲言者甚衆，非紙筆所能盡。尚乞心照，不宣。

復李太亨書

復書太守太亨足下：今年正月，得去年二月手書。既承眷譽之過，兼以官守見喻，幸甚！其中有宜復者，不可但已。切觀君子于名位大小閑劇，皆不在己，惟隨其所居，爲所當爲，處之以義，而不咈乎時之宜。斯古所謂“不器者”然也。若曰“某職吾能安之，某職吾不屑爲焉”，則是不能隨所遇而裁之以義，顧拘于有用之器矣。

伏惟足下以年德之高，處此劇郡，猥日從事于文書訴訟、逢迎候伺間，似非長者所宜。然揚州爲東南之大府，頤指之吏，自州長令丞以下，莫不承望其風裁；所部比屋百千萬之民，又皆守率其教條。大丈夫官至郡守，其任亦重矣哉！足下尚爾云云者，豈其中真有不自得者邪？抑姑設此謙虚之言以自誑也？若果有不自得，尤望足下弘古人之高義，因其位而爲所當爲，不以外之欣戚小小者動其心，則"不器"之君子，非古人之所得專，而在足下矣。足下其然之否乎？

比有江淮往來者，似聞足下有落落難合之意，此無足怪，古之人或然。足下其益磨去圭角，委曲接之以義，于所不知者，默焉勿與之尚口勝，待小人尤嚴于自治，則于事之大小，似無難處者矣。足下又然之否乎？恃在白首交游，故敢披露盡言如此。若鄙見有未是，閣下其復之！去年九月，在泰安州燈下，忽念缺然久不奉問，似有望于足下者，遂成律詩一首。及今得書，乃知足下眷愛不忘我久矣。因録前詩附寄，以見〔一〕區區以小人之心，爲君子期也。更冀照察，不宣。

【校記】

〔一〕"見"字諸本皆無，今據嘉隆本《全集》卷二十九補。

復李原德書

瑄復書李公閣下：辱書累數百言，大意以道學顯晦見推爲念。詞志高遠，迥出恒人所見。竊惟此道出于天而賦於人，全盡于聖賢。凡六經四書，以及周、程、張、朱之説，無非明此而已。號稱儒士，而讀聖賢之書者，曷嘗不欲明是道、體是道、行是道、推是道於人哉？若讀其書而捨其道，乃先儒"買櫝還珠"之喻，非真讀書者也。瑄自少時，嘗有志于此。非敢自謂能與是道也，但覺心之所存，言之所發，身之所履，小有違理，即一日若不能安其身。此蓋出于道之不能自已者，豈敢借擬古人，而以道學自居哉？閣下過與，乃爾云云，徒使瑄撫己增愧耳！

若以是聲號於人，必且見怪見鄙，不斥之以爲狂，即笑之以爲迂矣。深願閣下不以云云者布於人也。往年河汾之會，漫語及此，亦六經、孔、曾、思、孟、周、程、張、朱之書，世儒之所共讀共談者耳，非瑄之所獨見也。閣下遽爾云云，豈以瑄誠深於是哉？而今而後，更願閣下以衆人視瑄。或欲往來，講切是道，但當熟讀凡聖賢之書，一字一義，灼見下落，而體之心、體之身，繼之以勿怠，則推之人者不外是，而所學皆爲實理。雖不言道，而道即在是矣。顧瑄有志於是，而未能也，閣下其察之！人行，匆匆奉答，言不能盡意。閣下其復之！瑄再拜。

答司封趙主事子聰書〔一〕

瑄復書子聰年契足下：去年，秋官張公來，承手書惠問。展讀再四，辭義懇款厚德，其曷敢忘？但稱道云云，則非瑄之所敢當。第因每年巡歷所部，稽于奉答，愧歉尤深。伏惟足下累世以來，《詩》《書》是襲，德善是崇，繼忠繼孝，進而登顯仕、獲重譽者，代不乏人。至足下又以學行之美，誕繼家聲，凡在交游，孰不歆仰？況瑄與令先兄侍御爲同年進士，與足下爲同年舉人，無兩同年之好，是宜企慕之私，又非他比。但愧瑄年來學不加進，德不加修，有負先侍御以洎足下素所知耳。足下或以爲尚可規教，時及誨言，尤幸。余非所敢望。秋官公還，率此奉復。照察不宣。

【校記】

〔一〕《文集目録》無“子聰”二字。

戒子書

人之所以異于禽獸者，倫理而已。何謂倫？父子、君臣、夫婦、長幼、朋友五者之倫序是也。何謂理？即父子有親，君臣有義，夫婦有别，長幼有序，朋友有信，五者之天理是也。于倫理明而且盡，始得稱爲人之名。苟倫理一失，雖具人之形，其實與禽獸何異哉？蓋禽獸所知者，不過渴飲飢食，雌雄牝牡之欲而已。其于倫理，則蠢然無知也。故其于飲食雌雄牝牡之欲既足，則飛鳴躑躅，群游旅宿，一無所爲。若人，但知飲食、男女之欲，而不能盡父子、君臣、夫婦、長幼、朋友之倫理，即暖衣飽食，終日嬉戲遊蕩，與禽獸無別矣。聖賢憂人之陷于禽獸也如此，其得位者，則修道立教，使天下後世之人，皆盡此倫理；其不得位者，則著書垂訓，亦欲天下後世之人，皆盡此倫理。是則聖賢窮達雖異，而君師萬世之心，則一而已。

汝曹既得天地之理氣，凝合父祖之一氣流傳，生而爲人矣，其可不思所以盡其人道乎？欲盡人道，必當于聖賢修道之教、垂世之典若小學、若四書、若六經之類，誦讀之、講貫之、思索之、體認之，反求諸日用人倫之間。聖賢所謂"父子當親"，吾則于父子求所以盡其親；聖賢所謂"君臣當義"，吾則于君臣求所以盡其義；聖賢所謂"夫婦有别"，吾則于夫婦思所以有其别；聖賢所謂"長幼有序"，吾則于長幼思所以有其序；聖賢所謂"朋友有信"，吾則于朋友思所以有其信。于此五者，無一而不致其精微曲折之詳，則日用身心自不外乎倫理。庶幾稱其人之名，得免流于禽獸之域矣！其或飽暖終日，無所用心，縱其耳目口鼻之欲，肆其四體百骸之安，耽嗜于非禮之聲色臭味，淪溺于非禮之私欲宴安，身雖有人之形，行實禽獸之行，仰貽天地凝形賦理之羞，俯爲父母流傳一氣之玷，將何以自立于世哉？汝曹其勉之！敬之！竭其心力，以全倫理，乃吾之至望也。

答李賢司封書〔一〕

瑄奉書司封李先生足下：自河汾之會，即相知不相忘者十餘年矣，非以志同氣合而然邪？及瑄來山東，又承手書切磨斯道，益荷知己之不忘也。前年至京師，極欲面悉凡紙筆所不盡者。未幾，又歸山東。回想風度，豈勝悵怏？去年春，左方伯王公來，又承書見示。首論居敬窮理之功，次喻所得之大，終及省察之要、義利之分，而謙謙又若不敢與〔二〕斯者，益見足下所志者，皆古人之志；所求者，皆古人之道。與汲汲于尋常之所争者，相去〔三〕百千等矣。第書旨宏博，未易了悉。謹取其中三四條，奉答于右，伏惟擇焉。

是道之大，原于天，具於人心，散于萬事萬物，非格物致知，則不能明其理。故《大學》之教,以是二者居八條目之首。然非此心大假虚明寧静,則昏昧放逸,又無以爲格物致知之本。程夫子所謂"涵養須用敬,進學則在致知"者,正欲居敬窮理,交互用力,以進于道也。足下論爲學之道,首及于此,誠得程夫子教人之要旨矣。又能尋此而進焉,他日所至,其可量乎?足下又謂:"忠孝大節,固不敢虧,聖賢細膩工夫,決不能到。"乃足下自謙之辭耳。朱夫子有言:"愈細密,愈廣大;愈謹確,愈高明。"是則大節固所當盡,而細膩功夫,或者亦不可不勉也。足下又謂:"動作毫釐小差,忽不知墮于爲利之域矣。"足下省察工夫,至此已極爲親切。更加以精辯持守之力,必能爲己而不爲人也,爲義而不爲利也。伏惟足下氣清而才敏,識高而志篤,切切焉,恒以是道、是知、是行、是相講磨爲務,所謂汲汲于尋常之所争,無以于〔四〕其中。譬之入海者,既識江河之正道,又得舟楫之利器,循焉而不已,其至也不難矣。孟子所謂"豪傑之才",朱子所謂"百世之下,神會而心得"者,百千年間,豈無其人乎!非瑄所敢知也。瑄愚僻無他才能,獨于爲學一事,實非他好所能尚,但乏明師友以正其是非,以此不敢果于自定耳。年來忽得高明如足下者,數見教示,誠孤陋中之一幸也。繼自今往,尤有望于足下矣。近者,右方伯王公云:得足下書,且附問瑄,以爲人少知者。瑄以謂學求分内事耳,知不知何與于己哉?但足下見愛之過云然耳。往年舟中有懷足下律詩三十韻,近日所述《敬吟》一首,具録别紙,並謝奉答之。稽慢,伏冀照察。不宣。

【校記】

〔一〕《文集目録》無"賢"字。

〔二〕諸本並同,嘉隆本《全集》卷二十九"與"作"于"。

〔三〕"相去"諸本並無,此據嘉隆本《全集》卷二十九補。

〔四〕諸本並同,嘉隆本《全集》卷二十九"于"作"干"。

與李匡都御史書

瑄奉書都憲李公行幕：成都一别，又數月矣。慕仰之私，與時俱切。即日伏惟駐節山間，部分諸將，必有奇策以羈叛蠻之首，溪峒行且落然無警矣。鄙意猶以爲蠢兹醜類，與其振威武以服其外，不若布誠信以結其心。高明以爲何如？勉而行之，大功可立。况此小寇，烏足置齒頰哉？

瑄自永寧至瀘州，感暑瘧，寒熱大作數日，幾不可支。今雖稍愈，正氣尚未完復，猶恃粥以保養耳。餽運一事，猥承公牒，悚息尤深。但邊衛武夫，不諒鄙意，致此有煩言耳。兹敢輒用公牒干瀆左右，想發封爲一笑也。凡百瑄所不及，更冀見教爲幸。子路，人告之過則喜。瑄雖不敏，常奉教于君子矣。率此奉狀，伏惟照亮。不宣。

答李都御史書

瑄書復都憲李公足下：專人至，持手書見示，首叙向日鄙作之贈。追念蕪陋之辭，祇增愧耳，奚足以言詩文哉？且承喻招徠叛亂，戎獠次第款服。虜去人口，大半放還。尤可見足下能布朝廷之恩信，不煩一戟，不勞一兵，從容指麾，使一方反側異類感德革面，唯唯來歸。自非足下平日忠信鬱于中而發于外，安能致彼孚化之若是乎？瑄近日遣小吏奉書往，中間亦謾陳“振威武以服其外，不若布誠信以結其心”。觀足下此舉，蓋先得我心之同然矣。君子行事適機宜，尤使人敬慕之無已也。

昔趙充國討叛羌，緩于攻戰，但撫其渠魁，而坐使其黨類解散，湟中既安，振旅而還。朱子大書于《綱目》，以美其績。以此見安邊境、治蠻夷，蓋以懷柔爲先，不以攻戰爲貴也。足下此行，深得安邊之計，垂聲竹帛，又豈多讓于古人耶！瑄近日賤體失養，感瘧疾，連發數日方已。足下專遣〔一〕人垂問，感德其又可忘？足下師還有期，會晤非遠，縷縷餘情，尚容面布。人還，先此奉復。尚冀照察，不宣。

【校記】

〔一〕諸本並同，嘉隆本《全集》卷二十九“專遣”作“遣專”。

與李都御史書

近日江安驛丞持梨果自山中來，又承垂問，感德愈深。恭審足下體中亦小不佳，想行即平豫。大抵山中林嵐蓊鬱，無所發泄，其氣最能中人。日來殘暑蒸熱，亦能爲痫。足下體中不佳，豈以是二者邪？不然，或積勞軍旅之事所致也。瑄少多與名醫往來，頗諳醫道。大抵感冒之疾，三日之前，祇宜用辛涼之藥發散，三日之後，宜和解。有内證，可下則下之，切不可用干姜、附子諸性熱之藥。若服熱藥，則病勢必增，蓋感冒始終祇是熱疾也。俗醫不知此理，謂在表爲陽爲熱，在裏爲陰爲寒，失之遠矣。外此，即是雜病。有方可療，亦宜慎擇其藥性之良者用之。以足下之高明，必了然于此，固不待瑄之瀆言，然私意亦欲少致懇耳。

又朱子與黄子耕書曰：“凡病中，一切事放下，專以存心養氣爲務。跏趺静坐，目視鼻端，注心臍腹之下，久自温暖，即漸見功效矣。”此亦調攝之一端也。瑄疾雖平復，尚未任勞。相去數程，未得趨問，爲愧良多。兹遣專人，以代申問之敬。尚冀爲國自重，不具。

答閻禹錫書

瑄再拜書復廣文先生禹錫足下：自來金陵，未及一年，三辱手書示問，重叙河汾之會，以及瑄之出處。藹然忠厚之意，溢于言辭，爲荷不淺。但前後所推許者，皆不敢當。瑄本世俗之學，中年稍知理趣，而卒有所未得，亦僅置之於心而不忘耳。承喻所學之正，進修之篤，敬羨！敬羨！第别紙所録《釋毁賦》，多用騷意。竊惟古人爲己之學，於人之知不知，與夫毁譽之言，皆不足以動心。若此《賦》之詞，似有激發不平之意，得不爲此心虚明之累乎？所望一切除去此意，日求吾所未至,使反身誠而樂莫大,則彼毁譽之言,烏足以動吾心哉?

第二書又謂:“學徒告以微妙,茫然若夏蟲之疑冰。”是誠然也。夫以子貢之高識,猶僅克悟性天道于晚年,况他乎哉?程子終身不以《太極圖》示人者,正謂是耳。故教人之法,最宜謹其先後深淺之序。若不量所至,驟語以高妙,不止不能入,彼將輕此理爲不足信矣。其他書辭,不能盡答。惟所學之正,進修之篤,他日所就,殆未可量,固非老拙日退者之可望也。所求《文獻通考》、《叢稿》二書,《叢稿》所未見,《通考》家故有之,博而不約,殆非理學之所急。良輔亦有二書見寄,尚未奉答。玆因鄉人薛生之便,率此奉復。尚冀心照,不宣。

答曹安司訓書

書復廣文曹司訓:近得書,歷叙游宦鄢陵,見慕之切,且極稱道區區行己出處之義。以愚老,豈敢當其萬一?且區區素與廣文未識面,特以鄢陵前後風聲相接之故,遂荷此厚愛,足見廣文好善之心,無間于疏數也。所要作《殷少師比干集序》,又見廣文景仰忠賢之心。然區區思之至再,以稱許少師之仁,已見于先聖孔子之言。後人雖欲重累其辭,諒無以出其一言之外者。以是果于不敢作,非有吝也。以厚意不可虚,特具小簡以復。惟廣文裁察,妙甚。

答閻禹錫書

廣文閻先生足下:别來數年,以氣味之同,未嘗少忘于懷。兩年連得兩書,乃知足下之見愛,亦如愚老之思足下也。但前後所稱道者,皆不敢當耳。承喻墜清秩,得以所學勵英才,樂可勝道邪?又喻取《朱子文集》《語類》諸書,掇其精者題曰《晦庵要語》,云欲寄示。此正欲快睹,早寄爲妙。所要《讀書續録》,但愚老自備遺忘耳,亦何足觀也!

近讀《近思録》,程子謂方道輔曰:“經以載道,誦其言辭,解其訓詁,而不及道,乃無用之糟粕耳。”覬足下由經以求道,異日見卓立于前，有不知手之舞、足之蹈。竊謂因經以求道，乃進學之至要。蓋凡聖人之書，皆經也。道則實理之所在，苟徒誦習紙上之經，而不求實理之所在，則經乃“糟粕”，如程所云也。以足下之明敏，于《程子要語》從事必熟。特以愚老敬慕之切，故敢瀆言之，更希留意，妙甚。率此奉復，欠備。惟心照，不宣。

文清公薛先生文集卷之十三

門人關西張鼎校正編輯

序

論選序

昔真文忠公編《文章正宗》，釐爲四體，其一議論也。議論見于經史者，如唐虞三代君臣之言，孔、曾、思、孟問答之語，以至後世英賢之談辨〔一〕，名臣之章疏，儒先之著述，或陳經世之要，或發天理之微，或指切當世之務，或剖析理欲之幾。雖所言各殊，而皆所謂議論之文也。然文忠所録，自《春秋内外傳》至漢唐而止，于六經、孔、曾、思、孟之書則不及者，蓋以聖賢大訓，不當與作者同録，于以示慎重耳。

我朝設科取士，罷詩賦，中場易之以論，蓋即所謂議論體也。文制既新，士習亦變。由是秉筆締思者，咸以古人自期，而文章之中程度者，蔚有可觀。然歷科既多，小録散在四方，每不得以聚觀爲嘆。鄢陵司訓東魯王惟善氏，乃能收集歷科以來小録，選其論之精粹者，彙爲一編。余間閲之，不惟快吾夙志，實足以見我國家德澤涵煦之深，人才之盛，而議論之純正，有不愧于古人也。又以見惟善編選之勞，庶幾乎文忠之遺意，而可行于後世也。於是爲之序，以冠其端云。

【校記】

〔一〕諸本並同，嘉隆本《全集》卷三十"辨"作"辯"。

送白司訓序

理之在人心，固無先後，而人之覺是理者，則有先後焉。先覺者，以斯理覺後人，俾暗者明，邪者正，故謂之師。自鄒魯之教衰，而斯理不明于世。所謂師之名雖是，而其實則非矣。如楊、墨、許行之學，莊、列、老、佛、韓、谷、孫、吳之教，當時習其事者，固各以師稱之矣。然跡其所爲，非徒無益，而邪説怪行，所以壞人心、害仁義、貽患于天下後世者，可勝道哉！至濂溪周元公，始以一理二氣五行化生萬物之妙，作爲圖書，以發二程。二程復因聖賢遺籍，推究而擴大之，以覺當世之學者。及紫陽朱子上得伊洛之傳，以道自任。一時及門之士，莫不去暗即明，去邪即正。由是師之名與實，殆不異乎鄒魯之盛。其所以明天理正人心，有功于天下後世者，豈小補哉！

皇明定四方，一文治，縱横等家悉皆禁黜，内外學校，咸以明經之士爲之師，經以程朱氏之説爲之主。蓋謂經之所載者理，能通乎經，斯能明理以覺夫人。苟經有不通，則理有不明。理有不明，則後學無〔一〕所啓發取正，而人將惑于他歧，其流弊亦不下于雜學之〔二〕師矣。此校官爲職雖卑而關係爲甚大也。吾鄉白公該博卓偉，言直行方〔三〕。以明經中乙榜，兩任校庠，克慎所職，而學者知奮。今以滎陽司訓秩滿將行，縣令沈公索予文以贈。予遂歷道夫師之名實、理之明晦以告公，公其益當審所去取，而慎所覺哉！

【校記】

〔一〕叢書本《文集》卷二"無"作"之"。

〔二〕叢書本《文集》卷二"之"作"無"。

〔三〕諸本並同，嘉隆本《全集》卷三十"方"作"壯"。

送王汝霖大尹序

某〔一〕嘗讀《西漢書》，見循吏六人傳，又讀《東漢書》，見循吏十二人傳，以謂兩漢治最近古，何賢守令落落如是耶？蓋人才之難，自昔然也。我皇明綏萬方、興百度，凡任民社者，尤重其選。余生也晚，愧不得遍識天下賢豪之士，獨于余邑大尹王公，幸知其賢焉。

往年，余在河南，鄉人至，談公之賢不容口。當是時，余固聞其名矣，猶未得其爲人也。其後，公朝京師，往來河南道中，連得兩見。耳其言論，目其威儀。余又得其爲人矣，猶未知其政也。又二年，余歸故鄉，謁公于公署。退觀其所以設施者，肅之以威，而敷之以和。威，故鄉豪市猾破膽滅跡，莫敢售其奸；和，故愿民弱姓安于里閭，無呼號頓捽之擾。至是，于公之政，始得其詳焉。自是别公，去逾數歲。今年冬，復歸河南之鄢陵，則公之威惠在人心者，益深于前矣。

余既隨計，不可少留，公亦將考績天官。余恐公之政將移于他，而興吾民之思也，遂歷道余之知公者非一日，以爲公贈，且誌于私牘，以俟夫太史氏之筆焉。

【校記】

〔一〕叢書本《文集》卷二"某"作"余"。

滎陽送别圖詩序

侍御劉公丁内艱，服闋，豸冠綉衣，將歸于朝。士大夫相與載酒殽，餞于滎水之濱。酒三行，縣令沈君言于衆曰："古人之别，或爲文以暢情，或爲圖以狀景，皆所以篤交道、寓不忘也。今兹侍御公之行，不有圖而歌咏之，又豈古人爲别之義哉？"於是，命工繪《滎陽送别圖》，俾序其端。

余觀《圖》之所載，山之高，水之流，煙雲草樹之相滋，人物舟車之彷彿，其于臨别之景悉矣。若夫贈言之重，祝規之情，則豈《圖》所能顯哉？此既圖而必申之以辭也。

侍御公少游庠序有聲，及登臺署，簡默莊重，明敏寬恕，風節固已表著于時矣。是行也，蓋〔一〕當攄誠竭忠，登進才賢，屏黜奸宄，大振風紀，俾事業聞望偉然赫然，炳如丹青，傳之信史。則是《圖》與文，並可以爲後日之美談矣。士大夫之工乎詩者，歌以繫之！

【校記】

〔一〕叢書本《文集》卷二“蓋”作“益”。

贈王給事中序

君子之學，貴乎擴其量而已。量本宏大，而拘于有形之器，故外有所感，則中有所遷。所謂本自宏大者，蓋亦不勝其小矣。不觀諸水乎？減之一勺則耗，加之一勺則滿者，蹄涔也；多方引之而不加少，衆流趨之而不加多者，江海也。江海之量固大矣，而猶有涯，階是而進于無涯之量，豈非道之大而無外乎？嘗觀之古人，其大若江海之量者，固亦有之。至於小得則喜，小失則戚者，蓋亦不勝其衆也。量之不同，乃如是哉！今之校官，俗呰爲冷職。恒人處是，能無戚容者固鮮，或一旦去此而陟于尊顯，能無德色者爲尤鮮也。

先人在鄢陵時，王惟善先生適爲司訓。余侍先人側，竊觀先生之爲人，謹于自修，勤于教人。于凡學宫有所修立，盡心盡力，若治其私室然。蓋將終身安於是而不慕乎外，視恒人之戚於是者既有間矣。及其考績天官，集諸教職而試之，將拔其尤者以充近職。既而先生之威儀文辭，獨穎出一時，遂有給事黄門之選。余往賀之，則見先生之言談舉止，與居教職時絲毫無所異，所謂自得之色，無自而窺焉。余因切嘆曰：“人臣之歷閶闔，登玉階，載筆紀事，恒得瞻日月之光者，惟給事中爲然。自其職親地禁，不與他等，爲顯且榮也明矣！今去冷職而驟處是，欲其不自矜也難矣哉！先生獨能視榮澹無二致，處卑顯爲一節，非能擴大其量，不以外之所得爲欣戚者，其能然乎！由是見先生之量，進于道體既未可涯，至於處尊顯之地，更有大於此者，必無所滿矣。"於是乎言。

御史箴解序

《御史箴》者，元張文忠公所作也。公爲御史時，嘗著《風憲忠告》，以明風紀之要。又作是《箴》，並以致戒焉。大義言御史之職關係甚重，任是職者，當思其重，而爲所當爲，戒所當戒。其言簡，其理備，其詞直，其義切，誠憲臣之藥石也。公既没，而其《箴》盛行于世。今内自臺署，外及臬司，以至憲臣之家，靡不列之于屏于几，以比韋絃之戒。《傳》曰："仁人之言，其利溥〔一〕哉！"信矣！

余以菲才承乏風紀，恒誦是《箴》，以攻其過。暇日復述前聞爲《集解》，以釋其義。雖于文忠公作《箴》之意未能盡得其藴，然讀是《箴》者，誠能因是訓詁，以玩其詞，求其意，反諸身心而自省，則當爲當戒者，固已不昧所從事。又能歷覽《忠告》全書而有得焉，則于風紀職業，爲可舉矣。

【校記】

〔一〕諸本並同，嘉隆本《全集》卷三十"溥"作"博"。

鄢陵縣志序

郡邑之有志，尚矣。任土作貢，見于《夏書》。九州之土，九野之星，掌之周職方保章氏。自漢以來，作史者亦皆有志，以載當時之土宇。雖郡邑之名，或仍或革，至於上則天文，下因地理，區宇一定之宜，則有非私智所能改易也。我皇明肇一四方，極海内外，畢載圖籍，幅員之廣，前未之有也。皇上臨御之十六年，爰命天下儒臣，考郡縣廢置之由，與夫山川風土之類，編集以進。

于時，鄢陵司訓王惟善實修縣志，奉命惟謹，乃摘抉經史，詢諏故老，摭遺事于刓碑斷石之間，訪陳迹于荒墟廢址之内。彼此更定其是非古今，互求其實迹，提綱舉目，細大不遺。凡邑之肇置本末，與夫分野所屬，山川所表，溝池土地之綿歷，户籍貢賦之盈縮，風俗土産之宜，宦迹人物之衆，縣治、庠序、壇墠、郵傳創建之始，僧寺、祠觀、橋樑、陂池存毁之迹，仙釋之有無，文士之題咏，靡不博採而備録之。再閲月，始克成編。乃繕寫爲帙，上之朝。復將鋟板邑庠，傳之永久，遂屬余序。

余謂蘭亭之會，茂林修竹，崇山峻嶺，游觀之樂耳，好事者猶圖而記之，以傳于後。况兹一邑之志，有稽于古，有考于今，其可尼而不傳哉？是書也，俾邑之人睹其山川景物，則堅其安土樂業之心；觀夫忠良孝義，則興其去惡向善之志，是又豈非政教之一助哉！是爲序。

周氏族譜序

上饒周秉忠示余《族譜》一帙，求爲之序。余觀秉忠先世，家于上饒者，歷年滋多。《譜》所謂元溪者，蓋其宗，而元溪之分，則自學録公事〔一〕。學録公以文學顯于宋，而其後蟬聯相繼，各以儒吏醫術著稱于時。傳六世有安世者，號“觀復翁”，于秉忠爲高叔祖。乃始纂集聞見，以譜其世，而傳諸家。至秉忠先君子，復取觀復翁以降宗系之末登于《譜》者，條别以附。秉忠又取其先君子輩行及其昆弟子姪，各以序列于後。由是周氏之《譜》，克完無漏。嗚呼！若周氏之祖子孫，可謂善於繼承者已。余於是因有感焉。

嘗觀世之人，莫不欲蕃昌其宗支，殊不知積于前者淺以狹，其如後之人何？譬之于水，捧塊累石，爲尋丈之沼，所瀦不過咫尺之深，決而求其流之長，不亦難乎！周氏則不然。自學録公以來，咸有所蓄而未施，其積之富，殆若長陂巨浸，固已汪洋浩渺而廣且深矣。今秉忠始復以文學奮跡科目，遂有分教之命。周氏之積，殆發于秉忠乎！吾見其沛然奔放，而莫之禦也。然周氏之積而發者固可驗，使秉忠之後，遑恤闕源而決之不已，則廣且深者，亦將有時而竭矣。惟能因余言，以歷覽其先德之懿，以世濟其美焉，則源益長。周氏之發，庸可既乎！《詩》曰："子子孫孫，勿替引之！"余于周氏亦云。是爲序。

【校記】

〔一〕叢書本《文集》卷二"事"作"始"。

送孟縣令林君致政序

聖朝稽古典禮，以正百度。士之入仕者，進有禄秩之加，退有引年之令。所以始終優禮臣下之意，可謂備至也。孟縣令林君，一朝以年逾六十將請于朝，如引年之令。于時，郡之交游來徵詞以贈，且言："君之歷官久矣，然所至必有聲。司委積，理簿書，雖卑必舉其事；知大府，毗守政，雖〔一〕顯不易其心。孟縣號爲繁劇，自君來，治之有法，坐以無事。上下咸才其爲，吾輩誠重其能而賢其去，願先生一言以張之。"

余惟士君子于進退之際，尤所慎重。觀林君少而學，壯而仕，老而罷，克保始終，無悔吝之及，非慎且重者，其能然乎？是行也，不日得請于朝，榮歸故里，見平昔之交游，集鄉閭之子弟，樽酒之間，尚當明告以聖朝養老優賢之意，使皆勉于忠，勉于孝，相率爲禮義之俗。則林君于退歸之際，益〔二〕可重矣！

【校記】

〔一〕叢書本《文集》卷二"雖"作"隱"。
〔二〕叢書本《文集》卷二"益"作"亦"。

務本堂序

務本堂者，揭萬英所作也。萬英世家撫之臨川，作藏修之所，盛蓄書史，將以講復思繹，浚其德之源，而導其流，遂取有子所謂〔一〕"務本"者名其堂。永樂甲辰冬，萬英來省其兄于覃懷，因繪其堂之臨據，間以謁余，求爲之言。

余遺之言曰：子不觀夫穡人之治田乎？是穮是蓘，不少自懈，雖有歉歲，不能爲患矣。君子之爲學，亦猶是也。耕其理義之田，勤力約取，不侈乎外，惟事乎中。凡汲汲于朝夕者，惟以修德慎行爲務。蓋德行者，萬事之本也。本立而道之行，將若水走壑，火燎原，安往而不達哉？或不能務其本而欲道之行，猶農夫忘穮蓘之勤，而欲有秋成之望，烏有是理哉？萬英既取古賢者之格言以名堂，其必視名思義，務所當務，勉之又勉，不責效于旦夕之間，而收夫遠大之獲，則穮蓘之積，不可一二數矣。韓子所謂"養其根而俟其實"者，萬英其深念之！

【校記】

〔一〕叢書本《文集》卷二"謂"作"以"。

送李太亨詩序

余往歲侍先君子游玉田，玉田多四方賢豪之士，余皆與之交。而親且厚者，則濟南王君素亨、大梁范君汝舟、東萊魏君希文、永嘉徐君蘊夫、安陽苑君仲仁，洎今海昌李君太亨而已。諸君子皆年德老成，余獨以稚昧居其間，往來相得歡甚。其後，素亨以薦舉進，余以先君子官滿去，太亨之吳，汝舟之汴，希文南行，獨蘊夫、仲仁尚留玉田。而吾六七人者，千里相望，邈不可即。追念往日從游之樂，可勝慨耶？

今年春，余重遭大故，居憂罩懷，而太亨李君，乃自吳抵中州，走數千里，取酒爲文以祭先君子，並以慰余于哀次。嗚呼！徐孺子之行不見于世久矣，而李君獨爲之。嗚呼！世豈復有斯人者乎？余因念疇昔與諸君子相得甚厚，數年以來，各縻于事，不可驟見，而乃獨得與李君相會，是又足以感余哀荒離索之情矣。于其歸，遂銜哀書此以贈，而復伸之以詩云。

送王世寧歸覃懷序

古之爲士者，既自廣其學，而充其道矣。進而有爲也，必以其義，而推其有於人人。至於得失之際，初無介于懷焉。後之人不然，修于己者不力，而僥倖于名位之得。得則意氣横肆，以矜駭于庸人之耳目，以求遂其朶頤之利欲，而及人之實，未必有也；不得，則悄然憂〔一〕，爽然嘆，立若無所自容。人之度量不同，有如是哉！

覃懷王世寧，其先業醫，嘗有隱德而未之報，至世寧乃能篤志于學。今年秋，以郡庠弟子員，一舉而遂登于鄉選。人皆謂是故家子，能享其報矣。及歸，道由鄭之滎陽。余往與之有舊，重其歸，因遺之言曰："人之學有得焉，而或未遇于時，不足爲歉也；學未有得焉，而或邂逅利達，不足爲多也。惟學得焉，時達焉，則于義爲合；向所謂古人之進止如是耳。世寧幸生休明之時，涵泳詩、書、禮、樂之澤，一舉而遂得名于薦書。其于進而有爲之義，將階于此矣。雖然，予將進世寧于道。進于道，殆未可以是自滿也。歸見鄉人，有以榮且慶見稱者，世寧慎勿信也。惟當益增其所當務等而以義進。他日，推其有於人，若高山出泉，而勢莫能禦。斯庶幾乎古人矣！"余請書此以俟。

【校記】

〔一〕嘉隆本《全集》卷三十"憂"下有"□"，示缺一字。

送驛丞湯伯瑀序

皇明有天下，極海内外咸爲編氓。内之政教號令，頒佈于四方萬國；外之華夷臣妾，展覲修貢于天朝，肩摩踵接，畢出道途。以故傳置之設，布滿區内，川浮陸走，遠近分合，脈理牽聯。雖南北東西，歧路若錙銖然，而無不川匯雲集，會同于輦轂之下。是則司其事者，雖不若顯且尊者之所爲，而有關於政務之萬一，要亦不可少也。

滎陽索亭驛，當東西之衝，軺驛尤劇。所職或非其人，往往屋宇穿漏弗可居，稟餼匱竭，薪芻空疏，使至無以資。馬瘠尫駑老，不任乘服，而往來壅滯，大不稱設傳置之初意。湖南湯伯瑀，以敏幹給差藩司三年，遂來丞兹驛。及至，顧視室屋之缺穿者繕補之，餼饋委積之空虚者充牣之，廏芻完富，馬息以逸。凡百器用，無不新好。由是使至如得私家，其去如馳風雨。前之積弊，一皆刮去。而伯瑀又能事長上以謹慎，接過使以卑遜，交朋好以然諾，故尤得稱于衆。今年秋，以考績將謁選曹，邑之交游來請文以贈。余觀伯瑀之勤事若此，其可謂能舉其職，而不失傳置建設之初意矣。如是而進于選曹，焉有不允其績者乎？遂書此爲考績序。

送永和湯大尹序

余少游中州，則聞大梁爲古今名藩，文獻之所薰陶，耳目之所觀化，類多秀特俊偉之才。其後，余亦與試于河南庚子之秋闈，見大梁之士，儀觀偉雅，言談詳緩。及掉鞅場屋，文詞沛發，榜出而開封祥符之士于他郡邑倍焉。余益信大梁之多奇士，非虚語也。明年，余忝科第歸，遇大梁湯自新于滎陽。目其容，粹而豐；聽其言，簡而切；扣其中，則所出未已。視余庚子同登士，蓋莫能先後焉。余又知大梁之奇士，不止疇昔所見也。自後余歸河津，有來自永和者，因問湯公之政，則稱善不容口。余又知湯公習于從仕者，蓋有所自也。

今年，余赴京師，道出永和。入其境，見其墾田多在山石險側間，坦夷者十無二三。問其吏，則牛力所不及者，皆斲垡以下種。余以謂有如此，民必艱悴流徙者多。及過巖穴山溪之居，則見老農父母兄弟妻子，毳帽褐衣，饘粥菜羹，飽暖自足，而無一家之外徙者。因怪而詢其故，則曰："吾邑有賢侯焉。自來視事，刮絶群弊。爲農者惟務供租給役，而無胥吏漁獵之擾；爲兵者安于戍役，而無軍將徵索之苦。凡吾民所以優遊林壑，得自力于山田者，皆侯之惠也。是以田雖險瘠，然易治既至，故年之所入，亦足以自給焉。人之所以無轉徙離逖者，此也。”及至其所治，則見其爲政簡而不煩，寬而有法。

余竊自嘆世之有司，朘人益己，視民之飢寒流亡，略不加恤。此誠何心哉！湯公乃能化磽瘠爲豐熟，撫疲困爲安佚，致人稱道，先後遠近，同然一詞。非盡心撫字者能然耶？余益以信大梁之奇士，不但見于問學儀觀之美，而又能措諸行事之實，爲可羨也。湯公今以三載報政天官，余見其書最而歸，益勵初政，九載陟明可期。異日事業成就，未必不爲大梁人物之秀者也。余姑〔一〕書以贈。

【校記】

〔一〕叢書本《文集》卷二“姑”作“故”。

送盛司訓序

人之負魁壘之才，抱奇特〔一〕之志者，鮮不欲位通顯，以出其中之所有，而樹勛業于時。有其器，而或拘于冷職僻地，鮮不戚咨無聊，若不能一日安者，此人之恒態也。余竊以爲不然。君子誠有是器矣，但當隨所遇而安之，以盡其當爲之分。分誠盡矣，則其氣益定，理益明，消其邁往之鋭，而老其宏偉之才。所謂顯位達宦，雖無幸冀，或有時而自至焉。于以施其所有，則何勛業之不立哉！

今年冬，余與盛君文顯會于襄陵司訓丁君廷玉家，同處連日夜。因觀其爲人，質貌充碩，而議論穎脱，蓋所謂魁壘奇特者也。問其職，則司訓，爲冷職；問其地，則岳陽，爲僻地。他人有是器而處是位，則戚咨之意必有形諸聲容者。盛君不然，方歉然以進修爲未足，退然以誨人爲未至，若不知教〔二〕官之爲冷職，岳陽之爲僻地。蓋能安于所遇，而克修其職者也。吾意其涵而泳之，而氣必完；静而察之，而理必熟。鋭邁消而宏偉就，如是而進于衡鑒之下，輕重大小，無所移易，而顯位達宦，或不能辭。其必盡發所藴，秉仁執義，上以忠乎君；修政立事，下以澤乎民。勛名事業，垂諸悠久，斯足見其魁壘奇特之實矣。

丁君于盛君爲素交，蓋亦魁壘奇特而淹于教職者也。因盛君考滿之行，求余文以贈。余遂書此以告，並以爲丁君勖云。

【校記】

〔一〕諸本並同，嘉隆本《全集》卷三十“特”作“持”。

〔二〕叢書本《文集》卷二“教”作“校”。

送教諭韋穎考滿序

士之仕也，不難夫職任之崇卑，而難夫職任之修舉。職誠修矣，雖小官卑秩，尚可以行其志，况崇資巨秩哉！校官在衆職中，雖曰禄薄秩小，然有師之尊。世嘗以清職稱之，實非泛然小官之可比也。以清職而異乎他，則居其任而修其職者，不其尤難哉！

河津爲邑，介乎冀、雍之間，前汾右黄，襟帶合流，北則大山隱起，延袤萬里。以兩州之交，河山之會，氣之靈而鍾於人者比比焉。故來教是邑者，必能舉其職，而後人始得以因其靈以成就。廣文韋君穎，詩書文雅，得之學而會之心者，宏博涵蓄，總統包括。士之從游者，如入富室大藏，而百物隨所取；如游坻鵠合浦，而珍奇遂所求。以故騰芳科貢者，接踵于時。其不捷而退修于初者，亦皆以不及前人爲自愧。是皆先生善教之力，而非特山川風土然也。然他人篤專教條者，視廟學不飭，必諉曰：“此有司事也。”雖壞圮弗支，而不加葺。先生又能欽服國典，大合群材，一新廟學，俾聖祀孔彰〔一〕，而士業有所。若先生者，可謂兼道與事而一之，于職爲無忝矣。

今年春，以考滿將詣天官。諸生重其善教興學之功，因相率求余言以贈之。余，邑人也，雖游宦四方，而近年亟歸，連得承顔接辭，故于知先生爲詳且熟。諸生雖不有請，尚將强而言，况請之勤乎！先生行矣，聊以已然者卜其未然者，則崇資巨秩，或可陟焉。余又知先生能慎終厥職，而無所怠也。是爲序。

【校記】

〔一〕叢書本《文集》卷二“彰”作“子”。

贈蒲州劉太守序

古之所謂賢郡守者，非爲其能督租賦、修簿書、謹期會而已。必其能安民庶，宣教條，廣德化，革弊政，使闔境悦服，而始得稱爲賢焉。蒲之爲州，在山西爲巨郡。然其間河山間隔，土地狹隘，多瘠原鹵隰，而人之生齒爲尤繁。以不加多之土地，而有日益之生齒，耕作少怠，則其歲之所入，率不足以給公私之需，而重以黠吏奸民，舞智乘勢，摇毒害政，是以瀕年民多失其所。

延安劉公九成，以卓拔之資，挾有爲之才，來守是邦。詢咨境内，恤民生之如彼，知弊政之若兹，遂精心勵飭，以民事爲己任。行視境内，勞相耕作，民食或艱，即爲之纖悉經紀，使有無相資，俾無流逋之患。暇則集令佐耆老，告以國家典章之具，德澤之深。期與共遵約束，以修禮義廉耻之節，以興孝悌忠信之俗。郡邑之中，有猾胥奸民干紀害政者，必挫抑而芟除之。由是地雖瘠狹，作治以時，而歲入倍常。教條敷布，德澤下降，而人安其所。奸豪屏跡，弊政清雪，而民害不作。官僚相與稱其賢于庭，民庶相與歌其德于野。聲名聞望，孚于遠近，雖古所謂賢守者，蓋不多過也。

今年夏，以三載述績大廷〔一〕，天官即最其績，而俾之復任。蒲士之在太學者，咸來徵文以贈之。余亦郡人也，往年嘗歸故鄉，見劉公亹亹焉，故知其政爲尤詳。於是述其循良之迹有似于古人者以告公，且以爲公他日陟明之張本云。

【校記】

〔一〕叢書本《文集》“廷”作“庭”。

五友詩序

余居沅州之憲署，以地極僻遠，罕得與名卿碩士相接，恒懼有過不自知，知而不能改，或流于小人之歸也。因取凡古聖賢書列之後堂，公退則俯而觀，仰而思，往復熟誦，以求其義。或言行有未當，則質之書，以去其非而趨於是。視書蓋若嚴師，而不敢慢焉。

堂下有方〔一〕池，池側有竹、梅、蘭、菊四種，池中有荷蓮數百本，合爲五物，列植上下，更秀迭茂。余每讀書覺倦，則步廣庭，臨清池，顧諸花木而樂之。既而自謂曰："古之君子，未有不資師友以成其德者。今余亦既取古聖賢書以爲師矣，獨未得夫良友以自輔焉。念彼五物者，皆秉〔二〕天地之氣以生，乃植物之君子也。苟取其德以自輔，豈非僻遠中之一助歟？故余之心或曲而未直，塞而未通也，則友竹之勁直中虚，以端其曲，而開其塞焉；余之德或雜而未純，同而諧俗也，則友梅之清白絶俗，以滌其垢，而勵其介焉；以至友荷蓮之中立，以端余志；友蘭菊之芬芳，以潔余行。是皆五物之有益於余者也。若夫友竹之操，可以閲歲寒；友梅之味，可以調鼎實；友荷蓮之娟秀不妖，可以發文藻；友蘭菊之風致高閑，可以安雅澹。又皆五物之有益於余者焉。"

或者疑曰："人之取友，賴其忠告之益耳。彼五物雖有是美，而實則無知。子或有過，彼安能有以勵子乎？"余曰："不然。孔子曰：'知者樂水，仁者樂山。'山水亦豈有知而能勵於人乎哉？特取其動静之性，默有契于仁知耳。余與此五物者，儼然相對，因彼識此。方將去喋喋多言之煩，希心領神會之妙，兼取博採其德，約而總之於心，以輔余之不及。又豈待發于聲、見于詞而後喻耶！"疑者乃解而退。遂與五物者序列拱揖，結爲良友，而求正于書。又爲五詩，以固其交云。

【校記】

〔一〕叢書本《文集》卷二"方"作"芳"。

〔二〕叢書本《文集》卷二、嘉隆本《全集》卷二十“秉”作“稟”。

送孫先生致仕序

壯而仕，老而歸，此人情之所願，而今昔之所同也。然歸之道雖一，而其樂則不能無異焉。極田宅之廣麗，誇馬僕〔一〕之盛強，槖金珠，積錦綺，矜器玩，美服食，窮老年心志耳目之嗜好，以自佚于禮法之外，此衆人之歸，所以樂得其欲者然也。有廬可以蔽風雨，有田可以給饘粥，彈琴于桑樞甕牖之間，以歌先聖賢之德音，以頌太平之治化，老者愛而幼者孝，賢者親而愚者化，廉讓敦厚之風，薰酣乎里閭之間，稱爲鄉先生而名永長存。此君子之歸，所以樂得其道者然也。

先生以碩學耆德，給事黄門，典歷教職凡三十餘年。一旦以年逾七十，辭郡博而去，朝廷例優之，冠服如舊，詩書滿載而行槖蕭然。持此以歸，于吾前所稱者，固非先生之所好矣。于吾後所稱者，非先生又誰望之？先生行有日，交親重先生之歸者，咸圖爲詩歌美之，而屬余叙〔二〕。

【校記】

〔一〕叢書本《文集》卷二“馬僕”作“僕馬”。
〔二〕叢書本《文集》卷二“叙”作“序”。

送寧海令季復春序

侍御張君勉夫與余爲同官，間語余曰：“吾鄉先達有季復春公，老成士也。自永樂初，已登名薦書。又三年，爲尚書户部主事，已而退返初服者數十年。復春公處之泰然，不以去官有纖介不豫意。其志益篤，行益修，學益勤，聲名侈于時。宣德改元，詔自廷臣以及外藩臬，咸得舉所知，無間疏遠。時有以復春公名聞于朝者，乃徵詣天官而集試之。試既徹，復春公之作獨拔于衆，遂有寧海之命。或曰：‘復春公故卿屬也，以是來而遠宰海瀕，得無介于懷乎？’釋者曰：‘不然。君子出處，榮瀸遠邇，當一安于義命。若得利，則躍躍以喜；不得利，則戚戚以悲，其能免韓公之譏乎？且復春公方返初服時，尚瀸然若將終身，况有百里之地，領一邑之民，教化於是焉布，刑政於是焉修，財賦於是焉出，民之休戚於是焉係；古所謂親民之職，蓋莫先乎是，而復春公又豈不快於是哉！'未幾，果有以寧海之政傳于京師者，始信復春公能安于去就，而盡心于民事如釋者之云。先是，國制才能以拔舉進者，秩滿仍一考焉，所以重任使也。復春公今年春，如例集試闕下，奮筆涣辭，若不經意，而語甚驚人。既而將歸所治，朝之縉紳大夫故與公游者，咸欲文以張之。今吾若同官且相好也，幸爲一言焉。"

余曰："君子不苟毁譽於人。文辭之宣于紙筆，毁譽之章者也。吾素與復春不相識，苟徒侈詞以諛之，不幾于前人〔一〕之所譏乎！雖然，余有居一于此矣。勉夫信人也，觀勉夫之不苟，則其所稱道必不苟矣。"遂次第勉夫語，爲復春還寧海序。

【校記】

〔一〕叢書本《文集》卷二無"人"字。

望雲思親序

昔狄梁公登太行，顧瞻河陽，白雲飛繞親舍，凝立者久之。後世思親有以"望雲"自名者，遂以爲故事，蓋慕梁公之風而興起焉。余以謂人子愛親之心，蓋出于天性之真而不能自已。其或至於睽違膝下，爲時久遠，則其思之之切，蓋有隨時感發而不可抑遏者。又豈必登高山，望白雲之繞親舍，然後可以動其念哉！然則梁公白雲之思，特其一時之興，前是無時而不致其思者，固可見矣。是則後之君子，求梁公思親之實可也，慕梁公思親之名不可也。

余友鄭君元吉爲其友霍志剛氏求《望雲思親序》于余，造余廬而請者，四五至而不厭。余竊念素與志剛不相識，其思親之慕名與實皆不可知。獨所謂愛親之心，出于天性之真而不能自已，人皆有是，非特志剛有是也。志剛家山東,二親皆安好無恙,而志剛游太學者有年。親舍邈在海岱之間,音容久曠,定省久疏。則所以思之之切,固宜隨時感發,初不待于望白〔一〕雲之飛揚而後動其念也。而猶以是自名何耶?豈慕梁公之風,而求其實耶?志剛其加勖哉!他日著忠節、建事功,而可垂之後世者,未必不自于望雲思親之實、之心、之推也。是爲序。

【校記】

〔一〕叢書本《文集》卷二"白"作"日"。

送林鄭州序

余少游中州,每愛其風土之淳厚,民俗之簡質,最易導之以善。鄭之爲州,當汴、洛、襄、鄧之會,爲中州之名邦。其土厚,其民淳,所謂易導之以善者,尤莫易於是。先是,爲之長者或非其人,率多任苟簡自恣之爲,厲威猛暴悍之氣,專尚棰笞而强民以必從。民或不堪其擾,而至於有言,則曰:"俗之訛灕焉!民之刁詐焉!"甚至薰灼其心,相伺如仇敵,兩敗俱傷而後已。是豈長民寬厚之道哉!

余友林君文載,往年與余同考于春官,其資敦厚而深于學,其言簡緩而中于理,既舉進士高第,又從薦者言,遂來知鄭。自初視事時,余嘗一過之,固知其設施,蓋以寬厚爲主矣。又數年,過鄭者纍纍,間止郊境,見田夫野老稱林君之美者不容口。問其故,則曰:"租賦之入,他郡之急也,吾侯則緩之;期會之集,他郡之迫也,吾侯則寬之。卒之急而迫者,民或不堪,流而之他;緩而寬者,從容勸率,事亦無不集,民亦不告病焉。"又曰:"他郡守倅之于民,或漫不加喜戚於心;吾侯則温恤之意,常溢于色辭。"又曰:"吾侯高大深遠蘊于内者,固非野夫小子所知。"其寬厚之政,即衆共所知見者,灼灼如此,蓋不可掩也。

余惟國家列聖相繼,簡任庶僚,尤重守令之選。近日復詔:"自三品以上官，始得舉可任方面郡守者。”夫以郡守而儕于方面，其任之重也日益加。使皆得如林君之寬厚者居是職，則雖難治之俗，固無待厲威尚猛，而事集民安，况易導以善者乎？

今年春，林君來考績。余素重其人，遂告以余之所知者，復申以國家任用郡守之重。林君其尚思所重而益加勉焉！

送長蘆陳運副序

西蜀多佳山水，而名賢偉人繼出其間，雖不可以風土拘，蓋亦得山水蓄積疏通秀麗之氣居多。昔韓柳二子，亦謂交嶺奇麗瑰偉之物，不能獨當山川鬱積磅礴之氣，而必鍾於人。如蜀之岷峨連聳，大江小水，綱紀其間，則其産物之盛，又豈特丹砂水銀、楩楠橦〔一〕梓之類，所能當其秀哉！宜其名士代出，如相如、子雲、范蜀公父子之徒，不可勝舉。我皇明混一區宇，三光五嶽之氣完而賢才盛，則蜀之産士，是不特山川爲然，蓋又會乎氣運之隆也。

侍御范公循，蜀之良士，間語其友人陳君子布，發迹鄉闈，揚歷大僚，其質魁乎其端重，其才卓乎其幹給。累官至閩建鹽運司副，人不告勞而鹽利足。未幾丁内艱，起復爲長蘆運副。人皆謂："煮海之利，甲于天下。陳君此行必能增羨餘，加尋常百千等矣。"陳君愀然曰："足用在乎理財，理財在乎安人。人安矣，財用寧有不足者乎！况鹽鹺特財用之一端，怠其事而匱其用固不可，羨其數而病於人尤不可。要必人不知擾而鹽利足，斯爲善於理財。吾雖不敏，固常奉教于君子矣。"范公述陳君之語告余，因謂其識體，復徵文以贈之。

余謂以全蜀山水之秀，國家全盛之時，有若陳君者出焉。及措諸政事，知所重輕，而不惑于尋常習俗之見。是誠可嘉哉！陳君行矣。他日以理財而有合於大道，可以頡頏于蜀先君子者，未必不兆于此云。是爲序。

【校記】

〔一〕叢書本《文集》卷二"橦"作"樟"。

送王克庸知定襄序

余十年前,侍先君子在玉田時,縣庠士子王克庸氏時已嶄然出于衆。余與之游好加密,知其爲人質厚而行方,心平而言直〔一〕。其與人交,惟可否是從,不以勢利重輕有纖芥厚薄意。其有不合,雖富盛,鄙斥之不少假藉。余時已知其處心行己近厚矣。又數年,余中鄉舉,克庸充貢士,同待試于春官,日相會處,談笑歡然無間。既而余忝科第,官御史,祗命湖南者三年,歸而克庸適有定襄之拜。玉田士子之官于四方、游于太學者,咸推勉克庸,而屬余道其行。

夫以余之知克庸者已十餘年,而一旦克庸有官守焉,有民社焉,則余心之樂爲何如哉?雖然,余之樂,非樂克庸之有是位也,樂克庸將推其所得於人人也。夫士之窮居不苟,則其達也亦不苟。克庸之不苟,于前所稱者固可見之。今之爲縣,蓋必能砥正身心,檢察左右,明謹條章,流宣豈弟,要使方百里之民,知聖天子仁愛元元之意。異日惠在人心,聲流朝右,則克庸自立者益不苟,而余之知克庸者亦不妄矣。苟徒榮其名,没其利,而不恤其所當爲,非所樂于克庸也。是爲序。

【校記】

〔一〕叢書本《文集》卷二"直"作"真"。

文清公薛先生文集卷之十四

門人關西張鼎校正編輯

序

送憲副王士悅之任序

皇上臨御之七年,詔廷臣三品以上舉堪任方面者。于時,王公士悅以御史秩滿,待選于吏部。在廷之臣,合議舉所聞知以名上,而王公與焉。遂拜浙江按察司憲副。侍御侯君應元洎凡大夫士,率先作歌詩以道其行,而屬余序。

余惟浙天下之大藩也。東南際海,以郡邑列者百十數,而列職之勸懲,庶政之振舉,獄訟之推決,皆于臬司乎是仰。而憲副實協贊其使,挈持其綱紀,而整齊之。其任之重,不言而可知。王公以俊拔之資,挾有爲之才,揚歷中外,克著能聲,遂爲大臣之所推舉,而膺此顯擢。朝命既下,輿論攸歸。今之往也,上爲朝廷之所倚任,下爲列郡之所具瞻。所謂激揚百司之廉墨,修舉庶政之大小,聽理獄訟〔一〕之締結,皆于公之協贊是賴。公宜何如思所報稱哉?蓋必益端其心,益潔其行,益平其法,以往日揚歷中外已試之才,施之于大臬司。使東南列郡之民,欣欣然樂生趨事,咸安于官政之清簡,而仰戴聖天子知人任使之宜,以謳歌太平之盛治,斯不負國家之所選擢矣。

【校記】

〔一〕叢書本《文集》卷三"獄訟"作"訟獄"。

送張鵬遠歸瀘陽序

瀘陽張鵬遠來省其兄鵬舉于京師。將歸,其友人户部主事王君治合凡交游,徵文以道其行。余猶記少年時,從先人宦游川蜀,及東歸,舟過瀘陽,留再宿,因得登覽其山水之明麗,風氣之清淑,意必有文儒忠信魁奇之士,鍾其秀而生其間。余雖未及訪,亦常誌於心不忘耳。後十六七年,乃得與鵬舉同登辛丑第,時鵬舉已傑然爲名進士。又七八年,乃得與鵬舉同官内臺,時鵬舉又赫然爲賢御史。余因竊念鍾瀘陽山水之秀者,其在鵬舉乎?既而又知鵬舉之尊府志道先生,以學行老成,歷典教事,所至有聲。及鵬舉官顯,遂棄職,就封浙江道監察御史,豸冠綉衣,退居于家。余復自念鍾瀘陽之秀者,又在鵬舉之尊府乎?今鵬遠水陸浮走,萬里來省其兄于官次,睽離之懷既展,友愛之情彌篤。僅兹一年,而又思盡子職于庭闈之間。士大夫咸嘉其孝友,欲文以張其歸。余又念鍾瀘陽之秀者,又在鵬舉之弟乎?

昔三蘇父子,亦蜀人也,鍾眉山之秀,而其名聞於今不泯。鵬舉洎其尊府,既有聞于時;而鵬遠方少年,一出即獲美譽。駸駸乎有聞,將漸及於是哉!今之歸,侍奉之暇,其尚益肆力于正大之學。他日以自然之充積,振揚其尊府之家聲,接武其侍御兄之芳躅,則瀘陽山水之秀,鍾于張氏一門,而流聲于後者,將與三蘇同久矣。

送孫給事序

聖朝大舉推恩之令,朝士之給誥敕者,例得賜歸,展省祭之禮。蓋所以勸人孝,勸人忠,使遂其天理民彝之至性也。士之生斯世,際斯會,亦榮慶矣哉!給事西蜀孫公如例將歸。侍御趙公其鄉人,交友且密,遂以書徵詞贈之。

余惟給事公之父某，受知太宗文皇帝，擢參藩省，陟貳地官，終于位。仁宗皇帝臨御之初，公自外官入見，以公大臣子故，慰勞至再。遂誥贈地官公禮部尚書，且俾扶柩歸葬。宣德紀元，有薦公學行者，乃擢今職。又以尚書公之貴，封其母夫人。於乎！公之親若子，實荷三朝之寵遇，存没蒙恩，其榮慶爲何如哉？今之歸，尚書公雖久没世，而母夫人固無恙，睹丘壠而興思，拜萱闈而稱慶，悲喜交集，所謂天理民彝之至性，蓋有油然不可遏者矣。省視之餘，尚遄旋期，益思國家推恩之意，奕世遭遇之榮，篤纘勤勞，俾忠孝之節萃于一門者，繼繼不忘，則不惟有光于祖考，抑且有光于邦家矣！

送鎮江府推官鄭聰序

刑政之大者，用之當否，民之死生，風之哀樂由焉，故古今重之，必慎擇其人，以司其事。即如今外府之推司，一郡之刑獄，其員獨其事專刑，苟有所可不可，皆決之于己，非若他法官，獄有所疑者，猶有同官可與共議其當否。是其任不亦尤難且重哉！

歸德鄭希古，以貢士問理秋官，近有鎮江府推之授。其友人趙紳合凡交游，徵辭以祝其行。予嘗知希古之爲人純篤寬易，今又歷事秋官，其于制刑之宜、用刑之要，講之悉矣。以鎮爲東南大府，江海之民〔一〕，苟有不得其平者，咸于府推乎是直。希古之往，其可苟乎哉？必悉其所習者，推之折獄之間，而又本之以清修潔白，行之以忠厚明決。要使怙奸稔惡者無以肆，柔良單弱者得以伸。則刑以清，止惡之意流衍于一郡，而積樂致和之風可期也。吾聞古之治獄平者，其後多昌，累而爲公卿者有焉。若史氏之言可信，希古能盡心于獄事，其子孫自此昌矣。

【校記】

〔一〕叢書本《文集》卷三"民"作"名"。

送李給事歸省序

當國家全盛之時，文運昭明之日，而爲士者奮六翮、際風雲，仕至近侍者，載筆紀事，敷奏大廷，樞轄百司，端笏委佩，翱翔乎玉階鳳池之間，而恒得瞻依日月之光。大丈夫官至給事，其身固已榮矣，而又得推恩褒嘉其父母家室，則榮及一門者，又何如哉！

李公允恭，給事禮科有年，其二親雖遠在汴杞，而皆康好無恙。今年秋，例得捧敕歸省，黄門諸公咸作歌詩以歆榮之，而屬予序。余雅知公之爲人，温純深厚，和毅從容。初以冠帶舉人檢校外府，既無貶色；及拔居今職，又無滿容。其器識固有過人者，是宜有今兹之榮遇焉。夫官至給事，榮矣；推恩及一門，又可謂榮矣；而公之父母具慶，皆受寵錫，今之歸，上堂稱壽，名徹州郡，光動里閭，又榮之榮者也。展省之餘，尚圖所以報厥榮者，式嚴入覲，益盡心所職，以敷贊鴻猷。使言行事業，卓然有聞，則公之榮，不但及其身家里閭一時，又將及于天下後世也。

陳氏族譜後序

天之生物一本。故人必有祖，祖以降，雖有親疏之等，而一本之傳固自若也。故君子謹之，必有譜以明所自，而篤愛敬焉。

莆田陳君渠，念其先世積行委慶，以及厥躬，而有科甲仕進之榮。懼年代寖遠，子孫莫克知所自，而忽于愛敬也。遂推所知，自高曾以下，列其位次行事爲《譜》，以傳于家。

間閲之，其叙系有法，述載簡實，無冒妄傅會之尤。蓋得其《譜》矣，疏戚之等，既以是别；愛敬之道，亦以是篤。有補于家法倫理豈小哉！陳君既不忘所本，而克謹于始，使其子若孫，咸以是爲心，而繼之以不怠于後，則增重是《譜》，而一本之傳未已也。

送陳御史祚歸葬序

皇明以天覆之仁，涵育萬物，凡爲臣子，盡忠於國者，又使得伸其私恩于家。監察御史陳公永錫，以其父久卒京師，未得返櫬故封。今年秋，得請于上，詔許歸葬。其同官盧君仲思，合凡内臺交游，徵文以道其行。

永錫初以壬辰進士，爲太宗皇帝不次之擢，拜河南參議，清聲惠政，實被中土。繼以事謫襄漢間，爲編氓者十餘年。永錫雖在畎畝，而慕戀闕廷之心，初不少衰，苟有所見，必貢厥忠。宣德紀元，宣宗皇帝臨御之初，大新政治，收録人才。士大夫雖在譴謫之地，苟有可用者，咸得洗濯登進。永錫遂爲人所推薦，授今職。

永錫既起自謫中，列職内臺，益以名節自砥礪，持身清苦，無一田之宅以庇其身，無一金之産以惠其家，惟以職有未修，惕厲于旦夕間。旋以言事下獄，蒙今皇上曠蕩之恩，榮任如舊。嘗觀古所謂忠貞之臣，屢偃屢起，夷險薦更，而定力自如。故其節行蓋于當時，聲名垂之不朽。永錫起而仆，仆而復起，而勁操苦心，如金更百煉無改色，殆可匹休于古人矣。今之得請，又將盡心于窀穸之事，必誠必信，安其親體，而妥其神靈。其誠孝之所感，雖吳山之草木鳥獸，亦將爲之增悲，則鄉閭之爲人子者，孰不爲之拭目改觀哉！永錫襄事之餘，其尚念使己得遂其私恩者，皆上之賜，而報稱之不可緩也。式嚴入覲之期，益修厥職，俾忠孝之節，始終全盡，足以追配古人。而交游之間，亦與有光矣。

送浙江耿僉憲序

朝廷設内憲臺與外臬司，皆所以綱紀庶政，糾察廉貪。凡外臬司有所建白，惟達諸内臺憲以可否之，而與諸司文移絶。又爲之建分司于屬部，俾憲臣之出，獨有所止，而他職雖高且貴，不得以雜居其間，其尊異也可謂重矣！至用其人，必由内臺揚歷之久，而又性行修潔，有問學、知大體者，始得以充其員。而雜進之士，又不得與焉。其選擢也，又可謂嚴矣。夫以臬司之重，擇人之精如此，則其所關係爲何如，而任其職者，其可自輕哉！

行在浙江道監察御史耿公定，氣質端方，操持謹潔，揚歷内臺者十餘年，議論鑿鑿精切，若布帛菽粟，雖非瑰奇紛麗、傾駭觀聽之物，而實切於人生日用，不可斯須缺者。以故見諸建白，見諸推讞，見諸巡歷，見諸糾察，皆平正不頗，犁然有當于輿論之公。今年冬，以滿考待選于天官，大臣有以公之才行聞諸朝者，遂授浙江僉憲。瀕行，同官之士相與屬余文以送之。

余謂耿公以薦達之公，當外臬司之重任，宜何如用厥心哉？要當推其立朝之言行，施于藩維之間。協贊長貳，必以誠動，使事事皆出于正。按歷郡邑，則當詢問幽隱之情，雪其冤而疏其滯，去其惡而拔其良。苟有所知見，又當達之宸嚴，達之内臺，俾無負平日之所學。若然，庶足以當臬司之重任，于以樹勛名于天地，將垂之于不朽矣。禄位云乎哉！耿公其勉之！

送廣西張大參聰之任序

合抱之木，足以樑千仞；超逸之驥，足以致千里。宜乎奇人偉士，足以勝重而遠到也。吾友張公聰，與吾爲同年進士。其爲人奇偉卓犖，言論滾滾，率多根據義理，指摘事情，而可施于政治之間。余嘗以巨才〔一〕絶足稱之，而必有勝重遠到之用。及其爲大行人，使于四方，果能持身整整，有以播朝廷之威德，足聳四方之觀聽。未幾，爲識者所推薦，授監察御史。其在内臺，則操守端慤，而風裁凜〔二〕然；其巡歷邊鎮，則糾察嚴明，而部屬懼服。官益清，名益著，再爲大臣所薦，遂陞廣西大參。朝命既下，皆以得人相賀。

夫廣西，古百粤之地，布政司爲南服之雄藩。其地既遠且大，故嘗選用重臣，有威望素爲人所推服者，往踐其任。非若他藩岳地易民淳，可談笑而治也。惟若南廣之遠且大，非得奇偉之才，則往往有不勝任之患。今張公以如是之才,膺如是之擢,猶層臺九霄,而合抱之才,不覺其負荷之重;長途萬里,而超逸之足,不覺其騰驤之難。張公行見樹功南服,馳聲北州,而有還轅結軌之期,歷階而升,尚未可量也。公其益以忠貞自勖,慎勿以遠且大自沮,使余言有不信也。

【校記】

〔一〕叢書本《文集》卷三"才"作"材"。

〔二〕叢書本《文集》卷三"凜"作"懔"。

送山西大參王原之序

今布政司總方岳之政,而其土地之廣,人民之衆,自縣而屬之州,由州而屬之府,府則統于布政司。其衆且劇如此,故其官品之高下,與内六卿相埒。夫以統治之大,任使之尊,非宏偉特達之才,殆不足以勝其任。今皇上御極之初,作興政治,尤重方岳之選。爰遵宣宗皇帝成憲,詔在廷三品以上,咸得舉所聞知,無間于遠邇。宣德十年,方岳有以缺員上者,廷臣如例薦拔,而監察御史王公原之與其列,遂拜山西左參政。内臺交游,相與屬余文以贈其行。

余觀山西之爲境,太行起之,黄河迤之,西北延袤數千里,與沙漠爲際。國家嘗宿重兵,以彈壓荒外,而將士皆仰山右之儲需。雖典禮教化、刑政制作出于朝廷者,皆藩垣之所當修布,而不可緩。至於邊儲一事,爲藩岳重臣者,尤宜精思其利弊,以紓民力,以足邊備。

王公以俊拔有爲之才,典教未久,遽陞風紀。及揚歷内臺,綽有能聲,曾未四載,遂有今兹之重選。以統治之大,任使之尊,王公之往,可不慎哉!向所謂宣廣德意,昭明教條,使所治之民咸得樂生趨事,固爲方岳者所當務。而所謂邊儲一事,蓋取之于民。取之有法,則民不匱而邊備實;徵斂無藝,則民力竭而邊備虚。民生休戚,儲蓄盈縮,是又在藩岳之用心何如。王公之往,協贊大政,必當深思其宜,而以次施行之。斯使軍給饒而民生遂,教化以興,風俗以厚,則能名將有加于在臺閣時。昔漢唐選廷臣有清望者，出補外職，外官政跡顯著者，復徵入用。方今聖明法古用人，王公之往，聲實誠有如前所云者，則入補内職，蓋可期矣。

楊孺人挽詩序

徵士楊孟達孺人吳氏，御醫楊云之母也。徵士世居金華武義，實宋龍圖閣學士文簡公邁六世孫。徵士胚胎前光，涵濡訓典，少有令聞于鄉閭間，擇配得里人吳以南之女，即孺人也。以南故儒家而業醫，孺人既受教于賢父母，及歸楊氏，入門而宗族咸賀，盥饋而舅姑胥悦。孺人晝修婦功，夜習書史，雖性酷嗜學，而惟以禮訓是飭，不爲筆札詞章之習。及徵士應召至京師，以疾卒，時孺人方盛年，二子曰云、曰修，俱稚。孺人乃以節自持，力于家事，無鉅無細，必親其勞。卒克教誨二子，皆有成立。及雲以醫學訓科被召，孺人但勉以忠義，而語弗及私。未幾，云陞今職，行將有疏命之榮，而孺人卒于家矣。御醫均聞訃將歸，朝之大夫士咸高孺人之節，而哀其少盡其瘁，壯罹其屯，而晚克與其榮，作詩付挽者歌之，而俾瑄爲之序。

瑄切嘗觀之古昔，雖閨門之間，皆有詩歌箴戒，以爲女範。自世道既衰，而女師之教無聞。孺人幸生休明之世，乃能以詩禮自修，以節義自持，爲婦爲母，咸盡其道。雖弗克與其子推恩之榮，而是詩之作，春容璀瑿，皆足以發其潛德之幽光，而傳之于不朽。雖孺人亦可以無憾矣！是爲序。

贈吏科張給事中序

鄢陵，古名邑也。先人與今户科給事王公惟善，嘗教其邑。一時及門之士固多俊秀，其穎出者亦無幾，而張君志通則居其尤焉。時余侍先人游，與志通交。志通質粹而不駁，氣和而不流，學勤而不息，與物相接，渾然不見崖跡，時復毅然有所執而不可奪。先人及惟善公，固已知其爲後來器中之瑚璉彝鼎也。時余雖少，亦意其必爲鄢陵士子之領袖焉。

其後，余先忝科第，備員内臺，衹命湖荆。人有自京師來者，知志通已登庚戌進士第矣。又五六年，余丁内艱，起復，則志通先已徵至京師。余因抵其家宿，對榻談十餘年前事，相與握手歔欷，慨然念相知之久固，離合之有時也。未幾，與志通同拜除書，志通任吏科給事，余亦復官内臺。益信先人及惟善公知人之不誣，而亦幸余言之偶中也。則又撫心相語，期效節于清朝，殆不當冒濫榮寵，滿其志而驕其氣，怠其所當爲，以貽譏于清議。志通曰："子之言是也，敢不夙夜以求自刻勵！"既而交游之在京師者，亦相與慶志通之有成，咸來徵詞以贈之。余遂書與志通相知相期者如此以贈云。

驄馬行春詩序

春者，四時之首，而萬物之所從始也。陽和之氣充溢旁達，初亦何待于行哉！殊不知聖人有作，法天子民，每于歲首恤民生之攸困，慮冤抑之未伸，故遣使循行郡國，拯困雪冤，要使遠邇之民，咸得暢然遂其性。故凡御史出而能廣上德意者，謂之"驄馬行春"。

吾友李君公載，由進士入持邦憲，嘗領節出巡浙右、山東兩〔一〕大藩。所至必仰體聖天子法天子民之意，燠〔二〕煦疲癃，疏理冤滯，鋤其暴而植其柔，伸其廉而遏其濁。使蔀屋窮檐之下，咸預〔三〕睹世之光明；寒谷沍澤之中，皆得蒙氣之融扇。其于行春之職，可謂無忝矣！故一時之賢士大夫，咸樂道其善而作詩以美之。余與公載爲故人，故又爲之序云。

【校記】

〔一〕叢書本《文集》卷三"兩"作"而"。

〔二〕叢書本《文集》卷三"燠"作"懊"。

〔三〕叢書本《文集》卷三"預"作"豫"。

送郴州守吕希召還任序

皇明方制萬里，雖遠州下邑，窮山深谷之民，視之率如輦轂之下。凡選用民牧，必得其人，不以輕授。郴州爲湖廣之屬郡，在京師西南數千里外，介乎荒服之間，其地遠矣。吕君希召，前自尚書户部員外郎往牧其民，不知者皆曰："郎官顯秩，郴州僻地，易此居彼，得無幾微於心乎？"其識者曰："不然。聖明篤一視同仁之德，地雖遠而選授匪輕，吕君必能仰體上意，而盡心所職矣。"及今幾年，吕君果以課最見考天官，而俾之還任。朝之大夫士與希召交游者，咸嘉其能，相率徵文以贈其歸。

嘗觀韓昌黎送許郢州，崔復州《序》，大意謂：爲郡者，租賦不可不均，下情不可不通。蓋租賦不均，則民有流逋之患；下情不通，則人有鬱抑之憂。是二者，誠長民者之所當知也。今吕君牧遠僻之郡，而以課最見稱，得非能盡心于租賦、人情間，而均且通乎！今之歸，民戴之愈久愈親。租賦或均矣，吕君益當毋憚煩劇，視民皆如赤子，不使有偏徇之私；情或通矣，益當詢察疾苦隱伏，毋使有一毫之壅。漢制：治民有勞效者，多入補内職。吕君出牧遠民，即以治狀稱。厥今法古用人，吕君入仕之顯，將漸及於是哉！

送通州楊同知還任序

吾鄉楊文振同知通州，今六年矣。通爲畿甸之地，居水陸之衝，素號繁劇難治，而文振優爲之，屢考屢最。果何以得此哉？蓋文振之爲人恬静，不務聲譽，事至應之而已，未嘗先事妄有所爲以溷民。故通雖劇，而治之常有餘力。亦猶庖丁解牛，而各因其理也。其可謂善於治劇者矣！

因是觀天下之大，好静者，民之情。使任守倅令長者，皆能因其情而静以治之，養之而不鬩其生，教之而不咈其性，熙熙然使各終其天年，則俗何憂不古若哉！奈何俗吏不知此類，皆舞智釣聲，煩其令，使民不得息；厲其威，強人所難從。至於極而盻盻然以軋其長，則曰：民難治有如是哉！亦莫克省諸己也。余因文振之治通有所感，故並書此以爲天下長民者勸云。

送侯編修序

昔楊少尹巨源，以國子司業年滿七十，去歸其鄉。昌黎韓公引漢二疏事序其歸，至今其名赫赫在人耳目，更久愈彰。是雖楊侯之賢，亦由韓之文高絶古昔，故人得以喜稱而樂誦之也。今翰林編修侯公，初以國子學正陞監丞，再陞今職，乃掌前事。一朝亦以引年將歸，大〔一〕學六館之士，咸嗟其老，而惜其去。鄉人進士石均瑁，率先謁余文以贈其行。

夫以侯之賢，固無愧于楊，而余之文則非韓比，亦何足以揄揚侯公哉！雖然，侯公之德之才，見于揚歷仕途，人所耳熟目識而心醉者，固已昭晰于時。余皆置弗論，姑即古今事論之：昔二疏之去，有贈金之惠，車馬之送；而楊司業之去，則有無不可知。楊司業之去，當時丞相白以爲其都少尹，不絶其禄；而二疏之去，則不聞有是事。侯公居太學者數十年，官滿有陞秩之典，有褒封之敕，寵渥優厚，及其身家，誠曠世之難逢。不知疏、楊當時有是事否？韓公謂古今人同不同，未可知也。侯公之歸，荷纍朝之榮遇，足以起爲善之心；屬七十之引年，足以息躁進之志。是其可以爲法于鄉閭者，又豈特楊少尹不去其鄉之一事歟！

【校記】

〔一〕叢書本《文集》卷三"大"作"太"。

揭氏族譜序

古之氏族，或以字，或以謚，或以官族，或以封邑，皆所以著其世也。逮年歲綿歷之既久，居處變遷之靡常，由是族愈遠而愈分，愈分而愈疏,甚至緦功之親未絶,而相視若途人者有焉。此仁人君子,不能不慨然于篤恩重倫之義,而譜牒之所由作也。

監察御史揭君孟哲,手其《族譜》一編示余。且曰:"《譜》,吾所修也。吾家故有《譜》,然歷載既久,漸至舛闕。今吾因而修之,略于遠,非敢忽也,缺所知也;詳于近,非有偏也,備所及也。"又曰:"原吾所自出,一也。由一以降,支分條布,雖天秩有疏數,而流通之脈無異致。自三年殺而期,期殺而大小功,大小功殺,緦免絶。一之流至此,勢不同而理同。觀吾《譜》者,可以慨然于中矣。"

余謂天之生物一本,人各親其親,乃天理也。自宗子之法廢,而疏戚以淆理,以之微也。世有能卓然自叙其宗,以昭其前而垂諸後者,可不謂仁人君子乎!觀孟哲之修是《譜》也,缺所知而詳所及,一本之傳,疏戚之序,源委森然。使其子孫族姓,得有所考,于以光祖宗悠遠之德,于以衍嗣緒無窮之傳。其于篤恩厚倫之助,豈淺淺哉!余姑書此以復孟哲,至其氏族之出,官閥之顯,備于首序,兹不復贅云。

送國子生黄勉序

農不爲艱歲而怠其藨蓘之功,無熟則已,一熟則收必倍;士不爲未達而怠其進修之志,無成則已,一有所成,則就必大。自古賢人君子,時或未至,雖抱負其所爲,屢進屢抑者有焉。如韓退之號爲文儒宗主,學者仰之如泰山北斗,然當其未遇時,尚屢挫于所司,况其他乎哉!

廣昌黄均〔一〕勉,其先大夫嘗贊政大府有聲。均既得家庭之教,而又游邑庠,從良師友以廣其學。既而以其所有進試于鄉闈,屢進屢不捷。恒人處是,鮮不形諸色辭而非乎人。均則曰:"我之學實未至也,非有司之過焉。"由是,益勉厥所爲而不怠。逮今年春,所司以均充貢大廷,一舉而捷,例送南京國子監卒業。將行,其友監察御史陳嘉謨來索文以贈之。余嘗言農不怠所業,而收必倍;士不廢所學,而就必大。觀均之爲學,即勤藨蓘矣,始雖未利,今則駸駸乎有成之秋。

太學又英賢之淵藪，而均翱游乎其間，殆見耳薰目濡，心融神得，日增所聞知，若聽九奏于洞庭之野，閲〔二〕狂瀾于大海之中。則他日所獲，猶大田登而所獲無算〔三〕，爵禄之來，其可辭邪！君其益勉之，以需其至。

【校記】

〔一〕叢書本《文集》卷三"均"作"君"。

〔二〕叢書本《文集》卷三、嘉隆本《全集》卷三十一"閲"作"觀"。

〔三〕叢書本《文集》卷三、嘉隆本《全集》卷三十一"算"作"窮"。

送房子新歸洛陽序

孝友出于天性之真，而人每不能克盡其道者，淪于習俗，奪于物誘也。有能卓然盡其道而不爲二者所移，得不謂之賢矣乎！余自爲進士時，往來洛陽道中，嘗經今監察御史房君子儀之館。時子儀尚爲進士，與其兄子新友愛尤篤，一門之間，孝弟之風雍〔一〕如也。又七八年，子儀拜官内臺，子新由洛東下大河，北達鄘邶，沿衛東騖，上潞水以抵京師，與子儀會于寓舍。晝則道舊故，奉觴相酬，夜則秉燭相對，若不能退寢者，怡怡愉愉之情，發于中，達于外。既而子儀將西按關陝，而子新又念其母氏倚門之望，亦將歸洛矣。

戒裝在途，余與子儀同官諸公，追而送之都門之外。且告之曰：世有帛堆其庾，錢積其藏，號爲富室大家，而乃淪誘于物欲習俗，處父子兄弟之間，悖争鬪鬩之聲，日聞於人。其獲罪于名教甚矣！是亦何足稱道于士君子齒頰間哉！子新在家庭時，既已篤于孝友，子儀游宦京師，子新又奉其母氏之命，浮走水陸，來展情好。既而復將歸慰其母氏。不爲習移，不爲物誘，于房氏兄弟見之。子新行矣，子儀關陝之行，亦將便道拜其母氏于堂。子新其飭子弟釃酒醪，具甘旨，以需子儀之上壽。

【校記】

〔一〕諸本並同，嘉隆本《全集》卷三十一、叢書本《文集》卷三“雍”作“藹”。

送張僉憲之任序

監察御史張君叔潤，以進士擢官内臺，内之振舉風紀，外之巡歷郡邑，以至奉命仗斧，督察山藪之奸偷〔一〕，妥安里閭之良善，率皆秉公直矜恤之心，以推行其素所蓄積，要使國家仁柔萬物之意，默寓于詰奸禁暴之刑。由是在職僅逾兩考，而能聲敏行，已振耀乎人之耳目。今年春，藩臬以缺官狀上，詔廷臣各舉所知賢以補其員。叔潤遂爲大臣所推薦，授江西僉憲。

余嘗謂官無崇卑，惟得行其志，乃士君子之所願。况憲僉秩既不卑，而又得按劾奸貪，扶植善類，有秩任之榮，而得行其志。叔潤兼而有之，是其荷受不輕，而重也較然矣。雖然，御史按察，雖有内外之分，其事則一。叔潤爲御史，既克盡所當爲，今之往，但當持其心如在内臺時，加之以協和，使副使意不專而事久愜。以至巡歷之方，益當如昔人之爲提刑，雖荒崖絶島，窮山深谷，緩視徐按，剔去牟蠹，保惠良善，使單民弱婦，咸得伸眉吐氣，而不爲豪横所頓捽遏抑。又見叔潤之聲，克滿大江之西，斯不負國家之所擢用矣！叔潤其勉之！

【校記】

〔一〕諸本並無，嘉隆本《全集》卷三十“偷”作“褕”。按上下文意，當作”偷”，今據補正。

贈司訓王秉節之任序

莫難於爲人師。師者，所以覺人之暗，正人之邪，而後學所取法焉者也。故夫子曰：“温故而知新，可以爲師矣。”謂之可，則非盡于此者也，况于温故知新有未能乎？孟子亦曰：“人之患，在好爲人師。”爲師，非人所當好，以明爲師之不易。則視之易而冒爲之者，又非亞聖之所取矣。吾觀厥今國家養育人才，以需公卿大夫士百司之任用，其原則悉本于學校，學校則責在師儒。故師儒得人，則學子有所取正法式，開其識而廣其才，由科貢之途，進而備國家之器使者亹亹焉。師或非其人，則爲弟子者，貿貿然若問道于盲，借聽于聾，窮年累月，矻矻然雖勞其心力，而竟無一得。欲求其才之成，而備諸司之器使難矣哉！

先人教鄢陵時，諸生固多俊秀，而王均秉節則爲老成之士，又居諸生之首焉。厥後秉節貢諸澤宫，益增其所未至，聞見日益廣。遂從群士試教職之選于大廷，名出而秉節又爲首冠，遂授南宫司訓。余謂以師道之難，而秉節以老成之士居之，其尚益思其不易，謹其言行，而爲諸生之儀式；勤其講授，以啓諸生之蔽惑。俾才器之成，如金之就範冶，木之就規矩。他日人才之出于南宫者，珠聯璧合，彙進于明時。則秉節于師道之難者，克盡所難，殆無愧于孔子之言，而不至如孟氏之所譏矣。秉節其勉之！

送陳庭訓歸青田序〔一〕

陳庭訓少從其先君子宦游四方，及其先君子棄世，乃與弟四人，奉其母夫人歸養于青田之故鄉。庭訓孝友之名，閭里閭閻籍甚。今監察御史陳君庭詢，則其弟也。庭詢既以文章取高第，得美官，而青田去京師將七八千里，庭訓與庭詢别又五六寒暑矣。

一日，庭訓奉其母夫人之命，拏舟來自大江之南，視庭詢于京師。相與論故舊，懇懇傾瀉不能已，晝不足，則繼之以燭。或道其先君子之宦跡，則因以興無涯之感；或道其母夫人之深愛，則因以起望雲之思；或誦夫《鶺鴒》之詩，則相勉以出處之慎。言雖諄復，皆出于友愛真情，而卒歸于天理之至正。會合曾幾何，庭訓重念母夫人之高年，而歸念動矣，戒途有日。

君子于庭訓爲子而能孝于其親，爲兄而能友于其弟，既孝且友，得人心之同然者，感於人，宜其名動里閭，而見稱士大夫間。昔張仲以孝友見咏于詩人，流譽于後世。况庭訓生逢當盛世，詩人墨客，所在林立，庭訓之歸，道途所經，舟車所掠，吾見咏庭訓之美者，所至若啓蟄之雷，連乎其聲，有不可遏，殆與張仲之名同傳之久遠矣。歸見母夫人，更爲道庭詢守官之清慎，以慰其倚門之望。

【校記】

〔一〕《文集目録》"陳庭訓"作"陳廷訓"。

送陳御史歸祀序

親在而欲致其養，親没而欲致其祀，此人之至情也。國家以孝治天下，人臣之仕于朝者，親在得歸省，親歿得歸祀，所謂因人之至情而立教者也。監察御史陳君廷斌，自拜官來，於今八九年矣。一旦請于朝，將歸修祀事于其家。命下，廷斌告别于内臺。所往來因相與屬余序〔一〕以贈之。

余嘗與廷斌奉使湖南，同處者纍年，雅知廷斌之篤于其親。廷斌嘗謂余曰："某不幸，二親皆早世。今幸藉先德之庇，有列于朝，欲以其禄，致薄養于親，固已無及矣。此子路所以有負米之嘆也。"又嘗謂余曰："人之不得生盡其養，庶幾于其歿，身有所立，以其光爲父母之光。今國家方舉推恩之典，他日或得荷寵光以歸。賁二親于九原，使歿者有知，庶有以伸終天之報。"

俯仰今昔，六七年餘，及余起復至内臺，廷斌已自荷國之光，封其親如其秩。今既得請以歸修祀事，廷斌昔欲報其親之志遂矣。然廷斌得遂所願者，誰之賜乎？蓋由我國家天覆臣下，因人情而立教，使人子生事没祭，皆獲所欲而然也。廷斌歸見鄉人，幸皆以此告之，使爲士者各加修勉，以膺國家之寵光，以報親恩之罔極。《詩》曰："孝子不匱，永錫爾類。"余于廷斌有望焉。

【校記】

〔一〕嘉隆本《全集》卷三十一、叢書本《文集》卷三“序”作“叙”。

送柳御史守制序

人子事親而至於終，于此不用其誠，烏乎用其誠？誠者發于中，形于外，悲戚哀痛之心，出于天性，而不能自已者是也。聖人因人心之自然定爲中制，使賢者不敢過，雖不賢而不敢不及。故初終有安厝虞祭之禮，漸遠有小祥之日，終也有大祥之期，至於中月禫而終事畢矣。聖人之中制，所以爲萬世法程者，士大夫謹守不敢易焉。

柳彦輝氏爲進士，在京師時，常念其母夫人之年，每望東南之雲，即神魂飛去。及擢居御史，方思秉忠效節以爲榮。甫及三月，而母夫人之訃音至矣。彦輝即毁瘠若不能生者，遂匍匐而歸。余與同官倪君、陳君及内臺諸公，既相與致吊，又勉其節哀順變，以襄大事。彦輝遂攬淚就途。

余觀人之大節，無逾于忠孝。未有厚于孝而薄于忠，亦未有忠而不本于孝者也。彦輝在游宦時，既能思其親不置，及遭大故，而悲哀疾痛之情，有足動人者。今之歸也，又將盡誠于窀穸，虞祥禫祭之間，守先聖之中制，而不敢過與不及，其厚于孝者可知矣。三年釋服，入覲修職業、立事功于時，又將以觀其忠焉。

送趙司訓序

沔池趙以澄之先君子，由科目進身，卓然爲人師者數十年。以澄得家庭之學，余與之同領永樂庚子河南鄉薦。明年爲辛丑，余忝進士第，以澄則退益所學于家，今十七八年矣。余自承乏風紀以來，德不加修，學不加益，以澄則處閑静中，涵而蓄之，淬而礪之，學益積，行益進，才益鋭。以余十七八年日怠之學，視以澄十七八年日益之學，其相去遠近、淺深、高下，蓋可知矣。此余每接真儒碩士，未嘗不發愧于中，而重以澄之有成也。

今年春，以澄抱負所業而來，獲與千百人偕試于春闈，遂中乙榜，有涇州分教之命。夫以澄以清修之士，積久之學，一旦發而見用于模範之重，涇之士得其所依歸哉！雖然，余于以澄重有告焉：昔之所學，以澄之自得也；今之爲師，以澄將推所得於人也。孔子謂："雖有周公之才之美，使驕且吝，其餘不足觀也已。"切觀世之爲師者，已未有得，固無以淑諸人；或有所得矣，又率多負恃其才，訑訑然有自足之色。否則，靳其才而不肯盡心于教事，得非孔子所謂"驕且吝"乎！師道至此，良可慨嘆。以澄學成己成物之學，固不至此，然猶願以澄深以是爲戒。謙虛而恒若不足，勤勵而思以及人，身教言誨，俾涇之士子勉勉不怠所從事，他日在門墻者，隨其才器，皆得有所成就，異乎尋常之爲師。則以澄之學進于余之十七八年者，不惟見其自得，又可驗之及人，而足以克肖乃先君子之賢，其家聲亦將振耀于永久矣。是爲序。

山西文華·著述編

薛瑄全集

第二册

孫玄常 李元慶 周慶義 李安綱◎點校

《山西文華》編纂委員會 編

山西出版傳媒集團
三晋出版社

山西文華

文清公薛先生文集卷之十五

門人關西張鼎校正編輯

序

送馬司訓之任序〔一〕

正統元年春二月，天下士抱負所業來試南宫者，僅千人。主司既取百人爲進士，又取四百餘人爲乙榜。進士與乙榜，必其文皆通粹合格，始得與其數。否則置不取，謂之下第。然登進士者率多至大官，乙榜則悉授以師範。大官以其道澤人，師範以其道教人。是其職雖有崇卑，而所以裨贊國家之治則一也。尋常之情，類多重進士而薄教職，其所見亦偏矣哉！

吾友滎澤馬士賢，耽嗜經籍，薰酣義理。今年春，獲與南宫之試，遂得在四百人之列，有陝西徽州分教之命。徽爲西偏之郡，與邠、岐、秦、鳳連接。其俗土厚水深，士生其間，率多魁梧質厚，不爲浮薄之習。苟率之以正教，其負重致遠，必多可觀之器。士賢以中州之俊秀，業庠序澤宫之間，歷鄉闈南宫之試，名亞進士之列，有師之尊，有道之重。今之往，其可不思所以啓迪其人乎！德欲其修，學欲其進，皆啓迪後進之矩範也。士賢能留意於是乎？異日徽之人士，成德達材而備國家之器使者，布在百司，澤下及人，則士賢以道教人之功，又將推而爲行道澤人之效。彼一偏之見，輕重乎二者之間，又果足爲定論哉？士賢有英志，既得教職，而又居西偏之遠郡，余故書此以解〔二〕

之，使不爲偏見所惑云。

【校記】

〔一〕叢書本《文集》卷三“馬司訓”作“司馬訓”。

〔二〕諸本並同，嘉隆本《全集》卷三十二、叢書本《文集》“解”作“勉”。

送劉僉憲之任序

余與劉均敬爲辛丑進士，當時同登者蓋二百餘人，於今已十六七年矣。宦跡升沉，出處參差，豈非窮通皆有命存其中乎？然窮通自爲窮通，而非人所能爲窮通也。劉君爲御史，于余爲先進。其爲人謙謹敏達，平居與人處，退然不自滿，若易可爲人所動者。及其于義之可否，則毅然若萬夫之勇，不可以私奪。至其所糾彈，視其人如何，初無所避忌。由是勁節能聲，大爲中臺諸公所稱道。

聖天子龍飛之初，進退藩臬大臣，擇人無間〔一〕秩次，惟其人則拔使居之。劉君遂陞四川按察司僉事。蜀人之游宦京師者咸謂：“蜀地僻遠，民苟不得其直，自理爲難。惟憲臬得人，則雖窮州下邑，荒山深谷之民，皆得伸其抑而達其滯。劉君以如是之才，而居吾邦之憲臬。吾蜀之民又焉有不得直者乎？”於是相率來請文以贈之。

余與劉君以同年、同官之契，雖蜀中諸公不有請，猶將贈以言。况其請之勤乎！蜀自昔稱爲沃土大郡，知其郡者，若趙抃、張咏輩，皆有聲于當時。我皇明混一寰宇，篤近舉遠，雖遐陬僻壤，視之一如輦轂之下，况如蜀之大郡乎？是宜選用岳牧，必慎其人，而憲臬又爲綱紀之司，非岳牧者比。而劉君以選者居之，其必大有所設施，滌濯奸污，慰柔良善，條章布于几席之上，而令自行于萬數千里之溪山。劉君聲稱之美，將與古人頡頏。而蜀人得其直，誠如蜀中諸公之所論矣。

夫以二百人同登，升沉出處不齊。而劉君得其通者之一，乃有内外憲臬之顯揚，豈非君子之幸歟？然命之通，固幸矣，使非以義制之，則清議將有所指摘。吾恐命雖通而亦君子之所弗取也。唯劉君不然，在内臺時，既有聲迹，今之往也，又將如蜀中諸公之所期望。命之通而不失義之正者，其惟劉君乎！余與劉君有交契之好，故于蜀中諸公來請，既告之以命，復申之以義，而因以寓忠告之意云。

【校記】

〔一〕諸本並同，嘉隆本《全集》卷三十二、叢書本《文集》卷三"間"作"問"。

送建昌尹陳繼賢序

昔明道爲邑，嘗書"視民如傷"四字于座右。夫以大賢爲政，必視民如傷，則其慈良惻怛愛民之心，出于至誠，而自不能已者，爲可知矣。今之爲令者，曰"字民"。字者，養也。養民而能以古人之心爲心，則民焉有不得其所者哉！南康爲江右之名郡，建昌于南康爲大邑。昔濂溪以道學爲二程之倡，紫陽以道學接二程之傳。二君子皆嘗宦游其地，則其流風餘韻，被于里閭，入於人心，至今必有尚未泯者。士君子幸而受聖天子之明命，往字其民，夫何爲哉？亦惟景行前哲，推慈良惻怛之誠心，以及其民焉耳！

衡陽陳繼賢氏，由科目進身，初知沛縣，後知睢寧，皆有惠政。今丁内艱起復，知建昌。建昌張惟明，登進士，與余爲同年；爲御史，與余爲同官。喜得繼賢氏知其邑也，來徵言以贈其行。

夫明道大賢也，其爲邑無逾于"愛民如傷"。南康又爲道學君子過化之地，周、程、朱氏同一道也。繼賢之往，復何待于他求也哉？亦惟質諸簡册，詢問故老，求周、程、朱氏所以設施〔一〕者如何，所以愛民者如何，苟能企而慕之，又以程子所箴戒者書于座右，時自省焉。則慈良惻怛之心，出于中，及于民，油然而有不可遏者矣！余既以是復惟明，因以爲繼賢之官之規。

【校記】

〔一〕諸本並同，嘉隆本《全集》卷三十二、叢書本《文集》卷三“設施”作“施設”。

送李廷賢之廣昌序

安陽李廷賢，少登高科，年未弱冠即爲人師。初任玉田司訓，懇懇教人于經義。或有所疑，必辨析其所以然，必歸諸至當而後已。其門下士由科目進而備任使者，前後相望。官滿，調官真定府庠。真爲大郡，而郡博又爲屬邑校庠之所儀觀。廷賢能慎所操持，教人之功尤加勤于在玉田時。今年春，天官最其績，陞授山西廣昌教諭。京師之交游，咸來徵文以贈之。

余昔侍先人教玉田時，得與廷賢交，情好最密，雅知廷賢擁臯比、振木鐸者，今十八年矣。其所至，教有成績，而人材輩出。今又陞典廣昌之教，廷賢必能移所以教玉田、真定者，以教其士子。行見山右之膺薦書、掇巍科者，皆出于廷賢之門。昔胡安定教授蘇湖間，因人成就，故弟子見用于當時者，或治水利，或治算數，皆有實用。廷賢教人之跡，既歷在人耳目。今之往，益當思前賢所以教人者，必求實用，不事空言。他日弟子散在四方，不徒循循雅飭，不問可知其爲廷賢弟子，又皆有實用，如安定之門人。而廷賢善教之名，與之同爲永久矣！廷賢其勉〔一〕之！

【校記】

〔一〕諸本並同，嘉隆本《全集》卷三十二“勉”作“勖”。

送鄞縣張大尹序

國家重親民之職，數選京官之有才望者出補其缺。誠以民之飢寒疾苦，守令皆得親察其情，而軫恤之。爲之長者，能以父母愛子之心愛其民，則民焉有不得其所者哉？

吾友清江張公，始以進士擢官御史，嘗按歷江南，端謹清白之行，洋溢人耳目。其在内臺，則又議論懇切，人望其儀刑，可知其爲君子。未幾，丁外艱。起復，方值國家選京官補守令，遂知浙江之鄞縣。鄞，大邑也，户不下數萬家，而其侈富者，或兼併侵漁，小民至不能有以自立。所貴乎良有司者，爲均其利，而使豪横不得以肆其志，貧者亦得以遂其生。公于南方之土風，素所詳悉，又以風紀老練之才，治此大邑。誠欲推父母斯民之心，以仁其民，必先去其蠹賊如前所云者可也。公可不留意于此哉！

古之將大用其人，必試之治民。我國家立法用賢，必古之稽。近年京職之爲守令，有聲于外任者，往往徵補内職。公輟風紀之榮，膺民社之寄，建事功，馳聲譽，入膺顯擢之漸，將兆于此行。慎勿以出入遠近介意，而怠所事也。於是乎書。

送陳御史致仕序

全節，人之所難；全晚節，尤人之所難。君子之仕也，秩顯于身，名加于時，而或爲外物之紛華幻惑，移其素志者有焉。此全節人之所難也。有能卓然不爲前所云者易其心，固能全其節矣。而或年已至，而猶不能忘情于進退之間，此全晚節尤人所難也。國家著引年之典，所以優老養恬，厲臣下之節，至矣。人苟及其年，即自引而去，豈非能全晚節者然哉！

陳公少有聲大江之西，自登進士，即官御史，去來不離御史者將二十年。其論列時宜，推讞疑獄，按歷藩岳，疏通明慎，勁直之節，揚遠照邇，而清白之行如良玉瑩潔，尤爲人所推服，不易其心而全其節者，陳公真其人哉！

今陳公官滿九稔，年未七十，人之于此，亦孰不欲少緩須臾，以冀所得而償所願哉！陳公乃能欽服國章，即自引去，可謂無愧于養恬退、厲臣下之義。能全節于晚年者，陳公又真其人哉！人得于彼，或失于此，陳公獨能始終一節，白首無愧，豸冠綉服，輝映里閭。斯固足以見我國家優禮臣下，如天之恩，有不可名言者。又可見士君子之出處去留，必歸之義，斯可爲晚生後進盡節事君之法。於是乎言。

送太僕馬寺丞致政序

正統元年春，行在太僕寺寺丞滎陽馬公有容，以年將七十，拜疏于朝，乞致政歸鄉里，詔許之。行有日矣，太僕卿諸公咸謂："公生值盛世，自弱冠時，已奮跡詩書，致身顯仕。其提刑南邦，毗政大府，以分符陝右，皆有政迹，歷歷在人耳目間。逮今白首，饗其榮名厚禄三十餘年。昔受先帝之命封其身，及其先，又得蒙今皇上之恩，俾遂其子孫之養。蓋公實荷列聖之寵榮，其際遇一何盛哉！昔疏廣、受、楊巨源以年老去歸其鄉，當時後世相傳以爲盛事。況如馬公者，仕以義，退以禮，其事與古人豈相遠哉！"又曰："昔二疏、楊司業去也，不有班孟堅之傳，韓昌黎之詞，其事亦將湮没不傳矣！今公當國家全盛之日，而得遂歸老之願，其事美矣。不有篤古者文以張之，亦何以垂厥美于不朽哉！"遂相率來徵辭，以道其行。

余猶記侍先君子游滎陽，時尚少，已識公。今四十餘年，于公爲故人。是其去也，自宜有贈。況如太僕諸公稱道公之仕、之去，得饗其全福，而追美于古人如前所云者，則余焉得已于言乎！雖然，太僕諸公所以稱道公者，至矣。余雖重纍其詞，亦安能出其意之外哉！獨以余識公者，編于太僕諸公美談之後，以圖其不朽云。

送劉僉憲秩滿序

正統元年秋，山東僉憲劉公九載秩滿，憲僚諸公屬筆于瑄，以道其行。瑄猶記從先君子宦游玉田時，公已自爲御史，巡歷畿甸。瑄時尚少，雖未及承顔接辭，于公固已耳其風聲之清峻矣。及其歸内臺，按滇南，按吳中，按遼左，揚歷内外幾十餘年，勁氣直節，磊磊落落，震耀人之耳目，而瑄亦得聆其隱隱之餘聲焉。其後，先君子官滿去，瑄亦忝科名，濫官風紀。時從朝之賢大夫士詢及公之履歷，則公已僉憲山東矣。而談公之賢者,則如出一喙焉。

今年夏,瑄以菲才,誤叨寵命,來僉憲事,乃始獲識公之面,接公之談,因而察公之心,跡公之行。則疇昔聞公之名,與今兹得公之實,若執符契以相合,蓋無絲毫之差爽,於是益信公之賢爲不誣矣。第以瑄晚進譾薄,方將每事咨訪于公,以冀寡過之萬一,而公又以考績將行,則瑄之慕公,得公,識公,而不得圖所願于公者,其情爲何如?故因諸公之屬筆,遂道瑄之重公者如此,以爲公贈。若公之聲績,久著于東藩,名位行將陟于朝著,則有公論在,兹不復贅云。

送劉憲副之任序

雲南,古南詔地,方數千里,境與荆蜀百越接連,俗尚獷悍,自前古號未易治。逮我皇明,天覆海宇,子育烝黎,雲南雖去京師絶遠,而擇人往釐,一如輦轂之地,由是人亦重慎勸勵。人有讀詩書,習吏事,進士與上國士齒者,比跡相望。獷悍之俗,遂變爲輯柔之風。

正統元年冬,藩臬狀缺員于朝。上命在廷之臣如例薦舉,以補其職。時山東僉憲〔一〕劉公士清,適考滿待選天官,遂爲所知薦陞雲南憲副。或者以謂:"士清老成士,雲南絶遠地,是其往也,寧無幾微於心哉?"余曰:"不然。雲南雖遠,而其民入版圖、沐休澤者七十餘年。雪霜時降,疫癘不興,人之去來乎其間者,若東西州焉。劉公兹行,方將思所以上副聖天子擇賢才,任風紀,廣視聽,決壅滯,綏遠人之意,夫何以遠近出處較計于其間哉!厥今倣古出入均勞之制,任外官有重望者,往往入補京職。况劉公以堅挺之資,通敏之識,出入風紀者二十餘年。今之往,固宜年愈增而氣愈壯,官彌高而志彌篤。行見樹勛績,馳聲譽,而有遠轅結軫之期,又豈久淹于南服〔二〕哉?"劉公道出山東,憲僚屬余叙。余遂釋或者之言,以慰其行云。

【校記】

〔一〕諸本並同,嘉隆本《全集》卷三十二"僉憲"作"憲僉"。

〔二〕諸本並同，嘉隆本《全集》卷三十二“服”作“康”。

楊氏族譜序

山東憲僉楊公，手其所作《族譜》一帙，求爲之言。余觀其叙厥次也，斷自五世祖榮甫而下。家世古今變遷與夫生仕出處始終，既皆歷歷可考據，而其本支疏戚，又各有統屬聯繫而不差，一舉目而楊氏之世得焉。公之用心亦仁矣哉！且其五世之上，略而弗書，闕所疑也；五世之下，詳而不遺，傳所信也。疑者闕而信者傳，與世之妄擬誇大其宗，而援引附會，疏略失實者異矣。其用心又誠矣哉！合仁與誠，因《譜》以示教，自五世而至於十世，至於百世，公之子若孫咸能以公之心爲心，而儲善衍慶，以及無窮。則公之宗其有不昌大者乎！

公以名進士爲才御史，自在内臺時，已荷國家褒贈之恩，延及其考妣；逮陞今職，而又誥封其身若家。而公之進修方鋭，則所以焜耀其宗，增光斯《譜》，而貽教後嗣者，又可量乎！公之家世具見《譜》系矣，兹不復贅。姑書公之所以用心而足垂于後者，以還之。

贈僉憲袁茂實考滿序

按察，古監司也。上之疏通壅蔽，俾一方之吏治得失，生民休戚，無微不達。下之撫植善柔，鋤薙強暴，屏斥奸貪，表拔貞廉，洗雪冤滯，無民不安。而又籌度天下之政，酌以古今之宜，苟有所知見〔一〕，必形諸建論。是其職與古監司埒，而又有言責繫焉。任其職者，必有剛果正大之德，而又輔之以卓特明敏之才，始爲不負所任使。類非依阿淟涊，昧于事理，不能爲時之重輕者所能舉其職。是宜國家簡任按察，必于内臺秋官中拔其素有望譽者，以任其職。視他任使，尤慎且重。

山東按察，大臬司也。袁公茂實由尚書刑部主事，有能名，擢僉憲事，今九年矣。所謂剛果明敏之德之才，蓋兼有之。故其巡歷部屬，必嚴必勤，蒐詰奸慝，遏抑豪暴，疏滌枉滯，洗濯善柔，凡可以去害澤物者，爲之不厭，若飢渴之于飲食。纍數風紀之事，公獨得其近而切者，克舉所職，真其人哉！

公考績行有日，憲僚諸公屬筆于瑄以贈。遂書風紀之重如此，而公能無怠於心，無隳所事，而又進于明。銓衡之下，其聲迹大小輕重，自有公論者存。進秩將自此始，異日畢舉風紀之大而難者，非公其誰望？

【校記】

〔一〕叢書本《文集》卷三"知見"作"見知"。

李氏族譜序

譜牒之作，所以重本始，别親疏，正倫理，篤恩愛，仁義之道備焉。故士大夫苟有所作，必慎于傳信，而不敢易其事。

山東僉憲李公廷珪，念其先世培浚本源，引迪支條者，遠有所自，懼傳世久遠，或失其次，而無以篤親親之義。於是自其高祖秀以下，凡接于見聞者，靡不紀録，其用心亦勤矣哉！吾因考其世，自秀以上，世居洛陽，至秀始徙居偃師，二縣皆洛傍邑也。秀生敬瑞，敬瑞生希聖，希聖生五子：昭、焕、彬、明、泰。泰字文中，即廷珪父也。文中先生少以經教授鄉里，名聲大彰徹一時，數爲人所推薦，或仕或否，竟不至於大顯，卒老洛涯。有詩集傳于家。廷珪得家學，累官至今職，卓卓有立。生子奈，奈生清白，此其一支也。文中先生四兄各以其系，具見于《譜》。李氏之世亦盛矣哉！是《譜》也，既皆廷珪得于聞見而可信者，使其子姓宗族，一寓目而咸得其世。各親其親，各長其長，各幼其幼，孝敬慈愛之風，永久不衰。則李氏之世愈遠愈昌。所謂仁義之道，備于譜者，於是益可驗其實矣。李氏之子孫其永保之！

送太守楊廷實序

往年，余承乏御史，丁内艱歸山右，則聞知趙城楊君廷實有善政。及余上京師，道經其邑，則見廷實正己馭吏，推愛及民，興學養士，凡爲邑之務，先後緩急，本末鉅細，靡不具舉，益信廷實之善政非虚語。及余在内臺，廷實考績來天官，藩臬以其治狀聞于朝，又爲所知推薦，遂陞知南廣。方上道，聞其母夫人訃，弗果之官。逮兹制終起復，河間郡博秦如圭徵文以贈之。

余謂廷實登科爲名進士，出宰爲賢令尹。曾未幾年，而善譽於人人，遂有領郡之命。廷實雖未到官，得試所設施，然以其已驗之效推之，吾知爲邑與爲郡，地雖有大小，民雖有衆寡，而治理又豈有二乎哉！向使廷實得臨南廣之民，則其善政之流行，亦何異于爲邑？而澤可遠施，則有加于昔矣。

方今聖天子厲精圖治，簡任賢能，惟所宜爲，不拘秩次。廷實之行，其見用尚未可量。惟始終一節，忠乎國而愛乎民，偉然爲時之名臣，則余之知廷實者，益無爽矣。是爲序。

送黄布政致仕序

山東右布政使黄公，自吏部郎官陞秩而來。其爲政務持大體，不爲苛察。曾未逾年，而敦厚謹信之行，孚于大僚；弘廣惠愛之風，被于民吏。衆方仰公久于職，而公屬以國慶如京師。不謀于朋友，不告于左右，遂上章乞致所事。厥既得請，復便道山東，將旋歸于大江之南。

余因面嘆曰："人于一資之榮，斗斛之禄，猶不能無縻於心。公以郎官之顯，膺旬宣之重秩，與内六卿相埒，禄不下數百石，有地方數千里，而年又未至七十，乃超然引去。公之賢，其遠於人哉！"公曰："不然。自百執抱關擊柝之吏，皆常職。職有不修，不當冒濫禄秩，以貽素餐之譏。吾年雖未至，而聰明筋力漸不逮人，恒以位逾于德，食浮于事爲懼。幸逢聖明優禮臣下之恩，如天覆地育，而不可勝載。凡人臣年雖未滿七十，有可去之狀者，亦聽其去。吾是以懇懇焉，果獲所願，將以尋吾舊鄉之山水丘壑，以釣以採，以嬉以游，以樂吾桑榆之年。得免所謂素餐之誚，幸矣！尚敢以引去爲賢哉？"

余又面嘆曰："世有不度所能否，冒其職而怠其事，亦有年已至而尚耽嗜榮禄，眷眷焉而不肯去者，視公存心爲何如？而公之賢果遠於人哉！公行矣，將見士大夫強而方仕者，法公位逾于德，食浮于事之戒，莫不盡其忠而修其職。老而可去，而進退之義皆可爲人之儀矩。公之賢遠於人益信矣。"憲僚諸公，咸重公之歸，而屬余言。遂書此以贈之。

送李參政致仕序

江右，古文獻之邦，名人鉅士，習詩書，尚行義，進足以有爲于時，退足以表厲其俗，繼跡史氏，代不絶書。若歐陽公、陶元亮輩，文章政事，高風清節，固已名當代而垂後世。士生其間，襲餘風而景賢范者纍纍焉。

山東参政李公，江右人也。詩書是習，行義是尚。生逢盛時，出其所藴，奮跡科目，歷職郎署，参議河南、廣東兩大藩。曾未終考，聖天子採大臣薦舉之公議，陞擢今職。公既祗命就官，盡所以報稱之道，以年滿七十，于義當去，遂上章乞致所事。詔允其請，乃挐舟將歸大江之南。憲僚諸公，屬筆于瑄，以序其行。

瑄因念始就河南鄉試時，公以參議適知貢舉事。瑄既忝科名，荷公知尤深，逮今二十年矣。瑄猥以菲才，由内臺承乏山東憲僉，而公又陞秩來參大政。每追陪旦夕，視公爲先輩成德。方將事事諮于公而決其可否，而公已引去矣。是其私情能無望于公乎？雖然，公之自處審矣。績[一]其學，出其有，進仕于強壯之年，于以忠乎君而愛乎民，義也；慎其止，謹其退，乞身于耆邁之歲，于以全其名而勵其俗，亦義也。進退一揆于義，而立身求無愧于士君子出處之道，蓋由其學有所得，聞江右諸賢之風而興起者。古所謂豪傑之士，公其人歟？其名世，其垂後，固有在矣！若夫故鄉之溪山林麓，足以資扁舟杖屨之嬉游；賓友琴書，足以供風晨月夕之笑樂。是皆怡老之佳致，而公之歸，固自得之。兹不贅云。

【校記】

〔一〕叢書本《文集》卷三"績"作"積"。

送黎参政致仕序

逾嶺而南，皆古百越之地，延袤數千里。危峰穹壁，長溪大壑，相與削拔迴環，深窈莫測。奇草異木生其間者，榮凋花實，率不以時。循嶺東南，又皆大海瀰漫旋繞，每晝夜晴霽，涵星斗，浴日月，水之百怪，靡不軒豁呈露。至颶風或作，則濤波洶湧，噴薄蕩摩，霆轟轂擊，聲震山谷。其霧氣澒洞轇轕，茫無畔岸，洲島雜國，若扶南、真臘、黄支、婆利國之屬，動以萬計。而四時温涼，蒸爍之氣，發作無節，故居人行旅，將息之道爲難。

今山東大參黎公，嶺南清遠人也。自讀書筮仕，出入中外，多歷年所，官已達矣！一旦引老將歸其鄉，藩臬諸公有以嶺表山川風氣之異如前所云者，爲黎公告，且重其歸，而勸其擇地以處焉。黎公曰："不然。吾家嶺外舊矣，封樹成列，先祖之丘壠〔一〕存焉；閭里如昨，童稚之交游在焉。今之歸，方將薦蘋藻，以伸罔極之孝思；具樽醪，以款平昔之親故。又焉以風土之異，移易吾之心哉！"余謂不忘所本，孝也；不遺故舊，義也。合孝與義，可謂篤於人倫，將不擇地而安矣。風土之説，誠不足以動念。

【校記】

〔一〕叢書本《文集》卷三"壠"作"隴"。

歷亭送别序

濟水出太行之王屋山，伏流出于濟源，又伏流東走數千里，散見于岱麓、柏崖、渴馬之山，至濟南，遂有泉涌出，名曰"趵突"。泉之流，或派而爲廻溪駛瀨，或匯而爲鉅浸平湖，經帶城郭，北合清河，以入于海。其南多美山，層峰峭立，連巒起伏，直與梁岱、龜蒙、徂徠、長白、鄒魯、海上諸山聯絡，角立相望。泉之北渚，有古亭遺址，巋然尚存，即〔一〕杜少陵與李北海宴集處，所謂歷下亭也。遠近山光水色，浮摇瀲灩其上下；葭蒲荷芰，紛披燭耀其周阿。蓋濟南得岱麓山水之勝，而是亭又得濟南山水之勝，以故往來爲古今游觀者之所適。正統四年夏，金谿王君昌問，由監察御史擢陞山東憲副，其尊府春官學士公之友劉文謹，適以事至京師，從憲副君〔二〕來濟南。聞是亭之美，間往游焉。則愛其山水花草之清麗，徘徊終日，眷眷然若不能去者。既而戒行有日，復取道亭下，諸公咸賦詩以贈，而屬余序。

余謂文謹行千里而來，一無所求，獨能訪古迹而適意于山水物象之觀。因是知憲副君所與必良士，而學士公取人之不苟也。篇什既具，序以識别。

【校記】

〔一〕叢書本《文集》卷三"即"作"至"。

〔二〕叢書本《文集》卷三"君"作"公"。

送孔節文分教徐州序

職無大小，皆天工也。能修其職，斯于天工爲無曠。顧可以職之崇卑，勤怠其心哉？闕里孔君節文，宏厚而有容，簡重而不泄，勤于問學，敏于文詞，有先師之餘韻流風。去年秋，一舉登名鄉薦。今年舉天下士試南宫，登進士第者一百五十人，節文名列次榜，有分教徐州之行。

節文欣然拜命，將就道，余往送之曰："百職所司，既曰天工，公教之職，有師道焉。賢才之成，恒必由之。以師道而成賢才，職雖非崇顯，其于天工，不亦重乎！節文之往，當思師之所以爲師，言必出于道，行必由於道，教必本于道，以是修己，以是淑人。俾士子非道不知，非道不行，異日出而爲世用，必能擇其道以忠乎君，而愛乎民。夫然，節文于天又何曠哉！世有位而不滿其望者，往往怠其心而慢其職，亦莫顧天工之曠否也。視節文安于所得，而盡心所事爲何如？"余因是知節文蓋能守其先家法，益可賢重云。

送浙江趙太〔一〕參序

今布政司爲國藩維，即古方伯連帥之職。上之朝廷大典禮、大政令，所以一民俗，正民心，禁民非者，皆欲宣佈而遵行之；下之方數千里之地，連百十郡之民，所以察吏治，恤民〔二〕隱，固封守者，皆欲其飭理而申嚴之。而又時與監司戎帥協議濟時之要務，以仰副聖天子仁柔遠邇，綏安海宇之心。是其爲國家之倚重，繫一方之休戚，外百司蓋莫重焉。故著令選用藩維，必使廷臣推舉通經術，知大體，公忠廉謹，才足有爲，而又揚歷内外，聲績著聞者，以擢任之。

正統八年，方岳狀缺員于朝，詔廷臣如例推舉，有以給事趙公冕名聞者。公素爲上所簡知，遂命爲浙江參議。行有日，給事諸公謂予宜有言以贈。

予獲與趙公游，舊矣。公以明經中甲午河南鄉舉首選，篤實寬裕之資，潔白修謹之行，人所推服。其典教山右，能舉聖賢教人之法，作興士類。士服其教，出而爲時用者甚衆。及兩任給事，小心慎密，事上盡匪懈之忠，當官無回互之失。經術才行，著績内外者克有之，是宜有今茲之峻擢焉。公行矣，宣廣德意，修舉庶政，與凡濟時之要務，皆公之事也。尚當推其已試之能，勞心焦思，知無不爲，爲無不當。俾東南連城數千里，官知奉法，民知樂生，内治益修，外患不作。將隱然爲藩維之重臣，思不負國家選擢倚任之意，是亦諸公之所望也。若徒曰有方面之榮，耽其禄而怠其事，予知公必不然，亦豈諸公之所望哉！以予與公故舊，于贈言也，前以頌而後以規。

【校記】

〔一〕諸本並同，叢書本《文集》卷三"太"作"大"。

〔二〕叢書本《文集》卷三“民”作“足”。

宜人孫氏壽辭序

《洪範》九五，福之疇，而壽居其首。《傳》謂：“有壽而後能张饗諸福。”信哉斯言也。嘗觀諸天地之運化，人稟厥賦于儲精之始。氣之長短，而人之修夭自焉。是以或得其上，或得其中，或得其下，莫得而齊。問者值其氣之長者，由中壽而至於上壽，饗福源源而未已，豈非人之至願哉！

宜人孫氏，東郡良族，來配錦衣衛户侯王公鏞，克孝克順，克兹克教，中饋之行日彰。户侯没者若干年矣，宜人撫育厥子鍾，卓有成立，是肖是賢〔一〕，曁〔二〕”厥婦孫，備養弗違。宜人壽登八十矣，而氣貌〔三〕日強，駸駸乎上壽之域。得氣之悠長，而享好德、富厚、康寧之福，而未艾者，宜人之謂歟？子鍾喜得其既壽，冀其不衰，來求辭以祝之。則爲之言曰：“賢哉孫母，鍾氣之元。柔順是則，克配名門。中饋是修，内行彌敦。夫荷寵錫，厥推惟恩。歲時命服，載章其身。教子有立，行義著聞。就養備至，洎厥婦孫。母年雖邁，母顔猶新。既壽且祉，繁樂欣欣。子心既悦，子孝孔純。祝母遐壽，逾百其旬。我惟纂辭，以相其勸。”

【校記】

〔一〕諸本並同，嘉隆本《全集》卷三十二“是肖是賢”作“是貞是能”。

〔二〕諸本並同，嘉隆本《全集》“曁”作“偕”。

〔三〕諸本並同，嘉隆本《全集》“貌”作“質”。

贈萬太守秩滿序

余忝辛丑科名，今將三十年矣。當時同登進士二百人，列任廷臣，陟居藩郡者前後相望。其聲實卓然，揚歷愈久，而事業愈茂者，蓋可數焉。

今平陽太守萬公以江右文儒之英，一舉而進于二百人之列。及任南京都察院、福建道監察御史，能以風紀之節自砥礪。其論事急于大體，而緩于碎微。議法雖輕重不同，而必要諸平恕，糾治必以實，而不過爲增飾。事長官顧自處如何，不隨其意爲俯仰。遇吏卒端己率下，不假與辭色。一時臺官雖趨向不同，咸推服以爲能。九年官滿，朝廷方選京職之有聞望者以補郡。大臣交章薦公，遂陞知浙江嚴州府。嚴，東南大府也。小民散處下邑，懸隔幽遠，苟有不得其直，鮮能以情自達。公至之日，推誠以通上下之情，令修于几席，人自得于海山，千里之外，皆翕然稱其有古循良風。未幾，以家艱去官，及起復，來知是府。公因其俗而行之以寬簡，府屬僅四十，地方千里，民以萬計，無追呼之擾，而事皆集；無凌誶之察，而訟自清；無徵集之煩，而民自勤；無督促之嚴，而士自勵。聲稱之美，甚于江浙。

先是，屬邑之民聞公滿期將近，則皆奔走懇留于藩臬上官，不約而同者數千人。公固辭焉，所謂聲實卓然，揚歷愈久而事業愈茂者，公其二百人之表表者乎！公行有日，絳守王汝績以余與公同年也，來徵辭以贈之。余遂書公之事業著于郡守者如左。即是以推，陟明之典，公論有所在，而其揚歷遠大之績，又可量哉！

贈知韓城李居敬序〔一〕

韓城，古韓國也。居河山之間，地廣民衆。先時爲邑者，率多與吏民不相得，連以是去。人皆謂其風土剛勁，民好伺察其長之失而中傷之。關陝邑之劇而難治者，必曰韓城云。

今令李公居敬，以鄉貢進士來知是邑。始拜官時，人皆以韓城之難治如前所云者爲言，居敬不以介意。及到官，痛刮剔官府里閭宿弊，潔身以先之。禄食外，一毫不以漁民，自奉甚儉，至馬不食粟，澹如也。檢飭吏卒，非公故不得出縣門。人以賄交者，悉皆拒絶。民有事至縣者，必告以孝弟忠信、敦本厚俗之道。辭氣懇懇，出于誠實，民爲之感動。信既在民，凡事不待督促而集。賦税以時，里閭無事。居敬在官始終如一日，由是僚吏民庶，皆服其廉。公聲稱之美，著于遠近。及九載考績將去，民恐失之，不約而合辭乞留者千百人。藩臬以其狀上，朝廷以民之安之也，陞秩俾還所治。居敬固自持不易，民之信愛益深。

予謂天下古今，人心一也。謂獨韓城之民難治者，豈理也哉？吾以誠感其民，民亦以誠應；吾以智籠其民，民亦以智應；猶影響之于形聲也。切怪長民君子，誠之不足，而歸咎于民之難治。殊不知自求其誠，使持身之廉，處事之公，一出于誠，人將信愛之不暇，又焉有不可化之民哉！韓城之民，前日之民也。何前日之難治，而今日易治乎？由居敬知民不可以智籠，可以誠感，故其持身處事者，皆不敢捨此而取彼。積其誠信之久，民皆愛慕不已，將去而猶懇留之，尚何難之不易哉！以是知天下古今民心皆同。有民社者，勿謂其難治，但當責其治之之誠有未至焉耳。如有不信，請質于居敬云。

【校記】

〔一〕《目録》“李”下有“公”字。

文清公薛先生文集卷之十六

門人關西張鼎校正編輯

序

送僉都御史李公陞秩序

景泰元年春，聖天子作新政治，大簡賢能，擢任都憲，以巡撫方隅，肅清部屬。于時貴州方用兵討叛苗，四川給兵餉，率取道播州以往。播之四境，皆密邇賊巢，蠻獠往往乘勢結黨類，據險阻，以剽劫餽運。甚至蜂屯蟻聚，攻城邑、掠傳馬、焚民社〔一〕，以流毒遠邇，播州幾將危不可守，糧道殆至阻絶。

今僉都御史李公，時任四川憲副，聞播州告急，即馳往救之。及至，指授將帥方略，嚴立賞罰，以忠義激士卒之氣，或潛搗賊巢而乘其虚，或分擊賊衆以弱其勢。將士奮力，屢戰屢捷，兵氣既鋭，群蠻潰散。因遣人四出，大布朝廷恩信，開其自新之路。由是林蠻峒蜒，攝威感惠，狐鼠遁服，不日而寇迹殆絶，播境落〔二〕然。向之危者全，阻者通，餽運安行無警。故使貴之將士食足，得以成討叛之功者，皆公全播之力也。事聞朝廷，因遣使賫敕就陞今職，且俾巡撫四川，凡軍旅政事，皆得以便宜處治。

時瑄來董餉，適會其有陞秩之命，因竊念瑄昔自内臺出僉山東按察時，公已自由進士擢官御史。是後雖絶不相會者二十餘年，而公風紀聞望揚乎内而振乎外者，則隱然嘗〔三〕接聽聞。瑄去年起家承乏大理，忝與在朝公卿之末議，聞其論天下外臺得風憲之體者，每以公爲稱首，且以其未得重用爲嘆。今兹公既陞秩，有都憲之榮，又受命有方隅之寄，朝論之公，斯爲允愜。

雖然，公全播之功固大，跡其所以成此功者，由其忠賢之實，素所蓄積者，非一日也。然古之賢人君子，于己功愈大，而賢愈彰。公負俊偉傑特之才，必以古之大賢君子自處，愈勵其功，愈勉其賢，又將躋崇庸，參大政，決大事，樹大功于天下，垂聲譽于無窮。是豈特立功名于一時而已哉！瑄樂道人之善，而祝其有大就者也。故書此爲公贈。

【校記】

〔一〕叢書本《文集》卷四“社”作“舍”。

〔二〕叢書本《文集》卷四“落”作“晏”。

〔三〕叢書本《文集》卷四“嘗”作“常”。

柏臺春霽序

自漢以來，風紀之署，或曰御史府、或曰内外臺，即今之察院也。臺曰柏臺，或樹柏于臺也，柏臺曰春霽，春者，發生之時；霽者，光明之日也。

泰和羅君承彦由名進士爲才御史，名其卷曰《柏臺春霽》，得無意乎？人皆知秋冬爲收斂之時，雪霜爲慘肅之氣，而不知陽春光明發生之機，實兆于此也。御史之職，其立于朝，則毅色正言，以論天下政事之得失，以察大小百官之邪正。其巡歷部屬，則剔拔奸蠹，扶植善良，以澄肅一方之官吏。内外之疑獄，秋官之不能辯〔一〕，按察之不能理，郡縣之不能決者，皆歸之御史，爲之直其枉，雪其冤。故其任綱紀耳目之重，峻拔風厲，端方凝肅，持三尺以明天討，真〔二〕若秋冬之候，雪霜之爲氣，凜〔三〕然之可畏也。然回干政事之得失，進退百官之邪正，含痛茹冤者，爲之洗濯别白，變翕聚之機爲亨泰光明之氣象。

此羅君以《柏臺春霽》名卷者爲有意也。

君今年夏，領節來按川蜀間，以其卷示余，且求爲序。余既論其梗概于前矣。川蜀去京師萬里，屬吏清白污濁之狀，小民幽遠隱伏之情，與夫積年滯獄之不得疏理者，皆巡歷之所當急也。君以是自名其卷，殆見行臺所至，清白顯而貪濁黜，幽隱達而滯獄清，如春和景霽，而川蜀之民，咸被其煦育之惠，燭耀之光。風紀之振，孰有過于此乎？雖然，是特一方之政耳。君方年富而志強，氣清而才鋭，自是歷階以升，推《柏臺春霽》之意于内臺，于天下，施之無不達，則人被其澤者，其有窮乎！若徒以憲署春和景明，優遊自適，而不以先務爲急，則非所望于君，亦非君之意也。

【校記】

〔一〕叢書本《文集》卷四"辯"作"辨"。
〔二〕叢書本《文集》卷四"真"作"直"。
〔三〕叢書本《文集》卷四"凛"作"懔"。

贈僉都御史李公平蠻序

叙之筠、高、戎、珙〔一〕四縣，民雜華戎，僻居山谷。景泰元年春，其編户之蠻民與永寧諸蠻，聞討貴州叛苗，川蜀之精兵悉發以往，乃潛相誘結，乘勢爲亂。遠和邇應，蜂屯蟻聚，不可爬梳。既焚劫山谷諸縣，遂散其醜類，東掠江安、納溪，南攻永寧。官民廬舍，男女財畜，多被其焚燬搶虜。近賊城郭，皆閉門警守，軍民率徙家奔竄，全蜀爲之騷然不寧。于時四川三司調集民兵、自叙以達納谿，沿江列營壘，爲防守之計。涉春及夏，屯戍既久，無能決策進兵者。

上乃遣使賫璽書，命都察院左僉都御史李公督軍討之，且聽以便宜從事。時公方董播州之役，聞命即馳至江口，斂諸屯戍，民兵爲一，以其未閑〔二〕教也，亟命諸將練習之。逾月，知其可用，乃先遣知鄉導者入蠻境，以觀地勢，咸以下羅計扼賊衝要，且糧道便利，可以駐兵,公即率諸軍進據其地。公觀地圖,烏蒙、芒部二府當諸蠻寨之後,且其與叛蠻爲類,不有以結之,蠻賊急走其地,將連謀爲我敵矣。乃遣二府土官,重錦各一純〔三〕,使拒賊後,實解散其謀也。又遣一軍屯江口,爲下羅計之聲援。戎、筠皆分兵爲犄〔四〕角之勢。部分已定,乃集將佐議攻取之計。皆謂公規畫審密如此,賊已在術中矣,以兵擊之,易若摧枯拉朽耳。公曰:"不然。討蠻寇當用長謀遠算。先布威信以招徠之,尚〔五〕有不服,誅之未晚。且蠻賊比之禽獸,勝之不爲武,惟不戰而使之來降,計之上者也。方今天子聖神仁明,且璽書許以便宜從事。雖曰督軍致討,實欲以德懷柔之也。"遂揭榜出令,曰:"諸叛蠻有能自拔來降者,貰其罪;負固不悛者,兵誅無貸。"時未幾,蠻首聞令來降者踵至。公復勞以酒食,遣轉告諸蠻之未聞令者。三月之間,蠻首悉詣軍門請降,盡還其虜掠之老小。公乃陳兵集諸蠻諭之曰:"一〔六〕天朝總統萬國,威令所加,無強不服。以爾蠻乃無故相率爲亂,以王法言之,必誅不赦。惟聖天子神武慈仁,以爾蠻冥頑無知,故不忍即加誅滅。略爾既往之愆,開爾自生之路。自此以往,當謹守約束,共享太平。若仍懷反側,即誅無遺種。"群蠻皆惶汗伏地,曰:"願永遵教條〔七〕,不敢再萌前惡。"公即散遣群蠻,使各〔八〕還其居。罷黜諸縣官之貪暴無狀者,選賢能爲令佐,以招徠撫摩流散瘡痍之民。蠻寇既平,遠邇之心遂以寧輯。

師還四川,軍民父老,填郭溢郛,歡呼前後,迎公以入。藩臬都閫文武大吏,咸賀公之成功。公曰:"是役也,皆聖天子之威德,將士之用命,某何功之有?"藩臬都閫諸公既相與言曰:"惟此叙功,實僉都公之成。公又推而弗居,其賢愈不可及。不可無文以張其事。"乃相率來求余辭以贈之。

予謂僉都公伐叙蠻,兵不刓刃,而坐致一方之寧息。是雖聖天子之明,能委任公以便宜之柄,然非公深知懷柔爲上策,其孰能宣佈聖天子丕休顯德哉?及群〔九〕公賀其成功,又推讓而不居,誠得大《易》"勞而不伐,有功而不德"之義矣。且僉都公之美績如此,將見朝廷陞賚之命，不日而下。寵冠方隅，名光史策，雖欲辭之不可得也。

【校記】

〔一〕叢書本《文集》卷四“琪”作“珙”。

〔二〕叢書本《文集》卷四“閑”作“嫻”。

〔三〕叢書本《文集》卷四、嘉隆本《全集》卷三十三“純”作“屯”。

〔四〕嘉隆本《全集》卷三十三“犄”作“掎”。

〔五〕叢書本《文集》卷四“尚”作“倘”。

〔六〕叢書本《文集》卷四、嘉隆本《全集》卷三十三無“一”。

〔七〕叢書本《文集》卷四“教條”作“條教”。

〔八〕叢書本《文集》卷四、嘉隆本《全集》卷三十三無“各”。

〔九〕叢本《文集》卷四“群”作“郡”。

贈四川大參楊伯玉序

人之會合出處，豈偶然哉！蓋皆有理存乎其間也。正統紀元之夏，余自内臺出僉山東按察事，一時多君子之僚，同官楊君伯玉，與余情好尤篤。不數年間，伯玉任滿，陞四川參議，余亦誤蒙朝廷拔擢，承乏大理少卿。正統七年，伯玉朝覲京師，余得與之一會。又明年，余以不能厥官，放歸田里，遂躬耕河汾之間，分將與世終老無聞。西望川蜀，江山萬里，雖欲與伯玉再會，知其必不可得已。前年冬，余復起家爲大理丞。無幾何即有川蜀董運之命，復得與伯玉會與此。

夫以余之老劣無能，退耕田野；伯玉之精明練達，參佐大藩。出處途異，相去萬里。已謂茲會之必不可得，而及今得之，所謂有理存乎其間者，信不誣也。且理者，天而已。孟氏以行使止尼，皆歸諸天，其不以是哉！

今伯玉九年考滿，余亦上章乞老于朝，伯玉既將東去，余得報亦且北歸矣。後來會合，又未可必。余與伯玉亦惟皆聽于理之自然，復何容心于其間哉！伯玉揚歷内外風紀之司，陟參大藩旬宣之政，其處心，其操行，其事業，其聞望，卓卓在人耳目。今茲考績之行，且有重用老成之典在，固無庸于贅言。姑序余與伯玉之會合出處，皆有理存乎其間者以識别。

送鄭侍郎歸省序

景泰三年春，南京刑部侍郎鄭景陽以其尊府侍郎公年及八十有四，上章乞歸省于家。詔允其請，戒行有期，京師士大夫與景陽游者，咸屬余〔一〕序，以贈其行。

予與景陽爲同年進士，知景陽爲尤深。景陽自給事中累陞秋官左右侍郎，值聖朝舉推恩之典，其尊府兩受褒封之榮，皆如景陽之秩。今景陽之歸，去其家廬之舒城，水行不滿千里，想其升堂展省之際，命服在躬，樽俎在席，昆弟在列，子孫環擁于先後，親朋盈集于庭闈，以次奉觴而祝其尊府之壽考康寧者，内外同然一辭，循循秩秩，愉愉怡怡，德音和氣，藹于鄭氏一門。天下之榮且樂，孰有過于此乎！雖然，景陽之尊府所以有此榮樂者，夫豈無所自哉？蓋由德爲之基也。

余嘗聞景陽之尊府好讀書，急于行義，惟以孝弟忠信教其子孫，而語不及私利。其子孫又能恭順敬畏，而不忘其義方之訓。居家修德于其鄉，爲仕修德于其官，孝弟忠信之行充諸内而達于外。故景陽得以荷朝廷之寵光，其尊府得以饗子孫之榮養，貴富以德致，故其事有足稱者。使其無德以爲之基，雖有如昔人貴出一時，厚禄〔二〕萬鍾，備軒冕三牲以奉其親者，人將以爲幸而致，亦何足道哉！

景陽行矣，展省之餘，其尚遄歸官署，益擴其尊府之訓，專心一志，修其德而盡其職，推而爲國家之偉績，著而爲刑期無刑之事功。始終一節，惟德是崇，又將播之聲詩，勒之金石，垂之後世，于以顯揚其尊府之德譽于無窮，又豈特快榮樂于一鄉一時而已哉！予弗獲辭所屬，遂書此以贈之。

【校記】

〔一〕嘉隆本《全集》卷二十三、叢書本《文集》卷四"余"作"予"。

〔二〕叢書本《文集》卷四"厚禄"作"禄厚"。

送陳僉憲永言序

皇明内設都察院，各道外設按察司，以綱紀百僚，作興政治。御史憲司官爲朝廷監司耳目之寄，得其人則綱紀以振，百司以肅，而天下之政治爲之興起。列聖相承，咸重兹選。御史必于進士及有望儒臣擢任，憲司有缺員，必于御史有操爲者陞用之，而凡吏胥雜進之才，皆不得預焉。風紀之職，厥惟重哉！

陳君永言，以名進士任南京、山西道監察御史，操守堅正，于衆之所嗜好者，輕如鴻毛，不爲區區外物動其中。逮兹歷職五年，清白之節，始終如一日。其疏時政，雪冤抑，剔奸蠹，撫善柔，擊豪暴，皆以公平剛毅行之，而無所回互曲撓。不惟風紀振于畿甸，而爲文武庶司之所稱揚，雖一時同官，咸推以爲不易及。其于耳目之寄，殆無愧矣哉〔一〕！由是聲名著于兩京。適陝西僉憲有缺員，天官即具述永言所以能官之狀于朝，上即陞前職，詔使便道之官。綉衣諸公，相率來請余序其行。

夫風紀之重，永言之能，余固已言之矣。今兹關陝之行，永言但當益思所任之重，愈勵其節，而以其已試于内臺者，擴行于方岳之間。政事有壅滯，必思所以達之；刑獄有冤抑，必思有〔二〕以伸之。奸蠹在所當去，柔良在所當植，強暴在所當擊，與凡風紀之當爲者，以次修舉而無替其前日公平剛毅之心。行見風紀振于關陝者，將倍于南京矣。近年方岳藩臬之臣有聲績，入而爲列卿、都憲、大僚，往往有之。誠使永言之聲實著于關陝，流于天朝，其人膺重用之漸，蓋可期哉！

【校記】

〔一〕嘉隆本《全集》卷三十三無"哉"。

〔二〕嘉隆本《全集》卷三十三"有"作"所"。

送朱知府赴任序

古者封建五等之國,分土不過百里,下乃五十里而止耳〔一〕。後世列郡,土地之大者方千里,小者亦不下六七百里。其視古之侯國,蓋加數等。生齒之繁,動以萬計,,而凡禮樂教化之宣佈,法度綱紀之防範,民業在所敦厚,浮末在所懲抑,官吏在所廉察,盜賊在所消弭,與夫租税儲積軍國之需,疆域城郭保障之防〔二〕,皆萃于郡守之一身。得其人則百政備舉,方千百里之民,相與熙然以寧;不得其人,則庶事隳〔三〕弛,人有不得其所者多矣。是則今之列郡,重於古之分土者,較然明甚。以是國家選用郡守,必于耳目近侍六卿之屬,有才賢聞望者擢任之。

南京山東道監察御史朱廷儀爲天官推選,遂受朝命,陞知湖廣常德府事。將行,其内臺同官諸公,皆來請余文以贈之。夫郡守寄託之甚重,朝廷選用之匪輕,余固已言之矣。余聞廷儀以其尊府國子先生希亮家庭之教,其講夫修己治人之道,必以古聖賢爲師法。故廷儀自舉進士,登風憲,振紀綱,去貪猾,雪冤滯,恤民隱,以及巡歷部屬,閲練軍士,靡不正己以正人。由是能聲赫然,彰著于兩京。蓋推其家庭之學,見諸行事者如此。今兹之行,常德爲荆南之大郡,襟黔巫而帶江湖,方百里蓋八九民庶散于山谷川澤之間,所謂禮樂教化、刑政紀綱之宣佈防範,民事、吏治、寇盜之廉理清肅,以至錢穀封略之區畫,廷儀行將次第舉行而無遺,又豈待于余言哉!然風紀民牧,事體雖殊,而治理則一。廷儀疇昔之振風紀,即以正己爲先,今其統一郡之民,布一郡之政,獨不在正己爲本乎!己正而左右僚吏正,屬部正,以至庶事無一之不正,則事修于几席之上,而人得于湖山之外。所謂千里之民，熙然相與以寧者，有必然矣！

古之賢諸侯，多入而輔朝政，漢之郡守有治績者，或徵爲相。天朝在廷大臣有缺，亦于外郡守有能聲者陟用之。夫以廷儀之賢，固安于所職，而無僥望之心。然使他日政績茂著，聲名揚播，則公論有所歸，廷儀雖欲緩入用之期，其可得哉？是爲序。

【校記】

〔一〕諸本並同，嘉隆本《全集》卷三十三、叢書本《文集》卷四"耳"作"其"。

〔二〕嘉隆本《全集》卷三十三、叢書本《文集》卷四"防"作"方"。

〔三〕叢書本《文集》卷四"隳"作"墮"。

送干〔一〕知府赴任序

大理，古南詔之地。唐、虞、三代不及以貢賦，漢、唐、宋歷代不登于版圖。惟我皇明有天下，德威誕敷，無遠弗届，由是南詔之地，列爲雲南布政司，而大理則爲雲南之大府。八九十年之間，朝廷禮樂教化之所漸被，而南徼之俗稍變而有華風。然以其地去京師萬餘里，尚有獷悍未盡革者，故視中國諸郡爲難治。朝廷選用牧守，必于風憲近侍中有操持幹局、練達時俗者，俾往踐其任，由是南京户科給事干〔二〕廷玉爲天官所推薦，有知大理之行。命既下，南京通政司參議李震，偕黄門諸公來請序其事以贈。

余謂大理爲雲南大府，地控諸番，人雜夷獠。其視中國諸郡雖曰難治，然地有夷夏之殊，而心無彼此之間。廷玉誠能正己心以正其左右，以正其屬吏，以正其編民，凡典章法度，爲治之具，無非心之正以推行之。則彼獷悍之難治者，皆將各以其心而體廷玉之心，不勞于刑法之嚴峻，智術之籠絡，自皆感化于正而相安于無事之域，又何難之不易哉！使不能以正心爲本，而徒騁乎刑法智術之末，以強其人之必從，雖易治如鄒魯之民，亦將扞格而不可化，況遠人乎！夫不遇盤根錯節，無以别利器。廷玉由名進士列官近侍者有年，今既以操持幹局、練達時俗之行之才，爲朝廷之所簡擢，以牧遠郡之民，必能正心以爲政，如前所云者，則彼難治者，將不見其難而但見其易。于以樹柔遠之佳政于南服，流清淑之令譽于天朝，則考績之公論有在，廷玉雖欲辭崇高之峻步，其可得哉！是爲序。

【校記】

〔一〕諸本並同，《文獻目録》"干"亦作"干"，嘉隆本《全集》卷三十三"干"作"于"。

〔二〕嘉隆本《全集》卷三十三"干"作"于"。

送劉知府赴任序

景泰三年秋，南京刑部湖廣司員外郎劉茂先，以吏部移檄知四川重慶府事。將行，其闔部同官來言于余曰："茂先老成士也，爲永樂甲午山東舉子，初授監察御史，兩任開封彰德府推，一參都督府戎政，五轉而陞秩秋官，揚歷中外者四十餘年矣。持身謹飭，無愆尤之及，所至俱有聲跡。近爲大臣所推薦，受朝命陞知大府，吏部檄俾便道之官。行有日矣，願先生一言以張之。"

余惟今方岳之間，旬宣有藩垣，監司有按察，皆挈治民之大綱而已。至於郡守，則于治民尤親而重者。其政自府而達之州，由州而達之縣，民之休戚，係于州縣。郡得其人，必能正己以廉問州縣吏治之得失，能其官者，奬勵而舉揚之；貪虐病民者，條奏而黜罷之。使州縣之吏，舉稱其職，則小民遂樂生興事之願，無愁苦嘆息之聲，而藩垣不勞于旬宣，按察不形于糾劾，而一郡大治矣。故自漢、唐、宋以來，選用牧守，率難其人。朝廷近年尤重兹任，往往選臺閣之臣有名望者，出知列郡。夫其任之也難，則其責之也重。得與兹選者，其可不思所以副朝廷選任之意，而盡其職哉！

今茂先以老成練達之才，受知重臣，拔自郎官，出知大府，誠欲盡其職，而副委任之意。惟能推余所謂正己以廉問州縣吏治得失之言以行之，則千里之民，蒙其惠于下；藩臬二司，安其賢于上。而重慶之治績，將冠于川蜀之列郡矣。茂先其勉之哉！是爲序。

送楊恒健先生歸徽州序

景泰二年冬，禮部尚書楊彦謐，承詔調南京大司寇。余亦奉命承乏大理，與彦謐偕來之官。彦謐道語其家故錢塘："先考尚書公，洪武間教諭星子，叔父侍先祖就養。後尚書公以教有成績，兩任邵武、徽州教授。丁先祖憂，服闋，遂家于徽州。于時某與弟宜俱幼，鞠于叔父，教以經史諸書，遂皆有成立。某登進士第，歷任秋官，陞侍郎，再陞禮部尚書。今調官于兹，弟宜亦由科第爲御史。每念某兄弟所以纍荷朝廷之寵，擢得至顯官，饗有厚禄者，皆先尚書公之積善餘慶，今叔父之教育大恩。先尚書公既早世，養已不逮矣。今叔父家居康寧，吾不可以無報。"彦謐之官明年九月，遂迎其叔父自徽至南京。其叔父即恒健先生也。于時，彦謐同游在京諸卿大夫，皆往拜先生於門。彦謐旦夕啓告定省，承顔温色，所以怡其心志，致其甘旨之奉者，靡所不至。蓋移其欲孝尚書公者，以孝先生也。居凡幾月，適彦謐之弟宜衣綉持節，亦使廣南，道過南京，乃得拜先生於彦謐之官舍。叔侄兄弟，遂一時之會合，天下榮且樂何以加于此哉！既而先生將歸徽州，諸卿大夫咸謂余宜爲文以贈其行。

余惟彦謐嘗談其先尚書公之世德始終，以及其叔父恒健先生之鞠育教誨，而克有今兹之光榮。蓋皆感念存殁，仁孝慈良之性，發於心而見于辭者。及先生就彦謐之迎養，彦謐又盡其所事之誠孝如此。先生有猶子如彦謐者，固已充然而樂無不至矣。又適彦謐之弟宜衣綉持節，便道省謁，則其樂又何如哉！

先生今之歸也，其子姪之仕者，既能秉公正廉清之道，盡忠孝於國家；其子孫之處者，必皆習禮義退讓之教，盡忠孝于鄉里。忠孝之行，萃于楊氏之一門，不惟可爲鄉邦之矜式，亦可垂諸後世，而爲忠孝勸矣。雖然，京師去徽不滿千里。今先生之歸興雖切，而彦謐孝養之心未已也。時和景良，先生尚數來游，以慰彦謐之心，則慈孝之風益可仰也。是爲序。

送鄧大參赴任序

景泰三年冬，福建鎮守大臣走驛馬上章闕下，以福建布政司左參議員缺，乞選老成持重有施爲者來任其職。前四年時，福建境内寇賊竊發，流劫爲患。雖官軍討捕，久已寧息，而民困于輸給，掊斂尤甚。數年之間，凋瘵尚未盡復，而危疑在所當安。故大臣奏欲布政司參佐得人如此之急且重，蓋以安民之政出于旬宣也。

鄧君不二，由名進士兩任刑部主事，陞南京刑部山東司郎中，凡十餘年。持身敬謹，不妄有所爲，用法平而恕，凡事情之盤錯難析者，不二剖决之，立得其理。所謂老成持重有施爲者，不二真其人也！先是大司寇楊公，應詔薦舉賢而在下僚者，以不二爲首。章上未幾，適福建缺官奏亦至，天官乃具履純之行于朝。上遂擢爲福建布政司左參議，且使馳驛之任。命下，秋官與不二交游者，來請余文以贈之。

余嘗竊念我太祖高皇帝混一華夷，仁義禮樂之澤，涵養煦育，無間遠邇。八九十年之間，海宇民物，熙然寧息。惟時福建之民，即前日之民也。何前之感悦誠服者如彼，而近年之寇賊竊發者如此？雖其弄兵假息之誅不容貸，然爲之長而司方隅牧民之政者，其可不求其故耶？往事既已然矣，今不二蘊所有，負所望，當大臣奏請之急，爲司寇天官之知，荷聖天子之明，陞貳旬宣，其可不思所以盡其心哉！必當推其在秋官素所蓄積施爲者于大藩，潔己以正左右，俾大小之事，無一不出于正，持正道以臨下。欲民之安，必先去其病民者。大而貪殘守令，在所當黜；小而豪猾吏民，在所當治。牧守得人，豪猾斂跡，小民無朘削脂膏之苦，無吞噬兼併之害，則向之凋瘵可以復，而危疑無不安。庶有以廣國家涵養煦育之澤如前時，而連東南數郡之民，莫不樂生興事，室家相安，方將頌太平之治，歌旬宣之良不暇，又豈復有近年之患哉！不二之政績既著于南服，其聲譽自流于朝右，又將躋崇庸,参大政,而所施者,詎止方隅而已乎?余以諸君之請,辞不獲已,既祝規之,又期望之。是爲序。

送黄僉憲之任序

聖朝外設按察司,以綱紀方岳之庶務,廉察百司之邪正,舉凡時政之得失,生民之休戚,皆得以直言而無隱。其職分行事與内都察院各道相表裏,官之廉明忠良者,得以舉揚。而奸貪廢事者,有司自六品以下,皆即逮治,五品以上及武職,則奏請擒拿。隨其情〔一〕之重輕,謫罷懲艾之。按察關乎政體之大,而受夫委任之重如此,居其官者,其可不思所以盡其職哉!

南京雲南道監察御史黄君廷永,領福建之貢院〔二〕,登進士高第,學知有用。自任風紀,潔己正人,持公用法,直言正論,深達憲體之宜,故其聲譽振揚乎兩京。值朝廷大明黜陟,遣大臣巡考藩臬諸司之不職罷斥之。由是按察多缺員,廷永遂荷朝命,陟僉浙江憲事,且俾便道之官。戒行有期,其同官諸公〔三〕重廷永之去,偕求言以序其行。

夫按察與内臺相表裏,關乎政體之大,受夫委任之重,余固已前言之。廷永以内風紀之職,陟外風紀之司。今之往也,余知其閑于所職,譬之車走坂,舟順流,駃騠之騁康莊,鷙鳥之便順風,庖丁之游刃無餘地,師曠之審樂無遺音。凡憲職之宜行者,將無絲毫留滯繆錯之患,亦奚待于余言!

雖然,余尚有告焉。勤于前而怠于後者,人情之常。切見古今號稱名士大夫,或能建名節于壯年,而不免計豐約于晚歲,故曰"官怠于宦成"。廷永賢者,必無是失。尤願始終其心,始終其職,始終其節,則年愈進而望愈隆,任愈久而績愈茂。異時歷階以膺顯擢,其將以其振風紀于一方者,推之于遠大,惠及生民,光于邦家,不惟著顯譽于一時,又將垂英聲于無窮矣。余知廷永之賢,能受盡言,故于諸君請序其行也,舉風紀之重,既頌之于前,而復規之于後云。

【校記】

〔一〕叢書本《文集》卷四"情"作"請"。

〔二〕叢書本《文集》卷四"院"作"元"。

〔三〕叢書本《文集》卷四"公"作"君"。

贈凌大參之任序

聖天子臨御之四年，大明黜陟之典，以作興政治。乃敕遣大臣巡考天下方岳郡縣、大小百司，廉明有爲者，奏陟之；濁暗冗懦者，罷斥之。由是藩臬多缺員。南京刑部郎官凌文琬，老成練達，乃爲天官所推擇，以其名聞于朝，陞湖廣布政司參議。湖廣爲天下之大藩，東北與京畿、河南相接，西南連黔、蜀、貴、播、嶺南及諸溪峒。地大以遠，故其租税之入，兵士之出，倍于他藩。而凡條章之宣佈，吏治之得失，民生之休戚，盜賊之清弭，以至撫柔蠻夷之方，皆于布政司是責。

文琬爲天官之所推選，朝廷之所陞擢。佐此大藩，其任重而匪輕也明矣。今兹之任，宜何如以盡其職乎？必當念厥今布政司總統千里之土地吏民，蓋與古方伯之任相埒。其僚有使、有參政以及參議，皆高品大官也。夫其秩之崇，則其責愈重。所謂租賦、兵甲、條章、吏治、民隱、弭盜、安邊之庶政，既萃于旬宣之司。文琬欲盡其職所當盡，必於是蚤夜勤志，審度其先後緩急之宜，次第而舉行之。使方隅百事理治于上，庶民安生於下，斯無愧于旬宣而可追擬方伯之任。不然，一方之政弛，即一方之民不得其所。旬宣既罔稱，方伯亦難擬，夫何免于誚讓之及哉！

文琬發身舉子，必習于修己治人之學；又三爲卿屬，必閑于爲政設施之方。今兹寵擢而膺重寄，殆見其必能以公滅私，庶政畢舉，以是而盡旬宣之職，以是而擬方伯之任，他時政績茂著，聲譽流播，陟明之典將有所歸，參佐云乎哉！

文琬陞秩之命既下，且俾便道之官。行有日，其同官王公載合凡法從交游，來求余文以贈之。余雖未獲交文琬，而知其處心行己之詳。然以天官遴拔之公，聖朝升擢之峻，與其朋好惜别之勤，則其爲人必有可取也無疑。遂書此以塞諸君之請，而道文琬之行。

文清公薛先生文集卷之十七

門人關西張鼎校正編輯

序

送歸州尚司訓序

天以是理與人雖同，而覺有先後。先覺者以其所覺覺後人，故謂之師。師者，天理民彝所自出，而人之邪正由之。是其任豈易云乎哉！自古師道廢，師之所以覺人，人之所以受覺於人，或出于異端他岐，而不由於天理民彝之正，是則師之名雖是，而其實則非矣。國家建學立師，所以教人者，粹然一出于天理民彝之至正，而異端他岐不得以淆其間。師道之復古，於是乎在。

正統元年春，聖天子龍飛之初，天下士抱負其業來試于春官者，于時濟濟，僅千人焉。主司既取進士百人，又取其文學之通粹者四百餘人，以補教官之缺員。保寧尚志以四百餘人之一，擢授歸州儒學司訓。監察御史姚君克修于其行，且屬余言以爲贈。

余嘗論爲師之道，不過以己之所得乎天者，以覺乎人而已。得乎天者，如五品人倫是也。師捨是無以教，子弟捨是無以學〔一〕。御史君嘗稱尚志之爲人，資稟篤而學問正。夫質以本之，文以輔之，不雜乎異端，不惑乎他岐，是可以爲人之師矣。尚志到官，其思無負于御史君之所知，必正其身，必進其學，俾天之所以與我者，既求知其理，又求踐其理。將見歸庠士子皆得以啓其蔽，而闢其途，豁然獲睹斯道之光明坦然，率循乎天理民彝之正。他日，以若輩人〔二〕備國家之任用，必能推其學以忠乎君而愛乎民。于時尚志師道立而善人多，可以追蹤于古之爲師者矣！慎勿爲異端他歧所惑哉！

【校記】

〔一〕嘉隆本《全集》卷三十四"學"上無"教，子弟捨是無以"七字。

〔二〕諸本並同，嘉隆本《全集》卷三十四、叢書本《文集》卷四"輩人"作"人輩"。

竹深處序

杭之土宜竹，郡人朱景暉環其室種之幾萬竿。冒煙雨，摇星月，戛風飈，凌霜雪，寒暑晦明，動息之變，千態萬狀，皆因竹以得勝，而境益清，居益邃，忽若不知塵囂之紛聒也。景暉時與一二佳客往其間，商榷古今道理，誨子孫以孝弟廉耻禮義之行，治其家以勤儉整肅人倫内外之防，脱去習俗之浮靡，一還古人之淳樸，蓋皆自于竹深處思而得之。非若昔人有以放逸目〔一〕高者，往往恣肆于茂密之間，或以博弈玩好爲樂，或以酣飲歡呼爲達。否則溺意于詞章、圖畫、字書、技藝之淺事，而不知天理人倫之大道，甚矣！其皆非中庸之行也，是豈景暉之用心哉！

監察御史謝君衡，景暉友也，常造其處而得景暉之議論，知其必有可取者，因求文于余。遂書此以還之，使知所擇焉。

【校記】

〔一〕嘉隆本《全集》卷三十四、叢書本《文集》卷四"目"作"自"。

贈汪德容致政序

少而仕，老而歸，此人之所至願也。至於歸而又得奉其親以盡桑榆之樂，又豈非人之至願者歟？四明汪德容先生，博學耆德，模範元氏之士子者十餘年。士子賴其追琢造就之益，進而登仕版、著能聲者纍纍焉。繼而陞秩王府教授，則又輔翊世子以正道，官屬咸推稱之。今以年至請于朝，得致其政而歸。監察御史曹君習古，先生友也，來徵文以贈之。

余謂先生遭國家熙洽寧謐、崇尚斯文之時，而得列清秩、著顯跡、被榮名、饗厚福者數十年，其于“少而仕”可謂盡其道矣！逮兹耄老，荷朝廷優渥之恩，冠服偉然，去歸故鄉，于“老而歸”又豈非得其義乎！先生已白首，而其母夫人年滿八十尚安好無恙，今之歸，又將具甘旨，節寒温，左右就養，怡愉其志，欣欣焉愛日之誠，蓋有不能已者。其樂又何如耶！

雖然，先生始終一節，得饗全福，固爲儒者之至幸。然又足以見我國家深仁厚澤，涵煦之久，使凡爲人臣者，得以從容遂其進退之義。尚論治平之氣象，又當于此而觀之。是爲序。

絳州知州王汝績輓詩序

孔子疾“没世而名不稱焉”，蓋謂無爲善之實可稱于後世，雖聖人猶疾之也。然則世有君子，雖没世而猶爲人所思慕咏嘆之不已，得不謂之賢矣乎！

金谿王汝績知絳州九年，能節儉以自律，興學以勸士，去弊以養民，禱神以弭災，與凡政之善者，大小具舉。故其任滿將去，而小民相率連狀，欲保留之不可得，則相與刻石以紀其政跡。不獨惠在絳人者久而不忘，及汝績既没，而中外士大夫素與汝績交好，以及樂道人之善者，亦皆作爲詩歌以哀述其善行，類若古輓者之辭，著于集者凡若干首。長篇短製，渾厚流麗，皆足以傳世行後，使後之人諷諸口而感於心，因以得其實而慕其人。則汝績雖没世，而名愈彰者，得不亦有賴于此乎！

汝績二子政、佐，皆從余學，故余知汝績尤深。既爲備述其行己爲政之跡，表諸隧道之石，又爲序其詩歌哀輓之意，以冠其集之端。

送刑部鄭侍郎序

景泰五年夏，南京刑部左侍郎鄭景陽以三年秩滿來朝京師。既而將歸，秋官内臺洎大理諸大夫與景陽厚者，咸屬余言以贈之。余與景陽爲辛丑同年進士，景陽爲給事中，余亦濫官御史。後景陽陟亞南京秋官，余亦〔一〕出入外臬大理，中間契闊者久之。前年冬，余又承乏南京大理，復得與景陽會。旦夕過從，談經史，道舊故，歡然無間。未幾，余復承召備員于兹，而重得與景陽會。夫以同登仕三十餘年之離合如此，于景陽行，烏得無情？士大夫雖不有屬，固宜有言以爲贈。

景陽舒人也，質貌魁奇，性度宏厚，少即聰敏過人。其尊府侍郎公知其有立也，既嚴家庭之訓，尤擇善師友使從之游，以講貫礱磨爲學行己之道。治經之暇，尤肆力于史學，嘗聽其論既往年代之久近而出不窮，若崑崙發源而洪流東注也；其論前世人品之邪正而見甚明，若巨海涵秋而纖毫畢露也。與夫國統之分合，書法之抑揚，禮樂、刑法、天文、地理之志，凡史所當載者，莫不挈其綱而振其目。間出其餘爲詩章，亦清新古雅，渢渢乎有作者之遺音。景陽以如是該博之學，故自縣庠弟子員發迹，擢高科，官近侍，貳秋官，事業聲譽，與時俱流，景陽亦榮遇矣哉！景陽初爲右侍郎九年，轉爲左侍郎，今又三年矣。其學行宦業，老成練達，允爲時望。今又來朝也，班行之間，咸推爲偉人碩士，而三法從諸大夫尤重景陽之爲人，故于其行，皆不能無眷眷之情，是又不特余與景陽有同年好也。

復有論景陽之去者，曰："方今聖天子作新政治，以得人爲急，而尤重老成。若景陽者，真其人也。獨不可留以輔理耶？"余則曰："南京爲國家根本重地，自北視南，猶有周視鎬京之與成周，在昔保釐尚重其人，况南京畿甸以及列郡刑獄之繫〔二〕，皆于其秋官是詰、是治、是理，庶獄清而民心樂，則和氣應而有以培固國家之根本。景陽之任，又豈不重且大邪！"雖然，景陽之在南京也久矣，而明刑之績已著于秋官。今兩京大臣更迭任用，自其常事。他日在廷列卿大臣或有缺，又焉知景陽之不入贊大猷邪！余以諸公之屬，既述與景陽有同年之好，且備道其學行宦跡見重於時，而又書此以需其或入贊大猷，又將樹偉績于當時，垂聲光于無窮云。

【校記】

〔一〕叢書本《文集》卷四“亦”作“以”。

〔二〕叢書本《文集》卷四“繫”作“繁”。

廖氏族譜序

自古宗子之法廢，而世之人類不知所自來，往往親未盡而相視如楚越者有焉。故士君子有志于復古者，必修其族譜，紀世次，序疏戚，使其爲子若孫者得有所考據，而知所自來。雖五服之漸窮，亦不忘水木本源之義。而親有未盡者，益敦其孝敬慈愛之心。此族譜之作，亦古宗子之遺法，而有關於家道人倫爲甚重也。

大理少卿廖君安止，慮家譜之弗修，無以紀世次，序疏戚，垂子孫，而後世慈孝之風薄。乃斷自始祖以下至於九世，列爲經緯，譜而成書，尤必冠以處州廖于《譜》端者，所以推原漁梁之廖所自來。以其世代寥遠，故書之也略；而必起自漁梁之廖爲本祖者，所以著其世之所自始，以聞見所及，故書之也詳。故即其始祖以下二世，以至九世，宗枝聯屬，整秩不亂，如水之有源，而脈絡分明；如木之有幹，而枝柯散達。雖自親以及疏，漸殺而漸薄，然其一氣之流貫，則不以疏戚而有間。使廖氏之後疏而漸殺漸薄者得而觀之，尚能溯流知源，循末知本，而興起其尊祖之心，不忘其親親之意，况親且厚者乎！是則廖氏之門，仁孝之風，無間于久近而常存者，實有賴于斯《譜》也。

安止是作，實有得于古宗子之遺法，而增重於家道人倫之大矣。安止爲人坦易寬厚，好學不怠。自擢進士爲給事，爲大理，議論獨能識其遠者大者。余嘗與之同官，知其爲人尤詳。安止《家譜》修葺既完，書來求爲之序。余既備論其作譜之意于前，又附書安止爲人梗概于末。將使其後之人，又知安止用心仁且賢。而或有所景慕觀法，而益光大其譜牒，益振立其家聲于久遠云。

劉太孺人輓詩序

太孺人姓郭氏，諱妙清。高祖允明仕元爲總管，曾祖啓誠韜光弗輝，祖德仕元爲萬户，父能亦晦迹不仕。比四世皆爲滁人，仕者行其義于時，處者修其行于家，皆以積善鍾慶于太孺人。故其生而端静，長而柔婉，且閑于女教、女儀、女事。擇所適從，遂歸于贈兵科給事中橘庵先生劉某爲繼室。給事先娶李氏，生四子，曰安道、守道、存道、全道，暨女二人。太孺人生子清。于時諸子女皆幼，太孺人裁節飲食衣服，撫育慈愛，咸適其均，人不見其有絲毫疏數厚薄之異。以是太孺人尤得善譽于宗族閭里間。其後安道、守道以醫業將從事于臨棠，太孺人謂給事曰："君二親皆高年，我當留滁以奉事，君可自從二子以往。"給事以太孺人言爲然，遂留太孺人偕餘子于家，獨與二子行。太孺人竭力孝事，舅姑年皆逾八十，以天年終。凡所以送終、棺椁、衣衾、安厝、祭祀之禮，靡不周備。既而太孺人乃盡出其所有，付存道、全道二子曰："爾祖妣既没，葬已襄事，我將往汝父。汝輩宜以此勉立生業勿墜。"遂赤手攜子清至臨棠。

時臨棠事有異，給事已覺其微，太孺人亦勸給事戒其子宜慎静晦處。後竟免大咎，獲戍遼東。太孺人隨往戍所凡數年，艱厄備嘗。而太孺人所以克相給事，教飭諸子，治生業，處患難，莫不有法。故雖在流離窮困中，夫婦父子，亦相與泰然，安于義分，不失其正。既而給事例以年至，偕太孺人攜諸子得歸鄉里。給事雅知子清器識不凡，太孺人因勸給事遣入滁學，從良師友讀經史，講道理，求所以修己治人之術。數年，清竟以學有成就中鄉舉，登戊辰進士第。又以材俊選爲翰林庶吉士，授兵科給事中。復以智略爲知者推薦，内以協贊軍機，驅剿寇虜；外則參理戎政，殄滅叛苗。事竣還朝，蒙恩特陞刑部右侍郎。時給事没已久，其贈官與太孺人之受封，皆以侍郎爲兵科給事中時之秩推恩焉。

先是，侍郎還自貴州，道滁奉太孺人來京師就養。方且左右承歡，日如不及，竟以景泰五年十二月十六日疾卒于官舍，享年八十有二矣。朝廷既遣禮官致祭，侍郎又將奉其柩返葬于滁之北原。朝之士大夫與侍郎交游者，咸重太孺人爲女而克著其賢，爲母而克盡其慈，爲婦而克盡其孝，爲室而克盡其道。不惟窮通一節，灼灼在人耳目，而又相其君子給事公，教子有立，皆荷國家貤恩，有敕命之榮，有品秩之貴，有褒祭之典，其可謂善始善終者矣！既相與走吊賻祭，又作爲詩章，將使輓者歌之，以相侍郎罔極之悲，以發揚太孺人之善於久遠。篇什既多，編爲巨帙，余遂序其事于首簡云。

送王都御史致政序

右都御史王景暘奉敕出鎮河南之三年，爲景泰五年，春，乃上章引年乞歸。詔允所請，遂遄驅詣闕拜恩，且行有日矣。一時同游法從，謂余宜文以道其行。

猶記景暘爲秋官時，余亦濫職内臺。景暘爲山東憲副，余先已承乏僉憲，而官舍又與景暘爲鄰。余固知景暘之爲人久矣。厥後余以大理少卿罷歸西河，與陝右相接，時景暘又自陝西憲副陞布政使，轉副都御史，余亦起家丞大理，復與景暘會京師。是與景暘爲交舊矣。今景暘以都憲出鎮河南，得致政之命，拜恩闕下，將去歸其鄉。余又適備員大理，以數十年之交游離合，固宜有言。

景暘少以俊拔之才，擢高科，躋顯仕，清庶獄于秋官，振風紀于憲臬，以至旬宣之有惠，與今出鎮之有能，四十餘年之英聲美迹，固已赫赫在人耳目，余皆弗贅。獨惟進退，乃士君子之大節。古固有建豐功偉績于當時，而猶或耽嗜榮禄于晚歲，不能剛果引退者，亦未免爲清議所少。景暘乃能以六十之年，即自引去，無分毫顧惜，其賢固加於人一等矣。况我聖朝著引年之典，所以優耆艾[一]，養恬退，立人臣節義之大防者，超出千古。而景暘乃能欽若國憲，乞老拜恩而去。

其又可謂得人臣之義矣。

雖然，士君子少而進固有爲，老而退亦有爲也。景暘自筮仕以來，揚歷内外，事功顯著，進而有爲，固歷歷可稽。今其退也，又當老其學，老其德，皆足爲鄉里小子後生之儀則。使居家者，有詩書禮義之風；入官者，有忠貞廉介之行。則退而有爲，又有在也。

【校記】

〔一〕叢書本《文集》卷四"艾"作"英"。

送趙都指揮協贊序

聖天子中興景運，文德誕敷之餘，即大詰兵戎，分京師操守之士爲十營，營各有督將總其綱，協贊貳其事，皆特進之選。景泰五年春，果敢營協贊員缺，詔于諸將中擇有才略者以充之。夏官以山東都指揮僉事趙弼良佐者，纍世將家，以名上。詔允所請，良佐即奉命往贊其營。之營之日，督將安其賢，士卒服其略，營中之事大和。其姻友王昌問來求文以序其事。

余亦識良佐之父于十年〔一〕前，且知良佐舊矣。良佐之伯祖德勝公，佐太祖高皇帝芟除群雄，混一四海，以功封梁國公，享祀功臣廟。其祖亦以功任都指揮。父任邳州衛指揮，陞山東都指揮，卒。良佐襲授濟寧衛指揮使，後爲知者薦，陞前職，遂領士卒分番操守京師。良佐雖四世將門，生長驕富，獨能折節讀書，廉静少欲，自奉如寒士。視膏粱子田園之利便、財産之豐殖是務；第宅之崇廣，衣馬之鮮好是尚；洎夫迷心于珍奇難得之貨，溺意于妖玩妨行之物，良佐皆能脱去其好而輕之如鴻毛。故才略雖良佐所素習，而立行超卓，尤爲士大夫所稱重。是以連被薦擢，有今兹協贊之榮，駸駸乎重用，其可量哉！

夫今兹之協贊，他日之重用，皆將業也。世之擇將者，類皆以韜略才勇爲先，余獨以仁義爲將之本。夫能使士卒親之如父母，投之所往，不避水火而無堅不摧〔二〕者，仁義結其心也。不然，韜略雖長，其如士卒不同心何?才勇雖長,其如士卒不同力何?如此而欲成將業也難矣! 良佐能折節讀書,儉于私養,而脱去膏粱利欲之習,庶幾乎知仁義之道矣!能由是深求力行,以推之于師律,必思東征之若何而恤其勞苦,古人之若何而受命不問家事,若何而庫稟不有餘積,若何而分賜不入私家,若何而志滅強寇何以家爲,若何與下人同其甘苦。若此之類,悉以仁義之心推行之不怠,即自今兹之協贊,他時之重用,無往而不得士卒之親愛。如是而輔之以韜略才勇,于以行師也,其重如岳峰,其整如列星,其疾如飈風之不可遏,浩乎如江河之流行,雖甚勍者,亦將仆滅之不暇。折衝禦侮,殄寇安民,隱然爲時望,將業由是而可成哉! 受封當時,垂聲竹帛,不惟有以仰答聖朝選將錫命之榮,抑且有光于前烈多矣! 良佐其尚知所本,勉於今而需其後。是爲序。

【校記】

〔一〕諸本同,嘉隆本《全集》卷三十四、叢書本《文集》卷四"十年"作"十餘年"。

〔二〕叢書本《文集》"推"作"摧"。

贈太子少師兼工部尚書江公序

士君子之所以見重於當時,可垂于後世者,豈徒以歷顯職,負顯名,而得于衆人之所樂得者爲貴哉!蓋以職雖顯而有能以舉其職,名雖顯而有實以稱其名,故其卓越俊偉之事功,見重於當時,可垂于後世也。苟徒以得衆人之所樂得者爲可貴,而無其實以副之,果足以見重於當時,可垂于後世乎?

今太子少師兼工部尚書江公時用, 自其先大夫歷官大參時,已自講明聖賢有用之學于家庭。其後學益進,行益修,才益充,遂登庚戌進士高第,即入翰林爲庶吉士。旋任編修,繼陞侍讀,在翰林者久之。正統十四年秋,超拜刑部侍郎。未幾,轉户部侍郎,又轉吏部侍郎兼翰林學士,復入翰林。景泰五年冬,仍以太子少師兼冬官,其鄉人之官翰林者，合凡交游偕來徵言以爲贈。

余惟翰林爲近地，列卿爲要職，少師爲重望，今之顯職顯名，孰有過于此者乎？跡江公之歷此職而得此名也，其始入翰林，綽有著述討論之能聲。及超拜秋官，值醜虜入寇，詔公督師近郊，以時殄剿。公即戎服鞭馬赴師，籌畫方略，而動合機宜；號令行陣，而應時整肅。由是將士莫不出奇奮勇，争先摧陷，而醜類夷傷奔北之不暇，遂追逐餘寇，盡境而還。又被璽書行視山右邊關，所至措置有方，邊備大飭。既還，轉職兼官，復入翰林。公既居論思之地，大能以扶進正人，持守正論，恢廣正道爲己任。既又奉敕巡輯河南、山東、兩淮，乃退貪猾，表循良，便民之政，莫不修舉。又大發所在儲粟以賑活窮飢，招集流散，使還其土。由是中夏東南方數千里之民，莫不欣欣然樂生興事，以感朝廷一視之仁。還朝未久，遂陞兼今職，而冬官之政，又日〔一〕益修舉矣。以是而觀，則公之歷顯職而得顯名者，豈徒以得衆人之所樂得者爲可貴哉！蓋能隨所居而舉其職，有其實而稱其名，宜其俊偉卓越之事功，可重〔二〕于當時，可垂于後世也。

雖然，古之君子，雖有卓越俊偉之事功，皆以爲人臣職分所當爲，無一毫之自滿。今公既得顯仕顯名而有其實，其卓越俊偉之事功，殆去古〔三〕人不遠矣。其必皆以爲職分之當爲，既不自滿，又愈勵其能，篤其實，一念不忘乎忠國愛民之心，則方來之豐功偉績益著于當時，垂光于後世者，又可量乎哉！是爲序。

【校記】

〔一〕諸本同，嘉隆本《全集》卷三十四“日”作“曰”。

〔二〕嘉隆本《全集》“重”作“垂”。

〔三〕嘉隆本《全集》“古”作“右”。

並蒂蓮詩序

南京兵部尚書南郡張公志忠以書來曰："正統戊午，某以監察御史陞行在都察院僉都御史，旋奉敕澄汰南京各道御史，舉職者留，鰥官者去，遂即任南臺以莅事，且奉敕兼督操兵。正統丁卯夏，臺前池荷盛開，有並蒂結實者，觀者異之。明年爲戊辰，某朝京師，遂蒙恩陞右副都御史，俾還南臺〔一〕。景泰二年辛未，夏池蓮復有並蒂如前者。是年冬，復被朝命，即陞今職，參贊機務。某私驗之，凡三陞擢，皆先有並蒂蓮之兆。意者物與人事，或有相應之理乎？某既自賦詩紀其事，士大夫之能詩而屬和者甚衆，聯爲巨帙焉。某與子爲同年，且相好也，丐一言以字其端，且使某益勉所當爲而答此嘉兆。"

余惟人與天地萬物之理，流通往來，初無彼此之間隔，故作善降祥，如影響之出于形聲，亦無毫髮之差爽。是以獲榮名之報者，必有德善之積而致諸物之和。物之和兆于先，而榮名隨其後，此理之必然也。志忠以名進士官御史，由僉都四陞而至兵部尚書，位列司馬，爲六卿之極品。然其每一陞擢，必有嘉蓮之兆，豈非以德善之積而致物和，以物和之兆而獲榮名之報乎！

且志忠揚歷顯要將四十年，既總風紀，又職戎政，其存心處事，一以惠愛爲本。嘗議江北軍士越江來操者，有資粮乏絶，往往私乘小舟渡江以取粮，類多遭風濤覆溺而死，不若使就操江北，既便于粮餉，又可以備南京之藩垣，且免人于溺死。事雖弗克遂行，而其籌策之良，愛軍之心可知。又行其議于南京，出官米煮粥以食餓者，而所全活甚衆。惠雖不及遠施，而其恤民之意可推。嘗選用帥長，有非其人而欲幸得者，則執議以謂用此人必害此軍，衆莫能奪其議，而其人卒不用。凡有所論列，皆軍民利益，事多施行。又聞其先在鄉里，能出所有以濟飢民，相傳爲故事。志忠之大節灼灼可見者如此，其餘小者可知。所謂德善之積，致物之和，而獲榮名之報，夫豈偶然哉！

雖然，古之君子以盛德而居顯位者，德愈盛而心愈下，位愈顯而心愈謙。志忠以德善之積而致物和、獲榮名固爲可驗，尤望其不以物之和爲可喜，而愈修其德；不以位之顯爲可樂，而益勉其謙。將見德善之感，殆無往而不通；事業之修，又與位而俱盛。雖古所謂《歸禾》之書，彝鼎之銘，亦可馴致。其榮名偉烈，將垂之無窮，又豈特兆和于一物，位顯于一時而已哉！是爲序。

【校記】

〔一〕叢書本《文集》卷四“臺”作“京”。

送按察使黄公之任序

聖朝内設都察院，爲四方之風紀，外設按察司〔一〕，爲一方之風紀。内外風紀舉得其人，百僚以之澄肅，庶政以之修舉，而政治隆焉。故凡選用其人，必于科第有學術時望者以任其職，而雜才不得以濫預之。至於都憲按察之長，又必推老練知大體者爲之，而非新學驟進者所得致。是以按察使雖爲内臺所轄，而實相與爲表裏，擇是人而居是職，不亦重且難哉。

景泰六年夏，四川按察使缺員，詔吏部擇其人以任之。吏部遂以廣西道監察御史黄公溥名上，詔允所擇，遂陞前職。將行，監察御史高明合凡交游來請曰：“溥字澄濟，江右弋陽名家之子。由進士任御史將七年，今兹膺俊擢而有外風紀之重，寄求一言以爲贈。”

予亦素知其賢，不辭而爲之言曰：外按察司既爲一方之風紀，庶官之澄肅，庶政之修舉皆係焉。澄濟公當若何而盡其職哉！然按察、御史一體也，澄濟公爲御史獨能知大體，急先務，而不掇拾人之小過，不毛舉時之細事。其巡歷四方，所至能表拔廉良之吏，而黜罷其不職之尤者，使人得自新效職，而不以察察爲明。與凡利有所當興，害有所當去，政有關於時者，莫不條陳次第施行之。尤能廉公正大自持，而爲振舉風紀之本。由是聲稱大著于一時，而有今兹之峻陟。今之往也，但當充其所以爲御史者以施于川蜀之間，即一方之庶僚爲之澄肅，庶政爲之修舉，聲稱將日加于前時矣。且聖朝簡用在廷之臣，往往于方面藩臬中有操持，有設施〔二〕，有聲跡者取焉。澄濟公乃篤古好學之君子，今之爲按察也，固能安于所職而無幸進之心。然將來川蜀之風紀振舉，而聲稱日既洋溢，余恐内外公論自有所歸，而入膺重用，殆不可辭。又將樹偉烈于當時，垂休聲于悠久，夫豈止于專一方而不能哉！是爲序。

【校記】

〔一〕諸本同，嘉隆本《全集》卷三十四"司"作"使"。

〔二〕嘉隆本《全集》卷三十四、叢書本《文集》作"施設"。

慶留耕張處士壽誕詩序

昆山有處士號"留耕"者，姓張氏，諱積，字廷秀，實吳中名家子。少能安于恬退，治別業于淞南，課僮僕耕稼其間，暇則賦詩鳴琴以自適，澹然與時無競，蓋有肥遯之趣焉。且其資性既端良明敏，又濡其先世積善行義之澤，尤能以孝敬之餘，推而爲友愛之實。廷秀有弟二人，曰和，曰穆，俱有清通温粹之稟。廷秀既以家庭相傳之教啓發而薰涵之，又爲之擇賢師友使從之游，以講貫聖賢之學。由是和、穆兄弟大有進，以明經習舉子業，同登乙未進士。和又名冠二甲，一時翕然，有機、雲並譽，軾、轍齊名之稱。既而和任南京刑部主事，穆任刑部員外郎，雖兩京宦迹相望，而每念得以致此成立者，皆由其長兄廷秀之賢之教，未嘗不咏"兄弟既翕，和樂且耽"之詩，而馳情于吳中也。

今年夏，和以考績來會穆于京師，連牀聚首之際，相與言曰："今兹歲在乙亥七月三日，實爲長兄之初度，春秋蓋五十矣。吾二人者，既限于所職，不得連袂接踵，奉觴上壽于家庭，中情悵怏，曷以自宣重念？際兹明盛之世，而文運聿昌，士大夫之以詩鳴者，渢渢乎有隆古之音。誠得其長篇短製，聯而爲卷，寄爲長兄壽，將見諷咏之間，金石鏗鏘，律吕諧和，庶有以慰長兄之懷，而吾二人者，亦得少紓馳想之私也。”乃相與遍求名公之詩歌，得若干首，既録在卷，則偕來請序其事于卷端。

余惟兄弟之友愛，乃天理人倫之至，但克知克盡者既寥寥，而又或爲利欲所撓而暌乖焉。如和、穆二君子，既不爲利欲所撓而暌乖，又克知克盡不忘其兄之友愛教誨，乃能求賢士大夫之詩歌以爲壽誕之慶，其于天理人倫之厚爲何如！吾想其兄廷秀展是卷也，誦是詩也，益知其二弟雖道里遼遠，而厚于天倫之情，則不以遼遠之故而有間，殆將又因詩而興起其友愛之心，推而爲一鄉一邑之仁愛矣！孔子曰：“仁者壽。”廷秀既篤于仁愛，則自厥今五十之艾，等而上之至於耄，至於期，饗永年之福，又可量乎！是爲序。

送大理寺李少卿序

孔子稱“晏平仲善與人交，久而敬之”。蓋以常人之情，交久則敬衰，交久而敬不衰，所以爲善。此晏子所以見取于孔子也。今南京大理少卿李公，在大理時，與余同官者五六年矣。交愈久而敬不衰，李公不特與余爲然，凡在同官，莫不皆然。今兹有南京大理之行，同官諸公皆有戀戀不捨之意，且謂余交且久，宜有言以道其行。

夫交友，人倫之一，而敬則能久。推之他事，又何往不以敬爲本乎！李公由名進士始官廷平，歷陞大理寺少卿，以學問之淹貫，推而爲讞録之明慎。凡事有可者，即行之，果而無所疑。有不可者，必虚心平氣，精思審處，兼取衆論以求至當之歸。蓋皆以敬爲本，而不敢易其事也。以故忠厚、老成、明允之譽，大彰徹于時。考察南京百司之賢否，審録南京法司之繫獄，皆重事也。而李公特爲聖天子之所簡知，前後兩奉敕以往，考察既允愜于公論，審録又克盡乎詳明。及歸奏，悉蒙聖天子俞允施行。

今之往也，其素望已表表在人之耳目。吾見其到官也，又能推其平日交友任事之敬，必謹必恪，必明必允，無一事之少忽。行見南京法司以洎東南列郡武衛之庶獄，莫不燭其隱而得其平。其老成、忠厚、明允之譽，又將愈盛于前時。他日入躋重用，宏大所施者又可量哉！余儕始重李公得交友之敬者，乃其善之一端，至推而爲立身行事之顯赫如前云以及將來者，則敬之效，殆未可以涯涘窺也。是爲序。

杜安人輓詩序

安人姓楊氏，成都人，金堂處士楊湧之女也。安人生有貞静之性，工于女事，閑于禮教。處士尤所鍾愛，嘗曰："是女也，質巧之德，特異衆女。吾不與凡子，必擇才可配者妻之。"今封刑部主事杜君榮與處士爲邑人，時方年少，性度温宏，行止端謹，雖生於大族富家，不爲矜驕、俊爽、華靡、游娱世俗子弟之態，在家孝弟恭遜，凝然如老成人。處士知其爲賢子弟，遂以安人適焉。

安人入主事君之門，盥饋而舅姑胥悦，在室而娣姒交慶。克相主事君，孝弟行于家庭，行義著于鄉里，而教道及于子孫。時主事君二兄早喪，安人偕主事君鞠二兄之孤，憫愛保養，不異己出。安人得鄉人之棄女，育之長之，具裝奩爲擇所歸，鄉人不知其爲養子。安人生子五人，曰勝剛、曰勝海〔一〕、曰銘、曰勝能、曰勝拳〔二〕，而銘少有聰敏警悟之資，安人偕主事君既嚴義方之訓，長使爲邑庠弟子員，從良師以講貫經史子籍，習舉子業，遂領鄉薦，登乙丑進士高第。初授刑部主事，今遷郎中，階奉議大夫。銘方爲主事時，得荷朝廷推恩之典，安人與主事君皆以子貴授敕命之封。冠帶命服，具慶在堂，光耀里閭，人咸羨之。景泰六年，銘奉敕有事貴州，便道省二親于家。主事君安好康寧，而安人病適危殆。安人顧銘曰："吾與汝〔三〕暌違幾年，且懸隔山河數千里，不意垂終而得一見，豈非天耶？且死生命也，毋足道。汝能孝以事父，忠以報國，廉以持身，公以處事，仁以愛民，深思吾與汝父教汝成立艱難，使無一行忝所生，吾雖死亦無憾矣。汝勉之！"安人言訖，怡然而逝。是年八月十八日，饗年七十矣。遂以明年某月某日葬于邑之蟠龍山之原。

於乎！安人爲女、爲婦、爲母，柔良慈孝之行，皆可法式，遂得生有敕命之封，没盡祔葬之禮。不惟其善名揚播于川蜀閭里之間，雖朝之縉紳士大夫與安人之子銘游者，亦皆哀安人之懿行可法。而遽爾長逝，遂相率作爲詩章，使輓者歌之，將以發安人之德之行于永久，以相銘之哀于罔極。篇什既多，萃而爲編。予遂述安人之始終大略，以冠其端云。

【校記】

〔一〕諸本同，嘉隆本《全集》卷三十四"海"作"侮"。

〔二〕諸本同，嘉隆本《全集》卷三十四"拳"作"權"。

〔三〕諸本同，嘉隆本《全集》卷三十四缺"汝"字。

送蕭都憲公賜誥序〔一〕

景泰七年冬，僉都御史蕭公以病乞歸。行有日，刑部、大理諸交游，謂予宜有言以贈之。余猶記往年與蕭公同詔至京師，時醜虜假息荒外，頗肆鴟張，方簡用智謀重臣，鎮守城池以彈壓之。蕭公遂以山東按察僉事陞都憲，奉敕鎮守河間。適寇退，城堞傾圮，武備廢弛。公至之日，即親巡視，指授文武將吏方略，使率士民量工興事。曾未幾何，即城池樓櫓，高峻完固，武備大飭，隱然有敵愾不可犯之形。朝廷知其有能，以居庸尤爲防遏保障之重鎮，詔公徙居之。既而邊備大舉，外警屏息。遂命公巡撫山西，察吏治得失，以安方岳之民。則又振揚風紀，肅清庶僚，不數年政舉民安，山右稱治。公既連奉敕三治重鎮大藩，積勞成疾，乃曰："使外寇内警少有未寧，吾不敢以疾辭。方今朝廷懋隆治政，方内清寧，四夷賓肅。吾在山右，不可以無事養疾饕禄，自適安逸。"乃三上章以疾乞歸，朝廷輒勉留弗允。今年冬，輿疾至京師，又上章力辭不可以任事。朝廷命太醫視疾，久未平，則又上章懇辭，詔乃允所請，俾歸養疾于故鄉江西之龍泉。公既拜命，即〔二〕戒行有期。

余惟蕭公自爲御史僉憲時，已著能聲。既而陞重臣，任重事，所至事業歷歷可紀。其辭疾也，又當朝廷清明，四方乂安之時，不敢以疾自安。其出處進退，可謂賢遠於人矣。雖然，古大臣之去，雖在畎畝之中，江湖之遠，未嘗一日忘乎忠國愛民之心。蕭公既任重職，荷朝廷之簡知，今之去也，尚當以古大臣自期。雖養病〔三〕丘園，其必旦夕拳拳以眷慕闕廷爲心，以思濟生民爲念。不可以山水之佳爲可樂，不可以休退之節爲可高，而遂相忘于斯世也。矧公之聲實素已揚乎中而播于外，行見朝命又將有徵召之期，著豐功偉績于晚節者，又可量乎哉！是爲序。

【校記】

〔一〕《目録》無"公"字。

〔二〕諸本同，嘉隆本《全集》卷三十四"即"作"既"。

〔三〕嘉隆本《全集》卷三十四、叢書本《文集》"病"作"疴"。

送王府尹致政序

天順元年春，順天府尹王惟善上章引年乞歸，上允其請。行有日，其親友禮部侍郎兼翰林院學士許道中，合凡交游賦詩以贈之，屬予序。

予惟少而學，壯而仕，老而歸，斯實古君子進退之大節。惟善以篤實之資，正大之學，中永樂辛卯鄉榜，初仕教職，繼陞給事，旋擢京尹，揚歷内外者四十餘年矣。跡其所至，皆有治跡。其爲師也，以古聖賢明體適用之學啓迪後進，旦夕勤懇不倦。士子被其教而登科甲，歷仕途，著聲譽，磊落相望。及居近侍，封駁議論，一出于公道，蹇然有古名臣風。京畿邦屬土地之廣，軍民雜處之衆，租賦傜役之繁，劇而難治，倍于方岳外府，不可以十百計。惟善能潔己率人，循理爲政，干謁之私一皆杜絶。事修于几席之上，而人自得于千里之外。令行吏畏，庶政不勞于文移之督責而自舉，府中遂落然無事。雖古京尹有聲稱于載籍者，殆無以過之。惟善尤謹難進易退之義，自年未七十時，已嘗上章求退。至七十，纍章乞歸，朝廷以其年雖老，賢而有治才，勉留者數四。今又力辭不已，始拜俞允之命。

夫以惟善之少而學，壯而仕，老而歸，克全始終，無纖毫之玷缺，進退之大義，誠無愧于古君子矣。雖然，壯而仕，將以有爲也；老而歸，獨無所爲乎？惟善居鄒魯之邦，締姻孔氏，飽聞聖賢之遺風。今之歸，又將尋沂水之勝，窮舞雩之樂，以詩書禮義之教薰酣其鄉間之良子弟，俾修〔一〕于家，達于邦，出處進退，皆以惟善爲法，而能全古君子之大義。則惟善雖老而歸，猶有及人之功，而其聲實之美，著于當時，垂之後世者，爲何如哉！是爲序。

【校記】

〔一〕諸本同，嘉隆本《全集》卷三十四“修”作“立”。

會試録序

今皇上膺天命，光復寶祚。紀元之春，適當會試之期，天下士領薦書而至者蓋三千餘人。禮部左侍郎臣幹等以考試官請，上命臣瑄、臣原往莅其事。同考官臣溥、臣賢、臣泰、臣正、臣佖、臣恂、臣世資、臣節、臣淳、臣鏞監試，御史臣烈、臣鑒暨百執事罔不夙夜祗承。凡三試，得文之中程式者若干名，併擇其文之尤粹者彙而成録。

臣切惟爲治莫先于得賢，養士必本于正學，而正學者復其固有之性而已。性復則明體適用，大而負經濟之任，細而釐百司之務，焉往而不得其當哉！故三代小大之學，養士之法，皆以復性爲本。其得賢致治之效，蓋可考矣。漢唐以來，正學緒微，養士不本于復性，往往溺于雜學、術數、記誦、詞章之習。體有不明，用有不周，雖或有傑出之才，亦不過隨所學以就功名而已。其視三代之賢才爲何如哉？至宋道學諸君子出，其論養士之法始，皆本于復性。雖其説不得盡行于當時，而實有待于盛世。

洪惟天眷皇明，列聖相繼，大建學校，慎選師儒，其養士之法，必以三代、孔、孟、程、朱復性之説爲本。是以九十餘年，薄海内外，文教隆洽，士習粹然，一出于天理民彝之正，而雜學、術數、記誦、詞章之習，剗刮消磨，無復前季之陋。雖曰科目以文章取士，然必根于義理，能發明性之體用者始預選列，類非詞章無本者之可擬也。故其得賢致治之效，足以追隆前古。

今諸士子〔一〕，荷朝廷正學教養之恩，既以有本之文得在選列，行見對於大廷，益當以明體適用自勵，隨所器使，以忠乎國，以愛乎民，以贊助皇明重熙纍洽之治于無窮。俾正學得賢之效，有光于前，有垂于後。顧不偉歟!

【校記】

〔一〕叢書本《文集》卷四無"子"。

文清公薛先生文集卷之十八

門人關西張鼎校正編輯

記

游龍門記

出河津縣西郭門西北三十里，抵龍門下，東西皆層巒危峰，横出天漢。大河自西北山峽中來，至是山斷河出，兩壁儼立相望。神禹疏鑿之勞，于此爲大。

由東南麓穴岩構木浮虚，駕水爲棧道，盤曲而上。瀕河有寬平地可二三畝，多石少土。中有禹廟，宫曰"明德"，制極宏麗。進謁庭下，悚肅思德者久之。庭多青松奇木，根負土石，突走連結，枝葉疏密交蔭，皮干蒼勁偃蹇，形狀毅然若壯夫，離立相持不相下。宫門西南，一石峰危出半流。步石磴，登絶頂，頂有臨思閣。以風高不可木，甃甓爲之。倚閣門俯視，大河奔湍，三面觸激，石峰疑若摇振。北顧巨峽，丹崖翠壁，生雲走霧，開闔晦明，倏忽萬變。西則連山宛宛而去。東視大山巍然與天浮。南望洪濤漫流，石洲沙渚，高原缺岸，煙村霧樹，風帆浪舸，渺茫出没。大〔一〕華、潼關、雍豫諸山，彷彿見之。蓋天下之奇觀也。

下磴道，石峰東穿石崖，横竪施木，憑空爲樓。樓心穴板〔二〕，上置井牀轆轤，懸繘汲河。憑欄檻，涼風飄灑，若列禦寇馭氣在空中立也。復自水樓北道，出宫後百餘步，至石谷，下視窈然。東距山，西臨河，谷南北涯相去尋尺。上横老槎爲橋，踏步以渡。谷北二百舉武，小祠扁曰“后土”。北山陡起，下與河際。遂窮祠東，有石龕窿然若大屋。懸石參差，若人形，若鳥翼，若獸吻，若肝肺，若疣贅，若懸鼎，若編磬，若璞未鑿，若鑛未爐，其狀莫窮。懸泉滴石上，鏘然有聲。龕下石縱横羅列，偃者、側者、立者，若牀、若几、若屏，可席、可憑、可倚。氣陰陰，雖甚暑，不知煩燠，但淒神寒肌，不可久處。復自槎橋道由明德宫左歷石梯上，東南山腹有道院，地勢與臨思閣相高下，亦可以眺望河山之勝。遂自石梯下棧道，臨流觀渡，並東山而歸。

時宣德元年丙午，夏五月二十五日。同游者楊景端也。

【校記】

〔一〕叢書本《文集》卷五“大”作“太”。

〔二〕叢書本《文集》卷五“板”作“版”。

拙巢記

自七情熾而混沌鑿，人之横奔競騖者，非私智無所爲尚。由是巧僞日滋，而斯道日隱矣。濂溪周元公挺生南服，悼末流之若兹，一刮群巧，作《拙賦》以見意。當時豪傑，若程若張，相與翕然尊尚之，而斯道大明。嗚呼盛哉！

曹均表正世家河南沔池，自少讀書，即有求道之志。遂即關洛以上溯濂溪，因以“拙巢”名其讀書之室，蓋取元公賦意以自勉也。其後均名薦書，典郡鐸，所至必以是扁其寓室，以示不忘其初之志。今年秋，均自蒲庠來河津，因語余以名巢之意，且屬余記。

余謂頽乎順處，不撓其初，不汩〔一〕其流，使大本完而七情節，此衆所謂迂僻遲鈍而拙于事者也。抑孰知順事厥天，不以小知害之，而可以爲終身安宅也？舞智籠物，騁詐軋人，機變層出，莫測端倪，此衆所謂辯敏儇捷而工于詐〔二〕者也。然詐窮智屈，自嬰其弊，又豈可一朝安其身哉！今曹均慕元公之學，以“拙”名巢，其可謂能擇所處，而知所戒者矣。則其進道之心，又曷有窮極哉！雖然，余亦拙者徒也。他日倘獲登均之巢，尚當闢混沌以廣均之居室，疏七情以通均之户牖，舉酒相屬而誦元公之賦，已而忘言相對，身巢兩忘，復不知巧拙爲何物也。是爲記。

【校記】

〔一〕諸本同，嘉隆本《全集》卷三十五、叢書本《文集》卷五"汨"作"泊"。

〔二〕嘉隆本《全集》卷三十五、叢書本《文集》卷五"詐"作"計"。

篤敬齋記

千户楊公尚德作齋于居之側，盛積古今書。公退必據几吟誦于中，若將有志于古人之爲者。因扁其額曰"篤敬"，蓋取聖賢修己之要以自勸也。間求記于余。

余謂自七情肆而天理微，九竅邪而人欲横，雖老生宿儒專專于講誦者，尚溺于語言文字，不知主敬以救其弊，况他乎哉！楊公幸生天下太平之時，包裹甲兵之日，乃能景慕賢聖〔一〕，以"篤敬"名齋，其志誠足尚已。顧可無一言以告之邪？

蓋人之爲人，其理有木、火、土、金、水之神，其體有耳、目、口、鼻、四肢、百骸之形，其事有五倫、百行之備。故内焉而敬不篤，則心官昧而天理亡；外焉而敬不篤，則衆欲攻而百體肆。内外胥失乎敬，則身心尚莫知所措，况于應萬事哉！此聖門爲教，必先乎此也。至其所以用力之方，内則惺然其心，不使有一塵之蔽；外則肅乎其容，不使有一體之惰。以至接乎物，則必主于一而無他適之擾。如是而守之以堅固，持之以悠久，則近而屋漏無所愧，遠而天地無所怍。所謂七情肆而天理微者，可以節而著；九竅邪而人欲横者，可以返而消。内外、遠近、大小、精粗，融朗周洽，何往而非天理之流行哉！

今公之作是齋也，游於是，息於是，誠能不炫其名而必取其實，復因余言而力守之，則其日益之效，殆若積土爲山，而不覺其山之高；濬源爲流，而不覺其流之長。其自得之妙，又有非言語所及者矣。其尚勉之哉！若夫齋之軒檻可以睹青天而望白雲，齋之几席可以琴清風而樽素月，則一舉目而得之矣。兹不復云。

【校記】

〔一〕諸本同，嘉隆本《全集》卷三十五、叢書本《文集》卷五"賢聖"作"聖賢"。

友竹軒記

山東王惟善先生分教開封之鄢陵，即其居之西偏作堂爲藏修之所，環堂之外，種竹數百竿。每退自黌序，則必往游其間。洞闢軒檻，挹清風，坐緑陰，手披書史，心惟訓義，顧瞻回復，整肅身心，以增益其所未行，而勉其所未至。遂名其軒曰"友竹"，因以俾余記。

余聞君子之取友，取其德也。直者，有以正吾之曲；信者，有以實吾之妄；多聞者，有以廣吾之狹陋；是皆友之益也。苟其所取之不端，則爲害可勝道哉！昔孔子論直、諒、多聞，便、柔、佞給之損益，正謂此也。先生儒其中，文其外，其平昔之所友，固能知所去取矣。今復以"友竹"名軒，何耶？蓋昔人既兼友古今之善士，猶以爲未足，又取草木之香潔秀異可愛者，以寓其好。若騷客之蘭，陶潛之菊，周子之蓮，林逋之梅，雖所取不同，而各爲所適之志，則一也。況竹之爲物，直而不曲，勁而不凋，而又鏘鳴風雨，聲聞于遠，有似乎直、諒、多聞之德。以之爲友，則耳目所接，心志所適，爲益其可一二數耶？以是知先生之用心，殆庶幾于古人而不違乎孔子之教矣。

雖然，先生教有成績，行將去此而揚于天朝，後之人有至是軒而聞先生之風者，能因竹以廣思，是亦孔子之徒也。

慎獨齋記

余少讀聖賢書，竊有志于"慎獨"之學。尚懼久而或怠也，遂自稱曰"慎獨子"。庶幾顧名思義，永久不忘。逮今三十七年矣，而尚不克踐所稱。余友周君秉忠分教覃懷，乃即官舍東偏作小齋以居。余間往焉，秉忠顧曰："吾之作是齋，非欲自佚，欲自修也。自修之要，誠莫先于慎獨。今將取以名吾齋，庶幾居處出入，俯仰顧瞻，有所警發而勉所不逮。然若與吾相好也，更能爲我歷言其用力之要，則所以警發我者，豈不益有助乎？"余因蹙然愧曰："余固嘗以是自稱矣，然持之不力，而名實多爽。今且自責之不暇，尚爲秉忠助哉？"雖然，盛意不可咈，請姑誦所聞。

蓋一心之理静而無、動而有，在動静有無之間曰"幾"。凡天下之善惡，皆原于此。故曾子、子思懇懇示人，必曰"慎獨"。獨者，人所不知而己所獨知之地，蓋即所謂"幾"。而慎者，則所以謹乎是也。故君子于"幾"之際，必精必察。果天理耶，即扶導而擴充之；果人欲耶，即摧抑而遏絶之。至於暗室屋漏，獨居獨爲之間，而不敢有自欺之心焉。則内外隱顯，無非一致，而天德之盛，渾渾乎無息矣。其或不能謹乎是，必曰"吾心之微，人所不見也。吾事之秘，人所不知也。雖滅理敗常之事，可以爲之而無害。"殊不知此心之靈，炳若日星。所謂微而秘者，人雖可欺，而心可欺乎！況既有是幾于中，則必有是跡于外。積之之〔一〕久，則微者著，秘者彰，所謂滅理敗常者，皆將暴白而不可掩，其爲修己之累可勝言哉！

今秉忠以"慎獨"名齋，其自修之心固已密矣。又能以余之前所聞者爲勉，以後所言者爲戒，則他日所至，必無愧于名齋之初心。固非若余之少志於是，而今尚不克踐所稱者之敢望也。

【校記】

〔一〕叢書本《文集》卷五"之"作"既"。

養志堂記

往年余侍先君子宦游鄢陵，始獲與柳生克新交。間至其居，則生之二親在焉。生因謂余曰："古人盤盂几杖，有銘有戒，皆所以爲耳目修德之助也。吾二親幸皆無恙，自惟娱侍之禮或怠。丐〔一〕我堂名揭之，庶幾觸乎目而警乎心。”余以爲孟子言“養親之口體，不若養志”，遂請以“養志”名之。既而余忝科名，别去二年。今歲冬復至鄢陵，生復謂余曰：“疇昔子所以名堂而勖我者甚厚，更能爲我記其事，以書于壁，則勖我者不其尤厚與？”

余惟飲食、衣服、起居、寢處，凡竭力以事新者，皆所以養其口體也，要不若養其心志爲大焉。語曰：“父母之所敬，亦敬之；父母之所愛，亦愛之。”即孟子所謂“養志”也。然親志未止此也，行欲其修，言欲其謹，文學欲其進益，道德欲其成就，皆親之望其子者然也。生誠能因孟子之言而又深探親之所欲者，朝夕悚然以求副厥志，則古人可幾而于斯堂之名無愧矣。

【校記】

〔一〕“丐”，諸本並脱，今據嘉隆本《全集》卷三十五補。

河内縣清化鎮重修孔子廟記〔一〕

爰自古初鴻樸茫昧，人物蚩蚩，群遂〔二〕雜處，莫克相保。乃有聖人代起，稍爲建制作法，鋤薙強梗，扶植善柔，區釐群類，使各安其所，然後生養遂、彝典明。此三五帝王有大造于天地生人，所以享後世之報于無窮。若吾夫子生當周季，風瀉俗訛，諸侯恣横，禮法大壞，變而易之，視古爲難。及不得位，乃上本群聖，下開百王，删定贊述，修復典禮，以康靖我民彝于悠久，其大德大功，高出千古。蓋群聖人得位行道，澤被一時，夫子又推其道以及萬世，是以享天下後世之報爲尤盛也。

我皇明平定四方，甲兵既偃，文治誕興，凡爲國子民，教人之道，非孔子不行。其報祀也，太學有廟，闕里有廟，天下郡邑學有廟，俾所司各以時飭正祀事。其所以致隆于夫子大功大德，永永無極之意，可謂盛矣。然自公祀之外，鄉里士民有能仰慕其道，協力修復廟貌，以寓報祀瞻企之萬一者，是亦國家教化所及，人心秉彝好德之發也。

河内縣直北三十里曰清化鎮，鎮之市北故有夫子廟，不知創建始自何時，獨歷代廢復之由有石刻可見。近年屋老瓦落，階廉頹仆，樹木摧伐，墻垣斷圮，牧豎牛羊，踐牧不禁。神不即享，人失瞻依。鄉士孫惟中洎某等，相與勸財僦工，因遺址而修築之。始于某年某月，成于某年某月。由是覆瓦完固，棟楹宏整，階有等次，樹就封列，宫墻周聳，庭宇邃肅。廊廡講室以次俱興，于以報祀〔三〕瞻企，大慰有衆。既而來求余辭，將鑱之石。

或曰："夫子之道崇于祀典者，不可尚已。清化蕞爾一鎮，復何爲耶？"余曰："不然。古者家有塾，黨有庠，術有序，皆所以廣教化也。誠使一鄉一鎮，皆有夫子廟庭，俾報祀講學者有所瞻企，其于教化豈不爲尤廣歟！向所謂鄉里士民，有能修復夫子廟貌以寓報祀者，是亦國家教化所及，人心秉彝好德之發也。若清化士民所爲即其事。顧可謂一鎮而小之哉？"遂書其事使刻之。

【校记】

〔一〕嘉隆本《全集》卷三十五、叢書本《文集》卷五、《文集目録》"内"作"南"。

〔二〕嘉隆本《全集》卷三十五、叢書本《文集》卷五"遂"作"逐"。

〔三〕嘉隆本《全集》卷三十五、叢書本《文集》卷五"祀"作"禮"。

具慶堂記

余嘗爲鄢陵柳生克新記養志堂。後三年，生復以書來言曰："向所謂'養志堂'者，《記》猶在壁，不敢忘子之嘉誨。前年忝科名，歸復得亢爽之地，作一室爲二親娱老之所。既成，客有過之者，以吾二親之俱安好也，遂以'具慶'扁其額。子誠不鄙，願仍遺之言，將朝夕視以爲警。"余時居大憂，志意荒耗，不能即爲之言。後數月，生復以書來，如前所謂而益堅。余乃銜恤而爲之言曰：

生何其幸哉！何其幸哉！人莫幸于逮事其親，尤莫幸于遂所以事之之願也。世之人，或怙恃早逝，或存没不齊，欲養無及；或窘于家事，欲養莫遂；是皆孝子之至戚也。有得逮事其親，不爲家事所窘，而遂所以事之之心，豈非幸哉！若柳生者，其殆近是乎！柳生自少即能奮力于學，遂一舉而與于鄉闈之選，于時二親方無恙。生乃退修于家，率其子弟，力耕畎畝以具滫瀡，節寒温，朝夕躋于斯堂，以娱養之。或者以“具慶”名焉，是誠足爲慶幸之全備者矣。雖然，人子事親之心，曷有窮極！生於定省之隙，益當因其故學而推〔一〕廣之，期至於道修德立，則聲名不求而自彰，爵禄不求而自至。更以所得之大者以奉其親，則其慶幸豈不爲尤大？而斯堂之名，亦可以永存于後矣！生其勉之！生其勉之！

余實終天抱戚人也，因生之請，重有感焉。遂書以遺之。

【校記】

〔一〕嘉隆本《全集》卷三十五、叢書本《文集》“推”作“温”。

具慶堂記

具慶堂者，海昌沈仲安昆弟之所作以奉親也。仲安昆弟七人，皆有成人之道，而二親尚皆安好無恙。於是相率恪恭勤孝，以供子職。猶以二親之高年，居室湫隘，不足以安體而頤神也，遂更相與别構堂以居之。堂之制，棟宇簡易而宏廣深静，廉隅莊峭而完堅雅潔，軒檻洞闢而夏不知溽暑之蒸爍，隩室邃曲而冬不覺嚴寒之凄冽。每晨昏定省，七子儼侍户外，遇良辰佳節，則率諸婦孫羅拜階下。已則更起爲壽，愉愉怡怡，油油秩秩，孝友之風，充乎庭户之内，不知人間何樂可以易此也！

仲安昆弟以是樂之難遇也，遂名其堂曰“具慶”。蓋取孟子“父母俱存，兄弟無故，一樂”之意以自慶也。既而仲安以邑庠弟子員，學明行修，登鄉薦，中春官乙榜，遂典教鄭之滎澤。雖去家數千里，而所爲“具慶堂”者，未嘗不發于寤寐。仲安雅與余好，間以其堂之圖與詩文示余，且求爲之記。余遂爲書其作堂與所以名之之意以還之。

絳州重修廟學記

事有似緩而實急，似迂而實切者，學校是已。絳之學，在州治東北，林木蓊鬱，泉流映帶。蓋絳之爲州，得冀域之勝，而絳之學又得絳州之勝。自我皇明有天下，即詔内外興學。逮今垂六十餘年，絳學雖舊規具在，而歷載既久，不能無敝缺不飭之處。自常情視之，鮮不以爲迂且緩，而若不切于事者。殊不知絳之人才盛衰，風俗美惡，胥由於此。則郡之事最急而甚切者，宜莫先于學焉。學有敝壞不葺，任其責者，顧可坐視以就湮鬱而不理乎？

永樂十九年夏，金華俞君道英來正是學。始至，視講堂穿漏湫隘不可以居，遂諮郡守尚公志，進諸生於庭合謀。出俸資因前構而興築之。堂成，視舊制深廣倍焉。既又將易大成殿瓦桷〔一〕之破朽者，兩廡俱廢，欲重作之。時適有監察御史鎮江裴公、憲副鳳陽郭公實巡歷是州，而嚴其期，而郡守撫寧姚公遂任其事。兩廡既完，乃墁治其壁，姚公洎僚屬各以資命工繪從祀諸賢像于左右。獨中外二門尚未完修，而適得今太〔二〕守楊公、貳守賈公視政之初，即徵工鳩材，併力合作，兩門以此俱復。由是學之廟廡門堂完舊益新，宏邃偉麗，有加于昔。既而俞君遂以預是役者，歷以告余，求爲之辭。將鑱諸石以陷置堂壁。

余竊惟昔魯侯作頖宫而《春秋》不書者，所以大其事而不以爲勞也。今絳學之修，俞公既咨之尚公，而揭之于始；一時之名憲臣、能守倅，又皆繼成于後；諸生復始終盡心盡力，無懈于其間；皆可謂知所重且急而得古人興復之遺意矣。自兹以往，絳之人才日以盛，俗化日以美，而於國家之教，得以紹敷永久而不墜者，未必不自于兹學也。是不可不書其事以告後之人，俾知所重云。

【校記】

〔一〕諸本同，嘉隆本《全集》卷三十五"桷"作"桶"。

〔二〕叢書本《文集》卷五"太"作"大"。

思親堂記

人之心不能無所思，而思則又有邪正之分焉。此君子所以必慎其幾，而《詩》所謂"思無邪"者，此也。山東孫君思齊氏以鄉貢士游太學，簡拔中學官選，遥〔一〕來掌永和之教。念其二親高年，懸隔山河，不得朝夕省侍也，每退居宴室，則必深致其思而不能已焉。遂名其室曰"思親堂"，因求爲記。

余以謂人心既不能無思，思所不當思，人欲也；思所當思，天理也。今孫君既能恪盡所職以致忠盡〔二〕，而又能思其二親不置，其可謂思得其正，而有合於天理之公矣。余想孫君之居斯堂也，睹春日之暄妍，則思其親之坐春風而愛永日也；值夏景之炎熾，則思其親之涼竹簟而納薰風也；秋高木落，則思其親之〔三〕逍遥自得而樂新涼之來；歲華既暮，則思其親之擁爐曝日而卻凝寒之逼〔四〕。朝而思其親之興，夕而思其親之息。四時朝暮之景雖不同，而孫君之思無不觸〔五〕景而興懷也，其可謂善於思者。雖然，思之之久，誠無不通，孫君又將千里迎養。吾見其二親怡然而來，遂躋斯堂，以思親之所爲奉親之所，平日之思，涣然消釋，而遂承顔悦志之樂，則孫君之心庶乎盡矣。於是乎書。

【校記】

〔一〕嘉隆本《全集》卷三十五、叢書本《文集》卷五"遥"作"遂"。
〔二〕嘉隆本《全集》卷三十五、叢書本《文集》卷五"盡"作"藎"。
〔三〕叢書本《文集》卷五無"之"。
〔四〕叢書本《文集》卷五"逼"作"迫"。
〔五〕叢書本《文集》卷五"觸"作"撫"。

河津縣重修廟學記

河津縣學在縣治東北，其規模制度創于前代，興於國初。然歷載久,自廟廡神門,以及堂齋庖廚,率皆漸至敝壞。恭惟列聖相承,篤意學校,屢詔有司以時省修,毋俾廢弛。然類多樂因循而務省約,或有穿漏,苟且易一桷、完一瓦以度目前而已。廣信韋君穎來教是庠,視廟學日就敝壞,大懼無以妥安神靈,作興士類。乃與司訓大名趙君鳳,進諸生於庭而告之曰:"惟是朝夕游處于斯,誦習先聖賢之德音,以修其身,以及於人。是皆聖朝崇重儒教之至意也。今廟廡、堂齋、神門、庖廚,悉皆如是,而乃坐視不理,其將何以順揚休顯,以永兹教事于無窮?吾輩固欲與爾等謀之于衆。大加修復,其各勉之!"

於是諸生奔走經營,諮之有司,而有司允其議;謀之耆庶,而耆庶協其情。捐俸出資,惟恐後時。聚材而山木委積,陶埴而瓦甓完堅,工人獻巧,役夫展力。由小而大,由外而内,先作學之兩門;次新神門;次徙膳廚;次作兩齋,因而大之,前爲步廊,後爲退室;次新講堂。獨大成殿兩廡居衆功之後者,蓋殿規宏高而廡宇悠長,視諸功用力爲最大而難,是以作之尤慎而重也。始于某年某月,完于某年某月。工既訖功,韋君將圖竪石,刻其修復月日,並諸助資相力者示于後,遂推余以爲之辭〔一〕。

余惟事有當爲,而爲之者爲是,沮之者爲非。况學校王政之大端,又事之當爲而不可緩焉者也。而韋、趙二君子乃能協謀合志,以完修爲己任。而一時之賢大夫、良吏民又能樂于資助,而無所齟齬。其諸生復能思厥報稱,而始終盡心竭力,無所懈怠。皆可謂知所當爲,而克稱聖朝崇儒勸學之美意矣。是不可不書其事,以告來者。

【校記】

〔一〕嘉隆本《全集》卷三十五"辭"作"詞"。

禎槐堂記

洛城之東有槐鬱然于庭者,進士子儀房君之居也。子儀爲洛之故家,其先世皆有隱德,蓄而未發。至子儀之先君子,將營居室而一木忽坼甲于庭，視之則槐也。識者曰："凡木之生，必曠原深谷、山巔水涯，人迹所罕到者，而後始得以遂其性。否則，必完根厚植，易土深種，而始克有以獲其生。今房氏所居，當市郭闤闠之間，而朝夕之所游履，既匪幽閑之地，又非人力之勤，氣化所難施，雨露所難息，而槐乃自生。此必房氏德善所致，爲異日子孫興盛之兆不誣矣。"於是其先君子因爲闌檻以護其周，增水土以養其本，自毫末而拱把，而尋丈，久則喬柯上聳，密葉四布，逮今將三十年。而子儀自校庠一舉而爲宣德紀元之鄉魁，明年遂登第爲名進士。及奉恩旨還家，則見槐陰滿庭，於是徘徊瞻顧，因思其纍世積德之深，先人封培之勤，而已得蒙其庇蔭，乃有今日之光榮。遂扁其堂曰"禎槐"，所以志不忘厥初也。又明年春，余赴京師，道經于洛，因獲登子儀之堂。子儀指庭槐而語以故，且求爲記。

余以謂凡德善之積，無有不報。但時之希闊疏遠，有似乎落落而難信者。及夫天定勝人，則若合符契〔一〕于左右手，蓋無絲毫之爽焉。昔王祐手植三槐于庭，曰："吾後世子孫，必有爲三公者。"已而至其子旦大拜，此蓋人以事而必之天也。子儀之先君子未嘗手植是槐而有所期必，而槐乃自生，此蓋天以禎吉之兆示諸人也。究槐之生，逮今將三十年，而始克有合，如識者之言，則所謂德善之報，又豈終于希闊疏遠而落落難信乎？然則世之爲善者可以無怠矣。子儀年力方富，而尤篤于進修，積德行義，方自此始。吾意其先世爲善之報尚未已也。請姑書此于壁以俟。

【校記】

〔一〕嘉隆本《全集》卷三十五、叢書本《文集》卷五"契"作"節"。

邵陽縣重修廟學記

余嘗行天下，登名山，涉大川，覽天地之高迴，極萬物之變化，然後有以驗是道之大無不包，而細無不入，初不以遠近而有間也。聖人之道即天地之道，其流行充塞于宇宙間，亦豈有遠近之間哉！昔吾夫子欲居九夷，門人惑之。殊不知九夷雖遠，固不能外是道以有生。聖人所在，即道之所在，又豈有不化之人哉！今去聖人僅二千年，不間海内外華邦蠻區，愚夫小子，皆能道吾夫子之號，而起尊信之心。由是愈見其道之大，而居夷之言，非偶設也！

寶慶邵陽縣舊爲邵州，在楚越之交，去中國數千里，古荒服之地，歷世既久，風氣漸開，俗亦浸變。至周元公以道學之倡，爲駕部員外郎通判永州，權發遺〔一〕邵州事，視舊學湫隘，遂遷于資水之濱。其釋奠祝文曰："惟夫子道高德厚，教化無窮，實與天地參而四時同。"今觀其處，地勢爽塏，林木蓊鬱，襟帶岡阜，映帶激湍，誠講學之佳所也。當時學者既相與翕然從其教，而流風遺澤更久不泯。

逮我皇明大崇儒教，廣建内外學，博取天下之俊秀以教育之。于時縣令薛中克遵明命，因元公所遷故址而增築廟學，以新教化，逮今六十餘年，而殿廡堂齋神門漸至凋敝。何永芳以進士來知縣事，始至，謁夫子廟庭，視學舍如是，大懼禮典弗飭，教法隳弛。遂委群材，合甓工以時興修之。百廢以次俱完，視兩齋卑陋，復廣而大之。又肖完夫子及配饗從祀諸賢像。工既訖功，乃進諸生於庭，而告以務學修己治人之要。由是士風一新，詩書禮樂之教，延及齊民。余至其邑，人既交稱其政良，而學官復請記其興學之事以告來者。

余謂永芳不以邵陽僻遠，而能欽服國家崇學之美意，景仰先哲之遺風，作新斯學，以興起士類，可謂知所務者矣。因是以驗聖人天地之道，充塞流行于宇宙間者，蓋莫知其所極也。遂書此使刻之。

【校記】

〔一〕嘉隆本《全集》卷三十五、叢書本《文集》卷五"遺"作"遣"。

退思亭記

辰之爲府，當沅西之水會。始之作城者，因山水之高下迂直而立板〔一〕建堞，城中之官署民居，亦皆墾〔二〕削土石，夷爲等級而立棟作屋焉。分司得地勢高下三之二，卻顧則連山茂林環其北；前視則江南諸峰，列峙層出，嵐靄林輝，遠侵几席；左右俯視則市衢屋瓦之鱗比，嵐影水光之澹灔，皆可坐得其妙。蓋辰據一方山水之勝，而分司又得是府瞻望之美焉。公堂之後，舊擴爲退息之亭。亭之左右疏爲軒檻，外則奇花異木，列秀交蔭。入其中，虛明洞達，爽氣逼人。或扁曰"退思"，蓋取孔子之言，以爲我憲職勉也。余因廣其意而言曰：

凡我風紀君子，其或衣綉持斧，來莅是邦，亦既以臨見吏民，聽政公堂矣。及退而處于斯也，當何而致其思耶？蓋必理有未明，思以明之；心有未正，思以正之。賄源思所以防遏，積蠹思所以刮磨，聽獄思所以明慎，用刑思所以平恤。善人在下，思以陟之；貪暴鴟張，思以擊之；忠誠思所以效竭，惠澤思所以宣佈，是皆思之所當急而不可緩焉者也。其或子女聲色，思以樂之；金貝珠玉，思以攫之；訴訟思所以顛倒是非；法律思所以巧比條貫；君子異己，思以術而擯斥；邪人附托，思以計而援舉；虛譽思所以暴揚；隱慝思所以蓋覆；是皆思之不可一日留於心者也。思所當思，則德修職舉，澤及生人，而榮光將被于無窮焉。思所不當思，則壞法斁紀，而蒙垢玷身者，亦將有所不免矣。然則思之邪正不同，而得失之機兆焉。風紀君子可不慎所擇哉！復有厚貌深衷，思爲拱默保持之計，不能爲有無者，亦君子所不取也。

余以菲才承乏風紀，恒懼邪思之淆雜而失其中，及觀是亭之扁而重有契於心，遂推其意而書以自警。且以告同志君子之至於斯者，不惟以江山臨眺之美自適，又當睹斯亭之扁而留意焉。

【校記】

〔一〕叢書本《文集》卷五"板"作"版"。

〔二〕叢書本《文集》卷五"墾"作"懇"。

重修許魯齋先生祠堂記

新鄭縣西山大隗山之左里曰陽綏，元魯齋先生許文正公所生之地也。先生世家河内，金季其先人避兵是邑，實生先生於里中，金大安己巳歲也。縣學有祠以祀先生，其事具于碑。今碑存而祠廢，士大夫之往來與秀民之向學者，或嗟嘆以爲缺典。江西鄧麟訓導邑庠，乃即夫子宫墻東隙地營屋三間，作先生像于中，以時致祀。既而求記于河南僉憲劉公咸，公以推余。

余猶記往年過是邑，鄧方謀作祠，又二年再至，祠成久矣。鄧之志可嘉哉！於乎！先生之道、之德、之學，所以紹程朱之正傳，淑萬世之人心者，固不待新學小生之贅贊。而獨念是邑乃先生誕生之地，顧祠宇久廢，人心缺然，無以寓敬。鄧能因心興事，作新斯宇，使凡進謁庭下者，如親炙先生，若充然有得而退，其有補于天理民彝不淺矣！遂書其事以告後之人，俾無替于承祀云。

永思堂記

余未二十而失怙，未四十而失恃，終天之思未嘗一日忘于懷。是非強然也，蓋出于天性之不能已也。宣德庚戌春，再會永嘉陳君廷斌于沅州，語及思親之故，若出一軌，又非強合也，蓋出於人心之所同然也。既而陳君謂余曰："吾家故有堂，二親平昔所居也，親没而名之曰'永思'。今宦游四方，回顧斯堂，雖邈隔江山，而思之之切，實發寤寐。子幸丐我一言，異日倘得便歸，將書之壁，以勖所思于無窮。"

余曰："君之思既得我心之同然者矣，尚奚待言哉！雖然，人子于其親之心志嗜好、聲容動作，真若常在耳目，而思之不忘者，固如向之所云矣。至若子之一身，皆親之遺體，又能愈加敬慎，毫髮不損，百行不虧，以思無忝所生，而有以肖親之德，侈親之名，則永思之道，益無不備焉。"

陳君登臺爲才御史，光賁泉壤，會有期日。所謂肖親揚名以全所思者，將不在于此乎！請以是爲便歸之記，併以自勖終天之思云。

拱北軒記

靖州憲署東偏之室，有軒北向，余名之曰"拱北"。其北有崇岡，郤倚城堞，觀閣周絡。其巔林木蔥青，嵐靄參錯，與夫空衢游雲飛鳥之往來，爽氣清風之披拂，朝夕晦明之變化，開軒舉在目前，可坐而挹也。而皆不爲是。蓋此去京師六七千里，余來者僅三年，仰慕闕廷〔一〕，固已恒在心目間。居於是而瞻望悠然，此余之所以名軒者然也。

且是州古爲荒服，自列而爲郡，漸被休明之化者久矣。人亦孰不相與引領而環顧于内地哉！是則人心之拱北者，天下皆然，又不特余心爲然也。孔子曰："譬如北辰，居其所，而衆星共之。"余得其言而不得其所以言，方闢是軒而瞻北辰于天上。宣德五年六月二十〔二〕一日記。

【校記】

〔一〕嘉隆本《全集》卷三十五、叢書本《文集》卷五"廷"作"庭"。

〔二〕嘉隆本《全集》卷三十五、叢書本《文集》卷五"二十"作"廿"。

南軒記

宣德五年冬，余至辰之漵浦。取縣志觀之，名士足跡，既所不到；古今題咏，又所絕無，蓋湖北之窮邊下邑也。余特愛其四山攢拱，衆溪經復，風氣淳樸，民物簡少，頗有古俗，因留旬餘。其憲署後堂東屋，余嫌其蔽昧不彰，遂闢去南壁，易之以軒。積久之蔽障，豁然頓開，晝則日光輝耀，夜則月華穿漏。焚香讀書其下，心神内外，融朗洞達，忽若不知吾身之爲小，天地之爲大也。

因念是屋也，向也蔽，今也通；向也暗，今也明；是在人焉耳。況心爲神明之舍，爲此蔽昧者，氣質人欲也。去其蔽而開其暗，其不在我者乎！因治屋而得治心之要，且不敢獨私其明也。遂書其事于軒端，併以啓後之人。

車窗記

河東薛德温官御史近五年，始買小屋兩間于京師，僅容几榻牀席，又苦其東壁暗甚，力不能辦一窗。小子淳乃取廢鹿車上轅，卸去兩傍長木，以中方穿櫺，類若窗者，穴壁而安置之。余歸自外來，因嘆曰："以御史之顯，曾不能辦一窗，致以此物爲之，使富者見焉，必睆目而哂，掩口而走矣。御史之拙于生事，乃至乎此。"

既而取古書讀其下，則旭日漏彩，清風度涼，心神通融，四體超〔一〕爽，忽不知天之迥，地之廣，而屋之陋也。復從而自解曰："吾之屋如是，可謂陋矣。然安之而忘其陋，是居雖小而心則大也。彼貪民侈士，巍堂綺户，可謂廣且麗矣。彼方褊躁汲汲，若不足以自容，日夜勞神憊精，思益以擴大之。是其居雖大，而心則小也。小大之説，君子必能辨之。"於是作《車窗記》。

【校記】

〔一〕嘉隆本《全集》卷二十五"超"作"迢"。

慎齋記

君子苟得一言，皆可以爲終身自修之要。太原郭彦璧初中南宫乙榜，之同州分教時，便道省其先大夫太守公于開封。太守公勉之曰："汝以少年得官，加有師道之重，其慎之！"彦璧既拜受其教，所至即以"慎齋"揭其退修之室。今年秋，彦璧與余會于京師，因語其故，且求爲之記。

余嘗觀"慎"之一義，而諸經傳取用不同。有謂慎厥身者，有謂慎厥行者，是皆即可見之事而用力焉。惟曾子、子思"慎獨"之訓，則欲人謹夫人所不知而己所獨知之地，即周子所謂"幾善惡而慎之，用力莫切于此”焉。彦璧得家庭一言之訓以名其齋，固將以爲終身自修之要也。又能歷取聖賢之訓，擇其尤切者以致其謹，使此心之幾一發于純全之天理，而不流于夾雜之人欲。則推之言行事物，皆得其慎，功效之大，殆未可量。他日立身揚名，光大其先大夫之訓于無窮者，未必不自于此云。

藏修室記

尺蠖之伸，非屈不可；君子致用，非精義入神不可。故人之爲學，非致力于静一之中，亦何以爲發用之本乎？齊安袁廷璧氏自少有志于學，因構室爲肄習之地，而扁曰“藏修”。及宦既達而猶不忘其故，間以求予爲之記。

予嘗觀君子之學，發見于顯明之際者，皆由潛修于幽閑之中。室者，人之私居而幽閑之地也。廷璧方其從事于學也，游于斯，息于斯，其所修爲何如耶？吾意其有圖書箴戒以修于目，有琴瑟咏歌以修于耳，存養以修其心之静，省察以修其心之動。至於修於今，而于當世之務無不講；修于古，而于事物之變無不考。凡藏而所修者，無一不致其極。必知尺蠖之極其屈，精究義理以入于神，然後爲藏修之至也。廷璧用力于前者既已然矣，及其發而爲可見之行，措而爲當爲之事業，以至忠乎君而愛乎民者，皆求伸致用之事，而出于藏修之際。廷璧其可謂篤于自修而善於所推者矣！是其善不可不書也，於是乎言。

慕萱堂記

萱，忘憂草也。樹之北堂，見咏于《詩》，蓋所以慰母氏之心也。以故後世有慕其母者，必因以名堂焉。齊安崔〔一〕廷璧早失其恃而獨見鞠于父，既而名薦書，入太學，駸駸乎有仕進之榮。因念其母氏之没，養有弗克全，於是以“慕萱”名其所居之堂，而寓悲思之心焉。

夫人之誠孝，固根于天性而不假于外物。然外物觸其目而動其中，則于天性之發爲尤真〔二〕。故昔人有不食羊棗，以思其親之嗜；有瞻望白雲，而思其親之居；是皆觸物而興悲者。况萱之所植，每近于母氏之居，母存，則萱固爲忘憂之物；母没，則萱適足爲增悲之具。此廷璧以“萱”名堂者，實所以發其天性之真，而不可以外物少之也。

今廷璧已階顯仕矣，追想母氏平昔之居，懸隔于數千里之外，雖萱草之芬芳如昨，而母氏之容音〔三〕邈然，則廷璧端居是堂而感之深，思之切，蓋有須臾之不能忘者矣。雖然，養志君子之所重也。廷璧誠能以顯揚母氏之心爲心，必潔其身，必修其職，他日受朝廷之寵錫，偉然爲時之名臣，而斯堂之名因得以傳之永久，則廷璧之母雖亡，而有不亡者存。廷璧其勉之！

【校記】

〔一〕諸本同，嘉隆本《全集》卷三十五、叢書本《文集》卷五“崔”作“袁”。

〔二〕嘉隆本《全集》卷三十五、叢書本《文集》卷五“真”作“切”。

〔三〕叢書本《文集》卷五“容音”作“音容”。

趙城縣徙作縣治記

趙城爲平陽大邑，舊治在城西南汾水上，歷載既久，其城爲水所圮，漸不可居。宣德紀元，蠡縣楊君瓚以進士來知縣事。顧瞻縣治若斯，以謂弗即圖厥改作，而廳堂廨宇之屬，更不數歲，將悉圮爲洪淵矣。遂具其事請于朝。報可既下，楊君乃相方于城之東北，其地負陰面陽，高亢爽朗，南北九十舉武，東西八十舉武。厥既得地，則徙舊益新，陶埴而瓦甓聚，鳩材而山木集。徵工召徒，計日興役，作正廳，作後堂，作儀門，作鼓樓，作六房，以至廨宇、庫藏、犴獄之類，靡不具作。始工于宣德八年九月十九日，訖工于宣德九年三月初四日。既成，屋以間計者得百有五十。垣墉整肅，棟宇宏邃，不侈于前，不儉于後，高下大小，悉中于度。由是徙而居之，人得所止，物有所栖。既而楊君將刻其事于石，而求辭于余。

余聞楊君于邑政之鉅細，能盡心其間，而凡廟學壇宇育材事神之所，既莫不完修。及興是役，又能程功計日，節財謹用，事不愆素，民不告勞，是皆可書也。遂書其事使刻之，俾知改作之所始。

具慶堂記

具慶堂者，行在浙江道監察御史李公載所作也。公載由科目致身風紀，内綜憲維，外按藩郡，揚歷之跡，在人耳目。既而二親皆以子貴顯受褒封，命服在躬，光動閭里。公載慶二親之高年，而又得際盛世推恩之奇遇，遂作斯堂以奉之。每退自憲署，即左右就養，以盡愛日之誠。間以屬余記。

余與公載爲同年進士，知公載之爲人敏而達。又獲拜其尊府仲儼先生於家，知先生之爲人儒而通。以父之賢而有子似之，是宜德善之積，繼繼一門。其所以饗具慶之福，荷寵錫之光者，夫豈偶然哉！且余聞古語有曰："德善日積，雖盛而非滿。"公載以強仕之年，駸駸乎榮進之途，其益增修所爲無怠。吾見其二親年愈高，慶愈隆，而斯堂之名愈顯矣。

重慶堂記

孟子論"三樂"，而以"父母俱存，兄弟無故"爲之首。朱子釋之，以謂："此人所深願。今既得之，其樂可知。"然既有此樂，且有大父母高年而重慶者，其樂又何如哉！涇陽教諭楊生潤嘗從余學，及登鄉舉，中乙榜，任今職。到官乃闢一室，扁曰"重慶堂"。遂來迎其大父以就養。且楊生大父母俱年近八十，其父母皆年未耄老而康強。有弟五人，俱雁行少壯。所謂既有一樂而又有重慶之樂者，楊生也。誠爲世之所難得矣。今其大父既就其來迎，行將至涇陽所謂"重慶"者居之。楊生娱侍左右，奉觴獻壽，而其僚友諸生，亦將持酒來以爲慶，其樂蓋有不可勝言者矣。然楊生他日又將迎其祖母父母，諸弟侍行，同會于斯堂之上，則其樂又何如哉！

然孟子又言："仰不愧，俯不怍，爲二樂；得天下之英才而教育之，爲三樂。"楊生所教雖止一邑之士，其間亦不可謂無英才也。斯二者，又當加勉焉。故兢兢業業，以從事于修省之功，于善則實好之，于不善則實去之。俾自一心隱微之處，以達于百行顯明之地，皆求存乎天理之公，而不汩於人欲之私，則"仰不愧、俯不怍"之二樂可幾矣。又能思師道之艱，自進其學，自修其德，而以應人無已之求，而以爲人之矩範。至於辨惑授業之際，當懇懇告諸生以爲學之要，必先致其知，而後力于行，期使至於成立，則于"教育英才"之三樂可幾矣。斯二樂者，又能勉焉如此，則庶幾有成己成人之道，于以奉其大父母、父母，而皆安其子之賢，則"重慶"之樂，殆可全矣。其或俯仰不能無愧怍，教人之道有未盡，雖欲安其親之心，恐有弗能也。楊生因迎養，以書來求《重慶堂記》，遂書此以遺之。

文清公薛先生文集卷之十九

門人關西張鼎校正編輯

記

存化書堂記

襲封衍聖公孔君彦縉作堂，盛積古今書，名曰“存化書堂”。蓋取“過化存神”之語，以景慕先聖之至德，且以自勵云爾。正統辛酉春，予至闕里，謁先聖退，遂登其堂。君告予以名堂之意如前所云者，且求爲之記。

予惟先聖“存神過化”之至德，豈易知哉！在當時，顔氏知之，曾氏知之。其次惟端木氏幾足以知之。及子思、孟軻氏没，涉秦歷漢、魏、晉、宋、齊、梁、隋、唐之季，知者寥寥焉，罕見其人。至周、程、張、朱四子者作，始克探先聖之至德于千載之上，而繼孟氏百世既絶之知。而朱子猶謂其“過化存神”之妙未易窺測，顧予何所知而敢記斯堂乎！

雖然，嘗誦先聖遺經以及顔、曾、思、孟、周、程、張、朱之言，而竊求先聖身心之實矣。則其至德或可彷彿其一二乎！蓋先聖之心，虚靈洞徹，萬理咸備，而天下之道，千變萬化，皆由此出。但其寂然不動之時，初無聲臭可聞，無涯涘可測。此其所“存”者“神”與？先聖之耳、目、口、鼻、四肢、百骸之形，雖與人同，而踐形盡性，則非人所及。故其身示至教如天之垂象，凡所經歷，威儀、辭氣所接，即群動無不孚格變易。此其所“過”者“化”與？夫先聖之至德如是，而君以之名堂，真知所景慕哉！然先聖之至德，非獨先聖有之，乃天下萬世所公有者也。况君以神明之胄，亦既知景慕矣。所謂自勵者，其可忽乎！居是堂，讀是書，存是心，修是身，加之以篤信持久不息之功，將見周、程、張、朱氏之知者，不在乎他姓矣。

山東按察司題名記

古者職風紀，司諫諍，各有其官。我皇明有天下，準酌古今，定立官制。乃罷諫官，而以言責付之風紀。凡任御史按察者，于百司之邪正，庶獄之冤疑，既得扶抑而伸理之；至於國家小大之政，生民休戚之情，又得條陳其得失而疏通其壅蔽，是其關係治道之大，類非他比。故自祖宗以來，著令選任風紀，必于端人正士，通儒術，識大體者取之。而雜進之才，弗得以厠其間。列聖重光，咸用兹道。今皇上祗若成憲，爰自臨御之初，即簡飭内外憲臣，使各修其職。繼命儒臣考定憲綱成書，頒佈風紀諸司，俾遵行之。由是紀綱以之大振，庶政爲之咸新。

正統元年夏，予自内臺來僉山東憲事。又三年爲正統四年，金谿王公裕，亦由御史陞秩憲副，嘗與予論風紀之重如前所云者。將刻今按察諸公之名于石，仍虚其次，以俟後來之爲是職者並刻焉，且屬予記其事。

嘗觀司馬公之記諫院題名也，謂“後世將指其名，而議其忠詐曲直，有可懼者”。今之選任按察，既爲國家所重，所謂扶正抑邪，洗冤澤物，論天下之事，廣視聽之公，關繫治道之大，又非特諫諍之一事！而其列名兹石也，後之人亦將歷指而議之曰：某也賢，而舉其職；某也否，而瘝其官。是其可懼殆有甚于司馬公之所言者矣！然則凡我風紀君子，其可不自重也夫！其可不自慎也夫！

沂濱書舍記

沂,舊魯城南水也,即曾點所謂"浴乎沂"者。水源出平地,流而爲溪,渟泗曲折,甘冽潔清,可遡可沿,可酌可飲,蓋魯地之佳水也。

曲阜令孔君公堂作室于其濱,盛積古今書于中。每政暇必出游,游必於是。至則水在庭户,清冷之聲以潔其耳,澄虚之色以潔其目,瑩徹之光〔一〕以潔其心。取卷左右,俯而讀,仰而思。天地四時、陰陽變化之理,古今萬物、貞常不息之道,以至上及邃古禮樂刑政、人物世道、因革得失、賢否升降之由,靡不博之于書,約之於心。去其非,取其是,以爲修己治人之資。是則沂濱之舍,豈徒爲觀游宴佚作哉!

孔君,孔聖裔也,必不私其所得。安得春和景明時,尋其室于清沂之濱,讀其書,求其志,又相與樂古人之樂于千載之上!

【校記】

〔一〕嘉隆本《全集》卷三十六"瑩徹之光"四字爲黑塊。

約齋記

約有守約、處約、以約之不同。以約者,不自放云耳;處約者,安儉素也;守約則會萬爲一,以一應萬,聖賢傳道之器在焉。曾子、孟子是也。

山西右布政使楊公嘗治齋居,以"約"名之。公自少時,砥礪名節,以《詩經》登進士第,給事黄門。繼爲廷臣推薦,陞山西參政,三轉而爲今職。言乎處約,公已宦達矣;言乎以約,公歷官既久,莅事滋慎;言乎守約,公由明經發跡,固嘗挹郕鄒之遺風,于三者之義何取邪?

竊思之,公之名齋,殆將兼之也。恒人之處寒素,或不能安履其常,而志饕外物者有焉。公自爲士子,確乎不易其操,于衆人之營營者無以動其念,非能處約之久者乎!自筮仕以至大官,謹致其操,施而不放，非以約者能無失乎！二者是固然矣。獨惟守約者，曾子以是求諸身，孟軻氏以是修于己，施于人。公既挹郕鄒之遺風，寧不知探其閫而發其微乎？明會萬爲一，以一應萬之妙，謹修其身，于以著而爲忠貞之節，形而爲旬化之政。施之無往不可，俾大賢事業，偉然見于數千載之下，則郕鄒之風，豈徒挹之云乎哉！若然，則彼二者特守約中之一事耳。予故曰公之名齋，殆將兼之也。

唐文學館學士畫像記

四川太〔一〕參楊公伯玉家藏唐杜如晦以下十八人畫像一卷〔二〕，各著官爵、姓字、里居，與夫賜品服、年歲，並題贊于其左。蓋太宗爲天策上將時，文學館十八學士也。當高祖武德四〔三〕年，太宗以四方寇亂漸迄削平，意嚮儒術，故置是館于宫側，以杜如晦、于志寧、蘇勖、薛收、蓋文達、薛元敬、房玄齡、李守素、顔相時、蘇世長、虞世南、孔穎達、姚思廉、褚亮、蔡允恭、陸德明、李元道、許敬宗十八人並以本官爲學士。收卒後，以劉季孫補之。且命爲畫像、題贊，藏之書府，即世所謂"十八學士登瀛洲"者是也。

夫瀛洲，異書以爲海中之洲，非仙者莫能到。世以得學士之列者，若登仙然，當時後世，孰不企慕之哉！夷考諸人始終行事，或以相業稱，或以經術顯，或以忠直著節，或以清白砥操，與夫文學之長，字畫之能，雖其賢才有大小之分，然皆不失爲士之行，可謂無愧于"登瀛"之喻矣！獨恨一許敬宗，後來以奸言誤主，貽禍宗社生靈，爲唐室之巨賊大蠹，而亦得以與此清列，何耶？且太宗英主〔四〕也，自以十八人者極一時之選矣，而猶不能察敬宗之奸邪。知人之難，固如是哉！後之人但知循襲舊跡，以敬宗與諸君子並爲圖像而品題之。然邪正不分，賢否同譽，何以示教？謂宜作此像者，當削去敬宗官稱題贊，直以名目之。而諸君子之像贊官爵，自仍其舊。庶幾觀者有所感激懲勸，亦世教之一助也。

【校記】

〔一〕“太”當作“大”。

〔二〕諸本並同，嘉隆本《全集》卷二十六“卷”作“幅”。

〔三〕諸本並同，嘉隆本《全集》“四”作“七”。

〔四〕嘉隆本《全集》“主”作“王”。

永思堂記

人子生於親之膝下，方其幼也，其親出入顧復，惟恐驚之、痌之、飢之、渴之，蓋未嘗須臾忘其子之身，而欲其安也；及少長也，其親誨諭諄悉，示之以孝弟忠信之道，陶之以詩書禮樂之方，未嘗一念忘教其子，而欲其入于善也；逮其成立，處于鄉則欲其予以賢行自著、仕于官則欲其子以忠廉自修，是其親之心又曷嘗一日忘愛其子，而欲其始終有所成就哉！親之恩如是，故其没世雖遠，人子之喘息呼吸，即親之遺氣；人子之身體髮膚，即親之遺體。則所以追念其親之撫摩、保愛、教誨、期願之恩，而惻愴悲思之情，出于中心之誠，自不能忘于一息之間，與子之身相爲始終者。是乃天理民彝之至，非由外鑠也。詩人所謂“永言孝思”者，殆以是歟？

楊君伯玉，江西瑞之高安人也。自在鄉里時，已失怙恃。每撫遺體，感遺氣，而追念其二親撫摩、愛誨、期願之恩，泫然憂悲，不能自已。因取詩人“永思”之言，以名其所居之堂。其後，伯玉登進士第，爲御史、爲按察僉事，纍官至四川參議。所至官舍，必寓以“永思”之名。所謂惻愴悲思之情，出于中心之誠，無間于一息，與吾身爲終始，是乃天理民彝之至者，伯玉白首不渝焉。其可謂能踐“永思之孝”者已！

伯玉兩任風紀，荷國家推恩，皆得贈其親之官如己之秩。榮賁泉壤，光動里閭，伯玉又足以遂“永思”之情矣！今參議九年秩滿，前後居顯官者三十年，所至必舉其職，而無纖毫之玷。是皆自“永思”之孝，擴而爲事上之忠。既忠且孝，有子如伯玉，雖其二親亦可無憾于九原。而是堂之名，亦將傳之永久矣！於是乎書。

蒲州重修廟學記〔一〕

蒲州廟學得州治東南爽塏之地。爰自皇明混一寰區，武功既偃，文治〔二〕誕興，而廟學實肇建焉。今歲月浸久，大成殿以及兩廡、門宇、廚庫、楝楹、宋桷、蓋瓦、級磚、丹堊、圬鏝，悉有腐撓、穿漏、漫漶、缺落之處。殿之規制，亦迫于庳隘。每春秋釋奠，鼎鉶、豆籩、几案，羅列前後，稠匝周旋，執事殆不可容，薦祼、興俯不中法式，行禮者病焉。

咸寧張公廉，初以鄉進士纍官節判是州。未幾，民皆安其政之良。適州缺守，吏民則相率狀其績于朝，遂就陞知州事。念廟學實國家崇建教道，人才所自出，關係甚大，一州之政，宜莫先焉。爲郡而不此之急，其何以仰副國家崇重之意！即謀諸寮佐，量功度費，鳩工取材，以訓科辛致、老人王景叙董其役。廣大成殿爲間者五，東西廡、門宇、廚庫，悉易其木瓦腐折破壞者，丹堊圬鏝之弗飾者新之。作始于正統十二年二月，訖功于七月。百需之出，公處之有方，民不知費而廟宇落成。又視師生堂齋、退息、庖藏之舍有敝漏者，有狹小者，將次第完修而改作之。郡博張璁、司訓杜翀、柳儀以書來求爲記其事。

竊觀《春秋》，凡用民力，雖時且制亦書，見勞民爲重事也。當時魯僖公嘗修泮宫矣，而不經見者，以學校爲政之先務，雖用民力不可廢也。今郡守張公新理廟學，而且民不告勞，其知爲政之先務者與？昔之爲吏者，類皆以簿書期會爲急，于教道人才漫不加省，甚至崇廟貌以徼福于淫昏之鬼，侈私居以肆志乎宴安之樂，視公之政爲何如？公他政之善尤多，于此見其大者云。

【校記】

〔一〕《文集目録》失載此篇。

〔二〕叢書本《文集》卷六"治"作"教"。

游草堂記

景泰元年九月二十五日，僉都御史李匡，約予洎大理少卿張固、監察御史羅俊，同爲草堂之游。草堂乃唐杜甫子美避地蜀中時，裴冕爲作于浣花溪者〔一〕。子美詩所謂“萬里橋西一草堂”是也。當時之草堂，廢已久矣，而後世作堂以象之者，則亹亹不廢焉。至蜀獻王崇尚子美之忠賢，一新其堂，且刻子美蜀中諸詩于板，以示景行前哲之意。每歲時良辰勝日，蜀之衣冠士庶，與夫戴白之叟，垂髫之童，皆知草堂之名而出遊其地。人物車馬，雜遝道路，至填溢草堂不能容。由是，草堂遂爲蜀中之勝跡。雖朝之縉紳大夫有事于蜀者，亦必至其地焉。

予與李、張、羅四人者，皆以事在蜀。既爲斯約，是日早出中和門，度萬里橋，循錦江西上。時霜降水落，江流之湍急鏘鳴金石者，有以清人之耳；其泂澤之澄碧涵虚者，有以清人之目。與凡近岸之疏篁折葦，遠波之浴鳧飛鷺，皆足以娱心意，而供出遊之觀。西行可五六里，有橋曰“遇仙”。過橋有宫曰“青羊”，乃道家者言“老子降于蜀青羊肆”云，後人因即其地以爲宫。宫西行約一里，過溪橋，有〔二〕曰“草堂寺”者，蓋因子美之草堂而得名也。寺西行僅半里，門扁曰“杜工部祠”，以子美嘗爲工部郎，故以是扁其祠云。入門，有堂三間，以奉子美之神；後有中堂三間，以爲游者宴息之所；最後有堂三間，覆之以茅，蓋象子美當時之草堂也。予四人者，相與觀子美詩刻中有所謂“雪嶺”、“錦江”者，蓋皆在今草堂之西南。然江山雖如故，而詩中所咏當時之物，蓋有不同者矣。方徘徊間，四川藩臬都閫諸公皆至，具小酌中堂，有絲竹之聲以侑酒焉。酒半而起，還過青羊宫，復留小酌，至暮而歸。

予惟子美草堂，不過江村一陋室耳。今去唐垂千餘年，當時之草堂已化爲塵土而荆榛矣。後世作堂以象之者，年愈久而名愈新。是豈徒以子美詩之工而凌跨古今，冠絶百世哉！蓋唐至中葉，爲女子小人蠱惑君心，竊弄權柄，紀綱大壞，逆賊横發，黄屋出奔，四海潰亂。其人臣平日載高位，食厚禄，號爲親信而近幸者，率多頓顙賊庭，受其僞職。子美在當時，一布衣耳，亦嘗陷賊中。乃挺然無所污，其視失節之臣，已不啻麟鳳之與犬豕矣！及其拔賊中，赴行在，肅宗拜拾遺。未幾，竟以直言去官。乃客秦州，入隴蜀，遂寓居草堂。適嚴武鎮蜀，奏爲檢校工部員外郎。或去或來，不離草堂者，僅五載焉。

夷考子美平日所作諸詩，雖當兵戈騷擾流離之際，道路顛頓凍餓之餘，其忠君一念，炯然不忘。故其發而爲詩也，多傷時悼亂、痛切危苦之詞，憂國愛民、至誠惻愴之意。千載之下，讀之者尚能使之憤懣〔三〕而流涕，感慕而興起。則子美之忠，終始不渝又如此，非特不污賊中之一節爲然也。夫忠在人心，乃天理民彝萬世之所同。故後世慕子美之忠，則慕其爲人；慕其爲人，則併慕其所居之室。此子美之草堂所以屢興不廢，而名永長存也。且自子美草堂以來，以全蜀之盛，歷代之豪族富家，高甍巨桷〔四〕，歌臺舞榭，蔽雲日而出風雨者，不知其幾萬億室也。今皆消滅泯盡，寂無名稱。獨子美區區一草堂，而爲後世之所景慕，興葺游觀，愛賞之不忘，名將與天地相爲悠久。孔子所謂"誠不以富，亦祇以異"者，子美殆近之與！

嘗讀子美詩，有所謂"百花潭"者，今訪諸草堂之側，無此潭。豈歲久而湮塞歟？獨浣花溪在今草堂東北，即青羊宫西來所過橋下溪是也。

時同游者布政使張惠、按察使茅推揚〔五〕、僉事劉福、都指揮李榮、周貴〔六〕、廉恭，藩臬都閫共六人。其餘文武將吏甚衆，不能悉書。

【校記】

〔一〕諸本並同，嘉隆本《全集》卷三十六"爲作于浣花溪者"作"作爲浣花溪者哉"。

〔二〕叢書本《文集》卷六"有"作"扁"。

〔三〕諸本同，嘉隆本《全集》卷三十六"憤懣"作"太息"。

〔四〕諸本同，嘉隆本《全集》卷三十六“桷”作“楝”。

〔五〕叢書本《文集》卷六“推揚”作“惟楊”。

〔六〕諸本同，嘉隆本《全集》卷三十六、叢書本《文集》卷六“貴”作“器”。

榮養堂記

榮養堂者，劉君崇善養親之堂也。劉君爲監察御史時，凡任京職者，皆得分其在官之俸于故鄉以養親。劉君遂如例分俸于閩之建安，以爲二親之養。人皆以此俸朝廷之賜，而劉君之二親，乃得月受之官廩，以饗其賜，榮莫大焉，故名其二親所居之堂曰“榮養”。中外士大夫之能爲文辭者〔一〕，咸作序、記、詩歌以美之，聯爲巨帙焉。景泰元年冬，予以事在蜀，劉君適自御史陞四川按察僉事，間以其帙求爲之記。

予惟人子難得者具慶，尤難得者以其禄逮養也。故曾子有曰：“吾及親仕，三釜而心樂，後仕三千鍾，不洎吾心悲。”豈非以人子得禄逮養者，尤爲難乎！劉君種學績文，既取進士高第，始仕即得美官。身既顯榮，其二親皆安好無恙。遂分俸以養其親，既具慶而又得禄以逮養。人子之難得者，劉君得之。有曾子之樂，無曾子之悲者，其惟劉君乎！其御史秩滿，復荷國家舉推恩之典，封其父如劉君之秩，封其母孺人，榮名命服，皆朝廷之賜，而劉君二親，身被其賜，又豈非榮養之尤大者歟！劉君今復陞秩僉事，自是以往，沐朝廷之寵錫，方源源而未已。其所以榮養其親者，又〔二〕可量乎！

雖然，劉君得禄秩以榮養其親者，皆由於秉公忠，勵清白以盡臣節也。使臣節有一之未盡，則雖得禄秩以榮養其親，人將議以爲幸而致。雖親之心，亦有不安者矣。劉君尚益勉其臣之節，而無所不盡，則其榮養其親者，不惟有以厭服於人之心，亦有以安慰其親之心。是堂之名，將傳之永久，而榮其親于無窮矣。

【校記】

〔一〕諸本同，嘉隆本《全集》卷三十六無"者"。

〔二〕諸本同，嘉隆本《全集》卷三十六"又"作"容"。

澹庵記

澹庵者，楊君伯玉退居之所也。伯玉發身科第，爲監察御史，爲按察僉事，累官至參議。踐歷顯要者，三十餘年，官榮禄厚，所欲可求。諳悉世味也多，其非澹也明矣，而以是名庵，何耶？

蓋澹者，寡欲之謂也。伯玉爲士子時，已自以"澹"名庵，而自勵其學。迄今通顯，所至官舍，必寓以是名，而不易其志。誠以士君子立心之要，莫要于"澹"而寡欲也。寡欲，則世味焉得以移易其志哉！且貴顯富厚，聲色滋味，皆世味之可嗜者也。古之君子貴于時，富于時，雖勢足以備所聽之聲，窮所視之色，厭所嗜之味，而莫不饗之有節，用之有制，不爲富貴聲色滋味之所淫溺者，澹而寡欲也。使一有所欲，則凡世味皆得以淫溺之，天理滅，人心泯，將無以自立于世矣。此伯玉以"澹"名庵者，實君子立心之要也。

伯玉起居出入，每顧名思義，而自警於心。故其官榮矣，恒以冲泊〔一〕自守，不知其爲榮；禄厚矣，恒以簡薄自奉，不知其爲厚；所欲可求而遂也，于聲色滋味之不可無者，亦屬厭而已，未嘗窮于欲也。伯玉之立心于澹者如此，凡世味皆不得以淫溺之，其殆可以追蹤于古之君子歟！雖然，澹而寡欲固可尚，誠能寡之又寡，以至於無，則進于君子一等矣。會當游伯玉之庵，尚論濂溪之至教。

【校記】

〔一〕叢書本《文集》卷六"泊"作"素"。

戇庵記

戇庵者，僉都御史王公退居之室名也。公賦性正直剛毅，無絲毫詭隨人意。自其爲給事時，值國運中否，奸邪柄政，公首率諸同官具章疏，廷論其蠱政誤國之罪。時有與奸邪爲黨者不平其言，從旁沮止其論奏。公勃然奮其忠直之氣，手擊奸黨以死。由是萬口稱快而積憤消，衆正和應而公道復，而公之名遂以聞于天下。

今聖天子登大寶之初，賢公之爲，首自給事擢陞今職。適虜寇入〔一〕犯京師，遂命公董師以禦之。公即戎服鞭馬赴軍，號令區畫，咸適機宜；部伍行陣，應時整肅；將帥協謀，士卒思奮。乃出奇折虜寇之鋒，而奪其氣。虜既奔北，因驅逐盡境而還。京師既解嚴，而遠邇遂以寧謐。

夫以公之聰敏機辨，過人百千等，而有爲之才著于朝廷、著于軍旅者，卓卓如此。而乃以"戇"名庵，何邪？蓋直者，正道也；曲者，邪道也。戇，實直之别名也。昔漢武帝以汲黯面折其過，乃以"戇"目之，世因以戇爲愚戇之稱，失其義矣！於乎！使漢廷之臣皆如黯之戇，必能以直道輔其君，而武帝之治其庶幾乎！惜乎直者易疏，邪者易親，曲學阿世子乃至大用，而黯卒不得親幸，遂使武帝之政多疵議也。且公之擊奸黨，折虜寇，保京師，安遠邇，皆由其戇直之氣發于中而施于外者，無所屈撓也。以是名庵，不亦宜乎！

公今董東南之漕運，且巡撫淮甸，固爲當時之急務重任。竊以謂朝廷者，天下之本。今聖天子方舉群直以收太平之功，行見不日還公于朝，又將以其直氣正道輔成治效，則其豐功偉烈不但如前日所就而已。若然，則益有以稱"戇庵"之名矣。瑄雖孱懦，亦嘗慕直道而行者。他日倘得游公之庵，尚當學公之戇而請教焉。

【校記】

〔一〕諸本同，嘉隆本《全集》卷三十六無"入"。

忠勤堂記

秉盡己之心謂之忠，效匪懈之勞謂之勤。忠勤者，人臣事君之大道也。自古以來，股肱之良，勛戚之賢，曷嘗不篤此道以建名節于當時，垂休光于後世哉！

駙馬都尉趙公，昔在太宗文皇帝朝，以世臣子弟有才行，被選擇尚太祖高皇帝之賢主。歷事五朝，逮今垂五十年。或奉朝謁于左右，或持使節于四方，盡心效勞，忠勤之行，始終如一日。遂得以親賢簡在列聖之心，受命奉行南京陵廟祀事，且兼掌都督府戎政。前年北虜入寇，太上皇親征，公上章願奮忠效節，以殄除醜類，奉迎鑾輿，靖安邊境。今皇上若曰："小狄跳梁，行且電掃矣。南京，祖宗陵廟所在，爲根本重地。駙馬都尉既奉祀事，且兼掌戎政，豈可又以邊事勞其行！"遂不允其請。特降璽書，使仍理舊事，復以"忠勤"之辭褒其意。公既拜命于廷，乃取璽書"忠勤"字，大書揭于所居之堂，于以丕昭皇上褒諭之恩。且于其朝夕仰瞻敬止之間，有以接于目，警於心，而勉其臣道之當爲。余嘗登其堂，公仰視大書而語其故，因請爲之記。

余惟公之勉盡忠勤者，垂五十年，其聞譽固已表著于邦家。今兹璽書褒諭之詞，蓋即其實以命之。公則拜寵光而增懼，揭堂名而加勉，其忠勤之節，彌久而彌堅者，又可量乎！公戚里富貴人也，乃能脱去凡近之習，卓然以臣節始終自砥礪，豈非聞古昔股肱之良，勛戚之賢，能篤于忠勤者而興起乎！其建名節于當時，垂休光于後世，固有所在矣。公尚益勉之！

夫是堂也，其内之榱題棟宇，高麗深廣，可以肆几席而陳樽俎；外之奇花異木，紛葩羅列，可以娱觀視而供玩賞。余皆不書，獨記其名堂之大者，以爲公勉盡臣道之助云。

雙桂堂記

桂，佳木也而秋芳，其花黄可愛，其香清而尤宜遠聞。近世之士子薦名秋闈者，往往以折桂喻其一時之榮，亦《楚辭》"採菊"、"紉蘭"之義也。寧陽王大經、王大縉兄弟，皆登山東景泰庚午科鄉貢進士，因以"雙桂"名其書室之軒，間求爲之記。

大經、大縉之尊府，嘗與先君子爲同官，今爲順天府尹。大經其第三子，大縉其第四子也。京尹公之先世多有積德，乃大發于京尹公，自科目進身，亟踐通顯。教行于家，諸子蒙詩書仁義之澤，而講貫漸磨者有年。由是大經、大縉兄弟一舉而接武鄉闈，在他人不啻足矣。而大經兄弟乃以"雙桂"名軒者，蓋以謂吾之兄弟已得者，固若折秋桂之聯芳，然豈可以是自足哉！方將退修於是軒之中，于家庭之教，已知者，愈精其知；已能者，愈習其能。深玩潛索之久，强勉力踐之篤，必使詩書仁義之道，渾融于一心，散見于行實，宣著乎文章。則他日禮闈之試，大廷之對，亦惟攄發吾之素藴以應之。不惟掇高科若升階之易，亦將有服庶官，措之事業，大有可觀者矣。若然，則大經兄弟向之接武鄉闈者，又將齊名天下，而"雙桂"名軒之實，亦可垂之無窮。豈但若世之折秋榮而誇耀于一時者之可比哉！是爲記。

唐陸宣公廟記

有唐三百年，逢時建策，所以成翊戴弘濟之大功者，纍有其人。至於學術純正，事君以格心爲先，論事以行義爲急，隱然有王佐之才者，余于中唐獨得一人焉，陸宣公敬輿是已。

當建中艱危之際，公居近地，竭忠藎以籌畫機宜，代王言以感召人心。雖〔一〕提兵討賊，諸將是賴，而其運謀帷幄，再造唐室之功居多。是皆載之信史，天下後世所共知，余置不論。獨推公有王佐之才者，蓋三代之佐皆以正君行義爲本，自漢以來爲輔相者，鮮克知此，而其所論不過人才、政事，故無以清出治之源，明義利之分，以致主于王道。獨公之告德宗者，有曰："一不誠，則心莫之保；一不信，則言莫之行。誠信之道，不可以斯須去身，必慎守而力行之。"又曰："民者，邦之本；財者，民之心。心傷則本傷，本傷則枝干凋悴〔二〕，而根柢蹶拔矣。”夫知誠信不可不存,則心必正;知財利不可厚斂,則義必行。人君正心行義,使天下萬事粹然,一出于天理之公,此王道也。惜乎公言雖大,所告不合。入相未久,即有忠州之行,而卒不得大行其志。遂使後世論唐之賢相曰房、杜、姚、宋,而公不與。夫豈知公有王佐之才?使時君能用其言,三代之治可待,豈復貞觀、開元之盛而已哉!故善論相業者,當觀其學術規模之大小,不當以事功成與否而高下之也。

史載公蘇州嘉興人,即今之嘉興府。城北有公遺廟。世傳以爲公之故宅,前代碑誌備載其事。景泰二年,知府事江西舒君敬上章,以公乃唐之名臣,忠節著于當時,奏議行于後世,其遺廟雖存,自昔以來,官無祭饗。宜量給官錢,修舉春秋祀事,以褒表忠賢,激勵臣節。詔從其請。又二年,爲景泰四年,舒君以書來求記其事。

余惟世之爲守者,類以督辦爲能,而于世教風化所關者,漠不留意。獨舒君卓然以表忠勵俗爲急,乃論奏公之事跡于朝,舉久缺之文,以秩登祀典。廟貌益崇,血食不泯,其所以爲天下後世人臣盡忠盡節之勸,而有補于世教風化甚大,是不可不記也。遂具述其事,俾刻之石。使千萬世知崇舉公祀,以樹風教于無窮者,自我天朝始。

【校記】

〔一〕叢書本《文集》卷六“雖”作“惟”。

〔二〕諸本同,嘉隆本《全集》卷三十六“悴”作“瘁”。

寧州重修廟學記

聖朝建内外廟學,所以崇聖道,養賢才,以臻治道之隆。天下之政,未有重而光〔一〕于此者。是以列聖相承,莫不申重其事。寧州爲陝右之名郡,郡之廟學營建,既多歷年,漸至敝漏。亦有屋宇當建,而缺于始作者。前有司類多務因循而莫之重,學政因而弗飭。

今知州事山東黄縣劉謙發身鄉舉,歷官來莅是州。進謁大成至聖文宣王廟庭，周視兩廡神宇學舍，俱宋桷棟楹甓瓦腐壞，風雨穿漏。無以揭虔事神，考業育才，大懼不能仰副列聖申重廟學之意。乃先作大成殿，次及兩廡，又次大成、欞星門，易瓦木而完新之，規制悉有加于前。神庫、神廚、宰牲房亦皆事神之宇，不可緩者，悉加新理焉。明倫堂後堂東西齋，生徒退修之室，或仍或增，俱作于廟宇既完之後。其所需瓦木、丹漆、錢石百物，及工匠役夫，皆處之有法。既儲積有素，又取之在官，不斂一物于民而妨其業。始工于天順元年三月，畢工于次年四月。由是廟學屋宇，靡不周備。司訓寧鐸乃具其興工竣事之本末，專人走千餘里來求文，將鑱諸石以垂後。

夫以國家建廟學，有關於治道重且急如彼，劉守乃能知所重而篤意修建之功如此，固可書已。而爲師爲生徒者，亦豈可不因是感發，而各知其所當務哉！故知隆治道，必本于養賢才；養賢才，必本于崇聖道。則爲師者，必當以道率人；爲生徒者，必當以道治己。教以道立，才以道成，推之于用，斯道之澤，無往不被。庶幾有補于治道，而上不負國家建立廟學之意，亦于劉守興學之政有辭云。

【校記】

〔一〕諸本同，嘉隆本《全集》卷三十六"光"作"先"。

華州重修廟學記

道之大，原出于天，而備于聖人。吾夫子爲出類拔萃之聖，孟子推其功賢于堯舜，故以王者之禮，通祀于天下學校。所以崇聖道，育賢才，開太平也。我天朝列聖相承，以道治天下，稽古王政，尤重學校之教。所在郡縣廟學，既宏大其初建之規，或有久而弗飭者，俾有司以時葺修，務崇祀育才，咸底其實。

今陜西之華州，爲關右大郡。其廟學之建，歷歲滋久，棟楹瓦甓侵凌于風雨，率多敝漏。今西安府知府西蜀閬中楊勝賢，發身太學，前五年來知是州。進謁大成殿，退視學舍，俱有弗飭如前所云者。大懼學政之墜弛，遂謀諸同知李瑞，儲〔一〕材用，集工匠，先徹廟宇木瓦腐壞者，易之以新好，次及兩廡，俱葺理之。棟楹榱桷，蓋瓦級磚，悉壯固于前時。丹雘墁杇〔二〕之飾，輝煌完堅。又命工畫歷代從祀諸賢像于廡壁，以及奉神之廚庫器用，靡不完具。天順元年，仍改作明倫堂、齋房、會食堂、士子退修之室。由是廟貌尊嚴，士習有所，俎豆絃誦之風，延及州里。學正張玄乃進諸生而告之曰："楊公先知是州時，祗承國家崇重學政之典，克修廟學，咸底完新。今楊公雖陞知大府，是不可以其去而無所記述，以没其善。"乃具其事，遣人來求文于予，將刻之石。

予惟大莫大於道，吾夫子備是道，爲賢于堯舜之聖。我朝以道治天下，崇重夫子之道，俾通祀于内外學校。蓋欲以道育賢才，而資世用也。楊守既知興學爲重，而爲師爲士子者，其可不知所重乎！則爲師者，必當以道率人；爲士子者，必當以道自勵。講是道，求是道。士子之彙進于明時者，咸以道忠乎國而愛乎民。或至裨大化，建大節，亦卓然惟道之與歸。斯學政大有實效，而于楊守興學之功，亦有辭焉。

【校記】

〔一〕叢書本《文集》卷六"李瑞，儲……"作"李儲，瑞……"。

〔二〕諸本並同，嘉隆本《全集》卷三十六"杇"作"圬"。

讀易軒記

四川榮縣龔生文淵，嗜學好《易》。因取朱子《警學贊》首"讀易"二字名其書室之軒，求爲之記。予惟讀《易》之法，朱子之《贊》備矣，尚奚待予言！請姑述所聞爲文淵勖。

夫《畫》前之《易》，奇偶之未形者也。伏羲之《易》，奇偶之已形者，今《先天圖》是也。自《圖》隱于異學千百年，世之讀《易》者，但知自乾坤以下，六十四卦、文王之《彖》、周公之《爻辭》、孔子之《十翼》

而已。而于伏羲先天之《易》則莫之聞焉。至宋希夷陳氏，始以羲《圖》授穆修，修授李之才，之才授康節邵子，邵子乃大爲之發揮。然後知文王、周公、孔子之辭，皆本于先天之《畫》。由是《易》之本原復明，而朱子《本義》亦明乎此而已。若程子之《傳》，雖未及乎先天之《畫》。而義理精深，包括廣大。朱子所謂"邵傳羲《畫》，程演周《經》"，誠皆永著常式，彌億萬年也。

文淵誠能肅容端席于斯軒之下，深探《畫》前伏羲之《易》，熟玩周、孔之辭，精究程、朱氏之《傳》《義》，又必以朱子之《贊》實體之于身心。則于讀《易》之法，彼此交盡，庶乎有得矣。文淵其勉之！

平陽府儒學重修記

平陽爲山右之大郡，統屬三十有五，而郡學實人才風化之所自出，爲支屬之所觀法。爲郡之政，固非一端，宜莫先于學政。今姜守德政，三衢名家子，蚤游太學，出令上元。上元爲應天劇邑，素稱難治。姜守歷職九載，事無不舉，遂陞禮部郎官。又三年，陞知是府。莅任之初，進謁大成至聖文宣王廟庭，退見神廚學舍率多敝陋，及有屋宇當立而未備者，因志諸心。及半載間，值時豐人和，乃區畫埏埴之具，斲削之材，以及甓䑋百需。既合矣，於是就工。先作神廚，次作明倫堂、作學門，以及師生宅居、退室、繚垣、道途，靡不完整平直。又表"頖宫"之扁，覆以重屋。始事于天順五年二月，凡五閱月而工訖，學舍爲之鼎然一新。郡博生徒咸願刻石以紀其事，乃來求余文。

余惟道之大，原出于天。若古唐虞三代之教學，雖名有不同，而皆本于道。蓋道之明，即人倫之明，考諸載籍可見矣。自孟軻氏没，堯、舜、禹、湯、文、武、周公、孔子、顔氏、曾思之道不傳。歷漢、唐以來，間亦設學立經，置師弟子員。然道既鬱而不傳，而其所以爲教爲學者，徒矻矻于訓詁名物、口耳枝葉之淺陋，甚至雜于異端，惑于功利，汩于百家衆技之偏曲支離。雖有臨雍拜老，增廣生員如漢唐之盛，亦不過侈當時之觀美，卒莫能究大道之歸，而復隆古明道明倫之盛。至宋河南二程夫子出，始有以接千載不傳之統。於是發明性即理也，以見道之大，原出于天。表章《大學》《中庸》，明古人爲學之次第，造道之閫奥。以"讀《論語》《孟子》而不知道，雖多亦奚以爲？"周子以"剛柔善惡，中焉而已矣"論爲師之道。張子教人，必"欲變化氣質，復天地之性"。至朱子會萃周、張、程子之學，以溯堯、舜、禹、湯、文、武、周公、魯鄒之道；注釋《四書》，爲講學之本；又集《小學》，爲《大學》之根基；以及《詩》《易》，既有《傳》義，諸經亦發其大旨；《資治通鑑綱目》則理一天人，義兼巨細，由是教人之法大備。雖所入之途各異，而其要歸皆本于明道明倫，如唐虞三代之教然。當時講論極爲明備，而乃屢爲狂言所厄，竟莫能施其教于學政，達其道于天下。逮我皇明統一萬方，道隆千古，内建國子監，外設府州縣學，而師弟子之所講習《小學》、四書諸經史之義理，皆本于周、程、張、朱之説，以求堯、舜以來千古聖賢之道。而前季訓詁詞章、異端功利、偏曲支離諸説，皆不得淆雜乎其真。由是濂、洛、關、閩之學，得以備施于學政，盛行于天下，而大有以復古昔明道明倫之盛。

今平陽郡學，人才風化所關，姜守知爲政之先務而新理之，事神育才，咸有其所。爲師爲生徒者，其必仰思朝廷建學之意，篤志講明正學而無怠。庶幾人才所出有實用，而風化之美亦延及于支屬。所謂明道明倫者，將不爲虚語，斯于姜守之興學與有稱焉。於是乎書。

陵川縣廟學重修記

陵川爲澤州屬縣，廟學自我皇明定天下，既規建置。逮今歷年既久，大成殿、兩廡、欞星門以及堂齋諸屋宇，皆穿剥弗治，事神育才，咸适其宜〔一〕。知縣事任通發身鄉舉，莅任之初，謁廟視學，大懼學政不修，乃謀及僚佐，以農隙時斧斤山木，陶埴瓦甓，與凡作屋之不可無者，悉具焉。乃新大成殿，新兩廡，新靈星門，次及明倫堂、東西齋皆新之。棟桷覆瓦、杇鏝丹碧之飾，壯固光彩，巍然焕然，皆有加于前時。以至神庫、牲房，與士子會食、退修諸室，悉皆增葺。始工于天順元年二月,訖於是年九月。教諭張瑄、訓導郭堅、陳祐乃具興工竣事之跡,因進士張瓚來求記,將刻石以示永久。

余惟教學乃爲治之本,自唐虞有司徒典樂之官,以職教事。至夏、商、周,學政浸備,于時有《小學》《大學》教人之序,灑掃、應對、六藝、三綱、八目爲教人之條。要其歸,則在乎知性分之固有,盡職分之當爲而已。漢、唐歷代以來,雖或亦有學校,求其如唐虞三代教人之法,則寥寥焉。蓋唐虞三代之時,聖道大明,故教人有其本。自孟子没,道既不傳,故教法失其實。至宋二程、朱子,既有以接孟氏之傳,乃深探隆古教人之法,必由《小學》《大學》《語》《孟》《中庸》以達夫六經之藴奥,其歸亦在乎知其性分之固有,盡職分之當爲。其爲説雖明,值時枘鑿,而三君子之道竟不得大行于學政。

逮我皇明,當文運大隆,於是内外建學,而教人之法一本于程、朱氏之説。由是教人之法,大有以復古道。是豈漢、唐歷代建學之可擬哉!今任尹大新廟學,于事神既竭其虔,而士子之游于斯者,必循序以進其學,以求知其性分之所固有,以盡職分之所當爲。爲子必孝,爲臣必忠。俾大節卓然炳然,斯於國家建學爲有實效焉。於是乎書。

【校記】

〔一〕此句當作“咸失其宜”。

大寧縣儒學重修記

大寧縣在漢時爲北屈縣,屬河東郡,今爲隰州屬邑。其地僻在河山之間,土皆磽瘠,户僅十里。前之爲邑者,惟租賦簿書期會是急,漫不留意于學政。以故學舍歲久侵凌于風雨,悉皆穿漏圮壞,且無士子退室,而師因以弛其教,士因以荒于嬉,大無以副國家崇教之意。天順三年二月,知縣王溥、主簿梁宏,乃儲積材木。用度既具,遂集匠役,即學徹諸屋之敝者,大而新之。堂凡若干楹,齋凡若干楹,皆高敞宏廣，可以考業其中。是年四月，適山西右參政楊璿行屬至縣，謁廟，又命重修靈星門、學門，及作士子退室三十間，廩宇十八間。學舍大小，由是悉皆完整。訓導劉翱具其興役訖事本末，來求文刻石以記之。

余惟唐虞三代之學，其盛不可尚矣。自洙泗、鄒孟之教微，而道失其傳。至暴秦焚儒書，禁儒語，殄儒生，儒教既廢，秦隨以亡。雖漢興數十年，猶以黄老爲治，而于唐虞三代之學政，莫之興舉。武帝雖曰表章六經，罷黜百家，置博士弟子員，而無其本。明帝、唐太宗養老立學之具雖可觀，而無其實。至宋道學諸君子，講明隆古教人之法，雖極詳備，而不得行于當時，是蓋將有待也。洪惟天朝列聖相承，建極于上，立學于下。自京師延及遐壤，絃誦之聲相聞，學政之本末具舉。蓋將遠追隆古，彼漢、唐之侈虚文者，奚足比擬哉！

今大寧雖極僻陋，而學校教法與通都大邑無以異。其學舍未備與敝漏者，大參既有以成其後，縣僚又有以成其前，將見教有成法，而可副國家崇學之意矣。是可書也，於是乎書。

一樂堂記

陝西清水縣儒學教諭廣文李生昶，平陽解州安邑人。其中鄉舉，依親讀書時，嘗來河津從余講學。及之官清水之三年，爲天順六年，乃以書來曰："昶迎父母就養，且有兄弟來隨侍，因于官舍中闢一堂爲奉親之所，取孟子'父母俱存，兄弟無故，一樂也'之言，因以'一樂'名其堂，乞記其事，將以自警焉。"

余觀孟子又曰："仰不愧于天，俯不怍於人，二樂也；得天下之英才而教育之，三樂也。"先儒林氏曰："此三樂者，一係于天，一係于人，其可以自致者，惟不愧不怍而已。"今李生於可以自致，及係于人之樂，皆不敢自居。獨以"父母俱存，兄弟無故"之"一樂"名堂者，何哉？蓋彼"二樂"者，皆聖賢之極致，故不敢自居。惟此"一樂"，幸而得于天，安得不以之名堂哉！然李生既以是名堂，必當盡其實以稱其名可也。其事親則必以古君子自期，先意承顔，左右就養，不但養其口體，又必養其心志，而諭之于道焉。其于兄弟，且敬且愛，必思父母之子，重於己之子，不以妻子之言而有間，不以財利之私而有争，期于《詩》所謂“宜兄宜弟”焉。夫如是，則于堂之名庶乎有實以稱之矣。

雖然，彼二樂者，固爲聖賢之極致，而李生不敢自居。然士希賢，賢希聖，亦學者分内事也。李生其必用力于顔子“非禮勿視、聽、言、動”，“克己”之目，朝斯夕斯而勿怠，則私可克，而禮可復，庶幾乎“仰不愧、俯不怍”之樂矣。李生教育一邑之俊秀，其必以所學之正，推以淑之，俾循《小學》《大學》之序以及乎《論》《孟》《中庸》、六經與凡聖賢之書，必涵養本原，思索義理，篤于實行，各因其資質之高下，使循循勉勉不已，則士子中豈無可與進于道者乎！若然，則雖于“得天下之英才而教育之”之樂不敢望，亦知所從事矣。

然余又有説焉：“父母俱存，兄弟無故。”固天倫之可樂，使李生不能自致于克己之功，教人之方，則心德有未修，師道有未立，將貽誚于時。而父母兄弟之心，亦將戚戚然不寧，抑何以樂斯堂之樂哉？是以余因李生以“一樂”名堂，並舉“三樂”以告之，俾知所警而自廣焉。

雙桂堂記〔一〕

山西憲副定興李文英之長子翔鳳、次子鳴鳳，俱以習舉子業，同中天順三年順天府鄉榜，復家居以俟禮闈大廷之試。文英因作堂名曰“雙桂”，俾二子居，以日進其業。天順六年冬十一月，文英調陝西憲副，道過余于河汾，因語以名堂之意，且求爲之記。

余惟桂乃木之美者也。文英以“雙桂”名堂，蓋以比二子，欲其盡知行之功，以美于身耳。夫人爲萬物之靈，誠欲盡知行之功，以美其身，亦惟求諸經與〔二〕《大學》《語》《孟》《中庸》以及濂、洛、關、閩聖賢之書所載大訓格言。學問思辯，致知格物，則可明其理；躬行約禮，誠意正心，則可履其事。爲翔鳳者，以是自勉，以率其弟；爲鳴鳳者，以是自勵，以企其兄。兄弟篤于知行之正學，沉潛玩索，勇猛精進，勤修于一堂之上，仰追千古之賢，至於用力之久，積纍之深，將于身心萬物之理，庶幾昭灼無疑。於是體而踐之，自人倫之大，以至事物之微，静存動察，皆以一敬而貫乎其間，則知焉行焉，將兩盡而可美其身，則所藴者磅礴深厚。由是發而爲文辭，皆自所藴中流出。他日試禮闈，對大廷，文皆有本，不但高第不求而自至，又將可措之事業以澤物。是豈若口耳記誦、枝葉浮華無本之文，止于釣聲名于利禄者可比哉！翔鳳、鳴鳳誠不以愚老之言爲迂，而用力于斯，則所成就必有可觀，而于憲副均〔三〕期望進學美身之意亦不負，將見斯堂之名可垂之永久矣。於是乎書。

【校記】

〔一〕《文集目録》失載此篇。
〔二〕諸本同，嘉隆本《全集》卷三十六"與"作"典"。
〔三〕"均"疑作"君"。

豐岩寺增修記〔一〕

河津縣僧會妙朗增修豐岩寺東西二佛殿，棟楹榱桷，皆北山之美材；覆瓦壁磚，皆陶埴之良器。以繪彩杇雕之飾，華麗光好，可以聳人之觀瞻。既畢工，來求余記。

余儒者，辭之數，求之不已。既而思昔唐之韓退之著《原道》等篇，以崇正道，然且作文送浮屠文暢師。苟守吾之見，不惑彼之説，雖爲之記，亦何害于義！且"西角"之教，宋儒張、程、朱子辨之詳矣，余弗贅。獨惟前古之人凡崇信其法者，則爲好善。夫善豈有大於惟〔二〕者哉！人性，即仁、義、禮、智、信是也。其原出于天之"元亨利貞"。天所賦爲命，人所受爲性，在心爲渾然天理。在人，則仁爲父子之親，義爲君臣之義，禮爲長幼之序，智爲夫婦之别，信爲朋友之交，凡五常百行之天理皆善也。誠欲好善，亦惟求諸此而已矣。方五性之未發，則當戒慎恐懼以存養，此静而好善之實也；及五性發而爲情，又當謹獨省察，此動而好善之實也。《大學》所謂“爲人君止于仁，爲人臣止于敬，爲人子止于孝，爲人父止于慈，與國人交止于信。”《傳》所謂“兄友弟恭，夫夫婦婦，以至百行，莫不循理。”此皆好善之實也。其或静不能存，動不能察，父不能受其子，子弗克祇厥親，臣不能盡職，長幼無序，夫婦乖紊，朋友無信，人倫百行皆悖乎理，則不善莫大焉。夫豈云云者，得爲好善哉！

且余論人之好善莫大於性，非一人之私言也，乃天下古今之至理也。孔子贊《易》曰：“乾道變化，各正性命。”又曰：“一陰一陽之謂道，繼之者善也，成之者性也。”此性善之原也。堯、舜、禹相傳之中，湯曰：“維皇上帝，降衷于下民。”文王性與天合，武王身之以復性。劉子所謂“天地之中”，孔子言“性”與“天道”，顔子之“仁”，曾子之“忠恕”，子思言“天命之性”，孟子道“性善”，雖聖賢之言行有不同，而其性之理則一也。自孟子没，性之理不明，或懵然莫知善之所在。及近世西角之教興，而歸之者則爲好善。殊不知善之大，莫大於性。甚矣其惑也！至宋真儒張、程、朱子始有以發明孔子贊《易》以來聖賢性理之妙，辨似是之非，開沉迷之惑。由是性學復明，昭然如日麗天，而彼區區之爝火，自不覺其光之微矣。是則誠欲好善，亦惟求諸性，則實有得于己。又豈云云者爲好善哉？因爲作記，述所見如此。夫天理民彝千萬世所不泯，必有知余之言者。

天順六年壬午三月吉日，賜進士、通議大夫、禮部左侍郎兼翰林院學士、知制誥、致仕邑人薛瑄德温記〔三〕。

【校記】

〔一〕弘治本《文集》、嘉隆本《全集》缺此篇，《文集目録》亦未載。顯爲雍正本《全書》補刻。

〔二〕“惟”爲“性”之誤，觀下文可知。

〔三〕雍正本《文集》缺此行。

文清公薛先生文集卷之二十

門人關西張鼎校正編輯

哀辭

愚村居士哀辭並序

愚村居士諱存善，姓劉氏，世爲江西泰和人。居士質貌魁壘，談議偉然。在鄉里常斥其有以周人之急，尤重然諾，尚氣節，一出言，人即信服之。由是人咸以鉅人長者稱焉。居士家故饒財，至元季俶擾，群盜公行剽掠，鄉邑苦之。居士慨然嘆曰："大丈夫不能建功立業，垂聲萬世，猶當小設計慮，保庇一方。"於是盡散其財，糾合鄉民，爲立約束，相與戮力禦寇。居士既倡義，人皆愛護室家，勇于捍守。群盜聞之，相戒避去而不敢犯，鄉邑卒賴居士之謀以克全于難。于時，有司將上其勞而官之。居士愀然曰："吾豈以是徼利達哉！吾特盡吾心而已。"遂固止其事，而卒不聞。逮國朝平定四海，蒐舉遺才，有欲薦居士者甚衆。居士曰："吾少之時，猶無意于進取。今老矣，筋力智慮耗矣，復何能爲哉？諸君幸相愛，使得優遊餘日于太平之世，幸矣！"薦者意猶未已，居士乃辭去城郭，退居邑南村，葺茅爲屋，編竹爲籬，決渠以蔬，鑿池以魚，日與田翁釣叟，水陸上下，追攀往來，酣嬉歌呼，一以愚而自混于俗。因更其村曰"愚村"，而自號曰"愚村居士"。居士雖以愚而自屏于野，然士君子愈賢其愚，以爲不可及。及居士卒，鄉邑老稚垂涕曰："善人長者没矣！吾其何從？"居士没後若干年，當宣德二年，其孫某以進士第致位憲僉。哀其祖生而禄位不顯于前，没而素行或泯于後也，遂述其事以書來，俾作哀辭，以發其潛德之幽光。

余惟居士早能自立于鄉里，散財舉義，遏寇保良，其心固已厚于仁矣；及將録其勞而官之，而復固止不從，其行又何篤于義邪！合仁與義，宜享榮名盛福于太平之世，而又堅辭薦達，退老丘園。蓋其讓而不居，蓄而未發，是宜大有以振耀于後嗣也。故憲僉公兄弟連中科甲，亟踐通顯，居士其可謂不死矣！遂作哀辭以摭其行，以彰其報，以傳于後云：

嗟嗟居士兮，誰之賢如？稟兹魁奇兮，德言舒舒。惟義是急兮，不有積餘。遭時方艱兮，鴟鴞嘯呼。居士孔悲兮，聿良厥圖。倒囊出廩兮，糾兹義夫。式遏寇横兮，以安里閭。事已則去兮，功豈我居！澹若無情兮，浮雲太虚。屬時休明兮，群賢攸趨。獨守幽貞兮，以辭辟書。恬然退處兮，惟才之愚。野老争席兮，鷗鳥與徒。婆娑水石兮，以樵以漁。何積之遠兮，其發匪徐。賢孫多有兮，乃德之符。居士雖亡兮，不亡者餘。流芬永揚兮，原末本初。嗟嗟居士兮，名誰可逾！

王處士哀辭並序

處士王君友直，祖通州三河人，世多顯者。逮元季兵作，處士從其二兄避地于兖，今爲寧陽人。處士淳實君子也。早失怙恃，移其孝于長，故事二兄如事二親焉。長失二兄，移其愛于幼，故撫諸孤如己子焉。蓄而未發，欲推其有於人，故賙恤鄉里，若己責焉。處士既行積于中，名孚于外，有欲以處士充茂才舉者，處士曰："凡吾所汲汲者，乃任吾性焉耳，豈以是釣譽干進哉？"遂遠跡江湖之上，放意山水之間，以謝免之。及薦者議息，乃歸鄉里，杜門却掃，日以敦行義，飭閨庭，教子孫爲事，澹然無所慕于外。由是人皆服其真能安分者，而遂弗之强。

其後處士之長于〔一〕賢，今給事公，以科目得鄢陵校官，來迎養處士。既至，則惓惓以爲人師之難，教人所當先爲誨。給事公之師道立，而克遂成就後學者，蓋皆得于處士之訓焉。及處士歸，給事公後以官滿，便道省于家，而處士病矣。處士雖疾革，猶以善道誨諸子，而語不及他。及卒，宗族感處士之撫愛者，哭處士如哭親父母，而哀必盡焉；鄉里受處士之賙恤者，哭處士如哭其親戚，而傷必至焉。給事公既以禮葬處士，又立石以表于墓。及服除，入朝，擢授今職。嗚呼！處士其可謂有子矣！

夫人之生也，丁亂離之時，鮮克保其生者。而處士脕亂厄，遭理世，受子孫之養，享太平之福者四五十年，是則處士生無所歉也。世之人或多行不義，至於玷身壞名者。而處士力于爲善，克享天年，終于桑梓，安于窀穸，是則處士没無所愧也。人之子孫，或不能顯揚其親，至於親没未久，而遂泯泯無聞。而處士有子若給事公，既表其行義于墓次，方且汲汲求名公文士之著述，以發揚處士之潛德于無窮，是則處士雖亡，無所憾也。嗚呼！處士其可謂不死矣！

雖然，自處士觀之，始終皆可以自足，而給事公方駸駸于榮進，思欲更以所得之大者以奉處士，而固已無及，則其抱終天之戚，曷有窮極也哉！余遂作哀辭以述處士之行，以慰給事公之悲，以傳之久遠云：

若有人兮稟樸專，承顯則兮導清源。生草昧兮歷屯艱，徙儒邦兮室家安。時休明兮尚盤桓，篤孝愛兮行實繁。聞譽洽兮來薦言，徼利達兮吾豈然！賦遠游兮溯江邊，陟嶔崟兮弄潺湲。倦遊歷兮乃言旋，桑麻圃兮松菊軒。掃〔二〕軌跡兮門常關，篤義方兮謹大閑。子翹翹兮乃儒官，來迎養兮遂承歡。悉誨語兮謹師傳，樂未究兮返家園。乘清氛兮乃大還，即窀穸兮卜高原。風蕭蕭兮白日寒，鳥獸嗥兮愁空山。林木悲兮凋蒼顏，石峨峨兮表新阡。發幽光兮潛德宣，子黄門兮感終天。養不滿兮涕泛瀾，嗟處士兮人所賢。善日遠而日邈兮，是亦可攀。

【校記】

〔一〕諸本同，嘉隆本《全集》卷三十七、叢書本《文集》卷七“于”作“子”。

〔二〕嘉隆本《全集》卷三十七、叢書本《文集》卷七"掃"作"埽"。

朱孺人哀辭並序

朱孺人，贈文林郎監察御史朱公則文之妻，監察御史朱鑑之母。孺人世襲衣冠詩禮，克服訓典，允就柔嘉。及歸朱氏，雖弗克逮事舅姑，而能助其夫，竭誠于祀事，以至處外内親黨疏戚，莫不中度。雖嫁久而尤不忘父母，誠孝所感，蓋有異云。孺人方盛年而已失其儷，乃能苦節勞心，自力于衣食。教其子曰鑑、曰鏄，皆有成立，而鑑即監察御史也。

鑑既致身清要，遭逢國家舉推恩之典，敕贈御史公以及孺人。時御史公雖久逝，而孺人尚安好無恙。鑑得請歸，將爲孺人榮，而孺人亦逝矣。

嗚呼！孺人爲女，爲妻，爲母，各有法式，雖早罹艱屯，而晚得享福。孺人以及御史公，皆可無憾哉！鑑既襄大事，求爲之辭。辭曰：

有淑孺人兮，德音孔嘉。胚胎前光兮，歸于其家。誠孝振聲兮，行浹邇遐。所天〔一〕云亡兮，矢德靡瑕。勤躬教子兮，蘭茁其芽。有降自天兮，龍光賁加。奄逝滔滔兮，悲曷有涯。辭以慰哀兮，孝子其奈何邪！

【校記】

〔一〕諸本同，嘉隆本《全集》卷三十七"夭"作"天"。

祭　文

告土神文

敢昭告于后土氏之神曰：

曩爲先考教諭某卒于官次，家遠不能即歸于先塋，而旅厝於是。

實賴坤幽之德，是保是庇。今將遷柩西歸，謹薦庶品，用伸報祭。

遷柩告先考文

洪熙元年十一月二十五日，孝子某謹以牲醴，頓顙流涕，告于顯考教諭府君之靈曰：

自尊容奄違人世，九月于兹。感時叙之變遷，沸五内而興悲。曩以倉卒未即歸葬，遂權厝于濟水之涯。逼側浮淺，實非神靈所宜。今以吉旦，謹啓攢窆，返柩于故山之陂。敢告。

祭先塋文

維宣德二年，歲次丁未，十月甲寅朔二十五日戊寅，孝孫進士薛瑄，敢昭告于高曾祖考、考妣之靈曰：

嗚呼！惟我先世，宏大深厚，積善衍慶，以庇蔭我後人。是以藐末不肖，得以蒙其福澤，由進士以發身。逮兹朝命屢降，將拜辭先壠而恭覲紫宸。區區松楸之戀，哀貫衷曲，敢因薄奠以僭陳。惟我先世幽靈冥德，昭昭不昧者，其尚鑒兹懇勤！

祭王侍御文

宣德四年十月初十日，友生監察御史薛瑄，謹以鷄酒之奠，致祭于年契侍御王公尚文之靈曰：

惟公中州英俊，夙已有聲。鄉試春闈，實忝共登。奉命南旋，並舟話情。再會梁苑，懷抱瀉傾。一别九載，音信罕通。君登柏府，可謂顯榮。清亮詳雅，人無間稱。我忝同列，有事湖荆。君時南按，睽違莫逢。將謂旋歸，接武大廷。孰知一逝，遂隔幽明。今兹便道，官船暫停。殺鷄沽酒，以酹旅封。君如有知，其尚鑒衷！

祭王太守文

宣德四年，歲在己酉，八月乙亥朔二十一日乙未，友生監察御史薛瑄，謹以時羞清酌之奠，致祭于武昌太守王公大惠曰：

嗚呼！惟公質樸忠信，蓋出于天。處心制行，率由自然。在卑不競，在高不騫。風紀清峻，人視〔一〕侈焉。公任惟久，畏慎乾乾。卒遠尤悔，名禄以全。及秉郡符，操持愈堅。臨事不撓，有嚴有寬。武昌繁劇，剸治實難。公爲數載，屬邑妥安。承接中度，交口稱賢。方冀遠騁，胡不少延！惟我與公，年齒絶懸。公不有挾，交好篤專。昔主公家，留連半年。乃傾囊橐，沽酒割鮮。放懷許與，揮毫成篇。久别一會，笑語蟬聯。孰謂兹來，明幽永捐。進拜旅〔二〕柩，公不我言。風飄繐帷，塵凝几筵。追念疇昔，有涕泛瀾。返櫬何日？令子在前。義當匍匐，愧因職牽。有負交道，中情曷宣？文以自攻，洒寫忱悁。惟公有知，其尚鑒虔！

【校記】

〔一〕叢書本《文集》卷七"視"作"觀"。
〔二〕叢書本《文集》卷七"旅"作"公"。

沅州禱雨告神文五首〔一〕

維宣德五年九月二十三日，巡按湖廣監察御史薛瑄，謹齋沐以瓣香，告于城隍之神曰：

今兹之歲，自春徂夏，雨暘以時。稻之早者，已穗而可獲矣。而晚稻山田之類尤多，皆焦然困于秋雨之愆期。重念小民，皆賴是以爲生，若悉稿〔二〕死，則國之租税，神之粢盛，尚無以給，又何免私室之寒饑？惟國家之所以棲神以宇，祀神以時者，以神能保庇一方之黔黎。逮兹旱虐日甚，民懸懸有望于神，而神之聰明，胡不聞知？御史來按是方，敢以誠告，神其無爽明靈，膏雨賜以時施。謹告。

【校記】

〔一〕《文集目録》"首"作"道"。

〔二〕諸本同，叢書本《文集》卷七"稿"作"槁"。

維年月日，謹差沅州知州李果，以清酌之奠，告于明山之神：

凡山之高大，表爲一方之望者，爲其能興雲雨也。明爲沅之傑然挺出荒服，以神爲之主也。宜乎祀典代承而莫敢去也。逮兹秋旱爲虐，禾將盡稿〔一〕，而民無以處也。神司膏澤，胡吝不與也？御史緘誠遣告，神必惠然許也。玄雲勃興，斯須雨天宇也。四野大穰，欣欣歡子女也。民獲報祀，進牲醑也。吹擊管鼓，式歌且舞也。御史當侈神之名，播中土也。尚饗！

【校記】

〔一〕嘉隆本《全集》卷三十七、叢書本《文集》卷七"稿"作"槁"。

維年月日，謹差沅州判官周恢，謹以清酌之奠，告于英顯林公之神：

惟神血食兹土，往必有功。其靈莫測，潛于〔一〕化通。沅旱秋甚，百穀悴容。神鑒在下，胡不憫窮？窮莫之繼，百需曷供？御史來按，敢有不公？不公降罰，民實可矜。雨則時賜，俾世其承。毋〔二〕作神羞，急急如律令！

【校記】

〔一〕諸本同，嘉隆本《全集》卷三十七"于"作"與"。

〔二〕"毋"原作"母"，今改作"毋"。

維年月日，謹差沅州衛經歷岑團，以清酌之奠，告于漢車騎將軍張公之神曰：

赫赫炎靈之〔一〕四百，率土孰非其臣子？自東都之政不綱，致四海之流横潰。時豈無智謀之奇才，而皆遑恤逆順之至理。獨將軍之先後數奮忠勇而效之以死，雖千古而名永長存，聞者孰不爲之興起！彼奸雄之擾擾于一時，遺臭至今其未已。固知是非之定于將來，豈有力者之所能彼此！相陰陰有肅之叢祠，臨宛宛東流之沅水。在祀典昭然而有稽，豈荒怪淫昏之可比！兹闔境之雨澤愆期，特致詞而析〔二〕以清醴。尚饗！

【校記】

〔一〕嘉隆本《全集》卷三十七“之”作“□”，叢書本《文集》卷七無。

〔二〕諸本同，叢書本《文集》卷七“析”作“祈”。

維年月日，差知州李果，以清酌之奠，告于城隍等神曰：

間者秋旱爲虐，一何極也！是用有祈于群神，群神聽果不惑也，有雲鬱興，一雨滿三日也。晚稻將稿〔一〕，神賜以實也；山稼將枯，神賜以粒也；小民將饑，神賜以食也；百用將竭，神賜以給也；官宜即罰，神賜以釋也。凡百有心，感神德也。何以報神？選肥潔也。詞以侑之，神來格也。神惠其繼之，承事永無斁也。尚饗！

【校記】

〔一〕叢書本《文集》卷七“稿”作“槁”。

祭户部惠員外文

維年月日，監察御史薛瑄，謹差户部辦事人材趙福，以清酌庶羞之奠，致祭于尚書户部員外郎惠公之靈曰：

惟公渾厚敦樸，狀貌魁然。加以學識，文質幾全。久游庠序，纍陟地官。宦成年耋，有榮無愆。瑄以後進，獲陪周旋。款我旨殽，悉我誨言。交雖未久，情則甚專。兹南于邁，惠問其先。謂將促膝，以窮素歡。孰謂一疾，遽爾永捐。哀聞甫及，悲心遥懸。敬遣微奠，寓詞柩前。公識不昧，其惟鑒虔！

辰州府告神文二首

維年月日，巡按湖廣監察御史薛瑄，謹以香燭，告于城隍之神曰：

國家之所以立祠宇，修祀典，俾所司行事以時以飭者，以神能福一方之民，而除其所疾若也。今年夏，是府境内不雨者殆逾旬月，山稼將盡稿〔一〕死，而下田亦無以成實。若更十日不雨，則百穀將盡，國賦無以供，生民無以食，神之牲醑亦無以給。民之疾苦，莫於是乎極。御史雖愚無知，猶動念于懷，豈以神之聰明而不加恤？抑長民者之弗告邪？果神有待而匪亟也？御史來與神言：旱已甚矣，神其導迎休徵，沛布時澤，除去厲虐，化爲豐碩。則一方侈神之威，感神之德，神饗厥報爲無忝，而民之事神亦無斁。尚鑒！

【校記】

〔一〕嘉隆本《全集》卷三十七、叢書本《文集》卷七"稿"作"槁"。

維年月日，監察御史薛瑄，謹差辰州府同知余存諒，告于漢伏波將軍馬公之神曰：

公生爲名臣，没爲明神，是皆一念忠誠之鬱積。夫豈聲音笑貌矯僞者可得而比倫！御史少讀公傳，見公行事，磊磊落落，嘗偉公之爲人。及領節南按，乃得拜公像于壺山之陽，瞻公廟于辰水之濱。屬兹辰境夏旱，百穀將稿〔一〕，民用憂辛。御史平生以正直自處，豈以是而濫禱于淫昏！獨念公之忠賢，爲祀典之崇重。其精爽烈烈，固宜與山川之氣流通而常存。是用敢以旱告，詞以侑禋。公其妙運化機，大雨兹土，以濯辰人之焦槁，以慰御史之懇勤。尚鑒！

【校記】

〔一〕嘉隆本《全集》卷三十七、叢書本《文集》卷七"稿"作"槁"。

代陳御史作焚黄文

維年月日，行在雲南道監察御史陳詔，謹以清酌之奠，及行在雲南道監察御史敕一通，告于考監察御史之靈曰：

考以孝弟謹厚之行，特達敏絶之才，爰自國初，蒐舉遺逸，弓旌之聘，賁及丘園。靈時欻起，應召歷官。雖止佐邑，推心遠大。以故隱德餘慶，是藴是崇，是衍是施，被及我後人休者廣矣。而男詔以孱愚之資，荷生成之力，克勤克瘁，以育以誨，考業邑庠，發身科目，遂任行在雲南道監察御史，實有風紀之榮。每念音容，悟發寤嘆。逮兹三年，遭逢聖天子以孝治天下。率祖宗之憲章，舉追榮之盛典。以謂人臣之盡忠於國者，蓋必有教于其家，寵光之施及其身者，又必上延于其始。由是推恩以行在雲南道監察御史之秩，贈及先躬〔一〕，以孺人之命，命及今夫人。恩浹幽明，慶兼存没，是皆先德之懿所致，其曷敢忘！謹以前敕一通，用伸告祭，若聖天子褒嘉之意，則具載于訓詞。尚饗！

【校記】

〔一〕諸本並同，嘉隆本《全集》卷三十七、叢書本《文集》卷七"躬"作"考"。

祭賈昭司訓文

正統三年三月初二日，山東按察司僉事薛瑄，謹以清酌之奠，致祭于司訓賈公之靈曰：

昔游覃懷，交契最密。德言相酬，經義與析。其歡甚焉，無間朝夕。我丁先憂，返葬河北。大雪隆冬，泣别沽〔一〕臆。契闊幾年，寒暑屢易。中得一會，暫話往昔。爲將他年，數展良覿。寧知生死，遽爾永隔。兹叨憲節，部有所歷。道經貴居，公已窀穸。市酒是沽，隻鷄是炙。奠雖云薄，情則孔極。公鑒余衷，其不有識！

【校記】

〔一〕諸本同,嘉隆本《全集》卷三十七“沽”作“沾”。

祭刑部侍郎曹弘文

正統四年正月日,山東都、布、按三司某官等,謹以清酌庶羞之奠,致祭于行在刑部侍郎曹公之靈曰:

惟公發迹秋官,陟于亞卿,奉命巡撫江淮山東,持身廉謹,臨事寬平。民感其惠,吏服其公。連數千里,熙然以寧。得人委任,惟國之明。方兹賴仰,一疾俄傾。謹遣薄奠,以達哀誠。尚饗!

祭魏希文文

維正統四年,歲次己未,閏二月十八〔一〕日,山東按察司僉事薛瑄,以清酌之奠,致祭于友人魏希文之靈曰:

於乎希文!好古信道,力慕聖賢。顛沛困厄,心不少遷。憶時永樂,俱客玉田。始獲君友,我惟少年。君不有挾,惠與周旋。我即君室,至夕乃還。君來我屋,竟日留連。相與誨告,皆古格言。乃開我愚,乃砭我頑。往復十載,交道篤焉。逮我别去,君心如煎。徒步送我,握手拳拳。逾三十里,解袂長嘆。寧知一别,幽明永捐。今來君里,密水萊〔二〕山。俯仰疇昔,中情慨然。問君妻子,旅食寒單。仁者有後,其不有天!欲尋君窆,道里隔懸。遥設一奠,君其鑒虔!尚饗!

【校記】

〔一〕叢書本《文集》卷七“八”作“九”。

〔二〕諸本同,嘉隆本《全集》卷三十七、叢書本《文集》卷七“萊”均作“菜”。

祭王素亨文

正統四年九月十九日,友生薛瑄,謹以清酌之奠,祭于王先生素亨之靈曰：

忝接交游，實篤古道。十餘年間，箴誨懇到。任自湖南，抵宿展好。中失良朋，德孰我造？久要不忘，敢違聖教。聊薦菲儀，辭以申告。

祭少師江時用母夫人文〔一〕

某氏太夫人之靈，曰：

惟靈生於茂族，歸于名門。内範有自，懿德斯存。高堂安其孝敬，中閫底于肅温。在〔二〕配君子，參大藩而資其内助；貽教厥嗣，官少師而種其慶源。夫何命服在躬，方享全福，而大化遽及，歸于九原。悲傷貫其宗姓，惻愴動于里鄰。令子既奉命而奔其哀訃，所司復準式而營其壙墳。掩幽堂之石以銘德，樹隧道之碑以刻文。存没榮哀，誠鮮與倫。某等忝與令子接迹朝紳，並陳誠以致奠，庶有格于几筵。尚饗！

【校記】

〔一〕《文集目録》作“祭少師吏部侍郎兼翰林學士江時用母夫人文”。

〔二〕諸本同。叢書本《文集》卷七“在”作“作”。

文清公薛先生文集卷之二十一

門人關西張鼎校正編輯

碑

漢伏波將軍馬公廟碑

古有功蓋于一時，名垂于後世，享生民之祀于無窮者，豈非大丈夫抱非常之材識，本之以忠誠，行之以悠久，而有以通神明、貫金石、達古今而無間者乎！

漢伏波將軍馬公援，天與魁奇，器識宏邁。當漢統中微，新莽竊命，四海横流之日，乃遠跡邊陲，混身田牧，時人弗之識也。獨其兄況謂曰："汝大材〔一〕當晚成，且良工不示人以樸〔二〕，且〔三〕從所好。"公亦嘗曰："大丈夫爲志，窮當益堅，老當益壯。"公之所立，固已見于此矣。及其盡散財蓄，志清時難，遨游隴蜀，擇所適從，知崛起草竊之徒，皆酣豢富貴于一時，不足以計安生民于萬世也。遂謁光武于洛陽，一見之頃，即以恢廓大度，同符高祖稱之。因委質臣事，效忠戮力，以匡復漢室。若聚米之開示山川，銅柱之威服殊俗，皆公之奇謀偉績。其他蕩除戡靖，維調贊翊之策尤多。中興之功，公無與讓。及天下底定，朝廷清明，雖剖符受封，爵列五等，榮寵並極，而公不以是自佚。嘗奮不顧身，志欲效死邊疆，以盡臣節。及武陵群蠻撓邊，公遂請行。兵至臨鄉，蠻即摧破。師次壺頭，伐功未就而公卒。先是有以兵事聞于帝者，時遣來監軍之人，素有憾于公。及至軍而公已没，遂厚加誣毁以快其讒，而薏苡之謗亦興焉。

嗚呼！若公之所立，卓偉奇特，駕一世之横驚〔四〕，挺百代而獨出，猶不免巧夫之唇舌，他尚何言！議者又以不從充道而從壺頭，爲公失計。夫曠日老師而費糧，與捷徑出奇以制勝，二端利害甚明，而公之慮審矣。設使如或者之言，從充而進，又安能必保蠻寇之無齟齬乎！是又不得爲公失計也。夫以宗均之常才，矯一節以入群蠻，猶足以致其震懾來服。若公少緩死，當有他策以致蠻矣，又豈云云者所能測哉！夫其韜晦自養，散財濟難，公之大志也；鄙斥奸豪，獨歸真主，公之大識也；奇謀勇烈，光輔中興，公之大功也；不懷宴安，以死勤事，公之大節也。世之人臣，四者有一焉，猶足以名當時而垂竹帛。公乃兼而有之，而又本之以忠誠積久之心，宜其功蓋一時，名垂後世而血食無窮焉。向之謗者，風休電滅，漠無蹤跡，曾何損于公之忠賢哉！今辰即五溪故地，距公没垂千年，而野夫女子，猶知道公之威名，在在有廟以祀公。斯又足以見忠義之感人心，不以古今而有間也。

我皇明大秩群神，公廟之在辰者，獨登祀典。有司以時行事，無敢怠弛，人有水旱疫癘則禱焉。廟故有亭，或以爲神出遊之所，址存而亭廢。辰人合志興構，並他屋宇門墻之弗治者，悉完理焉。余少讀公傳，嘗壯公之爲人。及往來武陵江中，親見所謂壺頭山者。壺頭距辰水行可一日至，彼亦有廟。而修祀事于辰者，便於人之瞻依云耳。廟亭既新，余遂刪取公之大節，俾辰人刻之，並繫以詩曰：

矯矯馬公，惟志之偉。志在功名，氣不少萎。貧堅老壯，公言則然。懷奇藴樸，罕識其賢。雲乎鬱鬱，雷乎震震。紫色蠅聲，炎輝斯燼。公晦于時，爰牧爰蓄。飈氛九縣，顧瞻安之。曰述曰囂，狼貪豕飽。鄙不少留，聿求漢道。來覲真主，應對疏通。謂帝大度，高祖則同。遂委臣質，遂效臣節。聚米討羌，悍虜蕩越。四方底平，人懷安娱。公不晏佚，許國以軀。滔滔武陵，蠢蠢雜種。梗化撓邊，負險恃勇。公曰兹役，老臣馳驅。堅請于行，秉節舒舒。不驚不亟，既安且式。試兵臨鄉，蠻即摧鬬。扼于壺頭，匪公之尤。天少須假，孰測厥猷？公雖没世，因則成事。乃招乃來，群蠻無貳。云胡巧失[五]，讒言朋興。豈不暫翳，事久滋明。迄兹千載，有顯愈赫。名徹聽聞，功載史册。壺山之南，辰江之滸。公跡如新，公廟惟古。逮我皇明，祀典秩申。行事以時，委在守臣。惟公忠精，厥德不爽。疫癘旱澇，應求如響。民感公惠，欽服國章。廟亭完構，其敢廢荒？乃圖永久，乃磨良石。我纂其詞，爲示無極。

【校記】

〔一〕嘉隆本《全集》卷三十八、叢書本《文集》卷八"材"作"才"。

〔二〕叢書本《文集》卷八"樸"作"璞"。

〔三〕叢書本《文集》卷八"且"作"宜"。

〔四〕叢書本《文集》卷八、嘉隆本《全集》卷三十八"驚"作"鶩"。

〔五〕叢書本《文集》卷八"失"作"夫"。

絳州大成廟碑

臨川王汝績，以儒官陞知山西之絳州。始至，進謁大成至聖文宣王，顧瞻廟貌庳陋，年久宗桷腐撓，大懼弗恭。明祀及薦更釋奠，薦獻周旋，迫于狹隘。且風雨穿漏，不足以揭虔妥神，益深悚惕。遂下北山之材，聯爲巨筏，順流而至。擇土埏埴，瓦甓完堅，百用具備，衆工齊作，撤去腐壞，易以新好。廟舊以間計者三，廣而爲七，厥制崇高峻整，宏闊深邃。巍然當座，聖像益尊，顔、曾、思、孟四公作配。十哲位次，序列左右。禮殿既成，改作從祀賢儒兩廡而擴大之。門宇堂齋，率皆壯麗深廣，克稱頖宫之度。工既訖功，釋典[一]備禮儀之盛，士習有絃誦之勤。風化之美，延及民庶。汝績乃進諸生而告之曰："昔周元公有言：'夫子道高德厚，教化無窮，實與天地參而四時同。'我聖朝所以極尊崇之禮，天下通祀而罔間内外者，其不以是與？惟是絳學祀典，人材所關。汝績大懼學政墜弛，有忝彝憲，是用協力一新。財[二]用民功，皆國家有所興事，底功惟祇，若崇祀育材之意而已。迄兹有成，誠不可不知所自爾。諸生考業于斯，師法先聖，當以唐虞三代學校士習自勵，勿以俗學詞章聲利汨其心。尊道統之正，黜百家之非。居仁由義，竭忠盡孝，庶幾身有古人之學，才爲用世之良，斯實聖朝建學之意。”諸生既旋唯而退，學正劉章等遂以其事來徵文，將刻之石。

余謂汝績能新廟學，以祀神育才，而不自以爲功。又勉諸生以正學，是可書也。爲之銘曰：

惟兹廟學，爰始爰作。厥制陋庳，禮儀靡度。亦窘風雨，圮漏弗支。神罔攸格，士習以嬉。時維汝績，文儒是職。有蘊有施，潭潭秩秩。適求民牧，陟俊拔尤。大廷有命，求守郡符。守來自東，人士咸喜。不以崖威，而尚豈弟。進謁先聖，廟貌罔稱。退謀厥役，靡安靡定。遂鳩群材，遂興陶埴。百工獻巧，齊心一力。撤舊益新，丹堊斵礱。翼翼禮殿，有赫斯崇。周廡堂齋，悉廣其宇。神有妥安，士有常處。工告訖功，汝績有云：兹惟成憲，祗命在臣。乃進多士，敢有誠告。師是聖賢，篤兹正道。明體適用，允罔不休。高視萬古，忠賢可逑。彼哉俗學，實頗實側。治己治人，鮮不爲慝。惟順〔三〕所始，惟端所趨。舍曰無知，不有聖謨。士感守言，匪獨我惠。神人具依，守無我替。乃纂其事，乃來徵辭。麗牲有石，刻以永垂。

【校記】

〔一〕嘉隆本《全集》卷三十八、叢書本《文集》卷八“典”作“奠”。

〔二〕叢書本《文集》卷八“財”作“材”。

〔三〕叢書本《文集》卷八“順”作“慎”。

永壽縣大成廟碑

乾州之永壽縣，實古豳州之地。縣學大成至聖文宣王殿，創自前代。我皇明混一寰區，首崇儒教。大詔天下建學，立先師廟，俾所司以時致祭，毋俾廢怠。于時宣聖殿以及兩廡，固嘗新理之。然歷年既久，漸迄敝漏。及創始之際，又卑陋不足以展禮事神。今縣令山西高平郭質，以鄉舉發身，來知是縣。始至，進謁聖廟瞻顧，大懼無以仰副國家崇明祀育賢才之意。退而即欲興修，然以邑民僅千室，力單財寡，所需之物無自出。遂行視縣城内外遠近官宇園塹隙地，得數百畝。督令有役于官者，假借耕具，給與種子，俾以時種獲其間。積凡三歲，得穀麥若干斛。復借民車，輪至咸陽渭水之次，易木以歸，且先于農隙時，以餘穀僦工埏燒瓦甓，覆蓋墁飭。諸物百用既具，乃于天順元年七月吉日，洎其丞馬騏、典史宋準，協心鳩工興作，擴舊大成殿三間爲七間。兩廡舊各五間，今俱增四爲九。以至戟門、櫺〔一〕星門、神廚、神庫，次第改作之。皆高廣壯固，有加于前。始事於是月某日，訖功于次年七月。明倫堂、兩齋、生徒退習之室，功力小而先已葺修，獨殿廡神宇鼎新之功爲大。

於是教諭薛澄、訓導安廣進諸生而告之曰："惟是廟學，因循敝漏者數十年矣。今郭令以學古入官之才，于爲政知所重。雖居小縣民寡，事務叢劇之際，能出謀儲用，不勞民力，不取民財，而克底廟貌之成。高廣嚴翼，有盛于昔。以及他宇，亦皆葺理，事神育才，咸盡其道。實有以仰副國家崇重儒教之意。雖古良有司之興學者，殆無以過之。夫令之有善政，不可使無聞于後世。"乃具事之本末，遣生員張俊、岳凱來求文于予，將刻諸石，以示永久。爲之銘曰：

惟此永壽，惟有廟學。十百其年，爰始爰作。或度孔庫，或宇寖隳。神不顧饗，士荒于嬉。有令學古，式臨兹土。乃怵于心，乃惕于覩。顧兹小邑，式寡于丁。眷言興之，孰資于成？我思其方，有田斯植。乃耕乃耘，有年有積。輸之百輛，清渭之涘。以有貿無，萬木委止。工獻其巧，人執其勤。廟廡改作，撤舊益新〔二〕。葺理之周，爰及百宇。神祀孔彰，士有攸處。師曰斯役，惟令之功。欽服國典，教道日崇。不有纂述，將泯其實。我銘是求，勒示貞石。

【校記】

〔一〕嘉隆本《全集》卷三十八"櫺"作"靈"。

〔二〕嘉隆本《全集》卷三十八"新"作"深"。

濟南府重修舜廟碑

有大聖人之道，而功被于天下萬世者，固宜爲天下萬世之所崇奉，如濟南府之有舜廟是已。舜耕于歷山，《史記》以山在河東。今濟南府歷城縣亦有歷山，故後人因以立舜廟焉。夫歷山之地不足深辨〔一〕，獨舜以大聖人之道，功被天下萬世，人得而知之，則濟南立廟以致崇奉者，夫豈過哉！正統初，瑄以菲才濫官山東憲司，嘗進謁廟下，因追仰聖道于數千載之上。今去濟南垂三十年矣，方以老病退居河汾。山西憲使王允，郡人也。以書來曰："吾濟南故有舜廟，歷年滋久，木瓦腐漏，殆不可妥神揭虔。天順二年，都察院左副都御史年富巡撫山東，因謁神廟，見其圮剥之甚。退謂藩臬官僚曰：'舜，大聖人也。是郡之人，既立祠宇以致崇奉，而乃弗治如是，幾于慢神矣。盍圖所以新葺之？'于時歲值少豐，不可興事。又二年，爲天順四年。歲既連稔，民生亦紓。于是都憲洎藩臬，以濟南知府陳銓才可集事，俾董其役。銓量材計工，皆取之帑餘在官，而民不知擾。自殿寢廟廡以及外門，次第俱新。宏廣壯固，皆有加于前時。且擴其隙地，繚以周垣，樹以名木，幽邃清肅，允稱神栖。始事於是歲之正月，逾月而工訖。由是官民小大，咸愜瞻依。斯役也，實乃崇奉聖神而有關於世教，不可無辭以紀其事。敢丐文俾刻之石，以垂諸後？"

瑄因念數十年前既嘗謁聖廟，而追仰聖道。今兹之舉，固宜有言。夫舜之所以爲大聖者，以其爲人倫之至。而"精一執中"，乃萬世道統之源。禹、湯、文、武之君，皋陶、伊、傅、周、召之臣，孔、曾、思、孟以及周、程、張、朱之聖賢，雖行道明道之功不同，而其相傳之法，實皆遡其流。是其功被天下萬世者，曷有窮極哉！今聖朝方以有虞之道治天下，薄海内外，咸底休風。然則是廟之新，匪徒崇聖道于往古，實有以仰若聖朝爲治之意，是誠大有關于世教也。遂書其事俾刻之。

【校記】

〔一〕嘉隆本《全集》卷三十八、叢書本《文集》卷八"辨"作"辯"。

東嶽泰山廟重修碑

東嶽泰山之神，故有廟在山之陽，朝廷有大典禮、大政務，則遣使告焉。廟屋歷年既久，類多圮漏弗治。先是守臣嘗奏請修建，而未克底完。天順己卯，泰安州復以其事達之濟南，因以上請，詔允修葺。于時都憲年公富，方議興役而去。左副都御史賈公銓繼來巡撫。乃洎巡按藩臬協議，既擇有幹幕職以董其役，復俾濟南知府陳銓月一往以綜理焉。銓始至泰安州，以謂修葺嶽廟，所以祗若朝命，致謹大神，然尤當以省民財、重民力爲本。財匱民疲，事亦非可，因詢及守廟者，具言數十年所積禮神之物甚富，遂遣人持市木之巨細，與其他修屋之不可缺者。及既合，而匠役皆在官之人，而農民不知有役。銓既綜理有法，董役者亦因其意，不亟不徐，功日就緒。始事于天順庚辰秋七月，次年辛巳春三月訖工。殿宇周廊，門觀缭垣，悉皆完治，不陋于前，不侈〔一〕于後。咸願刻石以紀其事。山西按察使王允，濟南人也，因以書來求文于瑄。

惟孔子有曰："必也正名乎！"夫明則有禮樂，幽則有鬼神，其理一也。然則祀神之道，其可不以正名爲先乎？如嶽鎮海瀆，其在古昔帝王之世，皆以名山大川稱之，初無封號之加。蓋以其爲天地儲形萃秀，神氣流通，能興雲雨以惠物，能出財用以濟民。故雖載在祀典，而不可加以封號。自前季以來，道學不傳，幽明之理不明于天下，邪誕諂妄之説日作。於是有封五嶽爲王爲帝者，有封五鎮爲公者，有封四海、四瀆爲公爲王者，而又各加以美號。夫嶽鎮海瀆，其形峙而流，其氣神而靈。古禮五嶽視三公，四瀆視諸侯，而乃崇其號，人其神，名既失正，神豈顧享？洪惟我太祖高皇帝定有天下之初，即稽古祀神之典，乃頒大明詔旨于嶽鎮海瀆諸神曰："考諸祀典，知五嶽、五鎮、四海、四瀆之封，起自唐世，崇名美號，歷代有加。瀆禮不經，莫此爲甚。今依古定制，凡嶽鎮海瀆，並去前代所封名號，止以山水本名稱其神。”仰惟詔旨所載，大洗前訛，隆復古制，其所以達幽明之理，嚴上下之分，允宜表正斯世，垂法將來，而爲萬古不易之大典。孔子所謂“正名”者，于斯見之。猗歟盛哉！今東嶽泰山之神，爲衆嶽冠，聖朝既正其名，秩其祀，而廟有弗治，又俾所司以時修葺，而巡撫憲臣〔二〕洎藩臬得綜理其役如銓者，不竭民之財力，而克底完新，皆可謂祇若朝廷之丕休顯命，而致謹于大神者矣！遂序其事而銘之曰：

一理宰斡〔三〕，二氣互根。清浮無際，濁墜斯存。柔行剛峙，川洪嶽尊。惟此泰山，造化鍾萃。蘢蓯太虚，磅礴厚地。匪魯邦瞻，實衆嶽最。其蓄罔測，其施靡量。玄雲守石，甘雨八荒。功既載溥，厥報宜章。有廟在陽，奉命新葺。重臣是承，守臣是職。民不匱勞，事底完集。殿宇廊觀，聳立縈廻。高下中度，不騫不卑。神氣鬱鬱，流通在兹。昔古山川，明祀有體。夫何前季，封號薦起。儕嶽于天，紊三公禮。逮我聖世，道復古隆。斥絶僭誕，率循大中。嶽鎮海瀆，悉正其名。惟岱宗神，神稱允格。迄兹有役，咸願石刻。述理纂辭，以示無極。

【校記】

〔一〕叢書本《文集》卷八“侈”作“移”。

〔二〕叢書本《文集》卷八“巡撫憲臣”作“撫臣”。

〔三〕嘉隆本《全集》卷三十八，叢書本《文集》卷八“斡”作“幹”。

韓城縣重修廟學碑〔一〕

韓城，即古之韓城，襟帶梁山大河，爲今陝右大邑。邑學大成至聖文宣王廟及學舍，創建既久，皆有弗治處。河南湯陰王鼎以貢士來知縣事，既勤庶務，尤重學政。自大成殿以及兩廡、神門、神庫、神廚有圮漏者，悉完理之。重作明倫堂，東西齋俱增舊兩間，擴明倫堂後地作退堂一所，生徒退室，悉修葺焉。土木蓋瓦，級磚繪飾，壯固鮮彩。經始于天順五年正月，至八月訖工。廟學既新，又申舉教條，以勵生徒。咸願刻石以紀其事，乃來求余文。

余惟爰自隆古，神聖御極，未嘗不以學政爲先。蓋以人之性出于天，而性即理，理無不善。其氣質則有清濁之異，故不能皆知其性之所有，而全之以復其初。聖神君師億兆，必施治教，俾氣質清濁不齊者，皆有以變化之而復其性。若唐、虞之司徒典樂，夏、商、周之庠序學校，皆教人之政也。是以當時治化人才，極其隆盛。時至東周，學政不修。有若孔子之大聖，雖不得位以行其道，而其教人之法曰“仁”曰“性”與“天道”之類，則皆本于復性。故顔、曾、思、孟者〔二〕，宗其教而與乎斯道之傳。及孟子没，性學不明。漢唐間雖或建學立師，而教人之法則異乎古矣。至宋周、程、張、朱，真儒繼出，大有以發揮堯、舜、三代、洙泗教人之法。雖亦不得施之學政，而性理以之大明。我皇明統一寰區，大興文治，内自國都，外薄四海，莫不建學立師。其學政則純用聖賢教人之法。治化人才之盛，聿追隆古，夫豈漢唐所能彷彿其萬一哉！列聖相承，咸重斯道，數申敕天下，以時修舉學政，勿俾廢弛。今韓城王尹祗若上命，克舉學政如此。爲生徒者，其深體聖朝隆古教法，究濂、洛、關、閩之學，以上溯洙泗、堯、舜、禹、湯、文、武、周公之道，必由經以窮理，窮理以復性。爲臣盡忠，爲子盡孝，與凡職分之所當爲者無不盡。斯於人才風化，有裨于萬一，而于王尹之興學與有辭焉。於是既叙其事，復詩以系之曰：

惟梁有山，惟邑有韓。韓城之學，王尹是完。完之伊何，蓋瓦棟宇。神有妥棲，士有息處。釋奠考業，既飭且釐。媢學之子，惟道是資。道體於穆，曰命曰性。性該萬善，全畀神聖。神聖在昔，極建教敷。唐虞肇跡，典樂司徒。延及三代，教法隆備。聖賢相傳，千載一致。蓋人之稟，理一氣殊。明誠兩盡，斯復其初。夫何前季，性傳晦昧。學名則同，學實非是。逮我皇明，道際嘉亨。學建内外，復性是崇。兹韓之校，有成斯役。磨石纂辭，以勖〔三〕無斁。

【校記】

〔一〕《文集目録》缺"廟"字。

〔二〕叢書本《文集》卷八"者"作"皆"。

〔三〕叢書本《文集》卷八"勖"作"勛"。

蒲州廟學重修碑〔一〕

蒲州儒學,著令釋奠大成至聖文宣王,仲春、仲秋上丁,凡一其弟子,以及歷代有功于聖門之諸儒,皆配饗從祀于殿廡焉。廟後列堂齋,爲生徒講習之所,事神育才,各有其宇。然或敝于久,或缺于初,皆學政之不可緩者。今徐守孚,浙右台之黄巖人,家世業儒。既由庠序中鄉舉,游賢關,歷事春官,于神典民政,熟于講聞。及來知是州,凡政事先後,次第修舉。因進謁大成殿庭,以大成門、東西廡、神庫、神廚、牲房,皆事神之宇。大成門歲久穿漏,乃葺而新之。兩廡迫隘,不足以周旋禮節,遂擴增其楹數,復外爲周廊,以障風雨。神庫等屋,悉加修治。生徒雖有講習堂齋,舊乏退息之室,因創增號房數十間。又樹扁學門,以壯觀仰。其材皆儲之于素,匠役取之在官,民不知擾,而役底于成。始事于天順四年月日,凡幾閲月訖工。於是神宇學舍,巍然莫不峻整。又訪郡之先達可爲鄉先生者,尸而祝之,以勵後進。師生樂其崇學好禮,而役之成也,咸願有辭以鑱諸石,乃來求記。

余惟古之學政,考之載籍可見已。蓋自夏、商、周以上之教法,皆可以復人性之善。孟子所謂"學則三代共之,皆所以明人倫"者是也。漢唐歷代,雖或建學,而道學不傳,又爲異端雜術所淆,而知以復性爲教者,鮮矣!至宋道學復明,朱子序《大學》有曰:"治而教之,以復其性。"如唐虞司徒之職,典樂之官以及三代小學、大學教人之次第節目,皆所以復其性。故又曰"學焉者,無不有以知其性分之所固有,職分之所當爲,而各俛焉以盡其力"者,此也。洪惟我天朝道隆前古,治底文明,内外建學,其所以育天下之英才者,皆以復性爲教。故凡五經、四書、小學、性理書，自周、張、程、朱之説，以達乎堯、舜、禹、湯、文、武、周公、孔子、顔、曾、思、孟之道。學校之講學者既一于是，科目之取人者亦一于是，推之禮樂政治者，莫不一于是。是以學政粹然一出于正，而異端雜術不得以淆乎其間。豈漢唐歷代之學而鮮知以復性爲教者之可擬哉！

今徐守既克舉學政，諸生瞻依宣聖諸賢之廟廡，有所興起，必由所謂五經、四書、小學、性理諸書，周、張、程、朱之説，以求古聖賢之道，以求復其性，以追古"俛焉盡力"之君子，庶幾于學政有實效矣。於是既序其事，而復繫之以詩曰：

惟此蒲學，守克新之。新之伊何，道化在兹。有神之宇，靡不完葺。有士之居，靡不增立。春秋釋奠，禮必虔誠。朝夕礱琢，業必專精。于道自天，全畀神聖。繼天立極，治教斯盛。昔在唐虞，典樂司徒。三代法備，學則有區。區以小大，慮百致一。爰究其歸，復性是極。延延鄒魯，心法相承。曰命曰性，一以貫通。孟氏徃矣，正緒邈絶。術裂多歧，理難同轍。宋儒勃興，道統是接。皇明運泰，道隆古先。學建内外，正教是宣。其經有五，其書有四。性理真儒，發揮詳至。于以表章，于以作人。人知復性，化底熙淳。兹類有政，政既理治。勖哉明誠，聲實永世。

【校記】

〔一〕《目録》作"蒲州廟學重修碑二"。

安邑縣修孔子廟碑

皇明定有天下之初，即隆古聖王之學政，設國子監、郡縣學廟，祀先師大成至聖文宣王及七十二子。凡先儒有功于聖門者，亦皆從祀廟庭。選師儒以育天下之英才，由是學政大備于内外。列聖相承，咸重斯道。今皇上治洽重光，尤重教事，近年復申命憲臣分督天下學政。天順七年二月，解州之安邑知縣事楊磬，乃祇若上命，以孔子大成殿及門廡皆歲久圮剥弗治，遂集匠役，量工興事。撤去楝桷之腐壞者，悉易以美材，蓋瓦亦埏埴堅致，以至繪彩，無不完飭。又一新聖賢之肖像。既以是月興役，不亟不徐，至八月工訖。師生洎邑之耆庶，雜然相與言曰："是役也，實楊令祇若上命，克有成緒。不有所紀，何以示後？"遂來求辭，將鑱諸石。

余惟學政之崇卑，實關世道之隆卑。三代學政崇而世道崇〔一〕，固無間然。漢唐歷代，亦皆以崇舉學政，饗國長久。惟若秦之廢學政，焚詩書，其效可見。我皇明建學，純法隆古。既正聖賢之祀典，教人之方，則自周子、張、程、朱子以上，遡孔、顔、曾、思、孟子、堯、舜、禹、湯、文、武、周公之道，以復性爲先，明倫爲本，而異端雜學，皆不得以淆乎其間。是其學政又非漢唐歷代可擬。今以安邑一縣，楊磬能舉學政觀之，則自畿甸以達方岳，爲守令者孰不祇承德意，以各舉其學政。而天下之英才，被朝廷教育之恩，陶聖賢禮義之澤，皆將以正學自勉、古人自期，思有以培植國家之洪祚于億萬斯年之久。世道之隆，足以遠追三代矣。

楊磬，陝西靈臺人，丁卯舉子，莅政有能稱，學政尤其首者。故咸願有紀。遂次第其事，復系以詩曰：

惟此清廟，聖賢是栖。緜歷歲久，圮剥弗治。皇有大命，俾時葺理。凡在守臣，孰不悚靡。楊令安邑，惟祇惟承。乃作周廡，乃新大成。爰及門宇，無不崇舉。有翼楝梁，有堅甓礎。延于肖像，聿克就新。高宏儼肅，允稱典神。濟濟士子，爰瞻愛止。學仰正傳，人倫天理。有適其德，進釐百工。罄竭忠藎，仰答盛明。匪圖榮肥，式篤仁義。庶學有光，垂賁永世。

【校記】

〔一〕嘉隆本《全集》卷三十八"崇"作"隆"。

文清公薛先生文集卷之二十二

門人關西張鼎校正編輯

墓誌銘

明故奉議大夫山東按察司僉事崔公墓誌銘

山東按察僉事崔公卒于官，將返葬故鄉，其弟理奉公行狀，請銘于其兄同官河東薛瑄。謹按狀，公諱碧，字仲玉，永平昌黎人。大父彦名，祖妣齊氏。彦名有隱德，鄉人嘗被兵無食，彦名以其家積穀千餘石貸與之食。兵息，取券焚棄，一無所責償。父得，母齊氏，生四子，長即公，次叔琮，次叔璘，次即理。公少有美質，大父母、父母特愛之，遣充縣庠弟子員，習經史舉業，中永樂十五年鄉試，登辛丑進士第。宣德初，拜交趾道監察御史。立事舉職，強幹不屈，籍籍有聲。逮國家推恩，例封父得文林郎、交趾道監察御史；母齊氏封孺人。時公大父母俱高年安好無恙，父母又皆顯受褒錫。公嘗衣綉歸省于家，祖、子、孫三世，一門壽慶光顯，鄉邦以爲榮。

正統紀元，調行在江西道監察御史。明年，爲廷臣薦，擢陞今職。分巡部屬，剔濯奸垢，振挈紀綱，事以無墜。竟積勞成疾以卒，正統四年十二月二十三日也，享年四十又九矣。先是，公有疾，因念大〔一〕夫人已卒，大父、父母俱年老在故鄉，不得朝夕見，愈憂思不置，遣理往迎之。既而大父暨御史君俱弗克來，獨母孺人至。公輿疾迎郊外，相持感泣不已，疾遂增革。公初娶張氏，早卒，贈孺人。再取〔二〕劉氏，泰州同知浩之長女，封孺人。公存日，嘗命理之子善聚後己。公没，理如其命，善聚甫四歲，幼不任事，理奉公柩歸，以正統五年四月初二日葬于故里司家莊鵲鳳山之先塋。銘曰：

胡豐其始，胡嗇其終。命實爲之，嗟嗟乎崔公！

【校記】

〔一〕叢書本《文集》卷八“大”作“太”。

〔二〕叢書本《文集》卷八“取”作“娶”。

滎澤令張宗原墓誌銘

宗原諱本，姓張氏，濟南歷城人。祖子敬，父直卿，咸以善人稱。衍慶種德，以及宗原。宗原生異凡兒，其父尤器愛之，遣充郡博弟子員。即刻志務學，兩經師授，習舉子業，兼明《書》《春秋》經。在庠序時，固已見稱於人。丁外艱，家居，平原令禮延訓諸子弟。洪武二十六年，遂以《春秋》魁六郡士。明年疾，弗獲預試春官，遂入太學。益師友天下文儒之選者，以廣其學。三十年，中乙榜，授山西應州學正。

宗原以師道自勵，率五鼓而作，進諸生誨以務學成己成物之道。正身率下，嚴毅清苦，雖隆寒盛暑，不少易其勤。厥後北方罷學，改署浙江奉化縣學。其教人如在應州時，固無怠。永樂紀元，仍任應州學正。五年，編管薊之豐潤。宗原雖居畎畝中，恒以士節自持，不少貶以求合。簡出入，正容體，雖市井負販，望之知敬。有所不合者，亦知其爲端謹士，而不敢慢易也。居數年，志益堅，行益修，名益著。有以宗原應詔舉者，遂起自布衣，賜冠帶往使川蜀。未幾，丁内艱。服闋，擇授河南滎澤令。宗原時年已六十餘矣。以其素所畜積，施于爲邑。正己以束吏，行恕以及民。驅游惰悉歸之南畝，治奸民告訐尤無狀者。中州習俗，男婦無目者多彈琵琶，道鄙俚，歌揚載道。男女聚聽，通宵不止，禮度悉愆，耕織或廢。宗原立皆禁絶，蠹者皆去，境内風俗頓變。宗原尤重育才，時就校庠，令諸生執經問難，從容教語，士皆知奮。宗原始至，人疑其拘儒迂執，不閑于政，而不知明體適用，正儒者事。宗原能推行之，不數年，邑里富庶，士民信服。

正統改元，宗原朝正京師。因引年還鄉里，時從士大夫同休致者，徜徉里閭。衣冠偉肅，鬢眉皓然。後生小子，莫不望之起敬。郡邑士子，或執書史就問其門者甚衆，而藩臬大臣，亦皆禮下之。都指揮李公進，武而好儒，時延宗原于家，講説《春秋》大義，泛及古人臣之盡節盡忠者。李公聽之，欣欣忘倦。而士大夫因是以重李公云。

宗原生於某年某月某日，卒于某年某月某日。於乎！士于爲學，或不得其方，以至終身顛倒迷繆，鮮克自立者，往往有之。宗原乃能自少至老，于學獨得古人之遺意。爲師而能淑諸人，爲邑而能惠于物。卒至完節歸老于家。其事歷考，殆無可憾哉！宗原娶王氏，生二男三女。男曰顒、曰頫，女皆適良族。葬得期曰某年某月某日，卜得地曰某山某水某原。李公以其子狀來請銘，則爲之銘曰：

有學有行，有事有業。壯仕老休，旋履罔缺。考終耆年，歸于其穴。鐫石幽墟，以著永極。

故孺人王氏墓誌銘

孺人姓王氏，太原陽曲人。其上世多顯者，以譜牒散失，莫考其詳。獨孺人之父能甫，卓卓有立，克世其家。繼善儲慶，實鍾孺人。乃生而端秀，少而静淑，長而孝慈。姆教不勞，而婉娩能聽；女工克巧，而績製惟勤。以至佐長者視事親之具，禮相祀事，女行細大，靡不能勵。

及笄，擇所適，得縣人朱守益，乃故家子，遂以歸之。孺人入朱門，饋禮既舉，公姑胥賀。婦道日修，長幼咸悦。尤能以勤儉相其配，故家計雖裕，而費出不冗。鄉人有匱乏來假貸于守益者，孺人即罄所有，以助施予。雖求者屢至，無厭色。遂得享有多福，子女蕃茂。孺人又能自其嬰時，悉教之以正。其長子紱者，生有美質，孺人勸守益遣之就學。既入郡庠，孺人夫婦尤能嚴家庭之訓，不數年，紱果以學行有進，登名薦書，游于太學。

今皇上在潛邸時，慎選官屬，紱爲吏部所推擇，即授典寶。未幾，守益即世，孺人哀毁若不能生者，乃率諸子盡悴以襄葬事。遂絶膏沐、屏服飾者數十年。益以禮義善道誨諸子，使永守益之慶，而光朱氏之門。紱既服除，上特陞湖廣道監察御史。僅三載，又陞大理寺丞，因得以御史秩恩敕贈守益如紱之職，孺人受今封。命下，紱即具冠服往奉孺人。榮溢家門，歡傳閭里，而孺人逝矣。

孺人生洪武己未，没在景泰癸酉十二月二十五日，享年七十有五。孺人生四子，長即寺丞君，次曰旺、曰綬、曰纓；女一人，適邑人高名。孫男七人，曰瓛、曰瑢、曰璘、曰瑞、曰理、曰琮、曰瑶，瓛中癸酉鄉榜。寺丞君聞孺人訃，歸謀葬事。乃奉其友刑部侍郎周君之狀，纍然喪服來請曰："不肖孤卜以景泰五年三月某日，祔葬母孺人于新村先子御史公之塋，敢乞銘。"則爲之銘曰：

有令女德，惟孺人是持。有良厥配，惟孺人是歸。有繁厥子，惟孺人是儀。女婦母道，惟孺人咸宜。故能享有多福，而考終于期。兹孺人之安藏，鐫幽石以永貽。

明故正議大夫資治尹刑部左侍郎孔公墓誌銘

公諱文英，字世傑，系出宣聖之裔。大父諱彦明，娶曹氏。父志學，娶蔣氏。自彦明值宋季兵作，徙家武安，再徙邯鄲。父志學又徙陜西安化縣，遂家焉。比再世，皆積行隱德，弗耀于時。志學生五子，次即公也。公生有美質，其父遣入縣庠，從良師友習舉子業。中永樂十五年鄉試，登辛丑科進士。宣德元年初，知江西廬陵縣。未幾，以事至京師，擢任浙江道監察御史。三年，累奉璽書，巡視北直隸民瘼。事訖，條奏所以消弭之方，大荷寵賚。值浙江黄岩有健訟者，構捏齊民三千人，相聚譸張爲非。公奉敕諭，俾往體量鞫問。公至，則取其文狀，究察端緒所自起，遂得其所以構造者皆羅織之詞，一訊衆情皆服。立遣詿連之衆，獨械首訟一夫來京處治，人皆交口以明果稱之。十年，丁内艱。正統紀元，廷臣奉詔選能御史分理天下軍政。公以廷臣薦，乃驛召至京，改河南道，奉敕清理江西軍伍。九年滿考，陞支五品俸，仍理前事。正統五年，陞湖廣按察使。九年，丁外艱。部屬軍民狀公公平之跡，相率訴御史，乞留御史。會奏得旨報可，奪情起復莅事。後以事至京師。景泰紀元，今皇上詔擇有文武才謀可鎮邊關者。吏部以公名上，遂陞大理寺卿，俾奉敕鎮守紫荆關，及提督緣邊軍務。公至，練兵有法，設險有要，弛置得宜，關備大飭。内外晏然無警，軍民皆得以樂生興事。六年春，上以刑部左侍郎員缺，且邊關無事，乃驛召公補其缺。次年，爲景泰七年二月二十八日，卒于官。詔如例遣官諭祭，修墳安葬。公生當洪武甲戌五月初七日，卒是年月日，蓋甲子一周又三歲矣。

公娶陳氏，生子男四：曰宇、曰宗、曰宙、曰宏；女四，孫男三。公性資温厚，居家孝友，接人謙和，于世利澹然，寡嗜好。既力學，尤通史〔一〕事，登科爲名進士，治邑爲賢令尹。出入風憲，綱紀卓然。鎮守邊關，事功就緒。入貳秋官，庶獄明慎。其行己歷官，大節可見如此。又歷仕清朝，荷國家舉推恩之典，贈其祖通議大夫、大理寺卿，祖妣淑人；封其父文林郎、監察御史，贈通議大夫、大理寺卿，母封孺人，贈淑人。公加授正議大夫、資治尹，陳氏封孺人至淑人。實有三世疏封之榮。公既没，又荷聖朝褒恤之典，諭祭有文，窀穸有造。其可謂有光前後，善始善終者矣。公之子宗，將以某年月日奉公柩葬于某山之原，乃奉公狀，累然喪服來乞銘。則爲之銘曰：

有璞必追，有木必材。孰人之瑰，而用與違。君惟其魁，孔牒世輝。有胎有胚，有敷有爲。所持不回，所職不隳。所積既徽，所成惟丕。祖考遠綏，嗣慶世累。甲子訖推，幽銘永垂。

【校記】

〔一〕嘉隆本《全集》卷三十九"史"作"吏"。

故沈彦正墓誌銘

君姓沈氏，諱本，字彦正，姑蘇人也。沈之先出聃季，代有顯人，歷宋、齊、梁、陳、隋、唐尤盛。在梁有沈約者，文學伏〔一〕一時，仕至侍中，蓋君之遠祖云。厥後月湖仕宋提刑庫，官階迪功郎，于君爲曾祖。月湖生正卿，仕元浙江仁和縣典史。正卿生君考，諱原，業儒不仕。君少以行義稱，嘗構雙桂堂，率兄弟以奉親。親没，每至葬所，輒攀松以泣。已而復爲《瞻松卷》，求名公言以揄其志。

君昆弟二人，己爲長。嘗喟曰："吾先世聞人纍纍，逮先君子雖斂德不耀，而所以望我後人甚鉅。吾以經紀門户事，于文儒業已無及。幸吾弟慧而敏，誠使其有立，以紹先志，吾可無憾。"俾其弟贄郡先生，以稟學焉。其後果克成就，如君所謂。君于逢掖士尤加敬，延賓客必豐殽盛飲，極歡而罷。家頗饒貲，人以匱告，則周之無吝色。在鄉里能卑身遜言以下人，故尤得衆譽，咸謂其善行出于資性云。

君娶馬氏，生四子：男二人，曰旒、曰□〔二〕；女二人，曰淑清、淑安，皆適良族。君享年六十有五，以疾卒于京師文明之寓館。子旒奉其喪南還，道過滎陽。時君弟復方爲滎陽令，能而辯，始由貢士知湖廣蘄水，後調是邑。以君之没于外，哭之逾時而哀。遂卜葬期曰良，卜地亦惟良。乃泣而謂余曰："吾兄將以年月日歸袝于吴縣太平鄉薦福山之先塋，吾縻于職，不得親視其窆，悲曷可勝！敢以狀請子銘。"銘曰：

允矣沈君，不華以質。行由内修，善斯外及。有弟孔彰，有嗣孔立。甲子一周，五不滿七。與化廓然，可謂無戚。言袝〔三〕先塋，言厝玄宅。礱石鑱詞，以著永極。

【校記】

〔一〕嘉隆本《全集》卷三十九"伏"作"第"。

〔二〕"□"諸本皆缺，嘉隆本《全集》卷三十九作黑方，蓋不知名，闕如也。

〔三〕嘉隆本《全集》卷三十九"袝"作"術"。

故處士楊君師魯墓誌銘

處士姓楊，諱曾，字師魯，世爲河津舊家。其大父天錫，官至監事，家牒不存，莫考其詳。天錫生三子：曰元、曰亨、曰利。元無子。亨仕元國子學録，生希元，仕元絳州學正。利生二子：長繼先，次紹先。紹先生二子：曰曾師魯，曰侃師冉。師魯即處士也。

處士生而資質端重，不妄嬉戲。少與其弟學益進，聲日彰，駸駸有仕進之漸。處士曰："弟爲忠，兄爲孝，各行其志可矣。"乃退處龍門之故居，日以省視先塋、飭敬時祀、教誨子孫爲事。未幾，其弟師冉果以學行貢諸南宫，初授湖廣黄州府教授，就陞推官。處士兩寓書戒之曰："天地間生人至衆，能享官秩者幾何？郡庠風化之首，府推理刑之司，二者皆匪易職。汝其勉之！"其弟克遵教戒，遂以文雅明慎見稱于時，而卒遠悔尤，以終其禄于官次。處士享年五十有□〔一〕，終于正寢。其配劉，固無恙。

處士二子：長曰峙、次曰□。女□人，皆適良族。處士殁後□年，其子峙以内外教謹，又克進于學，遂中永樂二十一年鄉貢進士。因念其家世積行之深，先人衍慶之遠，而己得藉其餘澤而獲薦書之光榮。獨墓無刻詞，大懼不任顯揚之意，遂述其行來徵銘于余。銘曰：

有浚其源，有引其流。謙謙處士，讓顯樂修。進退兩榮，于行爲優。後嗣本德，銘以闡幽。

【校記】

〔一〕以下四"□"字，諸本並缺。

侍御趙君墓誌銘

君諱寬，字子裕，姓趙氏，河南汝寧人。高祖誠，贈開封府知府。曾大父志善，贈吏部尚書。大父好德，吏部尚書。父毅，工部侍郎兼詹事府少詹事。惟君先祖考四世生仕没贈，皆顯有名位。藴善積慶，以及君躬。

君少而聰穎，長而俊爽，壯而恢達。讀書爲良子弟，登科爲名進士，列官爲才〔一〕御史。其所勵操揭行，惟先德之忠孝是肖是嗣。推其心，葢甚將有爲，而皆弗克自必也。饗年四十，以宣德六年十一月十三日卒于京師。厥配謀以君之柩歸，適君之弟敏來，遂以君之柩歸。卜吉于宣德七年月日，祔葬于鶴莊之先塋。君所娶尹氏，生二女一男：女素英、桂枝；男通兒。君于兄弟爲次，兄曰恭，弟曰信、曰敏。敏好學而文，與余爲庚子舉子，君與余爲辛丑進士。敏以余與其兄弟皆同年，且相好也，遂狀其事來求余爲銘。銘曰：

或衍其源，而不昌其流；或豐其才，而不騁其游。命寔尸之，銘以慰幽。

【校記】

〔一〕嘉隆本《全集》卷三十九"才"作"材"。

山東按察司僉事楊潤妻陳孺人墓誌銘

孺人諱秀瑛，姓陳氏，山東按察司僉事楊公伯玉之妻，江西瑞州府高安處士仲同之長女也。孺人之生，淑慎端静，天性孝友，雅異凡女。處士爲擇所宜配，得僉憲公之賢，又爲同邑，遂以歸之。孺人入門，恪修婦道，既逮事僉憲公太夫人趙氏，至事其舅松溪處士如其父，事其姑吳夫人如其母，處娣姒如其弟妹。而又以砥節學力，惟僉憲公是贊是勸。楊氏閨庭雍睦而整肅，僉憲公業修而行立者，孺人皆與有助焉。及太夫人、松溪處士、吳夫人相繼没，先後孺人相僉憲公治喪祭如儀良多,鄉邦尤稱道之。

僉憲公既釋服,遂由鄉薦登永樂乙未進士第,拜浙江道監察御史。值國家舉推恩之典,遂贈松溪處士如僉憲之職,吳夫人與孺人同封。于時孺人從僉憲公官居京師,有貨獄者,窺僉憲公出,密賫白金百兩來懇孺人。孺人遽命其長子蕃執送官,卒正以法。宣德四年,僉憲公修職舉事有聲,繼又荷國家推恩,僉憲公進秩奉政大夫,而孺人已病矣。孺人疾既革,適其子蕃至自江南,是夕卒。正統二年十月日也。享年五十有三矣。

孺人生子男曰蕡、曰芾、曰蔚,與蕃爲四人;女二人:慕貞、永貞,皆未適人。孫男曰顯,孫女曰遇真。明年,爲正統三年,僉憲公命蕃以一舟載孺人柩南歸,將以是年月日葬于其縣萬石鄉道士岡鳳山錦水間,從趙夫人兆次。乃狀孺人行實求爲之銘。銘曰:

於乎孺人!爲女賢于父母,惟德之貞;爲婦宜于其家,惟德之馨。故有貴于夫,而命服在躬;有積其後,而子孫繼承;有考其終,而歸于窆封。是宜銘以掩幽,而永著厥聲。

故奉直大夫蒲州知州張公墓誌銘

天順二年七月十七日,致仕奉直大夫、蒲州知州張公卒于其家之正寢。八月初吉,其長子鼎以公狀遣其弟鼐來乞誌銘葬。

按狀,公諱廉,字惟清,世爲陝西西安咸寧人。公高祖德用,仕元翰林學士承旨。曾祖思忠,祖恭諒,考秉文,三世皆蓄善弗耀。秉文娶范氏,生公有美質。自童穉時,已不好戲,異凡兒,父母鍾愛特甚。方十二歲,即遣入郡學,從師友習舉子業。二十二,領永樂癸卯鄉薦。入太學僅三年,以才中時用,不次選擢刑部照磨。未幾,改除山西臨汾縣丞。佐政有聲,調蒲州判官,用保陞知州事。蒲爲大州,事劇難治。公既正職莅事,乃剗刮積弊,以身率人,自家及官,皆有撿飭。條法教民,作業以時,與民以信。凡賦調不督而集,極力扶植柔善,于豪強則重加繩抑不少貸。尤知爲州急務,修舉學政,如有不及。寅恭祀典,壇場祠宇，悉皆修治，莅事數十年，無非法一事以擾其屬縣。予嘗使川蜀，道過其州，見其廳治落然無事，惟聞誦讀聲。問之，則曰："課吏讀律，使知畏法，且不暇游惰耳。"若公者，可謂能其職矣。

蒲去咸寧甚近，時公父母俱康強，乃迎致就養，極其娱奉。及二親先後没世，俱葬祭盡禮，又可謂能其子矣。公丁内艱時，蒲之軍民合詞保留，又可見其爲人所愛慕焉。及謝事去時，方年五十有二。家居惟教子孫，與宗族朋舊過從爲事，他無所勞其心，又可謂能安于退休者。公娶王氏，生三子：曰鼎、曰鼐、曰鼒。鼎嘗從予學，中癸酉鄉貢，方待會試于家。女三：長適咸寧士人傅珍，次適蒲州守禦正千户石洵，季適千户孫達。享年五十有七，三子皆在側。鼎洎其二弟以是年九月初三日葬于韋曲，從先兆也。嗚呼！公之行己，始終無玷如此，是可銘已。銘曰：

或早其發，而疾其萎。或惠在人，而不及私。或豐于前，而嗇其垂。不萎于早，不偏于施。有躬其裕，有後其貽。胡終無憾，公其咸之。

墓　表

汾陰阡表

河津古河東地。我先世自得姓以來，即居之，鮮有徙寓四方者。故族屬蕃大，不下數十百家，没而葬于汾陰之南坡者，封樹纍纍焉。我先考教諭公既卒于河内官次，其年冬，孤子瑄扶柩還鄉里。明年，爲宣德元年，遂以正月十一日葬于南坡之先塋。前三日，自他窆啓先妣齊氏柩，以禮祔。又二年，瑄服除入朝，授廣東道監察御史。瑄竊惟先公先妣鞠育之勤，教戒之嚴，慶澤之深，而藐末不肖，乃有今兹之光榮。先公先妣既相繼即世，而欲以微禄致滫瀡之奉，固皆無及。是以獨居静處，追慕音容，展轉歔欷，痛心泣血，而莫知所措。因念昔之君子，追惟其親而不能自已者，必有纂述之詞，勒之金石，以發揚先德。若柳子之紀其先侍御，歐陽公之表瀧岡是已。顧小子瑄，曷敢自附于前賢！然念大恩之莫報，抱終天之大戚，而所以表述先德之心，出于悲思繾綣之餘而不能自已者，亦竊冀其萬一焉。是用摭取先公歷官行己之詳，敘次如左：

先公生於元季，甫七歲，先太父即授以四書，先公誦習，晝夜不輟。比十餘歲，皆能暗記，不漏一言。既而以選拔爲縣庠弟子員，益肆力于經史子集諸書。時國家肇運，興創百度。以元季科目文字過于冗衍，而古賦乃詞章之流，遂定新式，皆從簡約，而古賦易之以論。文格既新，士多病于舊習，而卒莫能變。獨先公以經理充爲舉業，即合其程度。先進老生，皆推讓之，而後學小子有所述作，學官儒師必悉令先公爲之删潤焉。洪武甲子，行科舉，先公以《書經》應山西鄉試，一往即領薦。明年，爲洪武十八年，試南宫，授北平真定府元氏縣儒學教諭，年二十九矣。時建學未久，士荒于習。先公以身率之，時束以教條，比及九年，而諸生行業可觀者衆。官滿赴闕，太祖高皇帝詔吏部擇儒官可備顧問者。吏部以二十員名上，而先公與焉。每旦，禮官引入，敘立于丹陛内，百官退乃退。太祖高皇帝嘗御奉天門，命諸儒臣講五經。先公講《書·大禹謨》，音暢義明，克動宸聽。及罷，流輩咸推道焉。凡三閱月，仍授河南開封府鄭州滎陽縣教諭。

其先，校官以教無成績罷去。先公深念教法隳弛，無以稱育材意，乃擇諸生之秀者，列之别室，爲定程法，以嚴督之。餘亦因其資，使進于學。先公率以五鼓而作，終日爲諸生盡所以誘勸磨礱之道。或有日中未食，亦不知倦也。如是者五年，諸生業已就緒。以北方罷學，改官四川馬湖府平夷長官司吏目。其地古西南夷，去中國絶遠。時瑄輩皆幼，先公攜持以行，水陸間關萬里。既至其處，則人皆夷獠雜類，野無良田，率芟山而火之，側耕危獲，苟以給食。江流迅暴，每盛夏水漲，則舟楫不通，商旅殆絶。官無廨宇，俸無儲積。先公不以其地僻惡介意，欣然結茅以居，資以衣食，克己守約，一毫無所私於人。或至食不繼，纍日怡如也。先妣復能薄衣食，安貧淡以助其廉，于上下以賄交者，一切閉絶。惟于民事則盡心焉，若饑渴之于飲食。故人雖夷獠，亦皆心服而樂道之。

永樂紀元，詔諸改官者悉從舊。明年冬，復任滎陽。舊生卒賴成就而資任用者，比迹相望。任滿，移官玉田，勤誨如在元氏、滎陽時，固無怠，人才亦不減于昔。九年，爲永樂十七年，徙教鄢陵。丁先太父憂，去官。繼丁太母憂，家居五年。起復爲河内教諭。到官未久，仁宗皇帝御極，朝京師。歸，道病，輿至任卒，洪熙元年三月初一日也。享年七十有一矣。

嗚呼！我先公自讀書應舉入仕，一聽之自然，未嘗少屈以干人。歷官三十餘年，教人治民，必勤必盡，不以秩卑禄薄，而分外有一毫僥冀心。是雖不得大行于時，而操持施措，亦可概見矣。先公天資謹厚，簡淡寡欲，幼即不妄嬉戲。在庠序，端坐終日。出入造次，以禮自持，交友未嘗至于變色。每休暇歸，入里門，恭謹過甚。見老少，咸接以敬讓，無毫髮矜傲態。鄉里父老，至今談先輩在庠序有行義者，必舉先公爲首。其在元氏，迎太父母就養，極恭順之道。俸廩餘資，一錢尺帛，皆歸之太父母室，而己無私積。于宗族尤極念恤，于子孫尤極慈愛。事上恭而不諛，處僚友和而不比。奉身極儉，一毳襪或數年不易。食取充腹，而不屑于滋味；衣取雅潔，而終身無文綉；器用粗樸，而不求華巧；衾褥用大布爲之不厭。所至廨宇，因其故而無所增飾。雖或支撑隘陋，風雨不蔽，而居之裕然。囊篋不問有無，惟于爲學爲教，則汲汲若不及，至白首皆然。與衆會集，或縱酒喧嘵，己獨默然静處，若無所聞者。性不喜酒，飲不過三爵。教人以身先之，每日常以鷄鳴而起，未有至旦而出者。教瑄輩爲學，以正心修身爲切要。瑄少性急易怒，嘗大書于窗曰："暴怒猶有，亦宜戒之！"瑄自是痛自克治，而不敢恣。戒家人衣食以省儉，或見飲食稍豐，必顰蹙曰："汝等不知農作之艱難，而乃如是！"其爲學，以仁義道德爲本，析經義以先儒氏説爲主，爲文詞以理勝，而不爲浮靡，論道以三綱五常爲大，而異端邪怪之説無以干其思。

嗚呼！我先公處心制行，爲學之正，自少至老，無所矯易，又可見矣。重以太父母義方之訓培于前，先妣媲德之賢助于内，故居易履順，保節遠尤。永終官禄，歸祔先塋。誠所謂善始善終者矣。而小子瑄又以庚子河南鄉試，忝登辛丑進士第。始仕即叨清要，所謂鞠育之勞，教戒之嚴，慶澤之深，誠不可誣。而罔極之恩，既無所報，用敢僭摭歷官行己之實，流涕頓顙，表于墓次，以明我先公承休于躬，衍慶于後者尚未已。而我後之人，當恪恭孝思，永永服膺先德，以求無忝所本云。

文清公薛先生文集卷之二十三

門人關西張鼎校正編輯

墓　表

處士牛君墓表

古有司寇牛父，微子之後也。子孫因以父字爲氏，而牛之姓實出于是。隋之弘以德量稱。在唐，豳國奇章公咸階峻顯，堪以大〔一〕學生爲昌黎公推道，見諸文。宋，皋以勇略爲鄂武穆部將。牛姓著聞者代相望，史不絶書。今處士興，父福淵，大父尚輔。尚輔之先世居山西潞州，有仕至樞密使者，代遠，不詳其字與世。自牛父逮處士，亦不知系自何出。至處士大父始居鄢陵，遂爲鄢陵人。比三世，皆積善行義，遯迹丘園。

處士娶柳氏女，生子男四人：曰忠、曰麟、曰景、曰良；女四人。良最季。處士視諸子中，惟季質魁壘，且性開敏，宜有立，遂遣充學官〔二〕弟子員。讀書日有聞，中永樂某年鄉舉，入太學，益廣所聞見。天官才之，上其名于朝，授西安府同知。侃侃有操施，能舉其職。人皆服處士爲知其子。處士雖不治章句業，孝友樂善，出于其性。子季既業儒，餘三子家居，處士教以孝弟和謹，戒以勿崇貨，勿刻貪，服事唯勤厥敷菑，不得惰荒嬉慢。處士尤急人所無，傾囊倒廩無吝色。人有負處士者，必自引咎，弗與之争。以故家庭閭里，咸服處士之篤于行。子季之爲學也，處士必使嚴其師，擇其友，專精其業。凡伐性敗德隳業之事，絶使不爲。良之爲賢子弟，爲才舉子，爲名太學生，初仕而得佐大府，貴有大夫之秩，固皆處士之善教。且積慶自其先世來者遠且長，而始發于良。作善之報，耿耿其不可誣。福淵娶于氏，生三子，長處士。尚輔娶李氏，生五子，其一福淵也。處士四女，皆適大族士人。處士與柳氏先後没，俱葬其先塋。

良爲同知之五年，距處士没若干年矣。因念處士墓表未克刻，無以顯揚其祖考之潛德懿行，以垂示于後人。乃詳其世次行實可知者，以書投河東薛瑄，求爲之辭，用稱薦述之意。則遂刪取其書之所載者，刻之墓道。俾牛氏子若孫，得以覽觀，皆知蒙慶澤者，其來有自。且永永無怠于爲善，以思嗣續其世云。

【校記】

〔一〕嘉隆本《全集》卷三十九"大"作"太"。
〔二〕嘉隆本《全集》卷三十九"官"作"宫"。

訓導趙先生墓表

故大名府滑縣儒學訓導趙先生，正統八年三月初六日，以疾卒于家。是月二十七日，葬于峨嵋山之先塋。明年夏，其子駣以先生狀走河津，求爲表其墓。

謹按狀，先生諱甗，字玉鉉。世爲平陽蒲州人。祖諱伯通，考諱良，皆以淳質行義稱于鄉。比兩世，隱德弗耀。先生生有美質，少即端凝不嬉，動止異凡兒。良視諸子中，惟先生可教，遂遣受業郡博。比長，習程、朱氏《易》，中洪武二十八年鄉舉。入太學，益從老師儒及四方之英俊，以廣其學識，端其趨向。適天下教職多缺員，所司得請合太學六館士，考其業精行修者，以補其缺。先生時在選列，授鳳翔府汧陽縣儒學訓導。隴俗獷悍，諸生事弧矢、網罟、漁獵，以荒其常業。先生至，即督絶，嚴條約，以身先之。數年，諸生遵禮教，篤詩書，由科目進而仕于時者纍纍焉。官滿，調順天府三河縣儒學訓導。教人如在汧陽時，固無怠。九年，丁内外艱。起復，調今任。先生年益高，學益進，行益修，士子賴其造就者益衆。正統元年，以年逾七十致仕歸。僻居鄉里，疏遠紛囂，安静自頤。雖不出户庭，而蒲之人士皆推爲先進成德，加敬畏焉。及卒，年八十有一。皆曰："善人逝矣，吾其何如？"奔走賻祭于其門者相屬焉。先生娶楊氏，生子男六：曰馴、曰駪、曰驌、曰駿、曰驄、曰驥。馴傳家學，以《易經》中永樂丁酉科鄉舉，先卒。餘皆紹其家業無墜。女一人，適良族。孫十人。

於乎！先生爲子而能肖其親，爲師而能淑諸人，爲父而能善其後，少而學，壯而仕，老而休，全歸壽考。其可謂卓乎有立，克保終始者矣！夫有善于當時者，宜表見于後世。予故删取其家世行己歷官之概，表諸墓隧，俾來者得有所覽觀焉。

贈文林郎後軍都督府都事李公墓表

公諱士成，姓李氏，世爲定興人。大父伯通，仕元爲保定路總管，有惠在人。父欽甫，亦仕爲路官。家牒散失，弗克詳其秩次行實。公名家子，生質淳茂，能脱去貴習，恬于紛華。乃優遊鄉里，適意山水田園間：日以整齊家法，訓飭子孫，敦美俗化爲事。公有治人才，斂而不施，獨成人之善，急人之厄，周人之乏，若饑渴之于飲食，爲之終身不倦，里閭翕然尚其義。

公娶邑人劉氏女，生子男二：長福、次祐。公嘗曰："祐子守吾家者也，福子可教。"遂教以讀書綴文，服勤儒行。稍長，遣爲邑庠弟子員，使從善師友游，以卒其學。中永樂某年鄉貢進士。初任行在廣東道監察御史，後知滎陽縣，改任都督府都事。于時，公洎劉俱已没世若干年矣。值國家舉推恩之典，敕贈公文林郎、行在後軍都督府都事，劉贈孺人，咸以子貴。福都事官滿，任大理評事，陞山西按察司僉事。福之次子俊，任定興訓導。九年，陞浙江道監察御史。

於乎！有其具而弗克試施其德，而不饗其報者，必顯揚于後，而鍾慶于子孫，此人事天理之必然。公有可用之才，及物之惠，乃獨蘊而不出，種而弗獲。逮其没世未幾，果克顯受聖朝褒贈之恩，榮賁泉壤，光耀鄉閭。而其子若孫，又皆以文儒致位風紀，兩秉憲節，内外相望。天于爲善之報，耿耿其不可誣！夫遡其流，則知其源之有自。以公之子孫，咸克衍其流之長，則公之承祖考之餘慶者，益可見其宏深而有本。是宜表見其潛德幽光，以垂示罔極，以爲行義積善之勸云。

趙孟周墓表

有于其親没〔一〕之久，于凡祀事，既以時修，又念其親之生平行義，著于家庭，著于鄉邦，歷歷在人耳目者，不有所託以圖不朽，將與歲月俱遠，終于泯泯無聞矣。故上自公卿大夫，下至庶人〔二〕，而欲顯揚其親之善行于無窮者，皆出于降衷秉彝，不能自已之良心。夫何間哉！粤觀漢、唐、宋以來，凡官居野處之人，欲顯揚其親之名者，必求立言之士，述其行實，勒之金石，以耀無窮。所託以圖不朽者，宜莫過于是，君子尚之。

蒲州趙仲博，其始得姓，爲趙城人。遠祖有世昌者，始家于蒲。歷漢、英、良甫三世，至君卿，爲仲博曾大父。大父文簡，生孟周，即仲博父也。仲博于孟周既没，能修凡祀事不怠。又欲圖垂其親之名于永久，乃走河津，進薛氏之庭，拜而泣且言曰："仲博，蒲之編氓也。雖世居田里，而凡供民事，無敢後。今竊有請焉。吾先人孟周，承先祖之業，日纍月益，家計日饒。然能不以利自專，人有匱乏不足于用者，即斥其餘以周之無吝色。有貸其物不能償者，往往拆其券。性尤孝友謙恭，在州里，接少長貧富一以和，不立崖岸、有纖毫乖争意。與朋友交游，酒食過從，歡笑無倦，全交道始終，至白首無間言。又嘗游天下名山川，陸走陝、洛、襄、鄧、梁、宋、鄒、魯之郊，舟泛江、漢、洞庭、彭蠡、淮泗之波。老而歸，子婦羅列家庭，養無違意。杖履東阡南陌，朋儕童稚追隨，徜徉嬉游，以樂其樂。竟以壽終于永樂八年正月十九日，葬于城古莊之先塋。逮今四十年矣。雖報本追遠之祀，勉修其一二，尚念其行義著于鄉閭、在人耳目者，未有所託〔三〕，恐遂湮没無聞于後，懼莫大焉。竊聞先生篤古而文者，倘略其愚且賤，而憫其區區不能自已之心，辱賜之言，以表諸墓，庶先人之善行有所託，而名永長存，幸莫大焉。”

余按仲博之言，其父孟周爲蒲之善人，行義以没〔四〕世。仲博既修凡祀事不怠，又圖顯揚其父之行于不朽。所謂降衷秉彝之心，于仲博見之。遂爲次第其言，以表諸墓。俾其若孫〔五〕皆知孟周所以承先貽後者，一本于善，庶有以繼承不怠，益衍其善于永久云。

【校記】

〔一〕叢書本《文集》卷八“没”作“歿”，下同。

〔二〕叢書本《文集》卷八“庶人”作“士庶”。

〔三〕叢書本《文集》卷八“託”作“記”。

〔四〕叢書本《文集》卷八“以没”作“于歿”。

〔五〕叢書本《文集》卷八、嘉隆本《全集》卷三十九“若孫”作“子孫”。

故贈兵部主事陳先生墓表

浙江富陽陳復初先生，以宣德十年十月初十日，卒于河南汜水之官次。又十五年，爲景泰元年，始克表于其墓。先生諱原〔一〕，復初其字也。其裔出陳太丘之後。自漢、晉、隋、唐、宋以來，陳氏仕于其世者，代有顯人，以家牒弗存，不能詳其世次。至先生曾大父子高，大父仲遠，父思明，比三世皆積善行義于鄉里，種而不食其獲，施而不求其報。思明尤讀書好禮，及生先生，有異質，知其必有立也。遂遣游庠序，從良師友，以開發涵養其心性。時未幾，學識驟進不凡，流輩咸推服，以爲不可及。後以明經入太學，益考業于明師儒，且得盡友六館天下英俊之士，聞見日益富，聲稱日益著。值選學行有成者，分教四方學校，先生遂有山西沁源儒學訓導之命。先生既至官，喟曰：“官無崇卑，顧職所盡何如耳！且天下莫大于道，訓導爲人師，師道在焉。道有不修，何以盡其職？”乃充其學，以道自勵。早夜懇懇，以啓迪諸生者，皆經籍所載、聖賢所傳三綱五常之道。異端誕妄不經之説，無以干其念。由是學子翕然從其化，山右稱善教者，皆推先生爲最。後調閩之興化縣學，兩任江西饒州府、河南鄭州郡庠，皆以舊職。合四任秩滿，陞汜水教諭。又九年，將去而陞秩，諸生狀其善教之績，上章願留以卒業，詔許其請。竟以疾卒于官，享年六十六矣。汜人慕先生之德教者，不但庠序諸生，又延及里閭齊民。既葬先生邑東龍泉鄉之原，復留其家，占籍于汜焉。

先生既有美質，又充之以正大之學，歷教五郡邑，將三十年，無倦之心，始終一致。所至成就人才，隨其器質。弟子名薦書、入官躋仕途、著聲跡于世者，林立相望。若先生，可謂無忝于師道，而能盡其職矣！先生信道既篤，安于所職，無絲毫自貶求人知薦意。性復樂易寬大，接人洞見表裏，坦然明白，不爲防畛崖岸。苟賢矣，雖貧賤，禮之有加；苟不肖，雖顯者，亦視之漠如也。居家不問有無，尤喜賓客。每客至，即呼酒延款，連日夜不厭。急于行義，嘗斥其餘以周〔二〕貧乏。人有死無葬具者，即助之棺椁。其友葉全寄先生以白金百鎰，全亡，召其子以金還之。鄉人孫景原戍邊，客死汜水，先生遣人護其骸骨並妻子以歸。嘗道經睢州逆旅張貴家，見庭槐群烏，護巢哀鳴。問其故，貴曰〔三〕："家貧無以自活，已售此槐以給食。伐者將至，烏懼傷其雛，故哀鳴若此。"先生問槐價幾何，即如其數探囊金，使還市槐者。貴舉家羅拜，槐得不伐，群烏即噤不聲。先生平昔舉義甚多，此特其一二耳，他不能盡述也。

嗚呼！先生自其曾大父以來，皆積善行義，隱德弗耀。至先生，始以文儒起家，益衍先世之慶。又位不滿德，而以教付〔四〕厥子。其長子鑑，克守家業；次子銓，登進士第，今爲兵部職方司主事；三子鈍，中鄉試禮部乙榜，任大名府儒學教授。銓爲主事三年，例得推恩于其親。于是敕贈先生如其子之官，其配呼氏贈孺人。光寵赫然，動于一時。先生雖没，亦可以無憾矣！夫惟所蓄者久而深，故所發者遠而大，蓋其理有必然也。

余少從先君子典教滎陽，其地介鄭、汜間，余往來嘗抵宿其館舍。先君子没于覃懷官舍，先生又遣人致賻，復遣銓從余學。故余知先生履歷行實頗詳，用敢序次其事，表于墓左，以明先生所以承休于前，而貽榮于後者，皆本于德善之積。不惟其子若孫當永永嗣服無替，而世之人亦得以有所觀覽興起焉。

【校記】

〔一〕叢書本《文集》卷八"原"作"元"。

〔二〕叢書本《文集》，嘉隆本《全集》卷三十九"周"作"賙"。

〔三〕嘉隆本《全集》卷三十九、叢書本《文集》"曰"作"因"。

〔四〕嘉隆本《全集》卷三十九"付"作"府"。

故嘉議大夫陝西按察使何公墓表

何公諱自學，字思學，其先閩人。遠祖諱瓊者，仕五季之周，爲尚書僕射。瓊子輝爲屯田郎中，始家金谿，今爲金谿人。公曾大父諱伯啓，大父諱宗哲，父諱秉焕，號緑水翁。比三世，皆修己行義，晦迹弗耀。緑水翁娶曾氏，有婦德，生二子，長即公也。

公資性夙敏，舉止異凡兒。緑水翁知其必有立，八歲即遣從鄉先生游，讀書數遍，輒不忘。江西按察司僉事行部至金谿，選鄉學子弟可充增廣員者，得公大喜，即拔登邑庠，時年十五矣。公遂從孟司訓授《書經》，益肆力于學。比弱冠，已自習熟諸書，世所謂舉業者，綽有餘力，間爲古文詩章，尤渾厚清新，有作者步驟。公試鄉舉，一往即中前列，登宣德丁未進士第。初任刑部河南司主事，公以謂《賁》之象曰："明庶政，無敢折獄。"故折獄于庶政爲大。于是早夜以中正明遠自勵，盡心獄事，時稱明允。如辯冤獄白〔一〕能等事迹，俱入史館編録。值朝廷選刑官之能者，分理天下滯獄，公首被推擇，得閩浙。公既奉敕以往，雖山郡海邑，惡瘴狂颶，有所不憚，必親至其地，爲疏理其繫囚。二藩既大以遠，人得昭雪而蒙其惠者甚衆。公竣事還，未至而已馳聲京師。適歷官三載，例得推恩，緑水翁封如公之職，曾氏封安人。公復上章乞歸省，詔許之，且賜以楮幣。公並以所得恩賜白金之類，悉歸奉二親，一毫不入私室。一時之榮慶孝義，動于里閈。

正統三年，公爲廷臣推舉，陞廣西按察僉事。其地乃嶺表百越，溪峒猺獞不時竊發剽攻，甚則獮之以兵。雖得少靖，而民已病于餉運。公于所分巡地，必大示威信。猺獞雖蠻性，亦知威服，因得減征行之擾。其編民亦雜夷獠，不通道理，每構訟輒爲譸張，詞不可究詰，動引百十人，連歲不已。公嘗偕奉敕郎審録所部繫囚，其勤慎如在閩浙時，夷獠積年久滯之獄，咸得伸理。既而丁緑水翁憂，營葬一如古禮，復廬居墓次者三年。釋服，調除山西按察僉事。其憲體益謹，而尤能興學以教人，表廉以厲貪。時大同方宿重兵，以防控荒外，利害繫于守將。公嘗巡部至其府，作書勸其守將，當協和共事者，以濟邊功。後來事多如公所料，人服其先識。未幾，復丁曾安人憂，歸家。山西巡撫及三司，連章以謂山西邊事方殷，古有金革變禮之制，宜奪情何某以任事。詔從所請，公復官。未逾月，詔陞陝西按察使。

公既屢更法司，事任益詳。閑于大體，洞達其細微。及長外臬司，凡端澄聽折、表拔刮剔之政，以次行之。令修于庭户，風行于方岳。事方就績，竟以暴疾卒。時景泰三年正月二日也，享年五十有六矣。公初室李氏，繼室徐氏，封安人，俱先逝。今室楊氏，子男二，曰步勛、步恩，女一人，皆徐出也。孫男二，曰源、曰溶。公在陝西，不以家自隨。既卒，公之子步勛自金谿來奔喪，即奉公柩歸，以是年十二月某日葬于其邑之某原。明年，爲景泰四年七月，步勛以吏科給事王君所述公事狀來南京謁余，求表其墓。

余猶記往年公過余河汾，出二書，其一即勸邊將協和共事者；其一與冢宰論進退賢否之法甚備。公又語余曾爲執政者言，當起退休老成者某等用之。於乎！使此三事得行于時，其有補于世，亦豈小哉！且公自爲學歷官，舉職忠孝，大節灼灼，著于當時者，固人所共知。至於與余所論三事，又其所藴而人未知者。余既述狀之所載，並附余之所知，表于隧道之石。俾後之人知公之已試者既如彼，而未用者尚未可量也。

【校記】

〔一〕嘉隆本《全集》卷三十九“白”作“臼”。

故奉直大夫絳州知州王公墓表

奉直大夫知絳州王公汝績没之四年，爲景泰四年。其子佐奉汝績狀，自江西走京師謁余，請表諸墓。

按狀，公先世居鍾陵。其大父諱忠，宋來〔一〕爲金谿場官，因家焉，今爲金谿人。自曾大父復茂，至其考處士仲允，比三世，皆韜德弗耀。處士娶林氏，有婦行。生公，質異凡兒，處士識其他日必有立，自童時即遣從邑庠良師友讀書砥行，爲儒者事。公果能專心一力，進修不怠。比長，通習經、史、子、集，優于舉子業。永樂庚子，江右大比，一薦即榜前列。春官會試，得分教福建政和。公以師道自勵，勤于誨人，出其門而登仕版者甚衆。九年教有成績，至京師。大臣薦其才可治民，遂陞知絳州。

絳在周爲晉國，在漢爲絳侯封邑。其地包汾隰，土狹民繁，産薄税重，人鮮知教而健于訟。前守不數年率以事去，未有滿考者。公至州，以謂人給則教行，知教則訟息。因行其土，利有未興者興之，視民業有偷惰〔二〕董之。不數年，民業饒給。乃大修孔子廟，益廣學宫。篤興禮義，教養具修，絳俗日變，争訟衰息，獄至空虚。公尤善處事，先時，事有未集者，督以豪猾吏，卒因夤緣爲奸，民茹其毒。公即有事，但書片紙爲期約，布告鄉市，民相勸趨，下不知擾而事亦集。州租率歲遠輸給邊軍，旁郡惟徵銀易米。公則布帛氈裘諸物，任民所賫，特取租辦而已，人甚便之。境有蟲類蝗將害稼，公禱諸正神，蟲害隨息。有行劫者出其境，即掩捕如法，人服其明。其他善政甚多，不能悉紀。大者如此，細者可知。公在官九年，考績當去。耆民相率將詣藩臬乞留，公固止之，則相與刻石以紀其政跡。行有日，暴疾卒。其子佐跣绖奉柩歸，以某年某月某日葬某原。生於洪武丙子三月十七日，景泰元年五月二十七日卒，享年五十有五。

公初娶何氏，再娶吴氏，皆先卒。後娶胡氏，子男二，並二女。長政，蚤卒；次即佐也，爲縣學生。二女皆適人。公在絳時，先遣其家歸金谿。胡氏聞公訃，哭泣喪明。妻貞子孝，又知公之教行于家也。公爲人性坦夷，不爲防畛。篤于孝親追遠，與人交，始終無失。其知絳州時，嘗校文山東，惟視其優于理者取之，後登進士榜。于是年舉子爲多，人以公爲能因言以知人。山右多聲妓，官以音樂佐酒，取敗者相踵。公速客不用絲竹，惟禮飲，終宴不譁，其雅致尤不可尚已。

於戲！人才〔三〕爲難，有才而驗諸設施爲尤難。公之才見于教人治民，灼有成效如此，謂將遠施而止于斯，豈非命耶！雖然，公自筮仕以來，將三十年，克致完節以没，有子克襄葬事，亦可謂無憾也已。公二子皆從余學，故知公尤詳。既按狀，並取所未載者，述其行實事業，表于墓道，以告來者。

【校記】

〔一〕嘉隆本《全集》卷三十九"來"作"末"。
〔二〕嘉隆本《全集》卷三十九"惰"下有"者"字。
〔三〕嘉隆本《全集》卷三十九"才"作"不"。

故處士顧君伯常墓表

夫士君子之積善行義者，不于其躬享厚福于當時，必貽慶厥嗣，而獲顯揚于後世，此理之必然也。處士顧君，諱秩，字伯常，别號友石，世爲常州江陰大族。處士曾大父諱仲約，妣許氏。大父諱壽之，妣陸氏。父諱誠，號晚節翁，妣楊氏。比三世，皆以夫良婦貞，齊内明外著聞，而又皆能斥己之餘，周人之匱，施惠利于鄉里。至處士通敏夙成，端方性稟，守三世之家法，而擴行之不怠。其配邢氏，茶溪君子邢履道之女，織紝、組紃、裁製，凡女事無不勤熟。而又以其餘力兼習《孝經》《列女傳》等書，粗通其大義。自歸處士，盥饋而舅姑胥悦，修行而婦道有聞。克相處士，事親奉祭，致謹致孝。處宗族鄰里，禮意疏密隆殺，咸有節序。處士所以益大其家者，邢于内助爲多。處士既累世行義不怠，遂鍾慶于寺正琳。

琳之生，質厚異凡子。處士早卒，琳大父晚節翁識其有立，遣充校庠弟子員，且俾從良師友朝夕講習書史，啓迪磨礱，以益其學。厥後，琳以學行有聞，充貢太學，歷事内臺。吏部以其習于法律，即除南京右寺副。未三年，遂陞署寺正。琳之讞獄，能别白其情而行以平恕。三年考滿來京，將有推恩之命以及處士與其配。琳閒持其鄉人何太守所爲處士狀謁余，且泣而請曰："琳三歲，先妣即世。十歲，先考亡。時大父晚節翁尚無恙，則誨琳曰：'汝父卒時，嘗撫汝曰：吾家世業儒，而未有顯者。吾命今不永，汝宜自勉力學問，以圖顯揚。吾地下庶無忝所生。汝宜無忘乃父訓。'琳時雖少，已自能記其言。逮今二親没世已四十餘年矣。琳不肖，奉遺教敬懼不怠，粗得紹家緒以學以仕，而藉餘慶，以有今兹之光榮。雖有斗斛之禄，欲具朝夕之養，而已無逮。每念鞠育之勞，訓誨之切，輒泛瀾弗禁。罔極之恩，欲報無所。獨念古之人有弗克遂榮養于生前者，尚圖發揚其實行榮名于後世，不有善于辭者，莫克揭其詳。琳不肖，將磨貞石以刻其事。惟先生不鄙而辱賜之言，得表諸墓道，使没者有知，亦將無憾于地下。而顧氏之子若孫覩兹刻者，亦得以知承休委慶有所自。敢再拜以請。"

余謝之，琳請不已。則以謂非前人之善，無以貽諸後；非後人之孝，無以光于前。若琳者，其先世既累積行義，自家及鄉，深厚悠遠，所以貽厥後者，固有所本矣。及始發于琳，以儒業致身廷平，駸駸乎膴仕。乃能深念其二親之早逝，欲纂辭鑽石以發揚其潛幽，又可謂能盡光前之孝矣。遂按何狀，次第其家世積善之實，俾琳刻諸隧道之石，以表著于人人，以觀示于子孫，以垂耀于永久，庶少慰琳追述之心。且使琳繼今以往，覩兹刻表，又當益永孝思，益勵名節，期無忝于乃祖乃親，而益振大其家聲云。

故處士楊禮墓表

凡人子能孝其父母者已鮮，能孝其大父母者爲尤鮮。陝西涇陽縣儒學教諭楊潤，中景泰癸酉鄉貢。天順四年，中禮部乙榜，授前職。既分俸本貫，以養其父母，又迎其大父禮至涇陽官舍，娱奉孝養。幾一年，復求《重慶堂文》于余，以紀其事。及禮歸，天順七年二月初六日卒于家，享年八十矣。其子興既以禮葬之。潤追慕其大父之恩不已，意謂爲孫者能揚祖之名于後世，不使與草木同腐，庶幾古人之孝于萬一。乃狀禮之家世行實，並致書于余，求爲表其墓。潤嘗從余學，因嘉其篤于孝如此，義不可辭。

按禮之父志文，元大都人，後徙河津，遂爲河津人。志文雖自他郡僑寓，以爲人好義，故無憎疾之者。所娶孫氏，生禮。禮自少謹厚，承順其親無違怠。及其考妣繼没，葬祭以禮，鄉閭稱之。禮既自立，行己以質直樸實。鄉鄰有争者來質，則喻以是非，各知曲直，感愧而去。及年既高，又有德，衆推爲耆老。每歲有司舉行鄉飲，邑大夫必延以爲上賓。潤方童稚時，資質可敬，禮遣入縣庠，從師授《春秋》，與朋儕習舉子業。克有今兹成立，鄉人皆以禮有知孫之明之所致。禮娶靳氏，亦柔慈勤儉，相禮成家，先禮一年卒。所生一子二女，子即興也。女一適大〔一〕學生臺春。興娶張氏，生六子，長即潤也，次滋、次澄、次濟、次浩、次瀚；女三人，皆適良族。

於戲！禮上承考妣之志，下享子孫之養，克終天年，禮葬原域，可謂無憾也已。遂述其事，以表其墓，以示永久，以伸潤之志云。

【校記】

〔一〕嘉隆本《全集》卷三十九“大”作“太”。

行狀

山東按察司僉事崔公行狀

公諱碧，字仲玉，姓崔氏，永平昌黎人。大父彦名，隱德不仕，太夫人齊氏。父得，母齊氏，生四子，長即公，次叔琮、叔璘，次理。

公生洪武二十四年十一月二十九日，幼有美質。其大父母、父母遣入縣庠，讀書習舉子業。中永樂十五年京闈鄉試，卒業成均，登辛丑進士第。宣德初，授交阯道監察御史，當官謇謇有能聲。正統紀元，調行在江西道監察御史。明年，爲正統二年，爲廷臣薦，陞山東按察司僉事，分巡濟南道。勾稽文移欺瞞滯弛，摘刮奸猾巧訐中傷，大肅以威，而以寬濟之，民吏咸畏服。四年夏，蝗生所部，公行視督捕，立絶。時大暑爍蒸，遂感疾歸。藥石攻砭百端，病勢不可敗。公病中念太夫人既先卒，大父暨父母遠在故鄉，且俱老，不可見，因遣理往迎之。獨齊孺人來，公強疾迎郊外。相見哀感流涕，疾益增劇。是年十二月二十三日，卒于正寢。公性孝友，喜賓客，雖貴不忘故舊，故其卒也，皆痛悼焉。

公先室張氏，繼室劉氏，泰州同知浩之長女。公存日，嘗謂其弟理曰："以而子善聚繼我。"後公殁，理如其命。公父封文林郎、交阯道監察御史，母封孺人。先室贈孺人，繼室封孺人，俱以公貴。葬有日，謹具公之家世歷官行事狀，求作者以圖不朽。

文清公薛先生文集卷之二十四

門人關西張鼎校正編輯

箴

謹言箴

誦謹言之訓,習謹言之事,將三十年。夕悔其失,寤寐惶汗,而旦或復然。殆將漸流于放,終不克謹以速尤召愆。汝縱不自愛,獨不念先人遺體之重,降衷秉彝之全?誓自今始,語不妄發,保厥中之静專。至此而猶飾虚詞,尚循故態者,當指正于蒼天。

慎行箴

思厥一身,或動或静。日可見者,皆謂之行。行有天則,至明至正。云胡小子,操履靡定。語默或流于群妄,應接復牽于多病。是以德業不至于崇廣,馳騖將迷于蹊徑。其自今始,加夕惕以乾乾,欽聖謨而非禮勿動。

懲忿箴

在損著象,懲忿有教。樊昔辨惑,孔亦以告。蓋觸物易動,惟是爲先。苟勃然而妄發,必焚如以自煎。德既有乖,生亦受賊。速禍召尤,變故匪測。我思我心,本自湛如。云胡震撼,弗克寧虚。制之有法,必懲必戒。懲摧其暴,戒思其害。惟暴若苗,惟忿若根。根除苗剪,事我天君。天君既安，百職從令。怒或當然，因感而應。應己而休，無迎將留。雖曰顔樂，亦以是求。

改過箴

繼善成性，天然之中。安行者聖，纖失曷從。降有〔一〕衆人，人有舛駁。自心及身，靡過不作。所貴士賢，希聖希天。希之之要，改過爲先。如思之邪，如事之失。既炳其然，必去必亟。過去善復，日進可期。尤謹再作，迷復斯迷。藐予小子，仰賴先業。氣質庸愚，過兼隱白。亦云有覺，厥治不剛。頻復厲矣，徒發赧惶。恐遂頑然，將不省憶。天畀謂何，而乃自棄。因是發憤，自訟以箴。風雷宜法，《大壯》宜欽。日悔日改，期無則止。希之之功，勿替終始。

【校記】

〔一〕叢書本《文集》卷九"有"作"自"。

存理箴

惟天生人，惟人有理。理爲之何，物則是矣。圓外竅中，五性渾全。感而遂通，四端秩然。貌色手足，口鼻耳目。以及衆體，至微之物。直溫重恭，止肅明聰。或動或静，咸有厥中。身之所接，萬事五品。其理昭如，各有程準。凡此衆善，悉備吾身。放之則失，操之斯存。存之之要，明誠有教。明炳其真，誠踐其道。惟此二者，功不可偏。循之勿失，士賢聖天。

持敬箴

一刻之謹，心在理存。一刻之怠，心放理昏。是知"敬"之一字，乃直内之樞機，養性之本根。昔在伊洛，道繼孔學。開示群迷，敬爲要約。其曰"主一無適"者，欲人必專其念，而不雜于多歧；其曰"整齊嚴肅"者，欲人必極其莊，而不失于怠隳〔一〕。斯實内外交養之法，持循之久，自不容私。其及門之士，有曰“惺惺法”者，蓋必有事焉，而提撕于頃刻；有曰“其心收斂，不容一物”者，蓋中虚無物，而必極其静一。偉哉晦翁！統承二程。小大之學，一以爲宗。慨彼前修，年代云往。豈無瑶琴，寶匣絶響。在末小子，氣質愚頑。七情内蠹，百妄外干。雖曰爲學，徒侈華博。究厥本真，久矣戕斲。一日大覺，前爲可羞。蓋昧往訓，放心靡收。念彼寸膠，黄流可碧。顛末既陳，期守勿失。

【校記】

〔一〕叢書本《文集》卷九“隳”作“墮”。

慎微箴

眇忽之間，其動曰幾。究其所極，千里斯違。是以作《易》君子，觀羸豕而著象，因地雷而謹微。言發乎口，雖捫舌其靡及。行達乎遠，知駟馬之難追。惟兢兢焉，日嚴乎斯語。庶遠悔尤，而天理靡虧。

大理箴

惟佐執法，廷尉象焉。稽古之職，士師庭堅。官曰大理，歷兹有年。其名不一，其事則然。蓋天之公，陽開陰闔。立法憲天，仁柔義遏。不率典彝，或過或惡。天討以施，低昂斟酌。乃有準臬，職斯常刑。讞厥當否，則歸廷平。廷平攸執，時惟鑑衡。鑑灼隱伏，衡持重輕。持照兩得，克允克明。罰當民服，氣協休徵。惟刑弼教，聖所欽恤。死者弗生，絶者弗屬。而居而官，宜何警肅。勿徇貨利，勿任憎欲。勿偏縱釋，勿好刻酷。有一于兹，靡平靡燭。斁紀瘝官，賫痛飲毒。譬火銷膏，辜亦已速。邈哉于載，乃有良臣，釋之定國，持公體仁。曰民不冤，曰無冤民。功光簡册，慶及子孫。高山宜仰，景行宜遵。小子述誠〔一〕，敬勖我人。

【校記】

〔一〕叢書本《文集》卷九"誠"作"誠"。

銘

悦心齋銘

人孰無心？心孰無悦？悦匪其正，爲心蝨賊。大哉孟氏，儒林之綱。悦心著訓，式炳以彰。其悦伊何，曰理曰義。理則在物，義則制事。二者匪人，實降自天。得之而悦，天乃斯全。卓卓沈君，齋居云作。扁曰"悦心"，惟孟之學。豈無肥旨？祇飽以酣。弗專弗從，道腴是耽。齋既作止，銘亦書止。日居月諸，勿替終始。

勿欺齋銘

動而未形，此心之幾。幾有善惡，人莫吾知。吾既知矣，其將何爲？賢有明訓，而曰"勿欺"。蓋欺之爲義，不專所持。雖曰好善，若有所疑。雖曰去惡，若有所縻。謂之勿者，庸以禁止。于斯故知善可好，如嗜甘肥；知惡可去，如厭糟醨。果專專于是道，復念念而無違。則眇眇之善端，可以擴之于天地之涯。美哉張君，令德是頤。"勿欺"名齋，顧以自規。庶幾匪懈，賢可士希。

惜陰齋銘

大化茫茫，斯物斯億。人爲物靈，所貴者德。德原于天，心會其極。其體密微，其用周悉。云胡氣拘，所得者失。顧兹百年，曾不瞬息。弗亟循之，將遂迷溺。所以往哲，晷景是惜。惜之惟何，明誠致力。明則道通，誠則道立。從事二者，遑遑汲汲。朝復一朝，日復一日。靡間毫髮，靡懈頃刻。于兹卷舒，于兹語默。慨〔一〕彼前修，瞻望靡及。有卓君子，希慕軌則。爰作齋居，爰圖進益。古訓是名，古法是式。由學而仕，勤勵夕惕。豈曰道悠，由近可即。豈曰高山，由下可陟。敢贊一言，以勖無斁。

【校記】

〔一〕叢書本《文集》卷九"慨"作"憶"。

恒齋銘

有海之瀕，有岱之麓。挺生儀公，質負魁篤。公始知學，旦夕孳孳。顧此彝德，思厥保持。乃博其方，乃要其統。雷風法義，有恒師孔。"恒"者伊何？悠久常然。立心行己，篤此一言。遂揭齋楣，出入是覩。若鑒神明，若臨師父。爰自筮仕，屢擢屢陞。官有内外，齋無二名。夷考厥跡，昭哉歷歷。持鐸教尊，剖符民輯。溥彼旬宣，江漢是式。允于出納，喉舌是職。晚亞南宫，朝推耆碩。啓沃經筵，忠忱彌積。載承恩詔，懸車故鄉。乘化消息，孰不榮光？緊公之賢，惟"恒"之榦。夷險一德，終始靡倦。公雖逝矣，名永長存。風流奕世，子子孫孫。孝思維則，安則安倣。匪曰高山，恒齋是仰。

思儀堂銘

昔有令伯，祖母成之。更相爲命，以孝以慈。百世之下，人感其詞。嗟哉陶君，炎屯少罹。怙恃兩失，孑然孤遺。皤皤祖母，收拾保持。就燥避濕，驚痼渴饑。孫笑祖悦，孫啼祖悲。祖孫一氣，同安共危。逮兹成人，伊誰之思？惟祖母氏，邈不可追。乃作高堂，肖〔一〕貌在斯。温温笑語，宛宛容儀。致慤則著，動息無違。令伯是式，令〔二〕聞是垂。銘以告之，永久勿隳〔三〕。

【校記】

〔一〕叢書本《文集》卷九"肖"作"省"。

〔二〕叢書本《文集》卷九“令”作“合”。

〔三〕叢書本《文集》卷九“隳”作“墮”。

孝思堂銘

有巍者堂，伊誰居之？居惟王君，式是孝思。思之云何？曰恃曰怙。匪怙曷生？匪恃曷顧？生我顧我，實惟我尊。怙既先亡，恃罹艱屯。乃績乃紡，乃誨乃養。憫兹藐孤，矢德無爽。歲月既邁，孤亦有成。天胡不吊？恃亦先零。遂藴遂發，亟踐顯達。禄位日增，孝心彌切。惟此一身，父母肢體。獨享光榮，孝養已矣。而獨何心，安厥敷遺。深居是堂，其有弗思？思之之至，如臨庭户。如聞笑語，如見喜怒。振振王君，孝思孔昭。有通于天，有徹于朝。帝曰孝子，予惟汝錫。錫汝考妣，如汝之秩。御史孺人，有格其神。一世之屈，萬世之伸。王君振振，孝思維則。載銘其堂，永久弗忒。

存誠齋銘

惟天地萬物，實理爲之樞機。本厥一源，諒無不齊。自稟賦之雜揉，紛虚僞之交馳。爰有元聖，乃曰“無爲”。斯“太極”之全體，兼動静而靡違。降聖而賢，必由保持。視聽言動，敬以主之。群邪退伏，誠斯不虧。温温李生，往哲是希。爰居爰處，左箴右規。絃韋是服，絲桐是揮。沉酣古訓，詠歌古詩。斯須動作，靡敢怠隳〔一〕。窒欲止水，如防如堤。庶邪妄之可閑，冀存誠之在兹。美厥志之銘〔二〕齋，述法言以勵之。

【校記】

〔一〕叢書本《文集》卷九“隳”作“墮”。

〔二〕叢書本《文集》卷九“銘”作“名”。

世厚堂銘

惟人秉德，惟始不恌。篤邇行遠，仁理[一]孔昭。云胡昧者，楚越人已。弗惻弗恫，薄亦甚矣。吉[二]有君子，家以厚傳。渴猶己致，危猶己顛。乃設寒漿，大飲行旅。乃懸杙索，大濟險阻。其事雖微，其心則仁。能以類推，旁達無垠。爰作高堂，名[三]曰“世厚”。式昭于先，庸戒于後。給事鍾慶，世德是遵。譬之水木，培根浚源。惟厚弗替，乃福所自。視此堂名，欽于永世。

【校記】

〔一〕叢書本《文集》卷九“理”作“里”。
〔二〕叢書本《文集》卷九“吉”作“古”。
〔三〕叢書本《文集》卷九“名”作“銘”。

贊

獬豸贊

疾惡者，天地之正性，而人心之所鍾。云胡淪胥其類，不知其醜，而甘與之同？有物于此，匪兕匪虎，非羆非熊。名曰“神羊”，曠世莫逢。乃能觸回邪而無避，合輿論之至公。則彼臧否莫辨者，覩其狀類，寧不爲之愧生于中邪？

又

爾形不類，爾出不世。是蓋稟陰陽之精英，具天地之正義。心之靈，既鑑物以靡差；角之剛，復觸邪以無避。宜其端居而百怪惴伏，正視而群小悚畏。故能與麒麟同游，騶虞作配，擅執法之英聲，爲國家之美瑞也。

無庵贊

老氏之“無”，乃無而無。吾儒之“無”，乃無而有。有非聲色形跡之可求。雖無聲無臭，而實爲造化之樞紐。其在人也，寂然不動者，無聲臭之可窺，實萬象森然已具之淵藪。卓哉無庵！心學是潛。所以啓大《易》之關鍵，識濂溪之指南。其取號也，雖無而實有；其體道也，雖虚而實涵。斂之則約，施之則覃。或翺翔乎武選，或正職于大參。凡其著赫赫之顯迹，何莫非體立而用兼。及其老而休也，因人事之乘除，悟陰陽之消息。斂疇昔之敷舒，爲所卷之微密。順大化而怡然，乘白雲以高適。凡其貫始終而不二，由其合有無而爲一。彼以天地爲幻妄，以萬物爲粗跡。空諸實有，而爲反道悖理之邪說，以聾瞽斯民，蠹害正道者，又豈可以比擬無庵之直識邪！

王先生畫像贊

其貌充然，其色温然。精心玄思，探索乎岐黄之編，高外化焉。其爲術也，通變審密，而鄉閭稱焉。殆將與張長沙、孫思邈、劉素異世而同傳也耶！

畫龍贊

能大能小，能屈能伸。能顯能晦，能雨能雲。蓋至陽之精，爲萬物之神。故其功在天地，功在庶品，功在生民。可敬可畏，可瞻可仰，不可得而馴。非聖者之至德，又安足以比倫！

歸一老人畫像贊

其貌充而全，其神粹而完。識之正，既超軼乎習俗；情之適，復笑傲乎林泉。是宜享簡穰之多福，樂期頤之永年。然則其孤標時服，固丹青之可彷彿。而靈臺春意，豈筆畫之能盡傳邪！

拙巢先生畫像贊

質純氣和,理明心定。篤信好古,拒邪閑正。有言有行,以淑後人。美哉君子,輝光日新。

劉紹僉憲畫像贊

東吳之精,中朝之英。粹乎其質,確乎其聲。察其操,金百煉而愈固;望其儀,鶚獨立而無朋。推其心,蓋欲使善惡之著明〔一〕;要其歸,實欲觀惠化之流行。是誠所謂有守有爲之君子,而可爲新進晚生之儀刑也。

【校記】

〔一〕叢書本《文集》卷九"明"作"白"。

御史張勉夫贊

東吳之英,中臺之傑。身也繩直,心也玉潔。持所見,不隨俗以低昂;蘊其奇,每因事而發越。宜其勁節挺然,忠言剴切。身雖歷乎險夷,功乃歸于潤澤。是猶一鶚之高騫〔一〕,異乎鷙鳥之累百也。

【校記】

〔一〕叢書本《文集》卷九"騫"作"鶱"。

章　奏

上講學章

大理寺右寺丞臣薛瑄謹題,爲緝熙聖學事:

切見近日有臣下進言,欲開經筵以緝熙聖學者,雖蒙聖德允納,未見施行。蓋欲俟軍旅事平之日，以開講也。臣愚以爲當聖主中興之時，天步維艱之日，正講論爲學爲治之道，不可一日而緩焉者也。昔漢光武躬擐甲胄，討除群兇，猶且投戈講藝，息馬論道。軍旅之間，未嘗一日廢學。故能舉群盜如鴻毛，復大業猶反掌。此講學所以有資于成大功也。唐太宗興義兵，掃除寇亂，一時潛邸從龍之臣，皆文學智謀之士，日夕相與論爲學致治之道，乙夜之覽，身忘其倦。故能剗刮僭僞，拯濟生民。此講學所以有資于戡大難也。近者漠北醜虜雖陸梁爲寇，而内外禦侮，各有其人。堂堂天下，號令一施，風行草偃，非至如漢唐草昧之秋也。顧可以斯持〔一〕而少緩講學之事乎？

伏望皇上命廷臣集議經筵，儀式務從簡約，不尚奢華，仍博選公卿侍從文學之臣，有學術純正、持己端方、謀慮深遠、才識超卓、通達古今、明練治體者一二十人，使之更代入直。恭遇皇上視朝之暇日，御便殿，即召各臣進講。其所講之書，先《大學》《論語》《孟子》《中庸》，兼講《尚書》《春秋》，諸史則《資治通鑑綱目》，務要詳細陳説聖賢修己治人之要，懇切開告帝王端心出治之方。以至唐、虞、三代、漢、唐、宋以來人君行何道而天下治安，爲何事而天下乖亂，與夫賞善罰惡之典，任賢去邪之道，莫不畢陳于前。如此，則勸講之臣，庶可日修其職。講讀官之職既修，雖皇上聰明上智之資，實由于天錫，而朝夕緝熙啓沃之力，亦有益于聖心。聖學日新，聖德日明。于以修治道，則正心以正朝廷，正朝廷以正百官，正百官以正萬民，而治道有修明之效。于以攘夷虜，則修軍政以簡將帥，簡將帥以練士卒，練士卒以討夷虜，而夷虜有殄滅之期。此講學有資于成大功，勘大難，宜急行之，而不宜緩焉者也。

且漢光武、唐太宗，一時英主耳，猶能勤講學于搶攘之時，以收戡靖之績。伏惟皇上有唐堯、虞舜之聖德，將以立殷、周中興之大功。誠于此時舉行開講之事，以緝熙聖學，則神功聖德，高出千古矣。又豈漢、唐二主之可比哉！

臣猥以衰邁柔懦〔二〕之資，章句迂僻之學，自忝科第，屢叨法從。

昔嘗獲罪先朝，放歸田里。分將終老丘園，瞑目溝壑。幸沐皇上龍飛九五，運啓昌期，將以立莫大之治功，故不遺草茅之賤士，拔臣布衣之中，授以清要之職。日夜思慮，愧無補報。故敢昧死妄陳前言，伏望皇上開天日之光，採而行之，不勝懇悃之至。緣係緝熙聖學重事，未敢擅便。謹題。請旨。

【校記】

〔一〕嘉隆本《全集》卷四十“持”作“時”。

〔二〕嘉隆本《全集》卷四十“柔懦”作“懦柔”。

乞致仕第一奏

欽差大理寺右寺丞臣薛瑄謹題，爲致仕事節：

該欽奉詔書：“官員之中，有老疾不堪者，並聽自陳致仕。如年未七十疾病者，亦許自陳。欽此。”切照臣年六十三歲，雖未及七十，自幼稟受氣薄，常有怯弱疾病，早已筋力衰微。連年又患眼疾昏花，文書字畫，不能看視。及跌傷臂膊，屈伸不便。景泰元年六月内，在貴州永寧衛，感冒山嵐暑氣，又患風濕痿痹病症，兩足無力，動止艱難，已成痼疾。寒熱不時發作，飲食減少，肌膚瘦弱。至今常服湯藥，調理未痊，委實老病不堪辦事。伏望聖恩憐憫，乞照詔書事例，放歸田里。不勝感戴之至。

第二奏

大理寺卿臣薛瑄，爲老疾乞恩事：

臣今年近七十，稟受原已怯薄，血氣早衰，髮白齒豁，眼昏聽重。加以老病侵尋，乃于景泰六年五月初七，又因將理失宜，邪氣乘虚以入，感發舊病。攻刺腰腹等處，疼痛嘔吐，幾至危殆。旋蒙聖恩特遣御醫調治，已經服藥數日。緣血氣已衰，卒難平復。若不瀝陳愚悃，即今不能掌管印信，深恐曠官誤事。伏望皇上宏天地生成之仁，憐臣老病，放回田里。不勝感戴之至。

第三奏

禮部左侍郎兼翰林院學士臣薛瑄謹題，爲老病乞恩事：

切照臣見年六十九歲，氣體既已衰憊，疾病連年發作。天順元年三月内，舊患淋疾，並右臂風氣疼痛俱發，請醫調治，日久稍痊。五月初七日，前病又發，調治至本月二十四稍痊。六月初三日，前病又發，調治至今未痊。緣血氣既衰，藥力無效。疼痛不時，已成痼疾。及兼齒牙豁落，髮鬢盡白，肌膚瘦弱，眼目昏花，委實辦事不前。臣切自念，委受朝廷壄用之恩，補報莫伸于萬一，老病轉覺于侵尋。伏望聖恩憐憫衰朽不敢〔一〕辦事，放回田里。俾得歸骸骨于丘原，不勝戰慄感戴聖恩之至。緣係老病乞恩事理，謹題。請旨。

【校記】

〔一〕嘉隆本《全集》卷四十"敢"作"堪"。

附録之一

序　跋

河汾詩集序〔一〕

昔人云：文章一小技，于道未爲尊。又云：道以文章輕重，文章以道輕重。夫文不載道，輪轅飭而弗庸也，秤無星也，尺無寸也，何以經緯天地，維持彝倫于無窮哉！自漢魏而下，名作詩賦者無慮數千百家，中間聞道者幾何人耶？洪惟我朝作養人林，百餘年間，惟睹我先師河東薛文清公，瞭明斯道而允迪之。唯所稟者清而粹，粹而長，故所養者完，所得者多。著書二十四卷，自號曰《讀書録》，發揮斯道，無餘藴矣。至其支言詩賦，凡若干篇，亦自號曰《河汾詩集》。皆發于情，本于性，一動静，一語默，一行止，一草木，一水石，近而一塵之微，遠而天地之大，觸景動中，皆沛然形諸比興而卒歸于道，初無雕刻意。觀其賦黄河，有曰"庶晝夜之靡虧"；登州觀海，有曰"有物無名大莫比"；歌黔陽江，則曰"有物不名復不凋"；觀《太極圖》，則曰："理在象中原不離。"至於擬古諸篇，尤爲冲澹，而于辯異端、闢邪説尤嚴，詩云乎哉！於戲！此物何物乎？必知物物而不物于物者，然後知之，是即所謂道也，非聞見所及也。回視漢魏以來諸作，水之迢迢，非不足于清；春之盎盎，非不足于和；丹砂空青，非不足于寶；金膏水碧，非不足于奇；雲煙綿聯，非不足爲其態；風檣陣馬，非不足爲其勇；荒國侈殿，梗莽丘隴，非不足于恨怨悲愁也；牛鬼蛇神，鯨呿鰲擲，非不足于誕幻荒虚也。其視斯道何如？其關世教何如？若我先師吟風弄月之趣，則兼有之，而皆本于道，誠有"吾與點也"之意。大不足爲天地也，明不足爲日月也，深不足爲河海也，高不足爲山嶽也，是何哉？蓋以道不以形，吾以道觀物耳，孰有大於道乎？矧景逼桑榆，尚誦《擊壤》之歌；山頽梁壞之夕，猶有"此心惟覺性天通"之句。則我先師與道俱終矣。道果有終，我先師亦終矣。使康節見之，必無"删後更無詩"之句；晦庵見之，必無"不精于理"，如評陳子昂也。嗚呼！惜哉！孔子曰："爲此詩者，其知道乎。"蓋謂是歟？

先師有孫名禚，早登甲第，主刑白雲之司。平恕明允，紹其家學者也。裒拾遺稿，集成屬予。余忝游門墻，義不容辭，故掇其大歸如此。匪敢阿私所好，覽者當自知之。序成，蒲坂謝君庭桂，同知常州府，以公務至京師，見而嘆之曰："此吾鄉之先達，每蒙與進，九原不可作矣。捐俸鋟梓，俾諷咏者有以感發，興起正學于無窮，是所願也。"遂録以歸之。

先師諱瑄，字德温，仕至禮部左侍郎兼翰林學士，謚文清。履歷之詳具於國史云。

成化四年戊子孟冬之吉修職郎國子監
丞掌京衛武學事門人伊洛閻禹錫書

【校記】

〔一〕此篇據北京圖書館所藏成化謝庭桂刻本《河汾詩集》鈔録。

河汾詩集後題〔一〕

右《河汾詩》一帙，鄉先生薛文清公所作，其孫刑部主事禚之所匯粹，門人國子監丞閻君禹錫讎校之以授予者也。詩凡八卷，一千一百三十首。其篇什既多，繕寫者間不能無脱誤，予暇日復訂正之。方謀鋟梓,郡人好義者致仕通政知事朱維吉適過予,請效資費,曾不逾時而板刻成矣。

庭桂伏念自幼學時,于先生已知向慕。景泰癸酉領鄉薦,入京師,始獲拜先生於棘木之署,以挹其道德之光。緒言餘論,竊聞多矣,今尚于先生之詩諷誦不置。天下之士之愛慕先生而未之接識者何限,其于一登其堂以領其言論者,又幾何人?此其詩所以不可不傳也。

先生學術甚富,大篇短章,下筆千萬言立就。初若不經意者,至詳味之,卒無一言不根于理。所謂玄圃積玉,無非夜光者也。庭桂鄉郡晚生,不敢妄肆評品,姑因其集之成,綴一言以記歲月,亦庸以托名于不朽云。

成化五年己丑歲十一月戊午後學蒲坂謝庭桂拜手謹書

【校記】

〔一〕此篇據北京圖書館藏成化謝庭桂刻本《河汾詩集》鈔録。

薛文清公全集序〔一〕

國朝理學真儒,首文清薛公。余每見近世師説之録,講學之語,即市肆何啻充棟。而文清先生《文集》顧獨不行于世,心竊憾之。偶從余同年友祁駕部爾光所得先生集,欣然如獲拱璧。爰以職事之閑,校讎而命之梓,以質海内,是余素志也。夫已于役而竣,三復卒業,而嘆先生之學爲不可及也。《讀書録》見其大矣。

先生之學,身之也。窮理盡性,冥之于極象;率履踐行,循之乎倫常。其言如不出,皆其實允蹈焉者也。其文純粹冲穆,既有典型,和之以天倪,而卒澤于雅。詩之歌咏言志,攄寫性靈,恬夷典則,陶然樂先生之風焉。先生豈有意乎?德者,言之衷也。衷以立辭,文乎何有?

先生之鄉,古有隋王通氏講道河汾之間。顧其《中説》《元經》,非學孔氏也，而比孔氏也。識者曰“僭而夸”，故其文氾濫而不傳。先生亦弗是也，而獨潛于身心性命之詣。生徒不聚，門徑不標，翛然自得。其所謂少欲明理者，夫孰能窺之哉！權閹不得識面，在獄誦《易》不輟。其氣節人皆慕悅，先生無居焉。惟有本者之以入內閣，耻與宦者伍，即引決去。斯爲不可則止之義，皆其學問之餘也。先生之大概可睹已。

國初未嘗專設督學臣，自先生於山東始。二百餘年未嘗舉從祀者，又自穆皇于先生始。厥後姚江之學獨揭良知，其旨圓而神，其義通而隱。上士聞道自得之，中士疑焉。當時之學者，未能如七十子之服孔子也，而迄以滋紛紜之口於今。後之視今，亦猶今之視昔也。先生自言曰：“在湖南靖州讀《論語》，坐久假寐，既覺神氣清甚，心體浩然，若天地之廣大。”此爲何景象！孔之説、顔之樂皆是物也。藉第令先生游洙、泗之間，其升堂入室，寧渠曾、閔後乎哉！然則三代之後，理學真儒醇乎其醇者，朱文公之後惟先生一人而已。竊嘗謂國初之學，與中季頗異。國初體而恒實，中季發而恒虚。先生之前有曹月川先生端者，其學沉潛篤實，務于躬行，于先生爲近之。即以視陳白沙、吴聘君，顧誠不知何如！而未聞有表章之者。余期訪求其遺文，謀傳諸而尚未能也。余誠不敏，惟是私淑前賢，以正于學士大夫，以詒于來兹。庶幾明學術而一人心者，是余志也夫。

萬曆乙卯秋日賜進士第文林郎奉敕巡按浙江等處貴州道監察御史關中後學崔爾進撰

【校記】

〔一〕此篇據山西大學圖書館藏萬曆崔爾進刻本《薛文清公全集》鈔録。

刻薛文清公文集序〔一〕

語云：“聖人不出，必有命世。”薛文清公是已。公既覃精聖學，與文人異軌。且自李、何以後，作者持論日益高，先秦而上，至於汲冢，靡險不夷，靡新不故。理學先生之業，荒途翳然，莫過而問矣。

侍御崔公，獨録《文清集》而行之，返大輅于朱輪，代醇醪以玄酒。將無以其人重乎？非也，以爲文鵠也。將無以公之文悴然大雅，澤于道德而已乎？非也，以其文之尊也。文無可奇，不可以不尊。左史奇矣，識者于左氏曰："艷而誣。"于龍門曰："是非頗謬于聖人。"徵信之謂何？夫惟《春秋》謹嚴，則是非即爲褒誅，褒誅即爲袞鉞，此天子之事也。匹夫而行天子之事，可謂尊矣；文人而行聖人之令，不亦尊乎！文清嘗有言曰："不以一字輕與人，不以一言輕許人。"蓋其鑒裁審，故予奪嚴。意其操觚伸紙，錙銖尺寸，皆有世道之慮，確如金石而不必其聲，凜若風霜而不必其字。所取者大，則色澤組織之工，爲詞人墨士之所争者，固有所不屑也。今觀其集，自《讀書録》以外，凡酬贈寄和之篇，序記贊銘之制，片語所及，輒附青雲。若曰此有道君子所取之友，所懷之賢，灼然不爲誣且謬者也。近世文人有是乎！公自愛其鼎，而近世文人以其文爲壑。雖緣古修詞而好言自口，名公要人，可以力致之；孝子慈孫，可以情致之。致之不難，且狎而玩矣。故曰文清之文尊也，抑予又有感焉。

本朝之集繁矣，未知其孰傳其必傳者。奏疏也，一代之史所取材也。有能不爲北地以後余子之父而爲河津之父者乎？社稷賴之矣。吾以是知侍御之憂世深也。

華亭野史董其昌撰

【校記】

〔一〕此篇據山西大學圖書館藏萬曆崔爾進刻本《薛文清公全集》鈔録。

薛文清公文集序〔一〕

若合符節。薛父母刻《文集》時，查對門人張鼎前序，缺其前半，遍訪之不得。予收有石灰山關大使王鴻所刻《文清公行實録》,録末有張鼎全序。獻之薛父母,得成是集。予故曰:事各有緣,精神聚則奇緣不謀而湊合。

予嘗讀唐李德裕《經始平泉山居戒子孫》曰:"《詩》曰:'維桑與梓,必恭敬止。'言其父所植也。其周公思召伯,愛其所憩之棠;近代薛令君于禁中見先祖所據之石,必泫然流涕。"《文清公集》,實本朝道統之書,豈止桑梓與薛令君先祖禁中所據之石哉!薛父母又與令君先後同宗。然則是集之成,其補益世教,夫豈淺鮮!第予深慨邑之習俗不美,尚力風熾,分義禮讓之道微。憶予疇昔讀書慶陽興教寺,得《文清公粹言》之難,今幸《文集》刻于本邑,紙亦不大貴。大家刷印,倘得一言半句收斂身心,移易風俗,庶不負薛父母刻書之意,豈非美事!謹序。

萬曆歲次甲寅奉政大夫吏部稽勛司郎中後學趙邦清頓首拜撰

【校記】

〔一〕此篇據山西省圖書館藏之雍正薛氏合族重刊本《薛文清公文集》鈔録。所詫怪者,序乃趙邦清萬曆甲寅作,而萬曆乙卯薛士弘刻本竟未載。原無標題,似有缺文,然頁碼未亂,不知何故。今權補。

原　序〔一〕

大儒經世之文,所以正學術,謹綱維,廣德教,樹風聲者也。度其搦管攄懷時,言非根于天人性命則不傳,行非見諸履仁蹈義則不傳,人非英聲卓越光明俊偉則不傳,事非忠孝節烈經緯民生則不傳。文之傳也,匪易易矣。後世正學不明,莫窺要領,往往陷于虚寂,屏棄一切。間或組織文辭,誇多鬬靡,言之娓娓,求其黜華務實,探本窮源者,邈如也。

河東薛敬軒先生,具剛方正大之德,倡明道學,條分縷析,一以考亭爲宗。而居敬窮理,無間隱微,造化陰陽之旨,尤反覆詳盡。措之事功,皆從性天流行,鉅細險夷,無所處而不當。故掞而爲文章,莫非原本道德,闡明經術,有關綱常名教之大。至於雜著諸篇,則又因端起義,目擊道存,兩問物理,纖毫畢露也。蓋由本深者枝茂,積厚者流光。其識高,其旨深,其詞平易冲澹,不以探奇索隱爲工。以之垂訓後世,真足以繼考亭,爲前明三百年理學之冠。

予景先生之學而弗逮也,公餘之暇,取其《文集》,採輯成編,與《讀書録》並梓之以廣其傳,使天下後世讀先生之文,學先生之言之行。大道棋布,正學昌明,而私智穿鑿之徒不敢置喙其間,未必非此集之一助也夫。

康熙四十七年歲次戊子孟夏儀封後學張伯行
題于榕城之正誼堂

【校記】

〔一〕此篇據《叢書集成》本《薛敬軒先生文集》鈔録,是《集》據正誼堂《全書》本排印。

薛敬軒先生文集後序〔一〕

文以載道也,捨道而言文,虚車之飾焉爾。秦漢以來,作者林立,非不新奇瑰異,而爲聖賢之學者無取焉。昌黎閎中而肆外,歐陽簡信而明通,庶幾乎載道之文矣。而以視濂、洛、關、閩諸作,又瞠乎若後者。非文不逮也,實道不及也。敬軒先生生於明初,乃能致知力行,居敬窮理,以求至乎周、程、張、朱之道。復于諸先生所遺書集,涵濡諷誦,終老不衰。故凡發爲文章,抒諸歌咏者,莫非根柢于斯,淵源于斯。故不惟其辭之醇正典則,足以楷模後學而有餘;而凡施諸事業、見諸躬行者,又無一不旋至而立效。内聖外王之道,于兹備焉,則純乎載道之文矣。

儀封張夫子，學聖賢之學者也，故于先生之文有取焉。吾黨有志聖賢，亦能如先生之致知力行、居敬窮理焉足矣。若謂"言之無文，行之弗遠"，則盍於是編三致意焉？新奇瑰異之作，無解虚車之誚也。豈吾夫子所以教諸生者哉！故因梓《讀書録》而並及之。

受業門人漳浦蔡衍鎤百拜識

【校記】

〔一〕此篇據《叢書集成》本《薛敬軒先生文集》鈔録。

重刻薛文清公先生文集序〔一〕

斯道之顯晦，關乎氣運；理學之絶續，係乎道統。道統肇自堯舜，一中相傳，歷三代而不易，迨至聖先師，遂集大成焉。厥後稱仁道義，闢異端以衛正道者，獨推孟氏。于此見斯道不容一日或晦，理學不可一時或絶。誠以天理民彝雖根於人心所固有，必待聖賢之發明，始能知所適從耳。後儒有克實體斯道者，即從祀宫墻，以隆配享之典。觀宋代周、張、二程與紫陽夫子，不概可知哉！

明初敬軒薛先生特起河汾，幼時即以道統自任。一生實功，大約以主敬、窮理、復性爲務。其心孔孟之心，其學孔孟之學，其文布帛菽粟，與紫陽之《注解》《語録》《或問》《遺書》相表裏。至其筮仕登朝，事業炳蔚，人主欽其耿直，同僚畏其端方，不阿奸邪，弗近權幸。謂非見道明而信道篤，安能如是乎！若夫流風教澤之振勵乎將來也，安邑則有都憲曹公，絳陽則有辛文敬公，皆屬先生之真傳嫡派焉。

憶余垂髫趨庭時，先大人常面命曰："有明理學薛文清公，小子宜終身奉爲典型焉。"彼時惘然無知，于先生之著作毫不留意。嗣後，稍知向慕，細閲《讀書兩録》，竊見先生學識根據理道，如日月之經天，江河之行地，永堪與周、程、張、朱俎豆分香于聖廟矣。及再讀其詩文，句句咸成格言，不減聖賢訓世之書，所謂以理學任道統者，胥在此矣。

子輿氏不云乎:"去聖人之世未遠,近聖人之居特甚。"則夫高山仰止,景行行止者,捨先生其誰歸?兹因薛氏世裔有重刻先生《文集》之舉,爰漫付數言于簡末。

時雍正十二年歲次甲寅九月吉旦解梁後學侯腹心拜題

【校記】

〔一〕此篇據山西省圖書館藏雍正薛氏合刊本《薛文清公文集》鈔録。

重刊薛文清先生文集序〔一〕

余少讀吾邑吕涇野先生《文集》,見其中有《薛文清先生祠堂記》,其述先生者甚詳,余因以知先生者甚悉。先生生有異質,幼若成人。自趨庭以至立朝,閱歷七十餘載,動必以聖賢爲法程,而有明理學,推先生爲第一。蓋直上接乎周、孔、濂、洛、關、閩之傳,而所稱躬行君子,不樂以文見長者也。先生豈以《文集》重哉!

及讀先生《讀書録》,知先生無書不讀,而非猶夫人之讀書也。以性靈之穎悟,質以周易、太極之理,貫徹乎經史百家之言。近取諸身,遠取諸物,鉅細精粗,遐邇靡遺。以書證心,以心印書,崇正黜邪,自修覺世,可謂純粹至精矣。先生固躬行之君子,不樂以文見長者也,又何《文集》之足云?

雖然,天地以陰陽五行化生萬物,其大本大源,固自有在矣。而日月星辰之經緯,山川河岳之流峙,何莫非天地之文!且極之靈蠢之自若其性,萬卉之各適其天,形形色色,千奇萬狀,所稱生物不測者,何一非天地之文?即何一非天地至理之所存?先儒云:"文所以載道也。"不洵然哉!先生稟天地英靈之氣,而兼深之以體認之實學。其所著爲文章,自皆至性之流露,而非猶夫詞人韻士之伎倆也。先生之文,顧不重哉!

余幸令先生里，瞻拜祠宇，有山高水長之感；訪求遺書，有世遠言湮之悲。自《讀書録》《從政名言》等書外，其他著作不多概見。即先生之苗裔，雖皆彬彬儒雅，其他遺書亦皆失傳。越二年，有先生十一世孫旁搜……

【校記】

〔一〕此篇據山西省圖書館藏雍正薛氏合刊本《薛文清公文集》鈔録。文尚未盡，更無題名年月，今姑移録于此，有待異日蒐求補全。

提　要

薛文清集二十四卷提要

明薛瑄撰。瑄有《讀書録》，已著録。是集爲其門人關西張鼎所編。初，瑄《集》未有刊本。瑄孫刑部員外郎禥以稿付常州同知謝庭桂，雕版未竟而罷。弘治己酉，監察御史楊亨得其稿于毗陵朱氏，鼎又從亨得之。字句舛訛，多非其舊。因重爲校正，凡三易稿而成書。共得詩文一千七百篇，釐爲二十四卷。鼎自爲序，引朱子贊程子"布帛之文，菽粟之味"二語爲比，殆無愧詞。

考自北宋以來，儒者率不留意于文章。如邵子《擊壤集》之類，道學家謂之正宗，詩家究謂之别派。相沿至莊昶之流，遂以"太極圈兒大，先生帽子高"、"送我兩包陳福建，還他一匹好南京"等句，命爲風雅嫡派。雖高自位置，遞相提倡，究不足以壓服人心。《劉克莊集》有《吴恕齋文集序》曰："近世貴理學而賤詩賦。間有篇咏，率是語録講義之押韻者耳。"則宋人已自厭之矣。

明代醇儒，瑄爲第一。而其文章雅正，具有典型，絶不以俚詞破格。其詩如《玩一齋》之類，亦間涉理路。而大致冲澹高秀，吐言天拔，往往有陶、韋之風。蓋有德有言，瑄足當之。然後知徒以明理載道爲詞，常談鄙語，無不可以入文者，究爲以大言文固陋，非篤論也。

（據《四庫全書總目》卷一七〇）

河汾詩集八卷提要

明薛瑄撰。瑄有《讀書録》，已著録。是《集》第一卷載賦五篇，餘皆古今體詩。其孫禥于成化間裒拾遺稿而成，門人閻禹錫爲之序。今考所載詩賦，皆已編入《全集》中，此猶其初出别行之本也。

（據《四庫全書總目》卷一七五）

附録之二

河汾詩集目録

第一卷

第二卷

送虞信憲使考滿之京
懷忠堂歌爲都指揮李進賦
蠶婦吟
登州行並序
歷亭送王三秀才省兄歸京師
琅琊行並序
送盧知縣致仕歸金華
山水障子爲趙子端給事賦
送趙子端大參之浙江
永和雙山歌
洞庭湖歌
壺頭歌
昆陽行
奉贈劉僉憲
茅屋漏
太行歌送丁廷玉分教之襄陵
杜鵑行
歌風臺歌
寄朱侍御歌
黎陽曲
續杜鵑行
舟中苦熱
沅州院中春日歌
襄陽歌
黔陽江行歌
憶昔行
醉吟樓歌爲劉僉憲乃尊賦
遇知行簡陳廣文

第三卷

遣懷
聞道四首
五丁峽
入徐州境
古滕薛城
高郵湖阻雪河冰
登盂城驛樓
金陵官舍
江道士涵碧軒
螢
樵雲野老
睡起偶題簡楊彦謐尚書
楊彦謐尚書邀飲
秋日郊行
秋日遣興
秋日山中
溪上
宿溪店
游盤山寺
晚過田家二首
秋雨
秋日懷李太亨三首
秋日懷魏希文所居
九日雜詩五首
九日同魏希文小酌
游慶壽寺二首
永樂十七年夏之河南時次妹已適閻族詩以誌別
夜泊通州二首

第四卷

自喬口遡流往長沙
武口守風四首
舟中偶成
漢江曉泛
洞庭湖雨中作
舟中遣悶
近日收書漸多戲成
武陵曉泛
院中遣興二首
夜坐偶書
舟中作三首
黔江曉泛
詩禮堂爲衍聖公賦
崇恩堂爲衍聖公賦
題風木卷爲林太守乃考
臺中歸
題瞻雲卷
癸丑人日立春
村居
讀陶詩
讀書
八月十五夜諸生持酒至二首
示塘弟也
聞張侍御鵬舉自憲府陞大理卿復自大理陞都御史
夏夜
寄李司封原德三十韻
喜雪有序
歷亭送王秀才

第五卷

錦城端午
答徐生二首
六月十一日發成都
永思堂卷爲賀守賦
嘉定
題王醫士東白堂
游青羊宫二首
諸葛武侯廟十首
御書樓爲昌衍參政賦
蜀中辛未立春遣懷
春日遣懷
北歸有喜而賦
送杜員外歸省還京師
咏顔魯公
送太守致仕歸
錦官驛官送櫻桃
草涼樓驛看紅白芍藥花
過武功縣
題司空表聖休休亭
題豫讓橋
平定州分司壁上次江淵侍郎韻
輓蕭御史
述懷
金陵春望四首
題河間獻王墓
景泰二年臘月過德州追計去此已十三年矣遂書一律
　驛亭以紀歲月
寄高苑李嗣昌廣文

湖亭小酌和張志忠都憲韻
和張都憲合歡蓮
次張都僉喜雨
次張都憲並蒂蓮韻
讀易軒
題静學軒
題質魯齋
題何郎中卷
輓王廷遂處士
舒大尹輓詩
彩綉堂爲章御史賦
送彭琉僉憲之廣東
送康中振僉憲之蜀
送高超僉憲之福建
留别院中諸友
留别趙彬
題薛希進耕樂卷
游靈岩寺
宿靈岩寺
秋日靈岩道中
寄王用章憲府
寄揚州李太亨太守
題李廷珪僉憲嵩洛漁樵卷
松林書舍
題楊僉憲潤思親卷
金臺送别卷爲李進都指揮賦二首
題恩縣行臺屏風畫使者觀風圖
高唐道中聞李廷珪僉憲先生在博平有喜賦此先寄之

第六卷

贈歐陽哲憲副
送吳祭酒還南京
送鄒都御史巡撫吳浙
奉敕審録竣事簡蕭羅都憲
送武昌教授
送儀源檢校還寧國
送徐禴下第歸蜀
歷亭送王三秀才省兄歸京師
敕封大理王寺副
送王都御史展祭
送董長史
寄南京刑部尚書楊彦謐
寄南京張兵部
送王郎中還南京
送何司訓致仕卷
敕封大理寺副汪潔父母
邢檢討母孺人輓章
送張福還平度郡
輓鄒都御史
送孫暲丞
送陳修撰使高麗
送李憲副回山西
送山東賈恪參議
送人歸閩中
送張司馬致仕還荆州
送户部張睿侍郎還河南
天順元年六月初十日上章告老二十一日得請二十二
日出京師舟中賦七律述意

第七卷

元夕寄故鄉諸友八絶

題毋處士畫梅竹二首

行黄河岸上

看楊花戲作

題蒲守劉公梅竹二首

韋廣文送醯

過賈魯宅

長平

自覃懷歸滎陽道中九絶時家父之官河南儒學

次劉僉憲見寄韻

遣悶

通鑑

禹門十二咏

靖應姜真人庵

題春夏秋冬四小景

題季札挂劍圖

題負薪圖

四皓圖

睡熟

紀先人舊游

檢舊書得先人手迹

憲臺齋宿

喜雨雜詩十首簡院長張勉夫諸公

發通津驛三首

嘉祥分司正統二年元宵

鉅野道中

題汶上分司後堂前二小柏

偶題

第八卷

七言絶句二百一首

春夏秋冬四景爲張給事賦

齋宿雜咏十首

絶句四首

題松竹梅圖

汾上春日二首

宿王大參子明公館留奉一絶

九月十四日夏津分司偶見菊花盛開忽憶去秋與同官諸公採菊内臺賦此

濮州道中馬上口號

望嶽

宿清橋驛聽江聲

草涼樓驛

朝天驛

盆池魚

六月泛川江有感

夏夜宿龍瓜驛

卻贈

放船

讀史二首

庚午除夜

蜀中元夕

成都看梨花

看木瓜花

咏史

戲題武則天鄉

静夜

山行

作息吟

題墨蘭二首

秋夜

荒徑

夜飲李海昌宅

早起

早發

野市

率成

絶句

燒野

題太極圖口號

舟發辰溪岸

附録之三

薛敬軒先生文集目録

卷之一

卷之二

卷之三

序

卷之四

卷之五

卷之六

卷之七

卷之八

卷之九

卷之十

讀書録讀書續録點校説明

薛瑄《讀書録》《讀書續録》，薛瑄生前已版行於世。及其卒後，明代鏤版頗多，其書流布甚廣。至清乾隆間，瑄裔孫薛天章(肯穫)慮及原存河津之舊版歲久漫漶磨滅，寖不可識，乃重新刻槧其書，並對照河津本(侯鶴齡編，明萬曆本)、石門本(石州張公刻，明嘉靖本)、洛陽本(閻禹錫編，明成化本)等三種版本作了考訂、校正、參輯，由孫嘉淦、王安國、侯錦雲分别撰寫了重刊序言，是即謂乾隆本。此次點校，即以乾隆本作底本，除全部保留原本校注外，又對照河津本、石門本作了復校。並掇集了《四庫全書總目》讀書録、讀書續録提要以及明、清以來數種版本的序跋，附之書後。

《讀書録》《讀書續録》是薛瑄平生數十年讀書心得之記録。正如他在《讀書續録·自序》中所説："往年因讀張子'心中有所開時，即便劄記，不思則還塞之矣'之言，遂於讀書心中有所開時，隨即劄記。有一條一二句者，有一條三五句者，有一條數十句者，積二十餘年乃成一集，名曰《讀書録》，蓋以備不思還塞，如張子所云者。近年又於讀書時日記所得者，積久復成一集，名曰《讀書續録》。"這説明，《讀書録》《讀書續録》一方面是一部集薛瑄思想之大成的重要理學論著，甚至可以説"先生一生事業，包舉於斯録"(張伯行語，見張撰《讀書録序》)。另一方面，所謂《讀書録》，又是薛瑄平生所作讀書筆録或讀書摘録之集中匯總。這就是説，薛瑄的《讀書録》《讀書續録》，作爲一部學術論著，在寫作形式上又與歷代多數學術論著有很大的不同，它主要是通過大量摘引並疏釋和闡發古代諸種經籍(主要是儒家各種經籍)的言論來表達薛瑄思想的。並且,如同黄宗羲指出的,薛瑄寫作《讀書録》,“蓋惟體驗身心,非欲成書也”(見《明儒學案》)。因此,他所摘引諸書言論,多不顧及準確詳盡地核查、校對原文。鑒於這種情況,此次點校,進行了以下工作:爲準確理解薛瑄學術思想及其淵源,對書中大多數重要引文逐條予以核查、校對;並爲方便讀者查閱,對大多數經核查、校對的引文作出校注和注明出處;又編制了“《讀書録》《讀書續録》摘引主要書目暨核校版本”附於書後。

限于學識水平,所作點校、校注中不準確、不正確之處,定所不免,敬請批評指正。

重刊薛文清公讀書録序

薛文清所著《讀書録》，前代已表彰之，海内志道之士，守爲津梁者，數百年來如一日矣！文清之學主乎敬，踐乎實，根柢六經而醖釀濂、洛、關、閩諸子。予嘗受其書而讀焉，則見其篤實純粹，正大精微，單語隻詞，無非萃前聖之藴而會心體身以出，信乎爲明儒之冠！顧其書流布甚廣，板藏河津者條分類編，較監本及金陵本稍有異同，而漫漶磨滅，寖不可識。有薛天章者，爲文清裔孫，慮無以爲久遠也，爰走四方，購金付剞劂，且得當世名公語弁其首。工逮竣，復索序于予。予末學膚淺，何敢以蕪詞污簡編？第以津多名賢，如太史公以《史記》與文中子《中説》並馳千秋，矧夫大道津梁，實在兹《録》。自宜與濂、洛、關、閩諸大儒書，共爲後學之所宗已！予既獲莅文清之鄉而沐其教澤，兼迫于天章之請，辭不獲已，因述數言，以寄"高山仰止"之意焉。

乾隆辛未花月錫山後學侯錦雲序

東雍後學梁開宗　考訂

東雍後學閻廷玠　較正

高梁後學閻有光　參輯

重刊薛文清公讀書録序

明代道學，莫醇於薛文清公。由文清公上溯許魯齋，由魯齋上溯朱子，雖後先相望，實一脈淵源，斯道之寄意在斯乎！向受《讀書録》於先君子，嘗卒業焉。竊謂是書於五經、四書、宋五子微言奥義皆熟，復穿弗體驗於身心事爲，卓爾確有所據依，然後就其所得隨時劄記，以期無忘所能，故其言雖旁見錯出，莫不瑩然粹精，其於朱子所言伊川先生踐履盡《易》，其爲《易傳》只是因而寫成者，庶幾彷彿！明代鏤版頗多，其存在河津者，則萬曆間邑人松磐侯氏所編訂也，歲久漫漶，公裔孫天章將謀於郡邑大夫，重新其刻槖其書，徒步至京求序於合河孫公，復因孫公之言丐予序。末學淺陋，無由窺見高深，顧以向曾從事於斯，不能辭，謹贅數言於簡端。

時乾隆丙寅嘉平高郵後學王安國序

十二代孫薛肯穫授梓

重刊薛文清公讀書録序

太上立德，其次立功，其次立言。德隱而不可見，立功亦有命焉，其自我爲之而可傳於後者，惟言爲然。然而有見道之言，有有德之言。見道之言，言其所仰而望之者也；有德之言，言其所俯而歷之者也。夫天下之境，未有不親歷而能言其詳者。處平地而望高山，雖泰、華可見其頂，執筆記之，亦能道其峯巒之隆崇，林木之茂密；然如其言以入山，則迷而不知其徑之所從。登高邱而望遠海，蜃樓煙市之奇時或覩之，然終不能使人乘桴而浮之也。虞人舟師，不言山之崇高與海之汪洋，但於峯迴路轉之時，一述其途之曲折；風順帆揚之處，一指其針之邪正。聞之者循其言而往焉，遂可以登泰岱而覓日觀，躋華岳而窺井蓮，涉重洋而遊絶域。無他，言其身之所已經也。人之於道亦然。三代以前，聖賢之言皆其身之所經，故愈簡而愈明；循而習焉，可以辟賢關而躋聖域。自漢以後，著述日繁，聆其議論，皆有可採；舉而措之事業，則不可以施行。無他，未嘗身至其域而遥意之，宜其言愈多而旨愈晦也。有明一代，立言以闡聖人之道者，指不勝屈，而必以文清公爲首。蓋其主敬存誠之功，砥礪於人所不見之地者深矣！所立之德，固已升聖人之堂而入其室。本其德以立言，未有不純粹以精者。觀其《讀書録》中所載，約而遠，微而臧，平正而通達，皆本其躬行心得以自叙其閱歷之甘苦，此如虞人之言山，舟師之言海。循其言而往焉，可以登五岳而游四海。固宜家絃户誦，人置一編於坐右，以自警者也。顧其書版，日久殘缺，而不可以行遠。今其後裔天章，將重鐫而廣布之，誠盛事也。夫大道之不行久矣！古之人既已行之，舉其所行者而筆之於書以告後人。後之人果有志焉，循其言而行之可也；或廣布其言，使人聞而行之，亦不啻其自行也。則是書之傳，其有益於天下後世，豈淺鮮哉！

時乾隆十一年歲在丙寅冬至日晉陽後學孫嘉淦序

讀書録卷一

横渠張子云:“心中有所開,即便劄記,不思則還塞之矣。”〔一〕余讀書至心有所開處,隨即録之,蓋以備不思而還塞也。若所見之是否,則俟正於後之君子云。河東薛瑄謹識。

“無極而太極”〔二〕,非有二也。以無聲無臭而言,謂之“無極”,以極至之理而言,謂之“太極”;無聲無臭而至理存焉,故曰:“無極而太極。”以性觀之,無兆朕河津本作“朕兆”。之可窺而至理咸具,即“無極而太極”也。

“統體一太極”〔三〕,即萬殊之一本;“各具一太極”〔四〕,即一本之萬殊。“統體”者,即大德之敦化;“各具”者,即小德之川流。

天地間只有理氣而已,其可見者氣也,其不可見者理也。故曰:“君子之道費而隱。”〔五〕石門本連上節,似非。

教本於道,道本於性,性本於命。命者,天道之流行而賦於物者也。故曰:“道之大原出於天。”〔六〕

大而六合,小而一塵,氣無不貫而理無不寓。河津本作“具”。故曰:“君子語大,天下莫能載焉;語小,天下莫能破焉。”〔七〕

《遠遊篇》曰:“道可受兮而不可傳,其小無内兮其大無垠。”〔八〕形容道體之言也。

“天下無性外之物,而性無不在”,故道不可離。

元、亨、利、貞,天之四德;仁、義、禮、智,人之四德。天德流行而不息者,剛健而已。人雖有是德,而不能無間斷者,由有私柔雜之也。

故貴乎"自強不息"。

人心有一息之怠,便與天地之化不相似。

天地之間,時時處處皆是道之流行,人之道即天之道,故當隨時隨處省察,不可有毫髮之間斷也。

天理河津本作"地",似非。無内外、隱顯之間,故貴乎"謹獨",獨處不能謹而徒飾乎外,僞也。

爲學之要,莫切於動静。動静合宜者便是天理,不合宜者便是人欲。

人心一息之頃,不在天理便在人欲,未有不在天理人欲而中立者也。

吾於静時亦頗識是理,但動有與静違者,由存養省察之不至也。

嘗念:"顔子三月不違仁,諸子或日一至焉,或月一至焉。"〔九〕吾自體驗:此心一日之間,不知幾出幾入也,以是知聖賢之學極難,而亦不可不勉。

吾於所爲之失,隨即知而改之,然未免再萌於心。因謂:有不善未嘗不知,易;知之未嘗復行,難。

遍滿天下皆氣之充塞,而理寓其中。

天者萬物之祖,生物而不生於物者也。釋氏亦人耳,其四肢百骸固亦天之所生也,豈有天所生者而能擅造化之柄邪?若如其説,則天不在天而在釋氏矣。萬物始終,莫非陰陽合散之所爲。釋氏乃有"輪廻之説",則萬物始終不在造化而在釋氏矣,寧有是理邪?洛陽本"萬物"至此另爲一節。

"道大無外",知者鮮矣。石門本連上節,似非。

天理流行,隨處充滿,無少欠缺。故程子作字時甚敬,曰:"只此是學。"〔一〇〕

物之栽者根乎氣,其生理向盛,故天因河津本作"陰",下同。有以培之;若物之傾者,則與氣不相連屬,而生理已絶,故天因有以覆之。聖人之德,根乎天理,浩浩不息,猶物之栽而根乎氣也,是以保佑眷顧,而天之培養者，自不能已；凶人則戕賊仁義，自絶其固有之理於天，亦猶物之生氣已絶，故天之所以覆亡者有必至。是以培之、覆之，雖若出於天之所爲，而實皆有以自取之也。

《易傳》曰："易，變易也，變易以從道也。"〔一一〕如人之一動一静者，變易也；而動静之合乎理者，即道也。

少欲覺身輕。洛陽本"覺身"作"則生"，似非。

心中無一物，其大河津本作"道"。浩然無涯。

人之一身，五臟、耳、目、口、鼻、四肢、百骸，凡有形者，皆形而下之器也；其五臟、耳、目、口、鼻、四肢、百骸之理，即形而上之道也。推之君臣、父子、夫婦、長幼、朋友，皆形而下之器也；其仁、義、禮、智、信之理，即形而上之道也。以至大而天地萬物，小而一髮一塵，凡可見者，皆形而下之器；其不可見者，皆形而上之道。然器即囿乎道之中，道不離乎器之外，故曰："道亦器也，器亦道也。"〔一二〕

《周書》曰："惟天地萬物父母，惟人萬物之靈。亶聰明，作元后，元后作民父母。"〔一三〕此言"理一分殊"，《西銘》之原，疑出於此。

先儒曰："在物爲理，處物爲義。"〔一四〕如君之仁，臣之敬，父之慈，子之孝之類，皆在物之理也；於此處之，各得其宜，乃處物之義也。

《易》曰："顯諸仁，藏諸用。"〔一五〕蓋"顯諸仁"是"藏諸用"之發見處，洛陽本無"處"字。"藏諸用"是"顯諸仁"之機緘處。"顯諸仁"是"元亨，誠之通"，所以著"藏諸用"之妙；"藏諸用"是"利貞，誠之復"，所以爲"顯諸仁"之本。

"顯諸仁"是"藏諸用"之所爲，乃發見而可見者；"藏諸用"是能爲"顯諸仁"之機緘，而不可見者。

"顯諸仁"似隱而費，"藏諸用"似費而隱。

"仁"本在内，以顯則在外；"用"本在外，以藏則在中。

《中孚》："二體皆中實，全體則中虚。"〔一六〕中虚則無物，中實則有理，故曰："中虚信之本，中實信之質。"〔一七〕無物而有理，即"無極而太極”也。

每日所行之事，必體認某事爲仁，某事爲義，某事爲禮，某事爲智，庶幾久則見道分明。

吾居察院中，每念疏韋蘇州“自慚居處崇，未睹斯民康”之句，惕洛陽本作“暢”，似非。然有警於心云。洛陽本作“胸”。

孔子曰：“不患無位，患所以立。”〔一八〕惟親歷者知其味。余忝清要，日夜思念於職事，萬無一盡，況敢恣肆於禮法之外乎！

自京師至沅，六七千里，涉越名山大川，見萬物生生之盛，不以遠邇有異，所謂“語大，天下莫能載；語小，天下莫能破”者，當有以默識之。

余昨自京師來湖南，瀕行，院中僚友有誦唐人“此鄉多寶玉，慎莫厭清貧”之句。余每不忘其規戒之厚。

程子書“視民如傷”〔一九〕四字於座側。余每欲責人，嘗念此意而不敢忽。

“爲政以法律爲師”，亦名言也，既知律己，又可治人。

凡國家禮文制度、律法條例之類，皆能熟觀而深考之，則有以酬應世務而不戾乎河津本無“乎”字。時宜。

爲官最宜安重，下所瞻仰，一發言不當殊愧之。

嘗觀山勢高峻直截，即生物不暢茂；其勢奔赴溪谷、合轃回還洛陽本、石門本作“環”，下同。者，即其中草木暢茂。蓋高峻直截者，氣散走難畜聚，故生物之力薄；回還合轃者，元氣至此蓄積包藏者多，故生物之力厚。水亦然，灘石峻，即水急而魚鱉不留；淵潭深，則魚鱉之屬聚焉。以是而驗之人，其峭急淺露者，必無所蓄積，必不能容物，作事則輕易而寡成；寬緩深沉者，則所蓄必多，於物無所不容，作事則安重有力而事必成。善學者觀於山水之間，亦可以進德矣。

氣直是難養。余克治用力久矣，而忽有暴發者，可不勉哉！二十年治一“怒”字，尚未消磨得盡，以是知“克己最難”。

天地之間，物各有理。理者，其中脈絡條理合當是如此者是也。

大而天之所以健而不息，地之所以順而有常，皆理之合當如此也；若天有息而地不寧，即非天地合當之理矣。以萬物觀之，如花木之生，春夏秋冬之各有其時，青黄赤白之各有其色，萬古常然不易，此花木合當之理也；若春夏者發於秋冬，秋冬者發於春夏，青黄者變爲赤白，赤白者變爲青黄，即非花木合當之理矣。以至昆蟲鳥獸，莫不各有合當之理。以人言之，自一心之所存，以至一身之所具，皆有降衷秉彝之性而不可易者，乃合當如是之理也；不如是，則非人之理矣。以至君之仁，臣之敬，父之慈，子之孝，夫婦之别，皆合當如是之理也；凡此一有不盡，則非人倫合當之理矣。此理之所以"無物不有，無時不然"，"語大，天下莫能載；語小，天下莫能破也"。

觀崖石，每層有紋横界而層層相沓，蓋天地之初，陰陽之氣蕩磨而成。若水之漾沙，一層復一層也。意其初必柔軟如濕泥，然及凝結之久，遂成堅剛。北方石炭，未出穴時，其軟如泥，出穴見風即硬，此可驗崖石始柔終剛也。

孟子言"浩然之氣，至大至剛"〔二〇〕。至大，則大而六合，細而一塵，無非此氣之充周；至剛，則貫崖石而草木生，透金鐵而綉澁出。人之氣，即天地之正氣也，能"直養而無害，則塞天地"〔二一〕，貫金石，至大至剛者可見矣。

人之子孫，富貴貧賤莫不各有一定之命。世之人不明諸此，往往於仕宦中昧冒禮法，取不義之財，欲爲子孫計。殊不知子孫誠有富貴之命，今雖無立錐之地以遺之，他日之富貴將自至；使其無富貴之命，雖積金如山，亦將蕩然不能保矣。况不義而入者，又有悖出之禍乎！如宋之吕蒙正、范文正公諸公，咸以寒微致位將相，富貴兩極，曷嘗有賴於先世之遺財乎？然則取不義之財欲爲子孫計者，惑之甚矣！

富貴利達在天，無可求之理；德業學術在人，有可求之道。誠欲厚其子孫，以可求者教之，善矣；欲以不可求者厚之，豈非愚之甚邪？

余在長沙道中，偶得兩句云："忽悟天無際，方知道不窮。"

一日偶思："性"非特具於心者爲是，凡耳、目、口、鼻、手、足動静之理，皆是也；非特耳、目、口、鼻、手、足動静之理爲是，凡天地萬物之理皆是也。故曰："天下無性外之物，而性無不在。"〔二二〕

中夜思：凡聖賢之書所載者，皆道理之名也。至於天地萬物所具者，皆道理之實也。書之所謂某道某理，猶人之某名某姓也，有是人之姓名，則必實有是人；有是道理之名，則必實有是道理之實。學者當會於言意河津本無"意"字。之表。

余每夜就枕，必思一日所行之事。所行合理，則恬然安寢；或有不合，即輾石門本、河津本作"展"。轉不能寐，思有以更其失。又慮始勤終怠也，因筆録以自警。

《中孚傳》曰："中虚信之本，中實信之質。"蓋中虚者無物也，中實者有理也；無物而有理，即所謂"冲漠無朕之中，萬象森然已具"〔二三〕也。

"視富貴如浮雲"，許魯齋其人也。

魯齋，余莫測其爲何如洛陽本作"如何"。人，但想其大而已。

欲淡則心清，心清則理見。

五經、四書皆聖賢之言也。由其言以得其心，則在人焉耳。

經書，形而下之器也；其理，形而上之道也。滯於言詞之間而不會於言詞之表者，章句之徒也。

程子曰："求言必自近。易於近者，非知言者也。"〔二四〕積累之久，涵泳之深，當别有所見。

聖賢千言萬語，皆説人身心上事。誠能因其言以反求諸身心，猛省而擺脱盡私累，則身心皆天理，而大可知矣。

嘗默念：爲此七尺之軀，費却聖賢多少言語！於此而尚不能修其身，可謂自賊之甚矣。

老、莊雖翻騰道理，愚弄一世，奇詭萬變，不可摸擬，卒歸於自私，與釋氏同。

聖人之所以爲聖人，以其公天地萬物爲一體，屈伸、消長、進退、存亡，一由乎理之自然而不自私也；老、莊必欲外天地萬物，極其智術爲巧免之計，其自私也甚矣。

老、莊於道理非無所見，但不勝其避害自私之心，遂鄙薄而不爲是，豈聖人大公至正之心乎？

莊子之言，雖曰"形容道體"〔二五〕，然不能必信而行之，是亦知之實有未至也；使知之至，則必信之篤，信之篤，則行之必至矣。程子所謂"窺測天道未盡者"〔二六〕，蓋謂此。

元人有以"北有許衡，南有吳澄"並稱者，此非後學所敢輕議。然即其書，求其心，考其行，評其出處，則二公之實可見矣。

許魯齋在後學固莫石門本、河津本作"不"。能窺測。竊嘗思之：蓋真知實踐者也。

許魯齋，余誠實仰慕，竊不自揆，妄爲之言曰：其質粹，其識高，其學純，其行篤，其教人有序，其條理精密，其規模廣大，其胸次洒洛，其志量弘毅，又不爲浮靡無益之言，而有厭文弊從先進之意，朱子之後，一人而已！

《四書集注》《章句》《或問》皆朱子萃群賢之言議而折衷以義理之權衡，至廣至大，至精至密，洛陽本作"微"。發揮先聖賢洛陽本作"先聖先賢"。之心殆無餘蘊，學者但當依朱子"精思熟讀，循序漸進"之法〔二七〕，潛心體認而力行之，自有所得。竊怪後人之於朱子之書之意，尚不能遍觀而盡識，或輒逞已見，妄有疵議，或勦拾成説，寓以新名，炫新奇而掠著述之功，多見其不知量也。

《四書》當先以《集注》《章句》爲主，參之於《或問》。如《輯》《釋》諸書，固多有發明處，但《語録》或因人淺深而發，或有未定之論，諸儒又或各持所見，間有與朱子異者。若經文《集注》《章句》未通而泛觀，此則本義反爲所隔，使人將有望洋之嘆；若經文《集註》《章句》《或問》既已通貫，在己之權度既定，然後兼考諸書，則知所擇矣。

余讀《集釋》"洒掃應對"條下載朱子語録曰："洒掃應對，有形而上者；精義入神，亦有形而上者。"竊疑此語或記者之誤。蓋"精義入神"，謂精究事物之理入於神妙，是即形而上者也；若謂"精義入神"

以上又有形而上者，則“精義入神”爲何物邪？

許魯齋自謂“學孔子”。觀其去就從容而無所係累，真“仕止久速”之氣象也。

魯齋，召之未嘗不往，往則未嘗不辭，善學孔子者也。

嘗觀周子、二程子、張子、邵子，皆與斯道之傳者也。而朱子作《大學》《中庸》“序”，惟以二程子繼孟氏之統，而不及三子，何邪？蓋三子各自爲書，或詳於性命、洛陽本作“命性”。道德、象數之微，有非後學造次所能窺測；二程則表章《大學》《中庸》《語》《孟》，述孔門教人之法，使皆由此而進，自“洒掃應對”、“孝弟忠信”之常，以漸及乎“精義入神”之妙，循循有序，人得而依據。此朱子以二程子上繼孔孟之統，而不及三子歟？然朱子於《太極圖》《通書》，則尊周子；於《西銘》《正蒙》，則述張子；於《易》，則主邵子。又豈不以進修之序，當謹守二程之法；博學之功，又當兼考三子之書邪？及朱子又集《小學》之書，以爲《大學》之基本，注釋《四書》，以發聖賢之淵微，是則繼二程之統者，朱子也。至許魯齋專以《小學》《四書》爲修己教人之法，不尚文辭，務敦實行，是則繼朱子之統者，魯齋也。

異端欲知其得失，亦不可不觀其書。但吾學既明，雖觀其書，不洛陽本“不”上有“亦”字。爲所惑；苟吾學未明，而先觀之，鮮不陷溺其中矣。

老、莊之書，切不可深溺；若溺其說而誦習不已，猶居齊齊言，居楚楚語，發於心術、文辭，有不覺者矣。

莊子好文法，學古文者多觀之。苟取其法，不取其詞，可也；若併取其詞爲己出而用之，所謂“鈍賊”也。韓文公作《送高閑上人序》，蓋學其法而不用其一詞，此學之善者也。

存諸心者不雜，見於行者不雜，措諸事業者不雜，形諸文詞者不雜，斯河津本作“所”，非。謂洛陽本“謂”下有“之”字。真儒矣；數者有一雜焉，其得爲真儒乎？

明道先生著述極少，先儒謂其作用“近聖”者，言其氣象也；後人著述雖多，而氣象有不近似者，知者必識之。

余少知"王"、"霸"之名而不知其實，近日方思得之。蓋謂之"王"者，自一念、一慮、一心、一身，形於妻子，達之家國天下，無非仁義禮智之充周，初無内外、隱顯、遠近之間也。程子所謂"有天德者便可語王道"〔二八〕。天德，即仁義禮智之德；王道，即是德推之政事，達之家邦天下者是也。謂之"伯"者，形諸念、慮、身、心者，無非人欲之私，施諸政事征伐者，則假夫仁義之名，其内外、隱顯、遠近、名實，判然不相須矣。此"王"、"霸"誠、僞之所以不同也歟？

聖人未嘗有自聖之心。後世儒者，未有所至即高自品置。如揚雄之《法言》，王通之《續經》，皆以孔子自擬也。二子非特不知聖人，亦不自知洛陽本"知"下有"其"字。爲何如洛陽本無"如"字人矣。自今觀之，豈能洛陽本、石門本作"足"。以逃識者之鑒！

聖人作經，皆寫其身心之實耳；使非寫其身心之實，則人作一書皆可謂之經矣。

余往年在中州，嘗夢一人，儒衣冠，其色黯洛陽本作"闇"。然，謂是朱文公。告余曰："少嗜欲，多明理。"明發，遂書其言於壁。一日，在湖南靖州讀《論語》，坐久假寐，既覺神氣清甚，河津本作"湛"。心體浩然，若天地之廣大。忽思前語，蓋欲少則氣定，心清，理明，幾與天地同體，其妙難以語人。

莊子曰："嗜欲深者，天機淺。"〔二九〕蓋嗜欲昏亂此心，則理無自而見。故周子曰："一者，無欲也。"〔三〇〕無欲其至矣。

"視民如傷"，當銘諸心。

深以刻薄爲戒，每事當從忠厚。

"寧人負我，毋我負人。"此言當留心。

聖賢之言，坦易而明白；異端之言，崎嶇而茫昧。

無形而有理，所謂"無極而太極"；有理而無形，所謂"太極本無極"〔三一〕。形雖無而理則有，理雖有而形則無，此純以理言，故曰"有無爲一"。老氏謂"無能生有"〔三二〕，則"無"以理言，"有"以氣言，以無形之理，生有形之氣，截有、無爲兩段，故曰"有無爲二"。

聖賢之言，順之則吉，逆之則凶。

有欲，則人得而中之；河津本無"之"字。惟無欲，則彼無自而入。

惟寬可以容人，惟厚可以載物。

中夜忽思："天下無性外之物，而性無不在。"如石門本、河津本無"如"字。君臣、父子、夫婦、長幼、朋友，皆物也，而其人倫之理即性也。佛氏之學，有曰"明心見性"者。彼既舉人倫而外之矣，安在其能明心見性乎？若果明心見性，則必知"天下無性外之物，而性無不在"，必不舉人倫而外之也。今既如此，則偏於空寂而洛陽本無"而"字。不能真知心、性、體、用之全，審矣！程子謂其"言爲洛陽本無"爲"字。無不周徧，實則外於倫理"〔三三〕，不其信歟？

余讀《泰》《否》卦辭，"内君子而外小人，君子道長，小人道消"〔三四〕，爲"泰"；"内小人而外君子，小人道長，君子道消"〔三五〕，爲"否"。因是以念諸葛武侯之言，曰："親賢臣，遠小人，此先漢所以興隆；親小人，遠賢臣，此後漢所以傾覆。"〔三六〕嗚呼！豈獨漢室也哉！歷觀數千載以來，家國洛陽本、河津本作"國家"。天下之治亂興亡，未有不原於此者。若武侯之言，可謂深得《大易》之旨，而足爲萬世之明戒矣。

"盡心"工夫，全在"知性"、"知天"上。蓋性即理，而天即理之所從出。人能知性、知天，則天下之理無不明，而此心之體無不貫；苟不知性、知天，則一理不通，而心即有礙，又何以極其廣大無窮之量乎？是以知盡心工夫，全在知性、知天上。

"不怨天，不尤人，理當如是。"〔三七〕

人之出處，當"安於義命"〔三八〕；不"安於石門本作"理"，非。義命"，妄也。

修德行義之外，當一聽於天；若計較利達，日夜思慮萬端，而所思慮者又未必遂，徒自勞擾，祇見其不知命也。

安往而非事？安往而非道？人惟洛陽本、石門本作"臣"，似非。當即所遇以爲其事，則道無不安矣；苟不能安於所遇，在此念彼，則不能以道自處，審矣。

“博文”是明此理，“約禮”是行此理。

《臨》卦當十二月陽剛浸長之時，而以來年八月陽消陰長爲戒。聖人之慮遠矣。

余在沅辰，令一小童燒栗，忽殼破，聲爆可畏。蓋熱氣在内不得出，故奮裂而有聲。先儒論雷霆之理，蓋如此。

朱子釋“彌高、彌堅”曰“無窮盡”〔三九〕。釋“在前、在後”曰“無方體”〔四〇〕。蓋“無窮盡”者，理之大而不可限量；“無方體”者，理之妙而無所不在。其實一也。洛陽本上連卷六“顏子仰彌高”節，下連卷四“因無窮盡”節，似非。

“樞始得其環中，以應無窮”〔四一〕，莊生形容道體之言也。

元來只一理，貫徹天地萬物，分之不爲少，合之不爲多也。

“無河津本作“有”。欲”非道，入道自“無欲”始洛陽本無“始”字。

無一物而外理者。

舉目而物存，物存而道在，所謂“形而下”、“形而上”者是也。

“道”本無名，姑以萬物萬事必由是以行，故強名之曰“道”耳。

讀書當因其言以求其所言之實理於吾身心，可也；不然，則滯於言語，而不能有以自覺矣。

是何足與言仁義也？莊周有之，其不恭莫大焉。

天以“一”故實，地以“二”故虚。

“利貞”者乾之静也，“元亨”者乾之動也；動不生於動而生於静，静不生於静而生於動，“互根”之謂也。

“導友善，不納，則當止。”宜體此言。

不可因小人包承而易其志。

未合者，不可強言以鈎之。若然，則近於“譎”。

“慎言其餘”。深有味。

誠不能動人，當責諸己。

韋應物詩曰：“所願酌貪泉，心不爲磷緇。”亦可以爲守身之戒。

張子曰：“當知天下國家無皆非之理。”〔四二〕蓋人能仁必實仁，自足以得親；義必實義，自足以得君；禮必實禮，自足以事長；知必實知，自足以治人；信必實信，自足以得友。如是而不得者，命也，亦何責人之有！若在己者皆不能盡，一有不得，即懷責人之心，是豈君子之道哉？故"學至於不責人，則其學進矣"〔四三〕。

"一故神"〔四四〕，太極也；"兩故化"〔四五〕，陰陽也。

水柔石剛。石爲水漸浸蕩薄之久，銷削剥落。剛不能勝柔，此亦可見。

不能感人，皆誠之未至。

太極一圈，中虚無物，蓋有此理而實無形也。

"無極而太極"，惟"無形而有理"一言括盡。

揚子"四重"、"四輕"之説〔四六〕，吾有取焉。

學以静爲本。

常沉静，則含蓄，義理深，而應事有力。

少言沉默最妙。

厚重、静定、寬緩，進德之基。

無欲，則所行自簡。

讀朱子《語録》，不若讀《易本義》《四書集注》《章句》《或問》諸手筆之書爲定論。有餘力，則參考《語録》之類可也。

科舉之文，盛而理明者，間有之；因而晦者，尤多矣。

纔欲"修辭以立誠"〔四七〕，則言自簡，是何也？以可言者少也。

"必有事焉而勿正"〔四八〕，石門本"正"下有"心"字。與"正其誼不謀其利，明其道不計其功"〔四九〕之語略同。但董子就事言，孟子就理言。石門本此節連上節。

"六虚"者，卦爻六位皆虚，隨所值或陽或陰居之。

四方、上下、遠邇、内外，在在處處皆是理之充塞，而生物之機未嘗息，視之雖不可見，然冲漠無朕之中，萬象森然已具，所謂"無極而太極"也。

敬則中虚無物。

自敬則人敬之，自慢則人慢之。

不行而至，此神之妙也。

處人之難處者，正不必厲聲色與之辨是非，較長短，惟謹於自修，愈謙愈約，彼將自服；不服者，妄人也，又何校焉！

涵養深，則怒已即休，而心不爲之動矣。

人於聲色臭味之樂，取快須臾，真所謂過客止耳，何苦深溺其中，而害吾固有之德哉？

自修，則人不得以非理相加，所謂"不惡而嚴"也。

法未有久而無弊者。周之封建，初則藩屏王室，翼戴天子，未嘗不善也；至於春秋之間，則有尾大不掉之勢，而周因以微；秦矯其失罷侯置守，又以孤立無助而亡；漢又懲秦失，遂大封同姓，至景帝有"七國之變"；武帝下洛陽本"下"作"不行"，非。推恩之令，諸侯王削弱，而王莽又得奮其奸；魏仍漢末之失，宗室疏遠，而晉得以竊其國；晉鑒魏亡，分封太廣，而骨肉自戕，夷狄因之以亂華。由是觀之，法雖善，久必有弊，要在隨時以審其勢之輕重以救之，勿使至於偏甚，則善之善者也；不然，則洛陽本作"馴"。積之久至於偏甚而不可舉正，自有大可慮者生乎其間矣。

"時中"似"義"字。

"時中"是活法而不死〔五〇〕；"執中"是死法而不活〔五一〕。

不可因喜而蹉過當爲之事。

纔舒放即當收斂，纔言語便思簡默。

只於洛陽本作"是"。坐次，便見"時中"之義。坐，一也：我尊人卑，我坐於上，人坐於下，中也；我與人同等，相對而坐，中也；我卑人尊，人坐於上，我坐於下，中也。行，一也：我長人幼，我先人後，中也；我幼人長，我後人先，中也。至於當語而語，語爲中；當默而默，默爲中。中無定體，乃所謂"時中"也。

有益者不爲，無益者爲之，所以苦其勞，而不見成功。

不可乘喜而多言，不可乘快而易事。

唐初邊將未有久握兵者。至天寶間，李林甫爲固寵之計，杜絶邊將入相之路，遂致擁兵年久，而成藩鎮之勢。

須要有包含，則有餘意；發露太盡，則難繼。

勢到七八分即已，如張弓然，過滿則折。

因喜而多言，覺氣流而志亦爲動。

常默最妙。己心既存，而人自生石門本無“生”字。敬。

輕言輕動之人，不可以與深計；易喜易怒者，亦然。

聞事不喜不驚者，可以當大事。

小事易動，則大事可知；大事不動，則小事可知。

自修爲要。

應事接物，惟在“時中”。

人當自信、自守。雖稱譽之，承奉之，亦不爲之加喜；雖譭謗之，侮慢之，亦不爲之加沮。

和而敬，敬而和，處衆之道。

不可因人曲爲承順而遂與之合，惟以義相接，則可以與之合。

輕言則納侮。

自喜，則自矜之心生。

張文忠公曰：“左右非公故，勿與語。”予深體此言，吏卒輩不嚴而慄然也。

待吏卒輩，公事外不可與交一言。

待下固當謙和，謙和而無節，反納其侮，所謂“重巽，吝”〔五二〕也；惟和而莊，則河津本無“則”字。人自愛而畏。

周子曰：“天下勢而已，在乎早識而亟反之。”〔五三〕余論河津本作“讀”。前古封建之勢，意亦如此。

慎動，當先慎其“幾”於心，次當慎言、慎行、慎作事，皆慎動也。

凡作事謹其始，乃所以慮其終，所謂“永終知敝”是也；不能謹始慮終，乘快作事，後或難收拾，則必有悔矣。

事纔入手，便當思其發脱。

事已往，不追最妙。

“理一”，乃所以包乎洛陽本作“夫”。“分殊”；“分殊”，即所以行夫“理一”。“分殊”固在乎“理一”之中，而“理一”又豈離“分殊”之外哉？

接下言貴簡，不可一語冗長。

發言須句句有着落方好。人於忙處，言或妄發，所以有悔；惟心定則言必當理，而無妄發之失矣。

有一毫取人之意，河津本作“心”。則言必諛，貌必諂，所谓“巧言令色，鲜矣仁”也。〔五四〕

只理順，便是行道。

人能於言動事爲之間不敢輕忽，而事事處置合宜，則“浩然之氣”自生矣。

《詩》之變者何其多，而正者何其少邪？是皆氣化人事之自然也；《易》之陽奇陰偶亦然。噫！洛陽本“《易》之”下另爲一節，“亦然”下無“噫”字，似非。

程子作字甚敬，曰：“只此是學。”余謂“洒掃應對”亦然。“洒掃應對”之所以然，即“精義入神”之妙也。

“洒掃應對”，雖小子事尊長之禮，石門本作“理”，非。然禮即天理之節文，精粗本末又豈二乎？

讀書至聖賢言不善處，則必自省，曰：吾得無有此不善乎？有不善則速改之，毋使一毫與聖賢所言之不善有相似焉；至聖賢言善處，則必自省，曰：吾得無未有此善乎？於善則速爲之，必使事事與聖賢所言之善相同焉。如此，則讀書不爲空言，惡日消而善日積矣。

“費”是“隱”之流行處，“隱”是“費”之存主處。“體用一源，顯微無間。”

如陰陽五行流行，發生萬物，“費”也；而其所以化生之機不可見者，“隱”也。

常默可以見道。

“活潑潑地”，“無物不有，無時不然”，只是生生之機。

德進則言自簡。

"修辭以立誠",則言不妄發。

欲深,欲厚,欲莊,欲簡。

多言,最使人心志流蕩而氣亦損;少言,不惟養得德深,又養得氣完,而夢寐亦安。

常乘快不覺多言,至夜枕席不安,蓋神氣爲多言所損也。此雖近於修養之説,然養德亦自"謹言"始。

養之深,則發之厚;養之淺,則發之薄。觀諸造化,可見窮冬大寒,天地閉塞,而元氣蓄藏既固。至春則發達充盛而不可遏;若冬暖元氣露泄,河津本作"漏洩"。則春亦生物不盛,而疫癘作矣。

矯"輕"警"惰",只當於心、志、言、動上用力。

宋太祖若能大居正,以天下傳子,可也;必若重違母氏之命,爲宗社之計,亦宜早斷;當斷不斷,致晉邸生疑,而有燈影離席遜避之變。昔魯隱公欲傳位桓公而不即授,乃使營菟裘曰:"吾將老焉。"〔五五〕"將"之一詞,卒致鍾巫之及,石門本作"反",非。其事正與宋祖相類。當時秉史筆者,皆其臣子,義所當諱,故爲微詞,而其事迹晦昧不彰於後世。竊謂晉邸之罪,固不可勝誅矣;而宋祖乃所謂"爲人君父,不通《春秋》之義者,必蒙首惡之名"乎!

"隱"者,無聲無臭之妙也。

常河津本作"當"。充無欲害人之心。

知天地萬物爲一體,則能愛矣。

行其無事,則順理矣,順理則心安而體適。洛陽本、石門本俱"順理矣"節。

文中子曰:"僮僕稱恩,可以從政矣。"〔五六〕

文中子曰:"同不害正,異不傷物。"〔五七〕

文中子曰:"多言不可與遠謀,多動不可與久處。"〔五八〕

文中子曰:"我未見欲仁好義而不得者也,如不得,斯無性者也。"〔五九〕此言近理。

經書所載,皆天地間事;天地間事,皆吾分内事。知天地間事皆吾分内事,則德盛而不矜,功大而不伐矣。

須是盡去舊習，從新做起，乃有進。張子曰："濯去舊見，以來新意，極有益。"〔六〇〕宣德五年閏十二月初二日夜，余在辰州府分司，睡至五更，忽念己德所以不大進者，正爲舊習纏繞，未能掉脱，故爲善而善未純，去惡而惡未盡，當自今一刮舊習，一言一行，求合於道，否則匪人矣。河津本宣德"下另爲一節。

德不進，病在意不誠；意誠，則德進矣。

安於故習，則德不新。

性本自然，非人所能強爲也。順其自然，所謂"行其所無事"也〔六一〕；有所作爲而然，則鑿矣〔六二〕。

"理一"猶一大城子，無不包羅，其中千門萬户，大衢小巷，即所謂"分殊"也；"理一"所以統夫"分殊"，"分殊"所以分夫"理一"，其實河津本"實"下有"理"字，似羨。一而已矣。

實有向道之心，則道必進。

近看得處事有二法："知"以别可否；"義"以決取捨。斯無過舉矣。

處事便當揆之以義。

當於心、意、言、動上做工夫，心必操，意必誠，言必謹，動必慎。内外交修之法也。

若胸中無物，殊覺寬平快樂。

一念之非即遏之，一動之妄即改之。

心虚有内外合一之氣象。

公則人己不隔，私則一膜之外便爲"胡越"。

發奮洛陽本作"憤"。誠心要做好人，一切舊習定須截斷。

古人功名不立，有憂"老之將至"者；吾於道德無成，亦憂"老之將至"。誠心如此。

萬起萬滅之私，亂吾心久矣，今當悉皆掃去，以全吾湛然之性。

見枯樹則心不悦，見生榮之花木則愛之，亦可驗己意與物同也。

静中有無限妙理皆見。

俯仰天地無窮，知斯道之大，覺四海爲小矣。

學舉業者，讀諸般經書，只安排作時文材料用，於洛陽本作“與”。己全無干涉，故其一時所資以進身者，皆“古人之糟粕”〔六三〕，終身所得以行事者，皆生來之氣習。誠所謂書自書，我自我，與不學者何以異？

因思：學不進，大病在見；理不明，信道不篤。今欲學道，又怕既學道，爲道理拘束，與自家身心洛陽本作“心身”。上受用外物相妨；欲不學道，又見説此是個好道理。若見理明，則必知外物之樂，不如是道之樂；信道篤，則必使外物之樂，不得以奪是道之樂。河津本無“信道篤”以下十八字，非是。如是而學，其有不進者乎？

勢不内重外輕，則内輕外重，權其輕重，使不至於一偏，則無患矣。石門本連上節，似非。

凡與人言，即當思其事之可否。可則諾，不可則無諾。若不思可否，而輕諾之事或不可行，則必不能踐厥言矣。有子曰：“信近於義，言可復也。”〔六四〕意蓋如此。

朱子語録、雜論，散見於諸書者甚多，當時門人從旁記録，豈無一二之誤？况傳寫之久乎！嘗竊謂讀朱子語録、雜論，不若讀朱子手筆之書爲無疑；然語録、雜論中有義理精確明白，發手筆之未發者，則不可不考也。河津本“也”上有“者”字。

子思姑舉“鳶”、“魚”二物示人以道體耳〔六五〕，其實，盈天地間無一物而非道體之所寓也。夫子“川流”之嘆，〔六六〕亦舉一端以示人。

“左之左之，右之右之”，〔六七〕無非此理識得。誠不知手之舞之，足之蹈之。

《西銘》曰：“予兹藐焉，乃混然中處。”〔六八〕混然則内外一致，物我無間也。

心大，則如天之無物不包；心小，則如天之無物不入。

《西銘》“混”字，“塞”字，“帥”字〔六九〕皆一意，但有理、氣之别。

斯須苟且，即非敬矣。

仁則不間斷，間斷河津本無“斷”字。則非仁矣。

仁，只洛陽本作“即”。是此心之理與萬物都相貫通，故欣戚相關而能愛；纔不貫通，便相間隔，只知有己，不知有物，欣戚不相關而不能愛矣。然貫通非仁，其貫通之理，仁也。洛陽本無“然貫通”以下十二字。

敬，則都是一片公正的心；不敬，則無限私竊的心生矣。

常人之言，猶有可信者；不信聖人之言，可乎？

曾子“忠恕”，姑借學者盡己推己，其施不窮，以著明“一貫”之體用無窮耳。其實，聖人之“一貫”，從大本大原中自然河津本無“自然”字。流出，初無待於盡而推也。程子曰：“此與‘違道不遠’異者，動以天爾。”〔七〇〕洛陽本無“爾”字。則見《論語》之“忠恕”爲自然，《中庸》之“忠恕”〔七一〕爲勉然；然“忠恕”依舊以《中庸》爲定名，要在看得活，則知《論語》之“忠恕”，乃曾子借彼移上一步，以明聖人之洛陽本無“之”字。“一貫”〔七二〕耳。

“參伍以變”〔七三〕，只是以洛陽本無“以”字。不齊之數互考之，欲見其齊耳。

讀《西銘》，不敢慢一人，輕一物。

讀《西銘》，著不得一毫私意。

讀《西銘》，有“天下爲一家，中國爲一人”〔七四〕之氣象。

讀《西銘》，知天地萬物爲一體。

《西銘》，天德、王道備焉。

《西銘》，立心可以語王道。

讀《西銘》，則知小智自私，誠可耻也。河津本作“矣”。

所見既明，當自信，不可因人所説如何，而易吾之自信。

君子取人之德義，小人取人之勢利。

疑人、輕己者，皆“内不足”。

聖賢欲人皆善之心，讀其書親若見之；而不能體其心以爲心，可謂自棄者矣。

不可強語人以不及。非惟不能入彼，將易吾言矣。

自孔孟後，皆不識性。荀子謂“性惡”〔七五〕，揚子謂“善惡混”〔七六〕，先儒固已辨其非矣。唐韓子《原性》，河津本"性下有"篇"字以仁、義、禮、知、信論"性"，以喜、怒、哀、懼、愛、惡、欲論"情"，獨於"性情"爲有見"三品之説"〔七七〕。蓋孔子"唯上智與下愚不移"〔七八〕之意，兼氣質而言也，是雖不明推出"氣"字，而意已在其中矣。竊謂自孟子後，論性惟韓子爲精粹，又豈荀、揚偏駁者可得同年而語哉！

"不下帶而道存焉"〔七九〕，此道不可離也。

孔子讀《烝民》之詩，曰："爲此詩者，其知道乎！故有物必有則；民之秉彝也，故好是懿德。"〔八〇〕子思《中庸》引《詩》曰："'維天之命，於穆不已！'蓋曰天之所以爲天也。'於乎不顯！文王之德之純！'蓋曰文王之所以爲文也，純亦不已。"〔八一〕凡聖賢説《詩》，只加數字，轉换過而義自見，未嘗費詞也。朱子《詩集洛陽本作"集詩"。傳》，蓋得此法矣。

機在心，當慎所發，發不以正，其害事。

愈日新，愈日高。

篤志此道，使天下之物不能尚，其庶有進乎！

匹夫之志，未必皆出於正，而猶不可奪，况君子之志於道，孰得而奪之哉！

勢無兩重之理，此重則彼輕，此輕則彼重；故道義重則外物輕，道義輕則外物重。爲學之士，常使外物不能勝其道義，則此日重，彼日輕，積久惟見道義，而不復知有外物矣。

因思：千古聖賢垂訓炳明，蓋欲人讀其書，行其道也；苟徒資爲口耳文詞之用，而不行其道，即先儒所謂"買櫝還珠"也〔八二〕，可不戒哉！河津本"可不戒哉"作"愚亦甚矣"。

捨《小學》、四書、五經、宋諸儒性理之書不讀，而先讀他書，猶惡睹泰山而喜邱垤也。藐乎！吾知其小矣。

聖人論道，多兼理氣而言。如所謂"一陰一陽之謂道"、"形而上下"之語〔八三〕，皆兼理氣而言也。

《太極圖》上面大圈子即陰陽，中小圈子在陰陽中，見其不離；在上，見其不雜。其實一而已矣，非小圈外别有一圈爲太極也。

孔子曰："《易》有太極。"〔八四〕又曰："一陰一陽之謂道。"〔八五〕又曰："形而上者之謂道，形而下者之謂器。"〔八六〕皆兼理氣而言。周子"無極而太極"，則純以理言。至"動而生陽，静而生陰"〔八七〕，則兼以氣言矣。

"無極"立言，本欲明此理之無方所，無形象耳，後人將作"虚無"之"無"看，則失周子之意矣。

【校記】

〔一〕引自張載《經學理窟·學大原下》。原文"中"下有"苟"字。

〔二〕引自周敦頤《太極圖説》。

〔三〕〔四〕見朱熹《太極圖説解》："合而言之，萬物統體一太極也；分而言之，一物各具一太極也。"

〔五〕引自《中庸》第十二章。

〔六〕引自《漢書·董仲舒傳》。

〔七〕引自《中庸》第十二章。

〔八〕引自《楚辭·遠遊篇》。

〔九〕引自《論語·雍也》。原文爲"回也，其心三月不違仁，其餘則日月至焉而已矣"。

〔一〇〕引自《河南程氏遺書》卷三。

〔一一〕引自《周易程氏傳·易傳序》。原文後句"變易"上有"隨時"二字。

〔一二〕見陳淳《北溪字義·道》："明道曰：'道亦器也，器亦道也。"

〔一三〕引自《尚書·周書·泰誓上》。

〔一四〕引自《周易程氏傳》卷四《周易下經下·艮》。

〔一五〕引自《易傳·繫辭上》。

〔一六〕〔一七〕引自《周易程氏傳》卷四《周易下經下·中孚》。原文"二"上"全"上均有"在"字。

〔一八〕引自《論語·里仁》。

〔一九〕見《河南程氏外書》卷十二。

〔二〇〕〔二一〕見《孟子·公孫丑上》："'敢問何謂浩然之氣？'曰：'……其爲氣也，至大至剛，以直養而無害，則塞於天地之間。'"

〔二二〕引自朱熹《太極圖説解》。

〔二三〕引自《河南程氏遺書》卷十五。原文無"之中"二字。

〔二四〕引自《周易程氏傳·易傳序》。

〔二五〕引自《河南程氏遺書》卷三。

〔二六〕引自《河南程氏遺書》卷十五。原文"道"下有"之"字。

〔二七〕引自《朱文公文集》卷七十四《讀書之要》。原文爲:"循序而漸進,熟讀而精思可也。"

〔二八〕引自《河南程氏遺書》卷十四。原文"德"下無"者"字。

〔二九〕引自《莊子·大宗師》。原文"嗜"上"天"上均有"其"字。

〔三〇〕引自周敦頤《通書·聖學》。

〔三一〕引自周敦頤《太極圖説》。

〔三二〕引自《老子·四十章》。原文爲:"天下萬物生於有,有生於無。"

〔三三〕引自《河南程氏文集》卷十一《明道先生行狀》。

〔三四〕引自《易傳·泰·彖辭》。

〔三五〕引自《易傳·否·彖辭》。

〔三六〕引自諸葛亮《前出師表》。據原文,"覆"爲"頹"之誤。又,"隆"下"頹"下均有"也"字。

〔三七〕引自《河南程氏外書》卷二。原文"理"上有"在"字。

〔三八〕引自《周易程氏傳》卷四《周易下經下·未濟》。

〔三九〕〔四〇〕"彌高、彌堅","在前、在後",引自《論語·子罕》。原文爲:"仰之彌高,鑽之彌堅;瞻之在前,忽焉在後。""無窮盡","無方體",引自朱熹《論語集注》卷五《子罕第九》。

〔四一〕引自《莊子·齊物論》。

〔四二〕引自張載《正蒙·中正篇》。

〔四三〕引自《正蒙·中正篇》。原文爲:"學至於不尤人,學之至也。"

〔四四〕〔四五〕引自《正蒙·參兩篇》。

〔四六〕見揚雄《法言·修身》。

〔四七〕引自《易傳·乾·文言》。原文"辭"下無"以"字,"立"下有"其"字。

〔四八〕引自《孟子·公孫丑上》。朱熹注曰:"必有事焉而勿正。趙氏、程子以七字爲句。近世或並下文'心'字讀之者亦通。"

〔四九〕引自《漢書·董仲舒傳》。

〔五〇〕見《中庸》第二章:"君子而時中。"

〔五一〕見《尚書·虞書·堯典》:"允執厥中。"又見《韓詩外傳》卷二:"聽獄執中者,皋陶也。"

〔五二〕引自《易經·巽·九三爻辭》。原文"重"作"頻"。

〔五三〕引自周敦頤《通書·勢》。原文爲:"天下,勢而已矣。勢,輕重也。極重不可反。識其重而亟反之，可也。反之，力也；識不早，力不易也。”

〔五四〕引自《論語·陽貨》。

〔五五〕引自《左傳》隱公十一年。

〔五六〕引自《文中子·問易篇》。原文“稱”下有“其”字。

〔五七〕引自《文中子·禮樂篇》。

〔五八〕〔五九〕引自《文中子·魏相篇》。

〔六〇〕引自張載《經學理窟·學大原下》。

〔六一〕〔六二〕見《孟子·離婁下》：“所惡於智者，爲其鑿也。如智者若禹之行水也，則無惡於智矣。禹之行水也，行其所無事也。如智者亦行其所無事，則智亦大矣。”

〔六三〕引自《莊子·天道》。

〔六四〕引自《論語·學而》。

〔六五〕見《中庸·第十二章》：“詩云：‘鳶飛戾天，魚躍於淵。’言其上下察也。君子之道，造端乎夫婦，及其至也，察乎天地。”

〔六六〕見《論語·子罕》：“子在川上曰：逝者如斯夫，不舍晝夜。”

〔六七〕引自《毛詩·小雅·甫田之什·裳裳者華》。

〔六八〕〔六九〕見張載《正蒙·乾稱篇》：“予兹藐焉，乃混然中處。故天地之塞，吾其體；天地之帥，吾其性。”

〔七〇〕引自《河南程氏遺書》卷十一。

〔七一〕見《中庸》第十三章：“忠恕違道不遠，施諸己而不願，亦勿施於人。”

〔七二〕見《論語·里仁》：“子曰：‘參乎！吾道一以貫之。’……曾子曰：‘夫子之道，忠恕而已矣。’”

〔七三〕引自《易傳·繫辭上》。

〔七四〕引自朱熹《西銘解》。

〔七五〕見《荀子·性惡》：“人之性惡，其善者僞也。”

〔七六〕見揚雄《法言·修身》：“人之性也，善惡混。”

〔七七〕見韓愈《原性》：“性之品有三，而其所以爲性者五；情之品有三，而其所以爲情者七。”

〔七八〕引自《論語·陽貨》。

〔七九〕引自《孟子·盡心下》。

〔八〇〕引自《孟子·告子上》。

〔八一〕引自《中庸》第二十六章。

〔八二〕見《韓非子·外儲説左上》。

〔八三〕〔八四〕〔八五〕〔八六〕引自《易傳·繫辭上》。

〔八七〕引自周敦頤《太極圖説》。

讀書録卷二

孔子所謂"《易》有太極"者，言陰陽變易之中，而有至極之理，是就氣中指理以示人；周子"無極而太極"，言雖無形之中而有至極之理，則專以理言；至"太極動而生陽，静而生陰"，則亦兼以氣言矣。學者知"無"者，太極之無形，"有"者，太極之有理，則"有無合一"。

工夫切要在夙夜、飲食、男女、衣服、動静、語默、應事接物之間，於此事事皆合天則，則道不外是矣。

陽明者善也，陰濁者惡也。人見天氣晴河津本作"清"。明，則心意舒暢；見天氣陰晦，則心意黯慘。亦可以洛陽本無"以"字。驗好善惡惡之一端。

"吉凶者，貞勝者也"〔一〕。治亂興衰，相尋無端，氣化之自然也。

眼底萬物不出水、火、木、金、土，萬善不出仁、義、禮、智、信。

凡大小有形之物，皆自理氣至微至妙中生出來，以至於成形而著。張子曰："其來也幾微易簡，其究洛陽本、石門本作"至"，非是。也廣大堅固。"〔二〕石門本連上節，似非。

"元"無虧欠，"元"無止息。

念慮一毫雜妄即非仁，便當克去。

一念之差，心即放；纔覺其差，而心即正。

心存則理見，心放則理與我相忘矣。

水清則見毫毛，心清則見天理。

斯須心不在而動，即妄矣。

習舉業者，借經書之文以徼利達，而不知一言之可用，誠所謂侮聖人之言也。

科目進身者有一第之後，四書本經悉置而不觀，則身心事業從可知矣。

人倫明則禮樂興。

"禮"只是序，"樂"只是和。如君臣、父子、兄弟、夫婦、朋友，各得其分而不相侵越，所謂序也，序則禮立矣。君仁、臣敬、父慈、子孝、兄友、弟恭、夫義、妻洛陽本、河津本作"婦"。聽、朋友有信，所謂和也，和則樂生焉。是則人倫，禮樂之本，人倫不序不和，則禮樂何自而興哉？河津本連上節。

人有斯須之不敬，則怠洛陽本作"暴"。慢之心生，而非禮矣；有斯須之不和，則乖戾之心生，而非樂矣。故曰："禮樂不可斯須去身。"〔三〕

禮者，因天理之自然而品節之以爲制也；仁者，天理也。人而不仁，則天理亡矣，禮何自而立哉？

讀書記得一句，便尋一句之理，務要見得下落方有益。先儒謂"讀書只怕尋思"。近看得"尋思"二字洛陽本作"句"，誤。最好。如聖賢一句言語，便反覆尋思：在吾身心上何者爲是？在萬物上何者爲是？使聖賢言語皆有着落，則知一言一語皆是實理，而非空言矣。

程子謂"朞月三年一世，大國五年，小國七年之類，皆當思其作爲如何，乃有益"〔四〕。竊洛陽本、石門本作"切"。謂爲學亦然。凡讀聖賢書，於其一字一句皆當思其作爲如何，乃有益也。

讀書不尋思，如迅風飛鳥之過前，響絶影滅，亦不知聖賢所言爲何事、要作何用？惟精心尋思，體貼向身心事物上來反覆考驗其理，則知聖賢之書，一字一句皆有用矣。

天於善惡必有其報，但人以淺近之見窺測天道，便謂茫昧差爽而不可信。如夏商之後，皆統承先王，修其禮物，作賓於王家，雖改姓易物，而宗廟之河津本無"之"字。血食，子孫之封爵，皆與時王匹休而不泯，非其先世有大德大功於民，能如是乎？因是以觀，魏晉以來以及五胡、南北朝、楊堅、五代之世，皆素無功德於天下，徒以狙詐兵力，竊命一時，皆不數傳，而子孫無容足之地，廟祀遂以絶饗。洛陽本作“響”,似非。則天於善惡之報,豈不明甚矣乎?

顏子“終日不違如愚”〔五〕。喋喋多言而能存者,寡矣!

人性,分而言之有五,合而言之則一;一不可見,而五則因發見者可默識也。

“咸其輔頰舌”〔六〕。石門本作“古”,誤。人未信,不可强以言聒之。

先儒曰:“他山之石,可以攻玉。”〔七〕與小人處,則動心、忍性、增修、豫防,而德乃進。

人未己知,不可急求其知;人未己合,不可急與之合。

聞人毁己而怒,則譽己者至矣。石門本連上節,似非。

人譽己果有善,但當持其善,不可有自喜之心;無善,則增修焉可也。人毁己果有惡,即當去其惡,不可有惡聞之意;無惡,則加勉焉可也。

聞人毁己即怫然怒,是水洛陽本“水”下有“之”字。不可磯也。其小也固矣。

顏子“犯而不校”〔八〕。乃其量大無所不包,譬以寸莛而撞千石之鐘,固不能使之鳴也。河津本下連《續録》卷二“顏子幾於無我”節,似非。

“中庸不可能”〔九〕,猶顏子所謂“如有所立卓爾;雖欲從之,末由也已”〔一〇〕之意。

程子曰:“克己最難。”〔一一〕誠哉,斯言也!

易摇而難定、易昏而難明者,人心也;惟“主敬”則定而明。

荀子“性惡”之論,先儒固已辨其非,然“粹而王,駁而霸”〔一二〕之語則甚當。其他猶知尊二帝、三王之法,屢舉以爲言,以聖學律之,固極偏駁;在戰國時言之,視縱横之徒爲“近醇”。韓子所以取之者,以是歟?

荀子爲人,意必、剛愎、咈戾,觀其書,其氣象可見;果爲時用,未必不貽害於生人。

知莫先於知人。荀子不取孟子、子思,則是以二子爲非賢也;使其見用於時，有若孟子、子思尚不爲所取，則其所取者又何等人耶？既無知人之明，而欲成治功也難矣！

"仰不愧，俯不怍，心廣體胖"。人欲净盡，天理渾全，則顔氏之樂可識矣。

雖富累千金，而心爲物役，寒冰焦火猶不樂也。顔子雖"簞瓢陋巷"〔一三〕之窶，而舉天下之物不足以動其中，俯仰無愧，胸次灑然，樂可知矣。

嘗驗之天下之人，雖至富者求無不遂，欲無不得，自他人觀之，不啻足矣。自其心察之，彼方愈富愈不足，計較得失之私，日夜汲汲無須臾寧息，是曷嘗有泰然之樂邪？

實嘗用力於顔子之學，則能知顔子之所樂。不然，但得其樂之石門本、河津本"之"下有"之"字。名，而未知其樂之河津本"之"下有"之"字。實也。譬之泰山，人皆知其高，然必親至其處，方知其所以高。若聽人傳説泰山之高，而未嘗親至其處，則亦臆想而已，實未見其高之實也。

"主一"〔一四〕，則作事不差；纔"二三"〔一五〕，則洛陽本"則"下有"雖"字。動作小事亦差矣，况大事乎！

"中庸不可能"，即"化"不可爲也。

孔子曰："一陰一陽之謂道，繼之者善也，成之者性也。"〔一六〕皆兼理氣而言。

"天下同歸而殊途，一致而百慮"〔一七〕，"一以貫之"。

須知己與物皆從陰陽造化中來，則知天地萬物爲一體矣。

孟子曰："天之生物也，一本。"〔一八〕知《易》者莫若孟子。

處事不可令人喜，亦不可令人怒。

夫子所謂"一"，即統體之太極也；夫子之所謂"貫"，即各具之太極也。

太極即理也。合天地萬物之理言之，"萬物統體一太極也"；就天地萬物之理言之，"一物各具一太極也"。"統體"者，所以涵夫"各具"者，似合矣，而未嘗不分也；"各具"者，所以分夫"統體"者，似分矣，而未嘗不合也。

太極中陰陽、五行、男女、萬物之理,無所不有,所謂"冲漠無朕之中,萬象森然已具"也。"無極"是虚字,正以無聲無臭明太極之無形耳。

天地萬物,惟"性"之一字括盡。

"思無疆"〔一九〕,爲石門本作"無",非。學思索義理者當深體之。蓋義理深遠無窮,苟思慮淺近,則不足以造其藴;惟思慮無疆,則可以得高深玄達之旨。《易》曰:"惟深也,故能通天下之志。"〔二〇〕

萬理之名雖多,不過一"性"。石門本連上節,似非。

性之一言,足以該衆理。河津本連上節。

朱子謂《孟子》七篇,皆不能外性善之一言。〔二一〕竊意豈獨《孟子》七篇哉!學者默識而旁通之,則雖諸經之所言,皆不外於是理矣。

"秉心塞淵"〔二二〕,可以爲積德之要;"思無疆","思無斁",〔二三〕可以爲進學之要;"思無邪"〔二四〕,乃誠身之要。石門本"思無邪"下爲一節。

聖賢之書,神而明之在乎人。

凡讀書必河津本作"須"。虚心定氣,緩聲以誦之,則可以密察其意;若心雜氣粗,急聲以誦之,河津本無"之"字。真村學小兒讀誦鬭高聲,又豈能識其旨趣之所在邪?

讀書當出己之口,入己之耳。

觀河津本作"讀"。書惟寧静、寬徐、縝密,則心入其中而可得其妙;若躁擾、褊急,粗略以求之,所謂"視而不見,聽而不聞,食而不知其味"者也,烏洛陽本、河津本作"焉"。足以得其妙乎?

口念書而心他馳,難乎有得矣。

惟敬足以"神明其德"。

耳、目、口,天下之善由於此,而惡亦由於此,《陰符經》所謂"三要"〔二五〕也。洛陽本下連卷内"目欲視"節。

"主一"則氣象清明,二三則昏昧矣。

各安其分,而天下平矣。

宋太祖取天下，與五代無異，然能用趙普之謀，收宿將之柄，削藩鎮之勢，挈數百年塗炭之生民，置諸衽席之上，其功大矣！

宋祖取天下之失，安天下之功，不相掩焉可也。

《易》曰："形而上者謂之道。"又曰："一陰一陽之謂道。""道"者何？太極是也。

讀書不體貼向自家身心上做工夫，雖盡讀古今天下之書，猶無益也。

趙普功之首，罪之魁。

自家一箇身心尚不能整理，更論甚政治！

後人開口論天下事，若指諸掌，然自治空疏，作事無本，果能有成乎？

將聖賢言語作一場話説，學者之通患。

當官不接異色人最好，不止巫祝、尼媪宜疏絶；至於匠藝之人，雖不可缺，亦當用之以時，大不宜洛陽本作"以"，非。久留於家，與之親狎，洛陽本作"婢"，非。皆能變易聽聞，簸弄是非。儒士固當禮接，亦有本非儒者，或假文辭，或假字畫以媒進，一與之款洽，即墮其術中。如房琯爲相，因一琴工董庭蘭出入門下，依倚爲非，遂爲相業之玷。若此之類，皆洛陽本、河津本無"皆"字。能審石門本無"審"字。察疏節，亦清心省事之一助。

心不可有一毫之偏向，有則人必窺而知之。余嘗使一走卒，見其頗敏捷，使之稍勤，下人即有趨重之意，余遂逐去之。此雖小事，以此知當官者當正大明白，不可有一毫之偏向。

清心省事，居官守身之要。

申公曰："爲治不在多言，顧力行何如耳。"余謂爲學不在多言，亦顧力行何如耳。

讀書體貼到洛陽本作"向"。自己洛陽本作"家"。身心上方有味，皆實理也，聖賢豈欺我哉！石門本、洛陽本"有味"節。

《詩》曰："至於太王，實始翦商。"〔二六〕朱子《論語集註》用舊説最是。惟如此，則與"三以天下讓"之言相合。《通考》中金履祥、熊禾皆力辨詩人之言謂"姑取其王迹之所由始耳，太王洛陽本作"泰伯"，誤。實未始有剪商之志。"若如其說，則泰伯"三以天下讓"之言爲不通矣。

夫子既稱泰伯"三以天下讓"〔二七〕，則詩人之言爲有自；太王果無剪商之志，則必不稱泰伯"三以天下讓"。

只泰伯之逃，便見與太王之志有不合處。

使太王洛陽本作"泰伯"，誤。無剪商之志，天下無歸周之勢，周一侯國耳，泰伯之去，夫子當稱其"三以國讓"足矣，何至稱其"三以天下讓"邪？以夫子之言，證詩人之語，則《集注》尤爲確論，而《通考》金、熊之説有不然矣。

金氏、熊氏辨太王事，所以爲名教慮，其意固美；但以夫子稱泰伯"三以天下讓"之語觀之，則當時天下蓋有歸周之漸，周之子孫又多聖賢，太王亦已逆知天命人心之微矣，故欲傳位季歷以及昌，泰伯知之，遂逃去。若如金氏之説，詩人皆假設張大之詞，則太王欲傳季歷以及昌之意又何爲耶？

《書》言太王"肇基王迹"，《詩》言"實始剪商"，皆相合。

生天，生地，神鬼，神帝，太極也。

學力未能勝舊習，正如藥力未能除舊病。頃刻學力不至，則舊習仍在；一日不服藥，則舊病復作。學力勝，則無此病矣。

"志動氣"〔二八〕多，爲理；"氣動志"〔二九〕多，爲欲。

不可以色詞説人。

求民而不已者，其"東野稷河津本作"畢"。之御"〔三〇〕乎！

"下學上達"。如事君、事親、事長，皆人事也，能盡事之之道，則仁義之理不外於是，所謂"上達"也。以至視、聽、言、動、飲食、男女之類，皆人事也，於是而處之，各得其宜，則天理也。

"下學人事"，形而下之器也；"上達天理"，形而上之道也。有是事則有是理，有是器則有是道，精粗本末無二致也。

程子所謂"意在言表"〔三一〕者，在人因人事而默識天理耳。

人皆知夫子爲聖，而不知夫子所以爲聖；欲知夫子所以聖，則默契化育之妙，有非言語所能及也。故曰："知我者其天乎！"〔三二〕

"洗心退藏於密"，以約失之者，鮮矣。

循理則事自簡。

雖數十年務學之功，苟有一日之間，則前功盡棄。故曰："爲山九仞，功虧一簣。"〔三三〕

德性之學，須要時時刻刻提撕警省，則天理常存而人欲消熄；苟有一息之間，則人欲長而天理微矣。

不察理之有無，而泛讀一切不經駁雜之書，務以聞見該博取勝於人。吾知其記愈多而心愈窒，志愈荒，而識愈昏矣。如此讀書，非徒無益，是又適所以爲心術之害也。

學至於心中無一物，則有得矣。

自有文籍以來，汗牛充棟之書日益多，要當擇其是而去其非，可也。

鄭聲亂雅樂，雜書亂聖經。

《詩》困於《小序》之牽強，晦於諸家之穿鑿。至朱子《集傳》，一洗相沿之陋習，洞開千古之光明，真所謂石門本無"謂"字。豁雲霧而睹青天也。

"'人生而静'以上不容説，'繼之者善'河津本無"善"字。也。"〔三四〕

曰"命"，曰"性"，曰"誠"，曰"道"，曰"理"，曰"太極"，一也。

一念不謹，即作狂之端兆；一念能謹，即作聖之端兆。充其極，則堯、桀分矣。

於聖賢言"理"處，若天理，若人心，若性、命河津本作"命、性"。道、德、誠、善、忠、恕、一貫、太極之類，要當各隨其旨而知所以異，又當旁通其義，而知所以同也。

鳥雀巢茂林，蛟龍潛深淵，"聖人洗心，退藏於密"〔三五〕。

言不謹者，心不存也；心存，則言謹矣。

"謹言"乃爲學第一工夫。言不謹而能存心者，鮮矣！

《文言》曰："修辭以立其誠。"〔三六〕爲學不能立誠，皆不能謹言也；能謹言，斯能立誠。謹言之功大矣！

一語河津本作"言"。妄發即有悔，可不慎哉！

《易》有"修辭立誠"之訓，《書》有"惟口出好興戎"〔三七〕之訓，《詩》有"白圭"〔三八〕之訓，河津本無"詩有"六字。《春秋》有"食言"〔三九〕之譏，《禮》有"安定辭"〔四〇〕之訓，《銅人》有"三緘"〔四一〕之誡，《論語》《孟子》與凡聖賢之書，謹言之訓尤多。以是知謹言乃修德之切要，所當服膺其訓，而勿失也。

余於坐立方向、器用安頓之類，稍有不正即不樂，必正而後已。非作意爲之，亦其性然。

公則一，私則殊；正則大，邪則小。洛陽本、石門本"則殊"節。

衆人非不視也，而聖人則異乎衆人之視；衆人非不聽也，而聖人則異乎衆人之聽。蓋衆人之視、聽，徒得其形、聲；而聖人之視、聽，則獨得其所以爲形、聲。此聖人聰明睿知、卓冠群倫也歟！

四方八面之聲無不聞者，竅雖在耳，神則在心。不行而至，不疾而速，心之謂歟！

《易》曰："君子行此四德，故曰'乾，元亨利貞'。"〔四二〕《陰符經》曰："觀天之道，執天之行，盡矣。"〔四三〕

天地之所以大，日月之所以明，四時之所以運，鬼神之所以靈，是皆理之自然也。聖人體道無二，"與天地合其德"〔四四〕矣；知周萬物，"與日月合其明"〔四五〕矣；動静以時，則"與四時合其序"〔四六〕矣；屈伸以正，則"與鬼神合其吉凶"〔四七〕矣。天地也，日月也，四時也，鬼神也，聖人也，形雖有異，而道則無間，是皆自然一致，夫豈有一毫强合之私哉？惟其自然一致，是以聖人之心，即天地之心，聖人意之所爲，與天無毫忽之差爽，所謂"先天而天弗違也"〔四八〕；天理所在，聖人率而循之，無一息之差繆，所謂"後天而奉天時也"〔四九〕。天且不違，則人與鬼神之不違者從可知矣。此聖人之洛陽本無"之"字。所以爲聖人也歟？

"從心所欲不逾矩"〔五〇〕,"先天而天弗違"也;"上律天時"〔五一〕,"後天而奉天時"也。

◎,《太極》第二圈。"◎",太極陰陽皆具,道器合一,上以包"無極而太極',下以包"五行、男女、萬物"。故朱子於解剥《圖》意終曰:"'《易》有太極,''◎'之謂也。"〔五二〕道器、精粗、本末,此圈盡之。

周子作《太極圖》,乃心得之妙,畫出造化以示人。

爲學於應事接物處尤當詳審,每日不問大事小事,處置悉使合宜,積久則業廣矣。

言動舉止,至微至粗之事,皆當合理,一事不可苟。先儒謂洛陽本"謂"上有"所"字。"一事苟,其餘皆苟矣。"〔五三〕

目欲視,即當思其邪與正;耳欲聽,即當思其是與非;口欲言,即當思其可與否。正焉,是焉,可焉,則視之、聽之、言之;邪焉,非焉,否焉,則勿以止之,〔五四〕此之謂"三要"。

觀太極中無一物,則性善可知;有不善者,皆陰陽雜糅之渣滓也。

"無極而太極",天地之性也;"太極動而生陽,静而生陰",氣質之性也。天地之性,以不雜者言之,故曰"無極而太極","○"是也;氣質之性,以不離者言之,故曰"太極動而生陽,静而生陰","◎"是也。然"無極而太極",即陰陽中之太極;陰陽中太極,即"無極而太極"。太極雖不雜乎陰陽,亦不離乎陰陽。天地之性,氣質之性,一而二,二而一者也。

"無極而太極",氣未用事,故純粹至善而無惡;及"動而生陽,静而生陰",則善惡分矣。

見事貴乎理明,處事貴乎心公。理不明則不能辨别是非,心不公則不能裁度可否。惟理明心公,則於事無所疑惑,而處得其當矣。

暑不生於暑而生於寒,寒不生於寒而生於暑;動不生於動而生於静,静不生於静而生於動;治不生於治而生於亂,亂不生於亂而生於治。盛衰相根之理,微矣!

細看萬物，皆自冲漠無朕之微，以至於形著堅固。

天地之氣相感，而物乃成形。洛陽本無"形"字。如星在天，乃氣之精英耳，及隕於地，得地氣遂凝而爲石。河津本連上節，"固"下"天"上有"得"字。

纔資始即資生，無纖毫之間也。

天之氣一着地之氣，即成形。如雪、霜、雨、露，天氣也，得地氣則成形矣。

雨、露、雪、霜，近地方有形；若太虚至高，則氣愈清，而不能凝聚。嘗在湖南，登山之極高處，日色晴霽，俯視山下，則雲合而雨。以此知雨、露、霜、雪之類，皆得地氣而成形也。

觀陰陽互根之微，則知治亂盛衰之端，其來遠矣。

有意悦人，便失其本心。

纔敬，便渣滓融化，而不勝其大；不敬，則鄙吝即萌，而不胜其小矣。

人外無道，道外無人，見天人之合一也；纔有間，即非道矣。

動爲静根，故父生長洛陽本無"長"字，非是。女而爲《姤》；静爲動根，故母孕長男而爲《復》。

造化一歲一番新，往者既過，則草木之枯落者，皆煨燼糟粕也。

萬物之始終，雖有遲速不同，其理皆然。

非力所及而思者，妄也。故"君子思不出其位"〔五五〕。

"知止"所包者廣。就身言之，如心之止德，目之止明，耳之止聰，手之止恭，足之止重之類皆是；就物言之，如子之止孝，父之止慈，君之止仁，臣之止敬，兄之止友，弟之止恭之類皆是。蓋"止"者，止於事物當然之則，"則" 即至善之所在。"知止"，則"定"、"静"、"安"、"慮"、"得"，相次而見矣。〔五六〕

不能"知止"，則耳目無所加，手足無所措。

"知止"，即知者不惑之事。

"知止"，則萬理明，而心自定矣。

不能"知止"，猶迷方之人，心摇摇而莫知所之也。

"知止",則能素其位而行,不願乎其外矣。河津本作"也"。

"知止",則動静各當乎理。

萬物不能礙天之大,萬事不能礙心之虚。

朱子作《濂溪贊》〔五七〕,其曰"風月無邊",以言乎遠則不禦也;其曰"庭草交翠",以言乎近則静而正也;其曰"《書》不盡言,《圖》不盡意",此理之微妙,誠有非《圖》《書》所能盡者。

心静能處事。

平旦虚明,氣象最可觀。使一日之間,常如平旦之時,則心無不存矣。

平旦虚明之氣象,有難以語人者,惟無忘者能識之。

平旦未與物接之時,虚明洞徹,胸次超然,真所謂"清明在躬,志氣如神"〔五八〕者。此蓋洛陽本作"皆"。夜氣澄静河津本作"清"。之驗。苟一日之間,勿使物欲汩雜,而神清氣定,常如平旦之時,則心恒存,而處事無過不及之差矣。

瑄因憶少年時晚間誦書,愈數而不能誦,至來早即心志河津本作"忘",訛。豁然,昨晚所讀之書,悉能成誦。今思之,晚間誦河津本無"誦"字。多不能記者,氣昏也;早間能背誦者,氣清也。此亦可驗"夜氣"之説。

因思:古來事勢之去,有非人力所能及,雖聖賢亦無如之何。

理盛則能勝氣,氣盛亦能勝河津本作"盛",訛。理。

因思:古來治亂盛衰,固有因人事得失所致,然所以或生聖哲而人事修,或生昏暴而人道乖,亦莫非氣運之自然,有非人力所能與也。

治世之音,文、武、成、康而已,下此則"變風"、"變雅"盛焉。人事之得失,氣化之盛衰,於此可考矣。

"亢極"之治,惟聖人有道以持之,使不至於傾。如堯之治極矣,時當衰也,有舜則能持其盛;舜之治極矣,時當衰也,有禹則能保其治。使堯之後無舜,舜之後無禹,則鳴條、牧野之事,不待後世而後見也。乃知治亂、盛衰相尋無端者,理之常然;或當衰不衰,當亂不亂者，則聖人斡旋造化之功也。

僞學之謗正，如毁日月者，初何損其明！

法立貴乎必洛陽本作“力”。行，立而不行，徒爲虚文，適足以啓下人之頑而已。故論事當永終知敝。河津本無“故論”以下八字。

立法之初，貴乎參酌，事情必輕重得宜，可行而無敝者，則播告之；修洛陽本無“修”字。既立之後，謹守勿洛陽本作“無”。失信如四時。堅如金石，則民知所畏，而不敢犯矣。或立法之初，不能參酌，事情輕重不倫，遽施於下，既而見其有不可行者，復遂廢格，則後有良法，人將視爲不信之具矣。令何自而行，禁何自而止乎？

中者，立法之本；信者，行法之要。

爲政以愛人爲本。

法者，因天理，順人情，而爲之防範禁制也。當以公平正大之心，制其輕重之宜。不可因一時之喜怒而立法，若然，則不得其平者多矣！

論事不可趨一時之輕重，當思其久而遠者。

日入而群動息者，氣機闔也；日出而群動作者，氣機闢也。一闔、一闢，至理昭然。

人之性與氣，有則一時俱有，非有先後也。

望道未見之心，即求道不已之心。學者以是自勵，則其進自不能止矣。

許魯齋力行之意多。

不力行，只是學人説話。

文士學做聖賢文詞，如外洛陽本、石門本作“中”。國人學中洛陽本、石門本作“外”。國人言語，學得雖是，自身却只是外洛陽本、石門本作“中”。國人，做得雖是，自身却只是庸衆人。

禽鳥，得氣之先者也。丑前石門本、河津本作“則”。鷄先鳴者，陽氣動也，午中鷄亦鳴者，陰氣動也，是皆天機之自然。玄鳥、鴻雁往來，亦如此。

魯齋不陳伐宋之謀，其志大矣。

魯齋不對伐宋之謀，"伐國不問仁人"之意也。

魯齋出處合乎聖人之道。

魯齋以王道望其君，不合則去，未嘗少貶以狥世，真聖人之學也！

世祖雖不能盡行魯齋之道，然待之之心極誠，接之之禮極厚。自三代以下，道學君子未有際遇之若此也。

魯齋學徒，在當時爲名臣則有之，得其傳者，則未之聞也。

程、朱之外，諸儒性理雜論，尤當大著眼力以辨其真是真非，不可執河津本作"遽"。以爲先儒成説，而悉從其言。魯齋謂其言有"彌近理而大亂真"〔五九〕者，蓋謂是也。

魯齋厭宋末文弊，有從先進之意。

處事即求是處，"格物致知"〔六〇〕之一端。

"格物"所包者廣。自一身言之，耳、目、口、鼻、身、心，皆物也。如耳則當格其聽之理，目則石門本、洛陽本無"則"字。當格其明之理，口、鼻、四肢則當格其止、肅、恭、重之理，身、心則當格其動静、性情之理。推而至於天地萬物，皆物也。天地則當格其健順之理，人倫則當格其慈、河津本作"忠"，非。孝、仁、敬、智、信之理，鬼神則當格其屈伸、變化之理，以至草木、鳥獸、昆蟲則當格其各具之理。又推而至於聖賢之書，六藝之文，歷代之政治，皆所謂物也。又當各求其義理精粗、本末、是非、得失，皆所謂"格物"也。然天下物衆矣，豈能遍格而盡識哉？惟因其所接者，量力循序以格之，不疎以略，不密以窮，澄心精意，以徐察其極。今日格之，明日格之，明日又格之，無日不格之，潛體積翫之久，沉思力探之深。已格者不敢以爲是而自足，未格者不敢以爲難而遂厭，如是之久，則塞者開，蔽者明，理雖在物，而吾心之理則與之潛會而無不通。始之通也，見一物各一理；通之極也，則見千萬物爲一理。朱子所謂"衆物之表裏精粗無不到，而吾心之全體大用無不明"者〔六一〕，可得而識矣。

"有不速之客三人來,敬之終吉。"〔六二〕處横逆之道也。

"人非堯舜,安能每事盡善?"真名言也。

學貴乎"日新"〔六三〕。

"履端"〔六四〕者,時之新也,爲學亦當與時俱新。宣德辛亥元日書於辰溪分司。

一語、一默、一坐、一行,事無大小,皆不可苟處之,必盡其方。

程子作字甚敬,曰:"只此是學。"蓋事有大小,理無大小,大事謹而小事不謹,則天理即有欠缺間斷。故作字雖小事,必敬者,所以存天理也。

勿起一念之妄,"誠"可存矣。

觀經書所載之道,即當求吾身固有之道。洛陽本、河津本俱連下節。

心常存,則因事觸發洛陽本、石門本作"撥"。有開悟處,所謂"左右逢原"〔六五〕者可見;心不存,則與理相忘,雖至近至明之理,亦無覺無見也。

聖賢知覺運動,雖不能不以氣,而理則爲主;衆人知覺運動,但氣之所爲,漫不知理爲何物。

斯須無序,即非禮;斯須洛陽本作"序",訛。不和,即非樂。然不和由於無序,是知禮又樂之本也。如數人在坐,尊卑貴賤各得其序,自無乖争,失序則争矣。以是知禮先而樂後。洛陽本、石門本俱"本也"節。

度數,所以辨人倫自然之序;聲音,所以發人倫自然之和;無序,不和。禮云,度數云乎哉!樂云,樂云,聲音云乎哉!

古之樂正人心,後之樂蕩人心。

古稱唐太宗語及禮、樂,房、杜有愧,論者因謂房、杜無製作之才。余謂非特房、杜有愧,蓋太宗有愧也。上有虞舜之德,則天叙天秩明而上下和,由是伯夷、后夔得以推其序與和,形之度數,播之聲音,而爲禮、樂。太宗之德,果如有虞之盛乎?天叙天秩果明而上下和乎?不然,雖使伯夷、后夔生於其時,亦無如禮、樂何矣。是又不得爲房、杜病也。洛陽本"之才"節。似非是。

用人當取其長而捨其短，若求備於一人，則世無可用之才矣。洛陽本連下節。

凡取人當捨其舊而圖其新。自聖人以下，皆不能無過，或早年有過中年能改，或中年有過晚年能改，當不追其往而圖其新可也。若追究其往日之過，並棄其後來之善，將使人無遷善之門，而世無可用之才也，以是處心刻亦甚矣！

大抵常人之情，責人太詳，而自責太略，是所謂"以聖人望人，以衆人自待"〔六六〕也。惑之甚矣！

作詩、作文、寫字，皆非本領工夫，惟於身心上用力最要，身心之功有餘力，遊焉可也。

作詩、作文、寫字，疲弊精神，荒耗志氣，而無得於己。惟從事於心學，則氣完體胖，有休休自得之趣；惟親歷者知其味，殆難以語人也。

養深，則發於文詞者沛然矣。"有德者必有言"〔六七〕是也。

"明德"，指此心昭然不昧而言，蓋心明則理亦明。故朱子釋"明德"曰："明德者，人之所得乎天，而虚靈不昧，以具衆理而應萬事者也。"〔六八〕重在"虚靈不昧"上，其曰"具"，曰"應"，皆虚靈之所爲，所謂"心統性情者也"〔六九〕。

求在外者未可必，求在内者必可得；未可必者一聽於天，必可得者當責之己。

萬金之富，不河津本"不"下有"足"字。以易吾一日讀書之樂也。

外物之味，久則可厭；讀書之味，愈久愈深，而不知厭也。

酒色之類，使人志氣昏酣、荒耗，傷生敗德，莫此爲甚，俗以爲樂，余不知果何樂也？惟心清欲寡，則氣平體胖，樂可知矣。

事無小大，即求合理。

聽言雜，則與之俱化，遂失其正，故貴乎"聽德惟聰"〔七〇〕。

理氣本不可分先後，但語其微、顯，則若理在氣先，其實有則俱有，不可以先後論也。

理氣决不可分先後。

【校記】

〔一〕引自《易傳·繫辭下》。

〔二〕引自張載《正蒙·太和篇》。

〔三〕引自《禮記·樂記》。

〔四〕見朱熹《孟子集注》卷七《離婁章句上》引程子語。原文爲:"五年七年,聖人度其時則可矣。然凡此類,學者皆當思其作爲如何,乃有益耳。"

〔五〕見《論語·爲政》:"吾與回言終日,不違如愚。"

〔六〕引自《易經·咸·上六爻辭》。

〔七〕引自《河南程氏粹言》卷二《人物篇》。語出《毛詩·小雅·鴻雁之什·鴻鳴》。

〔八〕引自《論語·泰伯》。

〔九〕引自《中庸》第九章。

〔一〇〕引自《論語·子罕》。

〔一一〕引自《河南程氏遺書》卷十一。

〔一二〕引自《荀子·王霸》。

〔一三〕見《論語·雍也》:"一簞食,一瓢飲,在陋巷。人不堪其憂,回也不改其樂。"

〔一四〕〔一五〕見《河南程氏遺書》卷十五:"主一之謂敬","一則無二三矣"。

〔一六〕〔一七〕引自《易傳·繫辭上》。

〔一八〕引自《孟子·滕文公上》。原文"一"上有"使之"二字。

〔一九〕引自《毛詩·魯頌·駉之什·駉》。

〔二〇〕引自《易傳·繫辭上》。

〔二一〕見朱熹《孟子集注》卷五《滕文公章句上》:"孟子之言性善,始見於此,而詳具於《告子》之篇。然默識而旁通之,則七篇之中,無非此理。"

〔二二〕引自《毛詩·國風·鄘風·定之方中》。

〔二三〕〔二四〕引自《毛詩·魯頌·駉之什·駉》。

〔二五〕見《陰符經》上篇:"九竅之邪,在乎三要,可以動静。""太公曰:'三要者,耳、目、口也。'"

〔二六〕"至於太王",見《尚書·周書·武成》:"至於太王,肇基王迹。""實始翦商",見《毛詩·魯頌·駉之什·閟宫》。

〔二七〕引自《論語·泰伯》。

〔二八〕〔二九〕見《河南程氏遺書》卷十一:"志動氣者十九,氣動志者十一。"

〔三〇〕引自《韓詩外傳》卷二。原文“稷”作“畢’。

〔三一〕見《河南程氏遺書》卷十一:“下學而上達,意在言表也。”

〔三二〕引自《論語·憲問》。

〔三三〕引自《尚書·周書·旅獒》。

〔三四〕引自《河南程氏遺書》卷一。原文爲:“蓋‘生之謂性’、‘人生而静’以上不容説,纔説性時,便已不是性也。凡人説性,只是‘繼之者善’也,孟子言人性善是也。”

〔三五〕引自《易傳·繫辭上》。原文“人”下有“以此”二字。

〔三六〕引自《易傳·乾·文言》。原文無“以”字。

〔三七〕引自《尚書·虞書·大禹謨》。

〔三八〕見《毛詩·大雅·蕩之什·抑》:“白圭之玷,尚可磨也;斯言之玷,不可爲也。”

〔三九〕見《左傳》襄公二十七年:“食言者不病,非子之患也。”

〔四〇〕引自《禮記·曲禮上》。

〔四一〕見劉向《説苑·敬慎》:“孔子之周,觀于太廟,右陛之前有金人焉。三緘其口而銘其背曰:‘古之慎言人也。’”

〔四二〕見《易傳·乾·文言》。原文“德”下有“者”字。

〔四三〕引自《陰符經·上篇》。

〔四四〕〔四五〕〔四六〕〔四七〕〔四八〕〔四九〕引自《易傳·乾·文言》。

〔五〇〕引自《論語·爲政》。

〔五一〕引自《中庸》第三十章。

〔五二〕引自朱熹《太極圖解》。

〔五三〕引自《河南程氏遺書》卷十一。原文“其”上有“則”字。

〔五四〕據文意,“勿”字疑衍。

〔五五〕引自《論語·憲問》。

〔五六〕見《大學·經》:“知止而後有定,定而後能静,静而後能安,安而後能慮,慮而後能得。”

〔五七〕見《朱文公文集》卷八十五《六先生畫像贊·濂溪先生》。

〔五八〕引自《禮記·孔子閒居》。

〔五九〕引自《魯齋遺書》卷一《語録上》。

〔六〇〕見《大學·經》:“致知在格物。”

〔六一〕引自朱熹《大學章句·補格物章》。

〔六二〕引自《易傳·需·九五象辭》。

〔六三〕見《易傳·系辭上》:“日新之謂盛德。”

〔六四〕見《左傳》文公元年："履端於始。"

〔六五〕見《孟子·離婁下》："取之左右逢其原。"

〔六六〕見《魯齋遺書》卷一《語録上》："以衆人望人則皆可，以聖賢望人則無完人矣。"

〔六七〕引自《論語·憲問》。

〔六八〕引自朱熹《大學章句·經》。

〔六九〕引自張載《語録·後録下》。

〔七〇〕引自《尚書·商書·太甲中》。

讀書録卷三

"太極動而生陽",但就動之端説起,其實,動之前又是静也。天地一河津本作"之"。終翕寂之餘,"太極動而生陽",而天復開;"動極而静,静而生陰",而地復成;"一動一静,互爲其根",天命流行無窮,而萬物生生不息焉。其天地翕寂之前,如是之"動而生陽,静而生陰",如是之"一動一静,互爲其根",如是之"天命流行","化生萬物"者,蓋不可勝窮也。斯所謂"動静無端,陰陽無始"也歟![一]

《太極圖》一言以蔽之,曰理、氣而已。

程子"性即理也"[二]之一言,足以定千古論性之疑。

聖人之所以教,賢者之所以學,"性"而已。

今天地之始,即前天地之終。其終也,雖天地混合爲一,而氣則未嘗有息。但翕寂之餘,猶四時之貞,乃静之極耳。至静之中,而動之端已萌,既所謂"太極動而生陽"也。"動極而静,静而生陰,静極復動。一動一静,互爲其根;分陰分陽,兩儀立焉。"[三]原夫前天地之終静,而太極已具;今天地之始動,而太極已行。是則太極或在静中,或在動中,雖不雜乎氣,亦不離乎氣也。若以太極在氣先,則是氣有斷絶,而太極别爲一懸空之物,而能生夫氣矣。是豈"動静無端,陰陽無始"之謂乎?以是知前天地之終,今天地之始。氣雖有動静之殊,實未嘗有一息之斷絶,而太極乃所以主宰流行乎其中也。

"無極而太極",乃周子指出陰陽中之理以示人,實未嘗離乎陰陽也。若誤認陰陽别有一物爲太極,則非矣。河津本上連卷六"物物各具",至"一也"節。

造化人事，雖萬變不齊，而理則一定也。

《泰》之河津本無“之”字九三，當盛之極，而衰之端兆焉，可不慎歟！

否、泰相因，無一息之停，盛衰之理微矣。

無我，則内外合，而與天爲一矣。

或言：“未有天地之先，畢竟先有此理。有此理便有此氣。”〔四〕竊謂理氣不可分先後。蓋未有天地之先，天地之形雖未成，而所以爲天地之氣，則渾渾乎未嘗間斷止息，而理涵乎氣之中也。及動而生陽，而天始分，則理乘是氣之動而具於天之中；静而生陰，而地始分，則理乘是氣之静而具於地之中。分天分地，而理無不在；一動一静，而理無不存。以至“化生萬物，萬物生生而變化無窮”〔五〕。理、氣二者，蓋無須臾之相離也，又安可分孰先孰後哉？孔子曰“《易》有太極”，其此之謂與！

程子曰：“老子竊弄闔闢者也。”〔六〕蓋造化之翕聚，所以爲發散；發散，所以爲翕聚。老子“將欲取《老子》作“奪”，洛陽本作“聚”。之，必固與之；將欲翕《老子》作“噏”。之，必固張之。”〔七〕是所謂“竊弄闔闢者也”。

用力於詞章之學者，其心荒而勞；用力於性情之學者，其心泰然而樂。

涵養之深，玩索之久，涣然冰釋，怡然理順石門本作“順理”。矣。

“無極而太極”，本然之性也。“太極動而生陽，動極而静，静而生陰，洛陽本無“静而生陰”。静極復動”，洛陽本“復動”作“生陰”。“二五河津本作“氣”。流行，化生萬物”〔八〕者，氣質之性也。

聖賢千言萬語，只是明此理。

程子曰：“善固性也，惡亦不可不謂之性也。”〔九〕性一而已矣。氣質清粹而無所蔽，則皆以仁、義、禮、智之性，發而爲惻隱、羞惡、辭讓、是非之情，所謂“善固性也”；氣質濁雜而有所蔽，則仁流爲耽溺，義流爲殘忍，禮流爲矯僞，智流爲譎詐，所謂“惡亦不可不謂之性也”。

天理本一也，由陰陽之運，參差而不齊；人性本一也，由人心之感，而善惡有異。

程子曰："有主則中虚。虚，謂心中無物也。"〔一〇〕又曰："有主則中實。實，謂有理也。"〔一一〕

《河圖》乃萬數、萬理、萬象、萬化之源。

水，陰也，生於陽；火，陽也，生於陰。見陰陽有互根之義。

"畫前之《易》"即太極也，所謂"冲漠無朕之中，而萬象森然已具"也。

太極之中，無所不有，所謂"畫前之《易》"也。

開卷即有與聖賢不相似處，可不勉乎！

若實見得，雖生死猶不可易，石門本作"異"，非。况取捨之間乎！

一陽在上下五陰之間，張子所謂"陰在外，陽在内而不得出，則奮擊而爲雷霆"〔一二〕。觀《豫》卦之象，亦可見矣。

觀太極生兩儀、四象、八卦，則物之一本可知矣。

懈意一生，即爲自棄。

春日和氣薰心，有惻然之意。石門本連下節。

一花即具元、亨、利、貞之理。花始萼而未開者，元也；開而盛者，亨也；盛而就實者，利也；實已成熟者，貞也。成熟可種而復生，又爲貞下之元矣。生理循環，蓋未嘗毫髮止息間斷。

人惻然慈良之心，即天地藹然生物之心。

漢光石門本作"江"，非。武不任三公，而事歸臺閣，勢然也。

"繼之者善"，其理一；"成之者性"，其分殊。

理、氣在天地，爲公共之物；一麗於形，則萬殊矣。

古者，宰相竊柄，顯而猶可攻。惟近習竊柄，如恭顯輩，則深而難去。所謂"城狐社鼠"〔一三〕是也。

天地萬物，形體皆虚，而理則實。

薰然慈良惻怛之心，與温然春陽之氣爲一。

爲人不能盡人道，爲官不能盡官道，是吾所憂也。

德行道藝皆不如古人，豈可不自勉！

生之理，仁也；“活潑潑地”，仁之發也。洛陽本、石門本俱“仁也”節。

“禮者，天理之節文”〔一四〕。孔子謂“克己復禮爲仁”，何也？蓋仁即天理也，人欲熾，則天理不行，必克去己私，事事皆復於禮，則天理流行而爲仁矣。

余思仁數日，未得其説，忽於惻然隱恤慈良之端，似可即用以窺體：有一毫忮害之心，即非仁矣。

一氣流行，一本也，著物則各形各色而分殊矣。

敬天，當自敬吾心始。不能敬其心，而謂能敬天者，妄也。

天包地外，水在地中，地中之水，即天所生石門本作“主”，非。也。

山澤通氣，地中之氣，爲地中之水也；山川出雲，地中之氣，爲天上之雨也。地中之水，天上之雨，統一氣之流行鬱蒸耳，非有二也。

人知水生於地中，而不知乃天所生也。蓋天包地外，地處天中，地外之天氣，無時止息，而鬱積流通於地中，故能生水而不窮也。

大丈夫心事，當如青天白日，使人得而見之可也。

春秋時，辭命猶有言禮義者，乃先王之澤未泯也；至戰國縱横之徒，唯言利害而不及禮義，先王之澤盡矣。

民心至柔，真有不可强者；惟順其心而道之，則無不從矣。

自古未有逆民心而得天下者；幸而得之，亦不過數傳耳。

欲以虚假之善蓋真實之惡，人其可欺，天其可欺乎？

陰多而陽少，小人多而君子少，鷹隼多而凰鳳少，豺虎多而麒麟少，荆棘多而芝蘭少，碱砆多而良玉少。其理一也。

《夬》九三：“壯於頄，有凶；獨行遇雨。若濡，有愠無咎。”決小人之道，怒見於面必有凶；惟從容和柔以決之，則無咎。洛陽本無“則無咎”三字。

單襄公曰：“君子不自稱也，非以讓也，惡蓋其人也。夫人性淩下者，不可蓋也；求蓋其人，抑下滋甚。故聖人貴讓。”此乃名言。

單襄公曰：“君子目以定體，足以從之，是以觀容而知其心矣。目以處事，足以步目。今晉侯視遠而足高，目不存體，而足不步目，其心必異矣。目體不相從，何以能久？”此亦名言。

“川流不息”之意，余於《先天圖》見之。

一陽復而爲之喜，一陰生而爲之戒。聖人扶陽抑陰之意至矣。

觀《復》《姤》，則知君子小人盛衰之理微石門本、洛陽本無“微”字。矣。

心誠、色温、氣和、辭婉，必能動人。

虚心接人，則於人無忤；自滿者反是。

人有負才能而見於辭貌者，其小也可知矣！

天賦人以才德，本無不備。才德全，始稱爲人之名，初無一毫加於本分之外。乃知自矜自伐者，皆妄也。

人知天下事皆分内事，則不以功能誇人矣。

讀《夬》九三之辭，而知決小人之道；讀九五之辭，而知克己私之功。

天無不包，地無不載，君子法之。

人須有容乃大。古謂“山藪藏疾，川澤納污，瑾瑜掩瑕”〔一五〕，有容之謂也。

覺人詐而不形於言，有餘味。

戒太察。太察則無含弘之氣象。

《經》曰“有容德乃大，有忍乃濟”〔一六〕者，宜深體之。

“行有不得，皆當石門本、河津本無“當”字。反求諸己。”〔一七〕

不愧於天，不愧於人，不愧於心，斯近道矣；不愧於心，其本乎！

君子之志，固非常人所識也。

少陵詩曰：“水流心不競，石門本作“兢”。雲在意俱遲。”從容自在，可以形容有道者之氣象。

少陵詩：“寂寂春將晚，欣欣物自私。”可以形容物各付物之氣象；“江山如有待，花柳自無私。”唐詩皆不及此氣象。河津本連上節，無“少陵詩”三字。洛陽本“江山”下另一節。

天，陽也，其氣渾然無間，故其數奇，“—”以象之；地，陰也，其形中虚而開，故其數偶，“--”河津本作“二”。以象之。

“立天之道，曰陰與陽；立地之道，曰柔與剛；立人之道，曰仁與義。”〔一八〕陰陽以氣言，剛柔以質言，仁義以德言。三才分殊，而理一也。

欲動情勝，“氣壹之動志也”〔一九〕。

“係戀之私恩”〔二〇〕，“畜洛陽本、河津本作“蓄”，非。臣妾，吉”〔二一〕。此待小人女子之道也。

待左右當嚴而惠。

孟子“一暴十寒”〔二二〕之喻，皆格心之學。

孟子告君，皆先正其心。

宋道學諸君子，有功於天下，萬世不可勝言。如“性”之一字，自孟子以後，荀、揚以來，或以爲“惡”，或以爲“善惡混”，議論紛然不決，天下學者莫知所從。至於程子“性即理也”之言出，然後知性本善而無惡；張子“氣質之論”〔二三〕明，然後知性有不善者，乃氣質之性，非本然之性也。由是“性”之一字大明於世，而無復異議者，其功大矣！自孟子之後，漢、唐以及五代之間，異端與吾道争爲長雄，至有讀聖人之書，游聖人之門，以儒自名者，猶匍匐而歸之，况其餘乎！獨唐之韓子，不顧侮笑，力救其失，而“一齊衆楚”，猶莫之能勝也。至宋道學諸君子出，直擣異端之巢穴，而辨其毫厘似是之非，由是邪正之分，昭然若睹黑白，雖未得悉絶其道，無使並行，然吾道既明，如精金而不得淆以鉛錫，明珠而不得混以魚目，彼雖洛陽本“雖”下有“欲”字。援引比附，亦無自而入也。是以庠序育才，科舉取士，講學命詞，粹然一出於堯、舜、禹、湯、文、武、周公、孔子、顔、曾、思、孟之正，絶口於異端之教，是皆道學諸君子距邪閑正之功也。嗚呼！盛哉。

斯須省察不至，則妄念發。

有於一事心或不快，遂於别事處置失宜，此不敬之過也。

天地萬物，渾是一團理氣。

人只爲拘於形體，自小；若能不爲形氣河津本作“體”。所拘，則内外合一，而不勝其大矣。

斯須心有不存，則與道相忘。要當常持此心而不失，則見道不可離矣。

或讀書，或處事，或論人物，必求其“是”處，便是“格物致知”之功。蓋“是”者，天理也；“非”者，人欲也。得其“是”，則天理見矣。

中夜以思：只“公”之一字，乃見克己之效驗。

人所以千病萬病，只爲“有己”。爲“有己”，故計較萬物。惟欲己富，惟欲己貴，惟欲己安，惟欲己樂，惟欲己生，惟欲己壽，而人之貧賤、危苦、死亡，一切不恤，由是生意不屬，天理滅絶，雖曰有人之形，其實與禽獸奚以異！若能克去“有己”之病，廓然大公，富貴、貧賤、安樂、生壽，皆與人共之，則生意貫徹，彼此各得分願，而天理之盛，有不可得而勝用者矣。

萬物萬事各有分，各安其分，自然無事矣。

己與人、物，本同一理、一氣，而或不能公好、惡於天下者，蔽於“有己”之私也。

凝定最有力。河津本連下節。

往時怒覺心動。近覺隨怒隨休，而心不爲之動矣。

一息不可不涵養，涵養只在坐、作、動、静、語、默之間。

輕，當矯之以重；急，當矯之以緩；褊，當矯之以寬；躁，當矯之以静；暴，當矯之以和；粗，當矯之以細。察其偏者而悉矯之，久則河津本作“之”。氣質變矣。

作事切須謹慎仔細，最不可怠忽疏略。先儒謂：前輩作事多周詳，後輩作事多闊略。余覺有“闊略”之失，宜謹之！

“使民如承大祭”〔二四〕。然則爲政臨民，豈可視民爲愚且賤而加慢易之心哉！

作官者，雖愚夫、愚婦，皆當敬以臨之，不可忽也。河津本無“也”字。

余性偏於急，且易怒，因極力變化。

心一操而群邪退，聽一放而群邪並興。

一念不謹，即有偷惰之意，所謂“惟聖罔念作狂”〔二五〕者，豈虚語哉！

爲學最要務實，知一理則行一理，知一事則行一事，自然理與事相安，無虚泛石門本作"應"字。不切之患。

操心，一則義理照著而不昧，一則神氣凝定而不浮。養德養身，莫過於操心之一法也。河津本連下節。

許魯齋詩曰："萬般補養皆爲僞，只有操心是要規。"〔二六〕惟心得而實踐者，乃知其言之有味。

學者大患，在行不著，習不察，故事理不能合一。處事即求合理，則行著習察矣。

聖賢立教，明白懇切，直欲天下萬世之人，皆入於聖賢之域。

纔收斂身心便是"居敬"，纔尋思義理便是"窮理"，二者交資而不可缺一也。〔二七〕

一於"居敬"而不"窮理"，則有枯寂之病；一於"窮理"而不"居敬"，則有紛擾之患。

"居敬"有力，則"窮理"愈精；"窮理"有得，則"居敬"愈固。

"居敬"以立本，"窮理"以達用。

造化翕寂專一，則發育萬物有力；人心寧静專一，則窮理作事有力。

如存心端坐之時，此"居敬"也。或讀書而思索義理，或處事而求其當否，即"窮理"也。

初學時，見"居敬"、"窮理"爲二事，爲學之久，則見得"居敬"時敬以存此理，"窮理"時敬以察此理，雖若二事而實則一矣。

《堯典》以"欽"之辭始，《益稷》以"欽"之辭終，則堯、舜傳心之要可知矣。

天理流行賦予人物之機，無須臾之止息，兹所謂"命"也歟！

好議前輩得失，乃初學之大病；前輩誠有不可及者，未可輕議也。

在古人之後，議古人之失則易；處古人之位，爲古人之事則難。洛陽本連下節。

以紙上之言觀往事，率皆輕議古人處事之失。設使身居其地，吾見其錯愕失措者多矣。

言不及行，可耻之甚。非特發於口者謂之言，凡著於文詞者皆是也。嘗觀後人肆筆奮詞，議論前人之長短，及夷考其平生之所爲，不及古人者多矣。豈非言不及行，可耻之甚乎？吾輩所當深戒也！

切不可隨衆議論前人長短，洛陽本作“短長”。要當己有真見方可。

唐之韓子，乃孟子以後絶無僅有之大儒。《原道》《原性》篇雖“博愛”〔二八〕、“三品”之語有未瑩洛陽本作“盡”。者，然大體明白純正，程子所深許，朱子又爲考正其書，誠非淺末者可得而窺也。後學因見朱子兼論其得失，而不知此乃責備賢者之意，遂妄論前賢若不屑爲者，其可謂不知量也甚矣！當韓子之時，異端顯行，百家並倡，孰知堯、舜、禹、湯、文、武、周公、孔子、孟軻爲相傳之正統？又孰知孟軻氏没而不得其傳？又孰知仁、義、道、德合而言之？又孰知“人性有五，而情有七”？又孰知尊孟氏之功不在禹下？又孰敢排斥釋氏濱洛陽本作“擯”。於死而不顧？若此之類大綱大節，皆韓子得之遺經，發之身心，見諸事業，而伊、洛真儒之所稱許而推重者也。後學因見先儒有責備之言，遂剿拾其説，妄議韓子若不足學者。設使此輩生韓子之時，無先覺以啓其迷，無定論以一其志，吾見洛陽本“見”下有“其”字。淪於流俗，惑於異端之不暇，又安敢窺韓子之門墻哉！故論韓子之得失，在周、程、張、朱數君子則可，苟未及數君子，皆當自責自求，殆未可輕加詆議，以取僭妄之罪也。

性理之學，經周、程、張、朱諸君子發揮，如此明白。當時親炙者尚失其意，而韓子生於道術壞爛之餘，無所從遊質正，乃能卓然有見，排斥異端，扶翼正道，遂有立於天下後世，直可謂豪杰之才矣！

韓子氣質明敏剛正，樂易寬厚，皆過於人，但生於學絶道散之時，無所講明切磋以底太就。使生宋時，得與道學諸君子游，則其所立當不止是矣。

性理自宋道學諸君子反覆辨論發揮藴奧之後，粲然如星日河津本作“日星”。麗天；而異學曲説，直如區區之爝火，自不得亂其明也。

人不持敬，則心無頓放處。

人不主敬，則此心一息之間馳騖石門本作“鶩”。出入，莫知所止也。

人不主敬，則嗜欲無涯，馳騖石門本作“鶩”。不止，真病風狂惑之人耳。石門本連上節，與河津本首無“人”字。

小人有功，可優之以賞，不可假之以柄。

群陰長而陽道消，《大易》之深戒也。

主敬，則思不出位而分定矣。

只一理而改頭换面，做出無窮物事，神矣哉！

萬古不易者，“理”而已。

氣無窮，理亦無窮。

古人於小人有功，可深慮而不可喜。《易》曰：“開國承家，小人勿用。”〔二九〕漢誅竇憲，五侯有功，而其勢自此盛。故功由君子立，國家之大慶；功由小人立，知者所深慮也。洛陽本“勿用”節。

讀《易》則知陰陽消長之機，皆由微以至著。聖人謹其微，故不至於著；衆人圖其著，則亦莫之及矣。

上蔡有一硯，極愛之，遂屏去。此可爲克己之法。

《詩》曰：洛陽本無“《詩》曰”。“不愆不忘，率由舊章。”〔三〇〕《孟子》曰：“遵先王之法而過者，未之有也。”〔三一〕蓋祖宗更事，多爲慮深，故立法周且密，後世率而循之，何失之有！

不能克己者，志不勝氣也。

器用當用者不可缺，有私吝之心則不可。

外物得亦不喜，失亦不怒，則心定矣；得失而喜怒生焉，是猶累於外物而心未定也。

人之克己，或能克於此，不能克於彼，此是克之有未盡也；能推河津本作“克”其所能以及其所不能，則克無不盡矣。

私無大小，覺即克去。

愛外物好，則心不好矣。

“以言乎遠則不禦”〔三二〕，六畫之上，生生而無窮；“以言乎近，則静而正”〔三三〕，六畫之中，當體而理無不具。

“以言乎遠則不禦”，生生而無窮；“以言乎近，則静而正”，稟賦各定。

制服洛陽本作“伏”。私意而不拔其根，如蓄火於毛羽之中，得風復然矣。故“克、伐、怨、欲不行”，固“爲難”〔三四〕，不若克、伐、怨、欲净盡之爲至也。

讀書以防檢此心，猶服藥以消磨此病。病雖未除，常使藥力勝則病自衰；心雖未定，常得書味深則心自熟。久則衰者盡，而熟者化矣。

因一事不快於心而遷怒之心妄發，此學者之通病。

許魯齋曰：“責己者可以成人之善，責人者適以長己之惡。”〔三五〕

周公告成王曰：“厥亦惟我周太王、王季，克自抑畏。”〔三六〕蓋“抑”乃撿束收斂之意，“畏”乃恐懼兢石門本作“競”。慎之意。豈惟王者當然，實爲學修省之至要也！

周公曰：“無皇洛陽本、河津本作“勿遑”。曰：‘今日耽樂。’乃非民攸訓。”〔三七〕至哉言乎！蓋人君者天下之表儀，洛陽本作“儀表”。人君一日之耽樂，雖若不至於大害，然作於上即應於下。上以耽樂縱，則下以耽樂從，是其爲訓於民，非言語之訓，乃以身訓之訓，宜其感應之機爲尤速也。益之告舜曰：“罔遊於逸，罔淫於樂。”〔三八〕臯陶告舜曰：“無教逸欲有邦。”〔三九〕皆此意也。豈非萬世之永鑒與！

陶淵明曰：“此亦人子也，可善遇之。”

吾性覺疎快、寫字有差遺者，即此是敬不属處。謹之！

處事當詳審安重。爲之以艱難，斷之以果決，事了即當若無事者，不可以處得其當而有自得之心。若然，則反爲所累矣。

大事小事，即平平處之，便不至於駭人視聽矣。

處事了不形之於言尤妙。

處事大宜心平氣和。

治人當有操縱人不得而怨之。

常見人尋常事處置得宜者，數數爲人言之，陋亦甚矣！古人功滿天地，德冠人群，視之若無者，分定故也。

如治小人，寬平自在從容以處之，事已則絶口不言，則小人無所聞以發其怒矣。

處事最當熟思緩處。熟思則得其情，緩處則得其當。

治小人向他人聲揚不已，不惟增小人之怨，亦見其自小。

安重深沉者能處大事，輕浮淺率者不能。

天下之事，緩則得，忙則失。先賢謂："天下甚事，不因忙後錯了。"此言當熟思。

法者，天討也。以公守之，以仁行之。

一字不可輕與人，一言不可輕許人，一笑不可輕假人。

揚雄年四十餘，自蜀來游京師，大司馬車騎將軍王音奇其文，召以爲門下史，薦雄待詔。歲餘，奏洛陽本作"秦"，訛。賦爲郎，給事黄門，與王莽並。其後卒爲莽臣，而死於其世。是其進也以王氏，終也以王氏，大節之虧，有自來矣。

心無須臾閑，洛陽本、河津本作"閒"。理欲之幾間不容髪，此勝則彼負，此負則彼勝。

學者之心當常有所操，則物欲退；聽斯須少放，即邪僻之萌滋矣。

無義理以養心，何所不至！

志固難持，氣亦難養；主敬可以持志，少欲可以養氣。

廣大虚明氣象，無欲則見之。石門本連上節。

中夜坐思，曰：天賦之初，本有善而無惡，人而不爲善，是悖天也。

欲淡則心虚，心虚則氣清，氣清則理明。

知大事小事皆己分之當爲，河津本作"然"。則自不有其功矣。

德如堯、舜，學如孔子，皆己分之當爲，與人一毫無與；以賢智誇人者，皆不能究其本也。洛陽本“無與”節。

人亦有此理，我亦有此理，人不能全，而我能之。視不能全者，憫憐之可也，鄙笑之不可也；引掖之可也，棄絶之不可也。河津本連下節。

執己能以病人之不能，適足以自病而已。

古人叙事之文極有法。如《禹貢》篇首洛陽本作“首篇”，非是。以“敷土奠高山大川”〔四〇〕爲一書之綱；次冀州以王畿爲九州之首，次八州，次導山，次導水，以見經理之先後；次九州、四隩、九川、九澤、四海，以結經理之效；次制貢賦，立宗法，秪台德，先分五服，以述經理之政事；而終之以“聲教訖於四海，執玄圭以告厥成功”〔四一〕。始終本末，綱紀秩然，非聖經其能然乎？

六十四乃三十二所分，三十二乃十六所分，十六乃八所分，八乃四所分，四乃二所分，二乃一所分。至一則隱矣，微矣，非耳目思慮之所及矣。孔子所謂“密”，邵子所謂“畫前之《易》”。

“神而明之，存乎人”〔四二〕，“人能弘道也”〔四三〕。

“化而裁之”，“推而行之”，“舉而措之”，“神而明之”，“默洛陽本作“然”，訛。而成之”〔四四〕。皆指此理而言。

班固《外戚贊》曰：“夫女寵之興，繇至微而體至尊，窮富貴而不以功，此道家所畏，洛陽本作“謂”，非。禍福之宗也。”余謂豈獨女寵爲然哉！小人無大功德而竊高位厚禄，亦若此而已矣。

《大象辭》皆以理言。

天之道，元亨利貞；民之故，仁義禮智。

程子之《易》主孔子。

只一理，春謂之“元”，夏謂之“亨”，秋謂之“利”，冬謂之“貞”。因時以立名耳。

伏羲時，卦畫雖具而占卜之法未備，意唐、虞、夏、商之世已有占卜之法。如禹曰“枚卜功臣，惟吉之從”〔四五〕，舜曰“朕志先定，昆命於元龜”〔四六〕；祖伊曰“格人元龜，罔敢知吉”〔四七〕；箕子陳《洪範》稽疑之疇，尤詳於卜筮；大卜掌《三易》，夏曰《連山》，商曰《歸藏》，周曰

《周易》。以是觀之,則周已洛陽本作"以"。上蓋已有占卜之法矣。《周易》則因文王演《易》繫《彖》、周公繫《爻》而得名。周以前,占卜之法既皆不傳,今所傳者惟《周易》,至孔子則作《彖傳》《小象》《大象》《文言》《繫辭》《説卦》《序卦》,謂之《十翼》。然周以上《易》雖不可見,觀《經》《傳》論載之語,蓋皆專主卜筮;文王周公之《易》,則皆發明伏羲卜筮教人之意尤著;至孔子,則始詳於義理而不遺卜筮;程子之《傳》,專主義理;朱子《本義》,則推原作《易》教人卜筮之意於千古之上。讀《易》者,各即其意而觀之可也。

朱子之《易》主邵子,《啓蒙》可見。石門本、河津本連上節。

"親親,仁也;敬長,義也。無他,達之天下也。"〔四八〕故知惟孝友于兄弟,爲爲政之本。

"成性存存"〔四九〕,所以立本也;"道義之門"〔五〇〕,所以達用也。

性是本來固有之理,惟存之又存,則道義由是而出矣。

行浮於言。

行七八分,言二三分。河津本連上節。

不言而自能行出,則人心服。

處事不可使人知恩。

法者,天討也,或重或輕,一付之無心石門本作"於天"。可也。或治奸頑而務爲寬縱,暴其小慈,欲使人感己之惠,其慢天討也甚矣!

情可矜,雖從寬典,又當使之不知其寬,可也。河津本無"可也"。

欲人悦己,則人有惡己者矣。

爲政當以公平正大行之,是非毁譽皆所不恤;必欲曲徇人情,使人人洛陽本一"人"字。譽悦,則失公正之體,非君子之道也。

只令洛陽本作"今",訛。在己者處得是,何恤浮言!

處事在己者只當務實,若能動人否,則在彼耳,我何容心洛陽本"心"下有"於"字。其間哉!

因讀朱文公《與子受之書》"念之念之,夙夜無忝所生"〔五一〕之言,不勝感發興起,中心惻然,必欲不爲一事之惡以忝先人。

每顧遺體之重，未嘗一日敢忘先人。

處事詳審安重。

伊尹曰："接下思恭。"〔五二〕豈惟人君當然哉！有官君子於臨衆處事之際，所當極其恭敬而不可有一毫傲忽之心。不惟臨衆處事爲然，退食宴息之時，亦當致其嚴石門本、洛陽本作"儼"。肅而不可有頃刻褻慢之態。臨政、持己，内外一於恭敬，則動静無違，人欲消而天理明矣。

"乾以易知，坤以簡能。"〔五三〕乾坤只是自然，故易簡；人能順自然之理，則易簡者可默識矣。

人只是箇心性，静則存，動則應，明白坦直，本無許多勞擾，若私意一起，則支節横生而紛紜多事矣。

少欲則心静，心静則事簡。

簡者，非厭事繁而求簡也，但爲所當爲，而不爲所不當爲耳。

一爲外物所誘，則心無須臾之寧矣。

當事務叢雜之中，吾心當自有所主，不可因彼之擾擾而遷易也。

閑邪如城郭。城郭不完則外寇入，閑邪不密則外慮侵。

事貴斷制、撇脱。

用法秤量輕重，要不失其中而已。

法者，天討也，翫法所以翫天也。敢不敬乎！

世有賣法以求賄者，此誠何心哉？夫洛陽本作"大"。法，所以治奸頑也，奸頑有犯，執法以治之，則良善者獲伸矣；若納賄而縱釋奸頑，則良善之冤抑何自而伸哉？使良善之冤抑不伸，是不惟不能治奸頑，而又所以長奸頑也。據洛陽本作"處"。高位，載顯名，秉石門本作"乘"，訛。三尺者，忍爲此態乎！

世有假官柄以濟貪欲者，吾不知此何心也？

至誠以感人，猶有不服者，况設詐以行之乎！

感自内出，應由外來。

《陰符經》曰："萬化定基。"〔五四〕《易》曰："同歸而殊途，河津本作"塗"。一致而百慮。"〔五五〕其旨一也。

至宋儒而道術一。

漢儒洛陽本"儒"下有"九流"字，羨。讖緯九流之雜，唐士釋老辭章之支，至宋儒出而道術定於一。今學校之教經術之習絶口于漢、唐異端駁雜之學者，宋儒之功也。

圖象隱於異學者數千年，至邵子而反之於《易》，其有功於《易》學大矣。

《易》先天諸圖，自希夷以前皆爲方士所傳授，至邵子反之《易》，則知作《易》之本原實出於此。朱子詩曰"《大易》圖象隱"，正謂隱於異學也。

《易》之本原，至邵子而復明。

行第一步，心在第一步上，行第二步，心在第二步上，三步、四步無不如此，所謂"敬"也；如行第一步而心在二步、洛陽本"二"下無"步"字。三步之外，行第二步而心在四步、洛陽本"四"下無"步"字。五步之外，即非敬矣。洛陽本作"也"。至若寫字、處事，無不皆然。寫第一字心在第一字上，爲一事心在一事上，件件專一，便是敬。程子所謂"主一之謂敬，無適之謂一"〔五六〕與？洛陽本"是敬"節。"一與"下連《續録》卷一"明道作字甚敬"節。

膽欲大，見義勇爲；心欲小，文理密察；智欲圓，應物無滯；行欲方，截然有執。

膽大心小，似"知崇禮卑"〔五七〕；知圓行方，似和而不流。

象由卦生，德以象立。

仁健義順，"與天地合其德"也；知周萬物，"與日月合其明"也；仕止久速，各當其可，"與四時合其序"也；進退存亡，不失其正，"與鬼神合其吉凶"也。

心細密則見道，心粗則行不著、習不察。

不言而躬行，不露而潛修。

《書》稱舜曰"濬哲"〔五八〕。蓋深則哲，淺則否。嘗驗之於人，其深沉者必有智，浮淺者必無謀也。

讀書皆以明本來固有之理，而欲行之無疑耳。

爲學大抵就己分上去其本無之私欲，全其固有之天理耳。

德不德，能不能，厚之至也。

聖賢之子孫賢不肖，皆天也。天本無心，人之生也，偶值其氣之清明純粹者爲賢知，得其氣之昏濁駁雜者爲頑愚。若聖賢之子孫有賢、不肖之異者，則以所值之氣不同耳。後人因見聖賢之子孫或有不肖者，乃謂聖賢已奪其秀氣，可謂謬悠洛陽本作“悠”。之論矣。

體認之法，須於身心之所存所發者，要識其孰爲“中”？孰爲“和”？孰爲“性”？孰爲“情”？孰爲“道”？孰爲“德”？孰爲“仁”？孰爲“義”？孰爲“禮”？孰爲“智’？孰爲“誠”？又當知如何爲“主敬”？如何爲“致恭”？如何爲“存養”？如何爲“省察”？如何爲“克己”？如何爲“復禮”？如何爲“戒慎恐懼”？如何爲“致知力行”？如何爲“博文約禮”？於凡天理之名，皆欲識其真，於凡用功之要，皆欲爲其事。如此則見道明，體道力，而無行不著、習不察之弊矣。

有人爲學者，徒曰“講道”、“學道”，不知所以體認之，則所講所學者實未知爲何物也。

天理如人，天理之名，如人之有名。既識人之名，須親見人之貌，方爲真識其洛陽本“識其”作“實之”。人；既知理之名，須真知理之實，方爲真知其理。徒知理之名而不知理之實，猶徒識人之名而未嘗親見其人之貌，又烏洛陽本“烏”下有“得”字。爲真知真識哉？

氣質之偏，自生來便有此矣。若自幼至長，歷歷曾用變化之功，則亦無不可變之理；若氣質既偏，自少至長所習又偏，一旦驟欲變其所習，非百倍之功不能也。

無限量，無欠缺，無間斷。河津本“間斷”下連“此果何物”節。

學不進，率由於因循。

事事不放過而皆欲合理，則積久而業廣矣。

此果何物邪？推而上之莫究其始，引而下之不見其終，測之而無窮，資之而不竭，離之而不開，斷之而不絶。此果何物邪？竟不洛陽本“不”下有“可”字。得而名也。

淵淵乎！天源之莫測；浩浩乎！天流之無窮。

千古聖賢，未嘗不以"警懼"之意爲勉。

治世君臣，警戒之辭多；衰世君臣，諛説之辭多。

借問天源深幾許？古今常只是滔滔。年年成就無邊物，本體何曾減一毫！

聖賢立心扶持千萬世之綱常。

常日河津本作"人"。役役於物，忽有一念之善生，即夫子所謂"平地，雖覆一簣，進，吾往也"〔五九〕；平日力於爲善，忽有一念之懈生，即夫子所謂"譬河津本作"辟"。如爲山，未成一簣，止，吾止也"〔六〇〕。

"語之而不惰"〔六一〕，只是顔子河津本無"子"字。之心深契聖人之言，故每聞每新，忻悦不已而行之，亹亹忘倦；若心與言不相契，則每聞每厭矣，尚安能忻悦不已而發之所行哉？

理、氣間不容髮，如何分孰爲先、河津本"先"下有"後"字，羨。孰爲後？

循循而不已者，其有所至與！

防小人，密於自修。

三綱五常之理，萬古猶一日。非實理，則月易洛陽本作"異"。而歲不同矣。石門本"一日"節。

"太極"只是箇"性"字。

周子之"太極"，即中庸之"誠"〔六二〕。

今之學者有開口即論"太極"者，不知果識否？不然，吾恐徒得其名，而不得其所以名也。

程子親受《太極圖》於周子，而終身不以語人，其慮遠矣。後學有未涉四書門庭者，開口即論"太極"，馳心玄妙，而不知反求諸己，其弊不可勝言者。

一理涵萬物，萬物分一理。

萬物各得一理之一分，而一理之本體依然完具，初無絲毫之減損也。

萬物一年生一番，是得一年之氣。萬物雖銷落泯滅無餘，而氣之滚滚日新者，自無窮已，洛陽本作“也”，非。而所以無窮已者，豈非太極爲之體與？

《鄉黨》一篇，皆聖人之“時中”。

舜命棄播百穀，即命契敷五教，繼以皋陶明刑。食、洛陽本、河津本作“治”，非。教、刑三者相因，可見有虞爲治之序。

養民生，復民性，禁民非，治天下之“三要”。

萬物自微以至著。

聖人全體太極，渾身是天理也。

究竟無言處，方知是一原。石門本作“是源”，無“一”字，非。

雲厚則雨甚，雲薄則雨少。

欲問收功何所似？玄天幽默本無言。

不識理名難識理，須知識理本無名。河津本作“言”。

孰爲始乎？氣之息，其始乎？始之前爲終，終之前復爲始，殆不可知其孰爲終，孰爲始。蓋必有能始能終者居其間，而卒莫之始終也。

海其大乎？曰：非也。岳其大乎？曰：非也。地其大乎？曰：非也。然則孰爲大？曰：天爲大。海者，天氣之流萃；岳者，天氣之流峙；地者，天氣之流結；是皆天之所爲也。天之所爲者，若有方矣，而其所以爲者，則未有方也。以其無方，則天之大不亦宜乎？

駸駸而明者，日之爲乎？曰：日特陽之一物耳，非能爲明也；駸駸而暗者，月之爲乎？曰：月亦陰之一物耳，非能爲暗也。然則明暗孰爲之哉？曰：氣機一動而群陽闢，晝之明從焉；氣機一静而群陰翕，夜之暗隨之。動静翕闢，皆機之所爲，而實未嘗有爲也，是皆循環相推而不得已焉爾。

氣有形，理無迹；氣載理，理乘氣。二者渾渾乎無毫忽之間也。

萬物未生不加多，萬物已生不加少。《易》所謂“富有日新”〔六三〕，其是之謂與！

謂有乎？則視之無形也；謂無乎？則其來有本也。有本而無形，則有而無矣；無形而有本，則無而有矣。有而無，無而有，非真知有無爲一體者，不足以語之。

天地、山川、日月、河津本作"日月、山川"。星辰、萬物，皆可見也，而其所以爲是則不可見也。以不可見者語人，孰信哉？蓋必心得而後信也。心得非他，必自近始，近莫近於吾身。吾身，百體皆可見也，其所以爲是百體之宜，則不可見也。可見而無不可見者爲之主，則百體皆失其職矣。舉近以明遠，則天地、山川、日月、星辰、萬物之理，一也。

升堂入室必以階。而君子爲學亦必以階。《小學》《大學》，古爲學之階也。秦、漢而下，學者莫得其階，升堂入室者寥寥，而迷惑顛躓於異學功利之途者衆矣。卒亦何所至耶？今朱子《小學》、四書，猶古之階也，循此而賢，循此而聖，是在人焉耳。捨是而階於他，吾不知其所至矣。

豈獨樂有"雅"、"鄭"洛陽本作"正"。邪？書亦有之。《小學》、四書、六經、濂、洛、關、閩諸聖賢之書，"雅"也。嗜者少矣，河津本作"也"。夫何故？以其味之澹也。百家小説、淫詞綺語、怪誕不經之書，"鄭"洛陽本作"邪"。也。莫不喜談而樂道之，蓋洛陽本"蓋"下有"有"字。不待教督而好之者矣。夫何故？以其味之甘也。澹則人心平而天理存，甘則人心迷而人欲肆。是其得失之歸，亦何異於樂之感人也哉！

君子之心，欲人同其善；小人之心，欲人同其惡。

"形而上者謂之道，形而下者謂之器。"聖人論理、氣最分明，又無離而"二之"之病。

萬物定於一，萬事定於一，萬古定於一。

如耳、目、口、鼻、手、足之理，各具之太極也；一心之理，統體一太極也。

【校記】

〔一〕引自《河南程氏經説》卷一《易説·繫辭》。

〔二〕引自《河南程氏遺書》卷二十二上。

〔三〕引自周敦頤《太極图説》。

〔四〕引自《朱子語類》卷一。原文爲:“未有天地之先,畢竟也只是理。有此理,便有此天地……有理,便有氣,流行發育萬物。”

〔五〕引自周敦頤《太極圖説》。

〔六〕引自《河南程氏遺書》卷十一。原文“老子”下有“之言”二字。

〔七〕引自《老子》三十六章。原文爲:“將欲歙之,必固張之……將欲奪之,必固與之。”

〔八〕引自周敦頤《太極圖説》。原文爲:“二氣交感,化生萬物。”

〔九〕引自《河南程氏遺書》卷一。原文“惡”上有“然”字。

〔一〇〕見《河南程氏遺書》卷十五:“有主則虚,虚謂邪不能入。”

〔一一〕見《河南程氏遺書》卷一:“中有主則實,實則外患不能入,自然無事。”

〔一二〕引自張載《正蒙·參兩篇》。原文爲:“凡陰氣之凝聚,陽在内者不得出,則奮擊而爲雷霆。”

〔一三〕引自《晉書·謝鯤傳》。

〔一四〕引自朱熹《論語集註》卷六《顔淵第十二》。

〔一五〕引自《左傳》宣公十五年。原文爲:“川澤納污,山藪藏疾,瑾瑜匿瑕。”

〔一六〕引自《尚書·周書·君陳》。原文爲:“必有忍,其乃有濟;有容,德乃大。”

〔一七〕引自《孟子·離婁上》。原文“得”下有“者”字,“皆”下無“當”字。

〔一八〕引自《易傳·説卦》。

〔一九〕引自張載《正蒙·參兩篇》。又見《孟子·公孫丑上》:“氣壹則動志也。”

〔二〇〕引自《周易程氏傳》卷三《周易下經上·遁》。

〔二一〕引自《易經·遁》九三爻辭。

〔二二〕見《孟子·告子上》:“一日暴之,十日寒之,未有能生者也。”

〔二三〕見張載《正蒙·誠明篇》:“形而後有氣質之性,善反之,則天地之性存焉。故氣質之性,君子有弗性者焉。”

〔二四〕引自《論語·顔淵》。

〔二五〕引自《尚書·周書·蔡仲之命》。

〔二六〕引自《魯齋遺書》卷十一《七言律詩·李生器所恃二首》。原詩“皆爲”作“終成”。

〔二七〕“居敬”,見《論語·雍也》:“居敬而行簡。”“窮理”,見《易傳·説卦》:“窮理盡性以至於命。”“居敬窮理”,見《朱子語類》卷九:“學者工夫,唯在居敬窮理二事,此二事互相發。能窮理,則居敬工夫日益進;能居敬,則窮理工夫日益密。”

〔二八〕“博愛”之説,見韓愈《原道》:“博愛之謂仁,行而宜之之謂義,由是而之焉之謂道,足乎己而無待於外之謂德。”

〔二九〕引自《易經·師·上六爻辭》。

〔三〇〕引自《毛詩·大雅·生民之什·假樂》。

〔三一〕引自《孟子·離婁上》。

〔三二〕〔三三〕引自《易傳·繫辭上》。

〔三四〕見《論語·憲問》:"克、伐、怨、欲不行焉,可以爲難矣。"

〔三五〕引自《魯齋遺書》卷一《語録上》。

〔三六〕〔三七〕引自《尚書·周書·無逸》。

〔三八〕引自《尚書·虞書·大禹謨》。

〔三九〕引自《尚書·虞書·皋陶謨》。

〔四〇〕引自《尚書·夏書·禹貢》。原文爲:"禹敷土,隨山刊木,奠高山大川。"

〔四一〕引自《尚書·夏書·禹貢》。原文爲:"東漸於海,西被於流沙,朔南,暨聲教訖於四海。禹錫玄圭,告朔成功。"

〔四二〕引自《易傳·繫辭上》。原文"乎"下有"其"字。

〔四三〕引自《論語·衛靈公》。

〔四四〕引自《易傳·繫辭上》。

〔四五〕引自《尚書·虞書·大禹謨》。

〔四六〕引自《尚書·虞書·大禹謨》。原文爲:"帝曰:'禹,官占,惟先蔽志,昆命於無龜,朕志先定,詢謀僉同,鬼神其依,龜筮協從,卜不習占。'"

〔四七〕引自《尚書·商書·西伯戡黎》。

〔四八〕引自《孟子·盡心上》。

〔四九〕〔五〇〕引自《易傳·繫辭上》。

〔五一〕見《朱文公續集》卷八《與長子受之》。原文爲:"念之,念之!夙興夜寐,無忝爾所生。"

〔五二〕引自《尚書·商書·太甲中》。

〔五三〕引自《易傳·繫辭上》。

〔五四〕引自《陰符經·上篇》。原文作"萬變定基"。

〔五五〕引自《易傳·繫辭上》。

〔五六〕引自《河南程氏遺書》卷十五。原文爲:"所謂敬者,主一之謂敬。所謂一者,無適之謂一。"

〔五七〕引自《易傳·繫辭上》。

〔五八〕引自《尚書·虞書·舜典》。

〔五九〕〔六〇〕〔六一〕引自《論語·子罕》。

〔六二〕見《中庸·第二十章》:"誠者,天之道也;誠之者,人之道也。"

〔六三〕見《易傳·繫辭上》:"富有之謂大業,日新之謂盛德。"

讀書録卷四

自一身言之,耳有耳之理,目有目之理,口鼻有口鼻之理,手足有手足之理;以身之所接而言,父子有父子之理,君臣有君臣之理,夫婦、長幼、朋友,有夫婦、長幼、朋友之理,以至萬物有萬物之理。凡此衆理,莫不窮而通之,所謂"窮理也";既知其理,於一身之理必有以踐之,於人倫之理必有以行之,於萬物之理必有以處之,所謂"盡性"也;能盡其性,則理所自出之天命,莫不有以造極一原,所謂"至命"也。理也,性也,命也,雖同爲一理,初無本末精粗之殊,而窮也,盡也,至也,則各有淺深之序,學者不可不察。洛陽本連下節。

體認未至終,未能與道合一。

乍存石門本作"作"。乍亡者,是間斷之時多也。

吾奮然欲造其極而未能者,其病安在?得非舊習有未盡去乎?舊習最害事。吾欲進,彼則止吾之進;吾欲新,彼則汩吾之新。甚可惡!當刮絶之。石門本、河津本"去乎"節。

吾北歸得如"非復吳下阿蒙"〔一〕,則庶有進乎!若與初來時無異,恐有愧於故舊也。

朱子遣子從學,欲其一變舊習而歸,曰:"念之,念之!無忝爾所生。"〔二〕吾來湖南三年矣,北歸有進,庶無忝爾所生乎!

仁則一,不仁則殊。

生理無不貫者,仁也。

仁道之大莫洛陽本作"無"。能御。

仁推之千萬億物無不通。

生意無窮，偶於李核可見。如一李核，種之即成一株；一株姑以結百李言之，種之即成百株；百株結千李，種之即成千株；千株結萬李，種之即成萬株；萬株結百萬李，種之即成百萬株。由是推之，生生之理蓋不可勝窮也。仁河津本作"人"。道之大，於此亦可見。

心不可斯須離正理，身不可斯須離正道。

"曾點言志"[三]，只是箇"仁"字。

"滿招損，謙受益"[四]，即《謙》卦"虧盈益謙"[五]之意。

周子《通書》字字皆實。

二帝、三王治天下純是天理之公，無一毫人欲之私；漢、唐歷代治天下純是人欲之私，帶些子天理於其間。

開眼六十四卦，皆見於天地之間。

讀有卦畫之《易》，當知無卦畫之《易》。有卦畫之《易》，今之《易》書，猶可以言求。無卦畫之《易》，則可以心會，而不可以洛陽本無"以"字。言求。邵子所謂"須信畫前元有《易》"是也。

萬物皆一陰陽，陰陽皆一理。

道只在動、止、河津本作"静"。語、默之間，身外求道，遠矣！

已知如未知，已能如未能，則有進。

事未至，先無一物在心，則事至應之不錯；若事未至，先有三端兩緒在心，則先自撓雜矣，應事安得不錯乎？

不敢有邪心，漸近於"誠"。

聖賢言"格物致知"處，便當效其格物致知；言"存養省察"處，便當效其存養省察。聖賢爲教之法，無不效其所爲，則讀書有切己之益，而不爲口耳之陋矣。

學者開口皆能言"道是好道理"，然當自體諸心，果能實好此好道理否？又當體之身，果能實行此好道理否？若徒能言之於口，而體諸身心者皆不能然，是所謂自欺也。

謹防外好以奪志。河津本連下節。

斯須照管不至，則外好有潛勾竊引之私，不可不察。

人欲如寇敵，專以窺吾之虚實，斯須防閑不密，則彼乘間而入矣。

人心貴乎光明潔净。

爲學時時處處是做工夫處，雖至鄙至陋處，皆當存謹畏之心而不可忽。且如就枕時，手足不敢妄動，心洛陽本“心”下有“下”字。不敢亂想，這便是睡時做工夫。以至無時無事不然。

天地自然之文，物物皆具，如花木文縷彩色之類皆是也。

《噬嗑》《賁》《豐》《旅》四卦，論用刑皆“離火”之用，以是見用法貴乎明。〔六〕《噬嗑》《豐》以“火雷”、雷火交互爲體，用法貴乎威明共濟；〔七〕《賁》《旅》以“山火”、火山交互爲體，用法石門本、洛陽本無“用法”二字貴乎明慎並用。〔八〕

治獄有“四要”：“公”、“慈”、“明”、“剛”。公則不偏，慈則不刻，明則能照，剛則能斷。

外物至輕，己德至重。重其所輕，輕其所重，不知類也已。洛陽本、河津本無“已”字。

外物爲養生之具，固不可缺。但君子取之有道，用之有節，小人則取不以道，用不以節。所謂天理人欲，同行異情也。石門本、河津本連上節。

工夫緊貼在身心做，不可斯須外離。

常得心在内，則寡過矣。

心一放，即悠悠蕩蕩無所歸着。

千古聖賢之言，一“性”字括盡。

細看天之生物只是自然，無纖毫作爲之私，石門本作“思”。故人見其易而不見其難。人能事事順理而行，則亦如天之自然，不難矣。

順理而行，則直而易；逆理而行，則曲而難。

聖賢之迹固當考，而己之所行者又當隨時揆之以理，而不必其事之同。如禹、稷、顔回，迹雖不同，而道則同也。

所謂“理”者，萬事萬物自然之脈絡條理也，循其脈絡條理而行，本無難事。惟不知順理妄行，所以崎嶇險阻，不勝其難也。

心地乾净，自然寬平。

人能知天地萬物各有截然之分，則心自定矣。

知理而行者，如白晝石門本作"晝"，訛。見路分明而行，自無差錯；不知理而行者，如昏夜無所見而冥行，雖或偶有與路適會者，終未免有差也。

讀前句如無後句，讀此書如無他書，心乃有入。河津本"入"作"大得"。

凡看聖賢書，皆當以仁、義、禮、智、信五者細細體會旁通之，久則彼此互相發明，可以見天下道理之名雖多，而皆不外此五者矣。

"予畏上帝，不敢不正。"〔九〕可見湯之伐夏，一出於上天之公，孟子所謂"天吏"〔一〇〕是也。夫豈有一毫利天下之心哉？苟有利天下之心，則非所以爲湯矣。

"成湯放桀於南巢，惟有慚德。"〔一一〕湯之不幸，天下之幸也。

"天之生物，一本也。"〔一二〕知《易》者莫若孟子。

"《易》有太極"。《易》者，陰陽之變；而其所以爲是陰陽之變者，太極也。

聖人言"太極"，就陰陽中指出此理以示人，元不曾離陰陽而言。如所謂"一陰一陽之謂道"，"形而上者之謂道，形而下者之謂器"〔一三〕。皆不曾外陰陽而言道也。

"一分而爲二"，一即在二中，而一之本體未嘗分也；"二分而爲四"，一即在四中，而二之一則未嘗少也；"四分爲八"，一即在八中，而四之一又未嘗減也；以至"八分爲十六，十六分而爲三十二，三十二分而爲六十四"。一則隨所分而無不在，而其分之主則自若也。蓋"一生二，二生四，四生八，八生十六，十六生三十二，三十二生六十四"，而一隨生隨在者，分之殊也；六十四根於三十二，三十二根於十六，十六根於八，八根於四，四根於二，二根於一者，理之一也。理之一各貫於分殊之中，分之殊畢統於理一之内。分之殊若分矣，而理之一則渾然無所不包，實未嘗不合也；理之一若合矣，而分之殊則粲然各有條理，實未嘗不分也。分而合，合而分；斯所謂"一以貫之"者歟！

一心管萬事，理一分殊；萬事由一心，分殊理一。

天陽地陰，陰陽之氣屈伸往來者，鬼神也。故曰："鬼神者，天地之功用，而造化之迹也。"〔一四〕

陽之能伸者神，陰之能屈者鬼，二物也；伸極而屈者神之鬼，屈極而伸者鬼之神，一物也。二而一，一而二，知道者默而觀之。

生天，生地，生陰，生陽，生温，生熱，生寒，生涼，生日，生月，生星，生辰，生雨，生露，生雷，生霆，生水，生火，生木，生金，生人，生物，生獸，生禽。生生之多，蓋不可勝窮也，而皆本於一"生"。

"太極動而生陽"，神也；"静而生陰"，鬼也。鬼神者，其太極乘氣機而屈伸乎！

英氣甚害事，渾涵不露圭角最好。

第一要有渾厚、包涵、從容、廣大之氣象。

促迫、褊窄、淺率、浮躁，非有德之氣象。

只河津本無"只"字。觀人洛陽本"人"下有"之"字。氣象，便知其涵養之淺深。

萬物之形著者，其始也甚微。

《河圖》虚其中以爲太極，而兩儀、四象、八卦皆由是以生，邵子所謂"天向一中分造化"也。〔一五〕

"畫前之《易》"，不待卦畫而已著者也。

見得理明，須一一踐履過，則事與理相安而皆有着落處；若見理雖明，而不一一踐履過，則理與事不相資，終無可依據之地。曾點所以流於"狂"也。"〔一六〕

精粗本來兼盡，所以爲聖賢之學；若舍粗而求精，厭末而求本，所謂"語理而遺物，語上而遺下"，鮮不流而爲異端。

二程所以接孔、孟之傳者，只是進修有序。

直是要求實理，實理洛陽本少"實理"二字。之名雖在書，而實理之理則在理。

曲折細微，理無不貫。

讀書當着實體認。如讀《中庸》首章"天命之謂性"，便當求天命之性的在何處？讀《大學》首章"明德新民，止於至善"〔一七〕，便當求三者的爲何事？如此，則道理躍如，皆在心目之間，自不爲文字言語所纏繞矣。

因閑畫伏羲《八卦》小圓圖，貼於壁上觀之，覺有流動之意。

孟子曰："天下之生久矣，一治一亂。"〔一八〕知《易》者莫若孟子。

纔言象便非真，因象以識其真，則在人焉耳。

每日就身心、言行、應事、接物處緊緊體認仁、義、禮、智四者，體認得是，則行不錯。

聖人取人極寬。如仲叔圉、祝鮀、王孫賈皆未必賢，以其才可用，猶皆取之。後之君子好議論者，於人小過必辨論不置，而遺其大者，視聖人包含之氣象遠矣。

聖人取人，不以有功而掩其過，不以有過而掩其功。如管仲，霸者之佐耳，其過多矣，聖人猶不廢其"一匡"之功。"〔一九〕後世有論人過而遂没其功者，多見其尅核之甚也。

老子《道德經》"常無欲，以觀其妙"，應上文"無名，天地之始"；"常有欲，以觀其徼"，應上文"有名，萬物之母"。〔二〇〕

讀《二典》《三謨》《夏》《商》《周書》，其明白者皆有切於學者之身心，愈讀愈有味。

"知我者，其天乎！"猶《中庸》所謂"知天地之化育"〔二一〕，言與天地之化育默契爲一，非但聞見之知而已。但《中庸》言己契天，《論語》言天契己，其實一也。。

"下學而上達。知我者其天乎！"〔二二〕下學學人事，上達達天理也。人事，如父子、君臣、夫婦、長幼之類是也；天理，在人如仁、義、禮、智之性，在天如元、亨、利、貞之命是也。蓋下學父子、君臣、夫婦、長幼之人事，便是上達仁、義、禮、智，元、亨、利、貞之天理也。謂之"天知"者，非聞見之知也，乃天與聖人默契爲一，是以人不能知而天獨知也。然五者姑舉事理石門本、河津本無"理"字。之大者而言，其實無一而非"下學人事，上達天理"也。

夫子發"莫我知也"之嘆，〔二三〕蓋當時之人，雖知夫子爲聖人，但雷同知其名而已，實不知聖人之所以爲聖人也。知聖人所以爲聖人，"如愚"之，顔；〔二四〕一"唯"之，曾子而已。〔二五〕如子貢之高識，猶未及此。故曰："知我者，其天乎！"然於斯之際，子貢雖未能盡領夫子之嘆，若後來"性與天道不可聞"〔二六〕之言，"夫子猶天不可階而升"〔二七〕，及"綏來動和"之論，〔二八〕則子貢亦可謂深知夫子矣。

《家人》卦治天下之本備焉。

偶食桃梅，桃樹接梅枝結實者。其生者味酸，熟者味甘。因思孟子曰："夫仁亦在乎熟之而已。"〔二九〕蓋凡爲學、爲善，皆貴乎熟，不獨仁也。苟爲不熟，焉得其味之美哉？

君子熟於善，小人熟於惡。

君子熟於精微之義，小人熟於機詐之巧。河津本連下節。

君子熟於公正，小人熟於私邪。

理、象、數、辭，《易》備焉。

上下、遠近、大小、内外，渾只是河津本"是"下有"一"字。天也。

天外無物，物外無天。

理、氣、象、數之外無餘物。

大洛陽本"大"下有"凡"字。小大河津本"小"下無"大"字。道理，吾心悦而不能言，舉此以告人，人其信之乎？吾其誰告之？石門本、洛陽本"能言"節。

毫私不有，渾渾乎其深大也。河津本連下節。

融釋與道爲一。

元來學不可有爲，有爲即人欲，而非天理矣。

觀天之道，皆公而自然，不爲何而春夏生物，不爲何而秋冬成物。人之道，亦公而自然，不爲何而行仁義，不爲何而行禮智。若有爲而行，即私而不公矣。

讀《咸有一德》之書，則知伊尹之學極其精密，成湯以"元聖"稱之,〔三〇〕有自洛陽本作"由"。矣夫!

《商書》數篇,光明峻潔,真所謂"灝灝"者也。

《典謨》《仲虺》《成湯》《伊傳》諸書,尤切於學者。

讀書必專精河津本作"精專"。不二,方見義理;有一念之雜,即隔一重矣。河津本連下節。

以"鴻鵠之心"讀書,必不能造乎精微。

《説命》曰:"惟學遜志,務時敏,厥修乃來;允懷於兹,道積於厥躬。惟斆學半,念終始,典于學,厥德修罔覺。"〔三一〕"遜志","時敏","允懷","終始","典學", 皆爲學之功;"乃來","道積於厥躬","厥德修罔覺",皆爲學之效。

《説命》曰:"人求多聞,時惟建事。"下文即繼之曰:"學於古訓,乃有獲;事不師古,以克永世,匪説攸聞。"〔三二〕蓋"學古訓",即所謂"求多聞";"事不師古"之事,即"時惟建事"之事。非有二也。"求多聞",猶《易》曰:"多識前言往行,以畜河津本、洛陽本作"蓄",非。其德耳。"〔三三〕必謂資之人可乎!

"既乃遯於荒野","暨厥終罔顯",〔三四〕只是甘盤隱遯不顯於世耳。當以朱子《語録》爲正。

張南軒"無所爲而爲之"〔三五〕之言,其義甚大。蓋無所爲而爲者皆天理,有所爲而爲者皆人欲。如日用間大事小事,只道義石門本、洛陽本作"我",似非。合當如此做,做了心下平平,如無事一般,便是無所爲而爲;若有一毫求知、求利之意,雖做得河津本無"得"字。十分中理,十分事業,總是人欲之私,與聖人之心絶不相似。

"無所爲而爲",猶"正其誼不謀其利,明其道不計其功"之意。

"無所爲而爲",猶當理而無私心,仁也;"有所爲而爲"者,事雖當理,未能無私心也,河津本無"也"字。謂之仁可乎?

如乍見孺子之入井,惻隱之心發,無所爲而爲也;若惡其聲納交要譽之心生,即有爲而爲矣。

知及之,仁不能守之,雖得之,必失之,狂者也。

觀《師冕見》一章，可見聖人接物之誠心；〔三六〕若常人之於瞽者，鮮不忽易而欺紿河津本作"詒"，通用。之。於此亦可以觀聖人之氣象。

觀聖人與師言，辭語從容，誠意懇至，直使人感慕於數千載之上。

常人見貴人則加敬，見敵者則敬稍衰，於下人則慢之而已；聖人於上、下、人、己之間，皆一誠敬之心。

敬天之心，瞬息不敢怠。

近來誠實畏天，而不敢萌一念之惡。

《洪範篇》造化、氣數、天理、人事皆具，河津本作"其"，非。《書》之《易》也。

《洪範》石門本、洛陽本無此二字。"二，五事"〔三七〕，踐形盡性之學備於此。

《易》六十四卦，三百八十四爻，只是君子小人迭爲盛衰。

君子居君子之位，小人居小人之位，則治；反此，則亂。石門本、河津本連下節。

有天下國家者，皆河津本無"皆"字。當親君子而遠小人。

大丈夫以正大立心，以光明行事，終不爲邪暗小人所惑而易其所守。

以顔子之亞聖，聖人猶告以"遠佞人"〔三八〕，況他人乎！理明心正，則邪媚不能惑。

好正道則正人至，好邪道則邪人至，氣類相感也。

君子之出處，當修之身而聽之天。彼卑污苟賤，摇尾乞憐，攀援勢要以售進者，果何心哉？

邪正相爲勝負，久矣！

《仲虺》曰："惟天生民有欲，無主乃亂；惟天生聰明時乂。"〔三九〕成湯曰："惟皇上帝，降衷於民，若有恒性，克綏厥猷惟后。"〔四〇〕武王曰："惟天地萬物父母，惟人萬物之靈。亶聰明，作元后，元后作民父母。"〔四一〕歷觀自古聖君賢相之言如此，則天之所以立君者，不過欲治民、教民、養民、使各遂其生而已，豈有他乎哉？

老子云“玄之又玄，衆妙之門”〔四二〕，只是説性情。衆妙之門，猶道義之門。石門本、洛陽本“性情”節。

老子之書，始欲論理之玄妙，末則流於權術。

程子曰：“予之所傳者辭也，由辭以得其意，則在人爲耳。”〔四三〕不但讀《易》之法如此，他書皆然。

莊子“斲輪”之説，〔四四〕深中學者溺於語言洛陽本作“言語”。而不得其意之弊。世有開卷則能説義理，真若有所得者，掩卷則茫然漫不知所説爲何事。誠所謂“糟粕”者也，〔四五〕其洛陽本無“其”字。弊也久矣！

一一見得理有下落，方爲真見。河津本連下節。

真見明，則邪見不能惑。

余覺前二十年之功，不如近時切實而有味。

天地者吾之父母也，凡有所行知，順吾父母之命而已，遑恤其他！

《先天圖》却觀自石門本無“自”字。《坤》《艮》《坎》《巽》《乾》《兑》《離》《震》以至《復》，皆前天地之往；順觀自《復》《震》《離》《兑》《乾》《巽》《坎》《艮》以至《坤》，皆後天地之終。往者，推其往而無極；來者，推其來而無窮。所謂“引之於前，而不見其始之合；推之於後，而不見其終之離也”〔四六〕。

占卜古爲大事。舜欲禪禹，禹曰：“枚卜，功臣惟吉之從。”〔四七〕《洪範》稽疑，專以卜筮爲主《大誥》《洛誥》諸篇，凡征伐定都大事，皆歸重於卜。以是知占卜古爲大事。

古者占卜之法，聖人以至公無私求之，其求之之心固已神矣，則龜筮之神安得不應之？如所謂“官占，惟先蔽志，昆命於元龜。朕志先定，詢謀僉同，鬼神其依，龜筮協從”〔四八〕之語，可見後人以私意邪謀求之，欲其應也難矣！

孟子曰：“苟求其故，千歲之日至，可坐而致也。”〔四九〕康節之學，推往知來，蓋亦如此。

雖微細事不可苟，皆當處置合宜。

寡欲，省多少勞擾。河津本連下節。

只寡欲便無事，無事心便澄然矣。

余每呼此心曰：主人翁在室否？至夕必自省曰：一日所爲之事石門本"事"下有"余"字。合理否？

讀書所以不見德崇業廣者，只是講說，不曾實行。如講"學而時習"章，〔五〇〕便能"學而時習"否？讀"其爲人也洛陽本無"也"字。孝弟"章，〔五一〕便能"孝弟"否？讀"顔子問洛陽本"問"下有"爲"字，非。仁"章，〔五二〕便能"非禮勿視、聽、言、動"〔五三〕否？若不能如此，只是講說耳。

看得爲學無别法，只是知一字行一字，知一句行一句，便有益。心不妄思，一心皆天理；身不妄動，一身皆天理；事不妄爲，事事皆天理。

因無窮盡，故無方體；若有窮盡，則有方體矣。洛陽本上連卷一"朱子釋彌高"節。

凡卦，六爻以"初"、"二"、"三"、"四"、"五"、"六"按"六"當作"上"。爲主，以所值"九""六"之爻爲客，所謂"周流六虚"〔五四〕者也。

卦爻"六"位皆虚，隨所值奇偶居之。

"天下無獨必有對"〔五五〕，《河圖》卦畫可見。

迹，履之所出也，而迹豈履哉？書，道之所出也，而書豈道哉？

雨皆地氣自下而上蒸騰而成，天愈高則氣愈清，不能成雨也。洛陽本連下節。

雲濃則成雨，氣濃則生物。《易》曰："天地絪緼，萬物化醇。"〔五六〕

"遏惡揚善"，非剛明者不能，故於《大有》言之；内剛外明，"大有"也。〔五七〕

人不能有進，只是惑。惑者，見理未透而心有所疑也；疑，故欲進不進。學至不惑，則理明而無疑，其進自不能止矣。

雷、電、風、雲、雨、露、霜、雪之類，皆氣聚而有聲有形，既散則無迹矣。神矣夫！

細看天地萬物，皆氣聚而成形。有聚必有散，雖散有大小、洛陽本作"小大"。遲速之不同，其散一也。

謹守"下學"，自能"上達"。

看聖門教法，只是有序，無序便差。

曾子所傳無弊，只是教人有序，《大學》可見。

内剛外和，決小人之道。

決小人當先自修，不可專尚剛強。《夬》曰："告自邑：'不利即戎，利有攸往。'"〔五八〕

内健，則有必去之志；外説，則無悻悻之色。決小人之善道也。

取、與是一大節，其義不可不明。

理、氣雖不可分先後，然氣之所以如是者，則理之所爲也。

只是合當如是便是理。

聖人之言雖零碎説，而合輳起來則皆貫於一；諸子之書非無嘉言，但欲一一合輳爲一，則有不通者矣。

理直是難説，謂無形則須有理，謂有理則又無形，惟默識之可也。

理直要心得，難以言語形容之。

"五性"之用"知"最先。如開眼作事，便要見是非，豈不是知在先？

理、氣不可分先後，只如河津本作"於"。《太極圖》可見。

"太極動而生陽"，雖自動處説起，而其根却自静中來，如天之四時，貞下起元是也。然静又根於動，動又根於静，所謂"動静無端，陰陽無始"也。

理只在氣中，決不可分先後。如"太極動而生陽"，動前便是静，静便是氣，豈可説"理先而氣後"也？

◎此圖中一小圈，即"無極而太極"。"動而生陽"，是右邊陰爲之根；"静而生陰"，是左邊陽爲之根。方其動也，則太極附動而行；方其静也，則太極依静而立。陰、陽相根，理、氣混洛陽本作"渾"。合，元無間斷、先後。

一陽止於二陰之上，山之象。一陽，剛也，石也；二陰，柔也，土也。觀之山可見。

心一收而萬理咸至，至非自外來也，蓋常在是而心存，有以識其妙耳；心一放而萬理皆失，失非向外馳也，蓋雖在是而心亡，無以察其妙耳。

如手、足、耳、目、口、鼻之類，皆人也；其理，則道也。須是於河津本作"於是"。手足之類事事操持，其理斯存，所謂"人能弘道"也；"〔五九〕若手足之類不加操持，則理豈能自存哉？此"道不能弘人"。〔六〇〕

古語曰："敬，德之聚也。"〔六一〕此語最宜潛體。蓋道妙莫測，靡有攸定，惟敬則能凝聚得此理常在。如心敬，則凝聚得德在心上；貌敬，則凝聚得德在貌上；以至耳、目、口、鼻之類，無不皆然。或有不敬，則心君放逸而天德亡，百體懈弛而物則廢，雖曰有人之形，其實塊然血氣之軀，與物無以異矣。此"敬"之一字，乃聚德之本，而爲踐形盡性之要也與！

周子《太極圖》，朱子之《解》以心契心者也，熟河津本作"熱"，訛。讀精思二三十年，庶得其旨趣之妙，殆非淺近之功所可得而窺測也。河津本連下節。

余見説"太極"者多矣，苟非實得，真説夢耳！

朱子曰："聚散者，氣也，若理則只泊在氣上，初不是凝結自爲一物。但人分上合當然者，便是理，不可以聚散言也。"〔六二〕

理既無形，安得有盡？河津本連下節。

理如月，氣如水。或一海水，或一江水，或一溪水，或一沼水，或一鍾水，或一盂水，水雖不同，莫不各得一月之光；或一海水盡，或一江水盡，或一溪、一沼、一鍾、一盂水盡，水盡時，各水之月光雖不可見，而月之本體則常存，初不與水俱盡也。以是觀之，則"氣有聚散，而理無聚散"也又可見矣。

"《易》有太極"，言氣以原理；"太極動而生陽"，言理以及氣。

有形者可以"聚散"言,無形者不可以"聚散"言。

後人開口論性、天道,而其理益隱矣。河津本上連《續録》卷一"夫子之言性與天道"節。

近世儒者,割裂經、史、子、集百家之説,區別門類,綴集成書,務欲包括古今問目,以爲決科之利,使後學轉相剽竊,但資僥倖利達,而無以資身心之用,其弊也甚矣!

爲科目而著書者,皆非"爲己之學"也。河津本連下節。

聖賢專以"爲己之學"教人,〔六三〕而猶有爲人者,况以科舉爲人之學教人乎!

子貢謂:"夫子之言性與天道,不可得而聞也。"近見性與天道,誠有不可得而聞者。

一部《論語》,聖人所以教人者,率多孝、弟、忠、信、仁、義之道。至於性、天道,僅見於子貢之語,而夫子之語則終未之及也。後之學者,開口即論性、天道之微,竟不知實於此理爲何如?

俗儒不知教人之本,或爲講語之類,使學者誦習全文,爲説書應答之用。其壞人才也甚矣!

諸子百家皆有可取之言,但欲句句求實用,則有不通者矣。故曰:"致遠恐泥。"〔六四〕

聖賢之書,河津本作"言"。統體純粹而不雜;諸子之言,雜駁中亦有純粹者,取節焉可也。

江邊石壁無寸土而草木生之,尤可見剛陽之氣。

無物有大於理者,天地雖大,亦一物耳。河津本連下節。

誠知此理,有"登泰山而小天下"〔六五〕之河津本無"之"字氣象。

讀朱子語録雜書,斷不若讀其手筆之書。

後儒纂集雜説語録附諸經書條下,有語同而數處皆見者,幾於"曰若稽古"三萬言矣。〔六六〕

各經、四書註腳之註腳太繁多,竊謂不若專讀各經、四書正文、傳、注,熟之又熟,石門本、洛陽本"熟"下有"之"字。以待自得之可也。小註腳太繁多，不惟有與經、註矛盾處，亦以起學者望洋之嘆。

學者於正經、傳、註尚不能精熟，即泛觀小註中諸儒之説，愈生支節而莫知其本；若傳、註精熟之餘，有餘力而參看之可也。

外慕者，皆不知其味也。

知理之大，則知萬物之小，形而上者無窮也。

天地間無別事，只一理、陰陽、五行化生萬物而已。

《太極圖》右半，陰中之陽，即程子所謂"靜中有物"〔六七〕，乃十月純坤中之陽也。

"理一分殊"〔六八〕，開眼便見。

理雖微妙難知，實不外乎天地、陰陽、五行、萬物，與夫人倫日用之常，善觀理石門本、洛陽本無"理"字。者於此默識焉，則其體洞然矣。

"耳順"，非特聞人言語爲聲入心通，雖風雷、禽鳥，一切有聲之物接於耳者，無不悟其妙也。張子"喜聞驢鳴"〔六九〕之意，亦如此。

觸目皆物物識其理，所謂"眼底無全牛"〔七〇〕也。

要皆於有形處默識無形之理，所謂"費而隱"也。石門本、洛陽本連下節。

"物格知至"，則識太極矣。

孔子曰："庸言之信，庸行之謹。"〔七一〕以是知言、行之至小者，皆當謹、信而不可忽。今人日用言行將謂小事，都不謹信，此德業所以不廣崇也。

聖人大公無我，真天地之氣象。後人區區小智自私，晝夜圖爲，無非一身佚欲之計宜，其氣象之卑陋也。

實當修其在己，名無恤其在外。

己未善，人譽之不足喜；己有善，人毀之不足怒。

靜思：善皆己分之當爲，初與河津本作"於"。人一毫無與；若纔爲善，即有求名之心，乃人欲而非天理矣。

在外者皆不可必，在己者皆所當求。

太極反之於身，精而約者也。

太極理雖至妙，而其實不外乎身心、動静、五常、百行之間；後人論太極，即作高遠不可究詰之理求之，去道遠矣！只於身、心、口、鼻、耳、目、手、足、動静、應事接物至近至小處看太極尤河津本作“又”。分明，不必專論於千古之上，六合之外也。然近者、小者既盡，則遠者、大者可默識而一以貫之矣。

太極乃至精至約之理，全之者聖，修之者賢。

伏羲觀象以畫《卦》，周子原理以作《圖》，其義一也。

疾惡之心固不可無，然當寬心緩思，可去與否？審度時宜而處之，斯無悔；切不可聞惡遽怒，先自焚撓，縱使即能去惡，己亦病矣，况傷於急暴而有過中失宜之弊乎！經曰：“勿忿疾於頑。”〔七二〕孔子曰：“膚受之愬不行。”〔七三〕皆當深味。

事最不可輕忽，雖至微至易者，皆當以慎重處之。

觀聖人之去小人，皆從容自在，若無事者，所謂“可怒在彼，己何與焉”〔七四〕者也。

觀《太極圖》，得一“静”字，爲處事之本。

凡事皆當謹始慮終。

從事於“主敬”者，斯得太極之妙。

“亦足以發”，只是尊所聞，行所知耳。河津本連下節。

他人聞聖人之言便休，顔子於里人之言，句句無不識其理而踐其實，故曰“亦足以發”〔七五〕。

不爲耳目口鼻所役，覺得心常泰然。

螢隨時而出，蟲應節而鳴，“無非教也”。

萬物盡，天地老，超然獨存，再造天地萬物者，其太極乎！

如崖石上草木，豈有種？皆氣化而生也。

“山下有火，賁，君子以明庶政，勿敢折獄。”〔七六〕上山下火，火爲山揜，明不燭遠，故有此象。

天地之初，總是氣化，今則氣化、形化並行而不息。

天地之初，人物無種，純是氣化；自人物有種之後，則形化雖盛，而氣化亦未嘗息。自今觀之,人與禽獸、五穀之類,凡有種者皆形化,至若昆蟲、草木之類,無種而生者尚多。試以一片白地驗之,雖掘至泉壤,暴晒焚燒其土,俾草木之遺種根孽皆盡,然一得雨露滋澤,風日吹晅,則草木復生其處。此非氣化而何?又若腐草爲螢,朽木生河津本作"爲"。蠹,濕氣生蟲,人氣生虱之類,無非氣化也。或謂"形化盛而氣化消"〔七七〕者,竊河津本作"切"。以爲不然。

石壁上草木,最可見生物自虚中來,虚中則實氣是也。知此,直河津本作"則"。使人有手舞足蹈之喜。

一切有形之物,皆呈露出無形之理來,所謂"無非至教也"〔七八〕。

人讀書,果能於聖人之言,句句皆體之身心而力行之,即是顔子"亦足以發"之意。

讀書只當以正文、傳、註爲本,正文、傳、注已通析,尚有可疑者,乃可參考語録諸説。竊見傳、註之外,皆有諸儒小注,經文不過數語,而小註乃至數千百言,其實學者不但不能周覽,並經文、傳、註亦不能精矣。若有大聖賢作,必重加芟削矣。

人果能誠心求道,雖五經、四書正文中亦自有入處;若無誠心向此,雖經書一章反復洛陽本、河津本作"覆"。以數萬言釋之,人亦不能有得也。

二程因遺經而得不傳之遺緒,今之傳註可謂發揮詳且明矣,而學者莫肯盡心其間,何邪?

識高則量大,氣盛則聲宏。

聖賢教人,皆略啓其端,使學者深思而自得之。如夫子所謂"不憤不啓,不悱不發"〔七九〕;孟子所謂"引而不發,躍如也"〔八〇〕。程子曰:"《易傳》只説得七八分,待人自去體究。"〔八一〕朱子釋《顔樂章》曰:"今亦不敢妄爲之説。"〔八二〕如此之類甚多。聖賢之心,非不欲一言而使學者盡得其義,其實道體深妙,有非一言所能盡者,而言之者石門本、河津本無"者"字。輕,適足以使聽之者河津本作"者之"。易,彼必不能深思而自得也。故必略啓其端,使彼深思而自得之,則守之固而不忘矣。後之人有於聖賢引而不發者，極論其底藴，使學者一見之頃，即謂吾已盡領其妙，而不復致思，其實不能真得於洛陽本作“其”。心，而徒增口語之嘩洛陽本作“辭”。耳。以是知聖賢立教，爲慮甚遠，而有益於學者甚大。

《易》《書》《春秋》，誠有不可强通者，只當缺其疑。

文中子曰：“古之從仕者養人，今之從仕者養己。”〔八三〕切中後世禄仕之病。

《易》《書》《春秋》以數千年石門本作“言”。簡編之傳寫，豈無一言半句之磨錯？必欲字字釋其義難矣，不若守朱子讀書之法：通其可通者，缺其不可通者。

密汝言，和汝氣。

仲長子光曰：“在險而運奇，不若宅平而無爲。”〔八四〕

薛收問“仁”，文中子曰“五常之始也”；問“性”，“五常之本也”；問“道”，“五常之一也。”〔八五〕

自有天地，即有聖人之教。西方之學果是耶？伏羲、神農、黄帝、堯、舜、三代之世，又何爲不出耶？果非耶？何其既出而好之者衆耶？西方之學未出，而天下之治靡所缺；既盛，而前代之治有所忽。其殆有所乘而至邪？抑氣化消息、洛陽本作“息消”。邪正相勝而然邪？余皆不知其故也。

“三教”之説，其來久矣；使教有三，則天地之化亦有三矣。

觀奇偶，則知邪正有迭勝之理。扶陽抑陰，距邪閑正，非聖賢吾誰望邪？

孟子曰：“天之生物也，一本。”〔八六〕而世以“三教”並稱，則是天之生物亦有三本邪？

夷服、夷音、夷行，人皆知惡之，而有不惡者，何邪？

修己、治人，“始終條理”詳備者，〔八七〕無如《大學》。河津本連下節。

他書非無修己、治人之法，但散出而難得其要；得其要者，《大學》也。

人心皆有所安,有所不安。安者,義理也;不安者,人欲也。然私意勝而不能自克,則以不安者爲安矣。

《大學》,全體大用之書也。

《大學》,文簡而包括無窮。

《大學》“三綱領”、“八條目”,〔八八〕於千聖之書無不括盡。

論治而不本於《大學》,非所謂治也。

《大學》“八條目”功夫一節不可缺。

《大學》之道,其至矣乎! 不行於世也久矣。

有《大學》之功夫,則有王佐之事業。

《大學》乃諸書之括例。

不觀諸陰陽乎! 其化皆以漸而不驟。人之處事如是,則鮮失矣。

經傳究竟而不可言者,所謂“密”也。

理非利口辨舌者所能知,惟默而成之,不言而信,存乎德行者識之。

政出於“一”〔八九〕,則治有所統而民心信。

唐虞“百揆”之職,〔九〇〕“揆”之一字最有深意。政事可止可行,莫不揆度其宜,可則行,否則止。此所以“政出於一”而下無廢事也。

患知人之不明,不患大臣之竊柄。蓋知人,則所任者必君子,何竊柄之患? 不知人,則雖防忌大臣,不使預事,而左右竊柄者必有人矣。觀之後漢可見。

捨《大學》之道,而欲復三代之治,未之有也。河津本連下節。

漢、唐、宋之治所以苟簡而不能復三代之隆者,皆不能盡《大學》之道耳。

唐太宗欲興禮樂,可謂不度德洛陽本“德”下有“音”字,羨。者也。

或謂:誠得大儒佐漢祖,以禮樂爲治,其效當不止如叔孫通制禮之小。竊謂漢祖以馬上得天下,不事《詩》《書》,治家則以私昵,爲治則以雜霸,於人倫之序與和者蔑如也。使有大儒生其時,果能變其已成之氣習,致君德如三代之隆邪? 不然,則亦無如禮樂何也?

太極者，萬理之總名。

"三綱"、"五常"，禮樂之本，萬事之原。

聖人論治，有本有末。正心、修身，其本也；建制、河津本作"置"，非。立法，其末也。

理極難説，太抵神妙不測，不問遠近、幽深、大小、精粗，無乎不在。洛陽本連下節。

可見者是氣，氣之所以然便是理；理雖不離氣而獨立，亦不雜氣而無別。

看來理一齊皆具，而無一物能外之者。

氣則萬變不齊，理則一定不易。

天地生人、物，不是旋安排箇理來與他，蓋合下便已都定了，無添無減，無多無少，萬古只如是。有此理便有此物，有此物便有此理，元不相離。

以勢利交者，安得不終離？

《易》之卦、爻、象、數，皆是天生的。

爲君所委任者，當以誠報，不可一事欺之。

《易》從至微以到至著。

惟以文辭名位自高，而貪鄙之行有不異常人者，斯亦不足貴也已。

"畫前之《易》"，冲漠無朕之中，而萬象昭然已具也。

挺特石門本、河津本作"持"。自守者必君子，攀援附和者必小人。

《太極圖》義理精而約，該而備。

太極中無一物，人能中虚無物，則太極之妙可默識矣。

"百姓日用而不知"，皆爲氣所隔，昏蔽之極，殆與物無異。

理明而觀衆論之得失了然。

無毫髪欠缺，無瞬息間斷。河津本連下節。

此理真不得而名，故夫子取"無聲無臭"以形容之。若以物喻之，即滯於形器矣。

不可以方所求。

心存，則因器以識道。

看來學者不止應事處有差，即河津本、洛陽本作“只”。小小言動之間差者多矣。

釋氏極論道妙，而以金玉珍寶奇怪之物侈言之，何邪？

聖人之心如天，物有違忤者終無私怒也；釋氏極言其神妙無方，慈悲忍辱，至於一有詆謗其書，不尊其教者，即報石門本、河津本“報”下有“之”字。以種種之罪，又何其石門本、河津本無“其”字。量之小而心之忮邪！

《太極圖》一以貫之。

“天體物而不遺，仁體事而無不在”〔九一〕，“吾道一以貫之”。

聖人之言，坦易明白，讀之千古可見其心；老、莊之言，回邪艱阻，使讀者不可摸擬，此其所以爲異端也。

聖人之心，天地之理，只是“直”。

聖人聞人毀己、譽己，元不少動，如浮雲一過而太虚湛然。

教人之法，至程、朱而復明。

教人不以《小學》《大學》，爲學不由《小學》《大學》，皆非教非學也。

余少年學詩、學字，錯用功夫多，早移向此，庶幾萬一。

治病不求其本，除弊不自其源，難也已！

子産鑄刑書，叔向譏之，此有深意。

觀孔門諸弟子之言，從容和毅，皆彷彿夫子之氣象，乃聖教涵煦而然也。

不以禮制心，其欲無涯。

心無所止，洛陽本作“主”。則一日之間，四方上下安往而不至哉！

衣食之類，本爲養生之具，不可缺者，故聖人爲治，必開衣食之源，以厚民生。但石門本、洛陽本作“故”。衣食飽暖足矣，若過求華麗之衣，欲以是誇人，而有道者無足觀也；必欲石門本作“有”，非。極口腹之欲，養小以失大，君子不爲也。是則衣食取足者，天理之公；過爲華侈者，人欲之私。君子謹之！

釋、老之高，只是無欲，無欲而滅絶倫理，故曰“高而無實”。

後人只爲多欲，故爲異端所小；若能如聖人之無欲而常伸於萬物之上，彼爲洛陽本作“焉”。得而小之！

君子法乾之健，只無私便不息，有私則息矣。

【校記】

〔一〕引自《三國誌·吳志·吕蒙傳》裴松之注。

〔二〕見《朱文公續集》卷八《與長子受之》，原文“無”上有“夙興夜寐”四字。

〔三〕見《論語·先進》。

〔四〕引自《尚書·虞書·大禹謨》。

〔五〕見《易傳·謙·彖辭》：“天道虧盈而益謙。”

〔六〕見《易傳·説卦》：“離爲火，爲日，爲電。”又：“離也者，明也。”

〔七〕見《易傳·噬嗑·象辭》：“雷電，噬嗑，先王以明罰敕法。”又見《豐·象辭》：“雷電皆至，豐，君子以折獄致刑。”

〔八〕見《易傳·賁·象辭》：“山下有火，賁，君子以明庶政，無敢折獄。”又見《旅·象辭》：“山上有火，旅，君子以明慎用刑而不留獄。”

〔九〕引自《尚書·商書·湯誓》。

〔一〇〕見《孟子·公孫丑上》：“順天而爲政者，天吏也。”

〔一一〕引自《尚書·商書·仲虺之誥》。

〔一二〕引自《孟子·滕文公上》。原文爲：“天之生物也，使之一本。”

〔一三〕引自《易傳·繫辭上》。原文兩處“之謂”均作“謂之”。

〔一四〕見朱熹《中庸章句·第十六章》引程子語。原文“神”下無“者”字。

〔一五〕引自邵雍《擊壤集·觀物吟》。原文“造化”作“體用”。

〔一六〕見《孟子·盡心下》：“曾晳……孔子之所謂狂矣。”又見《河南程氏文集》卷九《答周孚先問》：“聖者謂有聖人資質，一不念則流入於狂……曾晳之徒是也。”

〔一七〕原文爲：“大學之道，在明明德，在親民，在止於至善。”

〔一八〕引自《孟子·滕文公下》。

〔一九〕見《論語·憲問》：“子曰：‘管仲相桓公，霸諸侯，一匡天下，民到於今受其賜。”

〔二〇〕見《老子·一章》。

〔二一〕引自《中庸》第三十二章。

〔二二〕〔二三〕引自《論語·憲問》。

〔二四〕見《論語·爲政》："吾與回言終日，不違如愚。"

〔二五〕見《論語·里仁》："子曰：'參乎！吾道一以貫之。'曾子曰：'唯'。"

〔二六〕引自《論語·公冶長》。原文爲："夫子之言性與天道，不可得而聞也。"

〔二七〕〔二八〕引自《論語·子張》。原文爲："夫子之不可及也，猶天之不可階而升也。夫子之得邦家者，所謂立之斯立，道之斯行，綏之斯來，動之斯和。其生也榮，其死也哀，如之何其可及也。"

〔二九〕引自《孟子·告子上》。

〔三〇〕引自《尚書·商書·湯誥》。

〔三一〕〔三二〕〔三四〕引自《尚書·商書·説命下》。

〔三三〕引自《易傳·大畜·象辭》。

〔三五〕引自《南軒全集》卷十四《孟子講義序》。原文爲："無所爲而然者，命之所以不已，性之所以不偏，而教之所以無窮也；凡有所爲而然者，皆人欲之私，而非天理之所存。"

〔三六〕見《論語·衛靈公》。

〔三七〕見《尚書·周書·洪範》："二，五事：一曰貌，二曰言，三曰視，四曰聽，五曰思。貌曰恭，言曰從，視曰明，聽曰聰，思曰睿。恭作肅，從作乂，明作晢，聰作謀，睿作聖。"

〔三八〕引自《論語·衛靈公》。

〔三九〕引自《尚書·商書·仲虺之誥》。

〔四〇〕引自《尚書·商書·湯誥》。原文"衷"下有"於"字。

〔四一〕引自《尚書·周書·泰誓》。

〔四二〕引自《老子·一章》。

〔四三〕引自《周易程氏傳·易傳序》。原文"予"下無"之"字。

〔四四〕見《莊子·天道》。

〔四五〕見《莊子·天道》："然則君之所讀者，古人之糟粕已夫！"

〔四六〕引自朱熹《太極圖説解》。原文"引"字作"推"字，"推"字作"引"。

〔四七〕〔四八〕引自《尚書·虞書·大禹謨》。

〔四九〕引自《孟子·離婁下》。

〔五〇〕〔五一〕見《論語·學而》。

〔五二〕見《論語·顔淵》。原文"子"作"淵"。

〔五三〕引自《論語·顔淵》。原文爲："非禮勿視，非禮勿聽，非禮勿言，非禮勿動。"

〔五四〕引自《易傳·繫辭下》。

〔五五〕引自《河南程氏遺書》卷十一。原文爲:“天地萬物之理,無獨必有對。”

〔五六〕引自《易傳·繫辭下》。

〔五七〕見《易傳·大有》:“彖曰:‘大有……其德剛健而文明……《象》曰:‘……大有,君子以遏惡揚善……’”

〔五八〕引自《易經·夬·卦辭》。

〔五九〕〔六〇〕引自《論語·衛靈公》。原文爲:“人能弘道,非道能弘人。”

〔六一〕引自《左傳》僖公三十三年。

〔六二〕引自《朱子語類》卷三。原文“合當然者”上有“所”字。

〔六三〕見《論語·憲問》:“子曰:‘古之學者爲己,今之學者爲人。’”

〔六四〕引自《論語·子張》。

〔六五〕引自《孟子·盡心上》。

〔六六〕見《河南程氏遺書》卷十八:“漢之經術安用?只是以章句訓詁爲事。且如解《堯典》二字,至三萬餘言,是不知要也。”

〔六七〕引自《河南程氏遺書》。原文“中”下有“須”字。

〔六八〕見《河南程氏文集》卷九《答楊時論西銘書》:“《西銘》明理一而分殊。”

〔六九〕見張載《語録·後録下》:“問:‘横渠觀驢鳴如何?’……云:‘也只是天理流行,不能自已。’”

〔七〇〕見《南軒文集》卷一《詩送元晦尊兄》:“超然會太極,眼底無全牛。”

〔七一〕引自《易傳·乾·文言》。

〔七二〕引自《尚書·周書·君陳》。原文“勿”作“無”。

〔七三〕引自《論語·顏淵》。

〔七四〕見朱熹《論語集註》卷三《雍也第六》引程子語。

〔七五〕引自《論語·爲政》。

〔七六〕引自《易傳·賁·象辭》。原文“勿”作“無”。

〔七七〕引自《河南程氏遺書》卷五。原文爲:“萬物之始,皆氣化;既形,然后以形相禪,有形化;形化長,則氣化漸消。”

〔七八〕引自《禮記·孔子閑居》。原文無“至”字。

〔七九〕引自《論語·述而》。

〔八〇〕引自《孟子·盡心上》。

〔八一〕引自《河南程氏外書》卷十一。原文爲:“伊川以《易傳》示門人,曰:‘只説得七分,後人更須自體究。’”

〔八二〕引自朱熹《論語集註》卷三《雍也第六》。

〔八三〕引自《文中子·事君篇》。

〔八四〕見《文中子·禮樂篇》引仲長子光語。

〔八五〕引自《文中子·述史篇》。

〔八六〕引自《孟子·滕文公上》。原文“一”上有“使之”二字。

〔八七〕見《孟子·萬章下》:“始條理者,智之事也;終條理者,聖之事也。”

〔八八〕見朱熹《大學章句·經一章》。經文:“大學之道,在明明德……在止於至善。”朱熹註曰:“此三者,大學之綱領也。”經文:“古之欲明明德於天下者,先治其國……致知在格物。”朱熹註曰:“此八者,大學之條目也。”

〔八九〕見《禮記·樂記》:“政以一其行。”

〔九〇〕見《尚書·虞書·舜典》:“曰:‘若稽古帝舜。’曰:‘……納於百揆,百揆時叙。’”

〔九一〕引自張載《正蒙·天道篇》。原文“物”下無“而”字,“仁”上有“猶”字,“事”下無“而”字。

讀書録卷五

《易·大象》

重坤相因，其勢極厚，君子法之，"以厚德載物"〔一〕。

"水洊至"，"君子以常德行，習教事。"〔二〕水相續不已，有恒久之意，故君子以常德行；相沓而來，有重複之意，故君子以習教事。

"天下有山，遯，君子以遠小人，不惡而嚴。"〔三〕天高，去而不留，山卑，下而常止，有懸絶不相及之勢。君子猶天也，小人猶地也，君子以莊敬自持，則小人自不能近，故取此象。

"山上有火，旅，君子以明慎用刑而不留獄。"〔四〕火照有明意，山静有慎意，火去又有不留之意。

"澤上於地，萃，君子以除戎器，戒不虞。"〔五〕萃，聚也。人聚既衆，易致變故，故洛陽本一"故"字。除戎器以備不虞。

地暗火明，明出于暗，爲"晉"。君子觀其象，以去暗即明，故曰"以自昭明德"〔六〕。

"雷出地中"〔七〕，其聲大而氣和暢。故樂之聲音，和暢象之。

機不可忘發。康節詩曰："施爲欲似千鈞弩。"〔八〕此意近老子之術。

"至日閉關，商旅不行，后不省方。"〔九〕安静以養微陽，聖人贊化育之一端。

雲雷參錯震迅，乃天地屯難之時，君子觀其象，宜經綸以濟時

難。〔一〇〕

震動坎險，時之未通，君子宜洛陽本“宜”下有“其字。不遑安處，以濟其屯。〔一一〕

火雷噬嗑，火明雷震。“先王明罰”，洛陽本作“法”，訛。取火之意；“敕法”，取雷之石門本無“之”字。意。〔一二〕

“以茂對時，育萬洛陽本無“萬”字。物”，皆實理也，故取法于“無妄”。〔一三〕

外晦則氣象含蓄，内明則文理密察，“蒞衆”之道也。〔一四〕

“既濟”，乃已盛而有將衰之兆，故當“思患而豫防之。”〔一五〕

剛明並用，“折獄致刑”之道也。〔一六〕

明相因而不息，大人緝熙光明，以照臨天下也。〔一七〕

澤没火則火滅，火燥澤則澤涸，“相革”之義也。〔一八〕

四時寒暑迭相更革，故“治歷明時”，取“革”之義。〔一九〕

“類族辨物”，各别其所同也。〔二〇〕

臨下之道，無過于“教思無窮，保民無疆”。〔二一〕

“山下有澤”，澤匯山間，乃“損”之義。人所當損者，莫過于忿怒嗜欲也。〔二二〕

“麗澤”，有互相浸灌之義；“講習”，有互相滋潤之益。〔二三〕

“上天下澤”，其分甚明，“辨上下，定民志”法之。〔二四〕

鼎器所處安重，故能受所載之實；君子居位，法鼎器之安重，故能凝聚上天之命。静則聚，動則散，故“正位”足以“凝命”。〔二五〕

“木上有水井”，其出無窮，“君子勞民勸相”亦無倦。〔二六〕

天之不息以剛，君子法天之不息亦以剛。〔二七〕

地厚無水不容，故爲“師”，君子法之，亦當無物不容也。〔二八〕石門本連下節，非。

“天下有風”，鼓物無不周徧，“誥命施四方”法之。〔二九〕

“隨風，巽”。風有漸次柔入之義，君子法其象，亦當丁寧其命於再三以行事，則入人深而人易從矣。〔三〇〕

雷相沓而至，聲可畏無甚于此，故“君子以恐懼修省”。〔三一〕

“艮”内外皆止，故“君子所思不出其位”。〔三二〕

木自地出，爲“升”。君子法“升”之象，順積其德，自小以至大。〔三三〕

澤性潤下，山體中虚，内能受外也。君子亦當虚中無我，以受天下之善。〔三四〕

天，氣也；山，形也。以形畜氣，所畜至大。君子法之，“多識前言往行，以畜其德”〔三五〕。

“山上有木”，爲漸長之義；“君子居賢德善俗”，亦當以漸而不可驟。〔三六〕

風行地上，無不周徧，“先王省方觀民設教”，亦無不周徧。〔三七〕

物之相比，莫過水與地，故“先王建萬國，親諸侯”取其義。〔三八〕

他物相比猶有間，惟水與地無間。河津本連上節。

君子之顯晦屈伸，隨時而已，故“否”之時則“儉德辟難，人不得以禄榮之。”〔三九〕

“過暴”，“過哀”，“過儉”，皆洛陽本無“皆”字。“過”之小者也。〔四〇〕

上安由下厚，故“剥，上厚下以安宅”。〔四一〕

“山下出泉”，雖蒙昧而有可行之理；“山上有水”，則窒礙而有難行之勢。故君子觀“蒙”之象，則當“果行育德”；觀“蹇”之象，則當“反身修德”。〔四二〕

“果行”，水之義；“育德”，山之義。河津本連上節。

天上水下，天左水右，二者相違而爲“訟”。君子觀其象，“作事謀始”，則訟端絶。〔四三〕

只六十四卦之名，盡有義理，“以言者尚其辭”〔四四〕，此亦可見。

“君子義獄緩死”，出于中心之實，故取“中孚”之義。〔四五〕

遷善如風之速，改過如雷之迅，“益”之大者。〔四六〕

雷入澤中，聲向闃寂，“嚮晦入宴息”取其義。〔四七〕

“山下有火，賁，君子以明庶政，無敢折獄。”〔四八〕“明庶政”，取火之義；“無敢折獄”，取止之石門本無“之”字。義。山下有火，明不能燭遠，故其象如此。

"制度數，議德行"，"節"之義。〔四九〕

"中孚"，"全體則中虚，二體則中實。"〔五〇〕中虚如心之無物，中實如心之有理。

火上水下，各行其性而不相資，故君子觀其象，"以慎辨物居方"。"辨物"，謂水火二物，"居方"，謂火上水下。凡物皆然。〔五一〕

"風行水上"，涣散之義。"享帝立廟"，所以合其涣。〔五二〕

山本高，地本下，高而能下，"謙"之義。〔五三〕

"遏惡揚善"，非内剛外明者不能，故"大有"象之。〔五四〕

"山下有風，蠱，君子以振民育德"〔五五〕。振作其民，取"風"義；河津本、石門本作"意"。養育其德，取"山"義。

"澤上於天，石門本、河津本作"地"，非。夬，君子以施禄及下，居德則忌。"〔五六〕"施禄"，取"澤下"之義，"居德則忌"，取"乾健"之義。

"慎言語"，養德之大；"節飲食"，養生之大。〔五七〕

"雷雨作，解，赦過宥罪。"〔五八〕取"解散"之義。

"上火下澤，睽，君子以同而異。"〔五九〕同者，秉彝之自然；異者，制行之當然。

君子需時，"飲食宴樂"以需之。〔六〇〕石門本"之"下有"也"字。

隨日入之晦而宴息，"隨"之大者。〔六一〕

陽根陰，陰根陽，而太極之理無不在焉。程子所謂"易，變易也，變易以從道也。"〔六二〕道者何？太極之謂也。

天地之化，一過而不留；聖人之心，一應而無迹。

《金剛經》只欲説形而上之道，以形而下者爲幻迹，此所以偏于空虚也。聖人則道、器合言，所以皆實。

立法當審度時宜。後世論者多欲復肉刑，此不度時宜者也。唐、虞、三代風氣淳，教養備，犯者至少，故肉刑可施。後世風氣日瀉，他事皆與古異，獨欲復此法，殆有"屨賤踴貴"之譏矣！〔六三〕

先儒謂："肉刑於今死刑中取之，亦足以寬民之死。"〔六四〕

《太極圖》右邊黑中之白，白盡即爲陽，非自右而左也；左邊白中之黑，黑盡即爲陰，非自左而右也。但“假象洛陽本作“借”。以顯義”〔六五〕，姑以黑白分左右耳。

静中之動亦自此起，動中之静亦自此起，非有二也。石門本連下節，非。

聖人之心，廓然大公，與化無累。異端必求一超出陰陽之外不生不滅之説，有是理乎？

聖人大公至正之道，開眼即見，萬世無弊。

雨亦有就隨處雲氣蒸騰而成者，亦有自他方雲氣風雷挾持而至者，雖有遠近不同，及雲氣布濩周匝則無間矣。

想韓文公敬太顛，只是被他説着己病，故爲其所動。韓公不能忘情富貴，而太顛以物外清虚曠蕩之説格之，此公之洛陽本無“之”字。所以爲其動也。洛陽本“所動”節。

爲河津本無“爲”字。學以四書爲本。

四書、五經，周、程、張、朱之書，道統正傳；捨此而他學，非學也。

漢、唐以來，正教與異學並行，而學者莫知所宗。自宋諸君子表章四書、五經而發揮之，如日月經天，而爝火自息。有志之士，宜洛陽本無“宜”字。熟讀精思而力行之，石門本無“之”字。庶不負先正之教云。

四書滿天下，真知實踐者蓋有之矣，吾不得而識其人也。

《書》求“精一”之旨，《詩》求“思無邪”之旨，《禮》求“敬”，《樂》求“和”，《春秋》求“是非”，《易》求“象占”，義理皆體于身心，則有實用矣。

惟無欲最高，有欲則低矣。洛陽本上連卷後“尋思千能百巧”節。

伊、傅、周、召佐王行道，其功大矣，而彼不自爲洛陽本無“爲”字。大也；如有自大之心，則非伊、傅、周、召矣。

“舜、禹有天下而不與”〔六六〕。分定故也。

“天”、“地”、“日”、“月”、“風”、“雷”、“雲”、“雨”、“金”、“木”、“水”、“火”、“山”、“澤”，八卦之象；“健”、“順”、“麗”、“明”、“險”、

"陷"、"止"、"動"、"説"、"入",八卦之德。

揚子《法言》意實淺,而飾以短澀奇古之詞,何邪?

聖人雖澤及四海,功被萬世,而無一毫自滿之意。釋氏動輒言其"功德無量",何邪?

聲、香、色、味、觸,佛書所謂"五欲",世人之所貪,洛陽本"貪"下有"著"字,恐"者"字之訛。彼欲滅絶者也。及其論聲、香、色、味之盛,又極人世之所無者而誇耀之,何邪?

學有所得,必自讀書人。讀書千熟萬熟時,一言一句之理自然與心融會爲一,斯有所得矣。

象山謂人讀書爲"義外工夫",必欲人静坐,先得此心。若如其説,未有不流於禪者。

"太極"是《易》之精,六十四卦、三百八十四爻中無限事是《易》之藴。石門本連下節。

下民雖所稟之性皆同,而其實拘于氣質,愚昧無知者多。《傳》曰:"堯、舜帥天下以仁,而民從之;桀、紂帥天下以暴,而民從之。"〔六七〕使皆有知,則帥之以暴而不從矣。如異端怪誕之説,分明理所無者,而民皆靡然信從之,可見其無知也。

好異端者,天資高則淪于空虚,氣稟下則惑於罪福。

要見道只在存心,存心則觸處與道相值;心不存,則雖至近者,亦莫識其爲近矣。〔六八〕

程子釋《中庸》"鳶飛魚躍"曰:"與'必有事焉而勿正心'之意同,活潑潑地。"〔六九〕存心之謂也。

萬事猶可力爲,只此理非力所及。

理如物,心如鏡。鏡明則物無遁形,心明則理無蔽迹。昏則反是。洛陽本連下節。

惟心明,則映得理河津本作"理得"。見。

道雖未嘗遠人,心有斯須不存,則人自遠道矣。〔七〇〕

釋子以"罪"、"福"誘人,豈是公道?

釋子不問賢否、石門本作"愚"。善惡，只順己者便是。

一片實理，徹上徹下，萬古完具，而有生之類自不能外。

理如日光，氣如飛鳥；理乘氣機而動，如日光載鳥背而飛。鳥飛而日光雖不離其背，實未嘗與之俱往，而有間斷之處，亦猶氣動而理雖未嘗與之暫離，實未嘗與之俱盡，而有滅息之時。"氣有聚散，理無聚散"，于此可見。

一理古今完具，而萬物各得其一。

理如日月之光，小大之物各得其光之一分，物在則光在物，物盡則光在光。

消息者氣，而所以消息者理。

聖人所以不矜者，只爲道理是天下古今人物公共之理，非己有之私，故不矜。

《論語》一書，聖人多就事言，而理在其石門本、洛陽本無"其"字。中。其答問仁處，亦只以求仁之方、爲仁之資告諸石門本作"語"，訛。子，〔七一〕至於仁之理，則未嘗及也。此所謂"無迹"也歟！〔七二〕

聖人多教人以"下學人事"。

論理而不及事末流爲虛無之弊。河津本運下節。

古者《詩》《書》《禮》《樂》多就事上教人，而窮理亦就物上窮究，故所學精粗本末兼該而無弊。後世或論理太高，學者踐履未盡粗近，而議論已極精深，故未免有弊也。洛陽本無"也"字。

《君子偕老》〔七三〕，其辭含蓄微婉，略無激發不平之氣，可見詩人之忠厚。而學者翫此，亦可以進德矣。

詩人氣不暴戾而詞語和平，雖其一已有涵洛陽本作"含"，下同。養之功，是亦先王德澤入人之深也。後世之詩有佻薄淺露者，雖其人無涵養之功，亦可以觀世變矣。

讀書固不可不思索，然思索太苦而無節，則心反爲之動而神氣不清，如井泉然，淆之頻數則必濁。凡讀書思索之久，覺有倦意，當斂襟正坐，澄定此心少時，再從事於思索，則心清而義理自見。

思索太勞而不節，暴其氣也。

顔子於聖人之言無所不説，正與"不違如愚"互相發。〔七四〕

事來不問大小，洛陽本作"小大"。即當揆之以義。

萬物本諸天，萬理石門本、河津本作"事"。本諸心。

氣昏物誘者，河津本無"者"字。性之害；識明理勝者，學之功。

三代之治，本諸道；漢、唐之治，詳於法。

教不以道則非教，學不以道則非學。

古之學也一，後之學也支。

公於己者能公於人，私諸人者由私諸己。

周、程、張、朱有大功于天下，萬世不可勝言。于千餘年俗學異端淆亂駁雜中，剔撥出四書來表章發明，遂使聖學晦而復明，大道絶而復續，粲然各爲全書，流布四海，而俗學異端之説自不得以干正，其功大矣！

心不錯，即諸事不錯矣。

《法言》澀而晦，《中説》暢而淺。

思天理，則心廣而明；思人欲，則心狹而暗。

《中説》勝《法言》。

聖賢之書，其中必有體要。如"明德"爲《大學》之體要，"誠"爲《中庸》之體要，"仁"爲《論語》之體要，"性善"爲《孟子》之體要，以至《五經》各有體要。體要者何？一理而足以該萬殊也。荀、揚諸子之書，詞亦奇矣，論亦博矣，其中果有體要如聖賢之書乎？不然，則偏駁支離而已矣。

文中子論治道固多條暢，只是碎細。若聖人論治道，則自源徂流，本末兼舉，不若是之碎細也。

語人以所及者，當；語人以所不及者，妄。

默觀《太極圖》，與己一一契合。

五經、四書之外，義理之精妙者無過《太極圖》，切要者無過《西銘》。石門本連下節。

太史公謂“儒家者流，博而寡要。”〔七五〕非寡要也，雖有要而人自不知也。要者何？“一”之外無餘言也。

觀衆水之流，當知其一源；觀萬物之生，當知其一本；觀群聖之言，當知其一理。

宋以前，知孟子者韓子一人而已。

實過其名者，河津本無“者”字。魯齋其人也。

“須彌納芥子”以形言，“芥子納須彌”以理言。〔七六〕

程子挈“敬”之一字，石門本、河津本作“辭”。示萬世爲學之要。

程子之“主敬”〔七七〕，周子之“無欲”〔七八〕，皆爲學之至要。

讀書貴知要。只顔子“四勿”〔七九〕，心不絶想，口不絶念，守之勿失，循之勿違，豈有差錯？泛觀天下之書而不知用力處，雖多亦奚以爲？

理無影，就事可默識。

尋思千能百巧都不濟事，只無欲是高處。洛陽本下連卷内“惟無欲最高”節。

不善之端，豈待應物而後見邪？如静中一念之刻即非仁，一念之貪即非義，一念之慢即非禮，一念之詐即非智。此“君子貴乎慎獨”〔八〇〕也。

程子曰：“人之于性，猶器之受光于日，日本不動。”〔八一〕得此一證，則此理萬古常存而可知矣。

理爲主，氣爲客，客有往來，皆主之所爲，而主則不與洛陽本“與”下有“之”字。俱往。

元、亨、石門本作“享”，非。利、貞，天之命也；仁、義、禮、智，人之性也；四者惟人與天合而得其全。就人中細分之，又有氣質清濁、通塞之不齊。有全之全者，有全之半者，有全之少者，有皆不能全者，其品蓋不可石門本、河津本作“能”。勝計也。至於物，則拘于氣質愈不能全矣。如木得仁之性，火得禮之性，金得義之性，水得智之性，皆不能相通也；蜂蟻得義之性，雎鳩得智之性，虎狼得仁之性，豺獺得禮之性，亦不能盡推也。是則同者生理之一源，異者氣質之萬殊。

仁之性，物得者尤多。如牛護石門本、河津本作"呼"。犢而鳴，鳥護子而翔，鷄護雛而啄，犬護子而噬，皆慈愛之發於自然也。但爲形氣所拘，於此一端略能發見，他則不能類推矣。

天將陰，而穴居者先知，如蟻出而鸛鳴於垤是也。以此見物物各有一性。

至微之物，尤可見其性識之靈。常看蟻出穴者，雖行百步之遠，一往一返行列不亂，而又不迷失故穴，非其性識之靈能若是邪？

飛潛動之物，皆有知有性；植物，則無知而有性。

性之本體，未感物時渾是善，到感物而動之初，則有善有不善，周子所謂"幾"也。〔八二〕

衆蟻得一物，合力舉之以歸其穴，謂之無知不可。

仁義禮智之謂"性"，率性而行之謂"道"，行道而有得於心之謂"德"，全是德而真實無妄之謂"誠"。

無欲如至清之水，秋毫畢石門本、河津本作"必"。見；有欲如至濁之水，雖山岳之大亦莫能鑒矣。

人欲盡而天理見，如水至清而寶珠露；人欲深而天理昏，如水至濁而寶珠暗。此先儒之成説。〔八三〕但先儒以氣稟言，某以人欲言。

犬至賤而有義，主家雖貧甚而不去，亦可見性無不在也。鳥"逮天未陰雨而綢繆牖户"〔八四〕，亦其智之一端。

鳥性巧，如燕作巢之類可見。

瓜瓠之類，以竹木引之皆纏附而上，又似有心者，蓋主宰乎是者乃其心也。

鴻雁之避寒暑，鶢鶋河津本作"鳰"，非。之避風，皆其智之一端。

鳥獸皆知寒暖、饑渴、牝牡、利害之情，而不知禮義之當然，乃其洛陽本無"其"字。氣體昏塞之甚而不能通也。晦庵朱子所謂"知覺運動之蠢然者，人與物同；仁義禮智之粹然者，人與物異"〔八五〕。正謂此耳。

今人開口論治道，殊不知治道之大，不出乎《大學》一書。

孔子教人説下學處極多，説上達處極少。至宋諸老先生多將本源發以示人，亦時不得不然耳！

細看植物亦似有心，但主宰乎是，使之展葉開花結實者，即其心也。

聖人教人以正容謹節，即是持敬之道。如告仲弓"出門如見大賓，使民如承大祭"之類可見。〔八六〕

程子曰："善固性也，惡亦不可不謂之性也。"〔八七〕可見理雖不雜乎氣，亦不離乎氣。

仁義禮智即是"性"，非四者之外别有一理爲性也；"道"只是循此性而行，非性之外别有一理爲道也；"德"即是行此道而有得於心，非性之外别有一理爲德也；"誠"即是性之真實無妄，非性之外别有一理爲誠也；"命"即是性之所從出，非性之外别有一理爲命也；"忠"即盡是性於心，非性之外别有一理爲忠也；"恕"即推是性於人，非性之外别有一理爲恕也。然則"性"者，萬理之統宗歟！"理"之名雖有萬殊，其實不過一性。

省察之功不可一時而或怠，《詩》曰："夙夜匪懈。"〔八八〕其斯之謂與！

一而無二。

内外合一，性與理無二致。

太極中無一物，外物於吾何有？

老子"多藏必厚亡"之言極善。〔八九〕

老子曰："身與貨孰多？"〔九〇〕身一而已矣，世有迷貨喪軀者，何其愚之甚邪！

天誠可畏。近而吾心、吾身、密室、顯地，無非天也，敢不畏乎！人爲不善者，將以欺天，而天不可欺；將以欺人，而人不可欺；曷若不爲之愈也！

性一也。本然之性純以理言，氣質之性兼理氣言，其實則一也。故曰："二之，則不是。"〔九一〕

程子曰：洛陽本無“曰”字。“形易則性易，性非易也，氣使之石門本、洛陽本無“使之”二字。然也。”〔九二〕

萬變不齊者，皆氣之所爲，而理則自若也。

輕與必濫取，易信必易疑。

此理爲氣所挾洛陽本作“夾”。持，或善或惡，至於萬變之不齊，而其體則一也。

性譬如一源水，引去清渠中則水亦清，亦猶氣清而性亦明也；引去濁渠中則水亦濁，亦猶氣昏而性亦昏也。是則水有清、濁者，渠使之然，而水則本清；性有昏、明者，氣使之然，而性則本明。此先儒之説，〔九三〕余特述以明己意耳。凡待人當盡其忠而不可以欺，人我一致，欺人實所以自欺也。

理本齊，而氣不齊。

氣強理弱，故昏明、善惡皆隨氣之所爲，而理有不得制焉。至或理有時而發見，隨復爲氣所掩，終不能長洛陽本作“常”。久開通。所謂爲學者，正欲變此不美之氣質，使理常發見流行耳，然非加百倍河津本作“陪”，訛。之功，亦莫能致也。

慮事周密，處心泰然。

“敬”字、“一”字、“無欲”字，乃學者至要至要。河津本連下節。

余近日甚覺“敬”與“無欲”之力。

此理經宋儒大加發揮之後，粲洛陽本作“燦”。爛明白，真所謂“江漢以濯之，秋陽以暴之，皜皜乎不可尚已！”〔九四〕

惡亦是性，只是性翻轉了便爲惡，非性之外别有一物爲惡也。如《陰符經》“五賊”之説可見。〔九五〕

畧有與人計較短長洛陽本作“長短”。意，石門本無“意”字。即是粗河津本作“渣”。滓消融未盡。

“人能弘道，非道弘人”，見氣強而理弱。

氣自是新者，非既散之氣復爲方生之氣也。程子論呼吸亦如此。〔九六〕

既曰石門本無“既曰”二字。“上天之載,無聲無臭”,復何言哉!

“不行而至,不疾而速。”〔九七〕蓋當河津本作“全”。體皆具,亦無至亦無速。

理只爲氣所蔽隔,石門本作“隔蔽”。故不明。去其蔽隔,洛陽本無“隔”字。則天理明矣。

至大之惡,由於一念之不善。

君子惟義是河津本作“自”。守,命有所不恤也。

君子性其氣,小人氣其性。

掃却浮雲而太虚自清,徹去蔽障洛陽本作“障蔽”。而天理自著。

世人信占卜小術,以爲己有富貴之命,一切不修人事,恣縱妄爲,偃然僥倖所獲,蓋有不遂所欲,而反罹咎者多矣。命其果可恃乎!惟君子則不然,凡百恐懼修省,〔九八〕惟義是守,而貧賤富貴一聽于自然,命蓋有所不計也。

星命家最誤人。君子得吉卜固若常事,而不廢其洛陽本無“其”字。修省之功。小人得吉卜則曰:吾命素定矣!雖爲不義之事,可無傷也恃此而取敗者多矣。

命雖在天,而制命實在己。有人於此以星命家言之,謂其有永年之壽矣。然入水即溺,入火即焦,所謂永年者不可恃也。不入水火,即不焦溺,豈非命雖在天,而制命在己乎?

又如人素羸瘠,乃能兢兢石門本作“競”,非。業業,凡酒色傷生之事皆不敢爲,則其壽固可延永矣。又如人石門本、河津本無“人”字。素強壯,乃恃其強,恣意傷生之事無不爲,石門本、河津本無“無不爲”三字。則其禍可立待也。此又豈非命雖在天,而制命在己歟?

程子曰:“修養之引年,爲國之祈天永命,常人之至於聖賢,皆工夫至此,則有此效驗。”〔九九〕信哉斯言也!

觀《無逸》“耽樂”之戒,〔一〇〇〕則知石門本、河津本無“知”字。祈天永命者誠有在。

程子曰:“吾以徇欲傷生爲深耻。”學者體此,則可以保身矣。

聖人爲治,推其固有之善。及人纔有私意,即入於洛陽本無“於”字。權謀術數矣。

爲善須表裏澄徹,方是真實爲善;有纖毫私意夾雜其間,即非真爲善矣。

韓魏公、范文正公諸公,皆一片忠誠爲國之心,故其事業顯著而名望孚動於天下。後世之人,以私意小智自持其身,而欲事業名譽比擬前賢,難矣哉!

君子行義以俟命,小人恃命以忘義。

天道福善禍淫,昭然可驗。間有不然者,幸不幸耳。

“敬”是方做工夫,“誠”是已成就處。

心如鏡,敬如磨鏡。鏡纔磨,則塵垢去而光彩發;心纔敬,則人欲消而天理明。

【校記】

〔一〕引自《易傳·坤·象辭》。(以下凡屬《易·大象》之引文,均只註卦名)

〔二〕引自《習坎》。

〔三〕引自《遁》。

〔四〕引自《旅》。

〔五〕引自《萃》。

〔六〕引自《晉》。

〔七〕引自《豫》。原文“中”作“奮”。

〔八〕引自邵雍《擊壤集》。

〔九〕引自《復》。

〔一〇〕見《屯》:“雲雷屯,君子以經綸。”

〔一一〕見《震》:“洊雷震,君子以恐懼修省。”

〔一二〕引自《噬嗑》。

〔一三〕引自《無妄》。

〔一四〕見《明夷》:“明入地中,明夷,君子以蒞衆,用晦而明。”

〔一五〕引自《既濟》。

〔一六〕引自《豐》。

〔一七〕見《離》:“明兩作,離,大人以繼明照於四方。”

〔一八〕〔一九〕見《革》:“澤中有火,革,君子以治歷明時。”

〔二〇〕引自《同人》。

〔二一〕引自《臨》。原文“保”上有“容”字。

〔二二〕見《損》:“山下有澤,損,君子以懲忿窒欲。”

〔二三〕見《兑》:“麗澤,兑,君子以朋友講習。”

〔二四〕引自《履》。

〔二五〕見《鼎》:“木上有火,鼎,君子以正位凝命。”

〔二六〕引自《井》。

〔二七〕見《乾》:“天行健,君子以自強不息。”

〔二八〕見《師》:“地中有水,師,君子以容民畜衆。”

〔二九〕見《姤》:“天下有風,姤,后以施命誥四方。”

〔三〇〕見《巽》:“隨風,巽,君子以申命行事。”

〔三一〕見《震》:“洊雷震,君子以恐懼修省。”

〔三二〕引自《艮》。原文“所”作“以”。

〔三三〕見《升》:“地中生水,升,君子以順德,積小以高大。

〔三四〕見《咸》:“山上有澤,咸,君子以虚受人。”

〔三五〕引自《大畜》。

〔三六〕引自《漸》。

〔三七〕引自《觀》。原文“省”上有“以”字。

〔三八〕引自《比》。

〔三九〕引自《否》。原文爲:“天地不交,否,君子以儉德辟難,不可榮以禄。”

〔四〇〕引自《小過》。原文爲:“山上有雷,小過,君子以行過乎恭,喪過乎哀,用過乎儉。”

〔四一〕引自《剥》。原文“厚”上有“以”字。

〔四二〕引自《蒙》。又引自《蹇》。

〔四三〕見《訟》:“天與水違行,訟,君子以作事謀始。”

〔四四〕引自《易傳·繫辭上》。

〔四五〕引自《中孚》。原文“議”上有“以”字。

〔四六〕見《益》:“風雷益,君子見善則遷,有過則改。”

〔四七〕見《隨》:“澤中有雷,隨,君子以嚮晦入宴息。”

〔四八〕引自《賁》。

〔四九〕引自《節》。原文“度數”作“數度”。

〔五〇〕引自《周易程氏傳》卷四《周易下經下·中孚》。原文爲:“在二體則中實,在全體則中虚。”

〔五一〕引自《未濟》。

〔五二〕引自《涣》。

〔五三〕見《謙》:"地中有山,謙……"

〔五四〕引自《大有》。

〔五五〕引自《蠱》。

〔五六〕引自《夬》。

〔五七〕引自《頤》。

〔五八〕引自《解》。原文"赦"上有"君子以"三字。

〔五九〕引自《睽》。

〔六〇〕引自《需》。

〔六一〕見《隨》。

〔六二〕引自《周易程氏傳·易傳序》。原文後"變易"上有"隨時"二字。

〔六三〕引自《左傳》昭公三年。

〔六四〕引自張載《近思録拾遺》。原文"肉刑"作"肉闢","今"下有"世"字,"足"下無"以"字。

〔六五〕引自《周易程氏傳》卷一《周易上經上·乾》。

〔六六〕引自《論語·泰伯》。原文"禹"下有"之"字,"下"下有"也"字。

〔六七〕引自《大學·傳九章》。

〔六八〕據上下文意,並據《理學粹言》本條,"近"當作"道"字。

〔六九〕引自《河南程氏遺書》卷三。

〔七〇〕見《中庸》第十三章:"道不遠人。人之爲道而遠人,不可以爲道。"

〔七一〕見《論語·雍也》:"子貢曰:'如有博施于民而能濟衆,如何?可謂仁乎?'子曰:'……夫仁者,己欲立而立人,己欲達而達人。能近取譬,可謂仁之方也已。'"

〔七二〕見《河南程氏粹言》卷二《聖賢篇》:"子曰:'仲尼無迹,顔子之迹微顯,孟子之迹著見。'"

〔七三〕見《毛詩·國風·鄘風·君子偕老》。

〔七四〕引自《論語·爲政》。

〔七五〕引自《史記·太史公自序》。原文無"家"、"流"二字。

〔七六〕見白居易《僧問》:"《維摩經·不可思議品》中云:'芥子納須彌。須彌至大至高,芥子至微至小,豈可芥子之内入得須彌山乎?'"又見《河南程氏遺書》卷十九:"陳瑩中答吳國華書,天在山中,説云:'便是芥子納須彌之義。'先生謂正南北説,却須彌無體,芥子無量。"

〔七七〕見《河南程氏遺書》卷十五:"事爲之主,尚無思慮紛擾之患,若主於敬,又焉有此患乎?"

〔七八〕見周敦頤《通書·聖學》:“聖可學乎?曰:可。曰:有要乎?曰:有。請聞焉。曰:一爲要。一者,無欲也。”

〔七九〕見《論語·顏淵》:“非禮勿視,非禮勿聽,非禮勿言,非禮勿動。”

〔八〇〕引自《中庸》第一章。原文爲:“君子慎其獨也。”

〔八一〕引自《河南程氏粹言》卷二《心性篇》。原文爲:“人之性猶器,受光于日。佛氏言性,猶置器日下,傾此於彼爾,日固未嘗動也。”

〔八二〕見周敦頤《通書·聖》:“動而未形、有無之間者,幾也。”

〔八三〕見《朱子語類》卷四:“稟氣之清者爲聖爲賢,如寶珠在清泠水中;稟氣之濁者爲愚爲不肖,如珠在濁水中。”

〔八四〕引自《毛詩·國風·豳風·鴟鴞》。原文爲:“迨天之未陰雨,徹彼桑土,綢繆牖户。”

〔八五〕引自朱熹《孟子集註》卷十一《告子章句上》。

〔八六〕引自《論語·顏淵》。

〔八七〕引自《河南程氏遺書》卷一。原文“惡”上有“然”字。

〔八八〕引自《毛詩·大雅·蕩之什·烝民》。

〔八九〕〔九〇〕引自《老子》四十四章。

〔九一〕引自《河南程氏遺書》卷六。

〔九二〕引自《河南程氏遺書》卷二十五。

〔九三〕見《朱子語類》卷四:“性如水,流於清渠則清,流於污渠則濁。”

〔九四〕引自《孟子·滕文公上》。

〔九五〕見《陰符經》上篇:“天有五賊,見之者昌。”

〔九六〕見《河南程氏粹言》卷二《心性篇》:“呼氣既往,往則不返,非吸既往之氣而後爲呼也。”

〔九七〕引自《易傳·繫辭上》。原文爲:“不疾而速,不行而至。”

〔九八〕據文意,“百”字疑爲“事”字之訛。

〔九九〕引自《河南程氏遺書》卷十五。原文爲:“修養之所以引年,國祚之所以祈天永命,常人之至於聖賢,皆工夫到這裏,則有此應。”

〔一〇〇〕見《尚書·周書·無逸》。

讀書録卷六

讀《陰符經》雜言並序

伊川程子曰："《老子》甚雜，如《陰符經》却不雜，然皆窺天道之未至者也。"〔一〕閒閲其書，而録所得之語如左。

上　篇

經曰"天道"、"天行"、"五賊"、"天性"、"人心"，一也。天道者，元亨利貞；天行者，春夏秋冬；五賊者，仁義禮智信；天性者，即天道、天行、五賊之德具於人心者也。人心萃理、氣之靈，有作爲運用河津本作"動"。之妙。"觀天道，執天行，見五賊，而施行于天，囊括宇宙而造化在我"〔二〕，皆由此心而已。故曰："人心，機也。""機"之一字，又《陰符經》之至要至要者歟！

"天性，人也；人心，機也；立天之道，以定人也。"總結上兩節而言。

機發太過而變怪見，機發得宜而萬化定。理欲之謂也。

"性有巧拙"，以氣質之稟清濁而言，清者巧而濁者拙。巧者識其機而能伏藏，拙者昧其機而不能伏藏。能伏藏者，九竅之邪不能動其中也；不能伏藏者，九竅之邪皆得以汨其天也。九竅之中有"三要"：耳、目、口是也。巧者於三要，動静皆不失其宜，而能伏藏。拙者誠能變拙爲巧，而能致力於視、聽、言之間，使皆一出於正，則餘邪悉皆退聽,而亦可以收伏藏之效矣。石門本、河津本連下節。

"火生於木,禍發必尅;姦生於國,時動必潰。"機之過也。"知之修煉,謂之聖人。"機之宜也。

中　篇

"天生天殺,道之理也。"陰陽生殺,消息盈虧,洛陽本作"虚"。理之自然也。

"天地,萬物之盗;萬物,人之盗;人,萬物之盗。三盗既宜,人物乃安。"〔三〕盗得其宜,則生也,殺也,皆順其理而萬物安矣;盗失其宜,則生也,殺也,皆逆其理而萬物病矣。石門本、河津本連下節。

"食其時,則百骸理。"〔四〕人能利天地自然之利,則一身得其養矣。"動其機,則萬化安。"〔五〕人能合天地自然之機,則萬化得其宜矣。

"人知其神之神"者,貴於耳而好聞其異也;"不知其不神之所以神"〔六〕者,習於目而不察其理也。

程子所謂"惡亦不可不謂之性"者,"五賊"石門本、河津本作"盗",恐非。之謂也。

"聖功生,神明出。"〔七〕知化窮神之事也。

"盗機在人而莫能見,莫能知"〔八〕者,蔽於氣稟之偏也。"君子善用之而逢昌,小人不善用之而罹殃。"〔九〕微矣!深矣!

下　篇

"瞽者善聽,聾者善視,絶利一源。"致一也;"用師十倍",其效也。"三返晝夜",致一之精也;"用師萬倍",其效也。

"心生於物",物誘也;"心死於物"〔一〇〕,物化也。物化物誘,"其機皆在於目。"〔一一〕

"乾始能以美利利天下,而不言所利"〔一二〕,"天之無恩,而大恩生"也。"迅雷烈風,莫不蠢然",無恩之謂也。

至樂順理，故其性廣大而有餘；至净無染，故其性廉潔而無私。生死恩害，陰陽相根，理之自然。

《陰符經》雜言終。

夫子曰："人之生也直，罔之生也幸而免。"〔一三〕君子之獲福，宜也；小人之獲福，幸也。

六十四卦，三百八十四爻，惟貴乎"時"。君子之處世，亦曰"時而已矣"。

"位"與"時"，學《易》者宜深體之。

理無窮而氣亦無窮，但理無改變而氣有消息。如温熱涼寒，氣也；所以温熱涼寒，理也。温盡熱生，熱盡涼生，涼盡寒生，寒盡温復生，循環不已。氣有消息，而理則常主消息而不與之消息也。"氣有聚散，理無聚散，"於此又可見。

人有矜伐者，亦勞矣。

無形皆是道，有形皆是氣。氣，形而下者也；道，形而上者也。

人只於身内求道，殊不知身外皆道，渾合無間，初無内外也。

不可將身外地面作虚空看。蓋身外無非真實之理，與身内之理渾合無間也。

程子所謂"廓然而大公，物來而順應"〔一四〕，正周子"胸中洒落，如光風霽月"〔一五〕之氣象。

聖人之心，應物即休，元不少動。

聖人應物，雖以此理應之，其實理只在彼物上，彼此元不移也。

外慕者，内不足。

萬物各有定分，己不得一毫侵預之。

"未應不是先，已應不是後。"〔一六〕造化亦然。

如此物未生時，此理不是先；此物已生時，此理不是後。"一以貫之"。

應事既已，石門本作"以"。理依舊在此，元不隨去。

聖人治人，不是將自己道理分散與人，只是物各付物。

知"無極而太極"者,"窮神"之事也。

只"主於敬",纔有"卓立";不然,東倒西歪,卒無可立之地。石門本連下節,非是。

薛子宴坐水亭,忽鬱然而雲興,滃然而雨集,泠然而風生,鏘然而蟲急。羽者飛,秀者植,童者侍,鱗者適,群物雜然,而聲其聲,形其色。薛子窈然深思,獨得其所以爲是聲與色者,而中心悦。

"敬"爲百聖傳心之要,凡見於《書》者尤詳,程子發明其所以爲敬之義精矣。

敬則卓然。

敬則光明。

纔到理處,便難言。河津本連下二節。

滯於言,則愈蔽。孔子曰:"天何言哉?四時行焉,百物生焉,天何言哉?"〔十七〕

"天何言哉"即"無極"之妙。

千古爲學要法無過於"敬",敬則心有主而諸事可爲。

人爲外物所動者,只是淺。

相業自《大學》、經學中來者深,自史學、俗學中洛陽本無"中"字。來者淺。要見古人之相業,伊、傅之書宜熟讀。洛陽本"者淺"節。

後世非無救時之相,只是規模石門本、洛陽本無"規模"二字。淺。相業有格心之學,則其規模宏遠矣。

歷代世變固不可不考,然當以明理爲本。

《春秋》謹嚴,不止於謹"華夷之辨"。字字謹嚴,句句謹嚴,全篇謹嚴。

《春秋》意在言表。

《春秋》詞簡而旨微,欲盡得聖人之心於千載之上,難矣!

興師以正,任洛陽本作"仕",訛。帥得人,吉石門本"吉"下有"人"字,似非。之大者。

《師》卦辭最明,興師、擇將、行賞、用人之要,備於《師》。石門本"最明"節。

興師之義既正，又得丈人爲之主帥，在我者先勝矣，征伐其有不克洛陽本作"充"，非。乎？

纔説理，便無可言者。

理、氣無縫隙，故曰"器亦道也，道亦器也"。

太極不可以動静言，然捨動静便無太極。

理是天地萬物之極至處，更復何言？

公則四通八達，私則偏向一隅。

《書》終於《秦誓》，殆聖人之微意與！

《書》所載，皆帝王經世之大法，而終之以侯國之書，豈非衰世之意邪？

孟子曰："不下帶而道存焉。"〔十八〕舉目而皆物，即物而道存。

陳司敗謂孔子有黨，孔子曰："丘也幸，苟有過，人必知之。"〔十九〕其氣象之大可想。

程子謂"人天資有量者，雖江海之大皆有滿。惟聖人之洛陽本"之"下有"心"字，似衍。量，道也，自無滿時。"〔二〇〕近觀人素稱有量者，不能不滿，益信程子之言矣。

道大無窮盡，無方體。聖人體道無二，其量無所不容，又安有滿時邪？

此理真實無妄。如天地日月，風雲雨露，草木昆蟲，陰陽五行，萬物萬事皆有常行定則，亘古洛陽本"古"下有"亘"字。今而不易，若非實理爲之主，則歲改而月不同矣。

一理一切穿透，又不黏帶，其妙不可言。

觀人之法，只觀含蓄，則淺深可見。

人心公則如燭，四方上下無所不照；私則如燈，只有一面光，不能徧照也。

觀人之法，聽言最先，雖不能盡，亦可得七八分。

人有才而露只是淺，深則不露。河津本連下節。

方爲一事即欲人知，淺之尤者。

淤泥塞流水，人欲塞天理，去其塞，則沛然矣。

人當大着眼目，則不爲小小者所動。如極品之貴，舉俗之所歆重，殊不知自有天地來，若彼者多矣，吾聞其人亦衆矣，是又足動吾念邪？惟仁義道德之君子，雖願爲之執鞭可也。

凝重之人，德在此，福亦在此。

當如是者即是理。如春當温，夏當熱，秋當涼，冬當寒，皆理也，不如是則非理矣。如父當慈，子當孝，君當仁，臣當義，夫婦當别，朋友當信，理也，不如是則非理矣。推之萬物，莫不皆然。

堯、舜之心，萬古如見。

“乾坤毁則無以見《易》”〔二一〕，天地毁則無以見聖人之心。

道學明而異論洛陽本作“端”。息，程、朱之功也。

本然、氣質之性，具見於《太極圖》。

天心豫，本於吾心豫。

凡有形者皆氣，無形者皆密。

内外合一，無纖毫之間。

“惟時惟幾。”〔二二〕聖人警洛陽本作“儆”。戒之心，曷嘗有頃刻毫髮間斷！

余直不欲妄笞一人，前時妄笞人，或終日不樂，或連日不樂。

事少有處置不得其宜，心即不快；必皆得宜，心乃快然而足。

萬物皆有精。日月五星爲陰陽之精，聖賢爲人之精，金玉爲石之精，珠貝爲水之精，文木爲木之精，是皆得氣之清明秀異而成象成形者也。

成王問史佚曰：“何德而民親其上？”史佚曰：“使之以時而敬順之，忠而愛之，布令信而不食言。如臨深淵！如履薄冰！”此名言也。

“知止”則有定，不“知止”則心不定。

理明則心定。

萬物各具一理，萬理同出一原，故“一以貫之”。河津本連下節。

"一以貫之",只爲理同。

"天之生物,一本",故"一以貫之"。

聖人之心,萬事之理,絲毫無間,故"一以貫之"。

"一以貫之",觀《太極圖》可見。

持己得一"敬"字,接物得一"謙"字。敬以持己,謙以接人,可以寡過矣。石門本、洛陽本"謙"字節。

愈收斂,愈充拓;愈細密,愈廣大;愈深妙,愈高明。

"時然後言",惟有德者能之。

"一"只是性。"天下無性外之物,而性無不在"。

"一"以心言,"貫"以情言,所謂"心統性情者也"。

順理則心悦豫,不順理則心沮戚。

順理都無一事。

順理石門本作"理順"。則泰然行之,無所窒礙;不順理則鑿矣。

理明後見天地萬物,截然各安其分。

私欲盡而心體無量。

虚明廣大氣象,到人欲净盡處自見,匪言所能喻也。

理明則心定、萬事定。

所惡有甚於死者,人皆有是心也。觀《小學》所載夏侯令女盧氏、竇氏二女之事,〔二三〕皆婦人女子,非素閑於禮教者,一旦臨利害之際,寧就殘毁危迫糜軀之禍,而不肯易其節,非所惡有甚于死者,能然乎?

道學明而異論息,程、朱之功也。

字雖人制,而其理實出於天。如"一"而大爲天,"二"而小爲地之類可見。

"冲漠無朕之中,萬象森然已具。"洛陽本"具"下有"也"字。《書》其"一"也。

《河圖》,數之始,字畫之原。

"水"、"火"二字,分明乃《坎》☵、《離》☲二卦順置之可見。

常使"有已",則不隨俗而變。

韓文公交友忠而不返于退面,可以爲百世之師矣。

捨而不求爲"忘",求之太過爲"助長","勿忘,勿助長。"

漢文帝嬖鄧通,武帝嬖韓嫣,哀帝嬖洛陽本作"寵"。董賢,男色之溺人也如此。

心定氣平,而身體之委和舒泰不可言。

李牧守邊,每匈奴入寇,輒入保不戰。如此數歲,一旦出兵,大破匈奴,威震漠北。此正老子所謂"大國以下小國,則取小國;小國石門本、河津本無"小國"二字。以下大國,則取大國。"〔二四〕又曰:"欲上民,必以言下之;欲先民,必以身後之。"〔二五〕孫子所謂"始如處女,敵人開户;後如脱兔,敵不及拒。"〔二六〕古人用兵之術,大率此類。

顔子"仰彌高,鑽彌堅,在前往後",皆指此理而言。"博文",是明此理;"約禮",是體此理;"欲罷不能",是悦此理;"既竭吾才,如有所立卓爾",是目中了了見此理;"雖欲從之,末由也已",是不可洛陽本"可"下有"不"字。熟此理。〔二七〕理者何?即天命之性具於聖人之心,率性之道由於聖人之身者也。洛陽本下連卷一"朱子釋彌高"節。

"大本"者,太極之全體;"達道"者,太極之流行。

太極之理,《中庸》言之詳矣。

太極者,理之别名,非有二也。

太極即是理。就太極上愈生議論,去道愈遠。

"統體"、"各具"之太極,非有二也。

"大德敦化"〔二八〕,"萬物統體一太極"也;"小德川流"〔二九〕,"物物各具一太極"也。合仁、義、禮、智言之,是"統體一太極";分仁、義、禮、智言之,是"各具一太極"。

後學不知太極即是性,因見其名異駭而不敢求其説,大道隱矣。

四書通,則太極之理不待講説而明矣。

孔子言"太極"是指理言,周子言"無極"是指此理無形而言。

丙吉深厚不伐,張安世謹慎周密,皆可爲人臣之法。石門本連下節。

丙吉爲相，上寬大，好禮讓，不親小事，時人以爲知大體。

清而有容，乃不自見其清；清而不能容，是自有其清，而心反爲其所累矣。

以己之廉，病人之貪，取怨之道也。河津本連下節。

廉而自忘其廉，則人高其行而服其德。

心者，氣之靈而理之樞也。

道理浩浩無窮，惟心足以管之。

萬化常然者，理自如此。

蟲不得不鳴者，理也。

吾思人有貴而自滿者，所謂"位不期驕"〔三〇〕也。此不可不戒。

聖賢之文，乃道之精華。

聖賢之文，自道中流出，如江河之有源，而條理貫通。後人不知道而有意爲文，猶斷港絶潢之無本，雖强加疏鑿，終亦不能貫通爲一，真無用之贅言也。

陰陽變易而理常存，所謂"恒"也。

所以陰陽變易者，固理之所爲，而理則一定而不易，所謂"恒"也。

人之所從不可不慎。河津本作"甚"，訛。觀諸卦爻，或吉或凶，多係於所從。

知賢而不能石門本、河津本作"知"。用，知惡而不能石門本、河津本作"知"。退，不若不知之爲愈。何也？不知賢，則人猶冀其能知而有進用之時；不知惡，則人猶冀其能知而有退遠之望。若知賢而不能石門本、河津本作"知"。用，則人知其必不能用矣；知石門本、河津本"知"下有"其"字。惡而不能石門本、河津本作"知"。去，則人知其必不能去矣。是使賢者終無以行其志，惡者愈得以肆其惡也。

漢元帝因京房之言，知石顯之奸，而卒不能遠，所謂"惡惡而不能去"也。

聖賢河津本作"人"。學性理，學其本；衆人學詞章，學其末。

所以爲學者，只爲人固有之善或蔽于氣質物欲，有時而失，故須學以復之。及其既復，則本分之外不加毫末。後人不知學其所固有，而學文辭字畫之類，求工求奇，徒弊精神於無用，其失遠矣！

三代之學，皆所以明人倫也。外此便是世俗之學。

孔子稱"直哉史魚！"〔三一〕"君子哉蘧伯玉！"〔三二〕二者，君子必慎所取焉。

君子如玉，反復觀之，温潤瑩徹無瑕。洛陽本作"瘕"。

史稱"韓信知高帝畏惡其能"〔三三〕，乃知高帝欲去信之心久矣。雖無陳豨之事，殆必不免。

吕后殺韓信事，竊意高祖必有言。史稱帝"畏惡其能"，以"畏惡"之語觀之，則知其欲去信之心必露於左右。其討陳豨也，空國遠征，信留京師，帝豈無防信之密謀乎？但他人不知，而吕於自知之，故告變洛陽本作"變告"。一上，即用蕭何之計，詐而斬之。不然，信以蓋世之功，爲國功臣，后安得因一時之飛語，不待奏報，而遽殺之乎？以是觀之，則欲去信之心久而有密計也審矣！

凡有條理明白者皆謂之"文"，非特語言詞章之謂也。如天高地下，其分截然而不易，山峙川流，其理秩然而不紊，此天地之"文"也；日月星辰之照耀，太虚雲物之斑布，草木之花葉紋縷，鳥獸之羽毛彩色，金玉珠璣之精粹，此又萬物之"文"也；以至"三綱五常"之道，古今昭然而不昧，"三千三百之禮"，小大粲然而有章，此又人倫日用之"文"也；至於衣服器用之有等級次第，果蔬魚肉之有頓放行列，此又萬事之"文"也。推之天地之間，凡有條理明粲者，無往而非文，又豈特見於文辭言語者然後謂之文哉！

愛流而爲淫，溺仁之過也。

"物物各具一太極"，一而二也；"萬物統體一太極"，二而一也。河津本下連卷三"無極而太極"至"非矣"節。

程子論"恭敬"曰："聰明睿智，皆由河津本作"從"。此出。"〔三四〕蓋人能恭敬，則心肅容莊，視明聽聰，乃可以窮衆理之妙；不敬，則志氣昏逸，四體放肆，雖粗淺之事尚茫然而不能察，况精微之理石門本、河津本作“事”。乎！以是知“居敬”、“窮理”二者不可偏廢，而“居敬”又“窮理”之本也。洛陽本無“也”字。

《家人》卦初九曰：“閑有家，悔亡。”九三曰：“家人嗃嗃，悔厲吉。”上九曰：“有孚威如，吉。”〔三五〕大率治家過嚴，雖非中而吉。

莊子曰：“夫事其親者，不擇地而安之，孝之至也；夫事其君者，石門本無“者”字。不擇事而安之，忠之盛也。”〔三六〕此言甚正。

先儒謂：曹操之死，於分香賣履細碎之事無不區處，獨不言禪代之事，乃其奸計。此固也。然觀孫權稱臣於操，稱説天命之時，操之群臣因是勸操即真，操曰：“若天命在吾，吾爲周文王矣。”觀此一言，已以文王自處，是以武王待其子也，禪代之計蓋昭然已露，又豈臨死奸計所能掩哉？

聖賢之言，如法律條貫，循之則安，悖之則危。其有不然者，幸不幸而已。

“天地睽而其事同也，男女睽而其志通也，萬物睽而其事類也。”〔三七〕是皆物形雖異，而理則同。衆人見物形之異，聖人明物理之同。石門本、洛陽本“則同”節。

天下無二理，古今無二道，聖人洛陽本作“賢”。無二心。

道體本洛陽本作“無”。深遠難言，故《詩》曰：“維天之命，於穆不已！”〔三八〕

唐、虞、三代之治，皆自聖人一心推之，無非順天理因人心而立法也。

莊子曰：“通于一而萬事畢。”〔三九〕形容道體之言也。

論萬事皆當以“三綱五常”爲本。

天地間至大者，莫過於“三綱五常”之道，帝王之爲治，聖賢之爲學，皆不外乎是。

觀史不可以成敗優劣洛陽本“劣”下有“論”字。人，只當論其是非。

學者之所講明踐履，仕者之所表倡推明，皆當以“三綱五常”爲本，捨此則學非所學，仕非所仕也。河津本作"矣"。

"三綱五常"之道，根於天命而具於人心，歷萬世如一日，循之則爲順天理而治，悖之則爲逆天理而亂。自堯、舜、三代，歷漢、唐以至宋，上下數千年，蓋可考其迹而驗其實也。

温太真爲劉琨奉檄將命江左，其母崔固止之，不能得至，絶裾而行。千載之下，他人念其母之情者猶不覺感愴於心，太真乃忍此而行，其本心可謂死矣。後雖有功，惜乎不能洛陽本"能"下有"猶"字，羨。掩其失也。

取人當觀大節，大節者何？"三綱五常"之道是也。孟子論陳仲子之事，〔四〇〕正謂大節既失，小者無足觀也。蓋人之大節，莫過於倫理，"辟兄離母"大節失矣，區區小廉，何足道哉！石門本、洛陽本"是也"節。

古之智士料事多中。如羊祜告晉武帝曰："取吴不必臣行，但既平之後，當勞聖慮耳。"又曰："若事了，當有所付授，願審其人。"正謂建儲一事也。郭欽以"戎狄居内地非所宜，不徙將有變故"。後來惠帝昏愚，紀綱頹弛，戎狄亂華，皆如二子所料，其可謂智士矣。

言"敬"莫詳於《書》，但挈出其要以示學者，則自宋儒始。

性外無道，率性即道也。

學道固自聖賢之書而入，苟徒玩心章句之間，而不求實理之所在，則亦無以有諸己矣。

理真實無名。河津本連下節。

既曰理，夫復何言？只是人物之所以然者便是也。

"三綱五常"之道，日用而不可須臾捨，猶布帛菽粟不可一日而無也，捨此他求，則非所以爲道矣。

人之邪正必謹於所習，習與正人居則正，習與不正人居則不正。此前賢之至論，萬世之明戒。

便辟側媚小童，最能順人志意，使人不覺傾向，幾至心不能持，自非明理剛特石門本、河津本作"持"。有守之君子，鮮不爲所移者。以是知古人"比頑童"之訓〔四一〕其慮深矣。

意纔有向，便失其正，不可不察。

挺特石門本作“持”。剛介之志常存，則有以起偷惰而勝人欲。一有頽靡不立之志，則甘爲小人，流於卑污之中而不能振拔矣！

自治之要，寧過於剛不可過於柔。顔子“克己”之功，非至剛不能。

敬則立，怠則廢。

“莊敬日強，安肆日偷”〔四二〕之語，宜深體翫。蓋莊敬則志以帥氣，卓然有立，爲善亹亹不倦，而不知老之將至；安肆則志氣昏惰，柔懦無立，翫愒歲月，悠悠無成矣。

古人衣冠偉博，皆所以莊其外而肅其内。後人服一切簡便短窄之衣，起居動静惟務安適，外無所嚴，内無所肅，鮮不習而爲輕佻浮薄者。

孟子曰：“以力假仁者霸，以德行仁者王。”〔四三〕論王、霸之分，莫切於此。

“守約”者，〔四四〕爲學之至要。

“守約”則無事矣。

“守約”者心自定。

“知言”者，“書無不通，理無不明”之謂。

所博者是，則自得其要；所博者非，則不能“守約”矣。

“約”者，要也。博而約，一以貫之。

“守約”則能泛應。

學至於“約”，則有得矣。

道是總體，義是支節，道如水之源，義則流而爲支派者也。分而言之則二，合而言之則一，所謂“體用一源”〔四五〕也。

人心寬平則光明，狹險則幽暗。光明者君子，幽暗者小人。

天道、人倫，渾合無間。

有我之私極難克，貴乎明與剛而已。

螻蟻之微，或誤戕之即瞿然心動，乃知惻隱之端非由外鑠也。

行有不得，皆當反之於己。

《中庸》“所求乎子，以事父未能”〔四六〕之類，大抵人之責人常重，自責常輕，故當以責人者責己。

待人當寬而有節。

處己接物，事上使下，皆當以敬爲主。

卦之六爻，皆陰陽自然之數。如一年有十二月，自十一月一陽生至四月六陽滿，五月一陰生至十月六陰滿，十一月又一陽生。如日有十二時，子時一陽生至巳時六陽滿，午時一陰生至亥時六陰滿，子時又陽生。大而一年，小而一日之運，六爻無不包括。故六爻添一爻亦不成造化，減一爻亦不成造化，是皆陰陽自然之數，聖人不過因而畫之耳。

卦六畫之上，固可倍之以至無窮。要不若六畫彌綸天地之化，約而盡。

聖人治天下，“公”而已。

“公”，王道；“私”，霸道。

王者所存所行，皆天理之公；伯者則假天理之名，以濟己私耳。

漢治分明是霸。如高帝爲義帝發喪，乃其一端。

漢初諸將，如英布、韓、彭猶悍馬虓虎，常有跋扈倔石門本、洛陽本作“屈”，通用。強之氣，非高祖莫能御也。

漢祖御將之術，皆以詐而不以誠。

知一人之性、十人之性、百人之性、千萬億人之性，無不同也；知一物之性，十物之性、百物之性、千萬億物之性，無不同也。知人物古今之性無不同，則心之全體大用無不該貫，初無限量之可言矣。

漢初猶是戰國之餘習，觀其人才可見。周勃遣使迎文帝於代，或曰“諸將皆習詐用兵”〔四七〕，此類可見。

在物曰性，在天曰天。天也，性也，一源也。故“知性，則知天矣”〔四八〕。

理無窮，故聖人洛陽本作“賢”。立言亦無窮。

孔子因道不行於當時，不得已而刪述洛陽本作"述刪"。六經，垂法萬世。後之儒者，乃有意於續經著書，其立心固不同矣。石門本連下節。

夫子之心，萬世如見。

漢初之將桀驁，中興之將循謹。

夫子之道德，匪言語所能盡。

太極本只是天地萬物自然之理，不外乎人倫日用之間。學者因見其立名之高，欲以玄遠求之，誤矣。

接物大石門本作"人"，非。宜含弘，如行曠野而有展步之地。不然，大狹而無以自容矣。

人只見已然而不見未然，已然者其形也，未然者其幾也。

慾有水意，故窒慾如止水。

"人實不易知，更須慎其儀。"杜詩之近理者也。

氣化真實是已石門本、河津本作"一"。往而遂盡，其來者乃方生之氣。自十一月一陽生而爲《復》，至四月换盡六陰而爲純陽之《乾》，則已往之陰遂盡，而方來之陰已生。至五月成一陰而爲《姤》，至十月换盡六陽而爲純陰河津本作"陽"，非。之《坤》，則已往之陽遂盡，而方來之陽已生。至十一月成一陽而又爲《復》。以是見天地之氣，往者遂消而向盡，來者方息而無窮，初非已往之氣，又爲方來之氣也。程子以是辨釋氏之誕，〔四九〕信矣。

《鼎》九二："鼎有實，我仇有疾，不我能即，吉。"初六以非正求二，二以剛中自守不與之合，所以吉也。君子能剛正自守，不爲小人甘媚而遂與之合，亦猶是矣。

《太極圖説》不過反復推明陰陽五行之理，健順五常之性，蓋天人合一之道也。

《太極圖》"動而生陽"，是從動處説起，動却自静中來，静又自動中來，直是"動静無端，陰陽無始"。

《孟子》之言，光明俊偉，如《答景春大丈夫章》〔五〇〕，讀之再三，直使人有壁立萬仞氣象，如"濯江漢而暴秋陽"〔五一〕也，快哉！快哉！

作事只是求心安而已，然須理明，則知其可安者安之。理有未明，則以不當安者爲安矣。

陽居陽位，陰居陰位，爲正，二五爲中。程子曰："諸卦二五雖不當位，多以中爲美。三四雖當位，或以不中爲過中，常重洛陽本作"過"。於正也。"〔五二〕

震來虩虩，笑言啞啞。〔五三〕以安肆石門本無"肆"字。失之者衆矣。

"嚴恭寅畏，天命自度，不敢荒寧。"〔五四〕乃《無逸》一書之要。

萬起萬滅而本體湛然有常者，其心之謂歟！

沉静詳密者能立事，浮躁忽畧者反此。

《書》稱舜"濬哲文明"〔五五〕。蓋人深則明，淺則暗。

盛之極者衰之始，天遇風也；消之極者息之端，地逢雷也。一盛一衰，一消一息，氣化之自然也。

"惟精"所以知之，"惟一"所以行之。"精一"是工夫，"允執厥中"是功效。〔五六〕石門本、洛陽本"行之"節。

六爻之吉凶，惟觀其所值之時位而已。

孟子論王政，大要不出乎"教"、"養"二端。

程子謂"善固性也，惡亦不可不謂之性也"〔五七〕，疑其自《太極圖説》中來。《圖説》曰："五性感動而善惡分。"謂之"分"，則二者皆自性中來，但順則爲善，不順則爲惡耳。

《書》雖古，而道常新。

"天下無獨必有對。"〔五八〕《河圖》水與火對，金與木對，天與地對；《先天圖》皆奇與偶對。推之萬事萬物，吉凶是非、君子小人、夷狄中國，無無洛陽本作"不"。對者，只是一陰一陽而已。

不可以方所求，不可以隱顯分。

忮心一生而天地否，良心一發而天地泰。

心本寬大無邊，一有己私，則不勝其小矣。

《秦誓》："如有一箇臣，斷斷猗，止。實能容之。"〔五九〕此非幾於無我者，不能也。

性理之書日益多，亦理之自然也。蓋理無窮盡，故聖賢之書亦無窮盡，雖先聖賢發揮此理極其詳盡，及後聖賢有作，亦必有繼往開來、垂世立教之書焉。是皆理之自然，不能已也。

天地不以萬物已生而不生，聖賢不以往哲已言而不言。

聖賢之書所以然者，"密"也。

理無所不有。如天地之初，都無一物，只有此理，而天地萬物自能生。假使後世天地萬物一時俱盡，而此理既常存，又自能生萬物。可謂萬物必待有種而後能生乎！

天地之道，只是消息盈虚而已。

非明則動無所之，非動則明無所用。知行不可偏廢也。

人臣得行其志，全在有應，苟無應，雖聖賢亦末如之何也已。

程子《易傳》有無窮之義理，知者鮮矣。

"率性之謂道。""所惡於知者，爲其鑿也。"〔六〇〕

凡卦，上三爻應下三爻，下三爻應上三爻。

《巽》卦一陰伏于二陽之下，巽而能入也。人之思索義理，亦必柔巽其志乃能入，若性氣粗暴者，決不能有入矣。

《兑》九五："孚於剥，有厲。"君子不可以小人假善悦己而信之，若信之，適墮其計中，乃危道也。

君子所貴乎"知言"。如《中庸》《大學》，皆聖賢之微言大訓，雜於《禮記》中，經千百年儒者不能識，由不知言故也。至程子乃始表章之，遂爲萬世道學之正傳，非知言者其能然乎？

夫子以孔文子"敏而好學，不耻下問"〔六一〕爲"文"，取其微善而不及其顯惡，聖人道大德宏洛陽本作"弘"。此亦可見。自後人言之，必以其人爲不足道，而并没其微善矣。

凡有形於天地之間者，皆謂之"文"。

古人"佩韋佩河津本無"佩"字。絃"〔六二〕，亦變化氣質之一法也。

如"一"字，有一理，即是一太極。

喜、怒、哀、懼、愛、惡、欲七情，總之爲好、惡二端而已。喜、哀、洛陽本作"怒",訛。愛、欲四者屬好,怒、懼屬惡。石門本、洛陽本"而已"節。

聖人之忠厚不可勝言。如以微罪去魯,不顯其君之過,真天地之量也,此可以觀聖人之氣象矣。河津本作"也"。孟子去齊,終不言齊王之失,其亦學孔者歟!洛陽本下連"孔子微罪"節。

聖人言人過處,皆優柔不迫,含蓄不露。此可以觀聖人之氣象。

或人譏夫子,言甚峻。夫子曰:"是禮也。"〔六三〕言甚和。

子曰:"事君盡禮,人以爲諂也。"〔六四〕只平説,不見有人我之間。若曰"我事君盡禮",即彼此相形,而非無我之氣象矣。

孔子微罪去魯,非孟子莫能知。

餘事量力所及而已,非可必也,惟讀書一事,乃吾之本心所得肆力其間,而莫余止者也。韓子"吾老著讀書,餘事不挂眼"〔六五〕之句,實獲我心焉。

【校記】

〔一〕引自《河南程氏遺書》卷十五。原文"老子"下有"言"字,"窺"下有"測"字,"至"作"盡"。

〔二〕《陰符經》原文爲(下略《陰符經》三字):"觀天之道,執天之行,盡矣。天有五賊,見之者昌。五賊在心,施行於天。宇宙在乎手,萬化生乎身。"(以下凡與《陰符經》原書無出入之引文,不予引注。)

〔三〕原文"人物乃安"作"三才既安"。

〔四〕〔五〕原文均無"則"字。

〔六〕原文無"其"字。

〔七〕原文"生"下"出"下均有"焉"字。

〔八〕原文爲:"其盗機也,天下莫能見,莫能知。"

〔九〕原文爲:"君子得之固躬,小人得之輕命。"

〔一〇〕〔一一〕原文爲:"心生於物,死於物,機在於目。"

〔一二〕引自《易傳·乾·文言》。原文無"而"字。

〔一三〕引自《論語·雍也》。

〔一四〕引自《河南程氏粹言》卷二《心性篇》。

〔一五〕引自江永《近思録集注》卷十四。江注曰:"見黄庭堅所作《詩序》。"

〔一六〕引自《河南程氏遺書》卷十五。

〔一七〕引自《論語·陽貨》。

〔一八〕引自《孟子·盡心下》。

〔一九〕引自《論語·述而》。

〔二〇〕引自《河南程氏粹言》卷二《人物篇》。原文爲:“聖人之有量,天資也;君子之有量,學識也。聖人與日月並明,故天地同量。下此者,猶之江海也……而未有不滿者也。唯道無限量。”

〔二一〕引自《易傳·繫辭上》。

〔二二〕引自《尚書·夏書·益稷》。

〔二三〕見朱熹《小學·外篇·善行》。

〔二四〕引自《老子》六十一章。

〔二五〕引自《老子》六十六章。

〔二六〕引自《孫子兵法·九地》。

〔二七〕見《論語·子罕》:“顔淵喟然嘆曰:‘仰之彌高,鑽之彌堅;瞻之在前,忽焉在後。夫子循循然善誘人,博我以文,約我以禮。欲罷不能,既竭吾才,如有所立卓爾。雖欲從之,末由也已。’”

〔二八〕〔二九〕見《中庸》第三十章:“小德川流,大德敦化,此天地之所以爲大也。”

〔三〇〕引自《尚書·周書·周官》。

〔三一〕〔三二〕引自《論語·衛靈公》。

〔三三〕引自《史記·淮陰侯列傳》。原文爲:“信知漢王畏惡其能。”

〔三四〕引自《河南程氏遺書》卷六。

〔三五〕原文“吉”上有“終”字。

〔三六〕引自《莊子·人間世》。

〔三七〕引自《易傳·睽·彖辭》。

〔三八〕引自《毛詩·周頌·清廟之什·維天之命》。

〔三九〕引自《莊子·天地》。

〔四〇〕見《孟子·滕文公下》。

〔四一〕見《尚書·商書·伊訓》:“遠耆德,比頑童。”

〔四二〕引自《禮記·表記》。

〔四三〕引自《孟子·公孫丑上》。原文爲:“以力假仁者霸,霸必有大國;以德行仁者王,王不待大。”

〔四四〕見《孟子·盡心下》:“守約而施博者,善道也。”

〔四五〕引自《周易程氏傳·易傳序》。

〔四六〕引自《中庸》第十三章。

〔四七〕引自《史記·孝文本紀》。原文爲:“張武等議曰:‘漢大臣皆故高帝時大將,習兵,多謀詐。’”

〔四八〕引自《孟子·盡心上》。原文“性”上有“其”字。

〔四九〕見《河南程氏遺書》卷十八。

〔五〇〕見《孟子·滕文公下》。

〔五一〕引自《孟子·滕文公上》,原文爲:“江漢以濯之,秋陽以暴之。”

〔五二〕引自《周易程氏傳》卷四《周易下經下·震》。

〔五三〕引自《易經·震·卦辭》。

〔五四〕原文“度”下有“治民祗懼”四字。

〔五五〕引自《尚書·虞書·舜典》。

〔五六〕見《尚書·虞書·大禹謨》:“惟精惟一,允執厥中。”

〔五七〕引自《河南程氏遺書》卷一。原文“惡”上有“然”字。

〔五八〕引自《河南程氏遺書》卷十一。原文爲:“天地萬物之理,無獨必有對。”

〔五九〕引自《尚書·周書·秦誓》。原文爲:“如有一介臣,斷斷猗,無他伎,其心休休然。人之有伎,若己有之,人之彦聖,其心好之,不啻若自其口出,是能容之。”

〔六〇〕引自《孟子·離婁下》。

〔六一〕見《論語·公冶長》。

〔六二〕見《韓非子·觀行》:“西門豹之性急,故佩韋以自緩;董安于之性緩,故佩絃以自急。”

〔六三〕〔六四〕引自《論語·八佾》。

〔六五〕引自韓愈《贈張籍》。

讀書録卷七

《孟子》七篇，乃洙泗之正傳，經千餘載，世儒例以子書視之，而無知之者，獨唐之韓子謂："孟氏，醇乎醇者也。"〔一〕又曰："軻之死，不得其傳焉。"〔二〕又曰："求觀聖人之道，必自孟子始。"〔三〕又曰："孟氏之功不在禹下。"〔四〕是則千載之間，知孟子者韓子一人而已。宋之大儒，有德業間望重於一世者，猶儕河津本作"擠"。孟子於《法言》之後，尚何望於他人邪！惟河南程夫子倡明絶學，始表章其書，發揮其旨，而一時及門之士，遂相與翕然服膺其説，天下始曉然知其爲洙泗之正傳，而不敢妄議。至朱子又取程氏及群賢之説，會萃折衷，以釋其義，與《論語》《大學》《中庸》列爲四書，由是洙泗之正傳益以明備，千古入道之門，造道之閫，無越於此矣，有志者尚篤厥石門本、河津本作"所"。力哉！

六十四卦，三百八十四爻，一陰陽也，陰陽一太極也；太極本無極也。

《頤》外實中虚，頤頷之象。

人渾身"統體一太極"；耳、目、口、鼻、四肢、百骸、五臟、毛竅，"各具一太極。"

《先天圖》左半屬陽，故《乾》健、《兑》説、《離》明、《震》動，四卦之德皆陽；右半屬陰，故《巽》入；《坎》險、《艮》止、《坤》順，四卦之德皆陰。此雖先儒所未言，竊意其如此。

四百年之漢，文帝培其本；三百年之唐，太宗養其根；三百餘年之宋，太祖、太宗、真宗、仁宗浚其源。秦、晉、隋皆不一再傳而遂亡者，由無恭儉之君培養浚導其源於前，即繼之河津本無"之"字。以殘暴淫侈之主也。

漢高祖之後，非得文、景之養民，即繼之以武帝之多欲，則漢之存亡未可知也；唐高祖之後，非得太宗之富民，即繼之以高宗之昏懦，則唐之存亡未可知也。大抵漢、唐之所以延綿國祚者，率由此數君有以立其本耳。

程子曰："人能克己，則仰不愧，俯不怍，心廣體胖，其樂可知。"〔五〕竊意顔子之樂亦如此。

《孟子》七篇，托始于仁義，誠能默識而旁通之，則全書之旨不外是矣。

釋氏逃世滅倫，以爲潔正，猶陳仲子"辟兄離母"以爲廉也，〔六〕是安可以其小者信其大者哉？

康節見盛衰之際甚明。

康節《首尾吟》，多盛極慮衰之意。

聖人當盛時即憂衰時，《既濟》曰："初吉終亂。"〔七〕

纔有私便不能推，所以爲不仁。

仁、義、禮、智、信，有則一齊有，但各有所主耳。如仁主于愛，愛莫大於愛親，然知所當愛者，知也；愛得其宜者，義也；愛有節文者，禮也；愛出誠實者，信也。以至事君、從兄之類，無不皆然。石門本、洛陽本"主耳"節。

日用間身心切要道理，只是仁、義、禮、智之性；發而爲惻隱、羞惡、辭讓、是非之情，隨事隨處必體認得了了分明，方爲見道，而無行不著、習不察之患矣。

氣機無須臾之止息。如雲在空中飛揚，上下浮游往來，萬起萬滅，頃刻不暫停止，亦可見其一端。

動静兩端雖相因無窮，竊謂動意常多。泛觀萬物，若草木山石之類，皆静植不動，而生意常流行其間，雖秋冬翕寂閉藏之餘，而生意未嘗毫髮間斷。故竊謂動多於静也。

觀《易横圖》，見生意之無窮。

一身、萬物，皆天地共公之器，非己所能私也。

“勿恃其不攻，恃吾有所不可攻。”非特兵法爲然，蓋可以爲防小人之法。

“原始反終”〔八〕，只是一理，故知生則知死矣。

“原始”而知其來者如此，則“反終”而知其往也亦如此。死生非有二致也。

“原始”而知其來也自無而有，則“反終”而知其自有而無也必矣。人惟不知“原始反終”之理，故舉俗爲異端惑。石門本、洛陽本“俱必矣”節。

觀雲亦可以知生死之説。倐然雲聚而有形者，猶“精氣爲物”〔九〕也；倐然雲散而無迹者，猶“遊魂爲變”〔一〇〕也。“精氣爲物”者，自無而有；“遊魂爲變”者，自有而無。

“原始”而精氣成物”〔一一〕，神之情狀，生之説也；“反終”而“遊魂爲變”，鬼之情狀，死之説也。

《敕天之歌》“喜”、“起”、石門本作“氣”，訛。“熙”爲韻，《皋陶賡歌》“明”、石門本、洛陽本“明”下有“叶”字。“良”、“康”爲韻，“脞”、“惰”、“墮”石門本、洛陽本無“墮”字。爲韻。〔一二〕先儒謂“此乃三百篇之權輿”，良是。

古人論治，必本末兼舉。如皋陶陳謨，首曰“允迪厥德”，本也；“謨明弼諧”，末也。及帝問其詳，則曰云云。蓋“慎厥身，修思永，惇叙九族”，皆“允迪厥德”之事；“庶明勵翼”，皆“謨明弼諧”之事；“邇可遠在兹”，則通言上文之效。〔一三〕

《皋陶謨》“典”、“禮”、“刑”、“賞”四者，萬世爲治之大經不出於此。河津本連下節。

先儒謂：“‘知人安民’，《皋陶》一篇之體要。”竊謂“允迪厥德”又“知人安民”之本源也。蓋“允迪厥德”者，實踐此德於身也；至若“知人”，知之事，“安民”，仁之事，則皆此德之推行耳。苟非實踐此德於身，則私欲盛而天理微，“知人”之智何自而明？“安民”之仁何自而行哉？故曰“允迪厥德”又“知人安民”之本源也。

動多静少，故地對天不過。

地無根，附於天耳。

歐公《本論》，由韓公“明先土之道以道之”〔一四〕一語以立意也。

韓子《原道》篇中“欲治其心，而外天下國家”之語，深中異端之病。老、釋二家皆務潔其身，清其心，棄絶倫理而不恤，正韓子所謂“欲治其心，而外天下國家”者也。洛陽本“之病”節。

左右之言不可輕信，必審其實。石門本連上節，非。

僮僕姑取其給，使令之役耳，切不可聽其言，恐大有害於事。

爲政通下情爲急。河津本連下節。

集衆人之耳目，爲一己之耳目。河津本此下有“方可”二字。

合仁、義、禮、智、信言之，“統體一太極”；分仁、義、禮、智、信言之，“各具一太極”也。

凡詩文出於真情則工，昔人所謂“出於肺腑”者是也。如三百篇、《楚詞》、武侯《出師表》、李令伯《陳情表》、陶靖節《詩》、韓文公《祭兄子老成文》、歐陽公《瀧岡阡表》，皆所謂“出於肺腑”者也，故皆不求工而自工。故凡作詩文，皆以真情爲主。

《小學》只一“性”字貫之。“立教”者，所以教此也；“明倫”者，所以明此也；“敬身”者，所以敬此也。

“以言乎遠則不禦”〔一五〕，大而無外也；“以言乎邇石門本、河津本作“近”。則静而正”〔一六〕，小而無内也。

《記》曰“君父之仇，不共戴天”〔一七〕，只是天理人心自不能已，而死生存亡非所計也。如宋之高宗，父兄宗族皆爲金人所虜，甚至辱及陵寢，以大義言之，只當以不共戴天，爲心而求，所以必報其仇，至於死生存亡，非所當計也。若區區爲自全苟安之計，則必不能伸大義於天下矣。河津本連下節。

秦檜所以得售其講和姦謀者，正以高宗自全苟安之心有以來之也。嗚呼！可恨哉！

湛然純一之謂“齋”，肅然警惕之謂“戒”。

程子曰：“聖人以此洗心，退藏於密……以此齋戒，以神明其德夫！”〔一八〕河津本無“夫”字。

韓文公《元和聖德》詩終篇，頌美之中多繼以規戒之詞，深得古詩遺意。

愛民而民不親者，皆愛之不至也。《書》曰：“如保赤子。”〔一九〕誠能以保赤子之心愛民，則民豈有不親者哉？

聖人爲治純用德，而刑以輔之；後人則純用法術而已。

不明理者，冥行而已。

“一陰一陽之謂道”，即張子所謂“陰陽兩端循環不已者，立天地之大義”〔二〇〕；“繼之者善也，成之者性也”，即張子所謂“游氣紛擾，散而成質者，生人物之萬殊”〔二一〕。但《易》兼理、氣言，張子以氣言。然“器洛陽本作“氣”。亦道也，道亦器也”，是則言雖殊而其致一也。

《參同契》全是《先天圖》卦氣方位流行。朱子所謂“《大易》圖象隱”者，石門本、河津本“者”下有“隱”字。於此類可見。

萬物各具一理，物物各具一太極也；萬理同出于一原，萬物統體一太極也。

《敕天之歌》，正《大小雅》之權輿也；《五子之歌》，變《風》、變《雅》之權輿也。石門本、河津本連下節。

讀《五子》《湯誓》《秦誓》諸篇，則知唐、虞之盛爲不可及矣，風氣日降不可返矣。

今天地萬物，人皆知之，而所以爲天地萬物，則人莫得而知之也。如欲知之，是所謂“誠”歟？“道”歟？“理”歟？“命”歟？“性”歟？“帝”歟？“神”歟？“鬼”歟？“太極”歟？其極一而已矣。

“無所爲而爲”者，誠也；“有所爲而爲”者，僞也。誠者不息，僞者易輟。

克己之目動，兼視、聽、言三者。

須看無物之先，其理如何？

先儒"梅根"指太極,〔二二〕姑舉一物而言耳。如一草、一木、一人、一事、一塵、一芥,洛陽本作"介"。安往而不可指太極哉?

畫出天地萬物理、象、數以示人者,六十四卦也。

"一生二"〔二三〕,就數上説;"太極生兩儀"〔二四〕,就理上説。余在黔中,夢對衆儒士説書,余謂之曰:"一"字尚不能識。既覺得此語,遂中夜燭下書之。

天地之化,無日不變。因在黔中觀柑實,初極青,日漸至於黄色。人之少而壯,壯而老,亦如此,但變之漸而不覺耳。

以誠感人者,人亦以誠應;以詐御人者,人亦以詐應。

木、火、土、金、水之質,在我爲肝、心、脾、肺、腎;木、火、土、金、水之神,在我爲仁、義、禮、智、信之德。"萬物備於我"〔二五〕,舉此亦可見。

至而伸之,神;反而歸之,鬼。天人一也。

天道屈、伸兩端而已。

氣合精凝爲"神",游魂降魄爲"鬼"。

"鬼"者,一往而不復。觀天地之化可見。

自頂以及踵皆天之所與,但當順天而已。

"一本萬殊,萬殊一本"之理,開眼便見。

"一物各具一太極"之中,又有"統體"、"各具"者存焉。如一人各具一太極也,一人之身心又統體之太極也,五臟百骸之理又各具之太極也;一草一木各具一太極也,一草一木之根幹又統體石門本作"體統",非。之太極也,枝葉花果又各具之太極也。萬物莫不皆然。

天下無無理之物,無無物之理。

"誠"者,統體之太極也;"元、亨、利、貞",各具之太極也。

元、亨、利、貞,春、夏、秋、冬,木、火、土、金、水,仁、義、禮、智、信,君臣、父子、夫婦、長幼、朋友,青、黄、赤、白、黑,鹹、苦、酸、辛、甘,天命、人性、五常、四時、五行、五色,是皆一陰陽也,陰陽一太極也。

於春曰"元",於夏曰"亨",於秋曰"利",於冬曰"貞",其命一也;

在父子曰"仁",在君臣曰"義",在長幼曰"禮",在夫婦曰"智",在朋友曰"信",其性一也。

程子曰:"始比不以道,隙於終者,多矣。"〔二六〕故結交貴乎謹始。

宣德六年十月七日夜,余在辰夢從二程夫子游,小程夫子論朱文公,大程夫子贊曰:"'揚休山立'之語,〔二七〕不若'中和'獨立。"因記於此。

物惡太過。自造化尚然,况人事乎!

人之饗用,當各量其分。薄功而厚饗,鮮不仆矣!河津本連下節。

錦衣玉食,古人謂"惟辟"可以有此,〔二八〕以其功在天下而分所當然也。世有一介之士,得志一時即侈用無節,甚至袒洛陽本作"粗"。衣皆綾綺之類,宜其顛覆之無日。此余有目覩其事者,可洛陽本"可"下有"以"字。爲貪侈之戒。

不欺君,自不欺心始。

"日載月,魂載魄"。"載"乃"加載"之載,朱子於《楚辭》辨之詳矣。

吾心誠志於學,天其遂吾願乎?

正以處心,廉以律己,忠以事君,恭以事長,信以接物,寬以待下,敬以處事。此石門本、河津本無"此"字。居官之"七要"也。

謙以自牧,安往而不善?

爲吏不可一事苟且,如文移之類皆當明白。

凡所爲當下即求合理,勿曰:今日姑如此,明日改之。"一事苟,其餘無不苟矣。"〔二九〕

未有逆理而能久者,間有之,所謂"枉之生也幸而免。"〔三〇〕石門本連下節。

聖賢之言如蓍龜,言吉則吉,言凶則凶。或不然者,但有淹速耳,時下通塞不足爲欣戚,要久而後見。

人當自信。河津本連下節。

定見明,自信篤,可以處大事。

衆曰然而有不然者，衆曰不然而有然者，惟理明者能知之。

婦人女子之言不可聽。余見仕宦之人多有以是石門本作"是以"。取敗者，不可不以爲戒。

忍所不能忍，容所不能容，惟識量過人者能之。

嘗過一獨木橋，一步不敢慢，惟恐蹉跌墜失。人之處世，每事能畏慎如此，安有失者？

善惡分明，有降祥降殃之報。間有不然者，非常理也。

河冰解者，非自上消也，由陽氣自下而上騰也，故時至三陽之月，則陽氣上達而河冰畢解矣。

"上交諂"者，人多有此失。蓋事上以恭爲主，恭之過則不覺有取洛陽本作"諛"。之之意，是即所謂"諂"也。

"舜好問而好察邇言"〔三一〕，人須體此。

舜清問於下民，忘其勢而通下情也。

遇横逆之來，當思古人所處有甚於此者，則知自寬矣。

行有不得於外，皆當反求諸己，求諸己者無不盡善。而猶或有不得者，當安於命而已。

唐人詩曰："足知造化力，不及使君需。"吾有取焉。

理自不可泯。所遇稍有識者皆能言天理，但真知而篤信者少矣。

《春秋》於災異不言事應，而事應具存，見天人合一之理。

天命甚微，聖人所罕言，《春秋》多言之，皆微其辭。

欲事之合理誠難，但細微處一一能謹，或少過舉矣。

凡事既濟，則盛極而有悔。故《大象》曰："思患而豫防之。"〔三二〕石門本連下節。

寒中有一半陽，暑中有一半陰，此造化相攙接處。故治不生於治而生於亂，亂不生於亂而生於治。、

康節曰："思慮未發，鬼神莫知，不由乎我，更由乎誰？"〔三三〕人能慎所發於將發，則無悔矣。

以其能治不能，以其賢治不賢，設官之本意不過如此。有假官威

剥民以自奉者，果何心哉！

一不容二，邪正不兩立。

去弊當治其本。本未治而徒去其末，雖衆人之所暫快，而賢知之所深慮。

觀"野馬"而知化機之無息。〔三四〕洛陽本、河津本連下節。

"游氣紛擾"〔三五〕，"野馬"是也。

禮人不答，只當反其敬。

爲人謀而不忠，非仁也。

不爲人之非咲而易其所守。

凡深藏者必重器，而顯露者必賤物。

萬物皆氣機之所爲。

人皆妄意於名位之顯榮，而固有之善則無一念之及，其不知類也甚矣！

"不怨天，不尤人。"〔三六〕此語當自勉。

人欲無涯，不以禮節之，莫知所極矣。

戲謔甚則氣蕩，而心亦爲所移；不戲謔，亦存心養氣之一端。

四月六陽全而陰已生，陰非至此始生也，蓋自三月五陽一陰之時，而《姤》之初爻已兆於《夬》之下矣。先儒謂"陰亦然"〔三七〕者，正謂此耳。

名利關誠實難過，上蔡所謂"能言如鸚鵡者，真可畏也"。

人能自信，則富貴、貧賤、窮通有不能累矣。

人開口皆能談禮義，論名節，及見利必趨，見勢必附，又不知禮義、名節爲何物也？

恭而和，處衆之道。

積誠而人不感者，未之有也。

機事不密則害成。《易》之大戒也。

即人言可以見所養之淺深。

知進退存亡而不失其正者，石門本、河津本無"者"字。子房庶幾焉。

不爲衆譽而加喜，不爲衆毁而加戚，其過人遠矣。

紛華擾擾，浮雲之過目耳。

君子窮以義，達以義，窮達皆天理也；小人窮以利，達以利，窮達皆人欲也。

有"鳳凰翔於千仞"之氣象，則不爲區區聲利所動矣。

君子志於道，小人志於利，利與義之間，不能以髪。

聽言觀行，知人之良法。

君子浩然之氣不勝其大，小人自滿之氣不勝其小。

道大無對，故"游於聖人之門者難爲言"〔三八〕。

小知之人，得用即用，漫不知"行其所無事"〔三九〕。

以誠而感人者，人亦以誠應；以術而馭人者，人亦以術而待。觀漢初君臣可見。

禮樂至於棄本尚末，乃周衰之弊，況末猶不得其正乎！噫！蔽也久矣。

聽言即可以知人之失，如好色者開口即論女色，好貨者開口即論貨財，他皆類此。至於匿情而言正者，又當徐察其行可也。石門本連下節。

世有聞人論道學，不非笑之以爲狂，則憎惡之以爲矯。噫！使學不學道，則所學者果何事耶？

人知天地萬物爲一體，則薰然慈良惻怛之心，有不覺而自發於中者。

静能制動，沉能制浮，寬能制褊，緩能制急。

"貧而無怨難，富而無驕易。"〔四〇〕宜深體之。

富莫富於富有，大莫大於無方。拘於物者，不足以語此。

惡流之濫而決其防，未見其能止也。

一念之欲不能制，而禍流於滔天。

友正直者日益，友邪柔者日損。

醉於欲者汲汲如狂，而心莫知所止矣。

爲善勿怠，去惡勿疑。

忠信積久而後效見。

私欲盡而惻隱之心見。

熟於小知自私者，不足以語大道。

"滿腔子惻隱之心"〔四一〕，即藹然天地生物之心。

傲則仰，慚則俯，邪則欹，正則平。

恭而不近於諛，和而不至於流，事上處衆之道。

"被髮而祭於伊川，興辛有之嘆"〔四二〕，非知幾之君子，孰能與於斯？

誠意孚於未言之前，則言出而人信之。

氣機之運必無差爽，但其理微，而人自不察耳。

君父，人之大倫，只當竭誠敬，盡所以事之之道，其合與否有所不恤也。苟慮其不合，枉道以求之，則所失者多矣。交朋友、事官長皆然。

蕭何廣市田宅以自污，猶王翦伐楚請美田宅甚衆之意。漢初君臣以術相持，此亦可見。

一縷之肉而萬蟻咂之，一勺之水而石門本無"而"字。萬魚吸之，欲滿其欲，可乎？

人有滿於得意而不覺形於色詞者，則其所養可知矣。

作事快心，必慎其悔。蓋消息循環，自然之理，持之有道，則雖亢而非滿矣。

心有毫髮所繫，即不得其平。

天道甚可畏，感於此則應於彼，但有淹速不同耳。

揚子曰："後世有如洛陽本作"苟有"，石門本作"有曰"。揚子雲者，必好之矣。"某之自信亦然。

人之好諛，非特言語爲然也，而文辭尤甚也。素無實德、實才而悦人作文辭以諛己，而作文辭者又極口稱譽之，彼以諛求，此以諛應，文詞之蔽，孰有甚於此乎！

士無氣節，則國勢奄奄以就盡。西漢之季是也。

士之氣節，全在上之人洛陽本無“人”字。獎激，則氣節盛。苟樂軟熟之士，而惡剛正之人，則人務容身而氣節消矣。

事貴審處。古人謂：“天下甚事，不因忙後錯了。”真名言也。

高深遠近皆是天。但以青而在上者爲天，衆人之見也。

患得患失之心推其極，不仁之甚者也。

廉而不公者，只是人欲之私。

世之廉者有三：有見理明而不妄取者，有尚名節而不苟取者，有畏法律、保禄位而不敢取者。見理明而不妄取，無所爲而然，上也；尚名節而不苟取，狷介之士，其次也；畏法律，保禄位而不敢取，則勉強而然，斯又爲河津本作“其”。次也。

操得其要，則不待深懲重賞而人自化於廉。孔子曰：“苟子之不欲，雖賞之不竊。”〔四三〕

《方圖》《圓圖》《横圖》，洛陽本無“横圖”二字。奇耦皆相對。

韓子曰：“澄其源而清其流，統於一而應於萬。”〔四四〕可以形容道體。

“人能弘道”，見氣強而理弱。

贈言以名位期人，不若以德業勉人。

先儒謂“天包地外”〔四五〕。竊謂不但包乎地外，實行乎地中，是則上下内外皆天也。

吾意天地一洛陽本作“亦”，非。終之時，昏暗之極，未必便得開明，如一日之暮可見。但動静之機未嘗息，久則漸次開明矣。一時之末，一日之暮，一月之晦，一歲之暮，一元之終，皆氣化之息也，但久速之不同耳。洛陽本“明矣”節。

《復》爲動之始，《乾》爲動之極；《姤》爲静之始，《坤》爲静之極。静極復動，動極復静，循環無端，非知道者孰能識之？

《復》之初爻自《坤》之初爻來，《姤》之初爻自《乾》之初爻來，陰陽互根，此亦可見。

氣正則生人亦正，氣偏則生人亦偏，如中國、夷狄可見。

左氏多有言過其實者，昌黎所謂“浮誇”是也。〔四六〕

春秋時尚辭命，而文過其實者多，然亦可以觀世變矣。

《左傳》所論是非，一一有吉凶、成敗驗於後，豈盡然乎？

天開於子，山水之源皆在西北，故《坎》《艮》居之。

左氏極有膚淺者，只是理不明。

伯宗河津本作“宗伯”，非。曰：“怙其儁才而不以茂德，滋益罪也。”〔四七〕此可以爲後生輕俊者之戒。

“君子語大，而天下莫能載；語小，而天下莫能破。”〔四八〕須要真見得“不能載”、“不能破”處。

左氏論“敬”處多，亦是先王之教有未泯者。

《大學》之“至善”、《論語》之“一貫”、《孟子》之“性善”、《中庸》之“誠”、周子之河津本無“之”字。“太極”，言雖殊而其義一也。

聖賢垂世立教之意，大要欲人復其性而已。而後之學者讀聖賢之書，但資以爲詞章之用，利禄之階，而不知一言之切於身心。聖賢垂世立教之意果何在哉？

《楚辭》“載營魄”之“載”，與《漢史》“從與載”之“載”，揚子“載魄”之“載”，韓子“《畫記》以孺子載”之“載”，皆“加載”之意，朱子論之詳矣。

讀書之久，見得書上之理與自家身上之理一一契合，方始有得處。

《中庸》一書皆性情之德，而所謂“誠”者，即此德之實也。石門本連下節。

微而草木，大而陰陽造化，盛衰之理一也。

余所見誠有惻然不忍者，非強然，是所不能已也。

程子常河津本作“當”，訛。書“視民如傷”四字於座側，曰：“某於此有愧。”〔四九〕大賢尚然，後之臨民者當何如哉？

人能心在腔子裏，則百事可精。

所處之地雖静，而心飛颺於外亦不得静也。惟身在是而心亦在是，則不擇地而静矣。

一切外事與己本無干涉，而與之擾擾俱馳，是所以爲心病也，河津本無"也"字。惟"知止"則心自定矣。洛陽本"病也"節。

《莊子·人間世》篇，揣摩之術也。

有所自樂，則不爲外物所移。

見理明，則遇事迎刃而解。

一毫省察之洛陽本無"之"字。不至，即處事失宜而悔吝隨之，不可不慎。

處事當沉重、詳細、堅正，不可輕浮、忽畧，故《易》多言"利艱貞"。蓋艱貞則不敢輕忽，而必以洛陽本"以"下有"其"字。正，所以吉也。

天道只是往復而已，觀《否》、石門本無"否"字，非。《泰》《剥》《復》之類可見。

感應之理，於《先天圖》見之。

陰陽迭勝，無須臾止息。

"太極動而生陽"，且從動處説起，其實動自静中來，觀右半陰中之陽可見；静又自動中來，觀左半陽中之陰可見。程子所謂"動静無端，陰陽無始"，張子所謂"陰陽之精，互藏其宅"〔五〇〕者，於是可見。

《孟子》之書，齊、梁諸國之君皆稱"謚"，則成於後來弟子無疑。

《易》之爲教，大概欲人敬慎，雖吉事亦不敢易而爲之。如《大壯》乃陽壯之事，占者"吉亨"，不言"可知"而必曰"利貞"，是即敬慎之意。

晝夜昏明居半，天地開闢亦如之。以"元、會、運、世"〔五一〕觀之，天地開闢各有一半昏明，即如晝夜可見。

氣無涯而形有限，故天大地小，地於天中一毫毛耳。石門本"地小"節。

"以言乎遠則不禦，以言乎邇則静而正，以言乎天地之間備矣。"〔五二〕即"鳶飛魚躍"之意。

"乾一而實，故以質言，而曰大；坤二而虚，故以量言，而曰廣。"〔五三〕至哉言乎！

"反身而誠"〔五四〕，最爲難事。"反身而誠"，則實有諸己矣。

"形而上者謂之道"，"隱"也；"形而下者謂之器"，"費"也。

形而上，形而下，道器元不相離，舉目皆是。

曾子曰："戰戰兢兢，如臨深淵，如履薄冰。"〔五五〕君子之守其身，可不謹乎！

必使一言不妄發，則庶乎寡過矣。

聖人言："學《易》，可以無大過。"〔五六〕此非設言也，蓋必有己所獨得而人不及知者焉。

聖賢工夫，步步着實。如莊、老之學，儘説得只是不著實。

小人不知義理，或名或利，凡可以苟得者無不求之。

"一故神，兩故化。"〔五七〕近觀之人身，遠觀之天地，無不盡然。

無行可悔，則德進矣。

天下大慮，惟下情不通爲可慮，昔人所謂"下有危亡之勢而上不知"是也。

聖賢以義制心，得志與天下由之，不得志獨行其道，出處進退，富貴貧賤，視之如一，初不少動其心。小人則不然，方血氣盛時，據位持勢，真洛陽本作"其"，非。若剛強不屈者及血氣既衰，去位失勢，悲感流涕，卑屈苟賤之態靡所不至，由無義以制心也。

"珠藏澤自媚，玉藴山含輝。"此涵養之至要。

鄭游吉"九言"曰："無始亂，無怙富，無恃寵，無違同，無傲禮，無驕能，無復怒，無謀非德，無犯非義。"〔五八〕切〔五九〕謂"九言"之中，"無犯非義"，"無傲禮"二言，足以盡蓋其餘。

范武子曰："喜怒以類者鮮，易者實多。"〔六〇〕此名言也。

《左傳》曰："思其終也，思其復也，思其反也。"〔六一〕蓋人能每事即始而慮終，則必無悔吝之及矣。

《詩》三百篇，天道人事無不備。

人只爲耳目口鼻、四肢百骸做得不是，壞了仁義禮智信，若耳目口鼻、四肢百骸做得是，便是仁義禮智信之性。《詩》所謂“有物有則”〔六二〕，《孟子》所謂“踐形”者是也。〔六三〕

程子曰：“文明則能燭理，故能明大同之義；剛健則能克己，故能盡大同之道。”〔六四〕

晉伯宗每朝，其妻必戒曰：“盜憎主人，民惡其上，子好直言，必及於難。”〔六五〕伯宗不能用，後果爲三郤譖而殺之。

正《風》未幾而變《風》繼之，正“大小雅”未幾，而變“大小雅”繼之，否泰、治亂之相尋，理之必然也，何足怪哉！

不忮不求，可以爲守身之法。

《國風》至於《邶》，《小雅》至於《鴻雁》，《大雅》至於《民勞》，皆“泰極而否”。陰陽相根之理微矣。

天地間無物無陰陽。偶讀韻書，其平聲者陽也，側聲者陰也。

《詩》全洛陽本、河津本作“一”。經，“性情”二字括盡。

《關雎》之類言夫婦，《鹿鳴》之類言君臣，《棠按《詩》作“常”。棣》之類言兄弟，《蓼莪》之類言父子，《黄鳥》之類言朋友，此《詩》於人倫之道無不備也。

不欺君，不賣法，不害民。此作官持己之“三要”也。

讀正《風》正《雅》則心樂，讀變《風》變《雅》則心不樂者，好善惡惡之真情也。

爲政當有張弛。張而不弛則過於嚴，弛而不張則流於廢；一張一弛，爲政之中道也。

李景讓母鄭氏曰：“士不勤而禄，猶災其身。”雖婦人之言，亦可以爲居官怠職者之戒。

“一，五行”之疇，〔六六〕于“八疇”無不包，〔六七〕誠以“五行一陰陽也，陰陽一太極也，太極本無極也”〔六八〕。天下之理，豈有出於無極、太極之外者哉？其旨深矣。

勢屈於匹夫，義不勝也。

行有不得,反之於己。使行之是,則得不得有命,己何與焉?使行之非,即當改之,不可執其非以求勝於人也。

或曰:"人有慢己者,何以處之? "曰:"使己有可慢之事,則彼得矣;己無可慢之事,則彼失矣。失得在彼,己何與焉?"此先儒之論,重書以爲警。

好勝,人之大病。

富貴易至溺人,可不謹哉!

節儉樸素,人之美德;奢侈華麗,人之大惡。

人有不謹河津本作"及"。者,不可以己能病之。

人遇拂亂之事,愈當動心忍性,增益其所不能。所行有窒礙處,必思有以通之,則智益明。

統天地萬物爲一理,所謂"理一"也;在天有天之理,在地有地之理,在萬物有萬物之理,所謂"分殊"也。"理一"所以統乎"分殊","分殊"所以行乎"理一",非有二也。

如人一身之理,"理一"也;四肢百骸各具之理,"分殊"也。理一統乎分殊之中,分殊不在理一之外。

"本然之性","理一"也;"氣質之性","分殊"也。

纔自有其能,便爲心累。如顏子雖簞瓢陋巷,不改其樂,在顏子之心,則未嘗自以樂爲能也。

有此理則有此物,及有物,則理又在物中。

以不雜者言之,謂之"本然之性",以不離者言之,謂之"氣質之性",非有二也。

"人莫不飲食也,鮮能知味也"〔六九〕;人莫不有道也,鮮識其真也。

造化非陰即陽,人事非柔即剛。

動静雖屬陰陽,而所以能動静者,則太極之所爲也。如寂感雖屬人心,而所以能寂感者,河津本、洛陽本無"者"字。則性之所爲也。

《太極圖解》下朱子《語録》論道器曰:"如這人身是器,語言動作便是人之理。"竊謂此或記者之誤。蓋人身與語言動作皆是器也,人身語言動作之則乃理也。若指人之語言動作爲理，則是認氣爲道，昧於“形而上”、“形而下”之別矣。故疑此言或記者之誤也。

萬物各受此理，如衆水各受此日光。但物之清者，受此理則理亦明；物之昏者，受此理則理亦昏。昏非理昏也，由物之昏蔽之也。如水之清者，受此日光則光亦明；水之濁者，受此日光則光亦暗，暗非光暗也，水之濁以淆之也。以是觀之，則“性本善而無惡”可知，其惡者皆氣質之拘也。

人於動處難得恰好，纔動便有差，所以“發而中節”爲難也。

人皆有此理，聖人與塗人同。聖人有耳、目、口、鼻之理，塗人亦有耳、目、口、鼻之理；聖人有心、肝、脾、肺、腎之理，塗人亦有心、肝、脾、肺、腎之理；聖人有君臣、父子、夫婦、長幼、朋友之理，塗人亦有君臣、父子、夫婦、長幼、朋友之理。但聖人稟得氣質清粹，故能全盡此理；衆人稟得氣質昏駁，有不能全盡耳。

“將欲翕之，必固張之；將欲弱之，必固強之；將欲廢之，必固興之；將欲奪之，必固與之。”是皆竊春夏之闢而爲秋冬之闔，程子所謂“老子竊弄闢闔者”，以此。

“乾始能以美利利天下，不言所利，大矣哉！”〔七〇〕如堯、舜利世之功大矣，而其心則曷嘗自以爲大哉？使有一毫自大之心，則與“乾始利天下，不言所利”不同，而非所以爲堯、舜矣。

人之一呼者，太極動而陽也；一吸者，太極静而陰也。吸爲呼之根，呼爲吸之根，即陰陽之一動一静而互爲其根也，以至一語一默無不皆然。則太極陰陽之妙，又豈外於人之一身哉？

近海斥鹵而地氣亦薄，故生物不暢茂，觀山東海豐諸邑，林木稍長即怙悴可見。

一理也，得之爲天，得之爲地，得之爲萬物。

道無聲之可聞，無形之可見，惟因夫形而下之器，默識夫形而上之理，則謂之“見道”。非若天地萬物真有形之可見也。

天不以隆冬大寒而息其生物之機緘，人不以熟寢大寐而息其虛靈之知覺。

人心至爲神明。如來日將早作，今夕雖熟寐之甚，及至其期而自覺，豈非心之神明乎？

人惟一心，操之爲君子，放之爲小人。

自古興亡治亂之幾，皆由於心之存亡。

一念之差貽患生靈有不可勝言者。如漢武只因欲得西域善馬，甘心喪師不悔，及貳師再舉西伐，僅得善馬數十疋而還，是以數十疋馬易數石門本、河津本無"數"字。萬人之命，又且作歌被之聲樂誇耀祖宗，其爲不仁甚矣！原其本，只由一念之差耳。

如來日將早作，而中夜屢寐屢寤，警惕不安者，心之神明使然也。

滿眼皆實理，而人不之信。釋氏持一偏空説，舉前古之人皆爲所惑，何哉？洛陽本作"耶"。

身體髮膚受之父母，不敢毀傷，人之大孝也；夫婦配偶，所以承先世之重，延悠遠之緒，人之大倫也。釋氏乃使人髡河津本作"禿"。其髮，絶其配，不孝絶倫之罪大矣！

莊子曰："泰宇按《莊子》作"宇泰"。定者，石門本、河津本無"者"字。發乎天光。"〔七一〕言心定則明也。

聖人順天理而盡人倫，釋氏逆天理而滅人倫。

雖上知不能無人心。聖人所謂"無欲"者，非若釋氏盡去根塵，但人心之得其正者，即道心以其不流於人欲之私，所謂"無欲"也。

造化只是陰陽五行，人道只是健順五常。皆洛陽本作"此"。實理也，知者鮮矣。石門本"五常"節。

聖人一片實心，種種道理皆從此出。

無有大於理、氣者。

作聖作狂，此心一轉移間石門本、河津本無"間"字。耳。

《中庸》引《詩》曰："上天之載，無聲無臭。"即"無極而太極"也。

《莊子》曰："《詩》以道志，《書》以道事，《易》以道陰陽，《春秋》以道名分。”〔七二〕先儒謂“莊子是大秀才”，觀此可見。

張子曰“一故神”，神即太極也。或者謂“太極不會動静”〔七三〕，則神爲無用之物矣。豈所以爲“造化之樞紐，品彙之根柢”哉？

只一箇太極，行乎陰陽、五行、男女、萬物之間，無所不在。

盆成括“小有才而不知君子之大道，適足以殺其身”〔七四〕。蓋人知大道，則明於進退、存亡、吉凶、消長之理，必不至於輕率逞才妄爲以取禍也。

視其色在目，而知其色之理在心；聽其聲在耳，而知其聲之理在心；食其味在口，而知其味之理在心；聞其香在鼻，而知其香之理在心。此心所以爲一身之主宰也。

天人一理，故致乖、致和無不感通。

耳、目、口、鼻各專一事，而心則無不通。

耳順，則聲入心通；目明，則物接理見。

莊子曰：“生物以息相吹。”〔七五〕息是人呼吸之息，九萬里之氣亦是此息相吹，則人之氣召和、召災可知矣。

“七竅鑿而混沌死”〔七六〕，七情熾而天理亡之譬也。

舉四海九州生民之氣無不和，則自足以感陰陽之和；舉四海九州生民之氣既乖，則亦足以感陰陽之異。此理之必然也。

固不可假公法以報私仇，亦不可假公法以報私德。

物各具五行之色，如天地有五方，土石有五色，雲氣有五色之類。是則萬物豈出於五行之外哉？

下民之冤不伸者，由長人者之非其人也。

爲官者切不可厭煩惡事。苟視民之冤抑一切不理，曰“我務省事”，則民不得其死者多矣。可不戒哉！

一命之士，苟存心於愛物必有所濟。蓋天下事莫非分所當爲，凡事苟可用力者，無不盡心其間，則民之受惠者多矣。

昔人謂“律是八分書”〔七七〕。蓋律之條目，莫非防範人欲，扶翼天理，故謂之“八分書”。

慎言，謹行，是修己第一事。

人之所爲，不犯條律河津本作"律條"。即爲義，犯之即爲非義，則"律爲八分書"可見。

余一夕夢先人告余曰："慈、温、良。"得非有所警乎！

心口如一爲忠信，心口不一非忠信也。

只"四勿"，念之豈有差乎？

天下至貴者道，得之則生，失之則死，爲天下至貴不亦宜乎？

偶讀醫書，有曰"洗心"，曰"齋防患"，曰"戒"，吾有取焉。

乞墦之富貴，恬不知耻，可怪也夫！

責人當反求諸己。

釋氏本是自潔其身，紛紛之言，皆其徒附會之也。

道家者流，如老子《道德經》是也如"符籙"、"科儀"、飛昇"、"黄白"之術，皆後人附會爲道家之事，《道德經》豈有是哉？

朱子於《吾無隱乎爾章》以"作、止、語、默無非教也"〔七八〕釋之。蓋"作"與"語"屬動，陽石門本作"陽動"。之發也；"止"與"默"屬静，陰之爲也。動静陰陽，曷莫非是道之著？至於動而静，静而復動，循環無端，則又道之至妙至妙者也。其示人之意，豈不顯而可見哉？

曾點之"鼓瑟希，鏗爾，舍瑟而作。對曰：'異乎三子者之撰。'"〔七九〕其動静從容者，此理也。"暮春者，春服既成。冠者五六人，童子六七人，浴乎沂，風乎舞雩，咏而歸"〔八〇〕者，亦此理也。是則"人欲盡處，天理流行，隨處充滿，無少欠缺"〔八一〕，安往而不然哉？

聖人一身動静，無非仁義禮智之德充乎中而發乎外，其示人可謂無隱矣。

"認得爲己，何所不至？"此言當深玩味體認。

不虐無告，不廢困窮，聖人之仁也。

勿以小事而忽之，大小必求合義。

法立而行，則人不翫。

事合義，雖大不懼；不合義，雖小當謹。

道有正有邪，德有凶有吉，此韓子所謂“道與德爲虚位”〔八二〕也。

氣質之蔽最深。“民不可使知之”，是皆蔽之深不能有以開其識也。如佛、老之教，分明非正理，而舉世趨之，雖先儒開示精切而猶不能祛其惑，是皆氣質蔽之深也。河津本“識也”節。

偶一事發不中節，終夕不快。

“命”、“性”、“道”、“教”，只是一“理”。

臨屬官，公事外不可泛及他事。

“不仁者不可久處約，不可長處樂。”〔八三〕朱子釋之謂“不仁之人，失其本心，久約必濫，久樂必淫。”〔八四〕濫即爲貧賤所移而更其節也，淫即爲富貴所淫而蕩其心也。若“貧賤不能移”〔八五〕，即仁者能久處約矣；“富貴不能淫”〔八六〕，即仁者能長處樂矣。孔、孟之言，互相發明如此。

【校記】

〔一〕引自韓愈《讀荀》。

〔二〕引自韓愈《原道》。

〔三〕引自韓愈《答王秀才序》。原文“道”下有“者”字。

〔四〕引自韓愈《與孟尚書書》。原文爲：“余嘗推尊孟氏，以爲其功不在禹下。”

〔五〕引自《河南程氏外書》卷三。原文“心廣體胖”在“則”下。

〔六〕見《孟子·滕文公下》。

〔七〕引自《易經·既濟·卦辭》。

〔八〕〔九〕〔一〇〕引自《易傳·繫辭上》。

〔一一〕據原文，“成”當作“爲”。

〔一二〕見《尚書·夏書·益稷》：“帝庸作歌曰：‘敕天之命，惟時惟幾。’乃歌曰：‘股肱喜哉！元首起哉！百工熙哉！’臯陶……乃賡載歌曰：‘元首明哉！股肱良哉！庶幾康哉！’又歌曰：‘元首叢脞哉！股肱惰哉！萬事墮哉！’”

〔一三〕引文均見《尚書·虞書·臯陶謨》。

〔一四〕引自韓愈《原道》。

〔一五〕〔一六〕引自《易傳·繫辭上》。

〔一七〕引自《禮記·曲禮上》。原文爲：“父之仇，弗與共戴天。”

〔一八〕引自《河南程氏遺書》卷十一。語出《易傳·繫辭上》。原文“以此齋戒”上有“聖人”二字。

〔一九〕引自《尚書·周書·康誥》。原文爲:“若保赤子。”又,《大學·傳九章》云:“康誥曰:‘如保赤子。’”

〔二〇〕引自張載《正蒙·太和篇》。

〔二一〕引自《正蒙·太和篇》。原文“散”作“合”字。

〔二二〕見《朱子五經語類》卷八《易八·上經一》:“文王本説‘元亨利貞’爲‘大亨利貞’,夫子以爲‘四德’。梅蕊初生爲‘元’,開花爲‘亨’,結子爲‘利’,成熟爲‘貞’。”

〔二三〕引自《老子》四十二章。

〔二四〕引自《易傳·繫辭上》。原文爲:“《易》有太極,是生兩儀。”

〔二五〕引自《孟子·盡心上》。原文“物”下有“皆”字。

〔二六〕引自《周易程氏傳》卷一《周易上經上·比》。原文“多”上有“天下”二字。

〔二七〕見《禮記·玉藻》:“山立,時行。盛氣顛實揚休。”

〔二八〕見《尚書·周書·洪範》:“惟辟作福,惟辟作威,惟辟玉食。”

〔二九〕引自《河南程氏遺書》卷十一。原文爲:“一事苟,則其餘皆苟矣。”

〔三〇〕引自《論語·雍也》。

〔三一〕引自《中庸》第六章。

〔三二〕引自《易傳·既濟·象辭》。

〔三三〕引自《宋元學案》卷十《百源學案下》。原文“發”作“起”。

〔三四〕見《莊子·逍遥遊》:“野馬也,塵埃也,生物之以息相吹也。”

〔三五〕引自張載《正蒙·太和篇》。

〔三六〕引自《論語·憲問》。

〔三七〕引自《周易程氏傳》卷二《周易上經下·剥》。

〔三八〕引自《孟子·盡心上》。

〔三九〕引自《孟子·離婁下》。

〔四〇〕引自《論語·憲問》。

〔四一〕見朱熹《孟子集注》卷三《公孫丑章句上》引程子語。原文“惻”上有“是”字。

〔四二〕見《左傳》僖公二十二年:“辛有適伊川,見披髮而祭於野者。”

〔四三〕引自《論語·顔淵》。

〔四四〕引自韓愈《爲韋相公讓官表》。

〔四五〕見《朱子五經語類》卷三十一《易三十一·繫辭上傳四》:“以形言之,則天包地外,地在天中。”又見《吴文正公全集》卷一《原理》:“天包地外,旋轉不停,則地處天内,安静不動。”

〔四六〕見韓愈《進學解》。

〔四七〕引自《左傳》宣公十五年。原文“滋”作“兹”。

〔四八〕原文無兩“而”字。“破”下有“焉”字。

〔四九〕見《河南程氏外書》卷十二:“明道先生作縣,凡座處皆書‘視民如傷’四字。常曰:‘顥常愧此四字。’”

〔五〇〕引自張載《正蒙·參兩篇》。

〔五一〕見邵雍《皇極經世書》卷首下。

〔五二〕引自《易傳·繫辭上》。原文“間”下有“則”字。

〔五三〕引自朱熹《周易本義》卷七《周易繫辭上傳》。

〔五四〕引自《孟子·盡心上》。

〔五五〕引自《論語·泰伯》。

〔五六〕引自《論語·述而》。

〔五七〕引自張載《正蒙·參兩篇》。

〔五八〕引自《左傳》定公四年。

〔五九〕據文意,“切”爲“竊”之訛。

〔六〇〕引自《左傳》宣公十七年。

〔六一〕引自《左傳》襄公二十五年。原文爲:“君子之行,思其終也,思其變也。《書》曰:‘慎始而敬終,終以不困。’”

〔六二〕引自《毛詩·大雅·蕩之什·烝民》。

〔六三〕見《孟子·盡心上》:“形色,天性也,惟聖人然後可以踐形。”

〔六四〕引自《周易程氏傳》卷一《周易上經上·同人》。

〔六五〕引自《左傳》成公十五年。

〔六六〕〔六七〕見《尚書·周書·洪範》。

〔六八〕引自周敦頤《太極圖説》。

〔六九〕據原文,“欺”爲“飲”之訛。

〔七〇〕引自《易傳·乾·文言》。

〔七一〕引自《莊子·庚桑楚》。

〔七二〕引自《莊子·天下篇》。原文“《書》以道事”下有“《禮》以道行,《樂》以道和”八字。

〔七三〕引自《吴文正公全集》卷二《答王參政儀伯問》。原文爲:“太極本無動静體用也。”

〔七四〕引自《孟子·盡心下》。原文爲:盆成括“其爲人也小有才,未聞君子之大道也,則足以殺其軀而已矣。”

〔七五〕引自《莊子·逍遥遊》。原文“物”下有“之”字。

〔七六〕引自《莊子·應帝王》。原文爲:“日鑿一竅,七日而渾沌死。”

〔七七〕見《河南程氏外書》卷十:“介甫言律是八分書,是他見得。”

〔七八〕朱熹《論語集注》卷四《述而第七》。

〔七九〕〔八〇〕引自《論語·先進》。

〔八一〕引自朱熹《論語集註》卷六《先進第十一》。

〔八二〕引自韓愈《原道》。

〔八三〕引自《論語·里仁》原文兩“可”下均有“以”字。

〔八四〕引自朱熹《論語集註》卷二《里仁第四》。

〔八五〕〔八六〕引自《孟子·滕文公下》。

讀書録卷八

所謂"知幾"者〔一〕,於事未形著而識其微也,非聖人其孰能之?

凡禍患伏於無形之中,惟聖人則知幾而防之於未然,故能消其禍;衆人不知幾,而圖之於已著,則已無及矣。

迷於利欲者,如醉酒之人,人不堪其醜,而己不覺也。石門本連下節,非。

耳目之聰明爲魄,魄者,形之神也;口鼻之呼吸爲魂,魂者,氣之神也。人有許多聰明知識者,魄之爲也;有許多呼吸運動者,魂之爲也。洛陽本"氣之神也"節。

堯之"欽明"、"俊德"〔二〕,以至"黎民於變時雍"〔三〕;舜之"慎徽五典"〔四〕,以至"烈風雷雨弗迷"〔五〕;與孔子之"立之斯立,道之斯行,綏之斯來,動之斯和"〔六〕,皆聖人作用神速功效。

史臣首叙堯、舜、禹之事,有乾、坤之道焉。堯曰"欽明",舜曰"重華"〔七〕禹曰"祗承"〔八〕,則堯、舜爲乾,禹爲坤,可見帝降而王,殆以此歟!

後人不知人臣之道,但得高官厚禄,即有自滿之色。觀"臣克艱厥臣"〔九〕及"爲臣不易"〔一〇〕之語,禄位果可自滿乎?

動而不息者,陽魂也;静而有識者,陰魄也。

夜氣如泉源,淆之數亦不能清矣,君子所以貴乎存息也。

仁是嫩物,譬之草木,嫩則生,老則枯。

寂而感,虚而實。此吾儒與釋、老石門本、河津本作"子"。不同處。

變化無須臾之止息。

自不知其所以然而然者，造化也。

“天地之大德曰生”〔一一〕，無間斷，無空缺。

知而不仁，如老、莊之流是也。

静中之識曰“魄”，動中之靈曰“魂”。

草木之敷榮暢茂者，神之迹；其凋落枯悴者，鬼之迹。石門本連下節，非。

“知至至之”〔一二〕，“窮理”〔一三〕也；“知終終之”〔一四〕，“盡性以至於命也”〔一五〕。

朱子曰：“誠之有物，不待形而有。”蓋雖“冲漠無朕之中，而萬象森然”已具矣。

理義河津本作“義理”。之心不可少有間斷，孟子所謂“勿洛陽本、河津本作“無”。忘”是也。

心斯須不存，即與理義河津本作“義理”。背馳，可不念哉！

《烝民》之詩，“二五”之疇，〔一六〕同一義也。

“至誠無息”〔一七〕者，大德之敦化；“萬物各得其所”〔一八〕者，小德之川流。

“一本萬殊”。“殊”與“奉”不可分而爲二。

朱子曰：“聖人作《易》，因陰陽之實體，爲卦爻之法象。”〔一九〕此見作《易》之本義。

“天地設位而易行乎其中”〔二〇〕，天之生生不已也；“成性存存，道義之門”〔二一〕，理之生生不已也。

“知”、“禮”皆“性”也。人能“知崇”如天，“禮卑”如地，便是“成性存存”，而洛陽本無“而”字。道義自此出也；人之知不能如天之高，禮不能如地之卑，是壞其性而不存，道義何自而出哉？反此，則“成性存存”，而道義出矣。

只“知崇禮卑”〔二二〕，便是“成性存存”。

“知崇禮卑”，“成性存存”應；“天地設位”，“道義之門”應。易在其中矣。

“博文”，“知崇”也；“約禮”，“禮卑”也。

《中庸》之“道問學，致廣大，盡精微，極高明，温故知新”〔二三〕，皆《易》“知崇”之事；“尊德性，道中庸，敦厚崇禮”〔二四〕，皆《易》“禮卑”之事。

天者，陽氣之實體；地者，陰形之實體。

“成性”即“天地”，“存存”即“設位”，“道義之門”即“易行乎其中”。

夫子之德，“温良”屬仁，“儉”屬義，“恭讓”屬體。〔二五〕

近世《易》《詩》《書》《春秋》四書《傳》《註》之外，世儒纂集諸家之説附釋其後，雖時有發明，其實太繁複汗漫，而學者終不能遍觀而盡讀，反於正經本旨日至蔽隔支離。先儒“燭籠之譬”正如此。〔二六〕

道之不明，科舉之學害之也。

《四書集註》《章句》之外，倪河津本作“伊”。氏《集釋》最爲精簡。其他割裂舊説，附會己意，但欲起學者之觀聽，圖己名之不朽，駁雜浩穰，害理尤甚。洛陽本下連卷後“朱子著《四書》”節。

自朱子没，而道之所寄不越乎言語文辭之間，能因文辭而得朱子之心學者，許魯齋一人而已。

雲而雨者，自無而有；雨而晴者，自有而無。雷、霆、風、露之類亦然。

太極中無所不有，分河津本無“分”字。而爲陰陽五行、男女萬物，無所不在。

“元、亨、利、貞”，文王之言也，其理無窮。

聖賢之書，垂訓萬世，本欲開明天理，使人反求諸身心而得其實。自朱子没，士子誦習其説者，率多洛陽本作“皆”。以爲出身干禄之階梯，而不知反己以求其實，聖賢垂訓之意果安在乎？

寒暑往來有一定之節，萬物生育有一定之形，人倫綱常有一定之理，是皆太極爲之主，窮天地亘古今而不易者也。

新竹有露者，津液上行結而爲露也，如人髮中有汗然。曹縣分司偶觀新竹記此。

因觀烏，烏哺其雛，仁心藹然可見。

天地分明一大父母生出無限小父母來。

知道則自簡。

漢高祖取天下，大抵能用群策。如下陳留用酈生之策；還軍霸洛陽本、河津本作“灞”。上，攻嶢關，用樊噲、張良之策；從漢中東兵，用韓信之策；守滎陽、成皋，又用酈生之策；捐金間楚，用陳平之策；封韓信齊王，追項羽垓下，以地封韓、彭、英布，使自爲戰，又用良、平之策；及天下已定，徙都關中，用劉敬之策。悉收群策而用其長，此所以破秦滅楚不五載而成帝業。

枚乘曰："欲人無聞，莫若勿河津本作“無”。言；欲人無知，莫若勿河津本作“無”。爲。"又曰："積德累行，不知其善，有時而用；棄義背理，不知其惡，有時而亡。"此皆名言也。

朱子曰："其心明乎正理而無蔽，然後其言平正通達而無病。"〔二七〕此知言所以能知人也。

天地萬物皆一理也，天地萬物各有其一分，分殊也。

《通書》一"誠"字括盡。

《通書》與《太極圖》表裏。

只一《復》卦，多少義理，天道人事無不備。

讀《易》在識時勢。

存心不失爲"中"，應事不差爲"和"。

"中"也者，至德也；"和"也者，要道也。

地泥、城隍墻，皆土也；孝慈、恤愛、惻怛，皆仁也。"理一分殊"，於此亦可見。

"親親而仁民，仁民而愛物。"〔二八〕其"理一"爲仁，"分殊"爲義。

陰陽合，則魄凝魂聚而有生；陰陽判，則魂升爲神，魄降爲鬼。《易大傳》所謂"精氣爲物，游魂爲變，故知鬼神之情狀"〔二九〕者，正以明此。《書》所謂"徂落"〔三〇〕者，亦以升降爲言耳。此《中庸·或問》朱子之言死生之説，不過如此。

昔人訓“皇”爲“太極”，爲“中”，皆虚字也。朱子非之，謂“皇爲君極，猶屋極之極”〔三一〕，則二字皆實矣。蓋謂極居此物之中則可，便謂極爲中則不可。近因道出武定州北隅，洛陽本作“偶”。觀郵亭撮頂一木居中，衆木四面輳之，此正所謂極也。因朱子之説而記余之所言如此。

《太極圖》“假象以顯義”。

“無輕民事惟艱，無安厥位惟危”〔三二〕。豈惟爲人君當然哉？凡爲人臣者亦當守此，以爲愛民保己之法也。

周公作《無逸》告成王，遠舉殷之三宗，皆繼體守成之君，欲成王有所法也；近舉太王、王季、文王，皆周先哲也，欲成王有所嚴憚以修其德也。其意切矣。

《無逸》書，後世爲人君者宜寫一通，置之座右。

“嚴恭寅畏，天命自度”。用《無逸》一書之要。

天轉正如車輪之轉，蓋側轉也。如八月初昏，斗柄指西，至天將明時看之，則斗柄却指卯矣。以是知天一晝夜側轉一周，而斗柄亦隨天翻轉指卯也。

讀《吕刑》之書，穆王不訓德而訓刑，又可見當時世道之愈下矣。

《書》終於《秦誓》，聖人之微意歟！

“幾”字古聖人已言之，至周子發明尤親切耳。

《性理大全》書以周子《太極圖》冠於篇端，默識而旁通之，則一書之理不外是矣。非獨《性理大全》一書不外乎是，以至五經、四書與凡聖賢之言，又豈有出此《圖》之外者哉？嗚呼！其旨深矣。

康節曰：“一動一静之間，乃天下之至妙。”〔三三〕至妙者，蓋指“貞元間太極”也。周子曰：“太極動而生陽，動極而静，静而生陰，静極復動。”蓋“静極復動”，即貞下起元，即康節所謂“貞元間太極”也。

程子謂：“《中庸》始言一理，中散爲萬事，末複合爲一理。”〔三四〕蓋“始言一理”，即天命之性也；“中散爲萬事”，即“達道”、“達德”、

"九經"、"天道"、"人道"之屬，無非天命之性；"末複合爲一理"，"上天之載，無聲無臭"，又即天命之性矣。

不論人之賢否，但見勢利洛陽本作"力"。即傾慕，豈非失其本心乎？噫！弊也久矣。

高則明，博則厚。觀之天地可見。

凡物虚則有神。如鼓虚則響，鐘虚則鳴，心虚則靈。

日入而群動息，日出而群動作，一息一作者，其《易》之謂與！

"大聲不入於里耳，折楊、石門本、河津本作"揚"。皇荂；則嗑然而笑。高言不上《莊子》作"止"。於衆人之心。"〔三五〕驗之世俗誠然。

朱子注四書，明聖賢之道，正欲學者務"爲己之學"。後世皆藉石門本作"籍"。此以爲進身之階梯，夫豈朱子註書之初意哉？洛陽本上連卷内"《四書集注》《章句》之外"節。

夏葛冬裘，饑食渴飲，朝作暮息之得其正者，皆"時中"也。

張之極者必翕，強之極者必弱，興之極者必廢，與之極者必奪，乃造化消息滿虚自然之理。《老子》"意欲翕之，乃固張之；意欲弱之，乃固強之；意欲廢之，乃固興之；意欲奪之，乃固與之。"〔三六〕此程子所謂"竊弄闔闢而爲術也"〔三七〕。

《太極圖》只是陰陽兩端循環不已，而理爲之主。

《太極圖》天地、古今、陰陽、寒暑、晝夜、死生、剛柔、動静，無不括盡。

《太極圖》遠而萬古，近而一息，無能外者。

《先天圖》十月純《坤》初爻中已有十一月《復》卦初爻之根，即《太極圖》右半陰中陽也；《先天圖》四月純《乾》初爻中已有五月《姤》卦初爻之根，即《太極圖》石門本無"圖"字。左半陽中陰也。由是觀之，《先天》與《太極圖》亦未嘗不合。

静看《太極圖》，斯須離之不可得也。

謙者聖人之誠心，非爲有所取於人而然也。《老子》乃曰聖人"欲上民，必以言下之；欲先民，必以身後之"〔三八〕，則是出於有意之私，而非聖人誠心之洛陽本作"之誠心"。謙德矣。

《史記·日者》季主之言,深有中於墨者。〔三九〕

古人用字最密,如"冒色"之"冒"字是也。

火、木陽也,生於陰,陰中有陽也;水、金陰也,生於陽,陽中有陰也。

心所具之理爲太極,心之動静爲陰陽。

忠信立身之本。

惟誠無間斷破缺。

周、程、張、朱真儒也,四子辨佛、老之非至矣。學者讀四子之書,而乃匍匐爲石門本、河津本無"爲"字。佛、老之奴隸,是豈真知四子而能讀其書者哉?

學者得如周、程、張、朱之爲人亦可矣。四子不好佛而學者乃好之,則是爲人不求如四子之賢,而好佛乃求過於四子也,惑之甚矣!

即"無極而太極"觀之,"冲漠無朕之中,萬象森石門本、洛陽本作"昭"。然已具",所謂"體用一源"〔四〇〕也;即陰陽、五行、男女、萬物觀之,而此理無所不在,所謂"顯微無間"〔四一〕也。

"體用一源",不可分"體"、"用"爲二;"顯微無間",不可分"道"、"器"爲二。以武王之聖,而不知夷、齊之賢,豈非命歟?

只是一箇"性",分而爲仁、義、禮、智、信,散而爲萬善。

義者,天命之性也,君子行義而盡其性,則天命在是矣。

所行者善則吉,所行者惡則凶,所謂"無卜筮而知吉凶"也。

"中庸"之理,不離乎動作、語默、人倫之間,知者鮮矣。

過一分爲太過,不及一分爲不及,此中庸所以"爲難"也。

程復心《四書章圖》破碎義理,愈使學者生疑。

程復心將《太極圖》中著一"氣"字,又從而釋洛陽本作"識"。之曰:"太極未有象數,惟一氣耳。"〔四二〕乃漢儒"涵三爲一"〔四三〕,老、莊指太極爲氣之説,其失周子、朱子之旨遠矣。

理氣密匝匝地,真無毫髮之縫隙。河津本連下節。

無大，無小，無内，無外，一以貫之。

盡事親之道而得其仁，盡事君之道而得其義，盡夫婦之道而得其知，盡事兄之道而得其禮，盡朋友之交而得其信，皆所謂"下學人事，上達天理"也。以至盡耳、目、口、鼻、手、足之道，而得聰、明、止、石門本、河津本作"正"，或訛。肅、恭、重之理，又皆所謂"下學人事，上達天理"也。

"《西銘》明理一而分殊"。《太極圖》自一理、二氣、五行，成男成女而化生萬物，亦無往而非"理一分殊"也。

父母生子，耳目口鼻四肢百骸無不備，人子能體其全而歸之，斯謂之孝。天之生人，五常百行之理無不全，人能以事親之心事天，於天所賦之理無一之或失，則亦天之孝子矣。

理爲萬物之一源，"理一"也；萬物各得一理，"分殊"也。

天道無言而四時行、萬物生，聖人不言而四德著、萬善全。其致一也。

"大德敦化"，"理一"也；"小德川流"，"分殊"也。

氣質極難變，十分用力猶有變不能盡者。然亦不可以爲難變而遂懈於用力也。

"畫前之《易》"，太極中森然已具者也。

太極雖冲漠無形，而兩儀、四象、八卦以至六十四卦，無窮之數已森然具於其中矣。

太極、兩儀、四象以至六十四卦，"體用一源"也；自六十四卦以至兩儀、太極，"顯微無間"也。

余往年讀《楚詞》喜其華，今讀《楚詞》喜其實，蓋其警戒之言亦皆切己之事也。

目之逐物最能喪德，故"四勿"以"視"居河津本作"爲"字。先。

私意最難去，故程子謂"克己最爲難事"〔四四〕。惟嘗用力者知其難。

男女之欲，天下之至情，聖人能通其情，故家道正而人倫明。

欲心一動，如火之熾，如水之溢，非用大壯之力莫能止其欲。

老子曰："不見可欲，使心不亂。"〔四五〕

伏羲則《河圖》以畫卦，大禹法《洛書》以叙疇，聖人之心與天地之心分明爲一。

未有天地萬物，而天地萬物之理已具於冲漠無朕之中；未有兩儀、四象、八卦，而兩儀、四象、八卦之理已具於太極之内。乃所謂"體用一源"也。

即樹根觀之，須思未有根之前，而冲漠無朕之中而樹根之理已具。逮夫氣機一動，資始石門本作"死"，非。資生，而理亦隨之樹之根由是生焉。

《太極圖》理一而分殊。

觀春草從地迸出，無絲毫之空隙，則道莫能破可知。石門本連下節。

天地萬物，體皆虚而理則實。

四時温燠寒涼之氣，人體無不覺者，則人與天地同體可知。

程子曰："理無形也，故假象以顯義。"〔四六〕非特《易》爲然，《太極圖》亦是已。

無窮盡，無方體，太極是也。

"理"本無名字，字之曰"太極"。

有高才能文章，坐此而取敗者多矣，如禰衡、孔融之徒是也。非特古爲然，今亦有之，可不戒哉！

《太極圖》水、火、木、金、土五箇小圈子，即五行各具一太極也；其下一小圈子，乃理氣妙合而無間也；又下一大圈子，乃氣化生出男女、牝牡、雌雄，而各具一太極也；又最下一圈子，乃男女已生之後，形交氣感，形化萬物，而各具一太極也。

"大德敦化"者，"中"也，"性"也，"一"也；"小德川流"者，"和"也，"情"也，"貫"也。

讀《太極圖説》，句句體貼向身上看，自有無窮之味。

以《太極圖》反求之身心動静之間，無一不合。

天地、陰陽、古今、萬物、始終、生死之理,《太極圖》盡之。

良心開而天理明,猶由徑之蹊間介然用之而成路;良心蔽而天理暗,猶爲間不用則茅塞之也。

自子至午,陽氣方息而伸者,神之迹;自午至亥,陰氣方消而屈者,鬼之迹也。

"中"是性情恰好的道理,以其平常而不可易,故又謂之"庸",非"中"之外别有所謂"庸"也。

"中"之理所包甚大,存於心而不偏不倚,發於情而無過不及,以其可以常行不可易,故又謂之"庸"。

"子在川上曰:'逝者如斯夫!不舍晝夜。'"〔四七〕即《中庸》之"至誠無息"〔四八〕也。

天下之獄,自古不得其平者多矣,掌刑者可不擇其人乎?

偶過長清,知己斷一獄事不得其平,重有感於心,而知天下之獄不得其平者多矣。正統四年十一月十九日荏平燈下書上兩節。

人臣巧文以避罪,非忠也。

雨、露、雪、霜只是天地之氣凝結而成者,如人之呵氣遇冷成冰結須,其理可見。

春秋之時,諸侯擅相征伐會盟,而不知有天子之命,非義甚矣!

禮樂征伐不出於天子,《春秋》所由作。

事物當然之理,如父子之仁之類是也。所以當然之故,乃仁義禮智所自來,在天爲元亨利貞是也。

《春秋》書"夫人姜氏會齊侯於禚"〔四九〕,"夫人姜氏享齊侯於祝丘"〔五〇〕,"夫人姜氏如齊師"〔五一〕,"夫人姜氏會齊侯於谷"〔五二〕,所謂直書其事而其義自見也。

《春秋》書法,意在言外。

《春秋》辭雖謹嚴,而意實忠厚。

《春秋》直書其事,使人思而得之。

諸儒解經多入外意,洛陽本作"義"。惟朱子只主本義,河津本作"意"。而無泛論。

《春秋》大抵多微辭。

聖人作《春秋》，其微意真非數千載之下所能窺測，若欲句句字字盡釋其義，竊恐不能無穿鑿之弊。

讀《春秋》大義可見者：尊君父，討亂賊，内中國，外夷狄，貴王、賤霸而已。

莊子曰："道者萬物之所由也。庶物失之者死，得之者生。爲事逆之則敗，順之則成。故道之洛陽本無"之"字。所在，聖人尊洛陽本作"遵"。之。"〔五三〕此言近正。

安其内不求於外，見其大而畧於小。正統五年正月十八日分司夢得此語，因記之。洛陽本"夢"下有"中"字。

小人不可與盡言。

道人以善，不可則止，其知幾乎！

待小人嚴而和。

分外之事，一毫不可與。

《易大象》皆以義理言。

"天何言哉"，"吾無隱乎爾"，與"曾點言志"之意，皆天理流行之妙。

言要緩，行要徐，手要恭，立要德，石門本、河津本作"端"。以至作事有節，皆"不暴其氣"〔五四〕之事。

約其情使合於中，亦養氣之事也。

怒至於過，喜至於流，皆"暴其氣"也。

"資始"、"資生"固"乾元"之氣，〔五五〕而其理則太極也。

風霆雨露之氣所以成物者，皆太極之所爲也。

大氣石門本、河津本作"極"，恐非。發生一切有形之物，而太極爲之主。

以鼻息觀之，呼感得吸來，吸感得呼來。

暑爲感，感得寒來則寒爲應；寒復爲感，感得暑來則暑爲應。應又爲感，感又爲應，於是見感應之無端。

"感應"之理,於《太極圖》陰陽互根見之。

大舜"聞一善言,見一善行,沛然莫之能御"〔五六〕,即"感而遂通天下之故"〔五七〕也。

感自外來,應由中出。

天地寒暑,人生盛衰,其密移之機無毫髮之間斷。

"謀利計功"乃人欲之私,學者之通患也。

大而人倫,小而言動,皆理之當然。才有有爲之心,雖所行合理,亦是人欲。

"王"、"伯"之分,正是"不謀利計功"與"謀利計功"之分。

學者自幼便爲"謀利計功"而學,宜其不足以入堯舜之道。

絶"謀利計功"之念,其心超然無繫。

萬化交則通,不交則隔礙,洛陽本作"礙隔"。而不能成化功。

《太極圖》如水一源,流而爲千支萬派,却都只是源中水也。

六十四卦只是一奇一偶,但因所遇之時,所居之位不同,故有無窮之事變。如人只是一動一静,但因時位不同,故有無窮之道理。此所以爲《易》也。

因小生對句,便知有陰陽。

太極只是性。

太極是性之表德。

宋文帝子邵巫蠱事覺,不能斷以大義誅之,卒有"合殿之變"。正所謂"爲人君父,不通《春秋》之義者,必蒙首惡之名。"

聖賢著書立言,句句明理,非欲言詞之富麗也。

《易横圖》一而二、二而四、四而八、八而十六、十六而三十二、三十二而六十四;《太極圖》則一理、二氣、五行、男女,遂至於化生萬物。雖所推有詳略之不同,其爲理氣則一而已矣。

《太極圖》上一圈純以理言,而其下餘圈則兼以氣言;然上一圈即在下餘圈之中,所謂"精粗本末無彼此也"〔五八〕。

人熟寐而有知覺,正如純《坤》卦下一爻中有陽動之幾也,其理妙矣。

如王莽之徒，竊人之國皆引先王之事以文其姦，即莊子所謂“儒以《詩》《禮》發冢”者歟！〔五九〕

“鳶飛魚躍”〔六〇〕，即“取之左右逢其原”〔六一〕之意，言道無所不在也。

鳶而必戾於天，魚而必躍於淵，父必慈，子必孝，君必仁，臣必敬，兄必友，石門本、河津本作“愛”。弟必恭，夫必義，婦必從，以至四體百骸之有其則，昆蟲草木之若其性，陰陽日月、風霆雨露之各以其時，皆“鳶飛魚躍”之意，所謂“活潑潑地”也。〔六二〕

物之觸目觸耳者，皆“活潑潑地”之理。

風動林木，即“鳶飛魚躍”之意。

屈以感伸，伸爲應；伸又感屈，屈爲應。屈又感伸，伸又感屈，屈伸感應，如循環之無端。

二程之名言，朱子採入《四書集註》《或問》者多矣，求二夫子之心者，當於此觀之。

身在堂上，方能辨堂下人曲直。故有“知言”之明，乃可以折衷群言，不然，去取必失其當。

讀書講明道義，求日用之實理也。若讀書而不講明道義，則溺心於文字之間，終不能知實理之所在。

“明德、新民、止於至善”，下文即繼之以“知止而後定、静、安、慮、得”，〔六三〕以見“明德、新民”之“止於至善”，皆由“知止、定、静、安、慮而後得”，“止於至善”也。

男女氣化之太極，與萬物形化之太極一也。

氣化言男女而萬物在其中，形化言萬物而男女在其中，互交也。

但是血氣之物靈於他物，飛潛動之物靈於植物，而人又動物中之尤靈者也。石門本、河津本“他物”節。

摇扇有風，見天地間無處無氣。

人雖各是一體，其實與天地萬物渾融相合，無一毫之間。

蕩滌胸中無一毫之私累，可以言大矣。

應事纔應即休，不可須臾留滯爲心累。

“和”從“中”上流出來，“中”是“和”之源頭，一而二，二而一者也。

“庸”即“中和”之理平常而不可易者，非“中和”之外别有所謂“庸”也。

涵養本源是“尊德性”之事，思索義理是“道問學”之事。石門本連下節，非。

“中”、“和”不可須臾離。蓋静而不存則有不中，動而不察則有不和，此中、和所以不可須臾離也。

人之學道，由經而人，窮經有得，則道不在經者可默識矣。

學須有覺，方得總會處。

朱子論造化之精約，莫過於《太極圖解》。

水能鑒物，故智屬之；金能斷物，洛陽本作“決”。故義屬之；木有生意，故仁屬之；火則文明，故禮屬之；土則質實，故信屬之。

“屋極”、“北極”，爲有形之極，“太極”乃無形之極也，故曰“太極本無極”〔六四〕。“皇極”之極，以物之在中而言，如“屋極”、“北極”之義，若即訓“極”爲“中”，則非矣。

莊子曰：“至人之用心若鏡，不將不迎，應而不藏。”〔六五〕程子所謂“形容道體之言”〔六六〕，此類是也。

人日用求太極，只“中正仁義”便是此理。然仁義中正是“各具之太極”，五性未發乃“統體之太極”也。

五經、四書小註不勝其繁，讀者誠有文滅質、博溺心之患。

非有過人之識，而欲纂集群言以折衷聖賢之經旨，多見其不知量也。

鐵中生火，陽生於陰也。

就天地萬物中各具一理者，“各具之太極”也；合天地萬物爲一理者，“統體之太極”也。

天地間理無河津本作“無理”。空缺處,人終日在太極中而不知也。

忠信積久可孚於人,不然,則言出而人弗信矣。

輕言戲謔最害事。蓋言不妄發,則言出而人信之;苟輕言戲謔,後雖有誠實之言,人亦弗之信矣。

一失人則人皆莫之與,孤立而無助矣。

輕諾則寡信。

《易》曰:“修辭立其誠。”故慎言乃進修之要。河津本連上節。

【校記】

〔一〕見《易傳·繫辭下》:“知幾其神乎!君子上交不諂,下交不瀆,其知幾乎!”

〔二〕〔三〕引自《尚書·虞書·堯典》。

〔四〕〔五〕引自《尚書·虞書·舜典》。

〔六〕引自《論語·子張》。

〔七〕引自《尚書·虞書·舜典》。

〔八〕〕〔九〕引自《尚書·虞書·大禹謨》。

〔一〇〕引自《論語·子路》。

〔一一〕引自《易傳·繫辭下》。

〔一二〕引自《易傳·乾·文言》。

〔一三〕引自《易傳·説卦》。

〔一四〕引自《易傳·乾·文言》。

〔一五〕引自《易傳·説卦》。

〔一六〕見《尚書·周書·洪範》。

〔一七〕〔一八〕見朱熹《論語集註》卷二《里仁第四》:“天地之至誠無息,而萬物各得其所也。”

〔一九〕引自朱熹《周易本義》卷三《周易彖上傳》。

〔二〇〕〔二一〕〔二二〕見《易傳·繫辭上》:“知崇禮卑,崇效天,卑法地,天地設位而易行乎其中矣。成性存存,道義之門。”

〔二三〕〔二四〕見《中庸》第二十七章:“君子尊德性而道問學,致廣大而盡精微,極高明而道中庸。温故而知新,敦厚以崇禮。”

〔二五〕見《論語·學而》:“夫子温、良、恭、儉、讓以得之。”

〔二六〕見《朱子五經語類》卷一《易一·統論經義一》:“譬之此燭籠,添得一條骨子則障了一路明,若能盡去其障,使之統體光明,豈不更好?”

〔二七〕引自朱熹《孟子集註》卷三《公孫丑章句上》。

〔二八〕引自《孟子·盡心上》。

〔二九〕引自《易傳·繫辭上》。原文"故"上有"是"字。

〔三〇〕引自《尚書·虞書·舜典》。

〔三一〕引自《朱子五經語類》卷四十八《書八·周書一》。

〔三二〕引自《尚書·商書·太甲下》。

〔三三〕引自邵雍《皇極經世書·觀物内篇》。原文"間"下有"者"字,"天"上無"乃"字,"天下"作"天地人"。

〔三四〕引自《河南程氏遺書》卷十四。

〔三五〕引自《莊子·天地》。原文"高"上有"是故"二字。

〔三六〕引自《老子》三十六章。原文四"意"字均作"將"字,四"乃"字均作"必"字。

〔三七〕引自《河南程氏遺書》卷十一。原文爲:"老子之言,竊弄闔闢者也。"

〔三八〕引自《老子》六十六章。

〔三九〕見《史記·日者列傳》。

〔四〇〕〔四一〕引自《周易程氏傳·易傳序》。

〔四二〕引自程復心《大學章句圖》。

〔四三〕引自《漢書·藝文志》。原文爲:"太極函三爲一。"

〔四四〕引自《河南程氏遺書》卷十一。原文無"爲"、"事"二字。

〔四五〕引自《老子》三章。原文"心"上有"民"字。

〔四六〕引自《周易程氏傳》卷一《周易上經上·乾》。

〔四七〕引自《論語·子罕》。

〔四八〕引自《中庸》第二十六章。

〔四九〕引自《左傳》莊公二年。

〔五〇〕引自《左傳》莊公四年。

〔五一〕引自《左傳》莊公五年。

〔五二〕引自《左傳》莊公七年。

〔五三〕引自《莊子·漁父》。

〔五四〕見《孟子·公孫丑上》:"持其志,無暴其氣。"

〔五五〕見《易傳·乾·彖辭》:"大哉乾元!萬物資始。"又見《易傳·坤·彖辭》:"至哉坤元! 萬物資生。"

〔五六〕引自《孟子·盡心上》。原文"沛然"上有"若決江河"四字。

〔五七〕引自《易傳·繫辭上》。

〔五八〕引自朱熹《太極圖解》。

〔五九〕引自《莊子·外物》。

〔六〇〕見《中庸》第十二章:"詩云:'鳶飛戾天,魚躍於淵。'言其上下察也。"

〔六一〕引自《孟子·離婁下》。

〔六二〕引自《河南程氏遺書》卷三。

〔六三〕見《大學·經》:"大學之道,在明明德,在親民,在止於至善。知止而後有定,定而後能静,静而後能安,安而後能慮,慮而後能得。"

〔六四〕引自周敦頤《太極圖説》。

〔六五〕引自《莊子·應帝王》。

〔六六〕引自《河南程氏遺書》卷三。

讀書録卷九

舉天地萬物皆物也，天地萬物之理其則也。

“無物不有，無時不然”〔一〕。此言宜時時深體之。

“無極而太極”，天地本然之性也；陰陽太極，氣質之性也。天地本然之性，就氣質中指出不雜者言之；氣質之性，即本然之性隨在氣質中者，初非二性也。

雷電風雨，參錯交動於下，而太虛之本體自若；萬事萬變，紛紜膠擾於外，而吾心之本體自如。

孟子曰：“君子深造之石門本無“之”字。以道，欲其自得之也。”〔二〕“道”者，“進爲之方”，〔三〕如“學”、“問”、“思”、“辨”、“博文”、“約禮”之類是也。〔四〕循此而進，潛翫積久則有自得之妙；不循此而進，徒事於記誦辭章之末，欲求自得之妙難矣！

《書》載堯、舜之行事，皆先德行而後事功。事功之大者，莫大於用人之一事。觀諸《二典》可見矣。洛陽本無“觀諸”以下七字。

“有物有則”，於六十四卦、三百八十四爻見之。

陳仲子亡洛陽本作“忘”，訛。親戚君臣上下，其廉爲小節。釋氏滅天理人倫以潔其身，果何道哉？

《敬之》詩曰：“學有緝熙於光明。”〔五〕則成王之學，日進於高明矣。

“感而遂通天下之故”者，“元亨，誠之通”；“寂然不動”者，“利貞，誠之復”。元亨利貞，亦於人心見之。

觀《敬之》詩，成王真得傳心之學者也。

《視箴》曰："蔽交於前，其中則遷。"〔六〕所謂蔽者，非止謂非禮之色，凡見一切可好之物目逐之而動者，皆是也。

讀《西銘》始河津本無"始"字，洛陽本作"如"。見天之大。

爲學第一在變化氣質，不然只是講説耳。

《西銘》自"乾父坤母"〔七〕至"兄弟顛連而無告者"一節，皆狀仁之體；自"於時保之"至"没，吾寧也"，皆求仁之方。

余病頭風久不敢讀書，因念"克、伐、怨、欲不行，可以爲難"〔八〕之語，原憲之學尚未至於仁，况未至於憲之學者！可不勉乎！

聽人之言，便識其學之淺深。

聖人之博，博而約，以其有此理也。衆人之博，但務聞見之廣而不察其理之有無，此所以異於聖人之博也。河津本作"與"。

好爲怪異不經之談者，不明理也。

朱子《小學》一書，理與事而已。《内篇》之《立教》《明倫》《敬身》，通論言其理也；《稽古》之《立教》《明倫》《敬身》，通論實之以事也。《外篇·嘉言》之《廣立教》《明倫》《敬身》，又以理言也；《善行》之石門本、河津本無"之"字。《實立教》《明倫》《敬身》，又實之以事也。然理，精也，本也；事，粗也，末也。本末精粗，一以貫之，其《小學》之書乎！

先儒"月映萬川"之喻，〔九〕最好喻太極。蓋萬川總是一月光，"萬物統體一太極"也；川川各具一月光，"物物各具一太極"也。其統體之太極，即各具之一本；其各具之河津本作"一"。太極，即全體之萬殊。非有二太極也。

"推之於前不見其始，引之於後不見其終"〔一〇〕，此所謂"動静無端，陰陽無始"〔一一〕也。

"仁"、"義"、"禮"、"智"、"信"五字，括盡《小學》一書，亦括盡五經、四書。石門本連下節，非。

人纔動即石門本無"即"字。有差，故君子慎動。

見理明則處事熟，如庖丁解牛矣。

太極中涵陰陽、五行、男女、萬物之理，"體用一原"也；陰陽、五行、男女、萬物具太極之理，“顯微無間”也。

“冲漠無朕之中，而萬象森然已具”，“體用一原”也；即事即物而理無不在，“顯微無間”也。

“體用一原，顯微無間”，見道、器合一之妙，

周子《太極圖》畫出理、氣示人。

“體用一原，顯微無間”；“動静無端，陰陽無始”；“其大無外，其小無内”。〔一二〕非知道者，孰能知之？

周子《太極圖説》，字字貼在圖上，朱子《解》亦然。

聖人言性與天道，惟於贊《易》極言之耳，平日與門人言者極少。

“道”以渾淪言之，“義”以條理言之。

孔門弟子，知孔子者不過顔、曾二子，其次惟子貢庶幾焉。

張子曰：“富有者，大無外；日新者，久無窮。”〔一三〕其旨深矣。

自矜自伐者，皆不能克有己之私也。

“大而無外”，天道之“於穆”也；“久而無窮”，天道之“不已”也。石門本連下節。

動静者，陰陽也；所以動静者，河津本無“者”字。太極也。蓋太極有動之理，故動而生陽；太極有静之理，故静而生陰。

天地公共之理，人得之爲性，人能盡其洛陽本無“其”字。性，是亦公共之理耳，無可矜伐者。故程子曰：“達理則樂天而不競，石門本作“兢”，非。内充故退讓而不矜。”〔一四〕

在在處處、時時刻刻、事事物物皆道也，須要識得。

聖人之言如蓍龜，曰吉則吉，曰凶則凶。

“禮”、“樂”只在進、反之間。蓋進而盈溢，“樂”也，以反爲文；退而收斂，“禮”也，以進爲文。

惟正足以服人。

孔子微辭奥義多在《繫辭》，伊川微辭奥義多在《易傳》。

“德”是得於心，“行”是德之見於事者。如仁義禮智，“德”也。仁形河津本作“行”，下“義、禮、智”同。於孝親，義形於事君，禮形於長幼，智形

石門本上俱作"形"，此作"行"。於夫婦之類，皆"行"也。

治夷狄之法，只當謹守疆埸，石門本、河津本作"場"，非。勿使侵軼而已。窮治不已，必爲中國患，如秦皇、漢武是也。

二十三、四夜深時，月初出東方，其終魄於東之光，比未望載魄之光尤光明者，蓋初昇之日光尤甚西下之日色，故其光明如此。

捨五經、四書與周、程、張、朱之書不讀而讀他書者，是猶惡睹泰山而喜丘垤也。

聖人不怨天，不尤人，心地多少洒落自在！常人纔與人不合即尤人，纔不得於天即怨天，其心忿忮勞擾，無一時之寧泰，與聖人之心何啻霄壤！

必"上達"乃有"天知"之妙。

《中庸》言"知天地之化育"〔一五〕，是聖人之心與天河津本"天"下有"地"字。爲一。《論語》言："知我者其天乎！"〔一六〕是天與聖人之心爲一。

"學者多以言語觀聖人，而不察其天理流行之實，有不待言而顯者。是以徒得其言，而不得其所以言。"〔一七〕蓋能得其所以言，則於聖人之言"仁"，便知聖人身上何者是仁；言"義"，便知聖人身上何者是義。以至聖人凡所言之理，皆於聖人身上求其實，則天理流行之實有不待言而著者，可默識矣。

宋儒亦有流於禪者，不可不察。

偶見一伶人於三層桌上頭頂一小童，可謂危矣。因笑自喻曰：此伶此童石門本、洛陽本無"此童"二字。此際俱無邪心。何也？以恐懼之心勝也。賤技洛陽本作"伎"。且然，君子學道，必常洛陽本作"當"。存戒懼之心如處至危之地，斯無邪心矣。苟安於怠惰放肆，則無限之邪心竊從而生矣。

處事識爲先，斷次之。

當大任有一毫私心，人必見之。

人不自知其過者，不明也。

作官常如石門本、洛陽本作"知"。不能盡其職，則過人遠矣。

處大事不宜大厲聲色，付之當然可也。

以己之欲知人之欲亦猶是，以己之勞知人之勞亦猶是，當推以同之。

省察存養，不可毫髮間斷。

作官一事不可苟。

朱子曰："觀其始合之不正，知其河津本無"其"字。終之有敝。"蓋人之相交，始合不以正，欲其無隙於終者難矣。故交在謹始。石門本連下節。

人以說而動，未有不失其正者。

礎潤而天雨，霜降而鐘鳴，氣類相感也。

心無妄思，言按"言"似當作"口"。無妄言，身無妄動，安得有差？故有差者皆妄也。"無妄之義大矣！"〔一八〕

道無待於言而著，無非道也，識者鮮矣。石門本"而著"節。

人譽之，使無可譽之實，不可爲之加喜；人毁之，使無可毁之實，不可爲之加戚。惟篤於自信而已。

人之自立當斷於心。若實見得是，當決意爲之，不可因人言以前却而易其守。

纔呼即吸，纔吸即呼，無纖毫之間。陰陽消息亦然。天人之理，一也。

"察於安危，寧於禍福，謹於去就，莫之能害也。"〔一九〕莊生之言亦可取。

輕言則人厭，故謹言爲修身之要。

静可以制動。

大者弗察，掇拾小者以爲之，不知類甚矣！

人真實有命，不可以僥倖易其守。

心有開時，開時見是理無物不有，無時不然，塞時則不見矣。故爲學要時時提醒此心，勿令昏塞。

孔子曰："死生有命，富貴在天。"〔二〇〕是皆一定之理，君子知之，故行義以俟命；小人不知，故行險以僥倖。

爲治，遠者大者不務而近小是急，衆人之見也。

爲政須通經有學術者。不學無術，雖有小能，不達大體，所爲不過胥吏法律之事爾。

識量大，則毁譽、欣戚舉石門本、河津本無"舉"字。不足以動其中。

必能忍人不能忍之觸忤，斯能爲人不能爲之事功。

人不知而不愠最爲難事。今人少被人侮慢，即有不平之意，是誠洛陽本作"成"。德之未至也。

一念之善，景星慶雲；一念之惡，烈風疾雨。

"恒人"不可與言上，正猶徐無鬼、武侯之對也。〔二一〕

許魯齋曰："世間巧拙俱相伴，不許區區智力争。"〔二二〕此言宜念。

劉靖修高士也，百世之下，聞其風者莫不爲之興起，誠足以"廉頑立懦"〔二三〕。

側媚小人，惟得是務，不自知其可賤也。

劉靖修有"鳳凰翔於千仞"之氣象。

未同而與河津本無"與"字。言，古人所深耻。

要當渾厚中有分辨者在，乃可。

真是"天理民彝不可泯滅。"〔二四〕

立得脚定，却須寬和以處之。

但當自求其石門本無"其"字。所未至者，知不知在人，我何與焉？

法者，輔治之具，當以教化爲先。

習於見聞之久，則事之雖非者亦莫覺其非矣。

所貴於智者，爲能别賢否、分是非也。是非、賢否不能辨，烏河津本作"焉"。足以言智？

舉萬物莫能尚，其過人遠矣。

昔周子惟程珦知之，宜其生二程爲道學之宗也。

千萬人一人，宜其識非常人所及。

止末作，禁遊民，所以敦財利之源；省妄費，去冗食，所以裕財利之用。

聖賢惡異端，爲其陷人心，耗財用，貽害之大。

財出於民，費用廣則財不足，財不足則賦斂重，賦斂重則民窮，民窮則力竭，力竭則本摇矣。

伍舉曰："私欲弘侈則德義鮮少，德義不行則近者騷離，遠者違距。"亦名言也。

無深遠之慮，樂淺近之事者，"恒人"也。

"其何能淑？載胥及溺。"〔二五〕《詩》之意深遠矣，非孟子孰能知之？

無妄語，入誠之門。深宜體此。

與人言宜和氣從容。氣忿則不平，色厲則取怨。

民至愚而神不可欺也，惟至誠足以動之。

劉立之河津本作"中立自"，恐非。謂"從明道年久，未嘗見其有暴厲之容"〔二六〕。宜觀明道之氣象。

德冠古今，功滿天下，皆分内事，與人一毫殊不相干，何矜伐之有？

"進將有爲，退必自修。"君子出處，惟此二事。

記曾點之言志，獨詳其本末，亦見道之大意者與！

《宋鑒》取予、是非未當者多，讀者宜自謹擇。

顔子爲仁之效，"天下歸仁"〔二七〕；仲弓爲仁之效，"邦家無怨"。〔二八〕其大小可見。

漢初君臣大抵尚詐，如"躡足封信"，蕭何"賤市民田"，漢祖"詐游雲夢"之類，此其爲雜霸之治。

人有以自樂，則"窮通爲一"。

太史公作《屈平傳》，有感而然也。

太史公作《賈誼傳》，不載《治安疏》，載《吊屈原》《鵩鳥賦》，亦有感而然。

漢法去秦無幾，觀武帝時可見。

天地上下同流，是“乾道變化”〔二九〕；萬物各得其所，是“各正性命”〔三〇〕。

爲學只要分“理”、“慾”二字。

程子言“惡亦不可不謂性也”〔三一〕，此指理在氣中。荀子言“性惡”，則專主氣言，故有不同。

孔子因堯、舜、三代之遺典，故得以删述贊修；朱子因濂、洛諸儒之遺論，故得以折衷去取。

堯、舜之道，非孔子無以明；濂、洛之道，非朱子無以發。石門本、河津本連下節。

周子、程子、張子之學，非得朱子爲之發明，後世紛紛莫知所定論矣。

“理無形也，假象以顯義。”〔三二〕《易卦》《太極圖》皆然。

使堯、舜、禹、湯、文、武、周、孔、顔、曾、思、孟、周、程、張、朱之道昭然明於萬世，而異端邪説莫能雜者，朱子之功也。韓子謂“孟子之功不在禹下”〔三三〕，余亦謂朱子之功不在孟子下。

氣有石門本作“無”，非。消息，理無窮盡。

理無方體，無窮盡。

朱子門人陳北溪論理切實。

程子曰：“在物爲理，處物爲義。”陳北溪曰：“理是在物當然之理，義所以處此理。”〔三四〕

行道而有得於心之謂“德”。不但動時如此，雖静而有得於心，即所謂“德”。河津本連下節。

默而存之，有得於心，非所謂“德”乎？

非禮勿視、聽、言、動，便是“克己”；視、聽、言、動之合禮處，便是“復禮”。

程子曰：“不仁者無所知覺，指知覺爲仁則不可。”〔三五〕竊疑知覺之所以能洛陽本無“能”字。知覺者，由生理之流行而無間也。生理是仁，知覺是智。如人一身，生理周流無間是仁，有是仁方能知覺痛癢；生理不周流則不仁，不仁則不知痛癢，所謂“手足痿痹不仁”〔三六〕也。

仁則“滿腔子是惻隱之心”，故有知覺；不仁，則此心頑然無知覺矣。

“知覺”不可訓“仁”，所以能知覺者，仁也。

“體”言理，“用”言象，“體用一源”，言理而象在其中；“顯”言象，“微”言理，“顯微無間”，以象言而理在其中。

天以一理賦與萬物，人得其全，物得其偏。於全之中又有氣質昏明、強弱之不齊：惟生知上聖氣得其清，於全者無所蔽；中人以下則氣質昏濁，而全者不能無蔽，與物之偏者無異，此人有近於物者。物於偏之中，又有得其一端之明者，如雎〔三七〕雄有別，蜂蟻君臣之類，此物有近於人者。但物之氣質之偏終爲所拘，不能通乎理之全，惟人能變化氣質，則有可通之理。故張子曰：“善反石門本作“變”。之則天地之性存焉。氣質之性，君子有弗性者河津本“者”下有“存”字。焉。”〔三八〕

不知言則無以知人。蓋知言則理明，於人之賢否無遯情，如鑒之照物。

臨川吴氏曰：“太極無動静，故朱子釋《太極圖》曰：‘太極之有動静，是天命之流行也。’〔三九〕此是爲周子分解太極不當言動静，以天命有流行，故只得以動静言。”〔四〇〕竊謂天命即天道也，天道非太極乎？天命既有流行，太極豈無動静乎？朱子曰：“太極，本然之妙也；動静，所乘之機也。”〔四一〕是則動静雖屬陰陽，而所以能動静者，實太極爲之也；使太極無動静，則爲枯寂無用之物，又焉能爲“造化之樞紐，品匯之根柢”〔四二〕乎？以是而觀，則太極能爲動静也明矣。

宋高宗中興之主，陳少陽、岳飛皆死於讒佞，信用汪、黄、秦檜之姦邪，其不亡者幸而已！

水、火、木、金、土五行雖各具一性，却總是一箇太極之理，但五行之氣各有所偏，故所得不全耳。如普照萬物總是一個日光，而得其光者有偏全，由物有大小不同，而日光則本無不全也。朱子所謂“五行各一其性，而太極渾然之全體無不各具於一物之中，而性無不在”

者,〔四三〕此也。

宋徽宗崇道教,真宗啓之也,其效可見矣。

"語大,天下莫能載",萬物統體一太極也;"語小,天下莫能破",萬物各具一太極也。

戰國之時,舉世趨利,而孟子言仁義,是以所如不合。

性如水,水本清,被泥沙濁了便濁了,也只得謂之水;性本善,被氣質夾雜惡了便惡了,也只得謂之性。故程子曰"惡亦不可不謂之性"者,此也。

人心無一毫私意,便與天地萬物之理相合爲一。

聖人教人,只是"文、行、忠、信",〔四四〕未嘗極論高遠。

教人言理太高,使人無可依據。聖人未嘗輕以理之本原語人也。石門本、洛陽本俱"依據"節。

【校記】

〔一〕見朱熹《中庸章句》第一章:"道者……無物不有,無時不然,所以不可須臾離也。"

〔二〕引自《孟子·離婁下》。

〔三〕見朱熹《孟子集註》卷八《離婁章句下》:"道,則其進爲之方也。"

〔四〕"學"、"問"、"思"、"辨",見《中庸》第二十章:"博學之,審問之,慎思之,明辨之。""博文"、"約禮",《見論語·子罕》:"博我以文,約我以禮。"

〔五〕引自《毛詩·周頌·閔予小子·敬之》。

〔六〕引自《河南程氏文集》卷八《雜著·四箴·視箴》。

〔七〕《西銘》原文"乾"下"坤"下均有"稱"字。

〔八〕引自《論語·憲問》。原文爲:"'克、伐、怨、欲不行焉,可以爲仁矣?'子曰:'可以爲難矣,仁則吾不知也。'"

〔九〕見《朱子語類》卷九十四:"本只一箇太極,而萬物各有秉受,又各自全具一太極爾。如月在天,只一而已,及散在江湖,則隨處而見。"又見《朱子語類》卷十八:"一月普現一切水,一切水月一月攝。這是那釋氏也窺見得這些道理。"

〔一〇〕〔一一〕見朱熹《太極圖説解》:"推之於前而不見其始之合,引之於後而不見其終之離也。故程子曰:'動静無端,陰陽無始。'"

〔一二〕引自朱熹《中庸章句》第十二章。

〔一三〕引自張載《正蒙·大易篇》。原文"外"下"窮"下均有"也"字。

〔一四〕引自《河南程氏粹言》卷一《論學篇》。原文"理"下"則"字作"故"。

〔一五〕引自《中庸》第三十二章。

〔一六〕引自《論語·憲問》。

〔一七〕引自朱熹《論語集註》卷九《陽貨第十七》。原文"顯"作"著"。

〔一八〕引自《周易程氏傳》卷二《周易上經下·無妄》。

〔一九〕引自《莊子·秋水》。原文"察於"作"察乎"。

〔二〇〕引自《論語·顔淵》。

〔二一〕見《莊子·徐無鬼》。

〔二二〕引自《魯齋遺書》卷十一《七言律詩·病中雜言》。

〔二三〕見《孟子·萬章下》:"聞伯夷之風者,頑夫廉,懦夫有立志。"

〔二四〕引自朱熹《孟子集注》卷十四《盡心章句下》。

〔二五〕引自《毛詩·大雅·蕩之什·桑棸》。又見《孟子·離婁上》。

〔二六〕引自《河南程氏遺書·附録·門人朋友叙述並序》。原文爲:"立之從先生三十年,未嘗見其忿厲之容。"

〔二七〕引自《論語·顔淵》。

〔二八〕引自《論語·顔淵》。原文爲:"在邦無怨,在家無怨。"

〔二九〕〔三〇〕引自《易傳·乾·彖辭》。

〔三一〕原文"謂"下有"之"字。

〔三二〕引自《周易程氏傳》卷一《周易上經上·乾》。

〔三三〕引自韓愈《與孟尚書書》。原文爲"愈嘗推尊孟氏,以爲其功不在禹下。"

〔三四〕引自《北溪字義·理》。原文"義"下有"是"字,"此理"下有"者"字。

〔三五〕引自《河南程氏粹言》卷一《論道篇》。

〔三六〕引自《河南程氏遺書》卷二上。原文"不"上有"爲"字。

〔三七〕據文意,"睢"爲"雎"之訛。

〔三八〕引自張載《正蒙·誠明篇》。原文"氣"上有"故"字。

〔三九〕引自朱熹《太極圖説解》。

〔四〇〕見《性理精義》卷一《太極圖説集説》引吴澄語。原文"太極無動静"下有"動静者,氣機也。氣機一動則太極亦動,氣機一静則太極亦静。"

〔四一〕〔四二〕引自朱熹《太極圖説解》。原文"極"下"静"下均有"者"字。

〔四三〕引自朱熹《太極圖説解》。原文爲:"五行之生,隨其氣質而所稟不同,所謂'各一其性'也。各一其性,則渾然太極之全體無不各具於一物之中,而性之無所不在。"

〔四四〕見《論語·述而》:"子以四教:文、行、忠、信。"

讀書録卷十

在天爲命，在人爲性，一而二，二而一者也。

理無空缺，與人心之性渾合無間。

“敬以直内”〔一〕之語，自夫子始發之，至程、朱發明其義無餘藴矣。

陽動之時太極在陽中，陰静之時太極在陰中，以至天地萬物無所不在，此“理不雜乎氣，亦不離乎氣”也。

《太極圖》上一圈之中，冲漠無朕而陰陽、五行、男女、萬物之象已具，所謂“體用一源”也；陰陽、五行、男女、萬物而太極之理隨在，所謂“顯微無間”也。

程子曰：“以小人貪求不已之心移於進德，則何善如之？”此即孟子所謂“求有益於得者，求在己”〔二〕者也。

董卓郿塢之金亦愚洛陽本作“遇”，訛。矣哉！身行不義，自斃而已，其能有之乎？

治亂無不自微至大，洛陽本作“著”，下無“看”字。看《復》《姤》初爻可見。

惡由微以至大，《坤》之初六可見。

尚義則道日長，尚利則道日消，天下治、忽分焉。

朱子超然遠引，當時小人方欲以利禄輕重之，是何異鴟鴞洛陽本“鴞”下有“之”字。得腐鼠而嚇鵷鸞也。

滔滔趨利之勢不已，必至於亂，非聖賢孰能救之？此《孟子》之書首言仁義以拔本塞源也。

人、己一也，浚人之脂膏以自肥，何其不仁如是哉！

《姤》一陰生於下，群陽不能自立，君之謹之！

夏月陽氣充盛，萬物暢茂，嘉美之會也。

《春秋》最重民力，凡有興作，小大河津本作"大小"。必書。聖人仁民之意深矣！

秦惡聞其過而亡，漢好謀能聽而興，豈非千古之永鑒！

天理本順，而自逆之，是故惡夫鑿者。

鳥知擇巢，人不知擇所處，可〔三〕以人而不如鳥乎？

南宋之君大抵無剛明者，雖朱子之賢不能用，群奸得志，終至僨國，豈非後世之鑒！

昭烈孔明抑於史筆之不公，至朱子《綱目》，然後大義明於萬世。洛陽本下連《續録》卷五"作史者不可"節。

朱子《楚詞集註》成於晚年，所感者深矣！

元，劉靖修不屑就，其意微矣。

司馬公勸仁宗建儲一事，可謂大忠。

忠臣事君，視天下猶一家，非爲身謀也。

聖賢之言，專務明理，不尚文彩，然理明字順自無不文；常人之言，專尚文彩，理苟未明，文亦何用？

萬物美惡、精粗不齊者，皆氣之爲也。

耳、目、口、鼻，小體也，皆能知聲、色、臭、味；心，大體也，反不能知義理、是非，惑莫大焉！

或問"太虚"。程子曰："亦無虚。"遂指虚曰："皆是理，安得謂之虚？天下無實於理者。"〔四〕朱子曰："天下之理，至虚之中有至實者存，至無之中有至有者存。夫理者，寓於至有之中，不可以目擊而指數也。"觀程、朱之言，可以知道矣。

萬事差錯，只是是非顛倒。

人欲肆而羞惡之心亡矣。

人猶知論人之是非；而己之是非則不知也。

“吮癰舐痔”而得車多者,〔五〕小人之無耻也。

朱子曰:“程子言仁,本末甚備,今撮其要,不過數言:蓋曰仁者,生之性也;而愛,其情也;孝弟,其用也;公者,所以體仁,猶‘克己復禮爲仁’也。學者於前之三言者,可以識仁之名義;於後一言,可以知用力之方矣。”〔六〕

因默念:“一陰一陽之謂道,繼之者善也,成之者性也。”竊以“繼”、“成”皆以氣言,貼陰陽字説;“善”、“性”皆以理言,貼道字説。及撿陳北溪《性理字義》,與鄙意合,因志之。

朱子曰:“‘一陰一陽之謂道’,太極也。‘繼之者善’,生生不已之意,屬陽;‘成之者性’,各正性命之意,屬陰。”〔七〕河津本連下二節。

陰陽之外無一物。

“繼、善、成、性”,無須臾止息。

往年在湖南,嘗行沅州北澗谷中,霧雨蒸濕,及登高山絶頂,則日光晴霽,俯視沅州城郭及衆山之低小者,雲氣浮繞,往來其間,駛如奔馬,開闔萬變,是時必雨於其下矣。以是知雲氣最低,方雲合而雨之時,日在雲上,未嘗不光霽也。

天最高,日月星辰次之,雲氣最河津本作“則”。低。凡雲氣皆在日月星辰之下,以是知其最低也。

邵子曰:“《乾》四十八,而四分之一分爲所克之陰也。”〔八〕蓋自《乾》至《泰》,《乾》《夬》《大有》《大壯》《小畜》《需》《大畜》《泰》,凡八卦共四十八爻,分作四分,每分十二爻,其三分三十六陽爻,其一分十二陰爻也。又曰:“《坤》四十八,而四分之一分爲所克之陽也。”〔九〕蓋自《坤》至《否》,《坤》《剥》《比》《觀》《豫》《晉》《萃》《否》,凡八卦共四十八爻,分作四分,每分十二爻,其三分三十六陰爻,其一分十二陽爻也。

“忠”如水之源,“恕”如水之流,一箇忠做出百千個恕來,一箇源流出百千道水來,即“忠恕而一貫”〔一〇〕之旨明矣。自然體立用行者,聖人之忠恕也;盡己推己者,學者之忠恕也。曾子言“夫子之道,忠恕而已矣"〔一一〕，非謂學者盡己爲忠，推己爲恕也，姑借"忠"以明"一"之體，借"恕"以明"貫"之用。故知盡己推己其施無窮，則知一貫之理無石門本、河津本無"無"字。不盡矣。洛陽本"明矣"節。

《中庸》之"忠恕"，〔一二〕乃學者盡己推己之正名，即程子所謂"動以人"也；〔一三〕《論語》之"忠恕"，〔一四〕乃聖人自然之忠恕，程子所謂"動以天"也。

《太極圖》見天人合一之妙。

太史公言漢武帝譴死鉤弋夫人與凡有子之嬪御，爲能杜絶後來之女亂。是則然矣，亦非仁者之心也。誠使家法嚴，倫理明，則後世之女亂非所憂也，如文王之修身齊家以及天下，欲使萬物皆得其所，何至不仁如是乎？

張子曰："鬼神者，二氣之良能也。"〔一五〕"良能"是其自然能伸能屈之妙。朱子曰："鬼者陰之靈，神者陽之靈。"〔一六〕"靈"即所謂"良能"也。洛陽本"之妙"節。

天地之開闔，世運之興衰，日月之往來，晝夜之變化，寒暑之推遷，萬物之始終，皆陰陽之氣，屈伸消息爲之主，此鬼神所以"體物而不可遺"〔一七〕也。

海水是衆水之聚，與山澤通氣有源之水不同。嘗問海上居人，海水味鹹，其海中山島井泉之水却甘。以是知海水與有源之水不同。

陰陽不在五行外，太極亦豈在陰陽外？所謂"精粗本末無彼此"也。

周子言男女而萬物在其中，言萬物而男女在其内。互文也。

"魏公子無忌從車騎，虚左，迎侯生，生直上載公子上坐。"〔一八〕此"載"字亦"加載"之意，與老子、屈子、揚子"載魄"之"載"洛陽本無"載"字。字同義。洛陽本作"義同"。

聖賢之言皆平易易知，後世儒者有作禪語以見於文辭者，雖曰明理，失平易之意矣。

陳平以金間楚，即戰國之術。

有以釋、老機巧之言解吾書者，幾何而不陷於異端乎？

文、武、成、康之治，一變而爲春秋，再變而爲戰國，極矣！

朱子曰："乾一而實，故以質言，而曰大；地二而虛，故以量言，而曰廣。"

程子《易傳》質慤精深，廣大微妙，朱子《本義》亦有不能出其外者。

程子之《易》主孔子，多石門本、河津本作"但"。與《本義》河津本作"木"，非。不合。

人之爲學，當於性情上用功尤切。

知而不去爲智，雖知不能固守而去之，焉得爲智？

四方上下，往來古今，實理實氣，無絲毫之空隙，無一息之間斷。

《西銘》只是欲人"存天理"。

人物皆得天地之氣以成形，所謂"天地之塞，吾河津本作"其"，訛。其體"；皆得天地之理以成性，所謂"天地之帥，吾其性"。體、性，人與物皆同，所謂"理一"也。然人得其氣之正而理亦全，物得其氣之偏而理亦偏。聖人尤得其氣之最清最秀者，故性極其全，與天地合德。賢者稟氣石門本作"其"，訛。次乎聖人，故其德出乎凡民，皆"分殊"也。

致知力行，惟在於實，一有不實，則不能造其極矣。

夫子"四教"，"忠"、"信"爲"文"、"行"之本。

思量萬事萬理，不過一實。

爲學不實，無可據之地。

人之所爲，一有不實即爲妄矣。

人而不實，無一而可。

人於"實"之一字當念念不忘，隨事隨處省察於言動、居處、應事、接物之間，必使一念一事皆出於實，斯有進德之地。

千言萬語只在實。

因讀"天地之塞，吾其體"之"塞"字，益知上下四方氣之充塞無絲毫之空隙。

"天地之塞，吾其體"，得天地之氣以成形也；"天地之帥，吾其性"，得天地之理以成性也。"踐形"則能全天賦我之體，"盡性"則能全天賦我之理。"知化窮神"〔一九〕者，樂天而能踐形盡性也；"無愧無忝"〔二〇〕者，畏天而求踐形盡性也。

古語云："天定能勝人，人定亦能勝天。"如古者無道之世，若秦，若隋，若武氏之流，方其勢盛之時，虐焰如烈火不可近，此"人定勝天"也；及其罪盈惡稔，人怨天怒，剿絶覆亡之無遺育，此"天定勝人"也。善惡之報，豈不明甚？信古語之不誣。

"繼之者善"，化育之始流行而未已，陽也；"成之者性"，人物稟受一定而不易，陰也。

"繼之者善"，就造化流行上説；"成之者性"，就人物稟受上石門本無"上"字。説。

萬物至大者皆有外，惟理之大無外；萬物至小者皆有内，惟理之小無内。

天地萬物皆虚，惟理最實。

陰陽、五行、男女、萬物，太極都在里許。

朱子謂：《河圖》之數，不過一陰一陽，一奇一偶，以兩其五行而已。蓋《河圖》一六水，二七火，三八木，四九金，五十土，皆"兩其五行"也。自其著者觀之，則動静不同時，陰陽不同位，而太極無不在焉，所謂"顯微無間"也；自其微者而觀之，則冲漠無朕之中，而動静陰陽之理已具於其中矣，所謂"體用一源"也。

理、氣、象、數，初不相離。如《乾》之健，理也；其象，天石門本、河津本作"大"。象也；其所以爲象者，氣也；氣之有次第節限者，數也。

《豫》上六石門本、河津本作"九"，非。曰："冥豫，成有渝，無咎。"《復》石門本、河津本作"謙"，非。六三："頻復，厲，無咎。"皆廣遷善之門也。

以五乘十二，六十也，以十二乘五，亦六十也，即"參伍"〔二一〕之義。

《易》曰："憂悔吝者，存乎介。"〔二二〕"介"即周子所謂"幾善惡"也。〔二三〕

朱子曰："大概看《易》須謹守《彖》《象》之言，聖人自解得極精密平易。"竊觀朱子解文王《彖辭》，惟主孔子。

能"艮其背"，便"不獲其身，行其庭，不見其人"〔二四〕。

孔子"惡利口之覆邦家"〔二五〕者，千萬世國家亂亡皆由於此。

"大人虎變，未占有孚。"〔二六〕如成湯自其征伐之先，已有徯蘇之望，是"未占有孚"也。

朱子之《易》惟主卜筮，與程子異，其論亦有不出程《傳》之外者。

聖賢千言萬語，只要人存天理，去人欲。

天之道，知也；地之道，仁也。聖人"與天地相似"者，知、仁而已。"知周乎萬物"者，知也；"道濟乎天下"者，仁也。"樂天知命，故不憂"，知也；"安土敦仁，故能愛"，仁也。〔二七〕天地之道，不外乎仁、知；聖人之道，亦不外乎仁、知。此聖人"與天地合德"也。

《易》曰：河津本無"《易》曰"。"一陰一陽之謂道，繼之者善也，成之者性也。""繼"、"成"以氣言，從"陰陽"字來；"善"、"性"以理言，從"道"字來。

程復心《大學章句圖》首畫《太極圖》，中間着一"氣"字，是以氣言太極。周子"無極而太極"，專以理言也。程《説》曰："太極未有象，惟一氣耳。"是即漢儒異端之説，又豈識所謂太極哉！

《河圖》之一奇一偶，造化之一動一静，人之一呼一吸，皆一陰陽也。

東漢之規模不如西漢者，政河津本作"正"。以光武好吏事，不如高祖得人君之體也。

光武以讖緯論學，何以爲出治之本？

陰陽無時不相勝。陰退則陽勝陰，河津本無"陰"字。陽退則陰勝陽，洛陽本無"陽"字。一陰一陽，相勝而河津本無"而"字。不已也。

《剥》盡爲《坤》陽生，爲復；《夬》盡爲《乾》陰生，爲《姤》。聖人於陽曰"復"，於陰曰"姤"，扶陽抑陰之意也。

東漢"黨錮"，諸君子正不知群陰並長之時，而欲力勝之。難矣！

聖人之進退存亡，與造化消息盈虚之理爲一，異乎漢末諸賢矣。

漢末諸賢，先儒謂“一變則至於道”〔二八〕。

後漢賢者，刻意尚行若不可及。概以“中庸之道”，則有不合者矣。

太極，理也，生物之本；陰陽五行，氣也，生物之具。男女萬物皆自此出，而理、氣則渾融無間也。

至大者道也，聖人之門而道存焉，“遊其門者難爲言”〔二九〕可知矣。

三代之後有漢，世道之大降也。河津本下連“三代聖人”節。

地處天中而有盡，天包地外而無窮。

三代聖人皆以道治天下，漢高不喜《詩》《書》，至溺儒冠，豈非世道之大降與？河津本無“與”字，上連“三代之後”節。

漢高有功於天下固大矣。其修身無本，治家無法，以詐御臣下，視禹、湯、文、武爲何如哉？

上下四方，理氣充塞，無窮盡，無方體。

無一時一事而無理，故當無一時一事而不習，此“學而時習之”也。今人特以執卷誦習爲“習”，此特習所知之一端耳，又豈能盡“時習”之功哉？

時時皆道，處處皆道，事事皆道，道不可離。如此，存養省察之功，洛陽本作“力”。不可須臾或河津本無“或”字。間也。

陰陽變易，自人身以至天地萬物，無時不然，知此則知《易》矣。

人動作皆以天，則無妄；不以天，則妄矣。

“曾點見夫人欲盡處，天理流行”〔三〇〕，“鳶飛魚躍”之意。

蓍龜雖是卜筮之物，聖人却未必用，而神靈之理已具。如武〔三一〕雖是殺人事，聖人却存此神武而不殺。

“不假卜筮而知吉凶”〔三二〕，所以説“神武而不殺”〔三三〕。

神武得其理而不假其物，猶蓍龜得其神之理而不假卜筮也。

顔子問仁，“專言之仁”，朱子以“心之全德”釋之，〔三四〕則仁、義、禮、智之德無不包矣。

《論語》多“專言之仁”。

“體用一源”是“隱而費”，“顯微無間”是“費而隱”。

程子曰：“予所傳者辭也，由辭以得其意，則在人焉爾。”〔三五〕讀書之法，皆當由辭以得意。徒得其洛陽本無“其”字。辭而不得其意，章句文字之學也。

只是循天理便有序而和，故仁者禮樂之本也。

實理皆在乎萬物萬事之間，聖賢之書不過模寫其理耳。讀書而不知實理之所在，徒滯於言辭之末，夫何益之有？

“大德敦化”，理一也；“小德川流”，分殊也。

“維天之命，於穆不已”者，理一也；“乾道變化，各正性命”者，分殊也。

讀《西銘》理明而心廣。

統天地萬物言之，一理也；天地萬物各有一理，分殊也。就天言之，天，一理也；而天之風、雲、雷、雨之屬各有一理，其分殊也。就地言之，地，一理也；而地之山、川、草、木之類各有一理，其分殊也。就人一家言之，一理也；而人之父子、夫婦、長幼之類各有一理，分殊也。就人一身言之，一理也；而四肢、百骸河津本作“體”。各有一理，分殊也。就一國天下言之，莫不皆然。就一草一木言之，一理也；而枝幹河津本作”余”，訛。花葉之不同，分殊也。“理一”行乎“分殊”之中，“分殊”不在“理一”之外，“一本萬殊，萬殊一本”也。

“一以貫之”，即“大德敦化”；“小德川流”，即“一理而分殊”也。

天地間游塵紛擾，無須臾止息，無毫髮間斷，是皆氣機使然，觀日射窗屋之間可見。因有詩曰：“日射屋山内，煙華幾丈虹。游塵從此見，長滿太虚中。”

爲學第一功夫立心爲本，心存則讀書窮理、躬行踐履皆自此進。孟子曰：“學問之道無他，求其放心而已。”〔三六〕程子曰：“聖賢千言萬語，只是欲人將已放之心，收之反入身來，自能尋向上去。”〔三七〕皆此意也。

天地有動静之復，無善惡之復；人有善惡之復，有動静之復；聖人無復者，以善惡而言也。聖人之心，渾然至善，未嘗間斷，故不見其復。若動静之復，則亦有之。

趙宋立國規模不如漢者，以封建之法不立，無藩屏根柢之固，故一遭變故，蕩然不可維持也。

趙普自謂"以半部《論語》佐趙太石門本、河津本無"太"字。祖定天下。"蓋亦大言而已，其實未見行《論語》一言也。如伯夷、叔齊求仁而得仁，使趙普真知此理，其肯定陳橋之策乎？

趙普克、伐、怨、欲必行，其功雖大，而德或未也。

尹和靖謂"動静一理"。伊川曰："試喻之。"適聞鐘響，尹曰："譬如未撞時，聲固在也。"伊川喜曰："且更涵養。"〔三八〕竊謂鍾未撞時聲固在，即心未感時理已存，陰未動時陽已具，皆"動静一理"也。

【校記】

〔一〕引自《易傳·乾·文言》。

〔二〕引自《孟子·盡心上》。原文爲："求則得之，舍則失之，是求有益於得也，求在我者也。"

〔三〕據文意，"可"字疑爲"何"字之訛。

〔四〕引自《河南程氏遺書》卷三。原文"亦無虚"作"亦無太虚"。

〔五〕見《莊子·列御寇》。又見《漢書·鄧通傳》。又見朱熹《論語集註》卷九《陽貨第十七》。

〔六〕見江永《近思録集注》卷二引朱子語。原文"程子言仁"作"程子之言"，"其要"作"其大要"，"猶"下有"言"字，"前"下無"之"字，"三言"下無"者"字，"用力"上有"其"字。

〔七〕引自《朱子五經語類》卷三《易三十·繫辭上傳三》。

〔八〕〔九〕引自邵雍《皇極經世書·觀物外篇下》。

〔一〇〕〔一一〕見《論語·里仁》："子曰：'參乎！吾道一以貫之。'……曾子曰：'夫子之道，忠恕而已矣。'"

〔一二〕見《中庸》第十三章。

〔一三〕見《河南程氏粹言》卷一《論學篇》："動以人則有妄，動以天則無妄。"

〔一四〕見《論語·里仁》："子曰：'參乎！吾道一以貫之。'……曾子曰：'夫子之道,忠恕而已矣。'”

〔一五〕引自張載《正蒙·太和篇》。

〔一六〕引自朱熹《中庸章句》第十六章。原文兩“靈”字下均有“也”字。

〔一七〕引自《中庸》第十六章。

〔一八〕引自《史記·魏公子列傳》。原文爲:“公子從車騎,虚左,自迎夷門侯生。侯生攝敝衣冠,直上載公子上座,不讓,欲以觀公子。”

〔一九〕《西銘》原文爲:“知化則善述其事,窮神則善繼其志。”

〔二〇〕《西銘》原文爲:“不愧屋漏爲無忝。”

〔二一〕〔二二〕引自《易傳·繫辭上》。

〔二三〕引自周敦頤《通書·誠幾德》。

〔二四〕引自《易經·艮·卦辭》。

〔二五〕引自《論語·陽貨》。

〔二六〕引自《易經·革·九五爻辭》。

〔二七〕引文均見《易傳·繫辭上》。原文“濟”下無“乎”字,“敦”下有“乎”字。

〔二八〕引自《河南程氏粹言》卷一《論政篇》。原文“則”作“可”。

〔二九〕見《孟子·盡心上》:“游於聖人之門者難爲言。”

〔三〇〕引自朱熹《論語集註》卷六《先進第十一》。原文“曾點”下有“之學,蓋有以”五字。

〔三一〕據文意,“如武”疑當作“神武”。

〔三二〕引自朱熹《周易本義》卷七《周易繫辭上傳》。原“不假”作“無”。

〔三三〕引自《易傳·繫辭上》。

〔三四〕見朱熹《論語集註》卷六《顔淵第十二》:“仁者,本心之全德。”

〔三五〕引自《周易程氏傳·易傳序》。原文“在”下有“乎”字,“焉”下無“爾”字。

〔三六〕引自《孟子·告子上》。

〔三七〕引自《河南程氏遺書》卷一。原文“收之反入身來”作“約之使反,復入身來”。

〔三八〕引自《河南程氏外書》卷十二。原文爲:“昔嘗請益於伊川曰:‘某謂動静一理。’伊川曰:‘試喻之。’適聞寺鐘響,某曰:‘譬如此寺鐘,方其未撞時,聲固在也。’伊川喜曰:‘且更涵養。’”

讀書録卷十一

"誠"即"五常"之實理,非五常之外別有誠也。如實有是仁,實有是義,實有是禮,實有是智是也。

即理而物在其中,即物而理無不在。如未有此宫室已有此宫室之理,及有此宫室而理即在宫室之中;如未有天地萬物已有天地萬物之理,及有天地萬物而理即在天地萬物之中。所謂"體用一源,顯微無間"也。石門本、洛陽本"不在"節。

《名臣言行録》載伊川爲講官時,文士歸其門者甚衆,而伊川亦以天下自任,"議論石門本、河津本作"論議"。褒貶,無所顧避。"〔一〕竊疑石門本無"疑"字,河津本作"謂"。此八字或記石門本作"計"。言者之過。伊川知《易》者,河津本無"者"字。豈容信口議論褒貶而無顧避乎!

朱子曰:"無極而太極,所以明夫道之未始有物,而實爲萬物之根柢也。"〔二〕

人多於快意之事忘却道。

人爲學洛陽本作"道"。至要,當於妄念起處即遏絶之。予每嘗用力於此,故書以自勵。

"忘"與"助",學者之通患。

宋徽宗結金人攻遼之事,始於童貫挾馬植來,小人之肇亂也如此。

太極只在乎動静而已。

朱子稱周子曰:"先生之精,因《圖》以示;先生之蘊,因《圖》以發。"〔三〕其曰"精"者,即"無極而太極",陰陽、五行、男女、萬物也;其曰"藴"者,即包洛陽本無"包"字。涵無窮之理也。

"太極"者,合天地萬物之理而一名之耳。

"《易》有太極","易"即陰陽,"太極"即道也。

"澤藏珠而川媚,石藴玉而山輝。"有本之謂也。莊子曰"聖人貴精"〔四〕,此之謂與!

《河圖》《洛書》,萬數、萬象、萬理之源。

天以至理示人者,《河圖》《洛書》是也。

《太極圖》用功之要,只在"君子修之吉,小人悖之凶"〔五〕。修之者,修此"仁義中正"也;悖之者,悖此"仁義中正"也。故"敬則欲寡而理明,寡之又寡,以至於無"。則"静虚"者,正也,義也,太極之體以立;"動直"者,中也,仁也,太極之用以行,而"聖可學矣"〔六〕。

劉靖修叙學有"博文"之功,無"約禮"之實。或非其所作,或非其少作也。

《河圖》具五行之數,春夏秋冬、元亨利貞、仁義禮智無不在焉。

《河圖》一六水,二七火,三八木,四九金,奇數二十,偶數二十,中虚五以象太極。是即"五行一陰陽,陰陽一太極"也。

兩儀、四象、八卦以至六十四卦,象、數之理即太極也。象、數、理、氣渾然無間,理雖不雜,亦不離也。洛陽本"極也"節。

伊川爲講官,以三代之上望其君,從與否則在彼而已,其肯自貶其道以徇之哉!

伊川、晦庵爲講官,時姑取以備故事資口耳而已。二子即以真知力行望其君,宜其不合也。

《咸》九五:"咸其脢,無悔。"〔七〕脢,背肉,感所不見之地則無悔,"武王不忘遠"〔八〕當之。

《太極解》:"未至此而修之","不知此而悖之"。〔九〕"此"皆指"中正仁義"而言。

孟子論"仁義禮智",即太極也。

"中正仁義",性也,性即太極也。夫豈性之外復有太極,太極之外又有所謂性哉！

太極之理，《中庸》備之。

六經、四書之理，不出太極。

先儒曰："慾心一萌，便思理義以勝之。"即窒慾之要也。

古人有曰："不見可慾，使心不亂。"〔一〇〕故"四勿""視"爲先。

人只是有己，故不能與天地同。其大其要，惟在克己。

《河圖》一六、二七、三八、四九之數各相合，《洛書》一六、二七、三八、四九之數各相近。

發明《大易》象、數之原，始於邵子，繼之者朱子也。

作《易》本原，不過夫子"《易》有太極，是生兩儀，兩儀生四象，四象生八卦"〔一一〕數語，但諸儒不之察，獨邵子、朱子能發明之。

《河圖》虚其中者，"太極"也；奇數二十，偶數二十者，"兩儀"也；一六、二七、三八、四九者，"四象"也；四實、四空者，"八卦"也。夫子"《易》有太極，是生兩儀，兩儀生四象，四象生八卦"之言，蓋本於此。

朱子論《易》象、數，皆本於《大傳》。

《啓蒙》見作《易》之原與卜筮之本義。

聖人方静之時，正也，義也，寂也，太極之體以立；方動之時，中也，仁也，感也，太極之用以行。此"聖人之一動一静，無非妙道精義之發，有不待言而著"〔一二〕者。

學《易》只在語、默、動、静之間，須時時學之。

聖人方静之時，百體收斂，一心湛然，而萬理咸具；及其動也，隨感而應，動容周旋中禮。耳目有聰明之理，手足有恭重之理，以至人倫之間各有仁義禮智信之理，夫豈待言而後著哉？

天雖不言，而元亨利貞循環無端，運而爲春夏秋冬之序，發而爲温熱涼寒之氣，萬物生長遂成，各正性命，夫豈待言而後顯哉？

聖人發無言之教以示學者，當求聖人之道於一身動静應事接物之間，不可專求聖人之道於言語文字之際也。

學須"切問近思"〔一三〕，方可見"道不遠人"〔一四〕。

《易》不外動静。

人之一動一静，而太極無不在焉。"太極者，本然之妙也；動静者，所乘之機也。"〔一五〕陰陽動静亦如此。

朱子論"喜怒未發之中"曰："蓋當至静之時，但有能知覺者，而未有所知覺也。故以爲静中有物則可，而便以爲才思即是已發爲《比》河津本、洛陽本作"此"。則未可；以爲《坤》卦純陰而不能無陽則可，而便以《復》之一陽已動爲《比》河津本、洛陽本作"此"。則未可也。"〔一六〕

朱子曰："程子言'纔思即是已發'，能發明子思言外之意。蓋言不待喜怒之發但有所思，即是已發。此意已極精微，説到未發界至十分盡頭，不可以有加矣。"〔一七〕

"庖丁解牛"，人處常變之道備焉。

《夬》之上六不言陰有復生之理，獨於《剥》之上九言陽有復生之理，聖人扶陽抑陰之意也。

"庖丁解牛"，順其自然之理而行之，如"技經肯綮之未嘗"〔一八〕，逆理則"大軱"〔一九〕矣。

"庖丁解牛"，只是順理。

謝氏曰："明道先生善言《詩》，未嘗章解句釋，但優遊翫味，吟哦上下，便使人有得處。"〔二〇〕又曰："明道先生談《詩》，並不曾下一字訓詁，只轉却一兩字，點綴洛陽本作"掇"。念過，便教人省悟。"〔二一〕石門本作"誤"，訛。竊觀朱子《詩傳》，只轉一兩字，點綴洛陽本作"掇"。念過，蓋得明道談《詩》意也。

孔子教人，不語以未至者。

朱子《文集》有未爲定説者，如"盡心知性"一段，與《孟子盡心知性集註》不同，當以《集注》爲定説。

道體至《中庸》，發明顯著矣。

《復》之卦辭言造化之復，爻辭言人心之復。

"知時識勢"，學《易》之大方也。

朱子《與皇甫文仲帖》曰："《本義》義理不能出程《傳》，但節得差簡略耳。"

朱子曰:"'感'是事來感我,'通'是自家受他感處之義。"〔二二〕

外聖賢之學,便是異端機權世俗之學。

許魯齋曰:"吾道大公至正,以天下公道大義行之,故其法度森然,明以示人。"〔二三〕竊謂異端正與吾道相反。

朱子曰:"孔子只説'義之和爲利',不去利上求利,只義之和處便是利。"又曰:"義者得宜之謂,處物得其宜,不逆萬物,即所謂利。"

程子曰:"敬義夾持,直上達天德自此。"〔二四〕爲學之要也。

張旭見擔夫與公主争道及公孫大娘舞劍,而草書進,乃"心嘗思念至此而感發"。程子曰:"須是思方有感悟處,若不思,怎生得如此!然可惜張旭留心於書,若移此思道,何所不至!"〔二五〕此即"無忘"之意。

《師》初六爻辭曰:"師出以律,不《易》作"否"。臧凶。"《象》曰:"'師出以律',失律凶也。"失律即不臧也。

君子"行有不得,皆反諸己"〔二六〕,而無責人之心。

"鳶飛魚躍",是道理無一毫之空缺處;"逝者如斯,不舍晝夜",是道理無一息間斷處。

張子曰:"無天下國家皆非之理,學至於不責人,其德進矣。"〔二七〕

春夏之陽,木火之氣也;秋冬之陰,金水之氣也。此五行陰陽無餘河津本無"餘"字。欠也。

陰陽不在五行外,太極不在陰陽外。

公孫支言"夷吾忌克"〔二八〕。"忌",猜疑;"克",好勝。二者,人之大病也,不可不去。

"知至至之"。上"至"字是至處,下"至"字是到那至處;"知終"是終處,"終之"是終而不去。

夫石門本作"夬",非。"剛"、"立"之稱,見《比》卦傳。〔二九〕

自古作史者,苟非大公至正之人,愛憎取舍之間失其實者多矣。孟子曰:"盡信書,不如無書。"〔三〇〕莊周曰:"儒者僞辭。"〔三一〕劉靖修詩曰:"紀録紛紛已失真,語言輕重在詞臣。若將字字求心術,恐有無邊受屈人。"數子之言,曲盡作史之弊。

蠹生木中,枝葉從之顛仆。《詩》曰:"顛沛之揭,枝葉未有害,本石門本作"木",非。實先撥。"〔三二〕故王者以治内爲本,内不治而末雖安,不足恃也。漢元、成、哀、平之世可見矣。

《列子》曰:"運轉亡已,天地密移,疇覺之哉!"〔三三〕是天地之化,無一息之間。如人之自少而老,物之自盛而衰,無須臾之不變,但人自不察耳。

"無卜筮而知吉凶"〔三四〕,最宜詳翫。人所爲順理,即所謂"惠迪,吉"〔三五〕,又何必卜筮而後石門本、河津本無"後"字。知吉乎!所爲悖理,即所謂"從逆,凶"〔三六〕,又何必卜筮而後知凶乎!

無行可石門本、洛陽本作"所"。悔,最爲難事。

雷擊而爲石門本、河津本"爲"下有"雷"字。斧,星隕而爲石,是皆氣結而成者。以是知土石之類,皆天地之初氣凝結而成,但剛爲陽,柔爲陰耳。

五行固河津本作"同"。有陰陽,就水、木、火、金、土上又各有陰陽,如水陰也,其質屬陰,其氣屬陽之類。

【校記】

〔一〕見《河南程氏遺書·附録·伊川先生年譜》。

〔二〕引自朱熹《文集》卷八十《邵州州學濂溪先生祠記》。原文"太極"下有"雲者,又一《圖》之綱領"幾字。

〔三〕引自朱熹《文集》卷八十。原文"因圖以示"作"立圖以示"。

〔四〕引自《莊子·刻意》。

〔五〕引自周敦頤《太極圖説》。

〔六〕自"敬則"以下,引文均見朱熹《太極圖説解》。

〔七〕引自《易經·咸·九五爻辭》。

〔八〕見《孟子·離婁下》:"武王不泄邇,不忘遠。"

〔九〕引自朱熹《太極圖説解》。

〔一〇〕引自《老子》三章。原文"心"上有"民"字。

〔一一〕引自《易傳·繫辭上》。

〔一二〕引自朱熹《論語集注》卷九《陽貨第十七》。原文爲:"聖人一動一静,莫非妙道精義之發,亦天而已,豈待言而顯哉!"

〔一三〕引自《論語·子張》。原文"問"下有"而"字。

〔一四〕引自《中庸》第十三章。

〔一五〕引自朱熹《太極圖説解》。

〔一六〕見江永《近思録集注》卷四引朱子語。原文"不能"作"不爲"。

〔一七〕見江永《近思録集注》卷四引朱子語。原文"纔思即是已發"下有"一句"二字,"喜怒"下有"哀樂"二字。

〔一八〕〔一九〕引自《莊子·養生主》。

〔二〇〕引自《河南程氏外書》卷十一。原文"未嘗"作"佗又渾未曾"。

〔二一〕引自《河南程氏外書》。原文爲:"伯淳常談《詩》,並不下一字訓詁,有時只轉却一兩字,點掇地念過,便教人省悟。"

〔二二〕引自《朱子五經語類》卷二十一《易二十一·下經一》。原文"義"作"意"。

〔二三〕引自《魯齋遺書》卷一《語録上》。

〔二四〕引自《河南程氏遺書》卷五。

〔二五〕引文均自《河南程氏遺書》卷十八。原文"嘗"作"常","思道"作"心於道"。

〔二六〕引自《孟子·離婁上》。原文"得"下有"者"字,"反"下有"求"字。

〔二七〕引自張載《正蒙·中正篇》。原文"無"在"家"字下,"學"上有"故"字,"責"作"尤","其德進矣"作"學之至也"。

〔二八〕見《左傳》僖公九年:"夷吾……其言多忌、克。"原文"公孫支"作"公孫枝"。

〔二九〕見《周易程氏傳》卷一《周易上經上·比》:"雖剛強之至,未有能獨立者也。"

〔三〇〕引自《孟子·盡心下》。原文"不"上有"則"字。

〔三一〕引自《莊子·盜跖》。

〔三二〕引自《毛詩·大雅·蕩之什·蕩》。

〔三三〕引自《列子·天瑞》。原文"不"作"亡"。

〔三四〕引自朱熹《周易本義》卷七《周易繫辭上傳》。

〔三五〕〔三六〕引自《尚書·虞書·大禹謨》。

讀書續録卷一

往年因讀張子"心中有所開,即便劄記,不思則還塞之矣"之言,遂於讀書心中有所開時,隨即劄記,有一條一二句者,有一條三五句者,有一條數十句者,積二十餘年乃成一集,名曰《讀書録》,蓋以備"不思還塞",如張子所云者。近年又於讀書時日記所得者,積久復成一集,名曰《讀書續録》。但有得即録,不覺重復者多,欲皆删去,而意謂既亦以備"不思還塞",則辭雖重復,亦可爲屢省之助云。河東薛瑄謹識。

"乾知大始,坤作成物"〔一〕。造化生物皆乾爲之主,而坤則無所爲,惟順承天施而已。

造化人事皆以河津本作"一"。静爲主。造化非專一翕聚,則不能直遂發散;人心非寂然不動,則何以酬酢天下萬事哉?河津本無"哉"字。

天地常久之道,元亨利貞而已;天下常久之理,仁義禮知而已。

天地萬物皆自微以至著。張子曰:"其來也幾微易簡,其究也廣大堅固。"〔二〕

"乾元"是氣之統體,無所不包,故曰"統天"。

只於鼻息之間,可見屈伸相感之理。吸之極爲屈,感得呼來爲伸;呼之極爲伸,又感得吸來爲屈。吸又感呼,呼又感吸,呼吸屈伸相感無端,與晝夜寒暑相感屈伸同一理也。

朱子《太極圖解》〔三〕曰:"太極者,洛陽本無"者"字。本然之妙也;動静者,洛陽本無"者"字。所乘之機也。"此"易"之"變易流行"者也。又曰:

"太極,形而上之道也;陰陽,形而下之器也。"此"易"之"交易對待"者石門本無"者"字。也。朱子所謂"'易'有兩義"河津本作"儀",訛。者如此。〔四〕

凡人動爲"震",静爲"艮",健爲"乾",順爲"坤",與夫入爲"巽",説爲"兑"之類,皆"易"之用。故"《易》"之於人也,周徧而無窮,民之於《易》也,隨取而各足。

"聖人作《易》,因陰陽之實體,爲卦爻之法象。"〔五〕是則卦爻之法象,無非模寫天地陰陽之實體而已。洛陽本此下有"此見作《易》之本義"七字。

卦爻未畫時,至虚至静之中而卦爻之理已具。及卦爻既畫,而天地萬物之理皆具於卦爻之中。故曰:"《易》與天地準,故能彌綸天地之道。"〔六〕

卦爻分明是天生的,聖人不過因其自然者畫出。

太極,性也;陰陽,氣也。論太極而不言陰陽,則徒知太極爲至善之性,而不知氣有昏明、清濁之殊,故曰"論性,不論氣,不備"〔七〕;論陰陽而不言太極,則徒知陰陽之氣有昏明、清濁之異,而不知太極爲至善之性,故曰:"論氣,不論性,不明。"〔八〕雖然,太極即在陰陽之中,陰陽不在太極之外,理、氣渾然而無間。若截理、氣爲二,則非矣。

静聞鳥鳴風韻以至萬響,皆至理寓焉。

泛觀天地河津本作"理",訛。萬物之有形者,何往而非是道之所寓?程子所謂"顯微無間"者,河津本無"者"字。當默會之。

《禮》曰:"君子不盡人之歡,不竭人之忠,所以全交也。"〔九〕此言有《易》道存焉。

"子在川上曰:逝者如斯夫!不舍晝夜。"是就水言道之往者過,來者續,無一息之停也。所謂"道體"正在水上,水尤易見道體,故發以示人。

邵子詩"玄酒味方淡,太音聲正希。"乃形容陽稚之意。

"元者,善之長也"〔一〇〕。即亨、利、貞無非善矣。

仁道至大,是萬善石門本、河津本作"物",似非。皆仁也。看來天地之道只一"元"字都括盡,人道只一"仁"字洛陽本"字"下有"亦"字。括盡。

朱子論"無極而太極,所以動而陽、静而陰之本體也"〔一一〕。動静無時不然,而太極無時不在。

太極即是"中、正、仁、義",非四者之外又有太極也。

太極之有動静,即天命之流行也,天命即元、亨、利、貞也。

《中庸章句序》:洛陽本無此五字。"繼天立極。""繼"字是從《易》"繼之者善"字來。蓋天理流注到聖人身上,聖人以身立極於天下,故謂之"繼天立極"。

"艮其背,不獲其身,行其庭,不見其人,無咎。"〔一二〕竊意"艮其背"一句是統説"艮,止也"〔一三〕。惟止得其止,故静則不有其身,動則行其庭,不見其人。故《彖傳》曰:"艮其止,止其所也,上下敵應,不相與也,是以不獲其身,行其庭,不見其人,無咎也。"〔一四〕可見"艮其背"一句是綱,下面洛陽本無"面"字。却分作兩支説,"艮其背"是止之本,下面兩支是止之效。

朱子曰:"忠者,誠有是心而不自欺也;恕者,推待己之心以及人也。"推其誠心以及人,則其所以愛人之道不遠於我而得之矣,此"忠恕違道不遠"也。

"忠恕違道不遠","道,即其不遠人者",〔一五〕率性而已。

孟子曰:"强恕而行,求仁莫近焉。"〔一六〕故"忠恕違道不遠"。

所爲悖理,悔吝之應如響,故曰"從逆,凶"。〔一七〕

四陽在内,二陰在外,爲《大過》;四陰在外,二陽在内,爲《小過》。

"得意忘言"〔一八〕,乃知讀書不可滯於言辭之間,當會於言辭之表。

言所以述理,不述理之言,其可尚乎?

天地之德,只是"元";聖人之德,只是"仁"。"元"於四德無不統,"仁"於萬善石門本、河津本作"物",似非。無不該。

理學不明,洛陽本作"學"。無往而不陷溺於異學。河津本作"端"。

心術不正,即事事不正。

理明心正，即所見所行皆出於正。

聽人之言，即知其心河津本作"人"。之邪正，所謂"知言知人也。"

《春秋》書"楚子入陳，納公孫寧、儀行父"。左氏曰："書有禮也。"〔一九〕夫二人皆淫亂之賊，陷君於惡，楚不能討其罪而戮之，復納於陳，謂之"有禮"可乎？左氏學識之淺深可見矣。

程子曰："知義之爲用而不外焉，可與語道矣。"〔二〇〕蓋道即仁，而義即仁之用得其宜處，非仁之外又有義也，故程子云然。

非"知周萬物"〔二一〕者，不能辨天下之惑。

《河圖》之數，在天，石門本、洛陽本無"在天"二字。木火土金水，春夏秋冬，元亨利貞；在人，肝心脾肺腎，仁義禮知信，萬理咸備。

文王《後天圖》《離》南、《坎》北、《震》東、《兑》西，正《河圖》火、水、木、金之位也。

"《河圖》之數，一陰一陽，一奇一偶，以兩其五行。"五行，河津本無"五行"二字。木、火陽，金、水陰。就五行觀之，一行又各具一陰一陽。如天一生水，地六成之，一爲陽而六爲陰；地二生火，天七成之，二爲陰而七爲陽之類。又如木之甲乙，火之丙丁之類，皆一行各具一陰陽也。

"四夷來王"本於"無怠無荒"，〔二二〕乃知人君一心之敬雖微，而遠人歸往之效甚大。

"聖人篤恭而天下平"〔二三〕。二帝、三王之治皆原於此。

邵子所謂"畫前有《易》"者，即河津本作"則"。朱子所謂"已定之形，已成之勢，則固已具於渾然之中，而不容毫髪作爲於其間也。"〔二四〕

"畫前之《易》"，即"冲漠無朕之中，萬象森然已具"也。

"涵養吾一。"〔二五〕"一"即"主敬"也。

"致中""致和"爲難，〔二六〕涵養不可不深，省察不可不密。

心無所主，即動静皆失其中。

"體用一原，顯微無間"，默而觀之。

凡事分所當爲，不可有一毫矜伐之意。

伊、傅、周、召王佐事業大矣，自其心觀之，則若浮雲之漠然無所動其心。

天之道公而已，聖人法天爲治，一出於天道之公，此王道之所以爲大也。

程子曰："謂之變，則堅者腐，存者亡。"〔二七〕輪廻之説何其誕邪！

必"首出庶物"，而後"萬國咸寧"也。〔二八〕

"四時行，百物生，莫非天理發見流行之實。"〔二九〕所謂"天理"，即元亨利貞是也。"聖人一動一静，莫非妙道精義之著。"〔三〇〕所謂"妙道精義"，即仁義禮知是也。在天爲天理，在聖人爲妙道精義，其理一也。

天理發見流行於四時行，百物生，不待言而可見。妙道精義著見於聖人之一動一静，又豈待言而後顯哉？

須要實見得天理發見流行與妙道精義之實處，一一體認得分明，乃可見道。

觀《太極圖》，皆天理流行發見之實。"聖人定之以中正仁義，而立人極"〔三一〕，以至"與天地、日月、四時、鬼神合德、合明、合序、合吉凶"〔三二〕，皆妙道精義之著。

《太極圖》包括天地，貫徹古今。

偶見日影之移，與"川流"之意同。

鑿，穿孔也，枘，刻木端所以入鑿也。不量其鑿而納枘，其能入乎？

"太極，形而上之道也；陰陽，形而下之器也。"〔三三〕即是充塞天地。"太極，本然之妙也；動静，所乘之機也。"〔三四〕即是貫徹古今。

太極即理也，性也，故朱子《太極圖解》節節指出性言之。

太極，性理之尊號。

在天爲元亨利貞，在人爲仁義禮知，太極不外乎此也。洛陽本無"也"字。

《中庸》言"中也者，天下之大本也"，即仁義禮知皆"中"也，此

"專言之石門本、河津本無"之"字。中"也；周子言"聖人定之以中正仁義而主静"，此"中"只是禮之一德，"偏言之中"也。"專言之中"，是"未發"之中；"偏言之中"，是"時中'之中。

天人合一，流通往來之理無間。

好善優於天下。若自用己能惡問人者，何以成事功？石門本連下節。

人石門本無"人"字。有一毫之矜飾，即心馳於外，而氣象卑陋矣。

不知仁義道德爲美，其所事者皆外物也。心役物不可役於物。洛陽本"物也"節。

只循理，而餘，悉聽之天。

象數未形而其理已具，即"畫前之《易》"也。

用人不可不慎，才不稱事，事何以立？

聖人謂"舉爾所知，爾所不知，人其捨諸？"〔三五〕正欲人各舉其所知也。必欲舉人皆出于己，何以洛陽本"以"下有"爲"字。公天下取人之道乎？

"天下之生久矣，一治一亂。"〔三六〕知《易》者莫若孟子。

率仁義禮知之性謂之道。聖門專論求仁爲本心之全德，求仁得仁，即仁義禮知在其中，而率性之道不外是矣。

只循理便是行道。

程明道曰："中有主則實，實石門本、河津本無第二"實"字。則外患不能入。"〔三七〕此"實"字指"主敬"而言。主敬則天理存而心實，外患自不能入。伊川曰："中有主則虚，虚謂外邪不能入。"〔三八〕此"中有主"即"主敬"之主。主敬則理雖實而心體常虚，虚謂外邪不能人。又曰："中無主則實，實謂物來奪之。"〔三九〕此"實"字指外物言，"中無主"謂不主敬，即中無主而天理不存，外物皆得以入，故曰"實"，實即物來填塞於中。

敬而和，處衆之要。

處己、事上、接下，皆當以誠敬爲主。

有不合當知幾，而不可妄求。《易》曰："浚恒貞凶。"〔四〇〕

霍光小心謹慎，沉静詳審，可以爲人臣之法。

《易》於十二月《臨》卦二陽方長之時，已爲八月《遯》卦二陰初長之戒，聖人之遠慮如此。

《春秋》不言事應而事應具存。天道真可畏，未有虚發於前而不應於後者。視天爲茫茫，不足與言天道。

聖人凡事皆謹於微，《姤》初六、《坤》初六之類可見。

道者率性而已，皆出於天之元亨利貞。故曰："道之大原出於天。"

本領之學，天命之性是也。

"守約施博"〔四一〕，體用之謂也。

"守約"，斂之，"退藏于密"；"施博"，放之，"彌滿六合"。

學到口不言而心自得者，乃可言"自得"也。

造化萬物皆從虚中來。故程子謂"《老子·玄牝》一章最善"。〔四二〕亦謂虚中生萬化，所謂"谷神"也。〔四三〕

伊尹、周公但能輔其君爲太甲、成王而已，固不能輔之爲成湯、文、武也。

學《易》最要知時識勢，不然，茫然不知吉凶悔吝之機。

"無極而太極"，便是元、亨、利、貞天命之全體渾然而未分者；"動而生陽，静而生陰"，即天命之流行也。

"天何言哉！四時行焉，百物生焉，天何言哉！"聖人以道體告子貢，而子貢未喻也。

默識心通。"活潑潑地"，"無物不有，無時不然"。石門本連下節。

不爲物累，覺得身心甚輕。

自古以來，汲汲於外物之求者，併與外物漠然無存矣。外物果何益哉？

"天地之塞"，氣也，形而下者也；"天地之帥"，理也，形而上者也。氣也，理也，渾合而無間者也。

"定之以中正仁義而主静。"蓋"義"與"正"爲静，"中"與"仁"爲動。以"中"與"仁"爲動,是以"中"、"仁"之用言也。

只爲外物所累太重,便不能有爲。

清心省事,爲官切要,且有無限之樂。

静坐中覺有雜念者,不誠之本也。惟聖人之心,自然真一虚静,無一毫之雜念。

莊生"各有儀則謂之性"〔四四〕,朱子有取焉。

陰陽迭爲消長。《夬》之後,《姤》即繼之,《泰》之後,《否》即繼之,《剥》之後,《復》即繼之,此即"吉凶貞勝"之理。〔四五〕

當提省此心,勿令昏蔽妄馳,即河津本作"則"。處事少錯矣。

"無忘"、"無助",即天理存。

一石門本無"一"字。心切不可外馳。

未應事時,常持守此心勿失;應事時,省察此心勿差;既應事了,還持守此心勿失。

常"主敬"則心便存,心存則應事不錯。

切不可聽人之言而隨和之。故聽不外馳,即無知誘物化之失。

視、聽、言、動,善惡、吉凶、悔吝之幾皆由於此。檢察身心,只在視、聽、言、動上用工夫。

聽人之言而隨和之,而不知其言之是非得失,此修己第一失也。

自秦、漢以來,不知自何時《易》之圖象不傳於世?如王輔嗣作《易解》,只自"乾,元亨利貞"經文以下皆不論其圖象。至邵子得《先天圖》洛陽本作《易》。于希夷,而後石門本無"後"字。圖象始明。

《易》圖象本原,至邵子復明。

因見園中花草茂盛,曰此即"顯諸仁"也。

"窮通醜好"之説,士大夫所當知。

"在天成象,在地成形"〔四六〕,萬狀洛陽本作"象"。彌滿於天地之間,皆"顯諸仁"〔四七〕也。而其所以然,乃"藏諸用"〔四八〕也。洛陽本連下節。

"粲然"者,"顯諸仁";"隱然"者,"藏諸用"。

"君子思不出其位"〔四九〕而天下定矣。

"四夷來王"本於"無怠無荒",故知以威武服遠人者,末也。

"三風十愆"。遵其戒則治,違其戒則亂。

"二,五事"之疇:"貌"、"言"、"視"、"聽"、"思"、"恭"、"從"、"明"、"聰"、"睿"、"肅"、"乂"、"哲"、"謀"、"聖"。〔五〇〕乃"踐形盡性"之學。

朱子曰:"道則天人性命之理。"天命,元亨利貞也;人性,仁義禮知也。理統性命而言,天人之學貫於一。

收斂檢束身心到至細、至密、至静、至定之極,作事愈有力。

凝定、静密,自不外馳。

不知操持此心,則馳騖出入,無一息之寧。石門本、河津本連下節。

"静虚",則萬理咸具於寂然之中;"動直",則"感而遂通天下之故"。此聖所以可學也與!

欲寡而理明,則心虚而自無克、伐、怨、欲之累。

人之一動一静,即陰陽之動静也;一動一静之理,即一陰一陽之道。人能順動静自然之理,即與陰陽動静之道相合矣。

朱子曰:"聖人,太極之全體,一動一静無適而非中正仁義之極。"〔五一〕蓋太極按太極當作"聖人"。動而爲中與仁,静而爲正與義,即太極之全體也。

循理即率性也。自一身之耳、目、口、鼻、手、足,百體各順其則,以至人倫庶事各得其宜,皆循理也。

"知化則善述其事。"〔五二〕化者,天地之化,石門本、洛陽本"化"下有"一"字。過而無迹,如陰陽之變化是也。知陰陽之變化,則凡率性而行見諸事爲之間者,無非天地之事,猶孝子之善述其事也。"窮神則善繼其志"〔五三〕。神者,天地之神,石門本、洛陽本無"天地之神"四字。妙而不測,如天命之神明是也。有以窮之,則吾性之全體無非天地之志,亦猶孝子之善繼其志也。化以氣言,故曰"知化則善述其事";志以理言〔五四〕,故曰"窮神則善繼其志"。謂之知,猶知化育之知,默與之契,非但聞見之知也;謂之窮,則洞見河津本無"見"字。天地之心,猶《易》所謂"通神明之德"〔五五〕,心與之相合,無一毫之間也。知石門本、河津本作"如",非。天地陰陽五行變化之道,體之吾身而有動静五常之道,則所行者無非天地之事矣;通天地元亨利貞神明之德,體之吾心而有健順五常之性,則所存者無非天地之心矣。然神者,天地之本,化者,天地之用,必窮神而後知化也。石門本、河津本連下節。

知天地之變化而行事循乎天理,皆"知化而善述其事"也;知天道之本原而存心純河津本作"循"。乎天理,即"窮神而石門本、洛陽本無"而"字。善繼其志"也。

《剥》上九"碩果不食",〔五六〕言陽有復生之理,《夬》上六不言陰有復生之理。十月純《坤》而初六之中陽已生,至十一月冬至成一陽爻爲《復》,聖人則言"復,亨";〔五七〕四月純《乾》而初九之中陰已生,至夏至成一陰爻而爲《姤》,聖人則有"羸豕蹢躅"之戒。〔五八〕聖人扶陽抑陰而贊天地之化育者,可見矣。

"致中"是"窮神繼志"之意,"致和"是"知化述事"之意。

《剥》窮於上而陽生於下,《夬》決於上而陰生於下,以此見陽固未嘗有息,而陰亦未嘗可絶,陰陽消息相因之理微矣。

仁義禮知,道也,道出於天之元亨利貞,故曰"道之大原出於天"。

天人一理也。天有不能爲人所爲者,人有不能爲天所爲者,此其分殊也。

太極者河津本無"者"字。性理之尊號。道爲太極,理爲太極,性爲太極,心爲太極,其實一也。

不可於"中正仁義"之外求太極。

"'上天之載,無聲無臭',至矣!"舉《中庸》之義而約言之。是無極太極之理,《中庸》言之備矣。石門本連下節,非。

道是自然之理,不待盡己推己而後然。未至於自然之理,誠能盡己之忠,推己之恕,則至自然之理爲不遠也。

天命之性,太極之理也。

天之晝夜陰陽，人之語默動静，皆與道爲體，運行而不息也。

仁即道也，能以愛己之心愛人，則盡仁道也。

明道作字甚敬，曰："非欲字好，只此是學。"〔五九〕推之凡事皆然。

《河圖》木、火、土、金、水，即人心所具肝、心、脾、肺、腎之形，仁、義、禮、知、信之德，是人心上洛陽本無"上"字。自有一《河圖》也。

《河圖》之數，"五行一陰陽也，陰陽一太極也，太極本無極也。""萬化之本原"，〔六〇〕中也；"一心之妙用"，〔六一〕和也；"聖人之能事"，〔六二〕"致中和，天地位，萬物育"也；"學問之極功"，〔六三〕言復聖之事也。

天下之本在國，國之本在家，家之本在身，身之本在心。心正，身修，家齊，國治，天下平，王道不過如此。

此理在天，未賦於人物謂之善，已賦於人物謂之性。故朱子《太極圖解》〔六四〕曰："其動也，誠之通也，繼之者善，萬物之所資以始也；其静也，誠之復也，成之者性，萬物各正其性命也。"《孟子》言"性善"，指理之在人心者而言；《易》言"繼之者善"，指理之在造化者而言。其實一也。

"時中"，即性之發而爲情、中乎節者便是。"性"，即未發之中也。

太極既無聲無臭，而又可圖之乎？當默識於《圖》之表。

"勿忘"最是學者日用切要工夫。人所以心與理背馳者，正緣忘於有所事耳。誠能時時刻刻不忘於操存省察等事，即心常存而天理不忘矣。

萬物惟其同一氣，故皆同河津本無"同"字。一理。

一氣一理，渾然無間。萬物各得一氣一理，分之則殊，合之則一。

"聖人定之以中正仁義而主静。""主静"，即《中庸》"立天下之大本"也。

"三綱五常"爲萬事之本，綱常立而萬事舉。唐、虞、三代治天下之道，不外乎此。

"中"是道理得其洛陽本無"其"字。恰好處。

太極即《易》《書》《詩》《春秋》《禮記》、"四書"所言性與石門本、河津本無"與"字。天道之理,非性天道之外别有太極也。

"守約"是守此心性之理,"施博"是推此心性之理。

"誠者自成也"〔六五〕,天命之性也;"而道自道也"〔六六〕,率性之道也。

"己欲立而立人,己欲達而達人"〔六七〕,仁者之事。小人反是。

"誠"是性之真實無妄,非性之外别有誠也。"聰明睿知",生知之資而具仁義禮知之德,即"性之"之聖人也。

"萬物並育","道並行","大德敦化",太極之體也;"不害不悖","小德川流",〔六八〕太極之用也。

天道流行而賦於萬物。其流行者,即"繼之者善"也;賦於萬物者,即"成之者性"也。

渾然性理,無方所,無内外。非知道者孰能識洛陽本作"知"。之?

性命合一,即學貫天人矣。

天人之理,同條而共貫者也。

"格物致知"到"豁然貫通"處,即所謂"天下無性外之物,而性無不在"也。

天地萬物,分雖殊而理則一,所以可格而致其知。

"中"者,天地萬物所全具之理;"和"者,天下古今所共由之道。只"中"、"和"二字,包括無窮之理,其要只在心。

"大哉乾元!萬物資始"。"至哉坤元!萬物資生"。始者氣之始,生者形之始。萬物資乾元爲氣之始,即資坤元爲形之始。是則坤元之氣即乾元之氣,坤無所作爲,惟順承洛陽本、河津本作"承順"。天施而已。

朱子曰:"道者,天理之當石門本、河津本作"自"。然,中而已矣。"〔六九〕是則"中"者,其道理之總名與?

朱子曰:"知其性分之所固有,職分之所當爲,而各俛焉,以盡其力。"〔七〇〕千古聖賢之學,只是學石門本"學"下有"於"字,河津本"學"下有"如"字。此而已,捨此皆是俗學。

讀《易》謹察"象"、"占"二字，斯得《易》之本義。

荀卿之托身黄歇，揚雄之失節莽賊，皆非"知幾"者。石門本、洛陽本無此五字，且"莽賊"節，非是。子曰："邦有道，危言危行；邦無道，危行言孫。"〔七一〕其"知幾"乎！

"一本萬殊，萬殊石門本無下"萬殊"二字。一本"，於《太極圖》見之。

"一貫"即"中和"之義。

程子言"忠恕"〔七二〕，所以明聖道之體用。

"一貫"之妙，於《太極圖》見之。

直書其事，其義自見。此實河津本無"實"字。《春秋》之本義。河津本作"意"。

顏子幾於無我，觀曾子之言可見。〔七三〕河津本上連前《録》卷二"顏子犯而不校"至"嗚也"節。

即至著之象，顯至微之理，無物不然。

程子曰："'復其見天地之心。'一言以蔽之，天地以生物爲心。"〔七四〕朱子論仁本於此。

"咸其輔頰舌"〔七五〕，"艮其輔，言有序，悔亡"〔七六〕。發言之失得可見。石門本連下節。

天地自然之"易"，所見皆是。

天地、陰陽、晝夜、四時、人物、男女，萬物始終，皆真易充滿乎石門本、河津本無"乎"字。六合，貫徹乎古今也。

象、數自《河圖》始，滿天地間無非象、數也，而理在其中。

顏子"犯而不校"，〔七七〕石門本作"較"。蓋不知物我之有間。洛陽本連下節。

常人纔有觸，即有不平意，只是量小。

"犯而不校"，石門本作"較"。最省事。

只可潛修默進，不可求人知。

待人而人不信，只可自反其忠。

《禮運》曰："人者其天地之德，陰陽之交，鬼神之會，五行之秀氣也與！”〔七八〕此言與《太極圖》頗相合。

“律吕”，“律”，法也，述也；“吕”，助也，助陽以宣氣也。石門本、河津本連下節。

統天地萬物，一氣之變化。

天下古今萬物萬事，皆陰陽之變化，而理爲之主。

天地間只一氣，因有動静，故有陰陽剛柔之分。先儒言之詳矣。

舉目皆實理實氣，此外無一物。

程子言“天本廓然無窮”〔七九〕。知此，則“道大無窮”可知矣。

只順理而行，都無一事之勞擾。

順理，心安身亦安矣。

易簡，處事自無勞擾。

事來只洛陽本作“則”。順應之，不可無故而先生事端。

進修皆分内事，與人何所干涉而求知乎？爲善求人知者，皆非“爲己之學”也。

韓子曰：“未聞響大而聲微者也。”〔八〇〕故君子務求響之大，而不可急於聲之大。

《易》曰：“震無咎者存乎悔。”〔八一〕動其補過之心可以無咎，此“日新”之要。

又曰：“憂悔吝者存乎介。”〔八二〕“介”即周子所謂“幾”也。於此憂懼，豈復有悔吝乎？

凡事皆能謹於幾微，則不至於差之大矣。石門本連下節，非。

“四時行，百物生”，皆與道爲體，運乎晝夜，未嘗息也。

太極自能生兩儀、四象、八卦，加倍生生而不容已，所謂“生生之謂易”〔八三〕也。

卦爻皆陰陽奇偶之變易，皆氣也，而太極理也。理不雜乎氣，故一卦一爻皆有太極焉。

卦爻，形而下之器也；太極，形而上之道也。

朱子解“曾點言志”處有三節，〔八四〕其曰：“曾點之學，蓋有以見夫人欲盡處，天理流行，隨處充滿，無少欠缺。故其動静之際，從容如此。”此一節言其應對之際也。其曰：“而其言志，又不過即其所居之位，樂其日用之常，初無捨己爲人之意。”〔八五〕此一節言其言志也。其曰：“而其胸次悠然，直與天地萬物上下同流，各得其所之妙，隱然自見於言外。”此一節又是想象曾點言外之意。與聖人之志同處，便是天地氣象也。

“誠者聖人之本”。誠爲太極。“太極之有動静，是天命之流行也”。天命爲太極。“天下無性外之物，而性無不在”。性爲太極。“一陰一陽之謂道”。道爲太極。“聖人定之以中正仁義石門本、河津本作“仁義中正”。而主静，立人極焉”。仁義中正即太極。“以主宰而言謂之帝”〔八六〕。帝即太極。“以妙用而言謂之神”〔八七〕。神即太極。“以理而言謂之天”〔八八〕。天即太極。“德無常師，主善爲師；善無常主，協於克一”〔八九〕。一爲太極。“喜怒哀樂未發石門本、河津本無“未發”二字。謂之中。”〔九〇〕中爲太極。“心統性情”。心爲太極。“惟皇上帝，降衷於下民。”〔九一〕衷爲太極。“繼之者善也”。善爲太極。太極者，至大，至極，至精，至妙，無以加尚，萬理之總名也，與“上天之載，無聲無臭，至矣”同。石門本、洛陽本無“同”字。

《易》言“繼之者善也”，此“善”字實指理言也；孟子言“性善”，此“善”字虚言性有善而無惡也。然孟子言“性善”，實自“繼之者洛陽本作“者之”。善”來，因“繼之者善”，故性有善而無惡也。

無適而非道，但當隨時隨處識得分明，行得切實耳。

《大傳》曰：洛陽本無“大傳曰”。“初率其辭，而揆其方，既有典常，苟非其人，道不虚行。”〔九二〕朱子曰：“方，道也，始由辭以度洛陽本作“揆”字。其理，則見其有典常矣。然神而明之，則存乎其人也。”〔九三〕是則凡聖賢之書，無非度天下之理，必神而明之，則人與理爲一。不然，則書自書，人自人耳。“神而明之，存乎其人”〔九四〕，融會貫通之謂也。

“神而明之”，“亦足以發”之謂也。〔九五〕

至“神而明之”，乃有得矣。

陰陽有實體，有實氣。天地者，陰陽之實體也；寒暑洛陽本作"熱"。者，陰陽之實氣也。然實體、實氣非有二也。

知言則知人。纔聽人之言，便知其於是理有是非。

常存心於義理，久久漸明。存心於閑事，即於義理日昧矣。

"勿石門本、洛陽本作"無"，下同。忘，勿助長"，最切於日用之功，而"勿忘"尤急。

處事最要妥貼周詳，石門本、洛陽本作"定善"。即無瑕隙之可議。

"中人以上，可以語上也；中人以下，不可以語上也。"〔九六〕須謹守此訓，斯無失言之過。

"夫子之言性與天道，不可得而聞也。"〔九七〕洛陽本無"不可"以下六字。在子貢尚如此，況不及子貢者乎！河津本下連前《録》卷四"後人開口論性"節。

交馳於聲利之場，而此心存焉石門本無"存焉"二字。者，河津本無"者"字。寡矣！

一切外物放下，緊緊於身心上用力，斯得近裏之效矣。

放下一切外物，覺得心閑省事。

人心"感而遂通天下之故"〔九八〕者，"元亨，誠之通"〔九九〕；"寂然不動"〔一〇〇〕者，"利貞，誠之復"〔一〇一〕。天人合一之理也。

理之散在天地萬物各殊者，"小德之川流"；理之本於一源深遠不已者，"大德之敦化"。小德者，即大德之分；大德者，即小德之具。"體用一源"，非有二也。

朱子曰："鬼神，謂凡奇偶生成之屈伸往來者。"〔一〇二〕蓋生也，伸也，來也，皆神也；成也，屈也，往也，皆鬼也。

"嘉言罔攸伏，萬邦咸寧"〔一〇三〕。古之聖君賢臣，皆樂聞善言以成善治。若君臣皆惡聞正言，有可慮者矣。

"窮理"者，窮人物之理也。人之理則有降衷秉彝之性，物之理則有水火木金土石門本、洛陽本無"土"字。之性，以至萬物萬事皆有當然之理，於衆理莫不窮究其極而無一毫之疑，所謂"窮理"也。窮得人之理，必須盡仁義禮知之性；窮得事物之理，必須使事物各得其宜；所謂“盡性”也。理也，性也，皆天命之元亨利貞也，窮理盡性與天命無一毫之間，所謂“至命”也。曰“理”，曰“性”，曰“命”，雖無彼此之殊；曰“窮”，曰“盡”，曰“至”，則畧有先後之序矣。此先儒之成説，愚竊述之。

凡聖賢之書，神而明之則在乎人也。

内史過曰：“敬，禮之輿也；不敬，則禮不行。”〔一〇四〕春秋之時議論如此，猶有先聖之遺訓焉。

百里奚曰“行道有福”〔一〇五〕，即“自天祐之，吉，無不利”〔一〇六〕；即“永言配命，自求多福”〔一〇七〕之意。

充滿天地皆元氣流行，此仁道所以爲大也。

天乃陽氣之實體，地乃陰氣之實體。

元亨利貞、仁義禮知之道，流行古今，充塞宇宙，無物不有，無時不然；聖人“性之”而無不盡，賢者“復之”而求其至，凡民則“日用而不知”也。

“中”只是性情未發已發，不偏不倚，無過不及便是，非性情之外别有中也；“庸”只是此中平常之理便是，非中之外别有庸也。已發之中無過不及者，石門本、河津本“者”下有“處”字。便是“和”，非已發之中，中節之外别有和也。

“庖丁解牛”，只是順理。人處事能順理，即如庖丁“無全牛”矣。

程子謂未出門時，“此‘儼若思’時石門本、河津本無“時”字。也。”〔一〇八〕又曰：“未接物時，只主敬便是爲善。”〔一〇九〕皆發先聖所未發。石門本連下節，非。

古人云：“自勝者強。”〔一一〇〕抑暴猛之氣，克方縱之欲，皆自勝之強也。彼血氣之勇，烏足謂之強哉？

虚中無我，惟善是從。河津本連下節。

偏執己私而不能從善者，由無克己之功也。洛陽本無“也”字。

異端邪誕之説，欺惑萬世，貽害萬世。

舜處父子兄弟之變，湯武處君臣之變，周公處兄弟之變，聖人處人倫之變而不失其正者，亦惟盡乎天理之當然而已。

程子曰："古之爲學，專養性情。"〔一一一〕蓋性者，仁、義、禮、知，乃道之體；情者，惻隱、羞惡、辭讓、是非，乃道之用。故養性情即學道也。

太極涵萬物，"萬物統體一太極"也；萬物分太極，"物物各具一太極"也。

即天地萬物觀之，渾然一理，遠邇大小之間，"萬物統體一太極"也；即天地萬物分而言之，天有太極，地有太極，萬物有一太極，"一物各具一太極"也。

太極之理，其大無外，其小無内，上下四方無一毫空缺之處，而天地萬物自不能外，此太極常包涵乎天下按"下"當作"地"。萬物，如大海之水包涵夫洛陽本作"乎"。水之百物，所謂"萬物統體一太極"也。就天地萬物觀之，各有一太極，如海中之百物各得海水之一，所謂"萬物各具一太極"也。

惟其"萬物統體一太極"，故"萬物各具一太極"。

一國一家，常使外有可虞，内有可懼，則警畏常存而國家安矣。石門本、河津本無"矣"字。

心無外者，可以當大任。

"命"有以河津本作"一"，非。理言者，"天命之謂性"是也；有以氣言者，"死生有命"是也。〔一一二〕

數自《河圖》始，理在其中。

"維天之命，於穆不已！"於《太極圖》見之。

不度事勢之可否，故妄作。

六十四卦，三百八十四爻，皆陰陽之河津本作"所"。變，所謂"易"也。而一卦一爻之理，即太極也。

周子曰："太極動而生陽，静而生陰。"〔一一三〕朱子解曰："太極，本然之妙也；動静，所乘之機也。"〔一一四〕是太極即在陰陽之中。周子又河津本無"又"字。曰："陽變陰合而生水火木石門本無"木"字，非。金土。"朱子解曰:“五行各一其性,而渾然太極之全體無不各具於其中。”〔一一五〕是太極即在五行之中也。以太極生兩儀言之,兩儀、陰陽而太極無河津本“無”下有“所”字。不在,即所謂“太極,本然之妙也;動静,所乘之機也”〔一一六〕。以兩儀生四象言之,四象即水、火、木、金,而太極無不在,即所謂“五行各一其性,而太極渾然之全河津本作“金”,訛。體無不各具於一物之中”也。〔一一七〕由八卦至六十四卦,三百八十四爻,每卦每爻,無非奇偶陰陽,卦卦有太極,爻爻有太極,氣之所在,理隨在焉,夫豈有虧欠間隔哉?

太極自能生兩儀、四象、八卦,加倍生生而不已,所謂“生生之謂易”也。

聖人與曾點言志處全在言外。蓋曾點當春氣河津本作“風”。和煦之時,“浴乎沂,風乎舞雩”〔一一八〕。見夫天地上下同流不息,飛潛動植,萬物各得其所,此時曾點之心即“對時育物”之心,乃聖人“物各付物”之妙。故曰:“與聖人之志同,便是天地氣象。”〔一一九〕此夫子所以“與點”〔一二〇〕也。

《無逸》一書只是敬與怠,故其效不同。殷之三宗與文王,無逸而敬也,故有永年之效。自時厥後立河津本作“帝”,非。王,生則逸,逸則不敬也,故享年不永。

天之道,只是陰陽之理;人之道,只是動静之理。

聖人只教人求仁。蓋人之性雖有四而仁無不統,能求仁而克盡己私,復還天理,則四者之性無不全,而天下之萬善豈復有加於此哉?

元亨利貞、仁義禮知之道,流行古今,充塞宇宙,無物不有,無時不然。“性之”者聖人也,“復之”者賢人也,百姓則“日用而不知”矣。

天理,元亨利貞也;民彝,仁義禮知信也。洛陽本作“矣”,非。天理、民彝,一而二,二而一者也。

程子曰:“冲漠無朕,萬象森然已具,未應不是先,已應不是後。”〔一二一〕蓋未應,有已發之理具,故不是先;已應,有未發之理在,故不是後。洛陽本下連卷七"冲漠無朕"至"中矣"節。

"元亨利貞",古無此名,至文王彖《易》,乃立此四言以釋《乾》卦。元,大也;亨,通也;利,宜也;貞,正也。文王意謂:乾道大通而至正,筮得此卦六爻不變者,其占當得大通而必利,在於正固,乃可以保其終也。至孔子爲《傳》,遂分爲"四德":元爲始,於時爲春;亨爲通,於時爲夏;利爲宜,於時爲秋;貞爲正固,於時爲冬。此即天理之流行而賦於物者,所謂"天所賦爲命"〔一二二〕也。是命賦於人爲性,元爲仁,亨爲禮,利爲義,貞爲知,所謂"人所受爲性"〔一二三〕也。率是性而行,所謂道也。

理既無聲無臭,陰陽亦變化不常,是豈得而圖之?周子作《太極圖》,不過"假象以顯義"耳,學者要當默識其理於圖象石門本、河津本作"像"。之表。苟只於圖中泥石門本、河津本作"溺"。意以求之,又焉有超然自得之妙哉?

天命即天理也。《詩》曰:"永言配命,自求多福。"朱子解曰:"常自省察,使其行無不合於天理,則盛大之福自我致之,有不外求而得矣。"

太極只是性。朱子曰:"乾男坤女,以氣化者言也,各一其性而男女一太極也;萬物化生,以形化者言也,各一其性而萬物一太極也。"〔一二四〕又曰:"天下無性外之物,而性無不在。此無極二五渾融而無間也。"〔一二五〕則太極只是性可見。

朱子曰:"性爲之主,而陰陽五行爲之經緯錯綜,又各以類而凝聚而成形焉。"〔一二六〕即所謂"上天之載,無聲無臭,而實造化之樞紐,品彙之根柢"也。〔一二七〕

朱子曰:"聖人,太極之全體,一動一静,無適而非中正仁義之極。"〔一二八〕是則太極即"中正仁義"也,四者之外别無太極。

太極合性、命而統言之,其致一也。

先儒曰:凡有形者皆爲氣,無形者皆爲密。〔一二九〕而密即理也。

凡涉於有爲者皆氣,其無爲者道體也。

"體用一源,顯微無間"。隨時隨處見之。

性、理難強河津本無"強"字。以語人,可語者必其人也。

韓子謂"世無孔子,不當在弟子之列"〔一三〇〕。其自任如此。

"夬履,貞厲"〔一三一〕。非但居高自任剛決,雖正亦危。凡人居顯位,操勢柄,遇事果行不顧者,亦若此占也。

"素履"〔一三二〕最吉,以其不爲物誘,而率其所履者也。

韓子曰:"觀貌之是非,不若論其心與行事之是非可否爲不失。"〔一三三〕足以破相術之謬。

周子《誠上》章:"誠"即太極也。"'大哉乾元!萬物資始',誠之源也。"即陽動也。"'乾道變化,各正性命',誠斯立焉。"即陰静也。"純粹至善者",即太極之理有善而無惡也。"故曰:'一陰一陽之謂道。'"陰陽即動静也,道即太極也。"繼之者善",即誠之源也;"成之者性",即誠斯立焉。"元、亨,誠之通",即太極動而陽也;"利、貞,誠之復",即太極静而陰也。"大哉《易》也,其性命之源乎!"〔一三四〕《易》即陰陽互石門本作"立",非。根,動静循環。而性命之源即陰陽動静之理,太極是也。《圖》與《書》相表裏如此。

心常存,即默識道理,無物不有,無時不然;心苟不存,茫無所識,其所識者,不過萬物形體而已。

理不外乎氣。惟心常存,則能因氣而識理。石門本、河津本連下節。

天洛陽本、河津本作"性"。理無聲無臭,自非存心體認之久,不能默悟其妙也。石門本無"也"字。

"道之大原出於天。"聖賢發明其理,言各不同,其明道河津本"其明道"作"而理則"。一也。

"庖丁解牛"而"技經肯綮之未嘗"洛陽本"嘗"下有"礙"字。者,〔一三五〕只是處事順理,自石門本"理"作"應"、"自"作"殊"。無齟齬也。

朱子曰:"中者,不偏不倚、無過不及之名;庸者,平常也。"〔一三六〕蓋"不偏不倚",解五性渾然未發之中;"無過不及",解性發爲情各中其節之和。"庸"即性情未發已發,皆平常之理,非性情之外別有所謂庸也。

周子《通書·誠上》《誠下》等章，皆與《中庸》相表裏。

"性者萬善之一源"〔一三七〕。即"無極而太極"也。

天命，天道，天理，天性，天德，一也。

天地間可見者，皆造化之迹，其不可見者，密也。

《太極圖》五行各一圈，雖曰"各一其性"，"各一太極"，其實初無空缺處。但自統體者分之，各有一太極耳。男女萬物各有一太極亦如此。

太極，其大無外，其小無内。分而言之，天地人雖各具一太極，合而言之，則統體一太極也。

道無所不在，故莊子有"道在稊稗、螻蟻、瓦礫之類"之言。〔一三八〕程子言"莊生形容道體之言，亦有之"〔一三九〕。此類是也。

"鬼神"字始見於《書》，而詳於《易大傳》。

陳北溪曰："如鼻中呼吸是氣，那靈處便屬魂；視聽是體，那聰明處便是魄。"〔一四〇〕

太極上一圈是天地之性，陰陽、五行、男女、萬物各一太極，是氣質之性。然氣質之性，即天地之性隨在氣質中，非有二也。

程子曰："在物爲理，處物爲義。"體用之謂也。如在父子有仁，在君臣有義之類，是在物之"理"也；處之各得其宜，所謂"義"也。

隋文聽獨孤言，以廣易勇；晉武聽楊后言，不易衷。後來皆致亂。婦言可畏如此。

義理精則能辨是非，定予奪，故《綱目》非朱子不能作。

知覺運動之蠢然，人與物同者，人皆知之；仁義禮知之粹然，人與物異者，知之者鮮矣。

《中庸》言"道"，皆"率性"之謂也。

"中庸不可能"者，以人不能得性情之正也，私欲盡則性情得其正，而中庸可能矣。故日用求中庸之道者，不外乎性情得其正也。河津本下連"程子曰古之學者"節。

人纔動便有差，只是妄動，不妄動則不差矣。

"行之而不著，習矣而不察"〔一四一〕，學者之通患也。石門本連下節。

程子曰："古之學者，專務養性情。"蓋養性情即求中庸之道也。河津本上連"中庸不可能者"節。

朱子曰："五性之殊，散爲萬事。"〔一四二〕是萬事皆一性，性即太極也。河津本無"也"字。

"太極動而生陽"，神之伸也；"静而生陰"，鬼之屈也。屈伸相感，動静相因，循環無端，《易》之謂也。

《太極》《通書》皆相表裏。

朱子曰："聰明睿知，神武而不殺者，只是譬喻蓍龜雖未用，而神靈之理具在，猶武是殺人底事，聖人却存此神武而不殺也。"〔一四三〕又曰："'神武'，得其理而不假其物之謂。"〔一四四〕又曰："'神武而石門本、河津本無"而"字。不殺'之言，只是譬喻，謂聖人已具此理，却不犯手。"〔一四五〕

朱子曰："明道愛舉'聖人以此齋戒，以神明其德夫！'雖不是本文意思，要之意思自好。"〔一四六〕石門本連下節，非。

養性情便是爲善，便是學道。

"全體呈露"，是仁、義、禮、知、信之性；"妙用顯行"，是惻隱、羞惡、辭讓、是非之情。

"全體呈露"，是"大德之敦化"；"妙用顯行"，是"小德之川流"。

"全體呈露"，是"維天之命，於穆不已"；"妙用顯行"，是"乾道變化，各正性命"。

交人而人不敬信者，只當反求諸己。

善莫大於取人之善。

凡事皆當推功讓能於人，不可有一毫自德自能之意。

性情之外無道。

"性者道之體，情者道之用"；"體用一源，顯微無間"。

朱子解《剥》《太極圖》，括盡周子《圖説》，至爲精密。

《易》只是陰陽、剛柔、仁義三極之道，一太極也。

仁之道大。仁即天地之元也，元於天之四德無不統，仁於人之四德無不貫，其大可知。

朱子曰“道之顯者謂之文”，即所謂“體用一源，顯微無間”也。

人之寐，陰也，闔也；寤，陽也，闢也。一寐一寤，一陰一陽，一闔一闢，即所謂“《易》有太極”也。石門本連下節。

物有本末，不可分本、末爲二物；道有體用，不可分體、用爲二致。

渾然天洛陽本作“一”字。理，而與物無間。道、器河津本無“器”字。合一也。

《左氏》孟獻子曰：“禮，身之幹也；敬，身之基也。”〔一四七〕此言猶有先王之遺教焉。

劉子曰：“民受天地之中以生，所謂命也。”〔一四八〕中也，命也，即天命之性也。

《召誥》“敬德”之言不一而足，則古大臣告君之本端在此矣。

“萬物統體一太極”，理一也；“萬物各具一太極”，分殊也。石門本、河津本連下節。

舉天地石門本、河津本作“下”。萬物總而言之，只是一理，即“理一”也；就天地萬物分而言之，各有一理，即“分殊”也。“理一”貫乎“分殊”之中，“分殊”不在“理一”之外。

《詩》曰：洛陽本無“詩曰”。“永言配命，自求多福。”朱子曰：“命，天命也，天命即元亨利貞也。永言配命，即己之仁義禮知之德合乎天命，則河津本無“則”字。自然順理而多福矣。”

“君子行此四德者，石門本、河津本無“者”字。故曰‘乾元亨利貞’”〔一四九〕聖人與天地合德也。

晉伯宗每朝，其妻必戒之曰：“盜憎主人，民惡其上，子好直言，必及於難。”〔一五〇〕後伯宗果爲三郤所害。伯宗之妻有先見之明如此。

仁爲天之尊爵，則禮、義、知、信皆仁所統也。石門本連下二節，非。

"惟深也,故能通天下之志。"〔一五一〕只是見理透徹。

學不明理,石門本無"理"字。所見皆淺末之事。

"修道之教"〔一五二〕,正是聖人贊天地之化育。

只循理,凡事無不順序。

【校記】

〔一〕引自《易傳·繫辭上》。

〔二〕引自張載《正蒙·太和篇》。

〔三〕應爲《太極圖説解》。

〔四〕見《性理精義》卷一《太極圖説集説》引朱子語:"易有兩義:一曰變易,便是流行底;二曰交易,便是對峙底。"又見《朱子五經語類》卷一《易一·統論經義一》。

〔五〕引自朱熹《周易本義》卷三《周易象上傳》。

〔六〕引自《易傳·繫辭上》。

〔七〕〔八〕引自《河南程氏遺書》卷六。又見《河南程氏粹言》卷二《心性篇》。

〔九〕引自《禮記·曲禮上》。

〔一〇〕引自《易傳·乾·文言》。

〔一一〕引自朱熹《太極圖解》。原文"太極"下有"也"字。

〔一二〕引自《易經·艮·卦辭》。

〔一三〕〔一四〕引自《易傳·艮·彖辭》。文中曰"象傳",非。

〔一五〕引自朱熹《中庸章句·第十三章》。

〔一六〕引自《孟子·盡心上》。

〔一七〕見《尚書·虞書·大禹謨》:"惠迪,吉;從逆,凶。惟影響。"

〔一八〕引自《莊子·外物》。原文"意"下有"而"字。

〔一九〕引自《左傳》宣公十一年。

〔二〇〕引自《河南程氏遺書》卷四。原文"焉"下有"者"字。

〔二一〕見《易傳·繫辭上》:"知周乎萬物而道濟天下,故不過。"

〔二二〕見《尚書·虞書·大禹謨》:"無怠無荒,四夷來王。"

〔二三〕引自《中庸》第三十二章。原文"聖人"作"君子"。

〔二四〕引自朱熹《易學啓蒙》。原文"發"下有"思慮"二字。

〔二五〕引自《河南程氏遺書》卷十五。

〔二六〕見《中庸》第一章:"致中和,天地位焉,萬物育焉。"

〔二七〕引自《河南程氏遺書》卷十八。原文爲:"即是變,則存者亡,堅者腐。"

〔二八〕見《易傳·乾·彖辭》:“首出庶物,萬國咸寧。”

〔二九〕〔三〇〕引自朱熹《論語集注》卷九《陽貨》第十七。原文“著”作“發”。

〔三一〕引自周敦頤《太極圖説》。原文“而”下有“主静”二字,“極”下有“焉”字。

〔三二〕見《太極圖説》:“故聖人與天地合其德,日月合其明,四時合其序,鬼神合其吉凶。”

〔三三〕〔三四〕引自朱熹《太極圖説解》。原文後句“太極”、“動静”下均有“者”字。

〔三五〕引自《論語·子路》。

〔三六〕引自《孟子·滕文公下》。

〔三七〕引自《河南程氏遺書》卷一。

〔三八〕引自《河南程氏遺書》卷十五。原文“有”上無“中”字,“邪”上無“外”字。

〔三九〕引自《河南程氏遺書》卷十五。原文“無”上無“中”字。

〔四〇〕引自《易經·恒·初六爻辭》。

〔四一〕見《孟子·盡心下》:“守約而施博者,善道也。”

〔四二〕〔四三〕引自《河南程氏遺書》卷三。原文爲:“老氏《穀神不死》一章最佳。”

〔四四〕引自《莊子·天地》。

〔四五〕見《易傳·繫辭下》:“吉凶者,貞勝者也。”

〔四六〕〔四七〕〔四八〕引自《易傳·繫辭上》。

〔四九〕引自《易傳·艮·彖辭》。

〔五〇〕見《尚書·周書·洪範》:“二,五事:一曰貌,二曰言,三曰視,四曰聽,五曰思;貌曰恭,言曰從,視曰明,聽曰聰,思曰睿;恭作肅,從作乂,明作哲,聰作謀,睿作聖。”

〔五一〕引自朱熹《太極圖説解》。

〔五二〕〔五三〕引自張載《西銘》。

〔五四〕據文意,“志”疑爲“神”字之訛。

〔五五〕引自《易傳·繫辭下》。

〔五六〕引自《易經·剥·上九爻辭》。

〔五七〕引自《易經·復·卦辭》。

〔五八〕引自《易經·姤·初六爻辭》。原文“豕”下有“孚”字。

〔五九〕引自《河南程氏遺書》卷三。原文爲:“某寫字時甚敬,非是要字好,只此是學。”

〔六〇〕〔六一〕〔六二〕〔六三〕引自朱熹《中庸或問》卷一。原文“聖人”作“神聖”。又見朱熹《中庸章句》第一章。

〔六四〕當作《太極圖説解》。

〔六五〕〔六六〕引自《中庸》第二十五章。

〔六七〕引自《論語·雍也》。

〔六八〕見《中庸》第三十章:“萬物並育而不相害,道並行而不相悖,小德川流,大德敦化,此天地之所以爲大也。”

〔六九〕引自朱熹《中庸章句》第四章。

〔七〇〕引自朱熹《大學章句序》。

〔七一〕引自《論語·憲問》。

〔七二〕見《河南程氏遺書》卷十一。又見《河南程氏外書》卷二。

〔七三〕見《論語·泰伯》。

〔七四〕引自《河南程氏外書》卷三。

〔七五〕引自《易經·咸·上六爻辭》。

〔七六〕引自《易經·艮·六五爻辭》。

〔七七〕見《論語·泰伯》。

〔七八〕引自《禮記·禮運》。

〔七九〕引自《河南程氏遺書》卷十五。

〔八〇〕引自韓愈《重答翊書》。原文“未”下有“嘗”字,“聞”下有“有”字。

〔八一〕〔八二〕〔八三〕引自《易傳·繫辭上》。

〔八四〕以下引文均見朱熹《論語集注》卷六《先進第十一》。

〔八五〕原文“又”前有“字則”。

〔八六〕〔八七〕引自《周易程氏傳》卷一《周易上經上·乾》。原文兩“謂”上均無“而言”二字。

〔八八〕引自《周易程氏傳》。原文爲“以形體謂之天”。

〔八九〕引自《尚書·商書·咸有一德》。

〔九〇〕引自《中庸》第一章。原文“樂”下有“之”字。

〔九一〕引自《尚書·商書·湯誥》。

〔九二〕引自《易傳·繫辭下》。

〔九三〕引自朱熹《周易本義》卷八《周易繫辭下傳》。

〔九四〕引自《易傳·繫辭上》。

〔九五〕引自《論語·爲政》。

〔九六〕引自《論語·雍也》。

〔九七〕引自《論語·公冶長》。

〔九八〕引自《易傳·繫辭上》。

〔九九〕引自周敦頤《通書·誠上》。

〔一〇〇〕引自《易傳·繫辭上》。

〔一〇一〕引自周敦頤《通書·誠上》。

〔一〇二〕引自朱熹《周易本義》卷七《周易繫辭上傳》。

〔一〇三〕引自《尚書·虞書·大禹謨》。

〔一〇四〕引自《左傳》僖公十一年。

〔一〇五〕引自《左傳》僖公十三年。

〔一〇六〕引自《易經·大有·上九爻辭》。

〔一〇七〕引自《毛詩·大雅·文王之什·文王》。

〔一〇八〕引自《河南程氏遺書》卷十八。原文"時"上有"之"字。

〔一〇九〕見朱熹《孟子集註》卷十三《盡心章句上》引程子語。原文爲:"……若未接物,如何爲善?"程子曰:"只主於敬,便是爲善。"

〔一一〇〕見《周易程氏傳》卷三《周易下經上·大壯》引語。原文爲:"自勝之謂強。"

〔一一一〕引自《河南程氏遺書》卷十八。原文爲:"古之學者,專務養性情。"

〔一一二〕引自《論語·顔淵》。

〔一一三〕原文"陽"下有"動極而静"四字。

〔一一四〕〔一一六〕原文"極"下"静"下均有"者"字。

〔一一五〕〔一一七〕原文爲:"五行之生,隨其氣質而所稟不同,所謂各一其性也;各一其性,則渾然太極之全體,無不各具於一物之中。"

〔一一八〕引自《論語·先進》。

〔一一九〕見朱熹《論語集註》卷六《先進第十一》引程子語。原文"天地"作"堯舜"。

〔一二〇〕引自《論語·先進》。

〔一二一〕引自《河南程氏遺書》卷十五。

〔一二二〕〔一二三〕引自《周易程氏傳》卷一《周易上經上·乾》。原文"人"作"物"。

〔一二四〕引自朱熹《太極圖解》。

〔一二五〕引自朱熹《太極圖説解》。原文"五"下有"所以"二字。

〔一二六〕〔一二七〕〔一二八〕引自朱熹《太極圖説解》。

〔一二九〕見《河南程氏遺書》卷六:"有形總是氣,無形只是道。"又見同書卷十五:"形而上者則是密也。"

〔一三〇〕引自韓愈《答吕毉山人書》。

〔一三一〕引自《易經·履·九五爻辭》。

〔一三二〕引自《易經·履·初九爻辭》。

〔一三三〕引自韓愈《雜説四首》。原文“與”下有“其”字,“可否”上無“是非”二字,“失”下有“也”字。

〔一三四〕原文“性”上無“其”字。

〔一三五〕引自《莊子·養生主》。

〔一三六〕引自朱熹《中庸章句題解》。

〔一三七〕引自張載《正蒙·誠明篇》。原文“善”作“物”。

〔一三八〕見《莊子·知北遊》。

〔一三九〕見《河南程氏粹言》卷二《聖賢篇》:“或問:‘莊周如何?’子曰:‘其學無禮無本,然形容道理之言,則亦有善者。’”

〔一四〇〕引自《北溪字義·鬼神》。原文“鼻中”作“口鼻”,“靈”下有“活”字,“屬”作“是”,“視”上有“耳目”二字。

〔一四一〕引自《孟子·盡心上》。原文“著”下“察”下均有“焉”字。

〔一四二〕引自朱熹《太極圖説解》。

〔一四三〕引自《朱子五經語類》卷三十三《易三十三·繫辭上傳六》。

〔一四四〕引自《朱子五經語類》。原文爲:“所以説‘神武而不殺’……皆是得其理,不假其物。”

〔一四五〕引自《朱子五經語類》。原文爲:“故曰:‘古之聰明睿知,神武而不殺者夫!’此言只譬喻,如聖人已具此理,却不犯手耳。”

〔一四六〕引自《朱子五經語類》。原文“夫”下有“一句”二字。

〔一四七〕〔一四八〕引自《左傳》成公十三年。

〔一四九〕引自《易傳·乾·文言》。

〔一五〇〕引自《左傳》成公十五年。

〔一五一〕引自《易傳·繫辭上》。

〔一五二〕見《中庸》第一章:“修道之謂教。”

讀書續録卷二

"天下之大本,中也。"〔一〕所謂"萬化之本原"也。

《洛書》以冲子、孺子稱成王,皆不可曉。周公雖元聖,豈可以此稱其君? 不可解。

《無逸》書曰:"昔在殷王中宗,嚴恭寅畏,天命自度,治民祗懼,不敢荒寧。"此數言皆主敬而言,治天下之本不外乎此。

《太極圖》水、火、木、金、土五圈;雖曰各具一太極,其實初無間隔,渾然一理已具,而五行各得其一。天地萬物皆如此。

《無逸》書,有天下者,不可不斯須熟念而力行之也。

"裕蠱,往見,吝。"〔二〕從容治蠱,而蠱益深。

大臣行事,當遠慮後來之患,雖小事不可啓其端。

上卦苟止,下卦巽順而無爲,所以成石門本作"盛",非。《蠱》。〔三〕

爲學只是學天理、人倫,外此便非學。

亦有小廉曲謹而不能有爲於事,終無益。

大化滔滔,竟莫知所止。

即《太極圖》觀之,"無極而太極"者,"體用一源"也;陰陽、五行、男女、萬物者,"顯微無間"也。蓋"無極而太極",冲漠無朕而萬象已具,故曰"體用一源"也;陰陽、五行、男女、萬物,各具太極之理,故曰"顯微無間"也。洛陽本前"一源也"節,非。

即太極之理而言,已具有陰陽、五行、男女、萬物之象,故曰"體用一源"也;即陰陽、五行、男女、萬物之象而言,太極之理無所不在,故曰"顯微無間"也。

即太極而言，已具兩儀、四象、八卦以至六十四卦、三百八十四爻之象，故曰"體用一源"也；即兩儀、四象、八卦、六十四卦、三百八十四爻而言，太極之理無往不在，故曰"顯微無間"也。石門本"源也"節。

自理而言，冲漠無朕而天地萬物之象已具，故曰"體用一源"；自象而言，即天地萬物之著而冲漠無朕之理各在，故曰"顯微無間"。

程子又曰："冲漠無朕，萬象已具，未應不是先，已應不是後。"〔四〕蓋未應，而已應之理具存，故不是先；已應，而未應之理常在，故不是後。

"萬物統體一太極"，可見道之其石門本、河津本作"極"。大無外，其小無内，渾然無間河津本作"閒"，訛。斷處。

冲漠無朕而萬象昭然已具。蓋纔有理即有象，初非懸空之理，與象分而爲二也。

"微"者，理也；"顯"者，象也。理不離象，故曰"一源"；象不外理，故曰"無間"。

"《易》有太極，是生兩儀，兩儀生四象，四象生八卦。"謂之生，則一齊生就，非有片時之間斷也。石門本、河津本連下節。

"無極而太極。太極動而生陽，静而生陰。"〔五〕以至"陽變陰合而生水火木金土"，"真精洛陽本作"静"，非。妙合"〔六〕，"氣化生男女，形化生萬物"〔七〕。竊意其初理爲之主，而一齊造化生就。

"'性即理也'，千萬世論性之根基。"〔八〕朱子所以明程子之言也。

太極，理也；陰陽，氣也。理只在氣中，非氣之外懸空有太極也。朱子曰："此'無極而太極'也，所以動而陽，静而陰之本體也。然非有以離乎陰陽也，即陰陽而指其本體不雜乎陰陽而爲言耳。"〔九〕

理與氣一時俱有，不可分先後。若無氣，理定無止泊處。

即行事之公私，而可知其人矣。

"體用一源"，理包乎象；"顯微無間"，象不外乎理。石門本連下節，非。

微陰眇重淵，至於六陰盛長。知幾者當謹乎此。

“不能三年，而緦小功之是察；放飯流歠，而問無齒決。”〔一〇〕不能於大而謹於細也。

但明其理而不求諸事，則所明之理虚而無用；但求諸事而不明其理，則所求之事河津本作“理”，非。未必皆出於理之正。必明其理而求諸事，求諸事而明其理，俾理在於事皆有的實，事合乎理而不違戾，斯理明事當，而知、行兩得矣。

明理所以處事，徒明其理而不能處事，則所明之理爲無用矣。

事事物物皆有理，就事物上明得理透徹，斯可處事物各得其當矣。

明理是“格物致知”事，理明而後誠意、正心、修身、齊家、治國、平天下之事，可次第用力也。

“天下無性外之物”，萬物統體一太極也；“而性無不在”，一物各具一太極也。“語大，天下莫能載”，萬物統體一太極也；“語小，天下莫能破”，一物各具一太極也。

自太極之體，統貫乎陰陽、五行、男女之用，所謂“體用一源”也；即陰陽、五行、男女、萬物之用而各具夫太極之體，所謂“顯微無間”也。

言貴乎時。

雜念多，雜言多，能存乎道者鮮矣。惟一念、一言專在於道，則久久自然有得。石門本、洛陽本無“有得”二字。

雜言多最害正理，以其與道相忘也。

不雜亂多言而心自存，心存而於洛陽本作“與”。道其庶乎！

“天命”云者，實理之源。“性”乃天命賦與人物之實體；“道”即率性當然之實用，“教”因性、道、體、用之實而品節之。蓋《中庸》一書不過一“誠”，而“誠”即性命之實理推之萬事者也。

“體用”、“顯微”不曾間斷相離爲二物。

冲漠無朕之理，與昭然之萬象一時俱有，非先有理而後有象也。

非象則理無所寓。

兩儀、四象、八卦以至六十四卦、三百八十四爻，天地間自有此象，所謂“畫前之《易》”也。石門本連下節。

性者，人所受之天理，仁義禮知之性是也；天道者，天理自然之本體，元亨利貞之常是也。性、命一理也。

“勿忘”最切於學者，與道相悖者只是忘之，而念不在是也。

論閑事、閑言語多，論義理、精切之言語少，欲其有得也難矣！

學問實自静中有得，不静則心既雜亂，何由有得？

順理便是順天。天之外無理，理之外無天也。洛陽本下連卷内“言貴乎時”，非。

“誠”即性命之實，非性命之外别有誠也。

晉悼公即位，任官各得其人，所以復伯。况王者洛陽本無“者”字。能用天下之賢，使各舉其職，何患天下不治乎？

渾渾然理氣無窮盡、無方體，而天地萬物畢貫爲一。石門本連下節。

“切問近思”，最於身心有益。

是非之心，人皆有之。反之，有不可曉者。

篤志力行而不知道，終是淺。

只於文辭議論是非得失，而不本於道，終是淺。朱子論前輩有云。

事往之非者，不可拈起説。

有從逆而饗福者，幸也。

譊譊所争者，真細事耳，令人厭之！

群居不可泛言雜駁不近正理之事。謹之！

子曰：“忠告而善道之，不可則止，無自辱焉。”〔一一〕此章有《易》道存焉，蓋能見“幾”知“止”也。

人臣當各立於其職，不可有出位之思。

應事最當“知幾”。

人不能受言者，不可妄與一言。

至言非常人所能知。

范氏曰："予於《采薇》，見先王以人道使人，後世則牛羊而已矣。"觀此則先王之仁厚豈可及哉？

子路曰："未同而言，觀其色赧赧然，非由之所知也。"〔一二〕故與人未合者切不可強與之言。曾子曰："脅肩諂笑，病于夏畦。"〔一三〕觀此則君子之所養可見。

外物石門本作"物外"。即身外之物也，其實不足爲身之重輕。孔子以"不義之富貴爲浮雲"，〔一四〕信然。

"舜、禹之有天下而不與"〔一五〕。蓋天下雖大，河津本"大"下有"而"字。不能加性分之毫末。

試看千古以來，溺於外物者竟亦何益於己？但垂"貪不知止"之名而已！

"未發之中"，大德之敦化；"已發之和"，小德之川流。"中者，大本也；和者，達道也"。〔一六〕大本爲體，達道爲用。"體用一源，顯微無間"，於此可見。

"大德敦化"，是萬物之一源；"小德川流"，是萬物之殊體。一源流而殊體，殊體本乎一源，非有二也。

"萬物並育而不相害，道並行而不相悖。""並育"，指飛潛動植而言："並行"，指日月四時而言。"並育"、"並行"，皆大化之源，故曰"大德敦化"；"不害"、"不悖"，則自大化中流出，如飛潛動植各遂其生而不相害，日月四時代明錯行而不相悖，故曰"小德川流"。然大德敦化者，小德川流之本；小德川流者，大德敦化之分。大德敦化如泉源，小德川流石門本作"源"，非。如泉源，河津本作"流"。散而爲千支萬派，其實皆理、氣之一源，達而爲理、氣之萬殊。分而言之，各有體、用之别；合而言之，則體、用一源也。

謹言最是難事。只與人相接，輕發一言而人不從便是河津本無"是"字。失言，不可不謹。

《易》曰："庸言必信。"〔一七〕庸常之言，人以爲不緊要，輕發而不慎，殊不知一言之妄即言之失。故"庸言必信"，德之盛也。河津本連下節。

凡事必有徵驗之實乃可言，不然即妄言者多矣。河津本作"也"。

《小學》一書，不出乎父子、君臣、夫婦、長幼、明友之五倫，五倫不出乎仁、義、禮、知、信之性。是則性也者，其《小學》之樞紐也歟？

太極、陰陽、五行、男女、萬物，理、氣混合爲一，元無間隔。就中細分之，則陰陽、五行、萬物，各具一太極也。

理、氣真實不可分先後。

動之前爲静，静中有太極；静之極爲動，動中有太極。程子所謂"動静無端，陰陽無始"也。

周子《通書·誠上》《誠下》《誠幾德》《聖》《慎動》《道》六章，只是一箇"性"字，分作許多名目。

洪纖高下，飛潛動植，各具此理。所謂"'各正性命'，誠斯立焉"河津本"焉"下有"者"字。也。洛陽本上連卷十一"天所賦之命"節。

偶見柳花悠揚高下，因悟造化流行、雍容自然之妙。

《通書》一書，不外乎太極、陰陽、五行、男女、萬物、萬事之理，與《太極圖》一一相合無間，惟細翫之可默悟其妙。

《通書》一字一義皆與《太極圖》相合。

人動處有差，造化亦有差，如寒暑不時，福善禍淫之不當者。朱子云然。

《四書集註》下小註脚，程、朱外諸家固有發明《集註》者，而穿鑿者尤多。許魯齋所謂"彌近理而大亂真"〔一八〕者，不獨異端爲然。

"大哉乾元！萬物資始"。"至哉坤元！萬物資生"。纔資始即資生，無須臾之先後。

"元、亨，誠之通；利、貞，誠之復"。大體春夏爲"誠之通"，秋冬爲"誠之復"。然物亦有生於秋而成於夏者，亦有生於春而成於夏者，亦有生於春而成於秋者，亦有生於夏而成於秋者。凡一物始終，即一物之"元、亨，誠之通；利、貞，誠之復"也。

"中人以上,可以語上;中人以下,不可以語上。"〔一九〕教人者當謹守此言,與人談論亦當謹守此言。

聖賢真是人不能識。如程明道去聖人爲不遠,陳襄薦明道謂其可爲風憲之職,是豈足以知明道哉?河津本無"哉"字。

《通書·聖第四》朱子語録曰:"須知此'大哉乾元!萬物資始'以上,更有'寂然不動'。"竊意"大哉乾元!萬物資始",是太極動而生陽,乃太極之用流行者也。動前即陰静,而陰静之中乃太極之體立,豈非寂然不動者乎?

朱子曰:"知者,心之神明,所以妙衆理而應萬事也。"〔二〇〕故知不昧,斯能妙衆理而應萬事。日用之間知最爲切要,或茫不知理之所在而應事不差者,鮮矣。

孔子得三代、堯舜之事實文章,乃可以致删述;朱子得濂、洛、關中師弟子之議論著述,乃可以洛陽本無"以"字。成傳註。故孔子集群聖之大成,朱子集群賢之大成,其揆一也。

許魯齋《答竇先生書》中間一節議論,深識命、時、勢三者,蓋深於《易》者也。洛陽本連下節。

不知時識勢而妄爲,即孟子所謂"小有才,而不知君子之大道也"〔二一〕。石門本、河津本無"也"字。

如黄河洛陽本作"流"。滔滔之下流,而欲捧塊以塞之,愚之甚矣!

《莊子·人間世》篇揣摩人情世態,曲盡而無遺言。當察受否?識微者知之。

凡天地萬物有形而可見者,皆"'乾道變化,各正性命',誠斯立焉。"

"色斯舉矣,翔而後集"〔二二〕。大而出處,小而交接,皆當見幾而作也。

"履霜而知堅冰之必至"〔二三〕,"羸豕而知蹢躅之有孚"〔二四〕。故凡事必謹於微,微不謹,必至於著矣。

《中庸》末章引《詩》曰:"衣錦尚絅。"如此方是"爲己之學",有一毫求知之心，即非“爲己之學”矣。

“曾點言志”，便是“道也者，不可須臾石門本、洛陽本無“須臾”二字。離也，可離非道也”〔二五〕。“無物不有，無時不然”。

“曾點言志”，便是太極、陰陽、五行、萬物流行“各得其所”之妙。

“曾點言志”，便是“‘乾道變化，各正性命’，誠斯立焉。”

朱子曰：“曾點之學，蓋有以見夫人欲盡處，天理流行，隨處充滿，無少欠缺。”即“取之左右逢其原”，“語大，天下莫能載；語小，天下莫能破”〔二六〕，“道也者，不可須臾離也”之意。

觀曾點之志，雖至小之事，不可妄爲。是何也？以道無不在也。

天理流行，即陰陽動静而太極無不在，理雖不雜乎陰陽，亦不離乎陰陽也。

元亨利貞之流行，即天理之流行，無一息之間斷，無一毫之欠缺。所謂“天理流行，隨處充滿”，可以心悟，不可以目覩也。

“太極之有動静，是天命之流行也”。天命之流行，即天理之流行也。

“體”即“微”，“顯”即“用”。“體用一源”，先言體而用在其中；“顯微無間”，先言用而體不能外。

《夬》之九三曰：“壯子頄，有凶。君子夬夬，獨行遇雨若濡，有愠，無咎。”〔二七〕故決小人之道，貴乎不係私愛，雖若與之河津本無“之”字。合，而終能不露形迹以決石門本、河津本作“夬”。之也。

程明道不用文字。蓋誠意既不能動人，文字何補？

古之聖人，不語人以未及。

言實未易聽，必“允迪厥德”，然後“謨石門本作“謀”。明弼諧”。〔二八〕

聖人雖教人不倦，亦未嘗輕以大本大原語人。觀《論語》問答處可見。

“《姤》之時義大矣哉！”〔二九〕朱子曰：“幾微之際，聖人所謹。”〔三〇〕

待人當宏而有節。

天地不交，無以成化功；上下不交，無以成治功。

"神無方而易無體。"〔三一〕就《太極圖》亦可見。太極或在陰中又在陽中,或在陽中又在陰中,此"神無方"也;或爲石門本、河津本作"在"。陰又爲陽,或爲河津本作"在"。陽又爲陰,此"易無體"也。究而言之,陰陽之易無體,太極之神無方,氣與理蓋未嘗離也。

程子河津本"子"下有"曰"字。《萃·彖傳》曰:"有無動静始終之理,聚散而已。"聚則爲有,爲動,爲始;散則爲無,爲静,爲終。萬物死生之理,如此而已矣。

張子曰"一故神",即"神無方";曰"兩故化",即"易無體"。

大抵少能省己之失,惟欲尋人之失,是所謂"不攻己之惡,而攻人之惡",大異乎聖人之教矣!

不能深識事幾,妄爲而中窒,石門本、河津本作"實"。亦可耻也。

聖人最惡訐人之陰私。

物我彼此渾然一理,但所得之分各殊耳。

程子所謂"豁然有覺處",〔三二〕覺者,悟此理,精粗本末渾然一致也。

程子曰:"雜信鬼神石門本、河津本無"神"字。怪異之石門本、河津本無"之"字。説者,只是不先燭理。"〔三三〕

不相知者,雖終日同處亦不知也。

進退出處,只當居易俟命。

"無妄"主洛陽本作"干"。於人,〔三四〕庶幾不失所守。

游程、朱之門石門本、河津本"門"下有"者"字。得其傳者,有其人與?

爲學只是要"知性"、"復性"而已,朱子所謂"知其性之所有而全之也"〔三五〕。

"體用一源",即體而用已具;"顯微無間",即用而體不外。石門本連下節,非。

雷二月發聲、八月收聲者,氣之動静也。

人不謀諸己,而強爲之謀,彼即不從,是謂失言。日用間此等甚多。人以爲細事而不謹,殊不知失言之責無小大也。謹之!

日用間纖毫事，皆當省察謹慎。

孔子"五十而知天命"〔三六〕。子貢以"夫子言性與天道，不可聞"〔三七〕。若開口即論天命、性與天道，聽者果能入乎？

四書滿天下，聖經賢傳妙旨無窮，讀者果能真知其理而實踐之乎？

學術不造乎高明正大，洛陽本作"正大高明"。則所就之事業卑陋可知。

日用體認仁義禮知之性於所存所發之際，最是爲學之切要。

實氣，實理，充塞而無窮盡，流行而無止息。

大無外，小無内，一實理、實氣貫之。

春而元石門本、河津本作"大"。始，夏而亨通，秋而利遂，冬而貞固，一實氣、實理貫通流行，如循環之無端。

天地人物之理渾合而無間，但其中自有條理，所謂"理一而分殊"也。

知道則言自簡，是何也？以非道不敢言也。

句句着實不脱空，方是謹言。

温公謂"誠自不妄語始"。信哉，斯言也。

信口亂談者，無操存省察之功也。

謹言是爲學第一工夫。能謹言則句句是實理，不能謹言則句句是虚談。言是實理，則能實其行矣；言是虚談，則必不能踐其言河津本作"行"。矣。

信口亂談妄道，真猶病風狂而不自覺也。

元城劉忠定力行"不妄語"三字，至於七年而後成。力行之難如此，而亦不可不勉也。

行仁義謂之"道"，行道而有得於心謂之"德"。道、德、仁、義，名雖殊而理則一也。

道、德、仁、義、禮、知，一理也。老子乃謂"失道而後德，失德而後仁，失仁而後義，失義而後禮。"〔三八〕是分道、德、仁、義、禮爲五也。

老子言道德而外仁義，果可謂之道德乎？韓子謂其"去仁與義而言道德”，〔三九〕亦可謂深知老子之失矣。

人臣事君，當竭忠盡誠，雖細事不可欺，雖曲禮皆當謹。

不知道，即不知所行之是非。

三才雖各一太極，又總是一太極。如天有元亨利貞，地亦有元亨利貞，人亦有元亨利貞。分而言之，爲三才各一太極。合而言之，地與人之元亨利貞，即天之元亨利貞。是三才各一太極，又總是一太極也。

朱子曰："天即理也，逆理則獲罪於天矣。"〔四〇〕然則欲免獲罪於天，必須事事所爲合理，即順乎天而無事於洛陽本作“乎”。禱矣。

逆理而獲罪於天，不特禱於奥竈而不能免，雖禱於天亦無益也。

朱子答學者之問，多告之以性與天道之妙，乃聖賢接引後學不得已之盛心也。必若待中人以上之資始告之以此，則可告者亦少矣。是則孔子所言者，教人之正也；朱子之接引後學者，權也。

讀正書，明正理，親正人，存正心，行正事，斯無不正矣。

斯須不可不近正人，斯須不可不行正道。

五經之後，《大學》《論》《孟》《中庸》，程朱《易傳》《義》《詩傳》《四書集註》，周子《太極圖説》《通書》，張子《西銘》。洛陽本下連卷七“凡聖賢之書”至可乎”節，似是。

《中庸》二十二章言“至誠”，三十一章言“至聖”，三十二章又言“至誠”。三章之義，融而會之可合於一。二十二章言至誠盡己之性，即三十一章至聖盡仁義禮知之事。“溥博如天，淵泉如淵”〔四一〕，即三十二章“立天下大本”之事。其曰“盡人之性”，“盡物之性”〔四二〕，即三十一章“洋溢施及中國、蠻貊”〔四三〕之事，即洛陽本無“即”字。三十二章“經綸大經”〔四四〕之事。其曰“贊化育與天地參”〔四五〕，即三十一章“配天”之事，三十二章“知天地化育”〔四六〕之事。究而言之，一“誠”而已。

夏月暑氣鬱蒸，萬物發生暢茂。洛陽本作“茂暢”。

邪説異端，斯須不可近，爲害至大。

堯、舜、禹、湯、文、武、周、孔、顔、曾、思、孟、周、程、張、朱，正學也，不學此者，即非正學也。

"四書"頃刻不可不讀。

大要當洗滌盡此心之欲，有一毫之欲未盡，即本體蔽昧，而用失其當矣。

"心性爲天下之大本，必涵養純一寧静，則萬事由此而出"者，皆天理之公矣。

心如水之洛陽本無"之"字。源，源清則流清，心正石門本作"止"，非。則事正。

涵養省察，雖是動静交致其力，然必静中涵養之功多，則動時省察之功易也。

周子《通書·誠幾德》洛陽本作"德幾"，非。章，"幾"字兼"善幾"、"惡幾"而言。《聖》章"誠、神、幾"，此"幾"字專以"善幾"而言。洛陽本上"而言"節。

《中庸》只説"未發"、"已發"，周子又指"未發已發之間"説"幾"字，乃發前聖所未發也。

《易》曰：河津本無"易曰"。"憂悔吝者，存乎介。"〔四七〕此"介"字似周子"幾"字。《中庸》示人静存動察，功已密矣，周子又發出動静之間"幾"字，教人於此用力，又功之至密至密者也。

静坐洗心，殊覺快愜。

《易》中"幾"字，〔四八〕乃周子"幾"字所自出。

一切外物皆不可思，思之又未必得，得之又無所益，不若專思義理，至於久而精明純熟，則可以馴達天道矣。

用力於曲學之差，矻矻終身而無所得。

韓文所以高於諸子者，以約六經之旨而爲之也。先儒猶謂其"先學文，失進爲之序"，〔四九〕况爲文不本於六經義理，徒取文士之辭華綴集，而敷衍之者乎！

"自勝者强。"〔五〇〕克己最爲難事，不可不勉。

周子曰："果而確。"〔五一〕克己之功當如是。

"宴安"之私最難克。

"宴安鴆毒。"〔五二〕此言當深省。

"體用一源"者,即源而流在其中;"顯微無間"者,即流而源不外是。

《書》曰:洛陽本無"《書》曰"。"顧諟天之明命。"〔五三〕"明命"石門本無下"明命"二字。即天之元亨利貞賦於人爲"明德"。仁義禮知也,《中庸》所謂"天命之謂性"是也。

"至善"即"明德"之極處,非明德之外别有一理爲至善也。

"惟天下至聖,爲能聰明睿知,足以有臨也。"〔五四〕唐、虞、三代以下,漢、唐、宋之君有如是之德者乎?無如是之德,欲其行二帝三王之道難矣。

朱子曰:"'其體則謂之易。'這只是陰陽、動静、剛柔、闔闢消長,不着這七八箇字説不了,若唤做'易',只是一字便了然。"〔五五〕則易之爲義於是可識矣。

"莫不飲食,鮮能知味"〔五六〕,"日用而不知"〔五七〕,凡民也。不獨凡民爲然,恐讀書而不明理者亦然。

佛老之教,初無"齋醮"之説,齋醮皆起於後世。梁武、道君之事可驗矣。洛陽本"驗矣"作"見也"。

宋之時不惑於異端者無幾,雖名士公卿亦洛陽本無"亦"字。陷溺其中,道之難明也如此夫!

異端邪誕妖妄之説,惑世誣民,充塞仁義,爲害不可勝言,自古如此。

"絜矩"是恕心。〔五八〕

鬼神是二氣之靈。

陰陽合散無非實者。鬼神是二氣實然之理,洛陽本無"之理"二字。鬼神合理氣爲一而言。

"全體呈露"是元、亨、利、貞;"妙用顯行"是春、夏、秋、冬。

"全體呈露"是仁、義、禮、知;"妙用顯行"是惻隱、羞惡、辭讓、是非。

五氣布，四時行，即"元、亨，誠之通"，"利、貞，誠之復"，"鳶飛魚躍"之機。舉萬物皆然。

《思齊》一詩，修身、齊家、治國、平天下之道備焉，讀之有以遠想前王之盛。

"身在堂上，方能辨堂下人是非；苟雜於堂下衆人之中，則亦不能辨矣。"〔五九〕此先賢之成説，有感而書於此。

人好静而擾之不已，恐非爲政之道。

《太極》十箇圈總是一箇，而二氣、五行、男女、萬物之外無太極也。

《太極圖》男女各一太極，萬物各一太極，又皆各有陰陽之氣涵太極，非有理而無氣也。

觀日影之漸移，即造化之密移可知矣。

謂之"道"，謂之"器"，謂之"變"，謂之"通"，謂之"事業"，名雖殊而其爲道則一也。

即太極無聲無臭，而陰陽、五行、男女、萬物之象已具于其中，所謂"體用一源"也；即陰陽、五行、男女、萬物之象，而太極之理無所不在，所謂"顯微無間"也。

顔子於聖人體段已具，即《孟子》中公孫丑所謂"顔子具體而微"也。〔六〇〕體段是聖人所具之天理，顔子亦有，蓋以一身四肢之體段，喻一心四德之體段也。

張子曰："性者萬物之一源"，即周子所謂"無極而太極"也。

"維天之命，於穆不已！"即乾之四德流行而不息也。

程子曰："'立人之道曰仁與義。'據今日，人道廢則是。今尚不廢者，猶只是有那些秉彜，卒殄滅不得。"〔六一〕觀程子之言，其所感者深矣。

《抑》之詩曰："相在爾室，尚不愧于屋漏，無曰不顯，莫予雲覯；神之格思，不可度思，矧可射思。"〔六二〕此即川流不息之意，其要在謹獨。予誦此詩，深有警於心。

乾有元、亨、利、貞，坤亦有元、亨、利、貞。"至哉坤元！萬物資生，乃順承天。"坤之元也。"坤厚載物，德合無疆。含弘光大，品物咸亨。"坤之亨也。"牝馬地類，行地無疆。柔順利貞，君子攸行。"〔六三〕坤之利、貞也。人之仁、義、禮、知，人之元、亨、利、貞也。三極之道，本一極也。

伊、傅告君之辭，曰"德"，曰"仁"，曰"誠"，曰"敬"，曰"明命"，曰"一"，曰"道"，〔六四〕皆歸於人君之一心。大臣正君之職，於是可見。

帝王之治，皆本於道德，而禮樂、刑政乃爲治之具。

帝王爲治之本在德，其次莫先於用賢才，修治法。治法者，禮樂、刑政是也。

義即是天命。君子行義，所以立命也。

術數之學，專以洛陽本作"一"。窮通壽夭爲命，常人信其説，而不修在己之義，惑之甚矣！

"太極之有動静，是天命之流行也。"天命，元、亨、利、貞也。動者，"元、亨，誠之通"；静者，"利、貞，誠之復"。天命之流行，是即太極之流行。太極，天命，其理石門本"理"下有"則"字。一也。

"維天之命，於穆不已！"天命即元、亨、利、貞。天命深遠，流行不已，即程子所謂"動静無端，陰陽無始"；朱子所謂"太極之有動静，是天命之流行"也。

天道，天德，天命，天理，一也。

三代而下，文武長才有武侯，數學之精有康節，道學之純有程、朱。

程、朱在當時，知者甚少。

程、朱立朝，時人多欲輩行之，正如安童之論許魯齋。

程、朱接孟氏之統，有功於萬世。

程、朱之道，萬世之後必有追崇盛於前時者。

程、朱從祀不宜在漢、唐諸儒之下。

程、朱傳註，少有用心於其間者。

真知力行，元有許魯齋。

程、朱之書，得其門者鮮矣。

舉天下之物不足以動其中，道學君子也。

濂、洛、關、閩數君子，雖所學成就不同，要皆有大功於聖門者也。

尊程、朱之學者，許文正也。

"維天之命，於穆不已！"於《太極圖》見之。

治不生於治而生於亂，亂不生於亂而生於治，亦猶陰不生於陰而生於陽，陽不生於陽而生於陰。治、亂相根之理微矣。

觀陰、陽之互根，見治、亂之相根。

一言之失喪邦，邦未必喪也，而喪邦之原基於此；一事之失而喪邦，邦未必遽喪也，而喪邦之幾兆於此。非識微之君子，孰能知之？

天人禍福相應之幾，至微而不爽。

戲言無實最害道。《易》曰："修辭石門本、河津本"辭"下有"以"字。立其誠。"〔六五〕必須無一言妄發，斯可學道。苟信口亂談而資笑謔，其違道遠矣。河津本連下節。

咲洛陽本作"嘆"，非。謔不惟亂氣，而且亂心，言謹則氣定心一。言要專一，心要專一。

或者謂：以漢高祖之明達，誠得大儒佐之，可以成三代禮樂之治。竊謂漢高祖以馬上得天下，不事《詩》《書》，果有祇德檢身，反身自治，純亦不已，如禹、湯、文、武之德乎？河津本無"乎"字。不然，雖有大儒佐之，亦不能成禮樂之治也。

《中庸》篇末八引《詩》，功夫極其精密，義理極其深妙，非知道者，孰能識之？

孔子多教人學《詩》。觀《中庸》《大學》引《詩》居多，則其有得於《詩》者深矣。

《太極圖》之理，自朝至暮説不盡，但少肯聽者耳。

無限量，無空缺，無間斷，無窮盡，大莫大於此者。河津本作“理”。故“遊於聖人之門者難爲言”〔六六〕。

大以包小，小以分大，“一以貫之”。

有“四大”而道包之。

理直是難言，而言亦人未之信。

“好仁者，無以尚之”〔六七〕，純是天理。

“克己爲仁”〔六八〕，孔門有顏子。

汩溺於聲利之中而不覺，何道之敢言？言之適足以爲口耳之末耳。程子所謂“醉生夢死”〔六九〕，真不爲虚語。石門本、河津本“末耳”節。

孟氏河津本作“子”。統絶，漢、唐間言道者皆妄也，韓子亦止能言道之用耳。

道至濂、洛、關、閩而明，今其書雖存，吾不知道之要何在。

《抑》之詩“相在爾室”至“不可度思”五句，苟能力行之，可以至天德。

無極、太極，理也；陰陽、五行，氣也。無極、太極非有離乎陰陽，即陰陽而指其本體，不雜乎陰陽而爲言，是理雖不雜乎氣，亦不離乎氣也。五行雖各具一太極，而五行各有其氣，是理雖不雜乎氣，亦不離乎氣也。“無極之真，二五之精，石門本作“真”，非。妙合而凝”。是理、氣相合而無間也。男女各具一太極，而男女各有陰陽，是理又未嘗離乎氣也。萬物各具一太極，而萬物皆有陰陽，是理又未嘗離乎氣也。是則萬物、男女、五行一陰陽，陰陽一太極，太極本無極，初無精粗本末之間。則理、氣不相離者，可見矣。

理氣豈可圖？而周子圖之，非超然有得於《圖》之表者不能知。程子終身不以示人者，其意微矣。

蠢然動之氣，人皆知之；粹然動之理，則知者鮮矣。

“一”是“寂然不動”；“貫”是“感而遂通天下之故”。河津本連下二節。

“一”是“天下之大本”；“貫”是“天下之達道”。

“一”是“一本”；“貫”是“萬殊”。

在一心之理與在萬事之理，本無二致。"惟聖人一心之理能通萬事之理"者，以其純乎天理之公也。

道即理也。"聖人一心之理通乎萬事之理"，"體用"之謂也。

"誠"爲萬理之樞，故曰"誠者，聖人之本"。

易者，陰陽也，充滿洛陽本作"塞"。天地，流行古今，無一物之不體，無瞬息之有間。

程子曰："其體則謂之易。"〔七〇〕陰陽之謂也。《大傳》曰："易無體。"言或爲陰，或爲陽，無一定之體也。

性爲萬理之樞，故曰"天下無性外之物，而性無不在"。

"行有不得，反求諸己"〔七一〕。乃接物之要。

心之理即仁也。"三月不違仁"〔七二〕者，心在内，即仁在内，爲主；"日月至焉"〔七三〕者，心在外，即仁在外，爲賓。

或以宅喻仁。謂"心在仁之内，爲主；心在仁之外，爲賓。"〔七四〕嘗考程子有曰："心如穀種，其生之性仁也。"〔七五〕以此觀之，則心與仁未嘗相離。若謂心在仁之内，心在仁之外，是分心與仁相離爲二矣。且曰心在仁之外，則其在内之仁又孰爲之主？是有無心之仁也，恐其説有石門本、洛陽本作"者"。未盡。竊意"三月不違仁"者，心在内，即仁在内，爲主；"日月至焉"者，或一日心與仁在内，或一月心與仁在内，是心與仁在外之時多爲賓。未知是否，姑書以俟來世。

"無物不有"，道之大充塞天地；"無時不然"，道之久貫徹古今。

《太極圖》明一理：陰陽五行化生萬物。《通書》明一理：陰陽五行散爲萬事。表裏相合者如此。

聽人之談，即知其是非邪正，所謂"知言知人"也。

讀《通書》筆録，《誠上》第一："誠者，聖人之本。"即《圖》之"太極"、"陰陽"、"五行"之謂也。〔七六〕

《誠下》第二：石門本、河津本無"第二"兩字。"誠"，即《圖》之"太極"；"五常"，即圖之"五行之性"；〔七七〕"静無動有"，〔七八〕即圖之太極在陰陽也。

《誠幾德》第三："誠"，即《圖》之"太極"；"幾"，即《圖》之陰陽動静之間；河津本無"間"字。"仁義禮知信"之德，即《圖》之"五行之性"也。

《聖》第四："寂然不動之誠"，〔七九〕即《圖》之太極在静中；"感而遂通之神"〔八〇〕，即《圖》之太極在動中；"幾"，即《圖》之陰陽動静之間也。

《慎動》第五："曰道"、"曰德"，即《圖》之"五行之性"也。

《道》第六："聖人之道，仁義中正"，即《圖》之"中正仁義"也。

《師》第七："性者，剛柔善惡"，即太極、陰陽、五行之内，氣質之性也；"中"，則本然之性也。

《幸》第八："有恥"，即《圖》之"義"也。

《思》第九："無思"、"思通"、"幾動"，即"誠"、"神"、"幾"，即《圖》之太極在陰陽中與陰陽動静之間也。

《志學》第十：伊尹、顔子"所志"、"所學"，即《圖》之"太極"也。

《順化》第十一："陽生之仁，陰成之義"，〔八一〕即《圖》之"陰陽"、"仁義"也。

《治》第十二："仁、義、禮、知"，"動、静、言、貌、視、聽"，即《圖》之"五性"、"陰陽"、"五行"之事也。

《禮樂》第十三："禮"、"樂"，即《圖》河津本無"圖"字。之"陰陽"也。

《務實》第十四："實勝，善也。""善"即《圖》之"太極"也。

《愛敬》第十五：其曰"善"，即《圖》之"太極"，純粹至善之理也。

《動静》第十六："動静"，即《圖》之"陰陽"；"神"即《圖》之"太極"也。

《樂上》《中》《下》第十七、十八、十九：其曰"樂"，即《圖》之"動陽"河津本作"静"。也。〔八二〕

《聖學》第二十：其曰"一"，即《圖》之"太極"；其曰"静虚動直"，〔八三〕即《圖》之"陰陽"；其曰"明、河津本作"名"，非。通、公、溥"，即《圖》之"五行"也。

《公明》第二十一：其曰"公"，曰"明"，即《圖》之"太極"，誠而明也。

《理性河津本作"性理",非。命》第二十二:曰"彰",曰"微",即《圖》之陽明陰晦;"靈",即《圖》之"太極";"剛柔善惡"、"五二一本",〔八四〕即《圖》之"陰陽"、"五行"、"太極"也。

《顔子》第二十三:"顔子之樂",〔八五〕即全乎《圖》之"太極"也。

《師友下》按:當是"《師友上、下》"。第二十四、二十五:其曰"道",曰"德",曰"義",皆《圖》之"太極"也。

《過》第二十六:"過"者,違乎《圖》之"太極"也。

《勢》第石門本、河津本無"第"字。二十七:"勢之輕重",〔八六〕即《圖》之"陰陽"迭運相勝者也。

《文辭》第二十八:"載道之文"。〔八七〕"道",即《圖》之"太極",因辭以明理者也。

《聖藴》第二十九:"予欲無言,天何言哉!四時行焉,百物生焉。"即《圖》之"太極",無聲無臭,而爲造化之樞紐,品彙之根柢也。"聖人之藴",即《圖》之"太極"也。

《精藴》第三十:"精",即《圖》之"太極",至精之理;"藴",即《圖》之"太極",至廣之業也。

《乾損益動》第石門本、河津本無"第"字。三十一:"乾乾不息之誠",〔八八〕即《圖》之"太極",於穆不已之實理也。"損益"、"動",所以求至此實理也。

《家人睽無妄》第三十二:曰"端本",河津本作"本端"。曰"誠心",曰"善",皆《圖》之"太極"也。"睽","天地睽而其事同"。〔八九〕"同",即《圖》之太極也。"復則無妄",即"太極"也。

《陋》第三十四:曰"道",曰"德",皆《圖》之"太極"也。"文辭之陋",〔九〇〕不本於"太極"者也。

《擬議》第三十五:"至誠","動","變","化",即《圖》之"太極"、"陰陽"也。

《形》第三十六:"春",即《圖》之"陽";"秋",即《圖》之"陰"也。

《公》第三十七："天地至公"，即《圖》之"太極"也。

《孔子上》第三十八：其曰"王道"，即《圖》之"太極"；其曰"王法"，即《圖》之"太極"，見於修道之教也。

《孔子下》第三十九："道德高厚，教化無窮，實與天地參而四時同，孔子！"〔九一〕即《圖》之"太極"、"五行"也。

《蒙艮》第四十："時中"，即《圖》之"中"；"艮止"，即《圖》之"主静"也。石門本連下節。

竊嘗觀之，《太極圖》不過明石門本、河津本無"明"字。一理：陰陽五行化生萬物；《通書》亦不過明一理：陰陽五行五性散爲萬事。故《通書》一字一義皆與《圖》意相合。愚雖融會旁通，不能詳河津本作"相"，非。舉其説，而大略則庶幾其萬一。姑筆録於卷，以俟後之君子。薛瑄謹識。河津本無"薛"以下四字。

朱子曰："聖人作、止、語、默，無非教也。"〔九二〕蓋作與語是動，動即太極之用，所以行也；止與默是静，静即太極之體，所以立也。用之行，中與仁是也；體之立，正與義是也。作、止、語、默，皆太極之道，所謂"無非教也"。

聖人體道無隱。其作與語是動處，即"感而遂通天下之故"，"天下之達道"也；其止與默是静處，即"寂然不動"，"天下之大本"也。

聖人無行而不示人以至理。理即作、止、語、默之則也。石門本、河津本連下節。

人多以言語觀聖人，而不察其天理流行之實，故聖人無行而不示人者，皆天理流行之實也。天理只洛陽本作"即"。是仁、義、禮、知、信，散而爲萬善，當於聖人作、止、語、默之間，一一默識其何事是仁？何事是義？何事是禮、知、信？無不了然於心而無疑，庶可以知聖人所以爲聖人矣。

於人無憎惡之私，惟公好惡而行之。

"費而隱"，即"顯微無間"。

"民咸用之謂之神"〔九三〕，但人由之而不知也。

子曰："巍巍乎！舜、禹之有天下也，而不與焉。"〔九四〕朱子曰："不與，猶洛陽本"猶"下有"言"字。不相關，言不以位爲樂也。"〔九五〕洛陽本無"也"字。蓋舜、禹德冠人群，雖處富貴之極，而漠然無所動其心，河津本作"中"。況肯窮侈極欲以位樂乎！宜乎夫子以"巍巍"稱之，其高也可見矣。

孔子曰："不仁者不可久處樂。"〔九六〕朱子曰："久樂必淫。"〔九七〕蓋不仁者失其本心，爲富貴所動，窮侈極欲，無所不至，正與"舜、禹有天下而不與"相反。聖人則超出洛陽本作"乎"。萬物之上，不仁者則陷於物欲之中。聖人則役物，不仁者則役於物。此正天理、人欲之所由分也，學者不可不察。

但爲外物所動者，便被他壓得低了。巍巍乎高出萬物之表者，其惟舜、禹乎！

聖人不以天官私非其人，故曰："天命有德，五服五彰哉！"〔九八〕

聖人"首出庶物"〔九九〕，"巍巍乎！舜、禹之有天下也，而不與焉。"石門本連下節，非。

《河圖》天一生水，地二生火，故《太極圖》水根於陽，火根於陰。

聖人之治天下，仁心仁政，本末具舉。

聖人子民之心，無時而忘。

朱子曰："天地之間，只有動静兩端，循環河津本作"乎"，非。不已，此之謂易。而其動其静，必有所以動静之理，乃所謂太極也。"〔一〇〇〕愚竊謂人日用之間，亦只有動静兩端，循環不已，亦所謂易也。而其所以動静之合乎道者，亦所謂太極也。

惡非有意之私而合乎天理之公，即所謂"惟仁者能惡人"〔一〇一〕也。

名節至大，不可妄交非類以壞名節。

守官最宜簡外事，少接人，謹言語。

聖人之心，方其静時，至虚至明，所謂"寂然不動"者也；事至物來，應之各有條理，所謂"感而遂通"者也。是其未應之時，初無一毫妄念之起，所謂"無意"也；既應之後，隨事而休，所謂"無必"、"無

固"、"無我"也。〔一〇二〕

"止"非一定洛陽本"定"下有"而"字。不移之謂,乃隨時而止也。如當動而動,止在動上;當静而静,止在静上;當止而止,止在止上;當行而行,止在行上;當語而語,止在語上;當默而默,止在默上;以至萬事萬物,各有當止之理。惟止得其時,乃"止"之義也。苟當動洛陽本"動"下有"而"字。不動,非止也;當静不静,非止也;與夫行、止、語、默,各失其當止之時,皆非止也。蓋止洛陽本無"止"字。無定體,惟隨時而各止其當然之理,則止之爲義得矣。石門本、河津本連下二節。

止在人無須臾之可離,當識其時之所當止者止之。

止之爲義,廣大無所不包。大而人倫綱常之道,細而語、默、動、静之間,止得其止,則爲天理;止失其止,則爲人欲矣。

《易》言"艮止",《書》言"安止"、"欽止",〔一〇三〕《詩》言"敬止",〔一〇四〕《大學》言"知止"。止之爲義最精,乃天理當然之極也。須臾失其止,即人欲之私矣。

止當内外動静交致其力。静而心不止於天理,非止也;動而事不止於天理,非止也。天理者,仁、義、禮、知、信而已。

萬事所以不治者,失其所當止也;萬事各止其止,則天下治矣。

止則心定理明。

止則順理而無事。

止則静一而精明,不止則紛洛陽本作"分"。擾而雜暗。

"非禮勿視",視必合禮,視得其止也;"非禮勿聽",聽必合禮,聽得其止也;"非禮勿言",言必合禮,言得其止也;"非禮勿動",動必合禮,動得其止也。視、聽、言、動皆得其止,則人欲盡而天理全矣。

人心失其動静之時者,皆不得其正也。

止則"物各付物",自無紛擾之患。

止則"天地位,萬物育"矣。

朱子所謂"動静各止其所,而皆主夫静"〔一〇五〕,即周子"定之以中正仁義洛陽本作"仁義中正"。而主静"之意。蓋中也,仁也,動也;正也,義也，静也。仁、義、中、正、動、静周流石門本、河津本作“旋”。而常主夫静，則動静各止其所矣。

“艮其背，不獲其身；行其庭，不見其人”。只是動静各止於理，而不知有人已。石門本、河津本作“也”。

伊川《艮傳》曰：“外物不接，内欲不萌，如是而止，乃得止之道，於止爲無咎。”先儒言只説洛陽本作“就”。得静之止。

非明則動無所之，非動則明無所用。知、行貴乎兼盡也。

張子曰：“天體物而不遺，猶仁體事而無不在也。”〔一〇六〕語意與“鬼神體物而河津本無“而”字。不遺”〔一〇七〕之體同。

“鬼神體物而不可遺”，物物一太極、陰陽也。

“大哉乾元！”元即太極之動，亨、利、貞皆太極之流行也。

易有變易、交易兩義：變易之易，陰陽晝夜流行是也；交易之易，石門本作“義”，非。天地上下四方對峙是也。石門本連下節，非。

“語大，天下莫能載焉；語小，天下莫能破焉。”即太極也，太極即性也，即“天下無性外之物，而性無不在”也。

誠、命、性、理、太極、道，名雖殊實一理也。

天命、性、道、德，皆天理也。分而言之，自其出於天者謂之“天命”，元亨利貞是也；天命賦於人者謂之“性”，仁義禮知是也；率性而行，莫不各有仁、義、禮、知、父子、君臣、夫婦、長幼之道，所謂“道”也；行是道而得仁、義、禮、知之性於心，所謂“德”也。合而言之，莫非天理也。然所以具天命之性，行率性之道，得仁、義、禮、知之德，全天理之體用者，皆本於心。故張子曰：“心統性情。”

【校記】

〔一〕引自《中庸》第一章。原文爲：“中也者，天下之大本也。”

〔二〕引自《易經·蠱·六四爻辭》。原文“裕”下有“父之”二字。

〔三〕見《易傳·蠱·彖辭》：“蠱，剛上而柔下，巽而止，蠱。”

〔四〕引自《河南程氏遺書》卷十五。原文“象”下有“森然”二字。

〔五〕引自周敦頤《太極圖説》。原文"陽"下有"動極而静"四字。

〔六〕引自《太極圖説》。原文爲:"無極之真,二五之精,妙合而凝。"

〔七〕見朱熹《太極圖解》:"乾坤男女,以氣化者言也。""萬物化生,以形化者言也。"

〔八〕見江永《近思録集註》卷一引朱子語。原文爲:"'性即理也'一語……便是千萬世説性根基。"

〔九〕引自朱熹《太極圖解》。原文"此"下有"所謂"二字。

〔一〇〕引自《孟子·盡心上》。原文"年"下有"之喪"二字。

〔一一〕引自《論語·顔淵》。

〔一二〕〔一三〕引自《孟子·滕文公下》。

〔一四〕見《論語·述而》:"不義而富且貴,於我如浮雲。"

〔一五〕引自《論語·泰伯》。原文"下"下有"也"字,"與"下有"焉"字。

〔一六〕引文均見《中庸》第一章。原文爲:"喜怒哀樂之未發,謂之中;發而皆中節,謂之和。中也者,天下之大本也;和也者,天下之達道也。"

〔一七〕引自《易傳·乾·文言》。原文"必"作"之"。

〔一八〕引自《魯齋遺書》卷一《語録上》。

〔一九〕引自《論語·雍也》。原文兩"語上"下均有"也"字。

〔二〇〕引自朱熹《孟子集註》卷十三《盡心章句上》。原文"知"作"心","心"作"人","妙"作"具","事"下有"者"字。

〔二一〕引自《孟子·盡心下》。原文"而不知"作"未聞"。

〔二二〕引自《論語·鄉黨》。

〔二三〕見《易經·坤·初六爻辭》:"履霜堅冰至。"

〔二四〕見《易經·姤·初六爻辭》:"羸豕孚蹢躅。"

〔二五〕引自《中庸》第一章。

〔二六〕引自《中庸》第十二章。原文"載"下"破"下均有"焉"字。

〔二七〕引自《易經·夬·九三爻辭》。

〔二八〕引文均見《尚書·虞書·皋陶謨》。

〔二九〕引自《易傳·姤·彖辭》。

〔三〇〕引自朱熹《周易本義》卷四《周易彖下傳》。

〔三一〕引自《易傳·繫辭上》。

〔三二〕引自《河南程氏遺書》卷十七。

〔三三〕引自《河南程氏遺書》卷二下。原文無"神"字、"之"字。

〔三四〕見《易傳·無妄·彖辭》:"無妄……而爲主於内。"

〔三五〕引自朱熹《大學章句序》。

〔三六〕引自《論語·爲政》。

〔三七〕引自《論語·公冶長》。原文"子"下有"之"字,"可"下有"得而"二字,"聞"下有"也"字。

〔三八〕引自《老子》三十八章。

〔三九〕引自韓愈《原道》。原文爲:"老子之所謂道德云者,去仁與義言之也,一人之私言也。"

〔四〇〕引自朱熹《論語集註》卷二《八佾第三》。原文"理也"下有"其尊無對,非奥竈之可比也"句。

〔四一〕引自《中庸》第三十一章。

〔四二〕引自《中庸》第二十二章。

〔四三〕原文爲:"聲名洋溢乎中國,施及蠻貊。"

〔四四〕原文"綸"下有"天下之"三字。

〔四五〕引自《中庸》第二十二章。原文爲:"可以贊天地之化育,則可以與天地參矣。"

〔四六〕原文"地"下有"之"字。

〔四七〕引自《易傳·繫辭上》。

〔四八〕見《易傳·繫辭下》。

〔四九〕見《河南程氏遺書》卷十八:"退之晚年爲文,所得處甚多。學本是修德,有德然後有言,退之却倒學了。"

〔五〇〕見《周易程氏傳》卷三《周易下經上·大壯》引語。原文爲:"自勝之謂强。"

〔五一〕引自周敦頤《通書·誠下》。

〔五二〕引自《左傳》閔公元年。

〔五三〕引自《尚書·商書·太甲下》。

〔五四〕引自《中庸》第三十一章。

〔五五〕引自《朱子五經語類》卷三十《易三十·繫辭上傳三》。原文"是"下有"説箇"二字,"剛柔"在"闔闢"下,"闔闢"作"闢闔","了"下無"然"字。

〔五六〕引自《中庸》第四章。原文"莫"上有"人"字,"食"下、"味"下均有"也"字。

〔五七〕引自《易傳·繫辭上》。原文"曰"上有"百姓"二字。

〔五八〕引自《大學》傳十章。

〔五九〕見《河南程氏遺書》卷三。

〔六〇〕引自《孟子·公孫丑上》。

〔六一〕引自《河南程氏遺書》卷二上。原文"人道廢"上有"合"字。

〔六二〕引自《毛詩·大雅·蕩之什·抑》。

〔六三〕引文均自《易傳·坤·彖辭》。

〔六四〕分别見《尚書·商書》之《伊訓》《太甲下》二篇。

〔六五〕引自《易傳·乾·文言》。

〔六六〕引自《孟子·盡心上》。

〔六七〕引自《論語·里仁》。

〔六八〕引自《論語·顔淵》。原文"己"下有"復禮"二字。

〔六九〕引自《河南程氏文集》卷十一《明道先生行狀》。

〔七〇〕引自《河南程氏粹言》卷一《論道篇》。

〔七一〕引自《孟子·離婁上》。原文"得"下有"者"字,"反"上有"皆"字。

〔七二〕〔七三〕引自《論語·雍也》。

〔七四〕見江永《近思録集註》卷四引朱子語。原文爲:"以屋喻之。'三月不違'者,心常在内……所以爲主;'日月至焉'者,心常在外……所以爲賓。"

〔七五〕引自《河南程氏遺書》卷十八。原文"心"下有"譬"字,"生"上無"其"字,"性"下有"便是"二字。

〔七六〕按《圖》當作《太極圖説》。下同。

〔七七〕原文爲:"五行之生也,各一其性。"

〔七八〕原文爲:"静無而動有。"

〔七九〕原文爲:"寂然不動者,誠也。"

〔八〇〕原文爲:"感而遂通者,神也。"

〔八一〕原文爲:"天以陽生萬物,以陰成萬物。生,仁也;成,義也。"

〔八二〕原文爲:"太極動而生陽。"

〔八三〕原文爲:"静虚則明,明則通;動直則公,公則溥。"

〔八四〕原文爲:"剛善剛惡,柔亦如之,中焉止矣。二氣五行,化生萬物,五殊二實,二本則一。"

〔八五〕原文爲:"顔子不愛不求,而樂乎貧者,獨何心哉?"

〔八六〕原文爲:"勢,輕重也。"

〔八七〕原文爲:"文,所以載道也。"

〔八八〕原文爲:"君子乾乾不息於誠。"

〔八九〕引自《易傳·睽·彖辭》。

〔九〇〕原文爲:"彼以文辭而已者,陋矣。"

〔九一〕原文"孔子"上有"其惟"二字,下有"乎"字。

〔九二〕引自朱熹《論語集註》卷四《述而第七》。

〔九三〕引自《易傳·繫辭上》。

〔九四〕引自《論語·泰伯》。

〔九五〕引自朱熹《論語集註》卷四《泰伯第八》。原文"猶"下有"言"字,"不以"上有"其"字。

〔九六〕引自《論語·里仁》。原文爲:"不仁者不可以久處約,不可以長處樂。"

〔九七〕引自朱熹《論語集註》卷二《里仁第四》。

〔九八〕引自《尚書·虞書·皋陶謨》。

〔九九〕引自《易傳·乾·彖辭》。

〔一〇〇〕引自《朱文公文集》卷四十五《答楊子直》。原文"不已"下有"更無餘事"四字,"必"上有"則"字,"理"下有"焉"字,"乃"作"是則","極"下有"者"字。

〔一〇一〕引自《論語·里仁》。原文爲:"唯仁者能善人,能惡人。"

〔一〇二〕引自《論語·子罕》。

〔一〇三〕"安止",見《尚書·夏書·益稷》。"欽止",見《尚書·商書·太甲上》。

〔一〇四〕引自《毛詩·周頌·閔予小子之什·敬之》。

〔一〇五〕引自朱熹《周易本義》卷二《周易下經》。原文爲:"動而止也其所,而皆主夫静焉。"

〔一〇六〕引自張載《正蒙·天道篇》。原文"物"下、"事"下均無"而"字。

〔一〇七〕引自《中庸》第十六章。原文爲:"鬼神之爲德,其盛矣乎……體物而不可遺。"

山西文華·著述編

薛瑄全集

第三册

孫玄常 李元慶 周慶義 李安綱◎點校

《山西文華》編纂委員會 編

山西出版傳媒集團
三晉出版社

山西文华

讀書續録卷三

楊龜山曰:"人性上不容添一物。"〔一〕此言當深翫。

大莫大於道。"觀於海者難爲水,游于聖人之門者難爲言。"〔二〕

"物格",是知逐事逐物各爲一理;"知至",是知萬物萬事通爲一理。

知至乃知性知天也。

心,静不存則放逸,動不察則差錯。

應事差錯,由心不專一。

太極者,至極之理也,誠而已矣,性而已矣。

自有之私,皆足爲心累。如自有其善,便爲善所累;自有其能,便爲能所累;自有其貴,便爲貴所累;自有其富,便爲富所累。凡自有者,皆足以爲心累。惟聖人之心,廣大光明,無一毫之私累,真與太虚同體也。

凡有挾者必自小,如挾賢,挾能,挾富,挾貴是也。

因讀《論語》漆雕開"吾斯"之言,〔三〕"斯"指此理,而理即性也。天下萬理不出於一性,知性則可以河津本無"以"字。悟道。洛陽本下連卷六"程子言漆雕開已見大意"節。

"太極"是元、亨、利、貞渾然未分之理。纔"動而生陽",是"元、亨,誠之通";"静而生陰",是"利、貞,誠之復"。"一動一静",天命流行,"分陰分陽,兩儀立焉,陽變陰合而生水火木金土"。元、亨、利、貞分五性,五行各一太極也;"性氣妙合,生男生女"〔四〕,男女各具五性,男女各一太極也;"形交氣感,化生萬物"〔五〕,萬物各具五性,萬物各一太極也。

性外無一理。

言"忠信",是於此理所存所發無不實行;"篤敬",是於此理厚而用力無敢輕;"參前倚衡"〔六〕,是於石門本作"以",非。忠信篤敬念之不忘。夫如是,則天理常存,無往而不可行矣。

"鳶飛必戾天,魚躍必於淵"〔七〕,即"率性之謂道"也。

孟子言:"志至焉,氣次焉。故曰:'持其志,無暴其氣。'"既欲内持其志,又欲外無暴其氣,内外、本末交相培養,此養氣之法。下文又言:"我知言,我善養吾浩然之氣。"蓋"知言"者,"盡心"、"知性"、"物格"、"知至"之功,又在"持志"之先。理明則能"持志"、"集義",而又"無忘,無助長",則"浩然之氣"自生矣。曰"持其志,無暴其氣",曰"知言",曰"集義",曰"無忘",曰"無助長",〔八〕皆養氣之法,其序則先"知言",而後能"持志"、"集義",若"勿暴其氣"、"勿忘,勿助長",皆養氣之節制。

"鳶飛戾天,魚躍於淵",是鳶、魚率其性之道。父必慈,子必孝,君必仁,臣必敬,夫必義,婦必從,兄必友,弟必恭,石門本、河津本作"敬"。以至語、默、動、静,必合其則,萬事萬物之各循其理。是人物率其性之道,"活潑潑地",於是可見。

"鳶飛戾天,魚躍於淵",是"隨處充滿,無少欠缺"之意。

"活潑潑地",是元、亨、利、貞之流行。

"活潑潑地",就天地萬物萬事上皆可見。

陰陽、剛柔、仁義便是易,而三極之道同一太極也。

"活潑潑地",皆天機之自然。

太極乃未分之五性,五性乃已分之太極。天下之萬善,皆自此出。

兩儀、四象、六十四卦之變易者,《易》也。其所以變易者,太極也。故曰:"《易》有太極。"

伏羲畫奇偶以象陰陽,本於天地陰陽自然之數。周子《太極圖》

圈子，只是以意取象而已。

語言動作皆氣也，有過處皆足以動志。

水動蕩不已則不清，心動蕩不已洛陽本作“節”。則不明，故當時時静定其心，不爲動蕩所昏可也。

盡仁、義、禮、知之道於心謂之“忠”，推是道於人謂之“恕”。聖人於是道，不待盡己推己，自然體無不立，用無不行。學者必盡己之忠而道之體石門本作“用”，非。斯立，推己之恕而道之用斯行，故曰“忠恕違道不遠”。洛陽本“謂之恕”節。

三才各一太極，又總是一太極。如天有元、亨、利、貞，地亦有元、亨、利、貞。人石門本、河津本“人”下有“亦”字。有仁、義、禮、知，即元、亨、利、貞。分而言之，爲天、地、人之三極；合而言之，統一太極也。

陽卦多陰；如《震》《坎》《艮》皆陽卦，皆一陽而二陰；陰卦多陽，如《巽》《離》《兑》皆陰卦，皆二陽而石門本無“而”字。一陰。

《易》由一奇、一偶至於無窮，以此見造化只一陰、一陽而無所不包。

《孟子》之“知言”，即《大學》之“物格知至”〔九〕也。

《孟子》之“知性”，即《大學》之“物格”；“盡心”，即“知至”也。

“道”、“義”二字，“道”是統仁、義、禮、知而言，“義”是道之一事，又爲仁、義、禮、知行之合宜處。

“至大”，是氣之盛大而無外；“至剛”，是氣之流行而無間。

朱子曰：“義者，人心之裁制；道者，天理之自然。”〔一〇〕既曰“天理”，則仁、義、禮、知皆道也，義則人心裁制是道，使合宜耳。既言“道義”，下文又止言“集義”，〔一一〕蓋事事合宜，即道之合宜也。石門本、洛陽本“宜耳”節。

五行之氣，只是陰陽二氣，而陰陽二氣又只是一氣分動静耳。

太極動静循環無端，即“維天之命，於穆不已！”

朱子曰：“精粗本末無彼此也。”〔一二〕是理、氣未嘗有間。石門本、洛陽本連下節。

"天下無性外之物,而性無不在"。此"天體物而不遺"〔一三〕也。

天體無外,心體無外,道體無外。

頑,不仁也,有以訂之則仁矣。《西銘》一篇,皆勉河津本作"免",非。人爲仁之意。

"正"、"義"是太極之體立,"中"、"仁"是太極之用行。太極者,合"中正仁義"而言性之謂也。

"元、亨,誠之通",是太極之用行;"利、貞,誠之復",是太極之體立。誠即太極,天命即太極,性即太極。誠、命、性,一理也。

不根道理之書與文,皆無用之冗物。如梁元帝之徒,雖好文著書,動輒數千百卷,皆不根道理,何救於亂亡?

簡默、凝重以持己。

自修篤敬,所以"遠小人,不惡而嚴"〔一四〕。

一言不可妄發,一事不可妄動。

日間時時刻刻緊緊於自己身心上存察用力,不可一毫懈怠。

以象、占觀《易》,得其本義矣。

"八卦成列,象在其中"〔一五〕。此指八卦形體之象,非指象《乾》象《坤》之象也。

讀聖賢之書,句句字字洛陽本作"字字句句"。見洛陽本作"皆"。有的實用處,方爲實學。若徒取以爲口耳文詞之資,非實學也。

柳子《晉文公問守原議》胡不讀?

陰陽交錯而實理流行,故曰:"大哉《易》也,其性命之源乎!"〔一六〕《易》者,陰陽之氣交錯往來是也,而性命之理實具於氣之中,故曰《易》爲洛陽本無"易爲"二字。"性命之源"。

道理不出"性"、"情"二字。

以性情言之則曰"中和",以德行言之則曰"中庸",中庸實兼中和之義。是則中和者,理之體用也,即性情無時而不得其正,則中無不在矣。

萬物各具一理,物物一太極也;萬理同出一原,萬物統體一太極也。

“格物致知”。物物各有一性，窮物之性而極其知，則“物格知至”矣。

“窮理即知性也”。蓋性即理也，故窮理即知性也。

楊龜山論“人性上不容添一物”〔一七〕，是天之下理莫過於性。石門本、河津本連上節。

人一身皆動，惟背不動，故“止”取“背”意。

“艮其背，不獲其身；行其庭，不見其人。”朱子亦以“‘艮其背’一句是主，下三句是效驗。”〔一八〕蓋謂止得其所止，則静而不獲其身，動而行其庭不見其人。以其所止者，皆天理之當然，故動静不知有人有己。

“不獲其身”，“不見其人”，所止者渾是天理，故能如此。

人之一身，四肢百體皆有當止之則，得其止則安，失其止則危。

人倫之當止者，如君止於仁，父止於慈，臣止於敬，子止於孝之類。推之萬事萬物皆有當止之則，必各得其所止，則天理得矣。

無極、太極、陰陽、五行、四時、男女、萬物，渾然一理而無間隔，“一以貫之”。

《太極圖》陰陽之能動能静者，即是鬼神，故張子曰“二氣之良能也”。

鬼神是合太極、陰陽而言。

天地萬物，無一物無陰陽，故“鬼神體物而不可遺”。

程子曰：“以形體謂之天，以主宰謂之帝，以功用謂之鬼神，以妙用謂之神，以性情謂之乾。”〔一九〕皆就天上説。其名雖殊，其理則一。

“大哉乾元！”“元”即“元、亨，誠之通”，乃太極之動也；“各正性命”，即“利、貞，誠之復”，乃太極之静也。

鬼神即陰陽屈伸往來，充滿天地，貫徹古今，無物不有，無時不然，此所以“體物而不可遺”也。

君子得其理爲樂，小人得其欲爲樂。

渾然一致，流行不息，皆鬼神之理。

自人之一身吸呼動静，以至天地萬物之消息始終，皆陰陽屈伸往來之所爲，此"鬼神體物而不可遺"之實也。

小人以隱惡爲可以欺人，殊不知有昭昭不可欺者，此心是也。

"人心惟危。"〔二〇〕"危"是欲墮未墮之間，不知察其"幾"而以道心制之，則遂墮於人欲，流而入於禽獸矣。

舜、跖之分，造端於善、利之間，充越於天、壤之異。小人所知者，不過耳目百體嗜好之私，迷溺其中，終身不覺也。

鬼神屈伸往來之理，於《先天圖》見之。

天有元、亨、利、貞，地順承天施，亦有元、亨、利、貞，人稟受天賦，亦有仁、義、禮、知，是天、地、人同一性命之理，三才各一太極又同一太極也。太極者何？即性命之統名與！

不以利交，則無咎。

"不惑"〔二一〕，是於五常、百行、萬物、萬事之理了然於心，無一毫之疑惑也；"知天命"〔二二〕，是知天之元、亨、利、貞流行，賦於人爲仁、義、禮、知、信，乃五性所出之原也。分而言之，則在天爲天命，在人爲五性；合而言之，則性、命之理，一而已矣。

"流行對峙之易"〔二三〕，開眼即見於天地之間。

聖人之志，"立"、"不惑"、"知天命"、"耳順"、"不逾矩"，〔二四〕皆指此理而言，但所進有淺深之序耳。

"性即理也"，循天理即率性也。

萬事敬則吉，怠則凶。

先儒謂學《易》欲人恐懼修省，循之吉，違之凶。

治、亂之原，皆原於敬、怠。故唐、虞君臣懇懇言敬而不已，三代聖人亦然。

《書》曰：洛陽本無"《書》曰"。"無教逸欲，有邦。"〔二五〕逸欲者，亂之源也。

《書》言石門本、河津本作"曰"。"敬"者最多，敬乃治天下之本。孔子曰

"修己以敬"〔二六〕,《中庸》曰"篤恭而天下平"〔二七〕,皆此意也。

四書與朱子《集註》,萬世聖賢之書無過於此,爲聖爲賢,正石門本、河津本作"治"。心、修身、齊家、治國、平天下之道,無所不載,學貫天人而一之者也。

危懼則得安平,慢易則必傾覆。《易》之教也。

《易》以"中正"爲吉,故處事貴乎中正。

雖未發之不偏不倚,而實爲已發無過不及之本體,故曰"未發不是先";雖已發無過不及,而實未發不偏不倚本體之所爲,故曰"已發不是後"。石門本連下節。

萬物各具一性,物物各具一太極也;萬物同出於一原,萬物統體一太極也。

未應物時,心體只是至虚至明,不可先有忿懥、恐懼、好樂、憂患在心。事至應之之際,當忿懥而忿懥,當恐懼、好樂、憂患而恐懼、好樂、憂患,使皆中節,無過不及之差。及應事之後,心體依舊至虚至明,不留前四者一事於心。故心體至虚至明,寂然不動,即喜怒哀樂未發之"中"、"天下之大本也";心之應物,各得其當者,感而遂通,即喜怒哀樂發而中節之"和","天下之達道也"。心之寂,即"利、貞,誠之復";心之感,即"元、亨,誠之通"。一感一寂,動静循環無端,心之體用,其妙如此。

人心只是當静時不存,當動時不察,所以静時放逸,動時差錯。

早間又多問人一事,爲失言。

聖賢循天理,而天理即仁、義、禮、知之性也;小人徇人欲,而人欲即耳、目、口、鼻、百體嗜好之私也。石門本連下節。

舉天下之物皆不及道之貴,是何也?以出於天而充塞宇宙,貫徹古今也。知道之大,其尊無對,則知衆物之小矣。

"元、亨、利、貞,仁、義、禮、知",只八箇字包括盡天地萬物之理,其旨深矣!

"物格",是逐物逐事上窮至其理;"知至",是萬物萬事上心通其理。"格物",猶是物各爲一理;"知至",則知萬物爲一理。

暗於事幾而妄爲,取咎之道也。

識最先,作事次之。

歷事之久尚不"知幾",焉得爲知?

"一以貫之"。"一"是性,"貫之"是一性貫乎萬事也。

五性未分,渾然一理,及泛應萬事,莫非此理之用。故曰:"吾道一以貫之。"

"夫子之一理,渾然是性,泛應曲當。"〔二八〕亦只是性,發而爲中節之情,體用之謂也。

萬事萬物之理,吾心之體用無不該,故曰:"吾道一以貫之。"

"聖人之心,渾然一理"〔二九〕,性之全體也。"泛應曲當,用各不同"〔三〇〕,如父子之仁,君臣之義,夫婦之智、石門本作"别"。長幼之禮,石門本作"序"。朋友之信之類是也。然用雖有千萬端之不同,皆原於一性,一性又散爲萬善。"一本萬殊,萬殊一本"〔三一〕,統一性之體用耳。天下豈有性外之物哉?

天以一理而貫萬物,聖人以一性而貫萬事。

"時"與"勢",於卦爻見之。

主静以立其本,慎動以審其幾。

常主静,物來應之。

寂而感,感而寂,動静循環,人心之妙也。

寂感以心言,中和以性情言,"心統性情"者也。

"和順於道德"〔三二〕,是於天理默契,其體無所乖咈;"理於洛陽本作"於理",非。義"〔三三〕,是於天理隨事石門本、洛陽本無"事"字。順之。各有條理。

以性情言之,仁、義、禮、知,其體也;惻隱、羞惡、辭讓、是非,其石門本、河津本無"其"字。用也。周子以義、知爲静,是以體言;以仁、禮爲動,是以用言。其説自"元、亨、利、貞"來。"元、亨,誠之通",非仁、禮爲動、爲用乎?"利、貞,誠之復",非義、知爲静、爲體乎?

舉止不可不慎其幾,一毫之差,悔不可追。

"仁義中正"皆自"元亨洛陽本無"元亨"二字,非。利貞"而來,太極者其性命之謂與?

合萬理而名之曰"太極",性命是也。

誠意之要,在乎謹之於幽獨隱微之處,以禁止其苟且自欺之意。而凡心之所發,如曰"好善",則必由中及外無一善所好之不實也;如曰"惡惡",則必由中及外,無一惡所惡之不實也。

太極即性命,非性命之外别有太極也。

《太極圖》貫天人之理爲一。

"學貫天人",於《太極圖》見之。

知至而意未誠,是明善未能誠身也。未能誠身,則所明者不能實有諸己矣。

學要識總會處,即性是也。天下萬理,一"性"字包括之。深矣哉!

用工夫未至純熟,此吾之日省之不及也。

今早讀書,得一"性"字。

卦變只换一爻。

衆陰方長之時,未易勝也。深於《易》者知之。

雖細事,亦當以難處之不可忽,况大事乎!

於方快意之時尤當謹。蓋理勢盛衰相根,快意之時,乃盛之極而衰之漸也。

細心處事最難。

因讀《伊川事狀》,不覺懼生於心,因知天下之事最難處。

"信而後諫,未信則以爲謗己也。"〔三四〕君臣、朋友皆然,可不慎哉!

朱子曰:"太極,本然之妙;動静,所乘之機也。"〔三五〕蓋太極即天命之元、亨、利、貞也。"元、亨,誠之通",乘春夏動之機;"利、貞,誠之復",乘秋冬静之幾。〔三六〕

朱子曰:"太極,形而上之道也;陰陽,形而下之器也。"〔三七〕蓋陰陽成形之大者天地,即形而下之器也;天地之理,即形而上之道也。

"幾善惡"〔三八〕。幾之善者,即"德:愛曰仁,宜曰義,理曰禮,通曰知,守曰信"〔三九〕也。

"誠無爲"〔四〇〕,是仁、義、禮、知、信之全體未發者;仁、義、禮、知、信洛陽本無"信"字。是河津本無"是"字。誠分爲五性也。是則誠即五性之實,非五性之外别有誠也。

幾之善是道心,幾之惡是人心流而爲人欲。洛陽本連下節。

幾之善是天理,幾之惡是人欲。

周子説"幾善惡",始於毫厘之間,充越天壤之異。爲堯、舜,皆原於幾之善;爲桀、紂,皆原於幾之惡。

"誠者聖人之本"。專指陰陽中太極而言。"'太哉乾元!萬物資始',誠之源也"。指太極動而生陽也。"'乾道變化,各正性命',誠斯立焉"。指太極静而生陰也。"純粹至善",又專指太極而言。"故曰:'一陰一陽之謂道。'"陰陽即陽動陰静,道指太極也。"繼之者善",又指陽之動,誠之源也;"成之者性",又指陰之静,誠斯立焉。"元、亨,誠之通",乃太極之動也;"利、貞,誠之復",乃太極之静也。"大哉《易》也,性命之源乎!"〔四一〕易即陰陽動静也,性命即陰陽中太極之理也。陰陽動静,而太極雖不雜乎陰陽,亦不離乎陰陽,故曰"大哉《易》也,其洛陽本無"其"字。性命之原乎!"《通書》與《太極圖》相合者如此。

《誠上章》以造化言,《誠下章》以人道言。

五行之外無陰陽,陰陽之外無太極,太極之外無性與天道。性、天道、太極、陰陽、五行,渾然理、氣無間也。

大道之要,不過元、亨、利、貞之命,仁、義、禮、知之性而已。

看了一部《中庸》,得一"性"字可貫之。

《中庸》兼"中"、"和"之義取以名篇,則《中庸》一書,"性"、"情"二字貫之。

《中庸》:"惟天下至誠,能盡其性。"〔四二〕"惟天下至誠,按,"誠"當作"聖"。爲能聰明睿知,足以有臨。"〔四三〕"惟天下至誠,爲能經綸天下之大經。"〔四四〕三章皆是仁、義、禮、知之性。非止三章,一書一"性"字貫之。

不可有一毫責人之心。張子曰:"無天下國家皆非之理。"〔四五〕此言當深體。

治居室當有序而知足,不可以欲速盡美累其心。

朱子《本義》,發明伏羲、文王、周公之《易》。

燈下因觀《八卦》《太極圖》,曰:此"浩然之氣"也。

凡聖賢論内外存養之功,皆"養浩然之氣"也。

動、静、語、默皆有節,不使有太過者,皆"養浩然之氣"也。

《易》有陰陽,即"浩然之氣"也。

處鄉人皆當敬而愛之,雖三尺童子,亦當以誠心愛之,不可侮慢也。

"開物成務"〔四六〕,言以卜筮開人,使之知吉凶而成事業也。

道無往而不在,故仕、止、久、速當無往而不謹。

處鄉黨尤宜謹其所爲,道無不在故也。

接人皆當以誠意。

於人之微賤,皆當以誠敬待之,不可忽慢。

稱意之事不可加喜,喜則爲外物動矣。

史至朱子《綱目》而名分明。

"理於義",即"庖丁解牛",順其理也。

天地萬物精粗無間者石門本、河津本作"皆"。道也。

"動以天爲無妄,動以人則妄。"〔四七〕則人之動,皆當洛陽本無"當"字,非。循天理也。

"敬"字自《書》中説起,孔子解《坤》六二,説"敬"與"義"尤詳切。爲學之要,無越於此。

"敬以直内"〔四八〕,涵養未發之中;"義以方外"〔四九〕,省察中節之和。

莊子論"斲輪"之意,〔五〇〕信知聖賢之書,"神而明之,在乎人也”。

“敬以直内”，戒慎恐懼之事；“義以方外”，知言集義之事。内外夾持，用力之要莫切於此。

《西銘》大旨，即《孟子》“存心養性，所以事天”〔五一〕之意。

太極，即《孟子》所謂“性”與“天”也。

《太極圖説》“君子修之吉”，即《孟子》“存心養性”之謂也。

程子曰：“視聽思慮動作皆天也，人但於其中要識其真與妄耳。”〔五二〕竊謂學者日用工夫，無有切於此者，宜深體力行之。

聞外議，只當自修自省。

凡言天理者，皆性命之謂也。

“體用一源”，以至微之理言之，如人心未發之時，雖冲漠無朕而萬事萬物之用已具，故曰“體用一源”；“顯微無間”，以至著之象言之，如人之一身，以至君臣、父子、萬物、萬事而理無不在，故曰“顯微無間”。

人之念慮不正者有二：有妄念，有惡念。如思慮不可必得之事，妄念也；思慮悖理違道之事，惡念也。凡此二者，心纔知覺即遏絶之，必使念念皆出乎仁、義、禮、河津本作“理”，訛。知，惻隱、羞惡、辭讓、是非性情之正，則不正之念自消，而思慮皆天理矣。此實日用省察之切要，不可毫髮間斷也。

行有不得者，皆當反求之己，不可有怨天尤人之意。

道無處不在，故當無處不謹。

其曰“體用一原”者，無聲無臭者，體也，而天地萬物之理無不具，故曰“一原”；其曰“顯微無間”者，天地萬物，顯也，而無聲無臭之理無不具，故曰“無間”。蓋“體”與“微”皆以理言，“用”與“顯”皆以象言，理中有象，象中有理，初無毫髮之間也。

自天地萬物有形之象觀之，而無聲無臭之理皆寓其中，故曰“顯微無間”也；自無聲無臭之理觀之，天地萬物之象悉具於中，故曰“體用一原”也。

如太極無聲無臭，而兩儀、四象、八卦以至六十四卦、三百八十四爻之象昭然已具，所謂“體用一原”也；自兩儀、四象、八卦以至六十四卦、三百八十四爻之象莫不有太極之理，所謂“顯微無間”也。

如人之一身，四肢、百骸，河津本作“體”。“顯”也。而莫不各有自然之則，所謂“微”也。即顯而微不能外，故曰“無間”。

“體用一原，顯微無間”，舉目而在。

“顯”者器也，“微”者道也。器不離道，道不離器，故曰“無間”。

無極而太極，而陰陽、五行、男女、萬物之象無不具於其中，所謂“體用一原”也；陰陽、五行、男女、萬物莫不各有無極太極之理，所謂“顯微無間”也。

帝王之治天下，德爲本，政爲具，刑以輔之。《書》《詩》稱堯曰“克明俊洛陽本作“峻”。德”，〔五三〕舜曰“玄德”，〔五四〕禹曰“祇德”，〔五五〕湯曰“懋德”、“一德”，〔五六〕文王“純亦河津本作“一”，非。不已”，〔五七〕武王“惟皇之極”，〔五八〕此皆以德言也。德者，天所賦、人所受之正理，帝王推此理以化天下，又建制立政以匡正之，如此不從者，乃有刑以治之。爲治本末先後，具舉有序，此所以天下無不化之民。後世本有未盡，而專恃政、刑之末，所以治不古若也與！

所謂“王道”者，真實愛民如子，《孟子》所謂“老吾老以及人之老，幼吾幼以及人之幼”〔五九〕。上以是施之，則民愛之如父母者有必然矣。

《孟子》一書，皆從仁、義、禮、知中流出，所以爲聖賢之言，所以爲王者之道。

漢高祖定天下，文、景尚節儉，安民養民之功固大。必欲如王者之無私，治之教之，使既庶且富，而興於禮義，則有間矣。

朱子與陳同甫論漢、唐不如三代之純，猶碔砆美玉之易别。〔六〇〕但後人溺於功利之卑，而不之察耳。

爲治，捨王道即是伯道之卑陋，聖賢寧終身不遇。孔、孟不自貶以徇時者，爲是故也。

有實理則有物,無實理則無物。

滿天地間皆一實理,萬古常然不易。

“顯微無間”,即事即物而理存。

純則誠,雜則僞,天地聖人之道,誠而已。

誠譬之精金,無銅鐵之雜。金有一分銅鐵之雜則不精,德有一毫人僞之雜則不純矣。

一念之妄非誠也,一語之妄非誠也,一動之妄非誠也。必念慮、語言、動作皆出於無妄,斯爲誠矣。

王道君臣以至誠相與,如虞舜、皋、夔、稷、契、湯武、伊、傅、周、召是也。自漢初君臣皆以詐而不以誠,王道降矣。

釋子“塵芥六合”,然六合無窮,安得塵芥之?“夢幻人世”,然人世皆實理,安得夢幻之?

大而不可窮者,天也,知天大,則知道大矣。

《孟子》曰:“知性,知天。”〔六一〕學至於知性、知天,則物格、知至矣。

宋季以道學爲僞,元初得諸儒性理之書,建太極書院以尊崇濂、洛諸君子,是中夏不如夷狄,而治、忽之效,亦可驗矣。

道之行否?關乎氣運之盛衰,孔、孟皆歸之天而不以尤人,理當如此。

春秋之時有孔子,斯道大明;戰國之時有孟子,斯道有寄。自秦漢以降,世儒以知謀功利相高,不知道爲何物。故韓子曰:“軻之死,不得其傳。”〔六二〕程子曰:“退之必有所見,不知所傳者爲何事?”〔六三〕竊謂天命之性,道也,聖賢明此道,行此道,是以道得其傳。不明、不行,則天命之性雖未嘗不具於人心,然人既不明,不行,則道失其傳矣。

“三綱五常”,立國之本,循之則治,違之則忽。

聖賢萬世所傳之道,只是天命之性。自伏羲、神農、黄帝、堯、舜、禹、湯、文、武、周、孔、顔、曾、思、孟以至周、程、張、朱,雖垂世立教之言有不同,而其理則豈有異哉?

"人莫不欺食也，鮮能知味也。"〔六四〕"中庸其至矣乎！民鮮久矣！"〔六五〕

"索隱行怪"〔六六〕。古有此言，亦必有此行，况後世乎！

程子言"所接不雜者三人"〔六七〕。蓋所學純乎仁、義、禮、知之道，則不雜；或出入乎異端術數世俗之學，則雜矣。

天下之理，有正有邪。正者，仁、義、禮、知，聖賢之學也；邪者，異端權謀術數，非聖賢之學也。謹守正理，不爲邪學所惑，則近道矣。

程子曰："純則不貳不雜，不已則無間斷先後。"〔六八〕此言天德也。不貳不雜，則無一毫人欲之私；無間斷先後，則無一息人欲之間。如顔子"三月不違仁"，則三月之後猶未免有間斷先後，此"純亦不已"，爲文王至德也與！

嘗自念：己學安敢望聖賢河津本作"古人"。之萬一？但頗識趨向之正，不爲異學所惑耳。

知上達天理由下學人事，則凡事不敢河津本作"可"。不謹。

造化萬變，皆是陰陽做出；人事萬變，皆是動静做出。

《河圖》《洛書》出，而天地之數著，而理亦寓於數中矣。

羲皇雖未畫卦，而天地自然之易已著，邵子所謂"畫前之《易》"也。

"無極"二字雖出於《太極圖説》，然邵子曰："無極之前，陰含陽也。"〔六九〕

邵子有功於《易》之象數，伊川有功於《易》之義理，朱子明《易》之象數兼程子之義理。三夫子有功於《易》，自孔子以來未之有也。

朱子《本義》，是伏羲、文王、周公之《易》。

游民事末作及隱於異端者多，則力本者少矣。石門本、河津本連下節。

爲政清其源而流自潔。

當悔者既不可追，但不可再萌可悔之事耳。

聞政之善則喜，如《復》卦之"亨"也。

程子曰："省躬責己不可無，亦不可常留在心作悔。"〔七〇〕蓋常留在心作悔，則心體爲所累而不能舒泰矣。石門本、河津本作“也”。

有悔，思有以補其過，則無悔矣。

《先天四圖》，邵子傳自希夷，而《易》之象數河津本無“數”字。復明。

聖人仕、止、久、速皆循乎理之自然，觀孔子可見矣。

《易大傳·説卦》曰：“河出圖，洛出書，聖人則之。”〔七一〕乃伏羲則其陰陽之數以畫奇偶也。又曰：“《易》有太極，是生兩儀，兩儀生四象，四象生八卦。”〔七二〕乃伏羲因其自然之理，一分爲二，二分爲四，四分爲八也。又曰：“知來者逆。”〔七三〕自《乾》至《坤》，皆得未生之卦也。又曰：“因而重之。”〔七四〕則於八卦之上，加倍爲六十四也。又曰：“天地定位，山澤通氣，雷風相薄，水火不相射，八卦相錯。數往者順，知來者逆。”〔七五〕乃伏羲規《横圖》爲《圓圖》。自《震》至《乾》爲數往之順；自《姤》按“姤”當作“巽”。至《坤》爲知來之逆也。此皆孔子發明伏羲作《易》之本原與卦象次序方位。但《先天圖》隱而不傳之時，雖有《大傳·説卦》之言，讀者莫知其説，及石門本作“乃”，非。邵子得《先天圖》，然後以《大傳·説卦》之言證之，一一相合，於是象數始大明。

《河圖》《洛書》“五行一陰陽也，陰陽一太極也，太極本無極也”，與周子《太極圖》相合如此。石門本連上節。

《先天圖》出於希夷，不知希夷又自何而傳？

朱子始謂周子“不繇師傳，默契道妙”〔七六〕，及覆定周子《事狀》，則引張忠定言“公事有陰陽”之説，疑其所傳之有端緒，〔七七〕與初説不同。

晝夜之一闔一闢者，易也。人之一寤一寐，一動一静亦然。

所謂“易”者，無須臾之間。

陰陽、太極，渾然無間。

《春秋》“西狩獲麟”〔七八〕，先儒以“感麟而作《經》”〔七九〕者爲是。蓋麟乃王者之瑞也，出得其時，斯爲祥，出非其時，反是。當洛陽本作“蓋”。魯哀公之世，果何時邪？而麟乃出，其非祥明矣！聖人以是知世道之降而不可復，於是有感而作《經》。至獲麟而止，自是之後，則一事不可復書矣。若以文、成致瑞，引前聖之事證之，恐有未合。況《孔子世家》書獲麟於先，作《春秋》於後，此又一證也。姑書所見，以俟來哲。

孔子周流四方，欲行其道於天下，豈不如長沮、桀溺之徒，知道之終不能行？但聖人仁民之心，即天地生物之心，天地不以窮冬大寒而已其生物之心，聖人亦豈以時世衰亂而已其行道之心乎？

造化人事，皆自眇綿之端以至於河津本無"於"字。充盛而不可遏，如《坤》之初六，一陰始生於下，必至於堅冰。當曹魏之時，索頭鮮卑來貢質，亦猶一陰之微也，直至元魏跨有中原之盛。是以聖人修德爲治，必謹乎微也。

"否極則泰，蹇久必通"。造化人事必然之理也。

《易九圖》《河圖》《洛書》，天地自然之"易"也。《先天四圖》，伏羲之《易》也；《後天二圖》，文王之《易》也；《卦變圖》，孔子之《易》也。

一時之強弱，決不能奪萬世之是非。名義真河津本作"具"。有可畏。觀朱子《綱石門本作"剛"，非。目》書法可見。

"樂天知命，故不憂；安土敦乎仁，故能愛"〔八〇〕。聖人之事也。石門本連下節。

聖人"遯世不見知而不悔"〔八一〕。既自得其固有之理，與人何與？

【校記】

〔一〕引自《宋元學案》卷二十五《龜山學案·語録》。原文"不容"作"不可"。

〔二〕引自《孟子·盡心上》。

〔三〕引自《論語·公冶長》。

〔四〕〔五〕見《太極圖説》。原文爲："無極之真，二五之精，妙合而凝。'乾道成男，坤道成女。'二氣交感，化生萬物。"

〔六〕見《論語·衛靈公》："立，則見其參於前也；在輿，則見其倚於衡也。"

〔七〕引自《毛詩·大雅·文王之什·旱簏》。原文無兩"必"字。"於"作"于"。

〔八〕引文均見《孟子·公孫丑上》。"無忘，無助長"當作"勿忘，勿助長"。

〔九〕原文"格"下有"而後"二字。

〔一〇〕引自朱熹《孟子集註》卷三《公孫丑章句上》。

〔一一〕見《孟子集註》："集義，猶言積善，蓋欲事事皆合於義也。"

〔一二〕引自朱熹《太極圖解》。

〔一三〕引自張載《正蒙·天道篇》。原文無"而"字。

〔一四〕引自《易傳·遯·象辭》。

〔一五〕引自《易傳·繫辭下》。

〔一六〕引自周敦頤《通書·誠上第一》。

〔一七〕原文"不容"作"不可"。

〔一八〕引自《朱子五經語類》卷二十五《易二十五·經下五》。原文爲:"'艮其背'一句是腦……三句乃'艮其背'之效驗。"

〔一九〕引自《周易程氏傳》卷一《周易上經上·乾》。

〔二〇〕引自《尚書·虞書·大禹謨》。

〔二一〕〔二二〕引自《論語·爲政》。

〔二三〕見朱熹《太極圖説解》:"易有兩義:一曰變易,便是流行底;二曰交易,便是對峙底。"

〔二四〕引自《論語·爲政》。

〔二五〕引自《尚書·虞書·皋陶謨》。

〔二六〕引自《論語·憲問》。

〔二七〕引自《中庸》第三十三章。

〔二八〕〔二九〕〔三〇〕引自朱熹《論語集註》卷二《里仁第四》。原文爲:"夫子之一理渾然而泛應曲當。"

〔三一〕見《論語集註》:"……道之體也,萬殊之所以一本也……道之用也,一本之所以萬殊也。"

〔三二〕〔三三〕引自《易傳·説卦》。

〔三四〕引自《論語·子張》。

〔三五〕引自朱熹《太極圖説解》。原文"極"下"静"下均有"者"字,"妙"下有"也"字。

〔三六〕據上文,"幾"當作"機"。

〔三七〕引自朱熹《太極圖説解》。

〔三八〕〔三九〕〔四〇〕引自周敦頤《通書·誠幾德第三》。

〔四一〕原文無"其"字。

〔四二〕引自《中庸》第二十二章。原文"能"上有"爲"字。

〔四三〕引自《中庸》第三十一章。原文"誠"作"聖"。

〔四四〕引自《中庸》第三十二章。

〔四五〕引自張載《正蒙·中正篇》。原文"無"在"家"字下。

〔四六〕引自《易傳·繫辭上》。

〔四七〕引自《周易程氏傳》卷二《周易上經下·無妄》。原文"人"下有"欲"字。

〔四八〕〔四九〕引自《易傳·坤·文言》。

〔五〇〕見《莊子·天道》。

〔五一〕引自《孟子·盡心上》。

〔五二〕引自《河南程氏遺書》卷十一。

〔五三〕〔五四〕〔五五〕分别引自《尚書·虞書》之《堯典》《舜典》《皋陶謨》。

〔五六〕分别引自《尚書·商書》之《仲虺之誥》《咸有一德》。

〔五七〕引自《毛詩·周頌·清廟之什·維天之命》"文王之德之純"句注文。

〔五八〕引自《尚書·周書·洪範》。原文"之"作"作"。

〔五九〕引自《孟子·梁惠王上》。

〔六〇〕見《朱文公文集》卷三十六《答陳同甫》。

〔六一〕引自《孟子·盡心上》。原文爲:"知其性,則知天矣。"

〔六二〕引自韓愈《原道》。

〔六三〕引自《河南程氏遺書》卷十八。原文爲:"退之……曰:'軻之死,不得其傳。'似此言語……必有所見。若無所見,不知言所傳者何事?"

〔六四〕據原文,"欺"爲"欱"之訛。

〔六五〕原文"鮮"下有"能"字。

〔六六〕引自《中庸》第十一章。

〔六七〕引自《河南程氏遺書》卷二上。原文爲:"某接人多矣,不雜者三人:張子厚、邵堯夫、司馬君實。"

〔六八〕引自同上書卷五。原文兩"不"字均作"無"。

〔六九〕引自邵雍《皇極經世書·觀物外篇下》。

〔七〇〕引自《河南程氏遺書》卷三。原文爲:"罪己責躬不可無,然亦不當長留在心胸爲悔。"

〔七一〕〔七二〕引自《易傳·繫辭上》,非《易傳·説卦》。

〔七三〕〔七五〕引自《易傳·説卦》。

〔七四〕系引自《易傳·繫辭下》,非《易傳·説卦》。

〔七六〕引自朱熹《太極圖解·序》。原文"妙"作"體"。

〔七七〕引自朱熹《〈太極圖説〉〈通書〉書後》夾注。原文爲:"按張忠定公嘗從希夷學,而其論公事之有陰陽,頗與《圖説》意合。竊疑是説之傳,固有端緒。"

〔七八〕見《左傳》襄公十四年。

〔七九〕引自《河南程氏遺書》卷十五。原文《經》作《春秋》。

〔八〇〕引自《易傳·繫辭上》。

〔八一〕引自《中庸》第十一章。

讀書續録卷四

太極涵萬象,“體用一源”也;萬象具太極,“顯微無間”也。

漢初文章,猶是論事,所以近古;至司馬相如輩,詞賦專尚華藻,文體變矣。

漢文帝天資恭儉,非由學力。

《中庸》“戒慎”、“恐懼”、“慎獨”,〔一〕静存動察,爲仁之功也。石門本連下節,非是。

正理所見既明,則邪説不能惑。

陽一以施,陰兩而承。此理萬古不易。

“天所賦爲命”〔二〕,元、亨、利、貞也;“人所受爲性”〔三〕,仁、義、禮、智也。天下古今,萬理不出性、命。

程子曰:“理無形也,故假象以顯義。”〔四〕《乾》六爻皆然,其餘卦爻皆然。

奇陽之數,健陽之性,有數即有理,元不相離;偶陰亦然。

動心忍性,則日新矣。

隨處有天理,順天理皆可樂也。

大本大原無所見,淺矣!

大本大原,直是不可得而形容。“‘上天之載,無聲無臭’,至矣!”“天何言哉!”其理則至顯。

卦畫只石門本作“即”。是陰陽,而其理無窮。

陰陽中有理,理不外乎陰陽,精粗本末無二致。觀《太極圖》可見矣。

理、氣，物物皆然。

理、氣之外無一物。

“惠迪吉”，理也。

希夷陳氏曰：“羲皇始畫八卦，重爲六十四，不立文字，使天下之人觀其象而已。能如象焉，則吉凶應，違其象，則吉凶反。後世卦畫不明，《易》道不傳，聖人於是不得已而有辭，學者謂《易》止於是，而不知有畫矣。”觀希夷之言如此，則卦象者，其《易》之本與！

易是氣，道是理，隨時變易以從道。氣在是，而理亦在是也。如河津本“如”下有“吾”字。人之一動一静，易也。動静合理，即從道也。石門本連下節，非。

“修辭以立誠”，一言必須實。

多記駁雜之事，妨正理。

惻隱、羞惡、辭讓、是非，皆“善幾”之發見也。

天下古今，只有一善而已，人不爲善，何以爲人？

妄念邪念息，則意自誠矣。

“繼之者善也，成之者性也”。善、性一理也。河津本連下節。

在造化爲善，在人物爲性。“繼之者善”，“誠之源也”；“成之者性”，“誠斯立焉”。

“消息盈虚”〔五〕，大而天地之闔闢，小而日時之始終，皆一理也。

自太極生一奇一偶，加倍至河津本作“之”。六十四卦，便是《易》。伏羲元無文字，至文王繫彖，周公繫爻，文王、周公之《易》也。孔子《十翼》，孔子之《易》也。皆發明六十四卦、三百八十四爻之理洛陽本無“之理”二字。而已。

天地間陰陽是自然之易，卦畫奇偶，不過模寫陰陽之象而已，故亦謂之《易》。卦之奇偶，法陰陽河津本作“陰陰”，訛。之奇偶而畫。天地之易，《易》書之易，同一陰陽而已。

自一奇一偶漸次生滿六畫，是聖人作《易》之本原，後聖卦下繫之辭，亦謂之《易》。伏羲《先天圖》卦畫次序方位是《易》，文王、周公、孔子之書，乃《易》之辭也。

陰陽滚滚不已，造化人事皆由此出。造化日新，人事亦日新。

《周禮》：《三易》"經卦皆八，其别六十有四"〔六〕，即《易》也。伏羲之卦，因文王、周公繫之辭，故曰《周易》。《後天圖》乃文王之圖象爻之辭，文王、周公所繫，故謂之《周易》。

遲速不尤人，只歸之天。

如《先天圖》陽交於陰，陰交於陽，"天地定位，山澤通氣，雷風相薄，水火不相射，八卦相錯"，是"交易"之易，朱子所謂"交易爲體"也；自《坤》而《復》以至於《乾》，自《乾》而《巽》以至於《坤》，一動一静，互爲其根，寒往暑來，循環不已，是"變易"之易，朱子所謂"變易爲用"〔七〕也。"易有交易、變易之義"〔八〕如此。

"交易爲體"，以定位而言；"變易爲用"，以流行而言。天地、上下、四方，定位也；晝夜、寒暑、往來，流行也。

"交易爲體"，以定位而言，天地、上下、四方是也；"變易爲用"，以流行而言，晝夜、寒暑、往來是也。陰陽奇偶，天地之易；卦畫奇偶，《易》書之易。天地之易，《易》書之易，同一陰陽而已。

"交易爲體"，以定位而言，天地、上下、四方是也，在《圓圖》上即《乾》《坤》《坎》《離》之定位；"變易爲用"，以流行而言，晝夜、寒暑、往來是也，在《圓圖》上即卯、酉、子、午之流行。

《圓圖》定位流行之《易》，模寫天地間定位流行之易。

"於穆不已！"於《先天圖》見之。

"精"是卦畫之理，"藴"是卦畫之辭，〔九〕就卦畫推出偏傍之理也。

如乾健是卦德，象天是卦象，内外卦爻位是卦體，爻自外來是卦變。

《先天圖》《離》卯爲春，《乾》午爲夏，《坎》酉爲秋，《復》子爲冬。《坤》爲晦，《復》爲朔。自《坤》之《震》，月之始生，初三日也；至《兑》，月之上絃，初八日也；至《乾》，月滿爲望，十五日也；至《巽》，則月之始虧，十八日也；至《艮》，則月之下絃，二十三日也；至《坤》，三十日，又爲晦矣。卯《離》，晝而旦；酉《坎》，夜而昏。春、夏、秋、冬，晦、朔、絃、望，晝、夜、昏、旦，莫不見於此圖。

自《復》之息，至《乾》而盈；自《巽》之消，至《坤》而虚。《復》又息而至於《乾》而盈，《巽》又消而至於《坤》而虚。消息盈虚，皆氣之流行，而理爲之主也。洛陽本"消息盈虚"以上有"後陽息而盈"一節，"消息盈虚"以下另爲一節。

消生於極盈之時，息生於極虚之際，以是見亂生於治，治生於亂。其幾微矣。

如《乾》卦，六陽爻而已。就《乾》上有"天"之理，"四德"之義，六爻有"六龍"潛、見、惕、躍、飛、亢之義。凡《彖》《爻》《文言》之辭，皆發明卦爻之理而已。餘卦皆然。故朱子曰《先天圖》"所該甚廣，《易》中一字一義，無不自其中流出"者〔一〇〕是也。

《易》之辭，皆自《易》之卦畫中出。

學者舊習、語言出於鄙俚者，皆當絶去，必使一言無不正，所謂"修辭立誠"〔一一〕也。

陽息而盈，則陰消而虚；陰息而盈，則陽消而虚。洛陽本上連"自《復》之息"節。

天之外無人、物，人、物之外無天。

天、地、人、物，渾合無間，一本故也。

息而盈，自無而有；消而虚，自有而無。

《易》言"修辭立誠"，乃爲學第一功夫。

潛修不求人知，理當如此。

善即性也，爲善即所以盡性也，爲不善則失其性矣。河津本作"也"。"性"之一字，無所不包，當時時體認而力行之。孟子所謂"左右逢其源"者，即此性也。洛陽本"性矣"節。

性雖無物不有，無時不然，然或心有不存，則洛陽本作"即"。不能體是性河津本無"性"字。而與之相違矣。故道雖不可離，而存養省察之功不可間也。

《孟子》言仁、義、禮、智之性，惻隱、羞惡、辭讓、是非之情，〔一二〕道之體用全具，古今天下之理，不外乎此。

與人居官者言，當使有益於其身，有惠及於人。

所謂“欲寡其過而未能”〔一三〕者，吾老猶體之。

《西銘》曰：“乾稱父，坤稱母，予兹藐焉，乃混然中處。天地之塞，吾其體；天地之帥，吾其性。”〔一四〕天地萬物，分明爲一體。

五行有質，有氣，有性，有事，有味，有色，有聲，天下萬物之理，皆不出五行。五行之氣，循環無端，動静無始。

知言則能知人，如持權衡以較輕重，錙銖不差。

莫大於理。天下之言，合乎理者爲是，不合乎理者爲非，惟知言者能辨之。

舜“執其兩端，用其中於民”〔一五〕。知言之至也。

濂、洛、關、閩諸儒之書，皆根據至理，而切於人生日用之實。

文章止論古今得失事體利害，而不根於天命人心之正，朱子所謂“以文自立”者也。

五行之質，之氣，之理，渾合無間。

文中子心在天下爲甚公，但“明德”之功未至，遽欲“新民”，失本末先後之序。如朱子所論是也。

董子曰：“尊孔氏者黜百家。”〔一六〕若尊孔氏，又信百家，必不能真尊孔氏矣。

君子有所爲，有所不爲，如爲聖人之學，則不爲異端之學。苟無所不爲，則其學雜矣。

漢四百年，識正學者董子；唐三百年，識正學者韓子。石門本連下節。

爲學當洛陽本作“要”。謹守聖人之道，雖未至是，亦聖人之徒也。

孔子“安仁”〔一七〕，即天地之心也。

天下古今學術之邪、正，義、利之分而已。

王者之心，無私如天地，人得而知之。

待人極當忠而不可欺，人我一致，欺人乃所以自欺也。

孔子去魯，不欲顯其君相之失，真天地之量也。

不能動人，惟責己之誠有未至。

朱子曰："氣至而生，即乾元也。"是知坤元之氣，即乾元之氣，坤但順以承乾而已。

"乾，元、亨、利、貞"，而坤順承之，天地一理也。

"乾元，資始"〔一八〕，氣之始也；"坤元，資生"〔一九〕，形之始也。形雖賦於地，而氣實稟於天也。

朱子釋《坤》之初六，扶陽抑陰之旨微矣。

《坤》之初六："履霜堅冰至。"〔二〇〕不但小人、女人、夷狄，從微以至著，如人一念之惡，循習不已，必至於大惡。故大而治天下國家，近而治一心一身，皆當謹之於微也。河津本無"也"字。

周子論"幾"字，如《復》之初九，"善幾"也；《姤》之初六，"惡幾"也。善幾不可不充，惡幾不可不絶。朱子所謂"近則公私邪正，遠則廢興存亡，只於此處看破便斡轉了。"〔二一〕此實治己治人之至要也。石門本連下節。

《易》爲"性命之源"，理在氣中。

天理民彝雖大，無道之世不能殄滅。如秦河津本"秦"下有"皇"字。至無道，猶有"父子不得内息"之禁，此天理民彝不能殄滅也。

自孟子之後，有大功於道學者，程子、朱子，雖已從祀孔子廟廡，謂宜更立廟於其鄉，世官其宗子以主祀事，略如孔子闕里之儀。斯得崇德報功之意矣！

《師》上六："開國承家，小人勿用。"〔二二〕此實萬世之大戒。自三代以至後世，守其戒則治，違其戒則亂。見於載籍者可考也。

"五岳"、"四瀆"、"五鎮"、"四海"神號之正，本於宋儒之議論。

立言當百世以俟聖人而不惑。

朱子論祀典之説，今用之過前代遠矣。

聖人爲後世慮，無所不至，但人自不察耳。

"見而知之"〔二三〕者，"聞而知之"〔二四〕者，自堯、舜至孟子其人可考。周、程、朱子，蓋亦神會心得，“聞而知之”者。

萬物皆氣之凝聚，而理亦賦焉。

静坐默存，未發之中，萬化皆從此出。

自有静時，自有動時，若當静時心亦馳於外，是不能“立天下之大本”矣。

立身常在禮義中，斯不爲清議所少。

細思：禮義河津本作“理義”，洛陽本作“義理”。出於天，至貴至重；外物世之所有，至賤至微。當常保石門本作“依”。其至重至貴，而不爲賤而輕者所移，庶幾近道矣。

《履》之上九：“其旋元吉。”〔二五〕人之所履，必周完石門本作“周充”，河津本作“充周”。而無欠缺，斯應“元吉”之占。故人之履行，不可不慎。石門本連下節。

或謂：《乾》九三言“誠”，《坤》六二言“敬”，先儒誠敬之學起於此；《乾》九二言“仁”，《坤》六二言“義”，仁義者陰陽之變也，先儒論仁義之用起於此。然“誠”、“敬”、“仁”、“義”之名，《書》已言之矣，謂皆起於《易》，恐未然也。

朱子曰：“天地之間，萬物粲然而畢陳者，皆陰麗於陽，其美外見者也。”如《坤》之六三、六五，皆陰麗於陽也。河津本連下二節。

如花木之類，其中流行者，氣之陽也；其支幹花葉美而外見者，陰也。此所謂“陰麗於陽”也與？

“陰麗於陽”，乃形麗於氣也。

治大衆必有容乃可。《易》曰：“包蒙吉。”〔二六〕

《中庸序》曰：洛陽本無此四字。“天下之理，豈有加於此哉？”〔二七〕“此”即“精一執中”〔二八〕也，“中”即“天命之性”也。天下之理，豈有出於天命之性哉？

萬物不出中者，以性上不可加一物，如龜山所云也。洛陽本下連卷五“恍然似有得其要領”節。

論老、莊之失，程、朱之言曲盡矣。

以世儒之論，折衷於程、朱之言，其是非一見而判然矣。

觀人之文章，即知其學術之邪正，《孟子》所謂"知言"也。不知言而讀天下之書，何以知其是非邪正哉？洛陽本"言也"節。

"物格知至"，是明得天理盡也。

觀人與讀書，惟知言可以知其賢否、是非。

孟子"不尤臧倉"，〔二九〕與孔子"不尤公伯寮"之意同。〔三〇〕石門本連下節，非。

"知言"，"物格知至"也。如此而觀天下之事，是非、得失了然矣。河津本連下節。

惟不知言，爲異端惑，爲小人罔，爲俗學眩。知言皆河津本作"則"。無此失矣。

孔子"述而不作"〔三一〕。學聖賢之道，不述聖賢之言，而自立新奇之説，去道遠矣！如石門本、河津本無"如"字。《老子》《莊子》不述前聖之言，自爲新奇之説，所以爲異端也。石門本、河津本"遠矣"節。

濂、洛、關、閩之書，一日不可不讀；周、程、張、朱之道，一日不可不尊。捨此而他學，則非矣。洛陽本作"也"。

在人始有"心"之名，在天則渾然是理。理具於人心，乃可言"心統性情"。

天理在造化，"繼之者善"也。至"成之者性"，則天理在人物矣。

"心統性情"，張子就人心説心體無窮，故於性情無不統。

天理流行，命也；命賦於人，性也。心與性俱生者也。性體無爲，人心有覺，故"心統性情"。

孔子"登泰山而小天下"〔三二〕。聖人所處愈高，則所見愈下按"下"當作"小"。矣。

立言不在乎艱洛陽本作"難"。深奇古，貴乎明理而已。如程、朱之言，平易簡質，而理自明矣。

朱子曰："周子《通書》，近世道學之源。"〔三三〕其言簡質如此，則務爲閎衍華藻者，去道遠矣！

布帛菽粟之文，民生日用之常，一日不可缺。金膏水碧空青丹砂之文，雖曰奇寶，饑不可食，寒不可衣，亦何益於生人哉？

慮事周密，處心泰然。

孔子"自得"之樂深，故視不義之富貴輕也。

聖人之心，千變萬化，"一以貫之"。

孔、顔之樂，其全盡天理者與？

堯、舜、禹、湯、文、武治天下，皆不出性分之外。

漢光武規模不及高祖者，以好吏事，如馬援所論也。

妄念生，不誠之源也。

"左右逢其源"，隨處皆此理，無窮盡，無方體。

山川、草木、霜雪、雨露之類，皆造化之糟粕。石門本作"醨酟"。張子言之詳河津本作"鮮"，非。矣。〔三四〕

"太極者，本然之妙也；動静者，所乘之機也。"理與氣無間亦無息也。

天下之理，具於吾心性，無不同也。

雜博洛陽本作"傳"。之學，不可以入堯、舜之道。

理學淵源無窮。

道學以五經、四書爲本，專用心於史學者，無自而入道。

聞一君子進則喜，好善之心自不能已也。

宋景濂《諸子辨》，列周、程於其後，非尊道學者也，失倫次甚矣。周、程聖河津本作"大"。賢，豈諸子之敢望乎？石門本、河津本連下節。

或者謂：立言當求先儒所未言者。夫以孔子之大洛陽本無"大"字。聖，猶"述而不作"，况後學不述古聖賢之言，而欲創立己説乎？

專心致志於仁、義、禮、智之道，則不雜，離此即雜矣。

程子曰："始比不以道，隙於終者，多矣。"〔三五〕如不擇賢否，非類相比，得不隙於終乎？蓋世有其人，讀《易》至此，有合河津本"有合"作"宜謹"。識之。

師以文章爲教，弟子以文章爲學，何以入聖人之道？

《近思録》宜熟讀。程子論"未發之中"處,當參看朱子《中庸或問》,其餘間有不同者,亦當參考。

道教盛於宋道君、林靈素,後世踵其妄誕,求福不已。使果有可求之福,道君得之矣!

明道曰:"邪誕妖妄之説競起,塗生民之耳目,溺天下於污濁。"〔三六〕然則邪誕妖妄之説瀰漫洛陽本作"滿"。充塞,自古如此矣。

渾然一理至大,而粲然條理至密。

"窮理盡性至命"〔三七〕,學貫天人也。

"在天成象,在地成形",皆一氣也。

"上下四方曰宇,往古來今曰宙。"〔三八〕氣無窮,理亦無窮。

岐伯論地曰:"大氣舉之。"〔三九〕則地有涯氣無涯矣。雨水自天而降,人不異者,見之熟也。况地下之天,獨不能爲水而行於地中乎?

源泉混混,不舍晝夜,生生之氣無窮。

"肉羶而蟻聚。"至微之物,亦有知覺,"性無不在"可見矣。

雲氣合而成雨,故雲散則雨止;地氣合而成水,地常凝聚,故水無窮。

孟子守得大綱定,遇事只以此應之。大綱者何?仁、義、禮、智是也。

聖人之心,寂然不動,隨感而應,所謂"神"也。

見理熟則處事易。

"行或使之,止或尼之。行止,非人之所爲也,天也。"〔四〇〕順乎天則心自泰然矣。

性命之理具於心,施於四體,"四體不言而喻"〔四一〕者,熟也。

"順理則裕"〔四二〕四字,用之不盡。

程子論漢、唐雜伯、雜夷,斷盡其失。

事親奉祭未盡孝,爲臣奉職未盡敬,宗族疏戚未盡仁,交友接人未盡忠,讀書行己未盡誠,此吾自少至老恒念有未盡也。

汲汲自修不及,何暇責人?不自修而責人,捨其田而耘人之田也。

程子論《蠱》之上九“高尚其事”有不同者,〔四三〕以人品而言也。

《易》言“貞吉”。守正,未有不吉者。

“正其誼不謀其利,明其道不計其功”〔四四〕。仁者之事,即王者之事。

“道學”、“治道”,不可岐而爲二。“道學”,正所以推而爲“治道”。

孟子之後,知王、霸之分者,董子。

漢宣帝亦自言“漢家本雜王霸爲治”〔四五〕。

春秋時有“五霸”之名,有楊朱“異端”之名,皆衰世之事也。

“尊德性而道問學,致廣大而盡精微,極高明而道中庸。温故而知新,敦厚以崇禮。”〔四六〕朱子曰:“德性者,吾所受於天之正理。”〔四七〕竊謂:“尊德性”,所以尊此理也;“道問學”,所以窮此理也;“致廣大”,所以極此理之大也;“盡精微”,所以盡此理之細也;“極高明”,所以極此理之明無不照;“道中庸”,所以行此無過不及。平常之理,“温故而知新”者,因温燖石門本、河津本作“尋”。此理而有知新之益;“敦厚以崇禮”者,敦篤乎此理而日謹其節文之詳。故此五句:“尊、道”,石門本、洛陽本作“問”,非。“致、盡”,“極、道”,“温、知”,石門本、洛陽本“温”下有“故”字,“知”下有“新”字。“敦、崇”,皆指“吾所受於天之正理”而言也。

人之動静、語默、寤寐,皆《易》也。

人與天地之理、氣混然無間,故天地爲人之父母,而人洛陽本無“人”字。當心父母之心,行父母之事也。

天地爲人之父母,故人知天地變化之道,則所行者能述父母之事矣;通天地神明之德,則所存者能繼父母之志矣。

人心所具之性,即天地之理;人身所稟之氣,即天地之氣。故能致其性之中,則“天地位”;致其氣之和,則“萬物育”。

早作夜息,無非順陰陽自然之理,即所謂“易”也。

自思誠不如古人。古人處大震懼,不少動其心。自思誠不如古人遠矣。

"勇者不懼"〔四八〕,誠亦難能。

"交易"、"變易",雖有體、用之分,其實,體即所以爲用,而用不離體也。

周子曰:"不善之動,妄也。妄洛陽本無"妄"字。復,則無妄矣。無妄,則誠矣。"〔四九〕程子曰:"無妄之謂誠。"〔五〇〕周、程相傳之學可見。

"道之大原出於天",故聖人"繼天立極"。

太極渾然,其大無外,其小無内,無物不有,無時不然,實未嘗分也。但就萬物各有一太極而言,則似乎有分,然渾然者,則未嘗不統也。洛陽本連下節。

太極不可分者,以河津本作"亦",非。理無不在也。

周子曰:"聖可學乎? 曰:可。曰:有要乎? 曰:有。請聞焉! 曰:一爲要。一者,無欲也。無欲則静虚動直。静虚則明,明則通;動直則公,公則溥。明、通、公、溥,其庶矣乎!"〔五一〕蓋"一"即無極之真。"静虚"陰,"動直"陽,即兩儀;"明木通火公金溥水",即四象。朱子謂"學者能深翫而力行之,則有以知無極之真,兩儀、四象之本,皆不外乎此心,而日用間自别無用力處矣。"〔五二〕

"無極之真"是性之全體。"静虚"爲陰,"無極之真"在陰中;"動直"爲陽,"無極之真"在陽中;"明木通火公金溥水","無極之真"在五行中,即《圖》之太極、陰陽、五行也。河津本作"水",訛。"静虚"陰也,而曰"明通木火",根於陰也;"動直"陽也,而曰"公溥金水",根於陽也。即《圖》之木火根於陰,水金根於陽之理。石門本、河津本連下節。

人之息,呼根於吸,吸根於呼,亦陰陽相根之理。

《孟子》曰:"天下之生久矣,一治一亂。"即《易》之陰陽盛衰之理也。河津本此下有"知《易》者莫若孟子"七字。

周子曰"有至貴至富可愛可求"〔五三〕,朱子言"即周子之教程子,每令尋仲尼、顔子樂處。所樂何事? 學者當熟思而實體之,不可但以言語解會而已。"〔五四〕愚按:朱洛陽本作"諸",非。子之言,引而不發。竊意天地間至貴至富可愛可求者,莫過於天命之性。能深知其理而實體之於身，則日用動静之間莫非天理之流行，而無一毫私欲之雜撓，“仰不愧，俯不怍，心廣體胖，樂可知矣”〔五五〕。妄意如此，書之以俟來哲。

周子《顔子章》不言貴富石門本、河津本作“富貴”。爲何事，其下《師友章》言“天地間，至尊者道，至貴者德”。道、德即天命之性也，恐孔、顔之樂，亦不過全天命之性而已。

不責人，即心無凝冰焦火之累。

孟子論孔子之仕、止、久、速，〔五六〕皆踐履《易》之道也。石門本連下節。

卦畫陽奇而陰偶。天地鬼神之理，豈有出於陰陽之外哉？

“浩然之氣”，即“乾元”、“坤元”之氣，人資以爲始爲生者也。朱子曰“浩然之氣”，乃“天地之正氣，人得以生者”〔五七〕，其斯之謂與？

孔子微服過宋，其自處雖裕，慮事則密。

蕩滌私邪，存養心石門本“養心”作“心養”。性，端謹容節。

“五行之生，各一其性”〔五八〕，則渾然太極無不各具於一物之中，而性之無所不在又可見矣。然太極既無不在，果不可分也。

“聖人定之以仁義中正，而主静，立人極焉。”〔五九〕“中正仁河津本作“人”，非。義”，性也，性即太石門本、洛陽本作“人”。極也。萬物之生，同一太極，此不可分也。因物物各具一太極，若洛陽本作“者”。有分耳。雖若有分，而統體之太極，實未嘗分也。

聖賢之忠厚不可當。如明道之去，分明不容於時，猶謂“己學未至，當時誠意不能動人”〔六〇〕。其忠厚如此。

人自得者深，則不慕乎外矣。

朱子論宗廟之制，宜爲法。

《太極圖説》在當時惟朱子盡得其妙，其次張南軒而已。

專用心於内則有進，或出或入，則有間矣。

《旅獒》之書，萬世當法。

有本則應之無窮。

老子“執左契，而不責於人”〔六一〕，因應之謂也。

聖人天理爛熟，自無不樂。

朱子曰：“惟人也得其秀而最靈。”〔六二〕純粹至善之性，是所謂太極也，是則“太極即性”明矣。

太極在陰中，其體立；太極在陽中，其用行。太極隨陰陽而無不在，果不可石門本、河津本無“可”字。分也。

天地間理無縫隙，實不可分。

“天之生物，一本。”〔六三〕故理無不同。

就萬物萬事洛陽本作“萬事萬物”。上求實理，“格物致知”之要也。

“天地生物之心”〔六四〕，元也，人得之爲仁。

程子曰：“由辭以得其意，則在乎人焉。”不但讀《易》，實讀書之要法也。

“神妙萬物之體”，“神妙石門本無“妙”字。萬物之用”〔六五〕，即太極也。

統一氣而有動静，故曰“陰陽”。

輕清之陽雖升而爲天，重濁之陰雖降而爲地，統一氣之升降耳。

“上下四方曰宇”，以充塞無窮而言；“往古來今曰宙”，以流行不息而言。

天地間只一動一静，而理爲之主。萬化皆由是出，萬物皆由是生。

“乾元”、“坤元”，萬化之源也。

堯之“克明俊洛陽本作“峻”。德”〔六六〕，實萬世君天下之本。

“天地之塞”，“天地之帥”，人物得之以爲形性者也。

萬物一本，舉目可見。

“安於義命”〔六七〕，即泰然矣。

“一性散爲萬善，萬善原於一性。”一本萬殊，萬殊一本也。

人有萬善，纖毫動作不可輕也。

“克勤小物”〔六八〕者，以善無不在。

程子取柳宗元《封建論》，其必有説矣。

賈誼《疏》中教太子法，宜爲後世法。

柳子《守原議》，有關於世道。

伊川《經筵疏》皆格心之論。三代以下，爲人臣者但論政事人才而已，未有直從本原如程子之論也。

朱子《章疏》，有本有末，有綱有目，當時不能行其一二，信乎用言之難也。

王安石作新法，以功利蠱君心，害天下，斲喪有宋之元氣，奸邪迭踵其迹，持"紹述"之説以媒進，至於"板蕩"而後已。此天下後世之所共知。劉將孫猶謂"朱子未必主元祐，右君實"。予不知其爲何説也。

王道備於《大學》之書。

孔子曰："居上不寬。"〔六九〕大抵居上以寬爲本，太狹則難爲其下矣。

"《詩》云：'天生烝民，有物有則。人之秉彝，好是懿德。'孔子曰：'爲此《詩》者，其知道乎！'"〔七〇〕以有一物必有一理而言謂之"則"，以秉執此常理而言謂之"秉彝"，以是理之美得於心而言謂之"懿德"。則也，彝也，德也，皆理也，理即道也，故曰"爲此《詩》者，其知道乎"！

周子洛陽本"子"下有"曰"字。言"勢之輕重"〔七一〕，朱子以秦漢之事明之，其意深矣！

萬物皆自"天地之塞、之帥"來，所謂一理也。至散而爲萬物，則分殊石門本作"殊分"。矣。

事以義爲者，則事無不正。以利爲者，事雖正，猶未免出於利心。

孟子"老吾老以及人之老，幼吾幼以及人之幼"〔七二〕，王道、仁政皆自此出。有一夫之不獲其所，聖人之心爲之戚然不寧。

聖人惟言求仁。仁則萬事出於正，不仁則萬事出於不正。

司馬遷論"儒博而寡要"〔七三〕，第彼自不識其要耳。要者何？天命之性是也。

歷代史學議論之卑，不知王道爲何物？至宋道學君子，王道始明。

朱子《綱目》，是非定，天理明。

孟子言“人無四端，非人也。”〔七四〕人無四端則靡所不爲，而入於禽獸矣。

“四端”雖並説，然必有惻隱之心，斯有羞惡、辭讓、是非之心，此仁所以統四德也。

前代史載異端駁雜怪誕之説，不足以立教，適足以惑人。

讀書吾得其要：天命之性是也。

【校記】

〔一〕見《中庸》第一章。

〔二〕〔三〕〔四〕引自《周易程氏傳》卷一《周易上經上·乾》。

〔五〕見《易傳·豐·彖辭》：“天地盈虚，與時消息。”

〔六〕引自《周禮·春官宗伯·太卜》。

〔七〕〔八〕見《朱子五經語類》卷一《易一·統論經義一》。

〔九〕“精”、“藴”，見周敦頤《通書·精藴第三十》：“聖人之精，畫卦以示；聖人之藴，因卦以發。”

〔一〇〕見李光地《性理精義》卷一《太極圖説·集説》引朱子語。原文“易”上有“凡今”二字。

〔一一〕引自《易傳·繫辭上》。原文“立”下有“其”字。

〔一二〕見《孟子·告子上》。

〔一三〕引自《論語·憲問》。

〔一四〕原文“天地之塞”前有“故”字。

〔一五〕引自《中庸》第六章。

〔一六〕引自《漢書·董仲舒傳》。原文爲：“罷黜百家，獨尊儒術。”

〔一七〕引自《論語·里仁》。

〔一八〕見《易傳·乾·彖辭》：“大哉乾元！萬物資始。”

〔一九〕見《易傳·坤·彖辭》：“至哉坤元！萬物資生。”

〔二〇〕引自《易經·坤·初六爻辭》。

〔二一〕見《性理精義》卷一《通書·誠幾德第三·集説》引朱子語。

〔二二〕引自《易經·師·上六爻辭》。

〔二三〕〔二四〕引自《孟子·盡心下》。

〔二五〕引自《易經·履·上九爻辭》。

〔二六〕引自《易經·蒙·九二爻辭》。

〔二七〕引自朱熹《中庸章句序》。原文"有"下有"以"字。

〔二八〕見《尚書·虞書·大禹謨》:"惟精惟一,允執厥中。"

〔二九〕見《孟子·梁惠王下》:"行或使之,止或尼之。行止,非人所能也。吾之不遇魯侯,天也。臧氏之子焉能使予不遇哉?"

〔三〇〕見《論語·憲問》:"道之將行也與?命也。道之將廢也與?命也。公伯寮其如命何!"

〔三一〕引自《論語·述而》。

〔三二〕引自《孟子·盡心上》。

〔三三〕引自《朱文公文集》卷七十一《雜著·記濂溪傳》。原文爲:"《太極圖説》……乃百世道術淵源之所繫。"

〔三四〕見張載《正蒙·太和篇》。

〔三五〕引自《周易程氏傳》卷一《周易上經上·比》。原文"多"上有"天下"二字。

〔三六〕引自《河南程氏文集》卷十一《明道先生行狀》。原文"妄"作"異"。

〔三七〕引自《易傳·説卦》。原文"性"下有"以"字,"至"下有"於"字。

〔三八〕引自《淮南子·原道訓》高誘註。原文爲:"四方上下曰宇,古往今來曰宙。"

〔三九〕引自《黄帝内經·素問·五運行大論篇》。

〔四〇〕引自《孟子·梁惠王下》。原文"人"下無"之"字,"爲"作"能","天"上有"吾之不遇魯侯"六字。

〔四一〕引自《孟子·盡心上》。

〔四二〕引自《河南程氏文集》卷八《四箴·動箴》。

〔四三〕引自《易經·蠱·上九爻辭》。

〔四四〕引自《漢書·董仲舒傳》。

〔四五〕引自《漢書·元帝紀》。原文爲:"漢家自有制度,本以霸王道雜之。"

〔四六〕引自《中庸》第二十七章。

〔四七〕引自朱熹《中庸章句》第二十七章。

〔四八〕引自《論語·子罕》。

〔四九〕引自周敦頤《通書·家人睽復無妄第二十四》。

〔五〇〕引自《河南程氏遺書》卷六。

〔五一〕引自周敦頤《通書·聖學第二十》。原文庶上無“其”字。

〔五二〕引自朱熹《通書解·聖學第二十》。

〔五三〕引自周敦頤《通書·顔子第二十》。原文無“富可”二字。朱熹註曰:“‘至愛’之間,當有‘富可’二字。”

〔五四〕引自朱熹《通書解·顔子第二十》。原文“何事”下有“者也”二字,“學者”上有“然”字。

〔五五〕引自《河南程氏外書》卷三。

〔五六〕見《孟子·公孫丑上》。

〔五七〕引自朱熹《孟子集註》卷三《公孫丑章句上》。原文“人”上有“而”字。

〔五八〕原文“生”下有“也”字。

〔五九〕原文“仁義中正”作“中正仁義”。

〔六〇〕引自《河南程氏粹言》卷二《君臣篇》。原文爲:“當時是,吾不能感動君心,顧吾學未至,德未成者。”

〔六一〕引自《老子》七十九章。

〔六二〕引自朱熹《太極圖解》。原文出自周敦頤《太極圖説》。

〔六三〕原文“物”下有“也”字,“一”上有“使之”二字。

〔六四〕引自《周易程氏傳》卷二《周易上經下·復》。

〔六五〕引自朱熹《通書解·動静第十六》。

〔六六〕引自《尚書·虞書·堯典》。

〔六七〕引自《周易程氏傳》卷四《周易下經下·未濟》。

〔六八〕引自《河南程氏遺書》卷十一。

〔六九〕引自《論語·八佾》。

〔七〇〕引自《孟子·告子上》。原文“《詩》云”作“《詩》曰”。

〔七一〕見周敦頤《通書·勢第二十七》:“勢,輕重也。”

〔七二〕引自《孟子·梁惠王上》。

〔七三〕引自《史記·太史公自序》。原文“儒”下有“者”字。

〔七四〕見《孟子·公孫丑上》:“無惻隱之心,非人也;無羞惡之心,非人也;無辭讓之心,非人也;無是非之心,非人也。”

讀書續録卷五

周子挺生南服，建《圖》立《説》，以明造化之源，性命之微，傳之二程，以當時無受之者，遂不以語人。至朱子，既即其《圖》以剖析其旨，又即其《説》以盡發其奥，由是周子建《圖》立《説》之意大明。學者誠欲求其意，當即朱子之《解》以求周子之《説》，熟讀精思，潛玩默體，期以數十年之功，俟其融會貫通，超然有得於圖象之表，庶幾造化之源，性命之微，天人之理，畢貫於一，而其實不外乎吾心矣。

朱子曰："《易》者交錯代换之名，卦爻之立由是而已。"〔一〕此《易》之在卦畫者。又曰："天地之間，陰陽交錯，而實理流行，一賦一受於其中。"〔二〕此《易》之在造化者。然《易》之在卦畫者，實由《易》之在造化者出也。

《易》雖有"交易"之體，"變易"之用，然用不在體之外。

人君之德，惟明爲先。《書》稱堯曰"欽明"，〔三〕舜曰"文明"，〔四〕禹曰"明明"，〔五〕湯曰"克明"，〔六〕文王曰"若日月之照臨"，〔七〕皆言明也。明則在己之理欲判然，在人之邪正别白，處己處人，萬事皆得其當矣。

張子曰："學至於不責人，其學進矣。"〔八〕此言當深體而力行之。愚屢言及此而不厭其煩者，亦欲深省而實踐之也。

《書》雖不及史之詳，然帝王治天下之大經大法已具，後世人主能力求其要而法其治，何三代之不可復？

《書》之洛陽本無"《書》之"二字。"精一執中"，治天下之要。用賢才，修政事之類，皆其法也。石門本、河津本連上節。

經書中有字同而義異者。如《易》《泰》卦，“泰”乃亨泰之義；《論語》“君子泰而不驕”，〔九〕“泰”乃舒泰之義；《大學》“驕泰以失之”〔一〇〕，“泰”，侈肆之義。又如《書》言“有忍乃濟”，〔一一〕“忍”乃容忍之義；《論語》言“忍”，〔一二〕乃忍於爲惡之義；《孟子》言“不忍人之心”，〔一三〕乃仁心發見之義。經書字如此類者，字同而義異，讀者當各即其義而觀之。不可以字泥也。

孔子曰：“多乎哉？不多也。”〔一四〕世儒以該博爲能，而不察其理之有無者，去道遠矣！

有一毫私欲之間雜，即非仁矣。

自古有天下者，觀其所用之人，則政事可知矣。

周子《誠上章》“誠”，“善”，“道”，“性”，“元、亨”，“利、貞”，“命”，皆太極也。

程子言“國祚之祈天永命”〔一五〕，周過其歷，即其效也。

三王皆以仁立國，所謂“王道”也。

漢、唐雖雜伯、雜夷，尚能假仁義而行，故國祚自三代以下最爲長遠。秦、隋、南北朝、五代，皆以不仁立國，故其祚如彼之促。斯可以爲萬世鑑矣！

至大者善也，人胡不爲善？

正己者乃能正人，未有枉己而能正人者也。

作史者不可以強弱成敗論人，只當斷以大義。

民不習教化，但知有刑政，風俗難乎其淳矣！

賢其賢，否其否，天下所以治；賢其否，否其賢，天下所以不治。

天下國家，當大培根本。洛陽本作“當培大本”。何以培之？仁而已。石門本連下節，非是。

聖人之道蔽昧不明者，千五六百年，至周、程、張、朱而始明。

《書》稱堯曰“欽明文思，允恭克讓”〔一六〕，舜曰“濬哲文明，温恭允塞。”〔一七〕曰“明”，曰“文”，曰“恭”，二帝皆同德。

道流行於天地間，即元、亨、利、貞，仁、義、禮、智是也，未嘗有間斷。但道之託於人者,有絶有續耳。

道體於穆而不已,道統有絶有續。

“道非亡也,幽、厲不由也”〔一八〕。不由,則道之在人者亡矣,而道之在天者則未嘗亡矣。

行、止、河津本作“之”。久、速,皆有理焉,順理處之可也。河津本連下節。

行、止、河津本作“之”。久、速由乎天,故不可尤人。

“中”字專言則包四德,“喜怒哀樂未發之謂中”是也;偏言則止爲禮之一德,“定之以中正仁義”是也。

“静存動察”,學《易》之要也。

動、静、語、默,應事、接物求合乎理,即學《易》也。

《易》者陰陽也,其理則道也,道即天命之流行,洛陽本“行”下有“也”字。朱子所謂“陰陽交錯,而實理流行,一賦一受於其中”是也。

“五位相得而各有合。”〔一九〕“相得”,謂一與二相得,三與四相得,五與六相得,七與八相得,九與十相得;“有合”,謂一與六合,二與七合,三與八合,四與九合,五與十合。朱子曰:“相得如兄弟,有合如夫婦。”相得,則取其奇偶之相爲次第,辨其類而不容紊也;有合,則取其奇偶之相爲生成,合其類而不容間也。“相得有合”四字,該盡《河圖》之數。

《河圖》《洛書》之奇偶,不過一陰一陽耳。朱子言之備矣。石門本連下節。

《洛書》“一五行”,即《河圖》之一六、二七、三八、四九、五十之“五行”也。

《河圖》之數十。太陽之位,一得數九成十;少陰之位,二得數八成十;少陽之位,三得數七成十;太陰之位,四得數六成十。

事無大小,皆當致謹。〔二〇〕

舜之“兢兢業業”,〔二一〕禹之“祗台德先”,〔二二〕成湯之“慄慄危懼”,〔二三〕文王之“小心翼翼”,〔二四〕皆“敬謹”之謂也。

義、利無並立之理。尚義者必不尚利,尚利者必不尚義,惟君子爲能尚義而去利也。孳孳爲義者，君子也；孳孳爲利者，小人也。聖賢言之詳矣。

尚義則天下治，三代盛時是也；尚利則天下亂，戰國末季是也。

行王道則黜伯功，行伯道則棄王道。後世有王、伯並用之説，非矣！

王道，天理也；伯功，人欲也。天理、人欲，未有並立者也。

老子"多藏必厚亡"之言，〔二五〕曲盡事理。自古以來，黷貨厚積以取顛覆者多矣，而猶不知戒，何邪？

利者，人心之同欲，而欲專之，可乎？

孟子深辨王、霸之誠、僞，所以擴天理，遏人欲也。

千古聖賢之學，惟欲人存天理、遏人欲而已。

天道可畏，聖帝明王事天如事父母。父母有怒，人子恐懼不寧，思有以消其怒，聖帝明王之事天也河津本無"也"字。亦然。

《春秋》書災異不言事應，而事應具存，未有書於前而不應於後也。朱子《綱目》書法倣《春秋》之意。

事天當自一念之微純乎天理，次而一身一家皆出於至正，則事天而天心悦矣。

古語云："事天以實不以文。"存其心，養其性，事天之實也。

《書》言洛陽本無"《書》言"二字。"罰弗及嗣，賞延於世"〔二六〕，此聖人之仁心也。故賞當過於厚，而刑不過於濫。

"乾道變化，各正性命"，物物一太極也。

性命之理，於一草一木見之，於天地萬物皆見之。

周子論"樂"，至矣！

邵子詩云："不讀人間非聖書。"〔二七〕凡不正之書，皆不可讀。石門本連下節，非。

陰陽消息，盛衰屈伸，即"易"也，順之則吉。

"天地盈虚，與時消息"〔二八〕。學《易》當深體此理。

朱子曰："看來人處大運中無一時閑，吉凶悔吝一息不曾停，如大輪一般，一恁滚石門本、洛陽本作“衮”，非。將去，聖人只隨他恁地去看道理如何。這裏則將這道理處之，那裏則將那道理處之。”〔二九〕愚按朱子此言，論《乾》卦“潛”、“見”、“惕”、“躍”、“飛”、“亢”之事，學《易》者當知此意。

《大有》之“遏惡揚善”，〔三〇〕朱子謂“非特用人，反之於身，亦莫不皆然。”〔三一〕如去人欲存天理，即“遏惡揚善”也。

“日中則昃，月盈則食，天地盈虚，與時消息。”〔三二〕如東漢諸君子，欲以力扶當時之衰亂，是不知此義河津本作“意”。也。

陰陽在内、外分“否”、“泰”，聖人以“君子”、“小人”發明其義，自古治亂皆由於是。《易》之垂戒深矣！

朱子曰：“太極中本無一物。”天地生物不言所利，故聖人之於功業雖有若無，分定也。石門本連下節，非。

爲石門本、洛陽本作“制”。將智謀爲本，不然，雖驍勇，一夫之敵也。《易》曰：“師：貞，丈人吉。”〔三三〕所謂“丈人”，必能以智謀爲本矣。

聖賢之書，神而明之在乎人，不然，書特塵編耳。

書能神而明之，則“活潑潑地”。

聖賢之書所載，皆天地古今萬事萬物之理，能因書以知理，則理有實用。不然，書自書，理自理，何以有實用哉？

偶持一卷《中庸》書，因思：此書滿天下，能因《中庸》之書，實得“中庸”之理者，幾何人哉？燈下記此以上四條。

《易》之初，卦畫而已，今《經》《傳》《本義》之外，諸儒之説遂至數十卷，何其文之多也？

支流多則迷本源，雜説多則亂本旨。今五經、四書傳註之外，增録後儒之説日益多，學者至白首不能遍讀，吾恐本源本旨迷而亂也。

宋末之文弊如周末，許魯齋嘗言之矣。

士農工商之業，爲之必有實效。異端誦妖誕之空言，以徼不可必之福，茫如捕風繫影，舉前古爲之，何其惑之甚邪？

六十四卦，其辭至於河津本無“於”字。無窮。

爲善誠實，則天報之以福。豈有爲不善之人，誦異端之誕言而福可求邪？

陰陽迭爲消長。自《復》至《乾》，陽長陰消；自《姤》至《坤》，陽消陰長。然陽之長雖至洛陽本作"自"。《復》始成一陽，而《坤》之初爻陽已萌矣；陰之長雖至《姤》始成一陰，而《乾》之初爻陰已萌矣。聖人於陽之《復》則喜見於辭，於陰之《姤》則不言，扶陽抑陰之義也。

《剥》盡則石門本、河津本無"則"字。爲純《坤》，《剥》於上而陽已萌於下；《夬》盡則爲純《乾》，《夬》於上而陰已萌於初。此陽無間容息，陰亦無間容息。故程子曰："陰亦然，聖人不言耳。"〔三四〕

知卦畫，即易知"交易"、"變易"之《易》，知陰陽迭爲消長。

陰陽無頓絶之理。至陰之中陽已生，純《坤》初爻有陽是也；至陽之中陰已生，純《乾》初爻有陰是也。

《姤》次《夬》，纔《夬》去陰爲《乾》，而陰又生。邵子所謂"亂生於治"〔三五〕也。

程子曰："顔子簞瓢，在他人則憂，而洛陽本作"在"。顔子獨樂者，仁而已。"〔三六〕愚謂聖賢之樂，不過全天命之性，仁即天命之性也。專言仁，則義、禮、智皆在矣。

程子曰："理，性，命，一也。"〔三七〕

堯、舜之朝曰"僉"者，〔三八〕衆共之辭，其舉人皆於公朝也。此意行，公道行矣。

乾健、坤順之類，《易》神明之德；仁、義、禮、智、信，人神明之德。

既往之非不可追，將來之非不可作。此吾之自省也。

"欲寡其過而未能"之意，時時不可忘，此實修己之要也。

蘧伯玉之使以"夫子欲寡其過而未能"〔三九〕之言對孔子之問，不惟能知伯玉之心，其能自知也審矣。

衛武公、蘧伯玉皆以高年而篤於進修，誠可爲後世法。

孔子晚年喜《易》，猶曰："假我數年以學《易》，可以無大過。"〔四〇〕況常人之於學，可不知所勉乎！

“鬼神體物而不可遺。”〔四一〕無物無陰陽。

程子曰：“離陰陽更無道。”〔四二〕竊謂離物亦無道。石門本、河津本連下節。

“富有之謂大業”〔四三〕，理氣充塞無涯；“日新之謂盛德”〔四四〕，理氣流行不息。“富有”雖曰大無外，“日新”雖曰久無窮，其實均一理氣耳。洛陽本“不息”節。

道不爲堯存，不爲桀亡，萬古常如此。

道不離人，人懵然無知覺者，氣質拘之，物欲蔽之也。石門本連下節。

人之善端，亦時有發見者，但私欲盛，隨復汩之耳。

朱子曰：“董河津本作“童”。遇云：‘讀書千遍，其義可見。’”又曰：“‘思之思之，又重思之，思之不通，鬼神將教之；非鬼神石門本、河津本作“思之”。之力也，精神之極也。’〔四五〕非妄語也。”此言讀書熟思之精，自有通悟時也。

楊龜山曰：“人性上不可添一物。”以是見龜山之識極高。

朱子曰：“太極之有動静，是天命之流行也，所謂‘一陰一陽之謂道’，‘誠者聖人之本’，物之終始，而命之道也。其動也，‘誠之通’也，‘繼之者善’，萬物之所資以始也；其静也，‘誠之復’也，‘成之者性’，萬物各正其性命也。”〔四六〕是則太極也，天命也，道也，誠也，善也，性也：一理也。

天下之理，再無加於性分之外者。

孟子言“性善”，於道之大本大原見之至明矣，故其一言一理皆自此出。荀、揚諸子，不明道之本原，雖多言愈支矣。

聖人之言性與天道，雖曰“不可得而聞”，然與諸弟子言仁義、孝弟、忠信、天命、仁聖之類，與凡不言之教，何莫非性與天道之妙哉？

孔子曰：“若聖與仁，則吾豈敢？抑爲之不厭，誨人不倦，則可謂云爾已矣。”〔四七〕讀《論語》者，須要見何者是聖人之爲聖與仁不厭處，何者是聖人以仁與聖誨人不倦處。

問：“‘自其本以之末，則一理之實，而萬物分之以爲體，故萬物各具一太極。'如此説則太極有分裂乎?"朱子曰:"本只是一太極,而萬物各有稟受,又各自全一太極爾。如月在天,只一而已,及散在江湖,則處處皆見,不可謂月分也。"〔四八〕又問:"《理性命章》如何下'分'字?"曰:"不是割成片去,只如月映萬川相似。"〔四九〕以朱子之言觀之,太極渾然一理,其大無外,其小無内,人物雖各得一理,似乎分矣,合而言之,又渾是一理,實未嘗分也。天地間總是一月光,萬川雖各得一月光,又總是一月光也;太極不可分,於是可見矣。

《大學·傳》言聖人之"止",雖有"仁"、"敬"、"孝"、"慈"、"信"之分,〔五〇〕其實皆以"敬"爲主。故曰:"無不敬而安所止也。"〔五一〕

爲善之心,當念念不忘,不可有須臾之間也。

人心能止,則"篤實輝光"〔五二〕,故《易》於《大畜》言之。石門本連下二節,非。

周子言"幾"字,亦自《易》"知幾其神乎"〔五三〕之語来。

天體無窮。程子言之備矣。

"維天之命,於穆不已!"自一刻、一時、一晝、一夜、一月、一歲,積累至千萬歲,無非"一陰一陽之謂道",循環而無窮,此"維天之命,於穆不已"也。蓋命即元、亨、利、貞之命,道之謂也。石門本連下節。

善最大,以"性無不在"也。

天理本善,故人性無不善。故程子曰:"性即理也。"

或在陽,或在陰,故"神無方";或爲陽,或爲陰,故"易無體"。神不離乎陰陽,亦未嘗倚於陰陽也。

"四皓"定惠帝之位,先儒多稱留侯之謀,而朱子《綱目》不大書其事,惟附註於高帝還宫之下,必有深意。《楚辭》《鴻鵠歌》有朱子《集註》,議論當以爲正。

讀史最有益。古人多有明見於事幾之先者。如事之成敗,人之賢否,皆預言於前,而具應於後,此等殊開人智識。

朱子曰:"《易》若靠定象去看,便滋味長,若只恁懸空看,也無甚意思。"〔五四〕《本義》多是靠定象看。

中夜思：千古聖人之心，惟是誠而已。

進學之本，惟在忠信。聖賢言之詳矣。

《孔子視其所以》一章，〔五五〕亦可反觀己之爲善爲惡、所由所安之實。

《大學》《經》《傳》，一"明德"貫之。"明明德"者，明德明於己；"新民"者，明德明於人；"止至善"者，人己之明德各造其極；"格物致知"，窮盡此明德之理也；"誠意"者，實其明德於心之所發也；"正心"、"修身"，全此明德於身心也；"齊家"、"治國"、"平天下"者，明德明於家國天下也。

元、亨、利、貞之命，充塞天地，流行古今，無一毫之空隙，無一息之間斷，即"維天之命，於穆不已"也。

五行之外無陰陽，陰陽之外無太極，太極之外無性與天道。精粗本末，渾然一致也。石門本連下二節，非。

仁、義、禮、智，天理也，樂天，即循天理而樂也。

識太極，則識聖人矣。

宴好之私，洛陽本作"私之好"。不形於動静；情欲之感，無介於威儀；盛德之至也。洛陽本上連卷後"關雎之詩"節。

《易》不出乎陰陽之理，故《太極圖》可以包之。石門本、洛陽本連下節。

元始統天，仁道統人。

朱子曰："道之體用，不外乎陰陽，而其所以然者，則未嘗倚於陰陽也。"〔五六〕是則道即不測之神與？

堯之命官曆象授時，以閏月定四時之類，皆"範圍天地之化而不過，曲成萬物而不遺"〔五七〕也歟？

晝動夜静，而太極不離乎動静，故曰"太極，本然之妙也；動静，所乘之機也"〔五八〕。天位乎上爲陽，地位乎下爲陰，而太極不離乎陰陽，故曰："陰陽，形而下之器也；太極，形而上之道也。"

《太極圖石門本、洛陽本無"圖"字。説》不過《中庸》之理耳。《通書》曰："誠者聖人之本。"誠，太極也，即《中庸》喜怒哀樂未發之中也。其曰：

"'大哉乾元！萬物資始'，誠之源也。"即《中庸》天命之本然也。其曰："'乾道變化，各正性命'，誠斯立焉。"即《中庸》天命流行賦於人物之性也。其曰："誠者，五常之本。"〔五九〕又即未發之中也。其曰："動而和曰道。"〔六〇〕即和之達道也。

周子"無極而太極"，指性命之全體而言；張子《西銘》"理一分殊"，〔六一〕指仁義而言。《西銘》示人以求仁之體，"專言之仁"也，於《太極圖》"中正仁義"亦無不包矣。

《太極圖》言一理、二氣、五行化生萬物，《西銘》言乾坤爲萬物之父洛陽本無"父"字，非。母，則一理、二氣、五行化生萬物在其中矣。河津本無"矣"字。

"惇五典，庸五禮，彰五服，用五刑。"〔六二〕治天下之大本大法，不出於是。

千古聖賢教人之法，只欲人復其性而已。石門本、河津本連下節。

聖人千言萬語，雖有精粗本末不同，皆説從性上來，學者當石門本、河津本無"當"字。默識而旁通之。

天、人之理，性、命而已。

學只學天理、人倫。

《西銘》大旨，欲人克己爲仁。

顯也，用也，即道之費也；微也，體也，即道之隱也。"體用一源，顯微無間"。

《太極圖説》，程子之後惟朱子知之，宜程子不以語人也。

《太極圖説》朱子《解》，知者鮮矣。

天地萬事萬物，各有自然之條理，人之處事，惟順其條理而行，斯無難處之事矣。

"致知格物"，是於事物求至極之理。

理不外事，惟於事上求其理。理既明，即以此理處此事，斯得其當矣。

《中庸·或問》曰："格物之功，正在即事即物而各求其理。"

“天之神道而四時不忒”〔六三〕，元、亨、利、貞是也；“聖人以神道設教而天下服”〔六四〕，仁、義、禮、智是也。神明之德，在天爲元、亨、利，貞，在人爲仁、義、禮、智。

《中庸序》曰：“恍然似有得其要領。”〔六五〕所謂要領，天命之性也，一書之理不外是。洛陽本上連卷四“萬物不出中者”節。

《論語》雖不明言性善，凡言仁、義、孝、弟、道、德、天命之類，無非性善也。洛陽本“善也”下有“天理即性善也”，似不貫。

人之寂然不動時，陰也，而理具焉；感而遂通時，陽也，而理亦具焉。或陰或陽，而理無不在，此在人，陰陽不測之神也。

《論語》凡告門弟子“問仁”、“一貫”、“求仁”、“得仁”、“禮義”、“善性”之類，皆天理也，天理即性善也。

聖人雖罕言命，而《論語》所言者無非命之理；雖罕言仁，而所言者無非仁之道。蓋命即元、亨、利、貞，賦於人爲石門本無“爲”字。仁、義、禮、智之性。聖人一言一事，豈有出於性命之外者？學者默而識之可也。

静而敬，以涵養喜怒哀樂未發之中；動而敬，以省察喜怒哀樂中節之和。此爲學之切要也。

《關雎》之詩，即“中和”之理”。洛陽本下連卷内“宴好之私”節。

“動以天”。天即仁、義、禮、智之天理也。

《論語》言“仁”，《大學》言“明德”，《中庸》言“天命之性”，《孟子》言“仁義”，一理也。

“動静無端，陰陽無始”，於貞、元之間見之。

“一以貫之”，只是性情。

聖人數人百行萬善，性石門本作“一”。以貫之。

“豁然貫通”〔六六〕者，性而已。

日省己過之不暇，何暇責人之過？

“恕”字用之不盡。

道無聲臭，取之不竭，用之無窮。

朱子《太極》《西銘解》，至矣！盡矣！

貞元動静，人心動静，一也。

朱子言顏子"觸處洞然，自有條理"〔六七〕。條理，即性情之條理，大本達道也。

性命之理，散見於聖賢之書，天地之間，反之吾心至精至密之地，而河津本作"無"。不可見也。

"始終條理"、"性命"，體、用是也。

聖人荅門弟子"問仁"，雖因人變化不同，其致一也。

造化無一息之間，人之存心亦當無一息之間。

學者一日之間，心在義理上之時少，在閑事上之時多，所以於義禮生而於閑事熟。誠能移在閑事上之心常在義理上，念念不忘，則天理熟矣。

孟子言："仁亦在乎熟之而已。"〔六八〕譬之飲食，熟則消融而有益，生則非徒無益，又將有害焉。此"爲仁貴乎熟"〔六九〕也。

程子曰："人只有箇天理，不能存，更做甚人？"〔七〇〕蓋天理即仁、義、禮、智也，四者一有失焉，則非人矣。

思萬端外事皆無益，惟思天理，則日進高明。

"誠"爲《中庸》之樞紐，即此性之實也，非性之外别有一物爲誠。

博學詳説，反説河津本無"説"字。到至約之處，則無聲無臭矣。

"道心"即仁、義、禮、智之心，性是也。

盡性者聖人，復性石門本作"聖"，非。者賢人至於聖人。聖人相傳之道，不過於此。

堯、舜、禹、湯、文、武之道，非得孔子，後世莫知所尊；周、程、張子之道，非得朱子，後世莫知所統。孔子之後，有大功於道學者，朱子也。石門本、河津本連下節。

古聖人之道，四書之理，湮晦千五百年，至程、朱洛陽本作"至周、程、張、朱而"。始明。

"知至"處，即性之一源。

"性者萬物之一源"〔七一〕,無方所,無形象。

"費"、"隱"即"達道"、"大本"。

"不遷怒"功夫甚難,惟嘗用力者知之,然亦不可不勉。

孔子曰:"君子之道四,丘未能一焉。"〔七二〕聖不自聖者如此。

"復"之有益於人大矣,雖顔子亦由於"不遠復"。〔七三〕

《小學》以事教人,理在其中,精粗本末無二致也。

踐履盡《小學》之事,則天理爛熟,雖"大而化之"之聖,〔七四〕恐亦不外是。

天地萬物,晝夜寒暑,彌滿六合,流行古今,皆《易》也。

《易》曰:"知崇禮卑。"〔七五〕知崇如博文,禮卑如約禮。日夜省察身心思慮動作之過惡改之,體認身心性情固有之天理存之,改過存善,晝夜循環用功,庶幾惡去而善行。

讀《西銘》筆録:朱子解《西銘》"天地之帥,吾其性"曰:"乾健坤順,此天地之志爲氣之帥,而人物之所得以爲性者也。"蓋乾、坤之健、順,即元、亨、利、貞之德,賦於人物爲仁、義、禮、智之性也,人物皆同此性。"民曰同胞"〔七六〕,以能推明乎此性也;"物吾與也",以不能推明乎此性也。洛陽本無"物吾與也"以下十三字。"大君"、"宗子"、"大臣""家相","高年長長","孤弱河津本作"孤",非。幼幼","聖人"、"賢者"以至"兄弟無告",〔七七〕凡天下之人,皆天地之子,而同此性也。惟聖人能全其性,與天地合德也;賢者能不失其性,而秀出於等夷也。"于時保之",保此性也;"樂且不憂",樂天,即樂此性也。"違曰悖德,害仁曰賊","濟惡者不才",皆逆此性,戕此性,稔惡而淪滅此性者也;"踐形,惟肖者",能充形色之性而克,肖乎乾坤父母者也。"知化善述其事"者,〔七八〕知陰陽變化之道,而所行者皆天地之事,即此性見於日用事爲之間者也;河津本無"也"字。"窮神善繼其志"者,〔七九〕通天地元亨利貞神明之德,而所存者皆天地之心,即此性藴於寂然不動者也。"不愧屋漏爲無忝",存此性於幽隱之中,無忝於乾坤父母也;"存心養性爲匪懈",存其心,養其性,不怠於事天者也。遏人欲而"惡旨酒”，又所以顧天之養而存此性也；“育英才”而永河津本作“求”，訛。“錫類”，乃所以廣萬物之一原而推此性也。“不弛勞”而盡“底豫”之恭，按“恭”當作“功”。非存此性以事天乎？“無所逃而待烹”，非盡此性以順天乎？“體其受而全歸者”〔八〇〕，全歸乎此性而已；“順乎天而惟命是從者”〔八一〕，不咈乎此性而已。或“富貴而厚吾生”〔八二〕，吾惟盡其性而不敢驕；或“貧賤而玉吾成”〔八三〕，吾惟順其性而不敢怨。以至“存”，則存吾性以事天；“没”，則全吾性以樂天。此“性”之一字，皆自“天地之帥，吾其性”之性來。《西銘》始終之意，因事親之誠，以明事天之道，而事天之道石門本、河津本無“而是天之道”五字。惟在乎養性而已。先儒以“理一分殊”明此篇之大旨。〔八四〕然理一所以爲仁，分殊所以爲義，舉仁義而言，則性之全體在其中矣。竊以河津本作“一”，訛。“性”之一字貫之，如此未知是否？以俟正於後之君子。薛瑄識。

觀《顔子所好何學論》，顔子全在性情上用功夫。

程子曰：“《西銘》乃《原道》之宗祖。”〔八五〕蓋《原道》但言率性之道，《西銘》言道所從出，即天命之性也。

親親而仁民，仁民而愛物，皆仁也。於親曰親，於民曰仁，於物曰愛，仁之施各得其宜者，義也。此仁之理一，貫乎分殊之中；義之分殊，不在理一之外也。

道學相傳，非有物以相授也。蓋“性者萬物之一原”，而天下古今公共之理，即所謂道也。但先覺者石門本、河津本無“者”字。能明是道，行是道，得其人而有以覺之，使之明是道，行是道，則道得其傳。無其人，則道失其傳矣。

“天地之塞，吾其體；天地之帥，吾其性。”此可見人與天地萬物爲一體。

朱子《本義》，卜筮外亦多本《程傳》。

“至誠無息”〔八六〕，即“維天之命，於穆不已”！在聖人則“純亦不已”。

舉目見天地萬物之理，皆“活潑潑地”，何止“鳶飛魚躍”！理者何?即天命之性是也。所謂洞見道體者,恐不過如此。

一"性"貫乎《中庸》"'上天之載,無聲無臭',至矣"!石門本、河津本連下節。

"君子篤恭而天下平",即首章"致中和,天地位,萬物育"〔八七〕之意。

"明德"、"新民"、"止於至善",無非盡己盡人之性,各造其極。河津本連下節。

物理之極處,即性之一原也。天下之物,皆造乎極處,則吾心所知無不至矣。

程子曰:"沿流而求源。"〔八八〕流者,《傳》之辭也;源者,《易》之理也。因辭以求理,所謂"沿流而求源也"。

長沮、桀溺之徒,其言聖人雖非,其自處却是。蓋天下有道則見,無道則隱,賢者只當守此義。若聖人,則無不可爲之時,不當以賢者例之也。

惟聖人之言,中正無過;賢者之言,或有過者。

宇文周洛陽本作"固"。多行周禮,然無其本,焉得有周禮之治?

《大學》:"物格而後知至,知至而後意誠。"觀"知至"連"意誠"説,則"致知格物"洛陽本無"格物"二字,河津本作"物格"。先於身心性情上用功,可知身心性情之理明,則意可得而誠矣。

"允執厥中"。中者,性命之理也,千古道學之源本於此。故朱子曰:"堯之一言,至矣盡矣!"〔八九〕

吳陸遜有"先禮後刑"之言,亦可謂識治體矣。

常存不如人之心,則有進。

元大而始。人得天地生物之心以爲仁,則仁道之大可知。

仁從"乾元"大本大原中流出,所以爲衆善之長。

"忠信,所以進德也;修辭立其誠,所以居業也。"知、行皆實也。

【校記】

〔一〕〔二〕引自朱熹《通書解·誠上第一》。

〔三〕引自《尚書·虞書·堯典》。

〔四〕引自《尚書·虞書·舜典》。

〔五〕引自《尚書·夏書·五子之歌》。

〔六〕引自《尚書·商書·伊訓》。

〔七〕引自《尚書·周書·泰誓下》。

〔八〕引自張載《正蒙·中正篇》。原文"責"作"尤","學"上無"其"字,"進"作"之至"。

〔九〕引自《論語·子路》。

〔一〇〕引自《大學·傳·十章》。

〔一一〕引自《尚書·周書·君陳》。原文爲:"必有忍,其乃有濟。"

〔一二〕見《論語·八佾》:"是可忍也,孰不可忍也?"

〔一三〕引自《孟子·公孫丑上》。

〔一四〕引自《論語·子罕》。

〔一五〕引自《河南程氏遺書》卷十五。原文"之"下有"所以"二字。

〔一六〕引自《尚書·虞書·堯典》。原文"文思"下有"安安"二字。

〔一七〕引自《尚書·虞書·舜典》。

〔一八〕引自《河南程氏遺書》卷十七。

〔一九〕引自《易傳·繫辭上》。

〔二〇〕據文意,"致謹"當作"敬謹"。下節"皆敬謹之謂也"是其證。

〔二一〕引自《尚書·虞書·皋陶謨》。

〔二二〕引自《尚書·夏書·禹貢》。

〔二三〕引自《尚書·商書·湯誥》。

〔二四〕引自《毛詩·大雅·文王之什·大明》。

〔二五〕引自《老子·四十四章》。

〔二六〕引自《尚書·虞書·大禹謨》。

〔二七〕引自邵雍《擊壤集》。原文"不"作"肯"。

〔二八〕引自《易傳·豐·彖辭》。

〔二九〕引自《朱子五經語類》卷十一《易十一·上經四》。原文"輪"上有"車"字。

〔三〇〕引自《易傳·大有·彖辭》。

〔三一〕引自《朱子五經語類》卷十六《易十六·上經九》。原文爲:"反之於身,亦莫不然,非止用人。"

〔三二〕引自《易傳·豐·彖辭》。

〔三三〕引自《易傳·師·卦辭》。

〔三四〕引自《周易程氏傳》卷二《周易上經下·剥》。

〔三五〕引自邵雍《皇極經世書·觀物外篇上》。

〔三六〕引自《河南程氏外書》卷一。

〔三七〕引自《河南程氏外書》卷十一。原文“一”下有“而”字,“也”作“已”。

〔三八〕引自《尚書·虞書·舜典》。

〔三九〕見《論語·憲問》。

〔四〇〕引自《論語·述而》。

〔四一〕原文爲:“鬼神之謂德,其盛矣乎! ……體物而不可遺。”

〔四二〕引自《河南程氏遺書》卷十五。原文“離”下有“了”字。

〔四三〕〔四四〕引自《易傳·繫辭上》。

〔四五〕語出《管子·心術下》。原文爲:“思之思之,不得,鬼神教之;非鬼神之力也,其精氣之極也。”

〔四六〕引自朱熹《太極圖説解》。

〔四七〕引自《論語·述而》。

〔四八〕〔四九〕引自《朱子語類》卷九十四。

〔五〇〕見《大學·傳之三章》:“爲人君,止於仁;爲人臣,止於敬;爲人子,止於孝;爲人父,止於慈;與國人交,止於信。”

〔五一〕引自朱熹《大學章句·傳之三章》。

〔五二〕引自《易傳·大畜·彖辭》。

〔五三〕引自《易傳·繫辭下》。

〔五四〕引自《朱子五經語類》卷一《易一·統論經義一》。原文“若”下有“是”字,“恁”下有“地”字,“無”作“没”。

〔五五〕見《論語·爲政》。

〔五六〕引自朱熹《周易本義》卷七《周易繫辭上傳》。

〔五七〕引自《易傳·繫辭上》。

〔五八〕原文“極”下、“静”下均有“者”字。

〔五九〕原文“誠”下無“者”字。

〔六〇〕原文“和”作“正”。

〔六一〕見《河南程氏文集》卷九《答楊時論西銘書》:“《西銘》明理一而分殊”。

〔六二〕引自《尚書·虞書·皋陶謨》。原文爲:“天叙有典,勅我五典五惇哉!天叙有禮,自我五禮有庸哉! ……天命有德,五服五章哉! 天討有罰,五刑五用哉!”

〔六三〕〔六四〕引自《易傳·觀·彖辭》。

〔六五〕原文“得”上有“以”字。

〔六六〕引自朱熹《大學章句·補格物章》。

〔六七〕引自朱熹《論語集註》卷一《爲政第二》。

〔六八〕引自《孟子·告子上》。

〔六九〕引自朱熹《孟子集註》卷十一《告子章句上》。原文"仁"下有"必"字。

〔七〇〕引自《河南程氏遺書》卷十八。原文"不"上有"却"字,"存"下有"得"字,"人"下有"也"字。

〔七一〕引自張載《正蒙·誠明篇》。

〔七二〕引自《中庸·第十三章》。

〔七三〕引自《易經·復·初九爻辭》。

〔七四〕見《孟子·盡心下》:"大而化之之謂聖。"

〔七五〕引自《易傳·繫辭上》。

〔七六〕原文"曰"作"吾"。

〔七七〕原文爲:"大君者,吾父母宗子;其大臣,父母之家相也。尊高年,所以長其長;慈孤弱,所以幼其幼。聖其合德、賢其秀也。凡天下疲癃殘疾、惸獨鰥寡,皆吾兄弟之顛連而無告者也。"

〔七八〕原文"化"下有"則"字。

〔七九〕原文"神"下有"則"字。

〔八〇〕原文"全歸"作"歸全"。

〔八一〕原文爲:"勇於從而順令者。"

〔八二〕原文爲:"富貴福澤,將厚吾之生也。"

〔八三〕原文爲:"貧賤憂戚,庸玉女於成也。"

〔八四〕見《河南程氏文集》卷九《答楊時論西銘書》:"《西銘》明理一而分殊。"

〔八五〕引自《河南程氏遺書》卷二上。原文爲:"若《西銘》,則是原道之宗祖也。"

〔八六〕引自《中庸》第二十六章。

〔八七〕原文"位"下、"育"下均有"焉"字。

〔八八〕引自《周易程氏傳·易傳序》。

〔八九〕引自朱熹《中庸章句序》。

讀書續録卷六

爲學之要,在於知性善,知性善則知所用力矣。

告子以“食色”爲“性”〔一〕。若“紾兄之臂而得食”〔二〕,得爲性乎?“逾東家墻摟處子,則得妻”〔三〕,得爲性乎?故食色,氣也;食色之理,性也。

寒暑,陰陽也;所以變化者,神也。變化之“神無方”,陰陽之“易無體”。

“天地設位而易行乎其中”。而易亦天地也。“成性存存,道義之門”。而道義亦性也。

“居處恭,執事敬”〔四〕,存吾心之天,對越在天之天,即“顧諟天之明命”〔五〕。“畏天命”〔六〕,“尊德性”之謂也。

孟子道性善,言必稱堯舜。〔七〕又曰:“聖人,人倫之至也。”〔八〕又曰:“堯舜,性之也。”〔九〕是則聖人之所以爲聖人者,全此性而已。

程子曰“乾,天也”一節,論天至矣。

顔子所言“高”、“堅”、“前”、“後”,朱子曰:“道體也。”道體即性也。

天命之性,渾然無間,故存心養性,即所以事天也。

聖人以四代禮樂告顔子,使其得位,則於前代之法必有因有革,未必盡溺古法也。

朱子曰:“功用言其氣也,妙用言其理也。”〔一〇〕“功用兼精粗言,妙用言其精者”〔一一〕。

聖人作《易》,順性命之理。一卦分三才,陰陽、剛柔、仁義之道,即性命之理也。

中夜因思：天賦我惟一性，苟不能全，是逆天也，可不懼哉！

用言以斷事，則尚乎《易》之辭。

朱子《綱目》大書張良"謝病辟穀"，其旨微矣。

孔子曰："斯民也，三代直道而行也。"〔一二〕是則三代之治，後世必可復。

程子言"漆雕開已見大意"〔一三〕，即道也，道即性也。洛陽本上連卷三"因讀《論語》漆雕開"節。

陽氣自下而上，河津本作"自上而下"，非是。漸達則温，畢達則熱；陰氣自下而上，河津本作"自上而下"，非是。漸達則涼，畢達則寒。觀十二月卦氣可見。石門本連上節，非是。

聖人教人"博文"、"致知"、"格物"、"明善"，凡知之之河津本一"之"字。功，皆明此心之性也；教人"約禮"、"誠意"、"正心"、"固執"，凡行之之功，皆踐此心之性也。

"涵養須用敬"〔一四〕存，此性耳；"進學則在致知"〔一五〕，明此性耳。

孔子教人多就事上用功，鮮有指出本原者，至孟子則指出本原矣。

《孟子·深造之以道》一章至妙，〔一六〕非知道者，孰能識之？

王凝論元魏曰："夷狄之德，黎民懷之。"不知何謂也？

論性是學問大本大原，知此，則天下之理可明矣。

自泰之否易，自否之泰難。

卦爻隨時取義不同。

君德明爲本，"居敬窮理"，則明矣。

朱子曰："至精之理，於至粗之物上見。"

班彪《王命論》，真西山《文章正宗》取之。

知、行雖是兩事，然行是行其所知之理，亦一也。

"乾"專直是"一"，"坤"翕闢是"二"。

《參同契》終是方技之書。

“顔子與聖人，未達一間”者〔一七〕，以“三月不違”與“純亦石門本無“亦”字，非是。不已”也。

聖人相傳之心法，性而已。

既曰“上天之載，無聲無臭”，復何言哉？

萬古之闔闢，不可得而窮，程子所謂“動静無端，陰陽無始”者與？

“格物知至”，在物之理與在己之理無間，故曰“纔明彼，即曉此”〔一八〕。

“格物”，是方推致其知；“物格”，則知至矣。

通天地萬物總是一理，“致知格物”者，正欲推極吾心之知，以貫天地萬物河津本無“萬物”二字。之理也。

孟子曰：“使吏治其賦。”〔一九〕後世分封者，多用其言。

“天命有善而無惡”。性之謂也。

大同之道，即理也。

“誠之源”，即張子所謂“性者，萬物之一源”。

唐郭子儀竭忠誠以事君，故君心無所疑；以厚德不露圭角處小人，故讒邪莫能害。

觀孟子答“井地”之問，〔二〇〕則其法壞已久矣。

“四德”仁爲大，知爲重。非知之明，守之固，則仁亦不能有諸己矣。

朱子贊明道曰“龍德正中”〔二一〕，甚當。石門本、洛陽本俱作“大”。

“孟子醇乎醇”〔二二〕，以其言不出乎仁義禮智。

言出乎己可警乎己。

程子曰：“心通乎道，然後能辨是非，如持權衡以較輕重。”〔二三〕蓋道即仁義禮智。心通乎道，以辨人之是非，其合於道者爲是，不合於道者爲非。道即權衡較輕重，即辨是非也。

朱子論陸象山之學，具有定論，臨川吴氏猶左右之，何也？

元人詩曰:“不宗朱氏元非學。”美哉言乎!

晉司徒魏舒,凡有爲,先行而後言,可以爲法。其遜位而去一節尤高。

孟子“專心致志”〔二四〕四字,讀書之至要。

“率性之謂道”,全是自然。

天下後世,有公是公非,秦檜祖、子、孫三世領史職,亦不能掩其奸邪之迹。

聖人之言,皆自天理中流出,所以爲“載道之文”。

知性善,則天下之道皆自此出。不知性而論道者,妄也。

學至知道乃可以言學。道者何?性是也。

“在天成象,在地成形”。皆造化之迹。

“太極動而生陽”,“静而生陰”,即“二河津本作“一”。氣之良能”也。

“元、亨、利、貞,仁、義、禮、智”八箇字,無物不有,無時不然,充塞天地,貫徹古今,日用須臾不可離也。

“君子行此四德者,故曰‘乾元亨利貞’。”聖人盡性以至命也。

“大哉乾元!乃統天。”〔二五〕萬化之源也。

“一陰一陽之謂道,繼之者善也,成之者性也。”無時不然。

天既無言,恐理亦無名。

“二氣之良能”,即屈伸之自然也。

細思人與天地本無二理,惟河津本無“惟”字。無私貫之。

凡言性、命,仁、義、禮、智,道、德之理,皆無形聲之可接,惟默而識之可也。故曰:“上達必由心悟。”〔二六〕命之曰“道”,蓋借人所行實有道路之道,以明人所行當然之理耳,非真有形如道路之道也。洛陽本“心悟”節。

先儒言“聞道”、“見道”者,但心悟其理,故借聞、見以明之,非真有聲之可聞,有形之可見也。

“降衷秉彝”,“天理民彝”,朱子於《孟子·豪傑興》及《聞見》章註兩言之。千載聖賢所傳所學之道,不外乎是。

“持盈”〔二七〕，惟有德者能之。

“作德，心逸日休”〔二八〕者，誠也。“作僞”〔二九〕者反是。

人無忠信，不可立於世。洛陽本下連卷九“不明善而行”節’，非。

天地、聖人，誠而已。

本一氣而河津本“而”下有“言”字。有動静耳。

荀子以人性爲惡，則是誣天下萬世之人皆爲惡也，其昧於理如是之甚！

周世宗亦五代之賢君，而争南唐江北之地，亦多傷兩國之生靈，仁者不爲也。

孟子處戰國之時不言兵，其仁心大矣。

觀唐、虞、三代之書，其世道可見。

宋元祐宣仁臨朝，亦非大有爲之時。

氣化流行未嘗間斷，可見道體無一息之停。

《周禮》，後世用其制者猶不可易，可見爲聖人之書。

成湯不邇聲色，不殖貨利，最爲難事。

孟子得仁、義、禮、智之大者，其言千變萬化，皆由此出。

天道，“元”而已；人道，“仁”而已。

《大學》言“明德”，《論語》言“仁”，《中庸》言“性”，《孟子》言“仁義”，一理也。

《坤》之“元”，即《乾》之“氣”也。

“一陰一陽之謂道，繼之者善也，成之者性也”。先儒謂是孔子言性與天道處。

非知道者，不足以知聖人。

自孟子後，知孔子者鮮矣！至周、程、張、朱乃知之。

“顯諸仁”是“藏諸用”之發見處，“藏諸用”是“顯諸仁”之機緘處。

三代王佐事業，皆本於道德；後世輔相事功，多出於才氣。

“莫之爲，莫之致”〔三〇〕，皆當謹其在己者。

“中庸惟聖人能之”。雖大賢，亦未免有“過不及”者。

議論是非，易；行事合理，難。

聖賢書所言之理，神而明之在乎人，不然，書特塵編耳。

“一”之理，不患不能洛陽本作“難”，非。知，患無可“貫”之實耳。

朱子《本義》，依吕氏所定《經》二卷、《傳》十卷古《易》次序，可見“《易》本卜筮”〔三一〕之義。

【校記】

〔一〕見《孟子·告子上》：“告子曰：‘食色，性也。’”

〔二〕引自《孟子·告子下》。原文“而”下有“奪之食，則”四字。

〔三〕引自《孟子·告子下》。原文“墻”下有“而”字，“摟”下有“其”字。

〔四〕引自《論語·子路》。

〔五〕引自《尚書·商書·太甲上》。

〔六〕引自《論語·季氏》。

〔七〕見《孟子·滕文公上》。

〔八〕引自《孟子·離婁上》。

〔九〕引自《孟子·盡心上》。

〔一〇〕見江永《近思録集註》卷一引朱子語。

〔一一〕見《近思録集註》引朱子語。原文爲：“功用兼精粗而言……妙用以其精者言。”

〔一二〕引自《論語·衛靈公》。原文“代”下有“之所以”三字。

〔一三〕引自《河南程氏遺書》卷六。

〔一四〕〔一五〕引自《河南程氏遺書》卷十八。

〔一六〕見《孟子·盡心下》。

〔一七〕見朱熹《論語集註》卷三《雍也第六》引尹焞語。

〔一八〕引自《河南程氏遺書》卷十八。

〔一九〕引自《孟子·萬章上》。原文爲：“使吏治其國，而納其貢稅焉。”

〔二〇〕見《孟子·滕文公上》。

〔二一〕引自《朱文公文集》卷八十五《贊·六先生畫像贊·明道先生》。

〔二二〕引自韓愈《讀荀》。原文“子”作“氏”。

〔二三〕引自《河南程氏文集》卷九《答朱長文書》。

〔二四〕引自《孟子·告子上》。

〔二五〕引自《易傳·乾·文言》。原文“元”下有“萬物資始”四字。

〔二六〕見朱熹《孟子集註》卷十四《盡心章句下》引尹焞語。

〔二七〕見《宋史·蘇易簡傳》:“持盈守成,慎終如始。”

〔二八〕〔二九〕見《尚書·周書·周官》:“作德,心逸日休;作僞,心勞日拙。”

〔三〇〕見《孟子·萬章上》:“莫之爲而爲者,天也;莫之致而至者,命也。”

〔三一〕引自《朱子五經語類》卷一《易一·統論經義一》。

讀書續録卷七

通天地萬物之理皆善也,人胡不爲善?

用之則行最難。自聖人以下,雖大賢用之未免有過不及處。

聖人見幾明決,未有至於事幾之難處者。

“色斯舉矣,翔而後集”〔一〕,可以人而不如鳥乎?

天理、人事,精粗無二致,故下學人事,即所以上達天理也。

“大哉乾元!”元者,性善之源也。河津本無“也”字。

千載之河津本作“而”。下,得《易》之本義者,朱子一人而已。

孟子言“性善”,擴前聖之未發。程子“性即理也”與張子皆論“氣質之性”,又擴孟子之未發。至朱子,會萃張、程之論性至矣。

“大哉乾元!萬物資始,乃統天”。道莫大乎是。

孟子之後道不明,只是“性”之一字不明。

朱子論“專言”、“偏言”之仁,皆本於程子“四德之元,猶五常之仁,偏言則一事,專言則包四者”〔二〕之語;其論“性”、“命”,皆本於程子“天所賦爲命,物所受爲性”〔三〕之語;其論“本然之性”,皆本於程子“性即理也”之語;其論“氣質之性”,皆本於程、張論氣質之性;如論“致知格物”之類,皆本於程子。

“居處恭”,即“吾心之天,對越在天之天”,如“顧諟天之明命”,“畏天命”,“尊德性”,皆是恭之實。

雖明善而反諸身,不誠終未有得也。

程子曰“性即理也”,發明性善無餘藴矣。

性無聲無石門本無“無”字。臭,不可以物形容之。

理無形，只是事物所當然、所以石門本、洛陽本"所以"作"已"。然者。

朱子之後，諸儒有失朱子之本義洛陽本作"意"。者。至魯齋許氏，尊朱子之學至矣。

"忠信，所以進德；修辭立其誠，所以居業。"〔四〕業之存於心者爲德，德之見於事者爲業。如仁義禮智是德，行仁義禮智之德見於人倫事物之實爲業。德、業非有二也。

漢文帝即位之後，除收孥相坐律，却貢獻，定賑窮養老之令，除誹謗妖言律，以至免租之類，皆仁政之大端也。三代以下，誠爲賢君。

孟子言"左右逢其原"，〔五〕即"自得之"者。〔六〕

理即在氣中，不可脱去氣而言理。

仁者，天地生物之心，人之所得以爲心，即專言仁則包四德。

"陰精陽氣，聚而爲物，神之伸也"〔七〕，即人之始而生；"魂游魄降，散而爲變，鬼之屈也"〔八〕，即人之終而死。此所謂"人者，鬼神之會也"〔九〕與！

用之則行最難，所以孔子言"行義以達其道，未見其人也"〔一〇〕。

"仰之彌高，鑽之彌堅；瞻之在前，忽焉在後"。此言性也。性無窮盡，無方體，朱子謂之道，道即性也。

但當循理，不可使氣。

非"知周乎萬物"者，不能辨天下之惑。

"繼之者善"，性之原也；"成之者性"，善之在人者也。

動静者，陰陽也；所以動静者，道也。

"'中庸'惟聖人能之"。所謂"惟天下至誠，爲能盡其性"〔一一〕。

鬼神之屈伸，伸之極爲屈，屈則伸之氣已洛陽本作"一"。往而遂盡。其屈而復伸者，乃方生之氣，非藉夫已屈之氣復爲方伸之氣也。程子曰："不必將既屈之氣，復爲方伸之氣。生生之理，自然不息。"〔一二〕朱子亦曰："往者過，來者續。"〔一三〕

見河津本作"免"，非。到至處，人或可及；行到至處，人鮮能及也。

明"本然之性"，"氣質之性"，與"喜怒哀樂未發已發之性情"了然無疑,〔一四〕此本領之學也。

“古之學者爲己”〔一五〕。顔、曾之徒是也。

“‘中庸’不可能”者,以天命人心之理極其河津本作“其極”。至也。

“博學而詳説之,將以反説約也。”〔一六〕約,乃理之統會,一原“‘上天之載,無聲無臭’,至矣!”石門本連上節,非是。

爲學能使理勝氣,則可以變化氣質之性,而反天地之性。若氣勝理,則不能矣。

雖盡明河津本作“明盡”。五經、四書之理,而反諸身不誠,猶未有得也。石門本、河津本連下節。

有人談道理浩博無窮,至其河津本作“於”。心則無實得處,故其行事與所談者無一句相合,即程子譏韓持國“如談禪者”是也。〔一七〕

程子之門人論“未發之中”與石門本、河津本作“無”,非是。“致知格物”,皆失程子本意,至朱子發明至矣。

朱子大本原,皆得程子之學。

就氣質中指出仁、義、禮、智不雜氣質而言,謂之“天地之性”;以仁、義、禮、智雜氣質而言,故謂“氣質之性”。非有二也。

有氣即有性,有性即有氣。性雖不雜乎氣,亦不離乎氣。

人之物欲淺深,由於氣質之有清濁也。氣質極清者,自無物欲之累,其次雖或有之,亦淺而易去。氣質極濁則物欲深,而去之也難。

氣質之拘最大,變化之功極難,然亦不可畏其難而不加變化之功也。

孟子曰:“人之可使爲不善,其性亦猶是也。”〔一八〕此亦言“氣質之性”。

“至善”之所在,在天爲元、亨、利、貞,在人爲仁、義、禮、智,在人倫爲“五常”,以至一事一物,莫不有天理之極,是皆“至善”之所在也。

《夏書》止四篇,《商書》稍多,《周書》最多。

人心通貫天地之心。

得聖學之真,則知異學之妄。

重外輕内,學者之通患。

朱子盡得程子之學,故曰:"亦幸私淑而與有聞焉。"〔一九〕

衛武公年九十五,猶作懿戒以自警。

朱子稱陶淵明"有高志遠識"。

默識性與天道,内外合一,無處不有,無時不然。

孟子曰:"知其性則知天矣。"天者,性之所自出,即天命之性也。

張子曰:"形而後有氣質之性,善反之則天地之性存焉。故氣質之性,君子有弗性者焉。"此言氣質昏濁,則天地之性爲其所蔽,故爲氣質之性,善反之而變其昏濁,則天地之性復明。若氣質本清,則天地之性自存,初無待於反之之功也。

性情得其正者,聖人也。

"大德敦化",理氣之一原;"小德川流",理氣之殊派。

造化密移,無一息之停,常在目前,人自不察。石門本連下節。

"精義入神"〔二〇〕,乃知至之事;"致用"〔二一〕,所以行其知也。

道理物河津本作"無",非。我無間,天人一致。

堯舜之治不可及已。君德盛,氣化盛也。

"灑掃應對",亦"精義入神,致用"之事。

吾得性之善,念念不忘。

人日用之理,性情而已。

漢唐歷代以來,賢人君子雖鮮克聞道,而其嘉言善行,高風偉節,見於傳記者多矣,不可謂"世無其人"也。

言"乾",則元、亨、利、貞已具;言"性",則仁、義、禮、智已具。

道則萬古不易,氣化則日新。

萬物皆有始終,惟道無始終。

先儒論孟子言齊、魯之封,皆方百里,與王制同,與周禮異。然孔子曰:"安見方六七十里、五六十里非邦也者?"〔二二〕則孟子所言爲是。後來齊、魯之大,皆兼併而然,非始封之制矣。

論宋、遼、金之統，當以宋爲正無疑。朱子《綱目》五代時石晉雖爲遼所立，後來契丹侵晉，皆以“入寇”書，是則自晉傳漢、周至宋，宜得一統之正。況女真嘗入貢於宋，又非遼之比矣。

凡聖賢之書，皆“先知先覺覺後知後覺”〔二三〕之言。讀其書而無知覺，可乎？洛陽本上連卷二“五經”之後至“《西銘》”節。

《堯典》《舜典》首言其“德”，《禹謨》則言“文命敷於四海，祇承於帝”，所言有不同矣。

《詩》曰：洛陽本無“《詩》曰”。“其人如玉。”〔二四〕君子之德必如玉，斯無一毫之點污。

氣質之性，以理在氣中而言。氣質之濁者，理爲之蔽，河津本作“饑”，恐非是。性固有不善；氣質之清者，理無所蔽，性焉有不善乎？

未能盡顔子之學，則不能知顔子之樂。

滿天地間皆“中庸”之理，人自不察。

性與天道，無内外，無限量，無止息。

“元者，善之長”，亨、利、貞皆善也；“仁爲善之長”，禮、義、智皆善也。

“性、命一理也”。“有善而無惡”也明矣。

稟氣之濁者，心不開明，善不能入。

見外物重，則氣象卑矣。

“好仁者，無以尚之”〔二五〕。顔子“簞瓢陋巷不改其樂”與？

細思千古以來，窮奢極欲者漠然無存矣，但留不令之名於不泯耳。

漢、唐間英主大抵能用言，則能成事功。

人之吸極而呼者，退極而進，柔變而趨於剛也；呼極而吸者，進極而退，剛化而趨於柔也。既變而剛，則闢矣；既化而柔，則闔矣。張子曰：“人之有息，蓋剛柔相摩，乾坤闔闢之象。”〔二六〕其斯之謂與？

朱子解《孟子·孔子登東山章》言：“聖人之道，大而有本。”〔二七〕即天命之性也。

朱子曰："已升之氣便散矣。"〔二八〕觀此言，則方生之氣，自是新者，非既散之氣復爲方生之氣也。程子論呼吸亦如此。

釋氏出世，法天地陰陽。古今皆世也，而可出乎？

"冲漠無朕之中，萬象森然已具。"竊意萬象如人與鳥獸、草木、昆蟲之類，莫不有一定之象具於冲漠無朕之中，及陰陽流行之後，其可見之象，即冲漠無朕中之象也。是則人物之偏正、通塞，雖曰稟氣賦形於有生之初，各有不同，然其一石門本、河津本作"已"。定之理固已具於冲漠無朕之中矣。洛陽本上連卷一"程子曰冲漠無朕"至"不是後"節。

孔子曰："我非生而知之者。"〔二九〕蓋以氣質言也。故朱子曰："生知者，氣質清明，義理昭著。"〔三〇〕

程子曰："陽無可盡之理。"〔三一〕蓋陽即乾元之氣也，又豈有盡乎？

《堯典》春、夏、秋、冬之"四仲"，即《乾》之元、亨、利、貞也。

孟子言"取之左右逢其原"，"原"即天命之性也。性無時不發見於日用之間，故"取之左右逢其原"，"原"如水之有來處也。石門本、河津本無"也"字。

人物之生，各接得天賦之命以爲性。

勢亦甚大。如趙宋之有遼、夏，勢不可去，若欲以力勝即有患。惟若古帝王修德以來之，則無患矣。

《論語》曰："吾末如之何也已矣。"〔三二〕言人自絶於善，雖聖入之教，亦無所施也。

不輕妄則重厚，不昏塞則虚明，其要在"主敬"。

東漢之季，雖使陳、竇得行其計，可復治乎？朱子有言，意蓋如此。

漢高、惠、文、景皆少私欲，故程子謂其近於"善人爲邦"〔三三〕之效。

朱子曰："心有善惡，性無不善。若論氣質之性，則有不善。"〔三四〕

宋理宗雖崇理學，而不能行理學，安得有致治之效？

宋理宗用賈似道卒至僨國，此任小人之效也。豈非萬世之永鑑！

人能常存仁、義、禮、智之性，則與天命之元、亨、利、貞渾合無間，所謂“永言配命”也。

三代以下，唐、宋之治皆不及漢。

後漢嚴光有“懷仁輔義天下説”〔三五〕之言，則其所蘊非尋常高士之可及也。

子陵之清，足以“廉頑立懦”，亦可謂百世之師矣。

【校記】

〔一〕引自《論語·鄉黨》。

〔二〕〔三〕引自《周易程氏傳》卷一《周易上經上·乾》。

〔四〕引自《易傳·乾·文言》。原文“德”下、“業”下有“也”字。

〔五〕〔六〕見《孟子·離婁下》：“自得之……則取之左右逢其原。”

〔七〕〔八〕引自朱熹《周易本義》卷七《周易繫辭上傳》。原文“屈”作“歸”。

〔九〕見《禮記·禮運》：“故人者，其天地之德，陰陽之交，鬼神之會，五行之秀氣也。”

〔一〇〕引自《論語·季氏》。原文爲：“隱居以求其志，行義以達其道。吾聞其語矣，未見其人也。”

〔一一〕引自《中庸·第二十二章》。

〔一二〕引自《河南程氏遺書》卷十五。

〔一三〕引自朱熹《論語集註》卷五《子罕第九》。

〔一四〕見朱熹《中庸章句·第一章》。

〔一五〕引自《論語·憲問》。

〔一六〕引自《孟子·離婁下》。

〔一七〕見《河南程氏遺書》卷二上：“持國之爲此學者三十年矣，其所得者，盡説得知有這道理，然至於‘反身而誠’，却竟無得處……談禪者雖説得，蓋未之有得。”

〔一八〕引自《孟子·告子上》。

〔一九〕引自朱熹《大學章句序》。

〔二〇〕〔二一〕見《易傳·繫辭上》：“精義入神，以致用也。”

〔二二〕引自《論語·先進》。原文上“里”字作“如”，下“里”字作“而”。

〔二三〕引自《孟子·萬章上》。原文爲：“使先知覺後知，使先覺覺後覺。”

〔二四〕引自《毛詩·小雅·鴻雁之什·白駒》。

〔二五〕引自《論語·里仁》。

〔二六〕引自張載《正蒙·動物篇》。

〔二七〕引自朱熹《孟子集註》卷十三《盡心章句上》。原文爲:"此言聖人之道大也。""此言道之有本也。"

〔二八〕引自《朱子五經語類》卷三十《易三十·繫辭上傳三》。

〔二九〕引自《論語·述而》。

〔三〇〕引自朱熹《論語集註》卷四《述而第七》。原文"生"下有"而"字,"知'下有"之"字。

〔三一〕引自《周易程氏傳》卷二《周易上經下·剥》。

〔三二〕引自《論語·子罕》。

〔三三〕引自《河南程氏文集》卷二《南廟試策五道》。

〔三四〕引自《朱子語類》卷五。原文"則"作"亦"。

〔三五〕引自《後漢書》卷八十三《逸民列傳》。原文"説"作"悦"。

讀書續録卷八

今天地闔闢之前方其明白:時天地間萬物,亦如今之所有;若天地再闔洛陽本作"開",非。再闢之後,天地間萬物亦與今無異。誠以太極有一定之理,雖萬闔萬闢,而天地萬物不易也。

因有一定之理,故天地萬物常如此。

程子曰:"動静無端,陰陽無始。"天地之闔闢,莫測其端倪也。

生於程、朱之後者,何幸如之!以四書有成説,而大道明也。

程子論《禮》《書》至矣。

"孔子射於矍相之圃","使子路等執弓矢"〔一〕之類,以病人之短,不敢信其必然。

"浩然之氣",即乾元之氣也。

朱子言《易》中"器"字,河津本無"字"字。皆謂有形之實事也。

性本善,反之而惡。如水性本下,搏激之可使過顙在山,亦反水之性也,然其就下之性終在。故反性爲惡,而本善常在。

伊尹曰:"臣罔以寵,利居成功。"〔二〕有《易》道焉。

程子曰:"愛,情;仁,性。不可以愛爲仁,然仁是愛之性,愛是仁之情。"〔三〕程子之意,但謂不可以情爲性耳,而愛之情終自仁之性出,故論仁以愛爲仁固不可,而仁之情實不外乎愛也。

《八索》《九丘》之書在唐虞之前,然唐、虞、三代之書無引其一言者,以是知其書之不傳也久矣。孔安國乃謂"孔子黜之",恐不然。

漢高帝時,臣下無章奏,而聞諫即聽;至元、成、哀帝之間,章奏愈繁,而言不見用。此亦可以觀世道矣。

明道"得志,使萬物各得其所"〔四〕。學者亦不可無此志。

二帝、三王公天下之心,萬世可見。

伊尹在畎畝,樂堯舜之道,即隱居以求其志;及其相湯,即行義以達其道。

諸葛孔明與昭烈草廬之論及請救孫權之談,其素藴可知矣。

"天地生物之心",即"乾元"也,其大無方,其遠無盡。

三代之佐,格心兼論事;後世之佐,論事多而格心者少見。

"好仁者,無以尚之"。"巍巍乎!舜禹之有天下也,而不與焉"。

人皆知曹操爲漢賊,而不知袁紹亦爲漢賊未成者。觀其與曹操論取天下之策及臧洪之事,可見《列傳》稱其"善下士",過矣。

知正之所在,而固守之弗去,爲知。如知父子之仁,君臣之義,長幼之禮石門本、洛陽本作"長幼之禮,君臣之義"。之類,固守而弗去,則爲知矣。

"由辭以得意"。讀書之至要,無過於是。

"允執厥中"。朱子謂"堯之一言,至矣盡矣",蓋中者天命之性,萬理不外乎中,故朱子云然。

因具洛陽本作"其"。於冲漠無朕之中者,有無窮之象,故見於卦畫者,有無窮之數。

《大學》出於《書》,如"克明俊洛陽本作"峻"。德"作"新民"之類是也。

"始條理之事"〔五〕有缺,則"終條理之事"〔六〕不全。

道無有不到處,亦無有間斷處。釋氏出家修行,是有不到處;洛陽本無"亦無"以下十七字。專務上達而無下學,是有間斷處。又焉得爲道乎?

識進則量進。

性純是石門本、洛陽本"是"下有"天"字。理,故有善而無惡;心雜乎氣,故河津本"故"下有"有"字,疑羨。不能無善惡。朱子曰:"心比理則微有迹,比氣則又靈。"〔七〕又曰:"心是氣之精爽。"〔八〕

程子曰:"有是心則有是迹。王通言心迹之判,便是亂道。"〔九〕以此而觀,心迹既不可判,則人爲善之迹固出於心,而爲惡之迹亦出於心也明矣。

聖人雖有心，然動以天，順理而已，復何爲哉？故程子曰："聖人有心而無爲。"〔一〇〕

因看曆日，曰"乾：元，亨，利，貞"之道，皆具於此矣。

經書言"性"自《書》始，言"學"亦自《書》始。

自古奸雄若曹瞞之徒，雖逞欲一時，而終遺臭萬世。

孔子之後，知作《易》之本原者，程明道、邵康節；發明二子之學者，朱子也。

"陰精陽氣，聚而成物"。即所謂"天地之塞，洛陽本作"帥"，非。吾其體。"

不使他事勝好學之心，則有進。

朱子詩曰："若識無中含有象"，即"無極而太極"也。河津本上連卷十"朱子詩曰渾然"節。

惠雖不能周於人，而心當常存於厚。

"注焉而不滿"，其量無窮；"酌焉而不竭"，其源無盡。

朱子《本義》，依吕氏所定《經》二卷、《傳》十卷古《易》之次序。後儒以《本義》附今《易程傳》之次，失朱子之意矣。

解《春秋》者，以己意爲聖人之意，不知果得聖人之意否？

"至誠無息"之體，與"萬物各得其所"之用，渾然無間。

朱子以"《易》有太極"，即周子所謂"無極而太極"。《易》所謂"是生兩儀"，即周子所謂"太極動而生陽，動極而静；静而生陰，静極復動。一動一静，互爲其根，分陰分陽，兩儀立焉"。《易》言"兩儀生四象"，即周子所謂"水火木金"。以是而觀，則《易》所言太極之生萬象，周子所言太極之生萬物，同一理也。

人之精神，即"陰精陽氣，聚而爲物"者，故與天地之氣流通而無間。石門本、洛陽本連下節。

人晝之所爲，夜之所夢，吉凶善惡，各以類應也。

"消息盈石門本作"滿"。虚"，造化自然之理。聖人知之，故順之而吉；衆人不知，故逆之而凶。

“畫前之《易》”，冲漠無朕之中，萬象森然已具。既畫之《易》，即卦即爻一理冲漠無朕。

朱子論太極曰：“惟其理有許多，故其物亦有許多。”〔一一〕蓋理有許多者，冲漠無朕之中，萬象森然已具也；故其物亦有許多者，皆由理有許多也。

“精義入神”，是致知、明善之事，於天下之理知之極其明；“致用”是力行之事，於天下之理行之無不至。

朱子言“公私邪正，廢興存亡，皆原於幾”〔一二〕。蓋“知幾”，則公正興存；不“知幾”，則私邪廢亡。

心統性之静氣，未用事，心正則性亦善；心統情之動氣，已用事，心正則情亦正。心有不正，則情亦不正矣。

乾元，萬物無時不資始；坤元，萬物無時不資生。

“動静無端，陰陽無始。”兩言括盡造化之妙。石門本連下節，非。

妄念忽然而起，石門本、河津本“起”下有“然”字。既覺其妄，但不能絶於再起，此所以爲難也。河津本作“矣”。

“廓然而大公”〔一三〕者，性也；“物來而順應”〔一四〕者，情也。性者，情之體；情者，性之用。此性所以無内外也。

滿天地間皆是天所賦之命，物所受之性，但人自不察耳。

“天之蒼蒼其正色邪，其遠而無所至石門本、河津本作“止”。極邪，其視下也亦若是則洛陽本、河津本作“而”。已矣。”此論天之色體俱盡。

“明善”〔一五〕，是明仁義禮智之性；“誠身”〔一六〕，是實性之善，無一毫之妄。

“明善”，是“格物”、“致知”、“知性”、“知天”之事；“誠身”，是“誠意”、“正心”、“養性、“事天”、“修身”之事。

“性即理也，理則石門本作“即”。堯、舜至於塗人，一也。”〔一七〕故復性則可以入堯、舜之道。

陽之成形者莫大於天，陰之成形者莫大於地。

凡"性"、"理"字，皆聖人所制，以明難明之道。

"'無聲無臭'，至矣！"況可以言語形容之哉？

性情之外無道。

滿天地是生物之心，"滿腔子是惻隱之心"〔一八〕。

劉康石門本、河津本作"原"，非。公曰："民受天地之中以生，所謂命也。是以有動作禮義威儀之則，以定命也。"〔一九〕周子"定之以中正仁義而主静"之"定"字，蓋出於此。

朱子曰"命即理也"，《書》曰"顧諟天之明命"，《詩》曰"永言配命"，孔子"五十而知天命"，子思"天命之謂性"。命皆以理言也。

孔子曰："焉用殺？"〔二〇〕《論語》二十篇，無以"殺"字論爲政者，聖人之仁心大矣。

帝王公以爲治，霸者公以假名。

聖人爲治，推其固有之善及人。纔有私意，即入於洛陽本無"於"字。權謀術數矣。

《論語》一書，未有言人之惡者，熟讀之可見聖賢之氣象。

心虚涵萬理。

《易》曰："由辨之不早辨也。"〔二一〕朱子曰："李光祖云：'不早辨他，石門本、河津本作"也"。直到得郎當了却方辨，剗地激成事來。'此説最好。"〔二二〕愚按此説，凡事皆當謹之於微。石門本連下節，非。

性與天道，内外合一，其大無窮。

【校記】

〔一〕引自《禮記·射義》。原文"路"下無"等"字。

〔二〕引自《尚書·商書·太甲下》。

〔三〕引自《河南程氏粹言》卷一《論道篇》。原文爲："韓文公曰：'博愛之謂仁。'愛，情也；仁，性也。仁者固博愛，以博愛爲盡仁，則不可。"

〔四〕引自《河南程氏外書》卷七《胡氏本拾遺》附註。

〔五〕〔六〕引自《孟子·萬章下》。原文爲："始條理者，智之事也；終條理者，聖之事也。"

〔七〕引自《朱子語類》卷五。原文“理”作“性”,“又”上有“自然”二字。

〔八〕引自《朱子語類》。原文“是”作“者”。

〔九〕引自《河南程氏遺書》卷十五。原文“道”作“説”。

〔一〇〕引自《河南程氏粹言》卷二《天地篇》。

〔一一〕引自《朱子語類》卷九十四。原文“故”下無“其”字,“物”下無“亦”字。

〔一二〕見李光弟《性理精義》卷一《通書·誠幾德第三集説》引朱子語。原文爲:“周子説箇幾字,盡有警發人處。近則公私邪正,遠則興廢存亡,只於此處看破便斡轉了。”

〔一三〕〔一四〕引自《河南程氏文集》卷二《答横渠張子厚先生書》。

〔一五〕〔一六〕見《中庸·第二十章》:“不明乎善,不誠乎身矣。”

〔一七〕引自《河南程氏遺書》卷十八。原文“性即理也”作“性即是理”。

〔一八〕見朱熹《孟子集註》卷三《公孫丑章句上》引程子語。

〔一九〕引自《左傳》成公十三年。

〔二〇〕引自《論語·顔淵》。

〔二一〕引自《易傳·乾·文言》。

〔二二〕引自《朱子五經語類》卷十三《易十三·上經六》。原文“直”作“且”。

讀書續録卷九

人心所具之理，即天所賦之命。人能常存仁義禮智之性，即不咈乎天之所命；或有一之未盡，即咈乎天命而自絶於天矣。

“天命之流注於人心而爲性”者，其來源源無窮。人能常存此性，則天命無時不流注，而其本無窮矣。

分正，百職各司其事，此唐、虞、三代大公至正之法也。後世有“内相”之稱，非相之職，行相之事，失公正矣。

唐太宗過鄴祭魏武，夫魏武漢賊也，祭之過矣。胡氏以魏武、唐太宗“才優於德”。夫唐太宗雖假仁義，猶有及人之德。魏武則殘賊生民，潛移漢鼎，弑伏后及皇子，殺害忠良，乃天下萬世不道大賊也，何德之有？胡氏以之與唐太宗並稱，恐非至論。

處大事，貴乎明而能斷。不明，固無以知事之當斷，然明而不能石門本、洛陽本無“能”字。斷，亦不免於後艱矣。

《中庸》言“明善”，不言“明性”。善即性也，言善則性在其中，言性則善在其中。善、性無二理也。石門本、洛陽本“性也”節。

“逝者如斯夫！不舍晝夜。”即元、亨、利、貞之理。

濂溪先生在當時知之者少，故從遊者亦少，河津本作“不多”。惟程珦洛陽本作“晌”，非。知之，使二子從學，遂大明斯道之傳。是則周子從遊者雖少，反勝於從游者之多也。

人之一呼一吸之息不停，即天地之化不停也。洛陽本無“也”字。

朱子言人“心最靈，而有以通貫乎性命之全體”〔一〕。心，性，命，一理也。

“性即理也”，滿天地間皆性也。

朱子《本義》，依古《易》次序自爲一書，不與《程傳》雜，最可見象占卜筮教人之本意。後儒摘以附《程傳》之次，失朱子之意矣。

“費”、“隱”是“顯微無間”。

朱子《本義》，簡切明白，深得聖人作《易》之意。

雜慮少，則漸近道。

古聖賢多言私欲爲人性之蔽，至張子、程子皆論“氣質之性”，則知爲人性之蔽不獨私欲，而亦拘於氣質。故朱子論人性之蔽，必兼私欲氣稟言之。

朱子曰：“明命赫然，罔有内外。”〔二〕是性無内外也。

性情之德具於人心，此“道不可須臾離也”。

“由經以求道”，“由辭以得意”。程子教人切要之言。

程、朱之書，吾寤寐敬畏之不敢慢也。

漢馬融絳帳女樂，爲權奸作奏，害忠良，得罪名教大矣！猶配饗孔子廟廡，謂宜黜罷之可也。

“語之而不惰者”〔三〕，石門本、洛陽本無“者”字。夫子獨稱顔子，則河津本無“則”字。其餘聞夫子之言而惰者，亦恐多矣。

“人心”，即食色之性；“道心”，即天命之性。

聖人立法，皆“修道之謂教”，非於道之外強立法制也。若雜霸立法，則非修道之教矣。

“自得之”，全在因書之辭，以得其意。得其辭不得其意，程子所謂“糟粕”耳。

程子有曰“帝王以道治天下”〔四〕者，蓋自天德推之王道也。其曰“後世只是以智力把持天下”〔五〕者，則無天德以行王道，但用智力之私以防制之耳。

漢詔多引咎責躬恤民之意，最爲近古。

爲人須做徹表徹裏一般人。

自孔子後，知《易》者周子、程子、邵子、朱子也。

堯命舜"慎徽五典"〔六〕,舜命契"敬敷五教"〔七〕,皋陶言"敕我五典"〔八〕,湯"肇修人紀"〔九〕,武王"重民五教"〔一〇〕。"五典"、"五教"、"人紀",天理人倫,道莫出乎是。

朱子至精至粹之言,已見於《四書集註》《章句》及《易本義》《詩傳》中,其《文集》《語類》之屬所載者,或有非定論者,讀者擇焉洛陽本作"言",非。可也。

聖人之德莫大於孝,故《書》首稱舜"克諧以孝"〔一一〕。

《孟子》書首言利之害。千萬世石門本、洛陽本"世"下有"人"字。之失,皆由於此。

"老吾老以及人之老,幼吾幼以及人之幼。"聖人之仁政,皆自此推之。

道從天出,是有本之學。文章俗學所以淺者,由不知大本大原自天出而賦於人物,故雖博極群書,識達古今,馳騁文章,建立事功,終爲無本原而淺。故君子貴乎知道。石門本、洛陽本"之學"節。

知性,知天,則理無不明矣。

惟"天"之一字,足以包括萬理。河津本作"里",非。

聖人所以爲聖人,無一毫之不實處。程子論邵子"爲人直是無禮不恭"〔一二〕,恐與聖人之學異。

水爲搏激之可使過顙在山,而就下之性常在;性爲氣質物欲拘蔽爲惡,而善之性常在。

孔子稱"孟之反不伐"〔一三〕。如漢洛陽本"漢"下有"之"字。丙吉,深厚不伐善,恐孟子反不能過也。

天地之一陰一陽,一闔一闢,一晝一夜,一寒一暑,一暘一雨;人之一動一静,一語一默,一作一止,一寤一寐,一呼一吸,皆《易》道也。

孟子、董子、韓子論王道與霸術,洛陽本作"道"。誠僞貴賤不同。司馬氏言"王霸無異道"〔一四〕,胡氏論之明矣。

盛衰皆陰陽之變,萬古如此。

不明善而行者，冥行也。

乾健不息，故運而成晝夜，成四時，成古今。故曰："但謂之乾，而無所不包矣。"〔一五〕

《易》非邵子，羲《畫》不明；非程子，周《經》不明；非朱子，《本義》不明。三君子大有功於《易》者也。

四書經文《集註》，爲聖爲賢，皆由此洛陽本"此"下有"而"字。入。惟讀者真知實得，乃有其效耳。

率性而行，即孟子所謂"大智"〔一六〕也。

天者，萬物之祖，無一物一理不出於天。

周、程之學，非朱子無以發。

"四時行，百物生"，即"逝者如斯夫！不舍晝夜"之意。

天理發見流行之實，不但四時行，百物生而已，如雨露霜雪風霆，鬼神，星辰雲物，洛陽本作"霧"。山峙川流，凡有形有色、有動有息者，皆天理發見流行之實也。

周子之學，得於《易》者多，發明《大學》《語》《孟》《中庸》者少，然其理則同也。

"克己復禮爲仁"，則盡性矣。

"維天之命，於穆不已！"忠也，道之體也，萬殊之所以一本也；"乾道變化，各正性命"，恕也，道之用也，一本之所以萬殊也。"中也者，天下之大本也"，道之體也，萬殊之所以一本也；"和也者，天下之達道也"，道之用也，一本之所以萬殊也。"大德敦化"者，道之體也，萬殊之所以一本也；"小德川流"者，道之用也，一本之所以萬殊也。"萬物統體一太極"者，道之體也，萬殊之所以一本也；"萬物各具一太極"者，道之用也，一本之所以萬殊也。"'大哉乾元！萬物資始'，誠之源也"，道之體也，萬殊之所以一本也；"'乾道變化，各正性命'，誠斯立焉"，道之用也，一本之所以萬殊也。然凡言"體用"，不可分而爲二。洛陽本、河津本分五段。

史雖紀事，然事皆有理，即事而窮其理，亦"致知格物"之一端也。

“明善”，即是“知性”。

“克、伐、怨、欲不行”〔一七〕，心尚爲四者之累而不虛，必四者净盡，則心虛而仁全矣。

漢、唐、宋之君，未聞有知道者，所以治效止於如此。

“聖人不輕許人以仁。”〔一八〕蓋專言之仁，則包四德，仁則四德全而盡性矣，故不輕許人以仁也。

《孟子》曰：“道一而已矣。”〔一九〕朱子註曰：“古今聖愚，本同一性。”〔二〇〕是則自堯、舜至於塗人，同一性也。如《書》言“峻德”、“玄德”、“迪德”、“大德”、“一德”、“敬德”，以至言“道心”，言“中”，言“降衷”，言“天之明命”之類，雖所主有殊，而莫非性之理也。故自堯、舜、禹、湯、文、武、周公、孔子、顔、曾、思、孟相傳之道，又豈外於性哉？所謂“道一而已矣”者，於是可見。

“復則吉”〔二一〕，“迷復凶”〔二二〕。古之亡國之君、敗家之子，皆“迷復”者也。

“復而無妄”〔二三〕，聖人矣。

道體無内外，無古今。

必君臣同德，乃可有爲。

仁、義、禮、智之性，日用無時無處不發見，但人自不察耳。

“論性，不論氣，不備”〔二四〕。言孟子論性善，固得性之本原，然不論氣，則不知有洛陽本無“有”字。清濁、昏明之異，故未備。“論氣，不論性，不明”〔二五〕。言告子以知覺運動之氣爲性，而不知性之善，故不明。“論性不論氣”，此“氣”字指氣質之性而言；“論氣不論性”，此“氣”字指告子以知覺運動之氣而言。蓋告子論氣，亦不知有清濁、昏明、氣質之性也。“二之，則不是”〔二六〕。言性不離氣，氣不離性，分性、氣爲二，則不是。

【校記】

〔一〕引自朱熹《西銘解》。原文無“貫”字。
〔二〕引自《朱文公文集》卷七十六《序·小學題辭》。
〔三〕引自《論語·子罕》。
〔四〕引自《河南程氏遺書》卷一。原文爲:“先王之世,以道治天下。”
〔五〕引自《河南程氏經説》卷四《春秋傳·隱公元年》。原文無“只是”二字。
〔六〕〔七〕引自《尚書·虞書·舜典》。
〔八〕引自《尚書·虞書·臯陶謨》。
〔九〕引自《尚書·商書·伊訓》。
〔一〇〕引自《尚書·周書·武成》。
〔一一〕引自《尚書·虞書·堯典》。
〔一二〕引自《河南程氏遺書》卷二上。原文“人”下有“則”字。
〔一三〕引自《論語·雍也》。
〔一四〕見《宋元學案》卷八《涑水學案下·附録》。
〔一五〕引自朱熹《周易本義》卷九《周易文言傳》。
〔一六〕見《孟子·離婁下》:“如智者亦行其無所事,則智亦大矣。”
〔一七〕引自《論語·憲問》。
〔一八〕見《河南程氏遺書》卷十八:“孔子未嘗許人以仁。”
〔一九〕引自《孟子·滕文公上》。
〔二〇〕引自朱熹《孟子集註》卷五《滕文公章句上》。
〔二一〕見《易經·復·六二爻辭》:“休復吉。”
〔二二〕引自《易經·復·上六爻辭》。
〔二三〕見《易傳·序卦》:“復則不妄矣。”
〔二四〕〔二五〕〔二六〕引自《河南程氏遺書》卷六。

讀書續録卷十

朱子詩曰:“渾然一理貫。”即性與天道也。河津本下連卷八“朱子詩曰若識”節。

心,性,天,一理也,其大無外。

“誠”即性命之實理,非性命之外别有誠也。

天人之理,誠而已。

“維天之命,於穆不已!”即乾之健而不息也。

人之威儀,須臾不可不嚴整,蓋“有物有則”〔一〕也。

張子“反原”之説,吕氏“屈者不亡”之言,謝氏“歸根”之論,程子、朱子辨之明矣。

程子曰:“人心一有所欲,則離道矣。”〔二〕此克己所以爲難也。

嚴子陵有“懷仁輔義天下悦”之言,非不仕也,但不肯少貶其道耳。觀其謂光武“差增於往”〔三〕,則其微意可見。作史者列於《逸民傳》,非知光者。

出處去就,士君子之大節,不可不謹。《禮》曰:“進以禮,退以義。”〔四〕孔子曰:“有命。”〔五〕孟子不見諸侯,尤詳於進退之道。故出處去就之節,不可不謹。

王者“行一不義,殺一不辜而得天下,不爲也”〔六〕。魏、晉、五胡、南北朝、十六國、五代,或假禪授以竊人之國,或騁兵力以荼毒生民,皆王者之賊也。石門本、洛陽本“不爲也”節。

古經,《易畫》自伏羲始,《書》自《堯典》始。

周子之學,當時無知者。《太極圖説》《通書》傳之程子,程子以其理微不以語學者，至朱子始發明之。然能因朱子之言以求周子之學者，亦未易得也。

誠心父母斯民，爲王道；有一毫不誠，即非王道矣。

性與天道只在目前，默而識之可也。

顔子簞瓢陋巷，不改其樂。使達而在上，則"有天下而不與"矣。

韓子言《孟子》"醇乎醇"，以其言仁義而不雜也。

朱子謂程子説荀、揚等語，"是就分金秤上説下來"〔七〕。蓋所謂"知言知人"也。

無物非氣，無氣無石門本作"非"。道。

千古聖賢之心，仁而已。

自近古，四海九州，無不崇信釋、老。惟今孔子闕里曲阜一縣，無佛、老之居，無僧道。

"維天之命，於穆不已"者，誠而已。

朱子曰：程子言"以功用謂之鬼神，以妙用謂之神"。"功用，言其氣也；妙用，言其理也"〔八〕。凡《易》兼言鬼神者，皆言其氣；單言神者，皆言其理。朱子釋《陰陽不測之謂神章》言："道之體用，不外乎陰陽。而其所以然，則未嘗倚於陰陽。"〔九〕是則神即道也、理也。

"神無方而易無體"。不但陰陽造化爲然，如人之動而陽，神在動中，静而陰，神在静中，此"神無方"也；人之動而静，静而動，動而又静，此"易無體"也。

"一陰一陽之謂道，繼之者善也，成之者性也"。流行賦予，無一息之間，但人自不察焉耳。石門本"性也"節，非。

"論性，不論氣，不備"。有二説：性、氣不相離，專論性不論氣，則性無安泊處，此不備也；性、氣既不相離，因氣有清濁，故性有明暗，若專論本然之性善而不論氣，則不知有清濁、明暗、氣質之性，此不備也。

"論氣，不論性，不明"。是指告子以知覺運動生之氣石門本、河津本作"義"。爲性，而不知性即理也，故不明。

萬事萬物，一理貫之，理即性也。性之仁，貫乎父子之親，仁民愛物之類；性之義，貫乎君臣之義，尊賢之等，事物之宜；性之禮，貫乎長幼之序，天秩之節文儀則；性之智，貫乎夫婦之別，是非、善惡、賢否之分；性之信，貫乎朋友之交，五常萬事之實。只一性，貫乎萬事萬物，所謂"一理渾然而泛應曲當"〔一〇〕也。

知"一陰一陽之謂道，繼之者善也，成之者性也"，則知道德之本源矣。

氣質之拘最大，不然，何自古聖賢之生不多見與？

孔子以聖人、君子、善人、有恒者，"不得而見"〔一一〕，聖賢之生豈偶然哉？

人心所具之性，從"繼之者善"來，即所謂"天命之謂性"也。

夏、商、周皆有興廢，惟唐、虞無廢。

善惡不係於世類多矣，以莽賊而有孝平后之貞烈。

自古來萬變之外物皆泯，惟善惡之迹不泯。可畏哉！

夏、商、周之子孫久而無聞，孔子之子孫愈久愈盛，何其德之長也！

心每有妄發，即以經書聖賢之言制之。

程子曰："以形體謂之天，以主宰謂之帝，以功用謂之鬼神，以妙用謂之神，以性情謂之乾。"此數言不出"理"、"氣"二字，而"天"以貫之。

游程子之門流於老、禪者，以致知格物之功未至也。

程子曰"天本廓然無窮"〔一二〕，即道之廓然無窮也。天以形體言，道即理也。

老子曰："大道廢，有仁義。"〔一三〕夫仁義即大道也，大道既廢，又豈有仁義乎？至分道、德、仁、義、禮爲五，皆理洛陽本作"禮"，非。不明也，先儒已辨之矣。

陳希夷亦遯世離群者與！

程子曰："性即理也，理則自堯、舜至於塗人，一也。"〔一四〕此論

“本然之性。”又曰：“才稟於氣，氣有清濁。稟其清者爲賢，稟其濁者爲愚。”〔一五〕此論“氣質之性”。

朱子之後，大儒真西山《大學衍義》有補於治道。

朱子言：自程子之後，論格物致知者皆失程子之意。詳見《大學·或問》。

學者不於身心事物上體認其理而力行之，徒矻矻於記誦文辭之間，難乎有得矣！

因惻隱、羞惡、恭敬、是非之情善，而知仁、義、禮、智之性善，亦猶因水之流清，而知其源之清也。此先儒之成說，特申言之。

自孔子後數千年，《易》只石門本、河津本“只”下有“曰”字。《周經》“乾：元、亨、利、貞”以下，而伏羲《先天四圖》隱而不傳。雖有《繫辭》“《易》有太極，是生兩儀，兩儀生四象，四象生八卦”及《説卦》“天地定位，山澤通氣，雷風相薄，水火不相射；八卦相錯，數往者順，知來者逆”之言，人亦不知何謂。至邵子傳《先天圖》自陳希夷，於是以《繫辭》《説卦》之言證《圖》，一一相合，而伏羲作《易》本原復明。

邵子“一分爲二，二分爲四，四分爲八”〔一六〕等語，即發明“《易》有太極，是生兩儀”云云之《横圖》也；其曰“乾坤縱而六子横”〔一七〕等語即發明“天地定位”云云之《圓圖》也。

《堯典》“克明俊洛陽本作“峻”。德”一言，實千萬世君德之始。

程子稱邵子“觀天地之運化，陰陽之消長，以達乎萬物之變”〔一八〕。其意深矣。

鬼者，屈也；神者，伸也。屈、伸是陰陽之靈處。

“乾一而實，故以質言，而曰大；坤二而虚，故以量言，而曰廣。”乾坤之廣大，即易之廣大也。

人與天地萬物，混然一理一氣，但分有不同耳。

孔子以“至德”稱泰伯、文王，〔一九〕乃萬世之人極。

“天人一理”，備見於孔子贊《易》之辭。

“明德”貫《大學》經傳。

"天人一理"。湯曰"惟皇上帝,降衷於下民",武王曰"惟天地萬物父母,惟人萬物之靈",《詩》曰"天生烝民,有物有則",劉子所謂"民受天地之中以生",石門本、河津本無"劉子"以下十二字。孔子所謂"性與天道",子思所謂"天命之性",孟子所謂"知性"、"知天",皆有以見天人之一理。後世大道不明,論天者不及於人,言人者無涉於天,由是分天人爲二致。惟董子有"道之大原出於天"之言,亦可見天人之一理。至周子作《太極圖》,明人物出於造化之一原,而張子、程子、朱子各有發明天人一理之説,大道於是復明。

學問大本,原在天命之性,於此所見不差,則天下之理不差矣。

邵康節見造化人事熟,所以終不出。

惟"知言"、"窮理",則能知人之邪正。

聖賢成大事業者,皆石門本、河津本無"皆"字。從"戰戰兢兢"之小洛陽本無"小"字。心來。

孔子言"有恒者"難見。驗之人,河津本無"人"字。信然。

帝王治道、治法,皆實德、實事,豈後世無本,智力之所及?

至誠能盡其性,盡性即至誠。

純乎天理而不雜,爲誠。雜則妄,而不誠矣。

克盡己私,爲誠;有一毫之私未盡,則非誠矣。

程子曰:"有無、動静、始終之理,聚散而已。"〔二〇〕蓋聚則爲有,爲動,爲始;散則爲無,爲静,爲終。生死之説不過如此。釋氏聚散亦人耳,安能以已散者爲禍福邪?舉前古爲其所惑,理之不明也甚矣!

聖人最重民力,觀《春秋》所書可見。

心無愧怍,則廣大寬平,而體常舒泰,其樂可知矣。

程子曰:"釋氏不識陰陽、晝夜、死生、古今。"〔二一〕愚謂惟其如此,故其言誕妄。

聖人言天地之造化,莫備於《易》。論天地之造化而不本於《易》,皆妄也。

【校記】

〔一〕引自《毛詩·大雅·蕩之什·烝民》。

〔二〕引自《周易程氏傳》卷三《周易下經上·夬》。

〔三〕引自《後漢書》卷八十三《逸民列傳》。

〔四〕〔五〕見《孟子·萬章上》:"孔子曰:'有命。'孔子進以禮,退以義,得之不得曰'有命'。"

〔六〕引自《孟子·公孫丑上》。

〔七〕〔八〕見江永《近思録集註》卷一引朱子語。

〔九〕引自朱熹《周易本義》卷七《周易·繫辭上傳》。原文"然"下有"者"字。

〔一〇〕引自朱熹《論語集註》卷二《里仁第四》。

〔一一〕見《論語·述而》:"聖人,吾不得而見之矣;得見君子者,斯可矣。""善人,吾不得而見之矣;得見有恒者,斯可矣。"

〔一二〕引自《河南程氏遺書》卷十五。

〔一三〕引自《老子》十八章。

〔一四〕〔一五〕引自《河南程氏遺書》卷十八。原文"性即理也"作"性即是理"。

〔一六〕〔一七〕引自邵雍《皇極經世書·觀物外篇上》。

〔一八〕引自《河南程氏文集》卷四《邵堯夫先生墓誌銘》。原文"觀"下有"於"字。

〔一九〕見《論語·泰伯》:"泰伯,其可謂至德也已矣!""周之德,其可謂至德也已矣。"

〔二〇〕引自《周易程氏傳》卷三《周易下經上·萃》。

〔二一〕引自《河南程氏遺書》卷十四。

讀書續録卷十一

"天地以生物爲心，而所生之物，因各得夫天地生物之心以爲心，所以人皆有不忍人之心。"〔一〕苟爲物欲所蔽；失其不忍人之心，所謂"戕滅天理，自絶本根"者，賊殺其親，大逆無道也，故謂之賊。

以氣中有太極，則可；以氣即太極，則不可。

程子曰："無妄之謂誠。"〔二〕朱子曰："真實無妄之謂誠。"〔三〕"誠"非虚字，皆指實理而言。

程子不言太極，其論性、天道，即太極也。

性與天道，不可得而聞，故程子不以《太極圖説》語學者。

知之至，信之篤，則實有得於己矣。

伊川曰："學者於道不知所向，則孰知斯人之爲功？不知所至，則孰知斯名河津本作"人"。之稱情？"〔四〕此言當深翫。

讀聖賢書，於凡切要之言，皆體貼到自己身心上，必欲實得而力踐之，乃有益。不然，書自書，我自我，雖盡讀聖賢書，終無益也。

孟子言"見而知之"，"聞而知之"。尹氏曰："知，謂知其道也。"〔五〕蓋道即仁義禮智之道也。程子"明道"者，明是道也。伊川言"學者於道不知所向所至"，亦此道也。道即朱子所謂"天理民彝"，性是也。性外無道，道外無性。千古聖賢所知所傳者，豈外於是哉？

求復仁義禮智之性，即是"道學"。

人聞"道學"之名，不駭以爲高，則笑以爲迂。且爲學而不學道，則無天理人倫矣，果何學乎？石門本連下節。

言命即有性，言性即有命，命、性一理也。天人無二，内外無間。

河津本連下節,“天人”以下八字在下節末。

言心即有性,言性即有心,心、性不相離也。

朱子曰:“天理只是仁、義、禮、智之總名,仁、義、禮、智便是天理之件數。”愚竊謂:天道是元、亨、利、貞之總名,元、亨、利、貞是天道之件數。

聖人不忍人之心,即天地元亨利貞生物之心。人皆有是心,惟聖人能全盡耳。

聖賢相傳之道,“盡性”而已。

周子《太極圖説》,程子之後,惟朱子知之。

周子《太極圖説》,一字一句之義皆貼在《圖》上,朱子《太極圖説解》,一字一句之義亦皆貼洛陽本無“貼”字。在《圖》上,須細心體翫三四十年,庶可知其妙,非用力於時日淺近者之可窺也。河津本無“也”字。

周子《太極圖説》,朱子《圖説解》,其一字一句之義固皆貼在《圖》上,苟翫索之久而超然自有得焉,則又默識其理於象言之表矣。

養氣,則人之氣與天地之氣同其大;盡心,則人之性與天地之性同其大。

一息之運與古今之運同,一塵之土與大石門本作“天”,非。地之土同,一夫之心與億兆之心同。

陽氣成形之大者爲天,陰氣成形之大者爲地。“乾元”,天之德也;“坤元”,地之德也。

“克勤小物”,爲學之切要。

物格知至,則異端邪誕妖妄之説不辨而自明矣。

孔子言“生而知之”,“學而知之”。〔六〕其“知”之字,皆指知性而言。故爲學之本,求“知其性之所有,全之”而已。

“學而知之”之功夫條目,如“格物”、“致知”、“擇善”、“明善”、“博學”、“審問”、“慎思”、“明辨”、“學聚”、“問辨”、“博文”、“知性”、“知天”之類〔七〕皆是也。

天道之全體大用,元、亨、利、貞四時而已;人道之全體大用,仁、義、禮、智四端而已。

外物無窮，不能以禮制心，則心石門本、河津本無"心"字。逐外物亦無窮矣。石門本、河津本無"矣"字。

聖賢道尊德貴，舉天下之物豈能尚乎？

"自得之"爲難。"自得之"，則實有諸己矣。

雖能建立大事功而不知道，猶爲淺。故君子貴乎知道。

朱子論子産、管仲於道，"槩乎未有聞也"〔八〕。

魏伯陽《参同契》，假《易》論長生之術，若指諸掌，然伯陽今竟能踐其言而度世常存邪？

程子曰：仙者，"天地間一賊，若非竊造化之機，安能延年邪？"〔九〕愚謂：仙者雖竊造化之機以延年，亦未有久而不散者，不然，自古以仙得名者多矣，何千百年不見一人在世邪？

神仙既自謂能度世，常在人間以化人可也，何必作爲言語邪？以作爲言語而不常在人間，則其誕妄不可信也明矣！

萬物始終，乃陰陽造化自然之理，神仙者必欲超出陰陽造化之理以常存，必無此理。

老、莊亦無神仙之説，自秦、漢來乃有之。秦皇、漢武求之之效可見矣。

屈原《遠遊篇》"神仙度世"之言皆假設耳，人將謂神仙真可學，誤矣！

羲、周之《易》，專主動察變占；至孔子之《易》，乃有居省象辭。

堯曰"允執其中"〔一〇〕，故言"中"自堯始。聖賢相傳之道，中而已矣。

《尚書》言"中"最多。中者，天命之性。《書》多言無過不及之"中"，乃性之已發者。至子思作《中庸》，乃兼言未發已發之"中"。程子、朱子論之詳矣。

讀書不於身心有得，懵然而已。

本朝祀典極正，以不雜於佛、老。

“天地以生物爲心”，元亨利貞也；“人得天地之心爲心”，仁義禮智也。是即天命洛陽本作“地”。之性與！

人物從天地大化之本原來，故天人一理。

程子曰：“氣清則才善，氣濁則才惡。稟得至清之氣爲聖人，稟得至濁之氣爲愚人。如韓愈所言、公都子所問之人是也。”〔一一〕愚謂韓子所言，即“性有三品”之説；公都子所問，即“有性善，有性不善”云云者。此皆言氣質之性也。

韓子言堯、舜、禹、湯、文、武、周公、孔子、孟氏之“傳”〔一二〕，又曰：“軻之死，不得其傳焉。”〔一三〕又曰：“孟氏醇乎醇者也。”又曰：“惟孟軻師子思，而子思之學出於曾子，自孔子没，獨孟軻氏之傳獨得其宗。”〔一四〕愚謂自秦、漢以來，諸儒未有論道統相傳之詳且正如韓子者，至程、朱論道統之傳亦主其説。若韓子所見，誠所謂豪傑之士矣。

“一故神”，或在陰中，或在陽中，皆此“一”也，故曰“兩在故不測”〔一五〕。“兩故化”，陽化爲陰，神在其中，陰化爲陽，神在其中，故曰“推行乎一”〔一六〕。

程子曰：“動静、有無、始終之理，聚散而已。”蓋聚則爲動，爲有，爲始；散則爲静，爲無，爲終。

“議擬”二字出《易大傳》〔一七〕，今法家用之。雖細事亦可見《易》無不包之一端。

人皆知求鬼神洛陽本作“鬼神隱”。於茫昧不測之間，殊不知天地、四時、日月、星辰、雨露、風霆、雪霜、河津本作“霜雪”。山川、草木、人物、鳥獸，皆鬼神之著者。河津本無“者”字。

舉天地萬物皆至理，民鮮知之。

《孟子》七篇，雖論有不同，皆本於此心之義理。學者“忘”之時多，所以於義理不熟。洛陽本“義理”節。

聖人只以仁義禮智之心，應天下之事。

《中庸》書“天命之謂性”盡之。

“大哉聖人之道！洋洋乎發育萬物，峻極於天”〔一八〕。此性天道合一也。

“致知格物”者，欲推極知識以知性也。故朱子曰：“知性則物格之謂，盡心則知至之謂也。”〔一九〕

明道曰“道之不明也，異端害之也”〔二〇〕一段，辨盡異端之失。

觀《大學》經文，石門本、洛陽本無“文”字。“致知格物”連“誠意”説，則“格物”先於石門本、洛陽本作“欲”。格身心之理，而後“誠意”之功可施。故程子曰：“格物，莫若察之於身，其得之尤切。”〔二一〕

論天地陰陽造化，莫備於《易》。外《易》而論造化者，即程子所謂“邪誕妖妄之説”〔二二〕也。

“天之明命”，即天之所以與我，而我之所以爲德，天命之性是也。

孟子言“浩然之氣”，“至大至剛”及言“知性”、“知天”，是其論理、氣處。

致知格物，於讀書得之者多。

“各正性命”，各得性命之正。

孔子之道，得孟子而愈尊；程子之道，至朱子而始明。

理萬古只依舊，氣則日新。

理大無窮，氣亦大無窮。

天所賦之命，石門本、河津本作“性”，非。無時不然；物所受之性，無物不有。洛陽本下連卷二“洪纖高下”至“誠斯立焉也”節。

“舍己從人”，最爲難事，所以舜稱堯，〔二三〕孟子稱舜。〔二四〕石門本連下節。

公都子所問三者之性，〔二五〕前二説，朱子以告子、蘇氏、胡氏之言證之，〔二六〕固非矣；後一説，以韓子性有三品之説明之。〔二七〕程子曰：“氣清則才善，石門本、洛陽本作“清”。氣濁則才惡。洛陽本作“濁”。稟得至清之氣生者洛陽本無“生者”二字。爲聖人，稟得至濁之氣生者石門本、洛陽本無“生者”二字。爲愚人。如韓愈所言是也。”〔二八〕然則此一説正論氣質之性，未爲非也。但孟子專論性，不及氣耳。

《易》書一字一義，皆自《先天圖》出；《通書》一字一義，皆自《太極圖》出。

以静言性則可，以静形容性，則不可。

宋言官有"以策題作詩爲謗訕"者，皆非也。觀周公《無逸》之書曰："'小人怨汝詈汝。'則皇自敬德。厥愆，曰：'朕之愆！'允若時，不啻不敢含怒。"則古之聖臣，曷嘗道其君以言語罪人哉！

感中有寂，寂中有感。

"人心惟危，道心惟微。"〔二九〕皆以心之用言。

聖人之教，皆自近以漸及高遠，循循有序。

不忍人之心，即天地生物之心，所謂"元"也。

仁道至大，以即天地生物之心也。

健而無息之謂"乾"，即"逝者如斯夫！不舍晝夜"之意。

邵子論天地始終之數，乃前聖所未言者。洛陽本連下節。

先儒謂邵子以一萬八百年爲一會，初間一萬八百年而天始開。竊疑天未開時只是氣塞，既未有日月、星辰、歷數、四時，不知如何河津本作"何如"。計其年數？

【校記】

〔一〕引自朱熹《孟子集註》卷三《公孫丑章句上》。

〔二〕引自《河南程氏遺書》卷六。

〔三〕引自朱熹《中庸章句·第二十章》。原文爲："誠者，真實無妄之謂。"

〔四〕見朱熹《孟子集註》卷十四《盡心章句下》引伊川語。又，據《河南程氏文集》卷十一《明道先生墓表》，原文爲："學者之於道，知所嚮，然後見斯人之爲功；知所至，然後見斯名之稱情。"

〔五〕見朱熹《孟子集註》卷十四《盡心章句下》引尹氏語。

〔六〕引自《論語·季氏》。

〔七〕"擇善"至"明辨"，見《中庸》第二十章。"學聚"、"問辨"，見《易傳·乾·文言》。

〔八〕引自朱熹《論語集註》卷七《憲問第十四》。原文"乎"下有"其"字。

〔九〕引自《河南程氏遺書》卷十八。原文"年"下無"邪"字。

〔一〇〕引自《論語·堯曰》。

〔一一〕引自《河南程氏遺書》卷二十二上。

〔一二〕〔一三〕見韓愈《原道》:"堯以是傳之舜,舜以是傳之禹,禹以是傳之湯,湯以是傳之文、武、周公,文、武、周公傳之孔子,孔子傳之孟軻。軻之死,不得其傳焉。"

〔一四〕引自韓愈《送王秀才序》。原文爲:"孟軻師子思,子思之學蓋出曾子。自孔子没,群弟子莫不有書,獨孟軻氏之傳得其宗。"

〔一五〕〔一六〕引自張載《正蒙·参兩篇》。原文"乎"作"於"。

〔一七〕引自《易傳·繫辭上》。

〔一八〕引自《中庸》第二十七章。

〔一九〕引自朱熹《孟子集註》卷十三《盡心章句上》。

〔二〇〕〔二二〕引自《河南程氏文集》卷十一《明道先生行狀》。原文"明"下無"也"字,"妄"作"異"。

〔二一〕引自《河南程氏遺書》卷十七。原文"物"下有"之理"二字,"莫"作"不","得"下有"之"字。

〔二三〕見《尚書·虞書·大禹謨》。

〔二四〕見《孟子·公孫丑上》。

〔二五〕見《孟子·告子上》:公都子曰:"告子曰:'性無善無不善也。'或曰:'性可以爲善,可以爲不善……'或曰:'有性善,有性不善……'"

〔二六〕〔二七〕見朱熹《孟子集註》卷十一《告子章句上》。

〔二八〕引自《河南程氏遺書》卷二十二上。原文無兩"生者"二字,"所言"下無"是也"二字。

〔二九〕引自《尚書·虞書·大禹謨》。

讀書續録卷十二

“窮理”之言出於《易》,以“致知格物”爲“窮理”,始於程子。

天地生物之心、流行於四時,無一息石門本、河津本作“時”。之間斷。

伊尹言“顧諟天之明命”,見天人合一之理。自是而後,聖賢之言“天命”者,皆原於此。

周、張、程、朱之前,知孟子者韓子一人而已。

自有《大學》書以來,發明“致知格物”爲“窮理”之事者,程子而已;繼程子而發明其義石門本、河津本作“言”。者,朱子一人而已。

不知“致知格物”之功,即“始條理”之事有缺矣。

程子謂韓子“言所傳者何事?”竊謂聖人之心,天理渾全,得其心,斯得其傳矣。

程子言:“性即理也。”故滿天地間皆理,即滿天地間皆性矣。此合内外之道也。

朱子曰:“天地之間,只有動静兩端,循環不已,更無餘事,此之謂‘易’。而其動、其静,必有所以動静之理焉,是則所謂‘太極’也。”〔一〕愚謂朱子之言,即所謂“一陰一陽之謂道”也。

《易》曰:洛陽本、河津本無“《易》曰”。“安土敦乎仁,故能愛。”此言仁之體用。

“天地以生物爲心”,元亨利貞也;“人得天地生物之心以爲心”,仁義禮智也。是即天命之性也。

學後世之詩到工處,止做得詩人;學聖人之道到極處,可以爲聖人。

“上天之載,無聲無臭”。“維天之命,於穆不已”!乃《詩》言天道之至妙處。

"昊天曰明,及爾出往;昊天曰旦,及爾游衍。"〔二〕是亦《詩》言天之妙處。

"一陰一陽之謂道,繼之者善也,成之者性也。"一息如此,萬古如此。

表章《大學》《語》《孟》《中庸》,始於程子,成於朱子。

天有以形體言者,有以理言者。然以形體言即有理,以理言即有形體,非可"二之"也。

"幾"字始見於《書》,如"萬幾"、"時幾"之類,〔三〕至《易》有"知幾"之類。周子發明"幾"字至矣。

"君子無終食之間違仁,造次必於是,顛沛必於是。"〔四〕此"專言"之仁,則包四德。無違仁,則欲常存仁義禮智之性矣。

《易》雖古於《書》,然伏羲時但有卦畫,而無文辭,文辭實始於《書》。故凡言"德",言"聖",言"神",言"心",言"道",言"中",言"性",言"天",言洛陽本無"言"字。"命",言"誠",言"善",言"一"之類諸性理之名,多見於《書》,《書》之後乃有《易》之辭。及諸經書,聖賢發明性理之名,雖有淺深不同,實皆原於《書》也。

孟子"知言"亦本於孔子"不知言,無以知人"〔五〕之說。

孟子言"知言",即孔子所謂"知者不惑"〔六〕;其言"養氣",即孔子所謂"勇者不懼"〔七〕。

程子言:"孟子學已到聖處。"〔八〕故其論"堯舜性之","湯武反之","孔子聖之時"之類,皆深知聖人所以爲聖人。使非學到聖處,安能知聖人哉?

論古今人物賢否、得失,惟心通乎道者能之;心不通乎道,而論人之賢否、得失,鮮不差矣!

程子曰:"天人一也,更不分别。浩然之氣,乃吾氣也。"〔九〕觀此則天人一理可知矣。

程子曰:"荀子只一句'性惡',大本已失。揚子亦不識性,更説甚道？”〔一〇〕蓋性者，大本也，言性惡則大本已失；道者，率性之謂，不識性，更説甚道？洛陽本下連卷末“程子言荀子”節。

《孟子·養氣章》“縮”字、“直”字、“義”字，皆意同。〔一一〕

《書》以前雖已有文籍，皆不傳。今文籍可見者，自《書·堯典》始。

“知言”最難。惟心通乎道，乃能知古今天下言之是非。

所行不合乎仁義禮智，河津本“智”下有“者”字。即“莫由道”也。

“見賢思齊，見不賢而内自省。”〔一二〕不獨見當時之人如此，以至讀古人之書，見古人之賢者皆“思齊”，見古人之不賢者皆“自省”，則進善去惡之功益廣矣。

“論性，不論氣，不備。”有二説：專論性，不論氣，則性無安泊處，此不備也；專論性，不論氣，則雖知性之本善，而不知氣質有清、濁之殊，此不備也。“論氣，不論性，不明。”亦有二説：如告子以知覺運動之氣爲性，而不知性之爲理，此不明也；如論氣質有清、濁之殊，而不知性之本善，此不明也。“二之，則不是。”蓋理氣雖不相雜，亦不相離，天下無無氣之理，亦無無理之氣，氣外無性，性外無氣，是不可“二之”也。若分而河津本“而”下有“爲”字。“二之”，石門本、河津本無“之”字。是有無氣之性，無性之氣矣。故曰“二之，則不是”。

“論性，不論氣，不備”。言孟子於極本窮原之性已明，但未備耳。“論氣，不論性，不明”。則是告子全不識性也。

《大學》之“明德”，即《中庸》“天命之性”。

默識仁義禮智之性與元亨利貞之天合，則有得矣。“聞道”即知性知天也。

“天者，理也；其尊無對。逆理，則獲罪於天矣。”〔一三〕蓋理即仁義禮智之理，逆理則洛陽本作“即”。獲罪於天矣。

程子曰：“四端不言信者，既有誠心爲四端，則信在其中矣。”〔一四〕愚謂若無誠心，則四端亦無矣。故學道以誠心爲本。

克己復禮，與天地合德。

性者，人所受之天理，仁義禮智也；天道者，天理自然之本體，元亨利貞也。性與天道渾合無間，故曰“其實一也”。

聖人接人，惟一誠。

“由辭以得意”。如元亨利貞、仁義禮智，辭也；由辭以得元亨利貞、仁義禮智之意，則有得矣。

鬼神者，天地陰陽之靈；魂魄者，人身陰陽之靈。

學不至於聖賢，只是有不誠處。

《易》曰：洛陽本無“《易》曰”。“苟非其人，道不虚行。”〔一五〕朱子曰：“神而明之，則存乎其人也。”〔一六〕莊子論“斵輪”之意近之。

程子言：“荀子只一句‘性惡’，大本已失。揚子亦不識性，更説甚道？”然則自孟子没，道失其傳，只是性不明。洛陽本上連卷内“程子曰荀子”節。

【校記】

〔一〕引自《朱文公文集》卷四十五《答揚子直》。原文“必有”上有“則”字，“太極”下有“者”字。

〔二〕引自《毛詩·大雅·生民之什·板》。原文“往”作“王”。

〔三〕分别見《尚書·虞書》之《臯陶謨》《益稷》。

〔四〕引自《論語·里仁》。

〔五〕引自《論語·堯曰》。

〔六〕〔七〕引自《論語·子罕》。

〔八〕引自《河南程氏遺書》卷十九。原文爲：“鄧文孚問：‘孟子還可爲聖人否？’曰：‘未敢便道他是聖人，然學已到至處。’”

〔九〕引自《河南程氏遺書》卷二上。

〔一〇〕引自《河南程氏遺書》卷十九。原文“荀子”下有“極偏駁”三字，“亦不識性”作“雖少過，然已自不識性”。

〔一一〕見《孟子·公孫丑上》。

〔一二〕引自《論語·里仁》。原文“齊”下有“焉”字，“省”下有“也”字。

〔一三〕引自朱熹《論語集註》卷二《八佾第三》。原文爲：“天，即理也；其尊無對……逆理，則獲罪於天矣。”

〔一四〕引自《河南程氏遺書》卷二十四。

〔一五〕引自《易傳·繫辭下》。

〔一六〕引自朱熹《周易本義》卷八《周易繫辭下傳》。

附録一

薛文清公讀書録序

《讀書録》者，先師河東薛文清公手筆，前後二十四卷也。當先師著述時，中心有得，至忘寢食，隨筆劄記，未暇倫類，已版行於世矣。先師歿之二年，愚反復讀之，深有感焉。乃倣《近思録》分門别類，去其重複，釐爲二十四卷。嗚呼！書誠未易讀，人誠未易知。夫六經、四書之在宇宙，如天地之無窮，江海之不竭。然而漢儒讀之，則爲訓詁之學；唐儒讀之，則爲詞章之學。伐根而沃葉，埋珠而絢綵。於是口耳枝葉之學盛，而吾道隱矣。及乎宋儒讀之，然後如麗日當空，瑶琴出匣，而吾道始大明焉。然程子未遠，而有淫於佛、老之説；朱子未遠，而有易爲無極之論。是蓋不待七十子喪，而大義已乖矣。惟我先師，崛起數百年之後，心印濂、洛，神會洙、泗。學以復性爲本，言以明性爲先。其言曰："六經、四書，性之一字括盡。"又曰："孟子之後道不明，只是性不明。"至論所傳之事，曰："明此性，行此性而已。"嗚呼！至矣，盡矣！若夫風雩之樂，鳶魚之咏，每曰："道理舉目可見。"其獨智自詣何如哉？真可與點爾同遊，周、程共吟也！韓子曰："世無孔子，不當在弟子之列。"愚於先師亦云。故曰：書誠未易讀。夫以武王之聖，而不知夷、齊；以晏嬰之智，而不知仲尼。雖王逵之舉周子，蔡襄之薦明道，亦豈盡知二公者哉？若先師之處世，自功名者視之，則以爲偏；自富貴者視之，則以爲迂。尚綺麗者，則病其枯淡；尚博洽者，則病其拘束。抑孰知先師貌像大極，心遊天真，而無所待於外哉？先師嘗曰："揚子言後世苟有揚子雲者，心好之矣。某之自信亦然。"故曰："人誠未易知。"若夫先師，仕、止、久、速，充實輝光，許魯齋之後僅見而已！其飄然脱洒，無所顧慮，雖劉静脩"鳳凰翔於千仞"之氣象，又何尚焉？是宜行己立朝，磊落潔白，始終無虧，而立德立言，與天壤俱存也歟！嗚呼！深哉。愚以無似，蚤游門墻，老大無成。心喪之餘，手類遺編，僭書於首。後之君子，幸垂鑒焉！其詩號爲《河汾集》者，亦僭爲序以傳。其文若干卷，仍如其舊。書成，友人山東章邱尹鈞州張慶景祥考績至京師，見而嘆曰："此吾道正脈也，願捐俸，鋟梓以廣其傳。"况山東乃先師持節提調學校舊歷之地，遂書以歸之。先師諱瑄，字德温，官至禮部左侍郎，兼翰林院學士，謚文清云。

成化二年丙戌夏六月丁酉門人伊洛閻禹錫頓首謹識

跋重刊讀書録後

右《讀書録》並《續録》凡二十三卷，作者爲我朝河東薛文清公，新而梓之者，爲我大侍御石州張公也。文清公平生讀書，以誠敬爲主，本以關、閩諸子爲法繩，以古聖賢爲歸宿。故其《録》也，於心身爲切要。詞不枝蔓，意不幽秘，句不怪誕，明正簡易，讀者可索而翫味焉。雋永冲足，悠遠整潔，如太羹鍾鏞，非嗜樂之真者弗取。賦竊謂古之人以文名者，若韓、柳、盧、駱；今之世以詩名者，若高、楊、張、徐，士人或加膾炙。至問文清公，不知何如人，《讀書録》不知何如書，抑獨何邪？然則知文清公者，惟我侍御公而已。公膺命特憲兩淮鹺政，法貞弊釐，遠邇肅然。其教士也，仍獨拳拳於古聖賢之學，其心尚矣！賦又因而嘆夫今之患人之無者，功名；而公之患人之無者，道德。世之患人之趨也，不於今；而公之患人之趨也，不於古。以古之號能文者律文清公，以今教士文者律公，可謂真愧焉者矣！

嘉靖乙酉夏六月望直隸淮安府知府後學建安田賦拜書

薛文清公讀書録叙〔一〕

文清公《讀書録》《讀書續録》，前後二集。《前録》舊刊於我邑，未有《續録》。今木亦刷磨平淺，即故里本源之地，殘缺而遺其半矣。余覓得《續録》，計成全篇。第載言浩瀚，散見錯陳，難於記誦。初讀有所嗜，不忍掩卷，恐復尋繹舊聞，則梗於繙閲而亟不可得；及再讀，逐條號記，分類鈔集，竊以便覽焉。夫以名賢闡道之言，其精微藴奥，上接洙泗、濂、洛、關、閩之統者，在末學排比更張，極知潛越。第爲誦讀求津涯，則弗暇避遜。後之君子，果謂誦習略便，則亦不余深罪也。《録》編於隆慶庚午至萬曆甲申，余令深澤，刊以布多士。後歸田里，僻居西疇，讀有遺落錯簡者，再爲訂證。協吾鄉同志捐助重梓，内再删其重複，則會孝義陽溪趙君之議也。

按《二録》所載，緣無分别，惟視其類，總爲一書。原本各有小序，今一仍列於書之首，一附於書之末。學者欲求其詳，於後序觀之。

時萬曆二十有七年歲在己亥季冬二
十八日後學邑人侯鶴齡松磐謹叙

【校記】

〔一〕篇名爲點校者所加。

薛文清公讀書録序

有明一代人物，首推河東薛敬軒先生。先生之學，根柢周、程、張、朱，以復性爲宗，居敬窮理爲要。其措之事業，莫非本平日讀書自得者出之，信道直行，窮達一致，極患難生死而不失其常。爲人優遊平中，初不矯激立異，而鳳翔千仞，固已淩霄漢而上矣！所著《讀書録》若干卷，皆先生隨時所得，載筆於書，自一身以至家國天下之大，天人性命之精，以及雷露、風雲、山川、草木之變化，無不窮究。語雖千條萬緒，而理實一貫。先生之所以居敬窮理以自復其性者，於是乎在。謂先生一生事業，包舉於斯《録》可也。夫人工詞章以弋科名，皓首窮經，舉身心毫無關涉，則書自書，我自我也。居官以氣質用事，或泥古成法，不能揆度義理以適於宜，即不自肥其身家，已與古聖賢致君澤民之道異矣。幾何不以古聖賢之發明於書者，反於讀書而失之哉？更有陽儒陰墨，徜徉恣睢，以昏迷滅裂其性，則汗牛充棟，率爲厲階。道之不明，讀書者之責也！余故取先生前後兩《録》，稍節其重複，梓爲成書，使天下學者知周、程、張、朱自有正脈，修己治人，體用皆備，非徒剿襲粉飾，以讀循故事已也。

（録自《叢書集成初編·正誼堂文集》卷七）

讀書録讀書續録提要

《讀書録》十一卷、《續録》十二卷浙江巡撫採進本

明薛瑄撰。瑄字德温，河津人。永樂辛丑進士，官至禮部右侍郎，入閣預機務。贈禮部尚書，謚文清。事迹具《明史·儒林傳》。其書皆躬行心得之言。兩《録》之首，皆有自記，言其因張子"心有所開，不思則塞"之語，是以自録隨時所得，以備屢省。其後萬曆中有侯鶴齡者，因所記錯雜，更爲編次，删去重複，名《讀書全録》。然去取之間，頗失瑄本意。今仍録原書以存其舊。瑄嘗言：樂有雅、鄭，書亦有之。小學、四書、六經，濂、洛、關、閩諸聖賢之書，雅也，嗜者常少，以其味之淡也；百家小説、淫詞綺語、怪誕不經之書，鄭也，莫不喜談而樂道之，蓋不待教督而好之矣，以其味之甘也。淡則人心平而天理存，甘則人心迷而欲肆。觀瑄是《録》，可謂不愧斯言矣！

（録自《四庫全書總目》卷九三《子部儒家類三》）

附録二

讀書録、讀書續録
摘引主要書目暨核校版本

《周易》(《易經》《易傳》)《尚書》《詩經》(《毛詩》)《禮記》《春秋左傳》見《十三經註疏》,中華書局一九七九年影印版。

《大學》《中庸》《論語》《孟子》見《新編諸子集成》(第一輯,朱熹註本),中華書局一九八二年版。

《老子》(王弼註本)《莊子》見《諸子集成》(第三册),中華書局一九五四年版。

《陰符經》(張良註本)見《百子全書》(第八册),浙江人民出版社一九八四年版。

王通《文中子》見《百子全書》(第二册),浙江人民出版社一九八四年版。

韓愈《昌黎先生集》(大本原式精印《四部叢刊》正編),臺灣商務印書館印行。

邵雍《皇極經世書》(《四部備要》本),臺灣中華書局印行。

周敦頤《太極圖説》《通書》(均朱熹註本)見《性理精義》(李光地承修,《四部備要》本)臺灣中華書局印行。

程顥、程頤《河南程氏遺書》《河南程氏外書》《河南程氏文集》《周易程氏傳》《河南程氏經説》《河南程氏粹言》見《二程集》,中華書

局一九八一年版。

張載《正蒙》《經學理窟》《張子語録》等見《張載集》，中華書局一九七八年版。

張載《西銘》（朱熹註本）見《性理精義》（李光地承修，《四部備要》本），臺灣中華書局印行。

朱熹《大學章句》《中庸章句》《論語集註》《孟子集註》見《四書章句集註》（《新編諸子集成》〔第一輯〕），中華書局一九八二年版。

朱熹《太極圖解》《太極圖説解》《通書解》《西銘解》《易學啓蒙》見《性理精義》（李光地承修，《四部備要》本）臺灣中華書局印行。

朱熹《周易本義》（《四庫全書》珍本），臺灣商務印書館印行。

《朱文公文集》（大本原式精印《四部叢刊》正編），臺灣商務印書館印行。

《朱子語類》（黎靖德編）清光緒二年傳經堂刻賀瑞麟《西京清麓叢書》本。

《朱子五經語類》（程川編，《四庫全書》珍本），臺灣商務印書館印行。

朱熹《小學》（陳選集註，《四庫備要》本），臺灣中華書局印行。

朱熹、吕祖謙《近思録》（江永集註，四部備要本）臺灣中華書局印行。

許衡《魯齋遺書》（《四庫全書》珍本），臺灣商務印書館印行。

薛文清公理學粹言

横渠張子云："心中有所開，即便劄記，不思則還塞之矣。"余讀書至心有所開處，隨即録之，蓋以備不思而還塞也。若所見之是否，則俟正於後之君子云。河東薛瑄識。

德性之學，須要時時刻刻提撕警省，則天理常存而人欲消熄。苟有一息之間，則人欲長而天理微矣。

人有斯須之不敬，則暴慢之心生而非禮矣；有斯須之不和，則乖戾之心生而非樂矣。故曰禮樂不可斯須去身。

人心有一息之怠，便與天地之化不相似。

胸中無一物，其大浩然無涯。

有欲則人得而中之，惟無欲彼無自而入。

常沉静，則含蓄義理深，而應事有力。

少言沉默最妙。

厚重、静定、寬緩，進德之基。

無欲，則所行自簡。

涵養深，則怒已即休，而心不爲之動矣。

常默可以見道。

德進則言自簡。

欲深，欲厚，欲莊，欲簡。

當於心、意、言、動上做工夫。心必操，意必誠，言必謹，動必慎，内外交修之法也。

若胸中無物,殊覺寬平快樂。

一念之非即遏之,一動之妄即改之。

萬起萬滅之私,亂吾心久矣。今當悉皆掃去,以全吾湛然之性。

静中有無限妙理皆見。

念慮一毫雜妄即非仁,便當克去。

斯須心不在,而動即妄矣。

學至於心中無一物,則有得矣。

纔敬,便渣滓融化,而不勝其大;不敬,則鄙吝即萌,而不勝其小矣。

勿起一念之妄,誠可存矣。

懈意一生,即爲自棄。

斯須省察不至,則妄念動矣;斯須心有不存,則與道相違。要當常持此心而不失,則見道不可離矣。

凝定最有力。

一息不可不涵養,涵養只在坐、作、動、静、語、默之間。

心一操而群邪退,聽一放而群邪並興。

操心,一則義理昭著而不昧,一則神氣凝定而不浮,養德養身,莫過於操心之一法也。許魯齋曰:"萬般補養皆虚僞,只有操心是要規。"惟心得而實踐者,乃知其言之有味。

纔收斂身心便是居敬,纔尋思道理便是窮理,二者交資而不可缺一也。。

一於居敬而不窮理,則有枯寂之病;一於窮理而不居敬,則有紛擾之患。

人不持敬,則心無頓放處。

造化翕寂專一,則發育萬物有力;人心寧静專一,則窮理作事有力。

如存心端坐之時,此居敬也;或讀書而思索義理,或處事而求其當否,即窮理也。

不主敬則嗜欲無涯，馳騖不止，真病狂惑之人耳。

不能克己者，志不勝氣也。

私無大小，覺即克去。

無義理以養心，何所不至！

志固難持，氣亦難養。主敬可以持志，少欲可以養氣。

乍存乍亡者，是間斷之時多也。

心一放，則悠悠蕩蕩，無所歸著。

心地乾净，自然寬平。

寡欲省多少勞擾，只寡欲便無事，無事心便澄然矣。

古語曰："敬，德之聚也。"此語最宜潛體。蓋道妙莫測，靡有攸定，惟敬則能凝聚得此理常在。如心敬，則能凝聚得德在心上；貌敬，則能凝聚得德在貌上；以至耳、目、口、鼻之類，無不皆然。或有不敬，則心君放逸而天德亡，百體懈弛而物則廢，雖曰有人之形，其實塊然血氣之軀，與物無以異矣。此"敬"之一字，乃聚德之本，而爲踐形盡性之要也付與！

敬則卓然，敬則光明。

從事於主敬者，斯得太極之妙。

不以禮制心，其欲無涯。

"君子法乾之健"。只無私便不息，有私便息矣。

惟無欲最高，有欲則低矣。

要見道只在存心，存心，則逐處與道相值；心不存，則雖至近者亦莫識其爲道矣。

道雖未嘗遠人，心有斯須不存，則人自遠道矣。

思天理，則心廣而明；思人欲，則心狹而暗。

尋思千能百巧都不濟事，只無欲是高處。

不善之端，豈待應物而後見耶？如静中一念之刻，即非仁；一念之貪，即非義；一念之慢，即非禮；一念之詐，即非智。此君子貴乎慎獨也。

心如鏡，敬如磨鏡。鏡纔磨，則塵垢去而光彩發；心纔敬，則人欲消而天理明。

聖人之心，應物即休，元不少動。

意纔有向，便失其正，不可不察。

人心寬平則光明，狹險則幽暗。光明者君子，幽暗者小人。

有我之私最難克，貴乎明與剛而已。

心本寬大無邊，一有己私，則不勝其小矣。

程子曰："人能克己，則仰不愧，俯不怍，心廣體胖，其樂可知。"竊意顔子之樂亦如此。

所處之地雖静，而心飛颺於外，亦不得静也。惟身在是而心亦在是，則不擇地而静矣。

夜氣如泉源，淆之數亦不能清矣，君子所以貴乎存息也。

知道則言自簡。

絶謀利計功之念，其心超然無繫。

心有開時，開時見是理無物不有，無時不然，塞時則不見矣。故爲學要時時提醒此心，勿令昏塞。

一念之善，景星慶雲；一念之惡，烈風疾雨。

默而存之，有得於心，非所謂德乎！

人之爲學，當於性情上用功尤切。

時時皆道，處處皆道，事事皆道，不可離如此。存養省察之功，不可須臾或閑也。

爲學第一功夫立心爲本，心存則讀書窮理、躬行實踐皆自此進。孟子曰："學問之道無他，求其放心而已。"程子曰："聖賢千言萬語，只是欲人將已放之心收之，反人身來，自能尋向上去。"皆此意也。

先儒曰："欲心一萌，便思義理以勝之。"即窒欲之要也。

學以静爲本。

心静能處事。

不言而躬行，不露而潛修。

畧有與人計較長短意，即是渣滓消融未盡。

人於"實"之一字，當念念不忘，隨事隨處省察於言動居處應事接物之間，必使一念一事皆出於實，斯有進德之地。

爲學至要，當於妄念起處即遏絶之。予每嘗用力於此，故書以自勵。

心無妄想，口無妄言，身無妄動，安得有差？故有差者，皆妄也。"無妄"之義大矣。

修德行義之外當一聽於天，若計較利達，日夕思慮萬端，而所思慮者又未必遂，徒自勞擾，衹見其不知命也。

安往而非事？安往而非道？人惟當即所遇以爲其事，則道無不安矣。苟不安於所遇，在此念彼，則不能以道自處，審矣！

纔舒放即當收斂，纔言語即當簡默。

須有包含則有餘意，發露太盡則難繼。

多言，最使人心志流蕩，而氣亦損；少言，不惟養得德深，又養得氣完，而夢寐亦安。

文中子曰："多言不可與遠謀，多動不可與久處。"

須是盡去舊習，從新做起，乃有進。張子曰："濯去舊見，以來新意。"極有益。宣德五年閏十二月初二夜，余在辰州府分司，睡至五更，忽念己德所以不大進者，正爲舊習纏擾，未能掉脱，故爲善而善未純，去惡而惡未盡。當自今一刮舊習，一言一行求合於道，否則匪人矣。

矯輕警惰，只當於心志言動上用力。

安於故習則德不新，發奮誠心要做好人，一切舊習定須截斷。

顔子終日"不違如愚"，喋喋多言而能存者寡矣。

讀書惟寧静寬徐縝密，則心入其中，而可得其妙；若躁擾褊急，粗略以求之，所謂"視而不見，聽而不聞，食而不知其味"者也，烏足得其妙乎？

口念書而心他馳，難乎有得矣。

讀書不體貼向自己身心上做工夫，雖盡讀古今天下之書，猶無益也。

循理則事自簡。

雖數十年務學之功，苟有一日之閑，則前功盡棄。故曰："爲山九仞，功虧一簣。"

謹言乃爲學第一功夫，言不謹而能存心者鮮矣。

一語妄發即有悔，可不慎哉！

不能知止，則耳目無所加，手足無所措。

平旦虚明之氣象，有難以語人者，惟無欲者能識之。

開卷即有與聖賢不相似處，可不勉乎！

單襄公曰："君子目以定體，足以從之，是以觀容而知其心矣。目以處事，足以步目。今晉侯視遠而足高，目不存體，而足不步目，其心異矣。目體不相從，何以能久？"此亦名言。

天無不包，地無不載，君子法之。

輕當矯之以重，急當矯之以緩，褊當矯之以寬，躁當矯之以静，暴當矯之以和，粗當矯之以細，察其偏而悉矯之，久則氣質變矣。

外物得亦不喜，失亦不怒，則心定矣。得失而喜怒生焉，是猶累於外物，而心未定也。

不言而自能行，出則人心服。

學不進，率由於因循。

吾奮然欲造其極而未能者，其病安在？得非舊習有未盡去乎！舊習最害事，吾欲進，彼則止吾之進；吾欲新，彼則汨吾之新，甚可惡，當刮絶之。

斯須照管不至，則外好有潛勾竊引之私，不可不察。

爲學時時處處是做工夫處，雖至鄙至陋處，皆當存謹畏之心而不可忽。且如就枕時，手足不敢亂動，心下不敢亂想，這便是睡時做工夫，以至無時無事不然。

只觀人氣象，便知其涵養之淺深。

見得理明，須一一踐履過，則事與理相安而皆有着落處；若見理雖明，而不一一踐履過，則理與事不相資，終無可依據之地，曾點所以流於狂也。

以鴻鵠之心讀書，必不能造乎精微。

孔子曰："庸言之信，庸行之謹。"以是知言行之至小者，皆當謹信而不忽。今人日用言行，將謂小事，都不謹信，此德業所以不崇廣也。

識高則量大，氣盛則聲宏。

有《大學》之工夫，則有王佐之事業。

理非利口辯舌者所能知，惟默而成之，不言而信，存乎德行者識之。

挺特自守者必君子，攀援附和者必小人。

看來學者不止應事處有差，小小言動之間差者多矣。

慎言語，養德之大；節飲食，養身之大。

讀書固不可不思索，然思索太苦而無節，則心反爲之動，而神氣不清。如井泉然，淆之頻數則必濁。凡讀書思索之久，覺有倦意，當斂襟正坐，澄定此心少時，再從事於思索，則心清而義理自見。

讀書貴知要。只顔子"四勿"，心不絶想，口不絶念，守之無失，循之無違，豈有差錯？泛觀天下之書，而不知用力處，雖多亦奚以爲？

至大之惡，由於一念之不善。

人爲外物所動者，只是學識淺。

凝重之人，德在此，福亦在此。

愈收斂，愈充拓；愈細密，愈廣大；愈深妙，愈高明。

虚明廣大氣象，到人欲净盡處自見，匪言所能喻也。

心定氣平，而身體之委和舒泰不可言。

挺特剛介之志常存，則有以起偷惰而勝人欲。一有頹靡不立之志，則甘爲小人，流於卑污之中而不能振拔矣。

"莊敬日強，安肆日偷"之語，宜深體玩。蓋莊敬，志以率氣，卓然有立，爲善亹亹不倦，而不知老之將至；安肆，則志氣昏惰，柔懦無立，玩愒歲月，悠悠無成矣。

日用間身心切要道理，只是仁、義、禮、智之性，發而爲惻隱、羞惡、辭讓、是非之情，隨事隨處必體認得了了分明，方爲見道，而無行不著、習不察之患矣。

湛然純一之謂“齋”，肅然警惕之謂“戒”。

戲謔甚則氣蕩，而心亦爲所移，不戲謔，亦存心養性之一端。

一念之欲不能制，而禍流於滔天。

人有滿於得意，而不覺行於色辭，則其所養可知矣。

伯宗曰：“恃其儁才，而不以茂德，滋益罪也。”此可以爲後生輕俊者之戒。

必使一言不妄發，則庶乎寡過矣。

節儉樸素，人之美德；奢侈華麗，人之大惡。

慎言謹行，是修己第一事。

偶讀醫書，有曰“洗心”，曰“齋防患”，曰“戒”，吾有取焉。

氣質極難變，十分用力猶有變不能盡者，然亦不可以爲難變而遂懈於用力也。

輕言戲謔最害事。蓋言不妄發，則言出而人信之；苟輕言戲謔，後雖有誠實之言，人亦弗之信矣。

爲學第一在變化氣質，不然只是講説耳。

好爲怪異不經之談者，不明理也。

惟正足以服人。

捨五經、四書與周、程、張、朱之書不讀，而讀他書者，是猶惡覩泰山而喜邱垤也。

聖人不怨天，不尤人，心地多少灑落自在。常人纔與人不合即尤人，纔不得於天即怨天，其心忿忮勞擾，無一時之寧泰，與聖人之心何啻霄壤！

人之自立，當斷於心，若實見得是，當決意爲之，不可因人言而易其所守。

大者弗察，掇拾小者以爲之，不知類甚矣。

識量大，則毁譽欣戚不足以動其心。

立得脚定，須寬和以處之。

劉立之謂從明道年久，未嘗見其有暴厲之容。宜觀明道之氣象。

人多以快意之事忘却道。

“忘”與“助”，學者之通患。

程子曰：“敬義夾持，直上達天德。”此爲學之要也。

君子行有不得，皆反諸己，而無責人之心。

持己得一“敬”字，接物得一“謙”字。

進將有爲，退必自修。君子出處，惟此二事。

自修，則人不得以非禮相加，所謂“不惡而嚴”也。

常默最妙，己心自存，而人自生敬。

輕言輕動之人，不可與深計，易喜易怒者亦然。

人當自信自守，雖稱譽之，承奉之，亦不爲之加喜；雖毁謗之，侮慢之，亦不爲之加沮。

目之逐物最能喪德，“四勿”以視爲先。

事纔入手，便當思其發脱。

事已往，不追最妙。

人於言動事爲之間不敢輕忽，而事事處置合宜，則浩然之氣自生矣。

凡與人言，即當思其事之可否。可則諾，不可則無諾。若不思可否而輕諾之，事或不可行，則必不能踐厥言矣。有子曰：“信近於義，言可復也。”意蓋如此。

不可強語人以不及，非惟不能入彼，將易吾言矣。

工夫切要在夙夜、飲食、男女、衣服、動静、語默、應事、接物之間，於此事皆合天則，則道不外是矣。

人未己知，不可急求其知；人未己合，不可急與之合。

爲學於應事接物處尤當詳審，每日不問大事小事，處置悉使合宜，積久則業廣矣。

聽言雜，則與之俱化，遂失其正，故貴乎聽德惟聰。

心誠色温，氣和辭婉，必能動人。

覺人詐而不形於言，有餘味。

學者大患，在行不著、習不察，故事理不能合。一處事即求合理，則行著習察矣。

一字不可輕與人，一言不可輕許人，一笑不可輕假人。

防小人密於自修。

内健則有必去之志，外説則無悻悻之色。決小人之善道也。

觀人之法，只觀含蓄，則淺深可見。

論萬事皆當以三綱五常爲本。學者之所講明踐履，仕者之所表倡推明，皆當以三綱五常爲本。捨此則學非所學，仕非所仕也。

接物大宜含弘，如行曠野而有展步之地。不然，太狹而無以自容矣。

定見明，自信篤，可以處大事。

忍所不能忍，容所不能容，惟識量過人者能之。

欲事之合理誠難，但細微處一一能誠，或少過舉矣。

即人言，可以見所養之淺深。

静能制動，沉能制浮，寬能制褊，緩能制急。

一毫省察之不至，即處事失宜，而悔吝隨之，不可不慎。

人有不及者，不可以己能病之。

一失人，則人皆莫之與，孤立而無助矣。

處大事，識爲先，斷次之。

與人言宜和氣從容，氣忿則不平，色厲則取怨。

人於動處難得恰好，纔動便有差，所以發而中節爲難也。

一念之差心即放，纔覺其差而心即正。

水清則見毫毛，心清則見天理。

大丈夫心事,當事白日青天,使人得而見之可也。

居敬有力,則窮理愈精;窮理有得,則居敬愈固。

讀書以防檢此心,猶服藥以消磨此病。病雖未除,常使藥力勝,則病自衰;心雖未定,常得書味深,則心自熟。久則衰者盡,而熟者化矣。

廣大虚明氣象,無欲則見之。

欲淡則心虚,心虚則氣清,氣清則理明。

少欲則心静,心静則事簡。

心存,則因器以識道。

省察存養,不可毫髮間斷。

每日就身心言行、應事接物處,緊緊體認仁、義、禮、智四者,體認得是,則行不錯。

予每夜就枕,必思一日所行之事,所行合理,則恬然安寢,或有不合,即輾轉不能寐,思有以更其失,又慮始勤終怠也,因筆録以自警。

深以刻薄爲戒,每事當從忠厚。

惟寬可以容人,惟厚可以載物。

不可乘喜而多言,不可乘快而易事。

欲人悦己,則人有惡己者矣。

《易》有"修辭立誠"之訓,《書》有"惟口出好興戎"之訓,《詩》有"白圭"之訓,《春秋》有"食言"之譏,《禮》有"安定辭"之訓,《銅人》有"三緘"之誡,《論語》《孟子》與凡聖賢之書,謹言之訓尤多,以是知謹言乃修德之切要,所當服膺其訓而弗失也。

斯須苟且,即非敬矣。

主一則作事不差,纔二三,則雖動作小事亦差矣,況大事乎!

"思無疆",爲學思索義理者當深體之。蓋義理深遠無窮,苟思慮淺近則不足以造其藴。惟思慮無疆,則可以得高深去遠之旨。《易》曰:"惟深也,故能通天下之志。"

自家一箇身心尚不能整理，更論甚政治！

戒太察。太察，則無含弘之氣象。

《經》曰“有容德乃大，有忍乃濟”者，宜深體之。

處事不可使人知恩。

行第一步，心在第一步上，行第二步，心在第二步上，三步、四步無不如此，所謂“敬”也。如行第一步而心在二三步之外，行第二步而心在四五步之外，即非敬矣。至若寫字處事，無不皆然。寫第一字，心在第一字上；爲一事，心在一事上，件件專一，便是敬。程子所謂“主一之謂敬，無適之謂一”與？

體認之法，須於身心之所存所發者，要識其孰爲“中”，孰爲“和”，孰爲“性”，孰爲“情”，孰爲“道”，孰爲“德”，孰爲“仁”，孰爲“義”，孰爲“禮”，孰爲“智”，孰爲“誠”；又當知如何爲“主敬”，如何爲“致恭”，如何爲“存養”，如何爲“省察”，如何爲“克己”，如何爲“復禮”，如何爲“戒慎”、“恐懼”，如何爲“致知”、“力行”，如何爲“博文”、“約禮”。於凡天理之名，皆欲識其真；於凡用功之要，皆欲爲其事。如此則見道明，體道力，而無行不著、習不察之弊矣。

豈獨樂有“雅”、“鄭”耶？書亦有之。“小學”、四書、六經、濂、洛、關、閩諸聖賢之書，雅也，嗜者少矣。夫何故？以其味之澹也。百家小説、淫辭綺語、怪誕不經之書，鄭也，莫不喜談而樂道之，蓋有不待教督而好之者矣。夫何故？以其味之甘也。澹則人心平而天理存，甘則人心迷而人欲肆，是其得失之歸亦何異於樂之感人哉！

君子之心，欲人同其善；人之心，欲人同其惡。

讀前句如無後句，讀此書如無他書，心乃有入。

英氣甚害事，渾涵不露圭角最好。

第一要有渾厚包涵、從容廣大之氣象。

促迫褊窄，淺率浮躁，非有德之氣象。

觀《師冕見》一章，可見聖人接物之誠心。若常人之於瞽者，鮮不忽易而欺紿之，於此亦可以觀聖人之氣象。

常人見貴人則加敬，見敵者則敬稍衰，於下人則慢之而已。聖人於上下人己之間，皆一誠敬之心。

敬天之心，瞬息不敢怠。

謹守下學，自能上達。

取、與是一大節，其義不可不明。

己未善，人譽之不足喜；己有善，人毁之不足怒。

在外者皆不可必，在己者皆所當求。

仲長子光曰："在險而運奇，不若宅平而無爲。"

《大學》"八條目"工夫，一節不可缺。

以勢利交者，安得不終離？

聖人聞人毁己譽己，元不少動，如浮雲一過，而太虚湛然。

思索太勞而不節，暴其氣也。

無欲如至清之水，秋毫畢見；有欲如至濁之水，雖山嶽之大亦莫能鑑矣。

人欲盡而天理見，如水至清而寶珠露；人欲深而天理昏，如水至濁而寶珠暗。此先儒之常説，但先儒以氣稟言，瑄以人欲言。

掃却浮雲而太虚自清，徹去蔽障而天理自著。

人爲不善，將以欺天，而天不可欺；將以欺人，而人不可欺。曷若不爲之愈也！

天誠可畏，近而吾心、吾身、密室、顯地，無非天也，敢不畏乎！

君子行義以俟命，小人恃命以忘義。

人有才而露，只是淺。深則不露。

方爲一事，即欲人知，淺之尤者。

聖賢學性理，學其本；衆人學辭章，學其末。

君子如玉，反覆觀之，温潤瑩徹無瑕。

程子論"恭敬"曰："聰明睿知，皆由此出。"蓋人能恭敬，則心肅容莊，視明聽聰，乃可以窮衆理之妙。不敬則志氣昏逸，四體放肆，雖粗淺之事，尚茫然而不能察，况精微之理乎！以是知居敬窮理，二者不可偏廢,而居敬又窮理之本也。

天下無二理,古今無二道,聖賢無二心。

沉静詳密者能立事,浮躁忽略者反是。

吾心誠志於學,天其遂吾願乎!

婦人女子之言不可聽。余見仕宦之人,多有以是取敗者,不可不以爲戒。

人開口皆能談禮義,論名節,及見利必趨,見勢必附,又不知禮義名節爲何物也。

恭而知,處衆之道。

傲則仰,慚則俯,邪則欹,正則平。

一縷之肉而萬蟻咂之,一勺之水而萬魚吸之,欲滿其欲可乎?

人能心在腔子裏,則百事可精。

無行可悔,則德進矣。

富貴易至溺人,可不謹之哉!

親愛之言,不可偏聽。

枚乘曰:"欲人無聞,莫若勿言;欲人無知,莫若勿爲。"又曰:"積德累行不知其善,有時而用;棄義背理不知其惡,有時而亡。"此皆名言也。

夏葛冬裘,饑食渴飲,朝起暮息之得其正者,皆"時中"也。

欲心一動,如火之熾,如水之溢,非用大壯之力,莫能止其欲。

小人不可與盡言。

待小人嚴而和,所謂"不惡而嚴"也。

道人以善,不可則止,其"知幾"乎!

輕諾則寡信。

孟子曰:"君子深造之以道,欲其自得之也。"道者進爲之方,如學問、思辨、博文、約禮之類是也。循此而進,潛玩積久,則有自得之妙;不循此而進,徒事於記誦辭章之末,欲求自得之妙,難矣!

昔周子惟程珦知之,宜其生二程爲道學之宗也。

爲學只要分“理”、“欲”二字。

要當渾厚中有分辯者在，乃可。

真是天理民彝不可泯滅。

德冠古今，功滿天下，皆分内事，與人一毫殊不相干，何矜伐之有！

輕與必濫取，易信必易疑。

萬事差錯，只是是非顛倒。

人欲肆而羞惡之心亡矣。

聖賢之言，皆平易易知，後世儒者有作禪語以見於文辭者，雖曰明理，失平易之意矣。

學須切問近思，方可見道不遠人。

程子書“視民如傷”四字於座側，余每欲責人，常念此意而不敢忽。

不能感人，皆誠之未至。

自敬則人敬之，自慢則人慢之。

接下言貴簡，不可一語冗長。

常充無欲害人之心。

主静以立其本，慎動以審其幾。

心不可斯須離正理，身不可斯須離正道。

心不可有一毫之偏向，有則人必窺而知之。余嘗使一走卒，見其頗敏捷，使之稍勤，下人即有趨重之意，余遂逐去之。此雖小事，以此知當官者當正大明白，不可有一毫之偏向。

待左右當嚴而惠。

作事切須謹慎仔細，最不可怠忽疏略。先儒謂前輩作事多周詳，後輩作事多闊畧。余覺有闊畧之，先宜謹之。

作官者，於愚夫愚婦皆當敬以臨之，不可忽也。

清心省事，居官守身之要。

處事當詳審安重，爲之以艱難，斷之以果決，事了即常若無事者。不可以處得其當而有自得之心。若然,則反爲所累矣。

處事了,不形之於言尤妙。

處事大宜心平氣和。

處事最當熟思緩處,熟思則得其情,緩處則得其當。

安重深沉者能處大事,輕浮淺率者不能。

伊尹曰:“接下思恭。”豈惟人君當然哉?有官君子於臨衆處事之際,所當極其恭敬,而不可有一毫傲忽之心。不惟臨衆處事爲然,退食宴息之時,亦當致其儼肅,而不可有頃刻褻慢之態;臨政持己,内外一於恭敬,則動静無違,人欲消而天理明矣。

至誠以感人,猶有不服者,況設詐以行之乎!

恭而不近於諛,和而不至於流,事上處衆之道。

謙以自牧,安往而不善!

無深遠之慮,樂淺近之事者,恒人也。

好勝,人之大病。

應事最當知幾。

理明心正,則邪媚不能惑。

既往之非不可追,將來之非不可作。此吾之自省也。

人有矜伐者,亦勞矣。

疾惡之心固不可無,然當寬心緩思,可去與否,審度時宜而處之,斯無悔。切不可聞惡遽怒,先自焚燒,縱使即能去惡,己亦病矣。況傷於急暴,而有過中失宜之弊乎!《經》曰:“無忿疾於頑。”孔子曰:“膚受之愬不行。”皆當深味。

事最不可輕忽,雖至微至易者,皆當以慎重處之。

成王問史佚曰:“何德而民親其上?”史佚曰:“使之以時,而敬順之,忠而愛之,布令信而不食言,如臨深淵,如履薄冰。”此名言也。

丙吉深厚不伐,張安世謹慎周密,皆可爲人臣之法。

處己接物,事上使下,皆當以敬爲主。

君子以莊敬自持,則小人自不能近。

左右之言不可輕信,必審其實。

爲政通下情爲急。

愛民而民不親者,皆愛之未至也。《書》曰:"如保赤子。"誠能以保赤子之心愛民,則民豈有不親者哉!

以誠感人者,人亦以誠應;以詐御人者,人亦以詐應。

"物惡太過"。造化尚然,況人事乎!

正以處心,廉以律己,忠以事君,恭以事長,信以接物,寬以待下,敬以處事。此居官之七要也。

舜好問而好察邇言,人須體此。

勢到七八分即已,如張弓然,過滿則折。

誠意孚於未言之前,則言出而人信之。

士之氣節,全在上之人奬激,則氣節盛。苟樂軟熟之士,而惡剛正之人,則人務容身,而氣節消矣。

處事當沉重詳細堅正,不可輕浮忽略,故《易》多言"利艱貞"。蓋艱貞則不敢輕忽,而必以其正,所以吉也。

爲政當有張弛。張而不弛,則過於嚴;弛而不張,則流於廢。一張一弛,爲政之中道也。

爲官者切不可厭煩惡事,苟視民之冤抑一切不理,曰:"我務省事。"則民不得其死者多矣。可不戒哉!

臨屬官,公事外不可泛及他事。

人臣巧文以避罪,非忠也。

見理明,則遇事迎刃而解。

知理而行者,如白晝見路分明而行,自無差錯;不知理而行者,如昏夜無所見而冥行,雖或偶有與路適會者,終未免有差也。

爲政須通經有學術者。不學無術,雖有小能,不達大體,所爲不過胥吏法律之事耳。

作官一事不可苟。

必能忍人不能忍之觸忤,斯能爲人不能爲之事功。

迷於利欲者，如醉酒之人，人不堪其醜，而己不覺也。

雖富累千金，而心爲物役，寒冰焦火，猶不樂也。顔子雖簞瓢陋巷之窶，而舉天下之物不足以動其中，俯仰無愧，胸次灑然，樂可知矣。

萬金之富，不以易吾一日讀書之樂也。

堯舜之道，非孔子無以明；濂、洛之道，非朱子無以發；周子、程子、張子之學，非得朱子爲之發明，後世紛紛莫知所定論矣。

薛文清公從政名言序

序曰:學非聖,非學也;政非王,非政也。學不自孔子非聖也,政不自周公非王也。蓋有《河圖》《洛書》之旨而後可以言學,有《關雎》《麟趾》之意而後可以言政。後世學者,顓顓於辭章,規規於智力者皆是也,而可以言學與政哉?而可以言聖與王哉?纘宗嘗讀《薛敬軒集》,而見其學與政也,由程、朱而孔子者也,由司馬而周公者也。夫周公、孔子,其學與政豈與人異哉?亦曰誠而已矣,亦曰純而已矣。然先生之至德要道,學者内聖外王之本,不外是也。苟捨是焉,吾不知其學與政矣。纘宗守郡,嘗以敬軒《讀書要語録》而刻之,以與學聖者共。及參藩,又録其爲政名言,以與學王者共。非敢言入室,亦竊欲升堂而未能也。頃見古今論爲政者,若吕氏之《官箴》,胡氏之《緒論》,非不當於事理。至敬軒之語,不獨本於王道,而實切於日用,固今時居官者之藥石也。蓋敬軒國朝碩儒也,名臣也,故所聞所見,非古不通於今、異代不通於當時者比。譬之同室之人,人悉其聲;同里之人,人悉其容。故一言一動,無不益吾身心者,無不中吾膏肓者,是可不取以爲楷梯也哉?於戲!不欲學孔則已,如欲學孔,捨程、朱奚以哉?不欲學周則已,如欲學周,捨司馬奚以哉!不欲學司馬、程、朱則已,如欲學司馬、程、朱,捨薛文清奚以哉!

嘉靖十有四年冬十月五日河南布政使司右布政使天水胡纘宗序

崇禎十六年歲次癸未仲春吉旦九代孫壬午科舉人薛繼巖

薛昌胤　重刻

薛文清公從政名言卷之一

每日所行之事，必體認某事爲仁，某事爲義，某事爲禮，某事爲智，庶幾久則見道分明。

吾居察院中，每念韋蘇州"自慚居處崇，未覩斯民康"之句，惕然有警於心云。

孔子曰："不患無位，患所以立。"惟親歷者知其味。余忝清要，日夜思念於職事，萬無一盡，况敢恣肆於禮法之外乎！

余昨自京師來湖南，瀕行，院中僚友有誦唐人"此鄉多寶玉，慎莫厭清貧"之句，余每不忘其規戒之厚。

爲政以法律爲師，亦名言也。既知律己，又可治人。

凡國家禮文制度法律條例之類，皆能熟觀而深考之，則有以酬應世務，而不戾乎時宜。

爲官最宜安重，下所瞻仰，一發言不當，殊愧之。

人之子孫，富貴貧賤莫不各有一定之命。世之人不明諸此，往往於仕宦中昧冒禮法，取不義之財，欲爲子孫計。殊不知子孫誠有富貴之命，今雖無立錐之地以遺之，他日之富貴將自至。使其無富貴之命，雖積金如山高，亦將蕩然不能保矣。况不義而入者，又有悖出之禍乎！如宋之吕蒙正、范文正公諸公，咸以寒微致位將相，富貴兩極，曷嘗有賴於先世之遺財乎？然則取不義之財，欲爲子孫計者，惑之甚矣！

"視民如傷"，當銘諸心。

深以刻薄爲戒，每事當從忠厚。

不可因小人包承而易其志。

韋應物詩曰:“所願酌貪泉,心不爲磷緇。”亦可以爲守身之戒。

不能感人,皆誠之未至。

處人之難處者,正不必厲聲色與之辯是非、較長短,惟謹於自修,愈謙愈約,彼將自服。不服者,妄人也,又何校焉?

不可乘喜而多言,不可乘快而易事。

聞事不喜不驚者,可以當大事。

人當自信自守,雖稱譽之,承奉之,亦不爲之加喜;雖毀謗之,侮慢之,亦不爲之加沮。

不可因人曲爲承順而遂與之合,惟以義相接,則可以與之合。

張文忠公曰:“左右非公故,勿與語。”予深體此言,吏卒輩不嚴而慄然也。

待吏卒輩,公事外不可與交一言。

待下固當謙和,謙和而無節,反納其侮,所謂“重巽吝”也;惟和而莊,則人自愛而畏。

慎動,當先慎其幾於心,次當慎言、慎行、慎作事,皆慎動也。

凡作事謹其始,乃所以慮其終,所謂“永終知敝”是也。不能謹始慮終,乘快作事,後或難收拾,則必有悔矣。

事纔入手,便當思其發脱。

接下言貴簡,不可一語冗長。

文中子曰:“僮僕稱恩,可以從政矣。”

處事便當揆之以義。

聞人毁己而怒,則譽己者至矣。

欲人悦己,則人有惡己者矣。

主一,則作事不差,纔二三,則雖動作小事亦差矣,况大事乎!

處事不可令人喜,亦不可令人怒。

當官不接異色人最好,不止巫祝、尼媪宜疏絶,至於匠藝之人,雖不可缺,亦當用之以時,大不宜久留於家,與之親狎,皆能變易聽聞，簸弄是非。儒士固當禮接，亦有本非儒者，或假文詞，或假字畫以媒進，一與之款洽，即墮其術中。如房琯爲相，因以琴工黄庭蘭出入門下，依倚爲非，遂爲相業之玷。若此之類，能審察疏節，亦清心省事之一助。

心不可有一毫之偏向，有則人必窺而知之。余嘗使一走卒，見其頗敏捷，使之稍勤，下人即有趨重之意，余遂逐去之。此雖小事，以此知當官者當正大明白，不可有一毫之偏向。

清心省事，居官守身之要。

心静能處事。

法立貴乎必行，立而不行，徒爲虚文，適足以啓下人之玩而已。

中者立法之本，信者行法之要。

法，因天理順人心，而爲之防範禁制也。當以公平正大之心，制其輕重之宜，不可因一時之喜怒而立法，若然，則不得其平者多矣。

爲政以愛人爲本。

處事即求是處，格物致知之一端。

一語、一默、一坐、一行，事無大小，皆不可苟，處之必盡其方。

事無大小，即求合理。

爲人不盡人道，爲官不能盡官道，是吾所憂也。

民心至柔，真有不可强者，惟順其心而道之，則無不從矣。

戒太察，太察，則無含弘之氣象。

待左右當嚴而惠。

有於一事心或不快，遂於别事處置失宜，此不敬之過也。

凝定最有力。

作事切須謹慎仔細，最不可怠忽疏略。先儒謂“前輩作事多周詳，後輩作事多闊畧”。余覺有闊略之失，宜謹之。

“使民如承大祭”，然則爲政臨民，豈可視民爲愚且賤而加慢易之心哉？

作官者，雖愚夫愚婦，皆當敬以臨之，不可忽也。

小人有功,可優之以賞,不可假之以柄。

因一事不快於心,而遷怒之心妄發,此學者之通病。

處事當詳審安重,爲之以艱難,斷之以果決,事了即當若無事者。不可以處得其當而有自得之心,若然,則反爲所累矣。

大事小事即平平處之,便不至於駭人視聽矣。

處事了,不形之於言尤妙。

處事大宜心平氣和。

治人當有操縱人不得而怨之。

嘗見人尋常事處置得宜者,數數爲人言之,陋亦甚矣。古人功滿天地,德冠人群,視之若無者,分定故也。

如治小人,寬平自在從容以處之,事已則絶口不言,則小人無所聞以發其怒矣。

處事最當熟思緩處,熟思則得其情,緩處則得其當。

安重深沉者能處大事,輕浮淺率者不能。

天下之事,緩則得,忙則失。先賢謂"天下甚事不因忙後錯了"。此言當熟思。

法者,天討也。以公守之,以仁行之。。

一字不可輕與人,一言不可輕許人,一笑不可輕假人。

不言而自能行,出則人心服。

處事不可使人知恩。

法者,天討也。或重或輕,一付之無心可也。或治奸頑而務爲寬縱,暴其小慈,欲使人感己之惠,其慢天討也甚矣。

情可矜,雖從寬典,又當使之不知其寬可也。

爲政當以公平正大行之,是非毁譽皆所不恤,必欲曲徇人情,使人人譽悦,則失公正之體,非君子之道也。

只令在己者處得是,何恤浮言!

處事詳審安重。

伊尹曰:"接下思恭。"豈惟人君當然哉?有官君子於臨政處事之際，所當極其恭敬，而不可有一毫傲忽之心。不惟臨衆處事爲然，退食宴息之時，亦當致其嚴肅，而不可有頃刻褻慢之態。臨政持己，内外一於恭敬，則動静無違，人欲消而天理明矣。

簡者，非厭事繁而求簡也，但爲所當爲，而不爲所不當爲耳。

當事務叢雜之中，吾心當自有所主，不可因彼之擾擾而遷易也。

事貴斷制撇脱。

用法秤量輕重，要不失其中而已。

法者，天討也。玩法所以玩天也，敢不敬乎！

世有賣法以求賄者，此誠何心哉？夫法，所以治奸頑也，奸頑有犯，執法以治之，則良善者獲伸矣；若納賄而縱釋奸頑，則良善之冤抑何自而伸哉？使良善之冤抑不伸，是不惟不能治奸頑，而又所以長奸頑也。據高位、載顯名、秉三尺者，忍爲此乎？

世有假官柄以濟貪欲者，吾不知此何心也。

至誠以感人，猶有不服者，況設詐以行之乎！

膽欲大，見義勇爲；心欲小，文理密察；智欲圓，應物無滯；行欲方，截然有執。

事事不放過，而皆欲合理，則積久而業廣矣。

防小人密於自修。

清心省事，居官守身之要。

有欲則人得而中之，惟無欲則彼無自而入。

養民生，復民性，禁民非，治天下之三要。

薛文清公從政名言卷之二

《噬嗑》《賁》《豐》《旅》四卦，論用刑皆離火之用，以是見用法貴乎明。《噬嗑》《豐》以火雷，雷火交互爲體，貴乎威明共濟；《賁》《旅》以山火，火山交互爲體，貴乎明慎並用。

治獄有四要：公、慈、明、剛。公則不偏，慈則不刻，明則能照，剛則能斷。

第一要有渾厚包涵、從容廣大之氣象。

每日就身心言行、應事接物處，緊緊體認仁、義、禮、智四者。體認得是，則行不錯。

大丈夫以正大立心，以光明行事，終不爲邪暗小人所惑而易其所守。

雖微細事不可苟，皆當處置合宜。

取、與是一大節，其義不可不明。

己未善，人譽之不足喜；己有善，人毁之不足怒。疾惡之心固不可無，然當寬心緩思，可去與否，審度時宜而處之，斯無悔。切不可聞惡遽怒，先自焚撓，縱使即能去惡，己亦病矣。况傷於急暴而有過中失宜之弊乎！《經》曰："無忿疾於頑。"孔子曰："膚受之愬不行。"皆當深味。

事最不可輕忽，雖至微至易者，皆當以慎重處之。

凡事當謹始慮終。

文中子曰："古之從仕者養人，今之從仕者養己。"切中後世禄仕之病。

政出於一，則治有所統，而民心信。

剛明並用，折獄致刑之道也。

事來不問小大，即當揆之以義。

心不錯，則諸事不錯矣。

輕與必濫取，易信必易疑。

君子惟義是守，命有所不恤也。

韓魏公、范文正公諸公，皆一片忠誠爲國之心，故其事業顯著，而名望孚動於天下。後世之人，以私意小智自持其身，而欲事業名譽比擬前賢，難矣哉！

敬則卓然。

敬則光明。

方爲一事，即欲人知，淺之尤者。

余直不欲妄笞一人。前時妄笞人，或終日不樂，或連日不樂。

事少有處置不得其宜，心即不快。必皆得宜，心乃快然而足。

成王問史佚曰："何德而民親其上？"史佚曰："使之以時，而敬順之，忠而愛之，布令信而不食言，如臨深淵，如履薄冰。"此名言也。

持己得一"敬"字，接物得一"謙"字。

敬以持己，謙以接人，可以寡過矣。

順理都無一事。

順理則泰然，行之無所窒礙，不順理則鑿矣。

以己之廉，病人之貪，取怨之道也。

廉而自忘其廉，則人高其行而服其德。

吾思人有貴而自滿者，所謂"位不期驕"也，此不可不戒。

守約則能泛應。

待人當寬而有節。

處己接物，事上使下，皆當以敬爲主。

作事只是求心安而已，然須理明，則知其可安者安之；理有未明，則以不安者爲安矣。

左右之言不可輕信，必審其實。

僮僕姑取其給使令之役耳，切不可聽其言，恐大有害於事。

爲政通下情爲急。

愛民而民不親者，皆愛之未至也。《書》曰“如保赤子”。誠能以保赤子之心愛民，則民豈有不親者哉！

聖人爲治，純用德而刑以輔之。後人則純用法術而已。

錦衣玉食，古人謂“惟辟可以有此”。以其功在天下而分所當然也。世有一介之士，得志一時即侈用無節，甚至袒衣皆綾綺之類，宜其顛覆之無日。此余有目覩其事者，可以爲貪侈之戒。

不欺君自不欺心始。

正以處心，廉以律己，忠以事君，恭以事長，信以接物，寬以待下，敬以處事，此居官之七要也。

爲吏不可一事苟且，如文移之類，皆當明白。

凡所爲當下即求合理，勿曰“今日姑如此，明日改之”。一事苟，其餘無不苟矣。

定見明，自信篤，可以處大事。

婦人女子之言不可聽。余見仕宦之人，多有以是取敗者，不可不以爲戒。

舜清問於下民，忘其勢而通下情也。

唐人詩曰：“足知造化力，不及使君需。”吾有取焉。

欲事之合理誠難，但細微處一一能謹，或少過舉矣。

以其能治不能，以其賢治不賢，設官之本意不過如此。有假官威剥民以自奉者，果何心哉！

去弊當治其本，本未治，而徒去其末，雖衆人之所暫快，而賢智之所深慮。

人皆妄意於名位之顯榮，而固有之善則無一念之及，其不知類也甚矣。

積誠而人不感者，未之有也。

機事不密則害成,《易》之大戒也。

不爲衆譽而加喜,不爲衆毁而加戚,其過人遠矣。

有鳳凰翔於千仞之氣象,則不爲區區聲利所動矣。

静能制動,沉能制浮,寬能制褊,緩能制急。

爲善勿怠,去惡勿疑。

恭而不近於諛,和而不至於流,事上處衆之道。

誠意孚於未言之前,則言出而人信之。

事貴審處。古人謂"天下甚事不因忙後錯了"。真名言也。

廉而不公者,只是人欲之私。

世之廉者有三:有見理明而不妄取者,有尚名節而不苟取者,有畏法律、保禄位而不敢取者。見理明而不妄取,無所爲而然,上也;尚名節而不苟取,狷介之士,其次也;畏法律、保禄位而不敢取,則勉强而然,斯又爲次也。

操得其要,則不待深懲重賞而人自化於廉。孔子曰:"苟子之不欲,雖賞之不竊。"

程子常書"視民如傷"四字於座側,曰:"某於此有愧。"大賢尚然,後之臨民者當何如哉!

一毫省察之不至,即處事失宜,而悔吝隨之,不可不慎。

處事當沉重、詳細、堅正,不可輕浮忽畧。故《易》多言"利艱貞"。蓋艱貞則不敢輕忽,而必以其正,所以吉也。

天下大慮,惟下情不通爲可慮。昔人所謂"下有危亡之勢,而上不知"是也。

不欺君,不賣法,不害民,此作官持己之三要也。

爲政當有張弛,張而不弛,則過於嚴;弛而不張,則流於廢;一張一弛,爲政之中道也。

李景讓母鄭氏曰:"士不勤而禄,猶災其身。"雖婦人之言,亦可以爲居官怠職者之戒。

親愛之言,不可偏聽。

富貴易至溺人,可不謹哉!

節儉樸素,人之美德;奢侈華麗,人之大惡。

人遇拂亂之事,愈當動心忍性,增益其所不能。所行有窒礙處,必思有以通之,則智益明。

人於動處難得恰好,纔動便有差,所以"發而中節"爲難也。

固不可假公法以報私讎,亦不可假公法以報私德。

下民之冤抑不伸者,由長人者之非其人也。

爲官者切不可厭煩惡事,苟視民之冤抑一切不理,曰:"我務省事。"則民不得其死者多矣。可不戒哉!

一命之士,苟存心於愛物,必有所濟。蓋天下事莫非分所當爲,凡事苟可用力者,無不盡心其間,則民之受惠者多矣。

昔人謂"律是八分書"。蓋律之條目,莫非防範人欲,扶翼天理,故謂之"八分書"。

人之所爲,不犯律條即爲義,犯之即爲非義,則律爲"八分書"可見。

慎言謹行,是修己第一事。

偶讀醫書,有曰"洗心",曰"齋防患",曰"戒"。吾有取焉。

不虐無告,不廢困窮,聖人之仁也。

勿以小事而忽之,大小必求合義。

法立而行,則人不玩。

事合義,雖大不懼;不合義,雖小當謹。

偶一事發不中節,終夕不快。

臨屬官,公事外不可泛及他事。

枚乘曰:"欲人無聞,莫若無言;欲人無知,莫若無爲。"又曰:"積德累行,不知其善,有時而用;棄義背理,不知其惡,有時而亡。"此皆名言也。

"無輕民事惟難,無安厥位惟危。"豈惟爲人君當然哉?凡爲人臣者亦當守此,以爲愛民保身之法也。

天下之獄，自古不得其平者多矣，掌刑者可不擇其人乎！

偶過長清，知已斷一獄，事不得其平，重有感於心。而知天下之獄，不得其平者多矣。

待小人嚴而和，所謂“不惡而嚴”也。

分外之事，一毫不可與。

謀利計功，乃人欲之私，學者之通患。

王、伯之分，正在不謀利計功與謀利計功之分，絶謀利計功之念，其心超然無繫。

忠信積久可孚於人。不然，則言出而人弗信矣。

輕言戲謔最害事，蓋言不妄發，則言出而人信之；苟輕言戲謔，後雖有誠實之言，人亦弗信之矣。

輕諾則寡信。

人纔動即有差，故君子慎動。

惟正足以服人。

處事識爲先，斷次之。

當大任，有一毫私心，人必見之。

作官常如不能盡其職，則過人遠矣。

處大事，不宜大厲聲色，付之當然可也。

薛文清公從政名言卷之三

作官一事不可苟。

人譽之,使無可譽之實,不可爲之加喜;人毁之,使無可毁之實,不可爲之加戚;惟篤於自信而已。

人之自立,當斷於心。若實見得是,當决意爲之,不可因人言以前却而易其守。

孔子曰:"死生有命,富貴在天。"是皆一定之理,君子知之,故行義以俟命;小人不知,故行險以僥倖。

事之遠者、大者不務,而近小,是急衆人之見也。

爲政須通經有學術者。不學無術,雖有小能,不達大體,所爲不過胥吏法律之事爾。

必能忍人不能忍之觸忤,斯能爲人不能爲之事功。

立得脚定,却須寬和以處之。

法者,輔治之具,當以教化爲先。

止末作,禁遊民,所以敦財利之源;省妄費,去冗食,所以裕財利之用。

財出於民,費用廣則財不足,財不足則賦斂重,賦斂重則民窮,民窮則力竭,力竭則本摇矣。

民至愚,而神不可欺也,惟至誠以動之。

人已一也,浚人之脂膏以自肥,何其不仁如是哉!

《春秋》最重民力,凡有興作,小大必書。聖人仁民之意深矣。

人之所爲,一有不實,即爲妄矣。

凡事分所當爲，不可有一毫矜伐之意。

伊、傅、周、召，王佐事業大矣。自其心觀之，則若浮雲之漠然無所動其心。

處己、事上、接下，皆當以誠敬爲主。

清心省事，爲官切要，且有無限之樂。

“窮通醜好”之説，士大夫所當知。

君子思不出其位，而天下定矣。

犯而不校，最省事。

易簡處事，自無勞擾。

事來只順應之，不可無故而先生事端。

交馳於聲利之場，而此心存焉者寡矣。

庖丁解牛而“技經肯綮之未嘗”者，只是處事順理，自無齟齬也。

事已往，不追最妙。

余每夜就枕，必思一日所行之事。所行合理，便恬然安寢；或有不合，即輾轉不能寐。思有以更其失，又慮始勤終怠也。因筆録以自警。

大丈夫心事，當如青天白日，使人得而見之可也。

應事最當知幾。

人好静而擾之不已，恐非爲政之道。

名節至大，不可妄交非類以壞名節。

守官最宜簡外事，少接人，謹言語。

應事差錯，由心不專。

與人居官者言，當使有益於其身，有惠及於人。

天之道，公而已，聖人法天爲治，一出於天道之公，此王道之所以爲大也。

霍光小心謹慎，沉静詳審，可以爲人臣之法。

常提省此心，勿令昏蔽妄馳，即處事少錯矣。

常人纔有觸，即有不平意，只是量小。

處事最要妥貼定善，即無瑕隙之可議。

庖丁解牛，只是順理，人處事能順理，即如庖丁"無全牛"矣。

不度事勢之可否，故妄作。

凡事皆當推功讓能於人，不可有一毫自德自能之意。

晉伯宗每朝，其妻必戒之曰："盗憎主人，民惡其上，子好直言，必及於難。"後伯宗果爲三郤所害。伯宗之妻有先見之明如此。

只循理，凡事無不順序。

大臣行事，當遠慮後來之患，雖小事，不可啓其端。

亦有小廉曲謹，而不能有爲於事，終無益。

事往之非者，不可拈起説。

人臣當各立於其職，不可有出位之思。

不知時識勢而妄爲，即孟子所爲"小有才，而不知君子之大道"。

天地不交，無以成化功；上下不交，無以成治功。

進退出處，只當居易俟命。

人臣事君，當竭忠盡誠，雖細事不可欺，雖曲禮皆當謹。

道皆歸於人君之一心，大臣正君之職，於是可見。

識最先，作事次之。

歷事之久，尚不知幾，焉得爲智？

雖細事，亦當以難處之，不可忽，况大事乎！

細思處事最難。

聞外議，只當自修自省。

所謂王道者，真實愛民如子。孟子所謂："老吾老以及人之老，幼吾幼以及人之幼。"上以是施之，則民愛之如父母者，有必然矣。

立身當在禮義中，斯不爲清議所少。

民不習教化，但知有刑政，風俗難乎其淳矣。

事無大小，皆當致謹。

《易》以"中正"爲吉，故處事貴乎中正。

行王道則黜霸功，行霸道則棄王道，後世有王霸並用之説，非矣。

孔子曰:“斯民也,三代直道而行也。”是則三代之治,後世必可復。

唐郭子儀竭忠誠以事君,故君心無所疑;以厚德不露圭角處小人,故讒邪莫能害。

三代王佐事業,皆本於道德;後世輔相事功,多出於才氣。

子陵之清,足以廉頑立懦,亦可謂百世之師矣。

惠雖不能周於人,而心當常存於厚。

孔子曰:“焉用殺?”《論語》二十篇,無一“殺”字。論爲政者,聖人之仁心大矣。

聖人爲治,推其固有之善,及人纔有私意,即入於權謀術數矣。

處大事貴乎明而能斷。不明固無以知事之當斷,然明而不斷,亦不免於後艱矣。

孔子稱孟之反不伐。如漢丙吉,深厚不伐善,恐孟之反不能過也。

聖賢成大事業者,從戰戰兢兢之小心來。

聖人最重民力,觀《春秋》所書可見。

雖能建立大事功而不知道,猶爲淺。故君子貴乎知道。

好善優於天下,若自用己能,惡聞人善,何以成事功!

恭而和,處衆之道。

帝王爲治之本在德,其次莫先於用賢才、修治法。治法者,禮樂刑政是也。

聖人之治天下,仁心仁政,本末具舉。

聖人子民之心,無時而忘。

柳子《晉文公問守原議》胡不讀?

信而後諫,未信則以爲謗己也,君臣朋友皆然,可不慎哉!

於人之微淺,皆當誠敬以待之,不可忽慢。

稱意之事不可加喜,喜則爲外物動矣。

爲治捨王道，即是霸道之卑陋，聖賢寧終身不遇。孔、孟不自貶以徇時者，爲是故也。

遊民事末作及隱於異端者多，則立本者少矣。爲政清其源而流自潔。

聞政之善，則《復》卦之“亨”也。

治大衆，必有容乃可。《易》曰：“包蒙吉。”

“正其誼不謀其利，明其道不計其功。”仁者之事，即王者之事。

道學治道，不可岐而爲二，道學正所以推而爲治道。

孟子之後，知王、霸之分者，董子。

聖賢之忠厚不可當。如明道之去，分明不容於時，猶謂己學未至，當時誠意不能動人。其忠厚如此。

孟子“老吾老以及人之老，幼吾幼以及人之幼”，王道仁政皆自此出。有一夫之不獲其所，聖人之心爲之戚然不寧。

行、止、久、速皆有理焉，順理處之可也。

行、止、久、速由乎天，故不可尤人。

《書》言：“罰弗及嗣，賞延于世。”此聖人之仁心也，故賞當過於厚，而刑不過於濫。

明道得志，使萬物各得其所，學者亦不可無此志。

必君臣同德，乃可有爲。

出處去就，士君子之大節，不可不謹。《禮》曰：“進以禮，退以義。”孔子曰：“有命。”孟子不見諸侯，尤詳於進退之道。故出處去就之節，不可不謹。

附　録

從政名言提要

《從政名言》二卷江蘇巡撫採進本。

明薛瑄撰。瑄有《讀書録》，已著録。按瑄《年譜》，宣德元年四月，服闋至都，上章願就教職。宣宗特擢爲御史，尋差監沅州銀場。此書第二條，稱"吾居察院"，第四條，稱"余始自京師來湖南"，則作於奉使沅州時也。其言皆切實通達，然精要已見《讀書録》中，此其緒餘矣。

《四庫全書總目》卷九五《子部·儒家類存目》一

《薛文清公文章》點校説明

《薛文清公文章》一卷，係薛瑄參加永樂辛丑(1421年)科會試所作經義文之結集，共收入時文六篇。清人俞長城編選古今名家時文爲《可儀堂一百二十名家制義》(一名《名家制義》)，題作《薛敬軒藁》，是此卷當即薛瑄自行編訂之時文稿本也。制義稿本之編訂流傳，始於與薛瑄同時而稍早之于謙，俞長城《名家制義》所選取各家藁本，凡得明文九十三家，其中永樂朝僅于謙、薛瑄二人而已。商衍鎏《清代科舉考試述録》謂：俞長城百二十名家選，各人藁本，多者稍事刪汰，少者全行載入，是雖選本，幾與藁本無異。據此，薛瑄之藁本或屬全行載入一類，因其篇幅較小也。然考明代科舉，鄉試、會試各三場，第一場均試經義，《薛敬軒稿》僅收入薛瑄參加會試時所作經義文，鄉試之作則未見，因知此尚非薛瑄所作經義文之全部。然究爲薛氏編訂藁本時棄去，抑或由俞長城選編時刪汰，今日已不得而知。制義即所謂時文者，實爲科舉取士之文，原在一時也，時過則遷。明清以來，時文之選本、稿本，紀不勝紀，層出不窮，而流傳者絶少。薛瑄之藁本，亦全賴俞長城《名家制義》所爲保存，而其原貌則已不可復睹矣。

《薛文清公文章》之版本，最早者即俞長城《名家制義》所收入《薛敬軒稿》，現存康熙己卯（1699年）可儀堂初刻本及乾隆三年(1738年)文盛懷德堂重刻本。其後，薛氏族人編印《薛文清全書》，由《名家制義》中鈔出，改題爲《薛文清公文章》，刊行於乾隆三十年(1765年)。一九八一年，薛瑄故里之薛氏後裔據乾隆三十年刻本所存木板重印《薛文清公作品》若干部。一九八四年，中國書店復據薛瑄故里所藏乾隆木板刷印百餘部，《薛文清公文章》均在其中，實皆源於《名家制義》。此次點校，即以北京圖書館所藏康熙三十八年本《名家制義》中所收《薛敬軒藁》爲底本，其中缺《流連荒亡》一篇，係原書裝訂時誤遺，今據北京圖書館所藏乾隆三年重刻本《名家制義》補足。《名家制義》所收各家時文，簡端均有俞長城氏所作序文，並加論次，旁批尾評，密加圈點。今一仍其舊，旁批仍列於行間，尾評則排於文末，以存其原貌可也；唯因排印方便，將原加之圈，改爲着重號排在字下。

一九九〇年六月十五日於太原

題薛敬軒稿

明時理學，首推文清。文清《讀書録》《河汾集》，學者宗之。夫師文清者，必詘文成；師文成者，亦詘文清。文清之學，主於踐履，其程緩而不逾於則；文成之學，主於會悟，其途捷而易入於禪。且無極之説，考亭兼乎動，象山專乎静，考亭全而象山偏也；一貫之傳，子輿從行入，子貢從知入，子輿實而子貢虚也。論者云：敬軒宗考亭，陽明宗象山。吾則曰：文清似子輿，文成似子貢。文清藁俱簡樸而極醇無疵，録之以志理學之正云。

桐川長城題〔一〕

【校記】

〔一〕乾隆本《名家制義》“長城”上有“俞”字。

儀封人請　一節〔一〕

封人未見聖而思之切，既見聖而嘆之深。夫天不喪道，二三子可
破承俱蒼古。
無患矣。封人信之以天，所以一見而有木鐸之嘆也。惟時孔子轍環至衛，適於儀，有隱君子者，涸跡於封疆之間，其姓與名不可
書法。　淡極古極。
得傳矣，封人其官也。彼其望聖人而若企，前從者而陳詞曰：“君子
摹寫。

之至於斯也，吾未嘗不得見也。"此其意篤而至，語恭而周，賢哉封人！斷一筆，其若弗克見之，思有足多者。嚴冷。逮乎從者見之，叙次閒暇。而封人遂有慨乎其中也。乃出而嘆曰："二三子何患於喪乎？"蓋否而必泰者，天也；往而必返者，勢也。數語有力有神，通篇文勢俱振。况乎有其具不患無其施，而詘於藏當必大於用。則今天下聾聵，捨夫子其誰起！故曰："天下之無道也久矣，天將以夫子爲木鐸。"噫！夫子生不遇于時，如儀封人者，亦可爲傾蓋之交也。一結飄忽。

閑閑寫來，不着一毫筆墨，風神跌宕，意致蒼涼，真仙境也。先生理學爲勝朝第一，而行文古逸，上配龍門、昌黎。彼以迂板沉晦爲程朱者，真優孟衣冠耳。

【校記】

〔一〕見《論語·八佾》。原文爲："儀封人請見，曰：'君子之至於斯也，吾未嘗不得見也。'從者見之。出曰：'二三子何患於喪乎？天下之無道也久矣，天將以夫子爲木鐸。'"一節，即以此一節爲題。康熙本、乾隆本《名家制義》篇名下均有"薛瑄"二字，下同。

一日克己　勿動〔一〕

聖人論爲仁之效，而言機之不預于人；答問仁之目，而言欲之當制于己。破似〔二〕極拙，然樸實周匝，又爲全篇立柱，奇甚。夫爲仁必有其效，而機則在於干也。苟不唯欲之是制焉，又何以見仁果不由乎人哉！思昔聖人因顔子問仁而告之，意謂：己者一身之私欲也，而吾克之如勝敵然；禮者天理之節文也，而吾復之如赴家然。今日克己而惟禮是復，一日兼用力或〔三〕功，講方活。則今日天下之好是懿德者，莫不與吾仁；明日復禮而無己可克，則明日天下之同此秉彝者，亦莫不許吾

仁。然速雖在于一日之頃也，而克修〔四〕之機，我自決爾，人何所庸

頓折亦好。　知。

其功焉；大雖極乎天下之歸也，而克復之機，我自盡耳，人何所措其

行。

力焉。豈非論爲人之效，而言機之不預于人乎？然聖人之論方已，顏

竟作兩對，老。　渡亦老。其意與“一貫”章參看。

子之心即契，故不復有所疑問，而直請其條目焉。于是聖人又答之，意謂目主乎視，耳司乎聽，而不能無非，禮之入也，禁其入焉之非禮，

“入”字“出”字不苟。

而有以全吾仁；言發乎口，動萌諸心，而不能無非，禮之出也，禁其出焉之非禮，而得以存吾仁。然克視聽之私以復乎禮，固已決自我之機；勝言動之欲而復乎禮，亦何預由人之力？又非答問仁之目而言欲

以古文老法作理學題制，又大奇錢楊，火之何也。

之常〔五〕制於己乎！大抵克己復禮，乾道也。非至明不能察理欲之幾〔六〕，非至健無以致克復之決。故惟顏子得聞之，而能幾于無我，爲聖門之之〔七〕好學也與！

無義不寔，無意不到，散碎中見嚴整，對偶中見參差。語語理學，而不覺陳腐之色。蒼堅樸老，自然名貴，然選家知之者鮮矣。

【校記】

〔一〕見《論語·顏淵》。原文爲：“顏淵問仁。子曰：‘克己復禮爲仁。一日克己復禮，天下歸仁焉。爲仁由己，而由人乎哉’！顏淵曰：‘請問其目。’子曰：‘非禮勿視，非禮無聽，非禮無言，非禮勿動。’顏淵曰：‘回雖不敏，請事斯語矣。’”此篇節取“一日克己復禮”至“非禮勿動”數句爲題。

〔二〕乾隆本《全書》“破似”作“破題”。

〔三〕乾隆本《全書》“或”作“成”。

〔四〕乾隆本《全書》“克修”作“克復”。

〔五〕乾隆本《全書》“常”作“當”。

〔六〕乾隆本《全書》“理欲之幾”作“理欲之機”。

〔七〕乾隆本《全書》僅一“之”字。

大學之道　一節〔一〕

聖經以《大學》望天下，而備舉其道焉。蓋"明德"、"新民"與"止至善"合，而大人之體用其〔二〕矣。此之謂大學也。嘗謂：天下有學術，斯有人品，故學不可不講也。而學其大者，無所不大；學其小者，無所

堅樸之致可愛。

不小。故學不可不慎也。

吾觀古之教人者，蒙養既終，大學伊始。蓋大人之性，生而有之

根性出學有本領。

矣；則大人之學，亦生而責之矣。是其學果何道？而道果何在乎？其一曰："在明明德。"人所以惺然于天地間者，恃此虚靈之明，而無奈昏焉者之日淪于蔽也。能明則人而同于天，不能明則人而迹于物，可不學歟！故道在明明德。明即明德也，以本體爲工夫也，是大學之體

三柱老當。

也。其一曰："在新民。"人所以廓然于群類中者，恃此同體之明，而無奈拘焉者之日淪于隘也。能新則爲萬物咸備之人，不能新則爲自私自利之人，可不學歟！故道在新民。新即明也，以作用完本體也，是大學之用也。其一曰："在止于至善。"人所以確然底于歸宿，而不爲摇奪者，恃此天然之則，而無奈晝焉者之趨于偏而不覺也。能止則功夫事業即是本體，不能止則功夫事業悉屬岐見，可不覺〔三〕歟！故道在止至善。止即至善，而明德、新民之極矩也，是大學體用之全也。要而言之，明德、新民，原無兩事；明、新、止至善，亦非兩時。然《大學》必分而言之者，要以内外源流其纖悉條理各有節度，正不漫言一貫，而

總挈下數節，正對頓悟之失。

自蹈于躐等之差耳。此又古大學之意所以異于支離寂滅之學者也。

三段正當老成，起對俗學，結對僞學，語有關係。

【校記】

〔一〕見《大學》。原文爲："大學之道，在明明德，在親民，在止於至善。知止而後有定，定而後能静，静而後能安，安而後能慮，慮而後能得。物有本末，事有終始，知所先後，則近道矣。"此篇即以本節爲題。

〔二〕乾隆本《全書》"其"作"具"。

〔三〕乾隆本《全書》"覺"作"學"。

身有所忿　八句〔一〕

惟心之用有不察，故不能不失其正也。蓋喜、怒、憂、懼，貴乎隨感而應也。苟豫有之而不察，心欲其正，得乎？《大學》釋"修身在正其心"之義謂：夫人之一心，有體焉，有用焉。精藴于中，而未發者，則爲

心兼體用，意則單屬用矣。

渾然之體；情見乎外，而已發者，則爲燦然之施。是故忿懥者，怒心之發而爲情者也。人孰無怒乎？怒在物可也，在心不可也。苟忿懥之心

四者未嘗不是，但不可有所。

一發而不察，則反爲情欲所牽，於是乎有不當怒而怒者矣。奚其正？

乃見〔二〕致知之後，尚有糊塗處。

恐懼者，畏心之發而爲情者也。人孰無畏乎？畏在理可也，在心不可也。苟恐懼之心一發而不察，則反爲利害所惑，於是乎有不當畏而畏者矣。奚其正？至於喜心所發，則爲好樂之情。人不能無也，使得其

反有所法，變〔三〕。

道，而心果何所累哉！苟或一于好樂而不察，則邪妄之誘引將無所不

説"不得其正"四句，四樣境界。

至矣。又奚其正？慮心所發，則爲憂患之情。人亦不能無也，使中其節，而心果何所繫哉？苟或一于憂患而不察，則顧忌之惶惑將無所不至矣。又奚其正？是其物之未來也，而迎之以意，必已失乎渾然大公

二〔四〕義盡有所之病，應起講緊密。

之體；及其物之既往也，而留之以固，我又乖乎燦然順應之常。此情

之所以不制，心之所以不正。欲正心者，烏可以不察哉！

此是因用而累體。心之用，即意也，用而能察，即知也。蓋致知誠意，只辨得是非理欲，是中有偏，理中有滯，尚須一層工夫。推勘細密，粹然醇儒。

【校記】

〔一〕見《大學》。原文爲："所謂修身在正其心者，身有所忿懥，則不得其正；有所恐懼，則不得其正；有所好樂，則不得其正；有所憂患，則不得其正。心不在焉，視而不見，聽而不聞，食而不知其味，此謂修身在正其心。"此篇節取"身有所忿懥"至"有所憂患，則不得其正"共八句爲題。

〔二〕乾隆本《全書》"見"作"是"。

〔三〕原無此字，據乾隆本《全書》補"變"字。

〔四〕乾隆本《全書》"二"作"一"。

流連荒亡〔一〕

歷觀盤樂之弊，而齊君可監矣。夫流連荒亡，有一於此，民且不勝其困也，而況四者之交騁乎！宜晏子舉以爲景公告也。若曰：古昔先王之治天下也，先天下之憂而憂，後天下之樂而樂也。使今時之

從下句倒入本句〔二〕，非先輩大膽不能。

君，而皆心先王之心焉，則逸游有戒，何有於流而亦何有於連也；宴

逆出，奇〔三〕。

樂有戒，何有於荒而亦何有於亡也。顧乃淫荒以游，每多欲之是逞；放縱無道，惟多樂之是耽。時乎而流焉，時乎而連焉，曾不知閭里之

點染法，喧視法。

流離可憫，而亦不知煢獨之顛連可念也；樂其所以荒焉，樂其所以亡焉，曾不思畎畝之荒蕪可患，而亦不思黎庶之淪亡可憂也。析此流者、連者、荒且亡者而觀之，雖各隨其情之所欲，而未必兼爲於一時；

四字拆開看，合併看，多妙。

合此流者、連者、荒且亡者而觀之，實〔四〕各極其心之所欲，而相尋於

無窮之樂。樂無窮而民財有限，志無已而民力易竭，以有限之財而

四字分疏不得，下句又侵犯不得，只以民情相形，連遞逼拶，烟波萬丈。

供無窮之樂，以易竭之力而從無已之志，民困之所以日甚，而民怨之所以日深也。諸侯其憂矣！

帶拖帶應。

吾王四句，是上下俱樂。此二句，上樂下憂，此句説樂，下句説憂，題面雖虛，只極摹樂字，反托憂字，則本句不刻劃而自工，下句不影逗而自起矣。

【校記】

〔一〕見《孟子·梁惠王下》。原文甚長："齊宣王見孟子於雪宫。王曰：'賢者亦有此樂乎？'孟子對曰：'有。人不得，則非其上矣。不得而非其上者，非也；爲民上而不與民同樂者，亦非也。樂民之樂者，民亦樂其樂；憂民之憂者，民亦憂其憂。樂以天下，憂以天下，然而不王者，未之有也。昔者齊景公問於晏子曰："吾欲觀於轉附朝儛，遵海而南，放於琅邪，吾何修而可以比於先王觀也？"晏子對曰："善哉問也！天子適諸侯曰巡狩。巡狩者，巡所守也。諸侯朝於天子曰述職。述職者，述所職也。無非事者。春省耕而補不足，秋省斂而助不給。夏諺曰：'吾王不遊，吾何以休？吾王不豫，吾何以助？一遊一豫，爲诸侯度。'今也不然，師行而糧食，饑者弗食，勞者弗息。睊睊胥讒，民乃作慝。方命虐民，飲食若流。流連荒亡，爲諸侯憂。從流下而忘反謂之流，從流上而忘反謂之連，從獸無厭謂之荒，樂酒無厭謂之亡。先王無流連之樂，荒亡之行。惟君所行也。"景公悦，大戒於國，出舍於郊。於是始興發補不足。召大師曰："爲我作君臣相説之樂！"蓋《徵招角招》是也。其詩曰："畜君何尤？畜君者，好君也。'"此篇即以其中"流連荒亡，爲諸侯憂"一句爲題。又，此篇爲北圖所藏康熙本《名家制義》所無，然目録存此篇名，意其裝訂時所遺也，今據北圖所藏之乾隆本《名家制義》補。

〔二〕乾隆本《全書》"本句"作"本題"。

〔三〕乾隆本《全書》無"逆出奇"三字。

〔四〕乾隆本《全書》無"實"字。

仁義禮智　者也〔一〕

理本固有而在，人不知求習始相遠，而由人之自棄。夫性雖天

破題古拙，却於題面一句不漏。

賦，而當知操舍之幾；習與性成，而宜謹善惡之介。其或昧思，求之心

精警融徹語他人留在文字中。古人於起手不苟簡如此。

而無擴充之力，亦豈能盡其才哉！且夫惻隱之仁，羞惡之義，固人之性也。心者性之郛廓，而性處於心之内，初非由彼以及此也。恭敬之禮，是非之智，亦人之性也。心者性之將帥，而性統於心之中，初非自外而至内也。然性雖在内，而人不知其所以思；性雖固有，而人不知

出思字。

其所當求。殊不知心存而理自得，氣至而理亦至。故弗思則已，

出求字。　　思字精。　　求字精。

而思之有必明，且弗求則已，而求之有必得。此其得失之幾在我，而善惡之品所由分焉。所以或一倍或五倍之相遠，或推而極於無數之可算。是何也？亦由不思不求而不能擴充以盡其才耳。夫才爲心之用，而萬理無不具；才爲性之能，而衆善無不完。使能思而求之。則知

補此二層。

足以周萬物之情，必有以全四者之心於己矣；使能擴而充之，則道足以濟天下之衆，必有以遠無算之譏於人矣。噫！性之得失係於己，而己之善惡由於心，心也者，所以統性情而盡才能者歟？

思字求字盡字，總歸於心。

真西山云：曰思曰求曰盡，皆孟子喫緊爲人處，文亦警而得情。王美申

思是察識，儘是擴充，求在思與盡之間。三層疏剔分明，文極樸至。

【校記】

〔一〕見《孟子·告子上》。原文爲："公都子曰：'告子曰："性無善不善也。"或曰：

“性可以爲善，可以爲不善。是故文武興，則民好善；幽厲興，則民好暴。”或曰：“有性善，有性不善。是故以堯爲君而有象，以瞽瞍爲父而有舜，以紂爲兄之子，且以爲君，而有微子啓、王子比干。”今曰“性善”，然則彼皆非與？’孟子曰：‘乃若其情，則可以爲善矣，乃所謂善也。若夫爲不善，非才之罪也。惻隱之心，人皆有之；羞惡之心，人皆有之；恭敬之心，人皆有之；是非之心，人皆有之。惻隱之心，仁也；羞惡之心，義也，恭敬之心，禮也；是非之心，智也。仁義禮智，非由外鑠我也，我固有之也，弗思耳矣。故曰“求則得之，舍則失之。”或相倍蓰而無算者，不能盡其才者也。《詩》曰：“天生蒸民，有物有則。民之秉彝，好是懿德。”孔子曰：“爲此詩者，其知道乎！故有物必有則，民之秉彝也，故好是懿德。”’”此篇以“仁義禮智”至“不能盡其才者也”數句爲題。

薛文清公策題

策問五十八道

問:天地之間,理、氣而已。《河圖》五十有五之數,一六水居北,二七火居南,三八木居東,四九金居西,五十土居中。奇偶之數,固八卦之所由畫也。然此皆以氣言,而不及於理,何歟?《洛書》因一、二、三、四、五、六、七、八、九之數,第而爲五行、五事、八政、五紀、皇極、三德、稽疑、庶徵、五福之疇,固兼以理氣言矣。先儒謂《河圖》《洛書》相爲經緯,八卦、九疇相爲表裏。然一以氣言,一兼以理言,果何以有經緯表裏歟?厥後周子作《太極圖》,其曰"無極而太極"者,純以理言也。自陰陽五行男女化生萬物,則兼以氣言,而理爲之主也。然周子非有《河圖》《洛書》之可據,而《太極圖》之作,果有合於羲畫、禹疇之旨歟?諸子於《易》《書》、周子之學必嘗講之,試爲我陳其説。

問:造化不過一理、陰陽五行、化生萬物而已,即周子《太極圖》觀之可見矣。所謂一理者,何所寓歟?陰陽者,何所運歟?五行者,何所布歟?萬物者,何所生歟?一理,理也;陰陽五行,氣也。理與氣果析而爲二歟?其化生萬物也,理歟?氣歟?化生萬物之後,理、氣與之俱往歟?亦恒存而不易歟?窮理爲學之首事,試詳陳造化之秘。

問:聖人之制作,必有所則。如《河圖》天數二十有五,地數三十,天數奇,地數偶。伏羲則之,畫一奇以象陽,畫一偶以象陰,此固八卦之由始也，然以八卦分配《河圖》生成之數，又可詳言歟？《洛書》自履一至載九，固九疇初一至九，五福之序也。而五皇極一疇，獨不以數言之，何歟？《圖》也，《書》也，皆以五居中矣。而《洛書》中五，獨無十數，何歟？然作《易》作《範》，固皆取則於《圖》《書》矣。至周子作《太極圖》："無極而太極，太極動而生陽，動極而静，静而生陰。静極復動，動静互根，分陰分陽，而兩儀立。"以至真精妙合，氣化而生男女，形化而生萬物。蓋自一理、陰陽五行、化生萬物也。然周子既無《河圖》《洛書》之可取，又何所取法而作是《圖》歟？且《太極圖》，周子手授程子者也，而程子獨不以示人，其意又何歟？夫天地之間，造化之妙，不過陰陽。而其所以一陰一陽者，則太極之謂也。然《圖》《書》也，《易》《範》也，《太極圖》也，其理與氣又可合而爲一歟？此皆學問之大根大本，試詳言之。

問：天地陰陽，形氣之實體也。天之氣充塞上下四方，無少間隙，而天之外，又果有何物歟？地之形居天之中，是其爲體，至静也。而天之氣又何以流貫乎其中，而發生萬物歟？且天既無窮，而包乎地之外矣。其地之形又果有邊際歟？抑與天之氣俱無窮盡歟？天，氣也；地，形也；氣與形又何所依附歟？夫日明於晝，月明於夜，説者謂月本無光，受日以爲光。且日既西入地中矣，而月三日始生明，八日爲上絃，十五日爲望，而月之光何所受於日歟？及既望之後，月又生魄，至下絃而爲晦，而又何不借光於日歟？天地之所以大小，日月之所以明晦，皆窮理之事也。其詳言之。

問：性者，萬物之一源也。而其名始見於《商書·仲虺之誥》今見《湯誥》。其後言性，莫備於孔子贊《易》之辭。至孔子"性與天道不可聞"，則是未嘗輕以性語人也。夫何孔子於《易》則言性至詳，而教人則不可得聞歟？且仲虺之言性，與孔子之言同歟？異歟？至孟子始言"性善"，是大有功於聖門也。夫何荀卿則言"性惡"，揚雄則言"善惡混”，而韓子則言性有“三品”，而三子何以言性之不同如是歟？就三子論之，何者頗近於是歟？及程子有曰：“性即理也。”張子有曰：“形而後有氣質之性，善反之，則天地之性存焉。”而二子之言性，又與仲虺、孔子之言性同歟？異歟？又與諸子之言性獨得其是，而果非諸子可及歟？及考之《大學》《中庸》，《大學》則言“明德”，而不言性。《中庸》則首言“天命之性”。“明德”與“天命之性”果有合歟？夫天下無性外之物，而性無不在，是聖人教人之道，莫先於此。抑可即仲虺以至程、張二子，與《庸》《學》之書，備論其得失，融會其旨趣歟？備著於篇，以觀性理之學。

問：性者，萬物之一源也。然人得其形氣之正，故性宜無不全；物得其形氣之偏，故爲所拘蔽，而不能通貫乎性之全體。然人雖得形氣之正，又有生知、上智、中人、下愚之品，而或能全是性者，而或不能全是性者。何歟？物得形氣之偏，固不能全此性矣。而虎狼之父子，蜂蟻之君臣，雎鳩之有別，豺獺之報本，又或能明性一端。何歟？若孔子之言性與天道，子思言天命之性，孟子言性善，皆指理而言也。性即理也，理無不善，故性有善而無惡。夫何告子以生之謂性，而不能悟孟子性善之言歟？程子有曰：“論性不論氣，不備；論氣不論性，不明。二之則不是。”斯又何所指歟？張子曰：“形而後有氣質之性，善反之，則天地之性存焉。”此又何所分歟？合人物之性、氣質之性、天地之性而論之，何爲而同？何爲而異？必有其説，可詳陳之。

問：天人之理一也。自天道言之，曰天命，曰元亨利貞，曰一陰一陽之謂道，曰繼之者善，曰成之者性，曰主宰之帝，曰功用之鬼神，曰妙用之神，曰性情之乾。是其名義之殊，亦可言歟？自人道言之，曰天性，曰仁義禮智信，曰率性之道，曰心，曰性，曰情，曰誠，曰中，曰和，曰德，曰忠恕。是其性理之名又有別歟？天道也，人道也，雖殊途而同歸，百慮而一致。蓋必析之，極其精而不亂；然後合之，盡其大而無餘。貫天人而爲一理，必有其説，曷詳陳之。

問：理一而已矣。自有載籍以來，聖賢之論理，千緒萬端，支分派别，苟不能合而一之，則未足謂之達理。若《虞書》曰"人心道心"，曰"中"；《商書》曰"降衷"，曰"恒性"，曰"誠"，曰"仁"，曰"道"，曰"建中"；《周書》曰"建極"；《易》曰"元亨利貞"、"仁義禮智"，曰"天道"，曰"天命"；《大學》曰"明德"；《中庸》曰"天命"，曰"性"，曰"道"，曰"誠"；《論語》曰"仁"，曰"忠恕"；《孟子》曰"性善"，曰"四端"；以至《詩》曰"秉彝"；周子曰"無極而太極"。性理之名如此之類，不能遍舉。誠欲析之極其精而不亂，合之盡其大而無餘，會萬理於一源，其説可得聞歟？

問：中，一也。何以有不偏不倚、無過不及之分？中，發而爲和，情也。何以有中節之名？無過不及即中節也。既曰已發之中，又曰中節之和，何以言之復而意之煩若是歟？試明辯之。

問：太極者，合天地萬理而一名之也。朱子解《太極圖説》，以"性"之一字貫之。周子《通書》，以"誠"之一字貫之。二説果何者爲至當？及觀《大學》《論語》《孟子》《中庸》，乃萬理之淵藪。何無一語論及太極之名歟？不但四書，自《易》有太極，見於《易大傳》之外，《詩》《書》《春秋》諸經，又無一言語及太極。何歟？且性者萬物之原，而誠即性之真實無妄者。此二言者，又果可總貫聖賢之四書諸經歟？若求之四書諸經，又所載者何事？所言者何理？即太極之謂歟？理必散於萬殊而會於一源，試詳陳其異同。

問：聖人所謂道，不外乎君臣、父子、夫婦、長幼、朋友之倫，《中庸》所謂"率性之謂道"，是也。而董子何以有曰"道之大原出於天"？然天之道果與人之道同歟？異歟？夫斯道原於秉彝之性，萬世同此性，而同此道也。何以韓子謂“自孟軻没，不得其傳”歟？至宋之周子，始作《太極圖》以發斯道之藴，然其言詳於性命之微，而略於進脩之序。若究其極，天道、人道、地道，又有合於聖人、子思、董子所言之道歟？《大學》《論語》《孟子》，皆聖賢之微言也。《大學》首言“明德”，《論語》專言“仁”，《孟子》首言“仁義”，而皆不及道。何歟？夫古今之學，一也。而宋之濂、洛、關、閩諸君子，獨以道學爲名，其與世俗之學，又何别歟？道也者，不可須臾離也。諸士子試爲我剖析前聖賢立名之異，而會合前聖賢旨趣之同，則所學深淺於是可見。

問：仁義之理，一也。《易大傳》言“仁義”，《論語》專言“仁”，《孟子》或兼言“仁義”，或並言“仁義禮智”，何以言之詳畧有不同如是歟？程子又曰：“仁，偏言則一事，專言則包四者。”又何以有偏言、專言之名歟？仁即性也，人之所同有，何以夫子不許諸子以仁，而惟以爲仁之要告顔子歟？又以“三月不違仁”許顔子歟？夫愛者，仁之情也。程子又謂：“愛不可言仁。”何歟？朱子釋仁之義，有曰：“仁者，愛之理，心之德。”有曰：“當理而無私心，可謂仁矣。”又曰：“非全體不息者，不足以當之”何以釋仁之名義不同如是歟？在人，仁爲四德之長；在天，元爲四德之首。以仁合元又有説歟？孔子教人以仁爲大，試相與講明之。

問：伏羲畫卦，得於仰觀俯察，而《河圖》乃仰觀俯察中之一事耳。仰觀於天，見天之數奇，故畫一奇以象陽；俯察於地，見地之數偶，故畫一偶以象陰。既畫一奇一偶，因而三重之，遂成八卦。八卦之上各加八卦，遂成六十四卦。此因仰觀俯察而畫卦者如此。至《河圖》之數，亦不過一奇一偶，而畫卦之奇偶，亦惟取法於此而已。設使伏羲不仰觀俯察，不取法《河圖》，亦可以心得之妙而畫卦歟？且伏羲畫卦之後，又何所取象而立六十四卦之名歟？而卦既成六十有四，伏羲又何爲自震至乾爲順行，自巽至坤爲逆行，而爲圓圖歟？又何爲天地定位，否泰反類，山澤通氣，損咸見義，風雷相薄，恒益起意，水火相射，既濟未濟，而爲方圖歟？夫卦既有畫，文王又何爲而繫彖歟？周公又何爲而繫爻歟？孔子又何爲而作《十翼》歟？其程子之《傳》，朱子之《易本義》，於四聖之《易》，果得其宗旨歟？談《易》者紛然，其辭繁複，幾至"曰若稽古三萬言，又孰爲最得程、朱氏《易》之深意歟？誠欲芟蕪就簡，由程、朱氏《易》説以上遡孔、周、文、羲之本旨，又有其要歟？學《易》非細事，曷深而歷陳之？

問：先天四圖，《易》之源也，今《易》書一畫一字之義，皆自其中流出。何自孔子之後，以《易》學名家者，無一語以及之歟？程子之於《易》道深矣。然其作《傳》，亦自乾元亨利貞，以下亦無論及。所謂《先天圖》者，何歟？自陳希夷以是《圖》授穆脩伯長，傳至李之才挺之，挺之傳邵康節，康節乃反之於《易》，因孔子《大傳》有曰："《易》有太極，是生兩儀，兩儀生四象，四象生八卦。"而知一分爲二，二分爲四，四分爲八，八分爲十六，十六分爲三十二，三十二分爲六十四之序。因《大傳》有曰："天地定位，山澤通氣；雷風相薄，水火不相射，八卦相錯。數往者順，知來者逆。"而知圓圖自復至乾爲順，自姤至坤爲逆之序。然《大傳》既明言《先天圖》序次如此，而《圖》未出之時，何無一人能因其言以求其圖歟？至朱子作啓蒙四篇，其一篇曰《原卦》，畫正以發明先天之圖也。然則朱子之《易》果與邵子之《易》有契歟？曷詳言之？以觀《易》之淺深。

問：《易大傳》曰："河出《圖》，洛出《書》，聖人則之。"又曰："古者包犧氏之王天下也，仰則觀象於天，俯則觀法於地，觀鳥獸之文與地之宜，近取諸身，遠取諸物，於是始作八卦，以通神明之德，以類萬物之情。"然《大傳》言伏羲所取以畫卦者不同如此，果則《河圖》《洛書》而畫歟？果遠取近取而畫歟？試辯之。

問：《河圖》出而八卦畫，《洛書》出而九疇叙，其所以畫卦而叙疇者，又何所取則於《圖》《書》之數歟？

問：《書》載帝王治天下之道，堯、舜之前豈無書可考，而孔子删之，乃斷自唐、虞。何歟？又終於《秦誓》，何歟？其堯、舜、禹、湯、文、武爲治之道，何者爲大綱？何者爲衆目？何者爲所當急？何者爲所當後？試詳言之。

問：《詩》有三百十一篇，乃吾夫子之所删定也。何以有《風》《雅》《頌》三經之别？何以有賦、比、興三緯之名？學詩之法，三經三緯若何而爲得其旨趣？若何而爲得其功效？可細講之。

問：禮典之有關於治教，尚矣。今之所存者，《周禮》《儀禮》《禮記》，朱子嘗欲脩《三禮》而未克成書。獨《儀禮》有説，亦未竟。而喪祭之説，黄氏終之。然則《三禮》孰爲經？孰爲傳歟？抑欲脩《三禮》萃而爲一，亦有説歟？自漢、唐以來，皆有一代之禮，其因革損益，果有合於古之《三禮》歟？其立名取義，亦可詳考歟？夫禮無本不立，無文不行，制禮者本末具舉，何者當先？何者當後歟？治天下國家以至脩身治心，不可斯須而無禮也。今欲歷舉古禮而措之當時，又有其道歟？洪惟聖朝以禮治天下，典章文物之盛，度越前古，又何所稽於古之制歟？試歷陳之。

問：樂之和，有關於治道大矣。備而盛者，莫先於虞、周。其律吕之制，聲容之節，抑可考歟？太史公有《律書》，張蒼定律歷，京房知五音，宋之胡瑗、阮逸、司馬公之輩議樂各殊，終不能相一。果孰爲得？孰爲失歟？及蔡元定作《吕律新書》，朱子獨以明白而淵深，縝密而通暢稱之。是果有合虞、周之樂歟？先儒有曰：樂，只是和其律吕聲容之節，不過宣播此和，以感天地，以動鬼神，以正人倫而已。所謂和者，又若何而得其本歟?其本既立,其文亦備,斯可言樂。試相與講明之。

問:禮樂者,化天下之本。自唐、虞、三代以來,臻禮樂之效者,孰爲最盛歟?漢叔孫通有綿蕞之禮,唐山夫人有房中之樂,果可謂之禮樂歟?賈生議興禮樂,文帝謙讓未遑,禮樂果不可行於當時歟?房玄齡問禮樂,文中子以爲"非爾所及"。又曰:"使諸葛不死,則禮樂可興。"然房玄齡不能興禮樂於盛唐,而許諸葛興禮樂於末漢,抑文中子之意又何不倫歟?如唐之貞觀、顯慶、開元皆有禮而不言樂,何歟?伊欲復唐、虞、三代之禮樂,漢、唐以下,駁乎無以議爲也,又果有何説爲至當之論歟?試著於篇,以觀禮樂之學。

問:孔子因《魯史》而作《春秋》,紀二百四十二年之行事。其始於魯隱公之元年,抑有所託歟?終於西狩獲麟,又有意歟?作傳者自左氏、公、穀以至胡氏之説,衆矣。又何傳得《春秋》之宗旨歟?

問:禮樂爲治之急也。姑自唐、虞、三代言之,若舜《韶》、禹《夏》、湯《濩》、武《武》,皆帝王之樂也。其本末聲容亦可考歟?其樂有是名矣,而當時之禮又何所載歟?下至漢、唐、宋,亦皆有禮有樂,其制作之得失,又可悉言歟?先儒有曰:禮只是序樂,只是和其序。其和又可講歟?制禮作樂,非聖人不能。誠欲禮備樂和,又將以何者爲本?何者爲末歟?本末兼該,而禮樂之功效又將何所極歟?其詳陳之。

問:《書》《春秋》,古史也。自左氏以來,作史者衆矣。若司馬遷之《史記》、班固之《西漢書》、范蔚宗之《東漢書》,與夫《三國志》《晉書》《唐書》《五代史》,又何者得《書》《春秋》之遺法歟?司馬公作《資治通鑑》,朱子作《綱目》,其正統之予奪,抑何者爲至當不易之論,而可上接於《春秋》筆削之旨歟?

問：六經之道同歸。然説者謂《易》以道陰陽，《書》以道政事，《詩》以道志，《春秋》以道名分，《禮》以道行，《樂》以道和。其所道之殊如此，又何以見其同歸歟？

問：《大學》《語》《孟》《中庸》，皆聖賢之大經微言也。自漢、唐以來，其書雖存，而知其道者鮮矣。至程、朱氏出，始表章發揮之，而聖賢之精藴粲然復明於世。然自朱子以來，四書流溢於海内，家傳而人誦之。抑欲析四書之精而不亂，合四書之統而歸一，其説可得而聞歟？由四書而所以上接堯、舜、禹、湯、文、武之統者，又可得詳言歟？

問：古者爲學之序，莫過於八歲入小學，十五入大學。然大學之書具存，而小學則僅有《曲禮》《少儀》《内則》《弟子職》諸篇之支流餘裔。何歟？及朱子以其全書雖不可見，而雜出於傳記者亦多，遂蒐輯爲今之《小學》，然亦果有合於古之小學歟？循今之《小學》與古之《大學》，而進其節目次第之詳，又可言歟？而用於二書之切要，又可特舉歟？可悉陳之。

問：小學、大學，固爲學之序也。古者八歲入小學，而教以灑掃應對進退之節，禮樂射御書數之文。然一曰節，一曰文，何以言之不同歟？其所謂節與文，又可考其條目之詳歟？十五入大學，教之窮理、正心、修己、治人之道，以格物、致知、誠意、正心、修身、齊家、治國、平天下八條目言之，何者爲窮理正心之事？何者爲修己治人之事歟？自小學、大學教人之法逸於東周，吾夫子獨取先王之法，誦而傳之，以詔後世。若《大學》則今之經傳是也。何以《小學》無全書，僅有《曲禮》《少儀》《内則》《弟子職》諸篇之支流餘裔歟？今欲復古者教人之法，使皆由小學、大學而進，又有其要歟？

問：自古帝王之治天下，必有立教垂世之典。若唐、虞、三代之典、謨、訓、誥、誓命之書是也。洪惟我太祖高皇帝膺天明命,統一萬方,爰於政治之暇,作《大誥三編》,示臣民以軌範,其即古者立教垂世之意歟? 逮太宗文皇帝御製《爲善陰騭孝順事實》,及宣宗章皇帝御製《五倫書》、今皇上御製《歷代君鑒》,又與《大誥三編》立教之意同歟?夫列聖制作之典雖殊,而教人爲善之道則同。《大誥》之申明五常,即爲善孝順之事也。《五倫》《歷代君鑒》即五常之理也。即各書舉其要者而合於一揆者,必有其説。試詳言之。

問:德行,本也;文藝,末也,欲先德行必自何者爲始? 欲習文藝又以何事爲末?後世學者,往往用力於記誦詞章之習,而不知篤志於孝親敬長、日用人倫之道,爲弟子則不能盡灑掃應對進退之節。雖熟習於記誦詞章之末,德有不脩,行有不立,卒流爲小人之歸矣。伊欲先德行而後文藝,事親必孝,事長必弟,與凡日用人倫無一而不俛焉,以盡其實。又若何脩而可以進於此歟?試詳陳之,以觀務本之學。

問:自鄒魯之教息,而諸子出。若荀子,若文中子,若揚雄,若韓昌黎,若司馬公,皆有所著之書,果皆合於孔孟之道歟? 荀子以人性爲惡,已不識大本;"粹而王,駁而霸"之語最近正,外此有可取之言歟? 文中子有《中説》,有《續經》,其言又可論歟? 揚雄《法言》擬《論語》,《太玄》擬《易》,果然歟?昌黎《原道篇》,程子謂其"博愛之謂仁"等語,雖未純,然自孟子以來,能將許大見識尋者,纔見此人。信然歟?司馬公《潛虚》之作,又有補於《易》歟?夫諸子亦皆志於聖人之學者也,其所著之書,孰得孰失? 敦正孰邪? 試詳辯之。

問:自道術裂而諸子各以所能,名家若荀子、若揚雄、若文中子,各有所著之書。然三子之中孰爲最優歟?唐、宋以來,有韓文公、有歐陽公、有王介甫、有三蘇、有司馬公,而數子之學,又孰爲近正歟? 漢之時有董仲舒、有賈誼,與夫毛萇、夏侯勝、伏生、鄭玄之徒,皆大儒俊才，窮經之士也，又何以不在諸子之列與？試詳辯之。

問：文者，順理成章之謂也。凡見於六經、四書，與凡聖賢立教垂世之言，皆載道之文也。夫何後世專以文爲事，而矻矻用力於其間，雖富麗倍於古，而少有明夫道者。何歟？如屈原、賈誼、司馬相如、揚雄、太史公之流，文亦工矣，果有載道者之可取歟？至唐之時，一世並驅於文詞之場，工於章句者，非止一家。果誰之文庶幾有近於載道歟？宋之歐陽公，尤推重韓退之文，且韓文公之文何篇最有可取歟？而歐陽公之文，又與韓公之文孰有優劣歟？當時蘇氏父子、曾南豐、陳后山、秦淮海之輩，亦皆以文名者也。又何人之文可追迹於歐陽公歟？夫學者所以學聖人之道也。誠使學有所得，而道積於躬，則其發於文詞者，皆明理之言。雖非執筆操翰，學爲文辭，而文自近於載道之經矣。果何所修爲而可以積此道、發此文，超出漢、唐、宋之文章，而上追經書聖賢之文歟？試細繹其本以言之。

問：武以止戈爲文，是用兵乃聖人之不得已也。觀三代之行師可見矣。自春秋、戰國至於秦政，干戈日尋，民墜塗炭。至漢文，乃與天下休息，甲兵不試，人各敦本。承之以景帝之節儉，涵養百年，風俗醇厚，黎庶乂安，幾致刑措。夷考文、景之治，抑可以施之天下後世歟？漢光武中興漢室，及寇亂既平，非警急不言兵，所以天下乂安，民遂生養，而培東都再造之基。其光武之賢，後世果可取法歟？雖然聖人不黷武，亦不忘武，誠欲講武事以備不虞，而不輕事乎征伐，若三代、兩漢賢君之所行，若何而可以致之歟？

問：朱子作《資治通鑑綱目》，序之曰："統正於下而人道定。"然則作史者未嘗不以正統爲先也。唐、虞、三代有天下之正統，固無以議矣。及周之東，王室雖微，正統猶在。至秦滅六國，混一四海，而朱子以正統歸之者，抑有説歟？漢高祖定天下，光武之中興，正統之在漢,固所不論。至三國之時,漢昭烈雖立國於西蜀,而朱子亦以正統歸之者,又有意歟?若晉史,自帝魏而以孔明爲入寇,其是非果大繆歟?晉元立國江左,而土地人民不及五胡、元魏諸國之大,而朱子亦以正統歸之者,又何歟?隋唐有天下,正統固有在矣。作史者以唐經亂周紀,又非《春秋》之法歟?五代之時,天下無統,宋與遼並立,遼且先於宋之有國,正統果何所歸歟?陳經《續通鑑綱目》以宋爲正統,遼、金、元皆附書之。果得《春秋》"内中國外夷狄"之法歟?夫統正而人道定,實朱夫子作《綱目》之本義。自周威烈以迄五代,續以宋、遼、金、元之統,予奪得失,其悉陳之。

問:三代之學,皆所以明人倫也。姑自夏、商、周言之,其建學之名與教人之法,亦可考歟?西漢文、景皆節儉養民之君,相承百餘年間,海内富庶,何獨未遑學校之政,而禮樂教化不及於三代歟?武帝罷黜百家,表章六經,亦有志於古矣。而學政亦未備舉,何歟?至東漢光武首建大學,明帝臨雍拜老,學校之典章文物蔚乎可觀,而教人之實猶未及古。又何歟?太宗大召名儒,增廣生員,至於外國遣子入學,教人之法尤備矣。而於三代明倫之教猶有可愧,何歟?趙宋真儒輩出,學政修舉,又可比擬三代歟?洪惟天朝,内設國子監,外設郡縣學,遴選師儒,厚其廪餼,免其徭役。貢舉有法,而又責任有司,以提調督勵之學政,蓋軼漢、唐、宋而追三代矣,然生徒尚有偷惰無實者。抑欲學校皆得其人而教養之,又有良法歟?試詳陳之。

問:仁義道德,治天下之本;禮樂刑政,治天下之具。堯、舜有帝德,故禮樂刑政脩,而致黎民於變四方風動之休;禹、湯、文、武有王德,故禮樂刑政備,而致聲教四訖天下太平之治。降自漢、唐、宋之間,或有其具而無其本,故終不能復隆古之治。伊欲正其本,何者爲躬行之實?欲修其具,何者爲適時之宜?德爲本,而萬世不變,禮樂刑政爲具,而損益有時。正其本而達其具於天下,先後緩急,行之有序,於以致時雍，於以致風動，於以訖聲教，於以開太平，天地位而寒暑時。若三光宣昭，山川寧謐，萬物育而百穀用登，鳥獸咸若，四靈畢至者，皆自聖人一心之德。推而爲禮樂刑政之施，乃篤恭而天下平之極功，固非漢、唐、宋之君徒求其具，而不知修其本者之擬也。士子宜悉心以對，以觀敷陳王道之學。

問：賢才之生，關乎氣運之盛。唐、虞之時，九官十二牧以至庶官，咸得其人。自古賢才未有盛於此也。吾夫子乃曰："舜有臣五人而天下治。"何以不及其他賢歟？商之時有伊、傅、仲虺諸賢，其格君輔世之言，已略見於《書》矣。三賢之外可以名世者，又可歷數歟？有周之興，賢才衆矣，而《論語》又何以止列八士，而不及其他歟？夫帝王之世所謂賢才者，率多王佐之徒，固無以尚矣。自春秋、戰國以至兩漢、三國、東西晉、隋、唐、五季、宋、元以來，其間各以其能隨世以就功名，而其卓然有聞於當時者又可枚舉歟？抑其間亦有超出時流而遠迹王佐之才者歟？且天下未嘗一日無才，誠欲盡得一世之賢才，舉而列於庶位，以共致時雍之治，抑有選舉法歟？洪惟天朝有進士，有歲貢，有賢良方正，有文學才行諸科，皆取士之法也。而得人之盛可以比擬三代者，又可指其實歟？其條陳之。

問：有王佐之才，則有王佐之事業。觀三代之輔，若伊、傅、周、召之告其君者，皆格心之學，正心而正天下之事。所謂有天德便可語王道，而王道即王佐之事業也。三代以下，漢、唐、宋之賢臣碩輔亦衆矣，有王佐之才而致君以行王道者，亦有其人歟？先儒謂諸葛武侯有王佐才，然其事業止見於爲漢討賊之兩《表》，而卒不能成王佐之功者，何歟？朱子謂顔子有王佐之才，且顔子蕭然一寒士耳，使達而在上，又果能行伊、傅、周、召之道歟？其所以行王道之先後本末，又可悉陳歟？仲尼之門，五尺童子羞稱五霸。是則士君子讀聖賢之書，當行聖賢之道，而王佐之本固在乎此，而霸者之事駁乎無以議爲也。伊欲讀是書，行是道，而希王佐之事業，果何所用力而可庶幾歟？志伊尹之志，學顔子之學，皆分内事也，勿曰言大而志狂。其爲我明言之。

問：顔子問爲邦，孔子告以四代禮樂。夫時也，冕也，輅也，韶舞也，特爲天下之四事耳。四者之外，又何事爲治天下之具歟？考之載籍，如帝舜之巡狩、見諸侯等事，夏禹之治水、作貢等事，湯武之建官任賢、列爵分土等事，皆治天下之大經大法也。孔子何不歷舉以告顔子，而獨告以四代四事歟？夫禮樂，特治之法耳。行禮樂之本，又何所在歟？因四代之禮樂爲之凖則，而悉四代之大經大法，或因之，或益之，或損之，又有其説歟？

問：子、丑、寅之迭建爲正朔，久矣。周之建子，今十一月也，時當仲冬。《春秋》繫之以春，果時得其正歟？商之建丑，今十二月也，時當季冬，果可謂歲首歟？夏之建寅，今之正月也。夫子獨取其時之正、令之善以告顔子。果可行之於萬世歟？正統爲國之大事，三代所建不同，試折衷之。

問：三代之盛時，無霸者之名。至春秋時諸侯之擅相攻伐，有若齊桓、晉文五霸之徒，迭爲諸侯盟主，以尊中國攘夷狄。《春秋》與之者，亦以其有安攘之功也。何孟子深鄙其事而不言歟？且三代哲王所行者，皆王道。必由正心、脩身、齊家、作樂、制禮以達之天下，其仁義之澤漸涵於人心，雖没世而不忘。彼霸者假仁義之名，以濟其私。孟子所謂“摟諸侯以伐諸侯”。而其功烈之卑果與王道猶美玉碔砆之不同歟？漢、唐、宋以來，英賢之君，若文、景之養民，太宗之力行仁義，仁宗之德澤深厚，其所行者果王道歟？霸道歟？洪惟聖朝以堯、舜、禹、湯、文、武之道治天下，黜霸術而不用，而致治之效，熙然隆古之風矣。抑尚有王道之可敷陳者，而措之政事之間歟？試詳告之。

問:漢、唐、宋之英君賢辟,有志於二帝三王之治者多矣。然僅能致黎民醇厚者有焉,外户不閉者有焉,如慶曆人材之盛者有焉,終不能使民既富而教,有禮義興行之效。何歟?其間忠良之輔,節義之臣,亦嘗有志於當時矣,而卒皆不能致其君於王道,如三代之盛。又何歟?必上有明哲之后,下有王佐之臣,始能同心一德,以共成治道。或君聖而無其輔,或臣良而不能偶於時,皆不能致是效也。其二帝三王之所以得其臣,皋陶、伊、傅、周、召之所以得其君,何以修德爲化天下之本,何以立政爲化天下之具。雖具載之典册,而亦學子所當講也。爲我明言之。

問:節義者,天下之大防也。姑自兩漢以來言之。兩漢之末,士氣丕振,不污莽賊者,何止於龔勝、薛方,而别無其人歟?光武中興,首封卓茂,以褒勵名德之士,繼徵周黨、嚴光,以振起高尚之風。故東都之季,伏節守義之臣,接踵當時。而英聲偉烈,昭乎日星之明,巍乎山嶽之聳,垂耀竹帛,千古不磨。其亦由光武之所興歟?至李唐之間,而士風雖少萎,亦未嘗無忠節之人也。夫何至五季之時,節義之防,掃蕩無遺,如馮道者,恬不知耻,方以"長樂"自序其榮遇,而不如歐陽公所稱之李氏歟?且山林草野,未嘗無賢,自漢以至唐季,千餘年間,史籍容有紀載之不盡者,又有何書可以考節義之士,而得滄海之遺珠歟?試博求而索言之。

問:選舉之法,雖見於有周,於時未有科舉之名也。其事果始於何時歟?漢有制策以取士,若董仲舒、公孫弘皆由是以進。後世之策士,抑又本於是歟?進士之科,盛於唐、宋,而唐、宋之前,又始於何時歟?廷試之策,其即漢之制策歟?説者謂豪傑之士由科目而進,宜所得者皆方正賢良之人也。夫何由進士而出者,有君子小人之不同歟?古人謂不知言無以知人,糊名考文,文即其所發之言也。何能言之士,文有餘而實不副歟?元之科目有古賦,蓋詞章之流。今罷古賦以論易之，誠近於義理之文矣。得人之盛，果有盛於前古歟？朱子有曰："爲科舉之文者，亦能言廉，亦能言義，及其所行，則不廉不義者多矣。"蓋惟從事於紙上之虚文，而不知反求諸身心之實也。伊欲習舉業者，讀聖賢之書，必欲行聖賢之道，使文如其行，行如其文，以免朱子之所譏。果修何學政，施何教法，而可以化天下之士而至於是歟？試詳陳其説。

問：選舉之法，尚矣。唐、虞、三代之時所舉用者，多得其人。其選舉之法抑可言歟？至漢，有賢良方正、孝弟、力田諸科，於時科舉之法未立也。何以當時亦有得人之效歟？至隋、唐以來，始有進士科、博學宏詞諸科。而進士科得人尤盛，即今之進士科也。然唐以詞章取士，連篇累牘，不出月露之形，積案盈箱，盡是風雲之狀，此又科目之糟粕土苴也。逮及我天朝，定爲科舉程式，始純以義理之文取士。其法獨超於前代者，又有可言歟？朱子有言："習舉業者，亦能言廉，亦能言義，及考其所行，則多不廉不義。"此又科舉之弊歟？伊欲學校讀聖賢之書，必行聖賢之道，以其充積者發而爲義理之文，以應科目。他日行其學於有位之時，必名實相符，不至如朱子之所誚。抑果修舉何學政而可以致此歟？今之以科目進者，累而爲天官，卓然有其實者，固衆矣。猶恐後學之士，未能自勵也，又專責所司以督學政。此又當今養士選舉之良法歟？

問：致治之要莫先於建官，建官之要尤在乎得人。粤考唐、虞之世，建官惟百，至爲簡而不冗，然皆得人以任職，故能致時雍之治。夫何夏、商官倍於唐、虞，而始克用乂歟？至有周之時，觀《周官》《周禮》之所載，官又數倍於夏、商矣，亦能致頌聲，並作天下太平之治。何歟？是則或以官百而庶政惟和，或以官倍而亦克用乂，或以官多而有成康之隆。果何者可以爲萬世法，而致建官得人之效歟？試明言之。

問：自秦罷侯建守，後世因之。至兩漢郡守之牧民，有循吏具載於史。其人姓名行迹可歷數歟？唐、宋之間，循吏又有其人歟？我朝尤重守令親民之職，其間政迹卓然者率蒙拔擢，而尚有寡廉鮮耻，惠不及民，而瘝官廢事者。伊欲汰去此等而選用賢能，果何由而有知人之明？何由而備選舉之法？其詳陳之。

問：親民之職，莫守令若。而選任不可不重也。漢之賢君，皆以良二千石爲生民休戚之繫。郎官上應列宿，不輕授匪人。夫何當是之時，賢守令寥寥少見於簡册歟？唐之賢君，有書長民之吏於屏風者。宜郡守、刺史皆得其人矣。夫何見於史傳者，循良少而貪暴多歟？今之守令或以積勞而陞，或以遴選而除，爲民擇人之法亦已詳矣。夫何尚有罷懦貪墨，不稱其職者多歟？監司有御史，有按察，又有巡撫大臣，吏有不職者皆得以去之。夫何人尚冒法不知警畏，而巧文以苟免者衆歟？今欲復漢、唐之遺法，精守令之銓選，嚴考察之條目，果何法可以行之，使爲守令者皆知奉法循理，而惠及斯民歟？學古通今，爾士子素所留心，試言之。

問：考課之法，尚矣。三載考績，三考黜陟幽明，見於有虞之時。自夏、商至周，而考績之法尤爲詳備。其間亦有可舉行於後世者歟？至漢，京房作《考課法》，而卒莫之行。其條目亦有可取者歟？魏晉俱有考課之義，説者謂其瑣碎難行。抑果然歟？我朝倣有虞之制，大小百司，三載而考察其勤怠，九載而黜陟其賢否，誠良法也。然其間亦有飾名矯行，累日希進而實不副名者。抑欲灼見其賢否而進退之，果有他術可行歟？且賞善罰惡，激勸之大柄。舉一善人，而人知勸，去一不善，而人知懼。誠能真知賢否而進退之，又果可化不善爲善人歟？且考課固爲致治之要，而知人又爲考課之本，欲知人而使賢否無遯情，又何脩而可以得此歟？諸生讀書待用，他日倘有銓衡之寄，若素無講貫，何以見諸行事之實？試爲我言之，以觀厥抱負。

問："師：貞丈人吉。"行師必用老成之人，乃吉也。若周之師尚父之鷹揚，與南仲之流，皆老成之將，故師謀武績，超出千古。自漢以來，如韓信爲大將，趙充國爲老將，其行師紀律，抑可追迹太公之流歟？東漢中興，二十八將皆有名當時者。其中才略可追韓信者，誰歟？三國之將，各有其人，而千古之下必以諸葛武侯爲稱首，如八陣圖、木牛流馬之法，後世雖名將無能得其傳者。何歟？唐太宗以義兵定天下，勇略之將咸能出奇奮力，以輔成大功，而其中又果有才略忠義如韓信、武侯者歟？南北朝將雖有其人，亦不過馳騁一時，割據一方耳。宋有天下三百餘年，創業、守成、中興之時，各有名將以立功。當時其中仁義不殺、忠節超卓者，又可指其人之實績而言歟？且古之名將，出師之日，不問家事，一心在公，有得賞賜隨以分與下人者，有與士卒同甘苦者，有以寇賊未滅不問居第者，有以退讓屏居大樹下不自言功者。不得國而歸，不張皇其事，此其志慮行義皆大過於常人。後世爲將者，與此一切相反，汲汲以身家爵位富貴是求是取，果可爲比擬於古之名將歟？古者將出於行伍微賤之間，抑欲識拔而用之，務得奇才不世出之將，果有道歟？儲將實兵政之所急，試歷言古將之優劣與今選將之術。

問：古者寓兵於農，有事則從征伐，無事則務農業，故無養兵之費。自漢、唐以來，兵制雖有不同，而議者以唐府兵最爲近古。其法雖見於史籍，而亦可詳舉其事而施於後世歟？後世兵農既分爲二，我朝創立兵法，如三分守城，七分下屯，亦近古者兵農爲一之意歟？使督勵者得其人，則所在有積，又何養兵之費。今或責之都司委官，提刑僉事，而地利或未盡墾，儲積或未至廣。何歟？今各處俱有荒田，抑欲撥軍屯種，如三分守城，七分下屯之法，又可行歟？行之而有其效，又有其道歟？詳著於篇，以觀有用之學。

問：兵者，所以戡亂定民也。周之大司馬掌九伐之法。所謂九伐之目，可得而詳陳歟？及周轍既東，春秋、戰國兵争日甚，而九伐之法蓋不出大司馬，久矣。而齊、晉、魯、衛、秦、楚諸國，亦皆有軍旅之制，其間亦有可取者歟？至漢高祖定天下，有南北軍，有郡國軍，其掌之者果何人歟？唐有府兵之法，論者以爲最近古者寓兵於農之意。其法又可詳考歟？至宋太祖收藩鎮之兵柄，而禁旅益壯。其制兵之法，亦可詳陳歟？大概兵貴精而不貴多，古之將帥以寡制勝者多矣。今欲兵練而精，將賢而能，大有以復隆古之兵制，果何所施設而可以致此歟？雖天下安，不可忘危，武事乃古帝王制治保邦之道。毋徒曰：軍旅之事，未之學也。可明言之。

問：疆理，天下大事。考之禹服，每服五百里，五服各二千五百里。方堯之時都於冀，即平陽也。以地理觀之，其東南西三面，雖五服二千五百里，尚不能盡其地者，則大河高山限隔，其間不可制爲五服明矣。何《禹貢》亦列之爲五服歟？今之閩、浙，財賦甲東南，考之《禹貢》，皆不及以貢賦。又何歟？且《禹貢》五服之外，如東南西三面薄海，尚有不盡之地，又有何法以統治之歟？

問：水利之有益於民，尚矣。《周禮》：水政，稻人、遂人掌之。及井田廢而阡陌開，戰國以來，魏、鄭、漢文翁至晉、唐，皆興水利以灌溉民田，其所以疏導川流，而變荒爲熟之法，亦可考歟？今蘇、松、嘉、湖，皆賴水利而倍有所入，然或一有旱暵，而不足救乾槁；倘遇水溢，遂至於渰没稻禾，又何法可以使無旱澇之患，而歲有常登歟？即今京國東南瀕海，荒田不可以頃計。元之虞集嘗建白：欲願開此荒田，引水灌溉，教民種稻，以減省轉餽。其法果可行於今日歟？試陳其策，以觀用世之學。

問：救荒，仁政之一端；師律，八政之一事。皆有國者不可不講也。在堯有九年之水，在湯有七年之旱，當時不聞有饑餓流移之人者，果有何政以賑其民歟？在《周禮》救荒之條，最爲詳悉，抑可舉而行之後世歟？後世之常平義倉，與朱夫子救荒之政，又可悉考而措之當時歟？自黄帝有蚩尤之伐，而師所由起，在《易·師》之《彖》曰："師：貞丈人吉。"禹有三苗之師，啟有扈氏之師，湯有載葛之征，周文有于崇之伐，舉凡詰爾兵戎之類，皆古王者之師也。而其所以選將練兵制勝之道，抑可考歟？夫救荒必考於古而宜於今，用兵必得其正而禁夫暴，皆用世之學，所當講也。試詳言之。

問：漕運雖起於《禹貢》入渭亂河之類，然所輸者不過篚篚之屬，九州之貢而已。至秦有泛舟之役，自雍及絳，實轉粟之所由始。漢、唐都關中，嘗轉東南之粟以給軍國，其水路之所經由、舟船之所輸載、倉廪之所轉貯，有可考其法、知其人歟？今之漕運由江過壩、過淮，歷徐、吕二梁而北，雖不無小有淺澀之虞，比之海運有風濤覆溺之患，優矣。伊欲疏導以時，堤障有法，閘壩有備，俾數千里無少滯留之虞。又行何道而可致此歟？

問：紀功之典，尚矣。古有紀於太常，銘於彝鼎。至漢有鐵券金書，藏之石室，皆紀功之謂也。而有定功臣十八人位次者，抑可知其名爵功績之詳歟？有畫功臣於麒麟閣，獨署其官而不名者，誰歟？有畫功臣於雲臺，而以椒房之親不與者，又誰歟？有畫功臣於凌煙閣，而其間傑然出衆者，誰歟？夫麒麟、雲臺、凌煙諸功臣之事業，抑可得而詳言歟？

十一代孫天章顔重刊

先文清薛公譜言集録跋後

士弘從幼學迄選謁成均，恒思搜刊祖言，以昭先崴，訓來禩，然有志而未之逮也。萬曆丙午春，叨膺簡命，濫竽鄠，今供職之餘，不忘前念。幸而鄠跗會城，得辱教於咸寧滿君震寰、長安楊君修齡。二君者，皆以海内人龍，操刀巨邑，連牀之下，交口贊成。雖以闡追往哲，而其波潤士弘者，甚盛心也。遂走使檢家藏之未刻者。叔監生應第、生員應銓，以《年譜》《粹言》《名言》《文集》《策目》，凡五種附焉。弘沐手録謄，摘其切緊者，呈教於二君，請序之。二君欣受，仍爲訂訛次舛，甫旬而並下及矣。嗚呼！兹果先靈之能興起若是，抑清標卓詣，自有所以符節者在耶？何其幸也。年之冬，會真定令小雍君，宗人也。以進士起家咸陽，爲撰《像贊》同《序》，遣使授弘，併付之剞劂氏，告成矣。弘維先人從祀有年，奚資贅舉。而弘庸質劣品，又奚與作求之列。但竊聞之，後人之於先也，見一善則書之，有美未嘗不揚，夫亦各從志焉爾。如一示諸人人，而曰文清衣鉢之有在乎。則弘之忝所生也，不既多哉！不既多哉！

八代嫡孫知鄠縣事士弘謹跋

皇明文清公薛先生行實録總目

第一卷

第二卷

第三卷

重脩文清公林墓饗堂記　相世芳
重脩文清公塋宇記　樊得仁

祭文類

祭文清公文　陳　棐
祭文清公文　張四維
祭文清公文　李天植
祭文清公文　塗宗浚

第四卷

序類

讀書録序　閻禹錫
文集序　張　鼎
重刻讀書録序　鄭維新
讀書録要語序　張　吉
從政名言序　胡纘宗

詩類

贈敬軒先生致仕　李　賢
又贈　朱　祚
慕文清先生　石　玠
謁文清先生祠二首　王　諤
謁文清公二首　韓　相
營建文清祠聯句　初　杲　儲良材　吕　柟
謁文清夫子祠　李思進
文清正學書院三首　侯　封
行實録　周德恭
讀書録　周德恭
河汾集　周德恭
文清公祠有感　楊正芳

第五卷

欽差巡按山西等處監察御史宜興吴達可　　重刊
河津縣知縣延慶張紹文
縣丞濟寧韓之臣
主簿祁州王東明　　監脩
典史九江饒文燁
儒學署教諭郃陽王三策　　督校
訓導河州王從直
河津生員周德恭　　纂校
萬曆十六年戊子中秋望月正學書院識

薛文清公行實録序

讀聖賢書而不能潛心玩索，吾不知其所學何事也。潛心翫索而不能躬行實踐，體認大道之原，知天之何以賦諸人，人之何以合於天，是所學猶郛廓也。《易》曰："元者，善之長也。"《大學》曰："明明德。"子輿子曰："盡其心者，知其性也。"性生於天，在天爲命，在人爲性。渾然於有生之初，故爲德發之爲萬事萬物之始，故爲善。非致知不能明善，非窮理不能致知。故聖賢教人學問功夫，始於致知，致知方能明善，明善方能盡性，盡性方能達天。古今豪傑俊偉之士，建大節，樹奇績，見利不顧，視死如歸。非不炳日星、振河岳，然自其至性中流出，止成其爲豪傑俊偉之士。而於聖人盡性至命之學尚隔堂奥，此聖人之所以爲聖人也。堯、舜、禹、湯、文、武、周公之後有孔子，七十子之後有孟子，孟子之後有周、程、張、朱四子，周、程、張、朱之後，有明三百年，能繼往開來，講求孔孟之道者，有文清薛敬軒先生。讀其《讀書録》，考其生平行事，以致知爲先，以復性爲要，以躬行實踐爲致力，以存誠主敬爲功夫，可以知先生之學矣。其濟民物、格君上、辯冤抑、忤中貴、輕死生、明去就，富貴不淫，威武不屈，皆其學問中事。所謂溥博淵泉而時出之也。其配祀孔子廟庭，垂休千古，宜矣！

予生也晚，讀先生之書，過先生之里，入祠展拜，瞻仰遺像，及觀《年譜》《行實》、諸先輩章疏傳，專心正學，所謂豪傑之士，閲世之才，其有功於名教也，不爲小矣。以之侑食廟庭，復何忝乎！聖朝文運聿興，崇儒重道，激勸風化之事，以漸舉行。然則二先生之從祀，恐終有不可廢者矣！予故並著其説，以備論世者之采。粹是編者：河津王生鴻,娶於先生之孫,爲石灰山關大使云。

正德六年歲在辛未六月既望賜進士出
身資善大夫南京禮部尚書太原喬宇序

贈 言

正色立朝，真足楷模百代；
殫心明道，允堪羽翼六經。

平陽府知府劉棨

存周情孔思，幾希人獸之防，七十載精進功夫，直通天性；
黜陽儒陰釋，乖隔支離之説，三百年理學種子，獨在河汾。

知河津縣事聶儆

康熙五十三年歲次甲午合族重刊

薛文清公行實録一卷

明贈禮部尚書謚文清敬軒薛先生讚

乾坤匿端，道在渾淪。乾坤分形，道在聖賢叶。聖人胚胚，元氣之津。賢人勵勵，元氣之瀕。羲圖邈焉，唐虞係之。禹疇往焉，殷周繼之。不有鄒魯，孰崇吾軌。不有濂洛，孰窺吾牖叶。考亭載揚，魯齋載釐。已而大迷，趨而多歧。鴟鴉之嗜，正味罔思。徧徂之交，正色罔知。比我明興，得聖之統。篤生孅人，往哲是踵。厥稟既靈，厥養既重。衆焉尚凡，而潛於穆。衆焉尚撓，而持於獨。遠權忤勢，其氣維烈。退虜平蠻，其才維傑。刺奸執法，其衷桓桓。洗冤嬰禍，其衷安安。治行在國，七要論政。理學服世，一源言性。曰慈曰良，孝心涓涓。曰敬曰恭，德氣淵淵。俗學易泥，時汝之格。異學易附，時汝之斥。鳴者維華，而道則真。鳴者維夸，而道則循。萬里以叢，一静以馴。振綺南省，與制罔乖。宣猷東閣，與時罔諧。匪究厥施，匪愴厥懷。世論已定，終譽爾匯。朝議已協，從祀爾待。我生維晚，慕公之醇。我役維邇，覯公之神。望之峨峨，俾人如逴。就之温温，俾人如覺。散焉光風，韞焉良璞。可師與與，可親媉媉。可光後裔，可啓後學。聖者之從，賢者之慤。于斯萬年，元氣未剥。

嘉靖乙巳夏敕巡按山西等處監察御史汝南後學喻時撰

文清公有遺像，藏其家五世矣。甲辰秋，今察院汝南吳皋喻老先生按河津，祇謁祠下，薛氏諸生捧像求題辭，先生諾。明年夏，命吏賫辭至，且令焯書置其端。

予惟文清公今代大儒，世之人皆知公，而得見公之言議教旨者甚少。見公之言議教旨而得睹公之遺像，雖其鄉人或寡矣。吳皋先生有題辭，其子孫世寶之。歲時拜其容，瞻其辭，誦公之道德不忘也。而邑里後生有欲誦而觀之者，非造請其家則不能。至於世之人其又何能？夫公之名在當世，公之像又幸而僅存其裔，公之學乃發之以先生之宏章巨辭，天下之人其願見者，固不直於學士縉紳而然也。焯小子不敏，官公之鄉，從先生之下吏，是用伐石鐫像，繫辭而申之，以小言摹刻出。世之人將或謂焯能臆度人心之同好也。

嘉靖乙巳秋七月吉河津縣知縣臨洮雍焯謹頓首拜書

禮部左侍郎兼翰林院學士薛先生行狀

閻禹錫

先生諱瑄，字德温，世爲河津人。隋唐間薛姓最顯，所謂“河東三鳳”是也。但譜牒不存，無以爲徵。祖仲義，通經史，值元亂，教授鄉里，不求仕進。父貞，洪武初領鄉薦，爲真定元氏教諭。娶邑人女齊氏。調玉田縣教諭。齊氏一夕夢一峩冠紫衣人謁見，已而生先生於學舍。誕夕肌膚如水晶瓶，五臟皆露，家人以爲怪，欲棄之。祖仲義聞其啼聲洪大，力止之曰：“體清而聲洪，必異人也。”祖素善卜，遂以生字推之，曰：“此兒必振吾宗矣。”洪武己巳八月初十日子時也。

六七歲，祖教以小學、四書，千百言過目即成誦。不爲兒戲，端坐儼如老成人。姊妹見其坐，皆不敢過其前。自幼天性即能作詩賦，人皆以“薛天才”目之。時永嘉徐懷玉、高密魏希文、濟南王素亨、海寧李大亨、范汝舟，皆元耆儒，爲御史等官，謫戍玉田。先生禮延於家，與之講論五經四書、子史百家，泛及釋老、天文地理之學。諸老儒退謂人曰：“此子聰敏，力行可畏，聖門有人矣。”皆不敢以師自居，而結爲友。比及十三四，五經諸書皆畧通大義。洪武三十二年，例停止北方學校，父貞改除四川馬湖府平夷長官司吏目。以地遠夷獠難治，土官子弟喜先生幼能詩，咸背負其家，請與作詩句，教讀書。至晚，輒以小豚爲禮送之，日以爲常。作《平雲南賦》，上沐國公，大奇其才。父貞因得有所依倚無虞。永樂元年，父貞詔回，復除河南滎陽教諭。時先生年十五矣，諸生咸尊爲師。參議陳宗問行部至滎，聞先生名，請見。先生固辭不往。宗問異之，就學舍相見。既而索先生詩藁觀之，及視其動静不苟，謂異日必爲大儒，欲以奇童薦諸朝。先生以年未至學，不就，固辭乃止。先生遂厭科舉之學，慨然有求道之志。精思力踐，一言一動必質諸書，一有不合，終夜反側不寐。永樂十七年，父貞改除鄢陵教諭，時例，教官乏科貢者，充戍。父貞固欲先生且應科舉，先生遂遵父命，中河南庚子解元。明年登辛丑曾鶴齡榜進士第。學士楊士奇聞先生名，邀致館下，以訓諸子。先生固辭却之。時父貞任懷慶府河内教諭，病故。先生丁憂回，葬祭一遵家禮，行哀毁人所不堪。四方遠邇咸來弔，海寧李大亨諸公皆自吳越來弔。人以郭林宗、徐孺子之事稱之。

服闋赴闕，上章願就教職，以卒所學。宣德三年，宣廟思振風紀，擢爲廣東道監察御史。三楊當國，令人屢邀先生，欲一識面。先生曰："某忝糾劾之任，無相識之理。"一日，三楊於班行中尋識之，曰："薛公見且不可得，况得而屈乎！"稱嘆不已。會差往監湖廣銀場，同列以爲賀。先生舉古詩云："此鄉多寶玉，慎莫厭清貧。"至則黜貪墨，正風俗。手録《性理大全》一書，潛心讀誦，每至夜分方寢。值冬夜雪飄盈几，讀誦不輟。或思有所得，即起而燃燭記之。或通宵不寐，味而樂之，有不知手舞而足蹈者，遂積爲《讀書録》。

宣德七年，丁繼母許氏憂。服闋，復除雲南道監察御史。正統元年，有言學政不舉者，由提督不得其人。詔遴選碩儒。吏部尚書郭進首薦先生學行履歷之詳，陞僉事，提調山東學政。首以朱子白鹿洞規開示學者，俾先致知而後力行，居敬以窮理，由經以求道。按臨所至，必先詢其力行，而後及於文藝。親爲諸生講解，懇懇告以爲人爲己之學。誨人必隨其才器成就之，或以行步，或以字畫，或以講誦，或以詩賦，各因其所長取之，不求全而責備。數者皆無，然後不得已，必使以儒冠拜祖宗而後去之。諸生感慕不已，至今談及，輒皆下泣。無老少賢愚，皆以道學薛夫子目之。

正統六年，朝廷差辦事官張鳳召先生，諸生一聞，啼泣遠送，徘徊不捨，爲牌位生祀之。初，吏部尚書何文淵辭職去，言於學士楊士奇曰："薛某學行無愧往哲，某不能進，盍舉之以代己耶？"侍郎中有不悦先生者曰："溺古不知變通。"召至，遂爲大理少卿，掌印。未及五閲月，辯白錦衣衛已成案大獄十餘起。指揮馬順滋不悦，屢譖於太監王振。時振權傾一時，自三公以下莫不行跪禮。學士楊士奇、曹鼐知振憾先生，恐其獲罪，屢諭先生以時勢所在，且曰："先生此召，雖某薦之，彼亦素聞其名，盍同己往謝其門？"先生正色拒之曰："安有受爵公朝，謝恩私室耶！"會有百户實病死二年，其妾私通行事校尉，遂欲娶之。妻賀氏執以服未滿不從。校尉唆其妾誣妻魘魅夫死，錦衣衛成案，送都察院審。先生數辯其冤，改問者八道，仍依其舊。先生奏調刑部再問，郎中潘洪躬察其事，果冤。先生遂劾奏堂上官及經該官吏。時都御史王文素憾先生，遂與馬順譖於王振。振大怒，嗾諫臣劾先生是古非今，輒辯已成大獄。詔下刑部獄，擬先生大臣巧言諫免，暗邀人心，律大辟，待決。時秋後復奏，有工部侍郎王偉素與振善，亦聞公論不愜，乃謂振曰："人言薛某獄實冤，若決此人，皆謂不能容賢。"振默然，遂調先生錦衣衛獄。時學士劉球上章，因忤振，下錦衣衛獄以死。及先生赴獄，人皆危之。先生怡然曰："死生命也。"手持《周易》，讀誦不輟。通政使李錫聞之曰："真鐵漢也！"大臣爲申救於中，遂放回爲民。正統八年正月也。

家居七年，閉門不出，雖鄰里罕得窺其面。江西、陝西諸省弟子來學者百有餘人。先生拳拳誨以從事小學以及大學，由洒掃應對以至於精義入神，居敬以立其本，由經以求其道，不事語言文學，而必責諸躬行之實。問及科舉之學，則默然不對。終日正衣冠危坐，如對神明。洛陽閻禹錫徒步來學，及别，先生送至里門，告之曰："程門教人，以居敬窮理爲要。"

正統十四年，科道等官陳信等上言曰："薛某學究性理。"召爲大理寺丞。時虜騎薄都城，先生上《講學章》，以勘定禍亂。時欲取諸王入議，先生上疏擇取其賢者。既而命先生分守北門，都帥見虜勢猖獗，欲避其鋒。先生曰："虜懸軍深入，勢必不久。"既而果然北奔。貴州苗叛，命將往征之，委先生督運餉，且贊畫軍事。先生謂都帥曰："欲勵威武以服其外，不若先布恩信以服其心。"都帥然其計。先爲檄布喻諸苗，示以禍福順逆，然後耀武以懼之，貴州遂平。先生上疏謂番州遠夷，當羈縻之，不當責以貢賦。不報。先生嘆曰："民力竭矣，吾忍重急之耶？"上章懇乞致仕。户部左侍郎兼翰林院學士江淵上疏曰："薛某躬行實踐，深明理學，宜留内閣近地，以資啓沃。"

景泰二年，陞南京大理寺卿。有富豪殘虐人命者，獄久不決，執法欲貸之。先生曰："死者何辜！"竟抵於法。周氏冤獄積年不明，先生爲洗雪其冤，人皆稱快。其他平反多類此，不能悉記。時太監興安袁誠鎮守南京，例該各部每月赴彼議事。都御史張純，先生同年也，謂先生曰："初見太監，盍加禮焉？"先生至，興安降階，與分庭抗禮。興安退謂人曰："此人曾與王振作對頭，肯爲吾屈耶？"遇端午節，令人饋扇。先生獨不受，曰："此朝廷之禮，不敢受。"刑部尚書楊寧、少卿廖莊，俱以才學相尚，及見先生，嘆曰："先生當於古人中求之，何敢與之輩行耶！"太監金英出差南京，諸司多迎送出郭，先生獨不往。英謂衆曰："南京好官惟薛卿耳！彼雖不吾送，吾不怪也。"至京，言於上。上素聞先生名，遣使召先生，景泰四年九月也。欲大用之，中官有不悦先生者沮止之。秋，大理寺卿草場火患，上怒，欲盡誅典守者。先生爲辯其冤。蘇松有饑民乞粟富家，吝不與，遂火其屋，蹈海以避罪。遣太子太保王文往廉之。文以謀叛籍其五百餘家解京。衆畏文勢莫敢言，先生首上章力辯其冤。文謂人曰："薛某舊性不改，當有以報之。”先生聞而笑曰：“辯冤獲咎，死何憾焉！”辯之愈力。既而科道互上章辯之，但誅魁首三四人，餘皆從戍。其平反極多，人有録成帙者。

天順元年正月十九日，英廟復登寶位。夜，召先生，轉禮部侍郎兼翰林院學士，入内閣。侍郎李賢喜曰：“正先生行道之時也。”先生曰：“某外臣驟進，誠意未孚。”一日，召入便殿，上服短服小帽，先生不入。上遽易服，入見。語及半時，皆正心誠意之言。左右曰：“此正薛夫子也。”太監曹吉祥用事，一日生日，同列約相賀，先生遽稱腹痛而出。同列有矜其迎復之功者，先生曰：“許魯齋不陳伐宋之謀，何耶？凡事取必於智謀之末，而不循天理之正，非聖賢之學也。”尋命爲會試考官，先生爲首序，以正學復性爲言。同考曰：“此數字久不言，恐非時文，請易之。”先生曰：“某平生所學，惟此數字而已。”上即位初，每日接見，禮遇甚厚，後連日不召見。及太監曹吉祥、國公石亨等竊弄威權，先生謂同列曰：“穆生云：‘醴酒不設，王之意怠矣。’盍去諸？”同列曰：“上或有事。”先生曰：“君子見幾而作，寧俟終日耶？”即以疾連章懇辭。石亨素敬先生，來視疾。因謂先生曰：“如即不留，我爲先生啓上，請敕書即家爲塾，以訓子弟，且以資其養。”先生曰：“昔魯齋去，元世祖賜敕書以教人，先生懸於梁，終身不以示人。及卒，發而視之，乃敕書也。某若資其養，曷若不辭官之爲愈也。”亨嘆息而去。未幾，學士徐有貞、李賢、許彬皆下錦衣衛獄。是年六月初六也，居閣才五月耳。

家居八年，閉門不出，四方從學者日衆，至市館不能容。先生拳拳以復性爲教。曰：“此程、朱吃緊爲人處，而歐陽永叔言性非所先，大誤矣。”又曰：“學者讀書窮理，須實見得，然後驗於身心，體而行之。不然，無異買櫝而還珠也。”南陽李先生當國，每以書寄先生，始終不答。門人問之，曰：“昔温公退居于洛，吕申公當國，屢以書問起居，温公不答。某亦此意也。”積爲《讀書續録》。平日奏疏削其稿，皆不存。一夕檢閲舊書及《讀書録》《文集》，捆成束，置於架上，爲詩曰：“七十六年無一事，此心惟覺性天通。”粘壁間。忽遘疾，彌留，正衣冠危坐而逝。迅雷振屋，白氣上升，天順八年六月十五日也。有司爲之具奏於朝，詔贈禮部尚書，謚文清，遣官葬祭。國子監丞李紳、知府陳銓、學官張表等前後上章，乞先生入從祀，當道者未遑行之。

嗚呼！自七十子喪，而仁義之道不明於天下。迨至戰國之時，各售功利之説，而不知仁義之道爲何事。孟子起而正救之，論性善，論仁義，蓋所以遏人欲於横流，存天理於既滅也。孟子既没，而仁義之道爲之一蝕。至唐，韓愈獨能原性以示學者，天下仰之如泰山北斗。韓愈有功於名教也。有宋五星聚奎，真儒輩出，周子者繪太極一圖，以明性理之源淵。程子謂"性即理也"之一言，乃窮本極源之至論。張子謂"形而後有氣質之性"，所以輔翼孟子性善之言。朱子集群賢之大成而折衷之，然後仁義之道大明於世。後學豈容再贊一辭。但至宋末，文弊爲之一極，間有叛朱子之心學而逐於異説者。許魯齋獨能沿流求源，而專致力於躬行踐履之間，尊小學爲人德之門，蓋祖朱子之心學也。及宋末，詞章枝葉之學競起，先生懼其末流遠而本源晦也，敬録御制《性理大全》書，晝夜讀誦不輟，然後約之於心身性理之間。謂"太極即吾仁義禮知之性也"；謂"五經四書一'性'字括盡"；謂"今之學者，不知性之至，不踐性之至，非學也"。著讀書一《録》，皆發明性理之旨。非徒言也，而又能踐其言。《文集》數千言，皆祖述聖賢之格言，非徒辭也，而皆根乎理。若于性大本大源無所見，而徒馳騁乎辭章之工，著述之富，以爲道學。則司馬遷、劉向之博極群書，賢於曾參之一唯；王安石、王雱之著書萬言，逾於顔回之四勿矣。善乎！程子有曰："荀、揚不識性，更説甚道。"龜山楊氏亦曰："歐陽修言性非所先，可謂誤矣。"觀二儒之言，則堯、舜、文、武之道統，孔、曾、思、孟、周、程、張、朱之道學，豈有外於此性哉！蓋天下無性外之物，而性無不在。舍性而論道，有何道之可論？捨性而著書，又何書之可著乎？世謂先生著述少者，豈足知先生志哉！後之求先生者，當於此考之。

薛文清公神道碑

李　賢

予惟吾道正脈，實由近世周、程、張、朱有以倡明之也。至於我朝，乃始表章諸儒之言，頒行天下，由是天下士習一歸於正。嗚呼！盛哉！然今之君子能欣悦愛慕而篤信之者，未有過於薛公也。今也云亡，可勝悼耶！乃按其徒前國子監丞閻禹錫《狀》，爲公神道碑銘。

公諱瑄，字德温，世爲山西河津人。其先自奚仲封爲薛侯，居河東，子孫遂以國爲氏。曾祖常，祖仲義，皆通經，教授鄉里，不求仕進。父貞，洪武初，領鄉荐，爲真定元氏教諭。仲義、貞俱以瑄貴，贈通議大夫、大理寺卿。妣皆爲淑人。初，齊淑人夢一紫衣人謁見而生公，祖以生時卜之，大吉。曰："此子必大吾門矣。"童時教之讀書，輒成誦，日記千百言。貞爲滎陽教諭，公隨侍，時年十二。以所作詩呈監司，監司大奇之。公聞魏、范二老先生深於理學，乃禮延於家，供弟子職，日與講習周、程、朱、張性理諸書。久之，嘆曰："此道學之正脈也。"遂焚其所作詩賦，專心於是，至忘寢食。永樂己亥，貞改任河南鄢陵。公慮任將滿，尚乏科貢，乃充邑庠生，赴鄉闈，遂中解魁。貞大喜，以爲得子之助。明年，登進士第，名動縉紳間。是歲秋，貞有疾，公親嘗湯藥，不離左右，居父喪一遵古禮。

服闋，願就教職，會宣廟思振風紀，選擢雲南道監察御史，尋差監湖廣銀場。公聞前監者多致富，舉古詩云："此鄉多寶玉，慎莫厭清貧。"至則黜貪墨，正風俗，手録《性理大全》一書，潛心讀誦，每至夜分方寢。或思有所得，即起而焚燭記之。或通宵不寐，味而樂之，不知手舞而足蹈也。

丁繼母憂。服闋，會有言學政不舉者，吏部尚書郭進首薦公提調山東學校，公欣然就之，曰："此吾事也。"每臨諸生，必親爲講解，不事檟楚，皆呼之曰："薛夫子。"未幾，用楊文貞公薦，召爲大理寺右少卿，明日，轉爲左少卿。公作《大理寺箴》以自警。時中官王振權傾一時，欲邀公拜其門，公正色曰："安有受爵公朝，拜官私門邪？"已而遇諸途，衆行跪禮，公獨不屈，振由是不悦。會有獄夫實病死，其妾私於人，欲嫁之，妻弗聽。遂誣妻魘魅夫死，公爲辯其冤。都御史王文諂事振，乃誣公出入人罪，繫待決。人皆危之，公怡然曰："辯冤獲咎，死何愧焉！"手持《周易》，讀誦不輟。將決，大臣有申救之者，得免官放歸田里。公居家六年，閉門不出，留心理學，造詣益深。

正統己巳，以言官論薦，起公爲大理寺丞。時虜騎薄都城，公分守北門。都帥初疑其迂，及聞言論，遂訪策焉。公曰："以天時人事驗之，此虜必宵遁。"既而果然。貴州苗寇猖獗，朝廷命將征之。委公督運餉，事竣而還。

景泰初，公懇乞致仕，學士江淵上疏留之。明年，陞南京大理寺卿。有富豪殘虐人命者，獄久不決，執法者欲貸之。公曰："死者何辜！"竟抵於法。時有謡語，頌公明斷。刑部尚書楊寧、都御史張純，初以才力相尚，及與公同事，嘆曰："如公，當於古人中求之。"守備中官袁誠無與抗禮者，唯公至，以賓主相待。又中官金英過南京，公卿俱餞於江上，公獨不往。英至京言於衆曰："南京好官，惟薛卿耳。"

壬申秋，復召爲大理寺卿。時草場災，朝廷欲置典守者於法，公力辯之，獲免。蘇松有饑民乞粟富家，吝而不與，遂火其屋，蹈海以避罪。時遣太子太保王文往廉之，文以謀叛籍其家。衆皆畏勢莫敢辯，公抗章辯之。文亦悟其非，待公益加敬焉。是歲公年近七十，復乞致仕，不允。

天順改元，英廟復位，素知公學行，遷禮部右侍郎、兼翰林院學士，召入内閣，知制誥。尋命爲會試官，事竣爲左侍郎。居數月，公見奸臣石亨等竊弄威權，嘆曰："君子見幾而作，豈俟終日乎？"遂引疾懇乞致仕。

居家八年，四方學者從之甚衆，公拳拳以復性爲教。嘗曰："此程、朱喫緊爲人處，歐陽公言性非所先，誤矣。"又曰："學者讀書窮理，須實見得，然後驗於身心，體而行之。不然無異於買櫝而還珠也。”忽遘疾，彌留，衣冠危坐於正寢，精神不亂，悠然而逝。時風雷大作，有白氣上升。天順甲申六月十五日也。距生洪武己巳八月初十日，亨年七十有六。

配寧氏，贈淑人。生子四人：長曰溥；次曰淳；次曰濬，爲邑庠生，早卒；次曰治，亦卒。孫男四人：禥登天順甲申進士第。孫女六人。

夫公之學，踐履篤實之學也，嘗曰：“格物只是格箇性，吾於日用之間必體察之，何事是仁之發見，何事是義之發見。至於萬物，各具一理，萬理同出一原，是其貫通處也。”每以聖賢爲師，隨其所寓，圖書箴規常在左右，手不釋卷，一言一動於理稍有違失，便覺身心不安。凡辭受取予必揆諸義，一毫不苟。晚年玩心高明，默契其妙，有不言而悟者矣。其出處大節光明峻潔，於富貴利達泊如也。接人無大小衆寡，一以誠待之。教人有序，而其言平易簡切，不爲穿鑿奇僻之説。爲文必根於理，辭旨條暢。詩則古淡，出於自然。所著《讀書録》行於世，《河汾集》藏於家。

嗚呼！宣德甲寅秋，予始識公於河津，乃知造詣之深。自後仕途參商，弗獲相從。有時同朝，亦各守職務，或有所疑，但以簡質問而已。天順初，公入内閣，予亦濫於其間，幸得相從。曾不數月，公致仕去矣。有道者之難遇也如此。公之没也，四方之士聞之，莫不嗟悼。訃聞朝廷，贈禮部尚書，謚文清，遣官諭祭，令有司營葬。可謂生榮而死哀矣。爲之銘曰：

昔有王氏，鳴道河汾。流風餘韻，以啓後聞。乃若薛公，不以自足。濂、洛、關、閩，意向甚篤。稽其出仕，實始爲親。揚歷中外，進學日新。學既日新，道亦有得。身體力行，志無少息。操履堅定，外物不移。中心自固，夫豈有私？富貴利達，患難貧賤。隨寓而安，曷有歆羡？成就後學，大小不遺。由粗而精，以隨其資。嗟今之人，無公所好。公今已矣，誰臻其奥。勒銘於石，以詔鄉人。千載而下，庶獲其真。

薛文清公事實

楊　廉

平陽府爲表章名臣，以風勵後學事。承奉山西等處承宣布政使司劄付，承准禮部致字八百九十九號，勘合祠祭清吏司，案呈奉本部送該本司，案呈奉本部，連送於禮科，抄出刑科給事中楊廉題。

臣竊見已故禮部左侍郎兼翰林院學士薛瑄，學識純正，操守完固。早歲聞講性理諸書，即謂吾道正脈在是，遂焚其所爲詩文，一意於宋諸儒之學。其於微詞奥義，靡不精究。嘗言聖賢相傳之道，不越乎盡性而已，故其修己教人，惟拳拳以復性爲務。晚年造詣益高，其進退之際，大節尤偉。平生所著《讀書録》，皆積年致思之所得，有益學者。其詩文存者，亦皆造理平正，然非其所好也。

國朝自瑄以前，知經學古及以文章名家者，固有其人。求其一於理學，識者謂瑄一人而已。瑄在當時，學者稱爲薛夫子，固已尊信之矣。自是而後，此學浸加冷落，求其人者，不過止於詞藻，固已厭其枯淡。至於《讀書録》，見者甚少，而所以求瑄者，又不知在乎此，豈不爲可惜哉！昔程熙有言："千載無真儒，則天下貿貿焉莫知所之，人欲肆而天理滅矣。"爲世道計，可不加之意乎？

瑄，山西平陽府蒲州河津縣人。臣聞其鄉亦嘗建祠祀之，然非出於朝命。自今乞敕有司改創一祠，於每歲春秋丁祭之。後即以祀瑄，著爲令典，永遠遵行，庶幾爲稱。如其縣小不足於建祠之費，或僻左無以昭示遠近，於郡於省擇地尤便。然立祠祀瑄各有意義，不許推及本處人物，若鄉賢祠然。惟後有爲瑄之學者，舉以配食可也。

臣聞其《讀書録》嘗鋟梓於山東章丘縣，乞敕有司取其板本於國子監，俾陸館諸生皆得摹印觀覽。蓋自京師而達之天下尤易，矧南京國子監國初收藏書板極富，自諸經十七史外，未易悉數。今京師監學止有王安石、吕祖謙輩文集。祖謙議論固在朱熹、張栻之間，若安石不過文人之文，置瑄之書於其間，夫何慊乎哉。此外仍以印本發下福建書坊，翻刻市鬻，務使天下之士皆得見之。夫既祀瑄而又廣布其書，則人皆知本朝亦有爲此學者，豈不有所興起者乎！又安知不有由瑄上遡宋儒者乎！伏望聖明以臣芻蕘之言，付之儒臣禮官博議，然後斷自宸衷，賜之施行，豈非今日斯文之幸與！臣謂陛下萬幾之暇，游心經史之餘，問及本朝儒臣之書，當無先於瑄之《讀書録》者。儻令得備乙夜之覽，則於海岳之高深，亦不無涓埃之補矣。緣係表章名臣，以風勵後學事理，未敢擅便等因，具題奏。

奉聖旨："禮部看了來説。欽此。"欽遵抄出送司。

查得少保李賢撰《薛瑄墓碑》，稱瑄每以聖賢爲師，隨其所寓，圖書箴規，恒在左右。一言一動於理稍有違失，便覺身心不安。凡辭受取予必揆諸義，一毫不苟。晚年玩心高明，默契其妙，有不言而悟者矣。其出處大節光明峻潔，於富貴利達泊如也。接人無大小衆寡，一以誠待之。教人有序，而其言平易簡切，不爲穿鑿奇僻之説。爲文必根於理，詩則古淡，出於自然。

及查得先該浙江按察司僉事辛訪奏，要將金華府宋儒何基、王柏，元儒金履祥、許謙封爵從祀。該翰林院議得，止可照龜山楊時事例，立祠鄉郡，春秋祭祀。已經本部題准定擬祠額，撰造祭文施行外。今該前因案呈到部，查得先年禮部左侍郎兼翰林院學士薛瑄，學道有得，晚而益深，是以言行篤實，出處峻潔，作文以明理爲主，教人以復性爲先，究其所就，無忝古人。表章以風勵後學，誠有如給事中楊廉所言者。合無准其所奏，頒行山西布政司轉行平陽府，照例建立祠宇，春秋祭祀。行移翰林院定擬祠額，撰造祭文。仍行都察院轉行山東按察司提學官員，將《讀書録》裝印二部，進呈御覽，一部啓進東宫殿下，仍將一部併板本差人送本部轉發福建書坊翻刻，國子監收貯施行。緣係表章名臣，以風勵後學，及奉欽依禮部看了來説事理，未敢擅便。弘治九年十二月初四日，本部尚書徐瓊等於奉天門題奏，初六日奉聖旨："是。欽此。"欽遵。擬合通行除外，合就連送仰付該司頒行山西布政司，備行平陽府，量爲措置木料，建立祠宇。及轉屬支給官錢，照依開去品物置辦。如遇春秋，致祭如儀。就遣本府掌印官行禮，毋得因而科擾不便。承此，合付該房徑自施行，備承移付，准此，擬合就行。爲此，劄仰本府著落，當該官吏照依劄付備承勘合内事理，措置木料，建立祠宇，及支給官錢，照依開去品物買辦。如遇春秋，致祭如儀，就遣本府掌印官行禮，毋得因而科擾，及支給過官錢數目，申來查考施行。奉此。合付該房徑自施行等因，備奉合行帖仰本縣着落，當該官吏照依札帖備奉勘合内事理，措置木料，建立祠宇，及支給官錢，照依開去品物買辦，並建立祠宇。完日差人赴府申稟，掌印官親詣祠宇，致祭行禮，毋得因而科擾，及支給過官錢數目，備開申來，以憑轉報施行。先具建立祠宇，買辦品物日期，不違。依準，繳來查考，毋得違誤不便。計開：

一、祠額：名"文清"。

一、祭文：維弘治十年，歲次丁巳，月日。平陽府知府某欽奉朝命，致祭於禮部左侍郎兼翰林院學士謚文清薛公曰：惟公學道精深，守官清介。死生不二，出處無疵。名重先朝，澤遺後學。禮宜稱祀，用致優崇。兹惟仲春、秋，式陳常薦。公靈如在，尚克享之。

一、品物：豬一口、羊一腔、魚醢、蔬菜、時果五品；米麵食共五品；香一炷；燭一對；帛一段；酒二瓶。行三獻禮如儀。恩賜祭田三畝，與卜子夏、太史公、文中子祭田俱坐落教場。

平陽府蒲州河津縣爲出巡事。萬曆四十五年五月三十日，蒙巡按山西監察御史王憲牌前事。看得河津縣前宦文清公薛，一代大儒，夙欽仰止。除另行文致祭外，仍應置立公田，少佐歲時洒掃之需。爲此。仰本縣官吏即動本院贖銀三十兩，買田若干畝，地段四至，立一石碣竪祠壁間，可垂永久等因。備行到縣，依蒙照數動銀買地二段，共二十五畝。遵將地段四至勒石懸竪祠壁，以識不朽。須至牌者。計開買王進牛南北畛白地一段，一十二畝。東至業，西至王養性，南至道，北至王邦儒。又買王四知南北畛白地一段，一十三畝。東至業，西至王三友，南至道，北至王廷柱。

萬曆四十五年夏六月吉旦河津縣知縣文煒立石

安邑後學張弢重校

薛文清公行實録二卷

請從祀孔庭疏

禪補名教疏

張九功

禮科右給事中臣張九功謹題爲裨補名教事：

臣惟孔子之道，與天地相爲悠久，删述六經，以教萬世，其功無窮。是以有國者莫不尊崇而奉祀之，以報其功於萬一。當時及門弟子得正派而分餘波者，皆得與焉。後世儒者有能踐履真實，學術純正，希踪前哲，有功來學者，亦得從祀於廟廡，用表當時崇儒重道之意。此典於名教所關甚大，豈可苟哉！臣嘗觀國學及郡縣從祀儒先有當黜者，而今之真儒有當入者，若蘭陵伯荀況，言或近於黄、老，術實雜於申、韓。身託黄歇，不羞悖亂之人；學傳李斯，遂基坑焚之禍。以性爲惡，以禮爲僞，以堯、舜爲矯飾，以子思、孟子爲亂天下者。是以程子譏其甚偏駁，而朱子書爲蘭陵令，乃係之以楚，以深鄙之也。扶風伯馬融髡徒穢士，糟粕陋儒。黨附梁冀，害忠良而不顧；自比毛遂，其輕賤而不羞。既失於西第之作頌，何補東觀之校書。高堂絳帳，沉酣女樂，逞豪門驕奢之風，破純儒莊雅之矩，是以當時正直羞稱，而深見斥於趙岐也。偃師伯王弼，唱和何、鄧，祖述老莊。遺落世事，以萬物爲天下之粗迹；崇尚虚無，謂六經爲聖人之糟粕。清談之弊，流蕩人心，傷敗風俗，卒使國家隨以淪喪而不可救者，此輩也。成都伯揚雄，以“善惡混”論性，學識舛錯，以安漢公比伊、周，志向昏謏。雕蟲之技，於道何關？覆醬之物，於世何補？貪生畏死，寧免投閣之嘲；臣事新室，難逃逆節之黨。是亦朱子莽大夫之筆，大書爲綱，昭垂後世也。之數子學失大本，身虧大節，有玷名教，得罪聖門。昔龜山楊時建議斥王安石，不使配享孔廟，而今儒臣亦有欲黜揚雄輩者。夫如是，則此數子豈宜列諸從祀哉！

臣觀今之儒臣，禮部左侍郎兼翰林院學士文清公河東薛瑄，篤志好學，於道有見，貴真知實踐之益，黜矯僞浮靡之病。入仕與人同，而爲國則不同；講學與人同，而爲己則不同；述文與人同，而爲道則不同；接人處事與人同，而忠信嚴正則不同。《河汾》《文集》固其英華，《讀書二録》實爲根本，立德立言，考諸此《録》，綽有明驗。是蓋濂、洛之流波，覃懷之步武，人所共知者也。

昔洪武、宣德年間，嘗詔董仲舒、吳澄入從祀矣。今薛瑄無愧二子、可不列諸從祀哉！恭惟皇帝陛下，講求聖學，以孔子之道治天下，必於此辨其真僞，别其純駁，而使諸人知所向背取舍，庶有以正人心明道化而無失。如蒙乞敕禮部進與内閣大臣定議，於可黜者黜之，可入者入之。則孔廟清，名教正，而斯文幸甚。冒干天聽，不勝竦懼之至。謹題請旨。

奉聖旨：“著五府、六部并都察院、通政司、大理寺、翰林院、國子監一同議會了來説。”弘治二年。

崇真儒以隆聖治疏

許　贊

四川等處承宣布政使司右參政臣許贊，謹奏爲崇真儒以隆聖治事：

臣聞有一代聖神之君，必有一代聖神之業。帝王之事業，欲宣昭光著於天下，發揚動蕩乎遠近，則崇向之端，作尚之始，不可忽也。崇向作尚之舉，莫大於扶正道，明正學，崇真儒，使天下曉然。知吾之所崇向作尚者專在於是，則内外遠近翕然從風，而一切詭道邪説之人，咸知改革，而惟正是從矣。况乎此舉上有以繼往聖之統緒，下有以啓來學之習傳。此正今日聖明所首舉，而不可後者也。

臣竊見故禮部左侍郎兼翰林院學士謚文清河津薛瑄，天稟高明，學識醇正。年少讀書，即知踐履；歷壯至老，不怠躬行。以聖賢爲依歸，以道德爲己任，權勢利達無以動其心，死生利害無以移其志。蓋見之既明，故守之自固。然且剛强不折，和易有節。至於著述之功，布之《集》《録》者，性命、道德、中正、仁義之言，皆有以發明聖賢之秘奥；陰陽、動静、剛柔、太極之論，又有以闡揚造化之幾微。誠文行一致，學業大成之真儒也。稽之《敬軒集》《讀書録》等書，及大學士所撰碑銘等作，有可證者。弘治初年，該禮科右給事中張九功題爲裨補名教事，備述薛瑄文行履歷，乞要將瑄從祀孔子廟庭。奉聖旨："著五府、六部併都察院、通政司、大理寺、翰林院、國子監一同會議了來説。欽此。"則孝宗皇帝崇重薛瑄之意可見矣。又該刑科給事中楊廉題爲表名臣以風勵後學事，備言瑄《讀書録》一出理學，於宋諸儒微詞奥義，靡不精究。且謂本朝儒書無先於此，乞將《讀書録》進備乙覽。奉聖旨："禮部看了來説。欽此。"該本部覆奏，亦備言瑄學行之美，要將《讀書録》裝印一部，進呈御覽。奉聖旨："是。欽此。"則孝宗皇帝崇重薛瑄之意益可見矣。臣嘗詳讀張九功、楊廉及禮部之奏，張九功之於瑄則曰："篤志好學，於道有見，貴真知實踐之益，黜矯僞浮靡之病。入仕與人同，而爲國則不同；講學與人同，而爲己則不同；述文與人同，而爲道則不同；接人處事與人同，而忠信嚴正則不同。《河汾》《文集》固其英華，《讀書二録》乃其本根，立德立言，綽有明驗。洪武、宣德年間，嘗詔董仲舒、吴澄入從祀矣，今薛瑄無愧二子，可不列諸從祀哉！"楊廉之於瑄則曰："學識純明，操守完固。早歲聞講性理諸書，即謂吾道正脈在是。嘗言聖賢相傳之道，不越乎盡性而已，故其修己教人，惟拳拳以復性爲務。晚年造詣益深，其進退之際，大節尤偉。"禮部之於瑄則曰："學道有得，晚而益深。是以其言行篤實，出處峻潔，作文以明理爲主，教人以復性爲先。究其所就，無忝古人。”由是觀之，瑄之爲聖人之徒，亦明矣。

皇上嗣登寶位，大運乾綱，百度鼎新，萬方歡頌。而於此道學重典，尚未舉行。如蒙伏望皇上體孝宗皇帝崇儒重道之心，念祖宗列聖作育之久，乞敕該部併内閣大臣多集廷臣會議具奏，將薛瑄再加封號，從祀孔子廟庭。則天下臣民昭然知陛下御極之始，首崇大儒。將見道德仁義之化成，禮樂文章之俗著，皆本於聖人崇向作尚之功，相臣弼亮敬承之業。邁越古今，豈偶然哉！不然，祖宗以來設學校餘千百區，養士餘百五六十年，豈無一人可與遊聖人之門者乎？且元以胡人主中國，未百年而從祀孔庭有二人焉。本朝治化追唐、虞，德業邁殷、周，教學如是其多也，涵養如是其久也，顧謂無一人以繼斯道之傳，不亦誣乎？欲求其人，必瑄無疑。夫道以綱常倫理爲重，以言語文字爲末。揚雄、馬融得於言而壞其實，尚從孔子之祀。瑄文行並著，德言兼優者，而可或置乎？臣聞之或人曰：“文天祥、岳飛皆可從祀孔子，而馬融、揚雄皆在可斥。”正以重綱常倫理之實，而輕言語文字之習也。或人之舉錯，姑捨之。特以祀瑄之舉，係陛下紀綱新政之大端，繼述祖宗之首務，維持道統之重典，不可緩者。

臣昔年承乏提調學校，歷遊恒、霍、河、汾之間，稽之載籍，詢之學士，參之耆老，知瑄最深。故不揣疏賤，干冒進言，不勝惶悚之至。然非臣一人之見，天下共見者也。惟陛下留神採納，天下幸甚！士類幸甚！緣係崇真儒以隆聖治事理，爲此，具本順差承差智騰霄親賫。謹具奏聞，伏候敕旨。右謹奏聞。

嘉靖元年十一月十七日四川等處承宣布政使司右參政臣許贊

本年十二月日奏，奉聖旨：“該部知道。欽此。”

從祀真儒以光聖治疏

楊　瞻

巡按直隸監察御史臣楊瞻，爲乞恩從祀真儒以光聖治事：

臣聞有一代之興，必有一代之真儒，以鳴一代之盛。漢有董仲舒，唐有韓愈，至宋真儒輩出，而周敦頤、程顥、程頤、邵雍、張載相繼而生。講明斯道，迥出董、韓之右，而理宗親收五臣，以從祀孔庭，殁後得謚爲理，良以此也。臣伏見前禮部左侍郎贈尚書謚文清薛瑄，反躬好古，真知實踐，以誠敬爲入門，以復性爲實地。所以倡明道學，維持世教者，具載於《讀書録》并《續讀書録》二書可考。其在生時，提學山東，諸生稱曰："今夫子。"通政使李錫稱曰："真鐵漢。"太監金英稱曰："好官一人。"吏部尚書何文淵稱曰："不愧往哲。"學士江淵稱曰："躬行實踐。"大學士李賢稱曰："本朝理學一人。"都御史張鼎稱曰："學已至乎樂地。"觀感而興者尤多。其在殁後，給事中張九功稱曰："今之真儒。"工部侍郎姚謨稱曰："明體適用，比元大儒，當入從祀。"參政許贊稱曰："潛心理學，可祀廟庭。"吏部尚書喬宇稱曰："有功名教，侑食廟庭無忝，仰止。"而私淑者尤多。臣參之衆論，約之鄙見，我朝真儒上追往哲，下開來學，惟瑄一人而已。宋有天下未及三百年，得入祀孔庭者，周敦頤、程顥、程頤、司馬光、邵雍、張載、楊時、胡安國、朱熹、張栻、吕祖謙、蔡沉、真德秀，凡一十三人。我國家興道致治百七十年於兹矣，未有一人從祀者。恭惟皇上主敬一之學，演四勿之箴，其心德之妙，發而倡天下之道學，至矣。宋之理宗得此失彼，掛一漏萬，其躬收五臣以從祀者，特一節耳，安能望皇上之大成哉！且瑄理學之臣也，皇上理學之主也，伏望宸斷，賜瑄從祀孔庭，使後世知本朝理學之有人，又知表章理學自皇上理學之主始。如蒙乞敕内閣重臣併詹事府、翰林院、五府、六部、都察院、通政司、大理寺、六科、十三道會議，查前後諸臣張九功等奏章，果無違礙，特賜俞允。則列聖陶熔天下之士，庶乎有徵；而我皇上制禮作樂之治，亦有光矣。斯文幸甚，斯道幸甚！緣係乞恩從祀真儒以光聖治事理，謹題請。

奉聖旨："禮部看了來説。"嘉靖十八年九月。

表章真儒以勵世風疏

尚維持

巡按山西監察御史臣尚維持，謹題爲懇允聖明表章真儒以勵世風事：

竊惟孔子之道，與天地相爲悠久，而天下萬世報德報功之無盡焉。當時七十二子親炙聖門，於道有所發明者也。漢、唐、宋以來諸儒，蒐輯著明，羽翼聖經者也。自漢延光祀孔子及七十二弟子于闕里，雖樸禮畧文，而聖道以尊。唐貞觀以左丘明二十二人從祀孔子廟庭，雖拘泥訓詁，而聖經有光。宋度宗又以顔、曾、思、孟入配享，理宗時並以周、程、張、朱入從祀。崇儒重道，雖無可疵之人，而承舛襲訛，容有可删之祀。昔我太祖應運統天，以孔子之道治天下。洪武二十九年，以行人楊砥建議，乃進董仲舒，黜揚雄，使莽大夫不穢聖門，而學究天人者，受知千百世下矣。僞學免欺世之名，賢者受專門之祀，非若漢、唐、宋之闊畧無稽也。逮我皇上中興，禮樂麗洽。嘉靖九年以禮臣程敏政議，祀后蒼、王通、胡瑗三人，而罷公伯寮等十三人。考據先儒之論，一洗相沿之陋，孔子之道如日中固，亦聖祖進舒黜雄之意也。蓋已祀而黜者，前代未定之論也；未祀而進者，後世衆論之公也。然所祀皆唐、宋以上諸儒，本朝教化幾二百年，豈無一人可分孔氏半席者乎？此愚臣之所惑也。

臣待罪山西，年餘觀風，聞諸故老。爲照禮部左侍郎兼翰林院學士薛瑄，生而神異，七歲通乎《論》《孟》，鄰於上智。十五學乎聖賢，師友皆爲之難，而嘆聖門之有人；賢愚争識其面，而知異日之大儒。篤信好古，鄉人有薛天才之號；真知實踐，魯士有吾夫子之稱。立朝大節，炳如日星，平生所爲，膾炙人口。讀書諸録，今之理窟；敬軒等集，學者指南。爲布帛菽粟之文，性理正脈；守車輪户牖之志，孔氏家法。

雖非七十子諸賢之親炙，而默契乎道體者爲多；雖無漢、唐、宋諸儒之註疏，而體驗乎身心者尤大。英廟易服以見，而其道上達；孝宗貯書成均，而其學大行。晉秩宗伯，敕賜梓里。瑄固無負於國家，而本朝之優禮乎瑄者亦至矣。獨從祀之説，屢經奉旨覆議，旋復中止。豈瑄之學不逮宋、元諸儒，而建議諸臣豈盡瑄之葭莩者乎？三人成虎，十夫揉椎。臣據本朝祀董仲舒，止以一行人之建白；而成化元年議祀楊時，僅以樂縣何生之請，皇上考正祀典，亦以監生詹畓爲通論。未有如瑄之至數十人而不允其請者也。大率以著述少之，不知雕蟲之技，徒晦聖經。宋儒胡瑗，亦無述作；元之許衡，所著何書？而學者宗之。蓋身體力行之功，不在乎言語文字之末，否則《太玄》揚雄，《新經》王安石，又可攘臂孔子之庭矣。伏望陛下以維繫道統爲綱紀，以修明理學爲治教，以興起斯文爲己任，以培植人才爲元氣。特敕禮部併翰林院、國子監諸臣，進與内閣大臣集議，如瑄果無非疵，俯從衆論，壑瑄孔子廟庭，與宋、元諸儒一體從祀，允愜人心之公議，用昭國家之盛典。

臣見理學明，而黄茅白葦之習變，多士濟濟，將去其不如瑄，以就其如瑄，而誦法孔子，有取衷矣。朱熹之所謂鸚鵡其言者，一變至道。是故歐陽出而大昆之體詘，蘇學行而衲被之譏息，學術正矣。學術正而素絲羔羊之風興。百僚師師，以瑄爲觀法，以不瑄爲忸怩，而砥礪名節，有憲老矣。賈誼之所謂簠簋不飭者，不賞而勸。是故楊綰入而毀觀捐從，程頤在而經明行修，士習振矣。然又有大焉，儒臣進退，夷狄輕重，非臣之臆説也。寇準知天雄，而契丹使嘆曰："何故不在中書？"司馬光爲僕射，而遼人敕邊吏曰："中國相司馬矣。"龜山先生安在？高麗知名。朱先生安在？金人以爲問。然則瑄之進祀，豈徒激勵後學，亦柔服醜虜之一機也。詩云"在泮獻馘"，斯之謂矣。昔秉禮却萊，脩教勝楚，皆是物也。孔子之道愈尊，而名教誠非小補。管蠡冒昧，仰塵天聽，隕越無任。緣係懇乞聖明表章真儒以勵世風事理，未敢擅便，爲此具本，謹題請旨。嘉靖三十二年。

崇祀真儒以成昭代曠典疏

禮　部

禮部題爲懇乞聖明崇祀真儒以成昭代曠典事：

祠祭清吏司案呈奉本部，送禮科抄出，吏科等科都給事中韓楫等題：臣聞之昌隆之世，必有名儒；聖哲之君，務修正祀。竊見前禮部左侍郎兼翰林院學士贈禮部尚書謚文清薛瑄，篤生明時，獨契正學，踐履純粹，行合聖賢，造詣高明，心同造化。《讀書二録》垂體驗之格言，《河汾一集》攄性情之自得。法姦直枉，風裁由定見彌真；却虜平夷，事業自學問表樹。非誠意正心不以告，事上一恭敬之忱；即死生貧賤不能移，律己悉剛大之氣。誠得濂、洛之真傳，上紹孔、孟之正脈。故當時稱爲本朝理學一人，而後世俱欲比元大儒從祀。顧盛典之有待，致輿望之日殷。仰惟皇上登極之初，適當中興文明之會，故言官有連疏之請，而該部有集議之章。誠以自漢、唐而至宋、元，尚各有俎豆文廟之士，迨明興二百餘載，顧獨無侑食孔庭之人。觀之今兹，大屬缺典；傳之後代，殊非美談。乃炫奇者務異其端，而飾僞者更紛其舉。執筆之彦，心多不然；應祀之臣，議亦旋罷。此非所以光巨典而彰聖化，持公道而厭衆心也。臣等聞之，名儒必孚衆而後真，公論必積年而後定。瑄之生也，則名公巨卿靡不稱服；瑄之殁也，則端人正士靡不頌思。彭韶大書於名臣，而楊濂首紀于理學，直請從祀者不下累十餘奏，獻議從祀者亦有累十餘札，即論列之不同，實誦法之無間。臣等嘗謂聖世固多振起之士，薛瑄尤爲論定之儒。從祀之典匪輕，非真人不可輒與；真儒所係甚大，當其時亦難稽延。伏請敕下禮部，刻期廷議。果臣等所奏實可舉行，將薛瑄特賜從祀孔廟，俾天下萬世咸知昭代固有真儒，而學士經生亦皆進脩之有定志。斯文之幸，無疆之聞也。且皇上臨御以來，褒表名德，崇禮逸遺，徵任耆賢，延納忠讜。天心助順，雨暘應期，萬國綏寧，烝黎樂業，四夷懷畏，獻捷貢琛。興道致治之功，考之今古，斯爲烈矣。則崇儒右文之典，酌之時勢,可獨後耶?此臣等所以惓惓再以瑄請也。惟皇上留神聽察焉。臣等不勝悚息懇乞之至等因。

奉聖旨:“禮部知道。欽此。”

又該禮科左給事中維遵,題爲懇乞聖明特録儒臣從祀孔廟以全聖美以端世風事:

近於本月初七日早,該臣導駕侍議,時天方大雨,伏覩皇上早御宸極,傳制遣官,祀先師孔子,不以雨阻。舉朝臣工莫不欣欣然頌皇上之盛美,能急大禮如此哉。臣愚竊謂:欲全德意之美,當補未備之儀。如贈禮部尚書、已故左侍郎兼翰林院學士謚文清薛瑄者從祀孔廟一節,誠不容久缺而不舉也。臣謹按孔廟禮制,并從祀諸賢得與之故,敬塵睿覽,幸採擇焉。

粤昔孔子備聖神之全德,爲萬代之宗師。國學建廟,春秋二祭,徧及兩直各省府州縣,今古不易,此其修殷禮,遵師道也。至配享殿庭者,多及門之哲士;從祀兩廡者,皆歷代之碩儒。此其榮先進,廣教術也。然得從祀之賢,惟取懿行真可以淑世,著述真可以訓俗,而徒尚奇騁詞者不與焉。自漢及唐及宋下至於元,每代必有其人,庸顯文教之盛。況我皇明政治教化遠過漢、唐、宋,至從祀孔廟不令一人與之,是示後世以我朝果無真儒也。誠有之,何以不與從祀也?洪武迄今二百餘年,道久化成,士以大儒名臣稱者,固多其人。然極純不雜,公議久定者,獨薛瑄其最焉。初生已具清姿,稍長即知正學,耻譚佛老,專師孔、顔。孝親敬長,居家之休風,率易而難及;愛國忠君,立朝之偉節,時久而愈彰。志在繼往開來,行能師世範俗。所著《讀書二録》,帙分上下二卷,不尚繁文,惟存實理。發四書之奥旨,闡六經之微辭,體之可以修身,推之可以弘化。細玩其《録》,遐想其人,真躬行有得之君子,匪飾言炫俗之僞儒也。擬諸孔門,沈潜似顔子,篤實似曾子,與周、程、張、朱可相伯仲,其視許衡則誠過焉。諸賢均得侑食於孔廟,惟瑄不得分俎豆於諸賢也。且先今諸臣頌德請祀者不爲不多，皇上崇儒重道之意又爲切至，若猶延緩，不使薛瑄早與從祀，其何以宣聖明之美意，而備昭代之大禮哉！况表章先儒於既往，即可以激勸臣庶於將來。此典一行，傳之遠邇，載之史册，誠爲盛事，可寧久稽而不舉也。如蒙敕下禮部，採久定之公議，酹久闕之鉅典，覆請上裁决。意擇吉日，特將薛瑄録入孔廟，得與從祀之列。則德意昭宣，而士紳增輝矣。臣下情無任敬仰之至等因。

奉聖旨："禮部知道。欽此。"

又該湖廣等道掌道事貴州道監察御史馬三樂等，題爲懇乞聖明崇祀真儒以昭聖化以振士風事：

臣等聞之，帝王之治本於道，帝王之道本於學。古先聖王之所以興道致治者，未有不尊尚儒術，崇祀賢哲，以倡道學而端治源也。先師孔子固當世享不易矣，雖漢、唐、宋、元莫不有從祀諸賢，亦各有以鳴一代之盛。恭惟太祖高皇帝，闢乾坤於再造，復日月於重光，上接堯、舜之傳。我成祖文皇帝，統一聖真，昭明理學，頒布性理諸書於天下，人文宣朗，道化益新。列聖相承，有隆無替。二百載之間，治熙教洽，獨無一真儒足以從祀孔庭者，豈非盛世之缺典？

臣等查得前故禮部左侍郎薛瑄，鍾河、汾之靈秀，契洙、泗之真傳。學以復性爲本，以主敬爲要，窮理以括其知，力行以踐其實，潛心孔、孟，寤寐程、朱。此許衡而下，造詣未有或之先者也。而夷考平生，則剛方正直，不畏強御，清修苦節，可質神明。惓惓乎致君堯、舜，而不隨世以就功名；侃侃乎許身稷、契，而不因難以移厥志。知行兼全，表裏無間，誠昭代理學之首出，純然而無議者也。視先儒董仲舒、王通、胡瑗，殆相伯仲，使在孔門，當不在四科下。而祀典未舉，表章未至，雖屢經言官連章上請，而議者或謂其少著述之功，竟從罷議。臣等竊惜之。夫儒者之術，顧躬行心得何如耳。今觀薛瑄所著《讀書録》，體驗真切，發明精確，足以羽翼六經，輿衛四子。視枝言無當，徒切虚名者，何啻天淵。然則瑄之實學，賢於著述亦已多矣。矧今士習漸流,道真日晦,講良知者以頓悟爲妙,而畧居敬窮理之功;論道體者以幻空爲言,而昧理一分殊之實。非惟不足以衛道,而實所以病道也。兹欲挽之於正,惟在表章真儒,使卓然知所崇向,庶乎昭懿行於將來,振儒宗於百代,誠計之得也。恭惟皇上懋建皇極,作民君師,治道之隆,有光千古。顧鉅典豈宜久曠?臣等愚昧,伏望聖明敕下禮部集議,特將薛瑄從祀先師孔子廟庭,列於諸儒之内。使萬世之後,咸知我明有真儒,無愧朱、程,可以配享聖廟。且使世之爲儒者知所儀刑軌範,不蹈於異端曲學之弊。庶大道昭明則儒風丕振,其於世教非小補云。臣等無任恐懼懇乞之至等因。

聖旨:"禮部知道。欽此。"

欽遵抄出到部送司。查得隆慶元年六月内,該禮科給事中趙軏,直隸監察御史周弘祖等諸臣, 累疏乞要將禮部左侍郎薛瑄從祀孔廟,俱該本部覆奏,欽依行翰林院等衙門撰議奏進,仍候會官集議外。今該前因,通查案呈到部,看得吏科等科都給事中韓楫等,禮科左給中雒遵,湖廣等道掌道事、貴州道監察御史馬三樂等,俱各具題,乞將禮部左侍郎薛瑄從祀孔廟一節。

臣等竊惟孔廟從祀之典,國家所以崇德報功,垂世立教,其所關至重也。故非其人而得與,則爲瀆祀;如其人而不得與,則爲缺典。溯稽往昔,代不乏人,以我明興二百餘年,道久化成,名賢輩出,乃至今未有一人沾俎豆之輝者,豈真無其人哉?蓋公議必持久而後定,曠典必待時而後行,誠慎之也。

臣等謹按先臣禮部左侍郎兼翰林院學士贈禮部尚書謚文清薛瑄,崛起河汾,遠宗濂、洛,進脩極其沈潛,造詣底於純粹。居敬以窮理,學探性命之源;篤行以成身,動合聖賢之矩。究其精神心術之微,即暗室屋漏,鮮有或惰其行;考其立朝臨事之節,至死生榮辱,略無少動其心。迹雖未須於事功,而或出或處,咸有裨於名教;志雖不專於著述,而一言一字,悉有功於聖門。稽之我朝,理學諸臣固多,卓然接迹而起，而求其不由師傳，獨契正學，上接孔門不絶之續，以爲百世後學之依歸，則實薛瑄爲之首倡矣。是以當時心誠惟服者，既衆口一詞；而後來疏入從祀者，亦累牘不置。在嘉靖年間，曾下儒臣詳議，各自奏進，其與瑄者十居八九，即有一二未協者，亦以禮宜慎重，姑俟將來。至於瑄之人品，未有或訾之者也。自我皇上登極以來，言官累請，部議累下。至今尚未有定者，蓋緣疏中所及者衆，輿論難同，至於瑄之應祀，則未有間然者也。今都給事中韓楫等，監察御史馬三樂等，復交章以請，且欲刻期廷議，無非欲及時舉行，以光昭聖治之意。若復仍拘往例，再行各衙門撰議，誠恐作舍道傍，久延歲月，至使一朝盛典，又徒托諸空言矣。合無俯從諸臣所請，通行九卿科道，及翰林院、詹事府、左右春坊、國子監等衙門，文學諸臣廷集會議，各要虚己秉公，悉抒所見。如有意見未同者，不妨面相質難，詳列是非，務求至當之歸，俾成畫一之議。議成會疏上請，恭惟聖明裁斷，敕下施行。庶衆謀既得於畢集，而大禮適觀於有成矣。緣係懇乞聖明崇祀真儒以成昭代曠典等因，俱奉欽依禮部知道事理。未敢擅便，謹題請旨。

九月初二日奉聖旨："是。欽此。"

禮部等衙門尚書兼翰林院學士等官臣潘晟等謹題爲懇乞聖明崇祀真儒以成昭代曠典事：

該禮部題祠祭清吏司案呈奉本部送禮科抄出吏科等科都給事中韓楫等，禮科左給事中雒遵，湖廣等道掌道事、貴州道監察御史馬三樂等，各具題乞將先禮部左侍郎薛瑄從祀孔廟緣由，該禮部覆題稱：竊惟孔廟從祀之典，國家所以崇德報功，垂世立教，其所關至重也同前疏。等因。奉聖旨："是。欽此。"續該禮科抄出廣西道監察御史李純樸題爲懇乞聖明廣祀典以彰聖化事，乞早將薛瑄從祀孔庭緣由。奉聖旨："該部知道。欽此。"

臣等謹欽遵前議，會同六部、都察院、通政司、大理寺、詹事府、左右春坊、翰林院、國子監科道等官，少傅兼太子太傅、吏部尚書、管理兵部事楊博等，恭於闕左門集議。臣等同議得：崇尚理學，帝王盛美之圖；秩祀名儒，國家隆重之典。在昔先師孔子道全德備，删述六經，其垂教萬世者無窮，故廟食萬世者亦無窮，宜矣。乃如四科之哲，配享廟庭；七十子之徒，從祀兩廡。蓋以親炙聖門，光大聖教，一體崇報，亦禮所當然也。其後自漢以迄宋、元，名儒碩彦得與從祀之列者，代不乏人。以今考之，雖造詣有淺深，學問有醇駁，然或究極性命之理，或發明經傳之旨，或懿行足以範俗，或流風足以感人，均之羽翼斯文，興起來學，有不容執一論者矣。逮於我朝治化休明，德教淪浹，名賢輩出，輝映後先。乃其力任斯道，卓然爲一代理學之冠者，則惟故禮部侍郎薛瑄爲最焉。謹按薛瑄，山西河津縣人。方幼年，一見濂、洛諸書，即嘆曰："此學道大脈也。"遂棄去詞賦，專心於是。其學以復性爲的，以居敬窮理爲功，以反躬踐履爲實。潛心體玩，至老彌精，充養之純，超然自得。此其學問之大原可考也。平生言動舉止，悉合於矩；辭受取與，一揆諸義。居家則孝友無間，與人則樂易可親，中正足以矯枉律偏，剛直足以廉頑立懦。此其行履之大畧可稽也。所著有《讀書録》，有《河汾集》，雖不專以述作爲事，而只簡片言，皆可師法；微詞奥義，悉合聖謨，至今學者莫不尊信而誦習之。此其著述之大旨可窺也。至於立朝行己之際，不折節於權門，不謝恩於私室，不屈法於貴近，不攝志於臨刑，榮辱不以關其心，死生無以易其操。此其樹立之大節可紀也。故一時信從者有"河東夫子"之稱，而後之追尊者有"一代真儒"之許。此豈可以偶獲而幸致者哉！以瑄從祀，真可以接聖門統緒之傳，而開後學向往之路者。前後建議及此者，蓋累十餘疏，而盛典久虚，群情日切。今言官有交章之陳，而禮臣有會議之請，及時舉行，誠有所不容後者。查得先年間有異同之論，或以瑄少所著述。不知學貴心得，道在躬行，矧瑄所著書且十餘萬言，不爲不多，誠未可以是而少之。又或以宋時如羅從彦、李侗諸儒，尚未遍祀，即我朝理學諸臣，亦多有應祀者。不知講求於大明之後者爲功易，興起於絶學之後者爲力難。而國朝倡明此學者，則惟瑄爲首，是又未可因是而泥之也。臣等寡昧,惟是重大之典,何敢輕議。謹摭采瑄之遺事,炳然在人覩聞者,質之輿論,考之祭法,及參詳諸臣奏進,與該部覆議始末,竊以舉瑄從祀爲當。仰惟皇上道備明聖,天作君師,酌古今禮法之中,爲綱常仁義之主。伏乞俯賜裁斷,特敕該部進瑄從祀孔子廟庭。使二百年之曠典肇稱,而千萬人之積仰斯慰。其與世教士風,信非小補。天下不勝幸甚!臣等不勝幸甚!緣係懇乞聖明崇祀真儒以成昭代曠典,及奉欽依是事理,未敢擅便,謹題請旨。

隆慶五年九月初七日會題。初九日奉聖旨:"薛瑄公論既定,准從祀。欽此。"

禮部題爲懇乞聖明崇祀真儒以成昭代曠典事:

該科道等官韓楫等具題,乞將先禮部侍郎薛瑄從祀孔廟。該本部會同九卿並科道官會議,覆奉聖旨:"薛瑄公論既定,准從祀。欽此。"欽遵。臣等竊惟薛瑄既蒙皇上俯納諸臣之請,特賜從祀。所有一應合行儀節,理合開坐上請。恭候命下之日,各該衙門一體遵奉施行。緣係懇乞聖明崇祀真儒以成昭代曠典事理,未敢擅便,謹題請旨。計開:

一、欽天監選入廟吉期;

一、工部如式造辦木主;

一、翰林院撰祭告文;

一、順天府備辦綵亭鼓樂等項;

一、太常寺備辦祭品;

一、至期本部司官一員,迎主至國子監。該監預用堂官一員,奉安神主於西廡先儒吕祖謙之下。安畢,該監堂上官告於先師孔子,行釋采禮如常儀;

一、通行南北直隸併十三布政司轉行所屬,凡有建設學校處所,一體從祀。

隆慶五年九月十一日,禮部尚書兼翰林院學士潘晟等題。

奉聖旨："是。欽此。"

十八日，欽天監一本，擇九月二十九日，原任禮部左侍郎薛瑄從祀孔廟。

奉聖旨："是。該衙門知道。"

祭　文

維隆慶五年，歲次辛未，九月二十九日。皇帝遣國子監祭酒馬自強致祭於至聖先師孔子曰：兹者廷臣議奏，故禮部左侍郎兼翰林院學士贈禮部尚書謚文清薛瑄，篤志聖賢，潛心義理，嘉言善行，模範後人，理宜從祀。爰命有司具主，附於前代先儒之後，以昭盛典。特遣祭告，惟神鑒歆。謹告。

平陽府蒲州河津縣懇乞聖明，崇祀真儒，以成昭代曠典事：

隆慶六年二月二十五曰，奉本州帖文：本年二月十三日奉本府帖文，蒙欽差提督學校山西等處提刑按察司僉事胡，案驗准山西布政司照會，承准禮部照會前事。該本部題該科道等官韓楫等具題，乞將先禮部左侍郎薛瑄從祀孔廟。本部會同九卿并科道官會議，覆奉聖旨："薛瑄公論既定，准從祀。欽此。"欽遵，等因。案行到府，蒙此案照前事。先奉布政司札付，已經通行。去後，今蒙前因，擬合再行。爲此，仰本縣照帖。備蒙案驗及先行事理，即便轉行屬縣學校，各一體遵奉施行。具行過日期緣由，申府查考，毋得違錯，未便擬合再行。爲此，仰各縣官吏，照帖備蒙案驗内事理，即便轉行該縣學校各一體遵奉施行。

祭文同前。

安邑後學張弢重校

薛文清公行實録三卷

記　類

重建薛文清公祠堂記

賜進士及第解州判官前翰林院修
撰經筵講官同修國史高陵吕柟撰

文清公薛先生祠，在其縣南街東面，粤自弘治九年之夏，給事有奏禮科楊廉，禮部具題。敕下省邑鼎建祠宇，兼賜名額。崇儒重道，日照月臨。爾乃草創之初，規制隘陋，久且傾頽。嘉靖五年三月，山西按察副史王公陽武光，按部河津，奮然興懷，欲於本道贓罰米石，量除百金爲增修，具遂告諸巡撫都御史江公貴溪潮，巡按御史馬公信陽録，儲公襄陽良林，初公潛江杲，咸嘉所舉，有褒揚辭。馬公又發金六十，改建舊坊尚書坊。初公亦爲祠事先降十金。於是王公委平陽同知許君琦、猗氏知縣張翼董其事。乃買民地僧院，增拓厥基，建廟五穩，廊廡重門，鳥革翬飛。謂柟嘗從儲、初二公至河津謁先生也，請記其事。

嗟乎！先生今代儒之道學，其一人乎！先生之生也，紫衣兆母齊之夢，母將就館，夢紫衣人來。啼聲動祖義之卜。先生生有異質，家人欲棄，祖聞哭聲，卜吉，止。五臟露如水晶，其清透骨；七歲通乎《論》《孟》，其知鄰神。方垂髫鬌，參議欲請見而不往；謂陳宗問。既嬰法豸，師保求識面而不得。楊文貞士奇。道若可行，雖卑官不屈；先爲大理少卿，後爲大理丞。義如難從，於權勢奚顧。謂抗時貴。玉田謫戍，皆元之耆儒也，不敢以師自居，稱聖門之有人；先生十五六，隨父在玉田時，諸御史謫者：永嘉徐懷玉、高密魏希文、濟南王素亨，父請之教先生，諸君皆以友處。金陵鎮，皆時之巨璫也，不敢以勢自處，雖却扇而不怒。太監興安袁誠，於端午送扇，先生辭曰："賜扇乃天子事。"不受。踈講學以御侮，虜既入而遽退；己巳之變。布恩信以撫苗，檄方馳而蠻平。語貴州都帥。辨冤獲咎，逆宫保而不悔；蘇松饑民乞粟富家，放火逃海上，遣少保王文往勘事。懲姦伸法，雖豪右亦罔赦。在南京大理時。或雪夜以抄經，雖獄院而誦《易》。謂辨誣忤王文、馬順、王振。志在作人，一磬士之必録；提學山東，將退一士，究其祭祀能擊磬，留之。法若可伸，於軍妻之必辨。謂校尉通百户之妾，誣其妻賀氏魘魅其夫事。既受爵於公朝，不知私室之謝恩；爲大理少卿時，對楊士奇、曹鼎語。時王振擅權，公卿皆屈事之。欲傳道於來學，豈對科舉之旁問。稱疾出閣，寧犯乎吉祥；謂不從諸公拜賀曹吉祥。慷慨就獄，思比於劉球。學士劉球先忤王振死獄中。英廟易服以見，若昔汲黯之必冠；時上服短服小帽，聞先生至，變長服。石亨請敕與歸，則比許衡之懸梁。時亨欲請敕與先生，歸教鄉里生徒。先生舉魯齋故事以辭。見幾而行於醴酒不設之時，見石亨弄威福權。得書而比於居洛不答之老。謂得李賢諸公書。守車輪户牖之志，監銀場而出貪墨，一時軒、耿諸公不足以方其清也；謂都御史軒輗、尚書耿九疇。爲菽粟布帛之文，録讀書而究性理，一時劉、李諸公不足以並其文也。謂文安公劉定之、文達公李賢。故蹇、夏、三楊勛矣，人或議其節；忠定公蹇義、忠靖公夏原吉、文貞公楊士奇、文敏公楊榮、文定公楊溥。張、許、劉、周節矣，人或議其幾。冢宰張紞、修撰許觀、學士劉球、紀善周是修。吳、陳、羅、胡有極高明之學，道中庸恐未同；諭德吳與弼、檢討陳獻章、敬齊、胡居仁。黄、李、王、于有一身狥國之勇，盡精微恐不逮。忠宣公黄福、祭酒李時勉、司馬王紘、肅愍公于謙。若乃先生以力行爲讀書，以明道爲修辭，清而不詭，異而且同。潛學孔、顔，抗志程、朱。老不殊壯，困未改通。許魯齋之後，未有見其能比者也。故當其存時，或曰"今夫子"，山東及四方士子稱。或曰"真鐵漢"，通政李錫言。或曰"好官一人"，太監金英。或曰"不愧往哲"，冢宰何文淵稱薦欲代己，時方提學。或曰"躬行實踐"，學士江淵稱，且薦入閣。或曰"本朝理學一人"，大學士李賢稱。或曰"學已至乎樂地",都御史張鼎稱。其不平者止權貴耳。及其既歿,或曰"今之真儒,當入孔廟",禮科給事中張九功奏。或曰"明體適用,比元大儒,當入從祀",工部侍郎姚謨奏。或曰"潛心理學,可祀廟庭",布政許贊奏。或曰"有功名教,侑食廟庭無忝",冢宰喬宇序。其未祀者蓋有待耳。然則今日之舉,振頹風而警後學,廣德意而顯前哲,豈爲泰乎。且是祠王公之父畾丞河津時,受委上司所督修者也。丞嘗言:"當事則制於掌印,程期則逼於尊官,使建置之未稱,雖棄官而猶悔。"豈期冢嗣憲副,思光前志,繼修遺績。夢雖徵于王氏,今實兆於有薛。謂先生之匪神,胡前知之如覩;既哲靈之不没,庶寢成之孔安。

先生諱瑄,字德温,號敬軒,謚文清。

薛文清公從祀孔庭記

隆慶五年六月十六日書　賜進士出身嘉議大夫詹事府掌府事吏部左侍郎兼翰林院學士東宫侍班兼教庶吉士前總裁實録經筵日講官蒲阪張四維撰

孔子之道,根本人性,麗於倫理,敷爲禮樂刑政、民生日用之則。其詳具在六經,古今天下不可一日離者,故萬世之崇祀無窮。然自禮垂釋奠,先聖先師之文,後世協義起禮,於是乎有配享從祀之典。蓋一時及門之士,無不與焉。其自漢而下,諸儒必其言不詭於聖經,行克由於彝訓,足以發明斯道,扶翊人紀者,然後得以俎豆其間。非是族也,則不在祀典爾矣。蓋嘗觀庭廡所列,自七十子外,漢世儒者彬彬矣,而宋爲盛,若隋、若唐、若元,各一其人而已。雖代異人殊,要皆後先相望,使孔子之道歷千載而常新者,人極不廢,則諸儒之從祀亦無窮也。

國朝文清公敬軒薛先生,當正統、天順間,講道河汾,慨然自任斯文之重。其學以復性爲主,嘗曰:"六經、《語》《孟》,一言以蔽之,曰'性'。"又曰:"道不明者,性不明也。聖賢傳授不越明此性、行此性焉爾。"嗚呼!盡矣!其踐履篤實,造詣崇邃,自一語一言推而至於終身,大節靡不曲中矩矱。晚年玩心高明，超然自得。今其遺書存者，若《讀書二録》，精節簡正，鑿鑿皆實際語。讀之使人檢束身心，躁妄於焉盡遣；堅定志氣，昏懦以之有立。卓矣！孔門性學之真傳，考亭、魯齋而後一人而已。先生既殁，學者仰之不啻泰山北斗，議者咸謂宜從祀孔子廟庭。迄今且百年，前後以疏請者無慮數十上，亦可以見人心之公理矣。邇者性學漸晦，士失所從，卑者溺詞章，狥功利；高者則假藉禪幻，亂性與天道之真。有識者慮焉。求所以力挽頹風，屏詖黜遁，使殊方異指不得爲孔道病者，莫先於表彰正學，曉然示天下知所當趨。於是言者以先生從祀孔庭益亟。詔禮臣集廷臣議，罔不協者。帝乃祭告先聖，命司空造先生主，命禮臣捧置太學廟庭，春秋從享。遂詔天下郡邑，如大學例祀焉。時隆慶辛未冬也。

先生蒲之河津人。河津張侯汝乾謂："百年曠典，適舉於是時也。"雖公祀遍宇内，乃其故里不可以無述。爰問記於余，碑諸大成門左，因誌始事云。其諸奏、請、章疏及禮臣會議之詳，文多不載，刻在别碑中。

薛文清公書院記

賜進士大中大夫山西等處承宣布政使司左
參政前南京户科給事中門生韓城王盛撰

河津縣城内大街西有文清薛先生舊宅一區，乃先生退休講學明理之處。歷年既久，舍宇傾頹。弘治戊申春，盛以先生弟子，由科第諫議擢今官。巡歷至此，不忍觀視，遂捐俸金二十八兩，責成蒲州同知潘林、邑簿胡睿修之。題其門曰"文清書院"。既而巡按綉衣汝陽劉宗敬，巡守河東道寅長同門右方伯益都陳廉夫暨大參蒲城王尚忠、上虞王藎臣、少參壽昌徐敬夫、憲副鹽山胡源梁，咸與贊助。以故大廈三層，臨街五間，中三間，後祠堂三間，壬子春二月落成。先生冢孫秋官元吉，以弟子能知師，託爲記其事。

竊惟道之大原出於天，而全盡於聖賢。大聖孔子集堯、舜、禹、湯、文、武君臣之道統而折衷之，删述六經，垂憲萬世。有見而知之者，亦有聞而知之者。若顔、曾、思、孟之師弟，授受於當時，此道也。周、程、張、朱之師弟，授受於後世，亦此道也。道學之真，朱子之後，許公繼之。我朝百餘年來，應天相斯文之寄，接朱、許道統之傳，其宗師文清先生者乎！先生明聖賢性理之學，致知力行，交修並進，由風憲進廷尉，直不見容，安命而歸。充理學以淑諸人於書院者，數年若固有之。英廟復御皇極，聞先生道學之宗，特起禮部左侍郎兼翰林院學士、知制誥。處元老經綸之地，以行其道於天下。幾半載，見幾明決，連上三疏，得明農之請。喜語人曰："讀書事今日才了。"四方學者雲集，盛之從遊，適際其時。先生惓惓以復性正學爲教，書院之授受，又孰有出於此道耶？天順甲申，先生享年七十有六，易簀之際，尚有"此心惟覺性天通"之句。乃曰古聖賢所不免，從容而卒。人見其白氣冲天，此關世運之隆替，豈偶然而已哉！朝廷嘉其正學傳後，贈禮部尚書，謚文清，遣進士修墳塋，弟子皆爲之心喪而治任焉。豪傑有摭其事績而累薦者，命下，入鄉賢祀之。吁！道之顯晦有時，愚觀先生所著《讀書録》《續録》《文集》，無非發揮性理之淵源，辨異端，扶正學，以闡明前聖之道於後世，終當從祀孔子廟廡，而列朱、許諸賢之後。然天理民彝不能泯滅，後之人覩此書院，必有心領神會，而興起斯道者。則此之書院，其杏壇、丹山之所乎？因併記其弟子及從遊答問者姓名於後云：

李賢字原德，河南鄧州人。宣德八年進士，才藝有名。使山西得見先生，益好學沉潛。官至少保、吏部尚書，兼華蓋殿大學士，贈太師，謚文達公。事迹見《名臣記》。秦纮山東單縣人。太子少保，南京户部尚書。邵深河南新鄉人。太僕寺卿。張睿河南鄢陵縣人。户部尚書。張鼎陝西長安人。户部尚書。白良輔河南洛陽人。監察御史。陳銓山東泗水縣人。知府。薛璘河津縣人。兗州知府。張澤山西澤州人。監察御史。閻禹錫河南洛陽人。徒步來學，蒲鞭受教。監察御史。事迹見《洛陽志》。衛述山西蒲州人。知府。孟琳蒲州人。知州。辛英蒲州人。訓導。孫犳陝西韓城縣人。太原府同知。郭震韓城縣人。芮城訓導。張聰韓城縣人。未仕。高輔韓城縣人。中府都事。賈琰韓城縣人。洪洞知縣。楊志學河津縣人。訓導。袁輝河津人。嵩縣教諭。楊潤河津縣人。登景泰癸酉科，歷官國子監。動遵先生程範，分俸養親，作典士類。邵瑾河津人。登天順己卯科，陝西漢陰縣教諭。田真。高舉澤州人。訓導。江湖潼關人。知州。張澤潼關人。知縣。尚友沁水縣人。訓導。鄭俊訓導。趙壽長安縣人。知州。王復安邑縣人。知縣。李袓安邑縣人。教諭。張錫猗氏縣人。知縣。宋鈞猗氏縣人。知縣。謝居蒲州人。監察御史。謝庭桂蒲州人。解元。高堂河津縣人。陝西泰州知州。任磬河津縣人。陝西淳化縣知縣。郜昌河津縣人。直隸真定縣丞。袁寶河津人。未仕。馬從道河津人。訓導。趙讓河津人。冠帶。田勝河津人，洮府照磨。台春河津人。西安衛知事。張璟河津人。主簿。高繪河津人。四川奉節縣主簿。張選河津縣人。大名縣主簿。杜俊河津人。河南南陽府知事。周盛字文茂，河津縣人。歲貢士。爲人孝友忠實，寬平鯁介，當時稱曰："覩文茂容，煦然若春風之襲人；聽文茂言，脱然若沉疴之去體。"成化癸卯秋，任直隸保安州吏目，九載秩滿，促裝上京考績。及期，敝車羸馬，瀟然就道。郡人無老稚相扶携出郭，遮道挽留，絡繹數十里。或牽挽泣下，悽然如失父母。至京師告致仕回家。太原閻琮贈詩曰："緑水芙蓉絶點埃，漯陽九稔屈清才。訟庭草合無人迹，元自賓僚德化來。"黄英河津人。原武縣主簿。黄傑河津人。經歷。段盛韓城人。例貢，平陸縣丞。史華韓城人。休縣主簿。劉琛韓城人。例貢，大同府經歷。馮统韓城人。廣鈞主簿。梁博韓城人。未仕。賈剛韓城人。例貢，洪臚寺序班。吉節韓城縣人。未仕。李鑒臨晉縣人。王府教授。王瑛安邑縣人。推官。李傑□縣人。主簿。李侃□縣人。主簿。許佐河南汝寧府人。杜玄山東長清縣人。張驥長清縣人。杜聰翼城縣人。訓導。李麟訓導。王藩□江人。訓導。王璋猗氏縣人。主簿。明經士。張敏韓城縣人。趙彬湖廣襄陽人。都院檢校。楊諶蒲州人。儒士。田潤蒲州人。縣丞。韓贇蒲州人。歲貢生。

重脩文清薛敬軒先生祠記

賜進士第文林郎浙江道監察御史曲沃後學李承華撰

余嘗謂士之享榮名，垂不朽，爲天下後世之所宗祀者，代有其人。然求其學足以究天人，功足以扶世教，道足以紹絶統，爲人人之所共崇，雖愚夫愚婦罔弗賢焉，則固難其人矣。我朝文清薛先生，鍾河山之靈，秉剛粹之氣，由内達外，遡始至終，言動進退，一以體認天理爲心。而洙、泗、濂、洛之傳，得先生爲益明。先正推其爲昭代理學一人，信非厚誣。非天下後世之所共崇且賢者哉！宗而祀之，宜矣。先是儒臣累疏請從祀孔子，時爲私議所沮。廼敕於先生故里講學處廓而祠之。堂廡門垣巍如翬如，厥度宏如，歲二事祀焉。所以闡先生之學，碩厥功而弘厥道也。祠創迄今六十餘年，其間尊慕德教者間嘗修葺，然歲久湮欝，風雨剥落，不無蠹蝕。乃嘉靖癸丑，侍御尚君過先生祠謁焉。曰："國有先哲，祀事弗嚴，惟吾職羞。"遂發金若干，檄邑高侯督葺之。侯憋歲歉，甲寅秋成，始鳩工飾材，量程度費，剔蠹以完，易腐以新。官靡妨務，民不匱力，再閲月而祠告成。棟宇仍舊，絢塈奕如，視昔若有增焉。其裔孫惟傑、惟慶輩持狀徵余記。

夫先生道德淑人心，忠貞載太史，聞望在天下。後世行將正祀典，從孔庭，廟享無斁，與天壤相爲悠久。玆一鄉之祀，一宇之葺，豈足爲先生記哉！雖然，觀侍御之崇尚，邑尹之駿奔，俾四方士式崇閭而覩德輝，如親炙焉。則樂德公善之誠，仰止風教之義，於是乎可徵也已。余後先生生殆百年，且學未聞道，不以不文辭者，亦曠世之感，而竊私淑焉者也。僭爲之記。

尚君諱維持，進士，河南羅山人。風猷素著，玆其崇正學之一端云。

重脩薛文清公林墓饗堂記

時嘉靖十七年戊戌賜進士第刑部郎中安邑後學相世芳撰

於惟我薛文清公夫子，山川鍾秀，天與斯文，道統上接程、朱，相業遠宗周、孔，實我聖朝真儒之首也。然久而後彰，彰而未大。雖邑祀有祠，而未通於天下；林墓雖有堂，而未稱乎典禮。故君子皆歉焉。戊戌春，陳南崕先生來尹河津，下車之初，既肅謁夫子之祠矣。復登拜夫子之堂，陋其制也，將圖改作，臨未久也。及夏，政事漸成，乃請於大巡黄巖何先生。先生聖賢之徒也，樂觀厥成焉。時不雨，民未有孚，或慮其弗果。有知者曰："南崖前判均州，實多異政，持廉秉公，獲盜理冤，皆感乎神明，而神明嘗默相之，於是乎有夢格之碑。今擢河津，未期而六事修，百廢舉，禱雨即應，逋税自完，而神明亦默相之，於是乎有神燈之謠。皆循良之異也。其於斯細也何有？”未幾，卜吉，命工相地料用，遂撤其舊物，新以美材，大其制度，華其楝宇。爲堂也，構楹惟四，作架惟五，前軒後牖，既弘以嚴，由是堂高宫廣，巍然偉觀。足以妥夫子之靈，慰四方之瞻仰也。嗚呼！宜哉！是役也，始於五月七日，成於九月六日。官無所出，人不知勞，役不妨農，時不稽久。南崖其賢矣乎！夫子之四世孫朝，五世孫葵、爲尚寶司少卿，癸未進士華，判官芝、艾，散官蘭、茂、蔓、萊、蕃，生員芬，及其六世孫教諭惟謙、生員惟寬、惟明、惟聰、惟慶、惟傑、惟良，徵余爲記，圖功不朽。余作而嘆曰：敬軒夫子之道其大明與？先時張給事疏請從祀孔聖廟庭，楊左侍進《讀書録》，頒行國子監。今南崖效力夫子宫墻，同一尊尚也。夫人心尊尚大同，公議無間，崇入祀典，其在今日矣。敬軒夫子之道，豈不大明也耶？余不佞，不可穢辭林墓，唯命與賢不能違也。

南崕，名大策，字于朝，河南登封縣人。家乘江西泰和柳溪陳氏，以文名，鄉貢起家。是宜記。

重脩薛文清公先生塋宇記

河津縣知縣朝邑樊得仁撰

大凡前人之業，非有後嗣之賢，則亦莫能闡而揚之也。蓋前者後之倡，後者前之推，故崇德者必象賢則。夫孝者在乎善繼人之志，善述人之事者也。故禮部左侍郎兼翰林院學士謚文清公薛敬軒先生，我國家真儒也。其道德文章政事，與夫出處大節，光明峻潔，邁迹前修，備載於《敬軒集》，《讀書》《行實》二録，歷歷可考。所謂濂、洛之流波，覃懷之步武，世所共仰者也。董仲舒、吴澄之流，今皆從祀者，以先生方之殆無愧焉。成化、弘治時，國子監丞李君紳、給事中張君九功、嘉靖首歲參政許君瓚，諸君子屢奏請從祀孔廟。未幾，然而第宅塋祠索然萎苶，無所增益。嗚呼！先生之賢益於是乎見矣。其五世孫大理寺寺副葵，暨其兄癸未進士華，弟國子生芝、艾，邑庠生芬輩，每以修葺爲念，顧其力有弗能者。既而華以葉縣令卒，葵惟單孑是懼，益用殷憂，乃屢謀諸山西巡按監察御史諸君。乃正德甲戌，張君士隆始於墓陵之地既勤垣墉，肯搆肯堂。明年乙亥，朱君實昌惟其塗塈茨焉。嘉靖丙戌，馬君録建尚書坊。又二年戊子，王君宣建大學士坊。至癸巳歲，仁承乏於此，乃得而重新焉。夫命工營繕者，仁也；而董督勞來者，葵也。從更區畫者，仁也；而綜理密維者，葵也。躬覩落成者，仁也；而光大先業者，葵也。仁不敢有其功，而葵實能殫其孝。是故先生之業，庶幾乎不墜。葵之賢於是乎徵矣。若夫始終奔走司典物料者，曰朝、曰蔓、曰萊焉。葵三子：惟明、惟聰、惟傑，華二子：惟謙、惟寬者，皆岐嶷克肖，方來必能繼振家聲。人謂葵、華孝思所格，是或一道；而先生云仍之賢，殆不止此。嗚呼！先生之賢，又於是乎考焉。

祭文類

祭文清公文

陳棐

維嘉靖二十八年歲次己酉冬十一月三十日，鄢陵後學知澤州事前户科左給事中陳棐，謹以剛鬣柔毛，清酤庶品之儀，來奠於文清薛公之墓，曰：

吁嗟乎！世之人人知公名有重於今人，學不愧於古人，而不知公之理學爲我朝第一人，流品爲百代殊絶。人人知公講道龍門，可繼文中軌轍，爲河汾之偉人，而不知公天資粹美，造詣精到，每希體乎聖人。故公之穎悟類顔淵，篤實似曾子，高並乎孔子之門。人人知公家於晉方，卒於晉地，只以爲晉人，而不知先學諭公鳴鐸鄢邑，司樸棫以作人，模範教端，陶熔德厚，留夫惠於鄢人。而公亦名寄泮黌，聲馳梁汴，首冠乎豫省之人。况公氣秉扶輿，靈鍾海岳，直可爲斗南海内之奇人。而今逝矣，必耀而爲星辰，潤而爲雨露，流峙而爲山澤，神氣擬充滿於宇宙，而豈止於一方之人。

棐素承家學，爲鄢野之鄙人，叨登甲第，列侍從乎一人。而近歲以進言見忌，流落下邑，爲遷謫之旅人。今幸移澤郡，過公之里，一拜公之祠下矣。仍致瓣香之敬，來謁公之隧墓，並訪公之後人。棐從此讀公之書，學公之學，求少異乎俗人。而公靈不昧，如肯潛迪默契，苟不棄乎愚人，則棐雖不敏，亦當向往奮發，思不負乎天地之全人。梁木頹久兮，孰起哲人？生芻一束兮，德比玉人。嗚呼！尚饗！

祭文清公文

張四維

維隆慶六年歲次壬申三月丙戌朔二日丁亥，吏部左侍郎兼翰林院學士張四維，謹以剛鬣束帛庶羞之儀，告奠於先正薛文清公之神曰：

嗚呼！惟公契道以心，體道以身。斥遠異説，不作空言。正學一脈，昭代一人。朝著表儀，稚子聞名。皇運聿昌，僉論載明。特表真儒，從祀孔庭。一時曠典，萬世公心。四維州里小子，百年後生。仰止每切，寡過未能。讀書有《録》，示我規箴。遵彼汾曲，修謁祠宫。琴舄瞻德，黍稷薦馨。流風穆若，山高水清。尚饗！

祭文清公文

李天植

維大明萬曆四年丙子仲春乙丑朔越二十日甲申，平陽府推官廣德李天植，以職事來於河津，祗用釋奠於文清公薛先生之祠。爰集先生之裔舉人薛應麟、生員薛惟允等一十五人，邑之舉人暢孟樂、高拱辰，與庠之髦士邵世勛等一百五十人，及縣令盧重華，教官馮暘、徐九功等，遡先生之學而告之曰：

嗚呼！斯道之在天地也，流行不息。師世立極，代有哲人。惟兹平陽、蒲坂之間，三聖肇興，首闢渾淪。龍門之下，河、汾交匯。三賢繼作，徃轍可遵。自卜子夏而後，王仲淹崛興。其微言超詣，殆涉涯津。厥後没於金、元，遂汨汨而泯泯。天啓皇明，載闢青旻。猗維先生，生有異質，方髫齓而振振。于開創之初，弗由師授，獨奮遐志，慨任斯道於一身。學宗主敬，惟惕惟寅。内省峻潔，履蹈貞純。由登第而立朝，直氣讜論。正色垂紳，知幾勇退。簞瓢屢空，樂以安貧。巋然師表，蓋伊川、晦庵之倫。晉、魏、秦、楚、燕、趙、齊、魯之士從遊者衆，絃誦彬彬。閑家式俗，穆乎風淳。馴至易簀之際，曰："無一事覺性天通。"信真積之久，契道合真。遡皇明之道源者，先生其洵。先生之學，愈久愈新。先生之後，禮讓循循。先生之鄉，習尚猶醇。百七八十年之後，尚洋洋如挹先生之神。植甫有知識，景慕先生。竊嚮斯道，擾擾逡巡。司理兹郡，四載以還。計揚懿範，有志未伸。今詣祠下，偕我後生。敬宣徃訓，薦此藻蘋。先生有知，鑒我明禋。

祭文清公文

涂宗濬

維萬曆二十六年歲次戊戌十月癸丑朔越初五日丁巳，巡按山西監察御史涂宗濬，謹以剛鬣柔毛，庶饈之儀，致祭於文清薛先生之靈，曰：

嗚呼！乾坤之所以不毁，日月之所以常明，中國之不淪於夷，人類之不入於禽獸者，果何所恃哉？恃此道以爲之綱維也。開闢至今，道之明晦或殊，而世之污隆，亦因以異。前事之明效亦可睹已。明興，再造乾坤，治教休明。篤生夫子，自濂、洛之説，以遡洙、泗之淵源。其爲學以復性爲宗，以無欲爲要。清風大節，凛凛天地間。嗣是倡學，諸賢相繼輩出，而此道遂大明於世。擬於宋儒，開闢啓鑰，夫子則濂溪其人。而諸賢則程、張以下，皆聞風而興起者也。顧不偉與！夫先生之學，四海之内，百世之下，尤將仰而思奮。矧生於其鄉，又矧爲其子孫者乎？夫文章氣節，世不乏人，然語於斯道未也。變其文章爲道德，變其氣節爲聖賢，豈非夫子所望於三晉之後賢者乎？濬觀風兹土，不勝仰止之思，乃所望於夫子之鄉之後賢，紹明夫子之志，以共光此學。則惟夫子之靈有以默啓之也。謹爲文以告。尚饗！

薛文清公行實録四卷

序　類

讀書録序

《讀書録》者，先師河東薛文清公手筆，前後二十四卷也。當先師著述時，中心有得，至忘寢食，隨筆劄記，未暇倫類，已板行於世矣。先師歿之二年，愚反復讀之，深有感焉。乃倣《近思録》，分門别類，去其重複，釐爲二十四卷。

嗚呼！書誠未易讀，人誠未易知。夫六經四書之在宇宙，如天地之無窮，江海之不竭。然而漢儒讀之，則爲訓詁之學；唐儒讀之，則爲詞章之學。伐根而沃葉，埋珠而絢綵，於是口耳枝葉之學盛，而吾道隱矣。及乎宋儒讀之，然後如麗日當空，瑶琴出匣，而吾道始大明焉。然程子未遠，而有淫於佛老之説；朱子未遠，而有《易》爲無極之論。是蓋不待七十子喪而大義已乖矣。惟我先師崛起數百年之後，心印濂、洛，神會洙、泗，學以復性爲本，言以明性爲先。其言曰："六經四書，性之一字括盡。"又曰："孟子之後道不明，只是性不明。"至論所傳之事，曰："明此性，行此性而已。"嗚呼！至矣！盡矣！若夫風雩之樂，鳶魚之詠，每曰："道理舉目可見，其獨智自詣。何如哉？"真可與點爾同遊，周、程共吟也。韓子曰："世無孔子，不當任弟子之列。"愚於先師亦云。故曰：書誠未易讀。夫以武王之聖，而不知夷、齊。以晏嬰之智，而不知仲尼。雖王逵之舉，周子、蔡襄之薦，明道亦豈盡知二公者哉？若先師之處世，自功名者視之，則以爲偏；自富貴者視之，則以爲迂；尚綺麗者，則病其枯淡；尚慱洽者，則病其拘束。抑孰知先師貌象太極，心遊天真，而無所待於外哉？先師嘗曰："揚雄言後世苟有揚子雲者，必好之矣。某之自信亦然。"故曰：人誠未易知。若夫先師仕止久速，充實輝光，許魯齋之後，僅見而已。其飄然脱洒，無所顧慮，雖劉静修鳳凰翔於千仞之氣象，又何尚焉！是宜行己立朝，磊落潔白，終始無虧。而立德立言，與天壤俱存也歟？嗚呼，深哉！愚以無似，蚤遊門墻，老大無成。心喪之餘，手類遺編，僭書於首。後之君子，幸垂鑒焉！其詩號爲《河汾集》者，亦僭爲序，以傳其文。若干卷仍如其舊。書成，友人山東章丘尹鈞州張慶景祥考績，至京師見而嘆曰："此吾道正脈也。"願捐俸鋟梓，以廣其傳。况山東乃先師持節提調學校舊歷之地，遂書以歸之。

先師諱瑄，字德温，官至禮部左侍郎兼翰林學士，謚文清云。

成化二年丙戌夏六月丁酉門人伊洛閻禹錫頓首謹識

敬軒薛先生文集序

布帛之文，菽粟之味，朱子嘗以是而贊程子矣。布帛可以常衣，菽粟可以常食。聖賢著述立言，亦猶是也。捨此則奇怪隱僻，不經於世。若左氏浮誇，莊周荒唐是已。君子所不與焉。先師敬軒薛先生有見於此，故其著述立言，淺近平易，使人易知，豈奇怪隱僻、不經於世者所可擬哉！

先生名瑄，字德温，别號敬軒，世爲山西河津人。自幼篤信好古，慱學善記。所著有《讀書録》《續讀書録》《河汾詩集》行於世。惟《文集》則先生孫、前刑部員外郎褀，曾託前常州同知謝庭桂板刊未就。今年夏四月，前監察御史暢亨，先生同鄉，謫官陝右，道過鎮陽，予因訪前集。暢曰："某於毘陵朱氏得之矣。"予喜而閲之，但舛訛非原本矣。因倣唐《昌黎集》校正編輯，總千七百篇，分爲二十四卷，凡三易稿，始克成編。於戲！先生《文集》流落江南二十餘年，今傳於世，豈非其數有所待與？

先生永樂庚子河南鄉試第一，登辛丑進士。宣德丁未，初授廣東道監察御史。正統丙辰，擢山東按察司提學僉事，升大理寺左右少卿。以獄事詿誤，閑居七年。正統己巳，用言官薦，左遷大理寺丞。景泰庚午，奉敕總督松藩糧餉。事竣，陞南京大理寺卿。未幾，改北京大理寺。天順丁丑，陞禮部右侍郎兼翰林院學士，入内閣轉左侍郎。越五月，以疾在告，懇乞休致，通前章三上，方得俞允。時年六十九矣。天順甲申夏六月，終於家。朝廷遣官諭祭，爲營葬事，贈禮部尚書，謚文清。

予嘗記先生設教河汾，一時及門之士，雲集川匯。鼎方十五六，先生格言至論，耳濡目染，猶能憶其一二。惜乎少年不及向學。大抵先生剛方正大，以聖賢爲師，處己接物，不詭隨，不屈撓。講論經書，窮究義理，自一身一心，推之至於萬事萬物，然後約之以歸於一。其餘子史百家，靡不淹貫，究竟至極。尤邃於性理之學，《周易》《太極圖》《西銘》《近思録》，未嘗釋手，常瞑目端坐，思索有得，欣然見於顔面。其學蓋已至於樂之之地矣。言動舉止，悉合規度，可爲人法。辭受取予，一決於義。終日衣冠危坐，望之儼然可畏，雖燕閑亦然。居家孝弟忠信，對妻子如嚴賓，及至接人，和氣可掬。不語人以其所未至，嘗以程門教人居敬窮理，接引後學。晚年造詣高明，踐履篤實，益至純熟。其詩平易，冲澹渾成，不假雕刻，讀者自當得之。予早侍几席，壯歷宦途，老無所得，追思誨諭，不可及也。先生歷官政蹟，載在國史，其風節道德，自有天下後世公論在，不敢私。

弘治己酉夏五月端陽門人關西張鼎序

重刻讀書録序

此敬軒薛先生《讀書録》也。先生博綜墳典，究極要領，嘗慕横渠之爲學,精思不舍晝夜,驗之於心,體之於身,有得則筆之於紙。日積月累,以就此編。其言近,其指遠,其論事核而有中,其教人約而有序。誠療饑之菽栗,伐病之藥石也。

慨自科舉之法既興,而詞章之習寖盛,世之所謂讀書者,競逐末而遺其本,買櫝還珠之弊,譬諸江河日趨日下,滔滔乎而不反也。是故古之讀書也以明心,今之讀書也以喪志;古之讀書也以窮理,今之讀書也以干利。明心者誠,喪志者惑,窮理者達,干利者鄙。書一也,讀者異焉。人才之邪正,世道之污隆,風俗之盛衰,政治之得失,胥繫之焉爾矣。嘗試語於衆曰:"如之何讀書,而可以工文詞,取科第也?"靡有不悦聞而欲從者。又嘗語於衆曰:"如之何讀書,而可以變氣質,成德性也?"聞者艴然,雖弗之非而竟弗之信矣。此無他,勢使之然也。故有識之君子,恒以爲憂,而欲亟反之。顧予寡昧,亦竊有志焉,而力未能也。間嘗得是《録》而伏讀之,反復玩味,有感於心,謂可以救學者逐末遺本之弊,而嘆夫傳者鮮焉。今年秋,巡視河東,念兹爲先生之邦,君子之澤殆未泯也。安知無信而好之者乎?予將表而行之,庶幾由兹以及夫天下也。偶安運使奎持此告予,以舊本漫漶,殊不便繙閲,欲重刻之於書院,以待來者。適與予意會也。因取而手校之,釐爲十卷,付之鋟梓。既訖工,固請予一言以爲序。予曰:"先生之遺言,非俟予言而後傳也,所以表而行之,寔欲夫人之傳之也。"於是乎識。

正德庚辰九月癸未歸善鄧維新序

讀書録要語序

河東薛文清公《讀書録》及《續録》,舊嘗講而讀之。竊見先生察理之密,造道之深,與夫立言之精切的確。未嘗不掩卷深嗟,戚戚然以不得一及其門爲恨。既而廢書奔走四方,事與心違,蓋已十忘八九,尤切病之。至是復得是編於成都少府蒼梧吴君獻臣,乃錯舉《録》内若干條萃爲一帙,名曰《要語》。姑即是而觀之,多累數十言,少止一二句，高不淪於空虛，卑不溺於形器，無非切於學者心身日用之實。然則書雖約，讀者固不得而少之。粤自孔、孟既殁，道喪無傳千有餘年。至宋程、朱諸儒輩作，真見允蹈，毫分秒析，而後斯道粲然復明於世。自時厥後，咸謂理學大明，苟志於道無難矣。愚竊以爲不然。三代而後，義理之學固莫甚於宋，而末學、異學之盛，亦無踰於宋者。姑舉一二言之：如六一、東坡之文，元城、了翁之禪，皆可娱悦性情，使人終身慕而不厭者也。市多綺縠，則布帛不售；庖有粱肉，則粳稃不炊。然則士生宋後，孜孜義理之學者，宜亦不多見矣。故後世聞而知之、篤實不變者，在元有許魯齋，在國朝有先生，二人而已。夫以上下二百餘年，《河圖》《洛書》之旨，而後可以言學；有《關睢》《麟趾》之意，而後可以言政。後世學者顓顓於辭章，規規於智力者皆是也，而可以言學與政哉？而可以言聖與王哉？纘宗嘗讀《敬軒集》，而見其學與政也。由程、朱而孔子者也，由司馬而周公者也。夫周公、孔子，其學與政豈與人異哉？亦曰誠而已矣，亦曰純而已矣。然先生之至德要道，學者内聖外王之本，不外是也。苟捨是焉，吾不知其學與政矣。纘宗守郡，嘗以敬軒《讀書要語録》而刻之，以與學聖者共。及參藩，又録其爲《政名言》〔一〕，以與學王者共。非敢言入室，亦竊欲陞堂而未能也。頃見古今論爲政者，若吕氏之《官箴》，胡氏之《緒論》，非不當於事理。至敬軒之語，不獨本於王道，而實切於日用，固今時居官者之藥石也。蓋敬軒國朝碩儒也，名臣也，故所聞所見，非古不通於今，異代不通于當時者比。譬之同室之人，人悉其聲；同里之人，人悉其容。故一言一動無不益吾身心者，無不中吾膏肓者。僅見一二，乃謂苟志於道無難者，豈其然歟？今先生格言具在，學者由此以求程、朱之旨趣，上遡孔、孟之精微，正猶泛舟長江，因風舉帆，直趨於海，烏有不至之理？而往往沉溺他途，雖有豪傑之材，不能自拔，其亦弗思甚矣。夫末學非道，猶不失爲君子多能之資。若夫元城、了翁諸賢，豈後學所敢輕議，徒以禪氏宗旨終不得與於斯。而近世名儒有負天下重望者，即而叩之，不過竊其遺緒以自珍秘，至老且死，莫覺其非。其如先生何哉？然則從事末學、異學者，舉非先生之徒，而尤爲矛盾可斥者，其惟異學也夫！

弘治癸亥春三月壬午後學古餘張吉序

吴公廷舉曰："予非敢僭，有所取捨也，取其中吾氣習之病者而攻之，爲日用潛脩地耳。譬諸中風痹者，世醫投防風、羌活諸草之劑先焉。若夫空青水碧，世外奇寶，非不用也，將以待别利也。"

【校記】

〔一〕《政名言》，應爲《從政名言》之誤。

從政名言序

序曰：學非聖，非學也；政非王，非政也。學不自孔子，非聖也；政不自周公，非王也。蓋有是可不取以爲階梯也哉！於戲！不欲學孔則已，如欲學孔，捨程、朱奚以哉？不欲學周則已，如欲學周，捨司馬奚以哉？不欲學司馬、程、朱則已，如欲學司馬、程、朱，捨薛文清奚以哉？

嘉靖十有四年冬十月五日河南布政使司右布政使天水胡纘宗序

詩　類

贈敬軒先生致仕

李　賢　華蓋殿大學士

自許孤忠結主知，居官寧肯論安危。平反不愧張廷尉，三黜何慙柳士師。已向一身中道立，更看千古大名垂。到家莫廢韋編業，伊洛高踪尚可追。

又 贈

朱 祚 尚寶司少卿

名利場中一夢醒，如君端不負蒼冥。村醪且去隨時飲，澗水重來洗耳聽。俗眼任他終日白，山光還似舊時青。從教門外塵如海，坐向空齋閲聖經。

慕薛文清

石 玠 山西提學副使 正德三年

未能椒酒奠文清，塵迹匆匆意自縈。以女守身端有法，遺經訓子亦成名。成均尚守蘇湖式，天下應傳涑水聲。自愧晚生膠耳目，仰瞻無力致誠明。

謁文清先生祠二首

王 諤 邑令 西安人 進士 正德五年

道在身何詘，心安死亦寧。江山餘故宅，天地並佳名。濂洛功堪恃，春秋祀有成。幾年仰止重，不盡瓣香情。

躋顯心如水，衰年道益尊。清聞徹帝座，德望重臺垣。去就終同許，即魯齋。科名繼有孫。春秋嚴祀事，今古在乾坤。

謁文清公詩二首

韓 相 邑令 東魯人 舉人 正德十年

山川鍾秀氣，夫子出河東。晚績《讀書録》，裁成天地功。春秋宜享祀，道統繼無窮。草木不同朽，芳名萬古隆。

文清當代望，千載仰高風。道大如天闊，心平似鑒空。生前無間議，没後有奇功。著述同濂洛，乾坤萬古崇。

營建文清祠聯句

内濱初杲　谷泉儲良材　涇野吕柟

特特河津謁故祠内濱，瀟瀟環堵動予悲谷泉。拓基聊買屋邊寺涇野，謄敕重鎸廡下碑内濱。當代孫公崇正學谷泉，百年今日觀威儀涇野。桂旌恍惚來雲雨内濱，肯惠斯文慰我私谷泉。

謁文清薛夫子祠

李思進　咸陽丞　杞人

理學皇朝第一人，功夫主敬最爲真。如何謚者不詳議，只向文清二字論。

文清正學書院三首

侯　封　邑人　教授

其　一

誰構新梁棟，重門禮敬翁。登堂思道範，入室儼音容。灼灼河汾化，遥遥洙泗風。幸親君子澤，好約步芳踪。

其　二

河汾琴鼓尚餘鑒，環眂當年藹俊英。答問遠從河洛外，冠裳匯進陛庭行。遥追子夏文學迹，再舉王淹教授程。異世同聲鳴孔澤，斯文興起共良盟。

其　三

先生鐵漢擅時評，布帛機上繭絲功。百折精從性裏做，萬言饒自敬中生。《讀書一録》皆心學，文獻諸集是正情。闕里遺澤曾幾世，憑誰振振再文明。

行實録

周德恭

道德表當年,聲名揚後世。遺編耿耿垂,後學當思繼。

讀書録

周德恭

渾爾真實語,非爲奇異言。千年延道脈,萬代共心源。

河汾集

周德恭

鳶魚皆道理,妙契樂情多。隨筆成吟者,依稀四始歌。

文清公祠有感

後學楊正芳

吾盟誰狎主,當代首鴻儒。正氣昭王報,微言入帝圖。荒苔封石碣,古木隱城闉。把酒頻相問,玄珠定有無。

獨結空明腑,重開混沌天。諸儒歸領袖,靈氣付山川。俎豆當年定,衣冠覺後傳。憐予歧路哭,何日跨飛鳶。

知縣崔講刊

薛文清公行實録五卷

諸公叙述文

大學士彭時銘曰：心契乎性理之淵源，行蹈乎聖賢之軌轍。窮達一心，夷險一節。此其所以有異乎今人，而無愧乎往哲也。

侍郎周宣，都御史林聰、李秉以文吊之曰：先生學究先天，而不以言語文字之爲工；道歸皇極，而惟以躬行允蹈之是崇。《讀書》一録，皆布帛菽粟之切於日用；詩文千卷，咸體道形容之出於心胸。文德昞著，實威鳳瑞麟之翥乎霄漢；權奸頓挫，見泰山喬岳之屹乎蒼穹。挺追先賢之逸駕，蔚然當代之儒宗。嗚呼！道在天地，混一含三。孟軻既没，孰示指南？濂、洛、關、閩，實的其承。微言斯折，大義以明。歷元及今，罕至於道。猗歟我公，終期遠到。匪我之藏，亦行於用。始擢御史，朝陽鳴鳳。繼僉外臺，造士達材。學政斯舉，聞譽聿來。帝曰汝弼，進卿大理。疏滌冤滯，乃眷毗倚。中更拂欝，吾道之厄。積久彌彰，寵命斯赫。遂位南畿，再還中朝。益熙厥績，德卲年高。乃登黄閣，秉化之軸。道大光顯，功及斯民。夫何掌制，曾未及期。爲鬼爲蜮，萋兮斐兮。不俟終日，抗章西還。左圖右書，悠然南山。伯起獨清，疏廣知幾。優遊卒老，俛仰化機。嗚呼！渾坯日喪，勢利交馳。道日以乖，俗日以漓。砥柱中流，能幾何人？景行行止，不屈其身。中貴弄權，人罕不趨。公獨屹屹，行與道俱。厚位盛禄，多士縻之。公獨勇退，屯膏弗施。直全厥道，遑恤其他。高風凛凛，千載不磨。

布政使丘陵以文吊之曰：先生道學可以接響乎伊、洛，文章可以繼美乎昌黎。任風紀而宇内澄清，掌大理而鑒空無私。及貳春官，夙夜惟寅。内閣秉鈞，邦政以平。士大夫莫不慕其德而仰其名也。先生所造，既明且哲，年逾耳順，致仕全節。士大夫又孰不美其進可師而退可則也。誠急流中之勇退，鷄群中之野鶴。可謂儒林增光，而斯道有託也。

學士劉定之曰：直躬慕古，談道淑徒。進無附麗，退不慕戀。

南海霍韜曰：原其精神心術，無頃刻不師孔子之教。自童丱至歿齒，無頃刻忘聖經之言。出處不改其操，禍患不易其節，貧賤不移其介。身爲世師，言爲世訓，動爲世式。晦而彌彰，抑而彌光，非真誠積累之素不能也。故曰：我聖朝從祀之儒，惟薛瑄無愧。自瑄而下，或篤行高蹈，而識度淺隘。或高明超邁，而淫於佛老。陰翊邪説，明叛聖軌，天資愈高，陷溺愈深。皆孔子中正之道未有聞故也。

知縣沈維藩曰：先生學本六經，行高一世。道續千載，文垂萬言。又曰：書則一方莫傳者何哉？厭古樂而樂鄭、衛者，固人之情也。

門人叙述文

門人白良輔哀之曰：太極之實，不過乎中正仁義而已。欲知先生之道，當觀之太極可也。

門人王瑛哀之曰：先生之學，造乎無極太極之妙；先生之行，謹乎難進易退之操。

門人李杲曰：先生之怒也，如雷迅風烈；其過也，如雲消霧釋。剛毅絶肖伊川，其氣象亦類之。

門人王復曰:先生氣貌莊嚴,鬚甚脩美,望之儼然可畏。及聽其言。温然可挹。侍坐其傍,不覺邪念之屏伏。

遺　事

先生一日在内閣,同列忽不在。先生問左右曰:“何往?”左右曰:“適往謁中貴。”會至,先生曰:“學者多説道,不知出門一步已錯了。”既而曰:“狐趨狗媚,吾所深耻。”

天順元年正月,内法司擬少保于謙、太子太保王文等謀危社稷,凌遲處死。一日同列皆衣紫,先生問之。同列曰:“不知耶?欲刑某等耳。”先生曰:“此事人所共知,各有子孫。”忠國公石亨奮然曰:“事已定,不必多言。”會上召諸公議之。先生曰:“陛下復登寶位,天也。今三陽發生,不可用重刑。”諸公皆不言,遂詔减一等。先生退而嘆曰:“殺人以爲功。仁者不爲也。”即有去志。

一日,同列將進閣,有一達官趨而摳同列衣以踰閾者。先生鄙之曰:“昔有拂鬚參政,今有拱衣侍郎。”後人問之,終不言其姓名。

一日,李學士賢與同列嘲山西人鄙吝,戲謔爲笑。先生正色曰:“儉乃人之美德,且此地非戲笑之所。”衆遂凛然。會召見,入一便殿。先生侍立久,不覺以手拂鬚。李退,謂先生曰:“此何地也,而以手拂鬚乎?”同列曰:“此報前日之讎也。”遂大笑。

一日,學士徐有貞、李賢、許彬退朝,謂耿都御史曰:“上不悦石亨所爲,盍令御史劾之耶?”先生謂諸公曰:“《易》云:‘君不密則失臣,臣不密則失身。’《春秋》譏漏言。”既而嘆曰:“競端從此始矣。”後果以此致敗。

先生辭，允。岳正入閣，來請教，先生曰："凡事且緩。"又曰："英氣大露，害事。"會正不久得貶。正曰："某，先生之罪人也。"

先生辭，允。三日即出城。行至直沽中道，遇風雨，舟不能行。糇糧俱乏，至日中猶未食。先生吟詠作詩不輟。子淳私愠言曰："人家好好做官，他便要退，受困誰怨？"先生聞知，以杖擊之曰："我雖困，而道則亨也。"

閻禹錫問："李賢何如？"先生曰："道理盡説得，經學最熟，只少立於義，有些富貴氣象。"

或問閻禹錫、白良輔。先生曰："洛陽似此兩人也，難得。但恐後來立脚不定，往别處走。"

學士許彬與徐有貞草誥辭。有曰："治水東郡，纘禹成功。"先生曰："擬人必以其倫，彼何人，而擬之禹也？"上果不悦，卒以此致敗。衆以先生爲知言云。

門人問近時人稱楊榮有王佐之才，先生曰："要有王佐之事業，須有聖賢之學問。"

先生幼時亦尚豪氣，數首詩立就。在山東，憲使黄翰善書能詩。一日，以詩請和，先生援筆答之。少刻，益以數首至，先生即以十餘首答之。翰不復能，乃謂衆曰："薛先生書厨隨取隨有，翰乞兒也。"旋去。尋討先生書，似晦翁體，甚是遒勁。

先生山東提學時，有一生員，實聰敏，因貧欲退，故試不中。生員豫與教官關節，同言曰："生員果不堪。"先生曰："生員二祭掌何事？"
佥曰："擊磬耳。"先生曰："磬在八音，難和也。彼能和之，亦可用也。"卒不聽其去。後其人登科，自言其事。

祠堂柱聯

承祀儀而竭精意，欽崇無已；
拱遺像而仰德輝，景慕胡忘。

文章羽翼六經，高風出班、馬、韓、歐之格；
道義渾淪三代，元氣回關、閩、濂、洛之波。

御史喻時

河、汾鍾秀，真儒乃出，羲、文、周、孔之緒端不墜；
洙、泗衍淑，正學以傳，濂、洛、關、閩之命脈常存。

一代綱常盟主；
千年道統嫡傳。

學宗洙泗源頭遠；
道啓河汾流泒長。

薛氏歷世科貢傳芳圖

薛貞洪武甲子舉人，任元氏、玉田、滎陽、鄢陵、河内教諭，一任馬湖府平夷長官司吏目。以子瑄貴，贈通議大夫，大理寺卿。

薛瑄中河南永樂庚子解元。辛丑進士。廣東道、雲南道御史，陞山東提學，大理少卿，又大理寺丞，又陞南京大理寺卿，改北京大理寺，禮部右侍郎兼翰林學士，入内閣轉左侍郎。贈禮部尚書，謚文清公。二世。

薛淳生員。三世。

薛褀天順甲申進士。任刑部主事，陞本部浙江司員外郎。四世。

薛韶恩生。任深州判官，陞東鹿縣知縣。五世。

薛葵恩蔭。中書舍人，又大理寺副，陞尚寶司少卿。六世。

薛艾貢士。任陝西寧州判。六世。

薛華正德庚午舉人，嘉靖癸未進士。任河南葉縣知縣。六世。

薛芝貢士。任南畿宿州判官。六世。

薛惟謙貢士。任河南陝州訓導。陞陝西乾州學正。

薛惟傑貢士。任北畿河間府通判，陞陝西葭州知州。七世。

薛應麟隆慶庚午舉人。任河南舞陽縣知縣，陞衛輝府同知，見任。八世。

薛應第監生。八世。

薛應闈貢士。任山西沁州訓導。八世。

薛士弘選貢。任陝西鄠縣知縣，轉直隸饒陽縣知縣，又轉陝西寧縣知縣。陞邠州知州。九世。

薛士燦監生。任北京神策衛經歷司經歷，見任。九世。

薛繼岩崇禎壬午舉人。任湖廣荆門州知州，陞陝西延安府同知。十世。

薛昌胤崇禎壬午舉人，癸未進士。選山東青州府安丘縣知縣。十世。

薛文清公年譜序

文清薛敬軒先生，爲有明一代儒者最。余嘗誦其《讀書二録》，以爲當在真西山、許魯齋二先生之間，何、王諸人未足儗也。及得令河津，復詳求其著述誌傳始末，蓋僅僅間有存者。最後先生十一世孫文學薛崑玉，持手鈔《年譜》一帙相示，亟校讎而付諸梓。

夫儒者之與名，世之疑爲兩途也，久矣。漢、唐迄宋千五百年，而天下未嘗一日覩儒者之效。明興，濂、洛、關、閩之學大著於世，士之有志於聖人之道者，莫不皇皇焉篤嗜而深求之。然吴、胡諸子醇謹步趨，具體而微，於名世當讓未遑也。惟先生與陳白沙、王伯安後先奮興，爲學者宗仰。殆如威鳳祥麟一出，而天下争觀其光儀者。先生之震聾發聵，使學者駭然蹶然，愧汗傍徨。爲功之奇且捷，似不及二子，而功名亦較伯安遠甚。然二子之學，當時已不免有異議，事久論定，學之者且幾於認賊作子，與宋四子爲勍敵矣。雖郵傳之過，要亦二子有以啟之也。先生乃獨以極深研幾之學，馴造於充實光輝之域，周情孔思，日光玉潔，惓惓以正學復性喫緊爲人，誠所謂布帛菽粟，所不可一日闕於天下者。譬之醫焉，二子之學，其伐病之劑也；先生則且攻且補，而斟酌於標本緩急之間者也。長於攻者，病去而元氣以傷；攻補相需，從容涵育，日計不足，而月計有餘，故雖涣然以解，而病者不知。以是較之，其所得爲孰多哉？然人群利於伐病之速，而不慮元氣之傷，此先生感人之功，所以似不及二子也。楊文貞、李文達數公，雖號爲知先生，然不過管窺之智，畧見一斑。核而論之，豈足以知先生而盡先生之全體大用哉！明之鉅儒，既無有過先生，而當事無一能深知之者，而先生亦遂無以盡其用。此有明之治所以迄三百年仍於苟且，而三代名世之業之終不可復見也。吁，可慨夫！

康熙五十二年歲在癸巳暮春之初
閩中後學聶僘謹撰

薛文清公年譜序

我朝理學之士，後先相望。獨先生生於革命之初，崛起草昧，翊二祖右文之治，爲一代儒宗。按《狀》，先生生而五臟皆露，五六歲屹如成人。十五升講席，精思力踐，洞曉天人之奥。徐、魏諸公，皆元耆儒，自以爲不及也。自少隨父任，及官中外，歸休河汾，無時無地非學。立朝辭受取與，一斷於義。正氣凜然，賁育莫能奪。死生之際，履險如夷，非盡性至命，不至是矣。先生之學，以無極太極爲宗，以居敬窮理爲訓。深於《易》象，究心《河圖》。凡天地人物之原，游魂精氣之變，野馬遊絲，日光鳥背，盡悟其盈虛消息之妙，引伸觸類，性命躍如，立論皆前人所未發。又言近旨遠，切中人情。其於詞賦，如化工肖物，初不經意，妙得天人之致，其天性也。從祀之議，久而不決，皆疑著述之少。然先生之文，如河源從天上來，千波萬派，澒洞無涯，人第莫窺其際爾。先生學術粹然一出於正，則景星卿雲，太和元氣之氣象也。剛毅之操，確乎不拔，則隆冬嚴寒之候，風霜襲人於肌骨也。然凡先生所爲，不忍殺一不辜，行一不義，至死不變。止見道理當合如是，初非作意爲之。觀其絶食直沽，臨刑西市，况味蕭然，若未嘗知有流離患難焉者。茫茫天宇，倦鳥安巢。直至蓋棺，事定究竟，歸於無入，而不自得。所謂“七十六年無一事”,信乎其無一事也。先生之妙,吾無得而稱已。先生遊洞庭、瀟湘間最久,吾里爲過往之區,有先生之手跡焉。今其餘風遺韻猶在。余生也晚,未嘗學問,何敢爲先生序,序所以嚮往先生者耳。

賜進士第武陵後學楊鶴頓首謹序
旹大清康熙歲次癸巳季春吉旦

候選經歷　美玉
　　　　　懷玉
者賓　薛仍男　邑庠生　良玉　刊
　　　　　崑玉
孫歲貢生　乃果
　　　　　乃文

薛文清公年譜

武陵後學楊鶴彙編

先生諱瑄，字德温，姓薛氏，别號敬軒。世居山西河津縣南薛里。其先出自奚仲，至隋、唐間最顯，如河東三鳳是也。族大而繁。祖仁，生直。直生常。常生仲義，通經術，以元末不仕，教授鄉里。仲義生貞，是爲先生父教諭公，洪武甲子舉人，歷官教諭四十年。後先生貴，祖仲義及公皆贈通議大夫、大理卿，祖母齊及齊母皆淑人云。

明太祖洪武二十二年，己巳，八月初十日子時。先生生於北平之元氏。按教諭公以乙丑除真定元氏教諭。既之官，迎父仲義、母齊氏俱至任。娶司訓齊魯道女，生先生。先一夕，夢峩冠紫衣人來謁，已而誕先生於學舍。肌膚瑩於水晶，五臟洞露，目光如漆。家人怪，欲棄之。祖仲義聞啼聲，力止曰："體清而聲洪，必異人也。"因覽初度以卜，喜曰："此兒將大吾門矣。"

二十七年，甲戌。先生六歲。在元氏。

二十八年，乙亥。先生七歲。侍教諭公官滎陽。教諭公官原任元氏，九年赴闕，帝擇儒臣備顧問者二十人，公與焉。上御奉天門，命諸儒講論五經同異。公進説《大禹謨》，音暢義明，克動宸聽，廷臣以爲能。三閱月罷，除滎陽教諭，先生隨侍。祖教以小學、四書，日千百言，即成誦。不爲兒戲，端坐如成人，姊妹莫敢過其前。性善詩，人以爲天授云。

建文帝洪武三十二年，己卯。先生十一歲。在滎陽。居五年，朝例罷北方學校，改除教諭公官馬湖平夷長官司吏目。

三十三年，庚辰。先生十二歲，侍教諭公官馬湖。馬湖土官子弟喜先生幼能文，争負至其家，請爲作詩詞，教讀書，晚奉小豚送之，以爲常。嘗著《平雲南賦》，上沐國公，公大奇其才。教諭公以是無虞於夷獠。

三十四年，辛巳。先生十三歲。在馬湖。

三十五年，壬午。先生十四歲。在馬湖。是年五經四書皆通大義。

成祖永樂元年，癸未。先生十五歲。在馬湖。帝下詔諸改官者悉從舊。教諭公復官滎陽。

二年，甲申。先生十六歲。侍教諭公如滎陽。按先生有《憶昔行》云："憶惜年纔十二三，老親携我遊西南。西南道路蜀山裏，累月不盡經巉岩。當時正值春光麗，紅紫千林競妖媚。緑蘿覆逕摇溪烟，清風掠面送花氣。羈懷未解怯險艱，青泥坂滑石磴盤。路夾陰崖白日暮，梯凌危棧蒼空寒。寒空石壁插江脚，斷痕疑是鬼斧鑿。倒懸古木星斗迷，亂灑流泉風雨作。凴空一望山叠重，烟溪霧谷相欝滃。積陰絶險足妖怪，深叢大野多蛇龍。復有劍閣横天絶，時清關險成虚設。關南石龕夜宿時，子規啼落龕前月。成都開豁自一川，盛夏又泛岷江舡。蠻中忽忽幾寒暑，新正乃有中州旋。骨肉相随千萬里，回首舊遊如夢裏。三十年來白髮生，坐想雙親淚如水。"觀此則先生當以庚辰春度馬湖，是年春反旆中州也。冬，抵滎陽任。教諭公門下士咸尊先生爲師。母齊淑人卒，先生朝夕哭奠成禮。按先生作《行畧》云："妣生男二,某及瑭。妣卒時,某始十六歲。"《示弟瑭》詩曰:"先母亡時汝四春。"獨未言載於何地。以《汾陰阡表》考之,教諭公結茅以居,或至食不繼累日,齊母能安貧淡以助廉焉。永樂紀元,詔改官者悉如舊。明年冬,復任滎陽。先生年十六矣。不聞扶櫬如滎,則卒於滎陽可知也。妣卒後,陳宗問贈先生詩有曰:"十五能文實可奇。"先生書詩後亦曰:"余年方十五。"何耶?今依《行略》附甲申之冬,其是與否不敢臆斷云。

三年,乙酉。先生十七歲。在滎陽。始厭科舉之學,慨然以求道爲志。精思力踐,一言一動,必質諸書。微有不合,竟夜反側不成寐。蘄人陳宗問參政河南行部,至滎,舟中偶觸云:"緑水無憂風搊面。"因不得對句,語教諭公。公語先生,先生不思即曰:"青山不老雪白頭。"亟請見,不往。宗問異之,因訪於學舍,索詩藁觀焉。謂曰:"子所作,才泓氣昌,當爲大儒,非吾儕備員苟禄者比也。"欲以奇童薦諸朝,先生固辭,乃止。因贈詩,有"知汝晚來成大器,願修德業贊熙雍"之句。

六年,戊子。先生二十歲。在滎陽。按先生詩《將歸山西留贈陳廣文三十韻》内有云:"未窮詩酒興,俄動蓼莪哀。荏冉逾三載,栖遲愧寸才。聊爲萍水别,近疑故山回。"又云:"昊天恩罔極,風木意難裁。未遂林烏報,頻驚隴雁催。"又《次廣文韻留别二律》有"滎陽南望萬山攢,偶此成家計未安"之句。乃在滎作也。庚子冬,《贈王汝霖序》云:"余歸故鄉,得公之政之詳。别去數歲,今年冬,復河南,之鄢陵。"《留别詩》有曰:"憶昔少年登公堂,公堂開宴羅笙簧。中間契闊十年餘,千里關山恨索居。"乃知庚子前十餘年,先生曾還里,與滎陽《留别詩》適合,意有旋家葬母之行也。丙午春,先生葬教諭公前三日,啓齊母柩,至日祔。豈始遷自滎陽千里外耶?又胡不聞權厝何地,返葬何時耶?今姑録此,以志疑焉。

七年，己丑。先生二十一歲。侍教諭公官玉田。教諭公榮陽任滿，徙玉田。玉田多賢豪長者，濟南王素亨、大梁范汝舟、東萊魏希文、永嘉徐蘊夫、安陽范仲仁、海昌李大亨諸公，皆年德老成。先生禮延之家，講論經書子史，泛及天文、地理、二氏之談。諸老退謂人曰："此子聰明特異，力行可畏，聖門有人矣。"皆避師席，結爲友，與習宋諸儒性理諸書。久之，先生嘆曰："此道學正脈也。"盡焚詩賦草，專精性命，至忘寢食。

十六年，戊戌。先生三十歲。在玉田。

十七年，己亥。先生三十一歲。侍教諭公官鄢陵。教諭公在玉田九年，徙鄢陵。朝例：學博乏科者，充戍。公固欲先生應科目，先生即任中補弟子員。司訓王惟善著《鄢陵志》成，先生爲作序。按《阡表》云："永樂十七年，先君徙鄢陵，丁大父憂，去官。繼丁大母憂，家居五年，起復河内教諭。"今由河内時逆推之，當以是年去官。參考《贈王汝霖序》，似又宜在庚子歲。

十八年，庚子。先生三十二歲。秋八月，舉河南鄉試第一。冬，歸鄢陵。將隨計，有《贈王汝霖大尹序》及《留别詩》。

十九年，辛丑。先生三十三歲。春三月，登曾鶴齡榜進士。夏五月，還家省侍，有詩云："衛水南旋雲漠漠，晉山西上馬騑騑。君親恩比滄溟大，忠孝深期願莫違。"又《舟中雜興十八首》，其六云："細草微茫間諸沙，烟林香靄暗漁家。舟行不辨東西處，但倚危檣看月花。"其八云："天高雲影層層出，野曠河流曲曲長。百丈牽風晴裊裊，櫓聲摇月夜茫茫。"其十三云："水畔人家舟作屋，飄飄身世長兒孫。幾回睡足蘆花月，又引帆檣過别村。"時學士楊士奇聞先生名，邀致館中訓諸子，先生固辭却之。

二十一年，癸卯。先生三十五歲。在里。有《故鎮行》詩，中有云："親朋導我村北行，叢祠户牖塗丹青。還復崎嶇歷西澗，褰衣競涉波凌亂。高柳啾啾棲暮禽，平蕪渺渺語飛燕。"

二十二年，甲辰。先生三十六歲。侍教諭公官河内。教諭公起復爲河内教諭。先生爲臨川楊萬英作《務本堂序》。八月，仁宗御極，教諭公朝京師，先生從行。

仁宗洪熙元年，乙巳。先生三十七歲。春三月朔，父教諭公卒。公朝歸，道病。先生親嘗湯藥，日夜不離左右。輿至任，卒。先生哀毀骨立，權厝公濟水之涯。秋，如滎陽。舊有别業在滎陽，往治裝，爲旋葬計。河内楊生進道徒步相從，時秋雨積潦，生泥行三十里，水行十餘里，跋涉良苦，略無愠色。冬十一月，告遷教諭公之靈滎陽，歸，將扶柩還里。以是月二十五日設奠祝於公，曰："自尊容奄違人世，九月於兹。感時序之變遷，沸五内而興悲。曩以倉卒未即歸葬，遂權厝於濟水之涯，逼側浮淺，實非神靈所宜。今以吉旦，謹啓攢窆，返柩于故山之陂。"臨行，賈昭、楊進道諸人送至孟津，灑淚而别。十二月，至覃懷，四方弔者甚衆。李大亨不遠數千里來，陳文原遣其子及孫、高二門人數百里外至。人以郭林宗、徐孺子之事稱之。

宣宗宣德元年，丙午。先生三十八歲。春正月，葬教諭公於南坡塋，以齊淑人祔。如滎陽省母。按先生繼母許氏，不知教諭公娶何時。公去滎陽十七年，卒於官。踰年春，先生既葬畢，復來省母。豈先未與俱歸耶？明年冬，先生展墓赴京，不聞將母還家事。而《茅屋漏歌》則曰："辛丑進士河汾客，早向中州買居宅。"考《述懷》詩有曰："祗命湖湘間，久載憲府筆。一往三年餘，及歸有華髮。家室寄中原，無産給衣食。”又曰：“老妻亦何爲，頻年苦煎迫。上以奉繼姑，下以撫兒輩。執爨色焦槁，補綴眼昏澀。”意先生室家，自丙午及壬子前，寄滎陽也。

二年，丁未。先生三十九歲。在滎陽。冬十二月，戊寅，祭告高曾祖考妣。先生既免喪，朝命屢降，將如京師，取道還里，以是日拜辭先壠。

三年，戊申。先生四十歲。如京師，將詣闕。《與楊進道書》曰：“某七八歲時，侍先君子左右。聞其稱古人某爲大儒，今人某爲偉士。因記於心，曰：‘彼亦人耳，人而學人，無不可及之理也。’又六七年，先君子見可教，授以諸聖賢書。始發奮篤專於誦習，晝不足則繼以夜，倦則置書枕側而臥閱之，或達旦未已。至於行立飲食，不諷諸口，則思諸心，雖人事膠擾，未嘗一日易其志。積十餘年，然後察夫聖賢千言萬語之理，無不散見於天地萬物之中，而天地萬物之理，無不統會於此心微密之地。自是以來，澄治本源，而恒懼夫邪念以淆之，篤專修習而不敢以他好奪之。積之既久，因以中之欲發者，發爲文辭，則但覺來之甚易，若有物以嘗於内而迫之於外也。後先君子命試有司，一往即得之。仰希大儒偉士雖不敢及，然韓子所謂在進士中粗爲知讀書者，竊以爲近似焉。今退居又六七年，遭值大故，哀痛之餘，尚懼頑愚荒怠，負先君子之大訓。因時取向所授書而温繹之，但覺意味愈切，理趣愈深，有得於心而不能形於言者。此某之自少及長，勤苦既得，而猶不敢自已者也。”過洛陽，爲房子儀作《楨槐堂記》。授行在廣東道監察御史，監湖廣銀場。先生至都，上章願就教職，以卒所學。會上思振風紀，擢御史。既拜官，念養不逮親，作《汾陰阡表》以揚先德焉。時三楊當國，欲識先生面。先生曰：“某忝糾劾之任，無相識之理。”一日，覓於班行中曰：“先生見且不可得，况屈之乎！”尋差監沅州銀場，同列以爲賀。先生舉古詩“此鄉多寶玉，慎莫厭清貧”謝之。

四年，己酉。先生四十一歲。在沅州。元日有詩二章曰："龍尾伏巖鞭韻徹，鳳池班整珮聲清。"又曰："玉節趨朝應不遠，會從鵷鷺紫霄行。"是春作《御史箴集解》，成，并序以自警。又作《五友詩序》。三月一日有《思親詩》云："風木摧心已四年，沅州春日苦喧妍。無邊雨露滋群物，天地陽和浹九泉。懲忿敢忘當日訓，守身期佩昔人絃。光榮不及酬親願，俯仰終天涕泫然。"《午日遣懷二律》有曰："獨簪白筆叨天寵，遠抱丹心憶帝鄉。未必蠻中久留滯，趨朝只應待秋涼。"《對雨遣興簡陳侍御七絶》一曰："秋雨通宵盡日鳴，柏臺雙沼漲皆平。緑荷裊裊欹香柄，細看明珠瀉未停。"五曰："君恰來時我欲歸，沅江秋雨正霏霏。鵷班若問新消息，爲説清霜滿綉衣。"以上諸什中有"趨朝不遠"之句。《發沅州寄陳侍御二律》又曰："駐節沅州整一年，束書今喜遠朝天。"其二曰："捲旗沙上簇鶥戈，畫鼓催舟發棹歌。歸思再瞻黄道近，交情將奈綉衣何。一江烟水澄秋練，兩岸雲山擁翠螺。欲問清霄別來意，泠猿啼處明月多。"陳侍御即廷斌也。明年春，先生爲作《永思堂記》云："再會廷斌於沅州。"則是秋當有朝京師之行。故十月有王尚文之祭。不然，王事靡盬，畏此簡書，顧安問至河南耶？秋八月，乙未，祭武昌王大惠。冬十月，過河南，祭王尚文。按《祭侍御文》有曰："今兹便道，官舡暫停，殺鷄沽酒，以酬兹慕。"先生爲入朝無疑矣。發通州，再往湖南。有詩云："初辭天上雙龍表，尚想雲間五鳳樓。壓岸曉霜明憲節，到舡寒雨濕貂裘。"乃朝廻適楚作也。

五年，庚戌。先生四十二歲。在沅州。元夜同陳侍御觀燈，有詩曰："萬里歸來自帝朝，沅陽今是兩元宵。詩從見月添新興，人喜觀燈得俊僚。北極星辰垂地遠，南天瘴癘到春消。柏臺風致清如許，梅蕋頒香入凍醪。"夏六月，如靖州。二十一日，在靖州憲署作《拱北軒記》，又《月夜雜咏五首》。秋九月，禱雨於沅州。冬至溆浦，有《南軒記》云："辰之溆浦，湖北之下邑也。余愛其四山攢拱，衆溪經復。留旬餘，嫌其憲署後堂東屋蔽昧，遂開南壁易以軒。積久之障，豁然頓開，晝則日光輝耀，夜則月華穿漏。焚香讀書其下，心神内外融朗洞達，忽若不知吾身之爲小，天地之爲大也。因念是屋也，向也蔽，今也通；向也暗，今也明，是在人焉耳。況心爲神明之舍，爲此蔽暗者，氣質人欲也。去其蔽而開其暗，有不在我乎？因治屋而得治心之要，遂書於軒端，以啓後之人。"十二月，在辰州。朔二日，先生州署中將旦，忽念己德不大進，緣舊習纏擾，未能擺脱，自今以往，洗心磨刮，言動求合於道，否則匪人矣。時五溪山險多虎，民苦其暴。聞於朝，遣將捕之，二日而殺虎四。將吏稱賀。先生曰："彼皮毛之班炳，爪牙之銛利，搏民物以自肥者，人皆知其暴而可殺。抑孰知有不皮毛爪牙，號爲靈物，而剥人脂膏以自肥者哉！彼之暴，汝總戎職也，行見悉殄除。而民安，此則予職也，方將施其方畧，以覃惠澤。將吏之賀可休矣。"衆皆屏氣促武而去。

六年，辛亥。先生四十三歲。在辰。元日書曰："履端者，時之新也，爲學當與時俱新。"秋夜，忽憶三年前秋夜之作，因賦詩二。其二曰："獨坐高堂蠟炬紅，宛然秋與昔年同。宦情不改來時淡，詩思渾如到日濃。楊柳影斜簾外月，芰荷香老水邊風。莫言白筆南征久，赢得歸囊一物空。"冬十月七日，夢從二程夫子遊，伊川論紫陽作《明道贊》曰："揚休山立，不若中和獨立。"先生遂起而記之。《沅州十二什》曰："水添沅澧新濤急，山洗黔巫宿障清。"又曰："新晴眼界河空闊，萬里青霄羡鳥飛。"又曰："庭前緑草飛蝴蝶，城外清江叫子規。"又曰："幾見闌干生薜荔，旋看烟雨綻芭蕉。"又曰："梅雨來時諸水漲，野雲飛處萬山蒼。"又曰："萬里山連百越遠，五溪漲入九江流。"以第二章"駐節三年"語考之，疑是年所作耳。

七年，壬子。先生四十四歲。在辰。秋七月，繼母許氏卒。先生聞訃哀毁哭泣，自辰歸，權厝母氏於淺土。按先生在沅凡三年餘，所至多惠政。首黜貪墨，正風俗，奏罷採金宿蠹，沅民大悦。日夕精研理學，寤寐聖賢，手録《性理大全》，潛心玩誦，夜分乃罷。深冬盛寒，雪飄盈几，唔咿不輟。或思有所得，即起燃燈記之；或通宵不寐，味而樂之，有不知手足之舞蹈者。遂積爲《讀書録》。尤喜幽探，徃來洞庭、瀟湘間郡邑，私肖像而尸祝之者無數。嘗泛舟武陵，宿江上潮音閣，徘徊眺詠，欣然覽筆，書"善法堂"三字。曉泛舟有詩，有"碧水寒依岸，蒼林遠護堤"之句。武陵人即其地置祠以思，至今存焉。

八年，癸丑。先生四十五歲。是年秋冬間始歸葬。

九年，甲寅。先生四十六歲。在里。秋，李文達公賢奉命察山西旱荒，造門叩質所疑。先生亟稱之，以爲英悟淳確，非流輩可及。按先生有《復李德原書》，略曰："前辱書，累數百言，以道德顯晦見推爲念。竊惟此道出於天，賦於人，全盡於聖賢。六經、四書、周、程、張、朱之説，無非明此而已。某自少時有志於是，心之所存，言之所發，身之所履，少有違理，若一日不能安其身。蓋出於道之所不能已者，豈敢僭擬古人而以道學自居哉！閣下與云云，使某撫己增愧耳。若以是聲號於人，必且見怪見鄙，不斥以爲狂，即笑以爲迂矣。徃年河汾之會，漫語及之，以世儒所共談，非某所獨見也。而今而後，更欲以衆人視某，或欲徃來講切是道，但當熟讀。凡聖賢書一字一義，灼見下落，而體之心，體之身，繼之以勿怠，則推之人者不外是。而所學皆實理，雖不言道，而道在是矣。"冬十月，如京師。是月朔二日，先生免喪，有《趙城縣徙作縣治記》。

十年，乙卯。先生四十七歲。在京師。夏五月二十二日，玄孫禥生。按先生娶淑人甯氏，有子四：長溥、次淳、次濬、次治。《述懷詩》曰："大兒亟假田，農作不遺力。次男失學慣，游惰無儔匹。三子雖孱弱，芻牧無休息。昌子最痴小，奔走自不識。"又曰："反歸苦告訴，數子俱未室。"於是先生歸自湖南，溥若淳輩俱已長，可知也。但其寤寐之期，衣裳之歲，皆無所考。僅聞是月二十二日，玄孫禩生。蓋先生家居又數年，溥妻暢，淳妻張，濬妻王，當以次于歸。獨治最弱小，娶孔氏，在官山東時耳。禩出溥妻暢氏，後禩貴，溥封刑部江西主事，暢氏封安人。秋八月，復除行雲南道監察御史。二十二日既除官，越三日始受事。有《送山西大參王原之序》。按先生自戊申官御史，五年於兹，買宅京師，僅容臥榻。苦東壁暗甚，力不能辦一牕。子淳取車輪爲之，先生爲作《車牕記》。

英宗正統元年，丙辰。先生四十八歲。在京師。春，太僕寺丞馬有容致政，滎澤馬士賢司訓徽州，保寧尚志訓歸州，先生並贈以序。夏四月，陞僉事，提督山東學政。時有言學政不舉者，詔遴選碩儒。吏部尚書郭進首薦先生，是月二十八日除督學僉事。先生欣然曰："此吾事也。"作《祗命山東》及留别趙彬、姚克修、院中諸友之什。如山東通津驛，有詩："六月官船發潞陽，水村烟樹共微茫。天門忽已如天上，祗見青山一帶長。"至山東，首以白鹿洞規開示學者，俾致知而力行，居敬以窮理，由經以求道。所至先詢行而後文詞，親爲剖解，告以爲人爲己之學。取人隨材器，或行步，或字畫，或講誦，或詩詞，各玉之於成。數者皆無，不得已使儒衣冠謝其祖，乃去之。有一生，以貧廢棄，屢舉不第，亟求退。學博亦曰："宜罷之。"先生曰："生祭日治何事？"僉曰："擊磬耳。"先生曰："磬在八音中最難諧，能知之，亦可用也。"不聽去。後其人果登第。諸生無少壯賢愚，皆感慕先生，稱爲"道學薛夫子"焉。秋，僉憲劉士清秩滿如京，先生爲作序。冬，士清補雲南憲副，又序以贈之。

二年，丁巳。先生四十九歲。在山東。有《元宵詩》曰："行臺北面是蒼山，古栢風生分外寒。又值元宵春一度，只燒紅燭伴清懽。"嘉祥署中作也。秋，九月七日，遊靈岩寺，宿寺中。有詩曰："梵宇深沉夜景遲，僧房禪榻果幽奇。竹鳴虚牖風過處，霜落寒岩月上時。紙帳燭光團白玉，石爐香烟靄青絲。紅塵馬首明朝别，只恐山靈解勒移。”又《秋日靈岩道中》有“照人霜葉紅於染，拂袖嵐光翠欲流”之句。

三年，戊午。先生五十歲。在山東。春三月，祭司訓賈昭文，略曰："昔遊覃懷，交契最密。德言相酬，經義與析。我丁先憂，返葬河北。契闊幾年，寒暑屢易。寧知生死，遽爾永隔。道經貴居，公已窀穸。市酒是沽，隻鷄是炙。奠雖云薄，情則孔亟。”夏六月，如東平。東平行臺有竹翳於惡木，命僕芟治嘉植，詩以記之。僉憲楊伯玉妻王氏是年卒，爲作墓表銘。

四年，己未。先生五十一歲。在山東。春正月，祭刑部侍郎曹弘。閏二月，祭友人魏純。純家高密，宣德二年三月，先生在滎陽，聞訃於荆門幕黨厚本，至是按山東，因望其里而祭之。三月，拜詔於青州。有詩云："丹霄快覩鳳啣書，春與天恩滿八區。不獨山東扶杖聽，還應海内効嵩呼。衣冠濟濟風雲際，花柳欣欣雨露餘。栢府微臣瞻盛事，載馳忠悃戀皇都。”時劉忠敏公爲講官，留飲先生，具論邊將有後日之患，至十四年竟如其言。夏四月，考績如京師，未發，爲劉文謹作《歷亭送别序》。略曰："濟水出太行之王屋，伏流數千里，散見於岱麓、栢崖、渴馬之山。至濟南有泉湧出，名趵突泉。之流或派而爲廻溪駛瀨，或匯而爲巨浸平湖，經帶城郭，北合清河以入於海。其南多美山，層峰峭立，連巒起伏，宜與梁岱、龜蒙、徂徠、長白、鄒魯、海上諸山角立相望。北渚有古亭，遺址巋然，即杜少陵、李北海宴集處，所謂歷下亭也。山光水色，浮摇瀲灔，其上下葭蒲荷芰，紛披燭耀其周阿。濟南得岱麓山水之勝，而是亭又得濟南山水之勝，故爲古今遊觀者所適。今年夏，金谿王昌問官山東，其尊人、友劉文謹與俱來，間往遊是亭，愛其山水花草之清麗，徘徊終日，眷眷若不能去者已，遂戒行，取道亭下而去。余嘉文謹行千里，來無所求，獨訪古蹟，而適意於山水物象之觀也。因序以識别。”至京師，有《送陳御史祚歸葬序》。稱其“屢起屢仆，勁節苦心，如金更百煉無改色，殆可匹休古人"云。秋九月，詔復職。如山東。二十九日，有《思親詩》："三十年來事，舟中忽有思。老親遊宦日，巴蜀任江時。青嶂兩邊合，黄猿萬樹垂。只今行海岱，忍自受恩私。"祭友人王素亨。冬十月，至山東。作《按察司題名記》云："嘗觀司馬公記諫院題名，爲後世將指其名，議其忠詐曲直，有可懼者。今之選任按察，既爲國家所重，所謂扶正抑邪，洗冤澤物，論天下之事，廣視聽之公，關係治道之大，匪特諫諍一事。而其列名兹石，後之人亦將歷指而議之曰：某也賢，而舉其職；某也否，而瘝其官。是其可懼有甚於司馬公所言者矣。凡我風紀君子，其可不自重也夫！其可不自懼也夫！"十一月，按部出濟南。十二月朔，至清平。有《喜雪詩二十韻》。

五年，庚申。先生五十二歲。在山東。春正月十八日，夜臥夢云："安其内不求於外，見其大而略於小。"因而記之。夏五月十七日，泛舟有《思親詩》，曰："天地無窮水自流，髫年已侍二親遊。中原道路曾驅馬，江漢波濤更泛舟。孤藐光榮叨憲節，音容寂寞閟松楸。千思萬想情何極，目送飛雲到故丘。"

六年，辛酉。先生五十三歲。在山東。春，謁先師於闕里，爲衍聖公彦縉作《存化書堂記》。有《報李文達書》，曰："屢承手書，切磨斯道。前年至京，極欲面悉紙筆所不盡。未幾，又歸。去年春，王公來，承書見示。書旨宏博，未易了悉。謹取三四條奉答，伏惟擇焉。是道之大，原於天，具於人心，散於萬事萬物，非格物致知不能明其理。故大學之教，以是居首。然此心非虚明寧静，則昏昧放逸，又無以爲格物致知之本。程子所謂'涵養須用敬，進學在致知'者，正欲居敬窮理，交互用力，以進於道也。足下論學首及於此，誠得程子教人之要。能尋此而進，所至其可量乎！足下又謂，忠孝大節固不敢虧，聖賢細膩工夫決不能到。乃足下自歉之辭耳。朱夫子有言：'愈細密，愈廣大；愈謹確，愈高明。'是則大節固當盡，而細膩工夫亦不可不勉也。足下又謂，動作毫厘小差，忽不知墮於爲利之域。省察至此，極爲親切，更加以精辨持守之力，必能爲己而不爲人也，爲義而不爲利也。"夏五月，奉敕過諸城，賦《瑯琊行》中曰："我行正值昇平日，千里連城萬家邑。烽燧花開火不驚，林園麦秀雉争集。茫茫一氣天無私，山川民物皆欣熙。三事小臣効精白，九重聖主方無爲。"秋九月，如京師。初，吏部尚書何文淵致政去，謂楊士奇曰："薛某學行無愧往哲，吾不能進，願舉以自代。"至是，奇薦先生。二十三日，被詔赴闕，諸生涕泣遠送，徘徊不舍，爲木主生祝之。比至京，權閹王振聞先生名，謬以桑梓之好，邀先生爲重。使致餽，先生却之。其僕曰："君何騃？諸方面以千金求階於吾公，不得。反却饋耶？禍且至，吾危君！吾危君！"不聽，餽至再，終固辭不受。冬十月，陞大理寺少卿。朔二日，除右少卿。又二日，改除左。作《大理箴》以自警。時振權傾中外，三楊知，憾先生，因言："時勢所在，雖某薦先生，彼亦素聞名，盍同謝之？"先生毅然曰："安有受爵公朝，拜恩私室耶？"後有事議東閣，公卿見振拜，先生獨立不爲動。振知而揖之曰："多罪，多罪！"實大啣焉。有侍郎不悦先生者，亦曰先生泥古，不知變通。

七年，壬戌。先生五十四歲。在京師。是年視大理事，不數月，辨錦衣衛大獄十餘案。四月念日，上賜紗。先生有詩云："理寺承恩詔，宫紗被寵光。紅酣昇海日，濃染自天香。省德知輕重，裁衣稱短長。章身良自愧，何以報皇唐？"五月朔日，賜扇，先生有詩曰："敕賜端陽扇，雲箋五色花。動摇煩暑退，披拂好風斜。法語真堪畏，湯銘恐未加。身心蒙帝力，留與子孫誇。"扇兩面所書皆聖賢訓戒之語。

八年，癸亥。先生五十五歲，在京師。春，詔下獄。初，先生既却振餽，又不一見振，與振遇，又違衆不爲禮，振滋不悦。會百户某實病死，妾欲嫁其私人王山。山，振姪也。妻在，持妾弗得嫁。山教妾誣妻以魘魅殺夫，下御史獄，坐死。妻誣服，莫能白。先生察其冤，數救解之。調問者八道，皆畏振、山勢，因仍無所平反。先生奏下刑部議，郎中潘洪廉得其實冤，先生遂劾諸御史官經訊者。都御史王文素恨先生，欲以先生媢振，而庇諸侍御，乃與指揮馬順交讚振前。振大怒，嗾諫官劾先生是古非今，妄辨已成大獄。下獄，擬大臣巧言諫免，暗邀人心。罪大辟，待決。秋，詔棄市。尋削籍赦歸里。時復奏，將決。工部侍郎王偉素善振，聞公論不愜。謂振曰："人言薛某獄實冤，若决之，謂不能容賢何？"振默然。遂調先生錦衣衛獄。先是學士劉球上章忤振，下錦衣衛獄。振使人縛至暗壁中，斧鑽暴下，支解其體。先生繼至，人皆危之。先生怡然曰："死生命也！"讀《易》不輟。通政李錫聞之，嘆曰："真鐵漢也！"及午門會問，先生呼王文曰："若安能問我！若爲御史長，自當避。"文怒奏先生"囚不聽理"。詔綁於市殺之。門人皆惶懼錯愕，睨先生神色自若。會振有老僕素謹厚，是日哭於廚下。振問："何爲哭？"對曰："聞薛夫子將刑，故泣。"振曰："何以知之？"僕曰："某鄉人也。"備告其賢。振意解。王偉亦抗疏固争，削籍放歸田里。時以詩送者，尚寶卿朱祚、吏部郎李賢諸人。祚詩曰："村醪且去隨時飲，澗水重來洗耳聽。俗眼任他終日白，山光還似舊時青。"賢詩曰："平反不愧張廷尉，三黜何妨柳士師。已把一身中道立，更看千古大名垂。"先生亦有《出京詩二律》，曰："孤臣泣血省愆尤，詔釋羈縲出鳳州。滿目山光迎馬首，一鞭歸思繞林丘。罷官已是安時命，報國空驚不自籌。遥想到家春已暮，麦黄蚕老稼盈疇。"又曰："久知樗散是匪材，幾載超遷歷寺臺。松栢每期冬雪茂，春花不逐艷陽開。數莖白髮還禁老，一寸丹心未覺灰。此日爲農歸故里，河汾歲晚興悠哉。"《報李大亨詩》曰："買車已上山西路，結屋還依水北居。樂意不忘尋簡帙，生涯祇擬付耕鋤。"又《步朱尚寶韻留别二首》，有"心期皎日均能許，歌擅陽春我獨聽"之句。

九年，甲子。先生五十六歲。在里。春游龍門。秋，四子治妻孔氏亡，夫子家孫女也。

十年，乙丑。先生五十七歲。在里。子治卒，先生以詩哭，又爲文祭之云“予官山東，汝姻曲阜。孔氏之孫，來嫁寒族。新婦鍾慶，餘風未没。與女匹孝，女德是服”云云。按先生《寄大亨書》有云：“前歸鄉里，喪第四子、子婦三人，孫二人。”今惟治與孔氏見於詩文，餘俱闕如矣。考三子濬早卒，王氏亦無嗣，豈其亡適際此時耶？秋八月十日，登南坡賦詩：“雨霽陟岧嶢，涼風作陣飄。目隨青嶂遠，心與白雲高。野草連崗細，家林百尺喬。茫茫天宇内，倦鳥已安巢。”是時先生難後，已無心仕進矣。往故鎮探妹有詩曰：“千年土地唐風舊，一泒河流禹蹟間。鳥戴夕陽歸遠樹，龍攜暮雨過前山”之句。

十一年，丙寅。先生五十八歲。

十二年，丁卯。先生五十九歲。

十三年，戊辰。先生六十歲。又至鎮有詩曰：“薛子時年六十秋，又登蕭寺古鐘樓。仰觀翠嶺常臨險，遠望黄河不斷流。椒染紅顔香滿地，柿添黄色艷壠丘。人生今古知多少，疇不聞風到此遊。”

十四年，己巳。先生六十一歲。在里。時家居數年，閉門不出，雖鄰里罕見其面。而秦、楚、吴、越間來學者以百數。先生拳拳誨以小學以及大學，由掃洒應對至於精義入神，居敬以立其本，明經以求其道，不事言語文字，而必責諸躬行之實。問科舉之學，則默然不對。終日正衣冠危坐，如對神明。洛陽閻禹錫徒步來遊，及别，先生送之里門。謂曰：“程門教人以居敬窮理爲要，女歸勉之。”秋九月，被詔入京師。時英宗北狩，恭仁帝權國事。臺省上言先生學究性理，詔起田間。九月朔五日，驛使到門，遂詣闕。冬十月，除大理寺右寺丞。先生至京，恭仁帝已正位，除右丞，領北門鎖鑰。時敵騎薄都城，都帥懼，欲避其鋒。先生曰："敵懸軍深入，勢必不久。"已，果遁去。朝論取諸王入議事，先生疏擇取其賢者。又上《講學章》曰："日見臣下議經筵緝熙聖學。雖久未行，蓋欲俟軍旅事平之日也。臣愚謂：聖主中興，天步維艱，正講論爲學爲治之不可緩者。昔漢光武躬擐甲胄，討除群凶，猶且投戈講藝，息馬論道，故能舉群盜如鴻毛，復大業猶反掌，此講學有資於成大功也。唐太宗興義兵，除寇亂，一時從龍之臣，相與論爲學致治之道。一夜之覽，身忘其倦，故能刬刮僭僞，拯濟生民。此講學有資於戡大難也。近者醜虜陸梁，禦侮有人，號令一施，風行草偃，非如漢、唐草昧之初。伏望皇上博選廷臣學術純正、持己端方、通達古今、明練治體者一二十人，更代入直，視朝之暇，召各臣進講。先《大學》《論語》《孟子》《中庸》，次《資治通鑑綱目》諸書。陳説聖賢修己治人之要，開告帝王端心出治之方，以至唐、虞、三代、漢、唐、宋以來，人君行何道而治安，爲何事而乖亂，與夫賞善罰惡之典，任賢去邪之道，莫不畢陳於前。如此，則雖皇上聰明上智之資實由天錫，而朝夕緝熙啓沃之力，亦有益於聖心。聖學日新，聖德日明。於以修治道，則正心以正朝廷，正朝廷以正百官，正百官以正萬民，而治道有修明之效。於以攘夷虜，則修軍政以簡將帥，簡將帥以練士卒，練士卒以討夷虜，而夷虜有殄滅之期。此講學有資於成大功，勘大難，宜急行之而不宜緩焉者也。"

恭仁皇帝景泰元年，庚午。先生六十二歲。在京師。春二月，奉敕如四川、雲南督餉。貴州苗叛，命將征之，委先生督餉，且贊畫軍事。先生遺都御史李匡書曰："竊惟蠢兹醜類，與振威武以服其外，不若布誠信以結其心。勉而行之，大功可立，况小寇哉。"都帥然其計。先生爲檄布諭諸苗，示以禍福，然後耀武以懼之。貴州漸平，先生復以書答曰："昔趙充國討叛羌，緩於攻戰，但撫其渠魁，而坐解其黨。朱子大書於《綱目》，以美其績。以此知安邊境，治蠻夷，蓋以懷柔爲先，不以攻戰爲貴也。足下此行深得安邊之計，垂聲竹帛，又豈遜美於古人耶？"夏六月，自永寧如瀘州，偶感暑虐，寒熱大作，數月稍愈。秋九月，遊草堂，有《草堂記》，略曰："子美草堂，不過江村一陋室耳。今去唐垂千餘年，後世作堂以象之者，年愈久而名愈新，是豈徒以子美工詩而凌誇古今，冠絶百世哉！蓋唐至中葉，爲女子小人蠱惑君心，竊弄權柄，紀綱大壞，逆賊横發。其人臣平日戴高位，食厚禄，號爲親信而近幸者，率多頓顙賊庭，受其僞職。子美一布衣耳，亦嘗陷賊中，乃挺然無所污，視失節之臣，不啻麟鳳之與犬豕。及拔賊中，赴行在肅宗朝，拜爲拾遺。未幾，竟以直言去官。乃客秦州，入隴蜀，遂寓居草堂。夫忠在人心，乃天理民彝，萬世之所同。故後世慕子美之忠，則慕其爲人，亦慕其所居之室，所以屢興不廢而名永存也。"時遊者，僉都御史李匡，大理寺少卿張固，監察御史羅俊，并先生爲四人。按是年作《陳復初墓表》，復初名原，即遣子及門人弔教諭公者也。其子銓，受學先生之門。

二年，辛未。先生六十三歲。春二月，歸於京師。疏請告，許之。時督餉事竣，還京。先生上言："番州遠夷，但當羈縻之，不宜責以貢賦。"不報。嘆曰："民力竭矣，吾忍重急之耶？"上章乞致仕。秋八月，詔復秩。户部侍郎江淵上言："薛某躬行實踐，深明理學，宜留内閣，以資啓沃。"上可其奏，詔復除大理寺右丞，是月八日受事。冬十二月，詔陞南京大理寺卿。

三年，壬申。先生六十四歲。春二月，至南京。既抵任，有豪民挾貲殺人，獄不決，執法欲貸之。先生曰："死者何辜？"竟抵法。又有周氏獄，沉冤已久，先生雪之。其他多所平反，未易悉數。中官袁誠鎮留都，氣燄甚盛。會諸部僚往議事，同年都御史張純謂先生曰："初見中貴，盍加禮焉？"先生不應。既至，誠降階相迎，執主人禮，甚謙卑。退謂人曰："此人曾與王振作對頭，豈肯爲吾屈耶？"午日餽扇，先生辭曰："賜扇乃朝廷之禮，不敢受。"太監金英以使至，及還，諸司祖道江上，先生不出。英謂衆曰："南京好官，惟薛卿耳！彼雖不吾送，吾不怪也。"時刑部尚書張寧、少卿廖莊，皆以文名相尚，見先生，嘆曰："先生當於古人中求之，豈敢與之輩行耶？"按是年有《答閻禹錫書》，曰："某本世俗之學，中年稍知理趣，而卒有所未得，亦僅置於心不忘耳。承諭所學之正，進修之篤，敬羡。第别紙所録《釋毁賦》，多用騷意。竊惟古人爲己之學，於人之知不知、與夫毁譽之言，皆不足以動其心。若此賦之詞，似有激發不平之意，得不爲此心虚明之累乎？所望一切除去此意，日求吾所未至，使反身誠而樂莫大，則彼毁譽之言烏足以動吾心哉！"第二書又謂："學徒告以微渺，茫茫若夏虫之疑冰，是誠然也。夫以子貢之高識，僅悟性天道於晚年，况他乎哉！程子終身不以《太極圖》示人，正謂是耳。故教人之法，最宜謹其先後淺深之序，若不量所至，驟語以高妙，不止不能入，彼將輕此理爲不足信矣。"

四年，癸酉。先生六十五歲。在南京。有《春望詩》，曰："皇都又是一年春，立馬長堤眺望頻。麗日斜明紅杏塢，暖烟輕護緑楊津。風來野水微生浪，雨過天街迥不塵。最愛祥雲呈五色，氤氲長是繞楓宸。"夏，送廖少卿朝京。有詩曰："龍江五月發扁舟，大理名卿上帝州。千里好山開翠嶂，兩堤楊柳蔭清流。鳴鑣紫陌思前慶，簪筆黄門憶舊遊。若見中朝知己問，丹心不改雪盈頭。"又作《陸宣公廟記》，畧曰："有唐三百年，逢時建策，成翊戴弘濟之大功者，累有其人。至於學術純正，事君以格心爲先，論事以行義爲急，隱然有王佐之才者，余於中唐獨得一人焉，陸宣公敬輿是已。當建中危難之際，公居近地，竭忠藎以籌畫機宜，代王言以感召人心，雖提兵討賊，諸將是賴，而其運籌帷幄，再造唐室，公功居多。是皆載之信史，天下後世所共知，余置不論。獨稱公有王佐之才者，蓋三代之佐，皆以正君行義爲本，自秦以來爲輔相者，鮮克知此。而其所論，不過人才政事，無以清出治之源，明義利之分，以致主於王道。獨公之所以事德宗者，有曰：'一不誠，則心莫之保；一不信，則言莫之行。誠信之道，不可以斯須去身，必慎守而力行之。'又曰：'民者，邦之本；財者，民之心。心傷則本傷，本傷則枝幹凋悴，而根柢蹷拔矣。夫知誠信不可不存，則心必正；知財利不可厚斂，則義必行。人君正心行義，使天下萬事一出於天理之公，此王道也。'惜公言雖大，所告不合。入相未久，即有中州之行，而卒不得大行其志。遂使後世論唐之賢相，曰房、杜、姚、宋，而公不與。夫豈知公有王佐之才，使時君能用其言，三代之治可復，豈特貞觀、開元之盛而已哉？故善論相業者，當觀學術規模之大小，不當以事功之成與否而高下之也。"秋九月，調北京大理寺卿。朝廷欲大用先生，遣使召還。會中官有憚先生者，沮之，遂除大理卿。十月十日視事，適草場災，上怒，欲盡誅典首者，先生辨其冤。蘇松饑民乞富室粟，不與，火其屋，蹈海避禍。太保王文往覈之，以誅叛論，籍平民家五百餘來京。衆畏文勢，莫敢言。先生首抗章争之，文大恨，思報先生。謂人曰："此老倔強猶昔。"先生聞而笑曰："辨冤獲咎，死何愧焉！"争益力，臺省因交章繼之，竟得請誅渠魁三四人而止。

五年，甲戌。先生六十六歲。在京師。春，王都憲景暘引年歸，先生贈以序，曰："君子少而進固有爲，老而退亦有爲也。公自筮仕以來，事功顯著，進而有爲，歷歷可稽。今其退也，又當老其學，老其德，皆足爲鄉里小子後生之儀。則使居家者老有詩書禮義之風，入官者有忠節廉介之行，則退而有爲，義自在也。"夏，鄭侍郎景陽來朝，將歸，先生贈以序，曰："南京爲國家根本重地，猶有周視鎬京之與成周。在昔保釐尚重其人，況南京畿甸，以及列郡刑獄之係，皆於秋官是詰是治。庶獄清而民心樂，則和氣應，而有培固國家之根本。景陽之任，豈不重且大耶？"冬，贈少師江公時用兼冬官序，曰："古之君子，雖有卓越俊偉之事功，皆以爲人臣職分所當爲，無一毫之自滿。今公既得顯仕顯名，而有其實，卓越俊偉之事功，去古人不遠矣。必皆以爲職分之當爲，愈勵其能，篤其實，一念不忘忠國愛民之心，則方來之豐功偉績，顯著於當時，垂光於後世者，又可量乎哉！"

六年，乙亥。先生六十七歲。在京師。春二月，考績。詔復職。在大理寺二年，多洗冤抑，所平反全活無數，人有録之成牒者。夏五月，疏請告，不許。是月七日，宿疾作，特遣御醫調治。十四日以老病陳乞，不報。秋九月，進階通議大夫，誥贈祖考妣。朔四日，朝命封先生通議大夫、大理卿。祖仲義、父教諭公，贈如其職；祖母齊、母齊氏，贈淑人；妻甯氏，封淑人。

七年，丙子。先生六十八歲。在京師。冬，送簫都憲以序，略曰："古大臣之去，雖在畎畝之中，江湖之遠，未嘗一日忘乎忠國愛君之心。蕭公既任重職，荷朝廷之簡知。今之去也，尚當以古大臣自則；雖養丘園，其必旦夕拳拳戀慕闕廷爲心，以思濟生民爲念，不可以山水之佳爲可樂，退休之節爲可高，而遂相忘於斯世也。"

英宗天順元年，丁丑。先生六十九歲。在京師。春正月甲申，陞禮部右侍郎兼翰林院學士，直文淵閣。是月十七日壬午，英宗復辟。先生爲衆望所歸，擢居是職。李文達喜曰："正先生行道之時也。"先生曰："某外官驟進，誠意未孚，但當積誠以動之。"一日，召入便殿，上褻衣冠御，先生拱立不入。上遽易服，乃進見。語移時，皆正心誠意之言。左右竊聽之，曰："此正薛夫子也。"時有矜迎復之功者，先生曰："許魯齋不陳伐宋之謀，何耶？凡事取必於智謀之末，而不循天理之正，非聖賢之學也。"中官曹吉祥、忠國公石亨，專恣無忌。曹用事，同列約相賀，先生獨不往。亨與徐有貞誣于肅愍謙、王太保文謀危社稷，抵凌遲死。二十二日丁亥，同列皆衣紫。先生問之，同列曰："不知耶？欲刑某等耳。"先生驚曰："此事人所共知，各有子孫。"亨憤然曰："事已定，不必多言。"會上召諸臣會議，諸臣皆默然。獨先生曰："陛下復登大寶，天也。今二臣之罪狀未著，且三陽發生，不可用重刑。"有貞争曰："若不置謙等於死，今日之事爲何名？"遂詔減一等。先生退而嘆曰："殺人以爲功，仁者不爲也。"即有去志。後有貞封武功伯，許彬草誥，詞有曰："治水東郡，纘禹成功。"先生曰："擬人必於其倫，彼何人，而擬之禹也？"及有貞敗，劉廣衡劾有貞自謂治水希踪神禹，無人臣禮，當斬。衆以先生爲知言云。二月，典會試天下貢士，得士黎淳等三百人。録成，先生爲首序，略曰："切惟爲治莫先於得賢，養士必本於正學。正學者，復其固有之性而已。性復，則明體適用，負經濟之任，釐百司之務，焉往而不得其當。"有同考官謂先生曰："'正學復性'數字，久不言，恐非時文。請易之。"先生曰："某平生所學，惟此數字而已。"夏五月，陞禮部左侍郎，直内閣。是月進李賢吏部尚書，許彬暨先生皆禮部左侍郎，徐有貞爲首相，欲立功名自異，漸貳於石亨。朝退，三人謂都御史耿九疇曰："上不悦亨所爲，盍令諸御史劾之？"先生愀然謂曰："《易》言：'君不密則失臣，臣不密則失身。'《春秋》譏漏言，此何説也？"既而嘆曰："競端從此起矣。"後果以此敗。一日，將入閣，有達官搵同列衣以踰閾。先生曰："昔有拂鬚參政，今有搵衣侍郎。"後人問之，終不言名氏。坐閣内，同列偶他去，先生問左右曰："何往？"對曰："適往謁中貴某耳。"比至，先生曰："學者多説道，不知出門一步已錯了。"既又曰："狐趨狗媚，吾深耻之。"六月三上疏請告，許之。是年三月，先生舊患右背風疾，至是作，延醫治之，良久乃愈。五月七日復作，幾二旬，稍痊。六月三日疾轉劇，遂決意求去。又上自即位日，接見先生禮遇優渥，後漸踈。聞上議求獅子於南番，先生諫不可，不聽。石亨放諸守關軍歸，以示私恩。先生以爲言於上，重違亨意，别遣卒戍之。至是或數日不召見。先生曰："穆生云：'醴酒不設，王之意怠矣。'盍去諸？"同列曰："上或有事耳。"先生曰："君子見幾而作，寧俟終日耶？"即以疾懇辭。石亨素敬先生，來問疾。因曰："如即不留，我爲先生請敕書，即家塾以訓子弟，且資先生養。"先生曰："昔許魯齋去，元世祖賜之敕書，魯齋懸梁上不以示人。及卒，發視之，乃敕書也。某若資其養，曷若不辭官之爲愈乎？"亨嘆息而去。是月十日，上章不報；十一日，再上；十三日，二上。至二十一日始得旨。三日即發。至直沽，道中風雨大作，舟不能行，糇糧俱乏，日終猶未食。先生方賦詩吟嘯不輟。子淳愠，見出怨言。先生以杖擊之曰："我身雖困，而道則亨也。"舟中賦詩七律，有曰："但想溪山行好處，不妨園圃到時荒。"又曰："欣戚情懷渾索寞，升沉聲譽總悠然。彤闈紫閣如天上，依舊清汾數頃田。"初，先生行，岳文肅正請教。先生曰："凡事且緩。"又曰："英氣太露，殊足害事。"未幾，正中曹、石飛語，遭斥逐以去。上頻語及，輒曰："岳正倒好，只是大膽。"正追憶先生，嘆曰："正，先生之罪人也。"

二年，戊寅。先生七十歲。在里。自是家居不出，四方從學者日衆，至市館不能容。先生拳拳以復性教人，曰："此程、朱喫緊爲人處，而歐陽永叔言'性非所先'，誤矣！"又曰："學者讀書窮理，須實見得，然後驗於身心，體而行之。不然，無異於買櫝而還珠也。"李文達當國，每以書問先生，始終不答。門人問故，先生曰："昔温公退居洛中，吕申公執政，屢以書問起居，温公不答。某亦此意。"一日，閻禹錫問文達何如。先生曰："道理盡説得，經學最熟，只少立於義，有些富貴氣象。"或問閻禹錫、白良輔何如。先生曰："洛陽似此兩人也，難得。但恐後來立脚不定，往别處走。"又問近時人稱楊榮有王佐之才，先生曰："要有王佐之事業，須有聖賢之學問。"寧州守修廟學成，司訓甯鐸使人走千里餘求爲記。先生因告以"隆治道，必本於養賢才；養賢才，必本於崇聖道。故爲師者當以道教人，爲生徒者當以道治己。教以道立，才以道成，推之於用，斯道之澤，無往不被。庶幾有補於治道，而上不負國家建立廟學之意矣。"

三年，己卯。先生七十一歲。在里。先生既返初服，玩心高明，研究天人之奥，闡發性命之微，著爲《讀書續録》。有《報閻禹錫書》，曰："承諭取《朱子文集》《語類》諸書，掇其精實者題曰《晦庵要語》云，欲寄示。此正欲快覩，早寄爲妙。所要《讀書續録》，但余老，自備遺忘耳，亦何足觀也。近讀《近思録》，程子謂方道輔曰：'經以載道，誦其言詞，解其訓詁，而不及道，乃無用之糟粕耳。'覬足下由經以求道，乃進學之至要。蓋凡聖人之書皆經也，道則實理之所在，苟徒誦習紙上之經，而不求實理之所在，則經乃糟粕，如程所云也。"秋八月，玄孫禥舉鄉試。禥天性穎異，才思不凡。少時詣禹門，先生囑曰："到彼有某碑記，爲我寫來。"至則縱遊終日，輒忘懷矣。歸中途，忽記祖囑之言，急回，則燈火絶。禥以手抹其字迹，記懷一字不錯。嘗有詩云："帝錫傳觴酒興賒，群仙奔奪廣寒花。三年一放紅如錦，讓我東南第一槎。"至是登鄉試榜。先生爲大寧縣作《廟學記》。

四年，庚辰。先生七十二歲。在里。春，作《濟南府舜廟碑記》。門人楊潤爲涇陽教諭，作重慶堂迎其大父，書來求記。先生進之以三樂，言俯仰不能無怍愧，教人之道有未盡，雖欲安其親之心，有弗能也。

五年，辛巳。先生七十三歲。在里。是年作《泰山廟碑記》。

六年，壬午。先生七十四歲。在里。爲門人李杲作《一樂堂記》。因并舉三樂以告之，俾知所警而自廣焉。冬十一月，定興李文英過河汾，謁先生，爲其二子作《雙桂堂記》。勉以兄弟篤於知行之學，勤修一堂之上，仰追千古之賢云。

七年，癸未。先生七十五歲。在里。作《安邑夫子廟碑》及《處士楊禮墓表》。秋八月，玄孫禥登進士。是年二月，會試棘闈災，焚死者千餘人。上憐之，賜死者俱進士。禥膂力過人，升墻援引，救活甚衆。八月再試，取吳鉞等二百四十七人，禥與焉。

八年，甲申。先生七十六歲。在里。夏六月十五日，先生卒。先生平日削所奏疏藁，皆不存。是日忽檢舊書及《讀書二録》、詩文諸集，束置案上，衣冠危坐，爲詩曰："土坑羊褥紙屏風，睡覺東窗日影紅。七十六年無一事，此心惟覺性天通。"通字之繞未竟，悠然而逝。適暴雷震屋，白氣上升薄天。有司以聞，詔贈禮部尚書，謚文清公，遣官諭祭，命有司治葬焉。按先生卒，其知故門人，以銘狀詩詞憑而弔之者數十百人。後學景慕信從以剡章表請尸而祝之者，又數十百人。歷憲、孝、世、武四廟，垂百餘年，而從祀之議始定。今其文詞存亡相半，而有當於先生者居多。李文達賢曰："公之學踐履篤實，以聖賢爲師，辭受取與，必揆諸義。晚年玩心高明，默契其妙，不言而悟。出處大節，光明峻潔，於富貴利達泊如也。"彭文憲時曰："心契乎性命之淵源，行蹈乎聖賢之軌轍，窮達一心，險夷一節，此其所以有大異乎今人，而無愧乎往哲也。"周宣曰："先生學究先天，而不以語言文字之爲工。道歸皇極，而真積躬行允蹈之是。"崇丘陵曰："先生德負仁義中正，才出文粹精華，道學可以接響乎伊、洛，文章可以繼美乎昌黎。任風紀而宇内澄清，掌大理而扶正抑邪。春官典禮，惟寅惟清，内閣秉政，邦政以平。士大夫莫不仰其德而服其公。既明且哲，致仕全節，士大夫莫不美其進以禮，而退以義。誠急流中之勇退，吾道中之一人。"雷林曰："在柱下史，而復性正學見於柱下史；在外臺，而復性正學見於外臺；在大理，而復性正學見於大理；在内閣，而復性正學見於内閣。何其知之明，守之固，而行之果也。"張九功曰："先生篤志好學，於道有見，貴真知實踐之益，黜矯僞浮靡之病，蓋濂、洛之流波，覃懷之步武，人所共知也。"楊廉曰："先生學識純明，操守完固，聞講性理諸書，即一意於宋儒之學，微詞奥義，靡不精究，修己教人，惓惓以復性爲務。國朝以前，知經學古，以文章名家者，固有其人；求其一於理學，先生一人而已。"許文簡纘曰："先生天資高明，學識醇正，權勢利達無以動其心，死生利害無以移其志。誠文行一致，學業大成之真儒也。"吕文簡柟曰："先生以力行爲讀書，以明道爲修辭，清而不詭，巽而且同。潛學孔、孟，抗志程、朱，老不殊壯，困未改通。

許魯齋之後未有見其能比者也。”喬莊簡宇曰：“先生幼而壯，壯而老，無一事不求合於義。或曰：先生篤志聖賢之學，終身不變，有儒者之實。而弗獲預祀，非缺典與？予應之曰：歷代從祀之議有定於一時者，有定於十年百年之後者，要其極秉懿好德之公，烏能已哉？聖朝文運聿興，崇儒重道，激勸風化之事，以漸舉行。先生之從祀，恐終不可廢者矣。”張鼎曰：“先生剛方正大，不詭隨，不屈撓，講論經書，窮究義理，自身心推之萬事萬物，然後約之以歸於一。其餘子史百家，靡不淹貫，究竟至極。《周易》《太極圖》《西銘》《近思録》未嘗釋手。嘗瞋目端坐，思嘗有得，欣然見於顔面，其學蓋已至於樂地矣。”楊瞻曰：“先生反躬好古，真知實踐，以誠敬爲入門，以復性爲實地。”尚維持曰：“先生生而神異，立朝大節，炳如日星；平生所爲，膾炙人口。讀書諸録，今之理窟；敬軒等集，學者指南。爲布帛菽粟之文，性理正脉；守車輪户牖之志，孔氏家法。雖非七十子諸賢之親炙，而默契乎道體者爲多；雖無漢、唐、宋諸儒之註疏，而體驗乎身心者爲尤大。獨從祀之説屢經奏議，旋復中止，大率以著述少之。不知雕蟲之技，徒侮聖經。宋儒胡瑗亦無著述，元之許衡所著何書？而學者宗之。蓋身體力行之功，不在乎言語文字之末。否則《太玄》揚雄、《新經》王安石，又可攘背孔子之庭矣。”閻禹錫曰：“自七十子喪，而仁義不明。戰國時各售功利之説，而不知仁義爲何事，孟子起而正救之。孟子既没，而仁義又爲之一蝕。至唐韓愈獨能原性以示學者，天下仰之如泰山北斗。有宋五星聚奎，真儒輩出，仁義之道，大明於世。宋末文弊一極，乃有叛朱子之心學，而逐於異説者。魯齋獨能沿流求源，而專致力於躬行踐履之間，尊小學爲人德之門。元末詞章枝葉之學競起，先生懼其末流遠而本源晦，敬録《性理大全》，晝夜讀書不輟，約之於心身性理之間。韓子曰：‘世無孔子，不當任弟子之列。’愚於先師亦云。”白良輔曰：“太極之實，不過仁義中正而已。欲知先生，當觀之於太極可也。”王英曰：“先生之學，造乎無極太極之妙；先生之行，謹乎難進易退之操。”李昶曰：“先生之怒也，如雷迅風烈；其過也，如雲消霧釋。剛毅絶肖伊川，其氣象亦類之。”王復曰：“先生人品莊嚴，鬚甚修美，望之儼然可畏。及聽其言，温然可挹，侍坐其傍，不覺邪念屏伏。”姚謨曰：“明體適用，比元大儒，當入從祀。”王同祖曰：“真知實踐，不事矯節，其立朝大節，尤爲俊偉，利害不易，始終不二。”趙時春曰：“從事於博文約禮之訓，潛心於修己治人之方。從聖人之祀，於理爲當。”謝少南曰：“我國家真儒，宜以先生爲第一。”閻模曰：“自先生出，道學日益明，儒風日益振，大明之理可幾而興。”唐順之曰：“我朝理學彬彬然盛矣，然事定功成之後，卓然有道德性命之歸者，先生實倡之。”吕文懿原詩曰：“復性每懷顔氏樂，乞身已勝卜商癯。”林厚曰：“學講河汾開後進，道宗伊洛繼前修。”陳銓曰：“身係斯文山嶽重，心涵義理海天寬。”何東序曰：“背汾水，面孤山，自古鍾英第一；心子夏，口文中，於今鼎立爲三。純佑皇明，名世其間元五百；羽翼聖教，及門之士約三千。”高暄曰：“性初元善，還從學古證今，保合天命有生後；易教精微，直就耳聞目覩，悟徹羲皇未畫前。前宗洙泗宋儒後，繼往開來，惟有《讀書二録》；道著河汾古籍中，聖經賢傳，不過復性一言。仰止經年，薄採蘋蘩充俎豆；私淑有日，祇將誠信拜門墻。”

弘治十年，朝命致祭曰：“惟公學道精深，守官清介。死生不二，出處無疵。名重先朝，澤遺後學。禮宜稱祀，用致優崇。兹惟仲春、秋，式陳常薦。公靈如在，尚克享之。”隆慶五年秋九月七日，會議從祀。又二日，制可。祭告先師。

維隆慶五年，歲次辛未，九月二十九日，皇上遣國子監祭酒馬自强，致祭於至聖先師孔子曰：“兹者廷臣議奏，故禮部左侍郎兼翰林院學士贈禮部尚書謚文清薛瑄，篤志聖賢，潛心理義。嘉言善行，模範後人。理宜從祀。爰命有司具主，附於前代先儒之後，以昭盛典。持遣祭告，惟神鑒歆。謹告。”

跋 言

先生《年譜》,成於門人張鼎。歷歲久遠,梨枣剥落無存。八代孫薛士弘,字仁寰,時任真寧縣。出舊刊一部示滿汝楊諱朝薦,時任咸寧縣暨余。余時任長安縣,汝楊屬余更訂重梓。余苦簿領無暇,余兒子嗣昌取先生全書遍閲之,考其年月,間有不合,與遺事錯見於集中者,爲之次第其甲乙,正其訛謬,又時採先生詩文補入之。行事有原本脱漏者,參考以實之。譬諸飾渾沌以蛾眉,少加潤色云爾。

萬歷丁未夏五月武陵後學楊鶴識

《薛氏族譜》點校説明

北京市中國書店板印《薛文清公全書》所附《薛氏族譜》，爲清道光七年續修。原板實有一百二十二板，現存僅七十六板，所以《全書》所附《族譜》短缺甚多，特别是道光七年修譜首事人八人，《全書》所附《族譜·世系表》中均缺無。現據平原村薛氏家族所存《族譜》補齊。

《薛氏族譜》是依照歐陽修《新唐書·宰相世係表》編修法編修，别爲五圖。道光時至二十世、二十一世缺。兹據平原村薛氏家族續修《族譜》，將二十一世之前補足。

平原村薛氏家族現存《族譜》，爲民國時續修，至二十五世。本書是依道光本點校，二十二至二十五世均未録入。

薛氏族譜序

薛，黄帝後自奚仲受邑，子登受氏，歷年長矣，代有顯人，則明德之遺乎！高皇帝手闢混濛，乾坤載正。扶輿之氣，久漓乍凝。篤生文清，羽儀聖代。文清質鄰天縱，道繼聖修，所謂曠代偉人。寰區間氣，不獨鍾毓河東，冠冕當世而已。嗣後雲耳繩緝，最稱繁庶。上焉入對金閨，流芳桂籍；次亦升榮上國，發藻儒林。即素封黄馘之民，亦以乃祖列祀瞽宗，復其力世世無與。于以見仁賢遺澤，彌久彌新，而明德紹休，於前世有光矣。十一世孫葭州知州惟傑，十二世孫河間府同知應麟、東昌府照磨應第、沁州訓導應闈，十三世孫邠州知州士弘、國子監生士傑等，慮源遠或淆而莫辨，支繁或泮而不屬。于是本仁義，率祖親，别宗支，明統系，爲《薛氏譜》，用視方來。而又以高壻于薛，予不佞，壻于高，抑有葭莩之誼焉，則過而問序。予惟敦本睦族，禮有成言。檢躬端慮，以不負本始而隤家聲，則有文清之遺訓在，予復何言？獨以薛之族巨也。或有支漓焉而不合，涣散焉而不屬。則世德罔修，而族之巨弗睦矣。嗟乎！道非天畀，弘之在人。不聞文清而光有世，則乃獨躬明德而儀後世。豈典型在望，不能紹明光大之。至負本始而隤家聲，謂世德何矣？夫綱常倫理，炳若日星，人人佩服祖訓，恪守倫常，不以小加大，不以少凌長，不以卑犯尊，不以衆暴寡，不以强欺弱，惟是恩愛以相洽，敬讓以相先。吾不慮其涣而不萃，離而不合也。《詩》曰："無念爾祖，聿修厥德。"夫人亦修其德耳。攷禮而求敦本睦族之道,固不易此矣。

萬曆四十二年三月吉日

賜進士第右春坊右庶子兼翰林院侍讀直

起居注管理誥敕邑人趙用光哲臣謹序

河津薛氏重修族譜序

世之誇其譜牒者，富貴而已矣。以余所聞，父老分金，宗黨招飲，家有會食之鼓，莊有贍養之田，饑者計口受糧，寒者傾箱給絹，士大夫之所以不棄其親也。若乃多藏而吝，恃寵而驕，至與其叔伯兄弟視若途人，又安望其關陌路之休戚，而廑秦越之肥瘠也哉！自古世家大族，其興也勃焉，其亡也忽焉。受姓以來，代有名門，類非一姓。而獨自孔、顔、曾、孟，以至於周、程、張、朱，世世子孫食其舊德，守其數千百年數十百世之宗祊，而迄無盛衰興廢之感。然則聖賢之所爲合族者，其在此而不在彼乎。薛氏以文清公故爲河津名族，今逾四百年，傳二十世矣。其十七世孫乃昆、琳、謹惕，十八世孫監生其鼎、庠生世璋、毓秀等，慮其世代杳遠而支派混淆，乃因舊《譜》續而修之。《譜》無遥遥華胄，系始於文清公以上之五世。前四世世系系無支庶。五世官教諭者生公及瑭，瑭之後亦無考。今之列於《譜》者，皆公之子孫也。今夫明德之後，必有達人，以公之性道文章，其平時之現於精神意氣者，足以孚夷獠而泣老僕然。且始厄於王振，中撓於王文，終沮於石亭。卒之見幾而作，道與時違。何天之豐其德而嗇其遇耶？抑將留其有餘不盡之功業，以光大其苗裔耶？則公之子孫有厚幸矣！雖然，子孫之所不能必之於其宗祖者，前之人幸已得之；宗祖之所不能必之於其子孫者，後之人不可以不深長思也。蓋凡人之祖宗，不過極之富豪貴胄，其後人蒙業而安，亦惟是堂構垣墉，勤塗塈茨而已，莫不稱願。若夫繼公之志，述公之事，但使匹夫匹婦不得其所。即與其天下一家、中國一人之度量不相肖也。而況其族之本自一家，而出於一人者哉！公今往矣，公之靈爽常佑啓其後人。故其子姓雖繁，從未有以不孝不弟犯齒犯上之事，隕家聲而干法紀者。然則公之子孫誠有異乎凡人之子孫矣！其後日之寖昌寖熾，又安知不藉聖賢之蔭，而更享富貴之福歟？余向隨先君子行部至津，常得拜公之祠。於今向往廿年，又幸得官公之鄉，樂觀夫公之子孫，並能尊祖敬宗以收其族也。故爲道其本於公者，以爲之序。

乾隆丁酉年秋八月

勅授文林郎知河津縣事加三級紀録五次京江張其昺撰

薛氏譜序

聖學淵源之緒，其接續者代不乏人。至拘於一鄉一邑之中，則古今不過二三人耳。夫豈易言薪傳也哉！龍門即古西河，先賢卜子夏設教之地。厥後私淑於子夏之門者，惟王文中子。而去古愈遠者，又惟薛文清公。此僅求之於龍門，不過之三子焉爾。丁亥秋，余奉檄署篆斯邑。甫下車，謁三賢祠，遂慨然曰："彼二子者，固千載以上人也；惟文清去今僅二百年耳，豈無有存其遺緒者乎？"越二日，生員薛祖清捧其先人《文清公文集》及其《族譜》請序於余。余曰："此曠代偉人，篤宗聖學，列祀瞽宗，誠龍門之儀範，是宜有言者也。"今夫薛固自奚仲受邑、子登受氏以後，代有顯人。文清其龍門之鍾毓乎？抑明德後之達人乎？至其《族譜》中，則自文清以後，登仕版者不勝枚舉。我朝聖學昌明，人文蔚起，凡山陬僻壤，悉知則傚，而繩其祖武，昭茲來許，守聖學之緒餘，無負文清之遺澤，余於薛氏子孫有厚望焉。是爲序。

時道光七年歲在丁亥冬月署河津縣知縣黄輔廷謹序

續刊薛氏族譜例義

一、自刑部員外祖以上八代，名諱理宜敬避，凡有誤犯者，悉爲改正，今後永爲定式。

一、世遠族繁，或傳一世，或傳數世，無嗣者甚多，難以備載。止於同祖昆弟，下以傳幾世無嗣概之。

一、無嗣中或一世、數世，内有職銜頂帶者，盡録之。前徽不容没也。

一、一子不得繼二門，若必欲繼伯叔者，則於本門下以子某出繼書之。宗支不容紊也。

一、現在者止一子，令繼嗣兄弟，則本名下仍照常例書之。以其尚有待也。

餘照舊例。

世端　庠生培基　思皇
首事人　庠生在川　思峻　增生謙光
庠生祖清　思極

薛氏族譜例義

十七代孫　　琳

十八代孫　生員四璋　生員毓秀　同書

一、薛氏世居河津，舊有家譜，創於十二世族祖應顔、十三世族祖士弘。自知祖仁始，至十三世止。圖别爲三例云。畧倣歐、蘇譜法，又酌以名公近例而爲之者。若十四世至今二十世，譜未及也。謹照前圖以次補續。

一、世系自一世至二十世，雖别爲五圖，要皆書諱職，書配娶，書男子及繼嗣者，令後世可考也。其他妻室改適，及次而無出，與子孫出繼他人，並他氏入繼者，盡黜之，防僞入也。

一、傳自四世至十四世，有不槪及。惟是有遊宦封贈，有功宗旌節者，令後世可述也。其餘雖有懿行聞望而宦業未顯、功勛未樹者，不遽録。蓋有待也。

一、傳不詳書職任者，蓋以既備列於系中，不欲其重出之也。

一、列系立傳，大都據實以集，不假藉，不溢美，與族人共舉之者也。

御祭文

維隆慶五年,歲次辛未,九月二十九日。皇帝遣國子監祭酒馬自強,致祭於至聖先師孔子曰:兹者廷臣議奏,故禮部左侍郎兼翰林院學士、贈禮部尚書、謚文清薛瑄,篤志聖賢,潛心義理,嘉言善行,模範後人。理宜從祀。爰命有司具主,附於前代先儒之後,以昭盛典。特遣祭告,惟神鑒歆。謹告。

維弘治十年,歲次丁巳月日。平陽府知府杜忠欽奉朝命,致祭於禮部左侍郎兼翰林院學士、謚文清薛公曰:惟公道學精深,守官清介。死生不二,出處無疵。名重先朝,澤遺後學。理宜稱祀,用致優崇。兹惟仲春、秋式陳常薦。公靈如在,尚克享之。

維成化元年,歲次乙酉,二月戊寅,朔越二十四日,辛丑。皇帝遣山西等處承宣布政使司、右參議徐行,賜祭於致仕禮部左侍郎兼翰林院學士薛瑄曰:卿以清才正學,登名賢科。歷仕累朝,不懈於位。擢風憲而紀綱克振,掌廷評而仁恕是存。進佐春卿,兼管學士。典絲綸於秘閣,參密勿於大猷。位愈重而心愈謙,德彌隆而行彌慎。辭榮歸老,保晚節於優遊;慕義無窮,成後學於故里。胡爲一疾,遽爾告終。追念往勞,曷勝嗟悼!兹特遣官營葬,用篤始終。靈如有知,尚其歆服。

薛氏世系

第一世	諱仁配某氏。子一:曰直。	初别爲世	貞詳具前表。
二世	直配某氏。子一:曰常。	六世	瑄永樂庚子解元,辛丑進士。初任湖廣道監察御史，二任雲南道監察御史,三任山東提學僉事，四任大理寺少卿,五任起大理寺丞，六任南京大理寺卿,七任北京大理寺卿,八任禮部左侍郎兼翰
三世	常配某氏。子一:曰仲義。	七世	溥封刑部浙江司主事。配暢氏，封安人。子二:曰禥、曰祐。
四世	仲義誥贈大理寺卿,配齊氏,贈淑人。子一:曰貞。	八世	禥天順己卯舉人,甲申進士,初任刑部浙江司主事,二任本司員外郎。配高氏,封安人。子六:曰韶、曰鸞、曰訥、曰諴、曰謀、曰謐。
五世	貞洪武甲子舉人,五任教諭,誥贈大理寺卿。配平定州齊氏,贈淑人。繼許氏。子二:曰瑄、曰瑭,齊出。	九世	韶恩貢，初任深州判官，二任東鹿知縣。配任氏,封孺人。繼張氏。子二:曰葵、曰茂,俱張出。

林院學士，入内閣知制誥。甲申卒，贈禮部尚書，謚文清。隆慶五年從祀孔廟。配甯氏，封淑人。次柴氏。子四：曰溥、曰淳、曰濬、曰治，俱甯出。

鸞耆賓。配陳氏。子五：曰華、曰芝、曰菖、曰芥、曰蔓。	訥耆賓。配曲沃李氏，繼董氏。子五：曰芸、曰艾、曰蘭、曰萊，李出；曰藻，董出。	誠配李氏，無嗣。	謀蚤世。	謐耆賓。配暢氏。子三：曰蕁、曰蕃、曰芬。

再别爲世	韶詳具前表。				
十世	棻官生，初任中書舍人，二任大理寺寺副，三任尚寶司少卿。配暢氏，繼李氏，繼許氏。子四：曰惟明、曰惟聰、曰惟傑，李出；曰惟智，許出。				
十一世	惟明生員。配暢氏，繼杜氏。子三：曰應鯤、曰應享、曰應萃，杜出。	治配曲阜孔氏。無嗣。	濬庠生。配王氏。無嗣。	淳配張氏。子二：曰禮、曰祐。傳六世無嗣，詳載舊譜。後倣此。	
十二世	應鯤配暢氏。傳一世無嗣。				祐配解氏。子二：曰謹、曰譓。傳五世無嗣。
十三世					

		惟聰生員。配王氏。傳一世無嗣。	惟傑歲貢，初任河間府通判,二任葭州知州。配丁氏,繼楊氏。子二:曰應孔,楊出;曰應顔,丁出。
應亨配杜氏,子一:曰士亮。	應萃無嗣。		應孔生員。配王氏,子一:曰士推。
士亮奉祀生。配李氏,繼張氏。子二:曰繼禹,李出;曰繼閔,張出。			士推生員。配謝氏，繼胡氏。子二:曰繼程,曰繼載,胡出。

				惟智生員。配杜氏，繼趙氏。傳二世無嗣。
應顔生員。配高氏，繼解氏。子四：曰士吉、曰士哲、曰士擢、曰士挺。				
士吉運學廩生。配張氏，繼李氏，無嗣。	士哲無嗣。	士擢無嗣。	士挺無嗣。	

<table>
<tr><td colspan="5"></td></tr>
<tr><td colspan="5">茂散官。配董氏，繼王氏。子二：曰惟信，董出；曰惟俊，王出。</td></tr>
<tr><td colspan="4">惟信配丁氏，繼暢氏。子四：曰應桂，丁出；曰應對、曰應爵、曰應文，俱暢出。</td><td>惟俊配高氏，傳二世無嗣。</td></tr>
<tr><td>應桂配曹氏，傳一世無嗣。</td><td>應對蚤世。</td><td>應爵庠生。配李氏，傳一世無嗣。</td><td>應文配高氏，傳一世無嗣。</td><td></td></tr>
<tr><td></td><td></td><td></td><td></td><td></td></tr>
</table>

鸞詳具前表。

華正德庚午舉人，嘉靖癸未進士，任葉縣知縣。配衛氏。子四：曰惟謙、曰惟讓、曰惟寬、曰惟簡。

惟謙選貢。初任陝州訓導，二任乾州學正，三任高郵州學正。配陳氏。子四：曰應徵、曰應賓、曰應光、曰應寵。

應徵廩貢，任山陽訓導。配解氏。子二：曰士軫，曰士輔。

應賓生員。配暢氏，傳二世無嗣。

應光庠生。配高氏，繼甯氏，傳二世無嗣。

應寵配暢氏，傳二世無嗣。

士軫配高氏。傳一世無嗣。

士輔配甯氏。子三：曰繼户，曰繼令、曰繼益。

惟讓耆賓。配任氏,繼任氏。子二:曰應嘉、曰應璋。			惟寬庠生。配丁氏。傳三世無嗣。	惟簡生員。配劉氏。傳二世無嗣。
應嘉生員。配嚴氏,繼黄氏。子二:曰士清、曰尚趨。		應璋生員。配趙氏。傳一世無嗣。		
士清配趙氏。傳一世無嗣。	尚趨庠生。配董氏。傳一世無嗣。			

芝歲貢，任宿州判官。配暢氏，繼高氏。子三：曰惟康、曰惟官，暢出；曰惟卿，高出。

惟康配暢氏，繼黄氏。傳三世無嗣。

惟官配高氏，繼岳氏，繼高氏，繼嚴氏。子四：曰應蛟，岳出；曰應奨、曰應職，嚴出；曰應勸，高出。

應蛟配甯氏。子五：曰士美、曰士養、曰士孝、曰士儆、曰士完。

士美配嚴氏。子二：曰繼土、曰繼水。

士養配杜氏。傳一世無嗣。

士孝配黄氏。子一：曰繼聖。

士儆無嗣。

士完無嗣。

				菖配黃氏。傳三世無嗣。
			惟卿生員。配嚴氏,次甯氏。傳一世無嗣。	
應獎配衛氏。子一:曰士浩。	應職配張氏,子一:曰士狷。	應勸無嗣。		
士浩配衛氏。子一:曰繼勳。	士狷配張氏。子一:曰繼鐸。			

		訥詳具前表。		
芥配暢氏，繼李氏，傳三世無嗣。	蔓配黄氏，傳二世無嗣。	芸配鄭氏，繼王氏。子四：曰惟恭、曰惟一，鄭出；曰惟安、曰惟善，王出。		
		惟恭配王氏。無嗣。	惟一耆賓。配暢氏，繼范氏。傳二世無嗣。	惟安生員。配趙氏，繼王氏。子二：曰應賜、曰應辰，俱趙出。
				應賜生員。配暢氏，傳二世無嗣。

			艾歲貢,任寧州判官。配賈氏,繼王氏。子四:曰惟學、曰惟正、曰惟慶、曰惟懷,俱王出。	
			惟學配甯氏。子三:曰應春、曰應世、曰應運。	
應辰配岳氏,繼吳氏,繼賈氏,繼楊氏。子三:曰士愷,吳出;曰士篤、曰士縉,賈出。			應春生員。配杜氏。傳一世無嗣。	應世配師氏。子一:曰士準。
士愷配杜氏。子二:曰繼辛、曰繼寬。	士篤無嗣。	士縉無嗣。		士準生員。配任氏。子二:曰繼商、曰繼胄。

惟慶庠生，誥贈奉直大夫，四川茂州知州。配劉氏，繼楊氏，誥贈太宜人。繼黄氏，繼楊氏，誥封太宜人。子五：曰應麟，楊出；曰應隆、曰應壐，黄出；曰應旆、曰應銓，楊出。

應運蚤世。

應麟隆慶庚午舉人，初任舞陽知縣，二任衛輝府同知，三任茂州知州，四任河間府同知，奉旨加四品服色。配董氏，誥封太宜人。繼郭氏，繼嚴氏。子二：曰士洵、曰士濟，俱嚴出。

應隆庠生。配楊氏。子二：曰士表、曰士畏。

士洵庠生。配董氏，繼楊氏。子四：曰繼嵩、曰繼嶷、曰繼嶽，楊出；曰繼岕，董出。

士濟庠生。誥封奉直大夫，湖廣荆門州知州。配師氏，誥封宜人。子五：曰繼巖、曰繼岑、曰繼嶔、曰繼崀、曰繼岱。

士表庠生。配王氏。傳一世無嗣。

<table>
<tr><td colspan="6"></td></tr>
<tr><td colspan="6"></td></tr>
<tr><td colspan="6"></td></tr>
<tr><td></td><td colspan="2">應霊增生。配王氏。子二:曰士衷、曰士淑。</td><td colspan="3">應斾生員。配杜氏,繼暢氏。子七:曰士性、曰士慥、杜出;曰士褒、曰士恪、曰士采、曰士達、曰士道,暢出。</td></tr>
<tr><td>士畏配吳氏。無嗣。</td><td>士衷配郭氏。無嗣。</td><td>士淑庠生。配李氏。子三:曰繼嵡、曰繼岷、曰繼嶧。</td><td>士性配陳氏。傳六世無嗣。</td><td>士慥配王氏。無嗣。</td><td>士褒配傅氏。無嗣。</td></tr>
</table>

					惟懷生員。配劉氏,繼王氏,繼王氏。子三:曰應元,曰應恩,前王出;曰應澤,後王出。	
				應銓庠生。配王氏,繼黃氏,繼謝氏。子一:曰士充,謝出。	應元蚤世。	應恩蚤世。
士恪配董氏。無嗣。	士采無嗣。	士達配李氏。子一:曰繼微。	士道無嗣。	士充配高氏。子四:曰繼任、曰繼伶、曰繼倩、曰繼傳。		

	蘭尚義散官。配衛氏，繼衛氏。子三：曰惟正，艾子繼嗣；曰惟生，萊子繼嗣；曰惟善，芸子繼嗣。		
	惟正庠生。配高氏，繼李氏，繼楊氏。子五：曰應第、曰應策、曰應筵，李出；曰應篆、曰應管，楊出。		
應澤庠生。配李氏，次楊氏，傳一世無嗣。	**應第**監生，任東昌府照磨，誥贈徵仕郎。配張氏，誥贈孺人。子二：曰士燦，管子繼嗣；曰士燇，策子繼嗣。		**應策**生員。配高氏，次賈氏。子三：曰士爌，高出；曰士燇、曰士煇，賈出。
	士燦監生。任神策衛經歷司經歷，誥贈徵仕郎。配張氏，誥贈孺人。子二：曰繼坲、曰繼域。	**士燇**庠生。配師氏，繼張氏，子二：曰昌胤、曰昌年，俱師出。	**士爌**庠生。配高氏，繼張氏，繼李氏。子二：曰繼型、曰繼壂，俱李出。

應笟生員。配師氏，繼岳氏。子四：曰士燿、曰士耿，師出；曰士燮，曰士烇，岳出。

士煇庠生。配暢氏。子三：曰昌時、曰昌嗣、曰昌族	**士燿**配黄氏。無嗣。	**士耿**生員。配王氏，繼高氏。子二：曰繼梅、曰繼檀，俱高出。	**士燮**生員。配孫氏。子二：曰繼冕、曰繼昇。	**士烇**配李氏，繼張氏，繼李氏。子二：曰繼怡、曰繼埭，元李出。

惟生儒士。配陳氏，繼暢氏。子二：曰應鰲，陳出；曰應熊，暢出。

應鰲庠生。配暢氏。子二：曰士超、曰士越。

應管庠生，誥贈徵仕郎。配黄氏，誥贈孺人。子三：曰士烔、曰士炳、曰士燦。

應篆配暢氏，繼王氏。子二：曰士炣、曰士熠，俱王出。

士超配王氏，無嗣。

士炳配張氏，無嗣。

士烔庠生。配張氏，繼董氏，繼甯氏，繼郝氏。子二：曰繼坊，張出；曰繼登，甯出。

士熠無嗣。

士炣生員。配暢氏。子三：曰繼銘、曰繼塤、曰繼墊。

惟善配衛氏。子三：曰應祥、曰應闈、曰應斗。

應熊配暢氏，無嗣。

應祥廩生。配郭氏，繼暢氏。子六：曰士宏、曰士彥、曰士尚，郭出；曰士瑜、曰士全、曰士烈，暢出。

士越生員。無嗣。

士宏選貢，初任陜西鄠縣知縣，二任直隸饒陽知縣，三任真寧知縣，四任邠州知州。配王氏，繼杜氏，繼傅氏，繼杜氏，次樊氏。子二：曰繼志，尚子繼嗣；曰繼徽，樊出。

士彥無嗣。

				應闈歲貢，任沁州訓導。配趙氏。子三：曰士昂、曰士鼎、曰士最。	
士尚庠生。配郭氏，繼高氏。子一：曰繼志，高出。	**士瑜**庠生。配暢氏。子一：曰繼前。	**士全**庠生。配李氏。子一：曰繼璵。	**士烈**無嗣。	**士昂**運庠生。配黄氏。傳一世無嗣。	**士鼎**配師氏。子二：曰繼盛，師出；曰繼理，最子繼嗣。

	應斗庠生。配高氏。子三：曰士潔、曰士瑚、曰士璉。		
士最生員。配甯氏，繼楊氏。子九：曰繼往、曰繼奚、曰繼祧、曰繼理、曰繼續、曰繼脈、曰繼彭、曰繼根、曰繼緒，俱甯出。	士潔配李氏。無嗣。	士瑚配王氏。子三：曰繼儒、曰繼賢、曰繼岸。	士璉配何氏。子二：曰繼鄒、曰繼魯。

<table>
<tr><td colspan="6"></td></tr>
<tr><td colspan="6">萊配陳氏，次孫氏。子四：曰惟良、曰惟儉，陳出；曰惟勤、曰惟生，孫出。</td></tr>
<tr><td colspan="3">惟良生員。配趙氏，繼趙氏。子三：曰應旃、曰應旌，元趙出；曰應憲，繼趙出。</td><td colspan="2">惟儉配王氏。子二：曰應舉，曰應宿。</td><td>惟勤蚤世。</td></tr>
<tr><td>應旃配趙氏。無嗣。</td><td>應旌廩生。配高氏。子一：曰士适。</td><td>應憲配暢氏。傳一世無嗣。</td><td>應舉配嚴氏。無嗣。</td><td>應宿庠生。配王氏。無嗣。</td><td></td></tr>
<tr><td></td><td>士适配許氏。子一：曰繼武。</td><td></td><td></td><td></td><td></td></tr>
</table>

	謚詳具前表。			
藻配高氏。無嗣。	萼廩生。配高氏。子一：曰惟允。		蕃配高氏。無嗣。	芬生員。配暢氏，繼賈氏。傳二世無嗣。
	惟允生員。配黄氏，繼黄氏，繼任氏。子二：曰應翰，黄出；曰應屏，任出。			
	應翰庠生。配嚴氏。子一：曰士傕。	應屏配王氏。傳一世無嗣。		
	士傕配原氏。子一：曰繼王。			

再别爲世	士亮詳具前表。			
十四世	繼禹奉祀生。配李氏。子一：曰之錦。			繼閔無嗣。
十五世	之錦庠生。配衛氏，繼楊氏。子一：曰秉秩，治子繼嗣。			
十六世	秉秩奉祀生。配李氏，繼王氏。子三：曰乃實、曰乃粮、曰乃倉。			
十七世	乃實庠生。配岳氏。子四：曰逢雯、曰逢霖、曰逢霪、曰逢霑。	乃粮配王氏。子一：曰逢聖。	乃倉配孫氏。子四：曰逢雨、曰逢源、曰逢兆、曰逢財。	

士推詳具前表。

繼程配丁氏，次姚氏。子三：曰永治，丁出；曰永豐、曰永盈，姚出。

永治配解氏。子三：曰秉秩、曰秉德、曰秉性。

秉德配暢氏，子三：曰乃遜、曰乃讓、曰乃甲。	**秉性**配郝氏。子七：曰乃誠、曰乃安、曰乃盛、曰乃昆、曰乃已、曰乃康、曰乃任。

乃遜配何氏，繼黄氏。子一：曰逢霈，黄出。	**乃讓**配楊氏。子一：曰逢霑，實子繼嗣。	**乃甲**配周氏。無嗣。	**乃誠**配王氏。子三：曰逢運、曰逢泰、曰逢時。	**乃安**無嗣。	**乃盛**蚤世。

				永豐無嗣。	永盈配楊氏。傳三世無嗣。
乃昆配李氏，繼賈氏。子一：曰逢時，誠子繼嗣。	乃已蚤世。	乃康配許氏。子二：曰逢會、曰逢澤。	乃任無嗣。		

	士輔詳具前表。			
繼載運學廪生。無嗣。	繼户配王氏。子一：曰永在，益子繼嗣。		繼領配張氏，傳一世無嗣。	繼益配甯氏，繼傅氏，繼張氏。子永在，出繼。
	永在配許氏。子二：曰秉倉、曰秉良。			
	秉倉配楊氏。子一：曰承禹。	秉良配傅氏。子一：曰承瑞。		
	承禹配高氏。子一：曰世顯。	承瑞配鄭氏。子一：曰世亮。		

<table>
<tr><td colspan="2">士美詳具前表。</td><td colspan="4">士孝詳具前表。</td></tr>
<tr><td>繼土蚤世。</td><td>繼水配甯氏，子一：曰永辟。</td><td colspan="4">繼聖配高氏。子三：曰永隆、曰永進、曰永俊。</td></tr>
<tr><td></td><td>永辟配嚴氏。子一：曰敦貴。</td><td colspan="2">永隆配武氏。子二：曰秉臣、曰秉清。</td><td>永進配楊氏。傳一世無嗣。</td><td>永俊配杜氏。傳一世無嗣。</td></tr>
<tr><td></td><td>敦貴配高氏。子一：曰承實。</td><td>秉臣配賈氏。子一：曰承積。</td><td>秉清配李氏。傳一世無嗣。</td><td></td><td></td></tr>
<tr><td></td><td>承實配甯氏。子二：曰世讀、曰世廣。</td><td>承積配丁氏。子一：曰世德。</td><td></td><td></td><td></td></tr>
</table>

士浩詳具前表。

繼勳配楊氏。子六：曰永注、曰永良、曰永措、曰永儀、曰永殷、曰永世。

永注配師氏。子一：曰秉立。

永良配劉氏。子二：曰秉元、曰秉敬。

永措配張氏。子三：曰秉崙、曰秉巍、曰秉婁。

秉立配高氏。子一：曰魯承。

秉元配王氏。子一：曰魯忠，敬子繼嗣。

秉敬配甯氏。子三：曰魯信、曰魯忠、曰魯習。

秉崙配楊氏。子一：曰魯璵。

魯承配甯氏。子二：曰光亮，璵子繼嗣；曰光弼。

魯忠配杜氏。無嗣。

魯信配衛氏。子一：曰光儀。

魯習配王氏，繼王氏。子一：曰光利，繼王出。

魯璵配王氏。子三：曰光明、曰光顯、曰光亮。

		永儀配解氏。子一：曰秉均。			永般配嚴氏。子二：曰秉室、曰秉盛。
秉戣配原氏。子一：曰魯臣。	秉婁無嗣。	秉均配黄氏。子三：曰魯唯、曰魯省、曰魯傳。			秉室配王氏。子一：曰魯賢。
魯臣配杜氏。子一：曰光照。		魯唯配黄氏。子三：曰光榮、曰光宗、曰光耀。	魯省配李氏。子一：曰光文。	魯傳配杜氏。傳三世無嗣。	魯賢配原氏。子二：曰光德、曰光凌。

			士狷詳具前表。		
			繼鐸配楊氏。子一：曰永念。		
		永世配杜氏。傳一世無嗣。	永念配某氏。子二：曰秉禮、曰秉新。		
秉盛配楊氏。子二：曰承院、曰承天。			秉禮配傅氏。子三：曰承顏、曰承閔、曰承冉。		
承院無嗣。	承天		承顏子一：曰世訒。	承閔配何氏。子一：曰世儀。	承冉子一：曰世智。

	士愷詳具前表。			
	繼辛配暢氏。傳二世無嗣。	繼寬配杜氏。子三：曰永金、曰永宗、曰永堯。		
		永金配楊氏。子二：曰必勸、曰必新。	永宗配黄氏。子二：曰必聖、曰必良。	
秉新配程氏。傳一世無嗣。		必勸配甯氏。子一：曰大戒。	必聖配許氏。子一：曰大賓。	必良無嗣。
		大戒	大賓配賈氏。子一：曰世真。	

		士準詳具前表。				
		繼商配任氏。子三：曰永禔、曰永英、曰永備。				
永堯配楊氏。子一：曰必新，金子繼嗣。		永禔配張氏。子四：曰必爵、曰必樂、曰必祚、曰必然。				
必新配杜氏。子二：曰大有、曰大臨。		必爵配李氏。傳三世無嗣。	必樂配李氏。無嗣。	必祚配郝氏。傳三世無嗣。	必然配孫氏。子二：曰忠興、曰忠信。	
大有配高氏。	大臨				忠興傳一世無嗣。	忠信配李氏。子二：曰世佑、曰世佐。

永英配傅氏。子四:曰必泰、曰必壽、曰必協、曰必忠。					
必泰配武氏。子一:曰承儀。	必壽配武氏。無嗣。	必協配郝氏。傳二世無嗣。	必忠配賈氏。子三:曰承友、曰承身、曰承家。		
承儀配王氏,繼李氏。子一:曰世福,王出。			承友配楊氏。子一:曰世良。	承身配嚴氏。傳一世無嗣。	承家配董氏。子一:曰世光。

		士洵詳具前表。		
	繼胄無嗣。	繼嵩庠生。配董氏，繼董氏。子四：曰詩、曰誠、曰詔、曰誥，繼董出。		
永備無嗣。		詩配郭氏。子五：曰天秀、曰天平、曰天增、曰天琬、曰天珍。		
		天秀配甯氏。無嗣。	天平配嚴氏。傳二世無嗣。	天增配岳氏。子一：曰慎友。
				慎友配張氏。子一：曰勿偏。

		誠配李氏。子一：曰天貴。		
天琬傳一世無嗣。	天珍配張氏。傳一世無嗣。	天貴配杜氏。子三：曰慎弟、曰慎忠、曰慎信。		
		慎弟配陳氏，繼李氏。子一：曰勿侊，忠子繼嗣。	慎忠配陳氏。子二：曰勿佞、曰勿侊。	慎信配王氏，繼甯氏。子一：曰勿侮，甯出。

詔配南氏。子二：曰天玥、曰天珙。			**誥**配原氏。子三：曰天琦、曰天瑰、曰天理。		
天玥配趙氏。子一：曰慎思。	**天珙**配郭氏。子二：曰慎德、曰慎業。		**天琦**無嗣。	**天瑰**配王氏，繼張氏。子一：曰慎動，王出。	**天理**配高氏。傳一世無嗣。
慎思配杜氏。子一：曰勿僭。	**慎德**配郭氏。子一：曰勿僮。	**慎業**配王氏。子一：曰勿依。		**慎動**配高氏，繼原氏。子一：曰勿俗，原出。	

繼嶷配楊氏。子五：曰馥、曰博、曰厚、曰悠、曰久。

馥配姚氏，繼李氏，繼岳氏。子四：曰天樞、曰天植、曰天柱，姚出；曰天相，李出。

天樞配李氏。子二：曰君美、曰君蒙。

天植配高氏。子二：曰君泰、曰君法。

天柱子一：曰君俸，相子繼嗣。

天相配董氏。子二：曰君俸、曰君敬。

君美配楊氏。子一：曰世紀。

君蒙配高氏，繼董氏。子二：曰世騆、曰世騂，董出。

君泰配張氏。子二：曰世長、曰世遠。

君法子一：曰世遠，泰子繼嗣。

君俸配楊氏。子二：曰世強、曰世剛。

君敬子一：曰世興。

博配暢氏。子三:曰天梁、曰天許、曰天杠。

天梁配高氏。子五:曰君儀、曰君望、曰君隆、曰君寶、曰君賢。

君儀配許氏。子二:曰有道、曰有平。	君望配張氏。子二:曰有雲、曰有雨。	君隆配高氏。子二:曰有容、曰有忍。	君寶配李氏。無嗣。	君賢配楊氏。子一:曰有忍,隆子繼嗣。

厚配甯氏。子三：曰天征、曰天进、曰天進。

天許配暢氏。子二：曰君禮、曰君智。

天杠配暢氏。子一：曰君就。

天征配王氏，繼閻氏，繼高氏。子二：曰君有，閻出；曰君德，高出。

君禮配杜氏。子一：曰有幸，智子繼嗣。

君智配杜氏。子二：曰有幸、曰有吉。

君就耆賓。配楊氏，繼郭氏，次李氏。子二：曰有長、曰有規，俱李出。

君有配高氏。子一：曰世道。

君德配賈氏。子一：曰世寬。

		悠配杜氏。子三：曰天愤、曰天珠、曰天簡。		
天迸子一：曰君惠，進子繼嗣。	天進配甯氏。子二：曰君惠、曰君才。	天愤配高氏。子一：曰君宰。	天珠配高氏。子二：曰君榮、曰君尊。	
君惠配柴氏。子二：曰世用、曰世治。	君才配甯氏。無嗣。	君宰配王氏。子一：曰有光。	君榮配楊氏。子四：曰有文、曰有年、曰有學、曰有賓。	君尊配高氏。子一：曰有惠。

			繼嶽配王氏。子四:曰彦、曰章、曰端、曰竩。	
	久配甯氏。子一:曰天易。		彦配李氏,繼嚴氏。子四:曰玉瀆、曰玉浔,李出;曰玉洪、曰玉滾,嚴出。	
天簡配李氏。子一:曰君選。	天易配杜氏。子二:曰超群、曰超衆。		玉瀆配楊氏。傳一世無嗣。	玉浔無嗣。
君選子一:曰有輝。	超群配嚴氏。子一:曰懷祖。	超衆配王氏。子一:曰懷宗。		

				章配柴氏，繼郭氏。子二：曰玉浡、曰玉涵，俱柴出。	
玉洪配暢氏，繼孫氏。子三：曰謹愧、曰謹懼、曰謹怍，孫出。			玉滚配高氏。無嗣。	玉浡無嗣。	玉涵配王氏。子二：曰謹惀、曰謹[忄它]。
謹愧配董氏，繼原氏。子一：曰勿俚，原出。	謹懼無嗣。	謹怍無嗣。			謹惀配杜氏。子二：曰勿俊、曰勿假。

	端生員。配楊氏，繼暢氏。子四：曰玉濤、曰玉泮、曰玉溪、曰玉貴，俱楊出。			
	玉濤配黃氏。子一：曰謹情。	玉泮配黃氏，繼淮氏。子二：曰謹慴，黃出；曰謹懽，淮出。	玉溪無嗣。	玉貴配李氏。子一：曰謹懽，泮子繼嗣。
謹恾配杜氏。子一：曰勿傑。	謹情配許氏。子二：曰勿倨、曰勿傲。	謹慴配杜氏。子一：曰勿俠。		謹懽配淮氏。子一：曰勿假，倫子繼嗣。

𡎺庠生。配黄氏。子三:曰玉澤、曰玉沉、曰玉潛。				
玉澤配高氏。子四:曰謹恪、曰謹愫、曰謹恒、曰謹怡。			玉沉配王氏。子四:曰謹愫,澤子繼嗣;曰謹慎、曰謹惰、曰謹性。	
謹恪配楊氏。子二:曰勿偶、曰勿侉。	謹恒佾禮生。配王氏。子三:曰勿像、曰勿便、曰勿倒。	謹怡配張氏。子一:曰勿倚。	謹愫配岳氏,繼嚴氏。子二:曰毓秀,岳出;曰勿側,嚴出。	謹慎配王氏。子二:曰勿侈、曰勿仍。

繼岕配杜氏。子二：曰梓、曰桐。

梓配楊氏。子二：曰天因、曰天申。

玉潛配杜氏，繼張氏。子二：曰謹性，沉子繼嗣；曰謹惕，張出。

天因生員。配嚴氏，繼王氏。子四：曰書秀、曰書香、曰書院、曰書進，俱王出。

謹惰配黄氏。子一：曰勿仍，慎子繼嗣。

謹性配郭氏。子二：曰勿俯、曰勿休。

謹惕配黄氏。子一：曰勿侍。

書秀配楊氏。子一：曰其輝。

書香無嗣。

書院配李氏。子二：曰其鳳、曰其山。

<table>
<tr><td colspan="5"></td></tr>
<tr><td colspan="5"></td></tr>
<tr><td colspan="2"></td><td colspan="3">桐配甯氏。子一：曰天力。</td></tr>
<tr><td></td><td>天申配岳氏。子一：曰書昇。</td><td colspan="3">天力生員。配王氏，繼高氏。子三：曰書薦、曰書掄，王出；曰書付，高出。</td></tr>
<tr><td>書進配李氏。子二：曰其純、曰其正。</td><td>書昇配王氏。子二：曰其軾、曰其鼎。</td><td>書薦配岳氏。傳一世無嗣。</td><td>書掄配孫氏，繼王氏。子一：曰其善，王出。</td><td>書付無嗣。</td></tr>
</table>

士濟詳具前表。

繼巖崇禎壬午舉人，初任湖廣荆門州知州，二任陝西延安府同知，代管黄龍道，奉政大夫。配李氏，誥封太宜人。子一：曰京。

京廩生。配龐氏。子三：曰錫桓、曰錫信、曰錫躬。

錫桓配范氏，繼甯氏。子一：曰掄魁，甯出。	**錫信**庠生。配楊氏，繼張氏。子三：曰汝翼、曰汝爲、曰汝昇，俱張出。	**錫躬**生員。配張氏。子一：曰汝揚。

掄魁恩貢。配甯氏。子二：曰澍、曰浡。	**汝翼**配郝氏。子二：曰本源、曰本淇。	**汝爲**配甯氏。傳一世無嗣。	**汝揚**配杜氏。子五：曰本泰、曰本洛、曰本汶、曰本泗、曰本法。

繼岑配王氏，次張氏。子二：曰佟、曰備，俱張出。

佟配甯氏。子二：曰天星、曰天玉。

備配暢氏。無嗣。

天星配張氏，繼王氏。子三：曰汝德、曰汝薰，張出；曰汝舟，王出。

天玉配高氏。子二：曰汝政、曰汝棟。

汝德配張氏，繼原氏。傳一世無嗣。

汝薰配原氏，繼楊氏。子一：曰本洙，政子繼嗣。

汝舟無嗣。

汝政配董氏。子二：曰本溪、曰本洙。

汝棟無嗣。

繼嶔生員。配武氏。子一：曰俊。

俊配王氏，繼李氏。子七：曰天秩、曰天鍾、曰天鑑、曰天錫、曰天英，王出；曰天鉅、曰天鋭，李出。

天秩配賈氏。子一：曰汝芳。

天鍾配岳氏。子一：曰汝有。

天鑑配李氏。子二：曰汝爵、曰汝禄。

天錫生員。配甯氏。子四：曰汝梅、曰汝械、曰汝梗、曰汝樅。

汝芳無嗣。

汝有傳一世無嗣。

汝爵配王氏，繼王氏。傳一世無嗣。

汝禄配王氏。子一：曰本清。

汝梅配甯氏，繼黄氏。子二：曰本康，甯出；曰本濘，黄出。

		天英配王氏。子一：曰汝棫，錫子繼嗣。	天鉅子一：曰汝與。	天鋭無嗣。
汝梗配張氏。子四：曰本沼、曰本溶、曰本汪、曰本澄。	汝樅配嚴氏。無嗣。	汝棫子一：曰本康，梅子繼嗣。	汝與配原氏。子二：曰本滬、曰本漢。	

繼崍配柴氏，繼楊氏。子二：曰旭，柴出；曰晃，楊出。

繼岱配張氏。繼李氏。子一：曰倬。

旭配張氏。子一：曰天度。

晃配郝氏。子二：曰天顧、曰天賜。

倬配解氏。子二：曰天眷、曰天寵。

天度配高氏。子一：曰汝昇，信子繼嗣。

天顧無嗣。

天賜配張氏。子二：曰汝福、曰汝壽。

天眷配王氏。子三：曰汝孝、曰汝友、曰汝睦。

汝昇無嗣。

汝福配岳氏。子二：曰本洽、曰本治。

汝壽配嚴氏。

汝孝配李氏。子一：曰本江，睦子繼嗣。

<table>
<tr><td colspan="2"></td><td colspan="4">士淑詳具前表。</td></tr>
<tr><td colspan="2"></td><td colspan="4">繼嶅生員。配賈氏。子三：曰永康、曰永敬、曰永壽。</td></tr>
<tr><td colspan="2"></td><td>永康配張氏。無嗣。</td><td colspan="3">永敬配高氏。子三：曰錫穀、曰錫蒲、曰錫理。</td></tr>
<tr><td></td><td>天寵配孟氏。子一：曰汝友，眷子繼嗣。</td><td></td><td colspan="2">錫穀配楊氏。子二：曰汝階、曰汝財。</td><td>錫蒲配賈氏。無嗣。</td></tr>
<tr><td>汝睦配王氏，繼許氏。子二：曰本江、曰本淮，許出。</td><td>汝友無嗣。</td><td></td><td>汝階配郝氏。傳一世無嗣。</td><td>汝財配嚴氏。子一：曰得道。</td><td></td></tr>
</table>

永壽配杜氏，繼柴氏。子二：曰錫璧、曰錫瑾，杜出。

錫珵配暢氏。子一：曰汝桐。

錫璧配楊氏。子二：曰汝思、曰汝榮。

錫瑾配楊氏，繼郝氏。子一：曰汝念，楊出。

汝桐配武氏。傳一世無嗣。

汝思配王氏，繼暢氏。子一：曰得法，榮子繼嗣。

汝榮配張氏。子二：曰得法、曰得理。

汝念配杜氏。子二：曰得安、曰得穩。

			士達詳具前表。	
繼岷生員。配黄氏。子二:曰永綏、曰永貢。		繼崞配吳氏。子一:曰永星。	繼微配王氏,繼解氏。子四:曰容、曰朋、曰明、曰腊。	
永綏配王氏。傳一世無嗣。	永貢配嚴氏。子一:曰秉權。	永星配傅氏,繼黄氏。子一:曰錫良,黄出。	容配孫氏。子一:曰帝臣。	朋配楊氏。子四:曰帝弼、曰帝相、曰帝丞、曰帝佐。
	秉權配董氏。子一:曰汝金。	錫良配曹氏。子一:曰汝興。	帝臣配李氏。子一:曰君柱。	帝弼配王氏。無嗣。
	汝金子一:曰得穩,念子繼嗣。	汝興配曹氏。子二:曰得盈、曰得勝。	君柱配嚴氏。子一:曰世稱。	

帝相配楊氏。傳二世無嗣。	**帝佐**配杜氏。子四：曰君正、曰君中、曰君端、曰君治。			
	君正配楊氏，繼杜氏。子一：曰世健，杜出。	**君中**配嚴氏，繼岳氏。子一：曰世斌，岳出。	**君端**配賈氏。子一：曰世盛，治子繼嗣。	**君治**配高氏。子二：曰世永、曰世盛。

				士充詳具前表。
				繼任配王氏。子三：曰永倡、曰永盛、曰永寬。
明配孫氏，繼張氏，繼黄氏。子二：曰帝佑，孫出；曰帝用，張出。		⿰月告配原氏。子一：曰帝丞，朋子繼嗣。		永倡配武氏。子四：曰玉平、曰玉禄、曰玉薰、曰玉和。
帝佑無嗣。	帝用配王氏。傳一世無嗣。	帝丞配杜氏，繼郝氏。子二：曰君孝，杜出；曰君順，郝出。		玉平配岳氏。無嗣。
		君孝配孫氏。子二：曰世望、曰世照。	君順配杜氏，繼王氏。子二：曰世奬、曰世勤，王出。	

玉禄配賈氏。子二：曰汝正、曰汝器。		玉薰配李氏。子二：曰汝敬、曰汝明。		玉和配李氏。子一：曰汝賢。
汝正無嗣。	汝器配王氏。子三：曰世榮、曰世喜、曰世欣。	汝敬配楊氏，繼高氏。子四：曰世法、曰世泰，楊出；曰世輔、曰世度，高出。	汝明配王氏。子四：曰培基、曰世恭、曰世敏、曰世惠。	汝賢配岳氏。子二：曰世遜、曰世讓。

永盛配賈氏。子二：曰玉清、曰玉粱。

玉清配張氏。子二：曰謹志、曰謹獨。

玉粱配嚴氏。子三：曰汝智、曰汝乾、曰汝哲。

謹志配張氏，繼楊氏。子一：曰世譽，張出。

謹獨配王氏。子一：曰世誠。

汝智配楊氏。子一：曰世篤。

汝乾配李氏。子二：曰世嘉、曰世靖。

汝哲配趙氏。子二：曰世芳、曰世友。

				繼伶配蔡氏。無嗣。
永寬配張氏。子三：曰玉潤、曰玉耀、曰玉英。				
玉潤配張氏，繼喬氏。子一：曰多才，喬出。	玉耀配王氏。子二：曰立才、曰茂才。		玉英配嚴氏。子一：曰賢才。	
多才配趙氏，繼王氏。子三：曰聯登，趙出；曰進登、曰岸登，王出。	立才配杜氏。子二：曰高登、曰捷登。	茂才配楊氏。子五：曰先登、曰新登、曰保登、曰貴登、曰五登。	賢才配張氏。子一：曰連登。	

		士燦詳具前表。			
繼倩傳二世無嗣。	繼傳傳二世無嗣。	繼垹庠生。配馮氏，繼解氏。子一：曰著，馮出。			
		著生員。配李氏。子二：曰秉乾、曰秉易。			
		秉乾配楊氏，繼杜氏，繼趙氏。子四：曰迪、曰豐、曰楓，杜出；曰杞，趙出。			
		迪配黄氏，繼暢氏。子一：曰守朝，暢出。	豐子一：曰九圍。	楓配李氏。無嗣。	杞配孫氏。子一：曰九經。

			士燇詳具前表。	
	繼域生員。配甯氏,繼崔氏。子一:曰晉侯,年子繼嗣。		昌胤崇禎壬午舉人,癸未進士,初任山東安邱知縣,二任陝西鎮安知縣。配張氏。子一:曰奕侯。	
	晉侯配岳氏。子一:曰天顏。		奕侯歲貢。配賈氏,繼趙氏,繼王氏。子三:曰天成,賈出;曰天桂,趙出;曰天章,王出。	
秉易庠生。配杜氏,繼楊氏。子一:曰楷,杜出。	天顏配岳氏,繼岳氏,繼李氏。子二:曰肯來、曰肯惠,李出。		天成生員。配謝氏,繼趙氏。子二:曰凌遠、曰凌高,俱趙出。	
楷配甯氏。子二:曰九有、曰九式。	肯來無嗣。	肯惠配楊氏。子一:曰廷相。	凌遠配張氏。傳二世無嗣。	凌高配高氏,繼師氏。子一:曰守方,高出。

天章生員。配李氏。子五：曰肯堂、曰肯構、曰肯播、曰肯穫、曰肯穀。

肯堂配暢氏，繼沈氏。子一：曰守中，沈出。	肯播配李氏。子一：曰廷芳，獲長子繼嗣。	肯穫奉祀生。配楊氏。子五：曰廷芳、曰守宦、曰守定、曰守静、曰守安。	肯穀子一：曰守定，穫子繼嗣。

		士爌詳具前表。			
昌年配杜氏，繼李氏。子三：曰之侯、曰家侯，杜出；曰晉侯，李出。		繼型配甯氏。子三：曰姬侯、曰姚侯、曰嫤侯。			
之侯生員。配解氏。無嗣。	家侯子一：曰天桂，奕子繼嗣。	姬侯配李氏。傳二世無嗣。	姚侯配丁氏。無嗣。	嫤侯配師氏。子二：曰秉讓、曰秉忍。	
	天桂子一：曰肯構，章子繼嗣。			秉讓配任氏。子一：曰大任。	秉忍配黄氏。無嗣。
	肯構配陳氏。子二：曰德純、曰守珪。			大任配陳氏。子二：曰守憲、曰守傳。	

	士煇詳具前表。			
繼學生員。配蘇氏，傳四世無嗣。	昌時配衛氏。子二：曰桓俟、曰信俟。			
	桓俟配柳氏，繼黄氏。子二：曰秉寬，柳出；曰爾盛，黄出。			
	秉寬配郝氏。子三：曰承先、曰承統、曰承武。			爾盛配李氏。傳一世無嗣。
	承先無嗣。	承統無嗣。	承武配趙氏。子四：曰世保、曰世佳、曰世依、曰世備。	

			昌嗣配張氏。子三：曰躬侯、曰縠侯、曰蒲侯。	
信侯配張氏。子二：曰爾裕、曰爾林。			躬侯配甯氏。傳二世無嗣。	縠侯配李氏。傳二世無嗣。
爾裕配暢氏。子二：曰汝康、曰汝寧。		爾林配黄氏，繼高氏。子一：曰汝止，黄出。		
汝康配原氏。子一：曰世倬。	汝寧配張氏。子三：曰世仰、曰世傑、曰世偉。	汝止配黄氏。子一：曰世傑，寧子繼嗣。		

蒲侯配王氏。子二：曰爾剛、曰爾柔。			
爾剛配張氏，繼嚴氏。子三：曰汝順、曰汝雍、曰汝昭，俱嚴出。			爾柔配楊氏。傳一世無嗣。
汝順配許氏。子一：曰世梓，雍子繼嗣。	汝雍配張氏。子二：曰世桐、曰世梓。	汝昭配謝氏。子三：曰世梗、曰世楠、曰世椿。	

				士耿詳具前表。
昌族配甯氏，繼岳氏。子一：曰鵬程，岳出。				繼梅生員。配楊氏。子一：曰永禎。
鵬程配董氏。子一：曰爾瑞。				永禎配蘇氏，繼暢氏，繼高氏，繼楊氏。子四：曰秉元、曰秉智，蘇出；曰秉慧，暢出；曰秉敏，楊出。
爾瑞配岳氏。子四：曰汝默、曰汝烈、曰汝熙、曰汝熊。				秉元配甯氏。傳三世無嗣。
汝默配張氏。子二：曰世樞、曰世榱。	汝烈配張氏。子二：曰世桷、曰世楹。	汝熙配董氏。子一：曰世柄。	汝熊配董氏，繼李氏。	

秉智生員。配李氏，繼許氏，繼師氏。子一：曰承璽，許出。	秉慧配楊氏，繼杜氏。子三：曰承文，楊出；曰承辰、曰承記，杜出。			秉敏配張氏。子四：曰承威、曰承高、曰承保、曰承唐。
承璽配王氏。子一：曰守度。	承文配許氏。無嗣。	承辰無嗣。	承記配杜氏。子三：曰守閑、曰守善、曰守本。	承威配岳氏。子一：曰守楊。

				士燮詳具前表。
			繼檀配解氏。傳三世無嗣。	繼冕配蘇氏。子二：曰永強、曰萃。
				永強配張氏，繼郭氏。子一：曰秉紳，張出。
				秉紳配嚴氏。子二：曰承皐、曰承伊。
承高配王氏。子二：曰守經、曰守綸。	承保配張氏。子一：曰守綸，高子繼嗣。	承唐配黃氏，繼暢氏。子一：曰守根，黃出。		承皐配甯氏。子三：曰守禮、曰守樂、曰守射。

	繼昇配楊氏。子五:曰永騰、曰永洽、曰衛侯、曰永祀、曰國侯。			
萃配高氏。子一:曰秉淵。	永騰配李氏。子一:曰秉熙。	永洽配王氏。子四:曰秉禮、曰秉金、曰秉温、曰秉粮。		
秉淵子一:曰承伊,紳子繼嗣。	秉熙配王氏。子一:曰承順。	秉禮配李氏。子二:曰承思、曰承才。	秉金配何氏。子一:曰承才,禮子繼嗣。	秉温配杜氏。子三:曰承宰、曰承相、曰承卿。
承伊配解氏。子三:曰守御、曰守書、曰近科。	承順配嚴氏。子一:曰世藩。	承思配杜氏。子三:曰守元、曰守文、曰守武。	承才配師氏。子三:曰守壯、曰守權、曰守衡。	承宰配王氏。子一:曰守軌。

			衛侯配李氏。傳一世無嗣。	永祀配鄭氏。子三：曰秉利、曰秉釗、曰秉鈞。	
		秉粮配高氏。傳一世無嗣。		秉利配嚴氏，繼董氏，繼楊氏。子一：曰承樂，楊出。	秉釗配原氏。子一：曰承由。
承相配黄氏。子二：曰守長、曰守綱。	承卿無嗣。			承樂配丁氏，繼張氏。子一：曰守道，張出。	承由配岳氏。子二：曰守勤、曰守儉。

國侯配高氏，繼岳氏，繼武氏。子五：曰鈞錫、曰鈞任、曰鈞佐、曰秉貴、曰鈞制，俱高出。

秉鈞配李氏。子二：曰承學、曰承全。

鈞錫配杜氏。子三：曰承燕、曰承安、曰承妥。

承學配李氏。子一：曰守介。

承全配李氏。子二：曰守廉、曰守固。

承燕配樊氏。子四：曰守身、曰守德、曰守性、曰守志。

承安配張氏。子二：曰守儀、曰守操。

承妥無嗣。

鈞任配張氏。子二：曰承忠、曰承孝。	鈞佐配王氏。子三：曰承萬、曰承旦、曰承奭。

承忠配楊氏，繼杜氏。子一：曰守志，燕子繼嗣。	承孝配岳氏，次吳氏。子二：曰守穩、曰守重，吳出。	承萬配杜氏。子一：曰守省，奭子繼嗣。	承旦配黄氏。子一：曰守養。	承奭配張氏。子守省，出繼。

			士焥詳具前表。	
			繼坮配李氏。子二：曰永純，李出；曰永優，埭子繼嗣。	
			永純配郭氏。無嗣。	永優子一：曰秉美。
秉貴配胡氏，繼姚氏。子一：曰承管，姚出。	鈞制配楊氏，繼許氏。子二：曰承倫、曰承類，俱楊出。			秉美配杜氏。子一：曰承業。
承管配李氏。子二：曰守純、曰守紀。	承倫配董氏。子三：曰守田、曰守家、曰守業。	承類配杜氏。子二：曰守珍、曰守先。		承業配李氏。子二：曰守漢、曰守規。

			士炣詳具前表。	
繼埭配李氏，繼甯氏。子二：曰永優，李出；曰永遂，甯出。			繼銘無嗣。	繼墳配楊氏。傳二世無嗣。
永遂生員。配嚴氏。子一：曰全德。				
全德配暢氏。子三：曰珽、曰琳、曰玷。				
珽配李氏，繼黄氏，繼劉氏。子四：曰世秀、曰世彦，黄出；曰世烈、曰世仕，劉出。	琳配李氏，繼王氏，繼張氏，繼王氏。子二：曰世儒，李出；曰世昌，繼王出。	玷無嗣。		

繼塾配暢氏，繼王氏。子三：曰永存、曰唐侯，暢出；曰永齡，王出。

永存配甯氏。子四：曰秉璋、曰秉照、曰秉趙、曰秉玉。

唐侯配甯氏。傳一世無嗣。

永齡配衛氏。無嗣。

秉璋配楊氏。無嗣。

秉照無嗣。

秉趙蚤世。

秉玉配楊氏。子一：曰承訓。

承訓配嚴氏。子二：曰守寶、曰守賓。

士烱詳具前表。

繼坊庠生。配丁氏。子二：曰允俟、曰永宜。

允俟增生。配蘇氏，繼嚴氏。子一：曰疇，宜子繼嗣。	**永宜**配李氏。子四：曰晼、曰疇、曰暘、曰時。

疇配趙氏，繼王氏。子二：曰汝柱，趙出；曰汝榆，王出。	**晼**配杜氏。子二：曰汝樸、曰汝楷。	**暘**配衛氏。傳一世無嗣。

汝柱配杜氏。子一：曰世玠，榆子繼嗣。	**汝榆**配趙氏，繼張氏。子二：曰世玠、曰世瑛，俱張出。	**汝樸**配嚴氏。子五：曰世瑢、曰世琮、曰世琦、曰世琳、曰世璋。	**汝楷**配甯氏。子一：曰世琮，樸子繼嗣。	

	繼登庠生。配孫氏，繼王氏。子一：曰健，孫出。				
	健配李氏。子三：曰秉英、曰秉聖、曰秉善。				
時配胡氏。傳一世無嗣。	秉英配王氏，繼孫氏。子四：曰汝勳，王出；曰汝鼇、曰汝魁、曰汝績，孫出。				秉聖配李氏。子一：曰汝猷。
	汝勳配王氏。子一：曰世瑄。	汝鼇配張氏。子二：曰世琛、曰世璥。	汝魁蚤世。	汝績配李氏。子一：曰世瓚。	汝猷配丁氏。子二：曰世珵、曰世理。

<table>
<tr><td colspan="3"></td><td colspan="2">士宏詳具前表。</td></tr>
<tr><td colspan="3"></td><td colspan="2">繼志生員。配王氏，繼傅氏，繼暢氏。子一：曰永泰，前子繼嗣。</td></tr>
<tr><td colspan="3"></td><td colspan="2">永泰配暢氏，繼傅氏。子一：曰秉質，暢出。</td></tr>
<tr><td colspan="3">秉善配高氏。子三：曰汝功、曰汝錫、曰汝録。</td><td colspan="2">秉質配李氏。子三：曰大恩、曰大榮、曰大惠。</td></tr>
<tr><td>汝功子一：曰世瓘，錫子繼嗣。</td><td>汝錫配王氏。子二：曰世瓘、曰世珪。</td><td>汝録配丁氏。子三：曰世珠、曰世寶、曰世連。</td><td>大恩配董氏。無嗣。</td><td>大榮配張氏。子一：曰宗舜。</td></tr>
</table>

		士瑜詳具前表。		
	繼徽庠生。無嗣。	繼前配張氏。子二:曰永瓚,曰永泰。		
		永瓚庠生。配張氏。子一:曰秉申。		
		秉申生員。配王氏。子三:曰開先、曰紹先、曰從先。		
大惠配甯氏,繼李氏,繼高氏,繼楊氏。子一:曰同樂,楊出。		開先配岳氏。子四:曰世璧、曰世瓊、曰世理、曰世璽。	紹先配王氏,繼岳氏。子一:曰世珍,岳出。	從先子一:曰世琠。

士全詳具前表。				士鼎詳具前表。
繼璵增生。配楊氏，繼張氏。子二：曰永觀、曰永賴，俱張出。				繼盛無嗣。
永觀配張氏。子二：曰秉芳、曰秉梅。			永賴配張氏。子一：曰秉秀。	
秉芳配高氏。子一：曰積德。	秉梅配楊氏。子二：曰大功、曰大生。		秉秀配任氏。子一：曰福臣。	
積德配楊氏。子三：曰世珖、曰世珅、曰世玲。	大功無嗣。	大生配張氏。子一：曰世玢。	福臣配傅氏。子一：曰世玲，德子繼嗣。	

繼理配甯氏。子三：曰永建、曰永衍、曰永久。

永建耆賓。配王氏。子三：曰近齊、曰必偡、曰必信。

近齊生員。配嚴氏，次王氏。子二：曰如榅、曰如樹，俱王出。	必偡配段氏，繼李氏。子四：曰如楠、曰如翧、曰如梗，段出；曰如桂，李出。

如榅配杜氏，繼謝氏，繼董氏，繼武氏。子二：曰世寐、曰世寮，俱武出。	如樹子一：曰世寮，榅子繼嗣。	如楠生員。配杜氏。子三：曰世壽、曰世寧、曰世康。	如翧天文生。配嚴氏，繼李氏。子二：曰世定、曰世寵，俱李出。	如梗配楊氏，繼王氏。傳一世無嗣。

<table>
<tr><td colspan="5"></td></tr>
<tr><td colspan="5"></td></tr>
<tr><td colspan="3"></td><td colspan="2">永衍配甯氏，繼郭氏。子二：曰必阡、曰必儒，俱郭出。</td></tr>
<tr><td></td><td colspan="2">必信配王氏。子二：曰三元、曰三益。</td><td>必阡配張氏，繼楊氏。子一：曰如梧，儒子繼嗣。</td><td>必儒配原氏。傳一世無嗣。</td></tr>
<tr><td>如桂配王氏。子一：曰世宮。</td><td>三元生員。配楊氏。子二：曰世榮、曰世宦。</td><td>三益配杜氏，繼傅氏。子一：曰世賢，傅出。</td><td>如梧子一：曰世宦，元子繼嗣。</td><td></td></tr>
</table>

<table>
<tr><td colspan="2"></td><td colspan="3">士最詳具前表。</td></tr>
<tr><td colspan="2"></td><td colspan="3">繼往配謝氏，繼段氏。子四：曰永綿、曰永延，謝出；曰雯、曰斌，段出。</td></tr>
<tr><td colspan="2">永久配淮氏，子二：曰必儀、曰必倫。</td><td colspan="3">永綿配何氏，繼嚴氏，繼馮氏。子三：曰必佐、曰必宦，何出；曰必英，嚴出。</td></tr>
<tr><td>必儀配張氏。子一：曰如相，倫子繼嗣。</td><td>必倫配高氏。子二：曰如相、曰如盛。</td><td colspan="2">必佐配張氏。子二：曰大成、曰大振。</td><td>必宦配李氏。傳一世無嗣。</td></tr>
<tr><td>如相配杜氏。無嗣。</td><td>如盛子一：曰世來。</td><td>大成配岳氏。子二：曰世相、曰世宰。</td><td>大振配郝氏，繼甯氏。子二：曰重琰，郝出；曰重璋，甯出。</td><td></td></tr>
</table>

	永延配李氏。子三：曰必俸、曰必倬、曰必僑。			
必英配嚴氏。傳二世無嗣。	必俸配朱氏。子二：曰大體、曰大德。		必倬配岳氏。子二：曰大教、曰大訓。	
	大體配岳氏，繼郝氏。子一：曰世公，德子繼嗣。	大德配陳氏，繼王氏。子二：曰世臣、曰世公，俱王出。	大教配杜氏。子四：曰世棟、曰殿公、曰世梁、曰世才。	大訓配楊氏。子三：曰殿公，教子繼嗣；曰殿卿、曰殿奎。

	雯生員。配王氏。子一：曰敦化，斌子繼嗣。	斌廩生。配甯氏。子四：曰敦倫、曰敦儀、曰敦化、曰敦儉。		
必僑生員。配岳氏，繼黄氏。子一：曰大積，岳出。	敦化子二：曰大器、曰大名。	敦倫配孫氏。子一：曰大保。	敦儀無嗣。	敦儉歲貢。配甯氏。子一：曰大名，化子繼嗣。
大積配李氏，繼李氏。子三：曰世奎、曰世聚，元李出；曰世耀，繼李出。	大器配楊氏。無嗣。	大保子一：曰世成。		大名子一：曰殿奎，訓子繼嗣。

繼祧生員。配楊氏。子一：曰永侯。

永侯配杜氏。子四：曰長碩、曰長發、曰振英、曰長莪。

長碩生員。配王氏，繼陳氏。子一：曰成德，陳出。	長發庠生，介賓。配王氏。子二：曰成性、曰成文。	振英庠生。配楊氏，繼張氏。子三：曰成道、曰成功、曰成名，俱楊出。

成德配暢氏。子一：曰世朝，道子繼嗣。	成性配王氏，繼傅氏。子一：曰世皦，傅出。	成文配王氏，繼孫氏。子一：曰世皦，王出。	成道配張氏，繼許氏。子五：曰世朝、曰世朗、曰世朕、曰世輝，張出；曰世璇，許出。	成功配王氏。子三：曰世皓、曰世肣、曰世暅。

			繼纘生員。無嗣。	繼脈配張氏，次孫氏。子一：曰永錫，孫出。	繼彭配陳氏。無嗣。
				永錫配杜氏。子一：曰必便。	
	長莪配張氏，繼原氏。子二：曰成章、曰成度，俱張出。			必便子一：曰大廷，仕子繼嗣。	
成名配王氏。無嗣。	成章配杜氏。子一：曰世朕，道子繼嗣	成度配王氏。子一：曰世胆，功子繼嗣。		大廷配高氏。子一：曰世選。	

繼根配傅氏，繼張氏。子五：曰永諧、曰永弼、曰永暇、曰永長、曰永衛，傅出。				
永諧配杜氏，繼梁氏。子一：曰必效，杜出。				
必效配王氏。子五：曰乃鑕、曰乃鏡、曰乃銖、曰乃鏸、曰乃鐀。				
乃鑕配嚴氏，繼何氏。子二：曰世闊、曰世增，俱何出。	乃鏡配胡氏，繼杜氏。子三：曰世奇、曰世異，胡出；曰世瑛，杜出。	乃銖配杜氏。傳一世無嗣。	乃鏸耆賓。配杜氏。子一：曰世洽。	乃鐀配楊氏，繼黄氏。子一：曰世擇，黄出。

<table>
<tr><td colspan="6"></td></tr>
<tr><td colspan="6"></td></tr>
<tr><td colspan="2">永弼配淮氏。子一：曰必脩。</td><td colspan="4">永瑕配甯氏，繼王氏。子三：曰必仕、曰必待、曰必德，俱王出。</td></tr>
<tr><td colspan="2">必脩子二：曰大貴、曰大顯。</td><td colspan="4">必仕配嚴氏。子七：曰大同、曰大猷、曰大原、曰大中、曰大節、曰大廷、曰大操。</td></tr>
<tr><td>大貴配高氏。子一：曰世型。</td><td>大顯配李氏。無嗣。</td><td>大同子一：曰世瑞，猷子繼嗣。</td><td>大猷配郝氏。子二：曰世祥、曰世瑞。</td><td>大原無嗣。</td><td>大中無嗣。</td></tr>
</table>

				永長配胡氏。傳一世無嗣。
		必待配嚴氏，繼原氏，繼謝氏，次李氏。子一：曰大椿，李出。	**必德**配杜氏，繼杜氏，繼高氏。子一：曰大臣，繼杜出。	
大節配高氏。子二：曰世科、曰世甲。	**大操**無嗣。	**大椿**配傅氏。子二：曰世資、曰世取。	**大臣**配杜氏。子一：曰世濯。	

				士瑚詳具前表。	
			繼緒無嗣。	繼儒無嗣。	繼賢無嗣。
永衛配郝氏。子二：曰必存、曰必佑。					
必存配杜氏。子二：曰大興、曰大鵬。		必佑配黄氏。傳一世無嗣。			
大興配杜氏，繼原氏。子三：曰世端、曰世正、曰世評，俱杜出。	大鵬配高氏，繼衛氏。子一：曰世評，興子繼嗣。				

<table>
<tr><td colspan="2"></td><td colspan="4">士璉詳具前表。</td></tr>
<tr><td colspan="2">繼岸廪生。配牛氏。子一:曰廷福,魯子繼嗣。</td><td colspan="4">繼郊配高氏。子一:曰廷保。</td></tr>
<tr><td colspan="2">廷福配楊氏,繼原氏。子二:曰文忠、曰文儀,俱原出。</td><td colspan="4">廷保配石氏,繼袁氏。子三:曰秉忠、曰秉恩、曰秉思,俱石出。</td></tr>
<tr><td>文忠配楊氏。子一:曰大本。</td><td>文儀無嗣。</td><td>秉忠配李氏,繼楊氏。子二:曰大梨、曰大才,俱楊出。</td><td colspan="2">秉恩配暢氏。子二:曰大珠、曰大元。</td><td>秉思配柳氏。傳一世無嗣。</td></tr>
<tr><td>大本配郝氏。子三:曰言順、曰行順、曰從順。</td><td></td><td>大梨配某氏。子二:曰世順、曰世利。</td><td>大珠配謝氏。子二:曰世堯、曰世禹。</td><td>大元無嗣。</td><td></td></tr>
</table>

繼魯配暢氏。子四：曰廷福、曰廷壽、曰廷對、曰廷棟。

廷壽子一：曰文勇。

廷對配黄氏。傳一世無嗣。

廷棟配杜氏。子三：曰文宰、曰文星、曰文長。

文勇配李氏，繼李氏。子二：曰大聰、曰大業，元李出。

文宰配張氏。子一：曰大英。

文星配陳氏。子一：曰大盛。

大聰配杜氏。子三：曰護順、曰保順、曰佑順。

大業配杜氏。子二：曰全順、曰仝順。

大英配柴氏。子一：曰世拔。

大盛配王氏。子一：曰世超。

	士适詳具前表。		
	繼武配高氏。子一:曰永奠。		
	永奠配秦氏,繼孫氏。子二:曰必亨、曰必正,俱孫出。		
文長配王氏。子一:曰大道。	必亨子一:曰大收,正子繼嗣。	必正配暢氏。子三:曰大選、曰大收、曰大閑。	
大道配王氏,繼高氏。子二:曰世和、曰世種,高出。	大收配趙氏。子一:曰世俊。	大選配楊氏。子二:曰世通、曰世進。	大閑配嚴氏。子二:曰世清、曰世明。 〔注〕:北京中國書店板印《全書》附《族譜》至此。以下缺。

士傕詳具前表。

繼王配孫氏。子二：曰永芳、曰永倉。

永芳配孫氏，子三：曰秉讓、曰秉遜、曰秉許。

永倉配黄氏。子二：曰秉詁、曰秉訖。

秉讓無嗣。

秉遜配高氏。子二：曰承錢、曰承貴。

秉許配黄氏。傳一世無嗣。

秉詁配張氏。傳一世無嗣。

秉訖配楊氏。子二：曰承寶、曰承璧。

承錢無嗣。

承貴配王氏。子一：曰世達。

承寶

承璧無嗣。

再别爲世	乃實詳具前表，後倣此。					
十八世	逢雩配王氏。子三：曰思恩、曰恩惠、曰思慮。				逢霖配李氏。子三：曰思德、曰思懋、曰思學。	
十九世	思恩奉祀生。配嚴氏。子二：曰學道、曰學先。		思惠無嗣。	思慮配王氏。子一：曰學忠。	思德	思學
二十世	學道奉祀生。配張氏。子二：曰安邦、曰定邦。			學忠配嚴氏。子一：曰建邦。		
二十一世	安邦奉祀生。配甯氏。子一：曰重娃。	定邦無嗣。		建邦無嗣。		

	乃糧	乃倉		
逢霔子一:曰思懋,霖子繼嗣。	逢聖配黄氏。子一:曰思怡,雨子繼嗣。	逢雨配王氏。子二:曰思悦、曰思怡。	逢源配李氏,傳一世無嗣。	逢兆配原氏。子二:曰思慨、曰思信。
思懋子一:曰學州。	思怡子一:曰學先,恩子繼嗣。	思悦配杜氏,繼張氏。子一:曰學善,張出。		思慨配原氏。子一:曰學溪,信子繼嗣。
學州子一:曰彦居,義子繼嗣。	學先配王氏。子一:曰萬邦。	學善配王氏。子一:曰遵堯,溪子繼嗣。		學溪配杜氏,繼孫氏,繼吳氏。子二:曰遵宗、曰遵堯,俱吳出。
彦居蚤世。	萬邦無嗣。	遵堯配張氏。子二:曰長管、曰來管。		遵宗配嚴氏,繼高氏,繼張氏。子一:曰鴻印,張出。

	乃遜	乃讓	乃誠	乃昆	乃康
逢財配楊氏。子一:曰思信,兆子繼嗣。	逢霈配張氏。子一:曰思懇。	逢雩配武氏。無嗣。	逢運配董氏。子一:曰思魚。	逢時無嗣。	逢會無嗣。
思信配原氏。子二:曰學濂、曰學溪。	思懇配楊氏,次續氏。子一:曰學樂,續出。		思魚無嗣。		
學濂配嚴氏。子一:曰遵朱。	學樂聘楊氏。				
遵朱配張氏。子二:曰月潮、曰跟潮。					

承禹

逢澤配王氏。子二：曰思長、曰思廷。

世顯配高氏。子二：曰思容、曰思雨。

思長無嗣。

思廷聘趙氏。

思容配甯氏。子二：曰學仁、曰學義。

思雨配原氏。子二：曰學禮、曰學智。

學仁配岳氏。子一：曰遵福，義子繼嗣。

學義配淮氏，繼岳氏。子五：曰遵福、曰遵禄、曰遵壽、曰四窩、曰彦居。

學禮配某氏。子一：曰遵壽，義子繼嗣。

遵福配原氏，繼李氏，繼任氏。子二：曰春槐、曰埃春。

遵禄配杜氏。

四窩蚤世。

遵壽配周氏。

	承瑞				承實
	世亮配黃氏。子二：曰思寅、曰思官。				世讀配黃氏。傳一世無嗣。
	思寅配張氏。子二：曰學宗、曰學法。		思官配岳氏。子一：曰學法，寅子繼嗣。		
學智蚤世。	學宗配岳氏，繼孫氏。子二：曰遵耀、曰遵三，俱孫出。		學法配董氏，繼李氏。子二：曰德福、曰發福，俱李出。		
	遵耀配原氏。子一：曰牛娃。	遵三配杜氏。子三：曰銀朝、曰懷朝、曰三朝。	德福配高氏。	發福	

	承積		魯承	
世廣配原氏，繼杜氏。子一：曰思本，杜出。	世德配楊氏。子二：曰思峻、曰思傑。		光亮配楊氏，繼王氏。子一：曰能温，王出。	光弼配張氏。子一：曰能讓。
思本配嚴氏。子一：曰學書。	思峻配楊氏。子一：曰學曾。	思杰無嗣。	能温無嗣。	能讓無嗣。
學書無嗣。	學曾配杜氏。子一：曰遵師。			
	遵師無嗣。			

魯信	魯學	魯璵		
光儀配楊氏。子一：曰能良。	光利配雷氏。	光明配師氏。子一：曰能富。		
能良配黄氏。子一：曰學成。		能富配賈氏。子三：曰學仁、曰學儀、曰學禮。		
學成配黄氏，繼張氏。子一：曰遵恩。		學仁配某氏。子一：曰遵福。	學儀配某氏。子一：曰遵太。	學禮配某氏。子一：曰遵榮。
遵恩配黄氏。子一：曰德相，榮子繼嗣。		遵福配李氏。子一：曰德鳳。	遵太配楊氏。子一：曰德青。	遵榮配孫氏。子二：曰德龍、曰德相。

		魯臣	魯唯			
光顯配黄氏。子二:曰能貴、曰能爵。		光照配張氏。子一:曰能恭。	光榮配董氏。子三:曰能進、曰能忠、曰能狀。		光宗子一:曰能忠,榮子繼嗣。	
能貴配孫氏。子一:曰學善。	能爵無嗣。	能恭無嗣。	能進配董氏。子二:曰學亨、曰學利。		能忠配黄氏。子二:曰學源、曰學禎。	
學善配許氏。子一:曰遵成。			學亨配杜氏。無嗣。	學利配董氏。無嗣。	學源配丁氏。無嗣。	學禎無嗣。
遵成配王氏。						

	魯省	魯賢			承天	承顏
光耀配王氏。子一：曰能狀，榮子繼嗣。	光文配王氏。子一：曰能儉。	光德子一：曰能剛，凌子繼嗣。	光凌配張氏。子三：曰能剛、曰能強、曰能勇。			世訒
能狀配王氏。無嗣。	能儉無嗣。	能剛配王氏。無嗣。	能強無嗣。	能勇無嗣。		

承閔	承冉	大戒	大賓	大有	大臨	忠信	
世儀	世智		世真			世佑無嗣。	世佐子一：曰思懷。
							思懷配王氏。子一：曰學謹。
							學謹配甯氏。

承儀	承友		承家	慎友	慎弟
世福配許氏。子一：曰思由。	世良配孫氏。子二：曰思宜、曰思典。		世光配高氏。子一：曰思振。	勿偏配嚴氏。子一：曰思賢。	勿佻配王氏。子一：曰思岐。
思由配高氏。子一：曰學正，勉子繼嗣。	思宜無嗣。	思典無嗣。	思振配甯氏，繼張氏。子一：曰學慎，張出。	思賢配嚴氏，繼張氏，繼蔡氏。子一：曰學寶。	思岐配王氏。無嗣。
學正配王氏。子一：曰遵法。			學慎配某氏。子一：曰遵素。	學寶配張氏。子一：曰修身，實子繼嗣。	
遵法配張氏。子一：曰尚元。			遵素配王氏。子二：曰孟元、曰明元	修身配李氏。子三：曰左堯、曰左舜、曰左有。	

慎忠		慎信	慎思		
勿佞配任氏。子二:曰思沼、曰思澧。		勿侮配王氏。子一:曰思洲。	勿僭配王氏。子二:曰思孝、曰思喆。		
思沼配楊氏。無嗣。	思澧配李氏。無嗣。	思洲配張氏。無嗣。	思孝配丁氏。子一:曰學實,喆子繼嗣。		
			學實配杜氏。子五:曰修道、曰修德、曰修文、曰修身、曰修林。		
			修道配蘇氏,繼王氏。子二:曰丙辰,蘇出;曰金魁,王出。	修德配王氏。子二:曰先封、曰左棠。	修文蚤世。

		慎德		慎業
		勿僮配張氏。子二：曰思楊、曰思桓。		勿依配高氏，繼陳氏。子一：曰思菜，高出。
	思喆配丁氏。子一：曰學實，出繼。	思楊配杜氏。	思桓子一：曰進喜，逵子繼嗣。	思菜聘郝氏。
			進喜無嗣。	
修林配嚴氏。子二：曰左魁、曰文魁。				

<table>
<tr><td colspan="3">慎動</td><td colspan="4">君美</td></tr>
<tr><td colspan="3">勿俗配淮氏。子三：曰思根、曰思棠、曰思棣。</td><td colspan="4">世紀配王氏。子二：曰思和、曰思順。</td></tr>
<tr><td>思根配楊氏。</td><td>思棠配王氏。</td><td>思棣</td><td colspan="2">思和配張氏。子一：曰居忠。</td><td colspan="2">思順配趙氏。子一：曰居孝。</td></tr>
<tr><td></td><td></td><td></td><td colspan="2">居忠配許氏。子二：曰貞娃、曰貞管。</td><td colspan="2">居孝配嚴氏。子二：曰元良、曰成家。</td></tr>
<tr><td></td><td></td><td></td><td>貞娃無嗣。</td><td>貞管配李氏。子一：曰金山，朝子繼嗣。</td><td>元良配某氏。子二：曰新士、曰新寬。寄居曲沃趙村。</td><td>成家無嗣。</td></tr>
</table>

<table>
<tr><td colspan="5">君蒙</td></tr>
<tr><td colspan="5">世騆配楊氏。子三：曰思前、曰思再、曰思三。</td></tr>
<tr><td colspan="2">思前配武氏。子二：曰居豐、曰居邠。</td><td colspan="2">思再配張氏。子二：曰居岐、曰居雍。</td><td>思三配王氏，次胡氏。子三：曰平子、曰珠换、曰四扯，俱胡出。</td></tr>
<tr><td>居豐配岳氏，繼孫氏。子一：曰元禮，岳出。</td><td>居邠配嚴氏。子二：曰元仁、曰元義。</td><td>居岐配杜氏。子一：曰元義，邠子繼嗣。</td><td>居雍無嗣。</td><td>平子配嚴氏。子一：曰元智。</td></tr>
<tr><td>元禮配趙氏。子三：曰隨心、曰隨成、曰隨安。</td><td>元仁配孫氏，繼董氏，繼趙氏，繼高氏。子三：曰隨才，孫出；曰徐才、曰隨有，趙出。</td><td>元義配王氏。子二：曰隨意、曰丙意。</td><td></td><td>元智配張氏。子一：曰貴龍，信子繼嗣。</td></tr>
</table>

			居泰	
		世騂配郭氏。子一：曰思勸。	世長配淮氏。子二：曰思廉、曰思藻。	
		思勸配岳氏。無嗣。	思廉配黄氏。子二：曰居安、曰居静。	
珠换配張氏。子二：曰元信、曰元順。	四扯子一：曰元順，换子繼嗣。		居安配原氏。子二：曰五娃、曰六娃。	
元信配嚴氏。子四：曰貴龍、曰發龍、曰金龍、曰文龍。	元順配黄氏。子一：曰進龍。		五娃配杜氏。	六娃無嗣。

君法			君俸	
世遠子一:曰思藻,長子繼嗣。			世強配胡氏。子一:曰思陳。	世剛配何氏。子一:曰思聘。
思藻配劉氏。子一:曰居静,廉子繼嗣。			思陳無嗣。	思聘配杜氏。子一:曰居温。
居静配李氏。子三:曰望子、曰小望、曰三望。				居温無嗣。
望子配原氏。子一:曰天保。	小望配李氏。無嗣。	三望配秦氏。無嗣。		

君敬

世興配杜氏。子四：曰思鎮、思鑑、曰思鎔、曰思釗。

思鎮配高氏。子一：曰保柱。

思鑑配王氏。子一：曰柏管。

思鎔配王氏。子一：曰保全。

思釗配趙氏。子二：曰豬娃、曰庚娃。

保柱配某氏。子一：曰富喜。

柏管配高氏。子一：曰富才。

保全配秦氏。無嗣。

豬娃配秦氏。子二：曰清鴿、曰秧鴿。

庚娃配王氏。子一：曰喜兒。

富喜寄居陜西隴州。

富才

清鴿

秧鴿

喜兒無嗣。

君儀		君望		君隆
有道配孫氏。子一：曰思遜，平子繼嗣。	有平配何氏，繼楊氏，子思遜，出繼。	有雲配楊氏。子二：曰思憲、曰思宙。	有雨子一：曰思宙，雲子繼嗣。	有容配黄氏。子一：曰思宇。
思遜配都氏。子一：曰居謙。		思憲配王氏。子一：曰居魯。	思宙無嗣。	思宇配任氏。子一：曰居鳳。
居謙無嗣。		居魯無嗣。		居鳳無嗣。

君賢	君禮		君智	
有忍配王氏。子一：曰思全。	有幸配王氏。子一：曰思勤。		有吉配王氏。子一：曰思讓。	
思全配劉氏。無嗣。	思勤監生。配高氏。子二：曰居恭、曰居敬。		思讓配杜氏，次何氏。子二：曰居寬、曰居平。	
	居恭配王氏。子一：曰元朝。	居敬配李氏。子一：曰元會。	居寬配樊氏。無嗣。	居平無嗣。
	元朝配杜氏。子二：曰金耀、曰金山。	元會配孫氏。子一：曰保娃。		

君就				君有	君德
有長監生。配王氏，次鄧氏。子二：曰鶴鳴，王出；曰鶴年，鄧出。			有規配李氏，繼楊氏。子一：曰鶴齡，楊出。	世道配董氏。子二：曰思中、曰思庸。	世寬配高氏。子一：曰思中，道子繼嗣。
鶴鳴配李氏，繼柴氏。子一：曰居盛。	鶴年配杜氏。子二：曰居周、曰居召。		鶴齡監生。配黃氏。子一：曰居康。	思庸配黃氏。子二：曰居賢、曰居秀。	思中子一：曰居秀，庸子繼嗣。
居盛配謝氏。無嗣。	居周配李氏。無嗣。	居召無嗣。	居康配黃氏。子一：曰養才。	居賢配杜氏。子一：曰元耀。	居秀子一：曰清耀。
			養才配王氏。無嗣。	元耀配李氏。無嗣。	清耀無嗣。

君惠		君宰		君榮	
世用無嗣。	世治配王氏。子一:曰思澤。	有光配王氏。子一:曰思程。		有文配孫氏。子一:曰思淵。	
	思澤無嗣。	思程配楊氏。子二:曰居正、曰居端。		思淵配嚴氏。子三:曰居順、曰居興、曰居祥。	
		居正配高氏,繼李氏。子一:曰元勳,李出。	居端配楊氏。無嗣。	居順配董氏。子一:曰遵瑞。	居祥無嗣。
		元勳無嗣。		遵瑞無嗣。	

					君尊
有年無嗣。	有學子一:曰思源。		有賓配嚴氏。子一:曰思睿。		有惠配董氏。子二:曰思涌、曰思得。
	思源配楊氏。子二:曰居輔、曰居明。		思睿配李氏,繼王氏。子二:曰映春、曰映南。		思得配原氏。子一:曰居誠。
	居輔無嗣。	居明配楊氏。無嗣。	映春配楊氏,繼岳氏。子一:曰遵道。	映南配高氏。	居誠配岳氏。子三:曰長泰、曰長安、曰長澤。
			遵道配王氏。子一:曰祖德。		長泰配高氏。子四:曰延齡、曰斜齡、曰西齡、曰朋齡。

		君選	超群	
		有輝配李氏。子一：曰思涌，惠子繼嗣。	懷祖配張氏。子一：曰思徽。	
		思涌配高氏。子一：曰居興，淵子繼嗣。	思徽配張氏，繼張氏。子二：曰居錦、曰居錫，繼張出。	
		居興配孫氏。無嗣。	居錦配杜氏，次嚴氏，繼劉氏。子二：曰俊秀，錫子繼嗣；曰俊章，劉出。	
長安配趙氏。子二：曰五齡、曰吉齡。	長澤配任氏。無嗣。		俊秀配甯氏。子一：曰啓明。	俊章無嗣。

<table>
<tr><td></td><td colspan="4">超衆</td></tr>
<tr><td></td><td colspan="4">懷宗配甯氏。子一：曰思徵。</td></tr>
<tr><td></td><td colspan="4">思徵配楊氏。子一：曰居鎬。</td></tr>
<tr><td>居錫配王氏。子二：曰俊秀、曰鑾女。</td><td colspan="4">居鎬配王氏，繼陳氏。子四：曰祥娃、曰儲美，王出；曰得美、曰振祥，陳出。</td></tr>
<tr><td>鑾女配杜氏。無嗣。</td><td>祥娃配杜氏。子一：曰允吉，儲子繼嗣。</td><td>儲美配黄氏。子三：曰允吉、曰允中、曰允福。</td><td>得美配杜氏。子一：曰允福，儲子繼嗣。</td><td>振祥配杜氏。子四：曰允清、曰允昇、曰允發、曰四窩。</td></tr>
</table>

<table>
<tr><td colspan="2">謹愧</td><td colspan="3">謹愉</td></tr>
<tr><td colspan="2">勿俚子一：曰思造，倚子繼嗣。</td><td colspan="3">勿俊配王氏。子一：曰思遠，假子繼嗣。</td></tr>
<tr><td colspan="2">思造配甯氏。子二：曰東懷、曰東雍。</td><td colspan="3">思遠配嚴氏。子三：曰東平、曰銀盛、曰銅盛。</td></tr>
<tr><td>東懷配杜氏。子一：曰振西。</td><td>東雍配岳氏，繼趙氏，繼王氏。子一：曰鳳中，岳出。</td><td>東平配李氏。子一：曰履中。</td><td>銀盛配某氏。子一：曰丙元，銅子繼嗣。</td><td>銅盛配甯氏，繼王氏。子一：曰丙元，出繼。</td></tr>
<tr><td>振西配王氏，繼劉氏。</td><td>鳳中配杜氏。</td><td>履中配杜氏。子二：曰德龍、曰德章。</td><td>丙元子一：曰德章，履子繼嗣。</td><td></td></tr>
</table>

謹忙	謹情				
勿傑配馮氏。子一:曰思達。	勿倨無嗣。	勿傲耆賓。配杜氏。子一:曰在川。			
思達配原氏,繼嚴氏。無嗣。		在川庠生。配李氏,繼嚴氏。子四:曰東雋,李出;曰東昌、曰東峰、曰東堂,嚴出。			
		東雋庠生。配段氏。子二:曰受中、曰協中。		東昌配柴氏。子三:曰率中、曰養中、曰宅中。	
		受中生員。配蘇氏。子三:曰德耀、曰德懋、曰德令。	協中配楊氏。子三:曰德潤、曰德周、曰德行。	率中配李氏。子一:曰德俊。	養中配嚴氏。子一:曰德明。

			謹慴	謹懽
			勿俠配王氏。子一:曰思進。	勿假配楊氏。子二:曰思遠、曰思近。
			思進無嗣。	思近配李氏。子一:曰東山。
	東峰配岳氏。子一:曰用中。	東堂配甯氏。子一:曰攝中。		東山無嗣。
宅中配張氏。子一:曰德行,協子繼嗣。	用中配陳氏。子一:曰驢兒。	攝中配王氏。子一:曰德周,協子繼嗣。		

<table>
<tr><td colspan="6">謹恪</td></tr>
<tr><td>勿僞無嗣。</td><td colspan="5">勿侉配黄氏。子一：曰思連，便子繼嗣。</td></tr>
<tr><td></td><td colspan="5">思連配王氏，次某氏。子二：曰東槐，王出；曰保槐，某出。</td></tr>
<tr><td></td><td colspan="2">東槐配杜氏。子二：曰余慶、曰小余。</td><td colspan="3">保槐配黄氏。子四：曰全福、曰恩科、曰五福、曰登科。</td></tr>
<tr><td></td><td>余慶配岳氏。無嗣。</td><td>小余無嗣。</td><td>全福子一：曰讓堂，登子繼嗣。</td><td>恩科配楊氏。</td><td>登科配支氏。子一：曰讓堂，出繼。</td></tr>
</table>

謹恒					
勿像配楊氏。子二:曰思迪、曰思適。					勿便配楊氏,次李氏。子一:曰思連,楊出。
思迪配嚴氏。子二:曰東洋、曰東海。					
東洋配杜氏。子一:曰和中。	東海配許氏。子四:曰德中、曰致中、曰三中、曰四中。				
和中配某氏。	德中配杜氏。子一:曰寅虎。	致中無嗣。	三中無嗣。	四中無嗣。	

<table>
<tr><td colspan="3"></td><td colspan="2">謹怡</td></tr>
<tr><td colspan="3">勿倒子一：曰思適，像子繼嗣。</td><td colspan="2">勿倚配高氏，繼李氏。子二：曰思運、曰思造，李出。</td></tr>
<tr><td colspan="3">思適配師氏。子四：曰東换、曰新换、曰緒東、曰新喜。</td><td colspan="2">思運配杜氏，繼秦氏。子二：曰進才、曰盛才，秦出。</td></tr>
<tr><td>東换配嚴氏。</td><td>新换配甯氏。無嗣。</td><td>新喜配王氏。子一：曰五福，保子繼嗣。</td><td>進財配王氏。子一：曰一中。</td><td>盛財子一：曰元中。</td></tr>
<tr><td></td><td></td><td>五福配丁氏。子一：曰德禄。</td><td>一中無嗣。</td><td>元中無嗣。</td></tr>
</table>

謹愫		謹慎		謹惰
毓秀庠生。配張氏。子二：曰景濂、曰景溪。	勿側子一：曰景溪，秀子繼嗣。	勿侈配王氏。子一：曰思遵，俯子繼嗣。		勿仍配杜氏。無嗣。
景濂配杜氏。子一：曰東鎮。	景溪配原氏。子一：曰銀蛋。	思遵配楊氏。子二：曰學洛、曰學伊。		
東鎮配楊氏。子一：曰遵順，貴子繼嗣。	銀蛋配某氏。無嗣。	學洛無嗣。	學伊無嗣。	
遵順配原氏。子二：曰文禄、曰高禄。				

謹性

勿休從九品。配王氏，繼暢氏。子四：曰思追、曰思述、曰思逢、曰思遇。

勿俯配張氏，繼甯氏。子四：曰思遵、曰思逵、曰思逮、曰思遲，甯出。

思追配張氏，繼裴氏。子一：曰東貴，裴出。

思遲配郝氏。子一：曰盛换。

思逮配郝氏。子二：曰金换、曰銀换。

思逵配杜氏。子三：曰東换、曰德换、曰進德。

東貴配王氏。子四：曰遵湯、曰遵恒、曰江中、曰遵順。

盛换配杜氏。無嗣。

銀换無嗣。

金换無嗣。

德换配高氏。無嗣。

東换配杜氏。無嗣。

遵湯從九品。配賈氏，繼黄氏，繼高氏。子一：曰振宗，高出。

		思述配嚴氏。子二：曰懷珠、曰東參。		思逢蚤世。	思遇配王氏。子二：曰新年、曰錫銘。
		懷珠配杜氏。無嗣。	東參配高氏。無嗣。		新年配許氏。子一：曰遵中，銘子繼嗣。
遵恒監生。配嚴氏。子五：曰進禄、曰向禄、曰徐禄、曰廣禄、曰永禄。	江中蚤世。				遵中配王氏，繼暢氏。子二：曰榮禄、曰爾禄，俱王出。

	謹惕	書秀			書院
	勿侍配王氏。子一：曰思選。	其輝配李氏，繼嚴氏。子二：曰思曾，李出；曰思冉，嚴出。			其鳳配李氏。子一：曰思耀，山子繼嗣。
	思選配岳氏，無嗣。	思曾無嗣。	思冉配杜氏。子一：曰福祥。		思耀配黄氏。子二：曰盛桂、曰盛林。
錫銘生員。配董氏。子一：曰遵中，出繼。			福祥配杜氏。子二：曰來泰、曰和泰。		盛桂配岳氏。子一：曰文行。
			來泰配黄氏。無嗣。	和泰無嗣。	文行無嗣。

			書進	
	其山配王氏，繼黃氏。子二：曰思耀，曰思傑，黃出。		其純配王氏。子一：曰思旺，正子繼嗣。	其正配杜氏，繼王氏。子二：曰思閔、曰思旺。
	思傑配樊氏。子二：曰盛榮、曰盛椿。		思旺配張氏。無嗣。	思閔配王氏。子一：曰揚名。
盛林配楊氏。子一：曰成娃。	盛榮配孫氏。子一：曰槐成。	盛椿配李氏。無嗣。		揚名配李氏。子一：曰鈴兒。
成娃	槐成配黃氏。			鈴兒配魏氏。子二：曰萬子、曰萬科。

書昇

其軾配杜氏。子一:曰南金,鼎子繼嗣。

其鼎監生。配李氏,繼高氏。子二:曰南金、曰思孟,李出。

南金庠生。配王氏,繼丁氏,繼李氏。子二:曰福元,王出;曰福洪,丁出。

思孟配李氏,繼李氏。子三:曰福隆、曰福海、曰福廣,繼李出。

福元配李氏。子二:曰開泰、曰清泰。

福洪配杜氏。子一:曰新泰。

福隆配嚴氏。子一:曰通泰。

福海配杜氏。子一:曰亨泰。

開泰配杜氏,繼衛氏。子二:曰德明、曰德善。

清泰配高氏。子一:曰德福。

新泰配王氏。子一:曰德善,開子繼嗣。

通泰配黃氏。子一:曰德潤。

亨泰配王氏。子一:曰德祥。

		書掄	掄魁	
		其善配郭氏。子一：曰思還。	澍庠生。配甯氏。子一：曰思炎。	涔配郝氏，繼郭氏。子二：曰思焜、曰思熯，郭出。
		思還配仝氏。無嗣。	思炎配董氏，繼黄氏。子一：曰學堂，董出。	思熯配王氏，繼王氏。無嗣。
福廣配甯氏。子二：曰修子、曰修泰。			學堂配杜氏。子一：曰緒端。	
修子配岳氏。無嗣。	修泰配張氏。無嗣。		緒端配嚴氏。無嗣。	

<table>
<tr><td colspan="3">汝翼</td><td colspan="3">汝揚</td></tr>
<tr><td>本源無嗣。</td><td colspan="2">本淇配董氏。子一：曰思焜，涥子繼嗣。</td><td colspan="3">本泰配楊氏。子一：曰思煥，洛子繼嗣。</td></tr>
<tr><td></td><td colspan="2">思焜配高氏。子一：曰學尚。</td><td colspan="3">思煥配郝氏。子二：曰學墉、曰學基。</td></tr>
<tr><td></td><td colspan="2">學尚配李氏。子二：曰廣印、曰廣義。</td><td>學墉配杜氏。子一：曰清吉。</td><td colspan="2">學基配王氏。子三：曰光耀、曰光輝、曰光遠。</td></tr>
<tr><td></td><td>廣印無嗣。</td><td>廣義無嗣。</td><td>清吉監生。配李氏，繼甯氏。子三：曰紹武、曰紹先、曰小果，俱李出。</td><td>光耀配姚氏。繼王氏。子二：曰春榮、曰陽榮。</td><td>光輝配杜氏。子一：曰金祥，遠子繼嗣。</td></tr>
</table>

	本洛配嚴氏。子二:曰思焕、曰思烈。			本汶配郝氏,繼李氏。子一:曰思熾,郝出。
	思烈配張氏。子二:曰學增、曰學均。			思熾配楊氏。無嗣。
	學增配嚴氏。子一:曰福善。	學均配嚴氏,繼杜氏。子二:曰積善、曰嘉善,俱杜出。		
光遠配岳氏。子四:曰金林、曰金祥、曰金旺、曰金禄。	福善配師氏,繼丁氏。子四:曰庚辰、曰庚福、曰庚申、曰庚坤,俱丁出。	積善配張氏。子一:曰德盛。	嘉善配楊氏。子六:曰德山、曰德川、曰德才、曰德悦、曰德安、曰德全。	

<table>
<tr><td colspan="6"></td></tr>
<tr><td colspan="3">本泗配楊氏，繼張氏。子一：曰思炳，楊出。</td><td colspan="3">本法配賈氏，繼蘇氏，次雷氏。子一：曰賚良，雷出。</td></tr>
<tr><td colspan="3">思炳配嚴氏。子一：曰學統。</td><td colspan="3">賚良配杜氏。子一：曰緒東，適子繼嗣。</td></tr>
<tr><td colspan="3">學統生員。配甯氏，繼謝氏。子三：曰清彥、曰邦彥、曰俊彥。</td><td colspan="3">緒東配楊氏。子三：曰敬元、曰敬魁、曰敬法。</td></tr>
<tr><td>清彥配甯氏。子一：曰英蔚。</td><td>邦彥配嚴氏。子三：曰英發、曰英傑、曰英芳。</td><td>俊彥配董氏。子五：曰英採、曰英華、曰英福、曰英保、曰英瑞。</td><td>敬元</td><td>敬魁</td><td>敬法</td></tr>
</table>

汝薰	汝政	汝禄	汝梅	汝梗
本洙配甯氏。子一:曰思燧	本溪配董氏。子一:曰思燧,洙子繼嗣。	本清配張氏,次王氏。子一:曰思聯,王出。	本濘子一:曰思燕,康子繼嗣。	本沼配王氏,繼高氏。子三:曰思熙、曰思煦、曰思熊,王出。
	思燧無嗣。	思聯配張氏無嗣。	思燕配董氏。子一:曰學恕。	思熙配董氏。子一:曰學詩。
			學恕配杜氏。子一:曰召邦。	學詩配王氏。無嗣。
			召邦	

<table>
<tr><td colspan="5"></td></tr>
<tr><td colspan="5"></td></tr>
<tr><td colspan="5">思煦配甯氏。子三:曰學禮、曰學易、曰學傳。</td></tr>
<tr><td>學禮配曹氏。子一:曰振聲。</td><td colspan="2">學易配孫氏。子二:曰進財、曰白蛋。</td><td colspan="2">學傳配高氏。子二:曰富成、曰富魁。</td></tr>
<tr><td>振聲配高氏。子一:曰狗娃,魁子繼嗣。</td><td>進財配張氏。子二:曰懷榜、曰懷元。</td><td>白蛋配秦氏。子一:曰懷鎖。</td><td>富成子一:曰德祥,魁子繼嗣。</td><td>富魁配原氏。子二:曰狗娃、曰德祥,俱出繼。</td></tr>
</table>

	本溶配嚴氏，繼岳氏，繼張氏。子一：曰自遠，張出。				
思熊配曹氏。無嗣。	自遠配甯氏。子二：曰揚烈、曰揚善。				
	揚烈配王氏，繼杜氏。子二：曰履泰、曰同泰，俱杜出。		揚善配王氏。子五：曰清泰、曰清槐、曰三兒、曰清海、曰穆兒。		
	履泰配高氏。子一：曰銀來，清泰子繼嗣。	同泰無嗣。	清泰配董氏。子一：曰銀來，出繼。	清槐配杜氏。無嗣。	三兒配董氏。無嗣。

		本汪配師氏。子一:曰自道。		
		自道配楊氏。子一:曰學愈,達子繼嗣。		
		學愈配嚴氏。子三:曰振官、曰振魁、曰振海。		
清海	穆兒無嗣。	振官配杜氏。子一:曰處仁,海子繼嗣。	振魁配賈氏。子二:曰處敏、曰克基。	振海從九品。配師氏,繼孫氏。子三:曰處仁,師出;曰處義、曰處禮,孫出。

本澄配嚴氏。子一:曰自達。				
自達配王氏。子三:曰學思、曰學憲、曰學愈。				
學思配嚴氏。子三:曰振朝、曰振清、曰振家。			學憲配嚴氏。子一:曰振山。	學愈無嗣。
振朝配何氏。子一:曰處惠。	振清配某氏。子一:曰處寬,家子繼嗣。	振家配黃氏。子二:曰處寬、曰處信。	振山配岳氏。子一:曰處恭。	

汝械			汝璵	
本康配董氏，繼郝氏。子二：曰思烋、曰思燕，郝出。			本澠子一：曰自通，漢子繼嗣。	本漢配郭氏。子二：曰自通、曰自進。
思烋配杜氏。子二：曰學惠、曰學慮。			自通無嗣。	自進無嗣。
學惠配孫氏。子二：曰振東、曰小換。		學慮無嗣。		
振東配杜氏。無嗣。	小換配楊氏。無嗣。			

汝福						汝壽
本洽配張氏。子一：曰徐中，治子繼嗣。					本治配嚴氏。子一：曰徐中，出繼。	
徐中配張氏。子五：曰海盛、曰挨盛、曰財盛、曰發盛、曰長盛。						
海盛蚤世。	挨盛	財盛	發盛	長盛		

<table>
<tr><td>汝孝</td><td>汝睦</td><td>汝財</td><td colspan="4">汝思</td></tr>
<tr><td>本江</td><td>本淮子一：曰長中。</td><td>得道配張氏。子一：曰思梁。</td><td colspan="4">得法配高氏，繼張氏。子二：曰思桂、曰思棟。</td></tr>
<tr><td></td><td>長中</td><td>思梁無嗣。</td><td colspan="4">思桂配嚴氏。子二：曰學朱、曰學泗。</td></tr>
<tr><td></td><td></td><td></td><td>學朱配高氏。子一：曰銀娃。</td><td colspan="3">學泗配胡氏。子三：曰水娃、曰必娃、曰必成。</td></tr>
<tr><td></td><td></td><td></td><td>銀娃無嗣。</td><td>水娃無嗣。</td><td>必娃無嗣。</td><td>必成無嗣。</td></tr>
</table>

	汝榮			
	得理配李氏。子一：曰思柱。			
思棟配杜氏。無嗣。	思柱配杜氏。子三：曰學魁、曰學選、曰學良。			
	學魁配孫氏。子二：曰長春、曰徐春。		學選配杜氏。子二：曰周子、曰徐周。	
	長春配楊氏。子一：曰小女，徐子繼嗣。	徐春配楊氏。子一：曰小女，出繼。	周子配岳氏。無嗣。	徐周配蔡氏。無嗣。

	汝念			
	得安配何氏。子一：曰思極。			
	思極配張氏。子一：曰學元。			
學良配王氏。子一：曰春隆。	學元配甯氏，繼黄氏。子五：曰遵素、曰遵王，甯出；曰遵聖、曰遵孔、曰遵師，黄出。			
春隆配杜氏。無嗣。	遵素配高氏。子二：曰子淳、曰子強。	遵王配李氏。子二：曰馬子、曰小馬。	遵聖配許氏。子一：曰子剛。	遵孔配王氏。子二：曰侃子、曰都管。

	汝金			
	得穩配王氏。子一：曰思權。			
	思權配馬氏。子三：曰學首、曰學發、曰學古。			
	學首子一：曰遵宸，古子繼嗣。	學發子一：曰遵德，古子繼嗣。	學古配王氏。子六：曰遵宸、曰遵德、曰遵順、曰遵明、曰遵義、曰遵宗。	
遵師配李氏。子二：曰奎子、曰徐奎。	遵宸配李氏。子二：曰金泰、曰全泰。	遵德配劉氏。子一：曰金盛。	遵順配王氏。子二：曰炳泰、曰炳全。	遵明配嚴氏。子一：曰隆泰。

		汝興			
		得盈配王氏，繼郭氏。子二：曰思千，勝子繼嗣；曰思萬，郭出。			
		思千配張氏。子二：曰學堯、曰學舜。		思萬配甯氏。子二：曰雨朝、曰清朝。	
		學堯配某氏。子一：曰孝生，舜子繼嗣。	學舜配王氏。子一：曰孝生，出繼。	雨朝配武氏。子一：曰水祥。	清朝無嗣。
遵義配董氏。子一：曰盛泰。	遵宗配李氏。子二：曰金旺、曰金沼。	孝生配嚴氏。子四：曰福禄、曰金禄、曰銀禄、曰根禄。		水祥無嗣。	

				君柱
得勝配杜氏。子四：曰思己、曰思守、曰思本、曰思千。				世稱配嚴氏，次劉氏。子一：曰思待，嚴出。
思己配高氏。子一：曰學禹。守子繼嗣。		思守配嚴氏。子二：曰學康、曰學禹。	思本配王氏。子一：曰昧狗。	思待配王氏。子一：曰七子。
學禹配李氏。子二：曰蘇娃、曰振兒。		學康配王氏。子二：曰歡喜、曰孝明。	昧狗子一：曰孝明，康子繼嗣。	七子配黃氏。子一：曰記娃。
蘇娃子一：曰金海，振子繼嗣。	振兒配李氏。子二：曰金海、曰金全。	歡喜配張氏。子一：曰永泰，明子繼嗣。	孝明配嚴氏。子一：曰永泰，出繼。	記娃無嗣。

君正	君中	君端	君治		
世健配王氏,繼王氏,繼衛氏。	世斌配高氏。	世盛配王氏。子一:曰思魁。	世永配楊氏。子二:曰思泰、曰思祥。		
		思魁配孫氏。子一:曰轉槐。	思泰配楊氏。子三:曰薛管、曰挨管、曰三管。		思祥配岳氏。子一:曰挨管,泰子繼嗣。
		轉槐配張氏。	薛管無嗣。	三管無嗣。	挨管配岳氏。無嗣。

<table>
<tr><td colspan="2">君孝</td><td colspan="3">君順</td></tr>
<tr><td>世望配楊氏。子一：曰思叙，照子繼嗣。</td><td>世照配孫氏。子一：曰思叙。</td><td colspan="2">世獎配楊氏。子三：曰思富、曰思審、曰思完。</td><td>世勤子一：曰思完，獎子繼嗣。</td></tr>
<tr><td>思叙配董氏。子一：曰楊管。</td><td></td><td>思富無嗣。</td><td>思審無嗣。</td><td>思完無嗣。</td></tr>
<tr><td>楊管配高氏。子一：曰徐茂。</td><td></td><td></td><td></td><td></td></tr>
<tr><td>徐茂無嗣。</td><td></td><td></td><td></td><td></td></tr>
</table>

汝器				汝敔		
世榮配王氏。子二：曰轄萬、曰管萬。		世喜無嗣。	世欣配高氏。	世法配王氏，繼楊氏。子一：曰成萬，王出。		世泰配王氏。
轄萬無嗣。	管萬無嗣。			成萬配原氏。子二：曰映春、曰連春。		
				映春配李氏。子二：曰彦子、曰文子。	連春配高氏。子一：曰文子，映子繼嗣。	
				彦子配李氏。子二：曰振海、曰振江。	文子子一：曰振江，彦子繼嗣。	

		汝明			
世輔配董氏。子一：曰生萬。	世度配李氏，繼王氏。	培基庠生。配張氏。子一：曰青萬。	世恭配張氏，繼謝氏。	世敏配張氏。子一：曰富萬。	世惠配嚴氏。無嗣。
生萬配張氏。子一：曰月春。		青萬無嗣。		富萬配岳氏。子一：曰星娃。	
月春配張氏。子一：曰發福。				星娃無嗣。	
發福配嚴氏，繼高氏。子一：曰貴成。					

<table>
<tr><td colspan="2">汝賢</td><td>謹志</td><td>謹獨</td><td colspan="2">汝智</td></tr>
<tr><td>世遜配高氏。子一：曰宅萬。</td><td>世讓配杜氏。子一：曰楹萬。</td><td>世譽子一：曰服萬，誠子繼嗣。</td><td>世誠配原氏。子二：曰懷萬、曰服萬。</td><td colspan="2">世篤配李氏。子一：曰寶萬。</td></tr>
<tr><td>宅萬配黃氏。子一：曰生春。</td><td>楹萬無嗣。</td><td>服萬無嗣。</td><td>懷萬無嗣。</td><td colspan="2">寶萬配某氏。子一：曰道生。</td></tr>
<tr><td>生春子一：曰鑾娃。</td><td></td><td></td><td></td><td colspan="2">道生配嚴氏。子三：曰德福、曰德功、曰德發。</td></tr>
<tr><td>鑾娃</td><td></td><td></td><td></td><td>德福配王氏。子一：曰夫中，發子繼嗣。</td><td>德發配侯氏。子一：曰夫中，出繼。</td></tr>
</table>

汝乾			汝哲		多才	
世嘉配王氏。子三：曰統萬、曰制萬、曰善萬。			世芳配岳氏。子一：曰三子。	世友配嚴氏。	聯登	進登配原氏。
統萬配李氏。子一：曰海生。	制萬	善萬配樊氏。子一：曰春生。	三子配嚴氏。子一：曰小活。			
海生配高氏。子一：曰德意。		春生配趙氏。子一：曰德立。	小活子一：曰德功，道子繼嗣。			
德意		德立配康氏。	德功			

<table>
<tr><td></td><td colspan="5">立才</td></tr>
<tr><td>岸登配李氏。</td><td colspan="3">高登配楊氏。子三：曰一清、曰一本、曰一官。</td><td colspan="2">捷登配甯氏。子一：曰一朝。</td></tr>
<tr><td></td><td>一清配原氏。子一：曰吉娃，本子繼嗣。</td><td>一本配某氏。子一：曰吉娃，出繼。</td><td>一官配原氏。子二：曰富德、曰順天。</td><td colspan="2">一朝配高氏，繼王氏。子二：曰順天，官子繼嗣；曰順義，發子繼嗣。</td></tr>
<tr><td></td><td>吉娃無嗣。</td><td></td><td>富德配某氏。子一：曰發魁。</td><td>順天配黄氏。子一：曰孝魁。</td><td>順義配某氏。子一：曰月蛋。</td></tr>
<tr><td></td><td></td><td></td><td>發魁</td><td>孝魁配岳氏。</td><td>月蛋</td></tr>
</table>

茂才				
先登配嚴氏。子三：曰一心、曰一成、曰一發。				新登配王氏，繼張氏。子一：曰一桂，張出。
一心配楊氏。子二：曰金帶、曰金朝。		一成配某氏。子二：曰銀帶、曰蟒帶。		一桂配某氏。子一：曰孝鎖。
金帶配高氏。子一：曰鴻福。	金朝無嗣。	銀帶配某氏。子一：曰柏鎖，蟒子繼嗣。	蟒帶配暢氏。子一：曰柏鎖。	孝鎖無嗣。
鴻福		柏鎖配王氏。子二：曰文玉、曰文鴻。		

保登子一：曰一發，先子繼嗣。			貴登配岳氏。	五登配岳氏。子二：曰富清、曰富寅。	
一發配孫氏。子二：曰向帶、曰順義。				富清配武氏。子一：曰積德，寅子繼嗣。	富寅配嚴氏，繼丁氏。子二：曰積德、曰應德。
向帶配杜氏。子三：曰庚吉、曰換福、曰群福。				積德配甯氏。子一：曰孝林。	應德
庚吉	換福	群福		孝林	

賢才	迪			豐	
連登配張氏。	守朝配任氏。子三：曰思篤、曰思龍、曰思紅。			九圍配高氏。子一：曰思儀。	
	思篤配王氏。子一：曰學成。	思龍配李氏。無嗣。	思紅配李氏。無嗣。	思儀配董氏，繼何氏。子二：曰學戒、曰學威，何出。	
	學成配王氏。子一：曰照祥。			學戒配某氏。子一：曰端祥。	學威配某氏。子一：曰正祥。
	照祥無嗣。			端祥無嗣。	正祥無嗣。

杞	楷			肯惠
九經配王氏。子一：曰思永。	九有配嚴氏。子一：曰思勉，式子繼嗣。	九式配楊氏。子三：曰思勵、曰思勉、曰思良。		廷相配王氏，繼李氏。子一：曰夢熊，李出。
思永配嚴氏，繼李氏。子一：曰希麟，嚴出。	思勉配王氏。子二：曰學端、曰學正。	思勵配傅氏。子一：曰學兆。	思良無嗣。	夢熊無嗣。
希麟配王氏。子一：曰春成。	學端配王氏。子一：曰遵程。	學兆配高氏。子一：曰遵善。		
春成配岳氏。子一：曰閦兒。	遵程無嗣。	遵善無嗣。		

凌高	肯堂		肯播		
守方配師氏。	守中配張氏。子二：曰思甲、曰思庚。		廷芳庠生。配李氏。子三：曰謙光、曰覲光、曰尊光。		
	思甲配原氏。子一：曰克先。	思庚	謙光增生。配王氏，繼岳氏。子四：曰克岐、曰克嶷、曰克順、曰克比。		
	克先配丁氏。子一：曰斗管。		克岐配嚴氏。子一：曰發鋪。	克嶷配高氏。子一：曰四换。	克順無嗣。
	斗管配某氏。子三。寄居五龍溝。		發鋪配岳氏，繼杜氏。子一：曰和尚，换子繼嗣。	四换配某氏。子一：曰和尚，出繼。	

<table>
<tr><td colspan="4"></td><td colspan="3">肯獲</td></tr>
<tr><td colspan="4"></td><td colspan="2">守宦配岳氏。子二：曰思訓、曰思誥。</td><td>守静配高氏，繼王氏。子一：曰思謨，安子繼嗣。</td></tr>
<tr><td></td><td colspan="2">覲光配王氏。子二：曰克長、曰克均。</td><td>尊光配嚴氏。</td><td>思訓配嚴氏。</td><td>思誥配鄧氏。</td><td>思謨配董氏。無嗣。</td></tr>
<tr><td>克比無嗣。</td><td>克長無嗣。</td><td>克均無嗣。</td><td></td><td></td><td></td><td></td></tr>
<tr><td></td><td></td><td></td><td></td><td></td><td></td><td></td></tr>
</table>

		肯谷		肯構			
守安配原氏。子三：曰思點、曰思謨、曰思友。		守定配王氏。子二：曰思命、曰思性。		德純庠生。配董氏，繼李氏。子一：曰思解，珪子繼嗣。			
思點配陳氏。	思友無嗣。	思命無嗣。	思性無嗣。	思解配董氏。子四：曰克文、曰克行、曰克忠、曰克信。			
				克文配甯氏。無嗣。	克行無嗣。	克忠無嗣。	克信無嗣。

	大任					
守珪配甯氏。子思解，出繼。	守憲配李氏。子一：曰思清。		守傳配李氏。子二：曰涌泉、曰涌發。			
	思清配衛氏，繼杜氏。子二：曰學德、曰學法，俱杜出。		涌泉配杜氏。子二：曰學博、曰學勤。		涌發配楊氏。子一：曰學儉。	
	學德配師氏。子一：曰黑娃。	學法無嗣。	學博配杜氏。子一：曰夫成。	學勤無嗣。	學儉配某氏。子二：曰新院、曰麥成。	
	黑娃配胡氏。		夫成配某氏。子一：曰俊祥。		新院無嗣。	麥成無嗣。

承武				汝康		汝寧
世保無嗣。	世佳無嗣。	世依無嗣。	世俌配張氏。	世倬配嚴氏。子二：曰思揚、曰思援。		世仰配董氏。子一：曰思温。
				思揚配王氏。子一：曰學孚。	思援配傅氏。無嗣。	思温配聶氏。無嗣。
				學孚配郝氏。無嗣。		

	汝止	汝順		汝雍
世偉配原氏。子一：曰思貴。	世傑配杜氏。	世梓配楊氏。子二：曰進德、曰尿罐。		世桐配杜氏。子二：曰進寶、曰來兒。
思貴配范氏。子一：曰官喜。		進德配嚴氏。子一：曰長桂，罐子繼嗣。	尿罐配岳氏。子一：曰長桂，出繼。	進寶配某氏。子一：曰貴子，來子繼嗣。
官喜配楊氏。子一：曰黑怪。		長桂配高氏。		貴子配某氏。子二。寄居臨縣磧口。
黑怪配嚴氏。無嗣。				

	汝昭					
	世梗配高氏。子二:曰望喜、曰喜善。				世楠配某氏。子一:曰懷發。	世椿配楊氏。子二:曰富泰、曰富隆。
來兒配某氏。子二:曰貴子、曰黑兒。	望喜配楊氏,繼李氏。子一:曰七繼,李出。			喜善配某氏。子一:曰旺福。	懷發配楊氏。無嗣。	富泰無嗣。
黑兒	七繼配嚴氏。子三:曰桂生、曰桂福、曰桂全。			旺福配李氏。		
	桂生	桂福	桂全			

	汝默		汝烈		汝熙	汝熊
	世樞配何氏。	世棣配李氏。	世桷配暢氏。	世楹	世柄配黃氏。	
富隆無嗣。						

<table>
<tr><td colspan="2">承壐</td><td colspan="3">承記</td><td>承威</td></tr>
<tr><td colspan="2">守度配楊氏。子二:曰思恭、曰思儉。</td><td>守閑無嗣。</td><td>守善</td><td>守本無嗣。</td><td>守揚配師氏。子一:曰思誠。</td></tr>
<tr><td>思恭配何氏。子一:曰學孝。</td><td>思儉配王氏。子一:曰學謙。</td><td></td><td></td><td></td><td>思誠配高氏。子三:曰學真、曰學本、曰學業。</td></tr>
<tr><td>學孝配李氏。無嗣。</td><td>學謙無嗣。</td><td></td><td></td><td></td><td>學真配黄氏。子一:曰遵明,業子繼嗣。</td></tr>
<tr><td></td><td></td><td></td><td></td><td></td><td>遵明配嚴氏,繼暢氏。子二:曰金茂、曰昌茂。</td></tr>
</table>

		承高	承保		
		守經配張氏，繼郝氏。子一：曰思明，綸子繼嗣。	守綸配董氏。子四：曰思明、曰思利、曰思動、曰思静。		
		思明配范氏。無嗣。	思利無嗣。	思動無嗣。	思静無嗣。
學本	學業配原氏。子一：曰遵明，出繼。				

<table>
<tr><td colspan="2">承唐</td><td colspan="3">承皋</td></tr>
<tr><td colspan="2">守根配黄氏。子二:曰思福、曰思禄。</td><td>守禮無嗣。</td><td>守樂無嗣。</td><td>守射配楊氏。子一:曰思聰。</td></tr>
<tr><td>思福配甯氏。寄居隰縣朱家峪。</td><td>思禄配張氏。寄居隰縣朱家峪。</td><td></td><td></td><td>思聰配嚴氏,次段氏。子一:曰學安,段出。</td></tr>
<tr><td></td><td></td><td></td><td></td><td>學安配嚴氏。子一:曰遵古。</td></tr>
<tr><td></td><td></td><td></td><td></td><td>遵古無嗣。</td></tr>
</table>

<table>
<tr><td colspan="7">承伊</td></tr>
<tr><td colspan="3">守御配胡氏。子一:曰思行。</td><td colspan="4">守書配張氏。子二:曰思問、曰思辨。</td></tr>
<tr><td colspan="3">思行配楊氏。子一:曰根根。</td><td colspan="2">思問配李氏。子二:曰學密、曰學官。</td><td colspan="2">思辨配楊氏。子二:曰學宴、曰學寬。</td></tr>
<tr><td colspan="3">根根配某氏。子三:曰德娃、曰清德、曰德盛。</td><td>學密配張氏。子一:曰遵義。</td><td>學官無嗣。</td><td>學宴無嗣。</td><td>學寬無嗣。</td></tr>
<tr><td>德娃無嗣。</td><td>清德無嗣。</td><td>德盛無嗣。</td><td>遵義配郝氏,繼楊氏,繼趙氏,繼黄氏。子一:曰成林,郝出。</td><td></td><td></td><td></td></tr>
</table>

	承順	承思		
近科配楊氏。無嗣。	世藩配王氏。子一:曰思度,德子繼嗣。	守元配黄氏。子二:曰思寬、曰思恒。		守文配郝氏。子一:曰思得。
	思度配張氏。無嗣。	思寬配陳氏。子一:曰學坤。		思得子一:曰學乾。
		學坤配原氏。子二:曰遵中、曰遵和。		學乾
		遵中配楊氏。子一:曰森娃。	遵和配嚴氏。子一:曰金生。	

守武配趙氏，繼丁氏，繼張氏。子二：曰思恒，元子繼嗣；曰思悟，張出。

思恒配郝氏。子三：曰學珍、曰學瑞、曰學琥。

學珍配張氏，繼楊氏。子二：曰遵賢、曰得喜。

學瑞配杜氏。子二：曰遵聖、曰遵智。

學琥配王氏。子二：曰海兒、曰德茂。

遵賢配李氏。子一：曰成魁，聖子繼嗣。

得喜

遵聖配李氏。子二：曰成魁、曰太魁。

遵智配某氏。

海兒配某氏。子一：曰玉管。

德茂配某氏。子一：曰玉成。

<table>
<tr><td colspan="2"></td><td colspan="4">承才</td></tr>
<tr><td colspan="2"></td><td colspan="2">守壯配任氏，繼高氏。子一：曰思慶，任出。</td><td colspan="2">守權配楊氏，繼甯氏，次郭氏。子二：曰思吉、曰思祥，俱郭出。</td></tr>
<tr><td colspan="2">思悟配楊氏。子二：曰學約、曰學敏。</td><td colspan="2">思慶配張氏，次周氏。子二：曰學典、曰學册，俱周出。</td><td>思吉配南氏。無嗣。</td><td>思祥配王氏。無嗣。</td></tr>
<tr><td>學約配楊氏。子一：曰遵儉。</td><td>學敏配嚴氏。子一：曰遵天。</td><td>學典無嗣。</td><td>學册無嗣。</td><td></td><td></td></tr>
<tr><td>遵儉配趙氏。子四：曰貴寶、曰太寶、曰銀寶、曰世寶。</td><td>遵天配王氏。子一：曰銀寶，儉子繼嗣。</td><td></td><td></td><td></td><td></td></tr>
</table>

		承宰		承相		
守衡配杜氏。子一：曰思星。		守軌配黄氏，繼李氏。子二：曰思貢、曰思路，俱李出。		守長配黄氏，次胡氏。子一：曰思伋，綱子繼嗣。		
思星配杜氏。子二：曰學貴、曰學許。		思貢無嗣。	思路無嗣。	思伋配嚴氏，繼楊氏，繼王氏。子五：曰春喜、曰銀福、曰金福、曰順喜、曰五梵。		
學貴配張氏。子一：曰遵禮。	學許無嗣。			春喜配杜氏。子一：曰遵善，發子繼嗣。	銀福配某氏。無嗣。	金福配嚴氏。子一：曰德娃。
遵禮無嗣。				遵善子一：曰俊耀，規子繼嗣。		德娃

					承樂
		守綱配黃氏。子三:曰思伋、曰思亢、曰思有。			守道配王氏,繼劉氏。
		思亢配嚴氏。子二:曰山吼、曰富吼。		思有配高氏。子一:曰春發。	
順喜	五梵	山吼配王氏。子二:曰黑娃、曰黑埃。	富吼	春發配嚴氏,繼黃氏。子二:曰遵規、曰遵善。	
		黑娃配嚴氏。子一:曰夜韂。		遵規配王氏。子二:曰俊杰、曰俊耀。	

<table>
<tr><td colspan="2">承由</td><td colspan="2">承學</td><td colspan="2">承全</td></tr>
<tr><td colspan="2">守勤例貢。配張氏，繼賈氏。子一：曰立德，張出。</td><td colspan="2">守介配高氏。子一：曰思宏。</td><td colspan="2">守廉配許氏。子二：曰思方、曰思元。</td></tr>
<tr><td colspan="2">立德監生。配王氏，繼謝氏。子一：曰學純，謝出。</td><td colspan="2">思宏配張氏。子一：曰學紀。</td><td colspan="2">思方配黄氏。子二：曰學經、曰金秀。</td></tr>
<tr><td colspan="2">學純配王氏。子二：曰遵忍、曰遵讓。</td><td colspan="2">學紀配某氏。子二：曰孝林、曰盛林。</td><td colspan="2">學經配某氏。子三：曰長茂、曰茂兒、曰閟兒。</td></tr>
<tr><td>遵忍配蘭氏，次王氏，次杜氏。子二：曰庭柱，蘭出；曰庭龍，杜出。</td><td>遵讓配董氏。子一：曰庭盛。</td><td>孝林配李氏。子一：曰才兒，盛子繼嗣。</td><td>盛林配張氏。子一：曰才兒，出繼。</td><td>長茂無嗣。</td><td>茂兒無嗣。</td></tr>
</table>

					承燕
		守固配王氏。子三：曰思卿、曰思相、曰思宰。			守身配樊氏，繼張氏。子二：曰思治，樊出；曰思嚴，張出。
	思元配原氏。子一：曰金秀，方子繼嗣。	思卿配董氏。子一：曰學緯。	思相配原氏。無嗣。	思宰無嗣。	思治配原氏。子一：曰學勳。
	金秀配嚴氏。子一：曰遵輝。	學緯配杜氏。無嗣。			學勳無嗣。
閎兒配某氏。子一：曰起堂。	遵輝配杜氏，次楊氏。子一：曰坤山，楊出。				

				承安	
		守德配原氏。子一:曰思度,出繼。	守性配張氏。無嗣。	守儀配黄氏。子一:曰思榮,出繼。	守操配孫氏。子一:曰思榮,儀子繼嗣。
思嚴配杜氏,繼張氏。子二:曰學會、曰學科,俱張出。					思榮配嚴氏。子一:曰管柱。
學會無嗣。	學科無嗣。				管柱無嗣。

承忠	承孝			承万	
守志配甯氏。子一：曰思序。	守稳配王氏。子一：曰思庠，重子继嗣。	守重配黄氏。子三：曰思庠、曰思休、曰思康。		守省配高氏。子二：曰思匡、曰思昇。	
思序配原氏。子一：曰學最。	思庠配某氏。子一：曰学康。	思休无嗣。	思康无嗣。	思匡配张氏。子一：曰天柱。	思昇聘王氏。无嗣。
學最無嗣。	学康			天柱无嗣。	

<table>
<tr><td colspan="4">承旦</td><td>承管</td></tr>
<tr><td colspan="4">守養配楊氏。子二：曰思朝、曰思朗。</td><td>守純配李氏，繼王氏。子二：曰思峥、曰思嶸，俱李出。</td></tr>
<tr><td colspan="2">思朝配張氏，繼韓氏。子一：曰學茂，韓出。</td><td colspan="2">思朗配甯氏，繼楊氏。子一：曰學藍，楊出。</td><td>思嶸無嗣。</td></tr>
<tr><td colspan="2">學茂生員。配杜氏。子二：曰遵祖、曰遵先。</td><td colspan="2">學藍配楊氏，繼杜氏。子二：曰遵祥、曰遵瑞。</td><td></td></tr>
<tr><td>遵祖監生。配趙氏，繼丁氏。子一：曰浩榮，趙出。</td><td>遵先配甯氏，繼李氏。子一：曰萬寶，李出。</td><td>遵祥配王氏。子三：曰天德、曰天進、曰天定。</td><td>遵瑞配楊氏。子二：曰起恩、曰起榮。</td><td></td></tr>
</table>

	承倫			
守紀配杜氏。子一:曰思峥,純子繼嗣。	守田子一:曰思魁,家子繼嗣。		守家配高氏。子二:曰思魁、曰思光。	
思峥配王氏。子一:曰三成。	思魁配黄氏。子二:曰學史、曰學哲。		思光配高氏。子三:曰新成、曰福成、曰徐柱。	
三成配楊氏。子一:曰狗换。	學史配王氏。子一:曰翻身,哲子繼嗣。	學哲配杜氏。子一:曰翻身,出繼。	新成配謝氏。子一:曰加身。	福成配某氏。無嗣。
狗换	翻身配某氏。子一:曰德生。		加身無嗣。	

				承類	
守業配董氏，繼李氏。子四：曰思陛、曰思陞，董出；曰思隨、曰思附，李出。				守珍子一：曰思道。	
思陛配王氏。無嗣。	思陞無嗣。	思隨無嗣。	思附無嗣。	思道配樊氏。子二：曰學古、曰學召。	
				學古配王氏。子一：曰順源。	學召配某氏。子一：曰順全。
				順源無嗣。	順全無嗣。

			承業	
守先配蔡氏。子三:曰思善、曰思書、曰思理。			守漢配杜氏。無嗣。	守規配黄氏,繼黄氏。子一:曰思爲,繼黄出。
思善配王氏。子一:曰學融。	思書配黄氏,繼張氏,繼杜氏。子一:曰學聯,張出。	思理配原氏。無嗣。		思爲無嗣。
學融配岳氏,繼杜氏。子二:曰遵榮、曰遵耀,杜出。	學聯子一:曰遵耀,融子繼嗣。			
遵榮配楊氏,繼李氏。子一:曰德寶,楊出。	遵耀配岳氏。子一:曰德海。			

珽						
世秀配王氏。子一：曰思齊。	世彥子一：曰思佐，烈子繼嗣。	世烈配杜氏。子五：曰思代、曰思任、曰思佐、曰思修、曰思侃。				
思齊無嗣。	思佐無嗣。	思代無嗣。	思任無嗣。	思修無嗣。	思侃配岳氏，繼楊氏。子一：曰學正，岳出。	
					學正配某氏。子二：曰回保、曰復慶。	
					回保	復慶配王氏。

	琳				
世仕配甯氏。	世儒配張氏。子二：曰懷誠、曰錦誠。				世昌配杜氏。子二：曰立誠、曰存誠。
	懷誠配郝氏。子三：曰學登、曰鳳翔、曰鳳來。			錦誠配劉氏。子一：曰鳳翥。	立誠配甯氏。子一：曰鳳鳴。
	學登配衛氏。子一：曰周子。	鳳翔配胡氏。子一：曰爲周。	鳳來配某氏。	鳳翥配某氏。無嗣。	鳳鳴配吳氏。子一：曰遵三。
	周子無嗣。	爲周無嗣。			遵三配某氏。無嗣。

	承訓					汝柱
	守寶配高氏。子三:曰思榜、曰思標、曰思樸。				守實	世玠配杜氏,繼岳氏。子一:曰思敬,瑛子繼嗣。
存誠配某氏。子一:曰快娃。	思榜配高氏。子一:曰學簾。		思標	思樸		思敬配嚴氏。子一:曰起鳳。
快娃無嗣。	學簾配王氏。子二:曰柏娃、曰金管。					起鳳子一:曰黑埃,吼子繼嗣。
	柏娃無嗣。	金管無嗣。				黑埃配楊氏。子三:曰俊德、曰俊盛、曰發盛。

<table>
<tr><td>汝榆</td><td colspan="4">汝樸</td></tr>
<tr><td>世瑛配杜氏。子一：曰思敬。</td><td colspan="3">世瑢配董氏。子一：曰思敦。</td><td>世琦配張氏。子三：曰思政、曰思效、曰思敏。</td></tr>
<tr><td></td><td colspan="3">思敦配王氏。子二：曰東鳳、曰來鳳。</td><td>思政配高氏。子一：曰集鳳。</td></tr>
<tr><td></td><td>東鳳配武氏。子一：曰遵典。</td><td colspan="2">來鳳配武氏。子二：曰遵訓、曰遵義。</td><td>集鳳配嚴氏。子一：曰遵則。</td></tr>
<tr><td></td><td>遵典</td><td>遵訓配李氏。子一：曰榮子。</td><td>遵義配嚴氏。子二：曰富榮、曰富德。</td><td>遵則配董氏。子三：曰珠女、曰四欠、曰虎德。</td></tr>
</table>

<table>
<tr><td colspan="5"></td></tr>
<tr><td colspan="2"></td><td colspan="3">世琳子一：曰思效，琦子繼嗣。</td></tr>
<tr><td colspan="2">思敏配高氏，繼岳氏。子二：曰祥鳳、曰瑞鳳。</td><td colspan="3">思效配郝氏。子三：曰彩鳳、曰文鳳、曰聯鳳。</td></tr>
<tr><td>祥鳳配張氏。子一：曰遵海，聯子繼嗣。</td><td>瑞鳳配岳氏。</td><td>彩鳳配黄氏。子二：曰遵度、曰遵慶。</td><td>文鳳子一：曰遵慶，彩子繼嗣。</td><td>聯鳳配趙氏。子一：曰遵海，出繼。</td></tr>
<tr><td>遵海配王氏。</td><td></td><td>遵度配董氏，繼楊氏。子一：曰逢辰，董出。</td><td>遵慶</td><td></td></tr>
</table>

世璋庠生。配甯氏，繼杜氏。子二：曰祖清、曰憲清，俱杜出。

祖清庠生。配高氏。子三：曰濟美、曰尊美、曰中美。

憲清子一：曰尊美，祖子繼嗣。

濟美庠生。配王氏。子三：曰建績、曰遵元、曰遵振。

中美監生。配甯氏，繼南氏。子二：曰遵丙、曰遵南，俱甯出。

尊美從九。配嚴氏，繼董氏。子一：曰遵南，中子繼嗣。

建績蚤世。

遵元生員。配杜氏。子二：曰德寬、曰德安。

遵振監生。配杜氏。子二：曰德禄、曰德來。

遵丙配王氏。子一：曰德來，振子繼嗣。

遵南配杜氏。

汝楷		汝勳	汝鰲		汝績	汝猷
世琮配衛氏。子二：曰思教、曰述清。		世瑄配嚴氏。無嗣。	世琛	世璥	世瓚	世珵配董氏。子一：曰思掄。
思教配張氏。無嗣。	述清配暢氏。子一：曰鳴鳳。					思掄無嗣。
	鳴鳳配嚴氏。無嗣。					

汝功		汝錫	汝録		
世瓘配嚴氏。子一：曰思收。		世珪配楊氏。子一：曰思敎。	世珠配劉氏。子一：曰思敕。	世寶	世連
思收配杜氏。子二：曰學孔、曰學冉。		思敎配王氏。無嗣。	思敕無嗣。		
學孔配丁氏。無嗣。	學冉配王氏。無嗣。				

<table>
<tr><td colspan="4">大榮</td><td colspan="2">大惠</td></tr>
<tr><td colspan="4">宗舜配張氏。子二：曰道隆、曰思隆。</td><td colspan="2">同樂配王氏。子一：曰思隆，舜子繼嗣。</td></tr>
<tr><td colspan="4">道隆配杜氏。子二：曰學顏、曰學參。</td><td colspan="2">思隆配杜氏。子三：曰學敬、曰學愚、曰學師。</td></tr>
<tr><td>學顏配黄氏。子一：曰遵規。</td><td colspan="3">學參配王氏，繼原氏。子三：曰道德、曰遵性、曰遵禮。</td><td>學敬配杜氏。子二：曰遵綱、曰遵紀。</td><td>學愚配杜氏。子一：曰遵矩。</td></tr>
<tr><td>遵規配杜氏。子一：曰杜娃。</td><td>遵德配李氏。無嗣。</td><td>遵性配楊氏。無嗣。</td><td>遵禮無嗣。</td><td>遵綱配黄氏。子一：曰管子。</td><td>遵矩配杜氏。子一：曰進管，紀子繼嗣。</td></tr>
</table>

	開先				紹先	
	世壁	世瑸	世理	世璽	世珍配高氏。子二：曰思公、曰思平。	世典配黄氏。子一：曰思平，珍子繼嗣。
					思公配黄氏。子二：曰學員、曰學治。	思平子一：曰學治，公子繼嗣。
學師配岳氏。子一：曰遵紀，敬子繼嗣。					學員無嗣。	學治無嗣。
遵紀配李氏。子一：曰進管，出繼。						

積德		大生	福臣	如榲
世珧配柴氏。子二：曰思漣、曰思洙。	世坤配王氏。子一：曰思洙。	世玢配暢氏。	世玲子一：曰思涓，珧子繼嗣。	世宷配楊氏，繼王氏。子四：曰思珧、曰思琥，楊出；曰思琚、曰思玖，王出。
思漣配侯氏。	思洙配甯氏。子一：曰學聲。		思涓配謝氏。	思珧配王氏。子二：曰介三、曰相三。
	學聲無嗣。			介三配張氏，繼王氏。子二：曰遵昇、曰遵平，王出。
				遵昇配岳氏。子四：曰清泉、曰海泉、曰有泉、曰福泉。

		如樹	如楠	
		世寀子一：曰思琚，寀子繼嗣。	世壽子一：曰思域，康子繼嗣。	世寧元聖廟驗祭廳。配杜氏，繼楊氏。子一：曰思皇，楊出。
思琥配楊氏，繼韓氏，繼何氏。子一：曰相三，珖子繼嗣。	思玖配張氏。寄居曲沃。	思琚配黄氏。	思域配嚴氏。子一：曰竇三，瑂子繼嗣。	思皇配岳氏。子三：曰省三、曰畏三、曰鳳三。
相三子一：曰遵平，介子繼嗣。			竇三配岳氏。子一：曰泰生。	省三配賈氏。子二：曰泰來、曰泰祥。
遵平配孫氏。子一：曰印庚。			泰生配杜氏。子一：曰鴻玉，來子繼嗣。	泰來配黄氏。子三：曰鴻玉、曰臨玉、曰東玉。

				世康配王氏。子二：曰思琙、曰思琦。
				思琦配杜氏，繼張氏，繼李氏。子二：曰寶三，杜出；曰祝三，李出。
	畏三配嚴氏。子二：曰泰成、曰泰和。		鳳三配楊氏。子一：曰泰安。	祝三配趙氏。子一：曰群兒。
泰祥蚤世。	泰成子一：曰臨玉，來子繼嗣。	泰和蚤世。	泰安配黃氏。子一：曰景清。	群兒無嗣。

		如桂	三元		
世定配杜氏。傳一世無嗣。	世寵配郝氏。子一：曰思瑰。	世宮子一：曰思回。	世容配趙氏。子一：曰晉隆。		
	思瑰配杜氏。子一：曰捷三。	思回無嗣。	晉隆配李氏。子一：曰學春。		
	捷三配李氏。無嗣。		學春配岳氏。子三：曰遵海、曰遵淮、曰遵澤。		
			遵海配許氏。子一：曰聯珠，澤子繼嗣。	遵淮配張氏。	遵澤配嚴氏。子一：曰聯珠，出繼。

<table>
<tr><td colspan="5">三益</td></tr>
<tr><td colspan="5">世賢配岳氏。子二：曰思璟、曰思法。</td></tr>
<tr><td>思璟無嗣。</td><td colspan="4">思法配何氏。子一：曰學若。</td></tr>
<tr><td></td><td colspan="4">學若配王氏，繼楊氏。子四：曰清廉，王出；曰清源、曰大鑾、曰小鑾，楊出。</td></tr>
<tr><td></td><td>清廉配高氏。子一：曰向果。</td><td>清源配黄氏，繼李氏。子二：曰新生、曰狗蛋。</td><td>大鑾無嗣。</td><td>小鑾無嗣。</td></tr>
</table>

<table>
<tr><td colspan="3">如梧</td><td>如盛</td><td colspan="3">大成</td></tr>
<tr><td colspan="3">世官配王氏，繼王氏。子二：曰思輝、曰思定，繼王出。</td><td>世來</td><td>世相配傅世，繼許氏。子一：曰思聖，許出。</td><td colspan="2">世宰配師氏。子一：曰思寵。</td></tr>
<tr><td>思輝配原氏。子一：曰學俞。</td><td colspan="2">思定配王氏。子一：曰學言。</td><td></td><td>思聖配許氏。子一：曰學文。</td><td colspan="2">思寵配岳氏，繼杜氏。子五：曰學周、曰學儀、曰學保、曰學理、曰學智，俱杜出。</td></tr>
<tr><td>學俞配杜氏。子一：曰遵盛。</td><td colspan="2">學言配某氏。子二：曰不歪、曰歪娃。</td><td></td><td>學文配李氏。子一：曰遵道。</td><td>學周無嗣。</td><td>學儀無嗣。</td></tr>
<tr><td>遵盛無嗣。</td><td>不歪無嗣。</td><td>歪娃無嗣。</td><td></td><td>遵道無嗣。</td><td></td><td></td></tr>
</table>

			大振
			重琰配高氏，繼高氏。子二：曰思物、曰思取，繼高出。
			思物配原氏。子一：曰學宗，取子繼嗣。
學保配甯氏。子一：曰樹槐。	學理配黄氏。無嗣。	學智配王氏。無嗣。	學宗配任氏。子一：曰遵先。
樹槐無嗣。			遵先配黄氏。子二：曰東宅、曰長宅。

重璋配原氏，繼趙氏。子一：曰思取，琰子繼嗣。

思取配趙氏。子三：曰學宗、曰學賜、曰學由。

學賜配杜氏，繼王氏，繼黄氏。子四：曰遵光、曰遵倫、曰遵綱，王出；曰遵明，黄出。	學由配杜氏。子一：曰盖成。

遵光子一：曰德發，倫子繼嗣。	遵倫監生。配嚴氏，繼岳氏。子三：曰德發、曰德風、曰德卿。	遵綱配郝氏，繼岳氏，繼南氏。子二：曰全發、曰文發，郝出。	遵明無嗣。	盖成配李氏。子三：曰牛換、曰小牛、曰徐牛。

<table>
<tr><td colspan="4">大體</td><td colspan="3">大德</td></tr>
<tr><td colspan="4">世公配杜氏。子一：曰思安。</td><td colspan="3">世臣配趙氏。子一：曰思財。</td></tr>
<tr><td colspan="4">思安配甯氏。子四：曰學發、曰學強、曰學剛、曰學毅。</td><td colspan="3">思財配趙氏。子二：曰學印、曰學官。</td></tr>
<tr><td>學發配杜氏。子一：曰遵仁。</td><td>學強無嗣。</td><td>學剛無嗣。</td><td>學毅無嗣。</td><td colspan="2">學印配高氏。子二：曰遵履、曰遵益。</td><td>學官配黄氏，繼常氏。無嗣。</td></tr>
<tr><td>遵仁配某氏。子一：曰三五。</td><td></td><td></td><td></td><td>遵履無嗣。</td><td>遵益無嗣。</td><td></td></tr>
</table>

<table>
<tr><td colspan="3">大教</td><td colspan="2">大訓</td></tr>
<tr><td>世棟配高氏。子一：曰思正。</td><td>世梁配甯氏。子一：曰思家，奎子繼嗣。</td><td>世才配甯氏。子一：曰思懿。</td><td colspan="2">殿公配李氏。子二：曰思名、曰思範。</td></tr>
<tr><td>思正子二：曰學信、曰學公。</td><td>思家配高氏。子一：曰學平。</td><td>思懿子一：曰學公，正子繼嗣。</td><td colspan="2">思名配王氏，次韓氏。子二：曰學瑚，范子繼嗣；曰學璉，韓出。</td></tr>
<tr><td>學信配嚴氏。子一：曰遵福。</td><td>學平配楊氏。</td><td>學公</td><td>學瑚配樊氏。繼嚴氏。</td><td>學璉配原氏。無嗣。</td></tr>
<tr><td>遵福</td><td></td><td></td><td></td><td></td></tr>
</table>

<table>
<tr><td colspan="2"></td><td colspan="4">大積</td></tr>
<tr><td colspan="2">殿卿配高氏。子一:曰思範,公子繼嗣。</td><td colspan="2">世奎配嚴氏。子三:曰思元、曰思亨、曰思利。</td><td>世聚配劉氏。子一:曰思智。</td><td>世耀配高氏。子一:曰思利,奎子繼嗣。</td></tr>
<tr><td colspan="2">思範配李氏。子三:曰學記、曰學聖、曰學瑚。</td><td>思元配董氏。子一:曰學修。</td><td>思亨配胡氏。子一:曰學省,利子繼嗣。</td><td>思智子一:曰學海。</td><td>思利配解氏。子二:曰學省、曰學宜。</td></tr>
<tr><td>學記配李氏。子一:曰遵壽,聖子繼嗣。</td><td>學聖配黄氏。子一:曰遵壽,出繼。</td><td>學修配郝氏。子一:曰遵化。</td><td>學省配楊氏。</td><td>學海</td><td>學宜</td></tr>
<tr><td>遵壽配楊氏。子二:曰樓管、曰金管。</td><td></td><td>遵化</td><td></td><td></td><td></td></tr>
</table>

大保			大名			成德
世成配王氏。子三：曰思遐、曰思邇、曰思通。			殿奎配李氏。子二：曰思國、曰思家。			世朝子一：曰思宗。
思遐配呂氏。	思邇配王氏。	思通	思國配李氏。子三：曰學琇、曰學琨、曰學悟。			思宗子一：曰學明，祖子繼嗣。
			學琇配程氏。	學琨無嗣。	學悟無嗣。	學明配李氏。子一：曰北任。
						北任無嗣。

成性			成文	成道		
世𦡧配陳氏。子一:曰思祖。			世𦢊配杜氏。子二:曰思第、曰思籍。	世朖配黄氏。無嗣。	世輝配王氏。無嗣。	世𦟛配管氏。
思祖配杜氏。子三:曰學清、曰學明、曰學亮。			思第配李氏。子一:曰學喜。			思昌無嗣。
學清配甯氏,繼李氏。子一:曰遵路,李出。	學亮配甯氏。子二:曰遵山、曰遵福。		學喜無嗣。			
遵路配孫氏。子一:曰富周。	遵山無嗣。	遵福配許氏。無嗣。				

成功		成章	成度	成廷	乃鑌
世腤無嗣。	世昤無嗣。	世朕配王氏。子一：曰思啓。	世脜配楊氏。子一：曰思籍，朥子繼嗣。	世選配張氏。子一：曰思趣。	世闊配原氏。無嗣。
		思啓配許氏。子一：曰學新。	思籍配王氏。無嗣。	思趣無嗣。	
		學新無嗣。			

	乃鏡				
世增配杜氏。子一:曰思玉,奇子繼嗣。	世奇配李氏,繼師氏。子三:曰思金、曰思玉、曰思珍,俱李出。			世異配王氏,繼郝氏。子二:曰思鳳、曰思琅。	
思玉配王氏。子一:曰學講。	思金配賈氏,繼王氏。子三:曰學諶、曰學訓、曰學諿。		思珍配王氏。子一:曰學諿,金子繼嗣。	思鳳配孫氏。	思琅配原氏。
學講配甯氏。子二:曰遵奭、曰遵望。	學諶配趙氏。	學訓寄居曲沃林社村。	學諿		
遵奭無嗣。	遵望無嗣。				

	乃鏸				
世瑛配杜氏。子一：曰思凰。	世洽配黃氏。子三：曰思珪、曰思錫、曰思璧。				
思凰配王氏。	思珪配高氏。子一：曰學温。			思錫配李氏。子二：曰學恭、曰學儉。	
	學温配王氏。子三：曰遵旦、曰遵儀、曰遵相。			學恭配王氏。子二：曰遵畢、曰遵榮。	
	遵旦配原氏。子二：曰金相、曰銀相。	遵儀配傅氏。子二：曰金山、曰新山。	遵相配黃氏。子二：曰金生、曰銀生。	遵畢配高氏。子一：曰金鎖。	遵榮子一：曰金鎖，畢子繼嗣。

			乃鑟	大貴	大同	大猷
			世澤配杜氏。子一：曰思玳。	世型子一：曰思邦。	世瑞子一：曰位南。	世祥配董氏。子一：曰在南。
	思璧配李氏。子二：曰學良、曰學讓。		思玳配王氏。無嗣。	思邦無嗣。	位南配王氏。無嗣。	在南配原氏。
學儉配黄氏。無嗣。	學良配王氏。無嗣。	學讓無嗣。				

大節		大椿		大臣
世科無嗣。	世甲配王氏。子一:曰耀南。	世資配楊氏。子一:曰思郎。	世取配高氏。子一:曰思醜。	世濯配張氏。子一:曰安南。
	耀南配暢氏。無嗣。	思郎配李氏。子一:曰學桂。	思醜配高氏。子一:曰學榮。	安南配岳氏。無嗣。
		學桂配賀氏。子二:曰遵憲、曰遵章。	學榮配高氏。子一:曰遵章、桂子繼嗣。	
		遵憲配李氏。子一:曰張家。	遵章配楊氏。	

大興					
世端配杜氏，繼孫氏。子五：曰周南、曰召南、曰炳南、曰定南、曰道南，俱孫出。					世正配原氏，繼岳氏。子一：曰化南，岳出。
周南配郝氏。子二：曰學五、曰學九。	召南配王氏。子一：曰學九，周子繼嗣。	炳南無嗣。	定南無嗣。	道南無嗣。	化南配王氏。子一：曰珠貴。
學五無嗣。	學九無嗣。				珠貴配董氏。子一：曰當槐。
					當槐無嗣。

大鵬	大本			大梨
世平配高氏。子一：曰宜南。	言順子一：曰茂林，從子繼嗣。	行順子一：曰桂林，從子繼嗣。	從順配許氏。子三：曰茂林、曰桂林、曰秀林。	世順配丁氏。子一：曰思春。
宜南配胡氏。無嗣。	茂林配高氏。	桂林配李氏。	秀林配張氏。	思春配王氏。子一：曰學精，秋子繼嗣。
				學精配方氏。

	大珠		大聰	
世利配嚴氏。子二：曰思夏、曰思秋。	世堯無嗣。	世禹子一：曰思夏，利子繼嗣。	護順配岳氏。子一：曰思翼，保子繼嗣。	
思秋配高氏，繼王氏。子一：曰學精，高出，出繼。		思夏配王氏，繼王氏。	思翼配高氏，次通氏。子一：曰學藏，通出。	
			學藏配嚴氏。子二：曰遵正、曰遵禮。	
			遵正配某氏。子三：曰家子、曰盛喜、曰三喜。	遵禮子一：曰三喜，正子繼嗣。

		大業			
保順配賈氏。子二:曰思鱗、曰思翼。	佑順配楊氏。無嗣。	全順配尚氏。子四:曰思陶、曰思唐、曰思虞、曰光南。			
思鱗配王氏。子一:曰學貫。		思陶配王氏。子一:曰步崧,南子繼嗣。	思唐配高氏,繼董氏。子一:曰步峨,董出。	思虞配郝氏。子一:曰步俞。	
學貫配杜氏。子一:曰來珠。		步崧配王氏。子一:曰小醜,俞子繼嗣。	步峨配嚴氏。子一:曰三醜,俞子繼嗣。	步俞配嚴氏。子四:曰遵憲、曰小醜、曰三醜、曰恒子。	
來珠配王氏,繼張氏。子一:曰奉先,王出。		小醜無嗣。	三醜配某氏。子一:曰余善。	遵憲配楊氏。子二:曰黑子、曰順喜。	恒子配某氏。

<table>
<tr><td colspan="3"></td><td colspan="4">大英</td></tr>
<tr><td colspan="2"></td><td>全順配許氏。子一：曰思周。</td><td colspan="4">世拔配原氏。子一：曰思潤。</td></tr>
<tr><td colspan="2">光南庠生。配高氏。子三：曰步崧、曰步昆、曰步岳。</td><td>思周配王氏。子一：曰步嵐。</td><td colspan="4">思潤配杜氏。子四：曰小月、曰根月、曰埃月、曰四月。</td></tr>
<tr><td>步昆配楊氏。子二：曰遵迹、曰遵度。</td><td>步岳配衛氏。子一：曰遵度。昆子繼嗣。</td><td>步嵐配暢氏。</td><td>小月配孫氏。子一：曰銀盛。</td><td>根月蚤世。</td><td colspan="2">埃月配王氏。子二：曰金盛、曰廣盛。</td></tr>
<tr><td>遵迹配孫氏。子一：曰孝德，度子繼嗣。</td><td>遵度配李氏。子二：曰孝德、曰第德。</td><td></td><td>銀盛子一：曰森林。</td><td></td><td>金盛配董氏。</td><td>廣盛</td></tr>
</table>

		大盛			大道	
		世超配杜氏、繼張氏。子三：曰思澄、曰思浣、曰思濟。			世和配原氏。子一：曰思泮。	世種配王氏，次朱氏。子一：曰思絜，朱出。
		思澄配楊氏。	思浣無嗣。	思濟無嗣。	思泮配黄氏。子一：曰學成。	思絜配高氏，繼高氏。子一：曰學閏。
四月配張氏。子二：曰東海、曰東堂。					學成子一：曰春茂，閏子繼嗣。	學閏配嚴氏，繼郭氏。子二：曰春生、曰春茂，郭出。
東海	東堂				春茂	春生配傅氏。子一：曰全福。

大收		大選		大閑	
世俊配杜氏。子一：曰思親。		世通配楊氏。傳一世無嗣。	世進配高氏。子一：曰思襲。	世清配周氏。子一：曰思嚴。	世明無嗣。
思親配王氏。子三：曰學福、曰學禄、曰學壽。			思襲配李氏。子一：曰學元。	思嚴子一：曰學壽，親子繼嗣。	
學福配杜氏。繼南氏，繼董氏。子一：曰遵禮。	學禄配許氏，繼杜氏。子一：曰遵盛。		學元無嗣。	學壽配某氏。子一：曰遵厚。	
遵禮配甯氏。子一：曰寧宅，盛子繼嗣。	遵盛配甯氏。子一：曰寧宅，出繼。			遵厚無嗣。	

薛氏傳

四　世

諱曰仲義者,精於卜,因文祖啼聲,而預知克振家聲。誥贈大理寺卿。

五　世

諱曰貞。由舉人五任教諭。高皇帝朝進講《大禹謨》,聳動宸聽。贈大理寺卿。

六　世

諱曰瑄,字德温,號敬軒。生洪武己巳八月初十日。中永樂庚子解元,登辛丑進士。歷官吏部左侍郎兼翰林院學士,入内閣知制誥。天順甲申六月十五日卒。贈禮部尚書,謚文清。隆慶五年從祀孔廟。其他理學著作、出處行誼,《實録》《文集》,犁然備矣。

七　世

諱曰溥者,篤厚天植,真誠性生。封刑部主事。

八　世

諱曰禔,字元吉。恣生軒豁,素長詩賦。登天順甲申進士,歷任刑部員外郎。有和唐人詩行於世。

九　世

諱曰韶。由恩生歷任東鹿知縣。操行不苟，負氣慷慨。孫生已逝，而猶還遺金；流賊陷城，而不避其難。

十　世

諱曰葵。由官生歷任尚寶司少卿。體貌豐異，不附權勢。正德己巳間，曾忤逆瑾。人以文祖不屈王振擬之。

諱曰華。登嘉靖癸未進士，任葉縣知縣。里甲不擾，百姓歌謡。人有稱其爲真夫子後卓有祖風者。惜其歷任未久而卒，不竟厥施也。

諱曰芝，由歲貢判官宿州。文學政事，紹述文祖。惜以病致仕，而不獲展材謂也。

諱曰艾。由歲貢判甯州。公直處世，廉介居官。

諱曰蘭者，散官君也。費己貲財，創建祖廟，功莫尚焉。且出粟以賑饑民。樊父母匾其門曰"尚義散官"。

高氏者，廪生蕚之妻也。孀居四十餘年，矢志撫孤，靡有間言。巡撫王公崇、督學陳公瑞旌表其門曰"貞節"。

十一世

諱曰惟謙者，選貢君也。三任教諭，淡泊自甘，章程教士，當時有獎其學有源頭者。

諱曰惟傑，由歲貢歷任葭州知州。禮讓居家，遇横逆杜門不校。寬仁莅政，深得民心紀愛。有碑。

諱曰惟慶。邑庠生。持身嚴肅，訓子揚名，贈茂州知州。

十二世

諱曰應麟。庚午舉人，歷任河間府同知。累有異政，薦剡不一。因病告歸，奉旨加四品服色。慨出俸金，重修祖廟，族人感德之。

陝西慶陽府真甯縣教諭張懋賞續傳：

諱曰應祥。廪生。勤儉禔躬，耕讀教子。科第之志未竟，思綸之寵特膺。敕贈文林郎、陝西真甯縣知縣。

諱曰應節。由國學生歷任山東東昌府照磨。致仕，不惜貲財，重修祖廟，以終前功。且累能賑饑，邑侯崔匾其門曰"克濟民艱"。

讀曰應闈。由歲貢任沁州訓導。樸茂無華，文學有聲。當道屢獎其胸襟雅裕，經綸才猷，足堪花縣，喬遷可計日俟者。

十三世

諱曰士弘。選貢，歷任邠州知州，錫榮敕封奉直大夫。歸休後，刻《文集》《年譜》等書，增修祖廟，創立"文清神道碑"，克成累世未竟之志。

諱曰士爔。太學生，任神策衛、經歷司經歷。素性慷慨，重義輕財。修祖廟，集《族譜》。先人未竟之業，藉以克完雲。誥贈徵仕郎。

諱曰士熥。運庠生。秉性剛介，公平正直，爲一鄉表。訓子成名。

十四世

諱曰繼巖，字肖傅，號本敬。舉人，歷任陝西延安府同知，代管黄龍道。讀書淵源有自，學推宿儒；居官先訓是程，政稱遺愛，一時咸仰爲明德之後達人云。

諱曰昌胤，字爾及，號思敬，别號十洲山人。登崇禎癸未聯捷進士。歷任安邱、鎮安令。守官清介，二邑俱稱頌爲召、杜。素長詩賦，立身行已，卓有祖風。著《蓼蟲吟》，行於世。